中国刑事审判指导案例

5

妨害社会管理秩序罪

增订本

《刑事审判参考》
总第96—124集汇总集成

《中国刑事审判指导案例》编写组 编

法律出版社 LAW PRESS · CHINA
北京

图书在版编目(CIP)数据

中国刑事审判指导案例. 5，妨害社会管理秩序罪 /《中国刑事审判指导案例》编写组编. -- 增订本. -- 北京：法律出版社，2021
ISBN 978 -7 -5197 -5449 -5

Ⅰ. ①中… Ⅱ. ①中… Ⅲ. ①刑事诉讼－审判－案例－汇编－中国②妨害社会管理秩序罪－审判－案例－汇编－中国 Ⅳ. ①D925.218.25②D924.365

中国版本图书馆 CIP 数据核字(2021)第 047396 号

中国刑事审判指导案例 5
妨害社会管理秩序罪(增订本)
ZHONGGUO XINGSHI SHENPAN ZHIDAO ANLI 5
FANGHAI SHEHUI GUANLI ZHIXUZUI(ZENGDING BEN)

《中国刑事审判指导案例》编写组 编

策划编辑 许 睿
责任编辑 周 洁
装帧设计 汪奇峰

出版发行 法律出版社
编辑统筹 司法实务出版分社
责任校对 朱轶佳
责任印制 胡晓雅
经　　销 新华书店

开本 787 毫米×1092 毫米 1/16
印张 50.75 **字数** 1328 千
版本 2021 年 9 月第 1 版
印次 2021 年 9 月第 1 次印刷
印刷 三河市龙大印装有限公司

地址：北京市丰台区莲花池西里 7 号(100073)
网址：www. lawpress. com. cn
投稿邮箱：info@ lawpress. com. cn
举报盗版邮箱：jbwq@ lawpress. com. cn

销售电话：010 - 83938349
客服电话：010 - 83938350
咨询电话：010 - 63939796

书号：ISBN 978 -7 -5197 -5449 -5
定价：198.00 元

凡购买本社图书，如有印装错误，我社负责退换。电话：010 - 83938349

编 辑 说 明

《中国刑事审判指导案例》是最高人民法院刑事审判庭主办的业务指导和研究性系列丛书——《刑事审判参考》的合订分解集成本。《刑事审判参考》自 1999 年 4 月首次出版以来，秉承立足实践、突出实用、重在指导、体现权威的编辑宗旨，在编辑委员会成员、作者和广大读者的共同努力下，密切联系刑事司法实践，为专业人士提供了有针对性和权威性的业务指导和参考，受到刑事司法工作人员和刑事法律教学、研究人员的广泛欢迎。

为了满足广大读者的实际工作需要，我们在已出版各集《刑事审判参考》的基础上，精心汇编出版《中国刑事审判指导案例》。本书自 2009 年 10 月出版以来，受到读者的广泛好评与认可。

《中国刑事审判指导案例》（增订本）收录《刑事审判参考》第 96 集至第 124 集的相关内容，整体沿用《中国刑事审判指导案例》（增订第 3 版）的体例结构，共七册，分别为：

中国刑事审判指导案例 1（刑法总则）

中国刑事审判指导案例 2（危害国家安全罪 · 危害公共安全罪 · 侵犯公民人身权利、民主权利罪）

中国刑事审判指导案例 3（破坏社会主义市场经济秩序罪）

中国刑事审判指导案例 4（侵犯财产罪）

中国刑事审判指导案例 5（妨害社会管理秩序罪）

中国刑事审判指导案例 6（危害国防利益罪 · 贪污贿赂罪 · 渎职罪 · 军人违反职责罪）

中国刑事审判指导案例 7（刑事诉讼法）

根据各卷册实际情况，主要设有以下栏目：

【指导案例】分类汇总了已出版的《刑事审判参考》在法律适用、刑罚裁量、事实认定、证据采信等方面具有研究价值的典型案例，详细阐明裁判理由，为刑事司法工作人员处理类似案件提供具体的指导和参考。

【刑事立法、司法规范】分类汇总了刑事法律、立法解释、司法解释和其他规范性刑事司法文件，并配发起草同志撰写的理解与适用文章，为司法实践中准确适用提供指南。

【刑事政策】分类汇总了审判中需要参考的刑事司法政策，包括最高人民法院领导在审判工作会议上的讲话、刑事审判工作会议讨论的问题等。

【审判释疑】分类汇总了最高人民法院刑事审判庭解答在刑事审判工作中具有普遍指导价值的法律适用问题，包括最高人民法院审判长会议纪要、《刑事审判参考》编辑部对读者在刑事司法工作中遇到疑难问题的解答。

【经验交流】分类汇总了地方司法机关制定的刑事司法规范性文件及其背景说明；地方各级人民法院在刑事审判工作中对于某些问题的处理政策和意见等。

【专题论坛】分类汇总了由司法实务部门的权威专家就刑事法律适用过程中的一些常见疑难问题进行的探讨。

【实务探讨】分类汇总了有关学者和司法人员针对刑事司法工作中必须解决的疑难、复杂问题所撰写的研究文章，为刑事司法工作人员解决相关问题提供工作思路。

【疑案争鸣】分类汇总了实践中发生的疑难案例，对其中争议问题进行分析，摆出各方观点，推动相关问题的深入研究。

另外，个别卷册中因涵盖专辑内容，有【理论前沿】等栏目设置。

为了最大限度地挖掘和梳理《刑事审判参考》指导案例在裁判理由阐述中反映的裁判观点，同时也为了便于读者使用本书，本套书对所有指导案例逐一编加了具有归类意义的关键词。

本套书作为《刑事审判参考》的合订分解集成本，为了保持指导案例和实务文章的"原汁原味"，本次修订再版未针对有关法律、司法解释的修改对原文进行删改，只对原文错漏之处进行了补正。读者在参考适用时，需要根据现行有效的规范进行理解。此外，随着理论研究的发展和司法政策的调整，指导案例中对相同或相似问题所提出的裁判观点也可能发生变化，对此，可以依照"从新"的原则参考适用。

本套书此次出版得到了方方面面的大力支持，在此一并表示感谢。当然，由于内容体量庞大，内容的选编工作难免存在错漏之处，恳请广大读者批评指正。

编　者

2021年7月

目　录

指导案例

一、扰乱公共秩序罪

九、制作、贩卖、传播淫秽物品罪

刑事立法、司法规范

一、扰乱公共秩序罪

经验交流

实务探讨

指导案例

一、扰乱公共秩序罪

[第1002号]李某甲等寻衅滋事案

——未成年人多次强取其他未成年人少量财物的案件如何处理

【关键词】 未成年人 寻衅滋事罪 抢劫罪 强索 少量财物

一、基本案情

被告人李某甲,男,1995年3月18日出生,农民。2011年11月2日因涉嫌犯抢劫罪被逮捕。

被告人李某乙,男,1994年5月28日出生,农民。2011年11月2日因涉嫌犯抢劫罪被逮捕。

被告人王某某,男,1994年12月14日出生,农民。2011年11月2日因涉嫌犯抢劫罪被逮捕。

甘肃省合水县人民检察院以被告人李某甲、李某乙、王某某犯寻衅滋事罪,向合水县人民法院提起公诉。

三被告人及其辩护人均对公诉机关指控的罪名无异议,但均以三被告人系未成年人为由提请法庭从轻处罚。

合水县人民法院经审理查明:

2011年9月14日13时许,被告人李某甲、李某乙、王某某三人经事先预谋,在合水县西华池镇育才路红绿灯处将准备上学的合水县乐蟠中学学生杨某某拉进附近一巷子内,以威胁、恐吓的方式逼迫杨某某掏出现金人民币(以下币种同)5元给李某甲,三被告人又从杨某某身上搜得现金43元后逃离现场。

2011年9月15日21时许,被告人李某甲、李某乙、王某某在合水县供暖公司公路边将放学回家的合水县乐蟠中学学生李某某拉至供暖公司门房东侧,以威胁、恐吓的方式抢得现金5元。

2011年9月18日21时许,被告人李某甲、李某乙、王某某三人在合水县西华池镇育才路红绿灯处将准备回家的合水县乐蟠中学学生陈某某拉进附近的一条巷子内,因在陈某某的身上未搜到钱,三人便对陈某某拳打脚踢后逃离现场。当晚,李某甲、李某乙、王某某又在合水县西华池镇育才路红绿灯处,将放学回家途经该处的合水县乐蟠中学学生安某某拦住,李某甲在安某某胸部击打一拳,安某某被迫掏出现金1元交给了李某乙。

2011年9月21日21时许,被告人李某甲、李某乙、王某某在合水县西华池镇育才路红绿灯处,王某某持匕首将放学回家途经该处的合水县乐蟠中学学生姜某某胁迫至旁边一巷子,以殴打、恐吓的方式逼迫姜某某将身上现金22.5元掏出交给了李某乙。

2011年9月25日10时许,被告人李某甲、李某乙、杜某某(被治安处罚)在合水县文化东路将途经该处的合水一中学生刘某某拉进美食城后门巷子,拳打脚踢后,逼迫刘某某将现金25元交给了李某乙。

2011年9月25日15时许，被告人李某甲、李某乙伙同李某丙、杜某某(均被治安处罚)、宋某某(另案处理)在合水县西华池镇文化东路美食城后门将途经该处的合水县职业中学学生朱某某、张某某胁迫至美食城后门巷子一铁门处。李某乙持匕首威胁朱某某和张某某将身上的钱交出，朱某某遂将现金57元交给了李某乙。张某某谎称其银行卡内有200元现金，李某丙、杜某某、宋某某三人陪同张某某去合水县信用社取钱。途中，张某某趁机跑到街道对面同学中，李某丙等人见状，便逃离现场。

综上，被告人李某甲、李某乙、王某某等人强拿硬要他人钱财7起，得赃款158.50元；其中李某甲、李某乙参与作案7起，得赃款158.50元；王某某参与作案5起，得赃款76.50元。

合水县人民法院认为，被告人李某甲、李某乙、王某某为寻求精神刺激，采用暴力、胁迫等方法，以大欺小，以强凌弱，多次强拿硬要学生钱财，破坏社会秩序，其行为均构成寻衅滋事罪。三被告人在共同犯罪中所起的作用相当且犯罪时均不满十八周岁，均可以从轻处罚。公诉机关起诉指控的犯罪事实清楚，证据确实、充分，罪名成立。三被告人及其辩护人所提的辩护意见成立，予以采纳。据此，依照《中华人民共和国刑法》第二百九十三条第一款第三项，第二十五条第一款，第十七条第一款、第三款以及《最高人民法院关于审理未成年人刑事案件具体应用法律若干问题的解释》第八条之规定，合水县人民法院判决如下：

1. 被告人李某甲犯寻衅滋事罪，判处有期徒刑一年；
2. 被告人李某乙犯寻衅滋事罪，判处有期徒刑一年；
3. 被告人王某某犯寻衅滋事罪，判处有期徒刑十个月。

宣判后，三被告人没有提起上诉，检察机关亦未抗诉，该判决已发生法律效力。

二、主要问题

未成年人多次强取其他未成年人少量财物的案件如何处理？

三、裁判理由

本案在审理过程中，对被告人李某甲、李某乙、王某某行为的定性存在两种意见：一种意见认为，三被告人采用殴打或者持匕首威逼被害人的方式强抢财物，所使用的暴力、胁迫手段已达到足以危及他人生命、健康的程度，应当认定为抢劫罪；另一种意见认为，三被告人均系未成年人，认定其使用暴力、胁迫程度的标准应当与成年人有所区别，本案未造成被害人轻微伤以上的后果，属于未成年人以轻微暴力强索少量财物的行为，应当认定为寻衅滋事罪。

我们赞成后一种意见，理由如下：

(一)强拿硬要型寻衅滋事罪与抢劫罪的一般区分

根据刑法第二百六十三条的规定，抢劫罪是指以暴力、胁迫或者其他方法当场劫取公私财物的行为；而根据刑法第二百九十三条第一款第三项的规定，强拿硬要公私财物，情节严重的，应当以寻衅滋事罪论处。对于抢劫罪和强拿硬要型寻衅滋事罪而言，因两罪在客观方面都表现为强行非法占有公私财物，司法实践中易出现争议，因此应予准确区分。

对于如何区分强拿硬要型寻衅滋事罪与抢劫罪，最高人民法院2005年下发的《关于审理抢劫、抢夺刑事案件适用法律若干问题的意见》(以下简称《两抢意见》)明确规定：“寻衅滋事罪是严重扰乱社会秩序的犯罪，行为人实施寻衅滋事的行为时，客观上也可能表现为强拿硬要公私财物的特征。这种强拿硬要的行为与抢劫罪的区别在于：前者行为人主观上还具有逞强好胜和通过强拿硬要来填补其精神空虚等目的，后者行为人一般只具有非法占有他人财物的目的；前者行为人客观上一般不以严重侵犯他人人身权利的方法强拿硬要财物，而后者行为人则以暴力、胁迫等方式作为劫取他人财物的手段。”具体而言，区分强拿硬要型寻衅滋事罪与抢劫罪应当坚持主客观相统一的原则：

1. 从主观上分析行为人是否有寻衅动机。抢劫罪行为人一般单纯以非法占有公私财物为犯罪目的，即非法占有公私财物是行为人的终极目的；而寻衅滋事罪行为人主观上还具有逞强耍横、发泄情绪、寻求精神刺激的目的，非法占有公私财物在行为人的主观故意中处于次要地位。可以说，行为人主观上是否具有寻衅动机是区分两罪的关键所在。当然，行为人主观上是否具有寻衅动机还要结合行为人作案时间、地点和侵害对象的选择等方面进行判断。例如，从作案时间、地点上看，抢劫罪行为人通常较寻衅滋事罪行为人更加谨慎，以便实施抢劫犯罪后能够迅速逃离现场；而寻衅滋事罪行为人，有的则故意选择在公共场所当众作案，作案后滞留现场显示自己的威风，或者选择在同一地点多次作案，寻求精神刺激；从选择侵害的对象上看，抢劫罪行为人以侵财为目的，因此在侵害对象的选择上更注重对方是否具有财物的现实可能性；而寻衅滋事罪行为人则更注重侵害对象是否有反抗能力；等等。

2. 从客观行为上分析行为人使用暴力、胁迫的程度。尽管我国刑法对抢劫罪的暴力程度未作出规定，但通常认为应当达到足以抑制被害人反抗的程度；而寻衅滋事罪中行为人实施的暴力手段程度较弱，一般不以使被害人不敢反抗或者不能反抗为必要。实践中，要尽量注意避免只要行为人实施了暴力行为，而不问暴力程度的强弱，一律以抢劫罪定罪。也就是说，寻衅滋事罪的强拿硬要行为也包含暴力、胁迫的内容，只是程度上较轻微，不足以使被害人不敢反抗或者不能反抗。判断被害人是否不敢反抗、不能反抗，可以根据案件发生的时间、场所、被害人的年龄、身体条件、伤害后果、行为人是否持凶器、所实施暴力、胁迫的强度等因素，以一般人为标准进行综合分析。

当然，因寻衅滋事罪的行为方式与抢劫罪的行为方式存在一定的重合和交叉，而行为人是否具有寻衅动机有时可能难以认定，因此尽管司法解释对两罪作了明确区分，但实践中仍然存在行为人所实施的犯罪行为同时触犯寻衅滋事罪和抢劫罪两罪的情况，这时可以按照想象竞合犯的处罚原则，从一重处断。对此，最高人民法院、最高人民检察院 2013 年联合下发的《关于办理寻衅滋事刑事案件适用法律若干问题的解释》（以下简称《寻衅滋事案件解释》）第七条也明确规定："实施寻衅滋事行为，同时符合寻衅滋事罪和故意杀人罪、故意伤害罪、故意毁坏财物罪、敲诈勒索罪、抢夺罪、抢劫罪等罪的构成要件的，依照处罚较重的犯罪定罪处罚。"

（二）未成年人强拿硬要其他未成年人少量财物行为的处理

司法实践中，未成年人强拿硬要其他未成年人少量财物的案件时有发生。对于此类行为性质的认定，《两抢意见》规定："对于未成年人使用或威胁使用轻微暴力强抢少量财物的行为，一般不宜以抢劫罪定罪处罚。其行为符合寻衅滋事罪特征的，可以寻衅滋事罪定罪处罚。"实际上，该司法解释对未成年人实施强抢财物行为性质的认定，也坚持了强拿硬要型寻衅滋事罪和抢劫罪的一般区分标准，其中"使用或威胁使用轻微暴力"系两罪客观行为方面的区分标准，即行为人并未使用严重侵害他人人身安全的暴力、胁迫方式，从而区别于抢劫罪的客观行为；"强抢少量财物"系从强抢的财物数额上推断行为人主观上并非主要出于非法占有公私财物的目的，从而区别于抢劫罪的主观要件。

为进一步明确未成年人使用或者威胁使用轻微暴力强取少量财物行为的定罪标准，最高人民法院 2006 年出台的《关于审理未成年人刑事案件具体应用法律若干问题的解释》（以下简称《未成年人解释》）第七条规定："已满十四周岁不满十六周岁的人使用轻微暴力或者威胁，强行索要其他未成年人随身携带的生活、学习用品或者钱财数量不大，且未造成被害人轻微伤以上或者不敢正常到校学习、生活等危害后果的，不认为是犯罪。已满十六周岁不满十八周岁的人具有前款规定情形的,一般也不认为是犯罪。"该条分别从实施暴力的程度和危害后果两方面,对何种情形下未成年人的抢劫行为属于刑法第十三条规定的"情节显著轻微危害不大"作出了解释。

由上述司法解释的规定可以看出,本着对未成年人"教育、感化、挽救"的方针和"教育为主、惩罚为辅"的原则,对未成年人实施的以轻微暴力强索他人少量财物的行为,如果没有造成被害人轻微伤以上后果或者严重扰乱公共场所秩序、社会秩序等其他后果的,一般不以犯罪论处;社会危害大,确有必要追究刑事责任的,也要控制抢劫罪的适用,符合寻衅滋事罪的构成特征的,尽量选择适用寻衅滋事罪。在适用上述司法解释具体认定时,有两个问题需要注意:

一是关于"轻微暴力"和"少量财物"的认定。对是否属于"轻微暴力",可以从实施暴力的方式、强度,以及是否造成被害人身体伤害后果来分析判断,并应注意与成年人相区分。例如,同样是持刀强抢财物情节,成年人和未成年人由此所表现出的主观恶性与对被害人的威胁程度有所不同。成年人实施的持刀强抢行为,即使只是持刀威胁,未实际动刀伤害被害人,一般也应认定超出了"轻微暴力"的范畴,严重侵害了他人的人身安全;而对于未成年人实施的持刀强抢行为,则还要结合是否实际动刀伤人,是否造成被害人轻微伤以上或其他危害后果,综合认定是否属于"轻微暴力"。对于是否属"少量财物",可以参考盗窃罪数额较大的标准,以 1 000 元以下的财物为标准。当然,不是说使用轻微暴力强抢了数额超过 1 000 元的财物即定抢劫罪,根据《寻衅滋事案件解释》的规定,强拿硬要公私财物价值 1 000 元以上的,也是寻衅滋事罪的入罪标准之一,因此符合寻衅滋事罪特征的,也可能认定为寻衅滋事罪。

二是对寻衅滋事罪入罪标准的把握。强拿硬要他人财物构成寻衅滋事罪,需要具备"情节严重",《寻衅滋事案件解释》对该类犯罪"情节严重"的标准作了明确:(1)强拿硬要公私财物价值 1 000 元以上的;(2)多次强拿硬要公私财物,造成恶劣社会影响的;(3)强拿硬要精神病人、残疾人、流浪乞讨人员、老年人、孕妇、未成年人的财物,造成恶劣社会影响的;(4)引起他人精神失常、自杀等严重后果的;(5)严重影响他人的工作、生活、生产、经营的;(6)其他情节严重的情形。可见,该解释没有区分成年人与未成年人实施强拿硬要财物的定罪标准。我们认为,鉴于未成年人身心发育不成熟,人生观、价值观尚未定型等因素,上述标准对处理未成年人强索财物案件虽然适用,但仍应坚持有所区别、对未成年人尽量从宽处理的刑事政策精神。比如,如果是未成年人针对老年人、未成年人强拿硬要财物的,就不宜机械适用《寻衅滋事案件解释》上述规定第 3 项,认定未成年人构成寻衅滋事罪。我们认为,在办理未成年违法犯罪案件中《未成年人解释》所体现的政策精神应当得到贯彻。应当综合考虑未成年人实施强拿硬要行为的次数、手段、危害后果,是否造成恶劣社会影响,是否认罪悔罪以及是否积极退赃等因素,准确把握其行为是否属于"情节显著轻微危害不大,可不认为是犯罪"的情形。

需要指出的是,处理未成年人强索财物案件,既要坚持宽大原则,还要避免片面从宽,放纵犯罪。《两抢意见》《未成年人解释》关于从宽处理的规定,其适用都是有特定语境和前提条件的,即总体上适用于那些主观恶性不深、人身危险性不大、作案手段一般、危害后果不严重的违法犯罪行为。对那些虽然系未成年人,但强取不特定人员财物的犯意十分明确、坚决,甚至屡教不改,多次持凶器或者暴力殴打、威胁被害人,强行劫取、索要他人财物,严重侵害公民人身、财产安全的行为,应依法以抢劫罪定罪处罚。

(三)本案三被告人构成寻衅滋事罪

尽管司法解释已作出了明确的规定,但司法实践中对于寻衅滋事罪与抢劫罪的认定仍会发生混淆的情况。如本案公安机关立案侦查的罪名就与检察机关、人民法院认定的罪名不一致。根据前述司法解释的规定,我们认为:

1. 三被告人不构成抢劫罪。本案中,三被告人均系已满16周岁不满18周岁的未成年人,根据《两抢意见》的规定,对于未成年人使用或威胁使用轻微暴力强抢少量财物的行为,一般不宜以抢劫罪定罪处罚。从被告人使用的暴力、威胁手段的强度看,被告人共作案7次,其中有2次采用持凶器(匕首)威逼的方式作案,其余几次均未持凶器,而采用威胁、恐吓,或采用拳打脚踢的方式作案,均未造成被害人人身伤害后果,可以认定为轻微暴力;从强抢的数额看,各被告人7次作案累计强抢158.5元,数额较小,可以认定为强抢少量财物。故对三被告人不宜以抢劫罪定罪处罚。

2. 三被告人构成寻衅滋事罪。从主观方面看,三被告人具有寻衅动机,认定根据有:从作案时间、地点看,本案7次作案有3次发生在白天,7次作案均发生在校园周边,且有4次选择在同一地点作案;从作案对象看,7次作案对象均为在校未成年学生,其中5次作案对象是同一中学的学生,被害人的未成年学生身份意味着其不可能携带数额较大的财物;从客观行为表现看,被告人强抢陈某某时在未搜到财物后,还对陈某某拳打脚踢后才离开现场。以上均反映出被告人并非以非法占有财物为唯一目的,而具有以大欺小、以强凌弱、寻求精神刺激、逞强耍横的寻衅动机。从客观方面看,被告人李某甲、李某乙均7次实施、王某某5次实施向其他未成年人强拿硬要财物的行为,严重扰乱了校园周边的社会秩序,属于"情节严重",符合《未成年人解释》第八条的规定,应以寻衅滋事罪追究三被告人的刑事责任。同案李某丙参与作案1次,同案杜某某参与作案2次,二人寻衅滋事行为均不足3次,尚不属于"情节严重",故按照治安管理处罚法的规定予以行政处罚。

综上,人民法院认定三被告人构成寻衅滋事罪,是正确的。

(撰稿:最高人民法院刑一庭 肖 凤
审编:最高人民法院刑一庭 冉 容)

[第1029号]乐姿等破坏计算机信息系统案

——在无法准确认定经济损失、用户数量的情况下,如何认定破坏计算机信息系统的"后果严重"

【关键词】 破坏计算机信息系统罪 经济损失 用户数量 后果严重

一、基本案情

被告人乐姿,女,1971年12月7日出生,北京京城邂逅信息咨询有限公司法定代表人。2011年5月19日因涉嫌犯破坏计算机信息系统罪被逮捕。

被告人赵辉,男,1983年3月7日出生,北京京城邂逅信息咨询有限公司市场总监。2011年5月19日因涉嫌犯破坏计算机信息系统罪被逮捕。

被告人李琳,男,1982年10月6日出生。2011年5月19日因涉嫌犯破坏计算机信息系统罪被逮捕。

被告人霍加敏,男,1983年5月4日出生。2011年5月19日因涉嫌犯破坏计算机信息系统罪被逮捕。

北京市朝阳区人民检察院以被告人乐姿等四人犯破坏计算机信息系统罪,向朝阳区人民法院提起公诉。

四被告人对指控犯破坏计算机信息系统罪没有异议,但均辩称证明犯罪后果特别严重的证据不足。

被告人乐姿的辩护人基于以下理由提请对乐姿从轻处罚:(1)起诉书认定北京真情在线国际咨询有限公司因网站遭受攻击导致会员退费人民币(以下币种同)112万元的事实不清、证据不足;(2)基于"从旧兼从轻"原则,本案不应适用2011年《最高人民法院、最高人民检察院关于办理危害计算机信息系统安全刑事案件应用法律若干问题的解释》(以下简称《计算机解释》);(3)《计算机解释》第四条第二款第二项造成"为五万以上用户提供服务的计算机信息系统不能正常运行累计一小时以上"中的"五万以上用户"不能等同于注册用户数,而应当以该网站被攻击期间实际登录的用户数计算;(4)乐姿犯罪情节轻微,主观恶性不大,且系初犯。

被告人赵辉的辩护人基于以下理由提请对赵辉从轻处罚:(1)起诉书指控赵辉犯罪后果特别严重的证据不足;(2)司法解释规定的计算机用户数应为实际用户数,而非注册用户数。

被告人李琳的辩护人基于以下理由提请对李琳从轻处罚:(1)起诉书指控李琳犯罪后果特别严重的证据不足;(2)李琳系初犯,归案后能如实供述所犯罪行。

被告人霍家敏的辩护人基于以下理由提请对霍家敏从轻处罚:(1)起诉书指控霍家敏犯罪后果特别严重的证据不足;(2)霍家敏属于过失犯罪,系初犯、从犯,且归案后能如实供述所犯罪行。

北京市朝阳区人民法院经公开审理查明:被告人乐姿系北京京城邂逅信息咨询有限公司法定代表人,被告人赵辉系该公司市场总监。2011年2月至3月间,乐姿、赵辉经预谋后指使被告人李琳、霍加敏对北京真情在线国际咨询有限公司(以下简称真情在线公司)放置于北京市朝阳区、东城区的网站服务器进行攻击。后李琳、霍加敏使用DDOS、CC的方式,多次对真情在线公司网站"www. lol99. com"及"www. zqyjy. com"的服务器进行攻击,致使上述网站长时间内无法正常浏览。李琳、霍家敏共获利2 500元。

北京市朝阳区人民法院认为,被告人乐姿、赵辉、李琳、霍加敏违反国家规定,对计算机信息系统功能进行干扰,造成计算机信息系统不能正常运行,后果严重,四被告人的行为均构成破坏计算机信息系统罪。起诉书指控四被告人犯破坏计算机信息系统罪的事实清楚,证据确实、充分,罪名成立。关于起诉书指控四被告人犯罪后果特别严重的事实,仅有真情在线公司出具的书面材料及北京市长安公证处公证书予以证明,无其他证据佐证,故起诉书指控四被告人犯罪后果特别严重的证据不足,依法不予确认。鉴于四被告人归案后均能如实供述所犯罪行,依法可以从轻处罚。乐姿的辩护人所提本案不能适用《计算机解释》的辩护意见,无法律依据,不予采纳。霍家敏的辩护人所提霍家敏属于过失犯罪且系从犯的辩护意见,无事实、法律依据,不予采纳。综上,根据四被告人犯罪的事实、性质、情节以及社会危害程度,依照《中华人民共和国刑法》第二百八十六条第一款、第二十五条第一款、第六十七条第三款及《计算机解释》第四条第一款第五项之规定,朝阳区人民法院判决如下:

1. 被告人乐姿犯破坏计算机信息系统罪,判处有期徒刑一年六个月。
2. 被告人赵辉犯破坏计算机信息系统罪,判处有期徒刑一年六个月。
3. 被告人李琳犯破坏计算机信息系统罪,判处有期徒刑一年六个月。
4. 被告人霍家敏犯破坏计算机信息系统罪,判处有期徒刑一年六个月。

宣判后,四被告人均未提起上诉,检察机关亦未抗诉,该判决已发生法律效力。

二、主要问题

在无法准确认定经济损失、用户数量的情况下,如何认定破坏计算机信息系统的"后果严重”？

三、裁判理由

刑法第二百八十六条第一款规定：“违反国家规定，对计算机信息系统功能进行删除、修改、增加、干扰，造成计算机信息系统不能正常运行，后果严重的，处五年以下有期徒刑或者拘役；后果特别严重的，处五年以上有期徒刑。”为正确理解与适用上述规定，2011 年最高人民法院、最高人民检察院联合出台的《计算机解释》对破坏计算机信息系统罪的“后果严重”和“后果特别严重”两种情节分别明确了认定标准。但由于破坏计算机信息系统罪属于新类型犯罪，具体认定过程中往往既涉及对传统证据的审查判断，又涉及对虚拟空间中电子证据的审查判断，故对《计算机解释》中涉及的一些专业性问题，应当结合技术和法律两个层面进行综合审查。对于本案，在案证据无法证明受害公司遭受的经济损失达到入罪标准，也无法根据受侵害的用户数量认定构成犯罪，法院依据《计算机解释》中“造成其他严重后果”的规定认定了四被告人的刑事责任。具体分析如下：

其一，本案现有证据难以准确认定受害公司遭受的经济损失。根据《计算机解释》规定，破坏计算机信息系统，造成经济损失 1 万元以上的，属于后果严重；造成经济损失 5 万元以上的，属于后果特别严重。本案中，真情在线公司向法庭提交婚介服务委托合同、收款单、解约协议、支出凭单等证据，意在证明其公司因服务网络受到攻击，导致向 6 名客户退费共计 112 万元。但由于上述材料均为真情在线公司单方面出具，在没有找到相关退费客户且真情在线公司拒不提供公司会计资料的情况下，上述证据的真实性与关联性均无法得到确认。同时，即便上述退费真实发生，也不能把退费数额等同于损失数额。因为退费后公司，不再为客户提供服务，也就没有了成本支出，其真正损失应当为前期服务成本和预期利润，而不是全部退费金额。因此，根据现有证据，无法认定四被告人破坏计算机信息系统造成经济损失的具体数额，无法依据《计算机解释》规定的经济损失标准认定四被告人的行为属于“后果严重”或“后果特别严重”。

其二，根据现有证据难以准确认定受害公司计算机信息系统提供服务的用户数量。根据《计算机解释》规定，破坏计算机信息系统造成为 1 万以上用户提供服务的计算机信息系统不能正常运行累计 1 小时以上的，属于后果严重；造成为 5 万以上用户提供服务的计算机信息系统不能正常运行累计 1 小时以上的，属于后果特别严重。本案中，真情在线公司提供的公证书证明该公司有 16 万余名注册用户，其公司网站受攻击影响的累积时间亦远超 1 小时，如依此标准计算，四被告人的行为显然属于“后果特别严重”，依法应当判处五年以上有期徒刑。但是，上述用户数据是真情在线公司通过 SecureCRT 软件进行统计后得出的，该软件的可靠性如何，并没有相应的证据予以佐证。虽然真情在线公司对自行统计的过程进行了公证，但公证书并不涉及对统计方法和统计内容科学性、有效性、客观性的评价，仅是对统计过程的一种“见证”。因此，上述统计数据的真实性无法得到确认。另外，即便通过可靠的软件统计出注册用户数，但其所统计的注册用户是否真实存在，是否存在重复注册的用户、“僵尸用户”或者其他“虚拟用户”，亦不得而知。因此，在真情在线公司以涉及商业机密和会员隐私为由，拒不提供实体会员数据的情况下，仅仅通过统计软件尚无法确定该公司计算机信息系统提供服务的实际用户数量。

审理过程中，有观点提出按照系统被攻击时的实际用户数（即 IP 访问量）进行认定。我们认为，这种方法不可取。首先，根据现有证据，尚不能区分系统被攻击时哪些访问是正常访问，哪些访问是攻击性访问，即无法准确统计被攻击时受到影响的正常用户数量，一般只能参照正常情况下该网站每天访问的平均用户数量来计算，但这一计算结果并不准确，不符合刑事案件的证明标准。其次，从字面意义上看，《计算机解释》明确规定对计算机信息系统受攻击影响的运行时间应当累计计算,但对于用户数量则没有规定可以累加计算。因此,将"为一万以上用户提供服务的计算机信息系统"理解为累计计算的用户数量,有扩大解释之嫌,也不符合有利于被告人的刑事诉讼原则。

其三,综合考虑行为性质、情节、社会危害程度,应当认定四被告人的行为达到了破坏计算机信息系统"后果严重"的程度。《计算机解释》第四条明确列举了破坏计算机信息系统"后果严重"的四种情形,同时将"造成其他严重后果的"情形规定为兜底条款。实践中,为了防止扩大解释,一般要求兜底条款的适用对象在行为性质、情节、社会危害程度等方面与刑法及相关司法解释规定的定罪量刑条件具有同质性或者相当性。本案中,基于对刑事证据的严格把握,虽然不能准确认定所造成的经济损失和受影响的计算机用户数量,但四被告人恶意攻击计算机信息系统达10次以上,总计时间约40小时,造成为全国知名婚恋交友网站提供服务的计算机信息系统长时间内无法正常运行,必然会影响真情在线公司众多的服务用户,并造成一定的经济损失。真情在线公司向法庭提交的因网站受攻击导致客户退费112万元及该公司有16万余名注册用户的证据材料虽不能作为定案根据,但却可以作为评价其公司经营规模与实际注册用户数量的重要参考。因此,四被告人所实施的具体行为,既必然造成经济损失,又确实导致众多计算用户受影响,且影响时间较长,这些情节较《计算机解释》所规定的"造成经济损失一万元以上"或者"造成为一万以上用户提供服务的计算机信息系统不能正常运行累计一小时以上"的入罪条件,在性质、情节、社会危害程度等方面均有过之而无不及。因此,北京市朝阳区人民法院据此认定四被告人的行为符合《计算机解释》规定的破坏计算信息系统"造成其他严重后果"的情形是正确的。

(撰稿:北京市朝阳区人民法院 李 晓
审编:最高人民法院刑五庭 马 岩)

[第1030号]韩亚泽掩饰、隐瞒犯罪所得案

——上游犯罪尚未依法裁判,但查证属实的,是否影响对掩饰、隐瞒犯罪所得罪的认定

【关键词】 掩饰、隐瞒犯罪所得罪 上游犯罪 未依法裁判 查证属实 认定

一、基本案情

被告人韩亚泽,男,1992年3月28日出生,学生。2013年2月2日因涉嫌犯掩饰、隐瞒犯罪所得罪被取保候审。

河南省郏县人民检察院以被告人韩亚泽犯掩饰、隐瞒犯罪所得罪,向郏县人民法院提起公诉。

河南省郏县人民法院经公开审理查明:2013年1月19日,被告人韩亚泽在河南省郏县第一高级中学家属院门口以人民币(以下币种同)90元的价格从一男子(具体身份不详)处购买黑色小米牌手机(价值1 339元)一部。经查,该手机系另案被告人刘培栋在一网吧上网时被盗,根据防盗追踪功能,在韩亚泽处查获该手机,韩亚泽将手机退还。

郏县人民法院认为,被告人韩亚泽在非正常销售手机的场所,以极低价格收购没有发票,也不配带充电器、电池的价值千余元的手机,其明知该手机可能是犯罪所得,仍予以购买的行为构

成掩饰、隐瞒犯罪所得罪。鉴于韩亚泽归案后如实供述自己的罪行,及时退赃,且系在校学生,可以对其从轻处罚。据此,依照《中华人民共和国刑法》第三百一十二条第一款、第五十二条之规定,郏县人民法院以被告人韩亚泽犯掩饰、隐瞒犯罪所得罪,单处罚金人民币一千元。

一审宣判后,被告人韩亚泽未提起上诉,检察院亦未抗诉,该判决已发生法律效力。

二、主要问题

上游犯罪尚未依法裁判,但查证属实的,是否影响对掩饰、隐瞒犯罪所得罪的认定?

三、裁判理由

掩饰、隐瞒犯罪所得罪一般情况下都是先认定了上游犯罪,在上游犯罪尚未依法裁判,但查证属实的情况下能否认定掩饰、隐瞒犯罪所得罪,实践中存在不同意见。本案审理过程中就涉及这一问题,合议庭对被告人韩亚泽行为的定性形成两种意见:一种意见认为,韩亚泽不构成掩饰、隐瞒犯罪所得罪,理由是:盗窃手机之人未被抓获,作为上游的盗窃行为尚未被定罪,后行为缺乏成立的前提条件,自然不构成掩饰、隐瞒犯罪所得罪。另一种意见认为,韩亚泽构成掩饰、隐瞒犯罪所得罪,理由是:掩饰、隐瞒犯罪所得罪是一个独立的罪名,只要行为符合刑法规定的犯罪构成要件,就构成掩饰、隐瞒犯罪所得罪,无须依赖上游犯罪经过裁判。

我们同意后一种意见,即在上游犯罪尚未依法裁判,但查证属实的情况下,不影响对掩饰、隐瞒犯罪所得罪的认定,韩亚泽构成掩饰、隐瞒犯罪所得罪。具体理由如下:

(一)根据相关司法解释的规定,上游犯罪尚未依法裁判,但查证属实的,不影响对下游犯罪的认定

刑法第三百一十二条规定:“明知是犯罪所得及其产生的收益而予以窝藏、转移、收购、代为销售或者以其他方法掩饰、隐瞒的,处三年以下有期徒刑、拘役或者管制,并处或者单处罚金;情节严重的,处三年以上七年以下有期徒刑,并处罚金。单位犯前款罪的,对单位判处罚金,并对其直接负责的主管人员和其他直接责任人员,依照前款的规定处罚。”根据上述规定,一般认为,掩饰、隐瞒犯罪所得罪的构成要件是:客体是司法机关正常查明犯罪、追缴犯罪所得的活动;客观方面是实施了窝藏、转移、收购、代为销售或者以其他方法掩饰、隐瞒的行为;主体为单位或者年满16周岁、具有刑事责任能力的自然人;主观方面要求行为人明知是犯罪所得,即知道或者应当知道可能是犯罪所得,不要求确切地知道是什么具体犯罪所得、如何所得。

实践中,对刑法第三百一十二条“明知是犯罪所得及其产生的收益”中的“犯罪”如何理解,一直存在两种不同的观点。一种观点认为,刑法第三百一十二条中的“犯罪”应当理解为符合具体犯罪构成的犯罪,主张该罪必须以上游犯罪成立为要件,构成上游犯罪的客体、客观要件、主体、主观要件四要件只要有一样欠缺,该罪就不能成立。另一种观点认为,对刑法第三百一十二条中的“犯罪”内涵要进行实质性的理解,而不能仅从形式上理解。该条中的“犯罪”,不应是完全符合犯罪构成四个方面要件的犯罪,而是侵犯客体,造成了危害结果这种客观意义上的犯罪,是一种“实质的犯罪”,不要求其必须完全具备四个方面的犯罪构成要件。本案审理过程中,之所以对被告人韩亚泽行为的定性形成两种不同意见正是由于对刑法第三百一十二条中“犯罪”的理解不同。

最高人民法院2009年11月11日出台的《关于审理洗钱等刑事案件具体应用法律若干问题的解释》(以下简称《洗钱解释》)对此问题作了明确。《洗钱解释》第四条第一款、第二款规定:“刑法第一百九十一条、第三百一十二条、第三百四十九条规定的犯罪,应当以上游犯罪事实成立为认定前提。上游犯罪尚未依法裁判,但查证属实的,不影响刑法第一百九十一条、第三百一十二条、第三百四十九条规定的犯罪的审判。上游犯罪事实可以确认,因行为人死亡等原因依法不

予追究刑事责任的,不影响刑法第一百九十一条、第三百一十二条、第三百四十九条规定的犯罪的认定。"根据上述规定,我们认为,掩饰、隐瞒犯罪所得罪的成立以上游犯罪事实成立为前提,即只要求上游犯罪构成实质意义上的犯罪,而不要求必须是已经由刑事判决确认的形式意义上的犯罪。掩饰、隐瞒犯罪所得罪的成立与上游犯罪有着特殊的关系,既派生于上游犯罪,又独立于上游犯罪。掩饰、隐瞒犯罪所得罪作为一个独立的罪名,有自己独特的构成要件,掩饰、隐瞒犯罪所得行为与前行为不是一个整体,前行为是否被裁判,对其构成犯罪没有实质影响。前行为尚未依法裁判或者对行为人不予追究刑事责任的,不影响掩饰、隐瞒犯罪所得罪的成立。本案中,作为上游犯罪的盗窃犯罪虽然尚未依法裁判,但已经查证属实,因此不影响对掩饰、隐瞒犯罪所得罪的认定。

需要说明的是,本案的上游盗窃行为发生于2013年1月19日之前,掩饰、隐瞒犯罪所得罪的裁判时间为2013年3月14日。无论是盗窃犯罪行为时还是赃物犯罪裁判时,河南省盗窃犯罪数额较大的起点标准均为1000元。因此,赃物犯罪裁判时,判断上游盗窃行为是否达到盗窃数额较大标准,均应以1000元为最低标准。2013年4月4日,最高人民法院、最高人民检察院联合出台《关于办理盗窃刑事案件适用法律若干问题的解释》后,河南省盗窃犯罪数额较大的起点标准为2000元。如果上游盗窃行为人日后归案,应当依照从旧兼从轻原则,按照调整后的数额标准认定盗窃手机的行为不构成犯罪。但是,赃物犯罪裁判已经发生法律效力,该裁判作出时适用法律正确。不能以司法解释规定的数额标准发生变化导致盗窃行为不构成犯罪为由认为掩饰、隐瞒犯罪所得的行为也不构成犯罪。

(二)基于节约司法成本的考虑,掩饰、隐瞒犯罪所得罪的认定不应以上游犯罪被裁判为前提

掩饰、隐瞒犯罪所得罪是实践中多发犯罪之一,如果认定掩饰、隐瞒犯罪所得罪要求上游行为被裁判,则会大大增加诉讼成本,浪费司法资源,还可能放纵犯罪。实践中常有上游行为实施者未被抓获或者未经审判,而实施掩饰、隐瞒行为的人已被起诉到法院的情形。如果因为上游行为尚未定罪,而对实施掩饰、隐瞒行为的人作出无罪判决,等到上游行为依法判决后,再对掩饰、隐瞒行为进行侦查、起诉,那么就会重复已经进行过的诉讼程序,可能会因现有证据灭失而导致案件无法得到公正裁判。即便等到上游行为依法判决后,仍有确实充分的证据证明掩饰、隐瞒行为构成犯罪,但对于同一行为,先后作出无罪判决和有罪判决,无疑会削弱司法权威。如果抓获后发现上游行为实施者是不负刑事责任能力人或者因其他原因对其不予追究刑事责任,那么对实施掩饰、隐瞒行为人的审理又回到前文司法解释的范围。因此,无论从哪一角度看,都不宜将上游行为被裁判作为认定掩饰、隐瞒犯罪所得罪的前提条件。

就本案而言,被告人韩亚泽明知是犯罪所得仍予以收购,妨碍了司法机关正常查明犯罪的活动,符合掩饰、隐瞒犯罪所得罪的构成要件。盗窃手机之人未被抓获,盗窃行为未被定罪,不影响掩饰、隐瞒犯罪所得罪的成立,韩亚泽构成掩饰、隐瞒犯罪所得罪。

(撰稿:最高人民法院刑一庭　李　晖
河南省郏县人民法院　周米娜　樊俊晓
河南省平顶山市中级人民法院　桓　旭
审编:最高人民法院刑四庭　陆建红)

[第1152号]陈垚东等人组织、领导、参加黑社会性质组织案
——如何准确认定黑社会性质组织的成员

【关键词】 组织、领导、参加黑社会性质组织罪 黑社会性质组织成员 认定

一、基本案情

被告人陈垚东,男,1971年7月16日出生。2012年1月29日因本案被逮捕。

被告人文稳权,男,1965年6月23日出生。2012年1月29日因本案被逮捕。

(其他被告人、被告单位基本情况略)

广东省深圳市人民检察院以被告人陈垚东、文稳权、伍健东、陈锦田、赖庆棠、王文明、陈诺强、陈伟明、曾庆发、曾鸿辉、易亚胡、潘永钊、宁注作、林波、岳彪、曾玉新、曾细苓、刘志清、谢春山、陈惠芳、潘泽勇、陈嘉祺、陈卓峰、陈展斌、应春秋、文迎新、陈伟洪、曾柏球、周梁、李朝阳、曾庆华、江沛华、黎进成、江锦平、陈法军、陈平右、刘少雄、文永峰、郑剑宏、曾炯贤、被告单位深圳市万丰(集团)股份有限公司等分别犯组织、领导、参加黑社会性质组织罪,故意杀人罪,绑架罪,故意伤害罪,非法拘禁罪,抢劫罪,敲诈勒索罪,强迫交易罪,交通肇事罪,虚报注册资本罪,非法倒卖土地使用权罪,聚众扰乱社会秩序罪,聚众斗殴罪,寻衅滋事罪,纵容黑社会性质组织罪,提供伪造的出入境证件罪,赌博罪,开设赌场罪,贩卖毒品罪,容留他人吸毒罪,组织卖淫罪,行贿罪,单位行贿罪,受贿罪,向深圳市中级人民法院提起公诉。

被告人文稳权辩称没有参加任何黑社会性质组织。其辩护人提出:文稳权未单独或与陈垚东共同发起、创建黑社会性质组织,没有在组织中起决策、指挥、协调、管理作用,也没有带领、引导、领导行为,其和陈垚东之间没有经济合作之外的其他经济联系,所做经济决策不必听取陈垚东的命令,经济合作中的利益分配和风险承担根据股权的多少依照民事法律原则进行,文稳权的行为不构成领导黑社会性质组织罪。

深圳市中级人民法院经审理查明:

(一)组织、领导、参加黑社会性质组织的事实

被告人陈垚东自20世纪80年代末开始,纠集"沙皮狗"等社会闲杂人员,在广东省宝安县沙井镇(现广东省深圳市宝安区沙井街道)一带逞勇斗狠、为非作恶,成为当地颇具声名的恶势力。自1994年以来,陈垚东通过笼络乡邻、招纳小弟、聘用员工、纠集同道等途径,逐步建立起以其本人为组织者、领导者,以被告人伍健东、陈锦田、赖庆棠、王文明、陈诺强、曾庆发、曾鸿辉、易亚胡、潘永钊、宁注作等人为积极参加者,包括被告人陈伟明、林波、岳彪、曾玉新、曾细苓、刘志清、谢春山、陈惠芳、潘泽勇、陈嘉祺、陈卓峰、陈展斌、陈伟洪、文迎新、曾柏球、周梁、李朝阳、曾庆华、江沛华、黎进成、江锦平、陈法军、陈平右以及另案处理的数十人组成的骨干成员固定、层级结构明确、人数众多、势力庞大、在沙井街道经济、社会生活中具有重大影响的黑社会性质组织。该组织按照"江湖规矩"管理组织成员,维系组织架构。盘踞沙井街道一带,长期通过非法手段经营废品收购、码头运输、房地产等行业,实施了故意伤害、绑架、非法拘禁、抢劫、敲诈勒索、开设赌场、赌博、聚众斗殴、寻衅滋事、强迫交易、容留他人吸毒、贿赂国家工作人员、非法倒卖土地使用权等大量违法犯罪活动,攫取了巨额非法财富,严重破坏了当地的经济、社会生活秩序。

（二）以被告人陈垚东为首的黑社会性质组织实施犯罪的事实

容留他人吸毒的事实

1999年12月，被告人陈垚东与被告人文稳权等人合伙在深圳市宝安区沙井街道黄埔路口原新桥客运站一、二楼开办创世纪娱乐城。陈垚东、文稳权明知所经营的场所内存在吸毒行为，为招揽生意，非但不予制止，而且长期为顾客提供吸食K粉的吸管、碗、碟等工具。创世纪娱乐城在经营期间，多次被公安机关查获有容留他人吸毒的违法犯罪活动，其中公安机关仅2004年9月30日就一次查获吸毒人员213人。

（故意伤害、绑架、非法拘禁、抢劫、敲诈勒索、赌博、聚众斗殴、寻衅滋事、强迫交易、行贿、非法倒卖土地使用权的事实略）

（三）黑社会性质组织成员及本案其他被告人实施犯罪的事实

被告人文稳权寻衅滋事的事实

2003年年底，被告人文稳权等人获得779路、780路、782路公交路线的承包经营权，由文稳权具体经营。2004年年初，文稳权认为其承包经营的公交线路的客源不如谭忠启承包经营的781路公交线路的客源丰富，遂擅自改变规定的行驶路线，与781路公交车队并线竞争揽客。同时，文稳权授意手下人员多次拦停营运的781路公交汽车，驱赶乘客，殴打司机，打砸汽车，逼迫781路公交车队改变规定的行驶路线或退出沙井客运市场。谭忠启被逼在2004年3月初将781路公交车队18台公交车全部停止营运。在沙井街道办和沙井运输公司介入协调下，781路公交车队恢复营运，并作出让步，改道走客源较少的路段。其后，因谭忠启未退出沙井客运市场，781路公交车队仍不时遭遇文稳权等人的暴力滋扰。

（其他事实略）

深圳市中级人民法院认为，以陈垚东为首的犯罪组织形成了较稳定的黑社会性质组织结构，组织成员加入时具有一定形式，有一定的组织纪律和活动规约并较为明确地划定势力范围；该组织通过违法犯罪活动或者其他手段获取经济利益，具有一定的经济实力，并以经济实力支持该组织的活动；该组织成员利用组织势力和影响，有组织地实施故意伤害、绑架、非法拘禁、抢劫、敲诈勒索、赌博、聚众斗殴、寻衅滋事、强迫交易、行贿、非法倒卖土地使用权等违法犯罪活动，并腐蚀、拉拢国家工作人员，称霸沙井街道一带，为非作恶，欺压、残害群众，造成群众心理恐慌，安全感下降；该组织以暴力、威胁为基础，利用组织势力和影响，为组织成员划分势力范围，垄断沙井街道一带的大宗废品收购、沙石运输等行业，在一定区域和行业内均形成了非法控制和重大影响，严重破坏了沙井街道一带经济、社会生活秩序。公诉机关指控陈垚东等31人分别构成组织、领导、参加黑社会性质组织罪，事实清楚，证据确实、充分，指控罪名成立……被告人文稳权虽然曾与陈垚东合作开办创世纪娱乐城、共同承包经营公交线路等，也有同案被告人指认文稳权与陈垚东私交颇好，但无证据证明文稳权参与发起、创建以陈垚东为首的黑社会性质组织，无证据证明文稳权以何种方式参加该组织，无证据证明文稳权在组织层级结构中处于何位置，无证据证实文稳权对该组织及其运行、活动起到决策、指挥、协调、管理作用以及曾发展下线成员，依法不能认定文稳权为黑社会性质组织的领导者，亦不能认定其参加黑社会性质组织，公诉机关指控文稳权犯领导黑社会性质组织罪，事实不清，证据不足，不予支持；文稳权为争抢客源而授意他人随意拦截公交汽车，殴打司乘人员，情节恶劣，其行为已构成寻衅滋事罪，应当依法予以惩处；公诉机关指控文稳权犯容留他人吸毒罪，已过追诉时效期限，并且不是必须追诉，已另行裁定终止审理……依照《中华人民共和国刑法》第二百九十四条第一款、第三款、第四款、第五款，第一百三十三条，第二百三十四条，第一百五十八条第一款，第二百二十六条第一项，第二百二十八条，第二百三十二条,第二百三十八条第一款、第三款,第二百三十九条第一款,第二百六十三条第四项,第二百九十条第一款,第二百九十二条第一款第二项、第四项,第三百一十九条第一款,第三百五十四条,第三百零三条,第三百五十九条第一款,第三百八十五条第一款,第三百八十六条,第三百八十三条第一款第一项、第二款,第三百九十条第一款,第三百八十九条第一款,第三百九十三条,第十二条第一款,第九十七条,第三十条,第三十一条,第二十三条,第二十五条第一款,第二十六条,第二十七条,第六十五条,第六十七条第二款、第三款,第六十一条,第四十八条,第五十七条第一款,第五十六条第一款,第五十二条,第五十九条,第六十九条,第七十条,第七十七条第一款,第七十二条第一款、第三款,第七十三条,第三十七条,第八十七条,第六十四条,第三十六条第一款;1997 年修订的《中华人民共和国刑法》第二百七十四条,第二百九十三条第一项、第二项、第三项;《中华人民共和国民法通则》第一百一十九条、第一百三十条;《中华人民共和国刑事诉讼法》第九十九条第一款、第一百零二条;《中华人民共和国民事诉讼法》第六十四条、第二百五十三条;《全国人民代表大会常务委员会关于〈中华人民共和国刑法〉第二百二十八条、第三百四十二条、第四百一十条的解释》;《最高人民法院关于审理黑社会性质组织犯罪的案件具体应用法律若干问题的解释》第三条第一款、第五条第二款、第六条第四项;《最高人民法院、最高人民检察院关于办理行贿刑事案件具体应用法律若干问题的解释》第一条、第四条第一项、第五条;《最高人民法院关于审理破坏土地资源刑事案件具体应用法律若干问题的解释》第二条第三项、第四项;《最高人民法院关于审理交通肇事刑事案件具体应用法律若干问题的解释》第一条、第二条、第三条;《最高人民法院关于处理自首和立功具体应用法律若干问题的解释》第二条、第三条、第四条;《最高人民法院关于审理人身损害赔偿案件适用法律若干问题的解释》第三条第一款、第十九条、第二十条、第二十一条、第二十二条、第二十三条、第二十四条、第二十六条、第二十七条、第二十八条、第三十五条;《最高人民法院关于适用〈中华人民共和国刑事诉讼法〉的解释》第一百三十八条,第一百四十三条第一款第一项,第一百五十五条第一款、第二款,第一百五十七条的规定,判决如下:

1. 被告人陈垚东犯组织、领导黑社会性质组织罪,判处有期徒刑十五年,并处没收个人全部财产;犯故意伤害罪,判处无期徒刑,剥夺政治权利终身;犯绑架罪,判处有期徒刑十年,并处罚金人民币三百万元;犯非法拘禁罪,判处有期徒刑一年;犯抢劫罪,判处有期徒刑十年,剥夺政治权利三年,并处罚金人民币二十万元;犯敲诈勒索罪,判处有期徒刑十年;犯赌博罪,判处有期徒刑二年,并处罚金人民币一百八十万元;犯聚众斗殴罪,判处有期徒刑三年;犯寻衅滋事罪,判处有期徒刑二年;犯强迫交易罪,判处有期徒刑六年,并处罚金人民币九千万元;犯容留他人吸毒罪,判处有期徒刑二年,并处罚金人民币一百五十万元;犯行贿罪,判处无期徒刑,剥夺政治权利终身,并处没收个人全部财产;犯非法倒卖土地使用权罪,判处有期徒刑七年,并处罚金人民币三千万元;犯虚报注册资本罪,判处有期徒刑六个月,并处罚金人民币五十万元。数罪并罚,决定执行无期徒刑,剥夺政治权利终身,并处没收个人全部财产,罚金人民币一亿二千七百万元。

2. 被告人文稳权犯寻衅滋事罪,判处有期徒刑一年六个月。

(其他被告人、被告单位的判决情况略)

宣判后,被告人陈垚东等提出上诉,文稳权未提出上诉。

广东省高级人民法院经审理,依法驳回陈垚东等人的上诉,并依法对 5 名同案被告人改判。

二、主要问题

在黑社会性质组织犯罪案件中,应如何准确认定被告人是否为黑社会性质组织的成员。

三、裁判理由

我国刑法采用行为与地位、作用相结合的划分标准,将黑社会性质组织的成员分为组织者、领导者、积极参加者、其他参加者(又称"一般参加者")等不同类型,并且规定了不同的刑罚。被指控为黑社会性质组织成员的被告人,能否认定其具有组织、领导、参加行为是一个基础性问题,不仅关乎事实认定,更关乎罪与非罪以及如何判处刑罚,必须严格加以区分。2009年《最高人民法院、最高人民检察院、公安部办理黑社会性质组织犯罪案件座谈会纪要》(以下简称2009年《纪要》)对黑社会性质组织的组织者、领导者、积极参加者、其他参加者均作出了较为明确的界定。2015年《全国部分法院审理黑社会性质组织犯罪案件工作座谈会纪要》(以下简称2015年《纪要》)进一步采用反向列举的方式,明确了以下三类人员不属于黑社会性质组织的成员:(1)主观上没有加入黑社会性质组织的意愿,受雇到黑社会性质组织开办的公司、企业、社团工作,未参与或者仅参与少量黑社会性质组织的违法犯罪活动的人员;(2)因临时被纠集、雇佣或受蒙蔽为黑社会性质组织实施违法犯罪活动或者提供帮助、支持、服务的人员;(3)为维护或扩大自身利益而临时雇佣、收买、利用黑社会性质组织实施违法犯罪活动的人员。同时规定:"上述人员构成其他犯罪的,按照具体犯罪处理。"通观两份《纪要》中关于认定黑社会性质组织成员的相关规定,既强调"主客观相一致"的刑法原则,要求审判时应当着重审查行为人主观上有无参加黑社会性质组织的认识因素和意志因素,同时又从客观方面对认定"组织、领导、参加"行为提出了具体标准。从2009年《纪要》的规定来看,组织者是指黑社会性质组织的发起者、创建者,领导者是指实际居于领导地位,并对整个组织及其运行、活动起着决策、指挥、协调、管理作用的组织成员。由于该定义十分清楚,组织者、领导者所需具有的客观行为也一目了然。对于积极参加者、其他参加者的认定,2009年《纪要》除了要求"明知而参加"之外,还要求行为人"接受黑社会性质组织的领导和管理"。应当说,此处的"接受"一词有着主客观两方面的含义:一方面是指主观上有将自己置于黑社会性质组织管控之下的意愿;另一方面也是指客观上有接受黑社会性质组织领导和管理的事实。2015年《纪要》继承了上述精神,仔细分析后不难发现,所列举的三类人员都是因为在主观或者客观方面尚未达到认定标准而被排除在黑社会性质组织成员之外。

司法实践中,认定被告人有无组织行为、领导行为相对容易,而认定被告人是否有参加黑社会性质组织行为时,情况则显得比较复杂。一般来说,可以将是否举行专门的参加仪式作为重要的认定依据。但当前的实践中多数黑社会性质组织在发展成员时并无此类程序,这就要求在审判时要按照两份《纪要》的规定,审慎地结合以下两个方面来判别被告人是否有参加黑社会性质组织的行为:第一,是否参与实施了黑社会性质组织的违法犯罪活动。黑社会性质组织区别于其他犯罪组织的本质特征,就是依靠有组织的违法犯罪活动来达到对经济、社会生活进行非法控制并进而攫取非法利益的目的。黑社会性质组织的生存离不开有组织的违法犯罪活动,而是否参与有组织的违法犯罪活动又是表明被告人与涉案黑社会性质组织之间存在关系的重要标志。因此,这一点自然是判断参加行为的重要依据。第二,与涉案黑社会性质组织之间有无相对固定的从属关系。所谓相对固定的从属关系,是指在黑社会性质组织中组织者、领导者居于核心地位,积极参加者和其他参加者较稳定地处于被领导、被管理的地位。其中,有些人是直接听命于组织者、领导者,更多的则是在分级管理的体系内听命于其他组织成员。但不管怎样,组织成员在黑社会性质组织中均应具有相对固定的位置,如果与黑社会性质组织没有任何从属关系,如只是临时受邀或基于个人意愿参与某起犯罪,即便其参与了有组织的违法犯罪活动,也不能将其认定为是黑社会性质组织的成员。换言之,如果在黑社会性质组织中找不到可以对应的位置,就说明被告人与该犯罪组织没有从属关系;如果与黑社会性质组织的某一成员之间没有服从与被服从、管理与被管理关系,就不能认定被告人有参加黑社会性质组织的行为。

当前,黑社会性质组织犯罪呈现出多样化、复杂化、隐蔽化、“黑白”结合等特征,在认定参加行为时也会面临一些新的问题。具体到本案,以陈垚东为首的黑社会性质组织发展时间较长,层级分明,组织纪律明确,成员多达数百人(本案是主案)。长期盘踞在深圳市宝安区沙井街道,通过实施违法犯罪活动和依靠个别国家工作人员的非法保护,欺压、残害群众、称霸一方。不仅获取了巨额经济利益,而且已对沙井地区的经济、社会生活以及当地的大宗废品收购、沙石运输等行业形成了非法控制或重大影响。应该说,该黑社会性质组织具有一定的典型性,且其运行模式、获利方式在同类型案件中也显得相对更为有效和广泛。虽然陈垚东黑社会性质组织的成员互称“公司的人”,但该犯罪组织并不是单纯以某一个经济实体作为依托。陈垚东本人主要是通过自己经营与非法控制的房地产、大宗废品回收业务以及其他投资来获取利益,而陈垚东手下的主要成员则各有独自染指的行业和势力范围,该犯罪组织的成员相互之间在获利渠道方面基本互不交叉。而且,陈垚东一般只直接管理骨干成员,通过调解纠纷、划分地盘和惩戒处罚等手段来避免手下的各个团伙相互发生冲突,骨干成员则负责管理各自手下的“小弟”。正因如此,该黑社会性质组织层级较多、势力庞大,触角几乎伸向了沙井地区的每一座村庄、每一个行业。在这种情况下,当地从事生产、经营活动的人员难免会与该黑社会性质组织存在这样那样的联系。其中一些人不仅与该黑社会性质组织或者组织成员有经济往来,甚至还参与了该组织的违法犯罪活动。可否将这些人员认定为黑社会性质组织成员,在司法实践中存在一定争议。

本案检察机关以领导黑社会性质组织罪对被告人文稳权提起公诉,并在起诉书中将其列为第二被告人。文稳权及其辩护人均不认可该项指控,提出其系“六无人员”(无组织、无纪律、无大哥、无马仔、无仪式、无行为),不是黑社会性质组织成员的辩解和辩护意见。从审理查明的案情来看,由于受香港地区有组织犯罪亚文化的影响,以陈垚东为首的黑社会性质组织在吸收、发展组织成员时一般需要举行一定的仪式,或是敬酒、敬茶,或是奉上红包。如本案骨干成员曾庆棠、曾鸿辉在 20 世纪 90 年代中期开始追随陈垚东时,就分别采用了前述方式。但是,在案证据并不能证明文稳权曾向陈垚东或陈的“黑道”前辈举行过“拜大佬”仪式,也不能证明其以其他形式表达过加入意愿。因此,在认定文稳权有无领导、参加行为时,还需要结合其是否参与实施黑社会性质组织的违法犯罪活动、是否与黑社会性质组织存在相对固定的从属关系来审查分析。

法院经审理后认定了两起与文稳权有关的犯罪事实,其中第一起系黑社会性质组织实施的容留他人吸毒犯罪,第二起系文稳权个人实施的寻衅滋事犯罪。应该说,除了陈垚东曾在公交线路经营初期有过短暂投资(约半年后撤资)之外,第二起犯罪与涉案黑社会性质组织并无其他关联。但是,第一起犯罪却有所不同。陈垚东、文稳权于 1999 年与他人共同投资开办创世纪娱乐城。开业之初,凭借陈垚东的关系请来香港黑社会组织头面人物及娱乐明星助阵,故当地皆知该娱乐城有陈垚东的股份,无人敢来闹事。创世纪娱乐城由文稳权出面经营直至 2006 年,陈垚东从中分红获利。这段时间正值以陈垚东为首的黑社会性质组织扩张时期,该娱乐城的经营对于该黑社会性质组织壮大声势、扩充经济实力客观上起到了不可低估的作用。那么,是否可以因文稳权参与了该起黑社会性质组织的犯罪活动便认定其具有领导或参加行为?从相关证人及各同案被告人的供述来看,文稳权与陈垚东是相识已久的朋友关系,私交甚好。文稳权虽长期与陈垚东共同经营生意,且颇受陈垚东手下“马仔”尊重,但没有证据证明其接受某一组织成员的管理或者对某一组织成员起着领导作用,也就是在陈垚东黑社会性质组织内既无上级,也无下属。虽然文稳权经营创世纪娱乐城达 7 年之久,客观上为陈垚东黑社会性质组织的发展提供了重要的帮助、支持,但其主观上并没有为黑社会性质组织存在、发展服务的意图。除了出面经营娱乐城之外，文稳权未曾介入陈垚东黑社会性质组织的决策、指挥、协调、管理等内部事务，也未参与其他有组织的违法犯罪活动。因此，其与陈垚东的经济合作实际上只是二人相互借助、各为其利。这一点，从陈垚东与文稳权共同投资经营公交路线后因无利可图便很快撤资的事实也可看出。文稳权确曾利用陈垚东黑社会性质组织的成员为其解决纠纷，但相关同案被告人均否认自己是文稳权的下属，且有其他证据表明文稳权借助该犯罪组织势力是经过陈垚东事先默许的，其既无自行决定的行为，也无自行决定的权力。因此，文稳权与该黑社会性质组织之间并不存在相对固定的从属关系，不应认定其领导或者参加了陈垚东黑社会性质组织。

（撰稿：广东省高级人民法院　李中原
审编：最高人民法院刑三庭　周　川）

[第1153号]朱光辉等人组织、领导、参加黑社会性质组织案
——如何准确把握和认定黑社会性质组织的骨干成员

【关键词】　组织、领导、参加黑社会性质组织　骨干成员

一、基本案情

被告人朱光辉，男，1963年10月31日出生。1985年因犯流氓罪被判处有期徒刑四年；1999年11月18日因犯非法携带枪支、管制刀具危及公共安全罪被判处拘役四个月；2009年4月29日因犯非法拘禁罪被判处有期徒刑一年，2009年10月14日刑满释放。2013年6月6日因本案被逮捕。

被告人朱文力，男，1993年7月17日出生。2013年6月6日因本案被逮捕。

被告人陈家福，男，1963年9月30日出生。2013年6月6日因本案被逮捕。

被告人易三云，男，1959年12月11日出生。2013年9月30日因本案被逮捕。

被告人刘超，男，1984年11月27日出生。2013年6月6日因本案被逮捕。

被告人朱宏，男，1962年9月11日出生。2013年8月23日因本案被逮捕。

（其他被告人基本情况略）

湖北省武汉市人民检察院以被告人朱光辉犯以组织、领导黑社会性质组织罪、故意伤害罪、寻衅滋事罪、敲诈勒索罪、绑架罪、非法持有枪支罪；被告人朱文力犯参加黑社会性质组织罪、故意伤害罪、敲诈勒索罪……被告人陈家福犯参加黑社会性质组织罪、寻衅滋事罪、绑架罪、非法持有枪支罪；被告人易三云、刘超犯参加黑社会性质组织罪、寻衅滋事罪、敲诈勒索罪；被告人朱宏犯参加黑社会性质组织罪、敲诈勒索罪……向武汉市中级人民法院提起公诉。

被告人朱光辉辩称其没有敲诈勒索。被告人朱文力、朱宏、刘超等人均辩称没有参加黑社会性质组织。

武汉市中级人民法院经公开开庭审理查明：

2000年年初，被告人朱光辉刑满释放后，预谋通过对武汉市硚口区宗关客运站运营车辆收取“保护费”达到非法敛财的目的。为此，朱光辉先后纠集被告人易三云及“红强”“在在”（前述二人均另案处理）等人以驱赶黑车、协调发班、维持秩序为由对宗关客运站的个体营运车辆多次敲诈勒索。2005年年底至2006年年初，宗关客运站与水厂客运站合并后搬迁至水厂客运站，各营

运线路车主陆续成立了联营体。朱光辉随即大肆招揽劳改释放人员和社会闲散人员，将被告人朱文力、朱宏、郑秦缘、陈才、余志雄、江国亮、许还爽、陈家福、管后贤、刘超、易修、彭兴元、林菲及陶家鸣、周天、王前进、万威、殷创露、"郭胖子"、"付麻子"、"大雄雄"（前述八人均另案处理）等人网罗进组织扩充组织规模。自2006年以来，朱光辉带领朱文力、易三云、朱宏等人以收线路牌、抢车钥匙、扎汽车轮胎、"撞猴子"、暴力、威胁、恐吓等方式向各联营体收取"保护费"。至此该团伙已发展成为以朱光辉为首，以朱文力、易三云、朱宏、刘超、陈家福为骨干，以管后贤、余志雄、许还爽、林菲、郑秦缘、江国亮、彭兴元、陈才、易修、陶家鸣、周天、殷创露、王前进、"郭胖子"、"大雄雄"等为成员的人数达20余人的犯罪组织。2011年5月，朱光辉为进一步扩张其势力范围，达到非法敛财目的，又指使朱宏、余志雄、江国亮等人，利用其淫威控制雪花啤酒销售商在武汉市硚口区水厂一带的经营销售，同时收取"保护费"。2011年7月，朱光辉还指使刘超、林菲、陶家鸣、殷创露等人，控制武汉市康之福消毒餐具有限公司在武汉市硚口区水厂一带的胖胖大酒楼、吟诗酒楼、草根生活、香辣虾酒楼、可可酒楼、潮兴粥府等6家餐馆一次性消毒餐具的使用并收取"保护费"。2012年6月，朱文力等人为了控制武汉市硚口区水厂一带的游戏机室的经营，对该地区的游戏机经营者进行骚扰和敲诈。朱光辉对其组织成员采取恩威并施的管理手段，通过日常管理和有组织实施一系列违法犯罪活动，逐步形成了一套约定俗成和普遍认同的组织纪律，并以组织成员集中就餐、固定发放工资、节日派发红包、坐牢安抚、实施违法犯罪活动给予奖励等方式对该组织成员予以拉拢、控制。

在该犯罪组织中，朱光辉是组织成员公认的组织者、领导者。为了便于管理控制其手下，朱光辉将自己租住的武汉市硚口区汉西北路67附6荣冠花园A座2单元404室作为其"地下公司"，在此对其手下成员进行统一管理、指挥并发号施令。其中，朱宏负责对水厂客运站的部分线路及水厂地区一带餐馆的啤酒供应商收取"保护费"；易三云、朱文力负责对水厂客运站大部分线路收取"保护费"；刘超负责对水厂地区一带餐馆消毒餐具供应商收取"保护费"；陈家福负责该组织的后勤保障。他们按照朱光辉的安排各负其责，并分别带领余志雄、郑秦缘、陈才、江国亮、彭兴元、林菲、许还爽、管后贤、易修及陶家鸣等人实施违法犯罪活动。

该犯罪组织在朱光辉的组织、领导下，以暴力手段为依托，通过有组织地实施一系列违法犯罪活动，非法收取硚口区水厂客运站个体营运车主及周边一次性餐具、啤酒供应的"保护费"，截至案发时，非法聚敛钱财达人民币260余万元。同时，为支撑组织运转，进一步增强其犯罪实力，朱光辉花钱购买了大量枪支、砍刀、棍棒、弓弩等作案工具；为拉拢和收买人心，朱光辉向其手下提供伙食，每月发放工资，过年、过节聚餐派发红包，组织成员因为组织利益被判刑，朱光辉多次到羁押场所探视等，此类支出已达人民币190余万元。

2005年以来，该犯罪组织在朱光辉的指使下，通过有组织实施的故意伤害、寻衅滋事、非法拘禁、敲诈勒索、绑架等违法犯罪活动，致1人死亡、3人轻伤、6人轻微伤，涉案枪支4支。该犯罪组织通过实施一系列违法犯罪活动，在武汉市硚口区水厂路一带称霸一方，对水厂客运站的个体长途车辆营运线路及周边的餐饮相关行业（啤酒、消毒餐具供应）形成非法控制，严重破坏了当地的经济、社会生活秩序。特别是在对水厂客运站各线路联营体、车主的敲诈过程中，朱光辉等人一方面以暴力、威胁、恐吓为手段；另一方面以驱赶站外"黑车"、协调发班、维持秩序等为由，霸占客运站的办公室作为其团伙的"办公室"，公开收取"保护费"，其行为非法取代了客运站、运管、交管等相关单位、部门的管理职能，对客运行业形成了非法控制。2007年4月，朱光辉为进一步树立自己的淫威，还组织多人堵截应山线路的客车，造成该线路停运，引起了武汉市主流媒体《楚天都市报》以及北京《法制与社会》杂志的关注，并以"汉口至广水的客车七天内五次遭拦停"为题进行了报道,社会影响极其恶劣。

该组织实施的具体犯罪如下:

(一)故意伤害、寻衅滋事的事实

1. 2013年4月29日上午6时许,被告人朱文力窜至武汉市硚口区古田四路魔幻先锋电玩城,向该电玩城工作人员索要"保护费"遭到拒绝后,于当日上午8时许,邀约被告人刘超、郑秦缘、陈才等人持木棍、砍刀等凶器来到该电玩城进行报复,后被该电玩城工作人员赶走;被告人朱光辉在得知朱文力等人寻衅滋事未果后,又邀约被告人余志雄、华畅、胡建平以及陈金山(另案处理)等人持木棍、砍刀等凶器于当日下午3时许再次到电玩城进行挑衅,又被该电玩城工作人员赶走。2013年5月4日晚,朱光辉、朱文力决定实施报复,为此分别邀约刘超、郑秦缘、陈才、余志雄、华畅、胡建平,被告人杨新松、陈家福、管后贤、易修、林菲、许还爽、黄志国、江国亮、彭兴元、苏正祥、商海东以及陶家鸣、王前进(均另案处理)等人到武汉市硚口区汉西北路67附6荣冠花园A座2单元404室会合,经预谋及分工后,于次日凌晨3时许,朱光辉、杨新松、陈家福、胡建平、彭兴元、余志雄分别持自制手枪及猎枪;易修、刘超持弓弩及木棍;林菲、郑秦缘、许还爽、黄志国、江国亮、陈才、华畅及陶家鸣等人持砍刀、木棍等工具,统一佩戴深色鸭舌帽、白色手套,分别乘坐由商海东、苏正祥、管后贤及王前进等人驾驶的汽车到古田四路路口,管后贤、商海东、苏正祥3人在门外负责接应,其他人员持凶器先后冲进魔幻先锋电玩城二楼,追打该电玩城员工以及顾客,同时对游戏设备进行打砸,造成魔幻先锋电玩城价值共计人民币53 200元的物品损毁。在追打过程中,被告人杨新松持猎枪企图阻止对方追赶,朝对方人群开了一枪,子弹击中该电玩城经理葛世明头部,致其因严重颅脑损伤并发多器官功能衰竭而死亡;现场无辜群众王强被易修等人持械殴打左腿部致左腓骨骨折,损伤程度属轻伤。

2. 2011年8月22日上午10时许,王加福与左汉庆两人在武汉市硚口区水厂长途汽车客运站,因争抢客源发生打斗,后经公安机关调解处理。2011年8月24日中午,被告人易三云以调解双方纠纷为由,提出由左汉庆、王加福出钱在水厂附近的吟诗酒楼请客吃饭,同时易三云邀请被告人朱光辉以及王前进等人(另案处理)一起就餐。席间左汉庆与朱光辉因言语不和再次发生矛盾,随后左汉庆邀约老乡杜自新、潘忠一、高伦、祝文睿、杜凯凯等人前来助威,朱光辉指使易三云及王前进等人持菜刀、木棒等凶器将潘忠一、高伦、祝文睿、杜凯凯打伤。经鉴定,潘忠一损伤程度为轻伤;高伦、祝文睿、杜凯凯3人损伤程度均为轻微伤。

(其他故意伤害、寻衅滋事的事实略)

(二)绑架的事实

2013年4月24日晚10时许,被告人朱光辉以自己的朋友先锋被李同仪殴打为由,指使被告人管后贤、陈家福到武汉市硚口区玉带街"御景名苑"小区一楼麻将室内,将李同仪绑架至硚口区简易路一卡拉OK厅二楼内。后被告人陈家福邀约被告人余志雄、陈才、许还爽等人参与看守。其间,朱光辉指使管后贤、陈家福、余志雄、陈才、许还爽等人使用暴力手段殴打李同仪并索要赎金。2013年4月25日下午2时许,当李同仪的家人交纳赎金人民币9 000元后,朱光辉等人才将李同仪放回。

(三)敲诈勒索的事实

为了达到非法控制武汉市硚口区水厂客运站客运线路、水厂客运站周边中小型餐馆一次性餐具及啤酒经营业务的目的,被告人朱光辉采取暴力胁迫、恐吓等手段逼迫水厂长途汽车客运站的各条线路联营体、武汉市康之福消毒餐具有限公司、硚口区亿万达副食经营部等经销商接受每月向其交纳"保护费"的条件。随后朱光辉指使被告人易三云、朱文力、朱宏、刘超带领被告人余志雄、陈才、郑秦缘、江国亮、彭兴元、林菲及陶家鸣、万威、殷创露等人(均另案处理)对上述经营者进行暴力、威胁、恐吓,并采取抢夺线路牌、车钥匙、不让发车及不让销售、营业等手段收取"保护费"。2002年至2013年5月间,朱光辉黑社会性质组织共敲诈勒索现金人民币260余万元。其中,易三云参与敲诈勒索8起,实际数额164万余元;朱宏参与敲诈勒索5起,实际数额39万余元;朱文力、郑秦缘、陈才共同参与敲诈勒索1起,实际数额24万余元;刘超、林菲共同参与敲诈勒索1起,实际数额10万余元;江国亮参与敲诈勒索2起,实际数额16万余元;彭兴元参与敲诈勒索1起,实际数额7万余元;余志雄参与敲诈勒索1起,数额12万余元。

(四)非法持有枪支的事实

(非法持有枪支的事实略)

武汉市中级人民法院认为,被告人朱光辉纠集、网罗被告人易三云、朱文力、陈家福、朱宏、刘超、余志雄、陈才、管后贤、许还爽、江国亮、郑秦缘、林菲、彭兴元、易修等人,形成较为稳定的犯罪组织,人数众多,有明确的组织者、领导者,骨干成员基本固定;通过有组织地实施违法犯罪活动获取经济利益,以支持该组织的活动;通过暴力、威胁等手段,有组织地多次进行违法犯罪活动,为非作恶,欺压、残害群众;通过有组织地实施犯罪活动,逐步对本市硚口区水厂客运站营运车主以及周边餐饮、啤酒行业形成非法控制和重大影响,严重破坏当地经济、社会生活秩序。朱光辉犯罪组织符合《中华人民共和国刑法》第二百九十四条规定的黑社会性质组织的四个特征,依法应当认定为黑社会性质组织。

被告人朱光辉组织、领导黑社会性质组织,系组织者、领导者;直接参与并组织、指挥组织成员等人实施故意伤害1起,致1人死亡、1人轻伤,情节恶劣,后果严重;直接参与或指使组织成员任意损毁财物,持械随意殴打他人3起,致2人轻伤,6人轻微伤,情节恶劣;直接参与并指使组织成员敲诈勒索他人财物13起,数额260余万元,犯罪数额特别巨大;指使组织成员以勒索财物为目的绑架他人1起,索取赎金9 000元,情节较轻;违反枪支管理规定,非法持有枪支3支,情节严重。其行为分别构成组织、领导黑社会性质组织罪,故意伤害罪,寻衅滋事罪,绑架罪,敲诈勒索罪,非法持有枪支罪。被告人朱光辉系黑社会性质组织的首要分子,依法应当按照该组织所犯的全部罪行处罚;被告人朱光辉在敲诈勒索、寻衅滋事共同犯罪中均起主要作用,系主犯,依法应当按照其参与的或者组织、指挥的全部犯罪处罚;被告人朱光辉曾因故意犯罪被判处有期徒刑,刑满释放后五年内再犯应当判处有期徒刑以上刑罚之罪,系累犯,依法应当从重处罚;被告人朱光辉一人犯数罪,依法应当数罪并罚……被告人朱文力积极参加黑社会性质组织,系骨干成员;邀约并指使他人持械故意伤害1起,致1人死亡,1人轻伤,情节恶劣,后果严重;伙同组织成员敲诈勒索他人财物1起, 数额24万余元,犯罪数额巨大;其行为分别构成参加黑社会性质组织罪、敲诈勒索罪。被告人朱文力在敲诈勒索共同犯罪中起主要作用,系主犯,依法应当按照其参与的或者组织、指挥的全部犯罪处罚;被告人朱文力在宣判前一人犯数罪,依法应当数罪并罚。被告人易三云积极参加黑社会性质组织,系骨干成员;伙同组织成员持械随意殴打他人2起,致1人轻伤,3人轻微伤,情节恶劣;伙同组织成员敲诈勒索他人财物8起,数额164万余元,犯罪数额特别巨大,其行为分别构成参加黑社会性质组织罪、寻衅滋事罪、敲诈勒索罪。被告人易三云在敲诈勒索共同犯罪中起主要作用,系主犯,依法应当按照其参与或组织、指挥的全部犯罪处罚。被告人易三云一人犯数罪,依法应当数罪并罚……被告人朱宏积极参加黑社会性质组织,系骨干成员;伙同组织成员敲诈勒索他人财物5起,数额39万余元,犯罪数额巨大。其行为分别构成参加黑社会性质组织罪、敲诈勒索罪。被告人朱宏在敲诈勒索犯罪中起主要作用,系主犯,依法应当按照其参与的或者组织、指挥的全部犯罪处罚。被告人朱宏一人犯数罪,依法应当数罪并罚。被告人刘超积极参加黑社会性质组织，系骨干成员；伙同组织成员持械任意损毁他人财物，随意殴打他人1起，致1人轻伤，情节恶劣，造成财产损失5万余元，情节严重；伙同组织成员敲诈勒索他人财物1起，数额10万元，犯罪数额巨大。其行为分别构成参加黑社会性质组织罪、寻衅滋事罪、敲诈勒索罪。被告人刘超在敲诈勒索共同犯罪中起主要作用，系主犯，依法应当按照其参与的或者组织、指挥的全部犯罪处罚。被告人刘超一人犯数罪，依法应当数罪并罚。被告人陈家福积极参加黑社会性质组织，系骨干成员；伙同组织成员持械任意损毁他人财物，随意殴打他人1起，致1人轻伤，情节恶劣，造成财产损失5万余元，情节严重；以勒索财物为目的绑架他人1起，索取赎金9 000元，情节较轻；违反枪支管理规定，非法持有枪支1支。其行为分别构成参加黑社会性质组织罪、寻衅滋事罪、绑架罪、非法持有枪支罪。被告人陈家福在绑架共同犯罪中起主要作用，系主犯，应当按照其参与的或者组织、指挥的全部犯罪处罚。被告人陈家福案发后自动投案并如实供述犯罪事实，是自首，依法可以从轻处罚。被告人陈家福一人犯数罪，依法应当数罪并罚……依照《中华人民共和国刑法》第二百九十四条一款、第五款，第二百九十三条第一款第一项、第三项，第二百三十四条第二款，第二百七十四条，第二百三十九条第一款，第一百二十八条第一款，第二十五条第一款，第二十六条，第二十七条，第四十八条第一款，第五十五条第一款，第五十六条第一款，第六十七条第一款，第六十五条第一款，第六十九条，第六十四条，第三十六条；《最高人民法院关于审理非法制造、买卖、运输枪支、弹药、爆炸物等刑事案件具体应用法律若干问题的解释》第五条第一款第二项、第二款第二项；《最高人民法院关于审理刑事附带民事诉讼范围的规定》第一条、第四条的规定，判决如下：

1. 被告人朱光辉犯组织、领导黑社会性质组织罪判处有徒刑十年，剥夺政治权利一年，并处没收个人财产人民币十万元；犯故意伤害罪判处死刑，缓期二年执行，剥夺政治权利终身；犯寻衅滋事罪判处有期徒刑五年六个月，并处罚金人民币三万元；犯敲诈勒索罪判处有期徒刑十三年，剥夺政治权利二年，并处罚金人民币十三万元；犯绑架罪判处有期徒刑六年，并处罚金人民币四万元；犯非法持有枪支罪判处有期徒刑五年。决定执行死刑，缓期二年执行，剥夺政治权利终身，并处没收个人财产人民币十万元，罚金人民币二十万元。

……

3. 被告人朱文力犯参加黑社会性质组织罪判处有期徒刑五年，并处罚金人民币五万元；犯故意伤害罪判处有期徒刑十三年，剥夺政治权利二年；犯敲诈勒索罪判处有期徒刑六年，并处罚金人民币六万元。决定执行有期徒刑十七年，剥夺政治权利二年，并处罚金人民币十一万元。

4. 被告人易三云犯参加黑社会性质组织罪判处有期徒刑五年，并处罚金人民币五万元；犯寻衅滋事罪判处有期徒刑二年；犯敲诈勒索罪判处有期徒刑十年，并处罚金人民币十万元。决定执行有期徒刑十二年，并处罚金人民币十五万元。

……

6. 被告人朱宏犯参加黑社会性质组织罪判处有期徒刑四年，并处罚金人民币四万元；犯敲诈勒索罪判处有期徒刑五年，并处罚金人民币五万元。决定执行有期徒刑七年，并处罚金人民币九万元。

7. 被告人刘超犯参加黑社会性质组织罪判处有期徒刑四年，并处罚金人民币四万元；犯寻衅滋事罪判处有期徒刑二年九个月；犯敲诈勒索罪判处有期徒刑三年，并处罚金人民币三万元。决定执行有期徒刑七年，并处罚金人民币七万元。

8. 被告人陈家福犯参加黑社会性质组织罪判处有期徒刑三年，并处罚金人民币三万元；犯寻衅滋事罪判处有期徒刑三年；犯绑架罪判处有期徒刑三年，并处罚金人民币二万元；犯非法持有枪支罪判处有期徒刑一年。决定执行有期徒刑六年六个月,并处罚金人民币五万元。

(其他被告人判决情况略)

一审宣判后,被告人朱文力、易三云、刘超、朱宏等人不服,向湖北省高级人民法院提出上诉。朱文力、易三云、刘超、朱宏上诉提出:原审判决认定其积极参加黑社会性质组织的事实不清,证据不足。

湖北省高级人民法院经审理认为,原审判决认定事实清楚,定罪准确,量刑适当,审判程序合法。各上诉人的上诉理由均不能成立。故裁定驳回上诉,维持原判。

二、主要问题

如何准确把握和认定黑社会性质组织的骨干成员?

三、裁判理由

根据刑法第二百九十四条第一款的规定,黑社会性质组织的成员包括三种类型:组织者、领导者,积极参加者和其他参加者。在该款规定中,还分别设置了七年以上有期徒刑,三年至七年有期徒刑以及三年以下有期徒刑、拘役、管制或者剥夺政治权利三个不同档次的刑罚。也就是说,审判时,对于被认定犯有该罪的被告人要分别归入这三类(也只能归入这三类),并在对应的法定刑幅度内判处刑罚。但是,刑法第二百九十四条第五款第一项规定,黑社会性质组织应当具备“形成较稳定的犯罪组织,人数较多,有明确的组织者、领导者,骨干成员基本固定”的组织特征。其中“骨干成员”所指为何并无明确规定,导致司法实践中在这个问题上出现了一定混乱。在有些黑社会性质组织犯罪案件的裁判文书中可以看到,“骨干成员”一词要么被回避,要么与积极参加者混为一谈、互相替代。不仅社会公众不明其意,许多办案法官也说不清“骨干成员”与法定的三类组织成员有何区别、是何关系。实际上,这个问题在刑法修正之前就已存在。“骨干成员”一词最早出现于2000年12月出台的《最高人民法院关于审理黑社会性质组织犯罪的案件具体应用法律若干问题的解释》(以下简称《司法解释》)。该解释规定,“黑社会性质的组织”一般应具备以下组织特征:“组织结构比较紧密,人数较多,有比较明确的组织者、领导者,骨干成员基本固定,有较为严格的组织纪律。”2002年出台的《全国人大常委会关于〈中华人民共和国刑法〉第二百九十四条第一款的解释》(以下简称《立法解释》)虽对组织特征的认定标准作出调整,但关于“骨干成员基本固定”的要求并未改变,即“形成较稳定的犯罪组织,人数较多,有明确的组织者、领导者,骨干成员基本固定”。之后,该规定又被刑法修正案(八)全盘吸收,并沿用至今。

从字面上理解,“骨干”一词是指事物最主要的、起支柱作用的部分。照此解读,“骨干成员”就应该是指黑社会性质组织中最为核心、最为重要的成员,显然不包括处于组织底层的其他参加者。那么,“骨干成员”是否是指组织者、领导者?毫无疑问,在黑社会性质组织中,组织者、领导者是能够代表组织意志并起决策、指挥、管理作用的核心成员。但从刑法第二百九十四条的相关规定来看,黑社会性质组织的组织特征同时要求“有明确的组织者、领导者”和“骨干成员基本固定”,因此,组织者、领导者与“骨干成员”是并列存在的不同范畴。在排除了组织者、领导者和其他参加者之后,“骨干成员”能否与积极参加者画等号?为了明确这一概念,准确认定组织特征,2015年《全国部分法院审理黑社会性质组织犯罪案件工作座谈会纪要》(以下简称2015年《纪要》)专门对此作出说明:“骨干成员,是指直接听命于组织者、领导者,并多次指挥或积极参与实施有组织的违法犯罪活动或者其他长时间在犯罪组织中起重要作用的犯罪分子,属于积极参加者的一部分。”根据这一界定,在认定“骨干成员”时应分以下几个层次来把握:

第一,骨干成员是积极参加者中的一部分,应当满足积极参加者的认定条件。2009年《最高人民法院、最高人民检察院、公安部办理黑社会性质组织犯罪案件座谈会纪要》(以下简称2009

年《纪要》）已经从主客观两方面明确了积极参加者的认定标准。主观方面是指“明知而接受黑社会性质组织的领导和管理”。客观方面则更为复杂一些，既要有“参加”行为，又要符合三种情形之一。其中，第一种情形是指“多次积极参与黑社会性质组织违法犯罪活动”。要求行为人多次积极参与实施黑社会性质组织的违法犯罪活动，且在其参与实施的违法犯罪活动中一般应起主要作用。第二种情形是指“积极参与较严重的黑社会性质组织的犯罪活动且作用突出”。行为人所参与的“较严重的黑社会性质组织的犯罪”，既包括故意杀人、故意伤害、绑架等性质严重的暴力犯罪，也包括其他一些已造成重大财产损失或者恶劣社会影响的犯罪。第三种情形是指“在黑社会性质组织中起重要作用”。实际上就是专指那些对黑社会性质组织的人、财、物等重要事项具有“主要管理职权”，且对犯罪组织的维系、运行、活动确实起到重要作用的成员。审判时，对于“骨干成员”应当首先根据上述规定进行初步判断，不符合积极参加者认定条件的应直接被排除在外。

第二，“骨干成员”应当是直接听命于组织者、领导者的积极参加者。当时在全国人大法工委工作的黄太云同志在解读《立法解释》时指出，“骨干成员，通常是指从组织者、领导者那里受领任务又指挥和积极参与实施具体的犯罪活动的人”，这一解读清晰地传达出了立法本意。应当说，这一解读既符合“骨干”一词的文意，又与黑社会性质组织的组织结构相契合。可以试想，在组织者、领导者明确，而由其直接管理的积极参加者又基本固定的情况下，一个两层级的组织结构便已然建立，只要再加上一定数量的其他成员，并有组织纪律、规约作为管理手段，稳定的犯罪组织即可基本成型。因此，审判时应当紧紧把握“直接听命于组织者、领导者”这一限定条件，从积极参加者中准确筛选出“骨干成员”。

第三，“骨干成员”在黑社会性质组织中所起的作用应当大于一般的积极参加者。在认定“骨干成员”时，仅仅具备“直接听命于组织者、领导者”这一条件还是不够的。既然是“骨干”，所起的作用自然是要比一般的积极参加者更大。与2009年《纪要》中关于积极参加者的规定相比较后不难发现，2015年《纪要》对于“骨干成员”客观方面的要求，实际上是在积极参加者相关要求基础上的升级。只有是“多次指挥或积极参与实施有组织的违法犯罪活动或者其他长时间在犯罪组织中起重要作用”的积极参加者，才能被认定为“骨干成员”。也就是说，只要未达到“多次”，即便“积极参与实施较严重的黑社会性质组织的犯罪活动，且作用突出”，也不能认定。同理，只要未达到“长时间”，即便是对黑社会性质组织的人、财、物等重要事项具有主要管理职权，亦不能认定。

本案中，被告人朱光辉不仅是涉案犯罪组织的发起者，也是组织中公认的最高领导者，全体组织成员均以朱光辉为“带头大哥”，不仅在实施违法犯罪活动时听其号令，而且不管“保护费”是谁负责收取，都必须全部交给朱光辉管理，之后再由其为组织成员统一发放“工资”、提供物质支持。因此，朱光辉显然系黑社会性质组织的组织者、领导者。本案认定的骨干成员共有5人，分别是朱文力、易三云、朱宏、刘超和陈家福，他们当中加入涉案黑社会性质组织时间最短的，也已在组织中发展了一年以上，还有些则是从组织创建之初便已跟随朱光辉。从这5人加入组织后所指挥或积极参与实施的违法犯罪活动来看，易三云、朱宏、陈家福均是“多次指挥或积极参与实施有组织的违法犯罪活动”，朱文力、刘超虽未达到“多次”，但二人均加入组织多年，且与易三云、朱宏、陈家福一样，都是在朱光辉的直接领导和管理下，分别负责一部分“组织事务”，并各自带领和管理一伙“小弟”，在组织中发挥着承上启下的重要作用。其中，朱宏负责对水厂客运站的部分线路及水厂地区一带餐馆的啤酒供应商收取“保护费”，易三云、朱文力负责对水厂客运站大部分线路收取“保护费”，刘超负责对水厂地区一带餐馆消毒餐具供应商收取“保护费”，陈家福主要负责该组织的后勤保障。因此，上述5人不仅符合2009年《纪要》关于积极参加者的规定，也符合2015年《纪要》关于骨干成员的规定，一、二审法院认定上述5人为骨干成员是正确的。

最后，针对审判时容易出现的问题，笔者认为"骨干成员"与积极参加者之间是包含与被包含关系，不能混为一谈。在我国刑法中，对任意共犯的责任区分主要体现在总则部分（划分主从犯），而对必要共犯的责任区分主要是靠分则来解决。组织、领导、参加黑社会性质组织罪就属于必要共犯，刑法第二百九十四条第一款按照三类成员在黑社会性质组织中的地位、作用直接设置了不同幅度的法定刑。因此，准确认定积极参加者的主要意义就在于对被告人公正定罪量刑。而"骨干成员"出现在刑法第二百九十四条中关于黑社会性质组织构成条件的部分，准确认定"骨干成员"的主要意义，则在于保证黑社会性质组织认定的恰当性。由于两个概念的意义、作用不同，在裁判文书中应当区分情况、准确运用。一般来说，在裁判文书认定的事实部分，对于谁是骨干成员应予明确表述，不属于骨干成员的积极参加者也要单独表述清楚。而在裁判文书的"本院认为"部分，由于需要准确叙述罪状和量刑依据，对确属"骨干成员"的被告人，只表述"被告人某某积极参加黑社会性质组织"即可。因为"骨干成员"并没有与之对应的法定刑，积极参加者的身份才是对被告人定罪量刑的适当依据。

（撰稿：湖北省高级人民法院　金吕钢
审编：最高人民法院刑三庭　周　川）

［第1154号］史锦钟等人组织、领导、参加黑社会性质组织案

——如何认定黑社会性质组织的形成时间

【关键词】　组织、领导、参加黑社会性质组织罪　黑社会性质组织　形成时间

一、基本案情

被告人史锦钟，男，1979年3月25日出生。2007年10月9日因犯故意伤害罪被判处有期徒刑二年，2008年8月23日刑满释放。2012年4月13日因本案被逮捕。

（其他被告人基本情况略）

江西省吉安市人民检察院以被告人史锦钟、尹忠华、龙武、刘晓武、龚鹏、沈卫、尹卫民、尹友朵、刘海清、高远宇、张江华、皮文林、刘峰、李泽明、刘东东、雷作、周江维、吕金伟、廖红旗分别犯组织、领导、参加黑社会性质组织罪，故意伤害罪，以危险方法危害公共安全罪，开设赌场罪，赌博罪，非法持有枪支罪，非法拘禁罪，强迫交易罪，窝藏罪，向吉安市中级人民法院提起公诉。

史锦钟及其辩护人提出：史锦钟的行为不构成组织、领导黑社会性质组织罪。

吉安市中级人民法院经公开审理查明：

（一）组织、领导、参加黑社会性质组织的事实

被告人史锦钟原为江西省永新县恶势力团伙头目刘文广的手下。2004年10月，史锦钟伙同沈卫等人持枪伤害在永新县有名的恶势力头目夏永东，迫使夏永东离开永新县。因此事件，史锦钟名声大震，并先后网罗社会闲散人员沈卫、尹卫民、高远宇、刘海清、张江华、黄建军、尹忠华、尹友朵等人听其差遣。2006年刘文广死后，该恶势力团伙演变为分别以史锦钟为首和以姜小伟为首的两个犯罪组织，相互之间因争霸立势而产生矛盾，互有摩擦。2006年6月，史锦钟为打压姜小伟一方，指使沈卫、刘海清等成员携带枪支、刀具在永新县高桥楼镇将姜小伟手下成员龙海涛

等人打伤。为此,史锦钟手下的大部分成员入狱服刑,史锦钟也于2007年10月在浙江省宁波市因犯故意伤害罪被判刑入狱。2008年8月,史锦钟出狱后,继续网罗先前的组织成员,又发展了刘晓武、龙武、龚鹏、尹忠华等骨干成员。该组织通过暴力、威胁或其他手段,实施了大量的有组织犯罪活动,形成了一个以永新县城为主要活动区域,以史锦钟为组织者、领导者,以尹忠华、龙武、刘晓武、龚鹏、沈卫、尹卫民、尹友朵、刘海清、高远宇为积极参加者,张江华、皮文林、刘峰、李泽明、刘东东、雷作、周江维、吕金伟、廖红旗、黄建军(另案处理)、尹志权(另案处理)为一般参与者,组织严密、层级清晰、结构稳定的黑社会性质组织。

该犯罪组织先后在江西省永新县、吉安市,利用组织的恶名和强势地位,有组织地通过暴力、威胁等手段,开设赌场、经营客运班线、插手工程,以获取非法利益。其中,仅在永新县、吉安市开设赌场便获利300余万元,还通过入股永新至安福等客运班线和强行夺取永新县站前西路工程获取利益。该组织在聚敛财富的同时,还通过利益纽带维系组织的生存、发展和壮大。一方面,该组织平时作案所用经费、购置作案工具(砍刀、枪支)、车辆的费用,组织成员作案后用于逃匿、摆平关系的费用,交纳取保候审保证金、支付赔偿金等费用均由组织统一支付,总计支出20余万元。另一方面,史锦钟通过强迫转让方式获取站前西路工程后,安排骨干成员刘晓武担任项目经理,负责工程日常建设等事宜;还将班线中的股权分配给刘晓武、龙武、尹卫明、刘峰等人,形成利益共同体;并通过给沈卫、雷作、龚鹏等人发工资、发红包、食宿全包等方式笼络组织成员。

该犯罪组织为了排除异己、聚敛钱财,使用暴力、威胁和其他手段,或者利用组织的强势地位,大肆实施有组织的违法犯罪活动。其中,故意伤害案7起,共造成1人死亡,1人重伤,7人轻伤;以危险方法危害公共安全案1起,造成1人重伤,2人轻伤;开设赌场案2起;赌博案2起;非法持有枪支案4起;非法拘禁案1起;强迫交易案2起;窝藏案1起。另外,该组织还有数起寻衅滋事等违法行为。史锦钟利用该组织的势力和影响,指使或纵容组织成员寻衅滋事、冲击赌场、逼取赌债,以达到让赌客到该组织开设的赌场进行赌博的目的;使用暴力、威胁或其他手段插手工程建设,纵容组织成员插手茶麸生意,意图垄断永新县茶麸收购市场;利用组织恶名或强势地位,充当打手,随意插手他人纠纷,在永新县称霸一方,极大地破坏了当地的经济秩序和社会生活秩序,严重危害群众生命财产安全。

(二)故意伤害的事实

1.被告人史锦钟与姜小伟素有积怨。自2006年起,分别以两人为首的犯罪组织之间多有矛盾。为打压对方,提高自己威望,史锦钟多次纠集组织成员殴打姜小伟。2011年,史锦钟以刘文飞拖欠其赌债不还为由,多次安排组织成员刘晓武、龚鹏、尹忠华等人找刘索要赌债。刘文飞因与姜小伟系亲戚,便找到姜出面帮忙。史锦钟认为是姜小伟从中作梗,多次扬言若姜小伟插手此事,就先将其"搞掉"。随后,史锦钟多次指使组织成员龙武、皮文林等人殴打姜小伟直至最终将其伤害致死。具体事实如下:

2011年3月的一天,史锦钟在永新县城开心100宾馆安排皮文林(已判刑)去打姜小伟,并给皮文林一把猎枪和一把仿制手枪,还安排吕金伟协同实施,吕金伟带廖红旗从安福县赶至永新县与皮文林会合。3月15日,皮文林和吕金伟持枪、廖红旗持刀蹲守在永新县才丰乡姜小伟女朋友家附近伺机作案。待姜小伟出门后,皮文林、吕金伟先后开枪,由于吕金伟所持枪支未击发,姜小伟随即躲避。皮文林追上后又朝姜小伟连开两枪,击中姜小伟腿部,该伤情经鉴定为轻伤乙级。

2011年10月的一天,史锦钟在永新县城开心100宾馆安排龙武去打姜小伟,并交给龙武一把仿六四手枪。龙武与李泽明、刘东东下楼准备去打姜小伟时,因姜已开车离去而未实施。此后,史锦钟多次交代龙武一定要打到姜小伟。

2011 年 11 月 6 日，龙武听从史锦钟指示，安排李泽明、刘东东（二人均已判刑）去打姜小伟。龙武带李、刘二人指认姜小伟后，把史锦钟给的仿制手枪交给李泽明，并购置了两把不锈钢菜刀交给李、刘二人。随后龙武躲在永新县城茗园街一灯具店附近负责接应，李泽明先持枪朝站在店门口的被害人贺珂开枪（枪未击发），后李、刘二人分别持刀将贺珂砍伤。李、刘二人事后才得知，误将贺珂当作姜小伟砍伤。作案后，史锦钟安排龙武等人到自己位于吉安市青原区的出租房内躲避。经鉴定，被害人贺珂的伤势为轻伤甲级。

2012 年 1 月，史锦钟多次指示龙武要在过年前打到姜小伟。1 月 17 日下午，龙武在永新县城茗园街发现姜小伟的行踪后，随即赶到史锦钟的哥哥史锦明家中纠集尹友朵、龚鹏去砍姜小伟。龚鹏找来 3 把菜刀，后 3 人驾驶一辆小轿车前往茗园街寻找姜小伟。在“日丰管业”店门口发现姜小伟后，龙武先持刀砍向姜小伟腿部，姜随即往店内躲避，龚鹏、尹友朵、龙武 3 人持刀朝姜小伟头部、背部、手臂、腿部等处乱砍。见姜小伟被砍倒在地，3 人驾车逃离。龙武向史锦钟报告已经砍到姜小伟，史锦钟便要 3 人先返回史家，然后交给龙武 2 000 元，并先后安排刘晓武、尹忠华等人帮助 3 人逃匿。被害人姜小伟经医院抢救无效死亡。经鉴定，姜小伟系失血性休克死亡。

2. 被害人夏永东曾打过被告人史锦钟。2004 年，夏永东因琐事在史锦钟经营的发廊里打了一个人，史锦钟要求夏永东赔偿未果，便决意报复。2004 年 10 月 10 日晚，史锦钟纠集被告人沈卫和“小飞”“飞侠”（二人均另案处理），四人持两把仿六四手枪、一把猎枪、一把砍刀，在永新县城品牌街开枪击伤夏永东。经鉴定，夏永东的伤势为轻伤乙级。

3. 2006 年 6 月，被告人史锦钟组织成员被姜小伟手下打伤。6 月 29 日，史锦钟邀集沈卫、尹卫民、高远宇、刘海清（均已判刑）等骨干成员商议报复。在发现被害人龙海涛等人行踪后，尹卫民带上一支六连发转盘枪，纠集尹忠华、尹友朵、贺小云（均已判刑）驾车跟踪，沈卫驾车纠集黄建军（已判刑）等人、刘海清驾车纠集吴小园（已判刑）等人、高远宇驾车纠集尹志权（已判刑）等人均朝高桥楼方向追去。在永新县高桥楼派出所地段，尹卫民等人驾车合围被害人黄小康、龙海涛等人驾驶的车辆，尹卫民下车持枪威胁黄小康等人，尹忠华、贺小云分别持马刀、锁具砍砸被害人驾驶汽车的玻璃，黄建军、尹志权、龙风荣（已判刑）持刀将被害人砍伤。经鉴定，被害人黄小康、龙海涛、刘路平为轻伤甲级，田志强为轻伤乙级。经鉴定，尹卫民所持枪支具有杀伤力。

（其他故意伤害事实，开设赌场、赌博、非法持有枪支、非法拘禁、强迫交易、窝藏事实以及其他违法事实略）

吉安市中级人民法院经审理认为，被告人史锦钟的行为已构成组织、领导黑社会性质组织罪、故意伤害罪、以危险方法危害公共安全罪，开设赌场罪、赌博罪、非法持有枪支罪、非法拘禁罪、强迫交易罪，依法应数罪并罚。史锦钟在黑社会性质组织中起组织、领导作用，系首要分子。其在刑罚执行完毕后五年以内再犯应当判处有期徒刑以上刑罚之罪，系累犯，应当从重处罚……依照《中华人民共和国刑法》第二百九十四条第一款、第五款，第二百三十四条，第一百一十五条第一款，第三百零三条，第一百二十八条第一款，第二百三十八条第一款，第二百二十六条，第三百一十条第一款，第二十五条第一款，第二十六条第一款、第三款，第四十八条第一款，第五十二条，第五十六条第一款，第五十七条第一款，第六十五条第一款，第六十七条第一款、第三款，第六十八条，第六十九条，第七十条，第三十六条第一款的规定，判决如下：

被告人史锦钟犯组织、领导黑社会性质组织罪，判处有期徒刑九年，并处没收财产人民币五万元；犯故意伤害罪，判处死刑，缓期二年执行，剥夺政治权利终身；犯以危险方法危害公共安全罪，判处有期徒刑十年；犯开设赌场罪，判处有期徒刑三年，并处罚金人民币三万元；犯赌博罪，判处有期徒刑二年，并处罚金人民币两万元；犯非法持有枪支罪，判处有期徒刑四年；犯非法拘禁罪,判处有期徒刑二年;犯强迫交易罪,判处有期徒刑二年,并处罚金人民币一万元。决定执行死刑,缓期二年执行,剥夺政治权利终身,并处没收财产人民币五万元,罚金人民币六万元。

(其他被告人判决情况略)

一审宣判后,吉安市人民检察院以被告人史锦钟到案后无悔罪表现,一审法院判处史锦钟死缓,属于适用法律不当,导致量刑畸轻,应当判处死刑为由提出抗诉。

被告人史锦钟、尹忠华、龙武、尹友朵、龚鹏、刘晓武、沈卫、尹卫民、刘海清以其行为不构成组织、领导、参加黑社会性质组织罪分别提出上诉。

江西省高级人民法院经审理后认定,2004 年 10 月 10 日晚,被告人史锦钟伙同他人故意伤害夏永东一案不属于黑社会性质组织所实施的犯罪,系史锦钟等人实施的个人犯罪。

江西省高级人民法院经审理认为,上诉人史锦钟的行为已构成组织、领导黑社会性质组织罪、故意伤害罪、以危险方法危害公共安全罪、开设赌场罪、赌博罪、非法持有枪支罪、非法拘禁罪、强迫交易罪,依法应数罪并罚。史锦钟在黑社会性质组织中起组织、领导作用,系首要分子。其在刑罚执行完毕后五年以内再犯应当判处有期徒刑以上刑罚之罪,系累犯,应当从重处罚。考虑史锦钟有一定的认罪悔罪表现,对其可酌情从轻处罚,对其所犯故意伤害罪可判处死刑,但不必立即执行。同时考虑史锦钟系黑社会性质组织的组织者、领导者,人身危险性极大,对其应限制减刑。对江西省人民检察院支持抗诉意见书和出庭意见中关于一审对史锦钟判处死缓,量刑畸轻,应当判处死刑立即执行的意见不予采纳……依照《中华人民共和国刑事诉讼法》第二百二十五第一款第一项、第二项,第二百二十六条第二款,第二百三十七条和《中华人民共和国刑法》第二百九十四条第一款、第四款、第五款,第二百三十四条,第一百一十五条第一款,第三百零三条,第一百二十八条第一款,第二百三十八条第一款,第二百二十六条,第三百一十条,第二十五条第一款,第二十六条第一款、第三款、第四款,第四十八条第一款,第五十条第二款,第五十二条,第五十六条第一款,第五十七条第一款,第六十五条第一款,第六十七条第一款、第三款,第六十八条,第六十九条,第七十条之规定,判决如下:

1. 维持一审判决对上诉人史锦钟的定罪量刑。

2. 对上诉人史锦钟限制减刑。

(其他上诉人、原审被告人的定罪处刑情况略)

二、主要问题

如何认定黑社会性质组织形成的时间。

三、裁判理由

黑社会性质组织的形成有无明确的时间节点?如果无法判断时间节点,那么,在黑社会性质组织成员在较早之前实施的违法犯罪行为,能否认定为组织的违法犯罪行为?该问题在司法实践中有不同的认识。具体到本案,发生在 2004 年的史锦钟纠集沈卫故意伤害夏永东的犯罪行为能否认定为黑社会性质组织的犯罪行为?该问题需要通过明确黑社会性质组织形成的时间节点才能解决。

黑社会性质组织一般都会有一个从产生、发展到逐步壮大的过程。随着组织的发展演变和犯罪行为的积累,其组织特征、经济特征、行为特征和非法控制特征逐渐形成、完备。严格来说,前述四个特征都具备了,才可称之为黑社会性质组织,但正如 2009 年下发的《最高人民法院、最高人民检察院、公安部办理黑社会性质组织犯罪案件座谈会纪要》所指出的,普通犯罪集团、恶势力团伙向黑社会性质组织发展是一个渐进的过程,没有明显的性质转变的节点,审判中也难以判明四个特征何时均已具备,认定标准无法统一。2015 年 9 月 7 日,最高人民法院在广西壮族自治区北海市召开会议,并形成《全国部分法院审理黑社会性质组织犯罪案件工作座谈会纪要》(以下简称 2015 年《纪要》)。该文件规定:"黑社会性质组织存续的起点,可以根据涉案犯罪组织举行成立仪式或者进行类似活动的时间来认定。没有前述活动的,可以根据足以反映其初步形成核心利益或者强势地位的重大事件发布时间进行审查判断。没有明显标志性事件的,也可以根据涉案犯罪组织为维护、扩大组织势力、实力、影响、经济基础或者按照组织惯例、纪律、活动规约而首次实施有组织的犯罪活动的时间进行审查判断。"该规定不仅体现了在审判实践中认定黑社会性质组织形成时间的必要性、重要性,同时也确定了可供操作的具体标准,对于准确适用法律,切实做到罚当其罪,维护公平正义有重要意义。

从司法实践情况来看,尽管举行成立仪式也并不意味着黑社会性质组织的四个特征都已具备,但由于此类活动往往带有明确组织层级、结构、宗旨、目标的性质,故将举行成立仪式作为黑社会性质组织形成时间的起点很少会引起争议。不过,由于黑社会性质组织的成熟程度、严密程度毕竟不同于典型的黑社会组织,通过举行专门仪式来宣告成立的为数很少,故仅此一个判断标准尚不足以应对实践中各类复杂情况。审判时可以发现,有相当多的黑社会性质组织在发展过程中,都存在对其树立非法权威、争夺势力范围、获取稳定经济来源具有重要意义的违法犯罪活动或其他重大事件。这些违法犯罪活动或重大事件的具体情形和后果不尽相同:有的是击垮主要竞争对手、有的是抢得重要资源、还有的是制造重大社会影响并极大提升了犯罪组织的知名度。但其相同之处在于,它们都会对黑社会性质组织的发展、升级产生显著的推动或催化作用。将这些违法犯罪活动或重大事件作为黑社会性质组织的形成起点,不仅易于判断,而且也符合黑社会性质组织的成立宗旨和发展规律。当然,确实也有一些案件中不存在明显的标志性事件。在此情况下,可以按照 2015 年《纪要》的规定,将首次实施有组织犯罪活动的时间作为形成起点。应当注意的是,"首次实施有组织犯罪活动"并非仅指实施犯罪的方式具有组织性,更重要的是看该犯罪是否为了组织利益、按照组织意志而实施,以及犯罪能否体现该组织追求非法控制的意图。认定黑社会性质组织的违法犯罪活动,并非只有那些直接体现组织利益和组织意图的违法犯罪活动才能构成,只要符合组织惯例、纪律、活动规约,或者客观上起到维护和扩大组织势力、实力、影响、经济基础作用的也可认定。但是,在判断黑社会性质组织形成时间起点时,由于还没有所谓的惯例、纪律、活动规约可供参照,反映非法控制意图的事实尚不充分,如果作为判断依据的"首次实施有组织犯罪活动"不能体现组织利益、意图,则会失去应有的作用和意义。

结合本案事实,以史锦钟为首的犯罪组织,通过多年的发展,组织者、领导者明确,基本骨干一直稳定,而且不断发展其他成员,人数多达 20 余人。该组织不仅层级分明,且内部已形成一系列成员必须遵守的不成文的规矩,如不准吸毒、接受指令后必须执行且不得问原因、成员之间不允许发生矛盾等。该组织在永新县等地实施了一系列违法犯罪活动,涉及 9 项罪名、19 起犯罪事实、7 起违法事实,其中仅开设赌场一项便获利数百万元。该犯罪组织虽尚未能完全控制当地某个行业,但在赌博等非法行业内,对其他存在竞争关系的违法犯罪者不断进行打击,追求非法控制的意图十分明显,且在当地赌博行业内已形成重大影响。为谋取更大的非法利益,该组织还不断拓展涉足的领域,追求对当地工程招投标市场、茶麸收购市场的非法控制,对永新县的经济、社会生活秩序形成重大影响,已具备黑社会性质组织的四个特征。

该黑社会性质组织的形成、发展具有一定的代表性,经历了从恶势力团伙逐步发展为黑社会性质组织的过程。从时间上看,大致分为前后两个阶段:2004 年至 2006 年是前一个阶段。在该阶段内,史锦钟依附于当地恶势力头目刘文广手下,团伙成员还有本案被害人姜小伟。在追随刘文广期间,史锦钟因私人恩怨,于 2004 年 10 月纠集沈卫等人持枪打伤另一恶势力团伙头目夏永东,迫使夏永东离开永新县,此举为史锦钟积累了个人"声望",史锦钟也借此开始组织、网罗多名社会闲散人员直接受其差遣。第二个阶段是自2006年刘文广死后直至本案案发。刘文广之死导致以其为首的恶势力团伙开始分裂,史锦钟自立门户,并居于新的犯罪组织核心。随着沈卫、尹卫民、高远宇、刘海清、刘晓武、张江华、龙武、尹忠华、尹友朵、黄建军、尹志权等人的加入,以史锦钟为首的犯罪组织势力日渐增大,追求非法控制的意图日益明显。从此时开始,史锦钟一方面积极为该组织的发展积蓄经济实力,通过有组织地开设赌场、聚众赌博谋取非法利益;另一方面为确立其所领导的犯罪组织在永新县区域内的强势地位,有目的、有计划地打压与其有竞争关系的姜小伟犯罪组织。2006年6月29日,史锦钟指使沈卫、刘海清、高远宇、尹卫民、尹忠华、黄建军及尹志权等组织成员携带枪支和刀具在永新县高桥楼镇将姜小伟团伙成员龙海涛、何俊、黄小康等人打伤。该次犯罪,史锦钟犯罪组织的成员几乎全部参加,并将姜小伟一方的数名骨干成员打伤打残,致使姜小伟犯罪组织在此后实力大为减弱。此次犯罪不仅是典型的带有"争霸"性质的有组织犯罪,而且对史锦钟犯罪组织排除竞争对手、确立非法权威产生了重要影响。虽然在司法机关的打击下,史锦钟犯罪组织大部分成员或入狱或潜逃,在一段时间内呈分散解体状态,但该组织的恶名和史锦钟的个人权威已经形成,并对之后该组织的死灰复燃起到了重要作用。2008年史锦钟刑满释放后,该组织成员又迅速聚拢到其身边,其间又发展了刘晓武、龙武、龚鹏和尹忠华等骨干成员,社会闲散人员雷作、廖红旗、刘峰、皮文林、周江维、吕金伟等纷纷加入,组织规模不断巩固和扩大。至此,该犯罪组织以暴力、威胁或其他手段,实施了大量有组织的违法犯罪活动,大肆敛财、壮大经济实力,并将所得财产部分用于违法犯罪活动和维系组织的生存发展,形成了一个以永新县城为地域基础,以史锦钟为组织者、领导者,以尹忠华、龙武、刘晓武、龚鹏、沈卫、尹卫民、尹友朵、刘海清、高远宇为积极参加者,张江华、皮文林、刘峰、李泽明、刘东东、雷作、周江维、吕金伟、廖红旗、黄建军和尹志权为一般参与者,组织架构完整、层级清晰、结构稳定的黑社会性质组织。综上,2006年6月,史锦钟指使组织成员在永新县高桥楼故意伤害黄小康、龙海涛等人一案可视为该黑社会性质组织的形成起点。

与之相比较,2004年10月史锦钟、沈卫等人故意伤害夏永东一案,虽然是由史锦钟与涉案黑社会性质组织成员沈卫等人共同有组织地实施,客观上也提升了史锦钟的恶名,但该起犯罪是因个人恩怨而引发,既不涉及组织利益,也无法反映追求非法控制的意图。况且,当时史锦钟只是刘文广恶势力团伙的一名成员,尚未创建由其自己领导的犯罪组织,因此,不能据此认定涉案黑社会性质组织始于2004年10月,该起犯罪也不能认定为黑社会性质组织的犯罪,二审法院予以纠正是正确的。

(撰稿:江西省高级人民法院　周素阳
审编:最高人民法院刑三庭　周　川)

[第1155号]汪振等人组织、领导、参加黑社会性质组织案

——较长时期内暂停实施违法犯罪活动的,是否可以认定黑社会性质组织仍持续存在

【关键词】 组织、领导、参加黑社会性质组织罪　较长时期　暂停实施违法犯罪活动

一、基本案情

被告人汪振,男,1969年9月22日出生。1993年9月30日因销赃、故意伤害被劳动教养三

年;2006年9月4日因涉嫌犯故意伤害罪被逮捕,同月5日被监视居住,2007年3月5日解除监视居住;2010年8月11日因涉嫌犯故意杀人罪被逮捕,同日被监视居住,2011年2月11日解除监视居住。2011年6月11日因本案被逮捕。

(其他被告人基本情况略)

湖南省怀化市人民检察院以被告人汪振、徐立忠等27人分别犯组织、领导、参加黑社会性质组织罪,故意杀人罪,故意伤害罪,聚众斗殴罪,非法拘禁罪,寻衅滋事罪,窝藏罪,敲诈勒索罪,贩卖毒品罪,开设赌场罪,妨害作证罪,非法持有枪支、弹药罪,向湖南省怀化市中级人民法院提起公诉。

被告人汪振辩称:其行为不构成组织、领导黑社会性质组织罪,故意杀人罪,故意伤害罪,聚众斗殴罪,寻衅滋事罪,敲诈勒索罪,妨害作证罪,非法持有枪支、弹药罪。其辩护人提出汪振不构成组织、领导黑社会性质组织罪,妨害作证罪,非法持有枪支、弹药罪,敲诈勒索罪,以及不应承担故意杀人罪的刑事责任等辩护意见。

怀化市中级人民法院经公开审理查明:

(一)组织、领导、参加黑社会性质组织的事实

1996年,被告人汪振被解除劳动教养以后,在湖南省沅陵县县城纠集被告人杨建华、李明冬、陈斌(共同作案人,已被执行死刑)和颜允海等人为非作恶,成为当地的一伙恶势力。1997年5月7日,汪振伙同杨建华、李明冬、陈斌和颜允海(另案处理)等人在沅陵县沅陵镇好吃街巷口将另一恶势力团伙成员陈辉砍成重伤后,汪振负案潜逃至广东省深圳市。1998年年初,汪振为了控制深圳至沅陵的长途客运市场以牟取暴利,纠集和网罗了郑开华、陈斌、颜允海、廖建、张中华、刘福生、杨军(后4人均另案处理)等人,通过违法犯罪活动夺取车站的经营权,获取经济利益,严重破坏了深圳至沅陵的长途客运秩序,初步形成了以汪振为组织者、领导者,郑开华、陈斌、颜允海、廖建、张中华、刘福生、杨军等人为积极参加者的黑社会性质组织。1999年10月,汪振在深圳因抗拒公安机关的抓捕,被民警开枪击伤,致使双下肢瘫痪。此后,汪振在田继安等人的陪护下在深圳疗伤。2005年下半年,汪振返回沅陵县。为了重新确立其在沅陵社会上的地位,汪振纠集田继安、陈斌、廖建、杨建华等人,同时网罗胡先亮、宋志辉、刘安、粟建华、宋祖勤、刘双华、杨道君、杨伟君、瞿占生、李文武、糜永刚(后3人均另案处理)等刑满释放人员和社会闲杂人员,由汪振将上述成员分为贩卖毒品和充当打手两部分,规定两部分成员之间不准接触,分开居住,统一开餐,违法犯罪所得由汪振统一管理和分配,充当打手的成员不准吸毒。2007年10月,胡先亮、宋祖勤、刘双华、杨道君、杨伟君、廖建、瞿占生、李文武、糜永刚因贩卖毒品罪被判处刑罚。2007年12月,杨建华、宋志辉、刘安因聚众斗殴罪被判处刑罚。之后,陈斌因故意杀人罪被执行死刑。汪振为了发展自己的势力,又纠集李明冬和郑开华,并吸纳徐立忠、李登红、谢伟、马继杨、丁雪松、陆启典、张园园、杨世刚、张松国、姚素英、钟海军、宋仪岸、宋文智、赵儒军等人为成员。其中,李登红负责管理钟海军、宋仪岸、宋文智、张晓宇(另案处理)等人,谢伟负责管理瞿伟权、张朝林、向杰(均另案处理)等人,马继杨负责管理梁帅(外号"福宝",另案处理)、马军(外号"胖子",另案处理)等人,张园园、杨世刚、张松国负责管理赵儒军和张海、宋明(均另案处理)等人。汪振通过对骨干成员的控制来达到对整个组织的控制,李登红、谢伟、马继杨、张园园、杨世刚、张松国带领各自管理的成员,集中住宿,统一开餐,形成了不许吸毒、不许到汪振开设的赌场内赌博等规矩。

汪振黑社会性质组织在形成和发展壮大过程中,为谋取经济利益,打击竞争对手,争夺地盘,大肆进行违法犯罪活动,有组织地实施故意杀人、故意伤害、聚众斗殴、寻衅滋事、贩卖毒品等犯罪,致1人死亡、1人重伤、4人轻伤、2人轻微伤,严重破坏了当地的社会秩序和经济秩序,造成了

极其恶劣的社会影响。

（二）故意杀人、故意伤害、聚众斗殴的事实

2006年7月底，湖南省衡阳市石鼓区无业人员邬永辉（已判刑）因欠下沅陵县无业人员陈金（共同作案人，已判刑）赌债2 900元，与陈金产生矛盾。2006年8月19日晚，邬永辉与杨佳升（男，1984年6月出生）、尹相钧（已免予刑事处罚）等人来到湖南省长沙市开福区营盘路私生活网吧找到在此上网的陈金，要求免除部分赌债，被陈金拒绝后，邬永辉等人打了陈金。陈斌同在网吧上网，为此电话联系上宋志辉，通过宋志辉向汪振求助。汪振遂安排宋志辉、杨建华、刘安、陈星（共同作案人，均已被判刑）前往长沙帮陈斌打架，并提供左轮手枪一把、子弹6发、砍刀4把。汪振要胡先亮为宋志辉四人租了车，并支付了500元租车费，还给了杨建华1 000元用于开支。宋志辉、杨建华、刘安、陈星乘坐顾全（共同作案人，已判刑）驾驶的车牌号为湘N43569的奇瑞轿车来到长沙，于2006年8月20日早上与陈金、陈斌会合。当天上午9时许，陈金以和解为名，骗邬永辉到长沙市开福区营盘路乡里人家饭店。后陈斌、宋志辉、杨建华、刘安、陈星携带工具来到该饭店。邬永辉、尹相钧、杨佳升等人明知对方可能有诈，仍携带刀具赴约。同日上午10时许，双方在乡里人家饭店门前人行道上见面后，陈金向宋志辉等人示意并大喊“砍”，随即带头砍向邬永辉。随即，陈星持左轮手枪逼住杨佳升，陈斌持匕首上前刺中杨佳升左腹部，杨建华、宋志辉、刘安持砍刀朝杨佳升身上乱砍。邬永辉被砍后逃离，陈金和陈斌追赶邬永辉未成返回现场，陈金又持刀砍了杨佳升的手部。其间，陈星将石振华打倒在地。陈斌等六人行凶后乘坐奇瑞轿车逃离现场。杨佳升经送医院抢救无效，于当天死亡。

（其他故意伤害、聚众斗殴的事实略）

（三）寻衅滋事的事实

1. 1998年年初，被告人汪振为了夺取广东省深圳市坂田车站的经营权，提出与李一波合伙经营车站，遭到李一波的拒绝。1998年3月8日下午3时许，汪振带领陈斌、颜允海、刘福生等人来到李一波在坂田的住房内，找到正在打麻将的李一波。汪振持匕首朝李一波大腿猛捅一刀。

2. 1998年，被告人汪振为了夺取广东省深圳市石岩车站的经营权，提出与陈小勇合伙经营车站，遭到陈小勇的拒绝，汪振即指使郑开华、陈斌、张中华、刘福生等人去砍陈小勇。郑开华等人携带砍刀来到石岩车站，没有找到陈小勇，张中华看见与陈小勇一起经营石岩车站的杨学兵正在车站内打电话，即抽出随身携带的砍刀跑过去砍杨学兵，杨学兵被砍后转身逃跑，郑开华、陈斌、刘福生等人亦持砍刀在后追砍，造成杨学兵全身多处被砍伤。经法医鉴定，杨学兵的损伤程度已构成轻伤。

（其他寻衅滋事的事实略）

（四）敲诈勒索的事实

1. 2008年，被告人汪振为了垄断沅陵县城的“六合彩”码书销售，一方面安排徐立忠、田自飞与沅陵县城码书经营者底玉萍一起销售“六合彩”码书；另一方面安排谢伟等人去找沅陵县城码书经营者钱孟秋，不准钱孟秋经营码书。钱孟秋闻讯后来到汪振家求情，汪振要求钱孟秋给30万元才能经营码书。钱孟秋迫于汪振一伙的淫威，答应给汪振18万元。2008年5月3日，钱孟秋安排朋友杨能将现金18万元送给汪振，杨能按照汪振的吩咐将钱存入徐立忠的账户。

2. 2008年，被告人汪振将在沅陵县城南武田巷开设赌场的黄君建叫到家中，要求到赌场入干股。黄君建迫于汪振的淫威，答应让汪振入干股。汪振指使李明冬、谢伟到黄君建赌场分多次收取7 000元，李明冬、谢伟将7 000元钱全部交给了汪振。

（其他敲诈勒索的事实以及贩卖毒品、开设赌场、妨害作证、非法持有枪支的事实略）

怀化市中级人民法院认为,被告人汪振的行为构成组织、领导黑社会性质组织罪,故意杀人罪,故意伤害罪,聚众斗殴罪,寻衅滋事罪,敲诈勒索罪,贩卖毒品罪,开设赌场罪,妨害作证罪,非法持有枪支罪……依照1979年《中华人民共和国刑法》第一百三十四条第二款、第二十二条第一款、第二十三条;1997年修订的《中华人民共和国刑法》第二百七十四条,第二百九十三条第一项,第二百九十四条第一款、第三款,第六十九条,第七十七条;《中华人民共和国刑法》第一百二十八条第一款,第二百三十二条,第二百三十四条,第二百三十八条第一款,第二百六十三条,第二百九十二条,第二百九十四条第一款、第四款、第五款,第三百零三条第二款,第三百零七条第一款,第三百一十条第一款,第三百四十七条第一款、第二款第一项和第二项、第七款,第三百五十七条,第十二条第一款,第二十五条第一款,第二十六条,第二十七条,第四十七条,第四十八条,第五十二条,第五十三条,第五十七条第一款,第五十九条,第六十四条,第六十五条第一款,第六十七条第三款,第七十条,第八十七条,第八十八条,第八十九条,第九十七条;《全国人民代表大会常务委员会关于〈中华人民共和国刑法〉第二百九十四条第一款的解释》,《最高人民法院关于〈中华人民共和国刑法修正案(八)〉时间效力问题的解释》第四条、第六条,《最高人民法院关于在裁判文书中如何表述修正前后刑法条文的批复》;《最高人民法院关于罪犯因漏罪、新罪数罪并罚时原减刑裁定应如何处理的意见》;《最高人民法院关于审理非法制造、买卖、运输枪支、弹药、爆炸物等刑事案件具体应用法律若干问题的解释》第五条;《最高人民法院关于审理黑社会性质组织犯罪的案件具体应用法律若干问题的解释》第一条、第三条和第七条之规定,于2012年10月30日判决如下:

被告人汪振犯组织、领导黑社会性质组织罪,判处有期徒刑九年六个月;犯故意杀人罪,判处死刑,剥夺政治权利终身;犯故意伤害罪,判处有期徒刑九年;犯聚众斗殴罪,判处有期徒刑五年;犯寻衅滋事罪,判处有期徒刑三年;犯敲诈勒索罪,判处有期徒刑八年;犯贩卖毒品罪,判处死刑,剥夺政治权利终身,并处没收财产十万元;犯开设赌场罪,判处有期徒刑四年,并处罚金人民币二十万元;犯妨害作证罪,判处有期徒刑一年;犯非法持有枪支罪,判处有期徒刑二年;数罪并罚,决定执行死刑,剥夺政治权利终身,并处没收财产十万元,罚金人民币二十万元。

(其他被告人的定罪处刑情况略)

一审宣判后,被告人汪振、徐立忠、胡先亮、李明冬、杨建华、宋志辉、刘安、粟建华、田继安、宋祖勤、刘双华、杨道君、杨伟君、谢伟、马继杨、丁雪松、张园园、杨世刚、张松国、钟海军、宋文智、赵儒军不服,提出上诉。

汪振及其辩护人提出:原判忽略了汪振高位瘫痪已无犯罪条件以及1999年10月至2005年11月在广东养病期间无违法犯罪行为的问题,认定汪振犯组织、领导黑社会性质组织罪违背事实和法律等上诉理由和辩护意见。

湖南省高级人民法院经审理认为,原审判决认定的犯罪事实清楚,证据确实、充分,定罪准确,除对汪振所犯贩卖毒品罪量刑过重以外,对其他犯罪的量刑均适当。审判程序合法。依照1997年修订的《中华人民共和国刑法》第二百九十四条第一款、第三款,第二百九十三条第一项,第二百七十四条,第六十九条,第七十七条和《中华人民共和国刑法》第二百九十二条第一款第四项、第二款,第二百三十二条,第二百三十四条,第三百四十七条第一款、第二款第一项、第七款,第三百零三条第二款,第三百零七条第一款,第一百二十八条第一款,第二百六十三条,第二百三十八条第一款,第三百一十条第一款,第十二条,第二十五条第一款,第二十六条,第二十七条,第五十二条,第五十七条第一款,第五十九条,第六十四条,第六十五条第一款,第七十条,第八十九条,第九十七条及《中华人民共和国刑事诉讼法》第二百二十五条第一款第一项、第二项的规定,于2014年10月29日判决如下：

1. 驳回上诉人徐立忠、胡先亮、李明冬、杨建华、宋志辉、刘安、粟建华、田继安、宋祖勤、刘双华、杨道君、杨伟君、谢伟、马继杨、丁雪松、张园园、杨世刚、张松国、钟海军、宋文智、赵儒军的上诉和上诉人汪振的部分上诉，维持湖南省怀化市中级人民法院(2011)怀中刑一初字第36号刑事判决第2项至第28项判决和第1项中对汪振犯组织、领导黑社会性质组织罪，故意杀人罪、故意伤害罪，聚众斗殴罪、寻衅滋事罪，敲诈勒索罪，开设赌场罪，妨害作证罪，非法持有枪支罪的判决及犯贩卖毒品罪定罪部分的判决。

2. 撤销湖南省怀化市中级人民法院(2011)怀中刑一初字第36号刑事判决第1项中对上诉人汪振犯贩卖毒品罪量刑部分的判决。

3. 上诉人汪振犯贩卖毒品罪，判处无期徒刑，剥夺政治权利终身，并处没收财产人民币十万元，与原判对汪振犯组织、领导黑社会性质组织罪，故意杀人罪，故意伤害罪，聚众斗殴罪，寻衅滋事罪，敲诈勒索罪，开设赌场罪，妨害作证罪，非法持有枪支罪判处的刑罚并罚，决定执行死刑，剥夺政治权利终身，并处没收财产人民币十万元，罚金人民币二十万元。

最高人民法院经复核审理，依法核准被告人汪振死刑。

二、主要问题

较长时期内暂停实施违法犯罪活动的，是否可以认定黑社会性质组织仍持续存在?

三、裁判理由

(一)黑社会性质组织应当是在较长时期内持续存在的犯罪组织

刑法第二百九十四条第一款尽管没有明文表述黑社会性质组织应当是在较长时期内持续存在的犯罪组织，但该条第五款第一项中所规定的“形成较稳定的犯罪组织”，实际上已经包含了这一要求。如果对黑社会性质组织的四个特征进行系统化分析，便会发现“较长时期内持续存在”是认定黑社会性质组织的必然要求。从逻辑角度观察，黑社会性质组织不可能像合法组织那样在满足法定要件后成立运作，而只能是在违法犯罪活动中逐步发展、定型与升级。换言之，即便是成立之初就明确以成为黑社会性质组织为目标的犯罪组织，也不可能从其形成之日起就实现对一定区域或者行业的非法控制或重大影响，需要通过多次有组织地实施违法犯罪活动才能得以形成。从司法审查的角度来看，判断是否已形成较稳定的犯罪组织、骨干成员是否基本固定以及是否通过有组织的违法犯罪活动获取经济利益并实现对一定行业或区域的非法控制或形成重大影响，都需要以在较长时期内连续、多次实施有组织的违法犯罪活动作为主要依据。否则，既不能确定犯罪组织具有稳定性，更不能认定其已符合黑社会性质组织的法定认定标准。

判断犯罪组织是否在“较长时期内持续存在”，主要涉及两方面问题：一是“较长时期”从何时起算、需要持续多久；二是“持续存在”应当如何认定。关于第一个问题，2015年最高人民法院印发的《全国部分法院审理黑社会性质组织犯罪案件工作座谈会纪要》(以下简称2015年《纪要》)已有比较明确的规定，司法实践中遵照执行即可。关于第二个问题，笔者认为，在确定犯罪组织的形成起点后，只要该犯罪组织以组织名义、为组织利益连续多次实施违法犯罪活动的，就可以认定犯罪组织持续存在。实践中，有以下两种情况值得注意：一是有些黑社会性质组织脱离“打打杀杀”的初级阶段后，往往会以合法行业为主要经济来源，并会为逃避打击而自我“洗白”，有意减少甚至在一定时期内暂时停止实施违法犯罪活动，给人造成犯罪组织已经“转型”或者“解散”的错觉。当需要打击对手、抢夺市场、攫取资源之时，便会恢复本来面目，继续实施违法犯罪活动。二是有些黑社会性质组织在发展过程中，因某些具体的犯罪案件被公安司法机关查破，原有的组织成员或被抓或潜逃，被迫暂时停止实施违法犯罪活动，由此形成组织“溃散”的假象。但经过一段时间以后，组织成员又会重新聚集，或者又有新的成员加入并继续实施有组织违法犯罪活动。在认定黑社会性质组织是否持续存在时，以上两种情况往往会引发争议。

相比较而言，在第一种情况下，由于暂停违法犯罪活动期间，组织成员、结构一般不会发生大的变化，故认定起来相对容易。而对于第二种情况，由于组织成员一般会有明显更替，甚至犯罪组织活动的区域、染指的领域也可能发生变化，故认定起来存在一定难度。笔者认为，在第二种情况下，判断黑社会性质组织是否持续存在，应当着重审查组织者、领导者、骨干成员等组织的核心成员是否具有延续性，以及组织的非法影响是否具有延续性。组织的核心成员具有延续性，说明犯罪组织的基本构成是稳定的；非法影响具有延续性，说明犯罪组织的行为方式和犯罪宗旨未发生根本变化。需要说明的是，对于刑法第二百九十四条第五款第一项中的“骨干成员基本固定”，不能理解为骨干成员不变或基本不变。如同正规合法的社会组织，黑社会性质组织也会存在新老交替，当原本的骨干成员受到司法打击或由于死亡、受伤、潜逃、被开除等其他原因脱离组织后，由低层级的成员或新成员填补继位，并不会影响组织结构的稳定性和组织运转的有效性，组织者、领导者依然能够通过对骨干成员的直接指挥来对整个犯罪组织进行稳定的管控。因此，只要不是时聚时散或者频繁地大面积更换，就可以视为“骨干成员基本固定”。正因如此，在判断组织核心成员的延续性时，也并不要求骨干成员全部或者大部分保持不变。

（二）对本案黑社会性质组织是否持续存在的具体分析

本案中，汪振与陈斌于1998年负案潜逃至深圳，沅陵县部分负案在逃人员郑开华、张中华、廖建随后到深圳投靠汪振，汪振还纠集了沅陵籍社会闲杂人员刘福生等10余人，使用暴力和威胁手段逐步夺取、控制了深圳至沅陵的长途客运线路，不仅在深圳、沅陵两地皆树立了非法威望，而且为该组织的发展壮大获取了经济支持。截至此时，该犯罪组织已经将深圳至沅陵的长途客运业务确定为组织的核心利益所在，且在该市场初步形成了强势地位。按照2015年《纪要》的有关规定，可以将该时间确定为汪振恶势力团伙转化为黑社会性质组织的时间起点。

本案的特殊性在于汪振黑社会性质组织形成后所实施的违法犯罪活动，时间上存在中断，空间上存在跨地域的情况。该黑社会性质组织的违法犯罪活动从时间上看分为两个阶段：前一阶段为1998年至1999年，汪振负案潜逃至深圳，带领组织成员夺取、控制深圳至沅陵长途客运市场。后一阶段为2005年至2010年，汪振重返沅陵县，重新聚合原有成员并不断网罗新的成员，在当地实施敲诈勒索、开设赌场、贩卖“六合彩”码书和贩卖毒品等犯罪活动。而在两个阶段之间，即1999年至2005年间，因汪振受伤致该组织停止实施犯罪活动达5年之久，而两个阶段的组织成员也发生较大变化。据此，有意见认为，由于有长达5年的时间没有实施违法犯罪活动，且有部分成员在此期间离开汪振，还有多名骨干成员先后被判处刑罚，人员构成缺乏稳定性，故不能认定前后两个阶段中的犯罪组织是同一黑社会性质组织的持续存在。笔者认为，虽然汪振黑社会性质组织在长达5年的时间里没有实施违法犯罪活动，组织成员也有明显更替，但前后两个阶段在核心成员、非法影响等方面具有延续性，应认定该黑社会性质组织在“较长时期内持续存在”。主要理由是：其一，组织者、领导者具有延续性。汪振在前后两个阶段中均居于组织者、领导者地位，对于犯罪组织的存在、运行都起到了不可替代的核心作用。其二，组织成员具有延续性。2005年汪振回到沅陵后重新聚集的人员，包括前一阶段在深圳所带的骨干成员陈斌、郑开华、颜允海等人，汪振通过对这些骨干成员的继续控制，实现了对整个犯罪组织的继续控制。更为重要的是，即使是在汪振因拒捕被击伤而停止实施犯罪的5年间，组织成员郑开华、田继安等人仍然追随在汪振身边，虽未实施违法犯罪活动，但仍听从汪振指挥并照顾汪振起居，说明该组织并未真正地分崩离析，始终保持着一定的人员构成。其三，非法影响具有延续性。汪振黑社会性质组织在前一阶段实施犯罪的地点主要是在深圳市，汪振等人使用暴力、威胁手段，控制了深圳市运营相关客运线路的4个车站中的3个，对深圳至沅陵的长途客运市场形成重大影响。由于被该犯罪组织残害的对象主要是沅陵籍群众，故相关犯罪活动所造成的非法影响已经波及沅陵，甚至主要体现在沅陵，汪振黑社会性质组织在沅陵树立了恶名。在后一阶段中，汪振重返沅陵，之所以能够于短时间内迅速纠集和吸纳一大批刑满释放人员、社会闲杂人员，也与该组织之前在深圳的所作所为及其形成的非法影响具有直接关联。汪振黑社会性质组织在深圳是以控制长途客运市场为其核心利益，返回沅陵后则以贩卖毒品、开设赌场及地下“六合彩”等为其主要经济来源。虽然其染指的领域发生明显变化，但其以暴力、威胁为主要手段，有组织地实施违法犯罪活动的行为方式没有变，追求非法控制并借此攫取经济利益的总体犯罪意图没有变，由此造成的非法影响与前一阶段具有延续性和一致性。因此，本案中并不存在前后两个不同的犯罪组织，认定汪振黑社会性质组织在较长时期内持续存在发展是正确的。

（撰稿：湖南省高级人民法院　李伟华
审编：最高人民法院刑三庭　周　川）

[第1156号] 焦海涛等人寻衅滋事案

——如何根据违法犯罪活动的多样性把握黑社会性质组织的认定标准

【关键词】　寻衅滋事罪　组织、领导黑社会性质组织罪　黑社会性质组织　犯罪活动的多样性

一、基本案情

被告人焦海涛，男，1971年12月14日出生。2002年7月1日因犯故意伤害罪被判处有期徒刑三年，缓刑五年。2012年10月13日因本案被逮捕。

被告人陈小四，又名陈四，男，1974年5月7日出生。2009年12月16日因犯寻衅滋事罪被判处有期徒刑一年六个月。2012年9月20日因本案被逮捕。

被告人张克南，又名张凯，男，1980年1月4日出生。2012年7月10日因本案被逮捕。

（其他被告人基本情况略）

河南省西平县人民检察院以被告人焦海涛犯组织、领导黑社会性质组织罪，寻衅滋事罪；被告人陈小四、张克南犯参加黑社会性质组织罪、寻衅滋事罪……向河南省西平县人民法院提起公诉。

公诉机关指控：

2011年8月以来，被告人焦海涛利用朋友关系及自身影响力聚集、吸收被告人陈小四、张克南、李宝争、彭华伟、于镇源、李海江、张勇、薛富堂、赵建阳、李云涛、李普等两劳释放及社会闲散人员，逐步建立起一个以其为组织者、领导者，骨干成员基本固定的具有黑社会性质的组织。其中，焦海涛将被告人陈小四、张克南发展为骨干成员，以发展下线的方式将李宝争、彭华伟、于镇源、李海江、张勇发展为一般参加成员。为领导、控制组织成员实施违法犯罪活动以获取经济利

益，被告人焦海涛对其组织成员进行不同分工，划分等级，所有成员均服从焦海涛的领导，重大事项需向焦海涛请示汇报。焦海涛给骨干成员配备车辆、租住套房，为一般成员提供吃、住等生活保障，并在组织成员因违法犯罪被查处时出面托关系摆平，在公安机关追捕其组织成员时，出钱帮助逃跑。该组织有严格的纪律和奖惩制度，组织成员有事需请假，节假日期间发放烟酒福利，同时还以一定的娱乐活动作为对组织成员的鼓励。被告人焦海涛通过以上多种途径，使其领导的犯罪集团规模逐渐扩大，在西平县形成一股恶势力，最终发展成以其为首的犯罪组织。该犯罪组织以承包西平县中央花园拆迁改造工程为依托，为确立在拆迁工作中的强势地位，强迫拆迁户签订低价拆迁协议，获取非法利益。该组织多次组织内部成员到拆迁户家中采取威胁、恐吓、毁坏财物、打骂等手段迫使拆迁户签订低价赔偿协议，通过暴力拆迁获取中央花园项目部给予的拆迁报酬，先后获利22万元以支持该组织的活动。被告人焦海涛领导的犯罪集团多次进行暴力拆迁，严重影响了拆迁户的正常生活，对当地街坊邻居形成威慑，使当地百姓敢怒不敢言。此犯罪组织及其组织成员实施的多次寻衅滋事犯罪严重影响了西平县的治安和人民群众的生活。尤其是2012年6月1日，被告人焦海涛组织其内部成员到西平县专探乡寻衅滋事，公安机关接警后派人前去处理时，其组织成员无视出警民警的制止，更无视民警的生命安全，将民警拖行几百米后推出车外，致其摔伤，造成极其恶劣的重大影响，使当地群众的心理产生巨大恐慌，严重破坏了当地的经济和社会秩序。

（公诉机关另指控寻衅滋事的事实20起略）

公诉机关认为，被告人焦海涛组织、领导黑社会性质组织；被告人陈小四、张克南积极参加黑社会性质组织；被告人李宝争、彭华伟、于镇源、李海江、张勇参加黑社会性质组织，在西平县有组织地通过多次实施违法犯罪活动，获取经济利益，称霸一方，为非作恶，欺压、残害群众，严重破坏社会、经济、生活秩序和人民群众的生命财产安全。其行为已构成组织、领导、参加黑社会性质组织罪。

被告人焦海涛辩称其不构成组织、领导黑社会性质组织罪，只对起诉书中指控的第20起寻衅滋事承担责任。其他被告人辩称不构成参加黑社会性质组织罪。

河南省西平县人民法院经公开审理查明：

1. 2011年9月，被告人焦海涛在中央花园项目部副总刘家梁的授意下，安排陈小四带领张勇及薛富堂到西平县焦家胡同拆迁户焦灿中家采用言语威胁进行谈判，未果后，张克南带领李宝争、彭华伟、张松果、杨保会、王亚磊、“魏蛋”等人采用长时间坐在焦灿中家不走，辱骂、威胁并砸烂家中门窗玻璃、三轮摩托、水泵等物品的方式强迫拆迁。在焦灿中一次坐车外出时，陈小四带人把焦灿中拦下，将其挟持到县委招待所楼下，强迫搬迁并进行威胁，焦灿中迫于无奈到项目部签订拆迁协议。

2. 2011年8月至9月，被告人焦海涛在刘家梁的授意下，安排陈小四带领张勇、薛富堂去拆迁户孙克峰家采用言语威胁进行拆迁谈判，未果后，张克南带领彭华伟、李宝争、孙科、赵建阳等人采用言语威胁、长时间坐在家里不走、辱骂、砸门窗玻璃，夜晚往院里扔砖头等方式强迫其搬迁；后陈小四等人趁孙克峰家中无人时，在刘家梁的指使下派人将孙克峰家的大门、住房二层及南边配房扒倒，致使孙克峰家中的洗衣机、空调等物品全部砸毁。2012年2月，张克南带领于镇源、李宝争、彭华伟、孙科、李普、李云涛等人对孙克峰及其妻子宋玲霞进行辱骂和殴打，强迫其搬迁。

3. 2011年9月，被告人焦海涛在刘家梁的授意下，安排陈小四带领张勇、薛富堂先到拆迁户唐美妮家，后又到唐美妮位于西平县人民医院东边的室内装饰店内采用言语威胁进行拆迁谈判；未果后，陈小四带领张克南、李宝争、张勇、薛富堂等人长时间坐在唐美妮店内不走，跟踪、辱骂唐美妮,并将唐美妮店内的顾客赶走。谈判过程中,李宝争曾打了唐美妮的左脸一拳,陈小四将其屋内的饭桌掀翻。某日唐美妮在西平县柏城商场家具城办事时,张克南等人将唐美妮带到中央花园项目部,对唐美妮进行殴打,后将其拉到项目部门外再次进行殴打。唐美妮最终迫于无奈签订了拆迁协议。

4. 2011 年 10 月,被告人焦海涛安排陈小四带领张勇、薛富堂到拆迁户赵喜民家采用言语威胁进行拆迁谈判,未果后,张克南等人到赵喜民家采用坐在家中长时间不走、辱骂、堵门等手段施压。2012 年 2 月至 3 月间,张克南又带领董克龙、张华军等人将赵喜民家的窗户玻璃全部砸烂,并在晚上往其家扔鞭炮。赵喜民迫于无奈签订了拆迁协议。

5. 2011 年年底,被告人焦海涛在刘家梁的授意下,安排陈小四带领张勇、薛富堂等人到拆迁户李桂吾家采用言语威胁进行拆迁谈判,未果后,陈小四带领张克南、彭华伟、李宝争、王培坤、王军威、李普、李云涛、于镇源、董克龙等人采用坐在家中长时间不走、辱骂李桂吾及其妻子王桂荣,晚上在李家门口放鞭炮等方式向李桂吾施压。某日王桂荣带其子李纯阳外出办事,陈小四先是进行辱骂,后张克南、王军威和另外两名组织成员追上王桂荣,站在胡同口不让人进入,对王桂荣进行两次殴打。后李桂吾迫于无奈签订了拆迁协议。

6. 2012 年 4 月,被告人焦海涛在刘家梁的授意下,安排陈小四带领李海江等人到拆迁户夏满红家采用言语威胁进行拆迁谈判,未果后,张克南带领于镇源、李普、李云涛、“魏蛋”等人长时间坐在夏满红家不走,陈小四指使张克南、李普、李云涛、于镇源等人以打砸夏满红家的玻璃门窗并在院里放鞭炮等方式迫使夏满红签订协议。李海江与祁玉戏(夏满红的母亲,71 岁)发生争执后,李海江打电话喊来陈小四、张克南、于镇源、李普、李云涛等人对夏满红、祁玉戏、张云玲(夏满红的妻子)、夏子浩(夏满红的儿子,15 岁)进行殴打。夏满红迫于无奈签订了拆迁协议。

(其他寻衅滋事的事实略)

西平县人民法院认为,被告人焦海涛等人所涉组织不符合黑社会性质组织的四个特征,尚未达到称霸一方,在一定区域或者行业内,形成非法控制或重大影响,严重破坏经济秩序、社会生活秩序的程度,对公诉机关对焦海涛等被告人涉嫌组织、领导、参加黑社会性质组织罪的指控不予支持。被告人焦海涛纠集他人多次实施寻衅滋事行为,严重破坏了社会秩序,其行为已构成寻衅滋事罪。焦海涛等人共实施寻衅滋事行为 20 起,但其中第 12 起仅致一人轻微伤,不能认定情节恶劣,第 16 起、第 18 起均系因琐事引发争执殴打,事后赔偿被害人钱款,该两起事实公诉机关未提供被害人的人体损伤鉴定,且未提供相关证据证明达到《中华人民共和国刑法》第二百九十三条第一款第一项规定的情节恶劣程度,故对该两起指控不予支持……被告人焦海涛、刘家梁、陈小四、张克南、李宝争、彭华伟、于镇源、张勇、杨保会的行为符合《中华人民共和国刑法》第二百九十三条第二款之规定,其刑期应当在有期徒刑五年以上。鉴于被告人焦海涛、刘家梁案发后自动投案,如实供述自己的罪行,系自首,可以从轻或减轻处罚……根据《中华人民共和国刑法》第二百九十三条第一款第一项至第三项、第二款,第二百七十七条第一款,第三百一十条第一款,第二十五条第一款,第二十六条第一款,第二十七条,第六十七条第一款,第六十五条第一款,第六十九条的规定,判决如下:

1. 被告人焦海涛犯寻衅滋事罪,判处有期徒刑三年八个月。
2. 被告人陈小四犯寻衅滋事罪,判处有期徒刑三年三个月。
3. 被告人张克南犯寻衅滋事罪,判处有期徒刑三年二个月。

(其他被告人判决情况略)

一审宣判后,被告人服判不上诉,检察机关未抗诉,一审判决生效。

二、主要问题

如何根据违法犯罪活动的多样性把握黑社会性质组织的认定标准?

三、裁判理由

根据刑法第二百九十四条第五款的规定,黑社会性质组织应当同时具备以下特征:(1)形成较稳定的犯罪组织,人数较多,有明确的组织者、领导者,骨干成员基本固定;(2)有组织地通过违法犯罪活动或者其他手段获取经济利益,具有一定的经济实力,以支持该组织的活动;(3)以暴力、威胁或者其他手段,有组织地多次进行违法犯罪活动,为非作恶,欺压、残害群众;(4)通过实施违法犯罪活动,或者利用国家工作人员的包庇或者纵容,称霸一方,在一定区域或者行业内,形成非法控制或者重大影响,严重破坏经济、社会生活秩序。根据该规定,黑社会性质组织的特征,具体表现在组织、经济、行为、非法控制等四个方面,且应当同时具备。

2006年"打黑除恶"专项斗争开展以来,全国各地依法严惩了一大批黑社会性质组织,对维护社会和谐稳定,增强人民群众安全感起到了积极作用。但也不可否认,在对"打早打小"方针的片面理解下,有个别"四个特征"并不完全具备的犯罪组织也被作为黑社会性质组织犯罪侦查并移送起诉,将普通犯罪集团、恶势力团伙拔高认定为黑社会性质组织的情形也曾有出现。客观而言,除了政策把握不到位的原因外,在法律层面上,黑社会性质组织与普通犯罪集团、恶势力团伙存在诸多联系与相似之处,区分起来确有难度。例如,在组织特征方面,实践中不乏成员人数较多,组织者、领导者明确,骨干成员相对固定,且有一定形式组织纪律、活动规约的恶势力团伙;又如,在经济特征方面,某些犯罪集团也会通过犯罪活动聚敛大量财富,其中不少还会将所获经济利益用于支持犯罪集团的违法犯罪活动。因此,正如2009年下发的《最高人民法院、最高人民检察院、公安部办理黑社会性质组织犯罪案件座谈会纪要》所指出的,在认定黑社会性质组织时,"应根据立法本意,认真审查、分析黑社会性质组织'四个特征'相互间的内在联系,准确评价涉案犯罪组织所造成的社会危害,确保不枉不纵"。

笔者认为,黑社会性质组织与犯罪集团、恶势力团伙最为显著的区别就在于,黑社会性质组织实施违法犯罪活动的目标不仅是攫取经济利益,同时也追求对经济、生活秩序的非法控制,之后再通过由其掌控的非法秩序来实现经济利益的最大化。也就是说,是否追求非法控制是区分黑社会性质组织与犯罪集团、恶势力团伙的关键标尺。就犯罪集团来说,其犯罪的动机和目的一般都比较单一和明确,就是要通过抢劫、盗窃、走私、贩毒、组织卖淫、拐卖人口等具体犯罪来谋取不法利益,但不追求对经济、社会生活的非法控制,因此,其犯罪活动往往是较隐秘的,与黑社会性质组织公开、半公开地实施违法犯罪活动明显有别。就恶势力团伙来说,其特征与黑社会性质组织相对更为接近,其实施违法犯罪活动不单纯是为了获取经济利益,同时也有在社会上逞强争胜、"扬名立万"的意图。但与黑社会性质组织追求非法控制不同,恶势力团伙好勇斗狠、逞强争胜的目的更多的是满足树立恶名、寻求刺激等心理需要,并没有清晰、明确的追求对经济、社会生活进行非法控制进而攫取更大经济利益的意愿。从某种意义上说,恶势力团伙与黑社会性质组织实际上只隔着一层"窗户纸",一旦恶势力团伙开始有意识、有计划、有组织地通过违法犯罪活动试图在正常社会里建立非法秩序,那么其就跨越了向黑社会性质组织升级转型的鸿沟,剩下的只需要完成量的积累。

如前所述,审判时,对于黑社会性质组织的四个特征不能简单套用,而是应以非法控制为核心,将四个特征作为一个有机整体来判断。2015年最高人民法院印发的《全国部分法院审理黑社会性质组织犯罪案件工作座谈会纪要》(以下简称2015年《纪要》)规定的"涉案犯罪组织仅触犯少量具体罪名的,是否应认定为黑社会性质组织要结合组织特征、经济特征和非法控制特征(危害性特征)综合判断,严格把握”,也正是基于这一考虑。从刑法第二百九十四条第五款中的规定来看,法定的黑社会性质组织的行为特征只要求“暴力性”、“组织性”以及“多次实施”,并没有要求触犯多项不同罪名,2015 年《纪要》的前述规定是否属于在法定标准之外增加构成要素?笔者认为,黑社会性质组织并不是单纯为实施违法犯罪而存在,违法犯罪只是服务于非法控制目的的手段,违法犯罪的性质、次数、严重程度也都是由实现非法控制的需要所决定。经济、社会生活中的各种关系是极为纷繁复杂的,以生活中最为常见、普通的集贸市场为例,从市场活动参与主体来看,涉及经营者与供货商的关系、经营者与顾客的关系、经营者与经营者的关系、经营者与市场所有者的关系等;从与集贸市场相关的公共管理职权来看,涉及工商税务管理、公共治安管理、卫生检疫管理等不一而足。因此,管理一个集贸市场仅靠某一种手段是远远不够的,需要将监督检查、处罚整改、市场调节、配套服务等多种手段相结合才能保证其稳定、有序地运营,便利一方群众的生活。从这个例子不难看出,对于经济、社会管控是一项复杂的系统工程。同理,对于经济、社会生活的非法控制也不太可能靠一两种犯罪便能实现。还是以集贸市场为例,若要实现非法控制,首先,要对市场主体形成心理强制,这就需要实施一定数量的暴力性犯罪,如故意伤害、聚众斗殴、寻衅滋事等;其次,若要对抗管理市场的公共职权,则需要实施妨害公务、聚众扰乱公共秩序、行贿等犯罪;最后,若要改变市场交易规则并从中获利,还需要实施强迫交易、敲诈勒索等犯罪。因此,2015 年《纪要》中关于犯罪“多样性”的要求,反映了非法控制的内在要求,并不超出法律规定的本意与合理解释的范畴。如果涉案犯罪组织触犯的具体罪名明显偏少,则要考虑其是否属于专门从事某一两种犯罪的犯罪集团,而非黑社会性质组织。

本案中,公诉机关指控以焦海涛为首的犯罪组织构成组织、领导、参加黑社会性质组织罪,但指控的具体犯罪事实中仅涉及寻衅滋事罪一个罪名。指控的 20 起犯罪事实中,有 12 起是该组织实施的有组织犯罪,包括 11 起暴力拆迁引发的寻衅滋事和 1 起因焦海涛为承揽工程而实施的寻衅滋事。指控的犯罪行为虽然在次数、手段上符合“以暴力、威胁或者其他手段,有组织地多次进行违法犯罪活动”的特征,但应当看到,焦海涛等人是因为中央花园项目才聚集在一起,但他们并不是依靠非法手段获得该项目征地拆迁业务,而是受项目部雇佣从事暴力拆迁活动。除了中央花园项目,焦海涛等人并未染指其他拆迁工程,这些因素决定了他们的犯罪对象和犯罪手段具有特定性,只需要采用暴力、威胁、滋扰手段迫使项目征地范围内的住户尽快签订拆迁协议即可,不需要实施其他更多性质不同的犯罪来制定西平县拆迁行业的从业规则或者影响当地与征地拆迁无关的居民的生产、生活秩序。这一点,也可以反过来证明焦海涛等人只是依附于中央花园项目,通过配合征地拆迁牟利。截至被公安机关查处之时,其既没有对当地经济、社会生活进行非法控制的意图,也没有以非法控制为目的实施相应的违法犯罪活动,实际上并不具有真正意义上的黑社会性质组织的行为特征。

当然,正如之前所说,对于黑社会性质组织的四个特征应当进行整体考察,并不是仅凭未触犯多个罪名这一点就可以认定某一犯罪组织是否涉黑,这也是 2015 年《纪要》中对犯罪“多样性”问题只作提示性规定的初衷,审判时应当充分认识到这一点。

（撰稿:河南省高级人民法院　张敏娜
审编:最高人民法院刑三庭　周　川）

[第 1157 号]符青友等人敲诈勒索，强迫交易，故意销毁会计账簿，对公司、企业人员行贿，行贿案
——如何把握黑社会性质组织行为特征中的暴力性

【关键词】 组织、领导黑社会性质组织罪 暴力性 黑社会性质组织行为

一、基本案情

被告人符青友，男，1964 年 10 月 20 日出生。2012 年 1 月 6 日因本案被逮捕。

(其他被告人的情况略)

安徽省旌德县人民检察院以被告人符青友犯组织、领导黑社会性质组织罪，强迫交易罪，敲诈勒索罪，抽逃出资罪，故意销毁会计账簿罪，对公司、企业人员行贿罪；被告人汪利群犯参加黑社会性质组织罪、强迫交易罪、敲诈勒索罪、抽逃出资罪、故意销毁会计账簿罪、对公司、企业人员行贿罪；被告人吕宽仂、谢观宏、符青红、黄国有、王文宾、张国庆、符腊美、黄智勇犯参加黑社会性质组织罪，强迫交易罪，敲诈勒索罪；被告人刘道财犯参加黑社会性质组织罪，强迫交易罪，抽逃出资罪，对公司、企业人员行贿罪，向旌德县人民法院提起公诉。

被告人符青友、汪利群、吕宽仂、谢观宏、符青红、黄国有、王文宾、张国庆、符腊美、黄智勇均辩称，其行为不构成组织、领导、参加黑社会性质组织罪。

旌德县人民法院经公开审理查明：

组织、领导、参加黑社会性质组织的事实

2003 年，旌德县人民政府对旌阳镇北门旧城区进行改造，被告人符青友等人成为失地农民。同年年底，符青友、汪利群、刘道财合伙购买了一台挖掘机，并邀请了旌德县旌阳镇新光村书记冯德田隐名合伙，以“三友公司”名义在北门范围内承揽土方工程。符青友提议以“当地事应当由当地人做”为由垄断北门范围内土方工程，汪利群、刘道财表示同意。之后，符青友等 3 人采取暴力、威胁、围堵等手段先后强行承揽利民安置区土方工程、中易公司在北门范围内的土方工程、解放北路道路工程，从此确立了符青友等人在北门建筑劳务市场的强势地位。

2002 年 3 月，旌阳镇原新光村北门劳务队成立，由吕宽仂任队长，成员主要是北门村民组有运输机械的农民。2007 年 10 月，符青友邀集吕宽仂、符青红、谢观宏、黄国有、王文宾、张国庆等 18 人以入股形式筹集资金将北门村民组范围内的建筑劳务一次性“买断”。成立了新的北门劳务组。符青友实际控制该劳务组，决定人员安排、价格确定、纠纷解决等重大事项。在劳务组内部，吕宽仂、谢观宏、黄智勇、符青红、黄国有、张国庆、王文宾等有明确分工。2008 年，该劳务组扩大组织成员吸收符腊美加入，并进而扩大范围，买断和平、老伍村民组在旌阳镇中易文锦苑二期建设工程中的劳务。2010 年 6 月，符青友邀集汪利群、吕宽仂、谢观宏、符青红、黄国有、王文宾、张国庆、符腊美等共计 16 人买断窑上、汪家村民组在旌阳镇中易文锦苑三期建设工程中的劳务。北门劳务组成为符青友所领导组织的另一重要组成部分。

自 2003 年起，符青友、汪利群、刘道财通过有组织地实施强迫交易，敲诈勒索，向公司、企业人员行贿等违法犯罪活动，获取非法利益。其中，三人在承揽的北门土方工程中非法获利 1 067 721.36 元。2007 年至 2011 年间，符青友控制的北门劳务组，通过强迫交易手段在沙石供应方面非法获利 1 927 023.54 元。此外，符青友等人通过敲诈勒索手段获取补偿款共计 343 660 元。北

门劳务组将上述违法所得在劳务组成员之间平均分配，已查明的分红金额达210万元。

为维系组织的生存和发展，该组织将非法聚敛的经济利益部分用于为组织成员提供工资、福利、生活费用；部分用于购买机械设备、承揽工程；部分用于支付医疗费、行政罚款等；部分用于“买断”其他村民组劳务，扩大势力范围、攫取更大的非法经济利益，从而使该组织进一步坐大成势，称霸一方。

以符青友为首的犯罪组织以暴力、威胁手段为基础，在利用组织势力和影响已对他人形成心理强制的情况下，除有组织地实施强迫交易，敲诈勒索，抽逃出资，故意销毁会计账簿，向公司、企业人员行贿，行贿等犯罪活动外，还组织实施强行索要补偿费、无施工资质及未取得工程施工许可证进行施工等违法活动。

该组织通过多次有组织地实施强迫交易、敲诈勒索等违法犯罪活动，给在旌阳镇北门社区内生活的群众及生产经营者形成心理强制和威慑，致使合法利益受损的群众及生产经营者不敢要账，或放弃工程，或不敢控告；致使开发商、承建商不能自主选择土方施工者及建筑材料供应者，被迫接受三友公司及北门劳务组提供的劳务。该组织严重危害了旌德县建筑领域持证经营、自由交易、公平竞争等市场秩序和社会公共秩序，极大地危害了旌德县经济发展和社会稳定。

（强迫交易、敲诈勒索等事实略）

旌德县人民法院认为，以被告人符青友为组织者、领导者，以被告人汪利群、吕宽仂为积极参加者，以被告人谢观宏、符青红、黄国有、王文宾、张国庆、符腊美、刘道财为一般参加者的团伙，人数较多，分工明确，骨干成员基本固定，结构稳定，组织成员均服从符青友指挥。该组织以三友公司和北门劳务组为依托，以恐吓、滋扰、围堵、哄闹、聚众等胁迫性手段，欺压群众，确立称霸北门劳务市场的强势地位，对北门区域内劳动群众、开发商、建筑商、建筑材料供应商等形成心理强制和威慑，长时间非法控制和垄断北门土方工程，沙石、砖块供应及运输等劳务市场，采用所谓的“谈判”“协商”“调解”等非暴力手段，有组织地大肆实施强迫交易、敲诈勒索等违法犯罪活动，非法获取巨额经济利益。这些经济利益或用于进行购买机械设备、“买断劳务”等犯罪准备，或用于为组织成员提供工资福利和生活费用，笼络组织成员，或用于行贿牟利等违法犯罪活动，以维系组织的生存、发展，坐大成势，称霸一方。该组织的行为严重破坏了北门劳务市场交易秩序，对旌德县房地产开发行业的正常秩序产生了恶劣影响，损害了旌德县的经济发展环境。被告人符青友的行为已构成组织、领导黑社会性质组织罪。被告人汪利群、吕宽仂、谢观宏、符青红、黄国有、王文宾、张国庆、符腊美、刘道财的行为已构成参加黑社会性质组织罪……依照《中华人民共和国刑法》第二百九十四条第一款、第三款、第四款、第五款，第二百二十六条，第二百七十四条，第一百六十二条之一第一款，第一百六十四条，第三百八十五条第一款，第三百八十六条，第三百八十三条，第三百八十九条第一款，第三百九十条，第十三条，第二十三条，第二十四条，第二十五条第一款，第二十六条，第二十七条，第九十三条，第三十七条，第五十二条，第五十三条，第五十九条，第六十四条，第六十七条第二款，第六十九条之规定，数罪并罚。判决如下：

被告人符青友犯组织、领导黑社会性质组织罪，判处有期徒刑七年，并处没收财产人民币二百万元；犯强迫交易罪，判处有期徒刑五年，并处罚金一百五十万元；犯敲诈勒索罪，判处有期徒刑四年，并处罚金三十万元；犯故意销毁会计账簿罪，判处有期徒刑一年，并处罚金五万元；犯对公司、企业人员行贿罪，免予刑事处罚；犯行贿罪，判处有期徒刑一年。数罪并罚，决定执行有期徒刑十五年，并处没收财产人民币二百万元，罚金人民币一百八十五万元。

（其他被告人判决情况略）

宣判后，符青友、汪利群、吕宽仂、谢观宏、符青红、黄国有、王文宾、张国庆、符腊美提出上诉，均认为其行为不构成组织、领导、参加黑社会性质组织罪。

宣城市中级人民法院经审理查明：

2003年，旌德县人民政府对旌阳镇北门旧城区进行改造，被告人符青友等人成为失地农民。2004年，旌德县县城北门街区改造建设指挥部在旌北改〔2004〕3号会议纪要中要求在价格、质量、服务效果同等的情况下，由所在地村级劳务组织优先承揽劳务。

2003年年底，符青友、汪利群、刘道财合伙购买了一台挖掘机，在北门范围内承揽土方工程。为便于承接工程和解决纠纷，三人邀请了旌德县旌阳镇新光村（2005年并入北门社区）书记冯德田隐名合伙，以“三友公司”（当时未注册）名义承揽工程。2004年年初，符青友、汪利群、刘道财以土地被征用，需要寻找生活出路为由，向旌德县政府提出申请，要求以“三友公司”的名义承包北门旧城改造中的各项劳务，得到“在同等条件下优先安排”的批示。2006年3月符青友、汪利群、刘道财注册成立了三友公司，符青友任法定代表人，全面负责公司经营及重要事项的决策；汪利群负责该公司财务；刘道财负责工程施工。其间，符青友、汪利群、刘道财三人利用旌德县北门旧城区改造之机，为强揽工程，共同实施强迫交易、敲诈勒索等犯罪而组成较为固定的犯罪组织，并以三友公司为依托，大肆实施强迫交易，敲诈勒索，抽逃出资，故意销毁会计账簿，对公司、企业人员行贿，行贿等行为，对旌德县城北门范围内的土方工程形成较大影响。自2003年至案发，该犯罪组织在北门土方工程中非法获利1 067 721.36元，上述非法获利已作为三友公司利润在股东间按出资比例分配。

2002年3月，为加强城区建筑劳务市场管理工作，旌阳镇原新光村成立了新光村劳务市场管理领导组，所辖的北门、老伍、窑上等村民组分别成立劳务队，从事建筑工地运输业务。其中，北门劳务队由吕宽仂任队长，成员主要是北门村民组有运输机械的农民。2007年10月，符青友出面将北门村民组范围内的建筑劳务一次性“买断”，吸收吕宽仂、符青红、谢观宏、黄国有、王文宾、张国庆等十八户入股参加，形成买断后的北门劳务组。符青友等人为强揽沙石、红砖供应及运输劳务，以买断后的北门劳务组为依托，为共同实施强迫交易、敲诈勒索犯罪而组成较为固定的犯罪组织，对北门村民组所辖范围内在建工程的沙石、红砖供应及运输劳务形成较大影响。2008年，该组织吸收符腊美加入，并买断和平、老伍村民组在旌阳镇中易文锦苑二期建设工程中的劳务。2010年6月，该组织吸收汪利群加入，买断窑上、汪家村民组在旌阳镇中易文锦苑三期建设工程中的劳务。该组织自2007起至案发，通过多次实施强迫交易、敲诈勒索等行为，对北门村民组所辖范围及被买断劳务的在建工程中沙石、红砖等建筑材料供应及运输劳务产生一定控制。符青友等人将通过强迫交易手段高价获得的沙石供应交由其他人承揽，从中获取巨额利润，在沙石供应方面非法获利1 927 023.54元；通过敲诈勒索手段获取补偿款303 660元。该组织将上述非法获利在成员间平均分配，已查明的分红金额达210万元。

以符青友为首要分子的两犯罪组织除单独实施上述行为外，还在旌阳镇解放北路等部分工程建设上，为了各自利益，相互帮衬，共同实施强迫交易、敲诈勒索犯罪行为，强揽土方工程和劳务，符青友等人实施的具体犯罪活动如下：

（一）强迫交易的事实

1. 2003年11月，符青友、汪利群、刘道财合伙购买了一台挖掘机。为强揽旌阳镇利民安置区土方工程，3人未经被害人陈颖松同意便将挖掘机开到陈颖松的施工现场。符青友通过谩骂、恐吓挖掘机驾驶员，拦停工程机械的威胁方式，强行要求承揽部分工程。陈颖松被迫将部分工程交给符青友等3人施工。后陈颖松退出利民安置区土方工程，离开旌德县。之后，符青友等3人以北门农民失地为由，并以“三友公司”（未经工商登记成立）名义，向旌德县政府申请承包北门旧城改造中的各项劳务，得到“在同等条件下优先安排”的批示。符青友、汪利群、刘道财故意曲解该批示的本意，借该批示对中易公司施压，强行要求中易公司将利民安置区剩余土方工程交由3人施工，中易公司被迫与3人签订协议。符青友、汪利群、刘道财从该项工程中非法获利234 973元。

2. 2004年年初，符青友、汪利群、刘道财多次找到中易公司，以农民失地为由，歪曲“在同等条件下优先安排”批示的本意，认为在北门范围内的土方工程必须由3人施工，强行要求中易公司将北门开发范围内的土方平整工程交由3人施工，中易公司被迫答应。符青友、汪利群、刘道财从该项工程中非法获利562 430.89元。

（其他强迫交易的事实略）

（二）敲诈勒索的事实

1. 2007年10月，旌德县泰科置业有限公司开发建设旌阳镇泰科上河铭门工程，该工程土方项目由三友公司承揽施工（含开挖、回填、清运）。同年11月，在施工过程中，当施工方负责人蒋兆华要求被告人符青友履行协议，将渣土清理外运时，符青友却以渣土中含有中易公司的渣土为由，要求施工方另行支付费用。为了不延误工期，泰科公司被迫答应符青友的要求，额外支付了39 450元。

2. 2008年1月，旌阳镇中易北组团1号楼建设过程中，被告人吕宽仂、谢观宏、符青红、黄国有、张国庆、黄智勇找到施工方负责人吴成震，要求砖块运输必须交由北门劳务组承揽，或者支付补偿款。为了不延误工期，吴成震被迫同意对北门劳务组进行“补偿”，共支付补偿款23 210元。

3. 2008年2月，旌阳镇中易北组团2号楼建设过程中，被告人吕宽仂、谢观宏、符青红、黄国有、张国庆、黄智勇、王文宾找到施工方负责人吴洪峰、方卫国，要求砖块运输必须交由北门劳务组承揽，或者支付补偿款。为了不延误工期，施工方被迫支付红砖补偿款5 120元。上述被告人采取同样的方法向中易北组团3号楼、4号楼施工方负责人温宗准索取了红砖补偿款10 000元。

（其他敲诈勒索的事实以及故意销毁会计账簿，对公司、企业人员行贿，行贿等事实略）

宣城市中级人民法院认为，三友公司与北门劳务组在资金来源、业务范围、利润分配上相互独立，一审判决将三友公司与北门劳务组认定为符青友统一领导下的黑社会性质组织不当。三友公司和北门劳务组将获取的经济利益在股东或劳务组成员间按出资比例分配，股东或劳务组成员将分得的经济利益用于各自的家庭生活，未将获取的非法经济利益再用于组织的生存和发展，认定本案具备黑社会性质组织的经济特征证据不足。符青友等人在承揽土方工程或沙石材料供应的过程中，违法犯罪行为的暴力性不突出，不符合黑社会性质组织的行为方式。一审判决认定符青友等10名被告人犯组织、领导、参加黑社会性质组织罪的证据不足……符青友组织、领导犯罪集团进行强迫交易等犯罪活动，系犯罪集团的首要分子，应按集团所犯全部罪行处罚。其中，组织、领导强迫交易38起，非法获利3 246 744.90元；敲诈勒索10起，犯罪数额303 660元；故意销毁依法应当保存的会计账簿，情节严重；向公司、企业人员行贿40 000元；行贿89 759元等。应依照《中华人民共和国刑法》第二百二十六条、第二百七十四条、第一百六十二条第一款、第一百六十二条之一第一款、第三百八十五条第一款、第三百八十六条、第三百八十三条、第九十三条；1997年修订的《中华人民共和国刑法》第一百六十四条，第三百八十九条第一款，第三百九十条，第十三条，第二十三条，第二十四条，第二十五条第一款，第二十六条，第二十七条，第三十七条，第五十二条，第五十三条，第六十四条，第六十七条第一款、第二款，第六十九条；《中华人民共和国刑事诉讼法》第一百九十五第三项，第二百二十五条第一款第二项、第三项的规定，判决如下：

上诉人符青友犯强迫交易罪，判处有期徒刑五年，并处罚金人民币一百万元；犯敲诈勒索罪，判处有期徒刑四年，并处罚金人民币三十万元；犯故意销毁会计账簿罪，判处有期徒刑一年，并处罚金人民币五万元；犯对公司、企业人员行贿罪，免予刑事处罚；犯行贿罪，判处有期徒刑一年。数罪并罚，决定执行有期徒刑九年，并处罚金人民币一百三十五万元。

（其他被告人改判情况略）

二、主要问题

如何把握黑社会性质组织行为特征中的暴力性？

三、裁判理由

根据刑法第二百九十四条的规定，黑社会性质组织应同时具备组织特征、经济特征、行为特征和非法控制特征。2009 年下发的《最高人民法院、最高人民检察院、公安部办理黑社会性质组织犯罪案件座谈会纪要》（以下简称 2009 年《纪要》）指出，危害性特征（非法控制特征）是黑社会性质组织的本质特征，也是黑社会性质组织区别于一般犯罪集团的关键所在。该纪要同时还指出，黑社会性质组织必须同时具备组织特征、经济特征、行为特征和危害性特征（非法控制特征）。由于实践中许多黑社会性质组织并非“四个特征”都很明显，因此，在具体认定时，应根据立法本意，认真审查、分析黑社会性质组织“四个特征”相互间的内在联系，准确评价涉案犯罪组织所造成的社会危害，确保不枉不纵。

本案被告人符青友等人通过三友公司和北门劳务组基本垄断了旌德县城北门开发改造范围内的土方工程，并对北门村民组所辖范围内在建工程的砂石、红砖材料供应、运输业务进行了控制。从表面上看，已经初步具备黑社会性质组织的非法控制特征。检察机关以组织、领导、参加黑社会性质组织罪提起公诉，一审法院也认定符青友等人构成黑社会性质组织犯罪。但根据我国刑法的规定和 2009 年《纪要》的精神，仅仅形成一定程度的非法控制并不能满足认定黑社会性质组织的全部条件。

从组织特征上看，三友公司和北门劳务组的人员虽都服从符青友的管理，组织成员较多，但其层级不清晰，组织体系不明显，并不具备黑社会性质组织的组织特征。与犯罪团伙、犯罪集团相比，黑社会性质组织应具有较强的组织性、稳定性、严密性，组织内部一般存在明确的层级结构、较为严格的帮规戒律，且组织者、领导者明确，骨干分子基本固定，能够对组织资金使用、人员安排、重大违法犯罪活动等事项予以掌控。本案中，三友公司与北门劳务组采用的都是参与者平等出资、利润平均分配的经营模式。三友公司和北门劳务组的内部人员虽有分工，却无明显的层级结构。当与开发商、承建商产生纠纷时，成员间相互通知，为追求共同的经济利益自觉参与违法犯罪活动，并非为维护组织利益、接受组织调遣、遵照组织纪律而参与违法犯罪活动，且每次参与的人员不确定，一般是当天在家的劳务组成员。既没有比较明确的层级和职责分工，也没有约定俗成的纪律、规约，不能认定三友公司和北门劳务组具备黑社会性质组织的组织特征。

从经济特征上看，2009 年《纪要》指出，“所获经济利益用于违法犯罪活动或者维系犯罪组织的生存、发展”一般是指购买作案工具、提供作案经费，为受伤、死亡的组织成员提供医疗费、丧葬费，为组织成员及其家属提供工资、奖励、福利、生活费用，为组织寻求非法保护以及其他与实施有组织的违法犯罪活动有关的费用支出等。本案中，符青友等人通过北门土方工程、砂石供应及实施敲诈，非法获利 300 余万元，具有一定的经济实力。但在利益分配上，三友公司和北门劳务组都将获取的经济利益平均分配，组织的财务机构只是空转，成员将所得利润用于各自的家庭生活消费，并未将获取的非法经济利益用于组织的生存和发展。例如，三友公司每次需要购置设备以及北门劳务组三次买断劳务，都是参加者平均出资，获取的利润平均分配，且三次参与出资买断劳务的人员也不完全相同。可见,三友公司和北门劳务组在经济方面具有“遇事共同筹资、获利坐地分赃”的特点,与黑社会性质组织有组织地攫取经济利益并有组织地将经济利益用于自我发展是迥然有别的。

除了以上组织特征、经济特征方面的欠缺之外,涉案犯罪组织行为方式的暴力性不明显,也是宣城市中级人民法院审理后未将其认定为黑社会性质组织的重要原因。一审宣判后,符青友等人上诉提出:三友公司、北门劳务组承揽的工程、从事的劳务都是本村村民组的项目,对外村村民组的工程、劳务都是通过出钱购买、给予补偿等方式获得,没有以暴力、威胁手段获取,不构成黑社会性质组织犯罪。因此,对符青友等人的三友公司、北门劳务组是否构成黑社会性质组织,应结合组织特征、经济特征、行为特征全面审查,尤其是如何把握和认定黑社会性质组织的行为特征是本案定性的关键。

行为特征是黑社会性质组织的“四大特征”之一。刑法第二百九十四条将黑社会性质组织的行为特征界定为“以暴力、胁迫或者其他手段,有组织地多次进行违法犯罪活动,为非作恶,欺压、残害群众”。分析条文并结合2009年《纪要》、2015年最高人民法院印发的《全国部分法院审理黑社会性质组织犯罪案件工作座谈会纪要》(以下简称2015年《纪要》)的规定,黑社会性质组织的行为应具有以下几个特征:(1)行为的有组织性。行为的有组织性,是指为了黑社会性质组织的组织利益,由组织成员有计划、有安排、有分工地实施违法犯罪活动。司法实践中,为了组织利益,一般而言主要表现是争夺势力范围、排除竞争对手、确立强势地位、谋取经济利益、维护非法权威等。(2)行为的违法性。行为的违法性,是指行为违反法律规定,既包括违反刑法规定的犯罪行为,也包括尚不构成犯罪的其他违法行为。(3)行为危害的严重性。行为危害的严重性,一方面体现在黑社会性质组织存续期间需要多次实施违法犯罪行为,同时,根据实现非法控制目的的需要,一般应触犯多个罪名;另一方面也体现在违法犯罪行为所造成的危害后果应达到一定的严重程度。(4)行为的暴力性。2009年《纪要》指出,暴力性、胁迫性和有组织性是黑社会性质组织行为方式的主要特征,而“其他手段”主要包括以暴力、威胁为基础,在利用组织势力和影响力对他人形成心理强制和威慑的情况下,进行所谓的“谈判”“协商”“调解”,滋扰、哄闹、聚众等其他干扰、破坏正常经济、社会生活秩序的非暴力手段。可见暴力性是黑社会性质组织行为特征中的必备属性,即便是黑社会性质组织的非暴力行为,也往往是以暴力或以暴力威胁为后盾的。2015年《纪要》明确指出,在黑社会性质组织所实施的违法犯罪活动中,一般应有一部分能够较明显地体现出暴力或以暴力相威胁的基本特征。这一点其实不难理解:黑社会性质组织之所以能够实现对人民群众的心理强制或威慑,并进而实现非法控制,依靠的正是暴力血腥的违法犯罪手段。黑社会性质组织并不排斥非暴力性犯罪,甚至当其发展到一定阶段后会以非暴力性的违法犯罪为主要活动,但这并不是说黑社会性质组织会自动放弃使用暴力手段,更不是说在黑社会性质组织发展过程中可以没有明显的暴力性违法犯罪活动。如日本著名的暴力团(我国称之为黑社会组织)“山口组”,发展至今早已脱离了随意打杀的低级阶段,主要依靠涉足娱乐、服务等产业来不断获取巨额经济利益。但是应当看到,“山口组”的发迹史充斥着各种各样严重的暴力犯罪,而且,即便是现在,当利益受到威胁时,暴力犯罪也还会重新成为其解决问题的主要方式。因此,不管黑社会性质组织违法犯罪手段如何变化,暴力或者以暴力相威胁的基本特点都是不会改变的。

本案中,三友公司和北门劳务组的成立具有特殊的时代背景。被告人符青友等人在旌德县人民政府于2003年对旌阳镇北门旧城区进行改造时成为失地农民,符青友等人成立三友公司和北门劳务组,以失地农民的身份承包北门改造中的各项劳务,最初只是为了解决失去土地后的生计问题，这种现象在当时、当地并非个例。正因如此，旌德县城北门街区改造建设指挥部旌北改〔2004〕3号《北门改造指挥部关于劳务问题协调会议纪要》中提出“当地劳务当地做，同等条件下要照顾失地农民的利益”。三友公司向县委、县政府提交了要求优先承揽北门旧城改造中各项劳务工程的申请书，县委、县政府、旌阳镇政府主要领导签字，同意了符青友等人的申请。在旌德县范围内，“当地事由当地人做”是人人皆知的规则，当地领导知道，也认可这一做法。在北门劳务组、三友公司与施工企业在找外单位施工过程中发生诸多纠纷时，当地政府或者北门社区都是支持北门劳务组、三友公司的。可见符青友等人成立三友公司和北门劳务组的目的是在自己原本生活的地域内从事土方工程、劳务，自谋生路，不是为了通过实施违法犯罪活动去建立与政府对抗的“地下王国”，而且还在一定程度上得到了政府的支持。尽管其在此过程中有组织地实施了违法犯罪活动，但与那些妄图建立非法秩序，依靠逞强斗狠，通过暴力、威胁手段实施一系列违法犯罪活动达到非法控制为目的的黑社会性质组织有所不同。

符青友等人利用三友公司和北门劳务组有组织地在旌德县城北门建设工地上承揽土方工程或沙石材料供应业务，并多次实施强迫交易、敲诈勒索犯罪。仅从触犯的罪名、犯罪的次数以及非法获利数额等方面来看，其行为基本符合黑社会性质组织行为特征中的有组织性、违法性和危害严重性等特点。但符青友等人实施强迫交易、敲诈勒索犯罪的手段的暴力色彩极为微弱，既没有带领组织成员实施打打杀杀的行为，也不是通过暴力在旌德县城对人民群众形成事实上的心理威慑。符青友等人在承揽土方工程或沙石材料供应业务过程中，大多数是以“当地事由当地人做”、政府批复“同等条件下优先安排劳务”等为理由，与开发商、承建商进行“谈判”“协商”承揽工程，而这些“谈判”“协商”并不是以暴力为基础。在少数项目中，符青友等人以自己是失地农民要生活、“工程在谁地皮上劳务由谁做”为理由，采取到工地堵门、堵路、不让施工等手段强揽土方工程或砂石供应，没有直接对开发商、承建商或其他提供劳务者使用暴力或以暴力相威胁。开发商、承建商之所以妥协退让，也不是基于对暴力或者以暴力相威胁的恐惧，而是为了避免因符青友等人的滋扰导致工程拖延。与其说开发商、承建商的心理受到强制，不如说是不胜其烦。因此，本案在行为特征方面，与黑社会性质组织应有的行为方式存在明显区别。

综上，二审法院不认定三友公司和北门劳务组为黑社会性质组织，并对被告人符青友等人予以改判是正确的。

（撰稿：安徽省高级人民法院　周　斌　余乃荣
审编：最高人民法院刑三庭　周　川）

［第1158号］刘汉等人组织、领导、参加黑社会性质组织案

——如何认定黑社会性质组织实施的违法犯罪活动；如何认定组织者、领导者对具体犯罪的罪责

【关键词】　组织、领导、参加黑社会性质组织罪　组织者　领导者　违法犯罪活动

一、基本案情

被告人刘汉，男，汉族，1965年10月25日出生，原系四川汉龙（集团）有限公司董事局主席，曾任中国人民政治协商会议四川省第九届委员会委员，第十届、第十一届委员会常务委员会委

员，四川省工商业联合会副会长。2013 年 8 月 8 日因本案被逮捕。

被告人唐先兵，男，汉族，1974 年 8 月 11 日出生。2013 年 7 月 27 日因本案被逮捕。

被告人仇德峰，男，汉族，1979 年 5 月 16 日出生，2002 年 11 月 4 日因犯寻衅滋事罪被判处有期徒刑四年，2005 年 5 月 30 日刑满释放。2013 年 7 月 27 日因本案被逮捕。

（其他被告人、被告单位的基本情况略）

湖北省咸宁市人民检察院以被告人刘汉犯组织、领导黑社会性质组织罪，故意杀人罪，故意伤害罪，非法拘禁罪，非法买卖枪支罪，非法持有枪支、弹药罪，串通投标罪，非法经营罪，敲诈勒索罪，故意毁坏财物罪，妨害公务罪，寻衅滋事罪，开设赌场罪，窝藏罪，骗取贷款、票据承兑、金融票证罪；被告人唐先兵犯参加黑社会性质组织罪，故意杀人罪，故意伤害罪……被告人仇德峰犯参加黑社会性质组织罪、故意杀人罪……向咸宁市中级人民法院提起公诉。

咸宁市中级人民法院经审理查明：

（一）组织、领导、参加黑社会性质组织的事实

1993 年，被告人刘汉在四川省广汉市开办圣罗兰游戏机厅，从事赌博活动，由其哥哥刘坤（曾用名刘建，另案处理）管理。此后，刘汉与孙晓东（另案处理）在四川省绵阳市合伙成立绵阳市平原建材公司，通过经营建筑材料、从事期货交易等业务，逐渐积累经济实力，并于 1997 年 3 月在绵阳市成立被告单位四川汉龙（集团）有限公司（以下简称汉龙集团），后又安排被告人刘小平（刘汉的姐姐）管理公司财务。同年 4 月，汉龙集团成立绵阳小岛建设开发有限公司，在绵阳市游仙区小岛开发房地产，招募被告人唐先兵、仇德峰等组建保安队。保安队多次对当地村民使用暴力，强行推进工程建设，唐先兵等人将村民熊伟杀死。其间，被告人孙华君（孙晓东的哥哥）经营典当行，网罗被告人缪军、李波、车大勇、刘岗等人在广汉市、绵阳市发展黑恶势力。孙华君为刘汉、孙晓东发展经济实力提供武力保护，将缪军、车大勇、刘岗派到刘汉、孙晓东开办的经济实体工作，在刘汉、孙晓东的指使下组织唐先兵等人枪杀了对汉龙集团产生威胁的王永成。

与此同时，以刘维（刘汉的弟弟，另案被告人）为首的黑恶势力在被告人刘汉的资助下不断发展、壮大。1994 年 9 月，刘维因妨害公务被取保候审后回到广汉市。刘汉将圣罗兰游戏机厅交给刘维经营，出资为刘维开办餐饮、娱乐场所。刘维积累了一定经济实力后，逐步发展手下成员，将广汉市有名的“操哥”（混社会的人）陈富伟的小弟曾建军（另案被告人）、张顺（另案处理）收归名下，还将陈力铭、旷晓燕、文香灼、旷小坪（均系另案被告人）等人发展为小弟。曾建军、陈力铭、旷晓燕、文香灼、旷小坪等人亦各自发展手下成员。刘维安排曾建军等人在赌博游戏机厅“看场子”、收取“保护费”，枪杀了与其争夺势力范围的“操哥”周政，逐步垄断了广汉市赌博游戏机行业。刘维还成立广汉市乙源实业发展有限公司等经济实体大肆敛财，结交四川省什邡市人民检察院原副检察长刘忠伟、四川省德阳市公安局刑侦支队原政委刘学军、德阳市公安局装备财务处原处长吕斌（均系另案被告人）等人充当其保护伞，将广汉市音豪娱乐会所作为组织集会场所。刘维还为刘汉、孙晓东聚敛钱财、排除异己提供暴力支持，多次派手下携带枪支保护刘汉，为刘汉、孙晓东等人杀害王永成、策划杀害史俊泉提供枪支，并策划枪杀了对刘家产生威胁的陈富伟。

随着经济实力的增强，被告人刘汉与孙晓东于 2000 年将汉龙集团总部迁至四川省成都市。刘汉、孙晓东通过“政商结合”，不仅成为四川省知名的民营企业家，还分别获得四川省政协常委、绵阳市人大代表等身份，并利用政治地位和结交的关系多次对刘维、孙华君等人的违法犯罪活动提供庇护。

被告人刘汉与刘维、孙晓东、孙华君以兄弟亲情、合作经营为纽带，以汉龙集团等经济实体为依托，相互支持、相互融合，逐步形成了以刘汉、刘维、孙晓东为组织者、领导者，被告人唐先兵、孙

华君、缪军、曾建军、文香灼、旷小坪、陈力铭、旷晓燕和詹军(另案被告人)等人为骨干成员,被告人刘岗、李波、车大勇、仇德峰、刘小平、肖永红和张东华、田先伟、张伟、袁绍林、曾建、桓立柱、孙长兵、闵杰、李君国、钟昌华、黄谋、王雷、王万洪、刘光辉(均系另案被告人)等人为其他参加者的较稳定的犯罪组织。刘汉负责决策和指挥整个组织的运转;孙晓东负责执行刘汉指示及汉龙集团日常经营管理;刘维负责为组织打击、铲除对手,谋取非法利益,树立非法权威。

该犯罪组织崇尚暴力,从武术学校、退伍军人中招募多名保安、保镖,吸纳刑满释放人员和社会闲散人员,购置刀具、警械,非法买卖、持有大量枪支、弹药,为实施暴力犯罪提供保障。该犯罪组织宣扬"为公司利益要敢打敢冲,出了事公司会负责""要是公司遇到事了,打架要打赢,要勇敢一点""表现好的有重用,不好的被开除""'哥佬倌'带小弟,小弟服从'哥佬倌'指挥"等不成文的规约和纪律,纵容成员为组织利益实施违法犯罪活动,并通过奖励、提拔为组织利益"敢打敢冲"的成员和开除少数违反组织纪律的成员,不断强化组织纪律和规约,树立组织者、领导者权威。

该犯罪组织不仅通过有组织地实施开设赌场、敲诈勒索等违法犯罪活动敛财,壮大经济实力,还分别依托汉龙集团、乙源实业公司等经济实体的经营活动攫取巨额经济利益,具有强大的经济实力。为了扩充经济实力、维护组织利益,被告人刘汉和刘维、孙晓东等人以暴力为后盾,利用黑恶势力排挤、打击竞争对手,铲除障碍,"以黑护商"。该组织还"以商养黑",将所获收益部分用于支持组织成员实施违法犯罪活动,购买枪支、弹药、刀具和车辆等作案工具,提升组织犯罪能力,增强组织威慑力;组织手下成员聚会、娱乐、吸毒等,为组织成员发放工资、奖金,购买房屋、车辆,偿还赌债,提供逃跑、赔偿费用;收买国家工作人员,为组织实施违法犯罪活动提供庇护。

该犯罪组织为树立其非法权威,维护其非法利益,为非作恶,欺压、残害群众,有组织地实施了故意杀人,故意伤害,非法拘禁,非法买卖枪支,非法持有枪支、弹药,敲诈勒索,故意毁坏财物,妨害公务,寻衅滋事,开设赌场,窝藏等数十起犯罪活动以及随意殴打他人、聚众赌博、串通拍卖等11起违法行为,共造成8人死亡、多人受伤等极其严重的危害后果。该组织通过实施违法犯罪活动及利用国家工作人员的包庇和纵容,称霸一方,在广汉市、绵阳市、什邡市等地形成重大影响,并对广汉市的赌博游戏机行业形成非法控制,严重破坏了上述地区的经济秩序和社会生活秩序。

(二)故意杀人的事实

1. 1997年4月,汉龙集团成立小岛公司,开发四川省绵阳市游仙区小岛。工程开发过程中,小岛公司多次与当地村民发生冲突。在1998年3月至4月间的一次冲突中,被告人唐先兵(小岛公司保安)被村民熊伟(男,绰号熊三娃,殁年22岁)打伤。唐先兵起意报复熊伟,并请同为该公司保安的被告人仇德峰等人帮忙。1998年8月13日23时许,唐先兵从仇德峰处得知熊伟行踪后,携带水果刀赶到绵阳市凯旋酒廊。仇德峰向唐先兵指认了熊伟所在位置,唐先兵走进酒廊,持刀朝熊伟右胸部连扎两刀后跑出酒廊,乘坐仇德峰事先租好的出租车逃离现场。熊伟被他人送往医院经抢救无效死亡。经法医鉴定,被害人熊伟系外伤性心脏破裂死亡。时任汉龙集团娱乐有限公司经理的被告人肖永红得知情况后,当即向孙晓东汇报,并分别安排唐先兵、仇德峰到广汉躲藏,为二人提供生活费,仇德峰工资照发。后仇德峰回到绵阳,汉龙集团将其从小岛公司保安队调至工程部开车,工资待遇提高。

2. 1999年年初,被害人王永成(男,殁年29岁)的朋友李小东因琐事被汉龙集团员工何均等人砍伤,王永成扬言要炸毁汉龙集团办公场所、保龄球馆及汉龙集团总经理孙晓东乘坐的车辆。孙晓东得知该消息后,即向被告人刘汉作了汇报,刘汉指使孙晓东找人"做掉"王永成。孙晓东向被告人孙华君、缪军传达了刘汉要教训王永成的指示。孙华君安排黄强、杨建伟(均另案处理)打探王永成行踪,提供桑塔纳轿车用于作案。刘维应孙晓东的要求,安排其司机罗廷刚(另案处理)将2支手枪、1支滑膛枪送交缪军。缪军安排被告人车大勇开车,将枪支分发给被告人唐先兵、刘岗、李波,组织唐先兵等人试枪并在汉龙集团职工宿舍集中住宿。同年2月13日晚,黄强、杨建伟在绵阳市凯旋酒廊发现王永成,随即联系缪军。缪军安排车大勇驾驶桑塔纳轿车载唐先兵、刘岗、李波前往,其随后赶到。在凯旋酒廊门口,黄强向缪军等人指认了王永成,缪军先行离开。唐先兵、刘岗各持手枪在凯旋酒廊门口守候,李波持滑膛枪在附近警戒。当王永成走出凯旋酒廊时,唐先兵朝王连开两枪,将王击倒在地。刘岗亦开枪,但因枪支故障未能击发。随后,车大勇驾车接应唐先兵等人逃离现场。王永成因被枪弹击伤致外伤性心脏破裂、双肺裂创,经抢救无效死亡。

事后,当地公安机关根据相关线索怀疑孙华君、缪军等人涉嫌犯罪,对其进行抓捕。缪军、车大勇将作案所用桑塔纳轿车销毁。孙晓东将王永成已被杀死以及公安机关抓捕情况向被告人刘汉作了汇报,刘汉当即安排孙华君等人到深圳市佳宁娜广场小区躲藏。经刘汉同意,孙晓东在孙华君、缪军逃匿期间从汉龙集团的资产中给予孙华君、缪军共计100余万元,为唐先兵、刘岗、缪军长期发放工资直至该三人归案,还提供凯迪拉克轿车和奥迪A8轿车给孙华君使用。

(其他犯罪事实略)

咸宁市中级人民法院认为,被告人刘汉伙同他人网罗被告人唐先兵、孙华君、缪军、刘岗、李波、仇德峰、肖永红、车大勇、刘小平等,形成较稳定的犯罪组织。该组织存续20年,成员多达30余人,有明确的组织者、领导者,骨干成员基本固定;通过有组织地实施违法犯罪活动或者其他手段获取经济利益,具有强大的经济实力,以支持该组织的活动;以暴力、威胁或者其他手段,有组织地实施故意杀人、故意伤害、非法拘禁等违法犯罪活动数十起,非法持有、买卖枪支20支,为非作恶,欺压、残害群众,共造成8人死亡、多人受伤等严重后果;通过实施违法犯罪活动和利用国家工作人员的包庇、纵容,称霸一方,在四川省广汉市、绵阳市、什邡市等地形成重大影响,并对广汉市的赌博游戏机行业形成非法控制,该犯罪组织依法应认定为黑社会性质组织。被告人刘汉组织、领导黑社会性质组织,其行为构成组织、领导黑社会性质组织罪。被告人刘汉作为黑社会性质组织的组织者、领导者和首要分子,应当对该组织所实施的全部罪行负责,其行为分别构成组织、领导黑社会性质组织罪,故意杀人罪,故意伤害罪,非法拘禁罪,非法买卖枪支罪,非法持有枪支、弹药罪,非法经营罪,敲诈勒索罪,故意毁坏财物罪,妨害公务罪,开设赌场罪,寻衅滋事罪和窝藏罪。被告人唐先兵积极参加黑社会性质组织,并伙同其他组织成员故意非法剥夺他人生命,故意损害他人身体健康,其行为分别构成参加黑社会性质组织罪、故意杀人罪、故意伤害罪……被告人仇德峰参加黑社会性质组织,伙同其他组织成员故意非法剥夺他人生命,其行为分别构成参加黑社会性质组织罪、故意杀人罪……依照《中华人民共和国刑法》第二百九十四条第一款、第四款、第五款,第二百三十二条,第二百三十四条,第二十五条第一款,第二十六条,第六十四条,第六十七条第三款,第六十九条和《最高人民法院关于审理黑社会性质组织犯罪的案件具体应用法律若干问题的解释》第三条第一款……(其他法律规定略)的规定,判决如下:

1. 被告人刘汉犯组织、领导黑社会性质组织罪,判处有期徒刑十五年,并处没收个人全部财产;犯故意杀人罪,判处死刑,剥夺政治权利终身;犯故意伤害罪,判处有期徒刑十三年;犯非法拘禁罪,判处有期徒刑十年;犯非法买卖枪支罪,判处有期徒刑三年;犯非法持有枪支、弹药罪,判处有期徒刑五年;犯非法经营罪,判处有期徒刑七年,并处没收财产人民币三千万元;犯敲诈勒索罪,判处有期徒刑五年;犯故意毁坏财物罪,判处有期徒刑三年;犯妨害公务罪,判处有期徒刑二年;犯开设赌场罪,判处有期徒刑五年,并处罚金人民币二百万元;犯寻衅滋事罪,判处有期徒刑二年;犯窝藏罪,判处有期徒刑二年;犯骗取贷款、票据承兑、金融票证罪,判处有期徒刑六年,并处罚金人民币五千万元。决定执行死刑,剥夺政治权利终身,并处没收个人全部财产。

2. 被告人唐先兵犯参加黑社会性质组织罪,判处有期徒刑七年,并处罚金人民币二十万元;犯故意杀人罪,判处死刑,剥夺政治权利终身;犯故意伤害罪,判处有期徒刑十三年。决定执行死刑,剥夺政治权利终身,并处罚金人民币二十万元。

3. 被告人仇德峰犯参加黑社会性质组织罪,判处有期徒刑三年,并处罚金人民币五万元;犯故意杀人罪,判处有期徒刑十年,剥夺政治权利一年。决定执行有期徒刑十二年,剥夺政治权利一年,并处罚金人民币五万元。

(其他被告人、被告单位的判决情况略)

宣判后,被告人刘汉、唐先兵、仇德峰提出上诉。

刘汉及其辩护人提出:刘汉不构成组织、领导黑社会性质组织罪,原审判决所认定的组织犯罪,有的系孙晓东、刘维组织实施,刘汉事先根本不知情;有的系他人出于个人恩怨实施;有的被法院生效判决确认为个人犯罪。将这些由多人为各自目的所实施的犯罪拼凑成"有组织地"实施违法犯罪活动,与事实不符,刘汉不应承担刑事责任等上诉理由和辩护意见。

唐先兵及其辩护人提出:唐先兵不属于黑社会性质组织骨干成员,现有证据无法证明王永成身上的致命枪伤系唐先兵造成,也没有充分的证据证明熊伟身上的致命刀伤系唐先兵造成等上诉理由和辩护意见。

仇德峰及其辩护人提出:熊伟被杀案应定性为故意伤害罪,仇德峰系黑社会性质组织的其他参加者,在熊伟被杀案中系从犯等上诉理由和辩护意见。

湖北省高级人民法院经审理认为,原审判决认定上诉人刘汉犯组织、领导黑社会性质组织罪,故意杀人罪,故意伤害罪,非法拘禁罪,非法买卖枪支罪,非法持有枪支、弹药罪,敲诈勒索罪,故意毁坏财物罪,妨害公务罪,开设赌场罪,寻衅滋事罪,窝藏罪;上诉人唐先兵犯参加黑社会性质组织罪、故意杀人罪、故意伤害罪;上诉人仇德峰犯参加黑社会性质组织、故意杀人罪的事实清楚,定罪准确,量刑适当。依法判决:上诉人刘汉犯骗取贷款、票据承兑、金融票证罪,判处有期徒刑四年,并处罚金人民币一千万元,与原审判决对其犯组织、领导黑社会性质组织罪,判处有期徒刑十五年,并处没收个人全部财产;犯故意杀人罪,判处死刑,剥夺政治权利终身;犯故意伤害罪,判处有期徒刑十三年;犯非法拘禁罪,判处有期徒刑十年;犯非法买卖枪支罪,判处有期徒刑三年;犯非法持有枪支、弹药罪,判处有期徒刑五年;犯敲诈勒索罪,判处有期徒刑五年;犯故意毁坏财物罪,判处有期徒刑三年;犯妨害公务罪,判处有期徒刑二年;犯开设赌场罪,判处有期徒刑五年,并处罚金人民币二百万元;犯寻衅滋事罪,判处有期徒刑二年;犯窝藏罪,判处有期徒刑二年并罚,决定执行死刑,剥夺政治权利终身,并处没收个人全部财产。驳回唐先兵、仇德峰的上诉,维持原判。湖北省高级人民法院依法对被告人刘汉、唐先兵的死刑判决报请最高人民法院核准。

最高人民法院复核认为,被告人刘汉伙同他人组织、领导人数众多、骨干成员基本固定的较稳定的犯罪组织,有组织地通过违法犯罪活动或者其他手段获取经济利益,具有支持该组织活动的经济实力,以暴力、威胁或者其他手段,有组织地多次进行违法犯罪活动,为非作恶,欺压、残害群众,称霸一方,在一定区域或者行业内形成非法控制或者重大影响,严重破坏经济、社会生活秩序,其行为已构成组织、领导黑社会性质组织罪……在故意杀害王永成的共同犯罪中,刘汉提出杀人犯意,事后藏匿、资助组织成员,起组织、指挥作用……故意杀害熊伟的犯罪系黑社会性质组织的骨干成员唐先兵为维护组织利益而实施……被告人唐先兵积极参加黑社会性质的组织,其行为已构成参加黑社会性质组织罪；唐先兵伙同他人故意非法剥夺被害人生命，其行为已构成故意杀人罪……第一审、第二审判决认定被告人刘汉组织、领导黑社会性质组织，故意杀人，故意伤害，非法拘禁，非法买卖枪支，非法持有枪支、弹药，敲诈勒索，故意毁坏财物，妨害公务，寻衅滋事，开设赌场和窝藏的事实和被告人唐先兵参加黑社会性质组织、故意杀人、故意伤害的事实，以及第二审判决认定被告人刘汉骗取贷款、票据承兑、金融票证的事实清楚，证据确实、充分，定罪准确。第一审判决中除非法经营罪和骗取贷款、票据承兑、金融票证罪以外的量刑及第二审判决量刑适当。审判程序合法。故裁定核准湖北省高级人民法院（2014）鄂刑一终字第00076号刑事判决中对被告人刘汉和被告人唐先兵的定罪量刑部分。

二、主要问题

1. 如何认定黑社会性质组织实施的违法犯罪活动？

2. 如何认定组织者、领导者对具体犯罪的罪责？

三、裁判理由

（一）黑社会性质组织违法犯罪活动的认定

在审理黑社会性质组织犯罪案件中，正确区分黑社会性质组织违法犯罪和组织成员个人违法犯罪的重要意义：一是对于解决黑社会性质组织组织者、领导者的刑事责任问题有至关重要的影响。黑社会性质组织的组织者、领导者不仅应对其本人直接组织、策划、指挥、参与实施的违法犯罪活动承担责任，而且应当对黑社会性质组织实施的违法犯罪承担责任。因此，准确界定黑社会性质组织实施的违法犯罪的范围，是确定组织者、领导者刑事责任的基础和前提。二是有助于准确认定黑社会性质组织的行为特征。黑社会性质组织的行为特征是“以暴力、威胁或者其他手段，有组织地多次进行违法犯罪活动，为非作恶，欺压、残害群众”。可见，构成黑社会性质组织，必须有一定违法犯罪活动量的积累。没有量的积累，不可能“称霸一方”，也不可能“在一定区域或者行业内，形成非法控制或者重大影响”。因此，准确认定黑社会性质组织实施的违法犯罪活动，有助于从行为特征上把握黑社会性质组织的构成条件，避免把组织成员个人实施的违法犯罪活动认定为组织实施的违法犯罪活动，进而导致把一些松散的犯罪团伙、恶势力团伙升格为黑社会性质组织。三是有助于准确认定参加黑社会性质组织的行为。由于黑社会性质组织在发展程度上与典型的黑社会组织还存在差异，很少会通过举行仪式、登记造册等显见形式来发展和管理组织成员，往往要通过被告人是否参加黑社会性质组织的违法犯罪活动来判断其是否已经接受黑社会性质组织的领导与管理。因此，正确区分组织的违法犯罪与成员个人的违法犯罪，对于准确认定参加黑社会性质组织罪也有直接影响。四是有助于明确组织成员的罪责。准确界定黑社会性质组织实施的违法犯罪活动，有助于正确区分积极参加者和其他参加者。相反，将组织成员个人实施的违法犯罪活动认定为组织实施的违法犯罪活动，有可能不恰当地将本属于其他参加者的被告人升格为积极参加者，从而加大其罪责。

2009年下发的《最高人民法院、最高人民检察院、公安部办理黑社会性质组织犯罪案件座谈会纪要》（以下简称2009年《纪要》）对黑社会性质组织违法犯罪与组织成员个人违法犯罪进行了区分，列举了属于黑社会性质组织违法犯罪活动的五种情形，其中四种情形属于并非由组织者、领导者直接组织、策划、指挥、参与的违法犯罪，即“由组织成员以组织名义实施，并得到组织者、领导者认可或者默许的违法犯罪活动；多名组织成员为逞强争霸、插手纠纷、报复他人、替人行凶、非法敛财而共同实施，并得到组织者、领导者认可或者默许的违法犯罪活动；组织成员为组织争夺势力范围、排除竞争对手、确立强势地位、谋取经济利益、维护非法权威或者按照组织的纪律、惯例、共同遵守的约定而实施违法犯罪活动……”上述情形下，虽然并非由组织者、领导者直接组织、策划、指挥、参与实施,但应认定为组织的违法犯罪,即意味着组织者、领导者要承担相应的罪责。2015 年最高人民法院印发的《全国部分法院审理黑社会性质组织犯罪案件工作座谈会纪要》进一步强调:“属于 2009 年《座谈会纪要》规定的五种情形之一的,一般应当认定为黑社会性质组织实施的违法犯罪活动,但确与维护和扩大组织势力、实力、影响、经济基础无任何关联,亦不是按照组织惯例、纪律、活动规约而实施,则应作为组织成员个人的违法犯罪活动处理。”

可以看出,组织者、领导者并非对所有组织成员实施违法犯罪承担责任,纯粹由组织成员个人实施的犯罪,不能视为组织犯罪。组织者、领导者之所以要对一些并非由自己直接组织、策划、指挥、参与的违法犯罪承担责任,一言以蔽之,是与组织意志和组织利益有关。详言之:第一,“由组织成员以组织名义实施,并得到组织者、领导者认可或者默许的违法犯罪活动”。是指组织成员以组织名义实施违法犯罪时原本未经组织者、领导者授意,属于“越权”行为。但因组织成员以组织名义实施,不言而喻能扩大组织的影响力,符合组织利益,且因得到了组织者、领导者的认可或默许,体现了组织意志,因而视为组织犯罪。第二,“多名组织成员为逞强争霸、插手纠纷、报复他人、替人行凶、非法敛财而共同实施的违法犯罪”。此类违法犯罪虽然行为人主观动机上不一定是为了组织利益,但因上述行为是黑社会性质组织经常实施的违法犯罪,通常手段上具有暴力、胁迫性,方式上为公开化或半公开化,犯罪的附带后果能扩大组织的影响力和势力,客观上符合组织利益。而且,多名组织成员共同实施,本身在一定程度上能反映组织意志,尤其是得到组织者、领导者的认可或默许,可能体现组织的意志,因而视为组织犯罪。第三,“组织成员为组织争夺势力范围、排除竞争对手、确立强势地位、谋取经济利益、维护非法权威而实施违法犯罪”。显而易见,这几种情形都是为了组织利益而实施的违法犯罪。其中,为组织谋取经济利益较为直接,而为组织争夺势力范围、排除竞争对手、确立强势地位、维护非法权威与组织的潜在利益有关,有利于黑社会性质组织在今后的竞争中取得优势地位,从而谋取更大的经济利益,因而视为组织犯罪。第四,“按照组织的纪律、惯例、共同遵守的约定而实施违法犯罪活动”。所谓组织的纪律、共同遵守的约定,是指组织制定或者自发形成的,并用以明确组织内部人员管理、职责分工、行为规范、利益分配、行动准则等事项的成文或不成文的规定、约定;所谓惯例,是指能够体现组织意志、宗旨的一贯做法。可见,上述四种情形均能体现组织意志或符合组织利益,或者是组织利益和组织意志的统一,如果与组织利益无任何关联,即使有组织者、领导者的认可和默许,也不能视为组织犯罪。

本案中,故意杀害熊伟的犯罪虽然表面上看似是因组织成员与被害人的个人恩怨而引发,但实际上与维护组织利益密切相关,符合组织的纪律、惯例和共同遵守的约定,属于比较典型的组织犯罪。被告人刘汉崇尚暴力,汉龙集团从武术学校、退伍军人中招募多名保安、保镖,吸纳在逃犯罪嫌疑人、刑满释放人员和社会闲散人员,大量购置枪支、弹药、刀具、警械,为实施暴力犯罪提供保障。该犯罪组织宣扬“为公司利益要敢打敢冲”“打架要打赢”“表现好的有重用,不好的被开除”等不成文的规约和纪律,纵容组织成员为组织利益实施违法犯罪活动。不仅如此,该犯罪组织还通过奖励、提拔为组织利益“敢打敢冲”的成员和开除少数违反组织纪律的成员,不断强化组织纪律和规约,对组织成员的行为产生导向作用。

故意杀害熊伟犯罪是汉龙集团在暴力开发过程中发生的案件。该犯罪组织的另一名组织者、领导者孙晓东的供述可以证明,在开发小岛村时,公司跟村民发生纠纷多用暴力解决。其向刘汉汇报保安将小岛村村民打伤的事,刘汉比较赞同,说只要工程能够顺利推进,不管采用什么方法都行,员工为了公司利益出了事该管就管,该花钱的花钱,该赔钱的赔钱,该鼓励的鼓励,该奖励的奖励。之后,孙晓东将刘汉的意思向下传达。当熊伟被杀案发生后,其向刘汉汇报了情况。刘汉对唐先兵表示赞许,说“这个娃还可以”。由此可见,刘汉虽然事先对故意杀害熊伟案并不具体知晓,但其对组织成员采用暴力手段持肯定态度。该起犯罪的具体参与者唐先兵、仇德峰、肖永红均系汉龙集团的保安或负有保安管理职责的人员。唐先兵到汉龙集团当保安后,汉龙集团领导多次向其灌输暴力文化,其在与小岛村村民的冲突中表现较好,立即受到公司奖励,安排其免费学习驾驶技术,并调整到汉龙娱乐公司当保安。其本人接受上述观念后,认为敢打敢杀才能得到上级的赏识,故在工程开发过程中与熊伟发生冲突后,蓄意报复杀害对方。熊伟被杀后,小岛村村民对汉龙公司心存恐惧,之后,开发项目更为顺利。因此,唐先兵的行为不仅客观上符合汉龙集团的利益,该起犯罪亦得到了组织者、领导者的认可。因此,故意杀害熊伟犯罪既属于组织成员为维护组织利益实施的犯罪,又属于按照组织的纪律、惯例、共同遵守的约定而实施的犯罪。第一、二审判决及最高人民法院复核裁定认定上述犯罪系组织犯罪,刘汉应承担责任是正确的。

(二)组织者、领导者对具体犯罪的罪责范围和程度

黑社会性质组织的组织者、领导者是组织的发起者、创建者,在组织中处于领导地位,对整个组织的运行起着决策、指挥、管理作用。因此,组织者、领导者不仅应对其直接组织、策划、指挥、参与实施的违法犯罪活动承担责任,而且应当对该组织所犯全部罪行承担刑事责任。但在对具体犯罪承担刑事责任的范围和程度上,实践中不无争议。概括起来有两个层次的问题:

1. 组织者、领导者对具体犯罪承担罪责的范围

关于组织者、领导者对具体犯罪承担罪责的范围,有两种观点:第一种观点认为,根据《最高人民法院关于审理黑社会性质组织犯罪案件具体应用法律若干问题的解释》(以下简称《司法解释》)第三条的规定,“……对于黑社会性质组织的组织者、领导者,应当按照其所组织、领导的黑社会性质组织所犯的全部罪行处罚”。因此,组织者、领导者应对其直接组织、领导的罪行承担责任,而不是对黑社会性质组织的全部罪行承担责任。第二种观点认为,组织者、领导者应对黑社会性质组织所犯的全部罪行承担刑事责任,即组织者、领导者与犯罪行为的组织者、策划者、指挥者、实施者构成共犯,应根据其在共同犯罪中的地位和作用对具体犯罪承担刑事责任。

我们同意第二种观点。理由是:(1)第一种观点错误理解了司法解释的规定,“应当按照其所组织、领导的黑社会性质组织所犯的全部罪行处罚”,意在强调组织者、领导者对黑社会性质组织所犯的罪行承担责任,而不能对组织成员个人的罪行承担责任,此处的“组织、领导”限定的是“黑社会性质组织”,而不是“罪行”。(2)刑法第二十六条第三款规定:“对组织、领导犯罪集团的首要分子,按照集团所犯的全部罪行处罚。”黑社会性质组织是犯罪集团的高级表现形式,黑社会性质组织的组织者、领导者也是犯罪集团的首要分子,应按照黑社会性质组织所犯的全部罪行处罚。(3)2009年《纪要》进一步规定,对黑社会性质组织的组织者、领导者,应根据法律规定和该纪要中关于“黑社会性质组织实施的违法犯罪活动”的规定,按照该组织所犯的全部罪行承担责任。

2. 组织者、领导者对具体犯罪承担罪责的程度

组织者、领导者对黑社会性质组织所犯的全部罪行承担刑事责任,并不意味着组织者、领导者在具体犯罪中承担最重罪责,而要根据其在具体犯罪中的地位和作用来确定罪责。具体来说,在确定组织者、领导者对具体犯罪的罪责时,应把握以下原则:

第一,组织者、领导者对于并非由自己直接组织、策划、指挥、参与的犯罪一般不承担最重的责任。如上文所述,2009年《纪要》规定了四种并非由组织者、领导者直接组织、策划、指挥、参与的违法犯罪。上述四种情形下,组织者、领导者对具体犯罪只是一般性地知晓,甚至根本不知晓,

只应负一般的责任，而应当由具体犯罪的起意者、组织者、指挥者或者实施者承担最重的责任。

第二，组织者、领导者对由其直接组织、策划、指挥、参与实施的犯罪，一般应承担最重的刑事责任。实践中存在的争议问题是，如果组织者、领导者提出犯意后未参与具体的策划、实施，如何确定其罪责程度？《最高人民法院关于审理故意杀人、故意伤害案件正确适用死刑的指导意见》指出：对于雇凶者与受雇者共同直接实施故意杀人、故意伤害犯罪的，应认定雇凶者为罪行最为严重的主犯；雇凶者没有直接实施故意杀人、故意伤害犯罪行为，但参与了共同犯罪的策划，实施了具体组织、指挥行为的，对雇凶者也应认定为罪行最为严重的主犯；雇凶者只是笼统提出犯意，没有实施具体组织、指挥行为，积极实施犯罪行为的受雇者可以认定为罪行最为严重的主犯。我们认为，上述意见对黑社会性质组织犯罪案件具有参考意义，但审判时应当结合涉黑犯罪的自身特点来把握，不能机械理解。具体来说，如果组织者、领导者不仅提出犯意，而且具体策划、组织、指挥，或者直接参与实施犯罪的，当然应认定为罪责最为严重的主犯。但是，如果组织者、领导者没有针对具体犯罪进行策划、组织、指挥以及参与实施，只是提出犯意后交由组织成员负责实施，也并不能就此认为组织者、领导者不是罪责最为严重的主犯，还应当结合具体案情进行分析。这是因为，黑社会性质组织犯罪不同于一般共同犯罪、团伙犯罪，组织者、领导者与组织成员的联系更加紧密，具有领导与被领导、管理与被管理的关系，犯罪的组织化程度也更高，分工更明确，隐蔽性更强。基于这些特点，组织者、领导者往往只需要躲在幕后发号施令即可，不必策划、组织、指挥具体的违法犯罪活动，参与实施的情况就更少。实践中，组织者、领导者一旦发出指示，组织成员都会不遗余力地执行，如果简单套用上述意见，无疑会给黑社会性质组织的组织者、领导者逃避处罚以可乘之机。

刘汉、刘维组织、领导黑社会性质组织案中，该组织实施的杀害周政、王永成、陈富伟等三起故意杀人犯罪，均由组织者、领导者提起犯意，骨干成员组织实施，其他组织成员具体执行，是自上而下层层安排；组织者、领导者或骨干成员事先准备枪支、车辆等作案工具，对作案人员进行分工，作案后安排作案人员逃避法律追究，充分反映出该犯罪组织有很强的犯罪能力，实施违法犯罪活动时的组织性很强。在故意杀害王永成的犯罪中，被告人刘汉虽然并未就如何作案等问题进行具体的策划、安排，更未直接参与实施犯罪，但该犯罪组织另一组织者、领导者孙晓东的供述证明，刘汉指使其找几个人把王永成“做掉”。组织成员孙华君的供述也证明，其和缪军这样“操社会”的人都明白刘汉的意思是要杀掉王永成。因此，刘汉在该起犯罪中并非仅是笼统地提出犯意，其对组织成员的指示较为明确。而且，刘汉在案发后安排孙华君、缪军等人藏匿，并提供资助，符合该犯罪组织实施违法犯罪活动的一贯分工和做法，凸显出刘汉在该起犯罪中发挥着“幕后总指挥”的作用，应当认定为该起故意杀人犯罪中罪责最为严重的主犯，第一、二审判决及最高人民法院复核裁定对刘汉判处死刑是正确的。

（撰稿：最高人民法院刑五庭　绳万勋
审编：最高人民法院刑三庭　周　川）

[第1159号]王云娜等人故意伤害、寻衅滋事、非法拘禁、敲诈勒索案

——如何根据“非法控制或重大影响”的内在要求准确认定黑社会性质组织的危害性特征

【关键词】 黑社会性质组织 危害性 非法控制 重大影响

一、基本案情

被告人王云娜,别名刘颖,女,1978年4月25日出生。2009年7月25日因本案被逮捕。

被告人王淄,男,1980年7月9日出生。2009年7月25日因本案被逮捕。

被告人贺辰宇,男,1988年8月12日出生。2007年12月4日因犯盗窃罪被判处有期徒刑八个月,2008年5月7日刑满释放。2009年7月25日因本案被逮捕。

(其他被告人基本情况略)

河北省石家庄市人民检察院以被告人王云娜、王淄、董重旭、刘勇、王占朋、贺辰宇、贺广金、孟奇、郑悍博、李龙、陈龙、周磊璞、李亚斌、贾光、刘亮、冯双华、孔德贤、苑朝旺、崔业权、郗先、李文平、宋彦章、吕亮亮分别犯组织、领导、参加黑社会性质组织罪,故意伤害罪,寻衅滋事罪,非法拘禁罪,敲诈勒索罪,故意毁坏财物罪,向非国家工作人员行贿罪,向石家庄市中级人民法院提起公诉。

石家庄市人民检察院指控:2008年8月,被告人王云娜(刘颖)成立了石家庄市固瑞特保温材料厂,为了扩大自己的经济实力,在此基础上又分别先后设立了固瑞特科技有限公司和瑞华线材厂。在经营中为了垄断市场,攫取巨额利润,王云娜指使其丈夫王淄、胞弟刘亮和公司的员工董重旭等人并纠集社会闲散人员刘勇、贺广金等人多次实施违法犯罪活动,并在违法犯罪过程中逐步树立了“老大”的领导地位。

尤其是2009年3月以来,王云娜为了进一步垄断保温材料市场,获得更大的经济利益,指使王淄、刘亮、董重旭、李亚斌、冯双华、郗先、崔业权、孔德贤和“混社会”的刘勇、贺广金、王占朋、贺辰宇等人,对同行业内的其他公司业务员及相关人员多次进行跟踪殴打。特别是2009年5月5日,在王云娜的指挥下,其团伙的主要成员无故对同行业竞争对手石家庄恒保龙保温材料公司(以下简称恒保龙保温材料公司)董事长朱龙华进行跟踪并殴打,造成朱龙华死亡的严重后果,在社会上和行业内造成了恶劣的影响,严重破坏了正常的经营秩序。

在该团伙实施的一系列故意伤害、寻衅滋事、非法拘禁、敲诈勒索、行贿、故意毁坏财物等犯罪活动中,逐步形成了以王云娜为组织者、领导者,王淄、刘亮、董重旭、刘勇、贺广金为骨干成员,李亚斌、冯双华、郗先、崔业权、孔德贤、王占朋、贺辰宇为成员的较为固定的犯罪组织。王云娜为了便于随时调遣和指使团伙成员进行违法犯罪活动,为该团伙主要成员提供了汽车多部,并专门在石家庄市御景园D座2-502购置房产供团伙主要成员冯双华、孔德贤、郗先等人居住。

被告人刘勇、王占朋、贺广金等人听命于被告人王云娜,积极充当王云娜的打手。平日里,他们除在各自的势力范围内进行违法犯罪活动外,一旦受到王云娜的召集,便迅速带领手下蜂拥而至,积极参与王云娜组织的寻衅滋事和故意伤害他人的违法犯罪活动。王云娜为了有效地控制团伙成员,除对固定成员发放工资外,还对在违法犯罪活动中的积极参与者予以重奖。例如,贺

广金因多次积极参与王云娜组织的寻衅滋事犯罪活动，王云娜给予其5 000元奖励；团伙成员李文平等三人积极参与王云娜指挥的敲诈勒索活动后，王云娜高兴地给予每个积极参加者3 000元奖励。

王云娜犯罪团伙凭借着近年来多次的违法犯罪活动和其名下公司采用的行贿、偷逃税款、欠账不还等一系列违法手段，非法获利近千万元。王云娜依靠其非法获得的经济实力，积极地支持其组织的犯罪活动，为组织骨干和团伙成员提供各种违法犯罪经费支出达20余万元。例如，2009年5月5日，刘勇等人参与将朱龙华殴打致死后，王云娜为让刘勇逃避公安机关的抓捕，给刘勇现金1万元帮助其逃匿。

王云娜犯罪团伙通过实施一系列有组织的故意伤害、寻衅滋事、非法拘禁、敲诈勒索、行贿、故意毁坏财物、窝藏等违法犯罪活动后，扩大了自己的势力和影响，获取了一定的经济实力，逐步形成了以家庭为基础、以血缘为纽带、以经济做后盾，人数众多、成员相对固定、层次分明、分工明确的黑社会性质犯罪组织，在石家庄市一定范围和行业内称霸一方，为非作恶，严重破坏了当地正常的经济、社会、生活秩序。

（公诉机关另指控故意伤害、寻衅滋事、非法拘禁、敲诈勒索、故意毁坏财物、向非国家工作人员行贿罪等事实略）

被告人王云娜的辩护人提出：王云娜不构成组织、领导黑社会性质组织罪，故意伤害罪，敲诈勒索罪，故意毁坏财物罪，向非国家工作人员行贿罪，指控王云娜犯寻衅滋事罪、非法拘禁罪证据不足。

石家庄市中级人民法院经公开审理查明：

（一）故意伤害的事实

2009年5月5日下午2时许，被告人王淄在通往河北省晋州市的公路上发现挤塑板生意上的竞争对手恒保龙保温材料公司的富康车后，便决定教训对方一下，遂打电话和被告人王云娜商量，在征得王云娜同意后，王淄即安排被告人董重旭、贾光、李亚斌、周磊璞对富康车进行跟踪，并安排董重旭打电话让被告人刘勇找几个人过来。刘勇找来被告人王占朋、贺辰宇、郑悍博、李龙、陈龙，王淄驾车将之送到富康车停泊的辛集广兴泡沫厂附近。下午6时许，周磊璞、李亚斌分别驾驶汽车在安新线辛集境内马兰路段追上被害人朱龙华驾驶的富康轿车，刘勇将富康车拦住，刘勇、王占朋、贺辰宇、李龙、陈龙、郑悍博对朱实施殴打，王占朋持镐把殴打朱的身体，贺辰宇、郑悍博持镐把打击朱头部，之后分别乘车逃离现场。其中贺辰宇多次持镐把击打被害人头部并致镐把折断，造成朱龙华颅骨骨折，经送医院抢救无效死亡。王云娜在得知朱龙华已死亡后，为让刘勇逃避公安机关的抓捕，给刘勇等人1万元现金帮助其逃跑。

（二）寻衅滋事的事实

1. 2009年3月23日中午，被告人王云娜纠集被告人王淄、董重旭、李亚斌、刘勇、郗先、崔业权、冯双华、孔德贤、贺辰宇、李朋（在逃）、云龙（在逃）分乘7辆汽车来到河北省栾城县楼底镇西羊市村恒保龙保温材料公司聚众滋事，用汽车挡住恒保龙保温材料公司门口，使该厂拉货车辆不能出入，时间长达三四小时，在派出所民警的劝说下，才将堵在厂门口的汽车开走。当业务员张军芝回厂时，刘勇、李朋、云龙、贺辰宇、李亚斌等人无故对张军芝进行殴打，打掉其门牙两颗，该伤经法医鉴定为轻伤。

2. 被告人王云娜于2009年4月3日上午从被告人冯双华、崔业权口中得知恒保龙保温材料公司业务员曹跃峰在石家庄市维也纳工地做业务后，为恐吓打压对方，达到垄断市场目的，便指使王淄、贺广金、冯双华、崔业权在石家庄市南二环将曹跃峰拦截，由贺广金对曹进行殴打后逃跑。

3. 2009年4月29日下午，被告人王云娜、王淄从崔业权口中得知恒保龙保温材料公司工作人员严忠明到石家庄市金水湾工地做挤塑板业务后，便决定对严忠明进行殴打。王云娜指使被告人冯双华、苑朝旺对严忠明实施跟踪，指使被告人贺广金和李韩伟（在逃）殴打严忠明。当日下午在石家庄市金水湾工地外的公路上，贺广金、李韩伟对严忠明进行殴打致轻微伤，之后二人乘坐苑朝旺、冯双华的车逃离现场。

（非法拘禁、敲诈勒索、故意毁坏财物、向非国家工作人员行贿的事实略）

石家庄市中级人民法院经审理认为，对于公诉机关指控的被告人王云娜犯组织、领导黑社会性质组织罪，被告人王淄、董重旭、刘勇、王占朋、贺辰宇、贺广金、李亚斌、刘亮、冯双华、孔德贤、崔业权、郗先犯参加黑社会性质组织罪的公诉意见，经查，从现有证据来看，本案不具备黑社会性质组织犯罪的四个法定特征：在组织体系方面，未形成固定的犯罪组织，也欠缺王云娜对所谓成员的控制、约束的证据；在社会危害方面，缺少王云娜所在公司对石家庄市保温材料行业进行垄断和非法控制的证据，现有证据主要是对竞争对手之一的石家庄市恒保龙挤塑板厂实施了一些违法犯罪行为……在行为特征方面，从目前的证据来看，组织犯罪只涉及故意伤害、寻衅滋事、故意毁坏财物三个罪名，且故意毁坏财物一案证据不足。综上，本案不符合黑社会性质组织犯罪的构成要件，现有证据不足以认定……公诉机关指控王云娜犯故意毁坏财物罪、向非国家工作人员行贿罪证据不足，指控罪名不成立……在故意伤害一案中，被告人王云娜参与预谋，王淄系犯意提起者和组织、指挥者，贺辰宇系致人死亡的直接责任者，且系累犯……依照《中华人民共和国刑法》第二百三十四条第二款、第二百七十四条、第二百九十三条、第二百三十八条、第一百六十四条、第十七条第三款、第二十五条、第二十六条、第三十六条、第三十七条、第四十八条、第五十五条、第五十七条、第六十四条、第六十五条、第六十七条、第六十八条、第六十九条、第七十二条以及《最高人民法院关于处理自首和立功具体应用法律若干问题的解释》第一条、第二条、第五条之规定，判决如下：

1. 被告人贺辰宇犯故意伤害罪，判处死刑，剥夺政治权利终身；犯寻衅滋事罪，判处有期徒刑六个月。决定执行死刑，剥夺政治权利终身。

2. 被告人王淄犯故意伤害罪，判处死刑，缓期二年执行，剥夺政治权利终身；犯寻衅滋事罪，判处有期徒刑一年六个月；犯非法拘禁罪，判处有期徒刑一年。决定执行死刑，缓期二年执行，剥夺政治权利终身。

3. 被告人王云娜犯故意伤害罪，判处有期徒刑十三年，剥夺政治权利三年；犯寻衅滋事罪，判处有期徒刑二年；犯非法拘禁罪，判处有期徒刑一年；犯敲诈勒索罪，判处有期徒刑三年，并处罚金一万元。决定执行有期徒刑十六年，剥夺政治权利三年，并处罚金一万元。

（其他被告人判决情况略）

一审宣判后，被告人王云娜等人提出上诉。王云娜及其辩护人提出：王云娜不构成故意伤害罪、敲诈勒索罪，非法拘禁刘双良一案，情节显著轻微，不应作为犯罪处理等上诉理由和辩护意见。

石家庄市人民检察院抗诉提出：原判决认定现有证据不足以认定本案符合黑社会性质组织犯罪的四个法定特征，属于认定事实确有错误，适用法律不当。从现有证据来看，本案已形成以王云娜为组织者、领导者，王淄、董重旭、刘勇、刘亮、贺广金为骨干成员，李亚斌等7名被告人为成员的较为固定的犯罪组织。该组织为在一定区域内控制保温材料行业实施了多起犯罪，在行业内和群众中造成了恶劣影响，该组织通过系列的违法犯罪活动拥有较为雄厚的经济基础，并部分用于组织骨干和团伙成员的犯罪支出。综上所述,原判决在认定事实上确有错误,适用法律不当,直接导致了对各被告人量刑畸轻的后果。

河北省人民检察院支持抗诉意见为:被告人王云娜构成组织、领导黑社会性质组织罪,被告人王淄、董重旭、刘勇、刘亮、贺广金、李亚斌、王占朋、贺辰宇、郗先、冯双华、崔业权、孔德贤构成参加黑社会性质组织罪。

河北省高级人民法院经审理认为,对于检察机关抗诉所提被告人王云娜、王淄、董重旭、刘勇、王占朋、贺辰宇、刘亮、贺广金、李亚斌、冯双华、孔德贤、崔业权、郗先构成组织、领导、参加黑社会性质组织罪的理由,经查,被雇人员到王云娜企业的目的大多是打工挣钱,且来去基本自愿,没有证据证实王云娜对成员进行控制约束;按照检察机关指控的组织形成时间即 2008 年 8 月以来,该团伙暴力行为构成犯罪的较少,且罪名只有故意伤害和寻衅滋事,犯罪的多样性差;社会危害特征方面,没有证据证实王云娜公司对石家庄市保温材料行业形成垄断和非法控制,不符合认定黑社会性质组织犯罪要求的在一定区域或者行业内,形成非法控制或者重大影响,严重破坏经济、社会生活秩序的特征,对该抗诉意见不予支持……依法判决驳回王云娜、王淄、贺辰宇等人的上诉和检察机关对王云娜、王淄、贺辰宇等人分别构成组织、领导、参加黑社会性质组织罪的抗诉,维持原审对被告人王云娜、王淄、贺辰宇等人的判决,对王占朋等八人依法改判。

最高人民法院经复核审理,依法核准了河北省高级人民法院维持第一审对被告人贺辰宇以故意伤害罪判处死刑,剥夺政治权利终身;以寻衅滋事罪判处有期徒刑六个月;决定执行死刑,剥夺政治权利终身的刑事附带民事判决。

二、主要问题

如何根据“非法控制或重大影响”的内在要求准确认定黑社会性质组织的危害性特征?

三、裁判理由

在刑法第二百九十四条第五款规定的黑社会性质组织四个特征中,危害性特征(又称非法控制特征)是最为重要的判断标准。以程度的不同来区分,该特征中又包括非法控制和重大影响两种情形。为便于审判时掌握和操作,2009 年《最高人民法院、最高人民检察院、公安部办理黑社会性质组织犯罪案件座谈会纪要》(以下简称 2009 年《纪要》)列举了“通过实施违法犯罪活动,或者利用国家工作人员的包庇、纵容,在一定区域或者行业内形成非法控制或重大影响”的八种情形:(1)对在一定区域内生活或者在一定行业内从事生产、经营的群众形成心理强制、威慑,致使合法利益受损的群众不敢举报、控告的;(2)对一定行业的生产、经营形成垄断,或者对涉及一定行业的准入、经营、竞争等经济活动形成重要影响的;(3)插手民间纠纷、经济纠纷,在相关区域或者行业内造成严重影响的;(4)干扰、破坏他人正常生产、经营、生活,并在相关区域或者行业内造成严重影响的;(5)干扰、破坏公司、企业、事业单位及其他社会团体的正常生产、经营、工作秩序,在相关区域、行业内造成严重影响,或者致使其不能正常生产、经营、工作的;(6)多次干扰、破坏国家机关、行业管理部门以及村委会、居委会等基层群众自治组织的工作秩序,或者致使上述单位、组织的职能不能正常行使的;(7)利用组织的势力、影响,使组织成员获取政治地位,或者在党政机关、基层群众自治组织中担任一定职务的;(8)其他形成非法控制或者重大影响,严重破坏经济、社会生活秩序的情形。

为使以上情形更加清晰、明确,2015 年《全国部分法院审理黑社会性质组织犯罪案件工作座谈会纪要》(以下简称 2015 年《纪要》)进一步规定:第 1 种情形中的“致使合法利益受损的群众不敢举报、控告的”,是指致使多名合法利益遭受犯罪或者严重违法活动侵害的群众不敢通过正当途径维护权益。第 2 种情形中的“形成垄断”,是指可以操控、左右、决定与一定行业相关的准入、退出、经营、竞争等经济活动。“形成重要影响”,是指对与一定行业相关的准入、退出、经营、竞争等经济活动具有较大的干预和影响能力,或者具有在该行业内占有较大市场份额、通过违法犯罪活动或以其他不正当手段在该行业内敛财数额巨大(最低数额标准由各高级人民法院根据本地情况在20万至50万元的幅度内自行划定)、给该行业内从事生产、经营活动的其他单位、组织、个人造成直接经济损失100万元以上等情节之一。第3、4、5种情形中的“造成严重影响”,是指具有致人重伤或致多人轻伤、通过违法犯罪活动或以其他不正当手段敛财数额巨大(数额标准同上)、造成直接经济损失100万元以上、多次引发群体性事件或引发大规模群体性事件等情节之一。第6种情形中的“多次干扰、破坏国家机关、行业管理部门以及村委会、居委会等基层群众自治组织的工作秩序”,包括以拉拢、收买、威胁等手段多次得到国家机关工作人员包庇或纵容,或者多次对前述单位、组织中正常履行职务的工作人员进行打击、报复的情形。第7种情形中的“获取政治地位”,是指当选各级人大代表、政协委员。“担任一定职务”,是指在各级党政机关及其职能部门、基层群众自治组织中担任具有组织、领导、监督、管理职权的职务。同时,考虑到寻衅滋事、敲诈勒索、强迫交易、聚众扰乱社会秩序等个罪,如果多次实施也有可能造成“干扰、破坏他人正常生产、经营、生活,并在相关区域或者行业内造成严重影响”等后果,故2015年《纪要》还规定:八种情形一般不会单独存在,往往是两种以上的情形同时并存、相互交织,从而严重破坏经济、社会生活秩序。审判时,应当充分认识这一特点,准确认定该特征。这一重要补充使认定危害性特征的标准更加严密。

以上两个纪要中列举的若干情形,源自对司法实践经验的总结,对于审判时准确把握危害性特征具有重要的指导作用。但应当看到,黑社会性质组织的司法认定具有高度的复杂性。就危害性特征来说,不能仅根据一个或数个孤立事实来认定,而是要通过一系列的违法犯罪事实来反映。而且,对于具体的违法犯罪事实也不能只看客观上造成的后果,还要审查行为时的主观意图。换句话说,就是审判时不能简单堆砌和套用以上两个纪要的规定。为进一步揭示危害性特征的内在要求,有必要对“非法控制”和“重大影响”作进一步分析。按照《现代汉语词典》的释义,“控制”,是指使一定对象处于自己的占有、管理和影响之下;“影响”,是指对他人的思想和行动所起的作用。由此推论,刑法第二百九十四条第五款中的非法控制,是指以有组织的违法犯罪手段使一定对象处于自己的占有、管理和影响之下;重大影响,是指以有组织的违法犯罪手段对一定对象的思想和行动产生发生作用。二者有着以下共同点:(1)都是有意识地以非法方式主动干涉他人(包括其他单位、组织)的结果;(2)都不是一种偶然、短暂的现象,而是一种持续的状态;(3)控制或影响的对象具有广泛性,控制或影响的程度具有严重性。根据以上几点,在对涉案犯罪组织是否形成非法控制与重大影响进行司法判断时,除了要对照两个纪要的相关规定,还应着重审查涉案犯罪组织是否是基于争抢势力范围、树立非法权威、攫取不法利益等非法控制目的而实施违法犯罪行为;是否在一段较长的时期内连续、多次通过实施违法犯罪行为对他人的自主性造成干扰或破坏;被侵害对象的数量以及所造成的后果是否已达到形成非法控制或重大影响的严重程度。如果以上几点都已齐备,危害性特征一般能够成立。反之,则不能认定。

具体到本案,经一、二审法院审理查明,在公诉机关指控的王云娜等人实施的违法犯罪活动中,只有1起故意伤害犯罪、3起寻衅滋事犯罪可以认定为该团伙的犯罪,其他皆为个人犯罪。而这4起犯罪的对象,均是王云娜在挤塑板业务中的竞争对手恒保龙保温材料公司的老板或员工,犯罪共造成1人死亡、1人轻伤、1人轻微伤的后果。对照两个纪要的相关规定,符合其中一种情形,即“干扰、破坏公司、企业、事业单位及其他社会团体的正常生产、经营、工作秩序,在相关区域、行业内造成严重影响”。但根据2015年《纪要》的补充性规定,仅有这一种情形尚不足以认定危害性特征已经具备。更为重要的是,虽然王云娜等人是为排挤竞争对手而实施了故意伤害、寻衅滋事犯罪,但在控制和影响的长期性、广泛性、严重性等方面与危害性特征的内在要求还有明显差距。

首先,王云娜犯罪团伙存在时间明显过短、犯罪次数明显偏少。王云娜等人所依托的经济实体石家庄市固瑞特保温材料厂,从成立至案发只有十个月左右的时间(2008 年 8 月至 2009 年 6 月),王云娜等人为排挤竞争对手而实施的故意伤害、寻衅滋事犯罪集中发生于不到两个月的时间内(2009 年 3 月 23 日至 5 月 5 日)。而且,该团伙全部犯罪仅有 4 起,罪名也只涉及故意伤害、寻衅滋事。尽管本案造成了人员伤亡的严重后果,但如此短暂的时间和明显偏少的犯罪次数,决定了该团伙不可能对一定区域或行业内的人员、单位、组织形成长期、持续的控制和影响,不符合黑社会性质组织在一定区域或行业内建立非法秩序的基本要求。

其次,由于侵害对象特定、单一,王云娜犯罪团伙不足以争霸一方或者严重破坏当地挤塑板行业的生产经营秩序。本案故意伤害、寻衅滋事犯罪皆是针对恒保龙保温材料公司而实施,目的只是争夺石家庄市维也纳小区建设开发项目的材料供应业务,因此,本案不存在王云娜犯罪团伙欺压、残害当地普通群众、称霸一方的问题。从恒保龙保温材料公司有关证人的证言及本案各被告人的供述来看,在石家庄市的挤塑板供应市场上,还有其他数家保温材料厂在经营同类业务。在案证据不能证明恒保龙保温材料公司在当地的挤塑板行业内占有较大市场份额,或者对该行业有其他重要影响。故本案中的具体犯罪既不足以反映王云娜掌控的企业已在行业内形成垄断,也不足以反映王云娜犯罪团伙对该行业的准入、退出、经营、竞争等经济活动已经具有较大的干预能力。

综上,王云娜犯罪团伙不具有黑社会性质组织的危害性特征,一、二审法院未认定王云娜等人构成组织、领导、参加黑社会性质组织罪是正确的。需要说明的是,王云娜犯罪团伙在组织特征、经济特征、行为特征等方面亦不符合法定标准,鉴于本案辨析重点在于危害性特征,故对这些问题不再一一论述。但是,这些问题中有许多又与危害性特征存在关联与交叉。例如,本案组织特征中的存在发展时间问题、行为特征中的犯罪多样性问题,均与危害性特征的认定息息相关。因此,审判时应当按照 2009 年《纪要》的要求,将黑社会性质组织的四个特征作为具有内在联系的有机整体来进行系统化的考察,避免简单地对号入座。

(撰稿:河北省高级人民法院　石明辉
审编:最高人民法院刑三庭　周　川)

[第 1160 号]牛子贤等人绑架、敲诈勒索、开设赌场、重婚案

——如何准确把握黑社会性质组织的认定标准,最高人民法院经复核认为涉黑罪名不成立的应如何依法处理

【关键词】 黑社会性质组织　最高人民法院复核　认定标准

一、基本案情

被告人牛子贤,男,1967 年 11 月 23 日出生。2010 年 6 月 4 日因涉嫌犯绑架罪被逮捕。

(其他被告人的基本情况略)

河南省新乡市人民检察院以被告人牛子贤犯组织、领导黑社会性质组织罪，绑架罪，敲诈勒索罪，开设赌场罪，重婚罪，向新乡市中级人民法院提起公诉。

被告人牛子贤当庭辩解，其行为不构成组织、领导黑社会性质组织罪；其没有与吕福秋、时丽等人预谋，没有索要钱财，没有指使杀人，没有敲诈被害人邢云康、邢云峰。其辩护人提出，认定牛子贤犯绑架罪的证据不足，其行为也不构成组织、领导黑社会性质组织罪和敲诈勒索罪、重婚罪。

新乡市中级人民法院经公开审理查明：

（一）组织、领导、参加黑社会性质组织的事实

2007年以来，被告人牛子贤利用朋友、亲属、同学等关系纠集一些社会上的无业闲散人员，在新乡市区进行绑架、开设赌场、敲诈勒索等违法犯罪活动，逐渐形成了以牛子贤为首，被告人吕福秋、牛震等为骨干成员，被告人时丽、胡俊忠、李来刚、周鑫、岳静等为积极参加者的具有黑社会性质的犯罪组织。为攫取经济利益，该犯罪组织采取开设赌场、敲诈勒索等犯罪方式获取非法利益。平时，这些犯罪组织成员接受牛子贤指挥、分工，为牛子贤所开设的赌场站岗、放哨、记账、收账并从事其他犯罪活动。每次参加开设赌场等犯罪活动后，牛子贤都将非法所得以"工资"形式分给参加者，或拿钱给参加者吃饭等。在组织纪律方面，牛子贤要求组织成员按其制定的开设赌场规矩交纳"保证金"，以保证组织成员在为其开设的赌场服务期间能尽职尽责，否则将没收"保证金"。由此该组织成员逐渐形成了听从牛子贤指挥、安排的习惯性行为，从而进行犯罪活动。在实施违法犯罪活动过程中，牛子贤亲自或指使组织成员多次以威胁、暴力手段从事绑架、敲诈勒索等违法犯罪活动，影响极其恶劣，给国家、集体财产和公民个人生命及财产造成了重大损失，对当地的社会生活秩序和经济秩序造成了严重破坏。

（二）绑架、非法拘禁、故意杀人、帮助毁灭证据的事实

被告人牛子贤为达到勒索财物目的，经与被告人吕福秋商量后，多次授意被告人时丽利用女色引诱男人，进行绑架来勒索钱财。2010年3月30日22时许，时丽在牛子贤的授意下，将被害人李旦火诱骗至新乡市牧野区王村镇牛村建材市场南口，牛子贤指使吕福秋找人控制李旦火。吕福秋以"有人遛小燕（时丽）了，牛子贤让去打那个人一顿"为借口，纠集被告人牛震、周鑫、岳静、胡俊忠将李旦火从其车上拽下进行殴打，并用手铐将李旦火拘禁在位于王村镇牛村的牛子贤的仓库内，后周鑫、牛震、岳静、胡俊忠相继离开。牛子贤到仓库后与吕福秋采取殴打等方式逼迫李旦火向其朋友打电话索要现金，并搜走李旦火现金3 000元及手机一部。后牛子贤、吕福秋担心事情败露，牛子贤决定将李旦火杀死。次日23时许，吕福秋通知牛震，牛震又通知周鑫来到仓库，吕福秋说牛子贤要将李旦火杀死，并递给周鑫一条毛巾，周鑫接过毛巾后和吕福秋一起将李旦火勒死。随后，牛子贤开车赶到仓库，从车后备厢拿出事先准备好的编织袋，和吕福秋、牛震、周鑫一起将李旦火的尸体装入编织袋，掩埋于牧野区栗屯桥北170米处的垃圾填埋场。同年4月1日晚，岳静在得知李旦火被杀死后，又和吕福秋、牛震、周鑫一起在掩埋尸体的地方压上几块水泥块以掩盖痕迹。经法医鉴定，不排除李旦火系因机械性窒息而死亡。

（三）开设赌场的事实

2007年以来，被告人牛子贤为达到敛财目的，伙同被告人李光军、李洪全、李双志、李伟、裴铮铮等人在新乡市牧野区王村镇牛村等处开设赌场，并多次组织、雇佣被告人李来刚、胡俊忠、牛震、吕福秋、岳静及被告人程新亮、李宁、赵桂宁和曹金宝（另案处理）等人充当赌场站岗、放哨、放高利贷、记账、收账人员，组织多人以麻将牌"四挂四"的形式进行赌博，牛子贤等人从中非法获利。

（四）敲诈勒索的事实

2009年1月某日21时许，被告人高志强、牛震驾驶被告人牛子贤的黑色雪佛兰轿车在新乡

市人民路“金三角”市场地下涵洞，与被害人邢云康、邢云峰驾驶的拉煤货车发生碰撞，造成雪佛兰轿车右后车门及后保险杠受损。因高志强与邢云康认识，双方同意私了。邢云康因急着开车去市区卸煤便让邢云峰留下，其卸煤后来处理此事。后邢云康一直未来，高志强通知牛子贤，牛子贤便带领被告人吕福秋等人赶至现场，将邢云峰带至位于新乡市牧野区牛村一仓库内。因邢云康迟迟未来，高志强、牛震、吕福秋等人便采用殴打、威胁等手段逼迫邢云峰打电话，让其父亲及邢云康来解决此事。次日凌晨 2 时至 3 时许，牛子贤、高志强、牛震和被告人牛子良等人在新乡市环宇立交桥附近和开货车的邢云康见面，并将货车扣留，将邢云峰放回。后牛子贤等以要求赔偿车损、给手下人“发工资”为由敲诈勒索邢云康现金 7 849.70 元。

（重婚的事实略）

新乡市中级人民法院经审理认为，被告人牛子贤等人组织、领导和参加以暴力、威胁或者其他手段，有组织地进行的违法犯罪活动，为非作恶，严重破坏经济、社会生活秩序的黑社会性质组织。其中，牛子贤系黑社会性质组织的组织者、领导者，其行为已构成组织、领导黑社会性质组织罪。牛子贤作为黑社会性质组织的首要分子，应当对该组织所犯的全部罪行承担刑事责任。牛子贤等人以勒索财物为目的绑架他人，并杀害被绑架人，其行为均已构成绑架罪。在绑架犯罪中，牛子贤与他人共同预谋并实施绑架，系主犯，应当按照其所参与的全部犯罪处罚。牛子贤等人以营利为目的，长期开设赌场，其行为均已构成开设赌场罪。在开设赌场犯罪中，牛子贤起主要作用，系主犯，应当按照其所参与的全部犯罪处罚。牛子贤等人敲诈勒索他人财物，数额较大，其行为均已构成敲诈勒索罪。在敲诈勒索犯罪中，牛子贤起主要作用，系主犯，应当按照其所参与的全部犯罪处罚。牛子贤有配偶而重婚，其行为已构成重婚罪。牛子贤犯有数罪，应当数罪并罚。关于辩护人所提牛子贤的行为不构成组织、领导黑社会性质组织罪的意见，经查，以牛子贤为首的犯罪集团具有较为明确的组织性，通过犯罪活动获取经济利益，以暴力、威胁等手段多次进行违法犯罪活动，欺压、残害群众，对当地的社会生活秩序和经济秩序造成了严重破坏，故对该辩护意见不予采纳。关于辩护人所提认定牛子贤犯绑架罪证据不足的意见，经查，牛子贤与被告人吕福秋、时丽预谋绑架并杀害被害人的犯罪事实不仅有各被告人的供述相互印证，而且有现场勘查笔录、鉴定意见、编织袋、铁锹、通话记录、相关证人证言等证据证实，故对该辩护意见不予采纳。关于辩护人所提牛子贤不构成敲诈勒索罪的意见，经查，牛子贤伙同其他被告人以赔偿车损、给手下“发工资”为由，扣押他人及车辆，并殴打被害人，其行为符合敲诈勒索罪特征，故对该辩护意见不予采纳。依照《中华人民共和国刑法》第二百九十四条，第二百三十九条第二款，第二百七十四条，第二百五十八条，第二十五条第一款，第二十六条，第四十八条第一款、第二款，第五十二条，第五十七条第一款，第六十九条等规定，判决如下：

被告人牛子贤犯组织、领导黑社会性质组织罪，判处有期徒刑六年；犯绑架罪，判处死刑，剥夺政治权利终身，并处没收个人全部财产；犯开设赌场罪，判处有期徒刑二年九个月，并处罚金人民币五万元；犯敲诈勒索罪，判处有期徒刑二年，并处罚金人民币二千元；犯重婚罪，判处有期徒刑一年。决定执行死刑，剥夺政治权利终身，并处没收个人全部财产。

（其他被告人的判决情况略）

一审宣判后，被告人牛子贤上诉提出，其没有为绑架被害人李旦火进行预谋和准备，李旦火是在何人提议、指使下被害的事实不清，其不应对李旦火的死亡后果负责；其不具有敲诈勒索的主观故意，也没有实施敲诈勒索的客观行为，与被害人邢云峰之间的纠纷属于普通交通事故引发的民事赔偿，不构成敲诈勒索罪；其与时丽没有以夫妻名义共同生活，不构成重婚罪；原判认定其构成组织、领导黑社会性质组织罪没有证据支持。

河南省人民检察院出庭意见是:一审判决认定的主要犯罪事实清楚,证据确实、充分;在定性方面,在被害人李旦火被拘禁并被杀害的犯罪中,被告人牛子贤的行为应在定性为抢劫罪和故意杀人罪;牛子贤等人的行为符合黑社会性质组织犯罪的组织性、经济性及行为性特征,但在危害性特征即影响力和控制性特征方面的证据稍显薄弱;原判对牛子贤量刑适当,建议二审法院根据本案证据情况、量刑情节等依法裁判。

河南省高级人民法院经二审审理认为,关于上诉人牛子贤及其辩护人所提其行为不构成黑社会性质组织犯罪的意见,经查,以牛子贤为首的犯罪团伙具有较为明确的组织性,通过犯罪活动获取经济利益,以暴力、威胁等手段多次进行违法犯罪活动,欺压、残害群众,对当地的社会生活秩序和经济秩序造成了严重破坏,在当地具有重大影响,故牛子贤等人的行为符合黑社会性质组织犯罪的四个特征,构成黑社会性质组织犯罪。牛子贤系黑社会性质组织的组织、领导者,其行为已构成组织、领导黑社会性质组织罪。在牛子贤等人所犯的绑架罪、故意杀人罪、非法拘禁罪、帮助毁灭证据罪中,牛子贤等人预谋从被害人李旦火处勒索钱财,客观上实施了控制、拘禁李旦火并要求李旦火向亲朋要钱的行为,后又合谋杀死李旦火,符合绑架犯罪的构成要件,其行为已构成绑架罪,当场劫取财物的行为被绑架罪所吸收。关于牛子贤及其辩护人所提牛子贤不应对李旦火死亡后果负责的意见,经查,牛子贤虽未直接动手杀害李旦火,但其是绑架杀人犯罪的组织、策划、指挥者,应对李旦火死亡后果负责,且其是罪行最为严重的主犯,应依法严惩。牛子贤等人敲诈勒索他人财物,数额较大,其行为已构成敲诈勒索罪。在敲诈勒索犯罪中,牛子贤等人强行扣留并殴打被害人邢云峰,逼迫邢云峰打电话让亲属解决问题,后扣留车辆,向邢云峰、邢云康索要超出修车费用近5倍的赔偿款,其行为符合敲诈勒索罪的构成要件,且牛子贤系主犯。牛子贤的行为还构成开设赌场罪、重婚罪。原判定罪准确,量刑适当,审判程序合法。依照《中华人民共和国刑事诉讼法》第二百二十五条第一款第一项之规定,裁定驳回上诉,维持原判,并依法报请最高人民法院核准。

最高人民法院经复核确认的被告人牛子贤实施绑架、开设赌场、敲诈勒索、重婚犯罪的事实与一、二审认定一致,但认为,黑社会性质组织应当同时具备组织特征、经济特征、行为特征和非法控制特征,本案并无充分证据证实牛子贤为首的犯罪团伙同时具备上述"四个特征",故依法不能认定为黑社会性质组织。由于一、二审法院认定牛子贤犯罪团伙系黑社会性质组织及牛子贤等人的行为构成涉黑犯罪不当,且是否认定涉黑犯罪对多名同案被告人的定罪量刑均有影响,故依法不予核准牛子贤死刑,将本案发回河南省高级人民法院重新审判。

二、主要问题

1. 如何准确把握黑社会性质组织的认定标准?

2. 对于报送核准死刑的黑社会性质组织犯罪案件,经复核认为涉黑罪名不成立的,应如何依法处理?

三、裁判理由

(一)认定黑社会性质组织必须同时具备四个法定特征

自1997年刑法新增"组织、领导、参加黑社会性质组织罪"以来,准确界定和把握黑社会性质组织的认定标准便成为理论界和司法实践关注的焦点和难点,甚至最高司法机关之间也一度出现认识分歧。为此,全国人大常委会于2002年4月28日通过了《全国人大常委会关于〈中华人民共和国刑法〉第二百九十四条第一款的解释》(以下简称《立法解释》)明确规定,"'黑社会性质的组织'应当同时具备以下特征:(一)形成较稳定的犯罪组织,人数较多,有明确的组织者、领导者,骨干成员基本固定;(二)有组织地通过违法犯罪活动或者其他手段获取经济利益,具有一定的经济实力，以支持该组织的活动；（三）以暴力、威胁或其他手段，有组织地多次进行违法犯罪活动，为非作恶，欺压、残害群众；（四）通过实施违法犯罪活动，或者利用国家工作人员的包庇或者纵容，称霸一方，在一定区域或者行业内，形成非法控制或者重大影响，严重破坏经济、社会生活秩序”。由此，认定黑社会性质组织所必备的“四个特征”，即组织特征、经济特征、行为特征和非法控制特征正式确立。2011 年 5 月 1 日起施行的刑法修正案（八），将《立法解释》规定的黑社会性质组织的认定标准直接写入刑法，从而彻底解决了原条文罪状不清、表述不明的问题，为惩治涉黑犯罪提供了更加完备的法律武器。

不过，随着 2006 年年初开始的“打黑除恶”专项斗争的推进和司法实践的发展，黑社会性质组织犯罪不断表现出新变化、新特点，各级公检法机关对于黑社会性质组织认定标准等具体问题的争议仍然时有发生，有时甚至影响了办案效果。为此，最高人民法院、最高人民检察院、公安部于 2009 年 12 月联合印发了《办理黑社会性质组织犯罪案件座谈会纪要》，重点对过去七八年间司法实践中争议较为集中的黑社会性质组织的认定等问题进行了说明，细化了“四个特征”的具体认定标准，增加了可操作性。为继续推进“打黑除恶”专项斗争，准确适应刑法、刑事诉讼法对涉黑犯罪相关规定的修改，更好地满足依法惩治黑社会性质组织犯罪的需要，最高人民法院又于 2015 年研究制定了《全国部分法院审理黑社会性质组织犯罪案件工作座谈会纪要》。该纪要对司法实践中反映较为突出，但 2009 年《纪要》未作规定或者有关规定尚需进一步细化的问题进行了补充和完善，使黑社会性质组织“四个特征”的认定标准更加清晰。

我们认为，鉴于涉黑犯罪的严重社会危害性，必须毫不动摇地依法加以严惩，同时也应认真贯彻落实宽严相济刑事政策，正确把握“打早打小”与“打准打实”的关系，准确区分“涉黑”与“涉恶”的差别。具体而言，在审理涉黑犯罪案件中，应当坚持罪刑法定原则和证据裁判原则，本着实事求是的态度，严格依照刑法的规定和两个座谈会纪要的精神认定黑社会性质组织。对于指控证据尚未达到“确实、充分”的程度，不符合黑社会性质组织认定标准的，应当根据案件事实和证据，依照刑法的相关规定予以处理，对被告人依法定罪处刑，不能勉强认定为黑社会性质组织犯罪。

具体到本案，在案并无充分证据证实被告人牛子贤犯罪团伙同时具备组织特征、经济特征、行为特征和非法控制特征等“四个特征”，故依法不能认定为黑社会性质组织。具体分析如下：

第一，认定被告人牛子贤犯罪团伙具备组织特征的证据不充分。从刑法规定和两个座谈会纪要的精神来看，黑社会性质组织应当具有一定规模，人数较多，组织成员一般在 10 人以上；应有明确的组织者、领导者，骨干成员基本固定，并有比较明确的层级和职责分工。具有一定的组织纪律或者活动规约，虽然不是黑社会性质组织的必要条件之一，但却是认定组织特征时的重要参考依据。综观本案，其一，虽然公诉机关指控牛子贤等 8 人系组织成员，人数较为接近前述要求，但时丽、周鑫、岳静、胡俊忠、李来刚等人多系被临时纠集参与作案，与牛子贤合伙经营赌场的李光军、李洪全、李双志、李伟、裴铮铮等人均不属于组织成员，涉案人员尚没有形成稳定的组织体系。其二，牛子贤犯罪团伙没有成文或者不成文的组织纪律或者活动规矩，牛子贤要求手下人交纳“保证金”系其经营赌场时管理雇员的必要手段，难以认定为组织纪律或者活动规约。其三，牛子贤、吕福秋、牛震、周鑫、时丽、岳静等人之间并不存在明显的层级关系，相互之间并非管理与被管理的上下级，也没有明确固定的职责分工，反映不出组织性。因此，现有证据不能认定牛子贤犯罪团伙具备黑社会性质组织的组织特征。

第二，认定被告人牛子贤犯罪团伙具备经济特征的证据不充分。根据刑法规定和两个座谈会纪要的精神，黑社会性质组织的经济特征，是指有组织地通过违法犯罪活动或者其他手段获取经济利益，具有一定的经济实力，以支持该组织的活动。“一定的经济实力”，是指黑社会性质组织在形成、发展过程中获取的，足以支持该组织运行、发展以及实施违法犯罪活动的经济利益。而是否将所获经济利益全部或部分用于违法犯罪活动或者维系犯罪组织的生存、发展，即所获经济利益是否在客观上起到豢养组织成员、维护组织稳定、壮大组织势力的作用，是认定经济特征的重要依据。本案证据反映，牛子贤获取经济利益的主要途径是开设赌场，但赌场收入一般由各合伙人按出资比例分配，并非由牛子贤全权支配或者独享。赌场的部分收入用于支付雇员工资，也并非由牛子贤决定，不能认定其以此方式豢养组织成员。牛子贤在3年多时间内从赌场获利几十万元，经济实力相对薄弱，且所获赃款基本上用于其个人及家庭支出，尚无证据证实牛子贤将所获取的上述不义之财用于保持组织稳定、实施其他违法犯罪、支持组织活动或者维系组织的生存与发展。也就是说，牛子贤既没有为有组织地实施违法犯罪活动提供经费、出资购买刀具、枪支等作案工具，也没有为组织成员发放福利、奖励或者为帮助组织成员逃避法律追究而支付必要的费用，等等。因此，现有证据不能认定牛子贤犯罪团伙具备黑社会性质组织的经济特征。

第三，认定被告人牛子贤犯罪团伙具备行为特征的证据不充分。根据刑法的规定和两个座谈会纪要的精神，黑社会性质组织的行为特征，是指以暴力、威胁或者其他手段，有组织地多次进行违法犯罪活动，为非作恶，欺压、残害群众。“有组织地多次进行违法犯罪活动”是认定黑社会性质组织的必要条件之一，涉案犯罪组织实施的犯罪活动不多，仅触犯少量具体罪名的，是否应认定为黑社会性质组织，要结合组织特征、经济特征和非法控制特征综合判断，严格把握。从本案看，牛子贤等人仅实施了3起犯罪，且目的均是图财，与追求非法控制无关。其中，只有开设赌场犯罪具有一定的持续性，而敲诈勒索犯罪发生于2009年1月，纯属偶发案件，牛子贤等人所实施的绑架犯罪又与敲诈勒索犯罪相隔一年两个月之久。虽然本案从形式上看基本符合“多次实施违法犯罪活动”的条件，但这些违法犯罪活动既反映不出牛子贤等人长期欺压、残害无辜群众，也反映不出牛子贤等人有逞强争霸、争权势力范围、确立“江湖”地位等目的，故现有证据不能认定牛子贤犯罪团伙具备黑社会性质组织的行为特征。

第四，认定被告人牛子贤犯罪团伙具备非法控制特征的证据不充分。根据刑法的规定，“通过实施违法犯罪活动，或者利用国家工作人员的包庇或者纵容，称霸一方，在一定区域或者行业内，形成非法控制或者重大影响，严重破坏经济、社会生活秩序”是黑社会性质组织的非法控制特征。该特征是黑社会性质组织的本质特征，也是该组织区别于一般犯罪集团的关键所在。从本案情况来看，首先，虽然牛子贤等人在3年多时间里多次非法开设赌场并获利数十万元，但并无扩张的行为或意图，在案证据不能证明牛子贤等人对当地的其他地下赌场有任何影响。其次，牛子贤等人所实施的绑架、敲诈勒索犯罪均具有随机性，侵害对象有限且犯罪目的单一，既没有对当地群众形成心理强制或者威慑，也没有表现为“称霸一方”；既不属于插手民间纠纷、经济纠纷，也不属于干扰破坏他人正常生产、经营。换言之，并无确实、充分的证据证实牛子贤犯罪团伙对当地经济、社会生活秩序造成了严重破坏，现有证据不能认定牛子贤犯罪团伙具备黑社会性质组织的非法控制特征。

综上，由于本案不符合黑社会性质组织的认定标准，牛子贤等人的行为依法不构成组织、领导、参加黑社会性质组织罪，故最高人民法院复核后认为“一、二审认定的部分事实不清、证据不足”，依法将案件发回重审。

（二）对于报送核准死刑的黑社会性质组织犯罪案件，经复核认为涉黑罪名不成立的，应根据案件具体情况依法准确处理

最高人民法院第一次复核期间，对本案如何处理曾有三种意见：第一种意见认为，最高人民

法院应直接改判,即不认定被告人牛子贤犯组织、领导黑社会性质组织的事实,以绑架罪、敲诈勒索罪、开设赌场罪、重婚罪数罪并罚,判处牛子贤死刑。第二种意见认为,应以一、二审认定的部分事实不清、证据不足为由,发回一审法院重新审判。第三种意见认为,应以一、二审认定的部分事实不清、证据不足为由,发回二审法院重新审判。经研究,最终采纳了第三种处理意见,具体理由如下:

第一,多年来,最高人民法院始终强调办理死刑案件"一审是基础、二审是关键",并特别注重发挥二审法院对死刑案件的审查把关作用。本案中以牛子贤为首的犯罪团伙在"四个特征"方面均与黑社会性质组织存在差距,最高人民法院将案件发回二审法院重新审判,可以促使二审法院更好地理解和把握黑社会性质组织的认定标准,从而在今后的类似案件审判过程中更好地发挥职能作用。

第二,按照《最高人民法院关于适用〈中华人民共和国刑事诉讼法〉的解释》第三百五十三条的规定,对于最高人民法院裁定不予核准死刑、发回二审法院重新审判的案件,第二审人民法院有两种处理方式:一是直接改判;二是必须通过开庭查清事实、核实证据或者纠正原审程序违法的,则应开庭审理。本案发回重审后,二审法院具有较大的选择空间,如果检察机关未能补充提供认定涉黑事实的证据,二审法院可以依法直接对涉黑事实和被告人牛子贤的定罪量刑作出改判,并可以绑架罪等非涉黑罪名再次报请核准死刑;如果检察机关能够补充提供相关证据,则可以按照二审程序开庭审理,查清事实,并重新作出是否认定涉黑犯罪的判决。

第三,由于其他被认定犯有参加黑社会性质组织罪的同案被告人的判决已生效,二审法院重审期间,既可以解决对牛子贤所涉犯罪的实体处理问题,也可以通过启动审判监督程序一并解决相关同案被告人的定罪量刑问题,无疑更有利于节约司法资源。

需要补充的是,最高人民法院作出拟不核准死刑的复核决定之前,曾依法向最高人民检察院通报了本案有关情况。最高人民检察院经审查,亦认为一、二审认定被告人牛子贤等人构成黑社会性质组织犯罪的事实不清、证据不足,且是否认定涉黑犯罪对被告人牛子贤及同案其他被告人的定罪量刑均有影响,故同意最高人民法院不核准牛子贤死刑,将案件发回二审法院重新审判的决定。二审法院对本案重新审理后,直接予以改判,对原判牛子贤的组织、领导黑社会性质组织犯罪不予认定,并以绑架罪等其他犯罪再次报送核准死刑,最高人民法院经再次复核,依法核准了被告人牛子贤死刑。

(撰稿:最高人民法院刑五庭　李晓光　邓克珠
审编:最高人民法院刑五庭　韩维中)

[第1161号]邓统文等人组织、领导、参加黑社会性质组织案

——组织者、领导者通过赔偿经济损失取得被害人家属谅解的,量刑时应当如何把握

【关键词】　组织、领导、参加黑社会性质组织罪　被害人家属谅解　赔偿经济损失　量刑　组织者、领导者

一、基本案情

被告人邓统文,绰号"邓胖",男,1985年9月18日出生。2010年4月14日因犯故意伤害罪

被樟树市人民法院判处有期徒刑三年,缓刑四年。2011 年 7 月 6 日因本案被逮捕。

(其他被告人基本情况略)

江西省宜春市人民检察院以被告人邓统文犯组织、领导黑社会性质组织罪,故意杀人罪,故意伤害罪,故意毁坏财物罪,寻衅滋事罪,开设赌场罪,非法买卖枪支罪,非法持有枪支、弹药罪,敲诈勒索罪……向宜春市中级人民法院提起公诉。

被告人邓统文及其辩护人提出:邓统文的行为不构成组织、领导黑社会性质组织罪。其中,本案未查扣任何财产,没有证据证实该组织具备经济实力,不具备黑社会性质组织的经济特征。

(其他辩解理由和辩护意见略)

宜春市中级人民法院经公开审理查明:

(一)组织、领导、参加黑社会性质组织的事实

自 2005 年年底开始,被告人邓统文与他人先后在江西省樟树市洋湖乡晏梁村店前自然村、鹿江街道大路口村老邹坊、大桥街道枧头村黄家脑等地开设赌场非法牟利,并先后收刘欢、敖祥(同案被告人,均已判刑)等人为“小弟”。在此期间,胡小强(同案被告人,已判刑)及严露、朱海林(均另案处理)等人亦曾跟随邓统文。2007 年 1 月,邓统文为了报复竞争对手敖志富,伙同他人持刀、枪将敖志富手下“小弟”聂江涛砍伤,并将聂江涛的女友徐兆华刺成重伤。此举极大地提升了邓统文在当地的“名气”,而以邓统文为组织者、领导者的犯罪组织也随之得以快速发展。其中,敖祥、刘欢及王波文、丁文波(同案被告人,均已判刑)为积极参加者,敖超、熊建申、游龙明、尚波、杜程远、丰凯强、张威、熊四华、胡思生、丁梁、彭建军、邹雪勇(同案被告人,均已判刑)等人为其他参加者。邓统文通过对骨干成员敖祥、刘欢、王波文的授意和指挥来对整个犯罪组织进行控制、管理,并形成了对组织成员进行管理与奖惩的一系列不成文的组织纪律和行为规则。

2005 年年底以来,邓统文及其组织成员以开设赌场等方式聚敛了巨额经济利益,并用于购买枪支、刀具、对讲机等作案工具,向组织成员发放工资及生活费用,安排部分组织成员集中吃、住等,为该组织的运行、发展提供经济支撑。该组织在樟树市观上镇、江西省丰城市拖船镇(毗邻樟树市观上镇)等地区长期、多次开设赌场,并以暴力手段“护赌”以及强行在他人开设的赌场“入股”,在上述地区的这一非法行业中确立了重要地位。为了扩大势力范围、排除竞争对手、维护非法权威以及插手其他行业,2007 年 1 月以来,该组织还在樟树市大肆实施故意杀人,故意伤害,故意毁坏财物,寻衅滋事,非法买卖枪支,非法持有枪支、弹药,敲诈勒索等多种违法犯罪活动,作案 30 余起,致死 1 人,致伤 3 人(重伤 1 人,轻伤 2 人),损毁公民合法财物价值数万元,已在当地形成重大影响,严重破坏了正常的社会生活秩序和经济秩序。

(二)故意杀人、寻衅滋事的事实

1. 2011 年 5 月 29 日下午 5 时许,被告人邓统文指使被告人敖祥带领被告人王波文、敖超、丰凯强、游龙明、胡思生、熊建申、熊四华、尚波等人携带枪支、刀具乘车前往樟树市东门菜市场旁“东门老年活动中心”麻将馆,在要求强行入股未果后,朝麻将馆开枪进行恐吓。同年 6 月 1 日上午,敖祥在邓统文的授意下,召集组织成员携带枪支、刀具、雷管到樟树盐矿家属区汇合。邓统文指使敖祥再次带领王波文、丁文波、敖超、熊建申、游龙明、丰凯强、张威、胡思生、尚波等人分乘由被告人熊四华、丁梁驾驶的两辆车前往该麻将馆“砸场子”。到达后,熊四华、丁梁未下车。敖祥、王波文、丁文波、敖超、熊建申、游龙明 6 人持枪,丰凯强、张威、胡思生、尚波等人持刀下车,敖超走在前面。在此麻将馆“守场子”的被害人杨素庭在隔壁“三百斤”麻将馆门口见敖超等人过来,随即持枪朝敖超等人先开一枪,但未击中人。熊建申、敖祥、王波文、丁文波、敖超、游龙明随即朝杨素庭开枪。丰凯强、张威、胡思生、尚波等人持刀站在一旁。杨素庭中枪后躲入“三百斤”麻将

馆，丁文波持枪追入，朝坐在地上的杨素庭开了一枪后退出。敖祥等人朝该麻将馆及旁边店面等处开了十多枪后，携作案工具乘熊四华、丁梁的车回到盐矿家属区与邓统文会面。敖祥、王波文、丁文波向邓统文汇报了枪击事实。案发后，被害人杨素庭随即被送往医院，经抢救无效于2011年6月3日死亡。经鉴定，杨素庭系被散弹枪击伤头面部致重度颅脑损伤，因急性中枢神经功能衰竭而死亡。

2. 2011年5月5日，被告人敖祥带领被告人敖超、丰凯强、游龙明及蔡彬、罗旭等人在樟树市观上镇巷里村委开设赌场，杨峻等人持枪将赌场抄掉，并打伤罗旭，砸烂了赌场内的车辆。为此，敖祥在请示被告人邓统文后，带领敖超、丰凯强、游龙明及蔡彬等人携带刀枪开车寻找杨峻等人报复。当行至樟树市老火车站博彩超市旁时发现一辆广本无牌轿车，敖祥等人以为杨俊等人在车上，便朝汽车开枪、扔自制“雷管”，致使晏刚、游泳受伤。在晏刚、游泳等人逃走后，敖祥等人冲上去将未来得及逃跑的“朋朋”拉下车进行殴打，并持刀将广本汽车砸烂。

3. 被告人邓统文欲参股江西晶昊盐化有限公司煤灰煤渣处理承包项目，遭到承包股东之一熊金芽（绰号“大佬”）拒绝。邓统文遂在2011年4月左右指使被告人敖祥、王波文带人持枪到樟树市洋湖乡晏梁村委店前村找熊金芽未果后，朝天鸣枪示威恐吓。同年5月28日晚上6时许，邓统文指使敖祥、王波文、丁文波、敖超、熊建申、熊四华、丰凯强、游龙明、胡思生、尚波及蔡彬携带刀枪乘车再次前往熊金芽家进行恐吓。因不能确认熊金芽家具体位置，便开枪将熊金芽家旁一户村民的窗户打碎，并朝天开枪恐吓后离开。当晚10时许，邓统文再次指使被告人敖祥带领被告人王波文、敖超、熊建申、熊四华、丰凯强、游龙明、胡思生及蔡彬携带刀枪乘车前往店前村找熊金芽。在问清熊金芽家位置后，敖祥等人强行踢开熊金芽家大门，对熊金芽的妻子持刀进行恐吓，并推翻熊金芽家摩托车、电视机、衣柜等物，用刀将摩托车等物砍烂后离开。

（其他寻衅滋事的事实略）

（三）故意伤害的事实

2011年3月至4月，被害人陈凯的朋友带人砍伤被告人丁梁后，又在樟树市银河大酒店KTV打了被告人邓统文女友的弟弟。邓统文遂指使被告人王波文带人报复陈凯。2011年4月30日16时左右，王波文纠集被告人熊建申、丁梁、熊四华、杜程远和陈星（另案处理）等人，携带两把枪及数把菜刀在樟树市大唐歌飞KTV门口找到陈凯。王波文、熊四华各持一把枪，熊建申、丁梁、杜程远和陈星上前抓住陈凯砍了几刀。陈凯被砍后挣脱逃跑，王波文遂持枪向陈凯逃跑的方向开了一枪。经法医鉴定，被害人陈凯伤情为轻伤乙级。

（其他故意伤害的事实略）

（四）故意毁坏财物的事实

2010年年底至2011年年初，被告人邓统文欲参股江西晶昊盐化有限公司煤灰煤渣处理承包项目。在遭到承包股东拒绝后，邓统文对多名承包股东多次采取暴力、威胁手段进行报复。2011年1月7日凌晨2时许，邓统文指使被告人敖祥带领被告人敖超、丰凯强、丰路平、“小猛”等人持刀到樟树市香格里拉小区内，将承包股东之一陈庆的一辆大众迈腾轿车（车牌号为赣CE0606）砸烂。经鉴定，车辆损失为24 897元。

（其他故意毁坏财物以及开设赌场，非法买卖枪支，非法持有枪支、弹药，敲诈勒索的事实略）

宜春市中级人民法院经审理认为，被告人邓统文的行为已构成组织、领导黑社会性质组织罪，故意杀人罪，故意伤害罪，故意毁坏财物罪，寻衅滋事罪，开设赌场罪，非法买卖枪支罪，非法持有枪支、弹药罪，敲诈勒索罪。被告人邓统文在缓刑考验期限内犯新罪且判决以前还有漏罪，应当撤销缓刑，数罪并罚。被告人邓统文在黑社会性质组织的犯罪活动中起组织、领导作用，系首要分子，应对该组织所犯全部罪行承担责任……依照《中华人民共和国刑法》第一百二十五条第一款，第一百二十八条第一款，第二百三十二条，第二百三十四条第一款、第二款，第二百六十四条，第二百七十四条，第二百七十五条，第二百九十三条第一款第一项至第三项、第二款，第二百九十四条第一款、第四款、第五款，第三百零三条第二款，第三百四十七条第四款，第十七条第一款、第二款、第三款，第二十五条第一款，第二十六条第一款、第三款、第四款，第二十七条，第四十八条第一款，第五十七条第一款，第六十七条第一款，第六十八条，第六十九条，第七十七条第一款；《最高人民法院、最高人民检察院关于办理盗窃刑事案件适用法律若干问题的解释》第一条第一款；《最高人民法院关于执行〈中华人民共和国刑事诉讼法〉若干问题的解释》第三百五十七条；《最高人民法院关于适用财产刑若干问题的规定》第三条之规定，判决如下：

被告人邓统文犯组织、领导黑社会性质组织罪，判处有期徒刑九年，并处没收财产人民币十万元；犯故意杀人罪，判处死刑，剥夺政治权利终身；犯故意伤害罪，判处有期徒刑二年；犯故意毁坏财物罪，判处有期徒刑五年；犯寻衅滋事罪，判处有期徒刑七年；犯开设赌场罪，判处有期徒刑七年，并处罚金人民币五十万元；犯非法买卖枪支罪，判处有期徒刑三年；犯非法持有枪支、弹药罪，判处有期徒刑五年六个月；犯敲诈勒索罪，判处有期徒刑二年，并处罚金人民币一万元。与前罪数罪并罚，决定执行死刑，剥夺政治权利终身，并处没收财产人民币十万元，罚金人民币五十一万元；

（其他被告人定罪量刑情况略）

一审判决后，被告人邓统文不服，以不构成组织、领导黑社会性质组织罪，二审期间其亲属与被害人亲属自愿达成了民事赔偿及谅解协议等为由向江西省高级人民法院提出上诉，请求二审依法改判。

江西省高级人民法院经审理认为，原判认定的犯罪事实清楚，证据确实、充分，定罪准确，量刑适当，审判程序合法。裁定驳回邓统文的上诉，维持原判，并将依法报请最高人民法院核准。

最高人民法院经复核，依法核准被告人邓统文死刑。

二、主要问题

黑社会性质组织的组织者、领导者通过经济赔偿取得被害方谅解的，量刑时应当如何把握？

三、裁判理由

受尊重被害人程序主体地位、恢复性司法等理念的影响，在当前的刑事司法实践中，对于被害方（包括被害人以及特定情况下被害人的近亲属）权益的保护愈加重视，被害方就案件处理所提出的意见，也会成为量刑时所要考虑的因素。2010 年下发的《最高人民法院关于贯彻宽严相济刑事政策的若干意见》第二十三条指出："被告人案发后对被害人积极进行赔偿，并认罪、悔罪的，依法可以作为酌定量刑情节予以考虑。因婚姻家庭等民间纠纷激化引发的犯罪，被害人及其家属对被告人表示谅解的，应当作为酌定量刑情节予以考虑……"审判时，正确理解并将这一精神准确运用于死刑案件之中，对于贯彻执行"保留死刑，严格控制和慎重适用死刑"刑事政策具有重要意义。应当看到，将被害方的谅解作为酌定量刑情节，要以确保实现刑罚的惩罚、预防功能为前提，否则就可能会导致轻纵犯罪和量刑不公。因此，无论是刑法第六十一条关于量刑依据的规定，还是前述关于宽严相济政策的意见，均强调要根据犯罪的事实、性质、情节和对于社会的危害程度来依法决定犯罪分子的刑罚。对于被告人通过赔偿经济损失取得被害方谅解的，在量刑时应当与案件性质、后果、被告人的主观恶性、人身危险性以及其他量刑情节等因素放在一起综合考虑。也就是说，对于非因民间纠纷而引发，危害对象不特定的严重危害社会治安的暴力犯罪案件，原则上不能因被害人谅解而从轻处罚；对于被告人未能真诚认罪、悔罪，再犯可能性较大，又无法定从轻情节的，也不能因被害方谅解便予以从宽处理。

众所周知，黑社会性质组织犯罪案件的社会危害远大于普通刑事案件，黑社会性质组织头目、骨干分子的人身危险性也往往更大。同时，黑社会性质组织通过违法犯罪活动积聚了较强的经济实力，社会关系也较为广泛，更容易通过经济赔偿来取得被害方谅解。为了不给黑社会性质组织犯罪分子逃避处罚留下可乘之机，2015 年《全国部分法院审理黑社会性质组织犯罪案件工作座谈会纪要》（以下简称 2015 年《纪要》）规定："审理黑社会性质组织犯罪案件，应当通过判处和执行民事赔偿以及积极开展司法救助来最大限度地弥补被害人及其亲属的损失。被害人及其亲属确有特殊困难，需要接受被认定为黑社会性质组织成员的被告人赔偿并因此表示谅解的，量刑时应当特别慎重。不仅应当查明谅解是否确属真实意思表示以及赔偿款项与黑社会性质组织违法所得有无关联，而且在决定是否从宽处罚、如何从宽处罚时，也应当从严掌握。可能导致全案量刑明显失衡的，不予从宽处罚。"笔者认为，对于该纪要中的前述规定，审判时应从以下几方面来理解和把握：一是被害人谅解必须基于真实意思表示。由于黑社会性质组织体系严密，人员构成复杂，经济实力较强，因此，即便在被司法机关打掉之后，仍有可能残存一定的犯罪能力和社会活动能力。审判时，若被害方对黑社会性质组织犯罪分子表示谅解的，一定要审慎核实背景情况，排除因受到威逼、诱骗而违背真实意愿的情形。二是被告人的赔偿款项应当与黑社会性质组织的违法犯罪所得无关。根据刑法第六十四条的规定，犯罪分子违法所得的一切财物，都应当予以追缴或者责令退赔。但是，在黑社会性质组织犯罪案件中，犯罪分子往往采取各种手段极力掩饰、隐瞒违法犯罪所得的来源、去向，给司法机关的追缴工作制造困难。因此，审判时应当认真甄别赔偿款项的来源，不能让黑社会性质组织犯罪分子利用隐匿的违法犯罪所得在量刑时获利。三是在谅解意思真实、赔偿款项与违法犯罪所得无关的情况下，量刑仍应从严把握。如前所述，黑社会性质组织犯罪具有极大的社会危害，对于此类犯罪分子原则上不能因被害方谅解而予以从宽处罚。如果被害方确因特殊生活困难急需获得经济赔偿的（如丧失劳动能力以及急需支付就学、就医费用等），在考虑是否从宽以及确定从宽幅度时，要以保证罪责刑相一致、实现刑罚目的以及全案量刑平衡为底线。

以被告人邓统文为首的黑社会性质组织在江西省樟树市市区、观上镇及其周边地区长期为非作恶。为争夺当地赌博行业的控制权、强行介入工程项目，该组织配备了霰弹枪、手枪 6 支以及砍刀、自制爆炸物等作案工具，并在邓统文的授意、指挥之下实施故意杀人、故意伤害、寻衅滋事等各类犯罪 30 余起，致 1 人死亡，多人受伤，社会危害极其严重。邓统文系在缓刑考验期内继续组织、领导黑社会性质组织实施违法犯罪活动，且其归案后对犯罪事实避重就轻，在大量证据面前，始终否认组织、领导黑社会性质组织犯罪、故意杀人犯罪等严重罪行，认罪态度较差，充分说明其主观恶性较深、人身危险性较大。鉴于本案的性质和危害后果，法院在审理过程中未组织调解。一审宣判后，邓统文的亲属与死者杨素庭的亲属私下接触，代为赔偿 76 万元并与被害方达成谅解协议，死者杨素庭的家属还向二审法院明确表示希望得到 76 万元的经济赔偿，请法院量刑时予以充分考虑。针对这一情况，审理过程中就量刑问题曾出现过不同意见：有一种意见认为，考虑到邓统文并未明确授意组织成员开枪射杀杨素庭，且死者家属明确表示谅解并有接受赔偿的强烈愿望，故可以考虑改判邓统文死缓并限制减刑。但多数意见认为，在枪杀杨素庭一案发生之前，敖祥、敖超等组织成员便曾多次在寻衅滋事过程中随意开枪（如在博彩超市门前砸毁广本轿车的过程中开枪射伤晏刚、游泳、在熊金芽家开枪滋事时险些击中熊金芽的父亲）。由于这种作案手法具有高度的危险性，因此，邓统文事先虽未明确授意手下成员射杀杨素庭，但开枪致死杨素庭应属偶然之中有必然。邓统文明知组织成员一贯采用高度危险的作案手段，不仅从未加以制止，反而提供枪支、弹药，因此，敖祥、敖超等人开枪射杀杨素庭的行为和后果并不超出邓统文的故意范围。此外，证人刘庆勇的证言证明：2011 年 5 月 29 日（本案故意杀人犯罪发生之前），敖祥等人就曾在“东门老年活动中心”麻将馆开枪滋事，邓统文于当晚 23 时许打电话威胁刘庆勇“你不要再到那里玩了（不要再介入该麻将馆的经营），如果到时候开枪打到你，你不要说我没有和你讲”；敖祥、王波文、丁文波等人的供述证明，敖祥在作案后向邓统文当面汇报了枪击杨素庭的情况，邓统文不仅未持异议，还打电话对刘庆勇再次进行威胁，之后又指使敖祥等人去打砸被害人邹韶生的车辆。根据前述证据，足以说明邓统文对于组织成员开枪杀人的行为早有预见，其主观上对此持默许态度。另外，邓统文虽未具体参与实施，但其系该起犯罪的造意者、策划者、组织者，而且还向各同案被告人提供了作案用的枪支、弹药，并安排车辆接送，放任组织成员开枪杀人，因此，邓统文应属于故意杀人犯罪中罪责最为严重的主犯。至于死者杨素庭家属的谅解是否足以影响量刑，则应进一步核实其意思表示的真实性以及赔偿款项的来源。

经调查，死者杨素庭家属的谅解意思虽然真实，但其接受经济赔偿的目的是改善生活条件，而非存在特殊困难。关于邓统文家属代为赔偿款项的来源，则存在很大疑问：在案证据证明，邓统文组织、领导的黑社会性质组织通过开设赌场、敲诈勒索等一系列犯罪活动聚敛了巨额不法经济利益，仅在江西省丰城市拖船镇利城村开设的一处赌场，保守计算获利也已在百万元以上，且该组织的犯罪所得均由邓统文统一管理和支配，具体的数额、去向只有其最为清楚。但是，邓统文归案后拒不供认，导致涉案犯罪所得难以查清和追缴，一审判处的没收财产人民币十万元，罚金人民币五十一万元，也无财产可供执行。邓统文的父母均为普通农民，一审宣判后一次性拿出 76 万元进行赔偿，却未能清楚地说明款项来源。在调查时，邓统文的父亲称：“76 万元都是借的，向弟弟邓某某借了 5 万元、向朋友曾某借了 6 万元，还有一个邓统文的朋友以转账的方式借了 65 万元，这个朋友的名字记不清了，所有这些借款都没有打借条。”法院要求邓统文的父亲提供借款证明和转账凭单，其仅提供了一份名为“陆某”的身份证复印件（上面写有“今借给邓某某65 万元整。陆某”）。因“陆某”无法找到，法院遂找邓统文进行核实，邓统文在调查时明显对“陆某”的名字感到陌生，经仔细回忆后才称此人可能是其一个做生意的朋友。根据上述情况，邓统文的家属对于赔偿款项的来源既未提供足够的证据予以证明，所作解释也不合情理，不能排除该款与黑社会性质组织的犯罪所得有关。

综上，笔者认为，被告人邓统文所犯罪行极其严重，其不仅没有法定从轻情节，且属于缓刑考验期内再犯罪，归案后未能真诚认罪悔罪，家属代赔款项来源存疑，被害人家属虽表示谅解，但不足以据此对邓统文从轻处罚，一、二审法院和最高人民法院的裁判结果是正确的。从案件审结后的各方反应看，本案的审判有力地维护了法律的严肃与公正，实现法律效果与社会效果的统一。

（撰稿：江西省高级人民法院　彭济晓
审编：最高人民法院刑三庭　周　川）

[第1162号]吴亚贤等人组织、领导、参加黑社会性质组织案

——组织者、领导者检举揭发构成立功，量刑时应如何把握

【关键词】 组织、领导、参加黑社会性质组织罪　组织者、领导者　检举揭发　立功　量刑

一、基本案情

被告人吴亚贤，男，1974年7月15日出生，原系广东大众矿业有限公司总经理、廉江市第十四届人大代表和第十一届政协常委。2009年11月26日因本案被逮捕。

（其他被告人基本情况略）

广东省湛江市人民检察院以被告人吴亚贤等犯组织、领导、参加黑社会性质组织罪，故意杀人罪，故意伤害罪，非法采矿罪，寻衅滋事罪，强迫交易罪，敲诈勒索罪，故意毁坏财物罪，抽逃出资罪，妨害公务罪，非法持有枪支罪，非法拘禁罪，抢劫罪，向广东省湛江市中级人民法院提起公诉。

湛江市中级人民法院经审理查明：

（一）组织、领导、参加黑社会性质组织的事实

被告人吴亚贤在20世纪90年代后期通过诈骗聚敛财富，于2000年回到广东省廉江市雅塘镇开设赌场牟利。2004年间，吴亚贤获悉采挖黑白矿泥加工成球土出售可获取高额利润，便开始筹建廉江市大众球土原料厂、廉江市大众矿业有限公司（后增资变更为广东大众矿业有限公司），以经营企业为幌子非法开采矿土攫取财富。其间，吴亚贤先后吸收一些社会闲散人员，逐步形成了以吴亚贤为组织、领导者，吴日旺、吴仔君、吴树琴、吴日敷、钟汝翁（另案处理）为积极参加者，曹日坚、邹才董、王优如、温亚华、尤甲宗、曹超、赖名可、吴炳兰、李观兴、吴广利、潘英文、吴启仁、江济发、尤俊其、廖家俊、梁有章、唐鸿声及蓝建、张观娣、吴亚添、赖宁、李辉、吴广胜、林春梅、符南光（后8人均另案处理）等人为一般参加者的犯罪组织。该组织结构较为稳定，成员人数多达数十人，并有比较明确的层级、职责分工和组织纪律，主要以廉江市大众矿业有限公司等公司、企业为幌子，从事违法犯罪活动，非法谋取暴利。在经营过程中，该犯罪组织通过非法手段低价强买或强抢其他矿产企业或国家、农村集体的山林矿地进行非法开采加工，数年间聚敛了巨额财富。该组织一方面将财富用于发放大众矿业公司等企业普通员工工资、购买机器设备、投资生产经营等，另一方面用于支持违法犯罪活动。2004年至2009年间，该组织进行了故意杀人、强迫交易、故意毁坏财物、非法采矿、妨害公务等违法犯罪活动，在廉江市雅塘镇、青平镇、营仔镇、河唇镇、吉水镇、和寮镇等地区为非作恶，欺压、残害群众，给众多受害人造成了人身伤害和财产损失，在当地的群众中形成了严重的心理威慑。此外，吴亚贤还想方设法当选廉江市人大代表、政协委员，公开以人大代表、政协委员、企业家的身份在社会上活动。以吴亚贤为首的犯罪组织多次实施违法犯罪活动，称霸一方，已在廉江市雅塘镇、青平镇及周边乡镇村庄的采矿等行业内形成非法控制，造成国家矿产等资源的重大损失，严重破坏了廉江地区经济、社会生活的秩序，严重地影响了廉江地区的社会治安稳定及经济发展，社会影响极其恶劣。

（二）故意杀人的事实

2009年2月开始，被告人吴亚贤与廉江市雅塘镇大埇村的罗亚斌为争夺廉江市雅塘镇四角

塘车站岭的采矿权而产生矛盾,进而怀恨在心,遂萌发报复罗亚斌的歹念。2009年9月26日21时许,当吴亚贤获悉罗亚斌组织人员在车站岭采矿的情况后,便打电话让吴日旺组织人员前往该矿场报复罗亚斌等人。吴日旺立即指使王优如去踩点。王优如踩点后将情况电话告知吴日旺,吴日旺又将情况电话反馈给吴亚贤。当日22时许,吴亚贤再次电话指示吴日旺尽快纠集组织成员邹才董、吴日敷等人持枪到四角塘矿场"喷"(指开枪射击)罗亚斌及其在矿场干活的人员,还要求到矿场后见人就"喷"。吴日旺将吴亚贤的指示分别通过电话告知了邹才董、吴日敷、吴仔君、王优如等人,叫上述人员准备好作案用的车辆等工具后会合。邹才董打电话将吴亚贤的指示告知了曹日坚,曹乘坐邹才董的小车与其他人会合。吴日旺和吴日敷则拿了两支猎枪和数枚猎枪子弹,邹才董准备了一支枪支及数枚子弹。

吴日旺等6人会合后,吴日旺自持一支猎枪,让吴日敷也持一支猎枪伙同曹日坚坐上邹才董驾驶的吉普车前往,让吴仔君、王优如各驾一辆两轮摩托车尾随。当窜至距四角塘车站岭矿场约几公里处时,吴日旺安排吴仔君、王优如两人望风,其则与邹才董、曹日坚、吴日敷4人继续驾车前往矿场。9月27日凌晨1时许,吴日旺、邹才董、吴日敷、曹日坚等人驾车窜至距矿场约200米远处停车,吴日旺、吴日敷、曹日坚3人各持一支猎枪下车向矿场冲去,邹才董在原地等候接应。接近矿场后,吴日旺首先持枪向矿场口人、车集中的方向开枪射击,紧接着吴日敷、曹日坚也朝着同一方向射击。曹日坚开了一枪后,因所持枪支出现故障无法继续射击,便马上逃回吉普车中。吴日旺、吴日敷仍持枪向矿场口中心方向推进射击,将该矿场工人莫孙运打死,致谢亚明轻伤。

作案得逞后,吴日旺、邹才董、吴日敷、曹日坚、吴仔君和王优如等人驾车逃离现场,并将作案情况向吴亚贤汇报。事后,吴亚贤按惯例付给吴日旺3 000元,付给吴仔君、王优如、邹才董各5 000元作为报酬。邹才董拿到报酬后,付给曹日坚2 000元。

(其他违法犯罪事实略)

湛江市中级人民法院认为,被告人吴亚贤组织、领导黑社会性质组织,大肆进行违法犯罪活动,应对其黑社会性质组织的全部犯罪负责……被告人吴亚贤还直接指使组织成员枪杀被害人莫孙运,致莫孙运死亡;指使组织成员故意伤害他人身体健康,致人轻伤;无证擅自开采矿土,造成矿产资源严重破坏;指使组织成员随意殴打他人,情节恶劣;指使他人任意损毁私人财物,情节严重;亲自或指使组织成员强迫他人转让沙场经营权、林地承包权,情节严重;以暴力、威胁等方法敲诈勒索他人财物13.2万元,数额巨大;指使组织成员故意损毁他人财物,数额巨大;违反公司法的规定,抽逃注册资金,数额巨大;以暴力、威胁手段阻碍国家机关工作人员依法执行职务;违反法律规定非法持有枪支,其行为已分别构成组织、领导黑社会性质组织罪,故意杀人罪,故意伤害罪,非法采矿罪,寻衅滋事罪,强迫交易罪,敲诈勒索罪,故意毁坏财物罪,抽逃出资罪,妨害公务罪,非法持有枪支罪,应数罪并罚。在杀害莫孙运一案中,吴亚贤是直接指使者,是作用最重要的主犯,罪行极其严重,人身危险性极大,亦无任何法定、酌定从宽情节,依法应予严惩……依照《中华人民共和国刑法》第二百九十四条、第二百三十二条、第二百三十四条、第三百四十三条第一款、第二百九十三条、第二百二十六条、第二百七十四条、第二百七十五条、第一百五十九条、第二百七十七条第一款、第一百二十八条第一款、第二百三十八条、第二百六十三条、第十七条第三款、第二十五条第一款、第二十六条、第二十七条、第三十六条、第四十五条、第四十七条、第四十八条、第五十二条、第五十三条、第五十五条、第五十六条第一款、第五十七条第一款、第六十一条、第六十二条、第六十四条、第六十五条第一款、第六十八条、第六十九条、第七十条、第七十七条,《全国人民代表大会常务委员会关于〈中华人民共和国刑法〉第二百九十四条第一款的解释》,《最高人民法院关于审理黑社会性质组织犯罪的案件具体应用法律若干问题的解释》第三条、第七条,《最高人民法院关于适用财产刑若干问题的规定》第一条、第二条、第三条、第五条、第八条,《最高人民法院关于处理自首和立功具体应用法律若干问题的解释》第六条,《最高人民法院关于刑事附带民事诉讼范围问题的规定》(已失效)第一条、第二条,《中华人民共和国民法通则》第一百一十九条、第一百三十条,《最高人民法院关于审理人身损害赔偿案件适用法律若干问题的解释》第三条、第十七条、第十九条、第二十四条、第二十七条、第二十八条、第二十九条、第三十五条的规定,参照《广东省二〇一〇年度人身损害赔偿损失计算标准》的有关规定,判决如下:

被告人吴亚贤犯组织、领导黑社会性质组织罪,判处有期徒刑九年;犯故意杀人罪,判处死刑,剥夺政治权利终身;犯故意伤害罪,判处有期徒刑二年;犯非法采矿罪,判处有期徒刑六年,并处罚金人民币四千万元;犯寻衅滋事罪,判处有期徒刑四年;犯强迫交易罪,判处有期徒刑二年,并处罚金人民币十万元;犯敲诈勒索罪,判处有期徒刑六年;犯故意毁坏财物罪,判处有期徒刑五年;犯抽逃出资罪,判处有期徒刑三年,并处罚金人民币一百万元;犯妨害公务罪,判处有期徒刑三年;犯非法持有枪支罪,判处有期徒刑一年。数罪并罚,决定执行死刑,剥夺政治权利终身,并处罚金人民币四千一百一十万元。

(其他被告人判决情况略)

一审宣判后,吴亚贤上诉提出原判认定的事实不清,证据不足;吴亚贤主动检举原廉江市公安局局长马东进等人涉嫌受贿等违法犯罪行为,已被查证属实,构成立功,应从轻处罚。吴日旺、吴日敷、吴仔君、邹才董、曹日坚、王优如等亦提出上诉。

广东省高级人民法院经审理认为,原判认定各被告人的犯罪事实清楚,证据确实、充分。上诉人吴亚贤虽然揭发他人犯罪经查证属实,具有立功表现,且其亲友于二审期间向被害人莫运孙的亲属支付了部分赔偿款,但鉴于其罪行极其严重,主观恶性和人身危险性极大,对其不予从轻处罚,维持其死刑判决。上诉人吴日旺所犯参加黑社会性质组织罪,依照修正后的刑法,对其参加黑社会性质组织罪改判有期徒刑七年,与其他犯罪合并执行,决定执行死缓。本案依法报请最高人民法院核准。对上述其他被告人均维持原判。

最高人民法院经复核,依法核准被告人吴亚贤死刑。

二、主要问题

组织者、领导者检举揭发构成立功,量刑时应如何把握?

三、裁判理由

本案是一起较为典型的黑社会性质组织犯罪案件。吴亚贤等人经过多年的发展后,已形成较稳定的犯罪组织,且人数众多,仅抓获在案的就有22人。本案中,吴日旺、吴仔君、邹才董、吴树琴、温亚华等人属于基本固定的骨干成员,均直接接受吴亚贤的领导和管理。该组织的主要成员之间层级清楚、分工明确、联系紧密。吴亚贤是该组织的唯一决策者、最高指挥者,被组织成员尊称为“老板”或“贤哥”。吴亚贤制定了成文和不成文两套组织纪律和活动规约。成文的纪律是以公司、企业的制度、章程等形式出现,包括奖惩制度、请销假等规章。不成文的规约则表现为吴亚贤平时对组织成员提出的各种要求,包括“绝对听从命令”“凡是外出为组织做事一定要绝对保密,不准向外张扬”“互相之间不准打听”“要讲义气、讲团结,不准做对不起兄弟的事”。违反前述纪律、规约的,吴亚贤便会采取报复或惩戒措施,这些内部控制手段使该犯罪组织体系更加严密,违法犯罪的组织化程度更高。该组织不仅通过开设赌场获取不法经济利益,而且通过实施强迫交易、敲诈勒索、寻衅滋事等犯罪活动,低价强买或强占其他矿产企业或国家、农村集体的山林矿地进行非法开采,短短几年间便迅速聚敛了巨额的财富。如2006年8月至2009年9月这3年间,该组织所属公司营业总收入就达6 800余万元,利润多达1 300余万元,具有较为雄厚的经济实力,并用于支持该组织的违法犯罪活动。2004年以来,该组织为实现抢占资源、排除对手等目的,先后实施了一系列的故意杀人、故意伤害、寻衅滋事、敲诈勒索、强迫交易等暴力犯罪活动,在廉江当地为非作歹,欺压、残害群众,对廉江市的黑白矿泥开采、甘蔗收购、河沙开采等行业形成了不同程度的非法控制,当地相关政府职能部门,如廉江市国土资源局、雅塘镇土地管理所、雅塘镇人民政府甚至是廉江市公安局雅塘镇派出所等,其工作人员均因惧怕吴亚贤等人的打击报复而不敢正常履行职务。吴亚贤还想方设法获取了廉江市人大代表、政协常委的政治光环,该犯罪组织在其带领下给当地群众造成了极大的心理恐惧,严重破坏了当地经济、社会生活的秩序。

在本案故意杀人犯罪中,吴亚贤因获知竞争对手罗亚斌于案发当晚组织人员在四角塘矿场采矿的情况后,便直接打电话让吴日旺组织人员前往该矿场报复罗亚斌,获悉组织成员的"踩点"情况后,再次电话明确指示吴日旺持枪"喷"罗亚斌及其在矿场工作的人员,还要求到矿场后见人就"喷"。在吴亚贤的授意下,吴日旺等人遂持3支枪到四角塘矿场对正在运矿的司机等人开枪射击,致一死一伤。吴亚贤作为黑社会组织的领导者、组织者,不仅明确提出犯意,而且有组织、指挥行为,其在该起犯罪中应当承担最为主要的罪责。一审宣判后,吴亚贤检举原廉江市公安局局长马东进等人买官卖官、收受贿赂的情况。经立案侦查,马东进涉嫌徇私枉法、收受贿赂人民币172万元和港元4万元,湛江市麻章区人民检察院遂以犯徇私枉法罪、受贿罪对马东进提起公诉。因吴亚贤的检举揭发构成立功,故二审期间对吴亚贤可否从轻处罚的问题曾存在不同意见。多数意见认为,对于黑社会性质组织的组织者、领导者因检举揭发而构成立功的,量刑时应从严掌握,综合全案情况,对吴亚贤不予从轻。

笔者认为,设立立功制度的实质根据有二:一是从法律上说,刑罚的目的之一在于对罪犯施以改造,犯罪分子揭发他人犯罪,表明其有意积极配合司法机关查处犯罪,说明其主观上发生向好转变,人身危险性有所降低,可以适度降低用于改造的刑罚;二是从政策上说,揭发他人犯罪有利于司法机关发现、侦破案件,可予以必要奖励。如果被告人虽有立功表现,但其主观恶性很大且未发生变化,再犯可能性并未减小,人身危险性并未降低,难以实现改造目的的,则不予从轻处罚。对于因揭发检举而构成立功或重大立功的黑社会性质组织的组织者、领导者是否从宽处罚,除了要综合考虑此类犯罪的特殊危害、被告人所具有的各种量刑情节以及全案的量刑平衡之外,还应着重审查以下两点:一是认罪态度。黑社会性质组织的组织者、领导者若能如实供述罪行,则检举揭发可以表明其人身危险性降低,对其从宽处理不违反立功制度设立初衷。反之,对于在证据面前拒不供认或者避重就轻的,则不宜从宽处理。二是检举线索的来源。由于组织者、领导者在黑社会性质组织中居于核心地位,有获取他人犯罪线索的便利条件,故审判时应当防止组织者、领导者利用这种优势地位获利甚至逃避处罚。2009年《最高人民法院、最高人民检察院、公安部办理黑社会性质组织犯罪案件座谈会纪要》(以下简称2009年《纪要》)指出:黑社会性质组织的组织者、领导者检举揭发与该黑社会性质组织及其违法犯罪活动有关联的其他犯罪线索,即使依法构成立功或重大立功,在量刑时也应从严把握。2015年《全国部分法院审理黑社会性质组织犯罪案件工作座谈会纪要》(以下简称2015年《纪要》)进一步指出:对于组织者、领导者检举揭发与该黑社会性质组织及其违法犯罪活动有关联的其他犯罪线索,如果在认定立功问题方面存在事实、证据或法律适用方面的争议,应严格把握。构成立功的,在决定是否从宽、如何从宽时,要依据罪责刑相一致的原则从严掌握。可能导致全案量刑明显失衡的,不予从宽处罚。审判时,应当根据2009年《纪要》和2015年《纪要》的前述规定对检举揭发线索的来源进行审查。如果线索是利用组织者、领导者的特殊地位而取得,且与该黑社会性质组织及其违法犯罪活动有关联的,则一般不应从宽处罚。至于对检举线索"关联性"的判断,则应当从是否与黑社会性质组织寻求非法保护、实施违法犯罪等活动有关联、是否与该组织的成员、“保护伞”及雇佣、纠集的人员有关联等方面来进行审查。

具体到本案，吴亚贤在一审、二审期间、死刑复核期间均拒不供认罪行，对于马东进等人的受贿线索，其在一审期间也并未检举，而是等到一审宣判后才向司法机关反映，其目的不言自明。这些情况都可以说明吴亚贤并未认罪悔罪，检举揭发只是其妄图逃避处罚的一种手段，其人身危险性并没有丝毫降低。同时，以吴亚贤为首的黑社会性质组织在广东省廉江市长期、多处非法采矿，并大量实施其他违法犯罪活动，廉江市公安局局长马东进等人明知该组织从事非法采矿活动，不仅不予查处，还与吴亚贤合作采矿办厂，充当该犯罪组织的“保护伞”，任由该犯罪组织为非作恶、发展壮大。吴亚贤为了与马东进等人搞好关系，除通过入股分红构建利益共同体外，还经常请吃请喝以笼络感情。吴亚贤所检举的马东进等人的受贿线索，就是在这些吃喝宴请活动中获知的。该线索与该黑社会性质组织寻求非法保护紧密相关，属于利用组织者、领导者地位获取的“关联性”线索。综上，吴亚贤虽有立功情节，但广东省高级人民法院、最高人民法院根据本案的犯罪事实、性质、情节和对社会的危害程度，对吴亚贤不予从轻处罚是正确的。

（撰稿：广东省高级人民法院　李中原
审编：最高人民法院刑三庭　周　川）

[第 1163 号] 刘学军、刘忠伟、吕斌包庇、纵容黑社会性质组织案
——包庇、纵容黑社会性质组织犯罪案件中的相关具体应用法律问题

【关键词】 包庇、纵容黑社会性质组织　时效　如实供述　立功　公安机关　知情不举　不依法履行职责

一、基本案情

被告人刘学军，男，1969 年 10 月 21 日出生，曾任四川省德阳市公安局刑侦支队政委。2013 年 6 月 23 日因本案被逮捕。

被告人刘忠伟，男，1968 年 12 月 24 日出生，曾任四川省什邡市人民检察院副检察长。2013 年 6 月 14 日因本案被逮捕。

被告人吕斌，男，汉族，1969 年 3 月 26 日出生，曾任四川省德阳市公安局装备财务处处长。2013 年 6 月 14 日因本案被逮捕。

湖北省咸宁市人民检察院以被告人刘学军、刘忠伟、吕斌犯包庇、纵容黑社会性质组织罪，受贿罪，向咸宁市中级人民法院提起公诉。

被告人刘学军及其辩护人提出：公诉机关指控刘学军犯包庇、纵容黑社会性质组织罪和受贿罪属重复评价，应按一罪处罚，并依照刑法从旧兼从轻原则，适用 1997 年修订的《中华人民共和国刑法》对其量刑等辩解和辩护意见。

被告人刘忠伟及其辩护人提出：刘忠伟包庇、纵容黑社会性质组织的行为结束于 2009 年 4 月，应对该行为适用 1997 年修订的《中华人民共和国刑法》定罪量刑，不应与受贿罪并罚；刘忠伟揭发他人犯罪的行为构成立功，依法可以从轻或减轻处罚等辩解和辩护意见。

被告人吕斌及其辩护人提出：吕斌对刘维杀害陈富伟等人案并不知情，亦无查禁职责，不属不依法履行职责等辩解和辩护意见。

咸宁市中级人民法院经审理查明：

包庇、纵容黑社会性质组织的事实

被告人刘学军、刘忠伟、吕斌身为国家机关工作人员，明知刘汉、刘维等人在四川省广汉市、什邡市等地有组织地长期从事违法犯罪活动，却不依法履行职责，多次纵容刘汉、刘维等人组织、领导的黑社会性质组织进行违法犯罪活动，或者积极帮助该组织成员逃避查禁或打击，为其充当保护伞。具体事实如下：

1. 1997 年左右，被告人刘忠伟受刘维等人所托，为刘维在什邡市经营带有赌博性质的游戏机厅寻找场所、疏通关系。在刘维等人经营该游戏机厅过程中，刘忠伟多次在公安机关检查前向刘维通风报信。该游戏机厅被什邡市公安局城东派出所查处后，刘忠伟出面帮刘维要回了被查扣的游戏机主板。

2. 1999 年左右，被告人刘忠伟明知刘维没有持枪资格，仍应刘维要求向其提供手枪子弹约 30 发。

3. 2001 年下半年，被告人刘学军负责侦办 1998 年周政被杀案，其从广汉市公安局调取该案案卷，并将刘维、闵杰列为该案重要犯罪嫌疑人。同期，闵杰因涉嫌犯非法持有、私藏枪支等罪被德阳市公安局抓获，刘维唯恐其杀害周政的罪行败露，委托被告人刘忠伟帮忙打探。刘忠伟从刘学军处得知闵杰没有供出刘维的情况后，通过陈力铭告诉刘维。后刘忠伟将刘学军介绍给刘维认识。在侦办周政被杀案未能取得进展的情况下，刘学军长期隐匿该案案卷，不归还广汉市公安局。2010 年年初，公安机关决定将周政被杀案和陈富伟等人被杀案并案侦查，多方查找周政被杀案原始案卷，最后在刘学军的办公室找到，发现此案卷部分原始材料缺失。

4. 2002 年至 2009 年，被告人刘学军、刘忠伟、吕斌多次接受刘维等人安排的吃请和娱乐活动，并多次与刘维、陈力铭、旷晓燕及旷小坪（另案处理）等人共同吸食毒品，对刘维等人吸食毒品等行为不予制止和揭发。

5. 2006 年左右，被告人刘忠伟找被告人吕斌要来枪支配件，帮助刘维将枪柄塑料卡口损坏的一支六四式手枪修复。

6. 2008 年，陈富伟出狱后扬言要报复刘维、刘汉及其家人。刘维得知后，在被告人刘学军、刘忠伟、吕斌面前反复提及此事，欲通过刘学军利用职权追究陈富伟刑事责任。之后刘忠伟、吕斌多次帮助刘维督促刘学军，让刘学军加快侦办进度。其间，刘维曾当着刘学军、刘忠伟、吕斌的面，扬言要报复陈富伟。2009 年年初，陈富伟等人被杀。德阳市公安局侦查陈富伟等人被杀案期间，以刘学军与刘维交往密切为由，决定让刘学军回避。刘学军回避后，将公安机关正在侦查刘维的情况故意泄露给刘维。刘学军、刘忠伟、吕斌掌握了刘维涉嫌杀害陈富伟等人重要情况后，直至 2013 年本案案发时仍隐瞒不报。

（受贿的事实略）

咸宁市中级人民法院认为，被告人刘学军、刘忠伟、吕斌身为国家机关工作人员，包庇刘汉、刘维等人组织、领导的黑社会性质组织，纵容该组织进行违法犯罪活动，三名被告人的行为均构成包庇、纵容黑社会性质组织罪。三名被告人的包庇、纵容行为致使该黑社会性质组织的组织者、领导者刘维逃匿多年，且刘学军、刘忠伟多次实施包庇、纵容行为，依法均应认定为情节严重……根据被告人刘学军、刘忠伟、吕斌犯罪的事实、性质、情节和对于社会的危害程度，依照《中华人民共和国刑法》第二百九十四条第三款、第四款，第三百八十五条第一款，第三百八十八条，

第三百八十六条，第三百八十三条第一款第一项、第二款，第六十四条，第六十九条第一款及《最高人民法院关于审理黑社会性质组织犯罪的案件具体应用法律若干问题的解释》第五条，第六条第三项、第五项之规定，判决如下：

1. 被告人刘学军犯包庇、纵容黑社会性质组织罪，判处有期徒刑八年；犯受贿罪，判处有期徒刑十一年决定执行有期徒刑十六年。

2. 被告人刘忠伟犯包庇、纵容黑社会性质组织罪，判处有期徒刑六年；犯受贿罪，判处有期徒刑十年六个月，决定执行有期徒刑十三年。

3. 被告人吕斌犯包庇、纵容黑社会性质组织罪，判处有期徒刑五年；犯受贿罪，判处有期徒刑十年，决定执行有期徒刑十一年。

（其他判决内容略）

宣判后，被告人刘学军、刘忠伟、吕斌不服，向湖北省高级人民法院提出上诉。刘学军、刘忠伟、吕斌及其各自辩护人均提出：原判适用法律错误，三人的包庇、纵容行为都发生在《中华人民共和国刑法修正案（八）》施行前，应适用修正前的刑法对三人定罪处罚等上诉理由及辩护意见。

湖北省高级人民法院经审理认为，原审判决认定事实清楚，证据确实、充分，适用法律正确，量刑适当，审判程序合法。依法裁定驳回上诉，维持原判。

二、主要问题

1. 行为人包庇、纵容黑社会性质组织的犯罪行为跨越刑法修正施行日期的，如何具体适用刑法？

2. 行为人包庇黑社会性质组织，或者纵容黑社会性质组织进行违法犯罪活动，归案后如实供述相关黑社会性质组织的犯罪活动，能否认定立功？

3. 公安机关的内勤人员对黑社会性质组织的犯罪行为知情不举的，是否属于不依法履行职责？

三、裁判理由

（一）行为人包庇、纵容黑社会性质组织的犯罪行为跨越刑法修正施行日期的，应当适用修正后的刑法，一并进行追诉

犯罪活动的有组织化是当今世界各国普遍面临的值得高度重视的犯罪防控课题。针对 20 世纪八九十年代，有组织犯罪活动在我国开始兴起，并在一些地方表现猖獗的问题，我国 1997 年修订刑法时，在刑法第二百九十四条中规定了组织、领导、参加黑社会性质组织罪，包庇、纵容黑社会性质组织罪等罪名，对此类犯罪予以严厉惩处，保障了人民群众生命、财产安全，维护了社会稳定。近年来，随着黑社会性质组织犯罪形态的变化，刑法第二百九十四条关于黑社会性质组织犯罪的规定在各地司法适用中出现了一些新情况、新问题。就包庇、纵容黑社会性质组织罪而言，突出表现为该罪的法定刑较低，与刑法第三百一十条规定的普通包庇罪的法定刑相同，没有体现出对包庇、纵容黑社会性质组织的“保护伞”予以从严惩处的刑事政策精神。因此，刑法修正案（八）提高了本罪的法定刑，即第一档法定最高刑由原来的三年有期徒刑提高到五年，第二档法定最高刑由原来的十年有期徒刑提高到十五年，加大了对“保护伞”的惩处力度。此外，刑法修正案（八）还明确了犯本罪又有其他犯罪行为的，依法实行数罪并罚。本案中，被告人刘学军、刘忠伟、吕斌均辩称的包庇、纵容行为发生在刑法修正案（八）施行前，应适用修正前的刑法条款自己定罪量刑，且不能与受贿罪数罪并罚。咸宁市中级人民法院及湖北省高级人民法院均未采纳该辩护观点。具体理由分析如下。

1. 被告人刘学军、刘忠伟、吕斌均实施了包庇、纵容黑社会性质组织的犯罪行为

依据《最高人民法院关于审理黑社会性质组织犯罪的案件具体应用法律若干问题的解释》第

五条的规定,包庇、纵容黑社会性质组织罪中的“包庇”,是指国家机关工作人员为使黑社会性质组织及其成员逃避查禁,而通风报信,隐匿、毁灭、伪造证据,阻止他人作证、检举揭发,指使他人作伪证,帮助逃匿,或者阻挠其他国家机关工作人员依法查禁等行为;“纵容”,是指国家机关工作人员不依法履行职责,对黑社会性质组织的违法犯罪活动不依法制止,反而放纵其进行违法犯罪活动的行为。依照上述司法解释的规定,“包庇”一般表现为积极的作为,“纵容”则一般表现为消极的不作为。本案中,被告人刘学军、刘忠伟、吕斌的行为可细分为三类:一是意图帮助黑社会性质组织及其成员逃避查禁的积极作为,包括通风报信、隐匿证据等,例如,被告人刘学军故意将公安机关正在侦查刘维的情况泄露给刘维;二是不是基于上述意图的其他帮助黑社会性质组织的积极作为,例如,刘忠伟帮助要回被公安机关查扣的赌博机主板等;三是不依法履行职责,纵容黑社会性质组织犯罪的消极不作为,例如,明知刘维等人有吸毒、非法持有枪支、杀害陈富伟的犯罪行为而知情不举、不查。上述三类行为均系包庇、纵容黑社会性质组织的具体表现形式,在犯罪形态上,属于连续犯。

有意见认为,被告人刘学军等人的前两类行为均发生在2011年5月1日刑法修正案(八)施行之前,第三类行为持续到2011年5月1日后。第三类行为的特点是国家机关工作人员不依法履行职责的行为与黑社会性质组织未被依法查禁的不法状态同时持续存在,属于刑法理论上的继续犯。笔者认为,上述观点是值得商榷的。继续犯是指行为人所实施的实行行为与造成的不法状态(危害后果)在一定时间内同时持续存在,侵害了同一个客体的故意犯罪形态,最为典型的是非法拘禁罪。连续犯是指行为人基于同一的或者概括的犯罪故意,连续实施性质相同的数个行为,触犯同一罪名的犯罪形态。继续犯区别于连续犯的关键点在于:前者仅实施了一个可以单独评价为犯罪的行为;而后者实施了数个犯罪行为,每一个犯罪行为本可以单独评价为犯罪并追究刑事责任,只不过基于上述数个犯罪行为在主观目的上具有同一性或者概括性,客观上又系连续实施,因而在处断上将其作为一罪处理。这种做法仅系大陆法系的刑法理论学说,英美法系并不承认连续犯的概念,并且,德国刑法自1871年以后,日本刑法自1947年以后,均将连续犯删除;我国台湾地区“刑法”现已取消了连续犯的规定。对于存在连续犯的场合,德、日刑法及我国台湾地区“刑法”通常按照数罪并罚处理。我国刑法理论及刑法典等均承认连续犯的概念,如刑法第一百五十三条第三款规定:“对多次走私未经处理的,按照累计走私货物、物品的偷逃应缴纳税额处罚。”审判实务中对于连续犯亦按一罪论处。

本案中,单一评价被告人刘学军实施的第三类行为,确实具有继续犯的某些特征,但对犯罪形态的评价,首先应从整体上把握全案犯罪事实,即是实施一个犯罪行为,还是多个犯罪行为。如果是一个犯罪行为,可能存在继续犯或者法条竞合的可能;如果是多个犯罪行为,则或者依法数罪并罚,或者依据刑法理论认定为连续犯、牵连犯、吸收犯等,按一罪论处。继续犯本质上是行为人实施了一个犯罪行为,该犯罪行为所造成的危害后果(不法状态)与行为同时持续存在,属于当然的一罪,不存在数罪并罚的可能性和理论争议。但本案中,被告人刘学军先后实施了多次包庇、纵容黑社会性质组织的犯罪行为,且每一起犯罪行为,均应依法予以追究刑事责任;换言之,均达到了刑事追诉的标准。此外,被告人刘学军等人实施上述行为时,其主观目的上具有同一性、概括性,均系包庇、纵容刘汉、刘维黑社会性质组织。因此,将被告人刘学军等人实施的多起包庇、纵容黑社会性质组织的犯罪行为认定为连续犯是适当的。

2. 被告人刘学军等人连续实施的包庇、纵容黑社会性质组织的犯罪行为,应适用修正后的刑法追究刑事责任

本案中,被告人刘学军、刘忠伟、吕斌包庇、纵容黑社会性质组织的事实共有6起,始于1997

年左右，终于2013年案发，跨越2011年5月1日刑法修正案（八）施行前后。三名被告人均辩称自己的包庇、纵容行为发生在刑法修正案（八）施行前，应适用修正前的1997年刑法对三人定罪量刑。被告人的辩解能否成立，这就涉及对于连续犯行为跨越刑法修正前后两个时间段的，如何适用刑法的问题以及是否适用从旧兼从轻的原则等问题。这一问题，在1997年刑法修订后已经凸显。针对此一问题，最高人民检察院于1998年作出《关于对跨越修订刑法施行日期的继续犯罪、连续犯罪以及其他同种数罪应如何具体适用刑法问题的批复》（高检发释字〔1998〕6号，以下简称《批复》），该批复针对继续犯、连续犯等犯罪形态跨越修订刑法如何适用刑法的问题作了明确。对于连续犯，《批复》规定："对于开始于1997年9月30日以前，连续到1997年10月1日以后的连续犯罪，或者在1997年10月1日前后分别实施同种类数罪，其中罪名、构成要件、情节以及法定刑均没有变化的，应当适用修订刑法，一并进行追诉；罪名、构成要件、情节以及法定刑已经变化的，也应当适用修订刑法，一并进行追诉，但是修订刑法比原刑法所规定的构成要件和情节较为严格，或者法定刑较重的，在提起公诉时应当提出酌情从轻处理意见。"从这一规定足以看出，对于连续犯，原则上仍适用修订后的刑法追诉，如果修订后的刑法所对应的法定刑较重的，仍应当依法适用，只不过在提起公诉时应当提出酌情从轻处理意见。虽然《批复》针对的是1997年修订后的刑法，但其精神符合刑法第十二条的规定，仍应参照适用。本案中，至2011年5月1日《中华人民共和国刑法修正案（八）》施行时，被告人刘学军、吕斌对其掌握的刘维等人涉嫌杀害陈富伟，刘忠伟对其掌握的刘维非法持有枪支、弹药的重要情况仍隐瞒不报，不依法履行职责，放纵黑社会性质组织进行违法犯罪活动，故三人的包庇、纵容黑社会性质组织的行为应适用修正后的刑法第二百九十四条。依据《最高人民法院关于审理黑社会性质组织犯罪的案件具体应用法律若干问题的解释》（法释〔2000〕42号）第六条的规定，"多次实施包庇、纵容行为的""致使某一区域或者行业的经济、社会生活秩序遭受黑社会性质组织特别严重破坏的""致使黑社会性质组织的组织者、领导者逃匿，或者致使对黑社会性质组织的查禁工作严重受阻的"，均属于包庇、纵容黑社会性质组织罪中"情节严重"。本案三名被告人连续多次实施包庇、纵容行为，不仅致使黑社会性质组织的组织者、领导者刘维逃匿多年，且导致周政被杀案原始案卷材料缺失，给查证命案造成严重障碍，属"情节严重"，应依法严惩。一、二审法院对三名被告人量刑时，同时又酌情考虑了三名被告人犯罪行为跨越刑法修正案（八）施行前后的客观事实，并结合三名被告人各自的罪责，分别从宽判处被告人刘学军有期徒刑八年、刘忠伟有期徒刑六年、吕斌有期徒刑五年的刑罚。笔者认为，一、二审法院适用法律正确，对三名被告人的量刑是公正的，体现了罚当其罪。

3. 被告人刘学军等人实施包庇、纵容黑社会性质组织犯罪的同时，又实施受贿犯罪的，应依法数罪并罚

刑法修正案（八）对刑法第二百九十四条中关于数罪并罚的范围作出调整，规定"犯前三款罪又有其他犯罪行为的，依照数罪并罚的规定处罚"，从而明确了犯包庇、纵容黑社会性质组织罪，又有其他犯罪行为的，也应当数罪并罚。被告人刘学军等人以其受贿行为主要发生在刑法修正案（八）之前为由，认为不应当数罪并罚。笔者认为，三被告人的上述辩解不能成立。除了上述连续犯罪应适用修正后刑法规定的理由之外，还应看到，刑法修正案（八）对此问题予以明确，主要是因为实践中，国家机关工作人员包庇、纵容黑社会性质组织的行为不同于普通的包庇犯罪，往往与权钱交易相伴随，一人犯数罪的情况比较常见，可能涉及牵连犯的一些理论问题，明确数罪并罚的处罚原则可以减少不必要的争议。因此，刑法修正案（八）的这一修改，并不意味着对于包庇、纵容黑社会性质组织的国家机关工作人员，在刑法修正案（八）作出上述规定前，纵然犯有数罪，亦不应当数罪并罚。事实上，刑法第二百九十四条第三款的规定，属于注意性规定。该条文

修改前，司法实践中对行为人实施包庇、纵容黑社会性质组织犯罪，同时又有受贿犯罪事实的，亦普遍采取了数罪并罚的做法。故一、二审认定被告人刘学军三人均犯包庇、纵容黑社会性质组织罪和受贿罪，并依法数罪并罚是正确的。

（二）包庇黑社会性质组织，或者纵容黑社会性质组织进行违法犯罪活动的行为人归案后如实供述相关黑社会性质组织的犯罪活动的，不能认定立功情节

依据我国刑法及《最高人民法院关于处理自首和立功具体应用法律若干问题的解释》（法释〔1998〕8号，以下简称《解释》）的规定，犯罪分子到案后有检举、揭发他人犯罪行为，包括共同犯罪案件中的犯罪分子揭发同案犯共同犯罪以外的其他犯罪，经查证属实；提供侦破其他案件的重要线索，经查证属实；阻止他人犯罪活动；协助司法机关抓捕其他犯罪嫌疑人（包括同案犯）；具有其他有利于国家和社会的突出表现的，应当认定为有立功表现。对于犯罪嫌疑人、被告人如实供述自己的罪行与"检举揭发型立功"的区别，审判实践中时常存在模糊认识。笔者认为，犯罪嫌疑人、被告人如实供述自己的罪行，是指犯罪嫌疑人、被告人到案后如实交代自己的主要犯罪事实，如果犯有数罪的，则应如实供述全部犯罪事实；如果犯罪嫌疑人、被告人仅如实供述所犯数罪中部分犯罪的，只对如实供述的部分认定如实供述，没有如实供述的部分则不能认定；在共同犯罪案件中，犯罪嫌疑人、被告人如实供述，既包括如实供述自己的罪行，还应当包括供述所知的同案犯，主犯则应当供述所知其他同案犯的共同犯罪事实。犯罪嫌疑人、被告人到案后如果检举、揭发了与其无关的他人的犯罪事实，或者共同犯罪案件中的犯罪分子揭发了同案犯共同犯罪以外的其他犯罪的，已经超出了如实供述的范畴，经查证属实的，属于立功。如果被告人如实供述自己犯罪事实中必然包含有他人的犯罪事实的，换言之，没有超出如实供述范畴的，依法不应当认定为立功。例如，受贿人如实供述受贿事实必然包含行贿人的犯罪事实。本案中，2009年年初，陈富伟等人被刘维授意、组织的人员当街杀害。被告人刘忠伟明知刘维有重大作案嫌疑，却不依法履行职责，隐瞒不报。同年5月，刘忠伟在公安机关找其调查时陈述了刘维等人商议杀害陈富伟的经过。刘忠伟据此主张其有立功表现。一、二审法院均未认定刘忠伟的行为构成立功。笔者认为是正确的。

首先，公安机关在2009年2月抓获涉案人员袁绍林、文香灼后，即已确定刘维等人是陈富伟被杀案的犯罪嫌疑人。同年5月，被告人刘忠伟才向公安机关陈述刘维等人商议杀害陈富伟的事实。刘忠伟揭发的是公安机关已经掌握的罪行，依据《解释》的规定，不符合"提供线索型立功"规定。

其次，退一步来讲，即使被告人刘忠伟揭发时公安机关尚未掌握刘维等人的犯罪事实，刘忠伟也不构成立功。前文已经指出，对于"检举揭发型立功"，要求行为人交代的是其本人未参与实施的犯罪，换言之，其检举揭发行为已经超出如实供述的范畴，才能成立"检举揭发型立功"。刘忠伟在交代其包庇、纵容黑社会性质组织违法犯罪活动的过程中，必然涉及其放纵的黑社会性质组织的犯罪活动的具体细节。因此，刘忠伟揭发相关黑社会性质组织的犯罪事实，仍属于如实供述其纵容黑社会性质组织犯罪事实的范畴，属于如实供述，依法不构成立功。

（三）公安机关的内勤人员对黑社会性质组织的犯罪行为知情不举的，属于不依法履行职责

本案被告人刘学军、刘忠伟、吕斌长时间包庇、纵容黑社会性质组织犯罪中，吕斌在知晓并隐瞒刘维等人杀害陈富伟作案嫌疑时，时任四川省德阳市公安局装备财务处处长。吕斌据此提出其系公安机关的内勤人员，没有查禁违法犯罪的职责，依法不构成包庇、纵容黑社会性质组织罪的辩护意见。笔者认为，此点辩解是不能成立的。人民警察法第二条规定了人民警察的任务和范围，同时，该法第六条规定了公安机关不同岗位的人民警察的14项具体职责。依该法第二条

的规定，无论人民警察的具体岗位如何，均负有维护国家安全，维护社会治安秩序，保护公民的人身安全、人身自由和合法财产，保护公共财产，预防、制止和惩治违法犯罪活动的任务。该任务是所有人民警察的共同职责，也属于法定义务，内勤岗位上的人民警察也不例外。被告人吕斌明知刘维有杀害他人的重大嫌疑，隐瞒不报，不履行人民警察预防、制止和惩治违法犯罪活动的共同职责，属于不依法履行职责。一、二审法院均未采纳被告人的此点辩护意见，并依法认定被告人吕斌构成包庇、纵容黑社会性质组织罪是正确的。

（撰稿：湖北省高级人民法院　邓海兵
审编：最高人民法院刑三庭　张向东）

[第1219号]杜国军、杜锡军非法捕捞水产品，刘训山、严荣富掩饰、隐瞒犯罪所得案

——如何理解掩饰、隐瞒犯罪所得、犯罪所得收益罪"情节严重"的犯罪次数

【关键词】 掩饰、隐瞒犯罪所得、犯罪所得收益罪　犯罪次数　情节严重　上游犯罪

一、基本案情

被告人杜国军，男，1971年12月16日出生。2014年12月10日因涉嫌犯非法捕捞水产品罪被逮捕。

被告人杜锡军，男，1976年2月17日出生。2014年12月10日因涉嫌犯非法捕捞水产品罪被逮捕。

被告人张玉洲，男，1973年3月17日出生。2008年2月18日因犯盗窃罪被判处有期徒刑九个月，并处罚金人民币一千元；2011年3月8日因犯盗窃罪被判处有期徒刑一年，并处罚金人民币三千元，2011年10月27日刑满释放。2014年12月10日因涉嫌犯非法捕捞水产品罪被逮捕。

被告人李法强，男，1971年7月19日出生。2014年12月10日因涉嫌犯非法捕捞水产品罪被逮捕。

被告人盛祝昌，男，1967年7月7日出生。2014年12月10日因涉嫌犯非法捕捞水产品罪被逮捕。

被告人陆吉伟，男，1972年9月9日出生。2006年因犯盗窃罪被判处有期徒刑六年，并处罚金人民币一万元，2010年4月19日刑满释放。2014年12月10日因涉嫌犯非法捕捞水产品罪被逮捕。

被告人马玉华，男，1968年1月9日出生。2014年11月3日因涉嫌犯非法捕捞水产品罪被取保候审。

被告人刘训山，男，1962年6月29日出生。2014年12月10日因涉嫌犯非法捕捞水产品罪被逮捕。

被告人严荣富，男，1977年7月16日出生。2014年11月3日因涉嫌犯非法捕捞水产品罪被取保候审。

江苏省无锡市滨湖区人民检察院以被告人杜国军、杜锡军、张玉洲、李法强、盛祝昌、陆吉伟、马玉华犯非法捕捞水产品罪,被告人刘训山、严荣富犯掩饰、隐瞒犯罪所得罪,向滨湖区人民法院提起公诉。

被告人杜国军、杜锡军、张玉洲、李法强、盛祝昌、陆吉伟、马玉华、刘训山、严荣富提出的辩护意见一致,均认为自己法治意识薄弱导致犯罪,归案后认罪态度较好,请求对其从轻处罚。

被告人杜国军的辩护人提出:杜国军系初犯,认罪态度好,其文化程度低,且家庭条件不好,社区提供了情况说明,建议对其从轻处罚。被告人杜锡军的辩护人提出:杜锡军归案后如实供述,认罪态度好;街道社区出具的情况反映表明杜锡军家庭困难,建议对杜锡军从轻处罚。被告人刘训山的辩护人提出:刘训山系初犯、当庭认罪,获利较少社会危害性小,请求从轻处罚。

滨湖区人民法院经审理查明:

2014 年 6 月至 11 月 2 日,被告人杜国军先后组织被告人张玉洲、李法强、盛祝昌在未依法取得捕捞证的情形下,驾驶渔船至太湖贡湖水域采用电捕的方法非法捕捞 60 余次,共计捕得太湖青虾 1 500 余千克。杜国军购得上述太湖青虾后,先后共 60 余次交由无锡市滨湖区北桥水产市场 16 ~ 17 摊位实际经营者被告人刘训山代为销售。刘训山共计销售得款 9 万余元,从中赚取手续费 3 000 余元(每千克 2 元)。

2014 年 6 月至 11 月 2 日,被告人杜锡军先后组织被告人陆吉伟、马玉华在未依法取得捕捞证的情形下,驾驶渔船至太湖贡湖水域采用电捕的方式非法捕捞 40 余次,共计捕得太湖青虾 550 余千克。杜锡军购得上述太湖青虾后,先后共 20 余次交由无锡市滨湖区北桥水产市场 14 号摊位经营者被告人严荣富代为销售。严荣富共计销售得款 4 万余元,从中赚取手续费 800 余元。

审理期间,被告人杜国军、杜锡军各主动退赔 1 万元,被告人陆吉伟、马玉华各主动退赔 5 000 元,被告人严荣富主动退赔 3 000 元,用于弥补太湖水域的生态损害。

滨湖区人民法院认为,被告人杜国军、杜锡军、张玉洲、李法强、盛祝昌、陆吉伟、马玉华违反水产资源保护法规,多次结伙在禁渔期使用禁用的工具捕捞水产品,情节严重,其行为均已构成非法捕捞水产品罪。被告人刘训山、严荣富明知被告人杜国军、杜锡军要求代为销售的太湖青虾系非法捕捞所得,仍然代为销售,其行为均已构成掩饰、隐瞒犯罪所得罪。各被告人庭审中均自愿认罪,悔罪表现较好,可予以酌情从轻处罚。被告人张玉洲、李法强犯罪后有自首情节,可以从轻处罚。被告人杜锡军、陆吉伟、马玉华归案后如实供述罪行,可从轻处罚。被告人张玉洲、陆吉伟系累犯,应依法从重处罚。根据严荣富、陆吉伟、马玉华的犯罪情节、认罪态度,符合缓刑的适用条件可对其宣告缓刑,依照《中华人民共和国刑法》第三百四十条,第三百一十二条第一款,第二十五条第一款,第二十六条第一款、第二款、第四款,第二十七条,第六十四条,第六十五条第一款,第六十七条第一款、第三款,第七十二条第一款,第七十三条的规定,判决如下:

1. 被告人杜国军犯非法捕捞水产品罪,判处有期徒刑一年。
2. 被告人杜锡军犯非法捕捞水产品罪,判处有期徒刑十个月。
3. 被告人张玉洲犯非法捕捞水产品罪,判处有期徒刑九个月。
4. 被告人李法强犯非法捕捞水产品罪,判处有期徒刑八个月。
5. 被告人盛祝昌犯非法捕捞水产品罪,判处有期徒刑八个月。
6. 被告人陆吉伟犯非法捕捞水产品罪,有判处拘役五个月,缓刑六个月。
7. 被告人马玉华犯非法捕捞水产品罪,判处拘役五个月,缓刑六个月。
8. 被告人刘训山犯掩饰、隐瞒犯罪所得罪,判处有期徒刑九个月,并处罚金人民币二千元。
9. 被告人严荣富犯掩饰、隐瞒犯罪所得罪,判处有期徒刑六个月,缓刑一年,并处罚金人民币二千元。

宣判后，滨湖区人民检察院提出抗诉，理由是：（1）根据《最高人民法院关于审理掩饰、隐瞒犯罪所得、犯罪所得收益刑事案件适用法律若干问题的解释》（以下简称《解释》）第三条第一款第二项的规定，原审被告人刘训山、严荣富犯掩饰、隐瞒犯罪所得罪，且属情节严重，依法应当在三年以上七年以下幅度内量刑，但原审对刘训山、严荣富均在三年以下有期徒刑幅度内量刑，属适用法律错误，量刑不当。（2）原判认定被告人陆吉伟系累犯，但未判处有期徒刑以上刑罚，且适用缓刑，导致适用法律和量刑错误。

无锡市中级人民法院经审理认为，非法捕捞水产品罪与掩饰、隐瞒犯罪所得罪之间系上下游犯罪，一般而言，对于下游犯罪的处刑不能高于上游犯罪。根据原审被告人杜国军、杜锡军等人非法捕捞水产品犯罪的处刑情况，对于原审被告人刘训山、严荣富以掩饰、隐瞒犯罪所得罪适用情节严重，处刑上将明显违背罪责刑相适应的原则。原判根据原审被告人陆吉伟的犯罪事实和情节，对其所处刑罚并无不当。原判决的审判程序合法，认定的事实清楚，证据确实、充分，对于原审被告人杜国军、杜锡军、张玉洲、李法强、盛祝昌、陆吉伟、马玉华、刘训山、严荣富的犯罪事实和情节所处的刑罚得当。依照《中华人民共和国刑事诉讼法》第二百二十五条第一款第一项之规定，裁定驳回抗诉，维持原判。

二、主要问题

1. 如何理解和把握掩饰、隐瞒犯罪所得、犯罪所得收益罪“情节严重”的“次数要件”？

2. 上游犯罪行为人对犯罪所得实施收购、销售等掩饰、隐瞒行为的，能否以掩饰、隐瞒犯罪所得罪定罪处罚？

三、裁判理由

（一）被告人刘训山、严荣富代为销售非法捕捞的水产品行为，不构成掩饰、隐瞒犯罪所得罪的“情节严重”

本案中，被告人刘训山 60 余次代被告人杜国军销售杜国军等人非法捕捞的太湖青虾，共 1 500 千克，销售得款 9 万余元，刘训山从中赚取手续费 3 000余元；被告人严荣富 20 余次代被告人杜锡军销售杜锡军等人非法捕捞的太湖青虾，共 450 千克，销售得款 4 万余元，刘训山从中赚取手续费 800 余元。对刘训山、严荣富的行为构成掩饰、隐瞒犯罪所得罪没有异议。但二人的行为是否构成掩饰、隐瞒犯罪所得罪的“情节严重”，有两种不同意见：

第一种意见认为，被告人刘训山、严荣富代为销售非法捕捞的太湖青虾的次数分别达到了 60 余次、20 余次，根据《解释》第三条第一款第二项规定的“掩饰、隐瞒犯罪所得及其产生的收益十次以上”的情形，属于掩饰、隐瞒犯罪所得“情节严重”，依法应当在三年以上七年以下有期徒刑，并处罚金的幅度内量刑。

第二种意见认为，被告人刘训山、严荣富代为销售非法捕捞的太湖青虾的行为不应认定为掩饰、隐瞒犯罪所得“情节严重”的情形。主要理由是：本案中非法捕捞水产品罪系上游犯罪，其量刑最高为三年有期徒刑，且对获取犯罪利益最大的杜国军、杜锡军均只能在三年有期徒刑以下的幅度内判处刑罚。而掩饰、隐瞒犯罪所得罪的社会危害性在一般情况下小于上游犯罪，如果对刘训山、严荣富的掩饰、隐瞒犯罪行为以“情节严重”论，则必须要对二人在三年以上七年以下有期徒刑的幅度内判处刑罚，这将导致下游犯罪实际判处的刑罚明显高于上游犯罪的刑罚，从而量刑失衡，违反罪责刑相适应的原则。

我们同意第二种意见，认为被告人刘训山、严荣富代为销售非法捕捞的太湖青虾的行为不应认定为掩饰、隐瞒犯罪所得“情节严重”的情形，主要理由如下：

掩饰、隐瞒犯罪所得、犯罪所得收益罪是在1997年刑法规定的销赃罪的基础上修改而来，1997年刑法第三百一十二条规定，明知是犯罪所得的赃物而予以窝藏、转移、收购或者代为销售的，处三年以下有期徒刑、拘役或者管制，并处或者单处罚金。刑法修正案（六）对本罪第一款进行了修订，并增加了一个法定刑幅度，即"情节严重的，处三年以上七年以下有期徒刑，并处罚金"，旨在严厉打击此类犯罪。但由于司法实践中没有明确的标准可循，一方面使法院轻易不敢认定"情节严重"，不利于打击某些严重犯罪；另一方面也造成量刑标准不统一，同样数额、情节的案件在不同地区判决结果差异很大。为此，《解释》在第三条从犯罪所得、犯罪所得收益的价值总额、种类、犯罪的次数、上游犯罪的性质及对司法机关追查犯罪的妨害程度等方面，对"情节严重"的情形作出了具有可操作性的解释。其中第一款第二项规定，掩饰、隐瞒犯罪所得及其产生的收益10次以上的，应当认定为掩饰、隐瞒犯罪所得及收益罪的"情节严重"。但本案中刘训山、严荣富的情形不属于"情节严重"，具体理由如下：

1. 正确理解《解释》第三条第一款第二项"掩饰、隐瞒犯罪所得及其产生的收益十次以上"的规定

《解释》将"掩饰、隐瞒犯罪所得及其产生的收益十次以上"作为认定"情节严重"的情形之一，是考虑到行为人的掩饰、隐瞒次数多，社会危害性大，行为人属于"职业收赃人"，因而应严厉打击。但是，在适用该项情形时，特别要注意"次数"的认定。刑法中涉及"次数"的主要有两类规定：第一类是将次数作为法定加重情节，如刑法第二百六十三条规定的"多次抢劫"、第二百九十二条规定的"多次聚众斗殴"、第二百九十三条规定的"多次寻衅滋事"。在这一类规定中，其中每次抢劫、聚众斗殴、寻衅滋事都是构成独立的犯罪的。例如，《最高人民法院关于审理抢劫、抢夺刑事案件适用法律若干问题的意见》（法发〔2005〕8号）第三条规定，"对于'多次'的认定，应以行为人实施的每一次抢劫行为均已构成犯罪为前提，综合考虑犯罪故意的产生、犯罪行为实施的时间、地点等因素，客观分析、认定。对于行为人基于一个犯意实施犯罪的，如在同一地点同时对在场的多人实施抢劫的；或基于同一犯意在同一地点实施连续抢劫犯罪的，如在同一地点连续地对途经此地的多人进行抢劫的；或在一次犯罪中对一栋居民楼房中的几户居民连续实施入户抢劫的，一般应认定为一次犯罪。"第二类是将多次实施违法行为作为构成犯罪的入罪门槛，如刑法第二百六十四条规定的"多次盗窃"、第二百六十七条规定的"多次抢夺"、第二百七十四条规定的"多次敲诈勒索"、第二百九十条第三款规定的"多次扰乱国家机关工作秩序"以及第四款规定的"多次组织、资助他人非法聚集"等，这类规定中，行为人的每次行为可能在数额上（或行为危害性上）都达不到该罪的最低标准，甚至多次相加的犯罪数额也达不到该罪的最低标准，但由于次数上达到了"多次"，因而符合犯罪构成的客观要件。

《解释》中涉及的掩饰、隐瞒犯罪所得、犯罪所得收益罪中的次数，不属于前述第一种情形，不要求每一次掩饰、隐瞒的行为都独立构成犯罪，即不像"多次抢劫"的认定，要求每次抢劫都独立地构成犯罪；也不属于第二种情形，即以"多次"作为构成犯罪的入罪门槛，而是指每次掩饰、隐瞒行为既可能都达到了独立构罪的标准，也可能都没有达到构罪的标准。

在适用《解释》的"十次以上"情形时，要把握好以下几点：（1）每一次掩饰、隐瞒的行为，必须是一个独立的行为，即具有独立的主观意图，独立的掩饰、隐瞒行为，独立的行为结果，但如果基于同一个故意，在同一时间、同一地点，同时或者连续对多起上游犯罪实施掩饰、隐瞒行为的，一般应认定为一次掩饰、隐瞒行为。为同一个上游犯罪人同一起犯罪事实的犯罪所得及其产生的收益而分多次予以窝藏、转移、收购、代为销售或者以其他方法掩饰、隐瞒的，由于其犯罪对象的同一性，因而也应认定为一次掩饰、隐瞒犯罪所得及其产生的收益行为。（2）每一次掩饰、隐瞒的

行为，不以都构成犯罪为前提。(3)即使认定为一次掩饰、隐瞒犯罪所得及其产生的收益行为的，仍然必须注意同时适用《解释》第四条第二款的规定并注意有关治安处罚时效和刑事追诉时效的规定。单次掩饰、隐瞒行为不构成犯罪，且超过治安处罚时效的，不再累计次数；单次掩饰、隐瞒行为构成犯罪，但超过刑事追诉时效的，也不再累计次数。(4)每一次掩饰、隐瞒行为都应由相应的证据证明，而不是模糊地认定次数。特别是在9次还是10次的关键节点，更是要求每一次掩饰、隐瞒行为都达到事实清楚，证据充分。(5)每一次掩饰、隐瞒的上游行为都必须以构成犯罪为前提。理由是，《解释》第八条明确规定，认定掩饰、隐瞒犯罪所得、犯罪所得收益罪，以上游犯罪事实成立为前提。如果上游犯罪不成立，司法机关不能进行追诉，那么掩饰、隐瞒的行为也就不存在妨害司法活动进而需要在刑法上予以否定评价的前提，因而不能认定为犯罪。当然，不构成犯罪不意味着收赃行为不必接受处罚，公安机关完全可以依照治安管理处罚法的相关规定对收赃行为进行处罚。

具体到本案，被告人刘训山、严荣富的行为，表面上分别达到了60余次和20余次，但均不能认定为"十次以上"掩饰、隐瞒犯罪所得的情形。刘训山代为销售的是杜国军等人非法捕捞的犯罪所得，严荣富代为销售的是杜锡军等人非法捕捞的犯罪所得。杜国军、杜锡军虽然分别60余次、20余次让刘训山、严荣富代为销售非法捕捞的水产品，但其构成的非法捕捞水产品罪却是一个综合评价的结果。根据刑法第三百四十条的规定，非法捕捞水产品，情节严重的，才构成犯罪。而参照《最高人民法院关于审理发生在我国管辖海域相关案件若干问题的规定(二)》(以下简称《规定》)第四条的规定，非法捕捞水产品罪的"情节严重"包括以下七种情形：(1)非法捕捞水产品1万公斤以上或者价值10万元以上的；(2)非法捕捞有重要经济价值的水生动物苗种、怀卵亲体2 000公斤以上或者价值2万元以上的；(3)在水产种质资源保护区内捕捞水产品2 000千公斤以上或者价值2万元以上的；(4)在禁渔区内使用禁用的工具或者方法捕捞的；(5)在禁渔期内使用禁用的工具或者方法捕捞的；(6)在公海使用禁用渔具从事捕捞作业，造成严重影响的；(7)其他情节严重的情形。本案审理时，《规定》尚未出台，之所以认定杜国军、杜锡军等人非法捕捞水产品的行为属于"情节严重"，从而认定其构成非法捕捞水产品罪，主要原因在于其非法捕捞水产品的次数特别多，采用禁用的捕捞方法，且部分捕捞行为发生在禁渔期内。因此，认定其构成非法捕捞水产品"情节严重"，是结合犯罪事实进行综合评价的结果，而不是每次非法捕捞水产品的行为都构成犯罪。所谓的60余次、40余次非法捕捞水产品，则是综合评价的主要依据。如果拆分开来，可能每一次的捕捞行为都尚未达到犯罪追诉的标准。相应地，对上述水产品实施掩饰、隐瞒行为，如果拆分开来以单次来统计，则会陷入因每次上游行为都不构成犯罪，因而每次掩饰、隐瞒行为的对象都不是犯罪所得，从而不能以掩饰、隐瞒犯罪所得罪来定罪处罚的尴尬境地。因此，刘训山、严荣富的掩饰、隐瞒行为，针对的均是经过综合评价了犯罪事实的犯罪所得，犯罪主体是同一个人(同一个共同犯罪主体)，犯罪事实是同一个综合犯罪事实。在这种情况下，刘训山、严荣富出于同一个主观故意，为同一个上游犯罪人的同一个综合犯罪所得而分多次予以代为销售，由于其犯罪对象的不可分割性，因而可以认定为一次掩饰、隐瞒犯罪所得行为，而不能机械地将其为同一个综合犯罪事实代为销售的每次行为都单独认定为一次掩饰、隐瞒犯罪所得的行为。如此，刘训山、严荣富的掩饰、隐瞒犯罪所得行为就不能认定为"情节严重"的法定加重情形。

2. 掩饰、隐瞒犯罪所得、犯罪所得收益罪的量刑，一般应当轻于上游犯罪

掩饰、隐瞒犯罪所得、犯罪所得收益罪属于上游犯罪的事后帮助犯，在刑法修正案(六)增加了一个法定刑幅度后，其最高刑期只是七年有期徒刑，整体上具有"罪小刑轻"的特点。对本罪的

量刑不仅要符合刑法第三百一十二条及相关司法解释的规定，同时当然要受到上游犯罪量刑情况的影响。这是因为，一方面，本罪对上游犯罪有依附性，没有上游犯罪取得的财物，就没有下游犯罪可言；另一方面，本罪处罚的重点在于妨害司法秩序。就给被害人造成的财产损失而言，下游犯罪行为人在实施掩饰、隐瞒行为时，并没有增加或扩大这种损失。与事先参与犯罪共谋事后销赃的情形相比，本罪的社会危害性当然要小得多。因此，在掌握本罪与上游犯罪的量刑时，应当统筹把握。

具体而言，在掩饰、隐瞒犯罪所得、犯罪所得收益罪和上游犯罪指向同一对象的情况下，对掩饰、隐瞒犯罪所得及其收益的行为人的量刑必须要比上游犯罪人的量刑轻一些，而且要适当拉开档次。本案中，上游犯罪的主犯杜国军、杜锡军的量刑分别为有期徒刑一年，有期徒刑十个月，因而，下游犯罪的刘训山量刑为有期徒刑九个月，并处罚金二千元；严荣富的量刑为有期徒刑六个月，缓刑一年，并处罚金二千元，就是适当的，体现了罪责刑相适应原则。当然，实践中也存在下游犯罪行为人实际被判处刑罚高于上游犯罪行为人被判处刑罚的情况，如上游犯罪行为人具有自首、立功等情节或者下游犯罪行为人具有累犯等情节。

需要说明的是，在上游犯罪最高刑只有三年有期徒刑的情形下，下游犯罪（掩饰、隐瞒犯罪所得、犯罪所得收益罪）行为人仍然可能构成“情节严重”。例如，上游犯罪为非法捕捞水产品犯罪，下游犯罪行为人对不同的犯罪主体实施代为销售等掩饰、隐瞒行为，数额确实达到“情节严重”的标准或者达到“十次以上”的标准时，就可以认定为掩饰、隐瞒“情节严重”。这是因为，在这种情形下，掩饰、隐瞒犯罪行为人与上游犯罪行为人的犯罪对象并不指向同一对象。在数个上游犯罪行为人之间没有共同犯罪的情况下，分别单独实施了非法捕捞水产品的犯罪行为，但都委托同一个人实施代为销售水产品的掩饰、隐瞒行为，此时，掩饰、隐瞒行为人实际上已经成了“职业销赃人”，而“职业销赃人”对上游犯罪犯意的进一步扩大具有刺激和鼓励作用，社会危害性比单纯为一个犯罪事实的犯罪所得实施掩饰、隐瞒行为要大，甚至大得多，其犯罪对象是数个经综合评价后犯罪事实的犯罪所得，应当依照犯罪构成的数量来计算其掩饰、隐瞒的次数。

（二）上游犯罪行为人对犯罪所得实施收购、销售等掩饰、隐瞒行为的，不能以掩饰、隐瞒犯罪所得罪定罪处罚

被告人杜国军先后结伙被告人张玉洲、李法强、盛祝昌，被告人杜锡军先后结伙被告人陆吉伟、马玉华，违反水产资源保护法规，多次在禁渔期内使用禁用的工具、方法捕捞水产品，情节严重，其行为均已构成非法捕捞水产品罪。此点并无异议。但是，杜国军、杜锡军分别在非法捕捞水产品后，收购同伙非法捕捞的水产品，并将上述水产品分别交由被告人刘训山、严荣富代为销售的行为是否以掩饰、隐瞒犯罪所得罪定罪处罚？我们认为，对其不能以掩饰、隐瞒犯罪所得罪定罪处罚。主要理由是：

1. 犯罪分子对自己的犯罪所得实施掩饰、隐瞒的行为，因不具有期待可能性，因而不具备刑法上的可罚性。通说认为，期待可能性是指根据具体情况，有可能期待行为人不实施违法行为而实施其他适法行为。期待可能性理论认为，如果不能期待行为人实施其他适法行为，就不能对其进行法的非难，因而不存在刑法上的责任。期待可能性理论在学界尚有不少争论，但缺乏期待可能性，作为责任阻却事由，应该是刑法理论界的共识。本案中，被告人杜国军组织张玉洲等人，杜锡军组织陆吉伟等人非法捕捞水产品行为的目的就是获得非法利益。因此，在实施非法捕捞水产品犯罪行为后，必然要对犯罪所得进行处理，如出售、赠送等。而这些行为，从其性质来说，属于共罚的事后行为，也称不可罚的事后行为（即不能独立定罪的事后行为）。共罚的事后行为，其实质属于吸收的一罪（即数个不同的行为，一行为吸收其他行为，仅成立吸收行为一个罪名的犯

罪),即在状态犯罪的场合,利用该犯罪行为的结果的行为,如果孤立地看,符合其他犯罪的犯罪构成,具有可罚性,但由于被综合评价在该状态犯中,故没有必要另行认定为其他犯罪。这一刑事法理,既适用于单个犯罪人对自己犯罪所得的处理,也适用于共同犯罪人对共同犯罪所得的处理。因为刑法作出共同犯罪的规定,实际上是基于将共同犯罪人作为一个整体,视同于一个人犯罪,基于共同的犯罪故意内容,视同于一个人的犯罪故意。在此基础上,根据各参与人的行为对法益侵害(危险)结果所起的作用不同,责任程度与范围也不同,因而作出了区别对待。因此,共同犯罪人之间互相掩饰、隐瞒犯罪所得的行为,应视同对自己犯罪所得的掩饰、隐瞒行为,因而不再另行定罪处罚。

2. 掩饰、隐瞒犯罪所得、犯罪所得收益罪的主体应该是本犯以外的人,掩饰、隐瞒者是本犯的,则不具有掩饰、隐瞒犯罪所得、犯罪所得收益罪的主体资格。掩饰、隐瞒犯罪所得、犯罪所得收益罪属于加入犯,而不是本犯。如果与本犯事先通谋或事中加入而不是事后加入的,则成为共同犯罪人。共同犯罪人根据他们在犯罪过程中的关系,在主观上有共同的犯罪故意,客观上有共同的犯罪行为,以他们所实施的共同犯罪行为和在共同犯罪中的作用来定罪处罚,而不能以掩饰、隐瞒犯罪所得、犯罪所得收益罪定罪处罚。因为,共同犯罪人实施的掩饰、隐瞒行为,是共同犯罪行为的组成部分,而且,共同犯罪人之间有意思联络,而事后加入的掩饰、隐瞒行为人与共同犯罪人的本犯之间没有意思联络。

3. 从刑法条文的内在逻辑分析,共同犯罪人不属于掩饰、隐瞒犯罪所得、犯罪所得收益罪的犯罪主体。刑法第三百一十二条第一款描述掩饰、隐瞒犯罪所得、犯罪所得收益罪的罪状时,规定了"明知是犯罪所得及其产生的收益而……"的主观要件。这就说明,明知只能对本犯以外的犯罪人而言,而对本犯而言,使用"明知"一词则毫无意义,因为他自己是本犯的犯罪行为人,当然是明知的。另外,从"窝藏、转移、收购、代为销售或者以其他方法掩饰、隐瞒"的客观要件来看,掩饰、隐瞒犯罪所得、犯罪所得收益罪的主体也是指本犯以外的犯罪人。

综上所述,二审法院维持一审法院对被告人杜国军、张玉洲、李法强、盛祝昌、杜锡军、陆吉伟、马玉华犯非法捕捞水产品罪,被告人刘训山、严荣富犯掩饰、隐瞒犯罪所得罪的定罪量刑,是适当的。

(撰稿:最高人民法院刑四庭　陆建红
江苏省无锡市中级人民法院　周　科
审编:最高人民法院刑四庭　周　峰)

[第1227号]李雄剑等扰乱无线电通讯管理秩序案

——利用"伪基站"群发短信的行为如何定罪处罚

【关键词】 扰乱无线电通讯管理秩序　破坏公用电信设施罪　伪基站　群发短信

一、基本案情

被告人李雄剑,男,1989年10月8日出生,无业。2016年5月26日被逮捕。

被告人谢增光,男,1990年12月13日出生,无业。2016年5月27日被逮捕。

被告人王历飞,男,1988 年 8 月 15 日出生,无业。2016 年 5 月 27 日被逮捕。

湖北省仙桃市人民检察院指控被告人李雄剑、谢增光、王历飞犯破坏公用电信设施罪,向仙桃市人民法院提起公诉。

被告人李雄剑、谢增光、王历飞对指控没有异议。李雄剑的辩护人提出,李雄剑系受他人雇用,受他人指使安排进行短信群发,系从犯,且李雄剑认罪态度好,又系初犯,请求对李雄剑酌予从轻处罚。

仙桃市人民法院经审理查明:2016 年 4 月 2 日,被告人李雄剑以每天工资 200 元受雇用,利用"伪基站"设备,冒充工商银行的 95588 号发送虚假的兑换积分短信,以及招聘司机短信。后李雄剑邀约被告人谢增光、王历飞驾驶牌照为湘 KFB810 的尼桑轩逸小汽车,在湖北省咸宁市、仙桃市、武汉市的闹市区,非法利用移动公司频段,强行向有效范围内的 46 109 名用户发送短信,迫使用户与移动通信网络中断。

仙桃市人民法院认为,被告人李雄剑、谢增光、王历飞利用非法无线信号发射台,截断正常的移动通信网络联网,造成用户手机接收虚假信息,出现短暂无网络现象,致使 46 109 名移动用户通信网络中断,危害公共安全,其行为均已构成破坏公用电信设施罪。李雄剑邀约他人实施犯罪,负责编辑短信内容,在共同犯罪中,起主要作用,系主犯,应当按照其所参与的全部犯罪处罚。被告人谢增光、王历飞受李雄剑邀约参与犯罪,且不知道所编辑短信内容,仅负责观察发送数据的变化,在共同犯罪中起次要作用,系从犯,应当减轻处罚。被告人李雄剑、谢增光、王历飞如实供述自己的罪行,可从轻处罚。关于被告人李雄剑的辩护人提出的李雄剑系受他人雇用,受他人指使安排进行短信群发,应系从犯的辩护意见,经查,被告人李雄剑在共同犯罪中行为积极,调试设备、编辑短信,且另行雇用帮手,其行为不应认定为从犯,对此辩护意见,不予采纳。关于被告人李雄剑的辩护人提出的李雄剑认罪态度好,且系初犯,可酌情从轻处罚的辩护意见,与庭审查明的事实一致,予以采纳。依照《中华人民共和国刑法》第一百二十四条第一款,第二十五条第一款,第二十六条第一款、第四款,第二十七条,第六十七条第三款,第六十四条,《最高人民法院关于审理破坏公用电信设施刑事案件具体应用法律若干问题的解释》第一条第二项之规定,分别以破坏公用电信设施罪,判处被告人李雄剑有期徒刑三年六个月,判处被告人谢增光有期徒刑一年十个月,判处被告人王历飞有期徒刑一年十个月。

宣判后,李雄剑提出上诉称,原判认定其在共同犯罪中起主要作用的证据不足,其行为构成扰乱无线电通讯管理秩序罪,请求二审依法改判。

湖北省汉江中级人民法院认为,关于李雄剑提出的原判认定其在共同犯罪中起主要作用的证据不足的上诉理由,经查,被告人谢增光、王历飞均供述,二人参与犯罪系受李雄剑邀约,且在作案过程中,李雄剑负责开车、复制短信、操作设备,李雄剑对上述情节亦供认不讳,故证明李雄剑在共同犯罪中起主要作用的证据充分,足以认定。关于李雄剑提出的其行为构成扰乱无线电通讯管理秩序罪的上诉理由,经查,破坏公用电信设施罪,是指故意破坏正在使用中的公用电信设施,危害公共安全的行为。其具体表现为,采用截断通信线路、损毁通信设备或者删除、修改、增加电信网计算机信息系统中存储、处理或者传输的数据和应用程序等手段,故意破坏正在使用的公用电信设施,系直接针对公用电信设施的故意破坏行为。而扰乱无线电通讯管理秩序表现为违反国家规定,擅自设置、使用无线电台(站)或者擅自使用无线电频率,情节严重的行为,其并非直接针对公用电信设施本身进行破坏,其主要破坏无线电通讯网络秩序,对公用电信设施本身并不会产生损害。而上诉人李雄剑等三人使用"伪基站"发送虚假短信的行为,使公众接收了大量虚假短信,严重扰乱了正常的无线电通讯秩序。因此,李雄剑等三人的行为特征,符合扰乱无线电通讯管理秩序罪的犯罪构成。对李雄剑所提该项上诉理由，予以支持。李雄剑、谢增光、王历飞违反国家规定，擅自设置、使用无线信号发射台，截断正常的移动通信网络联网，造成46 109名用户手机接收虚假信息，干扰无线电通讯秩序，情节严重，其行为均已构成扰乱无线电通讯管理秩序罪。在共同犯罪中，李雄剑起主要作用，谢增光、王历飞起辅助作用，对谢增光、王历飞依法予以从轻处罚。原判认定的事实清楚，证据确实、充分，审判程序合法，但定罪量刑不当。依照《中华人民共和国刑事诉讼法》第二百二十五条第一款第二项，《中华人民共和国刑法》第二百八十八条第一款，第二十五条第一款，第二十六条第一款、第四款，第二十七条，第六十七条第三款，第五十二条，第六十四条之规定，判决如下：

1. 撤销原判对李雄剑、谢增光、王历飞的定罪量刑。

2. 上诉人李雄剑犯扰乱无线电通讯管理秩序罪，判处有期徒刑二年六个月，并处罚金人民币一万元。

3. 原审被告人谢增光犯扰乱无线电通讯管理秩序罪，判处有期徒刑一年，并处罚金人民币五千元。

4. 原审被告人王历飞犯扰乱无线电通讯管理秩序罪，判处有期徒刑一年，并处罚金人民币五千元。

二、主要问题

利用“伪基站”群发短信的行为如何定罪处罚？

三、裁判理由

伪基站即假基站，是指未经批准设置的通信基站，设备一般由主机和笔记本电脑组成，通过短信群发器、短信发信机等相关设备，利用移动通信的缺陷，通过伪装成运营商的基站，冒用他人手机号码强行向以其为中心、一定半径范围内的手机发送诈骗、广告推销等短信息。“伪基站”的主要特点是可以随意更改发送的号码，可以选择尾号较好的号码，还可以使用尾数为“10086”或“95588”等特殊号码，使手机用户误以为是移动公司或工商银行发送的短信。如果被别有用心的组织或个人利用，冒用公众服务号码或权威部门名义编造发送虚假信息，造成的社会影响将难以估量。“伪基站”具有很强的流动性，可在汽车上使用，也可暂时放在一个地方使用，如临时放在银行附近发送诈骗短信，还可以不断改变使用地点，如在一个地方只放置一两天再变换地点等。

利用“伪基站”设备实施的犯罪是一种新型犯罪，涉及地域广、社会危害大，严重危害国家通信安全，扰乱社会公共秩序，影响人民群众安全感。即便“伪基站”发送的垃圾短信没有危害，“伪基站”的存在本身也会对手机使用带来危害。运行“伪基站”时用户手机信号被强制连接到该设备上，无法正常使用运营商提供的服务，手机用户一般会暂时脱网（一般为8～12秒），而后恢复正常，部分手机用户则必须开关机才能重新入网。此外，它还会导致手机用户频繁地更新位置，使得该区域的无线网络资源紧张并出现网络拥塞现象，影响用户的正常通信。

具体到本案，被告人李雄剑、谢增光、王历飞违反国家规定，擅自设置、使用无线信号发射台，截断正常的移动通信网络联网，造成46 109名用户手机接收虚假信息。对于三被告人利用“伪基站”群发短信的行为，如何定性？审理中有两种不同意见。

第一种意见认为，对被告人李雄剑、谢增光、王历飞的行为应当以破坏公用电信设施罪定罪处罚。主要理由：(1)三被告人利用非法无线信号发射台，截断正常的移动通信网线联网，造成用户手机接收虚假信息，出现短暂无网络现象，致使46 109名移动用户通信网络中断，危害公共安全，其行为已构成破坏公用电信设施罪。(2)最高人民法院、最高人民检察院、公安部、国家安全部于2014年3月14日发布的《关于依法办理非法生产销售使用“伪基站”设备案件的意见》（以下简称《两高两部意见》）规定，非法使用“伪基站”设备干扰公用电信网络信号，危害公共安全的，依照刑法第一百二十四条第一款的规定，以破坏公用电信设施罪追究刑事责任；同时构成虚假广告罪、非法获取公民个人信息罪、破坏计算机信息系统罪、扰乱无线电通讯管理秩序罪的，依照处罚较重的规定追究刑事责任。(3)《最高人民法院关于审理破坏公用电信设施刑事案件具体应用法律若干问题的解释》（以下简称《公用电信设施解释》）第一条第二项规定：采用截断通信线路、损毁通信设备或者删除、修改、增加电信网计算机信息系统中存储、处理或者传输的数据和应用程序等手段，故意破坏正在使用的公用电信设施，造成2 000以上不满1万用户通信中断1小时以上，或者1万以上用户通信中断不满1小时的，属于刑法第一百二十四条规定的“危害公共安全”，依照刑法第一百二十四条第一款规定，以破坏公用电信设施罪处三年以上七年以下有期徒刑。根据该解释第二条第二项的规定，如果造成1万以上用户通信中断1小时以上的，属于刑法第一百二十四条第一款规定的“严重后果”，以破坏公用电信设施罪处七年以上有期徒刑。

第二种意见认为，对被告人李雄剑、谢增光、王历飞的行为应当以扰乱无线电通讯管理秩序罪定罪处罚。主要理由是：(1)对利用“伪基站”群发短信的行为，在刑法修正案（九）实施前，以破坏公用电信设施罪定罪处罚，是符合法律规定的。但是，刑法修正案（九）实施后，对此类行为，应当适用刑法第二百八十八条第一款的规定，以扰乱无线电通讯管理秩序罪定罪处罚。(2)被告人李雄剑、谢增光、王历飞的行为本质上是对无线电通讯管理秩序的破坏，而不是对公共安全的危害。

我们同意第二种意见。理由如下：

（一）从使用“伪基站”行为的罪质看，一般尚未达到危害公共安全的程度

刑法第一百二十四条规定的破坏广播电视设施、公用电信设施罪，是指故意破坏正在使用中的广播电信设施、公用电信设施，危害公共安全的行为。① 因此，认定使用“伪基站”行为是否构成破坏公用电信设施罪这一危害公共安全的犯罪，可从两个方面去分析。

1. 构成要件中“破坏”的认定。《公用电信设施解释》第一条规定：“采用截断通信线路、毁损通信设备或者删除、修改、增加电信网计算机信息系统中存储、处理或者传输的数据和应用程序等手段，故意破坏正在使用的公用电信设施，具有下列情形之一的，属于刑法第一百二十四条规定的‘危害公共安全’……”认定使用“伪基站”行为构成破坏公用电信设施罪，首先要认定该行为是否属于以上所述的“破坏”行为。显然，使用“伪基站”的行为不构成“破坏”行为。因为，第一，以“伪基站”作为工具占用移动等合法基站的频率的行为并没有截断通信线路。向不特定用户大批量发送垃圾短信、广告等行为，在完成发送信息的行为之后，正规基站就自动恢复通信功能，因此并没有破坏有形的传输媒介，仅仅是干扰了电磁波信号的传递，不符合“截断通信线路、毁损通信设备”这一特征，不符合“破坏”这一构成要件。此处所指的“破坏”，应是对通信线路、通信设备等有形通信设施的破坏、入侵，而非对通信信号、信道的占用。第二，利用“伪基站”占用移动等正规基站的频率也不符合“删除、修改、增加电信网计算机信息系统中存储、处理或者传输的数据和应用程序”这一行为特征。如果行为人使用了黑客技术通过“伪基站”设备对合法无线电台信息系统中的数据和程序加以删改，则构成破坏计算机信息系统罪。

2. “危害公共安全”的认定。从侵害的法益看，使用“伪基站”行为对相关法益是干扰而非破坏。一方面，大多数“伪基站”发送的信息内容涉及房产、股票推销等商业推广，更多的是对无线电通讯秩序和居民的生活安定造成了一定的干扰，达不到危害公共安全的程度。另一方面，此类

① 张军：《刑法（分则）及配套规定新释新解》（上）（第9版），人民法院出版社2016年版，第167页。

案件中对于危害公共安全的认定和取证也存在一定的困难。根据“伪基站”的工作原理，虽然发送垃圾短信等确实可以造成正常通信的中断，但是这种截断的时间往往很短且有地域局限性。司法实践中，侦查部门要搜集取证，一般需要请无线电管理部门鉴定涉案“伪基站”的性质，包括频率范围和信号强度等，并请电信营运商根据“伪基站”发送的短信数量、脱网用户数量、阻断的正常通信时长进行估损。但是，这种作为定罪量刑证据的鉴定结果是否准确仍然有待考证。无线电管理部门按何种标准来收集数据，目前也没有明确。同时，运营商可以根据侦查部门提供的作案时间、案发地点等计算用户受影响程度和信息数量等，却无法准确认定该地区所受到的影响是否完全来自涉案的“伪基站”，无法排除该地区运行其他“伪基站”的可能性，仅能估算所有设备造成的损害总和。且运营商本身亦属于受害人，其所提供的数据能否客观反映受影响的用户数量也存有疑问，且常常缺乏其他证据加以印证。

（二）从立法、司法解释的演变看，当前对使用“伪基站”的行为应当以扰乱无线电通讯管理秩序罪定罪处罚

1997 年刑法规定了扰乱无线电通讯管理秩序罪。修正前刑法第二百八十八条规定：“违反国家规定，擅自设置、使用无线电台（站），或者擅自占用频率，经责令停止使用后拒不停止使用，干扰无线电通讯正常进行，造成严重后果的，处三年以下有期徒刑、拘役或者管制，并处或者单处罚金。”然而，无线电通讯快速发展，无线电应用也深入经济社会生活的方方面面。无线电通讯的广泛应用极大地便利了生产经营活动和人们的日常生活，但也使无线电频率资源日益紧张，无线电电磁环境日益复杂。实际生活中，违反规定，擅自设置、使用无线电台（站），干扰无线电通讯活动正常进行的行为也日益增多，有的甚至造成严重后果。使用“伪基站”的行为就是在这样一个背景下产生的。但是，司法实践中，在追究此类犯罪的法律适用上有一些困难。特别是根据修正前的刑法第二百八十八条规定，以扰乱无线电通讯管理秩序罪追究使用“伪基站”等行为的刑事责任存在一个很大的障碍，即该条规定需“经责令停止使用后拒不停止使用”的行政前置程序。这一前置程序在立法之初是为了避免司法权力的滥用和犯罪门槛过低，体现了刑法的谦抑性。但无线电事业发展到今天，一些不法分子认识到了这一领域的价值，他们利用无线电私设电台谋取非法利益，侵入电台、空管、公安甚至军队的专用无线电频率，造成了严重的危害。这导致两方面的问题：一方面，许多非法使用无线电频率的个人及组织具有很强的隐蔽性及流动性，行政机关难以查处，更难责令其停止使用；另一方面，许多违法行为被查处时往往都已造成较为严重的后果，行为的危害性很大，对其责令停止使用已不足以防止危害社会，反而更容易放纵违法和犯罪。

在这样的情形下，为打击此类犯罪，2014 年 3 月 14 日发布的《两高两部意见》明确规定：非法使用“伪基站”设备干扰公用电信网络信号，危害公共安全的，依照刑法第一百二十四条第一款的规定，以破坏公用电信设施罪追究刑事责任；同时构成虚假广告罪、非法获取公民个人信息罪、破坏计算机信息系统罪、扰乱无线电通讯管理秩序罪的，依照处罚较重的规定追究刑事责任。除法律、司法解释另有规定外，利用“伪基站”设备实施诈骗等其他犯罪行为，同时构成破坏公用电信设施罪的，依照处罚较重的规定追究刑事责任。

《两高两部意见》的出台，为打击利用“伪基站”的犯罪行为提供了有力的法律依据，但在学界和司法实践中，常有不同观点和意见，认为使用“伪基站”行为的社会危害性尚未达到危害公共安全的程度，该行为侵害的法益只是社会秩序中的无线电通讯管理秩序而已。然而，刑法修正案（九）修正之前的刑法第二百八十八条，由于其行政前置程序，很难成为打击使用“伪基站”犯罪活动的法律依据。而对使用“伪基站”行为认定为破坏公用电信设施罪，于罪质而言，又难以做到罪责刑相适应。鉴于此，2015 年 8 月 29 日通过的刑法修正案（九），对刑法第二百八十八条的规

定作了修改。修改后的扰乱无线电通讯管理秩序罪，是指违反国家规定，擅自设置、使用无线电台（站）或者擅自使用无线电频率，干扰无线电通讯秩序，情节严重的行为。修改主要体现在以下四点：(1)减少前置性的行政程序，取消了原条文规定的“经责令停止使用后拒不停止使用”的规定。利用“伪基站”进行犯罪的行为具有较强的隐蔽性和流动性。侦破此类案件尚且存在一定的侦查和取证难度，更不用说行政机关实时监督并及时发现和责令停止使用了。(2)将结果犯修改为情节犯。修改后的该罪降低了入罪门槛，由原来的“造成严重后果”修改为“情节严重”。这顺应了近年来无线电通讯技术快速发展和广泛应用的需求，避免了原先监控部门无法实时监管而缺乏“责令”环节因此无法入罪的弊端。使用“伪基站”犯罪的危害性，不仅体现在危害结果的严重性，也体现在危害行为的危险性上。即使没有造成实际可见的损害结果，也存在传播不良信息、干扰专用频率等风险。扰乱无线电通讯管理秩序罪修改之后，为解决司法实践当中的罪名认定问题提供了坚实的法律依据。(3)将“擅自占用”修改为“擅自使用”。无线电频率的占用，意思是在该频率波段内优先使用，同时排斥其他基站使用该频率。然而，随着无线电技术的发展，今后“伪基站”使用合法基站的频率波段发射信号时，可以做到不占用正常的无线电频率。修改为“擅自使用”后，就不妨碍将这种情况认定为扰乱无线电通讯管理秩序罪了。相比较刑法第一百二十四条破坏公用电信设施罪要求要具备“破坏”这一法定构成要件，降低了由于技术的进步和法律的滞后性而导致不能对使用“伪基站”行为入刑的可能性。(4)增设罪刑单位和量刑档次。增加了一个“情节特别严重”的加重情节，这为法官依据案件的事实和证据，依据行为人犯罪行为的危害程度进行刑罚裁量提供了标准和梯度，贯彻了罪责刑相适应的原则，也有利于警示具有犯罪意图者。

然而，由于《两高两部意见》并未失效，司法实践中对于使用“伪基站”的行为如何定性仍然未能统一。一些法院仍然按《两高两部意见》定罪处罚，也有一些法院逐渐认定类似案件为扰乱无线电通讯管理秩序罪。其适用该罪名的主要理由是：(1)擅自设置“伪基站”发送垃圾短信，其主观意图是对电信用户实施诈骗，并非针对公用电信设施进行破坏；(2)其侵犯的客体是无线电通讯秩序，并非公共安全；(3)扰乱无线电通讯管理秩序罪的刑期设置较破坏公用电信设施罪更轻一些，按此罪名处理案件符合罪责刑相适应原则；(4)立法机关修改刑法第二百八十八条，意图就是为司法机关准确适用该条清除障碍，避免司法实践中继续将此类行为认定为破坏公用电信设施罪。

基于实践中存在的这些情况，最高人民法院、最高人民检察院、公安部于2016年12月19日发布了《关于办理电信网络诈骗等刑事案件适用法律若干问题的意见》（法发〔2016〕32号，以下简称《两高一部意见》）。《两高一部意见》明确规定：“在实施电信网络诈骗活动中，非法使用‘伪基站’‘黑广播’，干扰无线电通讯秩序，符合刑法第二百八十八条规定的，以扰乱无线电通讯管理秩序罪追究刑事责任。同时构成诈骗罪的，依照处罚较重的规定定罪处罚。”在此基础上，2017年7月1日起施行的《最高人民法院、最高人民检察院关于办理扰乱无线电通讯管理秩序等刑事案件适用法律若干问题的解释》（以下简称《无线电通讯解释》）第一条明确规定：“具有下列情形之一的，应当认定为刑法第二百八十八条第一款规定的‘擅自设置、使用无线电台（站），或者擅自使用无线电频率，干扰无线电通讯秩序’：（一）未经批准设置无线电广播电台（以下简称‘黑广播’），非法使用广播电视专用频段的频率的；（二）未经批准设置通信基站（以下简称‘伪基站’），强行向不特定用户发送信息，非法使用公众移动通信频率的；（三）未经批准使用卫星无线电频率的；（四）非法设置、使用无线电干扰器的；（五）其他擅自设置、使用无线电台（站），或者擅自使用无线电频率，干扰无线电通讯秩序的情形。”至此，司法实践中的困惑和社会各界的有关争议，通过《无线电通讯解释》得到了统一。

就本案而言，被告人李雄剑、谢增光、王历飞利用“伪基站”群发短信的行为发生在2016年4月2日。此时，刑法修正案(九)已经开始实施。根据行为时的法律，对上述使用“伪基站”的行为应当以扰乱无线电通讯管理秩序罪定罪处罚。原审法院依照刑法第一百二十四条第一款及《公用电信设施解释》第一条第二项的规定，认定三被告人的行为构成破坏公用电信设施罪，属适用法律错误。本案在二审期间，《两高一部意见》于2016年12月19日发布并于2016年12月20日开始实施。二审法院认为，三被告人的行为并非直接针对公用电信设施本身进行破坏，而主要是破坏无线电通讯秩序，对公用电信设施本身并不会产生危害，符合扰乱无线电通讯管理秩序罪的犯罪构成，遂作出改判三被告人行为构成扰乱无线电通讯管理秩序罪的判决。

需要说明的是，二审判决生效后，《无线电通讯解释》于2017年7月1日开始实施。该二审判决的内容与《无线电通讯解释》的相关规定精神是契合的。

（撰稿：最高人民法院刑四庭　陆建红
湖北省汉江中级人民法院　王秀斌
审编：最高人民法院刑四庭　周　峰）

[第1248号]黄民喜等寻衅滋事案

——使用轻微暴力帮他人抢回赌资的行为如何定性

【关键词】　抢劫罪　寻衅滋事罪　轻微暴力　帮他人抢回赌资

一、基本案情

被告人黄民喜，男，1987年2月23日出生。因犯贩卖毒品罪于2009年10月20日被判处有期徒刑八年，2014年12月8日刑满释放。2017年10月17日因涉嫌犯抢劫罪被逮捕。

被告人聂迪飞，男，1981年3月26日出生。2017年10月17日因涉嫌犯抢劫罪被逮捕。

被告人熊聪，男，1994年6月12日出生。2017年10月17日因涉嫌犯抢劫罪被逮捕。

被告人周元文，男，1996年8月29日出生。2017年10月17日因涉嫌犯抢劫罪被逮捕。

广东省珠海市香洲区人民检察院以被告人黄民喜、聂迪飞、熊聪、周元文犯抢劫罪，向香洲区人民法院提起公诉。

被告人黄民喜辩称，其没有殴打和控制被害人吴家有，涉案1 200元是吴家有主动给其的，其行为不构成抢劫罪。

被告人聂迪飞辩称，其没有抢被害人吴家有的钱，因吴家有先推了他，其才用手打他的脸。

被告人熊聪辩称，其没有对被害人吴家有进行暴力胁迫，没有殴打、控制，也没有分赃，黄民喜给其200元是来回路费和给其买烟用的。

被告人周元文辩称，其没有殴打被害人吴家有，其只是被朋友叫去现场看看，不构成抢劫罪。

被告人聂迪飞、熊聪的辩护人均提出，二被告人的行为主观上没有抢劫的故意，客观上没有实施严重的暴力，根据罪刑相适应原则，定寻衅滋事罪更为恰当；二人均系从犯、认罪态度好，请求从轻处罚。被告人周元文的辩护人提出本案应定性为寻衅滋事罪，且周元文有自首情节、取得被害人谅解，属于从犯，建议从轻处罚。

香洲区人民法院经公开审理查明:2017年9月7日1时许,被告人黄民喜接到其堂哥黄世茂自称赌博时被人"出千"的电话后,想要替其堂哥教训"出千"的人并拿回所输赌资,于是伙同被告人聂迪飞、熊聪、周元文等人乘坐出租车来到珠海市香洲区碧涛路好景花园门口小卖部,见到黄世茂、被害人吴家有等人在赌"三公",遂围上前去。吴家有见状欲离开,被黄民喜拦住要求验牌,吴家有不同意,双方发生争执。后吴家有见机逃跑,被黄世茂拦住,黄民喜等人追上前去,黄民喜、聂迪飞拳打脚踢吴家有,将其按住坐在花坛上,其他人围住,迫使吴家有(手上握有一部手机)交出人民币(以下币种同)1 300元,后因吴家有请求留下100元作为车费,黄民喜退还其100元后离开现场。事后被告人黄民喜分得270元、聂迪飞分得300元、熊聪分得200元、周元文分得200元。经鉴定,吴家有所受损伤为轻微伤。2017年9月14日,黄民喜、聂迪飞、熊聪被抓获。2017年10月10日,周元文到珠海市公安局朝阳派出所投案。案发后,周元文委托家属多次向吴家有赔礼道歉,聂迪飞委托家属向吴家有赔偿经济损失人民币1 000元,二人均取得吴家有的谅解。

香洲区人民法院经审理认为,被告人黄民喜、聂迪飞、熊聪、周元文破坏社会秩序,强拿硬要他人财物,情节严重,其行为均已构成寻衅滋事罪。公诉机关指控被告人黄民喜、聂迪飞、熊聪、周元文的犯罪事实清楚,证据确实、充分,唯指控罪名不正确,应予纠正。被告人黄民喜为其堂哥拿回赌资而召集人员,到现场后殴打被害人吴家有,迫使其交出钱款,负责分赃,其本人分得赃款270元;被告人聂迪飞受召集后,积极参与殴打吴家有,事后分得赃款300元。以上二人在共同犯罪中起主要作用,是主犯。被告人熊聪、周元文受召集参与犯罪后,主要在外围牵制被害人,使其不易逃脱,并因人数形成威慑,事后各分得赃款200元。以上二人在共同犯罪中起次要作用,是从犯,依法可以从轻处罚。聂迪飞归案后如实供述犯罪事实,依法可以从轻处罚。周元文主动投案,酌情可以从轻处罚。聂迪飞赔偿被害人损失、周元文委托家属赔礼道歉,二者均取得被害人谅解,酌情可以从轻处罚。黄民喜曾因故意犯罪被判处有期徒刑,在刑罚执行完毕之后五年以内再犯应当判处有期徒刑以上刑罚之罪,是累犯,依法应当从重处罚。依照《中华人民共和国刑法》第二百九十三条第一款第三项、第二十五条第一款、第二十六条第一款、第二十七条、第六十五条第一款、第六十七条第三款的规定,以寻衅滋事罪分别判处被告人黄民喜有期徒刑一年三个月;判处被告人聂迪飞有期徒刑一年;判处被告人熊聪有期徒刑十个月;判处被告人周元文有期徒刑九个月。

一审宣判后,黄民喜等人均未上诉,检察机关未抗诉,判决已发生法律效力。

二、主要问题

对使用轻微暴力手段帮他人抢回赌资的行为人,应当如何定罪处罚?

三、裁判理由

本案在审理过程中,对被告人黄民喜等人以轻微暴力手段为他人抢回赌资的行为定性,存在以下两种意见:

第一种意见认为,构成抢劫罪。理由是:(1)刑法第二百六十三条规定:"以暴力、胁迫或者其他方法抢劫公私财物的,处三年以上十年以下有期徒刑,并处罚金……"刑法没有对暴力程度作出限定,只要该行为足以使被害人不敢反抗从而交出财物即可认定为抢劫罪。本案中,被告人黄民喜等人主观上具有非法占有他人财物的目的,客观上实施了拳打脚踢等暴力方法,当场劫取他人财物,符合抢劫罪的构成要件。(2)本案被告人是为其他人抢回赌资,并非抢回自己所输赌资,不适用最高人民法院2005年6月8日发布的《关于审理抢劫、抢夺刑事案件适用法律若干问题的意见》(以下简称《意见》)第七条中"行为人仅以其所输赌资或所赢赌债为抢劫对象,一般不以抢劫罪定罪处罚”的排除性规定。

第二种意见认为,构成寻衅滋事罪。理由是:(1)从主观方面来看,黄民喜等人主观上没有非法占有他人财物的故意,而是想教训、吓唬被害人和帮他人追回赌资,应与抢劫罪中的非法占有他人财物的故意有所区别。(2)从暴力程度来看,黄民喜等人在公共场所通过拳打脚踢的方式,使被害人忍气吞声,从而公然拿走被害人的少量财物,其强度比抢劫中的暴力威胁程度明显要弱,主要侵犯的是社会公共秩序,其行为更符合寻衅滋事罪中的“强拿硬要”的特征。(3)根据罪责刑相适应原则,权衡黄民喜等人的主观恶性及行为的社会危害性,认定为强拿硬要型寻衅滋事罪,有助于罚当其罪,处理更为恰当。

我们同意第二种意见。抢劫罪与寻衅滋事罪中的强拿硬要行为有诸多相似之处,两者均使用了一定的暴力或者胁迫手段,体现出强行获取他人财物的特征,均可能侵犯到他人的人身权利和财产权利。二者之间的区别主要体现在犯罪的主观目的、客观行为表现等方面。对于类似本案的使用轻微暴力手段帮他人抢回赌资的行为,宜定性为寻衅滋事罪,分析如下:

(一)从客观表现来看,黄民喜等人在公共场所实施轻微暴力强索财物,暴力强度尚未超出寻衅滋事罪的范围,且主要侵犯的是社会公共秩序

抢劫罪的社会危害性、对被害人人身的危险性以及侦破的难度,都远远高于寻衅滋事罪。一般情况下,抢劫罪的犯罪行为绝大多数发生在偏僻街巷、人迹稀少的地方,且行为人常常具有隐蔽的特性,因而往往有意识地躲避世人。寻衅滋事罪的强拿硬要行为则常常发生在公共场所,多数是临时起意,结伙进行,一般不隐瞒自己身份,其最终或者说最主要的目的在于寻求一种精神刺激,炫耀自己的威势。寻衅滋事罪客观上不以严重侵犯他人人身权利的方法强拿硬要财物,表现在具体行为方式上,如使用的暴力或胁迫手段,一般是轻微的拳打脚踢等不易造成严重后果的方式,暴力行为往往也会有所节制;在造成的危害后果上,一般不超出轻微伤的范围。如果暴力手段为使用刀具、枪支等易造成严重后果的工具,胁迫手段是以被害人身体健康、生命安全等重大利益进行威胁,则通常应认定为超过强拿硬要的限度。

2005 年《意见》第九条对此作了明确阐述:“寻衅滋事罪是严重扰乱社会秩序的犯罪,行为人实施寻衅滋事的行为时,客观上也可能表现为强拿硬要公私财物的特征。这种强拿硬要行为与抢劫罪的区别在于:前者行为人主观上还具有逞强好胜和通过强拿硬要来填补精神空虚等目的,后者行为人一般只具有非法占有他人财物的目的;前者行为人客观上一般不以严重侵犯他人人身权利的方法强拿硬要财物,而后者行为人则以暴力、胁迫等方式作为劫取他人财物的手段。”

本案中,基于要回赌资的目的,被告人黄民喜等人前去见吴家有时没有携带任何凶器,黄民喜和聂迪飞仅对吴家有实施轻微的拳打脚踢行为,熊聪和周元文没有动手,只实施一般的追赶、拉扯行为,吴家有所受损伤亦为轻微伤。可见,四名被告人实施的暴力、胁迫行为有节制,且强度一般,尚未超出寻衅滋事罪中“随意殴打他人”“强拿硬要”的范畴。被告人在大庭广众之下,使用轻微暴力对被害人公开强索他人所输赌资的行为,已经扰乱了公共秩序,符合寻衅滋事罪的客观方面。

(二)黄民喜等人的主观目的主要不是非法占有他人财物,而是帮他人要回赌资、教训被害人

抢劫罪的目的是非法占有他人财物,侵犯人身权利只是实现其犯罪目的的一种手段。一般而言,行为人总会竭尽所能尽量多的劫取财物。而在强拿硬要型的寻衅滋事犯罪中,行为人一般出于通过破坏公共秩序来寻求个人精神上满足的目的,非法占有他人财物的目的处于从属地位。虽然行为人也会强取他人财物,但是其主观目的并不是占有他人财物,占有财物是其要威风、占

便宜、开心取乐的一种手段,有时索取财物多少甚至有没有对行为人索取到财物不甚重要,行为人追求的主要是在强拿硬要过程中精神上的刺激,因此,有的行为人甚至将钱退回一部分或者明知被害人身上有更多的钱而不为所动等。

本案中,被告人黄民喜接到其堂哥电话,称被害人吴家有在赌博中有“出千”行为导致其输了一千多元钱,让黄民喜带几个人过去把本钱拿回来。黄民喜纠集同案被告人聂迪飞等人时,明确表示其堂哥在赌博时被人“出千”,提出到现场看一看,教训一下“出千”的人。四被告人见到被害人吴家有后,在吴家有逃跑时,采取了拳打脚踢、围追堵截行为,迫使吴家有交出1 300 元钱,吴家有提出给其留 100 元作为车费,黄民喜退回 100 元。同时,被害人吴家有当时手上握有一部手机,被告人并没有要求其交出手机。从以上行为可以看出,被告人的目的主要是教训吴家有,拿回其堂哥输掉的赌资,并没有进一步非法占有被害人财物的故意。

(三)根据罪责刑相适应原则,本案以寻衅滋事罪论处更为合适

刑法第五条规定:“刑罚的轻重,应当与犯罪分子所犯罪行和承担的刑事责任相适应。”这就是我国刑法中的罪责刑相适应原则。作为刑法的一项基本原则,该原则不但对立法中刑罚的设定、司法中刑罚的具体裁量起着关键作用,而且在区分认定不同罪名时也具有重要意义。

抢劫罪在我国刑法中属于重罪,其起刑点就是三年有期徒刑,最高刑是死刑;相对而言,寻衅滋事罪是一种轻罪,一般只能判处五年以下有期徒刑、拘役或者管制(纠集他人多次寻衅滋事,严重破坏社会秩序的,才处五年以上十年以下有期徒刑)。寻衅滋事罪与抢劫罪的法定刑规定之所以如此轻重悬殊,其中一个非常重要的原因就在于抢劫罪的主观恶性、人身危险性和社会危害性,都远远高于寻衅滋事罪。因此,正确区分抢劫罪和寻衅滋事不仅要考量其犯罪构成的迥异,在行为性质不甚明确时,还要依据罪责刑相适应原则,凭借社会一般观念,权衡行为人应受处罚的轻重和处刑后可能会产生的社会效果,以期最终准确认定行为人的行为性质和罪名,实现罚当其罪。

本案中,四被告人的行为虽然从形式上看与抢劫罪有些相似,但综观全案,其实施暴力的强度并未超出寻衅滋事罪所涵括的范围,造成的伤害后果是致一人轻微伤,且其主观上出于教训对方和为他人要回赌资的动机,此外,其从索要钱款中拿出 100 元归还被害人、索要财物价值没有超出其认为损失的数额,以寻衅滋事罪对其定罪处刑更为恰当,准确贯彻了罪责刑相适应的基本原则。

此外,2005 年《意见》中规定,“行为人仅以其所输赌资或所赢赌债为抢劫对象,一般不以抢劫罪定罪处罚。构成其他犯罪的,依照刑法的相关规定处罚”。该规定将行为人抢回所输赌资行为与一般抢劫行为区分认定,也体现了对罪责刑相适应原则的贯彻。本案中,虽然被告人抢回的财物对象并非本人所输赌资,而是被告人堂哥的所输赌资,但上述司法文件的精神,对本案的处理亦应具有参考价值。

综上,法院依法以寻衅滋事罪对本案被告人定罪处罚,是正确的。

(撰稿:广东省珠海市香洲区人民法院　彭　帅
审编:最高人民法院刑二庭　韩维中)

[第1305号]林作明寻衅滋事案
——吸毒致幻后持刀拦乘汽车、恐吓驾驶人员的行为定性

【关键词】 寻衅滋事罪 吸毒致幻 持刀乘汽车 恐吓驾驶人员

一、基本案情

被告人林作明,男,汉族,1981年1月26日出生。2001年6月8日因犯寻衅滋事罪被判处有期徒刑三年六个月。2017年8月4日因本案被逮捕。

浙江省玉环市人民检察院指控被告人林作明犯寻衅滋事罪、劫持汽车罪,向玉环市人民法院提起公诉。

被告人林作明对起诉指控寻衅滋事的犯罪事实无异议,但辩解在劫持汽车一节事实中,其虽有威胁的言语,但只是想尽快赶到公安局自首,其并不构成劫持汽车罪。

被告人林作明的辩护人对起诉指控的犯罪事实基本无异议,但认为被告人林作明持刀的行为并未达到胁迫被害人黄某某改变车辆运行轨迹的程度,故其行为在客观方面不符合劫持汽车罪的构成要件;林作明因吸食毒品导致精神障碍,影响其刑事责任能力,且具有自首情节,应对其减轻处罚。

玉环市人民法院经审理查明:2017年7月11日15时许,被告人林作明吸食毒品甲基苯丙胺后在浙江省玉环市楚门镇××路无故手持菜刀将被害人洪某的背部砍伤,并将上前劝阻的被害人张某某的头部砍伤。事后,林作明手持两把菜刀步行至楚门镇龙王村村部附近时,见被害人李某坐在路边玩手机,又无故持菜刀将李某的脸部砍伤。

作案后,被告人林作明在楚门镇龙王村红绿灯处拦乘被害人黄某某的私家轿车,并持刀威胁黄某某往玉环市玉城街道方向行驶,行驶过程中林作明不断要求黄某某超速行驶和超车。黄某某的轿车行驶至玉环市白岩村红绿灯时,林作明下车往玉环市玉城街道方向步行,后又持刀搭乘董某某的轿车开往玉环市公安局主动投案。其到案后未如实供述自己的罪行。

经鉴定,被害人李某的损伤为面部创3.5cm长,已达到轻微伤程度。被害人张某某、洪某不配合做法医鉴定,无法认定二人的损伤程度。被告人林作明案发时患精神活性物质所致精神障碍为缓解期,暂不评定其刑事责任能力。

案发后,被告人林作明的家属赔偿被害人李某人民币10 000元,并取得谅解。

玉环市人民法院经审理认为:被告人林作明公然藐视国家法纪和社会公德,持凶器随意殴打他人,情节恶劣,其行为已构成寻衅滋事罪。林作明以暴力、胁迫等方式劫持汽车,其行为已构成劫持汽车罪。依法应当实行数罪并罚。林作明有前科劣迹,可酌情从重处罚。林作明对寻衅滋事罪当庭认罪,且寻衅滋事一节有赔偿谅解情节,可酌情从轻处罚。依照《中华人民共和国刑法》第二百九十三条第一款第一项、第一百二十二条、第六十九条第一款、第六十四条的规定,判决被告人林作明犯寻衅滋事罪,判处有期徒刑一年;犯劫持汽车罪,判处有期徒刑五年,决定执行有期徒刑五年六个月。

一审宣判后,被告人林作明不服,提起上诉。

被告人林作明上诉称,原判认定的劫持汽车环节中,其虽有威胁的言语,但没有劫持汽车的主观故意,拦截汽车只是想尽快赶到公安局自首,一审认定其犯劫持汽车罪不当,且应当认定其

自首,请求二审法院予以改判。其辩护人提出,林作明因吸食毒品后产生幻觉,进而导致后续行为,其没有控制汽车的主观故意,且实施的行为亦不足以致驾驶人员不敢反抗,主客观均不符合劫持汽车罪的构成要件。

二审出庭履行职务的检察员认为,原判认定的事实清楚,证据确实充分,审判程序合法,定性准确,量刑适当,建议驳回上诉,维持原判。

台州市中级人民法院认为,原判认定的事实清楚,证据确实、充分。被告人林作明公然藐视国家法纪和社会公德,吸食毒品并为发泄情绪,持刀随意殴打他人,并随意拦乘汽车、恐吓驾驶人员,破坏社会秩序,情节恶劣,其行为已构成寻衅滋事罪。原判将其拦乘汽车、恐吓驾驶人员的滋事行为以劫持汽车定性不当,予以纠正。对该节事实应以寻衅滋事定罪处罚。林作明有前科劣迹,酌情从重处罚。其能当庭认罪,且有赔偿获得谅解情节,可酌情从轻处罚。原判定性量刑不当,予以纠正。原审审判程序合法。依照2012年《中华人民共和国刑事诉讼法》第二百二十五条第一款第二项、《中华人民共和国刑法》第二百九十三条第一款第一项、第二项,第六十二条,第六十四条的规定,改判被告人林作明犯寻衅滋事罪,判处有期徒刑二年。

二、主要问题

吸毒致幻者持刀拦乘汽车、恐吓驾驶人员的行为应当如何定性?

三、裁判理由

(一)吸毒致幻者实施犯罪应承担刑事责任

司法部2016年发布的《精神障碍者刑事责任能力评定指南》第5.2.5条规定:"对毒品所致精神障碍者,如为非自愿摄入者按照5.1条款评定其刑事责任能力;对自愿摄入者,如果精神症状影响其辨认或控制能力时,不宜评定其刑事责任能力,可进行医学诊断并说明其作案时精神状态。"从上述规定可见,对毒品所致精神障碍者刑事责任能力的评定比较复杂,难以划定一个简单的认定标准。

本案中,经鉴定,被告人林作明案发时患精神活性物质所致精神障碍为缓解期,暂不评定其刑事责任能力。暂不评定意味着鉴定意见对被告人林作明的刑事责任能力不作认定。那么,在此情形下,对自愿摄入毒品者进行刑事责任能力评定时,应当在相关精神鉴定意见的基础上,判断精神障碍是否影响其实施犯罪行为时的辨认和控制能力。而对于自陷入精神障碍的行为人,则应当根据其自陷时对危害结果的意识和意志状态认定其对结果所持的主观罪过,即根据原因自由行为理论来认定。原因自由行为是指具有责任能力的行为人,故意或者过失使自己一时陷入丧失或者尚未完全丧失责任能力的状态,并在该状态下实施了符合犯罪构成要件的行为。行为人使自己丧失或者尚未完全丧失责任能力状态的行为,称为原因行为,而在该状态之下实施符合犯罪构成要件的行为,则是结果行为。我国《刑法》虽只规定了醉酒犯罪这一类型,但对于除醉酒之外的吸毒等类型的原因自由行为仍可以通过解释将其纳入。学界对原因自由行为的可罚性根据有不同主张,但是毋庸置疑的是,任何人都不能因为自己自陷入丧失或者尚未完全丧失责任能力状态而实施的犯罪行为免责。

本案中,被告人林作明明知吸毒可导致其身体出现精神活动变化,仍然自愿吸毒,神志陷入异常状态,并在此状态下实施了犯罪行为,符合原因自由行为理论,理应对自身行为承担相应的刑事责任。

(二)吸毒致幻后持刀拦乘汽车、恐吓驾驶人员的行为可视情况认定为寻衅滋事罪

1. 被告人的行为不符合劫持汽车罪的犯罪构成

我国《刑法》第一百二十二条规定,劫持汽车罪是指以暴力、胁迫或者其他方法劫持汽车的行

为。本罪侵犯的客体是公共安全，主要是指汽车的交通运输安全和不特定多数人的生命、健康及财产安全。本罪客观方面表现为以暴力、胁迫或者其他方法劫持汽车的行为。其中“暴力”是对车辆驾驶人员等人实施殴打等行为，并达到足以抑制其反抗的程度；“胁迫”是对车辆驾驶人员等人实施精神恐吓或强制，并达到足以抑制其反抗的程度；“其他方法”是指与暴力、胁迫性质相当，使车辆驾驶人员等人不能反抗、不敢反抗或者不知反抗的方法。“劫持”主要表现为行为人直接驾驶汽车或者强迫驾驶人员按照自己的意志驾驶，从而控制汽车的行驶路线、速度等。

本案中，从客观行为来看，被告人采取了暴力、胁迫手段，但其未采用持刀伤害被害人或争夺汽车之激烈行为，亦未实际控制着汽车；从犯罪后果来看，车辆在行驶过程中没有造成交通事故或者秩序混乱，被害人也没有失去对车辆的控制，行为人并未危及道路行驶中其他不特定人员的安全；从主观意图来看，林作明拦乘被害人黄某某的私家轿车，乘坐不到十分钟即自动下车，其主要目的是为赶往公安局搭乘一段路，主观上并非为了劫夺和控制汽车。因此，被告人的行为不符合劫持汽车罪的犯罪构成。

2. 被告人的行为尚未达到劫持汽车罪相当的社会危害性

有观点认为，劫持汽车罪属于行为犯，不管出于什么动机、什么目的，是否造成严重后果，行为人只要故意实施了劫持汽车的行为，就构成本罪。我们不完全赞同上述观点，犯罪成立既要符合《刑法》分则对犯罪构成要件的规定，同时也要符合《刑法》总则对犯罪的定义。本罪虽然是抽象的危险犯，但司法实践中，还应当把握该行为是否具有相当严重的社会危害性，即是否危害公共安全。就本罪而言，可以从两个方面考量是否危害公共安全：一是从道路上的不特定人员来看，如果车辆在行驶过程中具有造成交通秩序混乱导致不特定人员伤亡的危险，或者车辆在行驶过程中造成不特定人员伤亡的结果，都可以认定为危害公共安全。二是从车辆上的不特定人员来看，如果有对车辆上的不特定人员造成伤亡的危险或者结果，也可以认定为危害公共安全。就本案而言，被告人威逼被害人开快点，但经查询，黄某某在载乘被告人这段时间中，车辆并未发生超速等违章驾驶情况，不足以危及道路上不特定人员的公共安全，且其拦乘的是只有驾驶员黄某某一人的私家轿车，也不会危及车上不特定多人的生命安全。因此，被告人的行为尚未达到劫持汽车罪相当的社会危害性。

我国《刑法》第五条规定，刑罚的轻重，应当与犯罪分子所犯罪行和承担的刑事责任相适应。劫持汽车罪作为一项危害公共安全的犯罪，量刑起点为五年以上有期徒刑；造成严重后果的，处十年以上有期徒刑或无期徒刑。本案被告人未使用严重的暴力、胁迫或者其他方法控制汽车，也未危害到公共安全。倘若对被告人采用一般手段且短暂拦乘汽车、威逼驾驶的行为以劫持汽车罪这一重罪进行处罚，不符合罪责刑相适应原则，亦与刑法谦抑、审慎原则相悖。

3. 被告人的行为符合寻衅滋事罪的犯罪构成

本案中，被告人持刀拦乘汽车、恐吓驾驶人员，是吸食毒品后的情绪发泄体现出的滋事特性，是前述其随意殴打他人寻衅滋事行为的延续。根据《最高人民法院、最高人民检察院关于办理寻衅滋事刑事案件适用法律若干问题的解释》第三条规定：“追逐、拦截、辱骂、恐吓他人，破坏社会秩序，具有下列情形之一的，应当认定为刑法第二百九十三条第一款第二项规定的‘情节恶劣’：……持凶器追逐、拦截、辱骂、恐吓他人的……”本案被告人林作明的行为属于持凶器恐吓他人的行为，可以依照寻衅滋事犯罪“情节恶劣”的情形予以定罪、量刑。

（三）二审以寻衅滋事罪一罪论处，不违反上诉不加刑原则

本案将被告人吸毒致幻后持刀拦乘汽车、恐吓驾驶人员的行为认定为寻衅滋事罪后，二审在未改变原判事实认定的情况下，以寻衅滋事罪判处被告人有期徒刑二年。有观点认为，原判以寻

衅滋事罪判处被告人有期徒刑一年，二审以寻衅滋事罪判处其有期徒刑二年，违背了上诉不加刑原则。

上诉不加刑，是指第二审人民法院审理只有被告人一方提出的上诉案件，不得以任何理由加重被告人的刑罚。它是二审程序中一项特殊原则，其目的在于切实保障被告人一方的上诉权。我国刑事诉讼法第二百三十七条，《最高人民法院关于适用〈中华人民共和国刑事诉讼法〉的解释》第三百二十五条、第三百二十六条、第三百二十七条，都体现了有关上诉不加刑的原则。结合本案，与之相关的规定是《最高人民法院关于适用〈中华人民共和国刑事诉讼法〉的解释》第三百二十五条第三项，该项规定："原判对被告人实行数罪并罚的，不得加重决定执行的刑罚，也不得加重数罪中某罪的刑罚。"上述规定明确了在数罪并罚的上诉案件中，不论加重决定执行的刑罚，还是加重数罪中某罪或某几个罪的刑罚，都是加重刑罚的表现，都有违上诉不加刑的原则。但这是否意味着二审无论在什么情况下，对数罪并罚中某一确定的罪名都不能加重刑罚呢？上诉不加刑是针对大致相同的犯罪事实、量刑事实和情节、法律规定来说的。如果犯罪事实、量刑事实和情节或法律规定发生重大变化或实质性改变，不再具有可比性，那么就不一定违反上诉不加刑原则。因此，我们认为，如果原判定数罪，二审经审查，在不改变原判认定事实的前提下认为应定为一罪的，可以在不超过原判决定执行刑罚的情形下对一罪加重刑罚。在本案中，林作明的犯罪行为系吸毒致幻后实施的连贯性行为，应作为一个犯罪事实进行定罪量刑。改判后的寻衅滋事罪是合并了原判的两罪，是两起基础事实的合并。原判对寻衅滋事罪和劫持汽车罪分别量刑，改判后对寻衅滋事罪的量刑亦应建立在这两起事实量刑的基础上，即只要不超过原判两起事实量刑的总和，应视为没有违反上诉不加刑原则。换言之，二审虽然增加了原判寻衅滋事罪的刑期，但罪名上将两罪定为一罪，量刑上将劫持汽车罪有期徒刑五年的刑期予以剔除，直接以寻衅滋事一罪定罪量刑，不但没有加重被告人的处罚，反而体现了有利于被告人的原则。

（撰稿：浙江省台州市中级人民法院　王永兴　卢　茜
审编：最高人民法院刑二庭　韩维中）

［第1306号］韩召海等人组织、领导、参加黑社会性质组织案
——黑社会性质组织及"套路贷"的司法认定

【关键词】　组织、领导、参加黑社会性质组织罪　黑社会性质组织　套路贷

一、基本案情

被告人韩召海，男，1991年2月15日出生，金雨空放小额贷款公司负责人。2018年3月7日被逮捕。

被告人曹明，男，1994年6月28日出生，金雨空放小额贷款公司合伙人。2018年1月24日被逮捕。

被告人孙明，男，1991年2月26日出生，金雨空放小额贷款公司合伙人。2018年3月7日被逮捕。

被告人叶宇铭，男，1989年9月12日出生，金雨空放小额贷款公司合伙人。2018年3月7日被逮捕。

被告人胡桥，男，1996年2月13日出生，金雨空放小额贷款公司合伙人。2018年3月16日被逮捕。

被告人管庆永，别名"管二"，男，1982年7月7日出生。2018年8月10日被逮捕。

被告人李晨懿，男，1991年2月15日出生。2018年3月7日被逮捕。

被告人耿赛赛，男，1994年8月2日出生。2018年6月15日被逮捕。

陕西省西安市新城区人民检察院指控韩召海等8名被告人涉嫌犯组织、领导、参加黑社会性质组织罪，非法拘禁罪，寻衅滋事罪，敲诈勒索罪，故意毁坏财物罪，非法侵入住宅罪，诈骗罪，故意伤害罪，向西安市新城区人民法院提起公诉。

涉案的被告人及其辩护人均辩称该组织不是黑社会性质组织。

被告人韩召海及其辩护人辩称，韩召海在该组织中的作用与其他人相当，并未从高息放贷中多获利，不属于组织、领导者。

被告人曹明、孙明、叶宇铭、胡桥、管庆永及其辩护人辩称，被告人没有参加黑社会性质组织的主观故意，对该组织是否系黑社会性质组织并不明知，不构成参加黑社会性质组织罪；其中袁胜杰被诈骗案，被告人及其辩护人辩称，借款时已告知袁胜杰房屋过户的风险，且袁胜杰自愿公证，被告人在无法联系袁胜杰的情况下将房屋过户，不构成诈骗罪。

西安市新城区人民法院经公开审理查明：2013年3月，被告人韩召海经被告人管庆永介绍进入信而富公司从事小额贷款业务，后升至部门经理；被告人胡桥、叶宇铭、李晨懿系韩召海同事。2016年2月，被告人孙明经韩召海介绍到西安市嘉银金融公司从事小额贷款业务。2016年8月，韩召海从信而富公司离职后入职德诚汇信公司，担任中贸广场营业部负责人，叶宇铭及被告人曹明相继加入该公司。韩召海、曹明、孙明利用之前在放贷公司的工作经验及人脉，共同出资对外放贷。2016年10月韩召海从德诚汇信公司辞职，叶宇铭、曹明相继跟随辞职。同月22日，经韩召海与曹明、孙明、叶宇铭商议，合伙租用西安市中贸广场15号楼写字间作为办公场所，未经批准设立小额贷款公司，共同出资对外非法放贷。至此，韩召海等人依托放贷公司形成了较稳定的犯罪组织。2017年夏天，韩召海给其公司起名为金雨空放小额贷款公司（以下简称金雨空放公司），寓意金钱如雨无抵押贷款。2017年8月，胡桥加入该公司成为新的合伙人。韩召海等人在非法放贷过程中，多次对逾期未还的借款人暴力讨债，逐步发展为黑社会性质组织。韩召海负责公司总体运营，决定放贷业务，管理公司账务，指挥他人催收，拥有较强的决策权及管理权，系该组织的组织、领导者；曹明、孙明、叶宇铭、胡桥系公司合伙人，在韩召海的带领下非法放贷、暴力讨债，多次积极参加该组织的违法犯罪活动，系该组织的积极参加者；管庆永作为韩召海从事放贷业务的引路人，明知该组织从事非法放贷、暴力讨债，仍予参与，系该组织的一般参加者。该组织为了索要欠款，多次通过非法拘禁、辱骂殴打、威胁恐吓、夹击身体敏感部位、喷辣椒水、踩脚趾、烟头烫、"架飞机"及电击等恶劣手段，有组织地实施了一系列违法犯罪活动：多次使用暴力手段非法拘禁多名借款人；为谋取非法利益，采用暴力威胁手段，以索要高额利息、滞纳金等费用为由，逼迫借款人写借条，以此敲诈勒索；在敲诈未果后，纠集多人对借款人财物进行打砸，故意毁坏他人财物；在暴力讨债过程中多次强拿硬要借款人财物，深夜强行进入借款人住宅。该组织还通过喇叭喊话、门上喷漆、发送暴力讨债视频等方式向借款人施加压力，吸引群众围观，扰乱社会秩序。在放贷过程中，设定高额滞纳金及罚息，肆意认定违约、擅自垒高债务、伪造银行流水等手段，将"套路贷"手段及暴力讨债相结合，从而最大限度地牟取非法利益。2016年8月17日至2018年1月4日，该组织非法放贷105人次，放贷金额3 064 400元，非法获利1 131 050元，尚有本金489 400元未收回。上述获利除部分用于公司日常运营、维系组织发展、房屋及车库租赁、购买车辆等外，其余部分由组织成员按出资比例分配。其中，2017 年 2 月 23 日，袁胜杰向金雨空放公司借款 125 000 元，扣除利息、保证金、中介费、上门费等，韩召海向袁胜杰转账 92 000 元，期限 16 天。双方口头约定用袁胜杰的房屋抵押，但袁胜杰被要求签订委托书后进行公证，内容为韩召海有权出售房屋，并告知袁胜杰公证是贷款程序，不会处理房屋。借款到期后，韩召海虚增债务，垒高还款金额，迫使袁胜杰无法归还。韩召海第一次要求还款不低于 20 万元，第二次不低于 30 万元。韩召海与叶宇铭利用在抵押借款时袁胜杰已签好的卖房手续，使用虚假的袁胜杰离婚证书，将袁胜杰房产过户到叶宇铭名下后出租，租金由韩召海、曹明、孙明、叶宇铭平分。直到破案后袁胜杰才知自己的房屋已被韩召海过户给他人。经评估涉案房屋价值 293 200 元。韩召海采用“套路贷”的方式实际骗取袁胜杰 201 200 元。

西安市新城区人民法院审理认为，被告人韩召海纠集老乡及同事擅自设立金雨空放小额贷款公司，从事非法放贷业务，收取高额利息及名目繁多的各种费用，在借款人逾期后，采取辱骂殴打、威胁恐吓、夹击身体敏感部分、喷辣椒水、踩脚趾、烟头烫、“架飞机”及电击等恶劣手段暴力讨债，采用“套路贷”手段骗取他人财物，从而使组织影响不断扩大，组织势力日渐加强，逐步形成一个以韩召海为首的黑社会性质组织。该组织为攫取非法利益，增强犯罪能力，先后实施了非法拘禁、敲诈勒索、寻衅滋事、故意毁坏财物、非法侵入住宅、诈骗等一系列违法犯罪活动，为非作恶，欺压残害群众，严重扰乱正常金融秩序，侵犯他人人身财产权利，破坏当地经济、社会生活秩序。韩召海的行为已构成组织、领导黑社会性质组织罪，非法拘禁罪，敲诈勒索罪，寻衅滋事罪，故意毁坏财物罪，非法侵入住宅罪；采用“套路贷”手段骗取袁胜杰房产，已构成诈骗罪。曹明、孙明、叶宇铭、胡桥、管庆永的行为，已分别构成参加黑社会性质组织罪等相应罪名；采用“套路贷”手段骗取袁胜杰房产，已构成诈骗罪。耿赛赛已构成非法拘禁罪、故意伤害罪。李晨懿已构成非法拘禁罪。根据各被告人的犯罪事实、性质、情节以及社会危害程度，遂以相关罪名判决如下：对被告人韩召海决定执行有期徒刑十六年，并处没收财产人民币五十万元，罚金人民币九万元，剥夺政治权利三年；对被告人曹明决定执行有期徒刑十一年八个月，并处罚金人民币三十九万元；对被告人孙明决定执行有期徒刑十一年四个月，并处罚金人民币三十九万元；对被告人叶宇铭决定执行有期徒刑九年十个月，并处罚金人民币三十八万元；对被告人胡桥决定执行有期徒刑五年六个月，并处罚金人民币二十四万元；对被告人管庆永决定执行有期徒刑二年十个月，并处罚金人民币八万元；对被告人耿赛赛决定执行有期徒刑一年八个月；对被告人李晨懿判处有期徒刑一年四个月。

宣判后，被告人韩召海等人不服，提出上诉。

陕西省西安市中级人民法院经审理后认为本案定罪准确，量刑适当，审判程序合法。裁定驳回上诉，维持原判。

二、主要问题

1. 如何认定把握黑社会性质组织？

2. 如何司法处理“套路贷”案件？

三、裁判理由

扫黑除恶专项斗争开展以来，西安市新城区人民法院在办理涉及“套路贷”案件时，依法对案件定性，结合案件本质特征对案件整体把握，审结了陕西省首例“套路贷”涉黑案件，8 名被告人分别构成组织、领导、参加黑社会性质组织罪，非法拘禁罪，敲诈勒索罪，寻衅滋事罪，故意毁坏财物罪，非法侵入住宅罪等罪名，并分别被判处十六年到一年四个月不等的有期徒刑。众所周知，“套路贷”涉黑犯罪一度猖獗，侵犯人民群众财产安全和其他合法权益、严重扰乱金融市场秩序，影响人民群众的安全感和社会和谐稳定。本案争议的焦点为行为人是否构成组织、领导、参加黑社会性质组织罪及对"套路贷"的司法认定如何把握。

(一)黑社会性质组织的判定标准

黑社会性质组织,是指以暴力、威胁或者其他手段,在一定区域或行业内形成非法控制或重大影响,以获取经济利益,有组织地进行违法犯罪活动,称霸一方,为非作恶,欺压、残害群众,严重破坏经济、社会秩序的犯罪组织。该组织应具备以下四个特征:

首先,黑社会性质组织具有组织特征。其一般可以表现为人数较多,有明确的组织、领导者,骨干成员基本固定,组织结构较为稳定,层级分工较为明确,组织纪律较为严明,犯罪据点固定等。本案中,有6名被告人涉及黑社会性质组织违法犯罪活动:韩召海在公司运营、账务管理、业务谈判、债务催收中起着主导作用,是金雨空放公司的创建者、非法放贷的决策者、暴力讨债的召集人;曹明、孙明、叶宇铭、胡桥是金雨空放公司合伙人,共同对外出资,获取利益,多次参加违法犯罪活动,均系骨干成员;韩召海等人租用中贸广场写字间作为金雨空放公司的办公场所,是被告人日常工作的聚集地、非法放贷的实施地及暴力讨债的策源地;该组织自成立以来,形成固定的放贷模式,共同实施暴力讨债行为。由此,该组织已具备《刑法》规定的黑社会性质组织所要求的"形成较稳定的犯罪组织,人数较多,有明确的组织者、领导者,骨干成员基本固定"的组织特征。

其次,黑社会性质组织具有经济特征。其通常表现在有组织地获取经济利益,具有一定的经济实力;组织成员之间经济往来频繁,具有一定的经济互助性;组织将部分收入用于违法犯罪活动。本案中,自2016年8月至2018年年初,该组织在放贷过程中巧立名目,通过收取高额利息、上门费、服务费、中介费、保证金、滞纳金及罚息等费用,非法获取经济利益,豢养组织成员,维护组织稳定,壮大组织势力。具有以下表现:(1)获利方式具有组织性。金雨空放公司所放款项由被告人共同出资,收益由被告人共同分配,对外放贷时虽以韩召海的名义进行,但整个放贷过程、资质审查及债务催收均由被告人共同完成,各被告人依托金雨空放公司获取经济利益。(2)该组织在一年多的时间内,共非法放贷105人次,放贷金额3 064 400元,非法获利1 131 050元,具备一定经济实力。(3)获利除按出资比例分配给各被告人之外,还用于支付房租、办公场所运营、户外拓展、购买车辆等共同开支,经济支出具有组织性。由此可见,该组织已具备《刑法》规定的黑社会性质组织所要求的"有组织地通过违法犯罪活动或者其他手段获取经济利益,具有一定的经济实力,以支持该组织活动"的经济特征。

再次,黑社会性质组织具有行为特征。其表现在以暴力、威胁或者其他手段,有组织地多次进行违法犯罪活动,为非作恶,欺压、残害群众。本案中,该组织为了索要欠款,由韩召海及组织成员以暴力、胁迫或其他手段,共同实施了非法拘禁、寻衅滋事、敲诈勒索、故意毁坏财物、非法侵入住宅及诈骗等一系列违法犯罪活动,包括:该组织通过辱骂殴打、夹击身体敏感部位、喷辣椒水、踩脚趾、烟头烫、"架飞机"、打砸财物及电击等暴力手段,先后非法拘禁多名借款人,践踏人格尊严,限制人身自由,并肆意打砸借款人家中财物;以暴力为支撑,通过威胁恐吓、"协商谈判"等"软暴力"手段,逼迫借款人写下借条,以此敲诈勒索,又多次强拿硬要借款人财物,非法侵入借款人住宅,严重侵犯他人人身财产权利;该组织在讨债过程中还采用喇叭喊话、门上喷漆、发送暴力讨债视频等手段向借款人施加压力,影响借款人的正常生活,违法犯罪行为具有暴力胁迫性;违法犯罪行为具有组织性,违法犯罪行为均系组织成员基于非法获利共同故意实施,有组织地开展非法放贷、暴力讨债活动;违法犯罪行为具有连续性,一年多时间内非法放贷105人次,实施10起违法犯罪行为,犯罪行为密集,犯罪气焰嚣张;违法犯罪行为具有多样性,有使用暴力胁迫手段实施的非法拘禁、敲诈勒索、故意毁坏财物的行为，也有使用“软暴力”手段实施的寻衅滋事、非法侵入住宅的行为，还有使用“套路贷”手段实施的诈骗行为。由此，该组织已具备《刑法》规定的黑社会性质组织所要求的“以暴力、威胁或者其他手段，有组织地多次进行违法犯罪活动，为非作恶，欺压、残害群众”的行为特征。

最后，黑社会性质组织具有危害特征。其表现在通过实施违法犯罪活动，称霸一方，在一定区域或者行业内，形成非法控制或者重大影响，严重破坏经济、社会生活秩序。本案中，该组织通过违法犯罪活动，逐步形成一个以韩召海为首的非法组织，侵犯他人人身财产安全，造成恶劣的社会影响，使群众安全感下降，严重破坏了当地经济、社会生活秩序，具体包括：成立放贷公司，非法放贷，擅自收取高额利息及各种费用，获取非法利益，扰乱正常金融秩序；以暴力胁迫手段强行讨债，致使多名群众合法权利遭受侵害后，不敢举报控告；该组织通过各种手段滋扰借款人及其家属正常生活，社会影响恶劣。该组织采取“套路贷”新型诈骗手段，骗取他人财物，侵犯他人财产权利。由此，该组织已具备《刑法》规定的黑社会性质组织所要求的“通过实施违法犯罪活动，或者利用国家工作人员的包庇或者纵容，称霸一方，在一定区域或者行业内，形成非法控制或者重大影响，严重破坏经济、社会生活秩序”的危害特征。

综上，韩召海等6名被告人的行为已具备了黑社会性质组织的四个特征，形成了黑社会性质组织。

（二）“套路贷”案件的司法认定

随着社会经济的不断发展，黑恶组织的犯罪手段不断翻新，假借民间借贷之名实施侵犯财产类违法犯罪活动日益猖獗，司法实践中对此类违法犯罪逐渐形成了“套路贷”这一称谓。“套路贷”已成为黑恶势力较常实施的违法犯罪活动，严重侵害人民群众人身、财产权利，严重破坏经济、社会秩序，严重影响人民群众的安全感和社会和谐稳定，社会危害性极大。为统一执法办案思路，2019年4月9日最高人民法院、最高人民检察院、公安部、司法部发布了《关于办理“套路贷”刑事案件若干问题的意见》（以下简称《意见》）。

首先，关于套路贷的法律属性。根据《意见》的规定，“套路贷”是以非法占有为目的，假借民间借贷之名，诱使或迫使被害人签订“借贷”或变相“借贷”“抵押”“担保”等相关协议，通过虚增借贷金额、恶意制造违约、肆意认定违约、毁匿还款证据等方式形成虚假债权债务，并借助诉讼、仲裁、公证或者采用暴力、威胁以及其他手段非法占有被害人财物的相关违法犯罪活动的概括性称谓。由此可以说明，“套路贷”既不是一个法律概念也不是一个政策概念，而是办案实践中对假借民间借贷之名非法占有他人财物的类型化违法犯罪的概括性称谓。行为人在主观上以非法占有为目的，在客观上行侵财之实，但因犯罪手段、行为表现各有不同，对其如何定性，需根据“套路贷”行为人非法取得他人财产的具体手段、方式，依照《刑法》有关犯罪的构成要件，具体问题具体分析，确定具体罪名。对于未采用明显的暴力或者威胁手段，主要靠虚构事实、隐瞒真相实现非法占有目的，“骗”取被害人财物的“套路贷”，一般以诈骗罪论处。

本案中，被告人韩召海等人对袁胜杰在借款中并未采用明显的暴力或者威胁手段，主要靠虚构事实、隐瞒真相实现非法占有的目的，属于“骗”取被害人财物的“套路贷”，最终法院以诈骗罪定性。

其次，关于“套路贷”犯罪的表现形式。从司法实践来看，“套路贷”通常的表现形式有：一是制造民间借贷假象。行为人往往以“小额贷款公司”“投资公司”“咨询公司”“担保公司”“网络借贷平台”等名义对外宣传，以低息、无抵押、无担保、快速放款等为诱饵吸引被害人借款，以“保证金”“行规”等虚假理由诱使被害人基于错误认识签订金额虚高的“借贷”协议或相关协议。二是制造资金走账流水等虚假给付事实。行为人按虚高的"借贷"协议金额将资金转入被害人账户，制造已将全部借款交付被害人的银行流水痕迹的假象，而后将其中全部或者部分资金收回，被害人实际上并未取得或者完全取得"借贷"协议、银行流水上显示的款项。三是故意制造违约或者肆意认定违约。行为人以设置违约陷阱、制造还款障碍等方式，故意造成被害人违约，或通过肆意认定违约，强行要求被害人偿还虚假债务。四是恶意垒高借款金额。当被害人无力偿还时，行为人会安排其所属公司或者指定的关联公司、关联人员为被害人偿还"借款"，与被害人签订金额更大的虚高"借贷"协议或相关协议，通过这种"转单平账""以贷还贷"的方式不断垒高"债务"。五是软硬兼施"索债"。在被害人未偿还虚高"借款"时，行为人会借助诉讼、仲裁、公证或者采用暴力、威胁以及其他手段向被害人或者被害人的特定关系人索取"债务"。

本案中，2017 年 2 月 23 日，被害人袁胜杰与被告人韩召海签订了125 000元的借条，扣除利息、中介费、保证金等费用后，由韩召海、曹明、孙明、叶宇铭共同出资先向袁胜杰转账 142 000 元，后又将其中 50 000 元转走，袁胜杰实际到手 92 000 元；韩召海与袁胜杰签订了房产抵押合同及代为买卖、过户房产的委托书，并让袁胜杰在隐瞒借款事实的情况下，利用假离婚证对该委托书进行公证，且韩召海谎称公证只是贷款流程，不会处理房产。借款到期后，袁胜杰无力还款，第一次协商时，韩召海要求最低还款额为 20 万元，第二次协商时，要求最低还款额近 30 万元，韩召海不断虚增债务、垒高金额，迫使袁胜杰无法还款。2017 年 4 月 25 日，经韩召海、曹明、孙明、叶宇铭共同商议，利用事先公证的委托书，将袁胜杰抵押的房产过户到叶宇铭名下，后将该房屋出租，过户费用由 4 人平摊，房租收益由 4 人均分。经评估，该房屋价值 293 200 元。韩召海等人采用"套路贷"的手段骗取袁胜杰201 200 元。因此，本案既有制造民间借贷假象、制造资金走账流水等虚假给付事实，又有恶意垒高借款金额，软硬兼施"索债"的行为，完全符合"套路贷"的行为方式。

最后，关于"套路贷"相关犯罪的数额认定及定性。根据《意见》的规定，认定"套路贷"犯罪数额时，原则应当从整体上予以否定性评价。众所周知，"套路贷"的本质特征是以非法占有为目的而实施的违法犯罪，不可能产生合法收入。因此，除犯罪嫌疑人、被告人实际给付被害人的本金数额之外，"虚高债务"和以"利息""保证金""中介费""服务费""违约金"等名目被非法占有的财物，均应计入犯罪数额。本案中，被告人实际给付袁胜杰的本金数额为 92 000 元，袁胜杰的房屋价值 293 200 元，因而，被告人的犯罪数额最终认定为 201 200 元。

综上，法院依法认定被告人韩召海等以"套路贷"形式骗取袁胜杰财产的行为构成诈骗罪，并根据案件的事实、情节和各被告人在犯罪中的地位、作用，依法判处各被告人不等的刑罚，是正确的。

（撰稿：陕西省西安市新城区人民法院　姚建军
审编：最高人民法院刑二庭　韩维中）

[第 1324 号]陈岗妨害公务案

——疫情防控期间妨害公务行为的认定

【关键词】 妨害公务罪　妨害公务行为　疫情防控　暴力　威胁

一、基本案情

被告人陈岗，男，汉族，1976 年 12 月 15 日出生，农民。2020 年 2 月 4 日被逮捕。

湖北省通城县人民检察院指控被告人陈岗犯妨害公务罪,向通城县人民法院提起公诉。

被告人陈岗对指控事实及罪名无异议,并认罪认罚。其辩护人提出:被告人认罪悔罪,并积极赔偿获得被害人谅解,可以从轻处罚。

通城县人民法院经公开审理查明:2020年1月24日,根据湖北省通城县新型冠状病毒肺炎疫情防控指挥部安排,通城县公安局北港派出所辅警被害人卢作清、李辉与北港镇政府工作人员等对国道G353北港至湖南省临湘市詹桥镇路段进行封路排查,在道路中央停放执勤车辆作为路障并放置"病毒肺炎防控区道路封闭请绕行"的警示牌。被告人陈岗乘坐他人车辆行至此处,见有堵车情况及工作人员检查,遂下车用脚踢停放在道路中央的指挥部执勤车辆,导致车辆轻微损坏,卢作清、李辉等人上去说明封路情况并予以制止。陈岗不听劝阻反而辱骂、殴打执勤人员,在此过程中,陈岗将李辉咬伤,将卢作清的执法仪摔至地上并踢伤其腹部。经鉴定,卢作清两处肋骨骨折,损伤程度为轻伤二级;李辉面部软组织挫伤及咬伤致右上肢皮肤破损,损伤程度为轻微伤三级。

案发后,被告人陈岗的亲属赔偿被害人卢作清、李辉的损失并获得被害人的谅解。

通城县人民法院认为,被告人陈岗在控制突发传染病灾害期间以暴力方法阻碍疫情防控人员执行公务,并致一人轻伤,一人轻微伤,其行为已构成妨害公务罪。鉴于其到案后如实供述自己的犯罪事实,认罪悔罪,积极赔偿被害人损失并获得被害人谅解,对其可酌情从轻处罚。依照《中华人民共和国刑法》第二百七十七条第一款、第六十七条第三款,《最高人民法院、最高人民检察院关于办理妨害预防、控制突发传染病疫情等灾害的刑事案件具体应用法律若干问题的解释》第八条之规定,判决如下:

被告人陈岗犯妨害公务罪,判处有期徒刑一年六个月。

一审宣判后,被告人陈岗未提出上诉,公诉机关未提出抗诉。判决已发生法律效力。

二、主要问题

1. 如何准确把握妨害公务罪中的"暴力""威胁"方法?

2. 如何准确认定妨害公务罪的行为对象?

三、裁判理由

根据我国刑法第二百七十七条以及最高人民法院、最高人民检察院2003年发布的《关于办理妨害预防、控制突发传染病疫情等灾害的刑事案件具体应用法律若干问题的解释》第八条的规定,以暴力、威胁方法阻碍国家机关工作人员、红十字会工作人员依法履行为防治突发传染病疫情等灾害而采取的防疫、检疫、强制隔离、隔离治疗等预防、控制措施的,以妨害公务罪定罪处罚。本案发生在我国新型冠状病毒肺炎(以下简称新冠肺炎)疫情防控期间,在审理此类案件中如何准确理解和认定妨害公务行为,对于依法及时、从严惩治妨害疫情防控的违法犯罪具有重要意义。

(一)准确把握妨害公务罪中的"暴力""威胁"方法

根据刑法第二百七十七条的规定,本罪的客观行为方式表现为以暴力、威胁方法阻碍国家机关工作人员和红十字会工作人员依法执行职务或者职责。

所谓"暴力",一般表现为对他人身体实行打击或强制,如殴打、捆绑、非法拘禁、非法限制人身自由等。有意见认为,除了对人身施加的暴力足以妨害公务等的顺利进行之外,采用砸毁警车、城管车辆,烧毁应当被没收的物品等施加暴力的手段,也同样使公务难以顺利进行。还有意见认为,除了有形的伤害行为之外,无形的伤害行为类似用酒灌醉、药物麻醉执行公务的人员等,也会妨害公务的实际执行。对此,我们认为,妨害公务罪的"暴力",应当采取广义的理解,因为设置本罪的保护法益是为了保障公务活动的顺利进行,维护国家和社会公共利益,因此,凡是针对执行公务人员及其所属设备实施足以干扰和破坏公务活动正常执行的强制力量，都应当认定为本罪的“暴力”方法。具体而言，既包括对人身的强制，也包括对物的强制；既包括直接暴力，也包括间接暴力；既包括有形力，也包括无形力。只要行为人实施的强制力量在客观上阻碍了公务活动的正常进行，就可以认定为本罪的“暴力”方法。此外，对与公务人员执行职务具有密切关系的辅助人员施加暴力时，也能成立本罪。需要说明的是，用酒灌醉、药物麻醉等无形力与殴打、捆绑、拘禁等有形力一样，都是足以导致公务无法正常进行的重大危险或具有实际危害性，并且该行为与国家正常管理活动受到干扰、破坏的危害结果之间具有明显的因果联系，因此也应视为本罪所指的暴力，但是，这种无形力应置于特定的时空范围内，也就是说只能发生于公务人员执行公务之际，假如在宴请过程中劝酒导致公务人员喝醉的，因先前的宴请行为并不是在执行公务当时发生、不具有当场实施性，因此不宜认定为妨害公务罪。

所谓“威胁”，是指以侵犯人身权、财产权、名誉权等手段进行精神强制，使对方产生畏惧感，不敢依法执行公务活动。至于威胁的程度，一般需要威胁的手段足以让社会普通民众产生恐惧心理，影响公务活动的正常执行即可。比如，新冠肺炎主要通过“飞沫传播”和“接触传播”，对于行为人谎称自己是新冠肺炎患者、疑似患者，或者来自疫区，向执行公务的工作人员吐口水等行为，足以让他人产生精神恐惧，即可以认定为本罪中的“威胁”方法。从表现形式来看，既可以是以要实施暴力相恐吓，也可以是以毁损财物、个人名誉等手段相要挟；既可以用动作行为暗示，也可以是书面或口头明示；既可以是行为人自己对公务人员进行威胁，也可以是通过其他人对公务人员进行威胁；既可以是直接针对公务人员，也可以是针对第三人来达到对公务人员进行威胁的目的。

值得研究的是，对于“以自杀、自伤、自残相威胁”的，是否属于本罪中的“威胁”方法？有意见认为，以自杀相威胁并不是刑法中的胁迫，并不足以对国家机关工作人员实行精神强制，使之产生恐惧感，也无法达到阻碍其依法执行职务、履行职责的目的。因此，不应将以自杀等方式纳入妨害公务罪中的“威胁”。实践中，确实存在行为人以自杀等方式相威胁，有关公务活动被迫停止执行或者变更执行的情况。但是，这种公务活动的停止执行或者变更并不是行为人以自杀相威胁的结果，而是国家机关工作人员为了避免行政相对人无谓伤亡而采取的人性化执法方式，两者之间没有必要的因果联系。只要执行公务行为内容正当、程序合法，即使存在行为人以自杀等方式相威胁的行为，也不能真正阻止公务活动的正常执行。而对于行为人以自杀相威胁阻碍执行公务活动，严重扰乱公共秩序的，可以按照刑法有关规定依法追究刑事责任。

我们认为，这种观点过于绝对。当行为人通过精神作用造成公务人员精神上的恐惧、心理上的压力或者自由意志的抑制，从而使公务人员处于不敢抗拒的境地而影响公务活动的正常执行，就应当属于“威胁”。威胁的内容、性质、方法并没有绝对的限制。公务人员在执法中不仅考虑自己的人身安全和自由，也会考虑其他公民包括执法对象的生命和安全。实践中，国家机关工作人员面对行为人“自杀”“自残”等过激行为时，可以按照正当程序进行执法，但也可能为了保护公民的生命、安全而被迫停止或变更执行公务。因而绝对地将“自杀”“自残”等行为排除在“威胁”的范围之外并不客观。当然，在处理此类案件时，应当综合考虑案发时的背景情况、行为人的精神状态、执行公务的方式方法等进行判断，不宜“一刀切”，直接入罪。

（二）准确认定妨害公务罪的行为对象

根据刑法规定，妨害公务罪针对的是正在执行公务的国家机关工作人员和红十字会工作人员，包括在各级国家权力机关、行政机关、司法机关和军事机关中从事公务的人员和在红十字会组织中从事人道救援及其他活动的人员。根据最高人民检察院 2000 年发布的《关于以暴力、威胁方法阻碍事业编制人员依法执行行政执法职务是否可以对侵害人以妨害公务罪论处的批复》的规定，对于以暴力、威胁方法阻碍国有事业单位人员依照法律、行政法规的规定执行行政执法职务的，或者以暴力、威胁方法阻碍国家机关中受委托从事行政执法活动的事业编制人员执行行政执法职务，可以对侵害人以妨害公务罪追究刑事责任。结合批复内容，妨害公务的行为对象还应包括上述人员。

在疫情防控期间，最高人民法院、最高人民检察院、公安部、司法部于2020年2月6日印发的《关于依法惩治妨害新型冠状病毒感染肺炎疫情防控违法犯罪的意见》（以下简称《意见》）对妨害公务行为对象的人员范围又进一步予以了明确。《意见》规定，以暴力、威胁方法阻碍国家机关工作人员（含在依照法律、法规规定行使国家有关疫情防控行政管理职权的组织中从事公务的人员，在受国家机关委托代表国家机关行使疫情防控职权的组织中从事公务的人员，虽未列入国家机关人员编制但在国家机关中从事疫情防控公务的人员）依法履行为防控疫情而采取的防疫、检疫、强制隔离、隔离治疗等措施的，依照刑法第二百七十七条第一款、第三款的规定，以妨害公务罪定罪处罚。《意见》的出台对于防疫工作的顺利推进提供了法律保障。对于以暴力、威胁方式阻碍上述人员执行防疫、检疫、强制隔离、隔离治疗等公务活动的，应当以妨害公务罪处理。

另外，实践中对村（居）民委员会成员或者村（居）民参与防控新冠肺炎疫情活动受到暴力、威胁阻碍时应如何定性也存在部分争议。我们认为，根据《村民委员会组织法》和《居民委员会组织法》的有关规定，村（居）民委员会作为村（居）民自我管理、自我教育、自我服务的基层群众性自治组织，有权在自治范围内采取合适措施从事公共事务和公益事业，维护村（居）民合法权益。因此，对于村（居）民委员会成员或者村（居）民参与疫情防控工作的行为性质，应一分为二地予以看待。在新冠肺炎疫情防控期间，对于村（居）民委员会或者村（居）民基于维护本村（居）民委员会所辖区域健康、安全等公共利益出发，在自治范围内自发组织或者决定采取有关防疫、检查、隔离、联防联控等措施的，由于该活动是一种单纯的自治行为，上述人员不应纳入妨害公务罪的行为对象范围。但是，面对突发事件，根据《突发事件应对法》，县级以上各级人民政府应根据突发事件的性质、特点和可能造成的社会危害采取相应措施予以防范和控制。为了预防、控制和消除传染病的发生与流行，《传染病防治法》中规定，县级以上人民政府可以对人员、物资和交通工具等实施防疫、检查、隔离治疗等措施，并有权指令本辖区内所有组织和人员予以贯彻落实。因此，如果村（居）民委员会或者村（居）民是在党委政府统一部署下，协助政府从事疫情防疫、检疫、强制隔离、隔离治疗等措施的，应当视为从事行使疫情防控职权的公务人员。在新冠肺炎疫情防控工作中，很多各地村（居）民委员会及其村（居）民，都是防疫一线的主力军，对他们实施殴打、撕扯、恐吓、威胁等行为，影响疫情防控工作的顺利开展，故对于以暴力、威胁方式阻碍他们依法履行疫情防控任务的，应当作为妨害公务罪处理。

需要注意的是，本案中的两名被害人卢作清和李辉的身份均为通城县公安局北港派出所的辅警。根据国务院办公厅发布的《关于规范公安机关警务辅助人员管理工作的意见》第四条的规定，警务辅助人员不具备执法主体资格，不能直接参与公安执法工作，应当在公安民警的指挥和监督下开展辅助性工作。本案中两名辅警并非单独工作，一同执法的还有其他镇政府工作人员，执行公务的依据为通城县新冠肺炎疫情防控指挥部的统一安排，属于《意见》中“虽未列入国家机关人员编制但在国家机关中从事疫情防控公务的人员”，二人执行疫情防控公务具有合法性和正当性，因此本案两名被害人应视为执行公务的国家机关工作人员。

综上，被告人陈岗不服从政府依法颁布的新冠肺炎疫情防控期间的管控措施，脚踢用于执勤的公务车辆，并对前来制止的防疫工作人员进行殴打，造成一人轻伤，一人轻微伤的后果，扰乱了新冠肺炎疫情防控秩序,构成妨害公务罪。通城县人民法院以妨害公务罪依法判处其有期徒刑一年六个月,是适当的。

(撰稿:湖北省人民检察院　赵　慧
最高人民法院刑二庭　初立秀
审编:最高人民法院刑二庭　牛克乾)

[第1325号]黄潮尧妨害公务案

——如何评价暴力抗拒疫情防控措施的行为

【关键词】 妨害公务罪　暴力　抗拒疫情防控措施　疫情防控期间　定罪量刑

一、基本案情

被告人黄潮尧,男,1981年10月30日出生。2020年2月4日被刑事拘留。

浙江省瑞安市人民检察院指控被告人黄潮尧犯妨害公务罪,向瑞安市人民法院提起公诉。

被告人黄潮尧对指控的事实、罪名及量刑建议均无异议。其辩护人提出:黄潮尧案发时系为运送村民生活必需品,且归案后如实供述罪行,自愿认罪认罚,请求从轻处罚。

瑞安市人民法院经公开审理查明:2020年2月4日,根据瑞安市新型冠状病毒肺炎疫情防控工作领导小组办公室的要求,瑞安市锦湖街道工作人员李俊作为锦湖街道牛伏岭村的驻村干部,与村(居)委会干部等人一起在牛伏岭村村口设置防疫卡点,负责查验进出人员的出入证件并进行人员信息登记、体温测量等工作。当日14时许,瑞安市中源液化气有限公司送气工被告人黄潮尧没有携带出入证件,驾驶二轮电动车运送煤气罐至上述防疫卡点处时,被李俊等人拦停并要求出示出入证及测量体温。黄潮尧不配合,反而认为自己被故意刁难,下车殴打李俊头部一拳,后在李俊报警时用手掐李俊的脖子,并扯断其脖子上的工作牌,致使李俊脖子及手背受伤。之后,黄潮尧未经体温测量即进入该村运送煤气,出村时看到出警到场的公安民警后,又上前强行扯下李俊佩戴的口罩并大声质问,被公安民警当场控制并传唤到案。经鉴定,李俊主要损伤为颈部、左手软组织擦、挫伤,其中颈部挫伤累计面积大于$2.0cm^2$,损伤程度构成轻微伤。案发后,黄潮尧获得被害人李俊的谅解。

瑞安市人民法院认为,被告人黄潮尧以暴力方法阻碍国家机关工作人员依法履行为防治突发传染病疫情等灾害而采取的防疫、检疫等预防、控制措施,其行为已构成妨害公务罪。在新型冠状病毒肺炎疫情防控期间,黄潮尧暴力殴打依法开展分散隔离人员、落实卫生防控措施等应急处理工作的国家机关工作人员,严重妨害防疫工作秩序,应予严惩。鉴于本案系在运送村民生活必需品过程中发生,且黄潮尧归案后能如实供述自己的罪行、自愿认罪认罚,并取得李俊的谅解,可对其从轻处罚。依照《中华人民共和国刑法》第二百七十七条第一款、第六十七条第三款及《最高人民法院、最高人民检察院关于办理妨害预防、控制突发传染病疫情等灾害的刑事案件具体应用法律若干问题的解释》第八条之规定,判决如下:

被告人黄潮尧犯妨害公务罪,判处拘役四个月。

一审宣判后,被告人黄潮尧未提出上诉,公诉机关未提出抗诉。判决已发生法律效力。

二、主要问题

疫情防控期间,暴力抗拒疫情防控措施的行为应当如何定罪量刑?

三、裁判理由

根据刑法第二百七十七条之规定，以暴力、威胁方法阻碍国家机关工作人员、全国和地方人大代表或红十字会工作人员依法执行职务或履行职责的，构成妨害公务罪。本案中，被告人黄潮尧在新型冠状病毒肺炎（以下简称新冠肺炎）疫情防控期间，以暴力方法阻碍国家机关工作人员依法履行疫情防控措施，其行为构成妨害公务罪，应依法从严惩处。理由如下：

（一）国家机关工作人员采取防疫措施系依法执行职务

在新冠肺炎疫情暴发期间，政府为防控疫情，依照《传染病防治法》《突发事件应对法》《突发公共卫生事件应急条例》等法律法规，采取了一系列应急措施，并通过相关文件予以公告。国家机关工作人员根据命令、安排，履行为防控疫情而采取的防疫、检疫、强制隔离、隔离治疗等多项措施，属于职务行为。

最高人民法院、最高人民检察院、公安部、司法部于2020年2月6日印发的《关于依法惩治妨害新型冠状病毒感染肺炎疫情防控违法犯罪的意见》进一步规定，以暴力、威胁方法阻碍国家机关工作人员（含在依照法律、法规规定行使国家有关疫情防控行政管理职权的组织中从事公务的人员，在受国家机关委托代表国家机关行使疫情防控职权的组织中从事公务的人员，虽未列入国家机关人员编制但在国家机关中从事疫情防控公务的人员）依法履行为防控疫情而采取的防疫、检疫、强制隔离、隔离治疗等措施的，依照刑法第二百七十七条第一款、第三款的规定，以妨害公务罪定罪处罚。

本案中，瑞安市锦湖街道系瑞安市人民政府的派出机关，被害人李俊作为该街道工作人员属于国家机关工作人员，其按照要求与其他村（居）委会干部在牛伏岭村村口设置防疫卡点，负责查验过往车辆、人员，并履行出入登记、体温测量等检疫、防疫措施，是为了尽最大努力切断病毒传播途径，防控疫情，并不存在恶意刁难等行为，属依法履行疫情防控职务。

（二）被告人黄潮尧以暴力方法加以阻碍，构成妨害公务罪

《最高人民法院、最高人民检察院关于办理妨害预防、控制突发传染病疫情等灾害的刑事案件具体应用法律若干问题的解释》第八条规定："以暴力、威胁方法阻碍国家机关工作人员、红十字会工作人员依法履行为防治突发传染病疫情等灾害而采取的防疫、检疫、强制隔离、隔离治疗等预防、控制措施的，依照刑法第二百七十七条第一款、第三款的规定，以妨害公务罪定罪处罚。"

在案证据证明，案发前被告人黄潮尧所在的公司已通知其领取出入证件（注：系在防疫特殊时期由当地街道发放给液化气公司，再由液化气公司发给员工，用作出入各村送液化气的证明），但黄潮尧并未领取。案发当天，黄潮尧驾驶二轮电动车运送煤气罐至牛伏岭村村口防疫卡点时，身穿红色马甲标示的李俊等人将其拦住，告知其出示出入证件、测量体温后方可进入，黄潮尧以忘记携带出入证件为由不予配合，未被放行后下车用拳头殴打李俊头部一拳，并拉扯李俊挂在脖子上的工作牌，后未经体温测量径直进入该管控地区，在返程回防疫卡点时又强行扯下李俊的口罩并大声质问为何报警，上述暴力行为已阻碍国家机关工作人员依法执行职务，构成妨害公务罪。

（三）疫情防控期间，暴力抗拒疫情防控措施的应依法从严惩处

本案发生在举国上下共同抗击新冠肺炎疫情期间。2020年2月7日，浙江省高级人民法院、浙江省人民检察院、浙江省公安厅联合下发了《关于涉新型冠状病毒感染肺炎疫情刑事案件办理工作的若干规定》，其中要求：对于涉疫情刑事案件要优先办理，严格依法快侦快诉快审；正确运用法律规定加大惩处力度，体现依法从严惩处精神。要坚持依法办案，严格入罪标准，贯彻落实宽严相济刑事政策，切实做到宽严有据，罚当其罪，实现政治效果、法律效果和社会效果的统一。

根据上述要求，人民法院受理该案后次日即通过远程视频进行公开开庭审理，考虑到被告人

黄潮尧暴力抗拒疫情防控措施的行为严重妨害了疫情防控工作秩序,故量刑时对其从严惩处,并当庭作出判决,体现了依法、及时、从严惩治妨害疫情防控犯罪的政策精神。在依法从快从严惩治的同时,法院也注重保障被告人的权利,通过法律援助中心为黄潮尧指派了辩护人,并综合考虑黄潮尧系为运送村民生活必需品、具有坦白情节、自愿认罪认罚、获取被害人谅解等因素,判处黄潮尧拘役四个月,是适当的。

(撰稿:浙江省高级人民法院 董晓超
浙江省瑞安市人民法院 蔡 蕾
审编:最高人民法院刑二庭 韩维中)

[第1326号]谢益波、邵颖妨害公务案

——如何准确把握妨害疫情防控犯罪中的"依法严惩"

【关键词】 妨害公务罪 妨害疫情防控 依法严惩

一、基本案情

被告人谢益波,男,汉族,1988年10月4日出生。2020年2月8日被刑事拘留。

被告人邵颖,曾用名邵佳佳,女,1993年6月4日出生。2020年2月8日被刑事拘留,同月12日被取保候审。

浙江省临海市人民检察院指控被告人谢益波、邵颖犯妨害公务罪,向临海市人民法院提起公诉,并认为被告人谢益波、邵颖自愿认罪认罚,可以从宽处理,建议判处被告人谢益波有期徒刑一年四个月;判处被告人邵颖拘役六个月,缓刑一年。

被告人谢益波、邵颖对指控事实、罪名及量刑建议均没有异议,同意适用速裁程序且签字具结,在开庭审理过程中亦无异议。

被告人谢益波的辩护人提出:谢益波系初犯,有坦白、认罪认罚、赔偿情节以及家庭实际情况等,请求从轻处罚。

被告人邵颖的辩护人提出:邵颖系初犯且作用较小,有坦白、认罪认罚、赔偿等情节,以及家庭实际情况,请求对被告人邵颖适用缓刑。

临海市人民法院经审理查明:2020年2月7日14时30分许,被告人谢益波与邵颖(二人系夫妻关系)欲从临海市邵家渡街道翡翠湾小区后面绿道的封锁处绕行回家,被正在此处执行政府防疫工作的被害人吴昌富(系邵家渡街道办事处工作人员)劝阻。二人遂辱骂、推搡吴昌富,并将其推倒在地进行殴打。其中谢益波用拳头多次击打吴昌富头面部,并捡起水泥块多次击打吴昌富头部,邵颖用拳头击打吴昌富的大腿、腰部等处。二人行为致吴昌富四处轻微伤。

案发后,被告人谢益波、邵颖在临海市邵家渡街道翡翠湾小区后面被公安机关传唤到案。另查明,谢益波、邵颖在审理过程中自愿预交赔偿款20 000元。

临海市人民法院经审理认为,被告人谢益波、邵颖在疫情防控期间,暴力殴打依法执行政府防疫工作的国家机关工作人员,致被害人四处轻微伤,严重妨害了防疫工作秩序,其行为均已构成妨害公务罪。谢益波、邵颖有坦白情节,且愿意接受处罚,依法予以从轻处罚。根据邵颖的犯罪情节、悔罪表现,以及二被告人系夫妻关系并育有幼子两名等家庭实际情况,依法对邵颖适用

缓刑。依照《中华人民共和国刑法》第二百七十七条第一款、第二十五条第一款、第六十七条第三款、第七十二条第一款,《最高人民法院、最高人民检察院关于办理妨害预防、控制突发传染病疫情等灾害的刑事案件具体应用法律若干问题的解释》第八条以及《中华人民共和国刑事诉讼法》第十五条、第二百零一条的规定,判决如下:

1. 被告人谢益波犯妨害公务罪,判处有期徒刑一年四个月;

2. 被告人邵颖犯妨害公务罪,判处拘役六个月,缓刑一年。

一审宣判后,二被告人未提出上诉,公诉机关未提出抗诉。判决已发生法律效力。

二、主要问题

如何准确把握妨害疫情防控犯罪中的"依法严惩"?

三、裁判理由

新型冠状病毒肺炎(以下简称新冠肺炎)疫情防控已经成为我国当前最重要的任务,关系到每一个公民生命健康安全,关系到社会稳定和经济发展的大局。2020 年 2 月 6 日,最高人民法院、最高人民检察院、公安部、司法部为依法惩治妨害新冠肺炎疫情防控违法犯罪行为,印发了《关于依法惩治妨害新型冠状病毒感染肺炎疫情防控违法犯罪的意见》(以下简称《防控意见》)。《防控意见》明确规定了对抗拒疫情防控措施犯罪、暴力伤医犯罪、制假售假犯罪等九大类妨害疫情防控犯罪依法严惩,这是我国当前新冠肺炎疫情防控的法治需求,也是宽严相济刑事政策的司法坚持。我们认为,在坚持罪刑法定原则的前提下,刑事政策上依法采取从严惩处,能够有效打击严重危害国家安全、社会治安和人民群众利益的犯罪,维护法律权威、社会秩序,保障人民群众生命安全和身体健康。司法实践中,应从以下几个方面来准确把握妨害疫情防控犯罪中"依法严惩"的具体含义:

(一)严格依照法律规定准确定性、保障诉权

"依法严惩"的前提是严格依法。这就要求实体上要严格适用法律和程序上要依法保障诉权。一方面,要切实贯彻落实罪刑法定原则、罪责刑相适应原则和法律面前人人平等原则,根据新冠肺炎疫情防控期间犯罪的特殊性,依照相应的法律规定、司法解释、指导意见等准确定性,界定罪与非罪、此罪与彼罪、一罪与数罪,做到"不拔高、不降格"。例如,根据《防控意见》的规定,需要准确认定故意传播新冠肺炎病原体的行为性质,区分以危险方法危害公共安全罪和妨害传染病防治罪的犯罪构成。另一方面,要依法保障犯罪嫌疑人、被告人的各项诉讼权利,不可因为强调从严打击而忽视诉讼程序和诉讼权利。例如,依照《刑事诉讼法》的规定,对符合适用认罪认罚程序的被告人要依法适用;积极指派律师为没有委托辩护人的被告人依法提供辩护或者法律援助,切实维护犯罪嫌疑人、被告人的合法权益,保障法律正确实施。

就本案而言,首先,二被告人辱骂、推搡、殴打被害人,如被告人谢益波用拳头多次击打被害人头面部,并捡起水泥块多次击打被害人头部,致其受伤,其行为系暴力行为。其次,被害人吴昌富是临海市邵家渡街道办事处从事疫情防控公务人员,系国家机关工作人员。最后,二被告人在小区后面绿道的封锁处绕行回家,被害人吴昌富正在此处执行政府防疫工作,为防控疫情而加以劝阻,可以认定吴昌富正在依法执行公务。因此,二被告人暴力殴打依法执行政府防疫工作的国家机关工作人员,致被害人四处轻微伤,严重妨害了防疫工作秩序,根据我国刑法以及《防控意见》的相关规定,应认定妨害公务罪。同时,法院依法对二被告人适用认罪认罚从宽程序,依法指派法律援助律师为其辩护,充分保障了被告人的诉讼权利。

(二)要全面结合犯罪事实与防控需要从严惩处

"依法严惩"的核心是从重处罚。从刑罚处罚根据来看,在新冠肺炎疫情防控期间实施了妨

害疫情防控犯罪，阻碍防控工作的顺利推进，可能会造成疫情的进一步蔓延，给人民群众造成了不必要的恐慌和传染风险，也会增加社会的不稳定因素，该行为在客观上具有严重的社会危害性；行为人主观上在明知目前系疫情防控期却实施妨害疫情防控犯罪，表明其主观恶性和人身危险性较大，因此，对上述行为人进行严厉惩处具有充分的刑罚根据。《防控意见》规定，对于在疫情防控期间实施有关违法犯罪的，要作为从重情节予以考量，依法体现从严的政策要求。

在司法实践中，一方面，要全面结合犯罪事实，对于在妨害疫情防控犯罪中社会危害性大或者具有法定、酌定从重处罚情节，以及主观恶性深、人身危险性大的被告人，要依法从重量刑，通过审判实践体现依法严惩的政策要求，有效震慑犯罪分子和社会不稳定分子，达到有效遏制犯罪、预防犯罪的目的。另一方面，要全面、客观把握疫情防控的不同时期不同地区的社会形势，充分考虑人民群众的安全感以及惩治犯罪的实际需要，注重从严打击。因此，在新冠肺炎疫情防控期间，对妨害疫情防控犯罪情节恶劣、危害后果严重、人民群众反映强烈的案件，要依法予以从重处罚，严格控制对相关被告人适用缓刑、管制、免刑、单处罚金等非监禁刑；加大财产刑的处罚力度，采取有效措施依法追缴犯罪违法所得，不让犯罪分子在经济上非法获利；对利用职业便利实施犯罪或违背职业要求特定义务的犯罪，可依法决定对被告人的职业禁止。

就本案而言，被告人谢益波在被害人无明显过错情况下随意殴打被害人，并使用水泥块作为工具连续击打其头部，致被害人四处轻微伤，可见被告人主观恶性和人身危险性较大、犯罪情节恶劣，同时考虑被告人谢益波在疫情防控期间实施妨害公务行为，社会危害性远远高于正常时期的同类犯罪。因此，综合全案的犯罪事实和防控需要，应对被告人谢益波依法予以从重处罚。

（三）要综合考虑人性化的关怀，确保宽严相济

“依法严惩”的误区是片面从严。贯彻宽严相济刑事政策，要根据犯罪的具体情况，实行区别对待，做到该宽则宽，当严则严，切实做到宽严并用，罚当其罪。在妨害疫情防控犯罪中，刑事政策必须采取依法从严，但这并不是否认宽严相济，我们应注意克服重刑主义思想影响，防止片面从严。刑法应保持必要的谦抑性，在强调依法严惩的同时，要充分贯彻宽严相济刑事政策，在定罪、量刑、羁押等方面都要保持必要的审慎，体现善意的人性关怀，确保办案三个效果的有机统一。对于情节显著轻微、危害不大的行为，不作为犯罪处理；对于情节较轻、社会危害性较小的犯罪，或者罪行虽然严重、但具有法定、酌定从宽处罚情节，以及主观恶性相对较小、人身危险性不大的被告人，可以依法从轻、减轻或者免除处罚；对于所犯罪行不重、主观恶性不深、人身危险性较小、有悔改表现、不致再危害社会的犯罪分子，要依法从宽处理；符合条件的，应当依法适用缓刑或者管制、单处罚金等非监禁刑。

本案中，被告人邵颖虽也实施了殴打行为，但被害人轻微伤后果主要是被告人谢益波的行为导致，同时考虑到二被告人系夫妻关系，并育有两名未成年子女，两名子女在疫情期间需要由邵颖照顾的实际情况，再结合邵颖认罪认罚以及被告人家属已预交赔偿款等从宽情节，对邵颖的量刑应区别于谢益波，充分体现刑法的谦抑性和善意关怀。故而法院综合上述情况，依法对邵颖适用缓刑。

综上，我们认为，对新冠肺炎疫情防控期间实施妨害疫情防控的犯罪应采取“依法严惩”的刑事政策，既要严格依照法律规定准确定性、保障诉权，也要全面结合犯罪事实与防控需要从重量刑。同时，在刑事政策的具体运用过程中，刑法应保持必要的谦抑性，不能片面地强调一律从严从重，而是要体现人性化的善意关怀，结合案件具体情况，实行区别对待，落实宽严相济刑事政策。

（撰稿：浙江省台州市中级人民法院　王永兴
审编：最高人民法院刑二庭　韩维中）

[第1327号]王福兵妨害公务案

——疫情防控期间违反居家隔离规定并暴力袭击人民警察行为的定罪量刑

【关键词】 妨害公务罪 疫情防控期间 违反居家隔离规定 暴力袭击人民警察 定罪量刑

一、基本案情

被告人王福兵,男,汉族,1993年5月26日出生。2020年2月6日被逮捕。

浙江省湖州市南浔区人民检察院指控被告人王福兵犯妨害公务罪,向湖州市南浔区人民法院提起公诉。

被告人王福兵对公诉机关指控的事实、罪名均无异议。

湖州市南浔区人民法院经公开审理查明:2020年2月2日上午,湖州市南浔区旧馆镇联村干部徐国平等人在该镇罗汉村蔡家巷自然村租房门口进行疫情防控巡查时,发现被告人王福兵有违反居家隔离规定、擅自外出的行为,遂对其进行劝导,要求其遵守居家隔离规定,但王福兵不予配合,并与工作人员发生争执。后前来进行疫情防控巡查的旧馆派出所民警朱雪良协助开展劝导工作,王福兵仍不配合,并用手攻击朱雪良,抓伤朱雪良脸部、颈部。

湖州市南浔区人民法院认为,被告人王福兵在疫情防控期间,暴力袭击正在依法执行疫情防控职务的人民警察,其行为已构成妨害公务罪,并应依法从重处罚。王福兵归案后如实供述罪行,认罪认罚,对其可从轻处罚。依照《中华人民共和国刑法》第二百七十七条第一款、第五款、第六十七条第三款,《中华人民共和国刑事诉讼法》第十五条之规定,判决如下:

被告人王福兵犯妨害公务罪,判处有期徒刑九个月。

宣判后,被告人王福兵未提出上诉,公诉机关未提出抗诉。判决已发生法律效力。

二、主要问题

被告人王福兵在疫情防控期间,暴力袭击对其进行居家隔离劝导的民警的行为应当如何定罪量刑?

三、裁判理由

(一)被告人王福兵的行为构成妨害公务罪

根据刑法第二百七十七条第一款之规定,以暴力、威胁方法阻碍国家机关工作人员依法执行职务的行为构成妨害公务罪。妨害公务的行为破坏了社会正常的管理秩序,而管理活动通常是通过国家机关等组织机构中的工作人员依法执行职务、履行职责来实现的。因而妨害公务罪侵害的客体是复杂客体,既侵害了国家正常的管理活动,也侵害了国家机关工作人员的人身权利。

具体到本案,被告人王福兵的行为是否构成妨害公务罪,一要看其客观上是否使用了暴力、威胁方法;二要看其侵害的对象是否为依法执行职务的国家机关工作人员。

1. 关于被告人王福兵是否使用了暴力、威胁方法

刑法中的“暴力”一般是指实施殴打、捆绑、伤害等侵害他人身体健康的行为,“威胁”是指以杀害、伤害、毁灭财产或毁灭名誉等形式实行精神强制。妨害公务罪罪状中的“暴力”“威胁”是行为方式的选择,行为人只要具备其一,便具备了妨害公务罪的手段条件。需要说明的是,虽然

学界对于妨害公务罪的暴力程度有不同的理解和标准，但是一般认为应与被害人不能适当履行职务相适应。

本案中，被告人王福兵在新型冠状病毒肺炎疫情防控期间，在被明确告知居家隔离的情况下擅自外出，而后在国家机关工作人员劝导时不予配合，并用手抓伤民警朱雪良的脸部、颈部，客观上使用了暴力手段，导致民警不能正常履行公务。

2. 关于被告人王福兵侵害的对象是否为依法执行职务的国家机关工作人员

2003 年《最高人民法院、最高人民检察院关于办理妨害预防、控制突发传染病疫情等灾害的刑事案件具体应用法律若干问题的解释》第八条明确规定："以暴力、威胁方法阻碍国家机关工作人员、红十字会工作人员依法履行为防治突发传染病疫情等灾害而采取的防疫、检疫、强制隔离、隔离治疗等预防、控制措施的，依照刑法第二百七十七条第一款、第三款的规定，以妨害公务罪定罪处罚。"

本案中，被王福兵抓伤的朱雪良是人民警察，属于国家机关工作人员并无争议。对于案发时朱雪良是否依法执行职务，一要看其行为是否在职责范围内实施，二要看其执行职务的程序、方式等是否符合法律规定。在案证据证明，朱雪良是社区民警，负有掌握社情民意、组织安全防范、维护治安秩序及完成上级安排的其他任务等职责。本案发生在新型冠状病毒肺炎疫情防控期间，浙江省人民政府已于 2020 年 1 月 23 日启动重大公共突发卫生事件一级响应，实行"十项最严措施"，包括实行最严格的全面排查、最果断的隔离观察和保护措施等，朱雪良作为一线民警，按照上级安排进行疫情防控巡查，并对王福兵开展居家隔离劝导工作，属于在职责范围内执行职务。同时朱雪良在开展疫情防控巡查时身着警服，表明了人民警察身份，程序正当、方式合法，因而可以确定案发时朱雪良是在依法执行公务。

综上，被告人王福兵以暴力方法阻碍国家机关工作人员依法执行疫情防控职务，其行为构成妨害公务罪。

（二）对被告人王福兵的行为应当依法从重处罚

刑法第二百七十七条第一款规定，"以暴力、威胁方法阻碍国家机关工作人员依法执行职务的，处三年以下有期徒刑、拘役、管制或者罚金"；该条第五款规定，"暴力袭击正在依法执行职务的人民警察的，依照第一款的规定从重处罚"。人民警察承担着打击违法犯罪活动、维护社会治安秩序等职责，暴力袭击正在依法执行职务的人民警察，比以暴力方法阻碍其他国家机关工作人员依法执行职务性质更为恶劣，影响更为严重，故刑法将暴力袭击正在依法执行职务的人民警察作为妨害公务罪的从重处罚情节，规定了更为严厉的刑罚。此外，在当前防控新型冠状病毒肺炎的特殊时期，最高人民法院、最高人民检察院、公安部、司法部于 2020 年 2 月 6 日印发《关于依法惩治妨害新型冠状病毒感染肺炎疫情防控违法犯罪的意见》，要求坚决把疫情防控作为当前压倒一切的头等大事来抓，用足用好法律规定，依法及时、从严惩治妨害疫情防控的各类违法犯罪，为坚决打赢疫情防控阻击战提供有力法治保障。同时规定，对于在疫情防控期间实施有关违法犯罪的，要作为从重情节予以考量，依法体现从严的政策要求，有力惩治震慑违法犯罪，维护法律权威，维护社会秩序，维护人民群众生命安全和身体健康。

疫情防控是一场没有硝烟但却生死攸关的"战役"。人民法院充分发挥刑事审判职能，依法从严从快惩处妨害疫情防控的各类犯罪，是保障疫情防控工作顺利开展，保障人民群众生命安全和身体健康，保障社会大局稳定有序的重要环节。本案中，被告人王福兵被要求居家隔离观察是政府为防止新型冠状病毒肺炎疫情蔓延依法采取的防控措施，其在明知居家隔离规定的情况下擅自外出，并暴力袭击依法进行疫情防控巡查的人民警察，妨害疫情防控工作，破坏社会管理秩序，应当从重处罚。

综上，人民法院综合考虑被告人犯罪的特殊时期、行为方式、性质、情节和对社会的危害程度，并结合其归案后的认罪、悔罪表现，判处其有期徒刑九个月，是适当的。

（撰稿：浙江省高级人民法院　董晓超
浙江省湖州市南浔区人民法院　秦海燕　牛雪佳
审编：最高人民法院刑二庭　韩维中）

[第1328号]刘星星编造、传播虚假信息案

——如何把握编造、故意传播虚假信息罪的入罪标准

【关键词】　编造、传播虚假信息　编造、故意传播虚假信息罪　入罪标准

一、基本案情

被告人刘星星，男，汉族，1997年5月28日出生。2020年2月11日被逮捕。

北京市通州区人民检察院以被告人刘星星犯编造、故意传播虚假信息罪，向北京市通州区人民法院提起公诉。

被告人刘星星对公诉机关指控的犯罪事实、罪名及量刑建议没有异议且签字具结。

北京市通州区人民法院经审理查明：2020年1月24日，被告人刘星星在北京市通州区新建村二期的暂住地内，利用其微信号编造其感染新型冠状病毒后到公共场所通过咳嗽方式向他人传播的虚假信息，发送至其另一微信号，并将该聊天记录截图后发送至微信朋友圈、1个微信群、2个微信好友及3个QQ群，直接覆盖人员共计2 700余人，并被其他个人微博转发。公安机关掌握该信息后，迅速采取措施，于2020年1月26日将刘星星抓获，并起获涉案手机。

北京市通州区人民法院经审理认为，被告人刘星星在新型冠状病毒肺炎疫情防控期间，编造自己感染肺炎后前往公共场所故意传染他人的虚假疫情信息，在信息网络上传播，严重扰乱社会秩序，致使相关职能部门采取紧急应对措施，其行为构成编造、故意传播虚假信息罪，依法应予惩处。刘星星在新型冠状病毒肺炎疫情防控期间编造、传播虚假疫情信息，依法酌情从重处罚。刘星星到案后如实供述自己的罪行，自愿认罪认罚，依法可以从轻处罚。刘星星犯罪时所用的本人手机，应当予以没收。根据被告人刘星星的犯罪事实、性质、情节及对于社会的危害程度等，依照《中华人民共和国刑法》第二百九十一条之一第二款、第六十七条第三款、第六十一条、第六十二条、第四十五条、第四十七条、第六十四条及《中华人民共和国刑事诉讼法》第十五条之规定，判决如下：

1. 被告人刘星星犯编造、故意传播虚假信息罪，判处有期徒刑八个月。
2. 扣押在案的手机一部，予以没收。

二、主要问题

如何把握编造、故意传播虚假信息罪的入罪标准？

三、裁判理由

当前，新型冠状病毒肺炎（以下简称新冠肺炎）疫情传播速度之快、感染范围之广、防控难度之大，为中华人民共和国成立以来之最。在政府部门和业内专家公开透明回应群众关切的同时，

各类虚假信息也在社会中传播。当然,并非所有的不实信息都要通过法律进行打击,更多应当通过及时、准确、专业地发布权威信息,正确引导,科学普及等方式,让真相跑赢谣言。但对于恶意的造谣传谣犯罪,应依法予以刑事规制。最高人民法院、最高人民检察院、公安部、司法部 2020 年 2 月 6 日联合印发的《关于依法惩治妨害新型冠状病毒感染肺炎疫情防控违法犯罪的意见》明确规定,依法严惩疫情防控期间编造、故意传播虚假疫情信息的行为,对于相关行为,以编造、故意传播虚假信息罪定罪处罚。

根据刑法第二百九十一条之一第二款规定,编造、故意传播虚假信息罪,是指编造虚假的险情、疫情、灾情、警情,在信息网络或者其他媒体上传播,或者明知是上述虚假信息,故意在信息网络或者其他媒体上传播,严重扰乱社会秩序的行为。但刑法和相关司法解释均未规定细化的定罪标准。近期各地涉及疫情信息的网络造谣传谣事件,大多以行政拘留处理,未进入刑事诉讼程序。在本案处理过程中,围绕被告人刘星星的行为是否构成犯罪存在两种不同意见:一种意见认为,因为公安机关采取措施及时,刘星星所实施的编造、故意传播虚假疫情信息的行为尚未严重扰乱社会秩序,没有达到犯罪的程度,不应认定为犯罪,可给予治安处罚;另一种意见认为,刘星星的行为影响范围广,社会危害大,致使相关职能部门采取紧急应对措施,严重扰乱了社会秩序,已构成编造、故意传播虚假信息罪,应当定罪处罚。

我们同意第二种意见。具体理由分析如下:

(一)行为的社会危害性大小是判断是否严重扰乱社会秩序的实质标准

编造、故意传播虚假信息罪是情节犯,编造、传播虚假信息行为必须达到严重扰乱社会秩序的程度才构成犯罪。而具有相当程度的社会危害性,是犯罪的本质特征。因而,判断编造、故意传播虚假信息的行为是否严重扰乱了社会秩序,应当从实质上把握虚假信息对公共生活有序状态的影响程度和普通公众的生活感受,进行综合判定。具体来说,可以从虚假信息内容、形式、发布时间、直接受众范围、传播手段等方面进行判断。

1. 虚假信息内容

本案被告人编造的信息正与新冠肺炎疫情相关,主要包括“我感染了新型冠状病毒”“所以我昨天赶紧在朝阳大悦城、西单大悦城、常营天街购物中心门口咳嗽上百次”“预计感染的人已经很多了吧”“过几天准备去庙会感染一下”“感染的人越多越好”“去上海感染一波”。而被告人编造信息中涉及的朝阳大悦城、西单大悦城、常营天街购物中心等地点,均是商业繁荣、人群密集的北京地标。上述虚假信息的内容不同于“抹风油精可以治愈新冠肺炎”等谣言,主观上具有十分明显的恶意,客观上也不容易被识别或不攻自破,严重影响了社会公众的安全感,极易造成民众的恐慌。

2. 虚假信息发布时间

行为人编造、传播疫情信息的时间是 2020 年 1 月 24 日,当日北京市已经启动重大突发公共卫生事件一级响应,新冠肺炎疫情是全社会关注的焦点,其行为正发生在新冠肺炎疫情防控期间。

3. 虚假信息直接受众范围

行为人将虚假信息发送至微信朋友圈、1 个微信群、2 个微信好友及 3 个 QQ 群,信息覆盖范围达 2 700 余人,直接受众人数较多。

4. 虚假信息传播手段

信息网络的传播方式在全媒体时代具有突破时空性的特征,信息一旦发出便不受行为人控制,可被他人无限转发,呈现出一触即发、波及极广、危害甚巨的发展态势。其传播速度、传播范围呈几何级数增长,甚至出现“裂变式”快速传播,传播影响力巨大。本案中,被告人刘星星通过手机微信和 QQ 这种即时通信工具发布虚假信息,而且,为增强信息内容的可信性,行为人先用自己注册的两个微信号相互发送，然后以对话体的聊天记录截图对外发布。证据显示，刘星星所发布的内容已被其他个人微博转发，辐射范围广。

综上，结合当前疫情形势，被告人刘星星发布的虚假信息足以在当下引起社会公众心理的恐慌，造成社会秩序混乱，可以认定其行为的社会危害性大，应当受到刑罚处罚。

（二）相关职能部门采取紧急应对措施是严重扰乱社会秩序的形式标准之一

“严重扰乱社会秩序”可以分为“严重扰乱”和“社会秩序”两个方面来理解，而这两者的判断都带有一定的主观色彩和抽象成分，因而在司法实践中除了进行社会危害性的实质判断外，还必须以现实公共秩序遭到破坏作为编造、故意传播虚假信息行为入罪的处罚基础。社会秩序的范围，包括公共场所秩序、公共交通秩序、国家机关和企事业单位工作秩序、公民日常生活秩序、职能部门正常工作秩序等方面。随着应急管理体制的完善，面对突发公共事件，相关职能部门往往会依法采取紧急应对措施，阻止严重后果的发生发展，虚假信息导致相关职能部门采取紧急应对措施本身就是严重扰乱社会秩序的一种表现。换言之，致使相关职能部门采取紧急应对措施也是严重扰乱社会秩序的认定标准之一。

本罪在定罪量刑标准上尚无司法解释，但本罪与编造、故意传播虚假恐怖信息罪规定在刑法分则的同一条文中，在犯罪构成要件和社会危害性上存在高度的近似性。因而，从体系协调性与实践可行性角度分析，本罪在定罪量刑时可以参考2013年最高人民法院发布的《关于审理编造、故意传播虚假恐怖信息刑事案件适用法律若干问题的解释》（以下简称《解释》）。《解释》第二条规定，编造、故意传播虚假恐怖信息，具有下列情形之一的，应当认定为刑法第二百九十一条之一的“严重扰乱社会秩序”：（1）致使机场、车站、码头、商场、影剧院、运动场馆等人员密集场所秩序混乱，或者采取紧急疏散措施的；（2）影响航空器、列车、船舶等大型客运交通工具正常运行的；（3）致使国家机关、学校、医院、厂矿企业等单位的工作、生产、经营、教学、科研等活动中断的；（4）造成行政村或者社区居民生活秩序严重混乱的；（5）致使公安、武警、消防、卫生检疫等职能部门采取紧急应对措施的；（6）其他严重扰乱社会秩序的。对于尚未达到严重扰乱社会秩序程度的编造、故意传播虚假疫情的行为，可以依照《治安管理处罚法》第二十五条之规定，处五日以上十日以下拘留，并处五百元以下罚款，情节较轻的，处五日以下拘留或者五百元以下罚款。

本案中，网友看到被告人刘星星发布的疫情信息后因恐慌而立即报警，公安机关鉴于刘星星发布的疫情信息危险性大，迅速采取封控图片、查找刘星星核实情况等措施，并向卫生部门通报情况，耗费了大量的人力物力，因此，可以认定刘星星的行为严重扰乱了社会秩序。

需要说明的是，职能部门采取紧急应对措施避免危害结果扩大，不能成为阻却犯罪成立的理由。本案被告人于2020年1月24日11时发布虚假疫情信息，在网友于当日16时43分报警后，公安机关立即采取紧急应对措施，避免疫情信息进一步传播，并查找被告人核实情况。因紧急应对措施及时、有效，尚未造成大规模的人员恐慌，未发生公共场所秩序混乱的实害后果。但是，应当考虑到公安机关从接警到抓获行为人耗时54个小时，京晋两地10余个公安机关职能部门参与了本案相关事项的处理，动用警力30余人次，行为人的行为不仅使疫情防控期间原本紧张的社会气氛升级，而且致使相关职能部门采取紧急应对措施，耗费了原本可用于疫情防控的社会公共资源。因此，紧急应对措施确实避免了危害结果扩大，但是系相关职能部门依职权采取，不能成为阻却被告人刘星星犯罪成立的理由。

综上，被告人刘星星在新冠肺炎疫情防控期间，恶意编造并传播有关疫情的虚假信息，不仅远远超出了言论自由的界限，而且其行为严重扰乱社会秩序，社会危害性大，人民法院根据其犯罪的事实、性质、情节及对于社会的危害程度等,以编造、故意传播虚假信息罪对刘星星进行定罪处罚,是正确的。

(撰稿:北京市通州区人民法院　李中华
审编:最高人民法院刑二庭　牛克乾)

[第1329号]谢庆茂寻衅滋事案

——疫情防控期间拒不配合疫情防控人员工作,为发泄个人不满,任意损毁公私财物,造成他人财物损失的行为如何定性

【关键词】　寻衅滋事罪　疫情防控期间　拒不配合疫情防控人员工作　任意损毁公私财物　造成他人财物损失

一、基本案情

被告人谢庆茂,男,汉族,1975年2月13日出生。2020年2月5日被逮捕。

江西省兴国县人民检察院指控被告人谢庆茂犯寻衅滋事罪,向兴国县人民法院提起公诉。

被告人谢庆茂认罪悔罪,请求从轻处罚。其辩护人提出:谢庆茂具有多种从轻处罚情节,其归案后如实供述了犯罪事实,具有坦白情节,积极赔偿被害人的损失,取得了被害人的谅解,系初犯、偶犯,被告人妻子长期患有多种疾病,家庭困难等。

兴国县人民法院经公开审理查明:2020年2月1日,江西省兴国县长冈乡塘石村委会根据上级部署,派出村干部谢冬元与志愿者谢桂军、谢京华、谢宝元四人在塘石村富胜组斧头脚路段设立防控新型冠状病毒肺炎疫情临时检查点,对进出人员和车辆进行登记、劝返等。当日上午10时许,被告人谢庆茂驾驶江铃宝典牌皮卡车经过该检查点,在场值班的谢冬元等人要求谢庆茂下车进行登记。此时恰逢兴国电视台记者在检查点采访报道疫情防控工作,谢庆茂因自己没有佩戴口罩害怕被记者拍摄、录像,便拒绝下车接受检查。村干部谢冬元多次要求谢庆茂下车登记,谢庆茂不但不下车登记,还与谢冬元争吵,并依旧驾车慢慢前行。为迫使谢庆茂下车登记,谢冬元、谢桂军、谢京华等人一起上前将谢庆茂车子拦住、逼停,谢庆茂才下车接受检查登记。为防止谢庆茂逃避检查,谢冬元便临时将自己所有的用于疫情防控宣传的白色奇瑞牌小汽车驾驶至路中间,停放在谢庆茂车前用以拦截。谢庆茂见状后,便认为自己是本地人,谢冬元这样做没有给其面子,心里很窝火,为发泄心中不满,遂返回自己的皮卡车上,驾驶皮卡车连续三次撞击上述"防控宣传车",导致该车严重受损。民警接警后,及时到达现场处置并将谢庆茂传唤到案。经鉴定,宣传车受损价值人民币9 623元。谢庆茂到案后,如实供述了自己的犯罪事实。被告人家属代为赔偿了谢冬元全部经济损失,并取得了谢冬元的谅解。

兴国县人民法院认为,被告人谢庆茂在新型冠状病毒肺炎疫情防控期间,无视疫情防控有关要求,拒不配合疫情防控人员工作,扰乱疫情防控现场工作秩序,为发泄个人不满,任意损毁公私财物,造成他人财物损失达人民币9 623元,属情节严重,其行为构成寻衅滋事罪。在当前新型冠状病毒肺炎疫情防控的特殊时期,要求出行人员佩戴口罩,对进出人员进行检查登记、体温检测,是防范疫情蔓延的有效措施。被告人未佩戴口罩出入村庄,不仅不配合现场疫情防控人员工作,反而为发泄个人不满,驾车撞击他人用于疫情防控的宣传车辆,扰乱疫情防控工作秩序,造成了

恶劣的社会影响,酌情从重处罚。谢庆茂同时具有坦白情节,自愿认罪认罚,赔偿了谢冬元的损失,取得了谢冬元的谅解,系初犯、偶犯,可依法从轻处罚。综上,为维护社会公共秩序,保护公民合法财产利益,惩治犯罪,根据谢庆茂的犯罪事实、性质、情节和对于社会的危害程度,以及悔罪表现,依照《中华人民共和国刑法》第二百九十三条第一款第(三)项、第六十七条第三款及《最高人民法院、最高人民检察院关于办理寻衅滋事刑事案件适用法律若干问题的解释》第四条第一款第(一)项之规定,判决如下:

被告人谢庆茂犯寻衅滋事罪,判处有期徒刑十一个月。

一审宣判后,被告人谢庆茂未提出上诉,公诉机关亦未抗诉。判决已发生法律效力。

二、主要问题

疫情防控期间拒不配合疫情防控人员工作,为发泄个人不满,任意损毁公私财物,造成他人财物损失的行为如何定性?

三、裁判理由

本案被告人谢庆茂在新型冠状病毒肺炎(以下简称新冠肺炎)疫情防控期间拒不配合疫情防控人员工作,为发泄个人不满,任意损毁公私财物,造成他人财物损失,关于其行为应当如何定性,有以下两种意见:

一种意见认为,被告人谢庆茂的行为构成寻衅滋事罪。理由是:谢庆茂驾车经过新冠肺炎疫情防控临时检查点,没有按照疫情防控要求下车登记,还与疫情防控工作人员争吵,为发泄心中不满,驾车连续三次撞击"防控宣传车",导致该车严重受损,受损价值达人民币9 623元,严重扰乱疫情防控现场工作秩序,根据《最高人民法院、最高人民检察院关于办理寻衅滋事刑事案件适用法律若干问题的解释》第四条第一款第(一)项的规定,其任意损毁、占用公私财物价值2 000元以上,属于"情节严重",其行为已构成寻衅滋事罪。

另一种意见认为,被告人谢庆茂的行为构成故意毁坏财物罪。理由是:被告人谢庆茂为发泄个人心中不满,故意驾驶自己的皮卡车连续三次撞击"防控宣传车",导致该车严重受损,经鉴定受损价值达人民币9 623元,根据2008年最高人民检察院、公安部发布的《关于公安机关管辖的刑事案件立案追诉标准的规定(一)》第三十三条第(一)项规定,故意毁坏公私财物,造成公私财物损失五千元以上的,应予立案追诉。故谢庆茂的行为已构成故意毁坏财物罪。

我们同意第一种意见,被告人谢庆茂的行为构成寻衅滋事罪。理由如下:

(一)被告人行为更符合寻衅滋事罪的犯罪构成

根据刑法第二百九十三条第一款第(三)项的规定,强拿硬要或者任意损毁、占用公私财物,情节严重,破坏社会秩序的,构成寻衅滋事罪。而根据刑法第二百七十五条的规定,故意毁灭或者损坏公私财物,数额较大或者有其他严重情节的行为,构成故意毁坏财物罪。从法条的规定即可看出,两者存在一定程度的重合。但是同时也存在一定区别,如寻衅滋事罪的犯罪客体是根据法律和社会公德确立的公共生活规则所维持的社会正常秩序,而故意毁坏财物罪侵犯的客体则是公私财物的所有权。两者主观上都是直接故意,但是前者犯罪动机通常是为了满足耍威风、取乐等不正常的精神刺激或其他不健康的心理需要;而后者毁财的动机则比较多样,一般是出于个人报复或妒忌等心理。

本案中,被告人谢庆茂因为没戴口罩害怕被记者拍摄、录像,因而拒绝下车接受检查;在自己车被拦住之后,又因为自觉没有面子、感到窝火,为发泄心中不满而故意驾车连续三次撞击"防控宣传车",其更多是出于逞强耍威风、要面子的心理。其行为不仅对"防控宣传车"造成了损坏,更重要的是破坏了疫情防控工作的进行,严重扰乱了疫情防控现场工作秩序,因而更符合寻衅滋事罪的犯罪构成。

（二）根据“从一重罪处罚”原则认定

单纯从犯罪构成要件来看，被告人谢庆茂的行为构成寻衅滋事罪，同时也符合故意毁坏财物罪的犯罪构成，并达到该罪的追诉标准。在法律没有特别规定的情形下，应当适用“从一重罪处罚”原则。

根据被告人谢庆茂的犯罪情节、造成的危害后果，其应当适用寻衅滋事罪的第一个量刑档次，即在五年以下有期徒刑、拘役或者管制的幅度内进行量刑；如果适用故意毁坏财物罪，则应在三年以下有期徒刑、拘役或者罚金的幅度内进行量刑。故根据“从一重罪处罚”原则，被告人谢庆茂的行为也应按照寻衅滋事罪来定罪量刑。

（三）依据相关司法解释认定

最高人民法院、最高人民检察院2003年5月15日施行的《关于办理妨害预防、控制突发传染病疫情等灾害的刑事案件具体应用法律若干问题的解释》第十一条规定，在预防、控制突发传染病疫情等灾害期间，任意损毁公私财物，情节严重的，依照刑法第二百九十三条的规定，以寻衅滋事罪定罪，依法从重处罚。

本案发生在新冠肺炎疫情防控期间，被告人谢庆茂无视疫情防控相关要求，拒不配合疫情防控人员工作，与疫情防控工作人员争吵，而且为发泄个人心中不满，驾车连续三次撞击“防控宣传车”，导致该车严重受损，受损价值达人民币9 623元，严重扰乱了疫情防控现场工作秩序，社会影响恶劣，属于“任意损毁公私财物，情节严重”，按照上述司法解释，应以寻衅滋事罪定罪，并依法从重处罚。同时，谢庆茂还有坦白、认罪认罚、赔偿被害人损失等从轻情节，量刑时亦应予以考虑。

综上，人民法院根据被告人谢庆茂的行为性质、犯罪事实、情节和对社会的危害程度，依法认定其构成寻衅滋事罪，并判处其有期徒刑十一个月，是适当的。

（撰稿：江西省高级人民法院　林勇康
审编：最高人民法院刑二庭　韩维中）

［第1330号］卢方锁、周凯寻衅滋事案

——疫情防控期间，随意殴打从事疫情防控工作人员的行为应如何认定

【关键词】　寻衅滋事罪　疫情防控期间　殴打疫情防控人员

一、基本案情

被告人卢方锁，男，满族，1982年5月4日出生，农民。2013年5月30日因犯故意伤害罪被判处有期徒刑九个月，缓刑一年。2020年2月13日被逮捕。

被告人周凯，男，汉族，1978年11月5日出生，无业。2011年11月11日因犯强奸罪被判处有期徒刑三年，2013年11月6日刑满释放。2020年2月13日因本案被逮捕。

黑龙江省桦南县人民检察院指控被告人卢方锁、周凯犯寻衅滋事罪，向桦南县人民法院提起公诉。

被告人卢方锁、周凯对公诉机关指控的事实、罪名均无异议，认罪认罚。

黑龙江省桦南县人民法院经审理查明:2020年1月30日16时30分许,桦南县梨树乡政府工作人员王淑杰、赵金龙、王晓东到辖区检查新型冠状病毒肺炎疫情防控情况,驾车途经桦南县梨树乡长兴村时,因被告人卢方锁驾驶的车辆停在道路中间无法通行,遂鸣笛提示其让开道路,引发被告人卢方锁、周凯、宁龙(另案处理)不满。三人遂对王淑杰、赵金龙、王晓东进行殴打,致赵金龙、王晓东轻微伤。卢方锁、周凯于当日被公安机关抓获。

黑龙江省桦南县人民法院认为,被告人卢方锁、周凯随意殴打他人,情节恶劣,其行为均构成寻衅滋事罪。二人系共同犯罪,均系主犯。卢方锁、周凯在疫情防控期间,随意殴打他人,致二人轻微伤,并均曾因故意犯罪被判处刑罚,应依法惩处。鉴于卢方锁、周凯能认罪认罚,对其可从宽处理。依照《中华人民共和国刑法》第二百九十三条第一款第(一)项、第二十五条第一款、第二十六条第一款、第四款、第六十七条第三款和《最高人民法院、最高人民检察院关于办理寻衅滋事刑事案件适用法律若干问题的解释》第二条第(一)项的规定,判决如下:

1. 被告人卢方锁犯寻衅滋事罪,判处有期徒刑一年四个月;

2. 被告人周凯犯寻衅滋事罪,判处有期徒刑一年四个月。

一审宣判后,二被告人未提出上诉,检察机关亦未抗诉。判决已发生法律效力。

二、主要问题

疫情防控期间,随意殴打从事疫情防控工作的公务人员的行为应当如何认定?

三、裁判理由

本案中被告人卢方锁、周凯在新型冠状病毒肺炎疫情防控期间,随意殴打从事疫情防控工作的公务人员,关于其行为应当如何定性,有以下两种意见:

第一种意见认为,被告人卢方锁、周凯的行为构成妨害公务罪。理由是:根据刑法第二百七十七条之规定,以暴力、威胁方法阻碍国家机关工作人员依法执行职务的,依法构成妨害公务罪。本案中,乡政府工作人员到辖区检查新型冠状病毒肺炎疫情防控情况,属于从事疫情防控工作的公务人员,二被告人的行为在客观上干扰了政府对疫情防控的管理活动,侵犯了妨害公务罪的客体。因此,二被告人随意殴打从事疫情防控工作的公务人员的行为,依法构成妨害公务罪。

第二种意见认为,被告人卢方锁、周凯的行为构成寻衅滋事罪。理由是:本案被告人殴打防疫工作人员的动机是逞强耍横,显示威风,发泄情绪,与防疫工作人员从事疫情防控公务活动并无直接关联,且殴打行为具有一定偶然性和随机性,直接侵犯了社会公共秩序。因此,二被告人的行为符合刑法第二百九十三条第一款"随意殴打他人"型寻衅滋事罪的构成要件。

我们同意第二种意见,被告人卢方锁、周凯的行为虽然客观上干扰了政府对疫情防控的管理活动,但从主客观方面分析,其行为更符合寻衅滋事罪的构成要件,依法应以寻衅滋事罪追究二被告人的刑事责任。具体理由如下:

(一)从犯罪主观方面来看,二被告人具有寻衅滋事的动机与目的

1979年刑法规定了流氓罪,1997年修订刑法时,将流氓罪分解为强制猥亵、侮辱妇女罪,聚众斗殴罪,聚众淫乱罪和寻衅滋事罪等罪。从立法的沿革来看,寻衅滋事的主观方面具有"流氓动机",即漠视社会秩序、挑衅伦理道德。随意殴打的行为人抱着公然藐视社会法规和公德的心态,出于逞强斗狠、耍威争霸、发泄不满或开心取乐、寻求刺激等不健康动机而实施犯罪,获取某种精神上的满足。

本案中,被害人系防疫工作人员,但并无证据证实二被告人的犯罪动机是故意破坏防疫管理活动、干扰国家疫情防控工作秩序,而是仅因被告人驾驶的车辆停在道路中间无法通行,被害人鸣笛提示其让开道路,二被告人就立刻产生不满情绪进而大打出手,明显具有逞强耍横、显示威风、满足炫耀武力的心理等"寻衅滋事"特征。

（二）从犯罪起因来看，二被告人行为具有一定随意性

2013年《最高人民法院、最高人民检察院关于办理寻衅滋事刑事案件适用法律若干问题的解释》规定了两种形式的寻衅滋事。第一种是“无事生非型”寻衅滋事，即行为人为寻求刺激、发泄情绪、逞强耍横等，无事生非，实施刑法相关行为的情况；第二种是“借故生非型”寻衅滋事，即行为人因日常生活中的偶发矛盾纠纷，借故生非，实施刑法相关行为的情况，但矛盾系由被害人故意引发或者被害人对矛盾激化负有主要责任的除外。前者是没有起因、无缘无故地殴打他人；后者是借题发挥、小题大做地殴打他人。无论是无故还是借故，都在一定程度上反映了实施殴打行为的随意性。在实践中，行为人随意殴打他人的行为，大多有其所自认为的“理由”，但这种理由多为行为人为殴打他人所寻找的借口，或者是社会生活中微不足道的小事，其内容荒唐、逻辑混乱，并不为一般社会公众所承认，即一般道德观念中的“强盗逻辑”，这也就是本罪之所谓的“寻衅”。因而在司法实务中应当结合本罪保护的法益，从社会大众的角度认定其行为有无理由或有无正当理由，即当一般人站在行为人的立场，也不能理解、接受行为人的殴打行为时，该行为可以认定为“随意”。对于行为人辩解的不符合常理、常识、常情的“借口”和“理由”，不能认定“事出有因”。

本案中，被告人殴打防疫工作人员并非对疫情防控管理活动本身不满，在起因上亦与防疫工作人员的疫情防控公务活动无直接关联。被告人仅仅因为被害人鸣笛要求其挪车让路而实施殴打，显然属于因琐碎纠纷“借题发挥”的情形，具有典型的“随意性”。

（三）从犯罪对象来看，二被告人对殴打对象的选择具有随机性

同其他侵害人身权利的犯罪相比，“随意”是“随意殴打他人”型寻衅滋事罪的核心要素，其犯罪对象大多是不特定的。一是行为对象并不是行为人事前预谋好的，一般为临时起意；二是行为对象一般是随机选择的，如果换为其他人也可能成为被害人。

本案中，虽然被告人殴打的对象是防疫工作人员，但二被告人与被害人素不相识，被害人也从未向二被告人亮明其系从事疫情防控工作人员的身份，说明殴打的行为对象并不是二被告人在殴打前预谋好的。换言之，即便被害人不具有公务人员的身份，在鸣笛提示被告人让开道路时，也可能引发被告人不满而被殴打，说明被告人在犯罪对象的选择上具有偶然性和随机性。

（四）从犯罪结果来看，二被告人的行为直接扰乱了公共秩序

本案中，二被告人随意殴打乡政府防疫工作人员，导致二人轻微伤，防疫工作人员因需要休养而暂时不能参加疫情防控工作，虽然在一定程度上影响了当地政府防疫工作的整体安排和相应进度，但上述结果与二被告人的犯罪行为之间仅具有间接的因果关系，被告人并未预见、也并不追求上述结果的发生。相反，二被告人在公共场所随意殴打他人，直接影响了周围不特定群众的安全感，直接侵害了正常的社会管理秩序和公共秩序，二被告人的行为与破坏社会公共秩序之间具有直接的因果关系，完全符合寻衅滋事的犯罪构成要件。

综上，根据主客观相统一的定罪原则，综合分析本案的案件起因、犯罪动机、犯罪对象、犯罪结果等事实、情节，可以认定二被告人主观上具有“随意殴打他人”的犯意，客观上实施了殴打他人的行为，并造成二人轻微伤的结果，破坏了社会公共秩序，情节恶劣，二人行为依法构成寻衅滋事罪。据此，法院对二被告人以寻衅滋事罪定罪处罚是正确的。

（撰稿：黑龙江省高级人民法院　常　鹤
黑龙江省桦南县人民法院　赵冬冬
天津市第一中级人民法院　张文波
审编：最高人民法院刑二庭　韩维中）

[第1331号]叶国新赌博案

——疫情防控期间聚众赌博的,应从严惩处

【关键词】 赌博罪 聚众赌博 疫情防控期间 违反疫情防控规定 从严

一、基本案情

被告人叶国新,男,汉族,1958年5月4日出生。2020年2月3日被刑事拘留,次日变更为监视居住。

浙江省余姚市人民检察院指控被告人叶国新犯赌博罪,向余姚市人民法院提起公诉。

被告人叶国新对公诉机关指控的犯罪事实和罪名均无异议,在审查起诉阶段自愿认罪认罚,并签署认罪认罚具结书。

余姚市人民法院经审理查明:2019年2月至2020年2月3日,被告人叶国新在余姚市低塘街道镆剑山村××号自己家中,摆放2张自动麻将桌,为段世昌、吴定良、叶忠辉、黄洪吉(均另案处理)等人以"冲击麻将"形式的赌博提供条件,并从中抽头,获利人民币9 000余元。

2020年2月3日,被告人叶国新被余姚市公安局民警抓获。公安机关当场查获自动麻将桌2张、棋牌室专用筹码25个、棋牌室专用卡片28张等作案工具。

余姚市人民法院认为,被告人叶国新以营利为目的,聚众赌博,抽头获利,其行为已构成赌博罪。叶国新归案后如实供述自己的罪行,在庭审中又自愿认罪,依法可以从轻处罚。叶国新在审查起诉阶段认罪认罚,依法可以从宽处理。在新型冠状病毒肺炎疫情防控期间,叶国新聚众赌博,妨害疫情防控工作,应从严惩处。供犯罪使用的财物,应予没收。公诉机关建议判处被告人叶国新拘役五个月,并处罚金五千元的意见合理,予以采纳。根据叶国新犯罪的事实、性质、情节以及对社会的危害程度,依照《中华人民共和国刑法》第三百零三条第一款、第六十七条第三款、第六十四条及《最高人民法院关于适用财产刑若干问题的规定》第二条第一款之规定,判决如下:

1. 被告人叶国新犯赌博罪,判处拘役五个月,并处罚金五千元。

2. 追缴违法所得九千元,上缴国库。

3. 扣押在案的自动麻将桌、棋牌室专用筹码、棋牌室专用卡片等作案工具予以没收。

一审宣判后,被告人叶国新未提出上诉,公诉机关未提出抗诉。判决已发生法律效力。

二、主要问题

在新型冠状病毒肺炎(以下简称新冠肺炎)疫情防控关键时期,违反疫情防控不得进行公共聚集活动的相关规定,进行聚众赌博的,应当如何处理?

三、裁判理由

随着新冠肺炎疫情的肆虐,2020年1月23日,根据《浙江省突发公共卫生事件应急预案》,浙江省政府启动了重大突发公共卫生事件一级响应。之后,从上到下,各级政府及相关部门三令五申,禁止一切公众聚集活动,把"外防输入,内防扩散"作为疫情防控工作的重要内容,特别是把聚集性疫情防控工作作为防控工作的重中之重。

所谓聚集性疫情,根据2020年1月22日国家卫生健康委员会发布的《新型冠状病毒感染的肺炎防控方案(第二版)》的定义,是指在疑似聚集性病例(14天内在小范围发现1例确诊病例,并同时发现1例及以上发热呼吸道感染病例的情形)的情形下,发现2例及以上确诊病例,且病

例间可能存在因密切接触导致的人际传播的可能性或因共同暴露而感染的可能性。由于新型冠状病毒在潜伏期尚无任何症状时就具有传染性,因而当人群聚集时,一方面增加了人群受感染的可能性,另一方面也使病毒的传播和疫情的扩散更难控制,因而聚集性疫情防控是当前各地疫情防控的难点。而对此最好的解决办法就是隔离,切断病毒的有效传播,达到控制疫情的目的。正因如此,各级政府根据本行政区域的具体情况,采取限制措施或者停止集市、集会、影剧院演出,以及其他人群聚集的活动;停工、停课、停业;封闭或封存被传染病病原体污染的公共饮用水源、食品以及相关物品等紧急措施。

本案系浙江省首例宣判的新冠肺炎疫情防控期间聚众赌博案。麻将馆因为空间狭小,人员聚集,通风设施差,容易传染病毒,不利于疫情的防控,因而各地社区在疫情防控期间都严格禁止聚众打牌、打麻将等行为。被告人无视疫情防控的禁令规定,继续聚众赌博,不仅破坏了社会管理秩序和社会主义文明风尚,同时增加疫情传播风险,相比于正常时期的赌博行为,社会危害性更大,应当从严惩处。2020 年 2 月 6 日,最高人民法院、最高人民检察院、公安部、司法部联合发布了《关于依法惩治妨害新型冠状病毒感染肺炎疫情防控违法犯罪的意见》,其中规定,在疫情防控期间实施有关违法犯罪的,要作为从重情节予以考量,依法体现从严的政策要求,有力惩治震慑违法犯罪,维护法律权威,维护社会秩序,维护人民群众生命安全和身体健康。

本案的从严惩处具体体现在以下两个方面:

一是从快。公安机关于 2020 年 2 月 3 日查获本案,同年 2 月 6 日移送审查起诉,检察机关随即向法院通报相关情况,次日提起公诉,并建议适用速裁程序。法院当日立案受理,在立案后不到 24 小时内 2 月 8 日即开庭审理,并当庭宣判。

二是不适用缓刑。单纯从本案的具体犯罪事实看,如果根据被告人的犯罪情节、悔罪表现以及再犯罪的危险等情形,也可以适用缓刑。但是本案被告人在疫情防控期间,在明知具体疫情防控要求的情况下,仍然罔顾疫情和禁令,无视疫情传播的危险性,多次聚众赌博,其行为具有较强的社会危害性,故对其不适用缓刑。

另外,值得一提的是,本案公开开庭审理时,通过网络同步直播庭审,在线观看庭审直播近 10 万人次。庭审网络直播在坚持依法公开审理的同时,最大限度地减少人员聚集,既防止了疫情防控期间法院开庭可能带来的病毒传染风险,又达到了加强法治宣传、警示教育,震慑违法犯罪分子、引导广大群众遵纪守法的目的,为疫情防控工作的顺利开展营造良好的法治和社会环境。

综上,在新冠肺炎疫情防控期间,人民法院根据相关规定,对相关违法犯罪予以从严惩处是正确而必要的,为打赢疫情防控阻击战提供了有力的司法保障。

（撰稿:浙江省高级人民法院　郑晓红
浙江省余姚市人民法院　齐志强
审编:最高人民法院刑二庭　韩维中）

[第1345号]朱伦军寻衅滋事案

——多次拦截儿童强行夺取较低经济价值物品的行为如何定性

【关键词】 寻衅滋事罪　多次　强行夺取　较低经济价值

一、基本案情

被告人朱伦军，男，1984年8月24日出生。2016年12月9日被逮捕。

四川省绵阳市涪城区人民检察院指控被告人朱伦军犯抢劫罪，向绵阳市涪城区人民法院提起公诉。

被告人朱伦军对起诉书指控的罪名无异议。其辩护人提出，朱伦军患有精神恋物癖，并不是恶意占有儿童的袜子，其行为暴力程度较轻，没有侵占儿童的其他财物，其行为不构成抢劫罪，并请求免予刑事处罚。

涪城区人民法院经审理查明：被告人朱伦军因患有恋物症，为寻求精神刺激，从2016年2月起，多次在绵阳城区拦截未成年男童，强行脱取并抢走男童所穿袜子。具体如下：

1. 2016年2月的一天，被告人朱伦军来到位于绵阳市某少年宫教学楼，对教室内的马某某（男，11岁）采取抱腿控制的手段，强行将马某某所穿袜子脱下抢走。

2. 2016年6月26日，被告人朱伦军在绵阳市某少年宫教学楼，从教室跟踪马某某至厕所，强行脱掉其所穿袜子。马某某激烈反抗，朱伦军将马某某右手手臂咬伤。

3. 2016年8月中旬，被告人朱伦军在绵阳市某少年宫一楼尾随买饮料的曹某某（男，10岁）至教学楼三楼楼梯处，采取抱腿手段将曹某某摔倒，强行将其所穿袜子脱下抢走。

4. 2016年10月27日8时20分许，被告人朱伦军尾随羊某某（男，11岁）至绵阳市涪城区长虹大道某银行外人行道处，将羊某某左腿抱住，致使羊某某摔倒在地，后强行将羊某某所穿袜子脱下抢走。朱伦军在逃跑过程中被群众抓获。

同日15时许，公安民警在被告人朱伦军住处卧室衣柜内搜出黑色双肩背包1个，内有不同颜色旧儿童袜91双。

经法医精神病鉴定，朱伦军被诊断患恋物症，在本案中具有完全刑事责任能力。

涪城区人民法院认为，被告人朱伦军为寻求精神刺激，多次拦截未成年人，情节恶劣，其行为已构成寻衅滋事罪。其到案后如实供述自己的罪行，可以从轻处罚。公诉机关指控被告人朱伦军犯抢劫罪的罪名不当，予以纠正。朱伦军犯罪行为虽暴力程度较轻，但均系针对没有监护人跟随的10岁左右未成年人作案，其行为严重损害未成年被害人身心健康，造成恶劣社会影响，辩护人关于对其免予刑事处罚的意见，不予采纳。依照《中华人民共和国刑法》第二百九十三条之规定，认定被告人朱伦军犯寻衅滋事罪，判处有期徒刑二年。

宣判后，被告人朱伦军没有上诉，检察机关亦未提出抗诉，判决已发生法律效力。

二、主要问题

多次拦截他人强行夺取较低经济价值物品的行为构成抢劫罪，还是寻衅滋事罪？

三、裁判理由

本案审理过程中，对被告人朱伦军的行为如何定性，检察机关与法院之间存在不同意见。

一种意见认为，被告人朱伦军以非法占有为目的，当场采取暴力手段强行劫取他人财物，其行为已构成抢劫罪。

另一种意见认为,被告人朱伦军的行为构成寻衅滋事罪。主要理由是:被告人为寻求精神刺激,多次在少年宫、街道等场所拦截他人,强行抢走被害人的袜子,是一种多次拦截他人、强拿硬要他人财物的寻衅滋事行为,被告人主观上是为了满足其畸形的生理、心理需要,而并非为了将他人财物非法占为己有。

我们同意第二种意见,本案中对被告人朱伦军的行为评价为寻衅滋事罪为宜。实践中,应从以下方面准确把握抢劫罪与寻衅滋事罪的界限:

(一)从犯罪构成角度把握抢劫罪与寻衅滋事罪的界限

抢劫罪是以非法占有为目的,采取暴力、胁迫或者其他手段当场劫取他人财物的行为。根据《刑法》第二百九十三条的规定,寻衅滋事罪包括随意殴打他人,追逐、拦截、辱骂、恐吓他人,强拿硬要或者任意损毁、占用公私财物等多种行为类型。其中,强拿硬要公私财物,或者同时具有殴打他人、追逐、拦截、恐吓他人并强拿硬要他人财物情形的,与抢劫罪中使用暴力手段当场劫取他人财物,在行为表现方式上存在一定相似之处,从而在认定此罪与彼罪问题上,容易产生争议。我们认为,应从两罪的本质区别上进行把握。

1. 两罪的主观目的不同

抢劫犯罪侵害的是复杂客体,既包括公民的人身权利,也包括财产权利,从其规定在侵犯财产权利罪一章来看,通常认为,抢劫罪是通过暴力侵害人身权利达到非法占有他人财物的目的。非法占有财物的目的,既是刺激行为人实施犯罪的起因,也支配和贯穿行为的始终,是认定犯罪的核心要素,也是区分此罪与彼罪的关键指标。

寻衅滋事罪分立自1979年《刑法》第一百六十条的流氓罪,该罪的本质特征是公然藐视法纪,以卑劣、下流的手段滋扰他人、破坏公共秩序。根据2013年最高人民法院、最高人民检察院发布的《关于办理寻衅滋事刑事案件适用法律若干问题的解释》(以下简称《解释》)第一条的规定,行为人为寻求刺激、发泄情绪、逞强耍横等,无事生非,或者借故生非,实施《刑法》第二百九十三条规定的行为的,应当认定为“寻衅滋事”,该解释进一步明确了寻衅滋事罪的本质特征。对于寻衅滋事几种行为样态中的强拿硬要他人财物,虽然也侵害了公民的财产权利,但占有他人财物并非行为人的犯罪目的或动机,不是其行为指向的最终目标,而是通过随意夺取他人财物,逞强好胜,要威风,滋扰他人,满足其不正常的心理感官刺激。

2. 两罪客观危害不同

从客观危害来看,抢劫罪和寻衅滋事罪均不排斥实施暴力。就抢劫罪的暴力程度而言,刑法条文本身并未进行明文限定,通常认为行为人对他人实施的暴力只要达到使被害人不敢或不能反抗,无论事实上能否遏制或排除被害人反抗,均可构成抢劫罪,不要求必须对人身造成严重伤害。寻衅滋事的暴力,包含了暴力、胁迫等方式,不要求达到令被害人不敢反抗、不能反抗的地步。但抢劫罪是一种严重犯罪,对人身权利或者财产权利受到侵害程度的要求相对高一些。而寻衅滋事罪的危害性主要在滋扰他人、破坏社会秩序,因此,寻衅滋事罪对行为人实施的暴力程度或者夺取的财物的价值本身,要求并不高,而需要着重考察的是“滋事”行为的情节、社会影响是否恶劣。根据《解释》的规定,强拿硬要型的寻衅滋事罪,通常要求具有强拿硬要公私财物价值1 000元以上;多次强拿硬要公私财物;强拿硬要精神病人、残疾人、老年人、孕妇、未成年人的财物;严重影响他人的工作、生活、生产、经营等情形。对于多次追逐、拦截他人,追逐、拦截未成年人等造成恶劣社会影响的,即使并未对被害人实施有形的暴力,也可以构成寻衅滋事罪。

综上，判断一行为是构成抢劫罪还是寻衅滋事罪，首先应当考察行为人的主观目的是非法占有他人财物，还是满足畸形的生理和心理需要；其次应当判断该行为客观上主要侵害的是公民人身、财产权利，还是滋扰他人、破坏社会秩序。本案中，被告人朱伦军多次在少年宫、街道等场所尾随、拦截儿童，控制被害人后，强行脱下其所穿袜子抢走，除了本案起诉指控和法院审理认定的四起事实外，公安民警还从其家中查获了不同颜色的旧儿童袜91双。单从行为方式来看，朱伦军实施了暴力压制被害人反抗和当场夺取他人财物的行为，似乎符合抢劫罪的构成要件。但是，从财物经济价值的角度看，儿童旧袜价值低廉，被告人的行为侵犯财产权利的一面并不突出；从被告人主观目的来看，其强抢儿童旧袜，并不是为了获取财物经济价值，而是出于一种追求精神刺激，满足自己不健康的心理和生理需要，客观上是滋扰了他人，破坏了社会公共秩序。此外，朱伦军的行为不仅符合多次强拿硬要他人财物、强拿硬要未成年人财物造成恶劣社会影响等司法解释明确列举的入罪情形，同时也符合多次拦截未成年人这一入罪条件。因此，无论从行为方式、行为的客观危害，还是被告人的主观目的分析，朱伦军实施的犯罪行为都更符合寻衅滋事罪的特征，而不是抢劫罪。

（二）从罪刑相适应的角度实质把握抢劫罪与寻衅滋事罪的界限

我国《刑法》第五条规定了罪刑相适应原则，即“刑罚的轻重，应当与犯罪分子所犯罪行和承担的刑事责任相适应”。罪刑相适应原则，其内涵是刑罚的轻重与犯罪人的主观恶性程度、客观的犯罪行为及其危害后果相适应。一般认为，该原则主要是指导刑罚裁量的量刑原则。但是，我们认为，罪刑相适应原则，在一定条件下对于定罪、区分此罪与彼罪，也有重要指导作用。

《刑法》对抢劫罪和寻衅滋事罪分别配置了不同的法定刑幅度，前者最低刑是三年有期徒刑，具有入户抢劫、多次抢劫或者抢劫财物数额巨大、在公共交通工具上抢劫等法定加重情节的，应当判处十年以上有期徒刑、无期徒刑直至死刑。寻衅滋事罪的基本法定刑幅度是五年以下有期徒刑、拘役或者管制；具有多次纠集他人寻衅滋事，严重破坏社会秩序的，可以判处五年以上十年以下有期徒刑。由于抢劫罪、寻衅滋事罪的起刑点、加重情节、最高法定刑差异较大，对于使用轻微暴力当场取财的行为人，认定罪名不同，则刑罚差异悬殊。对于犯罪性质介于模糊地带的行为，在选择罪名适用时，既要立足刑法条文和司法解释，也需要考虑社会一般大众的朴素正义情感，即常识、常理、常情，正确衡量犯罪行为的实质危害性大小，精准选择罪名适用，以确保罚当其罪。既要避免轻纵犯罪，又要防止机械理解适用刑法条文和司法解释，导致刑罚失之于僵化、过苛。例如，对在公交车上扒窃数十元现金被发现后，抗拒抓捕，挣脱逃跑过程中脚踹他人，未造成人身轻微伤害，情节较轻的，是否径行援用“在公共交通工具上抢劫”的加重条款，据此对被告人判处十年以上有期徒刑，就需要慎重考虑各种因素、情节，准确认定罪名或者确定刑罚轻重。

本案中，对被告人朱伦军的行为，公诉机关指控构成抢劫罪，但如此一来，朱伦军4次拦截儿童强抢旧袜，就属于多次抢劫，应当判处十年以上有期徒刑，形式上似乎合乎法律条文和逻辑。但是，综合考虑朱伦军罹患恋物症，系为寻求精神刺激，满足自己不健康的心理和生理需要而实施犯罪，意图不在劫财；其多次拦截、夺取儿童旧袜的暴力程度轻微，并未超出寻衅滋事罪可容纳的范畴，且所抢财物经济价值低廉，行为整体的危害性与认定为抢劫罪就意味着最低十年有期徒刑的刑罚后果相比，明显不相适应。而将被告人的行为定性为寻衅滋事罪，法律上没有障碍，且实质量刑更为合理的情况下，法院未支持公诉机关指控的抢劫罪罪名，而依法予以纠正，将朱伦军的行为认定为寻衅滋事罪，判处其有期徒刑二年，实现了原则性与灵活性、法律效果与社会效果相统一。我们认为,法院的裁判思路和结论是正确的。

（撰稿:四川省仁寿县人民法院　彭冬梅
四川省绵阳市涪城区人民法院　王丽冰
审编:最高人民法院刑一庭　沈　亮）

[第1346号]蔡恒寻衅滋事案

——凌晨酒后驾车追撵他人机动车,导致车损人伤的行为如何定性

【关键词】 寻衅滋事罪　酒后驾车　追撵他人机动车　车损人伤　危害公共安全罪

一、基本案情

被告人蔡恒,男,1983年1月3日出生。2014年12月31日被逮捕。

陕西省咸阳市秦都区人民检察院以被告人蔡恒犯以危险方法危害公共安全罪,向咸阳市秦都区人民法院提起公诉。

被告人蔡恒对指控的事实无异议,当庭表示自愿认罪,但对指控的罪名有异议,认为其行为是危险驾驶,请求对其从轻处罚。

咸阳市秦都区人民法院经审理查明:2014年8月14日凌晨4时许,被告人蔡恒与景某、袁某某酒后在陕西省秦都区思源南路关中映象酒店门口停车时,袁某某对在旁边停车的司机王某无理寻衅。王某见其酒后寻衅,遂开车离开。蔡恒为替袁某某“出气”,逞强耍横,寻求刺激,酒后驾驶中华牌轿车,从关中映象酒店门口尾随追逐王某驾驶的东风牌小型客车,相继沿思源南路向南经滨河路、中华路至咸通南路,途中撞击王某所驾客车尾部并多次欲截停未果,行至咸通南路距离建设路十字口南约100米时再次超越王某所驾客车时,与该客车发生剐蹭,致客车侧翻,王某的颈脊髓损伤、口唇挫裂伤、鼻中隔及左侧鼻骨骨折,乘车人焦某某的胸6、7、10椎体骨折。经鉴定,东风牌小型客车车损21 519元,王某的损伤程度为轻伤二级,焦某某的损伤程度为轻伤一级。

在审理过程中,被告人蔡恒与被害人王某、焦某某达成民事赔偿协议:蔡恒赔偿王某经济损失2万元,赔偿焦某某经济损失4万元,王某、焦某某对蔡恒表示谅解。

咸阳市秦都区人民法院认为,被告人蔡恒酒后为寻求刺激,无事生非,驾驶机动车在道路上追逐,拦截他人驾驶的车辆,致他人轻伤及财产受损,情节恶劣,其行为构成寻衅滋事罪。《中华人民共和国刑法》第一百一十四条规定:“放火、决水、爆炸以及投放毒害性、放射性、传染病病原体等物质或者以其他危险方法危害公共安全,尚未造成严重后果的,处三年以上十年以下有期徒刑。”根据该条规定,以危险方法危害公共安全罪,是指故意以放火、决水、爆炸、投放危险物质及以外的并与之相当的危险方法,足以危害公共安全的行为。本案中,蔡恒在凌晨4时40分许,为寻求刺激、无事生非,酒后驾驶车辆,在道路上追逐、拦截被害人驾驶的车辆,在此时间段及其所经过的路段内行人及车辆稀少,并无证据显示双方超速行驶,蔡恒的行为尚不足以对被害人以外的不特定多数人的生命、健康或者重大公私财产的安全造成威胁,其采用的方法尚未达到与放火、决水、爆炸、投放危险物质相当的危险程度。故其行为不符合以危险方法危害公共安全罪的犯

罪构成，不构成以危险方法危害公共安全罪。公诉机关指控的罪名不妥，应予变更。蔡恒归案后能如实供述自己的罪行，且已赔付受害人经济损失6万元，并取得谅解，可从轻处罚。据此，依照《中华人民共和国刑法》第二百九十三条第一款第(二)项、第六十七条第三款之规定，判决如下：

被告人蔡恒犯寻衅滋事罪，判处有期徒刑一年。

宣判后，咸阳市秦都区人民检察院提起抗诉。二审审理过程中，咸阳市人民检察院认为抗诉不当，向咸阳市中级人民法院撤回抗诉。

咸阳市中级人民法院经审查认为，原审判决认定事实清楚，证据确实、充分，定罪准确，量刑适当。审判程序合法。咸阳市人民检察院撤回抗诉的要求，符合法律规定，应予准许。依照《最高人民法院关于适用〈中华人民共和国刑事诉讼法〉的解释》第三百零七条、第三百零八条之规定，裁定如下：

准许咸阳市人民检察院撤回抗诉。

二、主要问题

凌晨酒后驾车追撵他人机动车导致车损人伤的行为如何定性？

三、裁判理由

本案中，被告人蔡恒虽酒后开车，但没有证据证明其系醉酒驾车，故不能以醉酒驾车认定其行为构成危险驾驶罪。蔡恒为替朋友出气，无事生非，驾驶机动车在道路上故意追逐、拦截他人驾驶的车辆，造成他人身体受伤、车辆受损，情节恶劣，妨害了公共安全，属于追逐竞驶的行为，因此，可以认定其行为构成危险驾驶罪。根据《刑法》第一百三十三条之一第四款的规定，犯危险驾驶罪，同时构成其他犯罪的，依照处罚较重的规定定罪处罚。蔡恒危险驾驶的行为，致两人轻伤，且造成车辆损坏，车损达21 519元，致人轻伤和车辆损坏的后果都是其故意行为造成的，应当追究其刑事责任。但危险驾驶罪的罪责无法涵括致人轻伤以及数额较大财产损失的后果。因此，蔡恒危险驾驶的行为构成危险驾驶罪与其他犯罪的竞合。但对于蔡恒所构成的其他犯罪的罪名，审理中有两种不同观点：

第一种观点认为，被告人蔡恒的行为构成危险驾驶罪与以危险方法危害公共安全罪的竞合，应当以以危险方法危害公共安全罪定罪处罚。

第二种观点认为，被告人蔡恒的行为构成危险驾驶罪与寻衅滋事罪、故意伤害罪、故意毁坏财物罪的竞合，应当以寻衅滋事罪定罪处罚。

我们同意第二种观点，认为对被告人蔡恒的行为应当以寻衅滋事罪定罪处罚。理由如下：

(一)被告人蔡恒的行为不构成以危险方法危害公共安全罪

《刑法》第一百一十四条规定，放火、决水、爆炸以及投放毒害性、放射性、传染病病原体等物质或者以其他危险方法危害公共安全，尚未造成严重后果的，处三年以上十年以下有期徒刑。我们认为，被告人蔡恒追逐竞驶的行为尚构不成以危险方法危害公共安全罪。理由如下：

1.被告人追逐竞驶的行为尚未达到与放火、决水、爆炸、投放危险物质等行为相当的危险程度

追逐竞驶行为构成以危险方法危害公共安全罪的，要求该行为具有与放火、决水、爆炸、投放危险物质相当的危险程度。即要求该行为对不特定多数人的人身财产安全所带来的潜在危险与放火等行为相当，或者体现在所造成的现实危害后果与放火等行为相当。而且，作为以危险方法危害公共安全罪构成要件的行为本身具有相当的不可控性，即一旦实施上述行为，侵害的对象、范围、严重程度具有不可控性。而蔡恒实施追逐竞驶的行为，仅发生一般交通事故，尚未达到构成交通肇事罪的严重事故，其侵害对象、范围有限，仅针对特定的人和车，即被害人王某驾驶的车

辆及车上的王某和焦某某,说明该行为尚未达到严重危害公共安全的程度,行为人对其驾驶的车辆仍有一定的控制性。因此,蔡恒的行为尚不具有与放火、决水、爆炸、投放危险物质相当的危险程度,不符合以危险方法危害公共安全罪的客观特征。

2. 被告人不具有以危险方法危害公共安全的主观故意

危险驾驶罪的行为人对发生交通事故的主观意志与交通肇事罪一样,即其违法驾驶行为本身是故意的,但对产生的危害后果却是过失的。而以危险方法危害公共安全罪则要求行为人不但明知其实施的危险行为存在潜在的危险,而且希望或者放任这种潜在的危险向现实损害转化。本案中,被告人蔡恒出于为朋友"出气"的心理,临时起意追逐被害人车辆,其主观上并不希望或者放任对他人生命、健康或者财产造成重大损害,具体行为上只是撞击王某车辆尾部、欲截停王某车辆,其造成的危害后果也是在其超越王某车辆时,与王某车辆发生剐蹭导致王某车辆侧翻所致。

3. 时空环境上不具备以危险方法危害公共安全的条件

被告人蔡恒追逐竞驶的时间在凌晨4时40分许,此时间段内及其驾车所经过的路段内行为人及车辆均稀少,也无证据显示蔡恒超速行驶,因此,蔡恒的行为尚不足以对被害车辆和车辆内人员以外的不特定多数人的生命、健康或者重大公私财产的安全造成威胁。

4. 本案以以危险方法危害公共安全罪定罪不符合定罪逻辑

交通肇事罪是轻于以危险方法危害公共安全罪的犯罪。被告人蔡恒追逐竞驶,造成一般交通事故,其行为尚未达到构成交通肇事罪的程度。因此,如果认定其行为构成以危险方法危害公共安全罪,从举轻以明重的角度分析,在定罪逻辑上难以自圆其说。

(二)被告人蔡恒的行为构成危险驾驶罪与寻衅滋事罪、故意伤害罪、故意毁坏财物罪的竞合,应当以寻衅滋事罪定罪处罚

本案中,被告人蔡恒为替朋友袁某某"出气",追逐竞驶,造成他人轻伤、车辆受损,既侵犯了他人的财产权,又侵犯了他人的健康权,因此,其行为同时构成故意伤害罪、故意毁坏财物罪。同时,被告人蔡恒为替朋友袁某某"出气",无事生非,驾驶机动车在道路上故意追逐、拦截他人驾驶的车辆,也符合寻衅滋事的犯罪构成。根据《刑法》第二百九十三条第一款第(二)项规定,追逐、拦截、辱骂、恐吓他人,情节恶劣的,才构成寻衅滋事罪。蔡恒的行为造成了他人轻伤、车辆受损,经济损失较大,且连续追逐,途经咸阳市秦都区的思源南路、滨河路、中华路、咸通南路等四条街道,应当认定为"情节恶劣"。主观上,蔡恒对社会秩序的侵害也是故意的。因此,其行为同时构成寻衅滋事罪。如此,蔡恒追逐竞驶的行为除了构成危险驾驶罪外,还构成故意伤害罪、故意毁坏财物罪、寻衅滋事罪。蔡恒的一个行为侵犯了数个法益,属于想象竞合犯,依照《刑法》第一百三十三条之一第四款的规定,应当依照处罚较重的规定定罪处罚。根据《刑法》第一百三十三条之一第一款规定,危险驾驶罪的法定刑为拘役,并处罚金;根据《刑法》第二百三十四条第一款规定,故意伤害罪致人轻伤的,法定刑为三年以下有期徒刑、拘役或者管制;根据《刑法》第二百七十五条规定,故意毁坏财物罪,数额较大的,法定刑为三年以下有期徒刑、拘役或者罚金;根据《刑法》第二百九十三条第一款的规定,寻衅滋事罪的法定刑为五年以下有期徒刑、拘役或者管制。相比之下,寻衅滋事罪的法定刑最重。因此,应当对蔡恒追逐竞驶的行为以寻衅滋事罪定罪处罚。

综上,原审法院根据被告人蔡恒犯罪的事实、犯罪的性质、情节和对于社会的危害程度,并结合蔡恒认罪态度好,积极赔偿,取得被害人的谅解等情况,以寻衅滋事罪从轻判处蔡恒有期徒刑一年是适当的。

(撰稿:陕西省咸阳市秦都区人民法院　商俊峰
审编:最高人民法院刑四庭　陆建红)

[第1347号]夏永华等人开设赌场案

——利用微信群抢红包等方式进行赌博的,能否以开设赌场罪定罪处罚

【关键词】 开设赌场罪 微信群抢红包 开设微信赌博群

一、基本案情

被告人夏永华,男,1982年7月23日出生。2017年3月23日被逮捕,同年8月22日变更为监视居住,2018年2月22日变更为取保候审。

被告人陈增贵,男,1996年8月15日出生。2017年3月7日被取保候审。

被告人解粉兰,女,1989年9月15日出生。2017年2月22日被取保候审。

被告人赵军华,男,1981年12月14日出生。2017年3月9日被取保候审。

被告人崔文博,男,1987年11月27日出生。2017年4月19日被取保候审。

被告人张孙敏,男,1982年12月29日出生。2014年因犯非法拘禁罪被判处拘役六个月。2017年3月14日因本案被取保候审。

被告人卞立威,男,1984年10月22日出生。2017年3月7日被取保候审。

被告人江新琪,男,1980年9月24日出生。2017年3月3日被取保候审。

被告人宋梦瑶,女,1996年8月15日出生。2017年3月6日被取保候审。

被告人钱敏超,女,1987年7月29日出生。2017年3月28日被取保候审。

被告人方苗,女,1988年5月29日出生。2017年3月28日被取保候审。

被告人夏敏,女,1990年9月8日出生。2017年3月29日被取保候审。

浙江省江山市人民检察院以被告人夏永华、陈增贵、解粉兰、赵军华、崔文博、张孙敏、卞立威、江新琪、宋梦瑶、钱敏超、方苗、夏敏犯开设赌场罪,向江山市人民法院提起公诉。

各被告人对指控的基本犯罪事实无异议,称在公安机关的供述属实,已认识到错误,请求从轻处罚。被告人夏永华、陈增贵、崔文博、赵军华还辩称起诉书认定的涉案赌资和非法获利存在重复计算,认为抢开机红包、自己顶庄参赌的资金,为吸引他人入群到场外赌博收入,应扣减。各被告人的辩护人均提出,本案是建立微信群进行赌博,而不是建立赌博网站,不应适用网络赌博犯罪案件的相关司法解释的规定;对于涉案赌资计算不应按每天累计,而应按照普通赌博计算方式,以实际投入的金额计算。

江山市人民法院经公开开庭审理查明:

2016年8月1日,被告人夏永华及其妻子被告人解粉兰租得江山市雪泉街30A幢3单元605室,用于经营微信赌博群,之后二人于2016年8月先后邀请被告人陈增贵、崔文博参与经营微信赌博群。在经营微信赌博群期间,因需要人员从事“发包”“兑奖”“财务”等工作,夏永华等人又招收了被告人赵军华、卞立威、江新琪、张孙敏、宋梦瑶、钱敏超、方苗、夏敏参与。微信赌博群由“发包手”在微信群内发红包,赌博人员以抢到微信红包金额来计算点数,以“牛牛”方式比点数大小进行赌博。夏永华等人通过使用赌博软件,给参赌人员“上分”“下分”。“上分”前参赌人员需将赌资转入夏永华等人提供的支付宝账号内,赌博结束后,参赌人员可将剩余赌资“下分”转到自己的支付宝账号内。夏永华等人从庄家赌资及从赢家中每局按5%抽头获利。

被告人夏永华系微信赌博群群主，负责赌博群的总管理，被告人解粉兰负责管理“发包手”等。二人先后共占有赌博群100%、70%、50%、30%股份。2016年8月1日至2017年2月15日，夏永华、解粉兰二人涉案赌资共21 846 928.06元，个人非法获利20万元左右。案发后，夏永华、解粉兰共退出30万元。

被告人陈增贵自2016年8月6日加入管理微信赌博群，先后占有30%、25%、30%、25%、20%的股份，主要负责操作“通杀小精灵”手机App，给赌博人员“上分”“下分”，统计赌博押注、输赢、抽头等情况以及结算工作人员、合伙人的工资、分红等。至2017年2月15日，陈增贵涉案赌资共21 498 447.06元，非法获利20万元左右，案发后退出20万元。

被告人崔文博自2016年8月22日加入管理微信赌博群，先后占有20%、25%的股份，主要负责“财务”工作，即查收赌博人员是否将赌资打进指定账号和接受赌博人员联系“下分”，并通知陈增贵给赌博人员“上分”“下分”，后崔文博于2016年11月2日退出管理微信红包赌博群。其间，崔文博涉案赌资6 810 155.27元，非法获利6万元以上，案发后退出6万元。

被告人赵军华自2016年12月11日加入管理微信赌博群，占有25%的股份，主要负责邀请人员进微信群赌博及在微信群里“顶庄”赌博。至2017年2月15日，赵军华涉案赌资7 128 936.30元，非法获利10万余元，案发后退出10万元。

被告人张孙敏自2017年2月3日加入管理微信赌博群，占有20%的股份，主要负责邀请人员进微信群赌博。至2017年2月15日，张孙敏涉案赌资1 212 778元，非法获利2.8万余元，案发后退出3万元。

被告人卞立威自2016年11月26日加入管理微信赌博群，主要负责微信群“财务”工作。卞立威每日领取1 000元工资，2017年2月3日变更为每日领取500元工资并占有2.5%股份。至2017年2月15日，卞立威涉案赌资910余万元，非法获利7.5万余元，案发后退出3万元。

被告人江新琪自2016年11月4日加入管理微信赌博群，主要负责“兑奖”工作，统计参与赌博人员奖励情况。江新琪每日领取500元工资，自2017年2月3日开始变更为每日领取500元工资并占有2.5%股份。至2017年2月15日，涉案赌资36万余元，非法获利2.3万余元，案发后退出2万元。

被告人宋梦瑶自2016年9月13日加入管理微信赌博群，担任“发包手”工作，即在微信群中发送用于赌博的微信红包，加入初期每发一个赌博微信红包获利20元，自2017年2月7日起每日领取1 100元工资。至2017年2月15日，非法获利4.6万余元，案发后全部退出。

被告人钱敏超自2016年7月27日加入管理微信赌博群，担任“发包手”工作，每发一个赌博微信红包获利20元，2017年2月2日退出管理微信赌博群，共非法获利2.3万余元。

被告人方苗自2016年8月加入管理微信赌博群，担任“发包手”工作，每发一个赌博微信红包获利20元，2017年1月初退出管理微信赌博群，非法获利2万余元。

被告人夏敏自2016年8月30日加入管理微信赌博群，担任“发包手”工作，每发一个赌博微信红包获利20元，2017年1月22日退出管理微信赌博群，非法获利2万余元，案发后退出2万元。

在审理过程中，有关被告人向江山市人民法院退出非法所得：卞立威45 622元、江新琪3 117元、钱敏超23 398元、方苗20 000元、夏敏380元。

江山市人民法院认为，被告人夏永华、陈增贵、解粉兰、赵军华、崔文博、张孙敏、卞立威、江新琪、宋梦瑶、钱敏超、方苗、夏敏组建微信群进行赌博，其行为均已构成开设赌场罪。其中，夏永华、陈增贵、解粉兰、赵军华、崔文博、张孙敏、卞立威情节严重。建立微信群组织赌博与建立网站组织赌博性质相同,均属于建立网络赌博平台,故本案定罪量刑可适用网络赌博犯罪案件有关司法解释的规定。对于用于接收赌资的支付宝银行账号内资金,被告人不能说明合法来源的,可认定为赌资。卞立威、江新琪、宋梦瑶、钱敏超、方苗、夏敏在共同犯罪中起次要、辅助作用,系从犯,依法予以从轻或减轻处罚。公安机关在掌握了夏永华等利用微信群赌博的犯罪事实后,同时对夏永华进行直接传唤、对赌博场所进行检查及直接传唤陈增贵、赵军华、张孙敏、卞立威、江新琪、宋梦瑶等人到案,故上述被告人不构成自首。夏敏在犯罪后自动投案,如实供述自己的罪行,系自首,依法予以从轻处罚。其他被告人均能如实供述自己的罪行,均系坦白,依法予以从轻处罚。综合本案各被告人的犯罪事实、性质、情节及其认罪、悔罪态度,依照《中华人民共和国刑法》第三百零三条第二款,第二十五条第一款,第二十六条第一款,第二十七条,第五十二条,第六十四条,第六十七条第一、三款,第七十二条第一款之规定,判决如下:

1. 被告人夏永华犯开设赌场罪,判处有期徒刑三年,缓刑五年,并处罚金人民币十万元。
2. 被告人陈增贵犯开设赌场罪,判处有期徒刑三年,缓刑四年,并处罚金人民币七万元。
3. 被告人解粉兰犯开设赌场罪,判处有期徒刑三年,缓刑三年,并处罚金人民币五万元。
4. 被告人赵军华犯开设赌场罪,判处有期徒刑三年,缓刑四年,并处罚金人民币三万元。
5. 被告人崔文博犯开设赌场罪,判处有期徒刑三年,缓刑四年,并处罚金人民币三万元。
6. 被告人张孙敏犯开设赌场罪,判处有期徒刑三年,缓刑三年,并处罚金人民币一万元。
7. 被告人卞立威犯开设赌场罪,判处有期徒刑二年,缓刑二年,并处罚金人民币一万元。
8. 被告人江新琪犯开设赌场罪,判处有期徒刑一年,缓刑一年,并处罚金人民币五千元。
9. 被告人宋梦瑶犯开设赌场罪,判处有期徒刑一年,缓刑一年,并处罚金人民币七千元。
10. 被告人钱敏超犯开设赌场罪,判处有期徒刑一年,缓刑一年,并处罚金人民币五千元。
11. 被告人方苗犯开设赌场罪,判处有期徒刑一年,缓刑一年,并处罚金人民币五千元。
12. 被告人夏敏犯开设赌场罪,判处有期徒刑六个月,缓刑一年,并处罚金人民币三千元。

宣判后,在法定期限内无上诉、抗诉,判决已发生法律效力。

二、主要问题

1. 开设微信赌博群,利用抢红包等方式进行赌博的,能否以开设赌场罪定罪处罚?
2. 利用微信赌博群开设赌场的行为如何认定相关事实和适用法律?

三、裁判理由

(一)开设微信赌博群,利用抢红包等方式进行赌博的,可以开设赌场罪定罪处罚

在1997年《刑法》中,开设赌场是赌博罪的客观行为之一。由于开设赌场行为吸引他人前去赌博,参加人数多,赌资数额大,赌场的收入更加丰厚,社会危害性比一般的赌博犯罪更大,必须予以严厉打击。因此,《刑法修正案(六)》将"开设赌场"的行为从赌博犯罪行为中分立出来,作为一种单独的犯罪加以规定,并将法定最高刑从三年有期徒刑提高到十年有期徒刑。在网络高速发展的今天,赌博已经可以通过网络等虚拟场所进行。如实践中较常见的赌博网站主要设在境外,在境内设立分级代理。从网站内容和运营方式看,赌博网站与传统赌场很相似,赌博网站的每一级代理,均全权代表赌博网站与赌客发生业务关系。投注、资金交割只需轻点鼠标瞬间即可完成,使赌博更加快捷、方便。因此,《最高人民法院、最高人民检察院关于办理赌博刑事案件具体应用法律若干问题的解释》(法释〔2005〕3号)第二条规定,以营利为目的,在计算机网络上建立赌博网站,或者为赌博网站担任代理,接受投注的,属于《刑法》规定的"开设赌场"。为了更精准地打击网络赌博犯罪行为,最高人民法院、最高人民检察院、公安部于2010年8月31日发布了《关于办理网络赌博犯罪案件适用法律若干问题的意见》(以下简称《网络赌博意见》),对网上

开设赌场犯罪的定罪量刑标准、共同犯罪的认定和处罚等问题作了专门规定。

随着科技更加丰富地运用于生活，智能手机迅速发展，微信已经成为许多人生活甚至工作中不可缺少的工具。同时，一些赌博犯罪分子也将目标瞄准微信，利用微信群进行赌博犯罪活动。一段时间以来，学理上对利用微信群组织赌博，构成犯罪的行为如何定罪处罚存在不少争议，各地法院在实践中做法也不统一，有的以开设赌场罪定罪处罚，有的以赌博罪定罪处罚。2018 年 12 月 25 日，最高人民法院第二十批指导案例，公布了两个组织微信群赌博的指导案例，即《指导案例 105 号——洪小强、洪礼沃、洪清泉、李志荣开设赌场案》和《指导案例 106 号——谢检军、高垒、高尔樵、杨泽彬开设赌场案》。其中，指导案例 105 号裁判要点指出，以营利为目的，通过邀请人员加入微信群的方式招揽赌客，根据竞猜游戏网站的开奖结果等方式进行赌博，设定赌博规定，利用微信群进行控制管理，在一段时间内持续组织网络赌博活动的，属于《刑法》第三百零三条第二款规定的"开设赌场"。指导案例 106 号裁判要点指出，以营利为目的，通过邀请人员加入微信群，利用微信群进行控制管理，以抢红包方式进行赌博，在一段时间内持续组织赌博活动的行为，属于《刑法》第三百零三条第二款规定的"开设赌场"。最高人民法院公布的指导案例对于利用微信群组织人员参与赌博、对微信群进行控制管理、设定赌博规则的案件定性，为实践中处理类似案件提供了指导性意见。

我们认为，最高人民法院的两个指导案例，既符合刑法法理，也切中开设赌场罪的内在规律，且具有很强的实践操作性。在微信红包赌博中，通常由发起者建立赌博微信群，并制定赌博游戏规则，通过分工合作对群成员参与赌博实施严格控制。一旦发现群成员不遵守事先制定的赌博行为规则，则由群主或者其助手立即给予违反规则者移出微信群的惩罚。可以看出，此类发起者对于微信红包赌博群这一虚拟场所的控制是极其严格的。从破获的案件来看，在此种管理之下，赌博群能够长期稳定地存续下去，也侧面印证了这类发起人对于赌博场所的控制是非常有效的。这些发起微信红包赌博且对赌博群施以严格控制的行为，符合开设赌场罪的犯罪构成。

就本案而言，被告人夏永华等人组建专门的微信群用于赌博，参与入股、分工明确、组织投注、抽头营利，其本质与建立网站组织赌博相同，均属于建立网络赌博平台，可以认定为开设赌场罪。一是从参与人员的数量及规模上看，夏永华等人组建的微信群参赌人员众多，难以统计，本案 12 名被告人均系微信群管理人员，可见参赌人员之多，规模之大，以致公安机关难以查清参赌人数，这与传统赌博犯罪中参赌人员稳定的特征不符，而且，进入微信群赌博的人员之间大多相互并不认识。二是从公开性程度看，开设赌场不具有一般赌博犯罪的隐蔽性特征，而是相对公开。本案中，参赌人员既可通过各被告人的介绍进群，也可通过参赌人员的介绍进群，甚至不用介绍也可直接进群，具有公开性特征。三是从经营目的上看，其经营特征比较明显。聚众赌博、以赌博为业等传统型赌博犯罪行为，一般直接通过赌博获取非法利益，不具有经营目的；而开设赌场罪则是利用开设赌场来进行经营，通过经营间接获取赌博利润。本案各被告人的获利均不是通过赌博本身获取利润，而是通过抽取"上庄费""管理费"及从庄家赢钱中抽头获利，也就是说，各被告人本身并不参与赌博，而是通过对赌博的管理获取利润。四是从专门化程度上看，开设赌场这一经营形式，在赌博工具、赌博场所等方面需要具备经营上的专业化程度。本案中，被告人夏永华、解粉兰夫妻不仅租用房子，而且雇用了大量管理人员即本案其他被告人，分工明确，专业化程度较高。

（二）关于利用微信赌博群开设赌场的事实认定和法律适用的有关问题

1. 关于开设赌场罪"情节严重"的认定

对于网络赌博和赌博机赌博，由于其赌博的快捷、方便性和社会危害性，司法实践中时有发生。为此，最高人民法院、最高人民检察院、公安部在2010年8月10日发布《网络赌博意见》后，又于2014年3月26日发布了《关于办理利用赌博机开设赌场案件适用法律若干问题的意见》。之所以对网络赌博作了司法解释后，又针对赌博机赌博作司法解释，却没有一体化地对所有开设赌场罪及“情节严重”标准作司法解释，是因为传统方式的开设赌场与网络赌博、赌博机赌博的形式有很大差别，在查证、搜集证据上也有明显不同，认定标准中需要考虑的因素也相对更多。那么，组织微信群赌博的“情节严重”如何适用法律呢？我们认为，由于组建微信群赌博，无论是人员规模、公开程度、获利途径和方式、专业化程度，都与网络赌博中的开设赌场具有高度的一致性，因此，可以参照适用《网络赌博意见》来认定开设赌场罪的“情节严重”。而《网络赌博意见》第一条第二款规定，具有下列情形之一的，应当认定为开设赌场罪“情节严重”：“（一）抽头渔利累计达到3万元以上的；（二）赌资数额累计达到30万元以上的；（三）参赌人数达到120人以上的；（四）建立赌博网站后通过提供给他人组织赌博，违法所得数额在3万元以上的；（五）参加赌博网站利润分成，违法所得数额在3万元以上的；（六）为赌博网站招募下级代理，由下级代理接受投注的；（七）招揽未成年人参与网络赌博的；（八）其他情节严重的情形。”由于是参照，而不是依照，因此，“情节严重”的数额标准，并不完全依照上述规定。根据浙江省法院的地方标准，开设赌场罪，抽头渔利数累计数额5万元以上的为“情节严重”。结合《网络赌博意见》和浙江省的地方标准，被告人夏永华、陈增贵、解粉兰、赵军华、崔文博、张孙敏、卞立威的行为，各自的赌资数额累计均达到30万元以上，且抽头渔利累计达到5万元以上，或者违法所得数额在5万元以上。故以上被告人均属于开设赌场罪中“情节严重”的情形。

2. 关于赌资数额的认定

赌资数额的认定，主要涉及两个问题：

一是赌资的计算方法。地面赌场或者一般聚众赌博赌资的计算，都是以查获的实际赌资为依据，至于该赌资在同一时间和地点赌博活动中被用了几次，不属于计算时要考虑的问题，即同一时间和地点赌博的，查获多少赌资就认定多少赌资。只有在不同时间或者不同地点的赌博活动中查获的赌资才累计计算。而网络赌博、微信群赌博则无法依据上述方法认定。网络赌博、微信群赌博中，赌场开设者都是按次（局）抽头的。如本案中，被告人租用“机器人”，用软件自动计算获利和抽头。因此，涉案赌资按交易次数累计计算，如有资金1万元投入赌博，累计交易10次，赌博数额为10万元。因此，《网络赌博意见》第三条第二款规定，赌资数额可以按照在网络上投注或者赢取的点数乘以每一点实际代表的金额认定。该条第三款规定，对于将资金直接或间接兑换虚拟货币、道具等虚拟物品，赌资数额按照购买该虚拟物品所需资金数额或者实际支付资金数额认定。另外，网络赌博、微信群赌博笔数多，数额大，如按实际支付数额计算赌资，不依靠软件科学计算难以查清，依靠人工计算则基本上不可能核实准确、清楚。

二是开设赌场为吸引他人参赌而自己投入的资金是否认定为赌资的问题。我们认为，凡为赌博目的而投入的资金，均应认定为赌资。如果能查明哪些是开设赌场人自己投入的，哪些不是，可在情节上适当考虑。但是，哪些资金是开设赌场人自己投入的资金，在实践中往往很难查清、很难区分。《网络赌博意见》第三条第四款规定，对于开设赌场犯罪中用于接收、流转赌资的银行账户内的资金，不能说明合法来源的，可以认定为赌资。具体本案中，各被告人用于接收、流转赌资的银行账户内的资金，因各被告人均不能说明资金的合法来源，故全部认定为赌资。

3. 关于本案量刑的考量因素

《刑法》第六十一条规定，对于犯罪分子决定刑罚的时候，应当根据犯罪的事实、犯罪的性质、情节和对于社会的危害程度,依照本法的有关规定判处。本案是一个被告人众多、参与人更多的涉众型犯罪,同时又是网络社会中的新型犯罪,相关的司法解释规定不明确。在这种情况下,对各被告人判处刑罚,既要考虑犯罪的一般情节,也要考虑新型犯罪的特殊情形,还要考虑法律适用上的特殊情况;既要准确适用法律,又要积极探索刑法法理在新型犯罪中的具体运用;既要注重审判的法律效果,也要注重审判的社会效果;既严格适用法律,又留有总结经验的空间。

(1)犯罪情节主要依据赌资还是被告人获利情况?我们认为,赌资固然是衡量犯罪情节和社会危害性的一个重要内容,在聚众赌博、常业赌博案件中,赌资还是决定赌博行为是否构成犯罪的主要依据。但在网络赌博和微信群赌博案件中,涉案赌资实行累计计算往往数额巨大,而被告人实际获利却与赌资大小没有必然关系。开设赌场者的获利主要依据赌博的局数或者依据输赢的数量抽头。促使开设赌场者不断实施犯罪行为的内在动力不是赌资的大小,而是抽头的数额。因此,在实际处理中,相比于赌资,抽头渔利数额和非法所得数额是更为重要的量刑情节。本案中,被告人夏永华、陈增贵虽然涉案赌资均达2 000余万元,但个人非法获利却仅20万元,被告人赵军华涉案赌资达700余万元,但个人非法获利仅10万元,被告人卞立威涉案赌资900余万元,但个人非法获利仅3万元。其他被告人也都存在涉案赌资与非法获利差距巨大的情况。在这种情况下,如果仅以涉案赌资衡量犯罪行为的危害性,极可能造成不适当的重判。相对而言,非法获利情况更能客观地反映被告人的主观恶性和犯罪的社会危害性。

(2)参照还是完全依照《网络赌博意见》量刑?我们认为,虽然组建微信群开设赌场与网络赌博有相似的地方,在法律适用上可以参照适用《网络赌博意见》。但是,相比网络赌博而言,组建微信群赌博,能够入群参与赌博的,一般都是基于组建微信群者或者管理者或者其他赌博参与者的介绍而入群,相互之间的熟悉程度比网络赌博高。而且,由于微信账户不等同于网络银行账户,每次投入资金受到微信规则的限制,特别是发红包,更是受到微信红包每人不得超过200元的限制。因此,微信群红包赌博的社会危害性比网络赌博的社会危害性会相对小一些。故在量刑时不能完全机械地依照《网络赌博意见》条文的相关规定,而应该体现微信红包赌博的自身特点。

(3)其他量刑考虑因素。一是主从犯的认定。本案系多人共同犯罪案件,必须根据各被告人在共同犯罪中的地位、所起的作用区分主从犯。被告人夏永华是组建微信赌博群的群主,且所占股份最多,个人非法获利最多,是地位最高、作用最大的主犯。被告人陈增贵、解粉兰、赵军华、张孙敏在微信赌博群里的工作比较重要,且所占股份均在20%以上,故亦应认定为主犯。而被告人卞立威、江新琪、宋梦瑶、钱敏超、方苗、夏敏,在微信赌博群中基本不占股份,获取非法利益也基本依靠领取薪酬,因而可以认定为从犯。二是"情节严重"的认定。被告人夏永华、陈增贵、解粉兰、赵军华、崔文博、张孙敏、卞立威的非法所得均超过3万元,参照《网络赌博意见》关于违法所得数额在3万元以上属"情节严重"的规定,均认定为"情节严重"。三是具有自首或坦白情节。除被告人夏敏在犯罪后自动投案,如实供述罪行构成自首外,其他被告人均具有坦白情节,故各被告人均可据此从轻处罚。四是各被告人均退出全部违法所得,属认罪、悔罪态度较好,可酌情从轻处罚。

综上,原审法院根据本案具体情况和各被告人行为性质,认定各被告人的行为构成开设赌场罪,同时充分考虑本案适用法律的具体情况以及各被告人的量刑情节,所作出的刑事处罚是适当的。

(撰稿:最高人民法院刑四庭　陆建红
浙江省江山市人民法院　江　华
审编:最高人民法院刑四庭　周　峰)

[第1354号]吴学占等人组织、领导、参加黑社会性质组织案
——如何整体把握黑社会性质组织的四个特征

【关键词】 组织、领导、参加黑社会性质组织罪 黑社会性质组织 四个特征

一、基本案情

被告人吴学占,男,1983年12月2日出生。2016年10月1日因本案被逮捕。

(其他被告人基本情况略。)

山东省聊城市东昌府区人民检察院以被告人吴学占、赵荣荣、李忠、郭树林、郭彦刚、吴风磊、林飞、吴洪艳、杜建岗、吴风志、张博、严建军、程学贺、张书森、么传行犯组织、领导、参加黑社会性质组织罪,强迫交易罪,故意毁坏财物罪,破坏公用电信设施罪,非法侵入住宅罪,非法拘禁罪,故意伤害罪,强制侮辱妇女罪,强奸罪,向聊城市东昌府区人民法院提起公诉。

被告人吴学占及其辩护人对公诉机关指控吴学占犯故意毁坏财物罪的事实和罪名没有异议,对公诉机关指控的其他犯罪均不予认可。

聊城市东昌府区人民法院经审理查明:

(一)组织、领导、参加黑社会性质组织事实

2010年1月4日,被告人吴学占成立冠县泰昌投资有限公司(以下简称泰昌公司),从事高利放贷等业务。2012年7月9日,泰昌公司变更为山东冠县泰和房地产开发有限公司(以下简称泰和公司),从事高利放贷、借用资质投标建设工程等业务。2011年3月至2014年1月,被告人赵荣荣、吴风磊、吴洪艳、郭彦刚(吴学占内弟)、郭树林(吴学占表弟)、吴风志先后到该公司工作。2014年年底,吴学占将被告人李忠、郭树林、郭彦刚、吴风磊、吴风志等人安排到冠县人民医院,组建保安队,李忠任保安队队长。2013年至2015年,吴学占拉拢杜建岗、林飞、杜某某(已死亡)参加违法犯罪活动。2010年1月至2016年5月,吴学占组织、领导赵荣荣、李忠、郭树林、郭彦刚、吴风磊、林飞、吴洪艳、杜建岗、吴风志,多次实施违法犯罪行为,形成了以吴学占为组织者、领导者,赵荣荣、李忠为积极参加者,郭树林、郭彦刚、吴风志、吴洪艳、吴风磊、林飞、杜建岗为其他参加者的较稳定的犯罪组织。该犯罪组织通过高利放贷,获利1300余万元;强迫华丰公司、金诚公司放弃中标工程,使用两公司名义施工,获取工程款1350万余元;通过强行违规建设加油站、违规开发住宅楼和商业街等违法犯罪活动非法牟利,并用牟取的利益向组织成员支付报酬,向因参与违法犯罪活动受伤或死亡的组织成员支付医疗费、子女抚养费等。该组织通过实施上述违法犯罪活动,干扰、破坏他人正常生活、生产秩序,破坏公司、企业、国家机关正常生产经营和工作秩序,在冠县东古城镇区域内造成严重影响。

(二)以被告人吴学占为首的黑社会性质组织实施的具体犯罪

1. 强迫交易事实

(1)2015年4月15日,华丰公司中标冠县人民医院东古城分院病房楼建设项目。被告人吴学占等人采用实名举报违法中标,恐吓、威胁华丰公司职工等方式,强迫华丰公司将中标工程转让给吴学占,并强行以华丰公司的名义施工,获取工程款10 938 052.97元。

(2)2015年9月,金诚公司中标冠县人民医院东古城分院医院大门及附属楼建设项目。同年9月29日16时许,被告人吴学占先打电话威胁金诚公司经理程某某,后纠集被告人郭彦刚等人

到金诚公司对程某某进行恐吓、威胁,迫使该公司退出工程建设,吴学占强行以金诚公司的名义承揽该工程,领取工程款2 564 959.04元。

2. 故意毁坏财物事实

2015年8月19日凌晨2时许,在被告人吴学占指使下,被告人郭彦刚等4人将被害人刘某的奥迪A6轿车砸坏。经鉴定,车辆损失为151 657元。

3. 非法侵入住宅事实

2016年4月1日,被告人赵荣荣为讨要高利放出的贷款,带领被告人吴风磊等人强行将被害人于某某住房门锁更换,并安排被告人郭彦刚等人轮流入住。同月13日上午,被告人吴学占等人雇用搬家公司将于某某住房内的物品搬出。

4. 非法拘禁事实

2016年4月14日16时许,被告人赵荣荣纠集被告人郭树林等人到被害人苏某某公司讨要非法高利放出的贷款,将苏某某、于某控制在公司办公楼内。为防止二人逃跑,吃饭时派人轮流盯守,吃完饭后催促二人返回一楼接待室。21时53分,杜某某等人陆续进入接待室,杜某某用污秽语言辱骂苏某某、于某及其家人,将烟头弹到苏某某胸前衣服上,将裤子褪至大腿处裸露下体,朝坐在沙发上的苏某某等人转动身体。后脱下于某的鞋让苏某某闻。杜某某还用手拍打于某面颊,其他人员实施了揪抓于某头发等行为。22时17分,民警接到报警到达现场后,于某、苏某某欲随民警离开接待室,被杜某某等人阻拦。杜某某等人随后卡于某颈部,将其推拉至接待室东南角,于某持尖刀警告无效后,捅刺杜某某等四人,致使一人(杜某某)死亡,二人重伤二级,一人轻伤二级。后被告人吴学占赶到现场。

5. 强制侮辱妇女、非法拘禁事实

2013年12月,时任东古城镇镇长武德明(另案处理)安排被告人吴学占对持续信访的王某某看管控制。2013年12月9日21时许,在吴学占的指使下,杜某某伙同郭树林等人翻墙进入王某某家中,用透明胶带将王某某捆绑,强行将其拘禁至一处废弃的办公室内。其间,杜某某等人采用扇脸、脱王某某衣服、捆王某某双手吊离地面等方式对其进行侮辱、殴打,采取强制方法拍摄王某某裸体视频,后将其带到一个小树林里,以挖坑活埋为由对其进行恐吓,同年12月12日晚将王某某放回。

6. 故意伤害事实

(1)2014年2月19日,被告人吴学占在开发冠县东古城镇商业街过程中,以郎某某阻挠施工为由,伙同被告人郭树林采用脚踢、扇耳光等方式对郎某某进行殴打,致郎某某轻伤二级。

(2)2015年2月20日16时,在冠县东古城镇水泵厂小区南门,被告人吴学占和杜某某对焦某某将车停放在小区进口不满,采用拳打脚踢的方式殴打焦某某,致焦某某轻伤二级。

(吴学占、李忠实施的个人犯罪事实略。)

聊城市东昌府区人民法院认为,以被告人吴学占为首的犯罪组织具备我国《刑法》规定的黑社会性质组织的四个特征,依法应当认定为黑社会性质组织。吴学占构成组织、领导黑社会性质组织罪,强制侮辱妇女罪,强迫交易罪,故意毁坏财物罪,非法拘禁罪,故意伤害罪,非法侵入住宅罪。赵荣荣等九名被告人构成参加黑社会性质组织罪,以及各自所参与的强制侮辱妇女罪、强迫交易罪、故意毁坏财物罪、非法拘禁罪、故意伤害罪、非法侵入住宅罪等。被告人张博等五人构成非法拘禁罪。依照《中华人民共和国刑法》第二百九十四条等相关条款的规定,判决如下:

被告人吴学占犯组织、领导黑社会性质组织罪,判处有期徒刑十年,并处没收个人全部财产;犯强制侮辱妇女罪,判处有期徒刑九年;犯强迫交易罪,判处有期徒刑六年,并处罚金人民币二十万元；犯故意毁坏财物罪，判处有期徒刑五年；犯非法拘禁罪，判处有期徒刑二年十个月；犯故意伤害罪，判处有期徒刑二年十个月；犯非法侵入住宅罪，判处有期徒刑二年六个月，决定执行有期徒刑二十五年，并处没收个人全部财产。

（其他被告人判决情况略。）

一审宣判后，被告人吴学占等人不服，提出上诉。

山东省聊城市中级人民法院经审理，依法驳回被告人吴学占等人上诉，维持原判。

二、主要问题

如何整体把握黑社会性质组织的四个特征？

三、裁判理由

（一）黑社会性质组织的基础特征是组织特征

黑社会性质组织犯罪的前提和基础是实施主体在刑法上评价为黑社会性质组织的犯罪集团。换言之，黑社会性质组织罪的犯罪主体是多人，该多人构成犯罪集团，该犯罪集团可以在刑法上评价为黑社会性质组织。因此，对黑社会性质组织犯罪的认定，首先要对实施犯罪的主体在刑法上进行组织构成性评判。我国《刑法》规定，黑社会性质组织的组织特征为“形成较稳定的犯罪组织，人数较多，有明确的组织者、领导者，骨干成员基本固定”。据此，黑社会性质组织在组织特征上要满足以下三个条件：

一是组织成员人数较多。《刑法》上，“多”是指三人以上，“较多”是指多少人没有具体的规定或解释，但从语义分析，“较多”肯定比“多”更多，即肯定要多于三人。而且，黑社会性质组织在层级上一般要有三个层级，层级之间一般为金字塔式构造，即越往下人越多，故也要多于三人。2015 年最高人民法院印发的《全国部分法院审理黑社会性质组织犯罪案件工作座谈会纪要》（以下简称 2015 年《纪要》）中提出，组织成员一般在 10 人以上。2018 年 1 月，最高人民法院、最高人民检察院、公安部、司法部联合印发的《关于办理黑恶势力犯罪案件若干问题的指导意见》（以下简称“两高两部”《指导意见》）提出，对黑社会性质组织成员人数问题不宜作出“一刀切”的规定。可见，在人数上，不再以“10 人”为标准，低于 10 人的也可以认定为黑社会性质组织，但是，对于人数较少，如 7 人以下的，认定黑社会性质组织就应特别慎重。

二是组织成员有明确的层级，一般分为三级：组织者、领导者，骨干成员，一般参加者（也称“其他参加者”）。根据“两高两部”《指导意见》，组织者是发起、创建黑社会性质组织，或者对黑社会性质组织进行合并、分立、重组的组织成员，领导者是指实际对整个组织的发展、运行、活动进行决策、指挥、协调、管理的组织成员，在大多数黑社会性质组织中，组织者也是领导者。在外在形式上，黑社会性质组织的组织者、领导者，既包括通过一定形式产生的有明确职务、称谓的组织者、领导者，也包括在黑社会性质组织中被公认的事实上的组织者、领导者。骨干成员，是指直接听命于组织者、领导者，并多次指挥或积极参与实施有组织的违法犯罪活动或者其他长时间在犯罪组织中起重要作用的犯罪分子，是积极参加者中地位更高、作用更大的人员。一般参加者，是指按照组织者、领导者或者骨干成员的安排，实施具体违法犯罪活动的犯罪分子。参加违法犯罪活动的次数可以是一次，也可以是多次，但其地位和作用明显小于骨干成员和积极参加者。

三是犯罪组织稳定。所谓“稳定”，是指犯罪组织存续时间较长、主要成员固定。存续时间，是指自犯罪组织形成到案发的时间。犯罪组织的形成时间，一般根据犯罪组织举行成立仪式或者进行类似活动的时间来认定。没有上述活动的，可以根据足以反映其初步形成核心利益或强势地位的重大事件发生时间进行认定。没有明显标志性事件的，也可以根据涉案犯罪组织为维护、扩大组织势力、实力、影响、经济基础或按照组织惯例、纪律、活动规约而首次实施有组织的犯罪活动的时间进行认定。在司法实践中,犯罪组织举行成立仪式或者进行类似活动的很少,往往以犯罪组织形成过程中的重大事件或首次实施有组织的犯罪活动的时间来确定组织形成时间。在存续时间上,一般应在一年以上,一年以下的,认定黑社会性质组织应特别慎重。主要成员较为固定,是指组织者、领导者和骨干成员、积极参加者在犯罪组织存续期间没有频繁变动。而且,大多数黑社会性质组织还具有成文或不成文的组织纪律、活动规约,有组织纪律、活动规约的,其稳定性更加明显。

本案中,以被告人吴学占为首的犯罪组织成员共10人,以成立泰昌公司为标志,可以认定为自2010年1月4日成立,至案发存续时间长达六年多,可以认定为形成稳定的犯罪组织。吴学占是泰昌公司的负责人,并实际组织实施违法犯罪活动,是该组织的组织者、领导者。被告人赵荣荣是泰昌公司会计,并组织实施部分违法犯罪活动;被告人李忠负责管理部分组织成员,积极参加违法犯罪活动,二人均为该组织的骨干成员。其他组织成员郭树林、郭彦刚、吴风磊、林飞、吴洪艳、杜建岗、吴风志受吴学占或者赵荣荣、李忠指使参加部分违法犯罪活动,系一般参加者。因此,以吴学占为首的犯罪组织具备黑社会性质组织的组织特征。综上,对于黑社会性质组织的这一基础性特征,应当从人数、层级、稳定性三个方面综合分析评判。

(二)黑社会性质组织的显性特征是行为特征

犯罪是对行为违法性的评价,离开了行为,则不存在犯罪。黑社会性质组织犯罪也不例外。黑社会性质组织犯罪在犯罪行为上,要求以暴力或软暴力手段,有组织地多次实施违法犯罪活动,形成对人民群众的欺压和残害。软暴力,是指暴力、威胁色彩虽不明显,但实际是以组织的势力、影响和犯罪能力为依托,以暴力、威胁的现实可能性为基础,足以使他人产生恐惧、恐慌,进而形成心理强制或者足以影响、限制人身自由、危及人身财产安全或者影响正常生产、工作、生活的手段,包括但不限于所谓的"谈判""协商""调解"以及滋扰、纠缠、哄闹、聚众造势等手段。

本案中,以被告人吴学占为首的黑社会性质组织形成后,在长达六年多的时间内,多次实施强迫交易、故意毁坏财物、非法侵入住宅、非法拘禁、强制侮辱妇女、故意伤害等违法犯罪活动,特别是,对苏某某实施非法拘禁时,杜某某用污秽语言对其进行辱骂,将烟头弹到苏某某胸前衣服上,向苏某某裸露下体,严重亵渎人伦;对被害人王某某实施的强制侮辱犯罪,采用扇脸、脱去王某某衣服、捆住其双手吊离地面等方式对其进行侮辱、殴打,采取强制方法拍摄王某某裸体视频,并将其带到小树林中,以挖坑活埋为由对其进行恐吓,对王某某的残害令人发指;向于某某讨要高利贷时,实施了更换于某某住房门锁、派人轮流入住、通过中间人进行协商谈判等软暴力手段。可见,以吴学占为首的犯罪组织的违法犯罪活动,符合黑社会性质组织的行为特征。综上,黑社会性质组织的最显性特征是行为特征,既要看犯罪组织实施的犯罪手段、违法犯罪的次数,还要看该组织违法犯罪活动对当地群众的危害程度。

(三)黑社会性质组织的突出特征是经济特征

黑社会性质组织是犯罪集团的高级形态,具有特定的犯罪目的。一般而言,黑社会性质组织的主要犯罪目的是追求经济利益,支持组织活动,豢养组织成员,也必须有一定的经济基础,这是进行违法犯罪活动、维系犯罪组织的必要条件。因此,无论是哪个领域、哪个地区的黑社会性质组织,其犯罪的目的可能有很多,但经济利益必然是其主要目的之一,其实施的违法犯罪活动可能很多,但始终会以攫取最大化的经济利益为主要目标。对于获取经济利益的数额,2015年《纪要》提出,各高级人民法院可以根据本地区的实际情况,对黑社会性质组织所应具有的"经济实力"在20万—50万元幅度内,自行划定一般掌握的最低数额标准。"两高两部"《指导意见》提出,不能一般性地要求黑社会性质组织所具有的经济实力必须达到特定规模或特定数额,即不再对经济实力设定明确的数额标准。但是,经济利益或者经济实力毕竟要以客观数量予以呈现,因此,办案时仍应把握一个符合当地经济发展状况的客观标准。

本案中,被告人吴学占黑社会性质组织自成立起就是以追求经济利益为目的,其中,仅两起强迫交易犯罪所获工程款就达1300余万元,仅向苏某某高利放贷所获经济利益就达50余万元,该组织通过违法犯罪活动积聚了大量财富,具有较强的经济实力。而且,非法侵入住宅、非法拘禁、故意伤害也是为了维护和实现经济利益而实施的违法犯罪活动,即使是故意毁坏财物,也是吴学占为维护经济利益而实施的泄愤报复行为。综上,经济特征是黑社会性质组织的突出特征,应当从犯罪组织的经济来源、组织成员个人及其家庭生活来源、违法犯罪活动获取的非法利益等方面综合判断。

(四)黑社会性质组织的本质特征是危害性特征

社会危害性是犯罪行为的本质特征。黑社会性质组织作为犯罪集团的高级形态,其所具有的社会危害性远远高于其他犯罪。普通犯罪侵害的对象和危害后果都是直接的、具体的、特定的,而黑社会性质组织犯罪,除侵害对象及对侵害后果具体、直接、特定外,还要求具有间接的、不特定的、抽象的侵害对象和侵害后果,即“在一定区域或者行业内,形成非法控制或者重大影响,严重破坏经济、社会生活秩序”。而且,直接具体特定的侵害对象与后果与间接抽象不特定的侵害对象与后果间具有因果关系,也就是说,“在一定区域或者行业内,形成非法控制或者重大影响,严重破坏经济、社会生活秩序”是该组织实施的具体违法犯罪活动形成的整体效应和后果。可见,间接抽象不特定的侵害对象与后果是黑社会性质组织具有的独特的社会危害后果,是黑社会性质组织的本质特征。这是黑社会性质组织在单独评价组织成员所犯个罪外,整体评价为黑社会性质组织罪的法理基础所在。

在司法实践中,这一抽象的社会危害性特征需要以具体的、直观的事实来确定,为此,最高人民法院、最高人民检察院及相关部门以司法解释、会议纪要等形式作出了一些规定。“两高两部”《指导意见》中列举了七种具体情形和一种兜底情形:(1)致使在一定区域内生活或者在一定行业内从事生产、经营的多名群众,合法利益遭受犯罪或严重违法活动侵害后,不敢通过正当途径举报、控告的;(2)对一定行业的生产、经营形成垄断,或者对涉及一定行业的准入、经营、竞争等经济活动形成重要影响的;(3)插手民间纠纷、经济纠纷,在相关区域或者行业内造成严重影响的;(4)干扰、破坏他人正常生产、经营、生活,并在相关区域或者行业内造成严重影响的;(5)干扰、破坏公司、企业、事业单位及社会团体的正常生产、经营、工作秩序,在相关区域、行业内造成严重影响,或者致使其不能正常生产、经营、工作的;(6)多次干扰、破坏党和国家机关、行业管理部门以及村委会、居委会等基层群众自治组织的工作秩序,或者致使上述单位、组织的职能不能正常行使的;(7)利用组织的势力、影响,帮助组织成员或他人获取政治地位,或者在党政机关、基层群众自治组织中担任一定职务的;(8)其他形成非法控制或者重大影响,严重破坏经济、社会生活秩序的情形。同时指出,鉴于黑社会性质组织非法控制和影响的“一定区域”的大小具有相对性,不能简单地要求“一定区域”必须达到某一特定的空间范围,而应当根据具体案情,并结合黑社会性质组织对经济、社会生活秩序的危害程度加以综合分析判断,也就是说,黑社会性质组织非法控制和影响的“一定区域”,可以是一个市、县以及更大区域,也可以是一个乡镇、办事处以及一个村、居委会所辖区域。

本案中,被告人吴学占黑社会性质组织通过实施违法犯罪活动,高利放贷、暴力或软暴力讨债,干扰建筑企业承揽工程,强迫中标企业转让工程,在冠县东古城镇范围内形成了重大影响,严重破坏了当地的经济、社会生活秩序,危害性特征明显。综上,危害性特征应当从违法犯罪活动的时间、次数、强度、受害人的数量、对特定区域内的生产生活秩序的影响程度等方面综合判断。

(五)黑社会性质组织认定标准应坚持依法、实质、稳定原则

黑社会性质组织的认定,需要对四个特征进行综合评判和整体的衡量。一是坚持依法认定原则。对于依照法律和事实,犯罪组织在四个特征的任何一个特征上明显不符合法定标准和要求时,不能人为拔高认定为黑社会性质组织。同时,对于四个特征都符合法定标准,仅仅在某个特征的某一细节上存在一定欠缺的,如黑社会性质组织形成的标志不明显等,不能纠缠于细枝末节,降格为一般集团犯罪。二是坚持实质判断原则。危害性特征是黑社会性质组织的本质特征,要以危害性特征为实质判断的核心,对危害性特征非常典型,其他特征不十分典型的犯罪组织,如人数相对较少,存续时间相对较短,层级不十分鲜明,获取的经济利益数额不大等,也可以认定为黑社会性质组织。三是坚持标准相对稳定原则。除法律政策作出调整外,对黑社会性质组织四个特征的认定标准,应保持相对稳定,不能因人为因素时宽时严。即使因政策调整认定标准发生变化的,也要在可以掌握的变化幅度内,尽量选择与以往标准接近的变化标准,将变化幅度控制在最小范围内。如对于组织特征中人数的标准,自 2015 年以来,一直按照 2015 年《纪要》要求,掌握的是“10 人”标准,尽管 2018 年 1 月印发的“两高两部”《指导意见》提出对人数不宜“一刀切”的要求,但也不要调整幅度过大,仍应以“10 人 ”为参考标准,可在 1—3 人限度内适度降低人数标准。对于已经制定了经济特征获取经济利益数额标准的地区,调整的幅度也要适度,尽可能保持标准的相对稳定性。保持黑社会性质组织认定标准的稳定,有利于被告人对司法裁判的接受,有利于对社会公众的教育引导,也有利于树立司法的公信与权威。

本案中,一审、二审法院对黑社会性质组织四个特征的认定标准,既契合“两高两部”《指导意见》精神,也符合 2015 年《纪要》的要求,保持了对黑社会性质组织认定标准的相对稳定性。

(撰稿:山东省高级人民法院　刘振会
审编:最高人民法院刑三庭　周　川)

[第 1355 号]谢培忠等人组织、领导、参加黑社会性质组织案

——如何准确界定涉黑组织形成的标志性事件

【关键词】 组织、领导、参加黑社会性质组织罪　黑社会性质组织　形成　标志性事件

一、基本案情

被告人谢培忠,男,1967 年 3 月 16 日出生,案发前系广东省汕头市龙湖区新溪镇西南村党委书记、党委委员。2018 年 6 月 15 日因本案被逮捕。

(其他被告人基本情况略。)

广东省佛山市人民检察院以被告人谢培忠等 39 人犯组织、领导、参加黑社会性质组织罪,故意伤害罪,聚众斗殴罪,聚众冲击国家机关罪,故意毁坏财物罪,聚众扰乱社会秩序罪,走私国家禁止进出口的货物罪,走私普通货物罪,非法持有枪支、弹药罪,非法采矿罪,寻衅滋事罪,行贿罪,向佛山市中级人民法院提起公诉。

被告人谢培忠及其辩护人提出：谢培忠等人不构成组织、领导、参加黑社会性质组织罪，谢培忠犯罪团伙只是一个走私犯罪集团，将谢培忠当选为村委会主任作为所谓黑社会性质组织形成的时间没有事实及法律依据。

佛山市中级人民法院经公开审理查明：

（一）组织、领导、参加黑社会性质组织

自20世纪90年代开始，被告人谢培忠在广东省汕头市龙湖区新溪镇经营海边泳场、承包建筑工程，其胞兄被告人谢良中共同参与经营，开始积累了巨额财富。谢培忠又雇请被告人谢培光、郑静壮、谢培炮加入，逐渐形成稳定的利益团体。为牟取更大利益，垄断当地建筑工程，壮大势力及扩大影响力，2005年年初，谢培忠设法当选为汕头市龙湖区新溪镇西南村村委会主任，通过操纵选举等非法手段陆续安排多名亲信混入村"两委"，把持基层群众自治组织，并指使或者直接参与实施多起故意伤害、聚众斗殴等犯罪活动，抢占当地工程项目，自此标志着以谢培忠为组织者、领导者的带有黑社会性质的犯罪集团开始成型。尔后，谢培忠为了壮大势力，不断招揽同村的亲友、村委干部等人加入组织，被告人谢潮彬、谢文财等人先后加入。2016年3月，谢培忠为了实施走私护私违法犯罪活动，又许以丰厚报酬，不断吸收同村及周边的村民为组织成员，并招揽汕头市龙湖区新溪镇涂池村村委会主任被告人王海荣及其手下被告人王伟权等人加入，形成了以谢培忠为组织、领导者，以谢良中、谢文财、谢培炎、谢桂涛、谢潮彬、谢培光、郑淑平为骨干成员，谢树强、谢培炮、郑静壮、郑云光、蔡成忠、王海荣、王伟权、谢华锋、谢俊江、谢桂金等为积极参加者，施勤富、谢两足、黄秀雄、蔡建成、杨木成、谢景生、谢潮浩、谢春伟、谢创荣、王旭东、谢伟波、王冬歆、谢培劝、蔡镇雄、蔡汉卜、谢文锋、谢泽莹、谢燕萍、谢利浩、谢浩钿、谢燕彬和陈晓东（另案处理）等为一般参加者的黑社会性质组织。谢培忠为规范该组织的管理，订立"纪律"约束组织成员：（1）一级对一级负责，不能越级汇报情况，下级必须服从上级安排；（2）各司其职，不能打听其他工作岗位的情况，不能将集团的事情对外讲；（3）上岗工作不允许开小差、脱岗，不能喝酒，只能用对讲机、发放的手机联系；（4）不允许组织成员吸毒，吸毒要被开除；（5）组织成员的加入或者退出，必须经谢培忠批准。在该组织中，谢培忠作为组织者、领导者，对组织事务和成员具有全面的管理权；谢良中、谢文财、谢培炎等骨干成员在谢培忠领导下，除了多次参与暴力性、群体性的组织犯罪，还分别负责消化犯罪所得、人员招揽、管理、考勤、工资发放、内外联络、暴力实施、聚众造势、事后协调等，其余各被告人则在谢培忠或者骨干成员的直接管理下参与组织实施的违法犯罪活动。

被告人谢培忠犯罪组织成立后，先后实施了多起故意伤害、聚众斗殴、故意毁坏财物、聚众扰乱社会秩序、聚众冲击国家机关、寻衅滋事等暴力犯罪，为非作恶，欺压、残害群众；干扰、破坏党和国家机关的工作秩序，损害当地政府机关的执法权威；扰乱社会秩序，致使企业的正常生产、经营无法进行；利用国家工作人员的包庇和纵容，走私护私，盗采国家矿产，大肆攫取财富；谢培忠利用担任西南村主任及党委书记（2011年任村委书记）的便利，通过胁迫、威胁、恐吓、收集并组织填写空白选票等方法操纵选举，帮助组织成员在西南村"两委"担任主任、副书记、委员等职务，从而把持、控制基层自治组织。该组织在新溪镇及周边地区称霸一方，已经形成非法控制并造成重大影响，严重破坏当地经济、社会生活秩序，致使群众因害怕遭到打击报复，对组织成员的违法犯罪行为不敢举报。

以被告人谢培忠为组织者、领导者的黑社会性质组织形成后，实施的具体犯罪事实包括：故意伤害案三宗，致三人轻伤，两人轻微伤；三次持械聚众斗殴，致二人轻微伤；两次聚众冲击国家机关派出所及镇政府；聚众扰乱社会秩序一次，造成被害单位严重损失；故意毁坏财物一次，数额较大；长期替其他走私集团提供保护，收取保护费，获利超过 1 亿元，其间向走私集团购买走私入境的 30 株罗汉松、5 株茶花树，偷逃应缴税额共计人民币 494 624.17 元，并用同样方式购买国家禁止进出口的日本黑松 12 株；非法持有枪支仿六四手枪 1 支及 40 发子弹；非法采砂，牟取非法利益达 400 万元；寻衅滋事一次，致被害人轻伤；向国家工作人员行贿共计人民币 335 万元、港币 10 万元。

[（二）故意伤害的事实略。]

（三）聚众斗殴的事实

2005 年，蔡慈雄将汕头市龙湖区新溪镇七合村白水围金鸿路东侧工业用地（现系汕头市创业混凝土有限公司所在地）的建筑工程交给被告人谢培忠承接。同年 7 月 28 日上午，新溪镇七合村村民谢名居等人因对七合村白水围一地块的招投标手续有异议，去到现场要求工地停工及解释。谢培忠得知情况后，伙同谢良中、郑静壮、“第仔”、“牛嘛”（后二人另案处理）等人去到现场，谢培忠从其驾驶的汽车后备厢拿出一把刀砍伤被害人谢名居，后谢良中、郑静壮、“第仔”、“牛嘛”等人用拳脚殴打谢名居，致谢名居受伤逃跑，其他七合村村民因害怕被打均逃离现场。案发后，谢培忠赔偿了谢名居人民币 3 万元。经鉴定，谢名居损伤构成轻微伤。

[（四）其他聚众斗殴事实及（五）聚众冲击国家机关、故意毁坏财物事实略。]

（六）聚众扰乱社会秩序、故意伤害的事实

2011 年 6 月左右，中交厦门公司为承建汕头市东海岸新城新津片区，在汕头市新溪镇西南村坝尾成立了项目部开展工作。被告人谢培忠、谢良中为了从中交厦门公司获得工程，先后采用了以西南村村委会名义向中交厦门公司发出《停工通知书》、在项目部附近通道上挖坑和堆砌石头阻碍项目部车辆通行、打砸项目部多辆汽车等手段向中交厦门公司施压，仍未能如愿。

2011 年 8 月 10 日，被告人谢良中接到被告人谢培光的电话称其鱼塘涵管被压坏，意识到可借此机会向中交厦门公司展示其与被告人谢培忠在新溪片区的影响力从而与中交厦门公司谈判承接工程，遂指使被告人谢文财、谢培光带人去中交厦门公司借讨说法的名义闹事。谢文财、谢培光纠集郑淑平、谢培炮、谢华锋和谢文广（另案处理），于当日 14 时许驾车到中交厦门公司东海岸新城项目部，在项目部内，谢文财、谢培光、郑淑平、谢培炮、谢华锋、谢文广等人以鱼塘涵管被中交厦门公司的施工车辆压坏为借口要求赔偿损失，谈判未果后，谢文财等人动手殴打中交厦门公司员工黄永泉、曹道仁和蔡聪知等人。新溪边防派出所民警接报警后到场处警，但谢文财等人并未理会民警劝阻。在谢文财等人闹事的同时，谢桂涛、郑静壮、谢潮彬、谢俊江等聚集附近村民约上百人陆续到达项目部，其间项目部的监控摄像头被挪移，监控摄像设备的电源被掐断，有人高喊煽动性言语，还将处警民警强行抬离项目部办公室，场面一度失控。

蔡聪知在被殴打的过程中，随手捡起水果刀自卫，将殴打自己的谢文广腰部刺伤。为了报复蔡聪知，被告人谢文财、谢培光、谢培炮、郑淑平、谢华锋一起殴打蔡聪知，其中谢文财用木棒打中蔡聪知头部，致蔡聪知倒地昏迷不醒，急需送医院治疗。救治蔡聪知的救护车到场时，谢文财又煽动项目部外聚集的人员阻碍救护车进入，并伙同谢培光、郑静壮、谢俊江与部分在场人员合力阻拦救护车。被告人谢良中在得知上述情况后，也赶到项目部指挥村民围堵，并和被告人谢潮彬一起向中交厦门公司施压，要求中交厦门公司赔偿人民币 15 万元才同意放行救护车。中交（汕头）东海岸新城投资建设有限公司负责人被迫同意赔偿要求后，谢良中、谢培光、谢文财等人才允许在场围堵人员放行。至当日 18 时 20 分许，参与围堵的人员陆续离开项目部，围堵持续时间长达 4 小时。

上述事件造成了中交厦门公司东海岸新城项目部内的办公设备、施工设备、视频监控设备等财物被损毁，对员工心理和生活产生了极大负面影响，中交厦门公司的生产经营活动长时间内无法恢复正常。另外，中交厦门公司员工蔡聪知、曹道仁、黄永泉及新溪边防派出所民警均有不同程度受伤。经法医鉴定，蔡聪知属于轻伤一级。蔡聪知、黄永泉的受伤导致经济损失共计人民币93 482.64元。案发后，蔡聪知、中交厦门公司出于稳定生产建设环境、避免同类型恶性事件再次发生的考虑，分别出具了《关于同意酌情从轻处理“8·10”涉事村民的意见》《关于同意不追究涉事者赔付责任的函》作为谢文财涉嫌故意伤害案的谅解材料。2012年11月23日，谢文财因打伤蔡聪知一事被汕头市龙湖区人民法院以故意伤害罪判处有期徒刑三年，缓刑四年。

（七）走私国家禁止进出口的货物，走私普通货物的事实

2013年8月，被告人谢培忠经与走私集团首要分子郑某明（另案处理）密谋后，决定利用谢培忠组织势力所控制的汕头市龙湖区新溪镇西南村新津河码头、汕头市澄海区坝头镇莱芜码头停靠走私船只，并安排该组织成员为运载走私货物的货车提供保护，按每护送一个集装箱走私货物收人民币5000元的标准收取走私集团保护费。2013年8月至2018年5月，该组织帮助郑某明走私集团走私冻品超过2万个集装箱，获利超过人民币1亿元。

［（八）其他非法持有枪支、弹药、非法采矿、寻衅滋事、行贿的事实略。］

广东省佛山市中级人民法院认为，被告人谢培忠等人组成的犯罪组织人数较多，有明确的组织、领导者，骨干成员固定；多次有组织地通过实施违法犯罪手段获取经济利益，具有较强的经济实力；多次以暴力、威胁手段，有组织地进行犯罪活动，为非作恶，欺压、残害群众；通过实施违法犯罪活动，并利用国家工作人员的包庇、纵容，称霸一方，已经对当地一定区域形成了非法控制，造成重大影响，严重破坏了经济、社会生活秩序。因此，谢培忠犯罪组织完全具备了我国《刑法》规定的黑社会性质组织的特征要件，谢培忠是该黑社会性质组织的组织者、领导者，其行为构成组织、领导黑社会性质组织罪，并依法对该组织所犯的全部罪行承担罪责……依照《中华人民共和国刑法》第二百九十四条第一款、第四款、第五款，第二百九十二条第一款，第二百九十条第一款、第二款，第二百三十四条第一款，第二百七十五条，第一百五十一条第三款，第一百五十三条第一款，第一百二十八条第一款，第三百四十三条第一款，第二百九十三条第一款第（一）项，第三百八十九条第一款，第三百九十条，第六十九条，第二十五条，第二十六条，第四十七条，第五十二条，第五十三条，第五十五条，第五十六条，第五十九条，第六十四条；《中华人民共和国刑事诉讼法》第十五条等规定，判决如下：

……

4. 被告人谢培忠犯组织、领导黑社会性质组织罪，判处有期徒刑十五年，剥夺政治权利五年，并处没收个人全部财产；犯故意伤害罪，判处有期徒刑二年九个月；犯聚众斗殴罪，判处有期徒刑五年六个月；犯聚众冲击国家机关罪，判处有期徒刑八年；犯故意毁坏财物罪，判处有期徒刑一年，并处罚金人民币一万元；犯聚众扰乱社会秩序罪，判处有期徒刑五年；犯走私国家禁止进出口的货物罪，判处有期徒刑八年，并处罚金人民币五十万元；犯走私普通货物罪，判处有期徒刑五年，并处罚金人民币五十万元；犯非法持有枪支、弹药罪，判处有期徒刑一年六个月；犯非法采矿罪，判处有期徒刑五年，并处罚金人民币二百万元；犯寻衅滋事罪，判处有期徒刑一年；犯行贿罪，判处有期徒刑十一年，并处罚金人民币二十万元，决定执行有期徒刑二十五年，剥夺政治权利五年，并处没收个人全部财产。

（其他被告人判决情况略。）

一审宣判后，被告人谢培忠等人提出上诉。

广东省高级人民法院经二审审理认为，原审判决认定事实清楚，证据确实、充分，对各原审被

告人定罪准确,量刑适当。审判程序合法。裁定驳回被告人谢培忠等人的上诉,维持原判。

二、主要问题

如何准确界定黑社会性质组织形成的标志性事件?

三、裁判理由

本案是一起具有重大社会影响的黑社会性质组织犯罪案件,涉及扫黑除恶专项斗争十大重点领域中的三大领域,即"把持基层政权、操纵破坏基层换届选举""在工程项目建设等过程中煽动闹事""强揽工程、滥开滥采"。根据在案事实和证据,组织特征、经济特征、行为特征及危害性特征方面均符合《刑法》第二百九十四条的规定,应当认定为黑社会性质组织,这一点没有争议。本案的难点在于如何确定以被告人谢培忠为首的黑社会性质组织的时间起点。谢培忠等人实施犯罪时间跨度长,至2013年开始实施走私护私违法犯罪活动时,犯罪组织所具备的黑社会性质组织的四个特征已经十分明显,但如果认为该黑社会性质组织此时才刚刚形成,那么就无法全面、客观地反映该组织所造成的社会危害,谢培忠等人在此之前多次有组织实施的聚众斗殴、聚众冲击国家机关、故意伤害等犯罪就会被排除在组织犯罪之外,显然不符合实际。因此,确定黑社会性质组织的形成时间起点,对于准确认定相关犯罪的性质具有重要意义。

如果简单地理解法条,则一个犯罪组织只有在"四个特征"同时具备之时,才是真正形成黑社会性质组织之日,但这在司法实务中无法操作,不具有现实可能性。犯罪组织的形成、发展、壮大直至最终成为组织特征、经济特征、行为特征、非法控制特征典型完备的黑社会性质组织,是一个渐进的过程,往往没有明显的性质转变的时间节点。我们认为,认定一个犯罪组织属于黑社会性质组织,指的是它最终必须完全具备上述四个特征,但不能据此要求它在形成伊始就已然完全具备四个特征,最高人民法院、最高人民检察院、公安部、司法部联合发布的《关于办理黑恶势力犯罪案件若干问题的指导意见》(以下简称《指导意见》)第六条实际上也体现了这一精神。根据该条规定,对于黑社会性质组织的形成时间,有成立仪式的看成立仪式,无成立仪式的看标志性事件,无标志性事件的就看首次有组织犯罪。之所以将成立仪式(或者类似活动)作为最优先确定的判断依据,是因为此类行为可以直接表明犯罪分子已经按照共同的不法宗旨或意图纠合在一起,并且初步确定了组织的层级架构和运行方式,尽管此时可能还不具备一定经济实力或者还未形成具体的危害后果,但如果之后该犯罪组织经过发展、升级已经具备《刑法》第二百九十四条规定的四个特征,则可以将成立仪式发生的时间点作为黑社会性质组织形成的时间起点。标志性事件与成立仪式有类似的作用和效果,在没有成立仪式(或者类似活动)的情况下,可以将该事件作为判断时间起点的依据。比较《指导意见》第六条中规定的三种审查判断依据,第三种情形("组织者、领导者与其他组织成员首次共同实施该组织犯罪活动的时间")在执法办案时运用最多,但成立仪式、标志性事件的优势在于相对更加明确、直观,在司法实践中一般不会引起争议。

成立仪式,是一种意图明确、行为具体的客观事实,判断起来最为简单,而标志性事件的认定则要相对复杂一些,需要司法工作人员结合具体案件事实和证据综合判断。所谓标志性事件,顾名思义,是指具有显著特征并使主体易于识别的事件,《指导意见》第六条中对标志性事件作了进一步限定,"足以反映其初步形成非法影响"。结合司法实践情况,在黑社会性质组织犯罪的语境下,标志性事件不仅包含对涉案犯罪组织树立恶名、排除竞争等具有重要影响的违法犯罪活动,也包括反映涉案犯罪组织实力壮大,已初步形成较稳定获利来源的重大事件,如为涉足某一行业或领域而成立公司、企业等经济实体,还包括能够反映涉案犯罪组织已经具备一定社会影响的重大事件,如捞取政治光环、把控基层政权、获取政治资本等。我们认为,在甄别、确定标志性事件时，至少应当从以下三个方面来分析判断：第一，该事件一般是组织、领导者亲自组织或直接参与实施的违法犯罪事实或者其他重大事件；第二，该事件对于涉案犯罪组织进一步发展做大或者在一定区域或行业内开始初步形成非法影响具有明显作用，客观上为该组织实施后续违法犯罪活动打下基础；第三，标志性事件一般发生在首次有组织犯罪之前或者本身就是首次有组织犯罪。

本案中，以被告人谢培忠为首的黑社会性质组织未举行成立仪式，因此，在认定该组织形成时间的问题上，需要首先明确该案中有无标志性事件，如果没有，则应确定首次组织犯罪发生于何时。本案审判过程中，有观点认为谢培忠等人于2005年7月为争抢工程项目而组织实施的聚众斗殴案件应为标志性事件，该黑社会性质组织的形成时间应从此时起算。该观点最终未被采纳，主要考虑是：尽管该起聚众斗殴犯罪是谢培忠为组织利益而亲自组织实施，且影响恶劣，客观上起到了为该黑社会性质组织进一步“扬名立万”的作用，带有标志性事件的部分特点，但通观全案，可以发现谢培忠犯罪组织在当地形成初步的重大影响并非始于本次犯罪。西南村村民郑传兴、谢俊兴、卓奕树、庄楚雄等人的证言以及被告人谢文财、郑静壮、蔡成忠、谢培炮、郑云光等人的供述均证明，谢培忠等人通过贿买选票、威胁恐吓等手段操纵选举和村委会，使该组织能够在当地树立恶名并建立庞大关系网，组织成员肆意妄为，出事后可以通过关系“摆平”，进而发展到敢于封锁道路走私的程度，而当地村民遭受欺压、残害后，因害怕打击报复不敢举报或者举报无果。由此可见，早在2005年年初，谢培忠当选村委会主任并安插组织成员进入“村两委”之时，该犯罪组织即已把持了基层组织政权，在当地广为人知并对群众形成威慑。谢培忠犯罪组织的规模、势力之所以能够在此后迅速壮大，均与把持基层政权密切相关。此外，经审理查明，本案首次的组织犯罪并非此起聚众斗殴，而应当是2005年5月组织成员郑云光、谢桂涛、郑淑平持刀砍伤西南村村民谢维平的故意伤害案（经谢培忠、谢潮彬出面“协调”，被害人一方到公安机关销案）。如果将2005年7月的聚众斗殴案视为黑社会性质组织的时间起点，则无法完整评价2005年5月故意伤害案的性质与危害。

综上，法院审理后认为，将被告人谢培忠于2005年年初通过不法手段当选为村主任认定为该黑社会性质组织形成的标志性事件更加符合本案实际情况，不仅能够突出谢培忠黑社会性质组织把持农村基层组织、操纵破坏基层换届选举、欺压、残害村民，破坏社会管理秩序的违法犯罪特点，而且可以更加全面地评价该组织所造成的严重社会危害。

（撰稿：广东省高级人民法院　陈小飞　刘锦平
审编：最高人民法院刑三庭　周　川）

[第1356号]龚品文等人组织、领导、参加黑社会性质组织案

——如何准确把握黑社会性质组织行为特征中对“软暴力”的强度要求以及“占股分利”模式下的组织特征

【关键词】　组织、领导、参加黑社会性质组织罪　软暴力　占股分利　组织特征

一、基本案情

被告人龚品文，男，1981年12月27日出生。2005年8月9日因限制他人人身自由被行政拘

留七日;2008 年 9 月 11 日因为赌博提供条件被罚款人民币 500 元、收缴提供赌博用资金人民币 4 万元和违法所得人民币 21 000 元;2010 年 7 月 30 日因犯故意伤害罪被判处有期徒刑八个月,缓刑一年。2018 年 5 月 23 日因本案被逮捕。

被告人刘海涛,男,1980 年 7 月 24 日出生。2008 年 9 月 11 日因为赌博提供条件被行政拘留十五日,并处罚款人民币 3000 元、收缴提供赌博用资金人民币 10 300 元和违法所得人民币 1200 元。2018 年 4 月 19 日因本案被逮捕。

(其他被告人的基本情况略。)

江苏省常熟市人民检察院以被告人龚品文、刘海涛、马海波、王海东、赵杰、王德运、陈春雷、崔海华、梁立志分别犯组织、领导、参加黑社会性质组织罪,开设赌场罪,寻衅滋事罪,非法拘禁罪,侵犯公民个人信息罪,窝藏罪,故意伤害罪,强迫交易罪,诈骗罪,敲诈勒索罪,聚众斗殴罪,向常熟市人民法院提起公诉。

被告人龚品文辩称其不构成组织、领导黑社会性质组织罪;其辩护人提出:龚品文从未发起、创立组织,其和刘海涛仅是合作关系,股份可随意退出,对成员没有过分制约,本案组织并不完全具备四个特征,没有达到称霸一方,形成非法控制的影响后果,龚品文不构成组织、领导黑社会性质组织罪。

被告人刘海涛及其辩护人提出:刘海涛的行为不构成领导黑社会性质组织罪。

江苏省常熟市人民法院经审理查明:

(一)组织、领导、参加黑社会性质组织的事实

自 2013 年以来,被告人龚品文、刘海涛在常熟市从事开设赌场、高利放贷活动,并主动结识社会闲杂人员,逐渐积累经济实力。自 2014 年 7 月起,龚品文、刘海涛组织被告人马海波、赵杰、王海东、王德运、陈春雷等人,形成了以龚品文、刘海涛为首的较为稳定的犯罪组织,并于 2015 年 4 月间实施了首次有组织犯罪。2016 年下半年、2017 年 8 月被告人梁立志、崔海华分别加入。

该组织人数众多,组织者、领导者明确,骨干成员固定。被告人龚品文为该组织的组织者、领导者;被告人刘海涛为该组织的领导者;被告人马海波、赵杰、王海东、王德运、陈春雷等人为骨干成员;被告人崔海华、梁立志等人为一般参与者。该组织内部分工明确,龚品文、刘海涛负责决策和指挥整个组织的运转;马海波、赵杰、王海东、王德运、陈春雷受龚品文、刘海涛的指派开设赌场谋取利益,并在赌场内抽取“庄风款”、放水、记账,按照龚品文、刘海涛的指派为讨债而实施非法拘禁、寻衅滋事、敲诈勒索、强迫交易等违法犯罪行为,崔海华、梁立志参与寻衅滋事违法犯罪行为。

该组织为规避侦查,强化管理,维护自身利益,逐步形成了“红钱按比例分配”“放贷本息如实上报,不得做手脚”等不成文的规约,对成员的行动进行约束。在借款时使用同伙名义,资金出借时留下痕迹,讨债时规避法律。建立奖惩制度,讨债积极者予以夸奖,讨债不积极者予以训斥。

该组织通过有组织地实施开设赌场、高利放贷等违法手段聚敛资产,具有较强的经济实力。其中,该组织通过开设赌场非法获利的金额仅查实的就达人民币 300 余万元。另外,在上述被告人处搜查到放贷借条金额高达人民币 4000 余万元,资金流水人民币上亿元。对非法手段聚敛的财产进行分配;对组织的违法犯罪活动支出,如购买 GPS 等装备,因讨债被砸坏汽车玻璃以及被刑事拘留后聘请律师的费用按照比例分担。

该组织为维护其非法利益,以暴力、威胁等手段,有组织地实施了开设赌场、寻衅滋事、非法拘禁、强迫交易、敲诈勒索等违法犯罪活动,在讨债过程中通过安装 GPS 定位器非法获取公民个人信息,为非法获取利益长期实施“软暴力”行为,给被害人和有关群众形成了心理强制,为非作恶,欺压群众,严重破坏社会治安,妨害社会管理秩序,在常熟市原虞山镇、碧溪街道、东南街道、

古里镇、辛庄镇、梅李镇、沙家浜镇、海虞镇、支塘镇、尚湖镇及周边地区造成了重大的社会影响。

[(二)具体犯罪事实略。]

江苏省常熟市人民法院认为,被告人龚品文、刘海涛等人聚集形成较稳定的犯罪组织,有组织地通过违法犯罪活动获取经济利益并用以支持该组织的活动,同时以暴力、威胁或者其他手段,有组织地进行开设赌场、寻衅滋事、非法拘禁、敲诈勒索等违法犯罪活动,为非作恶,欺压群众,严重破坏经济、社会生活秩序,造成了重大影响,其行为已构成组织、领导、参加黑社会性质组织罪。各被告人另构成开设赌场罪、寻衅滋事罪、非法拘禁罪……依照《中华人民共和国刑法》第二百九十四条等相关规定,判决如下:

1. 被告人龚品文犯组织、领导黑社会性质组织罪,判处有期徒刑七年六个月,剥夺政治权利二年,并处没收个人全部财产;犯开设赌场罪,判处有期徒刑六年,并处罚金人民币十万元;犯寻衅滋事罪,判处有期徒刑五年;犯非法拘禁罪,判处有期徒刑二年三个月;犯窝藏罪,判处有期徒刑一年;犯强迫交易罪,判处有期徒刑十个月,并处罚金人民币一万元;犯敲诈勒索罪,判处有期徒刑二年,并处罚金人民币一万元,数罪并罚,决定执行有期徒刑二十年,剥夺政治权利二年,并处没收个人全部财产。

2. 被告人刘海涛犯领导黑社会性质组织罪,判处有期徒刑七年,剥夺政治权利二年,并处没收个人全部财产;犯开设赌场罪,判处有期徒刑五年,并处罚金人民币八万元;犯寻衅滋事罪,判处有期徒刑四年九个月;犯非法拘禁罪,判处有期徒刑一年九个月;犯强迫交易罪,判处有期徒刑十个月,并处罚金人民币一万元;犯敲诈勒索罪,判处有期徒刑二年九个月,并处罚金人民币二万元,数罪并罚,决定执行有期徒刑十八年,剥夺政治权利二年,并处没收个人全部财产。

(其他被告人判决情况略。)

一审宣判后,被告人龚品文、刘海涛等人不服,提出上诉。

江苏省苏州市中级人民法院经审理认为,原审判决认定事实清楚,证据确实、充分,适用法律正确,量刑适当。各上诉人的上诉理由不能成立。故裁定驳回上诉,维持原判。

二、主要问题

1. 如何根据“欺压、残害群众”的内在要求准确把握黑社会性质组织行为特征中对“软暴力”的强度要求?

2. 如何认识“占股分利”模式下的组织特征?

三、裁判理由

(一)如何把握黑社会性质组织“软暴力”的强度要求

在《刑法》第二百九十四条第五款规定的黑社会性质组织的四个特征中,行为特征(暴力性特征)是一项极为重要的判断标准。所谓“行为”,是指黑社会性质组织为增强组织实力,扩大非法影响,攫取非法利益而有组织、有目的实施的一系列具体违法犯罪活动,这些违法犯罪活动不仅本身构成黑社会性质组织的“行为特征”,而且为判断黑社会性质组织的“危害性特征”提供重要参考。实践中,一般不会将一个行为特征不明显,未造成严重危害后果的犯罪组织认定为黑社会性质组织,因此,对行为特征中违法犯罪活动强度的把握是实践中判断一个犯罪组织是否成立黑社会性质组织的一项重要考量内容。

2018年最高人民法院、最高人民检察院、公安部、司法部联合印关的《关于办理黑恶势力犯罪案件若干问题的指导意见》(以下简称“两高两部”《指导意见》)明确指出,黑社会性质组织实施的违法犯罪活动包括非暴力性的违法犯罪活动,但暴力或以暴力相威胁始终是黑社会性质组织实施违法犯罪活动的基本手段,并随时可能付诸实施。暴力、威胁色彩虽不明显,但实际是以组织的势力、影响和犯罪能力为依托,以暴力威胁的现实可能性为基础,足以使他人产生恐惧、恐慌进而形成心理强制或者足以影响、限制人身自由、危及人身财产安全或者影响正常生产、工作、生活的手段,属于《刑法》第二百九十四条第五款第(三)项中的"其他手段",包括但不限于所谓的"谈判""协商""调解"以及滋扰、纠缠、哄闹、聚众造势等手段。最高人民法院、最高人民检察院、公安部、司法部联合发布《关于办理实施"软暴力"的刑事案件若干问题的意见》也明确规定,"软暴力"手段属于《刑法》第二百九十四条第五款第(三)项"黑社会性质组织行为特征"以及2018年"两高两部"《指导意见》第十四条"恶势力"概念中的"其他手段"。

该规定在2009年最高人民法院、最高人民检察院、公安部印发《办理黑社会性质组织犯罪案件座谈会纪要》(以下简称2009年《纪要》)、2015年最高人民法院印发《全国部分法院审理黑社会性质组织犯罪案件工作座谈会纪要》(以下简称2015年《纪要》)的基础上进行了扩大解释,前后几份规范性文件虽然均将"硬暴力"及"软暴力"作为黑社会性质组织实施违法犯罪活动的手段,但2015年《纪要》特别强调"在黑社会性质组织所实施的违法犯罪活动中,一般应有一部分能够较明显地体现出暴力或以暴力相威胁的基本特征"。与之不同的是,2018年"两高两部"《指导意见》对于这种暴力性特征予以淡化,而将足以对他人产生心理强制的行为均作为黑社会性质组织的行为特征。因此,实践中把握黑社会性质组织所实施的"软暴力"的强度应以相关行为是否足以对群众造成实质性的心理强制为根本落脚点,具体来说,可以从以下几方面进行把握。

1. 黑社会性质组织实施的"软暴力"应具有长期性

正如贝卡利亚所言:"我们的精神往往更能抵御暴力和极端的但短暂的痛苦,却经受不住时间的消磨,忍耐不住缠绵的烦恼,因为,我们可以暂时地自我收缩以抗拒暴力和短暂的痛苦。然而,这种强烈的伸缩性却不足以抗拒时间与烦恼的长期和反复的影响……"由此看来,一方面,在施加心理强制强度方面,"软暴力"本身可以带来不逊于"硬暴力"的效果;另一方面,也要承认,"软暴力"的暴力程度不及"硬暴力",仅实施数量较少的"软暴力"行为是很难给他人造成心理强制,进而达到欺压、残害群众的程度。与"硬暴力"给当事人直接带来肉体损害或疼痛不同,通过"软暴力"施压主要是给被害人施加精神折磨,这种精神折磨要达到精神压制的程度需要时间的积累,是一个由量变到质变的过程。因此,"软暴力"行为的强度与危害影响要达到与"硬暴力"同质化的程度需要相当量的积累。

2. 黑社会性质组织实施的"软暴力"一般应具有多样性

在黑社会性质组织犯罪中,受害群众所遭受的心理压力来自多个方面,一方面,由于"软暴力"本身的暴力、威胁色彩不够明显,手段强度不及"硬暴力",因此仅实施单一手段的"软暴力"行为,往往不足以对受害群众施加强烈的心理压制;另一方面,手段单一的"软暴力"行为不足以体现黑社会性质组织的犯罪能力,违法犯罪手段单一往往说明犯罪组织发展尚不成熟,势力尚未壮大,组织较为涣散,犯罪能力不强,尚不足以使受害群众产生足够强烈的心理恐惧,难以达到足以影响、限制人身自由、危及人身财产安全或者影响正常生产、工作、生活的暴力强度,不能满足成立黑社会性质组织所要求具备的行为特征。

3. 黑社会性质组织实施的"软暴力"应体现出明显的组织性特征

黑社会性质组织之所以能够严重危及人身财产安全或者影响正常生产、工作、生活,成为社会毒瘤,就在于其具有明显的组织性,这是黑社会性质组织犯罪区别于一般单纯犯罪最显著的特点,也是组织、领导、参加黑社会性质组织行为本身就具备刑事可罚性的逻辑基础。一方面,组织性是黑社会性质组织具备较强犯罪能力的重要保障,如果相关"软暴力"行为无法体现出组织策划、团体协作、分工实施等组织性特征,表明相关"软暴力"行为具有一定的自发性、随意性,由于

“软暴力”行为本身暴力强度不够，如果缺少组织痕迹，零散实施，则必然难成气候，无法达到与黑社会性质组织相称的暴力强度；另一方面，行为的组织性也是黑社会性质组织能够通过违法犯罪活动给受害群众施加心理威慑的重要依靠，正是通过组织性的体现，使受害群众认识到自身所面临的不法侵害不是来源于单纯的个人，而是来源于一个缜密组织，才更加放大了心理恐惧。虽然面临的“软暴力”行为暴力特征不明显，但因为感知到行为的组织性，使受害群众更加容易丧失与违法犯罪行为进行对抗的理性与信心，陷入心理受强制的境地，达到黑社会性质组织的犯罪目的。实践中，一般可以从多人实施、统一着装、显露文身、特殊标识等特征加以判断，也包括其他各种以明示或者暗示方式，足以使对方感知相关行为组织性的行为。

4. 黑社会性质组织实施的“软暴力”应有能够直接构成犯罪的行为，并造成明显的实害后果

由于“危害性特征”本身就是判断一个犯罪组织能否成立黑社会性质组织的重要方面，因此，对于以实施“软暴力”为主要行为特征的涉黑组织来说，必然要求其实施“软暴力”已经造成了足够严重的危害后果。对于危害性特征的把握，2018 年“两高两部”《指导意见》规定的八种情形，主要包括致使多名合法利益遭受犯罪或者严重违法活动侵害的群众不敢通过正当途径维护权益；对一定行业的生产经营形成垄断，或者对涉及一定行业的准入、经营、竞争等经济活动形成重要影响；致人重伤或致多人轻伤；通过违法犯罪活动敛财数额巨大；干扰、破坏正常生产经营造成重大损失；严重干扰、破坏党政机关和基层群众自治组织的工作秩序等。由于“软暴力”行为暴力特征本身不够明显，要评价实施“软暴力”的严重后果，一般按照实施“软暴力”行为造成上述两种以上危害后果来进行把握比较妥当。另外，为体现黑社会性质组织行为的暴力性特征和对群众造成心理威慑的强度，在“软暴力”行为中，应有能够直接构成犯罪的部分，而不能全部都只是单纯的违法行为。

需要特别指出的是，黑社会性质组织实施的“软暴力”与“硬暴力”不是泾渭分明，互相排斥的关系，而是互相包容，随时转化的关系。“软暴力”与“硬暴力”都是黑社会性质组织为实现组织利益而采用的手段，其目的是相同的，给群众造成心理压制的后果也是相同的。在具体实施过程中，很难精准把握行为的强度界限，因此，“软暴力”会随时向“硬暴力”转化，黑社会性质组织成员对此应有明确认识且并不排斥。

具体到本案，该犯罪组织及其成员利用开设赌场、非法高利放贷等手段快速聚敛大量财富，并利用组织势力和形成的便利条件，在几年的时间里通过“软暴力”手段实施了大量寻衅滋事、非法拘禁、强迫交易、敲诈勒索等违法犯罪活动。其中，寻衅滋事行为仅认定的就多达 120 余起，非法拘禁 10 起，这些行为均系组织成员为确立强势地位、实现非法债权、谋取经济利益、维护非法权威，按照组织惯常的行为模式与手段所实施，间接造成 1 名受害人因受逼迫跳楼身亡，3 家企业停产，直接致使 20 余名被害人不敢报案或有家难回，逼迫两名受害群众变卖房产，另有两人在长期的心理压制下罹患抑郁症。这些“软暴力”违法犯罪行为波及常熟市十余个街道，其中多起寻衅滋事因持械或造成轻伤以上后果直接构成犯罪，在非法拘禁、强迫交易和敲诈勒索行为中，绝大部分直接构成犯罪，实害后果非常明显。另外，本案中大部分违法犯罪活动都系经谋划后结伙实施，组织成员多人出场摆势，长期实施各种纠缠滋扰及打砸毁坏财物行为，相关“软暴力”行为因处理难、打击难，使许多受害人产生报警也无济于事的绝望心理，该组织还通过在派出所、看守所等处的造势行为，降低司法机关公信力，变相给群众施加心理强制。可以说，通过实施一系列有组织的“软暴力”行为，其对受害群众施加的心理强制程度已与“硬暴力”无异，已经符合黑社会性质组织的行为特征。结合该组织的组织、经济及危害性特征，将其认定为黑社会性质组织是正确的。

（二）如何认识“占股分利”模式下的组织特征

随着时代的发展，黑社会性质组织的内部组织模式也出现了一些新的变化，在司法实践中发现，与以往靠直接给予金钱或物质奖励来豢养成员，鼓动犯罪的做法不同，在一些公司化或准公司化运作的黑社会性质组织中，采用“占股分利”方式来纠合组织成员，维系组织框架的现象越来越普遍。所谓“占股分利”，类似于现代公司治理结构中的“股权激励”，是指组织内部成员按照占股比例来对犯罪收益进行分配，组织的领导者通过掌握股权分配比例来实现对组织成员的控制和奖惩。在该种模式下，由于犯罪后果与个人收益紧密相关，往往更能调动组织成员的犯罪积极性，其内部组织结构也更为稳定。

本案中，各组织成员参股放贷，而被告人龚品文、刘海涛作为该黑社会性质组织的组织者、领导者，对参股人员及比例具有决策权。在非法放贷过程中，由于组织成员系互相占股出资及分利，故组织人员利益相互交织，关系日趋紧密，架构不断成熟，各组织成员对所谓“替谁帮忙、找谁商量”均有明确认识。且无论组织中哪些成员前去实施违法犯罪活动，相关非法利益的实现均惠及全体出资的组织成员，形成了明显的组织利益。在组织架构中，以是否掌握股权分配权为参照，可以发现首要分子非常明显；以是否占股及占股比例大小为参照，可以发现骨干成员基本固定，人员规模逐渐增大。综上，“占股分利”只是涉黑组织准公司化运营的一个幌子，其本质为纠合组织成员，形成共同利益，对保持组织正常运转起到重要作用，是黑社会性质组织组织特征的一个重要体现。综上，本案认定该组织有一定规模，人员基本稳定，有明确的组织者、领导者，骨干成员固定，内部层次分明是有事实依据的。

（撰稿：江苏省苏州市中级人民法院　李秀康
审编：最高人民法院刑三庭　周　川）

[第1357号]方悦等人组织、领导、参加黑社会性质组织案
——“套路贷”黑社会性质组织的司法认定

【关键词】　组织、领导、参加黑社会性质组织罪　“套路贷”　黑社会性质组织　司法认定

一、基本案情

被告人方悦，男，1992年9月20日出生。2017年9月22日被逮捕。

被告人徐前真，男，1985年5月23日出生。2017年9月22日被逮捕。

（其他被告人、被告单位基本情况略。）

江苏省无锡市锡山区人民检察院以被告人方悦、徐前真、方阳阳、方明喜、方修东、曹全、廖本波、陈宝红、单有君、陈奇、方志明、李国辉、秦文春、王国启、岳一超、岳翠玖、牛绪永、王守影、蔡祥雷、单宝君、胡月、宋立明、孙成来、李磊、李国旗、许豆豆、方志响、方贺全、方贺军、方明柱、胡猛、方志友、陈少东、曹坤红、庞雨停、王立豹、方克飞、岳文保、被告单位无锡市乾宏信息咨询服务有限公司等分别犯组织、领导、参加黑社会性质组织罪，非法拘禁罪，敲诈勒索罪，寻衅滋事罪，侵犯公民个人信息罪，向无锡市锡山区人民法院提起公诉。

被告人方悦、徐前真及其辩护人提出的辩护意见主要是：方悦、徐前真系合法投资并经营乾

宏公司等公司开展小额贷款业务，没有对当地的小额贷款行业形成垄断、控制，也没有欺压、残害群众，方悦、徐前真的行为不构成组织、领导黑社会性质组织罪。

无锡市锡山区人民法院经审理查明：

（一）组织、领导、参加黑社会性质组织的事实

2016年2月至2017年8月间，被告人方悦、徐前真利用无锡市乾宏信息咨询服务有限公司（以下简称乾宏公司）、无锡海嘉投资有限公司（以下简称海嘉公司）、乾府公司、无锡市乾多多投资有限公司、无锡乾友投资有限公司（以下简称乾友公司）、无锡乾富投资有限公司（以下简称乾富公司）、无锡市万友投资有限公司（以下简称万友公司）七家公司结成“乾”字头公司联盟，假借民间小额贷款之名，通过“签订虚假借据收据”“肆意认定违约”等方式，采用非法拘禁、敲诈勒索、寻衅滋事、纠缠、滋扰、恐吓等手段实施“套路贷”犯罪。被告人方悦、方阳阳、方明喜、方修东等人招揽被告人陈宝红、方志明、胡月、宋立明、孙成来等安徽省颍上县十八里铺镇的老乡及社会闲散、刑满释放人员，在各“乾”字头公司内部成立“贷后部”进行非法催讨，逐步形成了以方悦、徐前真为组织、领导者，以方阳阳、方明喜、方修东、曹全、廖本波为积极参加者，被告人陈宝红、单有君、陈奇、方志明、李国辉、秦文春、王国启、岳一超、岳翠玖、牛绪永、王守影、蔡祥雷、单宝君、胡月、宋立明、孙成来、李磊、李国旗、许豆豆、方志响、方贺全、方贺军、方明柱、胡猛、方志友、陈少东、曹坤红、庞雨停、王立豹、方克飞、岳文保等数十人为一般参加者的黑社会性质组织。该黑社会性质组织骨干成员固定、层级结构明确，盘踞在无锡市市中心梁溪区一带，并涉足江阴、宜兴等地，人数众多、资金雄厚、势力庞大，组织成员均遵守组织、领导者制定的规章、纪律，实施了非法拘禁、敲诈勒索、寻衅滋事、恐吓、威胁、强行入住、喷漆、堵门锁、滋扰、纠缠等违法犯罪活动，攫取了高额非法利益，对借款人、亲属及周围邻居造成了心理强制和不安影响，使人民群众的合法利益遭受重大侵害，在持续性时间段内严重破坏了无锡、江阴、宜兴一定区域内的社会生活秩序和经济秩序，在各地造成了恶劣的社会影响。

（二）非法拘禁的事实

2017年3月至8月间，被告人方悦、徐前真利用乾宏、海嘉、乾府等公司非法经营零用贷等小额贷款业务，并通过成立专门的贷后部门催讨非法债务而谋利，被告人方阳阳、方明喜、方修东通过乾友、万友、乾富公司和方悦、徐前真的公司结成小联盟，共同催讨，将被害人强行带走后看管在酒店房间、公司办公室等地，采用威胁恐吓、殴打、限制人身自由等手法向被害人逼要非法债务。涉案11名被害人被非法拘禁短则日余，长则11天，其间，各被告人或言语威胁、或暴力殴打、或体罚、或虐待，逼迫被害人偿还虚增债务。

（具体非法拘禁的事实略。）

（三）敲诈勒索的事实

2016年4月至2017年8月间，被告人方悦、徐前真利用乾宏、海嘉、乾府等公司非法经营零用贷等小额贷款业务，并通过成立专门的贷后部门催讨非法债务而谋利，被告人方阳阳、方明喜、方修东通过乾友、万友、乾富公司和方悦、徐前真的公司结成小联盟，共同催讨，采用非法限制人身自由、殴打、威胁、滋扰等手法，持远高于被害人实际借款金额的“高条”（虚增债务）向被害人及其亲属逼要非法债务，从被害人及其亲属处索得钱款。方悦、徐前真等从十余名被害人及其家属处共敲诈勒索钱财120余万元。

（具体敲诈勒索的事实略。）

（四）寻衅滋事的事实

2017年7月至8月间，被告人方悦、徐前真在经营乾宏、海嘉、乾府等公司期间，违法向个人

放贷并通过成立专门的贷后部门催讨非法债务而谋利，被告人方阳阳、方明喜、方修东通过乾友、万友、乾富公司和方悦、徐前真的公司结成小联盟，向被害人共同催讨非法债务。

2017 年 7 月 20 日至 8 月 9 日左右，被告人廖本波、陈宝红、单有君、王国启、方阳阳、胡月、孙成来、方志响、方贺军、方贺全等人在乾宏、海嘉、乾友、万友公司负责人的安排下，以王袁伟向海嘉公司还款逾期违约，即在乾宏、万友、乾友等公司的借款也违约为由，至无锡市锡山区羊尖镇被害人王袁伟开办的烤漆厂，轮流在办公室看管王袁伟，采用汽车堵厂门、言语威胁、殴打等方式，持“高条”向王袁伟逼要非法债务，严重影响该厂的正常生产经营。其间，王袁伟因害怕个人生活和烤漆厂的正常运作受到影响，被迫从厂内采购生产用品的货款中紧急挪用了 29 000 元支付给陈宝红，并按照四家公司的要求，被迫签下了 9 万元的虚假“借条”（含“高条”和催讨费用）。

2017 年 8 月 5 日晚至次日凌晨，被告人廖本波、陈宝红、李磊、方志响、方贺军等人将被害人周亚中带至无锡市梁溪区五河苑旁小树林内，对周亚中拳打脚踢、扇巴掌，持“高条”向周亚中逼要债务，要求周亚中承认虚增的 17 万元债务，凌晨 3 时许，周亚中才乘隙逃走。经鉴定，周亚中左侧第 4 根、第 5 根肋骨骨折，构成轻伤二级。

（其他寻衅滋事的事实略。）

（五）侵犯公民个人信息的事实

2015 年至 2017 年间，被告人徐前真在经营乾宏公司期间，为了拓展公司电销借贷业务，先后以索要、购买、交换等方式从路愉佳、何冠佳、彭新、荣舟涛、金华等人处非法获取公民个人信息，并交由公司业务员拨打电话推销公司借贷产品，涉案公民个人信息共计 301 000 余条。

（其他具体事实略。）

无锡市锡山区人民法院认为，被告人方悦、徐前真为了称霸一方，获取非法经济利益，组织、领导被告人方阳阳、方修东、方明喜、廖本波、陈宝红、单有君、陈奇、方志明、李国辉、秦文春、王国启等人，有组织地实施了非法拘禁、敲诈勒索、寻衅滋事等一系列违法犯罪活动，为非作恶，欺压残害群众，逐步形成以方悦、徐前真为组织、领导者，骨干成员基本固定，人数众多，有较为明确的分工和组织纪律，通过违法放贷、非法催讨债务获取高额经济利益，具有一定经济实力的犯罪组织。各被告人明知该组织以实施违法犯罪为主要活动，仍参与其中，通过暴力、软暴力手段进行非法催讨而获利，应根据各自的实际行为分别认定构成组织、领导、参加黑社会性质组织罪。各被告人根据在犯罪组织中地位、作用、具体的犯罪行为，另分别构成非法拘禁罪、敲诈勒索罪、寻衅滋事罪……依照《中华人民共和国刑法》第二百九十四条第一款、第四款、第五款，第二百三十八条第一款、第三款，第二百五十三条之一，第二百七十四条，第二百九十三条第一款，第二十五条第一款，第二十六条，第六十七条第三款，第六十九条，第五十六条，第五十九条第一款，第六十四条及《最高人民法院关于审理黑社会性质组织犯罪的案件具体应用法律若干问题的解释》第三条第一款、第七条，《最高人民法院、最高人民检察院关于办理敲诈勒索刑事案件适用法律若干问题的解释》第一条、第二条、第四条，《最高人民法院、最高人民检察院关于办理寻衅滋事刑事案件适用法律若干问题的解释》第二条、第三条，《最高人民法院、最高人民检察院关于办理侵犯公民个人信息刑事案件适用法律若干问题的解释》第四条、第五条、第十二条之规定，判决如下：

1. 被告人方悦犯组织、领导黑社会性质组织罪，判处有期徒刑九年，剥夺政治权利二年，并处没收个人全部财产；犯非法拘禁罪，判处有期徒刑二年三个月；犯敲诈勒索罪，判处有期徒刑十一年，并处罚金人民币十万元；犯寻衅滋事罪，判处有期徒刑三年，决定执行有期徒刑十九年，剥夺政治权利二年，并处没收个人全部财产。

2. 被告人徐前真犯组织、领导黑社会性质组织罪，判处有期徒刑七年，剥夺政治权利一年，并处没收个人全部财产；犯非法拘禁罪，判处有期徒刑一年九个月；犯敲诈勒索罪，判处有期徒刑十年，并处罚金人民币十万元；犯寻衅滋事罪，判处有期徒刑二年；犯侵犯公民个人信息罪，判处有期徒刑五年，并处罚金人民币三万元，决定执行有期徒刑十八年，剥夺政治权利一年，并处没收个人全部财产。

（其他被告人、被告单位的判决情况略。）

一审宣判后，被告人方悦、徐前真、王国启、曹全以其行为不构成组织、领导、参加黑社会性质组织罪为由，向无锡市中级人民法院提出上诉。

无锡市中级人民法院经审理认为，原审判决认定事实清楚，证据确实、充分，定罪准确，量刑适当，审判程序合法。各上诉人及辩护人的上诉理由和辩护意见均不能成立。故裁定驳回上诉，维持原判。

二、主要问题

如何准确认定"合法公司"外衣下涉"套路贷"黑社会性质组织的特征？

三、裁判理由

随着社会的不断发展，黑社会性质组织也呈现出了较多新的样态。与传统黑社会性质组织惯常实施的打架斗殴、争抢地盘、收取保护费、欺行霸市、强取豪夺等违法犯罪行为不同的是，当前的黑社会性质组织呈现出表面合法化、手段隐蔽化、控制科学化等特征。本案中以被告人方悦为首的犯罪组织即是一例。该犯罪组织的行为人着眼于通过"套路贷"攫取高额经济利益，成立公司以取代传统的"帮会"，并以"合法公司"作为外衣，以公司下设的各个部门取代"堂口"，以向组织成员发放工资取代"生活费"，甚至重视对组织成员进行专门的培训，以便逃避法律的制裁。在具体实施犯罪活动时，行为人通过让被害人出具书面材料、拍照、拍摄视频等各种方式，以掩盖行为的非法性，使犯罪行为极具隐蔽性、欺骗性、模糊性。在本案的审理过程中，如何准确界定以方悦为首的犯罪组织的性质问题，需要紧密结合黑社会性质组织的四个特征加以分析。

（一）重点从对组织成员的控制来把握"组织特征"

黑社会性质组织的组织特征是指形成较稳定的犯罪组织，人数较多，有明确的组织者、领导者，骨干成员基本固定。2009年最高人民法院、最高人民检察院、公安部印发的《办理黑社会性质组织犯罪案件座谈会纪要》（以下简称2009年《纪要》）、2015年最高人民法院印发的《全国部分法院审理黑社会性质组织犯罪案件工作座谈会纪要》（以下简称2015年《纪要》）以及2018年最高人民法院、最高人民检察院、公安部、司法部印发的《关于办理黑恶势力犯罪案件若干问题的指导意见》（以下简称2018年《意见》）中，对于黑社会性质组织的成立时间、成员人数及组织纪律等方面进行了补充。鉴于黑社会性质组织的发展是一个渐进的过程，故不宜作出"一刀切"的规定。组织形成后，在一定时期内持续存在，就应当认定为"形成较稳定的犯罪组织"，而对于组织纪律、活动规约，应当结合制定、形成相关纪律、规约的目的与意图来进行审查判断，凡是为了增强实施违法犯罪活动的组织性、隐蔽性而制定或自发形成，并用以明确组织内部人员管理、职责分工、行为规范、利益分配、行动准则等事项的成文或不成文的规定、约定，均可认定为黑社会性质组织的组织纪律、活动规约。

本案中，组织成员对外以公司员工自居，在庭审中称自己只是在公司打工，并没有举办过各类入会仪式，从公司离职也没有明确的限制条件。表面看来，被告人方悦等人成立的公司对员工的管理符合人力资源市场的一般规律，具有形式上的合法性。但从本质上看，该组织通过等级制度、工作纪律和奖惩规则对成员存在隐秘的控制，这是该组织之所以被认定为"较稳定的犯罪组织"的主要原因。具体而言：(1)设立严明的等级制度。该组织内设立专门负责非法催讨的贷后部，贷后部设组长，组织成员按照组长的派单，两人一组上门催讨，组长可对具体催讨行为进行安排、指挥，催讨所得钱款交给贷后部组长，由组长交给公司负责人，公司负责人根据提成规则将提成钱款交给组长，再由组长向组员分发提成。(2)规定明确的催讨行为规则。方悦、徐前真等人商议制定了专门的“贷后管理十个严禁”“保密承诺书”；要求组织成员在催讨时需拍摄喷漆、堵门锁、高音喇叭喊话的照片、视频，并发送到公司微信群中向公司负责人或组织领导者汇报工作；规定催讨人员要对被催讨的客户负责，若在看管期间客户逃跑，催讨人员个人需负担客户的债务；还规定“一人一地看管时间不超过24小时”、要“轮流、换地看管”“打人不能打出明显外伤引起警方的注意或给公司造成不必要的麻烦”等，以便逃避法律制裁。(3)制定有效的奖惩措施。该组织规定，催讨利润由公司与催讨人员六四分成或五五分成，催讨数额和分成数额挂钩，以激励催讨人员穷尽各种手段尽力催讨；组织为催讨人员配备催讨所用的汽车、喷漆灌、胶水、伸缩棍，报销油费和看管人员所支出的住宿费；要求组织成员缴纳押金，对于泄露客户信息等影响公司利益的，则予以罚款等处罚。

传统的黑社会性质组织对成员的控制主要通过建立等级制度、制定严格的组织纪律和奖惩规则来展开，而通过高薪来豢养专业的催讨人员，通过等级制度和纪律规则确保对组织成员行为的控制，通过掌握利益分配权力来防止组织成员的背叛，尽管手段方法发生些许变化，但其维护组织严密性、稳定性的效果相同。本案中，被告人方悦等人正是用高薪引诱以及利益分配规则使数十名组织成员在较长的时间内为了组织的利益实施了多起违法犯罪行为。对于组织成员，他们关注的重点是如何通过非法的催讨获取更高的提成，从而欣然接受组织的各项纪律、规约并遵照执行。

(二)重点从公司存续的目的来把握“经济特征”

黑社会性质组织的经济特征，是指有组织地通过违法犯罪活动或者其他手段获取经济利益，具有一定的经济实力，以支持该组织的活动。2009年《纪要》、2015年《纪要》、2018年《意见》均认为：黑社会性质组织的敛财方式具有多样性，除了直接地通过违法犯罪活动或其他不正当手段获取，还包括了“投资、控股、参股、合伙等方式通过合法的生产、经营活动获取”等。因此，在司法实践中需要重点通过对相关组织所涉公司存续的目的来具体分析，确定其是否属于黑社会性质组织。

本案中，被告人方悦等人于2016年2月至2017年8月间先后在无锡市梁溪区成立七家“乾”字头的公司，这些公司均办理了各项工商登记手续，明确经营范围仅限于“信息咨询、投资咨询”，并在无锡市市中心繁华地段的商务楼内租用办公地点正式挂牌营业。同时，公司内部还设立风控部、业务部、会计部、贷后部，分工明确、人员到位，营造出一种正规、专业的公司形象。然而，方悦等人借助这些公司实际实施的主要行为却是在经营范围之外的“小额放贷”业务。方悦等人的放贷模式主要是以“无抵押、零门槛”的零用贷、打卡、空放等为诱饵，诱骗被害人签订虚高借款合同、房屋租赁合同及各项承诺书，并以“保证金”“上门费”“中介费”等名义收取各种费用；在贷款协议中设置苛刻的履约条件和期限后，随意解释违约条款，故意制造违约机会，单方面肆意认定违约，并通过非法拘禁、敲诈勒索、威胁、恐吓等方式进行催讨。2019年4月9日起施行的最高人民法院、最高人民检察院、公安部、司法部联合发布的《关于办理“套路贷”刑事案件若干问题的意见》对“套路贷”进行了进一步明确，方悦等人实施的行为即是典型的“套路贷”犯罪。具体而言，此类“套路贷”犯罪具备以下四个特征：

一是制造民间借贷假象。本案中，行为人对外以“小额贷款”的名义进行宣传，以低息、无抵押、无担保、零门槛、快速放款等为诱饵吸引被害人借款，继而以“行业规则”“不签不放款”等虚假理由诱使被害人基于错误认识签订“高低条”（“低条”一般为实际借款金额，“高条”通常为“低条”金额的两至三倍，行为人通常会谎称“高条”只有在借款人违约时才会作为还款的依据），金额虚高的“借贷”协议（如以先前借贷违约等理由要求被害人签署），空白房产买卖（抵押）、租赁合同（往往将承租人一栏空白不填，租金部分则填写为已交付，以便成为行为人将来非法占有被害人房屋、对抗侦查的借口）等明显不利于被害人的各类协议。在此基础上，行为人按照虚高“借贷”协议的金额将资金全部转入被害人账户，或者要求被害人手持现金和虚高借据录像拍照等方式，制造现金支付痕迹、银行流水、第三方支付记录等资金虚假给付事实，后采取各种手段将其中全部或者部分资金收回，致被害人实际上并未取得或者只是取得少部分上述钱款。通过上述手段，制造出一种借款、放款手续齐备、正规的民间借贷假象。

二是恶意虚增债务。本案中，被害人除了签署“高低条”虚增债务之外，在实际放款时则还要扣除“中介费”“上门审核费”“服务费”“违约金”“保证金”等各种名义的费用，总计高达“低条”金额30%左右。当被害人无力偿还时，行为人通过安排其所属公司或者指定的关联公司、关联人员为被害人偿还“借款”，继而与被害人签订金额更大的虚高“借贷”协议或相关协议，通过这种“转单平账”“以贷还贷”等方式不断垒高“债务”。可见在“套路贷”犯罪中，行为人期待获得的不是普通高利贷的高额利息，而是通过各种套路非法占有被害人数倍于借款本金的财物。

三是故意制造违约或肆意认定违约。本案中，被告人方悦等人以设置苛刻违约条款和违约陷阱（如借款合同约定还款时间明确到几分几秒），通过刻意躲避、失踪、拒接电话等方式故意造成被害人违约，甚至还在假意答应延期还款的同时，立即派遣催讨人员上门催讨并认定违约。同时，行为人还会制造各种借口（如借款人在联盟内的一家违约即系在多家公司的借款均构成违约，借款人向“乾”字头公司联盟以外的公司借款即构成违约），单方面肆意认定被害人“违约”，强行要求被害人偿还虚假债务。

四是软硬兼施“索债”。被告人方悦等人招揽刑满释放、社会闲散人员组建了“贷后部”，常用的催讨手段包括将被害人强行扣留并殴打、威胁、体罚逼迫还款，24小时贴身跟随式看管，强行入住被害人家中并恶意滋扰，在被害人家门口喷油漆、堵门锁、砸玻璃、高音喇叭辱骂，在被害人的工作场所寻衅滋事等。

本案的黑社会性质组织正是通过实施“套路贷”犯罪迅速敛财，从起初的一家乾宏公司不断壮大，直至在无锡市成立了七家“乾”字头公司，投入的400余万元本金在短短的一年半内不断获益，共非法放贷3100余万元。该组织，一方面，将通过违法犯罪活动获取的经济利益主要用于开办分公司、子公司；另一方面，形成紧密的联盟，排挤其他同类竞争公司，在整个无锡地区的小额贷款公司中具有较强的影响力和话语权。

（三）重点从违法犯罪的主要手段来把握“行为特征”

黑社会性质组织的行为特征是指以暴力、威胁或者其他手段，有组织地多次进行违法犯罪活动，为非作恶，欺压、残害群众。随着扫黑除恶工作的深入和司法打击力度的加强，以纯粹硬暴力手段实施的抢劫、故意杀人、故意伤害、聚众斗殴等违法犯罪活动往往很容易受到司法机关的及时惩处，有不少黑恶势力犯罪组织越来越注重削弱其违法犯罪活动的暴力属性，更多采用“轻微暴力”与“软暴力”相结合的行为方式，以威胁、恐吓、滋扰、纠缠、哄闹、聚众造势等手段对他人产生心理强制或影响。本案中，“软暴力”是被告人方悦等人催讨债务的重要违法犯罪手段。对此，2019年4月9日，最高人民法院、最高人民检察院、公安部、司法部联合出台的《关于办理实施“软暴力”的刑事案件若干问题的意见》中，进一步明确了黑恶势力犯罪中“软暴力”的具体界定标

准。结合方悦等人的行为模式,可以看到行为人实施的"软暴力"主要分为以下三类:

一是威胁恐吓特定的对象。方悦等人采用言语威胁、24小时贴身跟随等方式对被害人进行非法催讨。这些行为虽然没有直接造成被害人身体上的重大、可见性的伤害后果,但是足以使被害人产生恐惧从而形成心理强制。

二是滋扰他人的工作、生活。行为人上门催讨时采用了在大门、墙壁上喷漆,用胶水堵塞门锁,半夜砸窗玻璃,高音喇叭辱骂,张贴海报,断水断电,非法侵入他人住宅,围堵工作场所等手法,对被害人及其家属、邻居、工作单位均造成了严重的影响。

三是聚众造势,扰乱社会秩序。"乾"字头联盟公司在共同催讨时,为了展示组织的实力、震慑被害人及同行,往往会一呼百应,迅速集结数十人到场造势、以斗殴相威胁。在已查明的具体犯罪事实中,在向其中一名被害人催讨时,该组织纠集了20余名组织成员在无锡市南禅寺商业区展示实力,与其他小贷公司人员约架并在现场以武力对峙,严重扰乱了当地的社会秩序。

可见,司法实践中对黑社会性质组织行为特征的认定不仅要关注违法犯罪行为对他人生命、健康和财产权利造成的损害,还应当关注行为对他人是否形成心理强制。应当看到,在黑社会性质组织违法犯罪活动中,无论行为手段如何隐蔽、多变,暴力或者以暴力相威胁,始终是黑社会性质组织能够对社会公众形成心理强制的重要原因。以本案为例,尽管被告人方悦等人将"软暴力"作为讨债的主要手段,但被害人周亚中被殴打致轻伤二级、部分被害人遭非法拘禁及被殴打、体罚、虐待的事实,也说明暴力手段仍是该组织的重要选项,这种暴力手段并不需要每次行动都要使用,而是表现为一旦需要使用,随时可以使用,这种随时可以付诸实际的暴力手段正是黑社会性质组织让人畏惧、屈服的重要原因。因此,本案中以方悦为首的犯罪组织虽以"合法公司"为外衣,采取的犯罪行为也相对隐蔽,但这种以"软暴力"为主,暴力与"软暴力"相结合的手段,仍然符合黑社会性质组织要求的行为特征。

(四)重点从公司的规模和影响力来把握"危害性特征"

黑社会性质组织的危害性特征,是指通过实施违法犯罪活动,或者利用国家工作人员的包庇或者纵容,称霸一方,在一定区域或者行业内,形成非法控制或者重大影响,严重破坏经济、社会生活秩序。2009年《纪要》明确了可以认定为"在一定区域或者行业内,形成非法控制或者重大影响,严重破坏经济、社会生活秩序"的八种情形,2015年《纪要》和2018年《意见》对这八种情形又进一步作出了解释,并重点强调了黑社会性质组织非法控制和影响的"一定区域"的大小具有相对性,应当根据具体案情、综合分析判断。

本案中,仅被告人方悦、徐前真先后成立的乾宏、海嘉及其子公司乾府、乾多多四家公司非法放贷就高达2599人次,涉及金额2608万余元,已查明各被告人的非法获利127万余元,而其余大量的借款人由于恐惧、不愿多事、无法取得联系等原因未能到司法机关说明情况。方悦、徐前真组织、领导的黑社会性质组织主要盘踞在无锡市梁溪区市中心地段,已归案的组织成员高达38人。"乾"字头公司在无锡市小额贷款行业领域内,从资金规模、势力范围、成员数量上均远超其他类似公司,而且采用聚众造势、武力对峙手段对其他竞争者进行震慑和打压,对该行业形成重大影响。案发期间,该组织在催讨非法债务过程中,实施非法拘禁犯罪11起(最短的半天,最长的11天);实施敲诈勒索犯罪12起,敲诈得款120余万元;实施寻衅滋事犯罪6起,其中一名被害人被殴打致轻伤二级。同时,2015年至2017年间,徐前真利用乾宏公司,先后以索要、购买、交换等方式从他人处非法获取公民个人信息共计301 000余条。众多被害人的正常生产、经营、生活被严重破坏,合法利益遭受不法侵害,各被害人由于身陷"套路",无法凭借自身能力证明"虚增债务”的虚假性或向司法机关提供有效的犯罪线索,而被迫不敢通过正当的途径举报、控告。结合上述情形,能够认定本案的犯罪组织具备黑社会性质组织的“危害性特征”。

随着扫黑除恶工作的不断深入,国家对黑恶势力犯罪的打击力度不断加大,黑社会性质组织的表现形式将会更趋于多样化、隐蔽化,借助“合法公司”来掩盖非法目的即是犯罪分子使用的一种典型手段。对此,应当透过现象看本质,准确把握黑社会性质组织的四个特征,才能准确定罪量刑,做到不枉不纵。

(撰稿:江苏省无锡市锡山区人民法院 林 琳
江苏省无锡市中级人民法院 孙 炜 韩 锋 黄 辛
审编:最高人民法院刑三庭 周 川)

[第1358号]黄图望等人组织、领导、参加黑社会性质组织案

——借助黑社会性质组织势力谋取经济利益,是否属于参加黑社会性质组织

【关键词】 组织、领导、参加黑社会性质组织 黑社会性质组织 谋取经济利益 借助黑社会性质组织势力

一、基本案情

被告人黄图望(绰号“月亮”),男,1980年11月26日出生。2017年1月6日被逮捕。

被告人郑剑波,男,1986年7月10日出生。2016年10月10日被逮捕。

(其他被告人基本情况略。)

海南省人民检察院第一分院以被告人黄图望犯组织、领导黑社会性质组织罪,故意杀人罪,聚众斗殴罪,故意伤害罪,寻衅滋事罪,强迫交易罪……被告人郑剑波犯参加黑社会性质组织罪,寻衅滋事罪,向海南省第一中级人民法院提起公诉。

被告人黄图望及其辩护人提出:以黄图望为首的犯罪组织不具备黑社会性质组织的四个特征,黄图望不构成组织、领导黑社会性质组织罪。

被告人郑剑波及其辩护人提出:郑剑波只是借用“月亮帮”的势力,为达到控制加气砖市场从而实现非法获利的目的,才与被告人黄图望、薛峰峰三人共同商量合作加气砖生意。郑剑波跟黄图望是朋友关系、合作关系,并不是服从与被服从、管理与被管理的黑社会性质组织上的隶属关系,郑剑波没有加入黑社会性质组织;郑剑波只跟黄图望合作加气砖市场,并没有参与该黑社会性质组织的其他犯罪活动。因此,郑剑波只构成寻衅滋事罪,不是黑社会性质组织成员,不构成参加黑社会性质组织罪。

海南省第一中级人民法院经审理查明:

(一)组织、领导、参加黑社会性质组织的事实

20世纪90年代,被告人黄图望、王保翔、黄雷、叶锦忠(另案处理)等人在海南省五指山市陆续加入了以蔡林忠(另案处理)为首的“黑鬼帮”。2001年间,因蔡林忠被砍伤,该帮人员随之解散。2005年,黄图望回到五指山市重新纠集原“黑鬼帮”成员叶锦忠、黄雷、王保翔等人,并陆续聚拢被告人黄图展、黄克理、黄尧杰、王栋、王静等五指山市番茅村宗族势力,通过实施强迫交易、

故意伤害、聚众斗殴等暴力犯罪活动，在五指山市区的势力和影响逐步扩大，上述人员逐渐形成了具有一定规模的组织，逐步确立了黄图望的领导地位。2010年前后，被告人梁正武、黄林壮、王卫、王秀弟（另案处理）等人又陆续加入该组织，并吸纳了五指山市的一批无业青年、在校和辍学学生，组织势力逐步发展，该组织共有成员40余人，骨干成员较为固定，层级分明，组织所有成员均视黄图望为组织“老大”，并以黄图望的绰号将该组织称为“月亮帮”，梁正武在组织中的地位、权威仅次于黄图望。自2011年起，该组织开始利用其组织恶名和势力在五指山市新市场一带开设赌场，并通过采取暴力、威胁、滋扰等手段插手五指山市新市场拆迁工程和非法控制五指山市加气砖市场、吊车市场，大肆实施聚众斗殴、故意伤害、寻衅滋事等犯罪活动，逐步形成了以黄图望、梁正武为组织者、领导者，被告人黄林壮、黄图展、黎石培、黄克理、黄雷、王栋、郑剑波、薛关皇、陈明军为骨干成员，被告人王保翔、黄尧杰、王晓嘉、王卫、周代华、王开拓、黄小福、蔡嘉珍、符启帆、陈积厚为积极参加者，被告人王招锋、王泰鹏、纪新城、王静、梁建明、陈泽文、黄亮、黄更、黄世堂、黄林颖、符财彪、李德臻等人为一般参加者的黑社会性质组织。

该组织非法持有仿制枪支2支和砍刀、斧头、匕首等作案工具，为该组织实施暴力活动提供保障。该组织为控制和管理组织成员，逐步形成组织内部规约，组织成员必须听从被告人黄图望和梁正武的安排做事，低级别成员要尊重高级别成员，组织成员要团结，兄弟被欺负要打回来，组织成员不得吸毒等。该组织为便于管理和笼络成员，为组织成员安排食宿、提供免费的娱乐消遣，对被关押的组织成员提供生活费，对受伤的组织成员提供医疗费等。

该组织通过实施垄断加气砖市场和吊车市场、开设赌场、对按摩店、商铺索取“保护费”、替人追债等违法犯罪活动，非法获利共计约199万元，具有一定的经济实力，其中，非法控制五指山市加气砖市场获利约60万元；非法控制五指山市吊车市场获利约52万元；开设赌场获利约32万元；对按摩店、商铺索取“保护费”获利约13万元；插手五指山市新市场拆迁，承揽工程获利约30万元；插手民间纠纷、债务纠纷，获利约12万元。上述获利部分用于维持组织生存和发展。

该组织为树立非法权威，维护其非法利益，为非作恶，在五指山市三月三大道林苑宾馆、越丰路、什曼桥一带有组织地实施故意杀人、故意伤害、聚众斗殴、寻衅滋事、敲诈勒索、开设赌场、强迫交易、非法持有枪支、弹药、非法拘禁、故意毁坏财物、窝藏等一系列违法犯罪活动，共致1人死亡、2人重伤、14人轻伤、14人轻微伤。该组织通过实施上述违法犯罪活动，称霸一方，并通过暴力、威胁、滋扰等手段控制五指山市加气砖、吊车市场，插手民间纠纷、债务纠纷，严重扰乱了五指山市的经济、社会生活秩序。

[（二）至（七）的其他违法犯罪事实略。]

（八）该组织为非法控制五指山市加气砖市场而实施的寻衅滋事等违法犯罪事实

2012年，被告人黄图望、郑剑波和陵水铸城砖厂经销商薛峰峰（另案处理）为牟取经济利益，合谋由黄图望负责安排其帮派成员采取威胁、恐吓等手段，拦截、驱赶其他经销商的运砖车，逼迫其他经销商退出五指山市的加气砖市场，进而形成非法控制，并约定薛峰峰负责向五指山市各工地供应加气砖，销售价格不得低于每立方280元以及黄图望和郑剑波的获利分配方式。2012年至2013年间，薛关皇等人按照黄图望的指令听从郑剑波、薛峰峰的安排，多次带领该帮派成员以恐吓、暴力威胁等方式拦截、驱赶运砖车，导致陵水建邦砖厂、三亚大业砖厂等周边市县的经销商不敢再往五指山市销售加气砖。直至2016年，薛峰峰发现其他经销商又开始将加气砖运往五指山市销售，为继续非法控制五指山市加气砖市场，同时为了逃避法律打击，薛峰峰再次和黄图望、郑剑波合谋，决定采取驾车故意剐蹭其他经销商的运砖车并报警，再以运砖车超载为由要求交警扣车的方式，迫使其他经销商的运砖车不敢进入五指山市。薛峰峰同时还纠集其老乡吴定明（另案处理)、黄少林(另案处理)等人一起参与合作,所得利润黄图望、郑剑波、薛峰峰、吴定明、黄少林五人分成。2016年3月至4月间,薛关皇、黄克理等人听从郑剑波、薛峰峰的安排,以上述方式连续实施了多起寻衅滋事案。经鉴定,2012年至2016年薛峰峰共往五指山市销售加气砖55 976.27立方,累计非法获利194.5945万元。黄图望、郑剑波二人从中实际非法获利约60万元。

[(九)寻衅滋事具体事实略。]

海南省第一中级人民法院认为,被告人黄图望组织、领导黑社会性质组织,以暴力、威胁等手段,多次实施违法犯罪活动,严重破坏社会生活秩序;纠集他人多次拦截、恐吓他人,持凶器随意殴打他人;开设赌场,情节严重;结伙故意伤害他人身体,致一人重伤;以暴力、胁迫方式勒索他人财物,数额巨大;非法持有枪支2支,军用子弹43发,情节严重;以暴力、威胁手段强买商品;明知是犯罪的人而为其提供隐藏处所、财物,帮助其逃匿,其行为已构成组织、领导黑社会性质组织罪,故意杀人罪,寻衅滋事罪,开设赌场罪,聚众斗殴罪,故意伤害罪,敲诈勒索罪,非法持有枪支、弹药罪,强迫交易罪,窝藏罪,故意毁坏财物罪,非法拘禁罪……被告人郑剑波积极参加黑社会性质组织,多次参与组织的违法犯罪活动且作用突出;多次拦截、恐吓他人,持凶器随意殴打他人,任意损毁他人财物,其行为已构成参加黑社会性质组织罪、寻衅滋事罪。在共同犯罪中,应依法按照各被告人在案件中地位、作用定罪处罚。根据本案的事实、性质和情节,依照《中华人民共和国刑法》第二百九十四条第一款、第四款、第五款,第一百二十八条第一款,第二百二十六条第(一)项、第(五)项,第二百三十四条,第二百三十八条第一款、第三款,第二百七十四条,第二百七十五条,第二百九十二条,第二百九十三条,第三百零三条第二款等及《最高人民法院关于审理黑社会性质组织犯罪的案件具体应用法律若干问题的解释》《最高人民法院、最高人民检察院关于办理赌博刑事案件具体应用法律若干问题的解释》《最高人民法院关于对为索取法律不予保护的债务非法拘禁他人行为如何定罪问题的解释》《最高人民法院关于审理非法制造、买卖、运输枪支、弹药、爆炸物等刑事案件具体应用法律若干问题的解释》的有关规定,判决如下:

1. 被告人黄图望犯组织、领导黑社会性质组织罪,判处有期徒刑十二年,剥夺政治权利三年,并处没收个人财产十五万元;犯故意杀人罪,判处有期徒刑十年,剥夺政治权利一年;犯寻衅滋事罪,判处有期徒刑十年,并处罚金十二万元;犯开设赌场罪,判处有期徒刑七年,并处罚金十万元;犯聚众斗殴罪,判处有期徒刑六年;犯非法持有枪支、弹药罪,判处有期徒刑五年;犯故意伤害罪,判处有期徒刑六年;犯敲诈勒索罪,判处有期徒刑六年,并处罚金二万五千元;犯强迫交易罪,判处有期徒刑二年,并处罚金五千元;犯窝藏罪,判处有期徒刑二年;犯故意毁坏财物罪,判处有期徒刑一年六个月;犯非法拘禁罪,判处有期徒刑六个月。与前罪有期徒刑二年实行数罪并罚,决定执行有期徒刑二十五年,剥夺政治权利四年,并处没收个人财产十五万元,罚金二十五万元。

……

10. 被告人郑剑波犯参加黑社会性质组织罪,判处有期徒刑五年;犯寻衅滋事罪,判处有期徒刑八年,并处罚金人民币八万元。决定执行有期徒刑十一年,并处罚金人民币八万元。

(其他被告人的判决情况略。)

宣判后,被告人黄图望、郑剑波等27人提出上诉。

海南省高级人民法院经审理,依法裁定驳回黄图望、郑剑波等人的上诉,维持原判。

二、主要问题

借助黑社会性质组织势力谋取经济利益,是否属于参加黑社会性质组织?

三、裁判理由

被告人为谋取非法利益,与黑社会性质组织合作,其行为是否属于参加黑社会性质组织,司法实践中容易产生争议。2015 年《全国部分法院审理黑社会性质组织犯罪案件工作座谈会纪要》(以下简称 2015 年《纪要》)规定,为维护或扩大自身利益而临时雇佣、收买、利用黑社会性质组织实施违法犯罪活动的人员,不属于黑社会性质组织的成员。准确理解前述规定中的“自身利益”和“临时雇佣、收买、利用黑社会性质组织实施违法犯罪活动”,对于准确认定借助黑社会性质组织势力谋取非法利益的行为性质,做到不枉不纵、平衡量刑具有重要作用。我们认为,该类行为是否属于参加黑社会性质组织,主要应从参加黑社会性质组织的构成条件和行为特征方面进行分析。

(一)参加黑社会性质组织的构成条件

2015 年《纪要》规定,主观上没有加入黑社会性质组织的意愿,受雇到黑社会性质组织开办的公司、企业、社团工作,未参与或参与少量黑社会性质组织的违法犯罪活动的人员不属于黑社会性质组织成员。2018 年最高人民法院、最高人民检察院、公安部、司法部印发的《关于办理黑恶势力犯罪案件若干问题的指导意见》(以下简称 2018 年《意见》)进一步放宽了认定组织成员的条件,去掉了“参与少量”的限制,将该条的后半部分改为“未参与黑社会性质组织违法犯罪活动”。同时对参加黑社会性质组织的主客观要求仍沿用了之前规范性文件的规定,即知道或者应当知道是以实施违法犯罪为基本活动内容的组织,仍加入并接受其领导和管理的行为。

分析前述规定不难看出,是否“接受组织领导和管理”,应结合主观上是否有将自己置于黑社会性质组织管控之下的意愿,客观上是否有接受黑社会性质组织领导和管理的事实来判断和认定。首先,这个主观意愿不以组织成员认为自己参加的是黑社会性质组织为认定标准,只要加入者知道或者应当知道该组织具有一定规模,且该组织是以实施违法犯罪为基本活动内容即可。其次,实践中,由于各黑社会性质组织的组织形态不同、规约不同,行为人的加入阶段不同,有专门仪式或类似活动的,可以认为是有加入黑社会性质组织的明确的主观意愿,而没有明确的形式或表示,但是具有认可黑社会性质组织规约、听从黑社会性质组织领导和管理等客观行为的,也可以推定行为人有加入组织的主观意愿。再次,认定主观意愿要特别注意把握与组织有经济合作的组织成员与单纯“雇佣、收买、利用黑社会性质组织”的非组织成员之间的区别。认可组织规约是组织成员和非组织成员的主要区别,组织成员会受组织规约的约束,包括受制于组织纪律、组织层级领导关系、组织发展方向等,而单纯的借势发展者不受组织规约制约,只关注自我利益;是否听从组织领导也是组织成员和非组织成员的又一重要区别。虽然某些组织成员听从组织领导可能不是直接表现为简单的服从,而是通过分工、合作谋取自身利益的最大化,但是在这种长期的合作关系中,获取自身获利的同时也为组织获取了利益,亦符合组织的发展方向,不影响其行为是为组织利益而实施的认定,亦不影响其听从组织领导的认定。而非组织成员则不受组织领导,只是为了实现自身利益,一次或几次与黑社会性质组织合作,但双方并无稳定联系,所实施的违法犯罪活动大多无关组织发展方向。能够管理、调动某些下级组织成员,是认定组织成员与非组织成员的又一区别。需要注意的是,管理、调动某些组织成员主要是根据组织规约或者行为人在组织中的威望和地位,这种组织内部的地位具有长期性和稳定性。而仅与黑社会性质组织临时合作的非组织成员也可能会管理、调动一些组织成员,但主要是依靠利益收买,有利则聚无利则散。最后,接受黑社会性质组织的领导和管理,主要表现为在黑社会性质组织的领导和管理下为组织实施违法犯罪活动。包括:由组织者、领导者直接组织、策划、指挥参与实施的违法犯罪活动;由组织成员以组织名义实施,并得到组织者、领导者认可或者默许的违法犯罪活动;多名组织成员为逞强争霸、插手纠纷、报复他人、替人行凶、非法敛财而共同实施,并得到组织者、领导者认可或者默许的违法犯罪活动;组织成员为组织争夺势力范围、排除竞争对手、确立强势地位、谋取经济利益、维护非法权威或者按照组织的纪律、惯例、共同遵守的约定而实施的违法犯罪活动。

（二）黑社会性质组织积极参加者的认定标准

2009年最高人民法院、最高人民检察院、公安部印发的《办理黑社会性质组织犯罪案件座谈会纪要》对积极参加者的行为特征作了规定，2018年《意见》进一步规定，参加黑社会性质组织并具有以下三种情形之一的，一般应当认定为"积极参加黑社会性质组织"：一是要多次积极参与黑社会性质组织的违法犯罪活动。二是积极参加的是较为严重的黑社会性质组织犯罪，且作用突出。这里的"较为严重的黑社会性质组织的犯罪"，既包括故意杀人、故意伤害、绑架等性质严重的暴力性犯罪，也包括造成重大财产损失或者恶劣社会影响的其他严重犯罪。而"作用突出"应理解为在犯意形成、共同犯罪行为完成以及危害结果发生等方面具有的突出性、决定性作用。三是"在黑社会性质组织中起重要作用"，即对整个黑社会性质组织的人员、财物、事务等重要事项具有"主要管理权"，且对犯罪组织的维系、运行、活动确实起到重要作用的成员。

（三）关于被告人郑剑波行为性质的认定

本案中，海南省人民检察院第一分院以参加黑社会性质组织罪、寻衅滋事罪对被告人郑剑波提起公诉，郑剑波及其辩护人均不认可该项指控，认为其跟被告人黄图望只是朋友、合作关系，不是黑社会性质组织成员，只有寻衅滋事行为，不应认定参加黑社会性质组织。从审理查明的案情来看，郑剑波没有加入"月亮帮"的仪式或类似活动，也没有证据显示郑剑波有加入"月亮帮"的明确意思表示，并且除垄断加气砖市场外，其没有参与"月亮帮"的其他违法犯罪活动。郑剑波跟黄图望一起垄断加气砖市场，共分利益，有合作关系，从形式上看似乎其不构成参加黑社会性质组织罪。但是，要认定郑剑波有无参加黑社会性质组织的行为，还应抽茧剥丝，对其与"月亮帮"成员的关系以及其为垄断加气砖市场而参与实施的犯罪行为进行深入分析。

法院经审理后认定了从2012年至2016年被告人郑剑波为垄断加气砖市场实施的10起寻衅滋事和一起非法携带管制刀具的违法犯罪事实。据被告人黄图望供述，他是2011年通过叶锦忠认识的郑剑波，之后经常在一起打牌、喝酒。郑剑波也认识帮里的小弟，平时会请帮里的小弟去喝酒吃饭，有时也给他们钱花，因此帮里的小弟比较认可郑剑波，也听郑剑波的话，平时都称郑剑波为"波哥"，郑剑波有事就叫帮里的小弟跟其去做。黄图望在跟郑剑波协商好一起合作垄断加气砖市场及利益分配比例后，当着郑剑波的面要求其他"月亮帮"成员听从郑剑波的指挥。首先，为垄断五指山市加气砖市场，郑剑波带领"月亮帮"成员实施了多起寻衅滋事犯罪事实。据"月亮帮"成员交代，新入帮成员都是由介绍人交代该听谁的话，郑剑波长期与"月亮帮"成员共同活动，也知道该帮的帮规。"月亮帮"的组织者、领导者（老大）黄图望亲自要求手下成员听郑剑波的话，郑剑波不仅欣然接受，而且此后多次指挥"月亮帮"成员实施违法犯罪，这些事实既表明郑剑波认可该犯罪组织的活动规约，同时也表明郑剑波已经在组织内拥有了一致认可的稳定地位。一方面，其听从、接受黄图望的领导；另一方面，帮内"小弟"薛关皇等人听从郑剑波指挥，长期跟随郑剑波"做事"，郑剑波在该犯罪组织中已经具有稳固的位置。其次，从2012年至2016年，长达近五年的时间里，郑剑波凭借在"月亮帮"中的威望，带领部分组织成员以"月亮帮"的名义先后11次实施寻衅滋事、非法携带管制刀具等违法犯罪活动，并且在这些活动中起组织指挥作用，造成恶劣的社会影响，可见其与"月亮帮"并非临时的合作关系，而是已经深度融入该黑社会性质组织。最后，五年间，"月亮帮"通过垄断加气砖市场获得非法利益60万元，这部分利益是"月亮帮"黑社会性质组织经济实力的重要组成部分，郑剑波在自己敛财的同时，也为该犯罪组织的发展壮大提供经济支撑，符合组织的发展方向，因而郑剑波自身获利并不影响其为组织利益实施违法犯罪的认定。综上，应当认定郑剑波已构成参加黑社会性质组织罪，并在此基础上进一步区分其系一般参加者还是积极参加者。

本案中,被告人郑剑波接受黑社会性质组织的领导、管理,多次组织指挥“月亮帮”成员实施违法犯罪活动,所起作用突出,应当被认定为黑社会性质组织的积极参加者。

（撰稿:海南省高级人民法院 徐来花
审编:最高人民法院刑三庭 周 川)

[第1359号]张礼琦包庇、纵容黑社会性质组织案

——如何准确把握包庇、纵容黑社会性质组织罪的主客观方面、罪数处断及追诉时效

【关键词】 包庇、纵容黑社会性质组织罪 主观方面 客观方面 罪数 追诉时效

一、基本案情

被告人张礼琦,男,1973年9月6日出生,曾任中共温岭市公安局委员会委员、浙江省温岭市公安局副局长、浙江省台州市公安局城市管理警察支队副支队长(主持工作)、支队长、台州市公安局纪委副书记。2017年7月24日被逮捕。

浙江省东阳市人民检察院以被告人张礼琦犯包庇、纵容黑社会性质组织罪,向东阳市人民法院提起公诉。

被告人张礼琦及其辩护人提出:张礼琦没有包庇、纵容陈才强等人的黑社会性质组织,其部分行为不属于包庇、纵容的行为,部分行为甚至不是犯罪行为;指控的部分行为,即便构罪,已过诉讼时效;量刑处理上不应适用《刑法修正案(八)》。

东阳市人民法院经审理查明:

被告人张礼琦身为国家机关工作人员,明知陈才强团伙在浙江省温岭市有组织地长期从事违法犯罪活动,不依法履行职责,对陈才强(另案处理)等人组织、领导的黑社会性质组织实施的违法犯罪活动,多次进行包庇、纵容,或者积极帮助该组织领导者和成员逃避查禁或打击,一度致使对该黑社会性质组织的查禁工作受阻,为其充当“保护伞”。具体事实如下:

1. 2008年2月14日,被告人张礼琦利用其职权,要求释放涉嫌寻衅滋事的陈才强等人,后又授意陈才强作不如实供述。同晚,张礼琦对叶新立等寻衅滋事案违法审批不予立案。案件移送打黑办后,张礼琦打听案情并透露给陈才强,告知陈才强逃避侦查对策。后该案陈才强未被打击。

2. 2011年,被告人张礼琦得知温州市公安局着手调查陈才强等人涉黑的违法犯罪行为,向陈才强透露警务秘密,告知陈才强逃避侦查对策,向办案单位打听案情并透露给陈才强,导致对陈才强涉黑案的调查无法继续。

3. 2013年,被告人张礼琦将浙江省公安厅向台州市公安局纪委下转的关于陈才强涉黑的信访件内容透露给陈才强。

4. 2016年年初,被告人张礼琦得知省公安厅再次调查陈才强即将消息透露给陈才强。陈才强被抓后,张礼琦与陈才强家属及律师等人商量应对省厅调查的策略。

……

9. 2008年5月14日,被告人张礼琦受陈才强请托后,要求看守所所长对涉嫌聚众斗殴的蔡建波出具变更强制措施的建议,所长没有同意。

10. 2010年5月,被告人张礼琦受陈才强请托,授意派出所释放因吸毒抓被的方志国,但派出所仍对方志国作出行政拘留、强制隔离戒毒的处罚。

东阳市人民法院认为,被告人张礼琦作为国家机关工作人员,包庇、纵容黑社会性质组织进行违法犯罪活动,情节严重,其行为已触犯刑律,构成包庇、纵容黑社会性质组织罪。根据张礼琦犯罪的事实、性质、情节和对于社会的危害程度,依照《中华人民共和国刑法》第二百九十四条第三款之规定,判决如下:

被告人张礼琦犯包庇、纵容黑社会性质组织罪,判处有期徒刑八年。

一审宣判后,被告人张礼琦提出上诉。

金华市中级人民法院经审理,依法裁定驳回上诉,维持原判。

二、主要问题

1. 如何把握本罪的追诉时效及如何准确适用《刑法》修正前后的相关规定?

2. 如何准确认定包庇、纵容黑社会性质组织罪?

3. 行为人包庇、纵容黑社会性质组织的犯罪行为,同时触犯其他包庇类、渎职类罪名,如何定罪处罚?

三、裁判理由

(一)连续犯追诉时效的认定

黑社会性质组织犯罪一个明显的特点是犯罪的时间跨度普遍较长,而包庇、纵容黑社会性质组织犯罪也往往伴随着黑社会性质组织持续若干年,故审理此类案件中经常碰到关于具体犯罪的追诉时效及新旧法律规定的适用问题。本案中,被告人张礼琦实施的10起包庇、纵容黑社会性质组织犯罪的时间跨度从2007年至2015年,且各犯罪事实相互间隔,而2011年《刑法修正案(八)》对包庇、纵容黑社会性质组织罪的法定刑幅度进行了修正,辩护人就犯罪追诉时效及新旧法律规定适用提出意见。

我们认为:(1)《最高人民检察院关于对跨越修订〈刑法〉施行日期的继续犯罪、连续犯罪以及其他同种数罪应如何具体适用刑法问题的批复》规定,对于开始于1997年9月30日以前,继续到1997年10月1日以后终了的继续犯罪,应当适用修订《刑法》一并进行追诉;对于开始于1997年9月30日以前,连续到1997年10月1日以后的连续犯罪,或者在1997年10月1日前后分别实施同种类数罪,其中罪名、构成要件、情节以及法定刑均没有变化的,应当适用修订《刑法》,一并进行追诉;罪名、构成要件、情节以及法定刑已经变化的,也应当适用修订《刑法》,一并进行追诉,但是修订《刑法》比原《刑法》所规定的构成要件和情节较为严格,或者法定刑较重的,在提起公诉时应当提出酌情从轻处理意见。连续犯是指行为人基于数个同一的犯罪故意,连续多次实施数个性质相同的犯罪的行为,触犯同一罪名的犯罪形态。本案中,被告人张礼琦所包庇的黑社会性质组织一直处于持续状态,其本身实施的包庇、纵容行为亦一直处于连续状态,虽然其10起犯罪事实的直接目的各有不同,但从整体来看,均基于包庇、纵容同一黑社会性质组织的目的,故应当根据前述批复的精神,按照修正后的《刑法》规定定罪处罚。(2)根据法律规定,追诉期限从犯罪之日起计算;犯罪行为有连续或者继续状态的,从犯罪行为终了之日起计算。在追诉期限内又犯罪的,前罪追诉期限从犯后罪之日起计算。本案中,被告人张礼琦的10起犯罪行为属于连续犯,最后一起发生于2016年,故不存在已过追诉期限问题,应追究其全部犯罪行为的刑事责任。

（二）关于包庇、纵容黑社会性质组织罪的认定

1. 关于包庇、纵容黑社会性质组织罪主观方面的认定

一是本罪主观上只能是故意，过失不构成本罪。其中“包庇”行为仅为直接故意，“纵容”则可以是直接故意，也可以是放任态度的间接故意，间接故意表现为消极不作为。本案中，被告人张礼琦的包庇、纵容行为均为明显的直接故意。

二是对于包庇、纵容对象的认知程度问题，即是否需要认识到其包庇、纵容的是黑社会性质组织及其违法犯罪活动。从司法实践来看，黑社会性质组织发展是一个渐进的过程，有时还会以合法外衣予以隐匿，准确认知其性质非常困难，故法律不可能要求行为人对黑社会性质组织有确定的认识。因此，2009年最高人民法院、最高人民检察院、公安部印发的《办理黑社会性质组织犯罪案件座谈会纪要》明确规定，只要行为人知道或者应当知道是从事违法犯罪活动的组织即可。我们认为，在认定行为人主观明知时，要综合考虑行为人对包庇、纵容对象的形态、规模、成员、行为方式的了解程度，以及本人与组织成员交往的密切程度等。如果行为人确实不知道，则不能认定本罪，应按其他符合犯罪构成要件的罪名定罪处罚。本案中，以陈才强为组织者、领导者的黑社会性质组织形成于2000年左右，被告人张礼琦包庇、纵容行为则始于2007年，当时以陈才强为首的黑社会性质组织已在温岭当地形成了一定社会影响，2007年10月陈才强请托张礼琦为涉嫌犯聚众斗殴罪的蔡建波办理取保候审手续，2008年乾宫KTV案发生后，因影响恶劣曾移交打黑办侦查，张礼琦作为时任温岭市公安局的领导多次向打黑办打听案件，还告知陈才强逃避侦查对策，足见其熟悉该组织，且介入程度深。因此，张礼琦对陈才强犯罪组织的认知程度，不仅知道该组织是从事违法犯罪活动的组织，对于该组织可能为黑社会性质组织也可认定为明知。

2. 关于包庇、纵容黑社会性质组织罪客观方面的认定

第一，包庇和纵容行为的表现和区别。《最高人民法院关于审理黑社会性质组织犯罪的案件具体应用法律若干问题的解释》第五条对“包庇”“纵容”加以定义的同时，也列举了行为的表现形式。包庇行为是积极作为，纵容行为是在有查禁义务情况下，消极不作为。本案中，在第1至第4起犯罪事实中，如被告人张礼琦打招呼违规释放犯罪嫌疑人、透露警务秘密、帮助逃避处罚等，这些行为一度阻碍对该黑社会性质组织的查禁工作，符合前述解释所指的通过积极方式实施的包庇行为。第1起事实中的对寻衅滋事犯罪事实批准不予立案，符合前述解释所指的以消极不作为方式实施的纵容行为。

第二，在审查本罪时还应注意以下两个方面：一是本罪是行为犯，原则上只要行为人在客观上实施了包庇、纵容黑社会性质组织行为的，即构成本罪且属既遂，不要求其包庇、纵容的行为最终使黑社会性质的组织逃脱追究责任，故辩护人所提的未成功帮助蔡建波办理取保候审、未成功让方志国逃脱处罚因此并非犯罪的辩护意见不能成立。二是行为人包庇、纵容的是黑社会性质组织及其违法犯罪活动，而不能是一般的犯罪组织或违法犯罪行为。

（三）行为人包庇、纵容黑社会性质组织的犯罪行为，同时触犯其他包庇类、渎职类罪名，应根据法条竞合的处理原则选择罪名

在司法实践中，行为人包庇、纵容黑社会性质组织的行为，同时可能符合包庇、纵容黑社会性质组织罪、包庇罪、帮助犯罪分子逃避处罚罪、滥用职权罪的构成要件，该如何认定罪数需要研究。行为人如果为黑社会组织性质成员提供隐藏处所、财物，帮助其逃避或者指使他人作伪证等包庇行为，既触犯包庇、纵容黑社会性质组织罪，必定也触犯包庇罪、帮助犯罪分子逃避处罚罪等。同时，其作为国家机关工作人员，如果利用职务之便采用各种方法包庇黑社会性质组织的，

无疑是滥用职权,如达到一定的危害损失后果,又构成滥用职权罪。本案中,被告人张礼琦存在违法授意放人、教唆不如实交代、审批不予立案、通知或授意出逃、泄露警务秘密、出谋划策等包庇、纵容行为,上述行为已触犯多个罪名,应以处罚较重的包庇、纵容黑社会性质组织罪定罪处罚。

(撰稿:浙江省高级人民法院　茹　鹏
浙江省金华市东阳市人民法院　黄兰蔚
审编:最高人民法院刑三庭　周　川)

[第1360号]吴强等人敲诈勒索、抢劫、贩卖毒品、故意伤害案

——如何区分恶势力犯罪集团和普通犯罪集团

【关键词】　恶势力犯罪集团　普通犯罪集团

一、基本案情

被告人吴强,男,1996年10月4日出生。2017年4月21日被逮捕。

(其他被告人基本情况略。)

江苏省南通市通州区人民检察院以被告人吴强犯抢劫罪、敲诈勒索罪,被告人季凯文、姜东东、曹立强犯抢劫罪,被告人季少廷犯敲诈勒索罪、贩卖毒品罪,被告人曹静怡、李颖、邵添麒、曹兵犯敲诈勒索罪,向南通市通州区人民法院提起公诉。审理中,南通市通州区人民检察院追加起诉吴强犯故意伤害罪,同时追加认定本案是以吴强为首带有恶势力性质的犯罪集团。

被告人吴强辩称:本案因没有稳定的组织,没有相对固定的成员和相对固定的收入,不能认定为犯罪集团。其辩护人提出:本案是否属于持枪抢劫存疑。

南通市通州区人民法院经审理查明:

2017年2月初,被告人吴强、季少廷为谋取非法利益,与被告人曹兵共同计议,商定通过约熟人吃饭时"劝酒",诱使被害人酒后驾驶机动车,而后制造交通事故,以被害人系酒后驾驶机动车欲报警相要挟,索要他人钱财。后被告人曹静怡、李颖明知吴强等人欲实施上述违法犯罪活动而积极加入,并在吴强、季少廷的组织、安排下,逐步形成相对稳定、分工明确的犯罪团伙开始实施敲诈勒索犯罪。

被告人吴强通过被告人邵添麒将季某峰、徐某炜(均系未成年人,另案处理)带入团伙。2017年2月底3月初开始,季某峰、徐某炜紧密跟随吴强,并由吴强负责二人的住宿、生活及日常开销。在短时间内,快速形成以吴强为首要分子,被告人季少廷等人为其他成员的犯罪集团。吴强纠集被告人季少廷、曹静怡、李颖、邵添麒、曹兵以及季某峰、徐某炜等人,以威胁、恐吓等手段,先后五次实施敲诈勒索犯罪行为。后吴强发现赌场内流动资金较多,且参与赌博人员害怕处理一般不敢报警,遂纠集被告人季凯文、曹立强、姜东东及季某峰、徐某炜、应某维等人持气手枪、管制刀具、电棍等,采用暴力手段实施抢劫。具体犯罪事实如下:

(一)敲诈勒索事实

1. 2017年2月18日下午,被告人季少廷出面约被害人曹帅帅在江苏省南通市经济技术开发

区世贸广场吃饭。其间,季少廷安排被告人曹静怡、李颖故意劝曹帅帅饮酒。后曹帅帅酒后驾驶汽车离开,被告人吴强、曹兵驾驶汽车尾随并故意与曹帅帅碰撞,制造交通事故。吴强以曹帅帅系酒后驾驶机动车欲报警相要挟,向曹帅帅索要人民币 50 000 元。后曹帅帅的母亲及姨妈赶至现场,经双方"协商"由曹帅帅向吴强支付"赔偿款"人民币 5000 元。

2. 2017 年 2 月的一天晚上,被告人吴强出面约被害人熊春波等人在南通市通州高新技术产业开发区希格马 KTV 唱歌。其间,吴强安排被告人曹静怡、李颖故意劝被害人熊春波等人饮酒。后熊春波酒后驾驶汽车离开,被告人季少廷故意与熊春波碰撞,制造交通事故。季少廷以熊春波系酒后驾驶机动车欲报警相要挟,向熊春波索要人民币 3000 元,后熊春波向季少廷支付"赔偿款"人民币 3000 元现金。

(其他敲诈勒索的事实略。)

(二)抢劫事实

2017 年 3 月 13 日夜至 14 日凌晨,被告人吴强提议抢劫南通市通州区川姜镇义成小区一棋牌室内参赌人员的赌资,季某峰、徐某炜等人赞同。同月 14 日下午,吴强和季某峰、徐某炜三人购买了口罩、帽子,又准备气手枪(未充压缩气体、未装钢珠)、砍刀、电棍、伸缩甩棍等工具。后季某峰纠集被告人姜东东及应某维(系未成年人,另案处理),徐某炜纠集被告人季凯文,季凯文又纠集被告人曹立强。当日 23 时许,吴强等七人来到棋牌室楼下并设法持作案工具进入棋牌室,因发现没有进行大规模赌博,且被打牌的被害人陈菊发现而离开现场。此次进屋期间,吴强单独偷了被害人倪东人民币 150 元。

在离开的途中,被告人季凯文和季某峰提议返回实施抢劫,众人都表示同意,遂再次持作案工具进入棋牌室。被害人陆美红到客厅发现被告人吴强等七人后,随即返回其打牌的里屋把门关上。季凯文持砍刀上前将门踹开,吴强等人分别手持气手枪、砍刀等作案工具恐吓被害人,要求交出随身钱财。在抢得人民币 2100 余元后,吴强等七人离开现场,离开时吴强还踹了倪东一脚,威胁对方不准报警。经鉴定,扣押涉案枪支为气手枪,以压缩气体为动力,可发射 6 毫米 0.86 克钢珠弹丸,弹丸比动能为 $2.05 J/cm^2$,对人体具有致伤力。

(故意伤害、贩卖毒品的事实略。)

江苏省南通市通州区人民法院认为,被告人吴强、季少廷、曹静怡、李颖、邵添麒、季凯文、姜东东、曹立强、曹兵等人与另案处理的季某峰、徐某炜、应某维等人为共同实施犯罪而组成较为固定的犯罪组织,其间采取暴力、威胁等手段,在一定区域内多次实施敲诈勒索、抢劫等犯罪活动,且在实施犯罪过程中目的明确、分工明细,可认定为犯罪集团。本案中,吴强等人从聚集在一起开始作案,到最后实施持枪抢劫犯罪,时间较短,所实施的犯罪行为不符合恶势力犯罪集团的认定要求,故不能认定为恶势力犯罪集团,按一般犯罪集团对各被告人定罪量刑……吴强伙同季凯文、姜东东、曹立强等人持枪抢劫他人钱财,上述四被告人的行为均已构成抢劫罪;吴强伙同季少廷、曹静怡、李颖、邵添麒、曹兵等人,多次实施敲诈勒索他人钱财,数额较大,上述六被告人的行为均已构成敲诈勒索罪;吴强故意伤害他人身体,致人轻伤,其行为已构成故意伤害罪;季少廷明知是毒品而少量贩卖,其行为已构成贩卖毒品罪。依照《中华人民共和国刑法》第二百六十三条第(七)项,第二百七十四条,第二百三十四条第一款,第三百四十七条第一款、第四款,第二十五条第一款,第二十六条,第五十五条第一款,第五十六条第一款,第六十九条第一款、第三款,第六十四条;《最高人民法院关于审理抢劫案件具体应用法律若干问题的解释》第五条;《最高人民法院、最高人民检察院关于办理敲诈勒索刑事案件适用法律若干问题的解释》第一条、第三条、第八条等规定,判决如下:

被告人吴强犯抢劫罪,判处有期徒刑十二年,剥夺政治权利二年,并处罚金人民币四千元;犯敲诈勒索罪,判处有期徒刑二年,并处罚金人民币一万元;犯故意伤害罪,判处有期徒刑十个月,决定执行有期徒刑十三年六个月,剥夺政治权利二年,并处罚金人民币一万四千元。

(其他被告人判决情况略。)

一审宣判后,被告人均未上诉,检察机关亦未抗诉。一审判决已发生法律效力。

二、主要问题

如何区分恶势力犯罪集团和普通犯罪集团?

三、裁判理由

恶势力犯罪集团是一个随着司法实践不断深入而产生的概念,用以理顺由"恶"到"黑"的演进脉络,标定恶势力与黑社会性质组织之间的中间发展阶段,进而充分运用《刑法》总则关于犯罪集团的规定实现依法从严惩处,防止此类犯罪组织继续发展,形成新的黑社会性质组织。此前,最高人民法院、最高人民检察院、公安部印发的《办理黑社会性质组织犯罪案件座谈会纪要》虽然提出"对符合犯罪集团特征的,要按照犯罪集团处理,以加大对'恶势力'团伙依法惩处的力度",但是并未直接界定恶势力犯罪集团。扫黑除恶专项斗争伊始,最高人民法院、最高人民检察院、公安部、司法部联合制定印发的《关于办理黑恶势力犯罪案件若干问题的指导意见》(以下简称《指导意见》)对恶势力犯罪集团进行了定义,即"恶势力犯罪集团是符合犯罪集团法定条件的恶势力犯罪组织"。之后,最高人民法院、最高人民检察院、公安部、司法部印发的《关于办理恶势力刑事案件若干问题的意见》(以下简称《意见》)在《指导意见》的基础上对恶势力犯罪集团的定义作出了进一步明确,"恶势力犯罪集团,是指符合恶势力全部认定条件,同时又符合犯罪集团法定条件的犯罪组织"。

从前述定义来看,恶势力犯罪集团与普通犯罪集团的界限较为清晰,主要审查在符合犯罪集团法定条件的同时,是否还符合恶势力的全部认定条件。但综合比较分析,便可发现由于犯罪集团是三人以上为共同实施犯罪而组成的较为固定的犯罪组织,其当然具备"一般为三人以上""多次实施违法犯罪活动"等特征;同时,恶势力主要实施和伴随实施的违法犯罪活动许多又是多发性违法犯罪,普通犯罪集团亦常会涉及。因此,单从"人数""行为次数""罪名"等形式特征出发,很难对恶势力犯罪集团和普通犯罪集团作以准确区分,容易导致恶势力犯罪集团认定的扩大化。

那么如何解决恶势力犯罪集团与普通犯罪集团的区分问题呢?我们认为,恶势力与普通犯罪团伙、恶势力犯罪集团与普通犯罪集团的区别都可从"恶"与"黑"的关系入手加以把握。具体来说,恶势力是黑社会性质组织的雏形,恶势力犯罪集团是恶势力的下一个发展形态,如果不加以限制和打击,二者都有可能发展成为黑社会性质组织。《指导意见》和《意见》在恶势力的定义中,使用"尚未形成黑社会性质组织的违法犯罪组织"这一表述,正是对"恶"与"黑"演进关系和内在联系的明示。基于这种内在联系和演进关系,恶势力、恶势力犯罪集团在主观方面虽然没有同黑社会性质组织一样强烈的自我发展要求,但二者实施违法犯罪活动一般都会不同程度带有"形成非法影响、谋求强势地位"的意图,并在这一意图的支配下完成"量"的积累,最终实现由"恶"到"黑"的蜕变。换言之,恶势力、恶势力犯罪集团"形成非法影响、谋求强势地位"的意图在一定程度上可以看作黑社会性质组织"争霸一方"总体意图的"前奏"。在客观方面,相对于黑社会性质组织行为特征中的"为非作恶,欺压、残害群众"和危害性特征中的"形成非法控制或者重大影响",恶势力、恶势力犯罪集团实施违法犯罪活动必然带有"为非作恶,欺压百姓"的特征,并且"造成较为恶劣的社会影响"。而普通犯罪团伙、普通犯罪集团则尚不具有前述"恶"与"黑"的演进关系,因此不具备恶势力、恶势力犯罪集团实施违法犯罪活动的全部主客观特征,在打击方式上也不需要通过“定恶”来增强否定性评价，提升惩治力度。

在司法实践中，恶势力、恶势力犯罪集团实施违法犯罪活动的主客观特征往往通过危害结果、行为公开性、违法犯罪手段等事实要素表现出来，需要结合具体案情综合分析、把握：一是由于恶势力、恶势力犯罪集团具有“形成非法影响、谋求强势地位”的意图，其实施违法犯罪活动所造成的危害往往具有复合性，不仅侵犯公民人身、财产权利，还破坏市场经济秩序或者社会管理秩序。二是恶势力、恶势力犯罪集团由于不同程度带有“形成非法影响、谋求强势地位”的意图，且需要“在一定区域或者行业内，造成较为恶劣的社会影响”，其所实施的违法犯罪活动必然具有一定的公开性。三是恶势力、恶势力犯罪集团实施违法犯罪活动必然带有“为非作恶，欺压百姓”的特征。其中，“欺压百姓”要求恶势力、恶势力犯罪集团实施违法犯罪活动应当以暴力、威胁为主要手段，带有欺凌、强制、压迫的性质。

具体到本案，被告人吴强等人为共同实施敲诈勒索等侵犯财产犯罪，在短时间内形成以吴强为首要分子，重要成员较为固定的犯罪组织，多次有预谋地实施敲诈勒索、抢劫等犯罪活动，造成严重社会危害，依法应当认定为犯罪集团。关于吴强等人是否同时符合恶势力的认定标准，进而认定为恶势力犯罪集团，从本案查明事实来看，吴强等人虽然在犯罪人数、构成犯罪的类型（敲诈勒索系恶势力主要实施的违法犯罪活动、抢劫系恶势力伴随实施的违法犯罪活动）、犯罪次数等形式特征上与恶势力犯罪集团相符，但其实施犯罪活动明显仅是为了牟取不法经济利益，缺乏“形成非法影响、谋求强势地位”的意图，也不具有“为非作恶，欺压百姓”的特征。在敲诈勒索犯罪中，吴强等人的主要犯罪手段是约熟人吃饭，设局“劝酒”造成被害人酒后驾车，再“碰瓷”制造交通事故，利用被害人害怕报警处理的心理，通过所谓的“协商”“私了”实现对他人财物的非法占有。从物色被害人到达成犯罪目的，吴强等人预备、实施犯罪的整个过程都是在较为隐蔽的情况下进行，极力避免被他人察觉而“穿帮”。在唯一一起抢劫犯罪中，吴强等人同样抱有刻意隐匿踪迹的心理。比如，吴强等人起意抢劫赌场的重要原因是参赌人员害怕被处理一般不敢报警，持气手枪、砍刀等作案工作第一次进入现场后又随即离开的原因之一是被被害人陈菊发现。综上，吴强等人在单纯“谋财”意图的支配下实施敲诈勒索、抢劫犯罪，“为非作恶，欺压百姓”的特征尚不明显，犯罪手段、行为方式与典型的恶势力犯罪集团存在明显差异，实际侵犯的法益基本也都集中在公民财产权利方面。故吴强等人实施违法犯罪活动的特征与恶势力犯罪集团的认定要求不符，应作为普通犯罪集团依法处理。

（撰稿：江苏省南通市中级人民法院　李梦龙
审编：最高人民法院刑三庭　周　川）

[第1361号]周方健等人聚众斗殴、寻衅滋事、开设赌场案

——如何准确区分恶势力与一般共同犯罪

【关键词】　恶势力　一般共同犯罪

一、基本案情

被告人周方健，男，1998年3月30日出生。2017年5月22日因犯故意伤害罪被判处有期徒刑六个月，缓刑一年。2018年7月24日因本案被逮捕。

被告人杨世超，男，1999年10月10日出生。2018年9月6日被逮捕。

被告人陈龙，男，2000年3月31日出生。2018年7月24日被逮捕。

被告人解伟伟，男，1987年10月8日出生。2007年2月5日因犯盗窃罪被判处有期徒刑三年，2012年12月4日因犯故意伤害罪被判处有期徒刑四年六个月。2018年7月24日因本案被逮捕。

被告人殷超，男，1993年3月7日出生。2012年8月29日因犯盗窃罪、寻衅滋事罪被判处有期徒刑一年三个月。2018年7月24日因本案被逮捕。

被告人胡汉超，男，1993年7月4日出生。2015年3月11日因犯聚众斗殴罪、寻衅滋事罪被判处有期徒刑二年二个月。2018年7月24日因本案被逮捕。

被告人石川，男，1997年9月16日出生。2018年11月8日被逮捕。

（其他被告人的基本情况略。）

安徽省滁州市琅琊区人民检察院以被告人周方健、杨世超、陈龙、解伟伟、殷超、胡汉超、石川系恶势力犯罪；周方健犯聚众斗殴罪、寻衅滋事罪、开设赌场罪，杨世超、陈龙、解伟伟、殷超、胡汉超、石川、金伟、靖跟虎犯聚众斗殴罪，方清枫、罗伟、邵大伟、谈杨犯开设赌场罪向滁州市琅琊区人民法院提起公诉。

被告人周方健、杨世超、陈龙、解伟伟、殷超、胡汉超、石川及各自辩护人对起诉书指控的犯罪事实及罪名无异议，对检察机关认定周方健等7名被告人系恶势力犯罪提出异议。

滁州市琅琊区人民法院经审理查明：

（一）聚众斗殴的事实

1. 2016年8月底的一天晚上，被告人周方健与杨世超、陈龙等人在滁州市琅琊区某歌厅唱歌。其间，周方健与被告人金伟因琐事发生争吵，后约定在滁州市琅琊区扬子路某酒店门口打架。周方健到其租住处拿了3把砍刀，带杨世超、陈龙、解伟伟前往约定地点。被告人胡汉超应周方健要求开车送周方健等4人前往打架地点。金伟则邀集被告人靖跟虎及王晓春（另案处理）等人帮忙，并让靖跟虎把砍刀带上。当日22时许，靖跟虎携带砍刀与金伟等人会合，将砍刀藏于路边草丛中，等候周方健等人。周方健带人到达约定地点后，持刀下车，并喊："给我砍。"杨世超、陈龙、解伟伟持刀从车内冲出追砍金伟等人，金伟等人见状四处逃窜，周方健等人未能追撵到金伟等人。

2. 2018年4月7日20时许，被告人周方健与殷超、石川等人到滁州市琅琊区某酒吧喝酒。其间，周方健因曾遭王晓春辱骂及张强等人殴打，遂提议寻找王晓春等人打架报复。周方健还邀集濮家毅（另案处理）前往。濮家毅应邀带人与周方健等人会合，前往扬子路去寻找王晓春等人。在扬子路某网吧门前，周方健让其他人在外等候，其进入网吧找人。周方健在网吧看到曾与张强持刀将其砍伤的周磊，遂上前持刀捅周磊。当时正在网吧上网的陈龙见状准备帮忙，被周方健拦住。在外等候的殷超、石川、濮家毅等人进入网吧时，周方健已持刀将周磊捅伤。经鉴定，周磊身体损伤程度为轻伤二级。

（二）寻衅滋事的事实

2017年10月13日23时许，被告人周方健等人在滁州市琅琊区某酒吧喝完酒后，遇到素不相识的钱晓虎、张金凤等人，周方健误认为对方骂他，便持刀抵着张金凤，钱晓虎上前质问，周方健持刀朝钱晓虎左上臂捅去，将钱晓虎衣服划破。

（三）开设赌场的事实

自2018年4月以来，被告人方清枫、罗伟、邵大伟、谈杨在滁州市琅琊区某桌游店以"德州扑克”方式开设赌场。谈杨、邵大伟负责提供场地及赌具，方清枫、罗伟负责召集赌客。同年5月中旬，方清枫邀集被告人周方健到赌场看场护场，周方健从赌场抽头盈利中提取10%作为报酬。陈龙等人在赌场内帮忙，但未收取报酬。

（四）违法事实

1. 2016年秋天，周方健酒后与赵一休发生矛盾，遂邀人到滁州市南谯区某赌场寻找赵一休，图谋报复。周方健在赌场没找到赵一休，持刀将赌场桌子台面砍坏并将玻璃门砸碎后离开。

2. 2017年4月，毛玉兵请周方健、杨世超等人到滁州市琅琊区某酒吧喝酒，毛玉兵将杨世超等人安排好后离开，周方健因有事也离开。后周方健回到酒吧，发现其朋友没有吃喝的东西，感觉没面子，便掏钱购买酒菜给杨世超及毛玉兵的朋友消费，并打电话质问毛玉兵。周方健等人从酒吧出来后到大排档继续喝酒，毛玉兵来找周方健，二人发生争吵，周方健持刀朝毛玉兵臀部捅了一刀，后双方私了。

3. 2017年7月底，周方健和杨世超在滁州市琅琊区某酒吧因琐事和邱劲松发生争执，邱劲松纠集多人用鱼叉将周方健左手臂捅伤。次日傍晚，周方健和杨世超遇见邱劲松，周方健追打邱劲松，杨世超拿板凳砸邱劲松，但没砸到。后周方健追上朝邱劲松臀部捅了一刀，邱劲松未报警。

4. 2017年9月，周方健酒后到滁州市创业南路附近某赌场，陈玉军在赌场看了周方健一眼，周方健用手朝陈玉军头部打了一下，在赌场帮忙的张强驾车路过，说了周方健一句，周方健伸手要打张强，张强驾车离开。

滁州市琅琊区人民法院认为，被告人周方健虽纠集他人多次违法犯罪，但参与人员系临时纠合不固定，未造成较为恶劣的社会影响，现有事实、证据尚不足以认定周方健等人构成恶势力。对周方健、杨世超、陈龙、解伟伟、殷超、胡汉超、石川构成恶势力的指控不能成立。周方健纠集他人持械聚众斗殴，持凶器随意殴打他人，并伙同他人开设赌场，其行为已分别构成聚众斗殴罪、寻衅滋事罪、开设赌场罪，依法数罪并罚；被告人杨世超、陈龙、解伟伟、殷超、胡汉超、石川伙同他人积极参加持械聚众斗殴，其行为均已构成聚众斗殴罪……依照《中华人民共和国刑法》第二百九十二条第一款，第二百九十三条第一款，第三百零三条第二款，第十七条第一款、第三款，第二十五条第一款，第二十七条，第六十五条第一款，第六十七条第三款，第六十九条，第七十七条第一款，第六十四条之规定，判决如下：

1. 撤销安徽省滁州市琅琊区人民法院（2016）皖1102刑初74号判决中被告人周方健犯故意伤害罪，判处有期徒刑六个月，宣告缓刑一年的缓刑部分；被告人周方健犯聚众斗殴罪，判处有期徒刑四年六个月；犯寻衅滋事罪，判处有期徒刑一年；犯开设赌场罪，判处有期徒刑六个月，并处罚金人民币八千元，数罪并罚，决定执行有期徒刑五年三个月，并处罚金人民币八千元。

2. 被告人杨世超犯聚众斗殴罪，判处有期徒刑一年八个月。

3. 被告人陈龙犯聚众斗殴罪，判处有期徒刑二年三个月。

4. 被告人解伟伟犯聚众斗殴罪，判处有期徒刑三年三个月。

5. 被告人殷超犯聚众斗殴罪，判处有期徒刑三年八个月。

6. 被告人胡汉超犯聚众斗殴罪，判处有期徒刑三年三个月。

7. 被告人石川犯聚众斗殴罪，判处有期徒刑一年八个月。

（其他被告人判决情况略。）

一审宣判后，滁州市琅琊区人民检察院抗诉提出，原判认定被告人金伟系累犯属适用法律不当，滁州市人民检察院支持该抗诉意见。

被告人殷超、金伟、靖跟虎以量刑过重为由提出上诉。

滁州市中级人民法院经审理认为，原判认定事实清楚，定罪准确，量刑适当，审判程序合法。认定被告人金伟系累犯不当，依法对金伟改判，并驳回殷超、靖跟虎的上诉，维持原判对周方健等人的判决。

二、主要问题

如何准确区分恶势力与一般共同犯罪？

三、裁判理由

恶势力犯罪比一般共同犯罪具有更大的社会危害性，对恶势力犯罪既要毫不动摇地坚持依法严惩方针，也要严格依法办案，准确认定恶势力，坚决防止人为拔高或降低认定标准。本案是一起对检察机关指控恶势力犯罪未予认定的案件。被告人周方健分别纠集杨世超、陈龙、解伟伟、殷超、胡汉超、石川等人，共同实施聚众斗殴、寻衅滋事、开设赌场等违法犯罪活动，检察机关以恶势力及所涉具体罪名对周方健等七名被告人提起公诉。法院经审理认为，周方健等人不属于"经常纠集在一起"共同实施违法犯罪，不构成恶势力，应按照一般共同犯罪处理。那么如何区分准确区分恶势力与一般共同犯罪呢？我们认为，对犯罪特征的梳理是正确适用法律的有效途径，准确把握恶势力的法律特征，是区分恶势力与一般共同犯罪的关键。

（一）恶势力的概念和法律特征

恶势力的提法由来已久，但作为具有司法功能的概念，是在2009年12月9日最高人民法院、最高人民检察院、公安部印发的《办理黑社会性质组织犯罪案件座谈会纪要》（以下简称2009年《纪要》）中作出规定，和黑社会性质组织犯罪一起被列为从严惩处的重点。2018年1月，为期3年的扫黑除恶专项斗争在全国开展，最高人民法院、最高人民检察院、公安部、司法部联合发布《关于办理黑恶势力犯罪案件若干问题的指导意见》（以下简称2018年《指导意见》），对2009年《纪要》中规定的恶势力概念进行了调整，在人员特征上将"纠集者、骨干成员相对固定"修改为"纠集者相对固定"；在犯罪特征方面增加了"欺压百姓"；在组织定位上将"尚未形成黑社会性质组织的犯罪团伙"修改为"尚未形成黑社会性质组织的违法犯罪组织"；列举了恶势力惯常实施和可能附随实施的违法犯罪类型，增加了在司法文书中可以使用恶势力的表述等规定。2018年《指导意见》印发后，不少地方的政法机关认为恶势力不是具体的罪名，也没有单独的刑罚适用，即使将一些临时纠合的共同犯罪拔高认定也无关紧要，故而实践中对恶势力认定标准把握不统一的问题较为突出。2019年4月，最高人民法院、最高人民检察院、公安部、司法部又联合发布《关于办理恶势力刑事案件若干问题的意见》（以下简称2019年《恶势力意见》），对办理恶势力案件的实体和程序问题作出更为具体的规定，恶势力的概念、范围和认定标准进一步清晰，对司法机关办理恶势力犯罪案件具有重要指导意义。

刑法作为社会控制的手段，应当积极回应司法需求并参与社会转型期的犯罪治理，但在罪刑法定的时代背景下，对严重违法犯罪从严惩处的政策导向不能随意改变或者超越犯罪的本质属性，否则就会背离法治社会的精神和要求。就恶势力犯罪而言，尽管其不是《刑法》中单独存在的罪名，但是准确界定恶势力犯罪事关扫黑除恶工作的精准开展，对相关事实认定和法律适用，仍然要围绕其所涉具体罪名、本质特征和法律属性，依照《刑法》总则关于共同犯罪和犯罪集团的规定进行。坚持从严惩处的立场，并不意味着对恶势力及其具体犯罪的司法认定标准就可以放宽或者降低，过度扩大或拔高认定恶势力犯罪，都将导致扫黑除恶专项斗争偏离法治轨道运行。从犯罪形态由低向高的发展演变看，恶势力处在一般共同犯罪向黑社会性质组织发展的过渡阶段，准确认定恶势力就必然涉及与一般共同犯罪和黑社会性质组织的区分。组织、领导、参加黑社会性质组织罪已有明确的立法根据和详细的认定标准，长期的司法实践也积累了较丰富的经验判断，因而就恶势力的认定而言，虽然需要兼顾与黑社会性质组织的区别，但更主要的是要解决与一般共同犯罪的区分，防止将不具有恶势力属性的一般共同犯罪拔高认定。2018 年《指导意见》、2019 年《恶势力意见》等司法文件中的相关规定是认定恶势力的规范根据，为准确区分恶势力和一般共同犯罪，应当在既有司法文件规定的框架内，重点把握恶势力以下法律特征：

1. 共同实施违法犯罪活动的人员具有一定的稳定性。虽然 2018 年《指导意见》在人员结构上将 2009 年《纪要》中规定的"纠集者、骨干成员相对固定"修改为"纠集者相对固定"，但是 2019 年《恶势力意见》又进一步明确，在多次实施的违法犯罪中，包括纠集者在内，至少有两名相同的成员多次共同参与实施。换言之，恶势力成员纠合在一起应具备一定的延续性、长期性和稳定性。如此定义恶势力的人员特征，就是要严格规制恶势力标准、防止拔高认定的直接体现。恶势力，顾名思义，既要有多次违法犯罪其成"恶"的一面，也要有相对稳定其成"势"的要求，如果仅仅是纠集者相对固定，但每次违法犯罪均是由不同的人员临时组合，作案后即散伙，下一次违法犯罪又随机组合，则难以在一定区域或者行业形成有影响的"势力"，按照一般共同犯罪处理即可，因此纠集者相对固定和部分成员相对稳定是恶势力犯罪在人员特征上区别于一般共同犯罪的门槛条件。需要注意的是，如果恶势力违法犯罪事实有充分证据证明，仅是因为部分成员尚未归案，或者因法定情形不予追究法律责任，或者所参与实施的违法犯罪活动已受到行政或刑事处罚的，即使被告人不足三人，也不影响恶势力的认定。

2. 以暴力、威胁或者"软暴力"等手段实施违法犯罪活动。在恶势力违法犯罪过程中，暴力、威胁是最为常见的手段特征，其社会危害性也通常具体表现在这个方面，这一点没有争议。同时也应当看到，实践中恶势力犯罪手段日趋多样，传统的暴力性手段呈现逐渐减少趋势，很多是采用滋扰、纠缠、哄闹、聚众造势等手段以实现其不法目的。当这种非暴力手段"足以使他人产生恐惧、恐慌进而形成心理强制，或者足以影响、限制人身自由、危及人身财产安全，影响正常生活、工作、生产、经营"时，可以说其对人身财产安全、社会治安秩序和经济秩序的危害程度与暴力、威胁手段并无显著差别，也可以形成恶势力"为非作恶，欺压百姓"的特殊社会危害。需要注意的是：第一，"软暴力"应当"以暴力、威胁的现实可能性为基础"，其边界不应无限扩大；第二，"软暴力"仅是违法犯罪的方式、手法，案件是否属于恶势力犯罪，还应当根据恶势力的各项具体认定标准来审查判断。

3. 在一定区域或者行业内多次实施违法犯罪活动，为非作恶、欺压百姓。恶势力与一般共同犯罪的行为性质均具有不法性，二者在犯罪特征上的区别在于，恶势力通常表现为在一定区域或者行业内侵害不特定对象的人身权利和财产权利，扰乱经济、社会生活秩序，动机多为逞强斗狠、恃强凌弱、强索硬要、插手纠纷、排除竞争等，行为往往具有公开性，危害后果往往具有多重性，这是恶势力区别于其他一般共同犯罪的本质特征，也是认定恶势力犯罪的关键所在，在审查时需要重点把握。2019 年《恶势力意见》列举了强迫交易等七种恶势力惯常实施以及其他十余种可能伴随实施的违法犯罪类型，同时还反向列举了排除认定恶势力的情形，目的就是要在实务操作层面上对恶势力具有的"为非作恶、欺压百姓"这一本质特征进行反复强调。对于单纯为牟取不法经济利益而实施的违法犯罪活动，不具有为非作恶、欺压百姓特征的，或者因民间矛盾纠纷而引发以及其他确属事出有因的违法犯罪活动，构成什么罪就按照什么罪判处刑罚，不能拔高作为恶势力案件处理。应当注意的是，关于"一定行业"的理解，可以参照 2009 年《纪要》中的相关规定，既包括合法行业，也包括黄、赌、毒等非法行业。此外，认定恶势力时还需要注意"多次实施违法犯罪"的时间跨度问题，对于多次违法犯罪之间的间隔较久，或者只是在明显较短时间内实施多次违法犯罪的，由于难以体现违法犯罪的"持续性""经常性"，故一般不作为恶势力犯罪处理。

4. 具备向黑社会性质组织发展的过渡性特征。2009年《纪要》将恶势力定位为"黑社会性质组织的雏形",2019年《恶势力意见》将恶势力定位为"尚未形成黑社会性质组织的违法犯罪组织",不管是哪种表述,均肯定了恶势力呈现出向黑社会性质组织动态发展的趋势。根据所处发展阶段的不同,恶势力既有松散型的违法犯罪团伙形态,也有紧密型的犯罪集团形态,有的则最终发展为黑社会性质组织。恶势力的动态发展形态,决定了其与黑社会性质组织的危害性特征一脉相承,虽然尚未达到黑社会性质组织"称霸一方""形成非法控制或重大影响"的程度,但通过违法犯罪也已经对正常的经济社会管理秩序形成对抗,并在一定区域或行业内"造成较为恶劣的社会影响"。

(二)被告人周方健纠集他人多次实施违法犯罪不符合恶势力的法律特征,不构成恶势力,应按照一般共同犯罪处理

第一审法院经审理查明,在检察机关指控的被告人周方健纠集他人实施的违法犯罪活动中,有2起聚众斗殴犯罪、1起寻衅滋事犯罪、1起开设赌场犯罪;起诉书所附周方健的4起违法事实,在审理期间经补充调查,均不构成犯罪。在案4起犯罪和4起违法活动中,周方健全部参与,被告人陈龙参与2起聚众斗殴犯罪和1起在赌场看场的违法活动,被告人杨世超参与1起聚众斗殴犯罪以及1起殴打他人违法活动,被告人解伟伟、殷超、胡汉超、石川分别参与1起聚众斗殴犯罪活动。对照2019年《恶势力意见》中关于恶势力人员特征的规定,能否认定陈龙是周方健多次违法犯罪中较为固定的成员是本案恶势力犯罪能否成立的关键所在。如果仅从违法犯罪的"人员、次数"方面看,周方健、陈龙等人在形式要件上貌似符合2019年《恶势力意见》中关于"恶势力一般为3人以上,纠集者相对固定……包括纠集者在内,至少应有2名相同的成员多次参与实施违法犯罪活动"的规定,但是通过对陈龙参与违法犯罪的具体情况以及对周方健纠集他人实施违法犯罪的危害后果和社会影响等方面综合分析,周方健、陈龙等人的行为与恶势力"经常纠集在一起"的人员特征和危害特征方面的要求还有明显差距。

首先,从被告人陈龙参与被告人周方健违法犯罪活动的时间间隔和行为方式看,在本案第一起2016年8月的聚众斗殴事实中,周方健邀集了被告人陈龙、杨世超、谢伟伟、胡汉超等人参与犯罪。此后,2016年秋天至2017年9月间的4起违法事实,以及2017年10月的寻衅滋事犯罪事实中,周方健邀集他人或者本人单独继续实施违法犯罪,但均未邀集陈龙参与其中,可见二人联系并不紧密。2018年4月的本案第二起聚众斗殴事实中,周方健邀集了被告人殷超、石川等人寻找王晓春等人进行报复,陈龙既没有参与周方健的事前犯意共谋,周方健也未邀集陈龙参加,陈龙只是偶然间在案发现场看到周方健与他人打架后才提出帮忙,但是被周方健拦住,故该起犯罪不应认定周方健与陈龙存在相互纠集的情形。2018年5月,周方健伙同他人开设赌场,陈龙在赌场帮忙看场,但陈龙既没有从赌场抽头盈利,也没有跟随周方健在赌场实施伤害、敲诈勒索等违法犯罪,检察机关亦未指控陈龙系周方健等人开设赌场罪的共犯,由此可见,即便可以认定陈龙随周方健在赌场看场,情节也属于显著轻微。综上,根据周方健、陈龙的平素来往情况以及陈龙参与周方健违法犯罪的时间间隔、方式、程度及危害后果分析,其不属于周方健违法犯罪活动中相对固定的成员;周方健纠集陈龙参与违法犯罪的行为不具有延续性、长期性和稳定性,不能证明周方健等人系"经常纠集在一起"实施违法犯罪。

其次,从被告人陈龙参与被告人周方健聚众斗殴的犯罪事实看,案件均发生在夜间,第一起案件因对方金伟等人逃离现场,双方的斗殴没有实际发生,没有人身或财产损失;第二起案件系周方健本人持刀致一人轻伤。综合全案违法犯罪的人员规模、侵害对象、人身损害后果、财产损

失、引起社会秩序混乱程度以及对人民群众安全感的影响程度等因素分析，在案证据能够证明周方健本人为非作恶，但是尚不足以证明周方健纠集他人违法犯罪成“势”，扰乱经济、社会生活秩序，造成较为恶劣的社会影响。

综上，被告人周方健等人不构成恶势力，一、二审法院对周方健等人按照一般共同犯罪处理是正确的。需要注意的是，2019年《恶势力意见》为便于实务操作，对恶势力犯罪成员、违法犯罪次数作出“三人以上”“三次以上”的量化规定，但这只是成立恶势力的最低门槛条件，实践中不能机械地把“三人三次”作为认定恶势力的唯一标准，认为只要三人以上共同实施三次恶势力惯常实施的违法犯罪活动，就按照恶势力处理。对恶势力的司法认定，除了成员人数、违法犯罪次数满足恶势力的基本要件外，还应当注重对成员是否相对固定、是否经常纠集和违法犯罪行为是否具有“为非作恶、欺压百姓”特征等方面逐一审查，结合人员数量规模、违法犯罪类型、延续时间、侵害对象及后果影响等具体案情进行实质判断，准确评价“恶”与“势”所造成的社会危害，不枉不纵，确保对恶势力犯罪实现精准打击。

（撰稿：安徽省高级人民法院　白春子
审编：最高人民法院刑三庭　周　川）

[第1362号]陈寅岗等人非法拘禁、敲诈勒索、诈骗案

——如何认定与处理“套路贷”犯罪

【关键词】　非法拘禁罪　敲诈勒索罪　诈骗罪　“套路贷”　虚假诉讼

一、基本案情

被告人陈寅岗，男，1986年10月15日出生。2016年9月30日被逮捕。

被告人韩世平，男，1988年1月19日出生。2016年9月30日被逮捕。

被告人魏伟斌，男，1988年10月13日出生。2016年9月30日被逮捕。

被告人俞果，男，1988年11月26日出生。2016年9月30日被逮捕。

被告人朱敏，男，1983年2月16日出生。2016年9月30日被逮捕。

被告人葛冬亮，男，1987年12月22日出生。2016年9月30日被逮捕。

被告人曹一帆，男，1987年7月31日出生。2016年10月27日被逮捕。

被告人徐文正，男，1986年8月25日出生。2016年9月30日被逮捕。

上海市静安区人民检察院分别对陈寅岗等八名被告人以非法拘禁罪、敲诈勒索罪、诈骗罪向上海市静安区人民法院提起公诉。

被告人陈寅岗及其辩护人提出：陈寅岗与许嘉平之间是自愿合意的高利借贷关系，不属于套路贷，指控陈寅岗敲诈勒索许嘉平的数额有误。

被告人韩世平、魏伟斌、俞果及其辩护人提出：指控敲诈勒索许嘉平60万元中包含合法债权；韩世平等人向李淳、姜凤庆、吕卫东提起虚假诉讼行为，应当认定为虚假诉讼罪。

（被告人朱敏、葛东亮、徐文正的辩解及辩护人意见略。）

被告人曹一帆及其辩护人提出：曹一帆提起虚假诉讼，主观上不具有非法占有的目的，不构成诈骗罪，应当以虚假诉讼罪论处；曹一帆系从犯，且系犯罪中止。

上海市静安区人民法院经公开审理查明：

自2014年起，被告人陈寅岗、韩世平以个人名义发放高利贷。2016年3月，陈寅岗、韩世平和被告人魏伟斌、俞果等人经商议注册成立上海衡燊商务咨询有限公司(以下简称衡燊公司)，由俞果担任法定代表人，并租借上海市虹口区天宝路578号1108室作为办公地从事高利贷业务。根据约定，陈寅岗、韩世平、魏伟斌各抽取高利贷业务盈利的30%作为提成，俞果抽取盈利的10%作为提成。被告人朱敏、徐文正、葛冬亮及陈凯(另案处理)作为业务员，按月领取工资报酬。

(一)关于被告人陈寅岗等人对许嘉平实施非法拘禁、敲诈勒索的事实

2016年4月25日上午，许嘉平向被告人陈寅岗等人借款20万元并承诺当日还款。当日13时许，俞果将20万元汇入许嘉平银行账户后，跟随许嘉平以确保其还款。在得知许嘉平当日无法归还上述钱款后，陈寅岗纠集被告人韩世平、朱敏、徐文正、葛冬亮及陈凯至上海市静安区灵石路近共和新路处向许嘉平讨要钱款未果，于18时许将许嘉平强行带至被告人魏伟斌登记开房的上海市静安区海防路381号浦江之星酒店8223号房间，在车上陈寅岗、徐文正殴打许嘉平并言语威胁。后陈寅岗、韩世平、魏伟斌、俞果、朱敏、徐文正、陈凯在该房间内对许嘉平实施看管，陈寅岗向许嘉平讨要当日欠款20万元及所谓此前所欠本息合计60余万元。在此期间，陈寅岗、徐文正殴打许嘉平。许嘉平被迫通过家人筹集钱款，并陆续以银行、支付宝、微信转账及取现等方式，直至次日凌晨归还陈寅岗等人20.5万元。

随后，被告人陈寅岗、韩世平又以许嘉平仍欠陈寅岗、韩世平本金及利息合计60万元未还为由，要求许嘉平在4月26日中午前支付60万元结清债务。2016年4月26日凌晨0时40分许，陈寅岗和被告人朱敏、徐文正等人驾车将许嘉平押送至许嘉平父亲居住的小区门口，陈寅岗、朱敏等人继续向许嘉平父亲强行索要60万元。许嘉平及其父亲被迫同意后，陈寅岗等人才将许嘉平放行。当日上午，陈寅岗伙同朱敏、俞果继续向许嘉平索要上述钱款，许嘉平被迫筹集60万元并以现金和转账方式支付给陈寅岗等人，其中韩世平分得18万元。后陈寅岗等人表示已经与许嘉平结清债务并归还了所有欠条。

同年5月，被告人陈寅岗、韩世平、魏伟斌、俞果、朱敏、葛冬亮等人赴泰国旅游期间，因对许嘉平上月为陈寅岗等人订购的泰国旅游行程不满，经共同商议，以葛冬亮留存的一张本应归还许嘉平的20万元借条，再次对许嘉平实施敲诈勒索。同月17日，陈寅岗指使朱敏打电话给许嘉平，以持有该借条为由向许嘉平勒索钱款。许嘉平被迫于同月20日、24日通过转账向俞果、朱敏的账户支付7万元，后葛冬亮受陈寅岗指使将该借条归还给许嘉平。

(二)关于被告人陈寅岗对吕卫东实施敲诈勒索、诉讼诈骗的事实

2016年4月18日，被害人吕卫东至上海市虹口区天宝路578号1108室衡燊公司，提供身份证、户口簿、结婚证、个人房屋产权调查等材料欲借款15万元，吕卫东写下借款25万元的借条、签订个人借款合同后，由被告人俞果和徐文正带至银行走账。后被告人陈寅岗、韩世平等人发现吕卫东隐瞒房屋已有抵押的情况并未放款。朱敏、徐文正还对吕卫东实施殴打，其中徐文正持电击器殴打吕卫东。当晚，陈寅岗、韩世平、朱敏、俞果、魏伟斌、徐文正共同商议，由朱敏和韩世平先后电话联系吕卫东，以持有借条和相关证件、资料等向吕卫东勒索钱款4万元，后吕卫东并未支付相关钱款。

同年6月，被告人陈寅岗向韩世平、魏伟斌、俞果等人提议，欲委托律师向法院提起民事诉讼，逼迫吕卫东还款。被告人曹一帆在明知吕卫东遭受殴打但实际并未借得任何钱款的情况下，仍接受陈寅岗、俞果的委托，篡改个人借款合同中的借款地点，并于同月27日以虚构的吕卫东借得25万元且未归还的事实，向上海市静安区人民法院提起民事诉讼并申请诉讼保全，要求吕卫

东赔偿本金25万元及相应利息。同年7月14日，上海市静安区人民法院作出裁定，冻结吕卫东名下银行存款25万元，不足部分则查封、扣押其相应价值的财产。同年8月8日，上海市静安区人民法院开庭审理该案。庭审中，曹一帆作为俞果的委托代理人，虚构吕卫东向俞果借款25万元的事实，并在举证环节向法庭提供虚假证据。同年9月8日，曹一帆在得知陈寅岗等人被采取强制措施的情况下向上海市静安区人民法院申请撤诉及解除诉讼保全。

（三）关于被告人陈寅岗等人对姜凤庆实施诉讼诈骗的事实

2016年4月11日，姜凤庆至上海市虹口区天宝路578号1108室衡燊公司借款，实际借得28.8万元，但写下借款70万元借条并签订个人借款合同，姜凤庆于次月归还2万元。

同年6月，被告人陈寅岗向被告人韩世平、魏伟斌、俞果等人提议，欲委托律师通过诉讼、查封房产等方式逼迫姜凤庆还款。曹一帆在明知姜凤庆实际借款与借条、合同金额明显不符的情况下，仍接受陈寅岗、俞果等人的委托，篡改个人借款合同中的借款地点，并于同月27日，以捏造的姜凤庆借款70万元的事实，向上海市静安区人民法院提起民事诉讼并申请诉讼保全，要求姜凤庆赔偿本金70万元及相应利息。同年7月14日，上海市静安区人民法院作出裁定，冻结姜凤庆名下银行存款70万元，不足部分则查封、扣押其相应价值的财产。同年8月8日，上海市静安区人民法院开庭审理该案。庭审中，曹一帆作为俞果的委托代理人，在法庭中隐瞒姜凤庆实际借款28.8万元并已归还2万元，虚构姜凤庆向俞果借款70万元且未归还的事实，并在举证环节向法庭提供虚假证据。同年9月8日，曹一帆在得知陈寅岗等人被采取强制措施的情况下向上海市静安区人民法院申请撤诉及解除诉讼保全。

（四）关于被告人陈寅岗、韩世平对李淳实施诉讼诈骗的事实

2014年8月26日、27日，被害人李淳向被告人陈寅岗、韩世平借款5万元，但应二人要求写下借款10万元借条。同年8月至11月，李淳应陈寅岗、韩世平要求向二人还款6.3万元。2015年1月12日，陈寅岗、韩世平明知李淳实际借款5万元，仍虚构李淳向其借款10万元未归还的事实，向上海市虹口区人民法院提起民事诉讼。同年4月29日，上海市虹口区人民法院作出一审判决，判决李淳返还陈寅岗本金10万元及相应利息、律师服务费等。李淳提出上诉，后因未缴纳诉讼费按撤诉处理，一审判决已生效，但李淳并未履行该判决。

2016年9月1日、2日，公安人员先后将被告人陈寅岗、韩世平、魏伟斌、朱敏、俞果、徐文正、葛冬亮抓获，同时查获手铐、电击器、催泪喷射器、甩棍、个人借贷合同、借条、收据、身份证件、钱款等物品；同月28日，公安人员将曹一帆抓获。

上海市静安区人民法院经审理认为，被告人陈寅岗、韩世平、魏伟斌、俞果、朱敏、徐文正为索取债务非法拘禁他人，其行为均已构成非法拘禁罪；陈寅岗、韩世平、俞果、朱敏、徐文正、魏伟斌、葛冬亮敲诈勒索他人财物，数额特别巨大，其行为均已构成敲诈勒索罪；陈寅岗、韩世平、魏伟斌、俞果、曹一帆以非法占有为目的，以捏造的事实提起民事诉讼，企图通过恶意、虚假诉讼方式骗取他人财物，数额特别巨大，其行为均已构成诈骗罪，依法应予从重惩处。对陈寅岗、韩世平、魏伟斌、俞果、朱敏、徐文正予以数罪并罚。在诈骗犯罪中，陈寅岗、曹一帆等人系犯罪未遂，可以比照既遂犯从轻处罚。在诉讼诈骗中，陈寅岗、韩世平、魏伟斌、俞果意图利用司法机关的强制力，以达到非法占有他人财产的目的，如该行为一旦得逞，将极大损害司法机关在民众中的公信力和权威性，故对上述被告人应当酌情从重处罚。曹一帆身为律师，利用法律专业知识，与犯罪分子相勾结，妨害了正常的司法秩序，也应当酌情从重处罚。据此，依照《中华人民共和国刑法》第二百三十八条第一款、第三款，第二百七十四条，第三百零七条之一第一款、第三款，第二百六十六条，第二十五条第一款，第二十六条，第二十七条，第二十三条，第六十九条第一款、第三款，第六十七

条第三款,第六十四条和《最高人民法院关于〈中华人民共和国刑法修正案(九)〉时间效力问题的解释》第七条之规定,判决如下:

1. 被告人陈寅岗犯非法拘禁罪,判处有期徒刑一年;犯敲诈勒索罪,判处有期徒刑十一年,并处罚金人民币二十二万元;犯诈骗罪,判处有期徒刑六年,并处罚金人民币十二万元;决定执行有期徒刑十六年,并处罚金人民币三十四万元。

2. 被告人韩世平犯非法拘禁罪,判处有期徒刑一年;犯敲诈勒索罪,判处有期徒刑十年,并处罚金人民币二十万元;犯诈骗罪,判处有期徒刑五年,并处罚金人民币十万元,决定执行有期徒刑十四年,并处罚金人民币三十万元。

3. 被告人魏伟斌犯非法拘禁罪,判处有期徒刑九个月;犯敲诈勒索罪,判处有期徒刑四年,并处罚金人民币八万元;犯诈骗罪,判处有期徒刑四年,并处罚金人民币八万元,决定执行有期徒刑六年,并处罚金人民币十六万元。

4. 被告人俞果犯非法拘禁罪,判处有期徒刑九个月;犯敲诈勒索罪,判处有期徒刑五年六个月,并处罚金人民币十一万元;犯诈骗罪,判处有期徒刑三年,并处罚金人民币六万元,决定执行有期徒刑六年,并处罚金人民币十七万元。

5. 被告人朱敏犯非法拘禁罪,判处有期徒刑九个月;犯敲诈勒索罪,判处有期徒刑五年,并处罚金人民币十万元,决定执行有期徒刑五年三个月,并处罚金人民币十万元。

6. 被告人徐文正犯非法拘禁罪,判处有期徒刑十一个月;犯敲诈勒索罪,判处有期徒刑四年六个月,并处罚金人民币九万元,决定执行有期徒刑四年九个月,并处罚金人民币九万元。

7. 被告人葛冬亮犯敲诈勒索罪,判处有期徒刑二年,并处罚金人民币四万元。

8. 被告人曹一帆犯诈骗罪,判处有期徒刑三年,并处罚金人民币六万元。

9. 责令退赔违法所得,发还被害人许嘉平;犯罪工具等予以追缴。

一审宣判后,被告人陈寅岗、韩世平、曹一帆等人不服,以陈寅岗、韩世平与许嘉平之间仅是民间借贷关系,没有非法占有目的,不属于套路贷,陈寅岗、韩世平不构成敲诈勒索罪;在诉讼诈骗中,陈寅岗、韩世平对被害人向法院提起诉讼的目的是取回本金,并不是非法占有虚高的借款金额,不构成诈骗罪;曹一帆不具有非法占有他人财物的故意,仅是充当了诉讼代理人的角色,不构成诈骗罪,对曹一帆应当以虚假诉讼罪论处;曹一帆在公安机关尚未调查他涉嫌的两起民事诉讼的情况下,主动提出撤诉,并有效制止了犯罪结果的发生,具有主动性和自愿性,应当认定为犯罪中止等为由提出上诉。

上海市第二中级人民法院经审理认为,原审判决认定事实清楚,定罪准确,量刑适当,诉讼程序合法。各上诉人的上诉理由及其辩护人的意见均不能成立。故裁定驳回上诉,维持原判。

二、主要问题

1. 如何认定与处理"套路贷"性质的犯罪案件?

2. 被告人实施虚假诉讼行为,非法占有他人财产,又构成诈骗罪的,应当如何定罪处罚?

三、裁判理由

(一)"套路贷"犯罪的司法认定

1. "套路贷"犯罪与民间高利贷的区别

"套路贷",是对以非法占有为目的,假借民间借贷之名,诱使或迫使被害人签订"借贷"或变相"借贷""抵押""担保"等相关协议,通过虚增借贷金额、恶意制造违约、肆意认定违约、毁匿还款证据等方式形成虚假债权债务,并借助诉讼、仲裁、公证或者采用暴力、威胁以及其他手段非法占有被害人财物的相关违法犯罪活动的概括性称谓。由于"套路贷"犯罪通常打着民间借贷的幌子，因此实践中很容易将“套路贷”与民间高利贷混淆，具体可以从以下几个方面加以区分。

一是行为目的方面。“套路贷”中的“借款”不过是行为人侵吞被害人财产的借口，行为人是以“借款”为名行非法占有被害人财物之实，其目的是侵占他人的财产。而高利贷的出借人，是为了到期按照合同约定收回本金和高额利息，并不具有非法占有他人财产的目的。

二是侵害客体方面。“套路贷”侵害客体多、社会危害大，从诱骗或者强迫被害人签订合同到暴力讨债、虚假诉讼，不仅侵害被害人财产权、人身权，还危害公共秩序，破坏金融管理秩序，甚至挑战司法权威，严重妨害司法公正。而高利贷主要是破坏金融管理秩序。

三是法律后果方面。“套路贷”在本质上属于违法犯罪行为，借款本金和利息均不受法律保护。而高利贷体现了双方意思自治，借款行为本身是合法的。根据《最高人民法院关于审理民间借贷案件适用法律若干问题的规定》，借贷双方约定的利率超过年利率36%，超过部分的利息约定无效。即高利贷本金及法定利息受法律保护，超过法定的高额利息部分不受法律保护。

2. 结合“套路贷”犯罪的主要特征、性质等对本案进行分析

综合全案证据，我们认为，本案中被告人陈寅岗等人的行为完全符合“套路贷”犯罪的主要特征，理由如下：

一是以“小额贷款公司”名义引诱被害人签订借款合同。从2016年3月开始，被告人陈寅岗、韩世平、魏伟斌、俞果等人经商议成立衡燊公司，对外以“小额贷款公司”的名义对外宣传、招揽生意。在日常业务中，陈寅岗等人一般以“行业规矩”“保证金”等名目诱骗被害人签订金额虚高的借款合同、租赁合同等，并以俞果个人名义与被害人签订上述合同，以制造个人民间借贷假象。

二是制造银行流水痕迹以掩盖被害人真实借款数额。如姜凤庆仅借款28.8万元，但写下借款70万元的借条并签订《个人借款合同》。被告人陈寅岗等人在与姜凤庆签订虚高借款合同后，将姜凤庆带至银行进行走账，制造银行流水痕迹，刻意造成已经将全部借款交付被害人的假象。陈寅岗等人通过资金走账的形式，制造银行流水痕迹，取得与借条、借款合同等一致的证据材料，为其之后提起虚假诉讼，索要被害人钱款等做好“充分准备”。

三是以非法占有为目的软硬兼施强行索取“债务”。被告人陈寅岗等人采取非法拘禁、威胁、用留存的本应归还许嘉平的借条为要挟等手段，向许嘉平及其亲属强行索要钱款67万元；明知吕卫东实际上未获得借款、姜凤庆已经归还部分借款的事实，与身为律师的曹一帆串通，篡改合同订立地，以虚构的债权债务关系或者夸大借款数额，向人民法院提起民事诉讼，企图通过法院胜诉判决，非法占有被害人的财产。

3. 对“套路贷”犯罪案件的处理

“套路贷”犯罪具有共通的模式和类型化特征，因此把这一系列行为统称为一个“套路”。“套路贷”犯罪不仅直接侵害被害人的合法财产权益，而且其中掺杂的暴力、威胁、虚假诉讼等索款手段还容易诱发其他犯罪，甚至造成被害人卖房抵债、自杀等严重后果，带来一系列社会问题。因此，对“套路贷”犯罪应从整体上予以否定性评价。

“套路贷”犯罪行为人的主观目的是非法侵占被害人或其近亲属的财产，一般情况下应当以侵财类犯罪定罪处罚。对于行为人以“保证金”“中介费”“违约金”等虚假理由，非法占有的被害人的财物，应全部计入犯罪数额。如果行为人在索债时使用了殴打、非法拘禁等暴力手段，或者对被害人及其近亲属使用暴力、胁迫等方法，符合非法拘禁罪、敲诈勒索罪或者抢劫罪的犯罪构成要件的，应当按照相关规定定罪处罚。对于“套路贷”犯罪行为同时构成诈骗罪、非法拘禁罪、敲诈勒索罪、抢劫罪等多种犯罪的，依照《刑法》及有关司法解释的规定进行数罪并罚或者择一重处。

由于“套路贷”犯罪具有严重的社会危害性，在审判中应当用准、用足、用好法律，对于“套路

贷”犯罪集团的首要分子或者其他共同犯罪中的主犯，要依法从严惩处。同时，对于具有自首、立功、从犯等情节的犯罪分子，要兑现政策，深入贯彻宽严相济的刑事政策。

（二）被告人实施虚假诉讼行为，非法占有他人财产，又构成诈骗罪的，应依照处罚较重的规定定罪从重处罚

所谓虚假诉讼，是指采取伪造证据、虚假陈述等手段，捏造民事法律关系，虚构民事纠纷，向人民法院提起民事诉讼的行为。虚假诉讼严重侵犯了他人的合法权益，妨害正常的司法秩序，损害人民法院的权威，造成司法资源的极大浪费。为有效规制虚假诉讼行为，2015年8月29日全国人大常委会审议通过的《刑法修正案（九）》增设了虚假诉讼罪，将以捏造的事实提起民事诉讼，妨害司法秩序或者严重侵害他人合法权益的行为规定为犯罪。2018年9月26日，最高人民法院、最高人民检察院公布了《关于办理虚假诉讼刑事案件适用法律若干问题的解释》，就虚假诉讼罪在具体适用中的问题作出明确规定。

本案中，被告人陈寅岗、韩世平、曹一帆等人隐瞒吕卫东实际上未获得借款、李淳已经归还全部借款的情况下，事先共谋，以不存在的债权债务关系，向人民法院提起民事诉讼，企图通过法院胜诉判决，占有被害人的财产。上述行为妨碍司法秩序，严重侵害他人合法权益，其行为已构成虚假诉讼罪。同时，陈寅岗、韩世平、曹一帆等人又以非法占有为目的，以提起民事诉讼为手段，通过提供虚假证据，隐瞒真相的方式，意图使法院作出有利于自己的判决，从而获得他人财产，其行为亦构成诈骗罪。

诈骗罪，作为侵财犯罪，以行为人实际取得财物作为既遂的标准；而虚假诉讼罪侵犯的主要客体是正常的司法秩序，以妨害司法秩序或者严重侵害他人合法权益为既遂标准。

本案中，被告人陈寅岗、韩世平以李淳为被告，向法院提起虚假诉讼，要求李淳还款10万元并支付相应利息、律师费等，并在庭审过程中出示了虚假证据。后法院作出了支持陈寅岗、韩世平诉请的判决，但李淳未履行该判决。陈寅岗等人还以吕卫东为被告，向法院提起虚假诉讼，并申请诉讼保全，要求吕卫东还款25万元支付相应利息。后法院作出裁定，冻结吕卫东名下银行存款25万元，不足部分则查封、扣押其相应价值的财产。在法院开庭审理上述案件后，被告人曹一帆告知陈寅岗等人，法官对曹一帆提供的借款协议等证据的真实性产生怀疑。曹一帆询问陈寅岗等人是否撤诉，陈寅岗了解到俞果和吕卫东在银行走账时的监控记录已经超过保存期限，遂表示不撤诉。俞果和曹一帆也未表示反对。2016年9月1日，公安人员将陈寅岗、韩世平、魏伟斌、俞果等人抓获。同月8日，曹一帆在得知陈寅岗等人被公安人员抓获的情况下，才向法院申请撤诉以及解除相关诉讼保全措施。可见，陈寅岗、韩世平、曹一帆等人凭空捏造根本不存在的民事法律关系，抑或隐瞒借款人债务已经全部清偿的事实，虚构民事纠纷，向法院提起民事诉讼，致使法院基于捏造的事实采取财产保全措施、开庭审理、作出裁判文书。行为人的行为已经妨害了司法秩序、严重侵害了他人合法权益。因此，陈寅岗、韩世平、曹一帆等人构成虚假诉讼罪的既遂。但是，就诈骗罪而言，因李淳未履行法院判决；陈寅岗、韩世平等人被公安人员抓获；曹一帆在得知陈寅岗、韩世平等人被抓后，才不得已向法院申请撤诉以及解除相关诉讼保全措施，陈寅岗、曹一帆等人均是因为意志以外的原因，才使诈骗犯罪未能得逞，属于犯罪未遂。

根据《刑法修正案（九）》第三百零七条之一的规定，既符合虚假诉讼罪的构成要件，又构成诈骗罪的，依照处罚较重的规定定罪从重处罚。根据《刑法》第二十三条的规定，对于未遂犯，可以比照既遂犯从轻或者减轻处罚。如果对被告人陈寅岗、曹一帆等人以虚假诉讼罪定罪处罚，则法定最高刑为七年有期徒刑；如果对陈寅岗、曹一帆等人以诈骗罪定罪处罚，则法定最高刑为无期徒刑。因此，对陈寅岗、曹一帆等人应当以处罚较重的诈骗罪定罪从重处罚，同时考虑他们系

犯罪未遂,可以比照既遂从轻或者减轻处罚。此外,曹一帆身为执业律师,却与陈寅岗等人相勾结,藐视法律,欺骗法庭,积极实施诈骗行为,极大地破坏了司法公信力,应当酌情予以从重处罚。

综上,通过本案的审理,人民法院依法严惩了"套路贷"犯罪,切实维护了人民群众利益和社会和谐稳定,取得了较好的法律效果和社会效果。

(撰稿:上海市第二中级人民法院　沈　言　王　霏
审编:最高人民法院刑三庭　周　川)

[第1363号]张凤江等14人诈骗案
——"套路贷"中犯罪数额的认定及计算方法

【关键词】 诈骗罪 "套路贷" 犯罪数额 计算方法

一、基本案情

被告人张凤江,男,1989年2月2日出生,系上海怡智投资咨询有限公司(以下简称怡智公司)负责人。2016年10月14日被逮捕。

(其他被告人基本情况略。)

上海市人民检察院第二分院以被告人张凤江等14人犯诈骗罪一案,向上海市第二中级人民法院提起公诉。

被告人张凤江对公诉机关的指控无异议。其辩护人提出,公诉机关指控数额有误。

上海市第二中级人民法院经审理查明,怡智公司内设后勤部、讨债部、业务部、财务部,自2014年9月起,怡智公司以民间借贷为诱饵,实际以"违约金""行业操作惯例"等名义诱骗被害人签订虚高借款金额的借条并带被害人至银行转账,制造被害人已取得全部虚高借款金额的痕迹,再以各种借口单方面认定被害人违约,采取与被害人签订空白的房屋租赁合同,网签被害人房产限制其交易,使用言语或身体威胁恐吓、上门骚扰,与其他犯罪团伙之间虚假平账进一步虚增借款金额,向法院提起虚假诉讼等方式诱骗、逼迫被害人按虚高金额的借条还款。被告人施俊杰、程健、李盛、王瑾于2014年9月起陆续加入怡智公司。被告人张凤江、李洋于2015年10月起加入并实际控制怡智公司,此后,招募或组织他人继续共同实施诈骗等犯罪活动。张凤江、李洋主要负责管理、洽谈;施俊杰、程健、韩朋、陈景东、孙文举、王征、李盛、常跃主要负责看房、走账、网签、讨债、诉讼;毕金金、陈慧、胡维静主要负责介绍、接待、初审、洽谈、办理抵押贷款;王瑾主要负责记账、转账。

至案发,被告人张凤江参与诈骗39名被害人,共计骗得1224.5066万元;被告人李洋参与诈骗40名被害人,共计骗得1198.3066万元;被告人施俊杰参与诈骗10名被害人,共计骗得222.13万元;被告人程健参与诈骗36名被害人,共计骗得781.9482万元;被告人韩朋参与诈骗19名被害人,共计骗得581.8万元;被告人陈景东参与诈骗19名被害人,共计骗得756.7366万元;被告人孙文举参与诈骗14名被害人,共计骗得641.9万元;被告人王征参与诈骗9名被害人,共计骗得312.36万元;被告人李盛参与诈骗10名被害人,共计骗得226.5416万元;被告人常跃参与诈骗3名被害人,共计骗得220万元;被告人王瑾参与诈骗44名被害人,共计骗得1283.5582万元;被告人陈慧参与诈骗3名被害人,共计骗得174.89万元;被告人胡维静参与诈骗1名被害人,骗得56.4万元;被告人毕金金参与诈骗1名被害人,骗得30万元。

此外,被告人张凤江还与谢海南、黄华强、张涛等人(均另案处理)通过共同控制的上海天甘资产管理有限公司(以下简称天甘公司),以上述相同方法诈骗27名被害人,共计骗得863.78万余元。

2016年9月9日,被告人张凤江、李洋、施俊杰、程健、韩朋、陈景东、孙文举、李盛、常跃、王瑾、陈慧、胡维静、毕金金分别被公安人员抓获,2017年1月3日,被告人王征被公安人员抓获。在本院审理期间,施俊杰、王征、李盛、陈慧、胡维静、毕金金的家属分别代为退缴了10万元、50万元、16万元、8万元、7万元、1万元。

上海市第二中级人民法院认为,被告人张凤江、李洋伙同施俊杰、程健、韩朋、陈景东、孙文举、王征、李盛、常跃、王瑾、陈慧、胡维静、毕金金以非法占有为目的,采用虚构事实、隐瞒真相的方法骗取他人财物,其中,张凤江、李洋、施俊杰、程健、韩朋、陈景东、孙文举、王征、李盛、常跃、王瑾、陈慧、胡维静诈骗数额特别巨大,毕金金诈骗数额巨大,其行为均已构成诈骗罪,依法应予惩处。张凤江等人为共同实施诈骗犯罪而组成了较为固定的犯罪集团,其中,张凤江、李洋系组织、领导该犯罪集团的首要分子,对其应当按照集团所犯的全部罪行处罚……据此,根据各名被告人犯罪的事实、性质、对于社会的危害程度及在共同犯罪中的作用、地位等,依照《中华人民共和国刑法》第二百六十六条,第二十五条第一款,第二十六条第一款、第二款、第三款,第二十七条,第六十七条第三款,第五十五条第一款,第五十六条第一款,第五十七条第一款,第五十三条,第六十四条之规定,判决如下:

被告人张凤江犯诈骗罪,判处无期徒刑,剥夺政治权利终身,并处罚金人民币二百万元;

(其他被告人判决情况略。)

宣判后,被告人常跃、王瑾提出上诉。上海市高级人民法院审理期间,上诉人常跃、王瑾申请撤回上诉。

上海市高级人民法院经审理认为,原审判决认定事实清楚,证据确实、充分,适用法律正确,量刑适当,诉讼程序合法。裁定准许上诉人常跃、王瑾撤回上诉。

二、主要问题

"套路贷"案件中犯罪数额认定及其计算方法应如何确定?

三、裁判理由

"套路贷"案件具有手段多样、活动隐蔽的特征。犯罪分子为了规避法律,往往以"押金""利息""违约金""保证金""服务费""中介费"等各种借口,不断制作虚高的借贷合同、银行流水等。犯罪分子处心积虑设计的情节隐蔽性强,被害人经常轻信犯罪分子,无从察觉,从而落入犯罪分子设计的"法律陷阱"。随着互联网的普及,"套路贷"网络化成为新的趋势,从传统的普通民间借贷,演变成为网络宣传、电话宣传、社交软件宣传为手段,以借贷平台为依托,以广大网民为对象的网络"套路贷"。犯罪分子在网络上以"小额贷款公司""P2P""网络兼职""赚外快"等名义招徕被害人,一旦上钩,"套路"便紧随其后。不断翻新的诈骗手段,愈加复杂的资金往来,都让审判人员在审理"套路贷"案件时面临陷入犯罪数额认定的困境。其原因既包括众多被害人与被告人之间的关于金额的供述不一致,也包括不同被告人之间频繁、复杂的走账环节。本案在审理时,结合"套路贷"案件特点,对犯罪数额的认定及计算方法采取了以下方式,我们认为可为司法实践中解决类似问题提供参考。

(一)犯罪数额的认定方法

最高人民法院、最高人民检察院、公安部、司法部印发的《关于办理黑恶势力犯罪案件若干问题的指导意见》(以下简称《指导意见》)和《关于办理“套路贷”刑事案件若干问题的意见》(以下简称《“套路贷”意见》)均明确指出:在认定“套路贷”犯罪数额时,应当与民间借贷相区别,从整体上予以否定性评价,“虚高债务”和以“利息”“保证金”“中介费”“服务费”“违约金”等名目被犯罪嫌疑人、被告人非法占有的财物,均应计入犯罪数额。犯罪嫌疑人、被告人实际给付的本金数额,不计入犯罪数额。在实际办理“套路贷”案件时,被告人、被害人往往各执一词,且“借贷”过程中被告人为了垒高数额刻意采取多种手段使借贷流程“合法化”、复杂化,使不管是公诉机关还是法院均难以准确地判断出具体的犯罪数额。法院审理本案时,对于犯罪数额的认定总体采取就低认定的原则,但如果被告人未供述具体犯罪数额,而被害人所称的被骗金额合理,且在虚高的借条金额及走银行流水的合理范围内,则可以按照被害人陈述中的被骗数额予以认定。此外,被告人在借贷过程中以“违约金”“保证金”“中介费”“服务费”“利息”等各种名义收取的费用均应计入犯罪数额予以认定,故虽不能采用司法鉴定意见书的结论,但对于鉴定过程中查证的银行账户转让户名、转让金额及网签人等有相关书证予以印证的数据予以采纳。

(二)犯罪数额的计算方法

1. 既遂数额的计算方法

本案中的既遂分为两种情形:一种情形是被害人经催讨或诉讼后,向被告人支付的钱款大于其借款本金;另一种情形是被害人经催讨后无力还款,怡智公司将被害人的债务“平账”至其他团伙,且其他团伙将平账钱款实际支付给怡智公司。所谓“平账”,是指在被害人不能按照被告人张凤江等人的要求归还虚高的借条金额时,张凤江等人介绍被害人向其他人员(或公司)借款,用于清偿张凤江等人的债务。这种“平账”的操作手段在业内也称作“转单”,对于不同被告人来说,针对被害人的诈骗仅仅是一单生意。

在第一种情形下,“既遂数额=被害人实际支付的钱款-借款本金”,被害人存在实际损失。在第二种情形下,有可能存在平账后被害人尚未归还钱款,但法院审理后认为,怡智公司已完成诈骗行为,且已实现犯罪目的,故“既遂数额=平账钱款-借款本金”。怡智公司内涉及此种情形的被害人有8人,天甘公司内涉及此种情形的被害人有5人。

2. 未遂数额的计算方法

《“套路贷”意见》指出:已着手实施“套路贷”,但因意志以外原因未得逞的,可以根据相关罪名所涉及的刑法、司法解释规定,按照已着手非法占有的财物数额认定犯罪未遂。我们认为,未遂数额是指被告人已经着手实施诈骗等犯罪行为,如已经签订虚高的借款合同,但是由于意志以外原因没有得逞,即“未遂数额=虚高借条的数额(或诉讼数额)-借款本金数额”。即使被害人曾经归还过部分钱款(利息),但是从被告人的主观方面而言,其想要骗取的是远高于借款本金数额的虚高借条数额,被害人先行归还的数额,对被告人来说首先要收回其为实施犯罪而支付的诱价(实际出借的数额),所以在被害人没有将实际收到的数额全部归还给被告人之前,犯罪未遂数额一直是虚高借条的数额(或诉讼数额)减去实际借款本金数额。故归还的犯罪成本之内的数额不扣除,只有当被害人归还的数额超过了被告人“出借”数额的部分才可认定为犯罪既遂的数额。所谓诉讼数额,是指当被害人无法按照虚高的借款合同金额给付钱款时,被告人通过向法院起诉的方法实际索要的数额。在司法实践中,被告人出于及时回笼资金或者尽可能获取法院能够支持数额的目的,有可能主动在虚高借条的数额基础上,减免被害人所谓的部分“债务”,减免后的数额即为诉讼数额。

3. 当怡智公司与天甘公司互有平账时,各被告人犯罪数额的计算方法

本案部分犯罪事实中存在怡智公司与天甘公司互有平账的情形,部分事实有证据证明系“虚

假平账”,即为垒高被害人借条金额,将被害人的债务转至另一公司,但实际并未平账,用来“平账”的个人或者公司对被害人展开新一轮的诈骗活动,与被害人再次签订虚高的合同、走虚假的银行流水,用来给付怡智公司的钱款往往通过虚假银行流水先进入怡智公司账户,至于双方被告人如何瓜分实际诈骗所得的钱款往往通过事前约定的形式进行操作,即被害人最终归还的钱款由两家公司根据事先的约定比例分配。在这种情况下,认定两家公司系共同犯罪,相关公司实际控制人和参与人员对全部犯罪承担责任。

另有部分事实并没有充分的证据能证明两家公司系虚假平账,在这种情况下,被告人往往将被害人平账至其他公司,由被害人与平账公司签订借款合同,平账公司替其偿还所欠借款。平账数额是虚高的合同数额减去被告人已偿还的数额。实践中,被告人有时会基于及时套现或者回笼资金的需要,“免除”被害人部分债务,所以平账数额往往低于虚高的合同数额减去被害人已偿还的数额。计算被告人的犯罪既遂数额时,应当是平账数额减去借款本金,由于被告人主动“免除”被害人部分债务,这部分债务不能作为犯罪未遂数额予以认定。此外,平账公司与被害人新签订的借款合同数额必然是大于实际平账数额的,实际用于平账的钱款在后续计算平账公司犯罪既遂数额时予以扣除。本案中,由于被告人张风江在两家公司均有股份且系两家公司的实际控制人,故认定张风江应对全部犯罪承担责任,但对于其他参与人员,仅就其参与的部分承担责任。

(撰稿:上海市第二中级人民法院　张莺姿　马健博
审编:最高人民法院刑三庭　周　川)

[第1374号]戴颖、蒯军寻衅滋事案
——实施轻微暴力并强行同吃、同住、同行跟随讨债的如何定性

【关键词】　寻衅滋事罪　轻微暴力　跟随讨债

一、基本案情

被告人戴颖,男,1981年1月12日出生。2016年8月10日被逮捕。

被告人蒯军,男,1992年3月28日出生。2009年6月5日因犯聚众斗殴罪被判处有期徒刑十一个月,缓刑一年六个月。2016年8月10日因本案被逮捕。

江苏省泰州市姜堰区人民检察院指控被告人戴颖、蒯军犯非法拘禁罪,向泰州市姜堰区人民法院提起公诉。

被告人戴颖、蒯军对指控的事实没有异议,但认为自己是合法要债,不构成犯罪。戴颖的辩护人认为,被告人没有拘押被害人,只是限制被害人人身自由,达不到剥夺他人人身自由的程度,不构成犯罪。

泰州市姜堰区人民法院经审理查明:被告人戴颖为向被害人宋祥喜索要债务,于2015年2月18日至5月1日纠集被告人蒯军及丁江贵、凌俞、吴小龙、缪宇声、杨益鹏(均另案处理)等人,每天安排一人或数人与宋祥喜同吃、同住于泰州市姜堰区张甸镇大桥宾馆、张甸村食品桥西侧宋祥喜的家庭工厂等地,并通过盯、跟、随同出行等手段,迫使宋祥喜还债。在此期间,宋祥喜的近亲属多次报警,公安机关向戴颖、蒯军等人提出不得限制、剥夺宋祥喜的人身自由等处理意见后,

戴颖、蒯军等人仍然继续实施上述行为。因未能达成还款协议,4月30日戴颖指使蒯军等人将宋祥喜睡觉的沙发搬至厂房外,5月1日砸坏厂房内的取暖器、水壶等物。5月2日,宋祥喜自杀身亡于上述厂房内。其中,蒯军参与限制宋祥喜自由30天左右。

泰州市姜堰区人民法院认为,被告人戴颖、蒯军伙同他人,为索取债务,非法剥夺他人人身自由,其行为均已构成非法拘禁罪,依法应予惩处。戴颖在共同犯罪中起主要作用,是主犯,应当按照其所参与或组织、指挥的全部犯罪处罚。蒯军在共同犯罪中起次要作用,是从犯,依法应当从轻处罚。戴颖、蒯军归案后,如实供述自己的罪行,依法均可以从轻处罚。据此,依照《中华人民共和国刑法》第二百三十八条第一款、第三款,第二十五条第一款,第二十六条第一款、第四款,第二十七条,第六十七条第三款之规定,判决如下:

被告人戴颖犯非法拘禁罪判处有期徒刑二年六个月;

被告人蒯军犯非法拘禁罪判处有期徒刑一年九个月。

宣判后,被告人戴颖提出上诉,称其未限制宋祥喜人身自由,不构成非法拘禁罪。其辩护人提出相同辩护意见,另提出戴颖等人未破坏社会秩序,依法不构成寻衅滋事罪。被告人蒯军未提出上诉。

泰州市中级人民法院经审理后认为,被告人戴颖、蒯军恐吓他人,情节恶劣,其行为均已构成寻衅滋事罪,且系共同犯罪。戴颖在共同犯罪中起主要作用,是主犯。蒯军在共同犯罪中起次要作用,是从犯,依法应当从轻处罚。戴颖、蒯军归案后,如实供述自己的罪行,系坦白,依法可以从轻处罚。戴颖、蒯军具有劣迹,酌情从重处罚。原审判决认定的事实基本清楚,证据确实充分,审判程序合法,但定性不当,依法予以纠正。根据法律规定,寻衅滋事罪应处五年以下有期徒刑、拘役或者管制,综合本案的犯罪事实、后果以及戴颖、蒯军的量刑情节,判处戴颖有期徒刑二年六个月、蒯军一年九个月并无不当,故对原审的量刑予以维持。依照《中华人民共和国刑事诉讼法》第二百二十五条第一款第(二)项①;《中华人民共和国刑法》第二百九十三条第一款第(二)项,第二十五条第一款,第二十六条第一款、第四款,第二十七条,第六十七条第三款;《最高人民法院、最高人民检察院关于办理寻衅滋事刑事案件适用法律若干问题的解释》第一条第三款之规定,判决如下:

1. 撤销泰州市姜堰区人民法院(2016)苏1204刑初18号刑事判决主文:被告人戴颖犯非法拘禁罪,判处有期徒刑二年六个月;被告人蒯军犯非法拘禁罪,判处有期徒刑一年九个月。

2. 上诉人(原审被告人)戴颖犯寻衅滋事罪,判处有期徒刑二年六个月。

3. 原审被告人蒯军犯寻衅滋事罪,判处有期徒刑一年九个月。

二、主要问题

实施轻微暴力又同吃、同住、同行跟随讨债的行为,如何定性?

三、裁判理由

为索要债务,安排人员跟随债务人同吃、同住、同行,并在过程中实施打砸财物(未达到故意毁坏财物罪的定罪标准)等行为的,应该如何定性?本案在审理过程中存在以下三种不同观点:

第一种观点认为,被告人戴颖等人采取同吃同住、跟随出行等手段对被害人进行24小时监控,严重限制了被害人的自由,造成严重后果,限制自由和剥夺自由都被法律所禁止,可以将严重限制自由扩张解释为剥夺自由,因而构成非法拘禁罪。

第二种观点认为,被告人戴颖、蒯军等人长期跟随债务人,并实施损毁财物等行为,达到恐吓

---

① 本处引用的是2012年《刑事诉讼法》,对应2018年修正后的《刑事诉讼法》第二百三十六条第一款第(二)项。

效果,严重影响宋祥喜生活,引起宋祥喜自杀的严重后果,符合寻衅滋事罪的犯罪构成。

第三种观点认为,被告人戴颖、蒯军等人行为并未达到剥夺被害人自由的程度,不构成非法拘禁罪。行为针对的是特定的人,未侵犯寻衅滋事罪所保护的社会秩序法益,故被告人的行为不符合任何犯罪构成,应认定无罪。

我们同意第二种观点,理由如下:

(一)被告人戴颖、蒯军的行为不构成非法拘禁罪

非法拘禁罪,是指以非法拘留、禁闭或者其他方法,非法剥夺他人身体自由权利的行为。本罪的主观方面由故意构成,并且以非法剥夺他人人身自由为目的,客观方面是对被害人的身体进行了非法强制,使被害人无法自由行动的行为。犯罪手段是多种多样的,如非法拘留、强行禁闭、隔离审查等,但无论哪种手段,共同的特征都是非法剥夺他人人身自由,也就是说,只有达到剥夺自由的程度,才能认定为非法拘禁罪。实践司法中,要注意将非法剥夺人身自由与非法限制人身自由区分开来。《宪法》第三十七条第三款规定,"禁止非法拘禁和以其他方法非法剥夺或者限制公民的人身自由"。《刑法》第二百四十一条第三款规定,"收买被拐卖的妇女、儿童,非法剥夺、限制其人身自由……的,依照本法有关规定定罪处罚"。上述条款,均将剥夺与限制并列规定,说明二者不同。根据罪刑法定原则,法律没有明文规定为犯罪行为的,不得定罪处刑。任何解释都不能突破法律条文的字面含义,不能将限制、严重限制他人人身自由与剥夺人身自由等同。非法剥夺人身自由一般包括两类:一类是直接施加外力于被害人的身体,使其物理上被剥夺身体自由,如四肢被捆绑无法行动,被锁在房间里无法出行。另一类是控制被害人的心理,使其不能或不敢自由移动,如在人身上绑上炸弹,离开特定区域就会爆炸;拿走正在洗澡妇女的衣物,使其基于羞耻心无法走出浴室等。

就本案而言,被害人宋祥喜不论是身体还是心理均未达到被控制而失去自由的程度。戴颖等人没有将宋祥喜关押在某一空间,也没有以施加任何强制行为阻止宋祥喜外出,相反还鼓动宋祥喜积极外出筹款还钱。戴颖等人也未强行指定宋祥喜的出行路线,而是由宋祥喜自主决定,戴颖安排人员跟随。宋祥喜的人身自由只是受到限制,而没有达到被剥夺的程度。也就是说,同吃同住同行的行为,并未达到剥夺自由的程度。一审法院认定两被告人的行为构成非法拘禁罪,其主要原因是未能辨清非法剥夺他人人身自由和非法限制人身自由的区别。

(二)被告人戴颖等人实施了恐吓他人的寻衅滋事行为,且情节恶劣,应当以寻衅滋事罪定罪处罚

寻衅滋事罪,是指在公共场所无事生非,起哄闹事,随意殴打、追逐、拦截、辱骂、恐吓他人,强拿硬要,任意损毁、占用公私财物,破坏公共秩序,情节恶劣或者情节严重、后果严重的行为。本罪是从1979年《刑法》第一百六十条规定的流氓罪分解而来。《刑法修正案(八)》在1997年《刑法》关于寻衅滋事罪有关客观行为的规定中增加了"恐吓"他人的行为,并增加了对纠集他人多次实施寻衅滋事行为的处罚规定。综观全案事实,我们认为,戴颖等人实施的同吃同住同行并实施轻微暴力的行为,属于恐吓他人的寻衅滋事行为,且情节恶劣,应当以寻衅滋事罪定罪处罚。理由如下:

1. 被告人戴颖等人实施了恐吓他人的寻衅滋事行为。恐吓是指"以要挟的话语或者手段威胁、吓唬他人"。实践中,恐吓既可以通过语言文字表现,也可以通过行为动作来表现;既可以直接恐吓,也可以采取其他手段间接对被害人进行恐吓,包括进行长时间跟踪等。既可以是指向被害人本人的威胁,也可以是指向被害人亲友或者其他特定关系人的威胁。综上,无论具体手段、内容如何,只要足以使被害人产生心理恐惧、恐慌,就属于该罪规定的"恐吓"。

本案中，被告人戴颖安排蒯军等人长期跟在被害人宋祥喜身边，同吃同住，宋祥喜不论做什么事情，即使是洗澡、理发等都有人跟着，自由受到限制。宋祥喜请民警协调相应人员离开，也没有成功。2015 年 4 月 30 日，戴颖安排蒯军等人将宋祥喜睡觉的沙发搬到房外；同年 5 月 1 日戴颖指使蒯军等人将厂房内的热水壶、热水瓶、取暖器、两个挂钟等物品损毁，逼迫宋祥喜回家住以筹钱，即是要对宋祥喜家人的生活不利。这一系列长期行为使宋祥喜心理受到强制，产生恐慌、恐惧，甚至两次实施自杀行为。应认定戴颖等人采用长期跟随、看管行为对宋祥喜实施了恐吓行为。

2. 被告人戴颖等人寻衅滋事行为达到情节恶劣的程度。《最高人民法院、最高人民检察院关于办理寻衅滋事刑事案件适用法律若干问题的解释》（以下简称《寻衅滋事解释》）第三条明确了寻衅滋事罪恐吓他人等行为情节恶劣程度的情形：(1)多次追逐、拦截、辱骂、恐吓他人，造成恶劣社会影响的；(2)持凶器追逐、拦截、辱骂、恐吓他人的；(3)追逐、拦截、辱骂、恐吓精神病人、残疾人、流浪乞讨人员、老年人、孕妇、未成年人，造成恶劣社会影响的；(4)引起他人精神失常、自杀等严重后果的；(5)严重影响他人的工作、生活、生产、经营的；(6)其他情节恶劣的。本案中，宋祥喜在除夕当天即被戴颖安排人员跟随，除夕夜住在宾馆，从正月初一至自杀身亡都住在工厂里，有家不能回。其除了筹钱还款外，只能进行看病、理发、洗澡等满足基本生活需求的行为，生活严重受到影响。宋祥喜被他人长期跟随，自由受到限制，心理受到强制，在 2015 年 5 月 1 日生活用品被打砸后，自杀身亡。宋祥喜自杀与戴颖等人行为有紧密因果关系。根据《寻衅滋事解释》第三条第（四）项、第（五）项的规定，被告人戴颖、蒯军恐吓他人，任意损毁财物，严重影响他人生活，引起他人自杀后果，达到了情节恶劣的程度。

3. 被告人戴颖等人的行为破坏了社会秩序。上述第三种观点认为戴颖等人针对特定人实施相关行为，没有妨害社会管理秩序，不构成寻衅滋事罪。我们认为，社会管理秩序是一个抽象概念，最终要落实于具体的人与人之间的关系。如果行为对象针对家人、亲属等关系较为亲密的人员，行为发生在家中等较为私密的场所，不为外人所知，则一般不宜认定为妨害社会管理秩序，但如果行为发生于公共场所，且经有关部门处理后仍继续实施的，则可以认定为破坏了社会秩序。为此，《寻衅滋事解释》第一条第三款规定："行为人因婚恋、家庭、邻里、债务等纠纷，实施殴打、辱骂、恐吓他人或者损毁、占用他人财物等行为的，一般不认定为'寻衅滋事'，但经有关部门批评制止或者处理处罚后，继续实施前列行为，破坏社会秩序的除外。"戴颖为索要债务而安排人员跟随宋祥喜的同吃、同住、同行、损毁财物等行为发生在宾馆、工厂等开放场所，为多人知晓，而且经宋祥喜家人报警，在民警出警后多次要求戴颖等人正常讨债，停止实施限制人身自由的行为，但戴颖等人不听劝阻依旧实施前述行为，对社会秩序造成了破坏。

（三）被告人戴颖、蒯军的行为符合寻衅滋事罪犯罪构成，造成后果严重，应当追究刑事责任

被告人戴颖、蒯军等人长期跟随被害人宋祥喜及损毁被害人财物的行为，对被害人造成恐吓，严重影响被害人的生活，最终导致被害人自杀的严重后果，符合寻衅滋事罪的犯罪构成。戴颖纠集安排他人实施犯罪行为系主犯，一审法院虽认定蒯军为从犯，但其积极实施犯罪行为，参与跟随 30 多日，实施了损毁财物行为，在共同犯罪中发挥作用较大。二被告人除坦白外无其他从轻情节，应当定罪处罚，追究刑事责任。

综上，二审法院以被告人戴颖、蒯军犯寻衅滋事罪定罪处罚是正确的。

（撰稿：江苏省高级人民法院　张　超
审编：最高人民法院刑四庭　陆建红）

二、妨害司法罪

[第968号]朱荣南拒不执行判决、裁定案

——如何认定拒不执行判决、裁定"情节严重"

【关键词】 拒不执行判决、裁定罪 情节严重 如实供述 执行和解协议 取得谅解 缓刑

一、基本案情

被告人朱荣南,男,1953年8月1日出生,无业。2009年4月28日因拒不履行生效法律文书被司法拘留十五日,2013年2月1日因涉嫌犯拒不执行判决、裁定罪被逮捕。

江苏省宜兴市人民检察院以被告人朱荣南犯拒不执行判决、裁定罪,向宜兴市人民法院提起公诉。

宜兴市人民法院经公开审理查明:2004年1月,被告人朱荣南向谈学范借款人民币(以下币种同)240万元用于生产经营。后因朱荣南未及时还款,谈学范诉至宜兴市人民法院。2008年11月,该院作出(2008)宜民一初字第4271号民事判决,判决朱荣南于该判决发生法律效力之日起10日内归还谈学范186万元及利息。但朱荣南未能自觉履行生效判决,谈学范遂向宜兴市人民法院申请执行。2008年12月30日该院予以立案执行。2009年3月27日宜兴市人民法院向朱荣南送达了执行通知书、被执行人报告财产民事裁定书、财产申报表等法律文书。朱荣南以无执行能力为由拒不履行生效判决及申报财产。同年4月28日,宜兴市人民法院对朱荣南拒不履行生效法律文书的行为决定司法拘留15日。

2009年8月,朱荣南以102万元的价格向拓友公司购买液压挖掘机1台。为了隐藏财产、逃避履行生效判决,朱荣南以其亲戚王碗兵的名义与该公司签订了工程机械按揭销售合同,支付首付款30.6万元后,又以王碗兵的名义与南京银行股份有限公司新港支行签订个人经营性借款合同,贷款71.4万元用于支付挖掘机款。后朱荣南依约按期还贷,并于2012年3月提前还清贷款。

2012年3月21日,宜兴市人民法院执行人员向朱荣南了解其财产情况时,朱荣南故意隐瞒自己购买挖掘机的事实。同年6月20日,宜兴市人民法院向朱荣南送达了督促履行令,要求其在收到该督促令后3日内履行还款义务,朱荣南仍拒不履行生效判决,亦未如实申报财产。

归案后,被告人朱荣南如实供述了上述事实。

本案审理过程中,被告人朱荣南与谈学范对执行款自行达成和解协议,朱荣南支付全部欠款及利息。谈学范对朱荣南的行为表示谅解。

宜兴市人民法院认为,被告人朱荣南以他人名义购买经营设备,且未依法向人民法院申报财产,故意隐瞒财产,对人民法院的判决、裁定有能力执行而拒不执行,情节严重,其行为构成拒不执行判决、裁定罪。归案后,朱荣南能够如实供述自己的犯罪事实,且庭审中自愿认罪;朱荣南与谈学范达成执行和解协议,并已支付全部款项,取得了谈学范的谅解,可以从轻处罚。综合本案案情,朱荣南的行为严重影响人民法院裁判的权威,严重妨害司法秩序,社会危害性较大,对朱荣

南不宜适用缓刑。据此,依照《中华人民共和国刑法》第三百一十三条、第六十七条第三款之规定,宜兴市人民法院以拒不执行判决、裁定罪判处被告人朱荣南有期徒刑八个月。

一审宣判后,被告人朱荣南未提出上诉,检察机关亦未抗诉,该判决已发生法律效力。

二、主要问题

如何认定拒不执行判决、裁定"情节严重"?

三、裁判理由

严重对抗生效裁判的行为,一方面使债权人的合法权益无法受到公权力的支持,扰乱市场经济的健康发展;另一方面严重损害司法的严肃性和权威性,社会公众逐步失去对司法的信赖。刑法因此将情节严重的拒不执行判决、裁定的行为纳入刑事法规制的范围。根据最高人民法院于1998年出台的《关于审理拒不执行判决、裁定案件具体应用法律若干问题的解释》(以下简称《司法解释》)、全国人民代表大会常务委员会2002年制发的《关于〈中华人民共和国刑法〉第三百一十三条的解释》(以下简称《立法解释》)、2007年最高人民法院、最高人民检察院、公安部联合下发的《关于依法严肃查处拒不执行判决、裁定和暴力抗拒法院执行犯罪行为有关问题的通知》(以下简称《联合通知》),具有以下情形之一的,可以认定为拒不执行判决、裁定罪中的"情节严重":(1)被执行人隐藏、转移、故意毁损财产或者无偿转让财产、以明显不合理的低价转让财产,致使判决、裁定无法执行的;(2)担保人或者被执行人隐藏、转移、故意毁损或者转让已向人民法院提供担保的财产,致使判决、裁定无法执行的;(3)协助执行义务人接到人民法院协助执行通知书后,拒不协助执行,致使判决、裁定无法执行的;(4)被执行人、担保人、协助执行义务人与国家机关工作人员通谋,利用国家机关工作人员的职权妨害执行,致使判决、裁定无法执行的;(5)其他有能力执行而拒不执行,情节严重的情形。上述规范性文件确立的认定标准基本上是采取"行为+结果"模式,由于规定得比较原则,故在实践中可操作性空间有限。我们认为,判断是否达到拒不执行判决、裁定"情节严重",可以从以下三个方面入手分析:

(一)从行为人的行为特征分析

一是看行为持续时间,即行为危害社会的持续度。拒不执行判决、裁定的持续时间越久,则对社会的危害程度就越大。本案中,宜兴市人民法院于2008年11月作出民事判决,判令行为人朱荣南偿还186万元及利息。因朱不履行还款义务,案件进入执行程序。其间宜兴市人民法院采取了一系列执行措施,直至2013年本案审理中以执行和解方式解决,前后持续近5年。二是看执行标的金额和类型,即行为危害社会的程度。无法执行的标的额及与申请执行标的额间的比例,亦是衡量该罪社会危害性的标尺之一。本案中,行为人朱荣南不履行民事判决和执行通知的金额达186万余元,属于金额巨大。目前,已有不少地方的高级人民法院出台了拒不执行判决、裁定罪"情节严重"的认定细则,将一定的无法执行的标的金额作为入罪标准。如浙江省将5万元作为认定拒不执行判决、裁定罪"情节严重"的起点数额,而贵州省则将3万元作为认定拒不执行判决、裁定罪"情节严重"的起点数额。另外,裁判款项若属于特殊类型,如影响权利人基本生活来源的赡养费、抚养费、医疗费、劳动报酬等,维持基本生产生活所需的劳动和社会保险费、劳动补偿金等,关系民生的禁放污水、禁止噪声等,行为人拒不执行亦可认定为情节严重。例如,尹某无证驾驶某建筑公司货车碰撞陈某致截肢,人民法院判决尹某赔偿医药费等14万余元,建筑公司负连带责任。因公司法定代表人张某抽逃出资80万元,被追加为被执行人。执行期间张某撕毁封条,转移公司账户50余万元并长期躲避人民法院执行。人民法院认定张某拒不执行给付救治权利人的医药费用的行为,属于情节严重。三是看行为方式。行为方式比较恶劣的,可以认定为情节严重。当前,从各地反映的实际情况看,通过以下方式实施拒不执行判决、裁定的,可以认定为情节严重:(1)擅自撕毁法院张贴的封条等针对执行措施的行为;(2)以虚假诉讼等违法方式抗拒法院执行;(3)实施无偿或者明显不合理低价转移等针对执行财产的行为;(4)撕毁执行笔录等针对执行活动的行为;(5)采用纠集人员围堵执行法官方式拒不履行配合义务。本案中,行为人隐瞒财产致使判决、裁定无法执行,属于《立法解释》关于"有能力执行而拒不执行,情节严重"的第一项情形。判断是否隐瞒,应当结合被执行人财务状况公开程度,即公权力获知财产情况的难易,加以判断。

(二)从行为人的罪过程度分析

除了从前述行为特征所体现的罪过外,还可以从以下方面分析:一是看行为人是否不管不顾人民法院的积极敦促。倘若行为人在人民法院的督促下,尽其所能逐步执行生效判决,不能完全执行的原因确实在于执行能力不足,则不宜入罪。本案中,朱荣南在人民法院反复多次敦促的情况下仍然拒不履行生效判决。判决执行阶段,人民法院送达了执行通知书、被执行人报告财产民事裁定书、财产申报表,可以说手续齐全、内容详尽。无论是从普通人的认知,还是从具体纠纷债务人的认知,朱荣南都应当知道作为司法机关确认的债务人,其应当在裁判指定的期限内履行法律义务。但在人民法院要求其申报财产时,其拒绝申报;在人民法院要求履行判决确定义务时,其以无执行能力为由逃避履行;在人民法院反复向其了解财产状况时,其隐瞒用财产购买其他物品的事实;在人民法院向其送达督促限期履行令后,仍拒绝履行生效判决且不如实申报财产。二是看是否因拒不执行判决、裁定受过司法强制措施。因拒不执行判决、裁定受过司法强制措施,即表明拒不执行判决、裁定的行为达到一定的严重程度,如其拒不悔改仍有执行能力而不执行,表明行为人主观恶性较大,应当属于"情节严重"。本案中,朱荣南因拒不履行本案所涉生效法律文书,已于2009年4月被人民法院决定司法拘留,仍毫无悔改,通过借用他人名义规避法院执行,主观恶性大。

(三)从行为人的行为后果分析

根据参与立法的相关人员介绍,"致使判决、裁定无法执行"既包括最终无法执行的情况,也包括在执行中受到严重阻碍,需要法院采取各种措施,排除阻碍后才最终得以执行的情况。例如,人民法院判决行为人归还非法占有的车辆及行驶证,但行为人以各种理由拖延、搪塞,藏匿该车辆,拒不说明车辆的真实去向,还向人民法院提供虚假地址,人民法院无法执行判决,即可认定为"致使裁判无法执行"。又如,被执行人经人民法院多次传唤协商还款事宜拒不到庭,却将其名下的房屋设定300余万元的高额抵押,使人民法院的执行工作难以获得实质进展。此外,拒不执行判决、裁定的行为后果还体现在两个方面:一是对于权利人而言,行为人的拒不执行判决、裁定的行为导致追索关系申请人生命健康的赡养费、抚养费、医疗费等的权利受到严重损害,或者导致生效裁判权利人精神失常、自杀等严重后果;行为人将财产转移并用于个人挥霍,造成裁判彻底不能执行等情形,均属于情节严重。二是对于司法而言,该行为妨害人民法院的正常执行活动或者损害人民法院形象达到一定严重程度。每一件执行案件在未审结前都牵涉诸多人力、物力和财力,持续时间越长,司法成本投入就越巨大。因拒不执行判决、裁定而浪费的司法成本越大,情节就越严重。本案中,执行前后持续近5年,人民法院投入了大量人力、物力和财力,可以认定朱荣南拒不执行判决、裁定的行为属于情节严重。

综上,行为人朱荣南有执行能力,拒不执行判决、裁定的行为持续时间长、行为方式隐蔽、标的额巨大,且因拒不履行本案所涉生效裁判被司法拘留后仍拒不执行人民法院裁判,属于"情节严重",构成拒不执行判决、裁定罪。虽然本案审理阶段,行为人最终执行了人民法院裁判,取得了债权人谅解,但综合考虑其客观行为、主观罪过程度等,严重妨害了司法秩序,损害了司法权威和严肃性，故宜兴市人民法院对其不适用缓刑是正确的。

（撰稿：江苏省无锡市中级人民法院　范　莉
审编：最高人民法院刑二庭　叶晓颖）

[第1177号]何弦、汪顺太非法处置扣押的财产案

——盗取自己被公安机关扣押的车辆应如何定性

【关键词】　非法处置扣押的财产罪　盗取自己被扣押车辆　非法处置

一、基本案情

被告人何弦，女，1986年5月28日出生，因涉嫌犯非法处置扣押的财产罪于2013年2月23日被刑事拘留，同年3月21日被取保候审。

被告人汪顺太，男，1969年6月4日出生，2011年因贩卖毒品被判处有期徒刑一年，2012年4月15日刑满释放；因涉嫌犯非法处置扣押的财产罪于2013年2月23日被刑事拘留。

江西省景德镇市昌江区人民检察院以被告人何弦、汪顺太犯盗窃罪，向昌江区人民法院提起公诉。

被告人何弦辩称，其只是想拿车回去还银行的贷款，没有想过向公安局索赔，其没有非法占有的目的，不构成盗窃罪。

被告人汪顺太辩称，其并没有想占有车辆，也没有采取秘密手段盗车，不构成盗窃罪。

景德镇市昌江区人民法院经审理查明：2011年12月，被告人何弦与其丈夫翁宝祥共同购买黑色丰田锐志轿车一辆，价税合计21万余元，并用该车抵押向银行借款15万元，钟某某为保证人。2013年1月15日，翁宝祥因贩卖毒品被公安人员抓获，该黑色丰田锐志轿车因涉案被扣押。由于银行催还借款，准备起诉保证人钟某某，何弦想要取回被扣押的车辆，便找到其丈夫翁宝祥的狱友被告人汪顺太帮忙。汪顺太答应帮忙找人取回车辆，但汪顺太找的人并没有给出明确答复。2013年2月22日9时许，何弦、汪顺太来到公安局后院内，在未办理任何返还涉案车辆手续的情况下，用该车另外一把钥匙将停放在涉案车辆车棚内的翁宝祥被扣押的车开走。后二人被公安人员抓获。2013年5月24日，何弦依法将该车领回。

景德镇市昌江区人民法院认为，被告人何弦、汪顺太在未得到公安机关允许的情况下，擅自将扣押的涉案车辆开走，其行为已构成非法处置扣押的财产罪，属情节严重。公诉机关指控何弦、汪顺太犯盗窃罪不当，应予纠正。汪顺太曾因犯罪被判处有期徒刑，刑罚执行完毕五年内又犯应判处有期徒刑之罪，系累犯，应从重处罚。依照《中华人民共和国刑法》第三百一十四条、第二十五条、第六十五条、第七十二条之规定，判决如下：

1. 被告人何弦犯非法处置扣押的财产罪，判处有期徒刑二年，缓刑二年六个月。

2. 被告人汪顺太犯非法处置扣押的财产罪，判处有期徒刑二年。

宣判后，景德镇市昌江区人民检察院提出抗诉，景德镇市人民检察院支持抗诉，抗诉意见为：(1)被告人何弦、汪顺太明知车辆被公安机关依法扣押期间属公共财产，在未办理合法手续的情况下，采取秘密手段将车开走，表明其主观上有非法占有的目的，二被告人的行为符合盗窃罪的犯罪构成，应定性为盗窃罪。(2)被告人何弦、汪顺太的行为同时触犯两个罪名即盗窃罪和非法

处置扣押的财产罪，应按照想象竞合犯的原则从一重处理，即应定盗窃罪。

原审被告人何弦、汪顺太均辩称，其行为不构成盗窃罪。

景德镇市中级人民法院经审理认为，被告人何弦、汪顺太擅自转移已被司法机关依法扣押的财产，情节严重，其行为已构成非法处置扣押的财产罪。关于抗诉机关提出被告人何弦伙同汪顺太窃取本人被司法机关扣押的车辆的行为同时触犯两个罪名，即盗窃罪和非法处置扣押的财产罪，应按照想象竞合犯的原则从一重处理即定盗窃罪的意见，经查，该车辆是何弦和翁宝祥抵押贷款购买的，何弦找汪顺太帮忙拿回车辆，目的是把车交给银行抵债。本案案发时间较短，行为人还没有向公安机关索赔的行为，也缺乏判断行为人是否具有非法占有目的的其他证据，且案发后何弦依法领回了该车辆。因此，认定被告人具有非法占有目的的证据不足，两被告人的行为不构成盗窃罪，抗诉机关的意见不能成立。原判认定事实清楚，证据确实、充分，适用法律正确，量刑适当，审判程序合法。依照《中华人民共和国刑事诉讼法》第二百二十五条第一款第一项之规定，裁定：驳回抗诉，维持原判。

二、主要问题

盗取自己被公安机关扣押的车辆应如何定罪？

三、裁判理由

本案在审理中，对被告人何弦、汪顺太的行为定性存在三种不同的意见：

第一种意见认为，被告人何弦伙同汪顺太窃取本人被司法机关扣押的车辆的行为同时触犯两个罪名即盗窃罪和非法处置扣押的财产罪，应按照想象竞合犯的原则从一重处理，即定盗窃罪。

第二种意见认为，被告人何弦、汪顺太明知车辆被公安机关依法扣押期间属公共财产，在未办理合法手续的情况下，采取秘密手段将车开走，表明其主观上有非法占有的目的，两被告人的行为符合盗窃罪的犯罪构成，应定盗窃罪。

第三种意见认为，被告人何弦没有向司法机关索赔的目的，也未获得司法机关的赔偿，其主观上没有非法占有的目的，把自己所有而被司法机关扣押的财产擅自拿走，不构成盗窃罪。何弦在公安机关明确告知了车辆被依法扣押的情况下，伙同汪顺太对扣押的车辆予以转移，其行为扰乱了司法机关的正常活动，依法构成非法处置扣押的财产罪。

我们同意第三种意见，理由如下：

（一）本人所有的财物在他人合法占有、控制期间，能够成为自己盗窃的对象

在司法实践中，经常遇到行为人窃取本人被司法机关依法扣押的财产的情况，在定性上也颇有争议。本案中，要对被告人的行为进行准确定性，首先需要明确被告人何弦与其丈夫翁宝祥被依法扣押的车辆能否成为何弦实施盗窃的对象。如果被依法扣押的车辆不能成为本人盗窃的对象，则被告人的行为不构成盗窃罪。如果被依法扣押的车辆能够成为本人盗窃的对象，则需进一步考察被告人的行为是否符合盗窃罪的其他构成要件。

这一问题在本质上涉及盗窃罪侵犯的法益问题。在我国刑法理论和司法实践中，关于盗窃罪侵犯法益的学说主要有所有权说、占有说和中间说三种。所有权说认为，盗窃罪侵犯的客体是公私财物的所有权，如果没有侵犯所有权，基本上就可以排除盗窃罪的成立。占有说认为，盗窃罪侵犯的客体是他人对财物事实上的占有本身，即使所有权人也不得任意侵犯他人的合法占有，否则就应当承担相应的刑事责任。中间说则主要是对所有权说加以扩张或对占有说加以限制，旨在弥补二者的不足，既不扩大也不缩小盗窃罪的处罚范围。中间说比较有代表性的一种观点认为，“侵犯财产罪的法益首先是财产所有权及其他本权（主要是合法的他物权及债权），其次是需要通过法定程序改变现状（恢复应有状态）的占有；但在非法占有的情况下，相对于本权者恢复

权利的行为而言,该占有不是财产罪的法益,即将被害人恢复权利的行为排除在财产犯罪之外”。① 我们认为,纯粹的所有权说过于缩小了盗窃罪的处罚范围,与我国社会经济发展的现状不相符,不利于维护正常的财产秩序。纯粹的占有说扩大了盗窃罪的处罚范围,如对于盗窃罪的被害人窃取被盗财物的行为,难以自圆其说,中间说更符合目前司法实践的需要。

本案中涉案车辆系何弦和翁宝祥共同购买,二人对该车辆有所有权。根据刑事诉讼法第一百四十三条的规定,对扣押的财物,经查明确实与案件无关的,应当解除扣押,予以退还。《最高人民法院关于适用〈中华人民共和国刑事诉讼法〉的解释》第三百六十九条亦规定,扣押的财物属于被告人合法所有的,应当在赔偿被害人损失、执行财产刑后及时返还被告人。从上述规定可见,被司法机关依法扣押的车辆,并没有改变所有权归属,仍属于原所有人所有,公安机关只是暂时保管涉案车辆,对涉案车辆不具有所有权,但依照法律规定具有合法占有权。如前所述,本案中的涉案车辆系何弦和翁宝祥共同所有的财物,但在司法机关合法占有、控制期间,能够成为何弦盗窃的对象。

(二)主观上没有非法占有的目的,不构成盗窃罪

涉案车辆能够成为被告人何弦自己盗窃的对象,并不意味着被告人的行为就构成盗窃罪。盗窃罪的犯罪构成要求行为人主观上必须具有非法占有的目的,因此,是否构成盗窃罪,还要结合行为人的主观目的而定。如果行为人具有非法占有的目的,在司法机关合法占有、控制期间秘密取回车辆并索赔的,其行为构成盗窃罪,如果同时妨害了司法机关的正常诉讼活动,情节严重的,又构成非法处置扣押的财产罪,属于一个自然行为触犯数罪名的想象竞合犯,应从一重罪处断。如果行为人不具有非法占有的目的,则虽有秘密取回车辆的行为,但不能构成盗窃罪,亦不存在构成想象竞合犯的前提。

具体到本案中,何弦采取非法手段取回自己被公安机关依法扣押的车辆,是否构成盗窃罪,要结合其主观目的而定。首先,公安机关对涉案车辆依法扣押后,银行催何弦还贷款,准备起诉保证人钟某某,何弦得知后便找汪顺太帮忙想拿回涉案车辆,因此,何弦转移涉案车辆,直接目的是返还银行的贷款,而不是非法占有该车辆。其次,本案案发时间较短,何弦还没有向公安机关索赔的行为,在案也没有其他证据证实何弦具有非法占有的目的,且何弦案发后依法领回了该车辆。因此,本案没有证据证实两被告人对涉案车辆具有非法占有的目的,二被告人的行为不构成盗窃罪。

(三)二被告人的行为构成非法处置扣押的财产罪

非法处置扣押的财产罪与盗窃罪在司法实践中一般不易混淆,但是当盗窃的对象是司法机关依法查封、扣押、冻结的财产时,两罪在犯罪的具体外在表现上存在一定的交叉,易造成定性上的混淆。我们认为,应从以下几方面进行深入分析,可对两罪的异同有清晰的认识:第一,从犯罪客体方面来看,两罪在刑法上有不同的保护重心和针对对象。盗窃罪的客体主要是为了保护稳定的财产关系和合法的财产利益;非法处置扣押的财产罪侵犯的客体为司法机关的正常活动。第二,从犯罪对象上来看,盗窃罪的犯罪对象是不特定的,包括有体物和无体物;而非法处置扣押的财产罪的犯罪对象必须是特定的,是已被司法机关扣押的财产。第三,两罪的客观方面表现不同。盗窃罪主要表现为以秘密窃取手段进行的侵犯公私财产的行为;而非法处置扣押的财产罪主要表现为隐藏、转移、变卖、故意毁损四种行为方式,且必须达到情节严重的程度。第四,两罪主观方面不同。以非法占有为目的是盗窃罪构成的必备主观要件;而非法处置扣押的财产罪的

---

① 张明楷:《刑法学》(第3版),法律出版社2007年版,第702页。

主观方面必须是出于故意，即应明知侵害的是已被司法机关扣押的财产，其主观目的的内容更为宽泛，可能包含逃避法律制裁、破坏司法机关的正常活动、获取其他非法利益等，但其犯罪目的是否明确并不影响该罪的成立，不是构成该罪的必备要件。第五，两罪的犯罪主体不同。非法处置扣押的财产罪的犯罪主体只限于被查封、扣押、冻结的财产的所有人；而盗窃罪的犯罪主体主要是被查封、扣押、冻结的财产的所有人、保管人以外的其他人采取秘密手段窃取被司法机关查封、扣押的财产，当然也不排除被查封、扣押、冻结的财产的所有人以事后获取赔偿为目的而秘密窃取被查封、扣押的财产的情形。

本案中，被告人何弦、汪顺太的行为构成非法处置扣押的财产罪。首先，从客体上分析，何弦、汪顺太将公安机关依法扣押的车辆予以转移，后被公安机关查获，其行为客观上已严重影响司法机关正常的诉讼活动，且社会影响恶劣，属情节严重。其次，从主观要件上看，公安机关对涉案车辆依法扣押后，何弦找汪顺太帮忙想拿回涉案车辆，且到公安机关涉案车辆停放处看到了自己的车，以上事实足以表明何弦已知晓车辆被依法扣押。最后，从犯罪对象上看，何弦、汪顺太转移的车辆系公安机关依法扣押的财产，具有特殊性，符合非法处置扣押的财产罪的犯罪对象特征。因此，本案中何弦、汪顺太的行为并没有直接侵害公私财产所有权关系，而是侵害了司法机关的正常管理秩序，构成非法处置扣押的财产罪。汪顺太虽然不是被查封、扣押、冻结财产的所有人、保管人，但其在本案中处于协助何弦非法处置扣押财产的情形，不具有非法占有的目的。此外，如前所述，二被告人的行为不构成盗窃罪，亦不构成想象竞合犯，仅构成非法处置扣押的财产罪一罪。

综上，被告人何弦、汪顺太的行为妨害了司法机关的正常诉讼活动，造成了极坏的社会影响，根据主客观相统一和罪责刑相适应的原则，一、二审法院对二被告人的行为定性为非法处置扣押的财产罪并依法判处相应刑罚，是适当的。

（撰稿：江西省高级人民法院　王长河
江西省景德镇市中级人民法院　罗明华
审编：最高人民法院刑四庭　陆建红）

[第1204号]龙某某拒不执行判决案

——如何理解拒不执行判决、裁定罪中的“有能力执行”

【关键词】 拒不执行判决、裁定罪　有能力执行

一、基本案情

自诉人罗某某，女，1987年1月20日出生，农民。

被告人龙某某，男，1971年6月20日出生，无业。2016年12月14日因涉嫌犯拒不执行判决罪被逮捕。

自诉人罗某某以被告人龙某某犯拒不执行判决、裁定罪，于2016年7月4日向北京市朝阳区人民法院提起刑事自诉。

被告人龙某某辩称，其没有财产可供执行，不构成拒不执行判决罪。

北京市朝阳区人民法院经审理查明：2005年1月，沈某某驾驶小型汽车将自诉人罗某某（女，

时年 19 岁）撞伤，导致罗某某肢体残疾，后经鉴定残疾等级为二级。因龙某某是肇事车辆的车主，2006 年 8 月 4 日，北京市朝阳区人民法院作出（2006）朝民初字第 7142 号民事判决，判令龙某某与沈某某连带赔偿罗某某医疗费、残疾赔偿金、精神损害赔偿金等损失共计人民币 19 万余元。判决生效后于 2007 年进入执行程序。在执行过程中，龙某某曾到执行庭表示给其 1 个月时间，但其逾期未到庭并失去联系。法院将执行通知、财产报告令及传票一并交与龙某某的姐姐代为转交，龙某某承认已收到前述法律文书，但未按要求申报财产，亦未履行生效判决确定的给付义务。在案件执行期间，龙某某名下有轿车，且有一定的经济收入。2016 年 10 月 8 日，龙某某因拒不履行生效判决确定的义务被法院决定司法拘留十五日。司法拘留后，龙某某仍未履行生效判决确定的给付义务，直至同年 12 月 14 日经法院通知到案后被逮捕。

北京市朝阳区人民法院经审理认为，被告人龙某某无视国法，负有执行义务，有能力执行而拒不执行人民法院生效判决，情节严重，其行为已构成拒不执行判决罪。关于龙某某所提其没有财产可供执行的辩解，经查，在生效判决执行期间，龙某某名下有车辆，且有一定的经济收入，自述曾出境旅游、赌博。履行能力的大小不能等同于履行能力的有无，即使其没有能力一次性履行全部给付义务，也可以分次履行或者部分履行，但龙某某无视人民法院生效判决，既不申报财产也未履行任何给付义务，属于有能力执行而拒不执行生效判决，对该辩解不予采纳。龙某某属于拒不执行支付医疗费用等判决，对其酌予从重处罚。鉴于龙某某经通知到案，到案后对犯罪行为能够如实供述，对其予以从轻处罚。综上，依照《中华人民共和国刑法》第三百一十三条第一款、第六十一条、第四十五条、第四十七条及《全国人民代表大会常务委员会关于〈中华人民共和国刑法〉第三百一十三条的解释》《最高人民法院关于审理拒不执行判决、裁定刑事案件适用法律若干问题的解释》第二条第一项、第八项和第七条之规定，以拒不执行判决罪判处被告人龙某某有期徒刑六个月。

一审宣判后，自诉人、被告人均未提出上诉，判决已发生法律效力。

二、主要问题

如何理解拒不执行判决、裁定罪中的“有能力执行”？

三、裁判理由

本案系 2015 年 7 月 20 日公布的《最高人民法院关于审理拒不执行判决、裁定刑事案件适用法律若干问题的解释》（以下简称《解释》）确立拒不执行判决、裁定罪自诉机制以来，北京市法院判处的首例拒不执行判决、裁定自诉入刑案件。本案审理中遇到的主要问题是，被告人辩称其没有可供执行的财产，且此前经法院裁定终结本次执行程序，那么，被告人的行为是否属于对人民法院的判决“有能力执行”而拒不执行从而构成犯罪？对此有两种意见：第一种意见认为，民事判决已经法院裁定终结执行程序，案件审理时被告人名下没有财产可供执行，故对被告人不能以拒不执行判决罪定罪处罚。第二种意见认为，被告人属于“有能力执行”而拒不执行人民法院的判决，已构成拒不执行判决罪。

我们赞同第二种意见。“有能力执行”是构成拒不执行判决、裁定罪的必备要件之一，没有执行能力而没有执行的，不构成本罪。关于“有能力执行”应当从以下几个方面来理解和把握：

（一）认定“有能力执行”的时间从判决、裁定生效时起算，不限于执行期间或刑事案件审理期间

关于“有能力执行”的时间节点认定存在四种观点：一是宣告裁判结果说，即认定被告人“有能力执行”从判决、裁定宣告时起算；二是裁判结果生效说，即从判决、裁定发生法律效力时起算；三是执行程序立案说，即执行案件立案时起算；四是执行文书送达说，即从行为人收到执行文书

时起算。

我们赞同第二种观点,“有能力执行”的时间起算节点应为判决、裁定发生法律效力时。主要理由在于:

1. 判决、裁定生效时,双方当事人的权利义务关系才得以明确,被执行人的法定义务才得以确立。在判决、裁定未生效的情况下,双方当事人的权利义务尚未明确,判决、裁定处于不确定的状态,判决、裁定尚未开始执行。宣告裁判结果说对行为人“有能力执行”的时间节点认定过于提前,忽视了拒不执行判决、裁定罪侵犯的客体是人民法院的生效判决、裁定,判决、裁定宣告不等同于生效,判决、裁定未生效,也就谈不上被侵犯。犯罪客体未受侵犯,自然不能成立犯罪。

2. 判决、裁定生效时,行为人的法定义务就已经确立,应当自觉、及时履行判决、裁定所要求的内容。只要行为人收到了人民法院的判决、裁定,就应当认定其知晓了判决、裁定的内容,执行案件是否立案、执行文书是否送达并不影响判决、裁定确定的义务。执行程序立案说和执行文书送达说有违裁判文书生效,行为人法定义务即确定的基本规则。“判决、裁定生效后,行为人便产生了执行判决、裁定的义务,此时实施隐瞒、转移财产等行为,必然妨碍了判决、裁定的执行,妨害了司法。”①

3. 符合拒不执行判决、裁定罪的立法本意。《全国人民代表大会常务委员会关于〈中华人民共和国刑法〉第三百一十三条的解释》对本罪中的人民法院判决、裁定加以明确,“是指人民法院依法作出的具有执行内容并已发生法律效力的判决、裁定”。本罪侵犯的客体是人民法院生效判决、裁定的权威性,那么作为本罪构成要件的“有能力执行”应当与犯罪客体相适应,即对生效的判决、裁定有执行能力,故应以判决、裁定生效时作为认定行为人是否“有能力执行”的时间节点。

4. 符合最高人民法院指导性案例的要旨。最高人民法院指导案例71号(毛建文拒不执行判决、裁定案)的裁判要旨为:“有能力执行而拒不执行判决、裁定的时间从判决、裁定发生法律效力时起算。具有执行内容的判决、裁定发生法律效力后,负有执行义务的人有隐瞒、转移、故意毁损财产等拒不执行行为,致使判决、裁定无法执行,情节严重的,应当以拒不执行判决、裁定罪定罪处罚。”指导性案例应当作为司法审判的参照依据。

自判决、裁定生效至被控犯拒不执行判决、裁定罪的刑事案件立案审理期间,行为人在任何时间点有履行生效判决、裁定能力的,均可以认定“有能力执行”,而非限于执行期间或刑事案件审理期间,这样理解既符合法律规定,也利于打击拒不执行判决、裁定的犯罪行为。

本案被告人龙某某辩称其在案件审理期间没有执行能力,法院审理中查明,在案证据足以证明龙某某自判决生效至刑事案件立案前,有一定的经济收入,能够执行生效判决确定的给付义务,其未履行义务,亦未申报财产。虽然在刑事案件审理期间,可能如其所述,没有给付能力,但“有能力执行”的时间起点为判决生效时,自判决生效后被告人只要有执行的能力就应当自觉履行执行义务,刑事案件审理期间是否有执行能力不影响本罪的成立。

(二)“有能力执行”是客观事实,不以行为人的主观认识为要件,且不受执行情况的制约

1998年《最高人民法院关于审理拒不执行判决、裁定案件具体应用法律若干问题的解释》(已废止)第二条规定:“对人民法院发生法律效力的判决、裁定‘有能力执行’,是指根据查实的证据证明,负有执行人民法院判决、裁定义务的人有可供执行的财产或者具有履行特定行为义务的能力。”据此,“有能力执行”应是一种客观事实,行为人主观上认为其不具有执行能力的不影响认定。认定行为人“有能力执行”应当综合全部案情加以判断,要考虑行为人自身的收入、支出情

① 张明楷:《刑法学》(第5版),法律出版社2016年版,第1105页。

况等。对给付的执行义务,则要考虑行为人实施给付行为的能力及现实的可能性等。

需要指出的是,认定行为人是否"有能力执行"不应受执行情况的影响。拒不执行判决、裁定案件中,尤其是自诉程序中,执行机构可能出具执行终结裁定书,以被执行人名下无可供执行的财产为由,裁定终结本次执行程序。对此,我们认为,执行终结裁定书通常是以被执行人名下无"显性"财产为根据的,如名下存款、不动产等,而刑事程序中行为人是否"有能力执行"不仅要考虑行为人"显性"财产,而且要考虑其"隐性"财产,需要依据综合情节认定行为人是否"有能力执行"。举例而言,行为人名下无存款、无不动产或高额动产,但确实存在高消费、高支出的,仍可认定其"有能力执行"。简言之,除了行为人及其家庭生活必需外,如果行为人有非必要性支出的,即使名下无财产,仍可视情认定其"有能力执行"。

本案被告人龙某某辩称其没有执行能力,系其主观认识,不影响法院对客观事实的认定。在案证据显示,在生效判决执行期间,龙某某名下有车辆,且有一定的经济收入,还自述曾出境旅游、赌博,故法院审理认为其有执行能力,且执行部门裁定终结民事赔偿判决的执行程序也不影响对被告人是否"有能力执行"的认定。

(三)"有能力执行"包括部分执行能力

在对财产的执行中,"有能力执行"是指有可供执行的财产,既包括有可供全部执行的财产,也包括可供部分执行的财产。①即使行为人没有能力一次性全部履行执行义务,但有能力分次履行、部分履行执行义务的,可以认定行为人"有能力执行"。这样理解是为了防止行为人以不能全部履行义务为由,拒不履行法定义务。当然,在执行只具备部分执行能力的被告人时,需要在实现债权和尊重人权之间、在执行目的和执行手段之间、在债权人与债务人法律地位之间找到一个最佳的平衡点。②简言之,在财产给付中,行为人能够通过自己的行为获得生活来源并能够维持一般人的生活水平的,就能分批给付小额财产,具有了部分履行的能力,如系低保人员、家庭严重困难、失业无收入来源等则除外。

本案被告人龙某某辩称其不能履行给付义务,法院审查后认为其有一定的收入,即使该收入不足以一次性履行全部给付义务,仍可以分时段、分批次履行部分给付义务,但自判决生效后,被告人始终分文不付,属于"对人民法院的判决、裁定有能力执行而拒不执行"。鉴于被告人在近十年的时间里拒不执行判决,且在因拒不履行生效判决确定的义务被法院决定司法拘留的情况下仍未执行判决,自诉人因伤严重残疾,生活不能自理,亟须救治资金时,持生效判决书却不能得到应得的赔偿,被告人拒不执行判决的行为情节严重,且属于《解释》第七条规定的拒不执行支付医疗费用等判决而可以酌情从重处罚的情况,故法院以拒不执行判决罪对被告人定罪处罚,是适当的。

(撰稿:北京市朝阳区人民法院　付想兵　王向明
审编:最高人民法院刑二庭　韩维中)

---

① 刘贵祥、刘慧卓:《〈关于审理拒不执行判决、裁定刑事案件适用法律若干问题的解释〉的理解与适用》,载《人民司法·应用》2015年第23期。

② 关俊:《拒不执行判决、裁定罪中执行能力和情节严重的判断标准》,载《人民司法·案例》2013年第20期。

[第1278号]张丽荣脱逃案

——死刑缓期执行期间犯脱逃罪的,追诉时效及死缓执行期间的计算问题

【关键词】 脱逃罪 死刑缓期执行期间 追诉时效 期间计算

一、基本案情

被告人张丽荣,女,汉族,1964年3月9日出生。1992年9月25日因犯故意杀人罪被黑龙江省七台河市中级人民法院判处死刑,缓期二年执行,剥夺政治权利终身。2016年6月12日因涉嫌犯脱逃罪被刑事拘留,同年6月24日被逮捕。

黑龙江省七台河市人民检察院以被告人张丽荣犯脱逃罪向七台河市中级人民法院提起公诉。

被告人张丽荣对公诉机关指控的犯罪事实及罪名无异议,但辩解其系临时起意脱逃。其辩护人提出,张丽荣自愿认罪,脱逃期间无违法犯罪行为,主观恶性不深,不属情节恶劣,建议对其从轻处罚。

七台河市中级人民法院经审理查明:1992年1月11日,张丽荣因家庭矛盾与其婆婆安玉芳发生口角后用斧子将安玉芳砍死。七台河市中级人民法院于1992年9月25日以故意杀人罪判处其死刑,缓期二年执行。黑龙江省高级人民法院于1993年4月14日作出核准其死刑、缓期二年执行的裁定,并于同年5月4日送达。裁定送达生效后张丽荣尚未投监仍在看守所羁押。1993年9月8日,张丽荣与其他犯人同到七台河市人民医院就医,张丽荣做完手术临时看押在医院一楼门厅处等待囚车,在值勤管教疏于防范的情况下脱逃,后公安机关组成抓捕组以张丽荣涉嫌犯故意杀人罪予以追逃。2005年11月4日,七台河市公安局直属分局决定对张丽荣刑事拘留,并以涉嫌犯故意杀人罪对其上网通缉,2016年5月,侦查机关获得其藏匿在广东省惠州市的线索,在当地公安机关配合下,于同年5月25日在惠州市××××公寓住处将其抓获。张丽荣对脱逃犯罪事实供认不讳。

七台河市中级人民法院认为,被告人张丽荣因犯故意杀人罪被判处死刑,缓期二年执行,判决已发生法律效力,在尚未投监羁押于看守所的死刑缓期执行期间,为逃避刑罚趁外出就医过程中管教疏于防范而脱逃,其行为构成脱逃罪。原判故意杀人罪系家庭矛盾引发犯罪,藏匿期间亦未发现有其他违法犯罪,再犯罪可能性和人身危险性不大。根据被告人张丽荣脱逃犯罪的事实、性质、情节及对社会的危害程度,依照《中华人民共和国刑法》第三百一十六条、第五十条第一款、第五十一条、第六十七条第三款、第六十九条、第七十一条的规定,以脱逃罪判处被告人张丽荣有期徒刑三年。与先前故意杀人罪判决所判处的死刑、缓期二年执行、剥夺政治权利终身的刑罚并罚,决定执行死刑,缓期二年执行,剥夺政治权利终身。

一审宣判后,被告人张丽荣服判不上诉。七台河市中级人民法院依法将本案报送黑龙江省高级人民法院复核。复核期间张丽荣的辩护人提出张丽荣坦白犯罪,在逃期间没有违法犯罪行为,社会危害性较小,可对其从轻处罚的辩护意见。

黑龙江省高级人民法院经审理认为,一审判决认定张丽荣犯脱逃罪的部分事实不清,裁定发回七台河市中级人民法院重审。

七台河市中级人民法院经重新审理认为，被告人张丽荣在死刑缓期执行期间，于1993年9月8日趁羁押机关组织外出就医时脱逃。张丽荣脱逃后，公安机关虽对其追逃，但至2005年11月4日才决定对张丽荣刑事拘留并上网通缉，已超过追诉时效期限。依照1979年《中华人民共和国刑法》第七十六条、2012年《中华人民共和国刑事诉讼法》第十五条第二项、《最高人民法院关于适用〈中华人民共和国刑事诉讼法〉的解释》第二百四十一条第八项的规定，裁定本案终止审理。本案现已发生法律效力。

二、主要问题

1. 死刑缓期执行期间，被告人犯脱逃罪的时效应如何认定？

2. 脱逃罪因超过追诉时效裁定终止审理后，原死刑缓期执行期间如何计算？

三、裁判理由

本案在审理过程中，对被告人张丽荣犯脱逃罪的追诉时效问题存在争议：一种意见认为，被告人张丽荣因犯罪被逮捕后在看守所羁押，其在被采取强制措施的情况下脱逃，不受追诉期限的限制。被告人因在死缓考验期内犯新罪，应数罪并罚。另一种意见则认为，被告人张丽荣在死刑缓期执行期间，趁羁押场所司法工作人员不备而逃跑，其行为构成脱逃罪，但因没有对张丽荣正式立案侦查，亦未采取强制措施，其脱逃犯罪行为已超过追诉期限，不应追究刑事责任，其死刑缓期执行的期间不能重新计算，但其脱逃期间不能计入死刑缓期执行的期间。

我们同意后一种意见，理由如下：

（一）本案脱逃罪已经超过追诉期限

被告人张丽荣因犯故意杀人罪，被判处死刑，缓期二年执行，核准裁定送达后死刑缓期执行期间已经开始计算，其又故意犯罪，因张丽荣所犯脱逃罪法定最高刑为五年有期徒刑，追诉时效应为十年。张丽荣脱逃后，侦查机关没有及时针对其脱逃犯罪立案侦查和采取强制措施，直至2005年11月4日决定对张丽荣刑事拘留，并以其涉嫌犯故意杀人罪上网通缉。根据1997年10月1日起施行的《最高人民法院关于适用刑法时间效力规定若干问题的解释》第一条的规定，对于行为人1997年9月30日前实施的犯罪行为，在人民检察院、公安机关、国家安全机关立案侦查或者在人民法院受理案件以后，行为人逃避侦查或者审判，超过追诉期限或者被害人在追诉期限内提出控告，人民法院、人民检察院、公安机关应该立案而不立案，超过追诉期限的，是否追究行为人的刑事责任，适用修订前的刑法第七十七条的规定，即“在人民法院、人民检察院、公安机关采取强制措施以后，逃避侦查或者审判的，不受追诉期限的限制”。张丽荣犯脱逃罪的追诉期限为十年，公安机关在其脱逃犯罪后的十年内（1993年9月8日至2003年9月7日）没有对张丽荣采取强制措施，其犯罪行为已超过追诉期限，不应再追诉，对公诉机关提出张丽荣犯脱逃罪的指控，应裁定终止审理。对于第一种意见将张丽荣因故意杀人犯罪被羁押解释为采取强制措施，我们认为该意见有扩大解释的问题。首先，前述“强制措施”应理解为人民法院、人民检察院、公安机关采取的拘留、逮捕等法定刑事强制措施，不能扩大解释为一切被限制人身自由的状态。张丽荣脱逃时虽被羁押，但被羁押的依据是前罪的生效判决，属于服刑而非被采取刑事强制措施。其次，如果该意见成立，那么所有脱逃案件将不存在追诉时效的问题，因为脱逃的前提就是被羁押，另外，对于脱逃的犯罪类型，主流的观点均认为其系状态犯而不是持续犯，张丽荣脱逃获得“自由”后即为犯罪既遂，后续表现为脱逃的状态。

（二）本案死刑缓期执行期间应连续计算，在逃期间应扣除

本案的另外一个难点就是被告人张丽荣死刑缓期执行期间如何计算。根据《中华人民共和国刑法修正案（九）》对1997年刑法第五十条第一款修改后的规定，即“判处死刑缓期执行的，在

死刑缓期执行期间……对于故意犯罪未执行死刑的,死刑缓期执行的期间重新计算”,如果认定张丽荣犯脱逃罪,将脱逃罪与前罪数罪并罚,判处死缓并核准后,重新执行不存在规范障碍。这是因为死缓执行期间又犯新罪,需要数罪并罚重新作出判决,如果判处死缓,则缓期执行期间当然应该重新计算。而本案的情况不同,因认定张丽荣脱逃罪已过追诉时效裁定终止审理,即表明刑法对张丽荣的此项犯罪已经不再追诉,不需要数罪并罚重新判决,故不能适用死刑缓期执行期间重新计算的规定。值得说明的是,因过追诉时效法院裁定终止审理即应当视其为无罪处理,不能理解为构成故意犯罪免予刑事处罚,我国的时效制度规定仅限于追诉时效,而不是行刑时效,任何人未经审判不得认定为有罪,本案裁定终止审理的情形不同于一审认定被告人有罪,二审期间因被告人死亡而裁定终止审理的情形,因后一种情形一审已经认定被告人有罪,二审期间的终止审理裁定有被告人构成犯罪但因被告人死亡而终止程序之意,对于二审期间经审查被告人无罪的必须宣告无罪而不得终止审理,两个终止审理的内涵和外延有所不同。简而言之,本案的终止审理是对犯罪不予追诉,不能适用关于犯新罪的重新计算死缓执行期间的规定。

按照刑法及刑事诉讼法的规定,对张丽荣的死刑缓期执行期间不能重新起算。2017年1月1日起施行的《最高人民法院关于办理减刑、假释案件具体应用法律的规定》亦仅规定了被判处死刑缓期执行的罪犯,在死刑缓期执行期内被发现漏罪的,依据刑法第七十条规定数罪并罚,决定执行死刑缓期执行的,死刑缓期执行期间自新判决确定之日起计算,已经执行的死刑缓期执行期间计入新判决的死刑缓期执行期间内。

对于本案,既不符合重新计算死刑缓期执行期间的规定,又不能依据漏罪的规定直接将已执行期间计入死刑缓期执行期间内,属于尚无明确规定的情形。我们认为,应坚持从旧兼从轻,从有利于被告人的原则出发,按照《刑法修正案(九)》规定的思路、目的,对张丽荣死刑缓期执行期间应连续计算,但其脱逃的期间必须予以扣除,并执行《最高人民法院关于办理减刑、假释案件具体应用法律的规定》第十二条,即死刑缓期执行罪犯在缓期执行期间不服从监管、抗拒改造,尚未构成犯罪的,在减为无期徒刑后再减刑时应当适当从严。

(撰稿:黑龙江省高级人民法院　于苗淼
审编:最高人民法院刑三庭　周　川　嵇晶晶)

[第1375号]胡群光妨害作证、王荣炎帮助伪造证据案

——“部分篡改型”行为不构成虚假诉讼罪

【关键词】 妨害作证罪　伪造证据罪　部分篡改　虚假诉讼

一、基本案情

被告人胡群光,男,1964年9月4日出生。2013年11月5日因犯赌博罪被判处有期徒刑一年六个月,缓刑二年,并处罚金人民币十万元。2015年4月30日因本案被逮捕。

被告人王荣炎,男,1953年1月16日出生。2015年4月23日被取保候审。

浙江省江山市人民检察院以被告人胡群光犯妨害作证罪、被告人王荣炎犯帮助伪造证据罪,向江山市人民法院提起公诉。

被告人胡群光辩解称,主观上无虚假诉讼和妨害作证的故意,客观上未侵害其他债权人的利

益,其行为不构成犯罪。

被告人王荣炎对指控的犯罪事实予以供认,请求从轻处罚。

江山市人民法院经审理查明:被告人胡群光对多人负有债务无力偿还。2013 年 4 月 1 日,债权人周江森向江山市人民法院起诉要求胡群光偿还借款,并在 600 万元的债权范围内保全了胡群光位于江山市区阳光新城 132 号的别墅,江山市人民法院同年 9 月 24 日作出判决,由胡群光归还周江森借款本金 4 279 050 元及相应利息。同年 11 月 26 日和 2014 年 1 月 20 日,债权人徐春发和宋金祥先后向江山市人民法院提起民事诉讼,分别要求胡群光偿还借款 560 万元和 300 万元及相应利息,经江山市人民法院主持调解,双方当事人达成调解协议,由胡群光限期偿还徐春发和宋金祥的借款。2014 年 5 月 8 日,江山市人民法院对胡群光的别墅进行拍卖,得款 831 万元,并依法冻结胡群光银行账户内存款 50 余万元。

被告人胡群光另负有对胡群琳和被告人王荣炎的债务,金额分别为 71 万元和 56 万元。为逃避履行对周江森、徐春发和宋金祥等人所负债务,胡群光于 2013 年年初找到王荣炎,提出将胡群光对胡群琳和王荣炎所负债务的总金额由 127 万元虚增至 350 万元,并由王荣炎出面,分别以王荣炎名义和胡群琳诉讼代理人的名义提起民事诉讼,要求胡群光偿还借款。为证明上述虚假诉讼请求,胡群光于同年 4 月 24 日提供资金 180 万元,指使王荣炎、胡群琳通过多个银行账户间循环转账等方式,制造王荣炎以出借人和经办人身份,向胡群光分别转账出借 170 万元和 180 万元的假象,并伪造了胡群光向王荣炎借款 350 万元、落款日期为 2013 年 4 月 24 日的借条一张。同年 12 月 23 日,胡群光指使王荣炎向江山市人民法院提起民事诉讼,要求胡群光偿还借款 350 万元及相应利息。诉讼过程中,王荣炎向法院提交了伪造的借条和银行账户转账凭证等证据材料。2014 年 1 月 6 日,经法院主持调解,王荣炎与胡群光达成调解协议,约定胡群光于同年 1 月 13 日前归还借款 350 万元及相应利息。江山市人民法院于同日作出(2014)衢江商初字第 14 号民事调解书。截至本案案发,该民事调解书尚未执行。2014 年 7 月 15 日,江山市公安局对被告人胡群光等人立案侦查,先后将胡群光和王荣炎抓获归案。

江山市人民法院认为,被告人胡群光指使他人在诉讼过程中作伪证,其行为已构成妨害作证罪;被告人王荣炎受他人指使,在诉讼过程中帮助伪造证据,严重侵害正常司法秩序,情节严重,其行为已构成帮助伪造证据罪。公诉机关指控罪名成立,应予采纳。胡群光在缓刑考验期内又犯新罪,依法应当撤销缓刑,对新罪作出判决后与前罪未执行的刑罚并罚。王荣炎归案后如实供述自己的罪行,可以从轻处罚,根据其犯罪情节和悔罪表现,依法可以适用缓刑。依照《中华人民共和国刑法》第三百零七条第一款、第二款,第六十七条第三款,第六十九条,第七十二条第一款,第七十三条第一款,第七十七条第一款之规定,判决如下:

1. 撤销(2013)衢江刑初字第 369 号刑事判决中对被告人胡群光的缓刑部分;

2. 被告人胡群光犯妨害作证罪,判处有期徒刑九个月,与前罪未执行的有期徒刑徒刑一年六个月、并处罚金人民币十万元并罚,决定执行有期徒刑一年十个月,并处罚金人民币十万元;

3. 被告人王荣炎犯帮助伪造证据罪,判处拘役五个月,缓刑七个月。

一审宣判后,被告人王荣炎未提出上诉,被告人胡群光以自己的行为不构成妨害作证罪为由提出上诉。胡群光的辩护人提出,胡群光拖欠王荣炎等人债务共计 350 万元的事实客观存在,因为不懂法,采取了错误的诉讼方式,请求改判无罪。

衢州市中级人民法院经审理认为,根据证人证言、原审被告人王荣炎的供述和在案其他证据,足以认定胡群光指使王荣炎伪造证据进行虚假诉讼的事实,相关上诉理由和辩护意见均不予采信。一审判决认定事实清楚,适用法律正确,量刑适当。审判程序合法。依照 2012 年修订的

《中华人民共和国刑事诉讼法》第二百二十五条第一款第(一)项之规定,裁定如下:

驳回上诉,维持原判。

二、主要问题

"部分篡改型"行为是否构成虚假诉讼罪?

三、裁判理由

本案审理过程中,对于被告人胡群光、王荣炎的行为应当如何定性,存在以下两种意见:

第一种意见认为,被告人胡群光、王荣炎伪造借条、虚增债权金额并提起民事诉讼,属于以捏造的事实提起民事诉讼行为,二人行为均符合虚假诉讼罪的构成要件。胡群光、王荣炎的行为发生在《刑法修正案(九)》施行之前,而本案一审判决和二审裁定的作出日期分别为2016年5月27日和7月12日,裁判结果作出时《刑法修正案(九)》已经公布施行,根据从旧兼从轻原则,对二人均应以虚假诉讼罪定罪处罚。

第二种意见认为,被告人胡群光、王荣炎的行为不符合虚假诉讼罪的构成要件,应当分别以妨害作证罪和帮助伪造证据罪定罪处罚。

我们同意第二种意见。被告人胡群光在拖欠被告人王荣炎及胡群琳借款127万元的情况下,为达到转移资产、逃避履行其他合法债务的目的,与王荣炎、胡群琳恶意串通,通过伪造借条、制造虚假银行账户转账记录等方式,将债权债务数额提高至350万元,并由王荣炎提起民事诉讼,要求胡群光清偿债务350万元,属于刑法理论上所称"部分篡改型"行为,以区别于在不存在民事法律关系的情况下凭空捏造民事法律关系、虚构民事纠纷并向人民法院提起民事诉讼的"无中生有型"行为。对于"部分篡改型"行为是否构成虚假诉讼罪,在《刑法修正案(九)》研究起草过程中一直存在较大争议,《刑法修正案(九)》公布施行后,这种争议仍未平息,实践中对此类行为的定罪处罚也不一致。正确认定"部分篡改型"行为的法律性质,合理确定相关行为人的刑事责任,具有重要的理论和实践意义。

我们认为,"部分篡改型"行为不符合虚假诉讼罪的构成要件,依法不应认定为虚假诉讼罪,主要理由如下:

第一,从对刑法条文进行文义解释的角度分析。根据《刑法》第三百零七条之一第一款的规定,以捏造的事实提起民事诉讼,妨害司法秩序或者严重侵害他人合法权益的,构成虚假诉讼罪。在《刑法》规定的虚假诉讼罪的罪状中,"提起民事诉讼"的文义相对明确,解释的重点在于如何确定"捏造"一词的内涵和外延。根据一般理解,"捏造"一般是指完全没有依据、无中生有,仅靠自己的凭空想象臆造根本不存在的事物,与"杜撰""虚构"等基本属于同义词。《刑法》第二百四十三条关于诬告陷害罪的规定、第二百四十六条关于诽谤罪的规定等多个条文均使用了"捏造"一词,理论和实践中一般认为,上述条文中的"捏造",均是指对相关事实无中生有的行为。从保持刑法用语含义的一致性考虑,虚假诉讼罪中的"捏造",原则上也应限定为无中生有、凭空虚构民事法律关系的行为。

第二,从探究立法原意的角度分析。根据立法资料,《刑法》增设虚假诉讼罪的目的,主要是依法惩治不具有合法诉权的行为人故意捏造事实,制造自己具有诉权的假象,意图骗取人民法院裁判文书、达到非法目的的行为。对于虚假诉讼中的"诉讼"一词来讲,行为人行使诉权、提交诉状为"诉",人民法院立案受理、作为一个民事诉讼案件进行审理为"讼",在人民法院实行立案登记制改革之后,"讼"是"诉"的必然逻辑结果。因此,对于虚假诉讼罪而言,刑法评价的重点是其中"诉"的虚假性,刑罚打击的对象是行为人行使虚假诉权的行为。如果民事法律关系客观存在,则行为人依法享有诉权,其对部分证据材料弄虚作假,对债权债务的具体数额、履行期限等进行部分篡改,不属于虚假诉讼罪的处罚对象。

第三,《刑法修正案(九)》的立法审议过程亦反映出虚假诉讼罪仅包含"无中生有型"行为。《刑法修正案(九)》(草案一次审议稿)对虚假诉讼罪罪状的规定为,为谋取不正当利益,以捏造的事实为案由,向人民法院提起民事诉讼,骗取人民法院裁判文书的,构成虚假诉讼罪。明确虚假诉讼罪中捏造的事实是属于案由范围内的事实。根据《民事案件案由规定》的相关规定,民事案件的案由反映案件涉及的民事法律关系的性质,是对诉讼争议所包含的法律关系进行的概括,表述方式原则上为"法律关系的性质"加"纠纷"组成。因此,虚假诉讼行为人捏造的事实,同时包括民事法律关系和民事纠纷两个方面。如果民事法律关系客观存在,则行为人并无捏造事实的余地,不成立虚假诉讼罪。

第四,将"部分篡改型"行为排除在虚假诉讼罪之外,符合民事诉讼的客观规律。现阶段,民事诉讼案件数量巨大,且具体情况比较复杂,部分原告采取虚假陈述、伪造证据等手段故意提高诉讼标的额,实际上是出于更好地维护自身合法利益等诉讼策略方面的考虑。如果对这种情况不加区别地认定为虚假诉讼罪,可能会侵害部分民事当事人享有的合法诉权,导致刑罚打击面过大。

第五,将"部分篡改型"行为认定为虚假诉讼罪,难以确定明确的定罪标准。与"无中生有型"行为中罪与非罪存在质的区别不同,在"部分篡改型"行为中,不同行为造成的社会危害性主要体现为标的额大小之间量的差别,如何确定罪与非罪的区分标准,存在很大的困难。类似本案情况下,如果认定被告人胡群光、王荣炎将债权债务数额由127万元虚增至350万元的行为构成虚假诉讼罪,那么,将债权债务数额虚增至200万元或者150万元,是否可以认定为虚假诉讼罪?虚增债权债务数额的行为达到什么程度才能认定为虚假诉讼罪?理论和实践中均难以作出明确判断,无法为人民群众提供明确的行为预期。

综上,将"部分篡改型"行为排除在虚假诉讼罪之外,既符合刑法增设虚假诉讼罪的立法原意,也具有司法实践上的合理性。一审、二审法院认定被告人胡群光、王荣炎的行为不构成虚假诉讼罪,适用法律正确。二被告人分别作为民事诉讼的被告和原告,相互恶意串通,在提起民事诉讼之前和民事诉讼过程中,共同实施伪造证据、虚假陈述等弄虚作假行为,骗取人民法院裁判文书,行为可能构成妨害作证罪或者帮助伪造证据罪。

根据《刑法》第三百零七条的规定,以暴力、威胁、贿买等方式阻止证人作证或者指使他人作伪证的,构成妨害作证罪;帮助当事人伪造证据,情节严重的,构成帮助伪造证据罪。本案不涉及民事诉讼证人,确定被告人胡群光、王荣炎的行为构成哪个罪名,主要涉及以"指使他人作伪证"方式实施的妨害作证罪与帮助伪造证据罪的区分问题。理论上一般认为,《刑法》对妨害作证罪中的"他人"未做特殊限定,"指使他人作伪证"中的"他人",既包括证人,也包括当事人、鉴定人、翻译人员等其他诉讼参与人,"伪证"既包括虚假的证人证言,也包括虚假的书证、物证、言词证据、鉴定结论等证据材料;帮助伪造证据罪的主体一般是诉讼当事人以外的人员,但在一方当事人帮助另外一方当事人伪造证据的情况下,提供帮助的一方当事人也可以成立帮助伪造证据罪。根据本案事实,胡群光为达到逃避履行自己对他人所负债务的目的,指使王荣炎等人通过在多个银行账户间循环转账等方式,制造胡群光向王荣炎等人借款350万元的假象,并指使王荣炎向法院提起虚假民事诉讼,并在诉讼过程中提供虚假证据、作虚假陈述,可以认定胡群光的上述行为属于《刑法》第三百零七条规定的"指使他人作伪证",符合妨害作证罪的构成要件,胡群光及其辩护人关于胡群光的行为不构成妨害作证罪的意见不能成立。王荣炎受胡群光的指使,预先伪造银行账户转账记录等证据材料,并在民事诉讼过程中提供虚假证据、作虚假陈述,严重妨害人民法院司法秩序，属于《刑法》第三百零七条规定的“帮助当事人伪造证据，情节严重”情形，行为符合帮助伪造证据罪的构成要件。一审、二审法院认定胡群光的行为构成妨害作证罪，王荣炎的行为构成帮助伪造证据罪，并处以相应的刑罚是适当的。

（撰稿：最高人民法院刑四庭　李加玺
审编：最高人民法院刑四庭　陆建红）

[第1376号]高云虚假诉讼案

——民事共同诉讼案件中如何正确认定虚假诉讼罪

【关键词】　虚假诉讼　民事共同诉讼　从旧兼从轻原则

一、基本案情

被告人高云，曾用名高水娥，1965年2月11日出生，浙江振铭建材装饰有限公司法定代表人。2016年10月10日被逮捕。

浙江省长兴县人民检察院以被告人高云犯虚假诉讼罪，向长兴县人民法院提起公诉。

被告人高云对指控的犯罪事实予以供认。高云的辩护人提出，本案未造成严重后果，高云法律意识淡薄，已经认识到自己行为的严重性，归案后认罪、悔罪，请求从轻处罚。

长兴县人民法院经审理查明：被告人高云自2011年至2012年多次以个人名义向严晓红借款，并以其投资成立并担任法定代表人的浙江振铭建材装饰有限公司（以下简称振铭公司）作为借款担保人。借款到期后，高云无力偿还，严晓红向长兴县人民法院提起民事诉讼，要求高云和振铭公司承担连带清偿责任。2013年7月，长兴县人民法院作出一审判决，由高云限期偿还全部借款及相应利息，振铭公司承担连带清偿责任。判决生效后，高云和振铭公司在规定期限内未能履行清偿责任，案件进入执行程序。

被告人高云为转移振铭公司资产、逃避长兴县人民法院判决确定的清偿责任，于2014年年底至2015年年初找到倪菁、陈伟、陈卫兵等人，指使其收集江震、沈俊、陈雷等10人的身份信息资料，将江震、沈俊、陈雷等10人虚构成为振铭公司员工，并通过伪造工资表等方式，捏造振铭公司对上述10人的虚假欠薪合计800 082元，又伪造振铭公司员工倪菁、李坤松、程腊香等12人的工资表，上调倪菁、李坤松、程腊香等12人的工资，形成振铭公司对上述12人的虚假欠薪合计414 150元。之后，高云以上述虚假欠薪事实为依据，指使倪菁等人以自己名义或者担任诉讼代理人，以上述22人为原告向长兴县人民法院提起民事诉讼，要求振铭公司支付劳动报酬。案件审理过程中，经法院主持调解，双方达成调解协议，长兴县人民法院作出民事调解书，后倪菁等人根据该民事调解书申请强制执行振铭公司的财产。

长兴县人民法院认为，被告人高云以捏造的事实提起民事诉讼，其行为已构成虚假诉讼罪，公诉机关指控的罪名成立。鉴于高云归案后自愿认罪，酌情予以从轻处罚，辩护人提出的辩护意见予以采纳。根据高云的犯罪事实、犯罪性质、情节以及对社会的危害程度，依照《中华人民共和国刑法》第三百零七条之一、第六十七条第三款、第五十二条、第五十三条之规定，判决如下：

被告人高云犯虚假诉讼罪，判处有期徒刑八个月，并处罚金人民币二千元。

一审宣判后，被告人高云以量刑过重为由提出上诉，后在二审过程中自愿认罪，申请撤回上诉。

湖州市中级人民法院经审理认为，上诉人高云为转移公司资产逃避执行，指使他人伪造欠薪进行虚假诉讼的事实，有一审采信的证据证实，本案事实清楚，证据确实、充分，予以确认。一审判决定罪和适用法律正确，量刑适当。审判程序合法。高云申请撤回上诉的要求确系合法、自愿，予以准许。依照《最高人民法院关于适用〈中华人民共和国刑事诉讼法〉的解释》第三百零五条第一款、第三百零八条之规定，裁定如下：

准许上诉人高云撤回上诉。

二、主要问题

在民事共同诉讼案件中，应当如何正确认定虚假诉讼罪？

三、裁判理由

本案审理过程中，对于被告人高云的行为应当如何定性，有以下两种意见：

第一种意见认为，被告人高云指使他人以自己名义或者作为诉讼代理人提起民事诉讼，全部22名民事诉讼原告中，有12人系被告振铭公司员工，振铭公司负有对该12名原告支付劳动报酬的义务，高云上调该12名原告的工资数额，虽有捏造另外10名原告工资的行为，但其指使他人以该22人为共同原告，提起一个民事诉讼，对其行为应整体评价为在存在劳动报酬纠纷的情况下虚增劳动报酬金额的"部分篡改型"行为，不符合虚假诉讼罪的构成要件，应以妨害作证罪定罪处罚。

第二种意见认为，被告人高云的行为构成虚假诉讼罪，其中又有两种理由：第一种理由认为，《刑法》第三百零七条之一并未将"部分篡改型"行为排除在外，本案虽然属于"部分篡改型"行为，仍可以认定为以捏造的事实提起民事诉讼，符合虚假诉讼罪的构成要件；第二种理由认为，"部分篡改型"行为不构成虚假诉讼罪，但本案中的民事诉讼属于可分之诉，高云将其中10名原告虚构成为振铭公司员工、形成虚假欠薪800 082元，属于"无中生有型"行为，依法构成虚假诉讼罪。

我们同意第二种意见，被告人高云的行为应当认定为虚假诉讼罪，但认定其行为构成虚假诉讼罪的第一种理由难以成立。《刑法》增设虚假诉讼罪的主要目的，是惩治本不存在民事法律关系、行为人依法并无诉权，为达到非法占有他人财物或者逃避履行债务等目的而虚构民事法律关系和民事纠纷，制造自己享有诉权的假象，并向人民法院提起民事诉讼的行为，即仅限于"无中生有型"行为。对于"部分篡改型"行为而言，由于本就存在民事法律关系，行为人依法享有诉权，其通过伪造证据、虚假陈述等手段篡改部分案件事实并提起民事诉讼的行为，不应认定为虚假诉讼罪。上述两种意见的主要分歧，在于对高云指使他人以22人为共同原告提起民事诉讼的行为，应当整体评价为"部分篡改型"行为，还是应当对其中的不同情况进行区分，分别进行评价。我们认为，应当从以下两个方面进行考虑：

第一，判断某一行为是否构成虚假诉讼罪，应当进行实质性判断。如上文所述，虚假诉讼罪的惩治对象仅限于"无中生有型"行为，行为人凭空捏造民事法律关系，虚构民事纠纷，向人民法院提起民事诉讼的行为，才可能构成虚假诉讼罪。实践中，民事案件的情况千差万别，具体情况各不相同，对于行为人实施的行为是否属于捏造民事法律关系、虚构民事纠纷，应当结合民事诉讼理论和案件的具体情况，进行实质性判断，不能作形式化、简单化处理，否则可能不当扩大刑罚的打击范围。例如，行为人与他人之间存在真实的买卖合同关系，买方未能按期支付货款，为达到顺利收取货款的目的，行为人以双方存在借贷合同关系为由向人民法院提起民事诉讼，要求对方偿还借款。从形式上看，行为人捏造了借贷合同关系，似乎可以认定为虚假诉讼行为。但是，根据《民事案件案由规定》的相关规定,行为人起诉的法律关系与实际诉争的法律关系不一致的,人民法院审理时应当根据法庭查明的当事人之间实际存在的法律关系的性质,相应变更案件的案由。因此,对于行为人与他人之间确实存在民事法律关系和民事纠纷,仅对民事法律关系的性质进行篡改的,不宜简单认定为捏造民事法律关系,进而以虚假诉讼罪论处。

本案中,被告人高云指使倪菁等人以自己名义或者担任诉讼代理人,以22人为原告,向人民法院提起民事诉讼,要求振铭公司支付劳动报酬,属于民事共同诉讼。《民事诉讼法》第五十二条规定:"当事人一方或者双方为二人以上,其诉讼标的是共同的,或者诉讼标的是同一种类、人民法院认为可以合并审理并经当事人同意的,为共同诉讼。"民事诉讼理论认为,共同诉讼是与一对一的原告和被告进行单独诉讼相对应的复数诉讼形式,属于诉的主观合并,根据是否具有共同的诉讼标的,可分为普通共同诉讼和必要共同诉讼两种。普通共同诉讼,是指当事人一方或者双方为二人以上,其诉讼标的属于同一种类,人民法院认为可以合并审理,并经当事人同意而共同进行的诉讼;必要共同诉讼,是指当事人一方或者双方为二人以上,具有共同诉讼标的的诉讼。

在民事共同诉讼中,正确认定某一行为是否构成虚假诉讼罪,需要以普通共同诉讼和必要共同诉讼的区分为基础进行判断。具体来讲,必要共同诉讼人具有共同的权利或义务,属于不可分之诉,因此,对于行为人实施的某一行为是否属于《刑法》规定的虚假诉讼行为,只能进行整体评价。但是,在普通共同诉讼中,参加诉讼的各个原告均享有独立的诉权,属于可分之诉。在普通共同诉讼中,由于一方多个当事人之间没有共同的权利或者义务关系,既可以作为共同诉讼合并审理,也可以作为多个独立的诉讼分别审理,即使合并审理,法院也需要作出分别确认各自民事权利义务的判决,共同诉讼人的诉讼权利和义务与独立进行的诉讼完全相同。可以看出,在多个原告共同提起普通共同诉讼的情况下,各原告均享有独立的诉权。虚假诉讼罪的惩治重点,是行为人捏造事实行使虚假诉权的行为,因此,对于普通共同诉讼中各原告行使各自诉权的行为,原则上应当分别进行评价,确定其中是否存在捏造民事法律关系、虚构民事纠纷的情形,如果答案是肯定的,则应认定该部分为刑法规定的虚假诉讼行为。不能因为其中部分原告的行为属于部分篡改案件事实,就对全案认定为"部分篡改型"行为。

第二,判断某一行为是否构成虚假诉讼罪,还应考虑案件处理的实际效果。如上所述,普通共同诉讼为可分之诉,既可以作为共同诉讼合并审理,也可以作为多个独立的诉讼分别进行审理。在存在多个原告的情况下,各原告人既可以作为一个整体提起诉讼,由法院立为一个民事案件进行合并审理,也可以分别提起诉讼,由法院立为多个民事案件分别进行审理;在各原告人分别提起诉讼的情况下,法院发现多个相关案件的诉讼标的属于同一种类的,征得当事人同意后,也可以合并审理。如果认为对民事共同诉讼案件均应坚持整体评价的原则确定行为是否构成虚假诉讼罪,则行为人完全可以采取将"无中生有"之诉与"部分篡改"之诉同时起诉、由法院立为一个民事案件进行合并审理的方式,规避刑法的处罚;在行为人指使多人分别作为原告,将"无中生有"之诉与"部分篡改"之诉分别起诉的情况下,法院如果合并审理,则行为人的行为不构成虚假诉讼罪,如果不合并审理,则行为人可能被以虚假诉讼罪定罪处罚。如此一来,法院的行为将直接决定某一行为是否可能构成虚假诉讼罪,不符合刑事责任认定的基本理论,实践中可能造成不良效果。

综上,我们认为,在民事普通共同诉讼案件中,对于某一行为是否构成虚假诉讼罪,应当区分不同原告的行为,分别进行评价。本案中,被告人高云指使他人,以22人为原告起诉振铭公司,要求振铭公司支付劳动报酬,各原告均享有对振铭公司的独立诉权,仅因诉讼标的属于同一种类,法院立为一个民事案件进行合并审理,属于普通共同诉讼。在22名原告中,有12人确系振铭公司员工,享有对振铭公司的劳动报酬追索权,高云通过伪造工资表等方式上调上述人员的工资数额,属于"部分篡改型"行为,不构成虚假诉讼罪;另有10名原告与振铭公司不存在劳动合同关系,无权向振铭公司索要劳动报酬,高云伪造上述人员的工资表,捏造劳动合同关系和双方因追索劳动报酬产生民事纠纷的事实,属于"无中生有型"行为,属于刑法规定的虚假诉讼行为。高云虚增的劳动报酬数额不应计入虚假诉讼标的额。虚假诉讼罪不以法院裁判实际得到执行为必备要件,诉讼标的额不能直接反映虚假诉讼行为造成的社会危害性,不属于虚假诉讼罪的定罪条件。本案中,法院已经作出民事调解书,且已进入执行程序,达到《刑法》第三百零七条之一第一款规定的"妨害司法秩序"的社会危害程度,应当认定高云捏造振铭公司拖欠劳动报酬的事实并指使他人提起民事诉讼的行为已经达到虚假诉讼罪的定罪条件。

此外,高云的行为发生在《刑法修正案(九)》施行之前,依照当时的《刑法》规定,其行为构成妨害作证罪;本案一审判决和二审裁定的作出日期分别为2016年10月17日和2016年12月12日,裁判作出时《刑法修正案(九)》已经公布施行,依照修正后《刑法》规定,高云的行为构成虚假诉讼罪。一审、二审法院根据从旧兼从轻原则,对被告人高云以虚假诉讼罪定罪处罚,是适当的。

(撰稿:最高人民法院刑四庭　李加玺
审编:最高人民法刑四庭　陆建红)

[第1377号]胡文新、黎维军虚假诉讼案

——向人民法院申请执行仲裁调解书是否属于虚假诉讼罪中的"提起民事诉讼"

【关键词】 虚假诉讼罪　申请执行仲裁调解书　提起民事诉讼

一、基本案情

被告人胡文新,曾用名胡良新,男,1984年10月10日出生,浙江省临安市①家政培训学校法定代表人。2015年10月16日被逮捕。

被告人黎维军,男,浙江省临安市鸿顺家政服务有限公司法定代表人。2015年10月16日被逮捕。

浙江省临安市人民检察院以被告人胡文新、黎维军犯虚假诉讼罪,向临安市人民法院提起公诉。

被告人胡文新、黎维军对指控的犯罪事实均无异议。胡文新的辩护人提出,胡文新通过劳动仲裁获得仲裁调解书后向人民法院申请执行的行为不属于提起民事诉讼;胡文新的行为不构成妨害作证罪或者诈骗罪,虚假诉讼罪是《刑法修正案(九)》增加的罪名,根据从旧兼从轻原则,胡文新的行为亦不构成虚假诉讼罪,可以根据《民事诉讼法》的规定进行制裁。黎维军的辩护人提出,根据从旧兼从轻原则,不应认定黎维军构成虚假诉讼罪。

临安市人民法院经审理查明:2015年2月3日,浙江省临安市家政培训学校(以下简称临安市家政学校)因民间借贷纠纷,被临安市人民法院依法裁定冻结名下银行账户内存款37万元。

---

① 现临安区,下同。

同年3月，被告人胡文新、黎维军为取出被冻结的存款，经事先预谋，伪造临安市家政学校拖欠黎维军及高鹏（另案处理）、黎维军的妻子章丽萍三人2014年3月至2015年3月工资共计15.3万余元的工资单。之后，在胡文新的指使下，黎维军和高鹏以债权人和债权人受托人的身份，向临安市劳动人事争议仲裁委员会（以下简称临安市仲裁委）申请劳动仲裁，以虚假的工资单获取仲裁调解书后，2015年4月20日向临安市人民法院申请执行该仲裁调解书，临安市人民法院同日立案执行。

2015年五六月，被告人胡文新指使陈文英（另案处理）伪造临安市家政学校拖欠陈文英工资41 250元及社会保险的工资单，采用相同方式从临安市仲裁委获取仲裁调解书后，同年7月9日和8月7日先后两次向临安市人民法院申请强制执行，临安市人民法院分别立案受理，执行过程中发现上述人员存在虚假诉讼犯罪嫌疑，遂将案件线索移交临安市公安局。

临安市人民法院认为，被告人胡文新、黎维军以捏造的事实提起民事诉讼，妨害司法秩序，二人行为均已构成虚假诉讼罪，公诉机关指控的罪名成立。关于二辩护人对本案定性所提异议，经查，民事诉讼程序包括执行程序，《民事诉讼法》也设有执行程序编，胡文新、黎维军未经民事审判，直接以仲裁机构出具的调解书向人民法院申请执行，属于广义的民事诉讼。胡文新、黎维军指使高鹏、陈文英等人作伪证，捏造临安市家政学校拖欠员工工资的事实并提起民事诉讼，妨害人民法院司法秩序，同时符合妨害作证罪和虚假诉讼罪的构成要件，应适用从旧兼从轻原则确定罪名，因虚假诉讼罪主刑中增加了管制，相对妨害作证罪法定刑较轻，应以虚假诉讼罪定罪处罚。胡文新、黎维军为套取被人民法院冻结的资金，经事先商量后各自联系人员帮忙伪造证据，地位、作用相当，不足以区分主从犯，二被告人归案后基本如实供述自己的罪行，依法应予从轻处罚。依照《中华人民共和国刑法》第三百零七条之一第一款、第二十五条第一款、第六十七条第三款、第五十二条、第五十三条和《最高人民法院关于〈中华人民共和国刑法修正案（九）〉时间效力问题的解释》第七条之规定，判决如下：

1. 被告人胡文新犯虚假诉讼罪，判处有期徒刑十个月，并处罚金人民币三千元；

2. 被告人黎维军犯虚假诉讼罪，判处有期徒刑八个月，并处罚金人民币二千元。

一审宣判后，被告人胡文新、黎维军均未提出上诉，检察机关未提出抗诉，判决已经发生法律效力。

二、主要问题

向人民法院申请执行仲裁调解书的行为，是否属于虚假诉讼罪中的“提起民事诉讼”？

三、裁判理由

根据《刑法》第三百零七条之一的规定，虚假诉讼罪，是指以捏造的事实提起民事诉讼、妨害司法秩序或者严重侵害他人合法权益的行为。据此，“提起民事诉讼”是虚假诉讼罪的核心行为，正确理解《刑法》第三百零七条之一规定的“提起民事诉讼”的含义，是准确适用虚假诉讼罪的关键。本案在审理过程中，对于被告人胡文新、黎维军以捏造的事实获取仲裁调解书，再向人民法院申请执行仲裁调解书的行为是否构成虚假诉讼罪，存在两种不同意见：第一种意见认为，二被告人向法院提起的是民事执行程序，不属于民事诉讼的范畴，因此不构成虚假诉讼罪；第二种意见认为，民事执行程序属于民事诉讼，二被告人的行为属于“提起民事诉讼”，应构成虚假诉讼罪。我们同意第二种意见，主要理由如下：

（一）申请民事执行程序属于虚假诉讼罪中的“提起民事诉讼”

《民事诉讼法》第二编规定了第一审普通程序、简易程序、第二审程序、特别程序、审判监督程序、督促程序和公示催告程序，第三编还规定了执行程序。从目的解释的角度看，《刑法修正案

（九）》增设虚假诉讼罪的目的，在于依法惩治不具有合法诉权、通过捏造事实的方式制造自己具有诉权的假象、意图骗取人民法院裁判的行为，主要打击对象是纠纷首次进入人民法院进行司法处理的初始程序。民事一审程序是公民、法人和其他组织行使诉权、纠纷首次进入民事诉讼程序的入口，认定为虚假诉讼罪中的“提起民事诉讼”，一般不会存在争议。简易程序、特别程序、督促程序和公示催告程序亦属于纠纷首次进入民事诉讼程序的入口，应当认定为虚假诉讼罪中的“提起民事诉讼”。根据《民事诉讼法》的规定，我国的二审程序一般采取续审制原则，除特殊情况外，二审审理范围原则上不超出一审之诉和上诉请求的范围。因此，行为人在一审阶段被动应诉、一审宣判后以捏造的事实提出上诉、启动二审程序的，一般不应认定为虚假诉讼罪中的“提起民事诉讼”。

对于民事执行程序是否可以认定为虚假诉讼罪中的“提起民事诉讼”，理论和实践中存在一定争议。通常情况下，执行程序是民事一审、二审程序的自然延续，大多数情况不属于纠纷首次进入民事诉讼的初始程序。但是，执行程序同时还具有相对的独立性，并不是一审、二审程序的附庸。《民事诉讼法》第二百三十七条规定，对依法设立的仲裁机构的裁决，一方当事人不履行的，对方当事人可以向有管辖权的人民法院申请执行；第二百三十八条规定，对公证机关依法赋予强制执行效力的债权文书，一方当事人不履行的，对方当事人可以向有管辖权的人民法院申请执行。另外，《民事诉讼法》第二百二十七条和《最高人民法院关于适用〈中华人民共和国民事诉讼法〉的解释》还分别规定了民事执行过程中案外人对执行标的提出异议和申请参与执行财产分配程序。上述情况均属于民事纠纷首次进入人民法院司法处理程序，不以同一纠纷经过一审、二审民事程序审理为前提。因此，民事执行程序中的申请执行仲裁裁决和公证债权文书、案外人对执行标的提出异议和申请参与执行财产分配，均可以认定为虚假诉讼罪中的“提起民事诉讼”。明确上述类型的民事执行程序属于虚假诉讼罪的“提起民事诉讼”，对于利用刑罚手段依法惩治恶意利用人民法院执行程序达到非法转移财产、逃避执行义务等非法目的行为，助力人民法院打赢“基本解决执行难”攻坚战，具有重要的现实意义。

（二）申请执行仲裁调解书属于虚假诉讼罪中的“提起民事诉讼”

《民事诉讼法》第二百三十七条规定的当事人向人民法院申请执行的法律文书，仅包括仲裁机构作出的裁决。但是，本案被告人胡文新、黎维军以捏造的事实获取的是仲裁调解书而非仲裁裁决，并向人民法院申请执行该仲裁调解书，是否可以认定二被告人的行为构成虚假诉讼罪，值得认真研究。

我们认为：首先，《最高人民法院关于人民法院办理仲裁裁决执行案件若干问题的规定》①第一条规定：“本规定所称的仲裁裁决执行案件，是指当事人申请执行仲裁机构依据仲裁法作出的仲裁裁决或者仲裁调解书的案件。”据此，《民事诉讼法》第二百三十七条规定内容实际上也包含申请强制执行仲裁调解书。其次，根据《仲裁法》第五十一条的规定，经调解达成协议的，仲裁庭应当制作调解书或者根据协议的结果制作裁决书，调解书与裁决书具有同等法律效力；根据《劳动争议调解仲裁法》第五十一条的规定，当事人对发生法律效力的调解书、裁决书，应当依照规定的期限履行，一方当事人逾期不履行的，另一方当事人可以依照《民事诉讼法》的有关规定向人民法院申请执行，受理申请的人民法院应当依法执行。可以看出，仲裁机构依法作出的裁决书和调解书的法律效力相同。一方当事人向人民法院申请执行裁决书或调解书，行为性质并无实质区别，因而相关行为在是否构成犯罪方面不能得出相反的法律评价。最后，《最高人民法院关于防

① 该解释自2018年3月1日起施行，但上述条文的相关精神在实践中一直被遵守。

范和制裁虚假诉讼的指导意见》第八条规定："在执行公证债权文书和仲裁裁决书、调解书等法律文书过程中，对可能存在双方恶意串通、虚构事实的，要加大实质审查力度，注重审查相关法律文书是否损害国家利益、社会公共利益或者案外人的合法权益。如果存在上述情形，应当裁定不予执行。必要时，可向仲裁机构或者公证机关发出司法建议。"该条文将行为人向人民法院申请执行基于捏造的事实作出的仲裁调解书的行为明确规定为虚假诉讼行为。综上，以捏造的事实获取仲裁调解书后，向人民法院申请执行该仲裁调解书的，属于虚假诉讼罪中的"提起民事诉讼"，可能构成虚假诉讼罪。

此外，本案还涉及刑法的溯及力问题。虚假诉讼罪是2015年11月1日施行的《刑法修正案（九）》新增设的罪名，而本案被告人胡文新、黎维军的行为发生在2015年3月至8月，行为实施时《刑法修正案（九）》尚未施行，一审判决作出于2016年3月18日，审理时《刑法修正案（九）》已经公布施行。根据《刑法》第十二条的规定精神，行为时法与裁判时法不一致的，应当适用从旧兼从轻原则。为了正确适用《刑法修正案（九）》，最高人民法院专门出台了《关于〈中华人民共和国刑法修正案（九）〉时间效力问题的解释》，其中第七条规定："对于2015年10月31日以前以捏造的事实提起民事诉讼，妨害司法秩序或者严重侵害他人合法权益，根据修正前刑法应当以伪造公司、企业、事业单位、人民团体印章罪或者妨害作证罪等追究刑事责任的，适用修正前刑法的有关规定。但是，根据修正后刑法第三百零七条之一的规定处刑较轻的，适用修正后刑法的有关规定。"

本案中，被告人胡文新、黎维军指使他人共同伪造工资单，以该工资单获取仲裁机构出具的仲裁调解书后，向人民法院申请执行，行为同时符合妨害作证罪和虚假诉讼罪的构成要件，且均不属于"情节严重"的情形。这种情况下，需要比较两罪的法定刑哪个更轻。具体而言，胡文新、黎维军所犯妨害作证罪对应的法定刑幅度为三年以下有期徒刑或者拘役，所犯虚假诉讼罪对应的法定刑幅度为三年以下有期徒刑、拘役或者管制，并处或者单处罚金。两罪的法定最高刑相同，但虚假诉讼罪的法定最低刑为管制和罚金，低于妨害作证罪的法定最低刑拘役，故虚假诉讼罪属于处刑较轻的罪名。

综上，原审法院根据从旧兼从轻原则，认定被告人胡文新、黎维军的行为构成虚假诉讼罪，依法判处三年以下有期徒刑并处罚金，是适当的。

（撰稿：最高人民法院刑四庭　王凯凯
审编：最高人民法院刑四庭　陆建红）

[第1378号]嘉善双赢轴承厂诉单国强虚假诉讼案

——如何正确认定虚假诉讼犯罪案件的自诉条件

【关键词】 虚假诉讼罪　自诉条件

一、基本案情

自诉人嘉善双赢轴承厂，住所地浙江省嘉善县干窑镇新星村幸福桥。

负责人：顾亚萍，系嘉善双赢轴承厂执行合伙人。

被告人单国强，嘉善县干窑镇新星村经济合作社社长、法定代表人。

自诉人嘉善双赢轴承厂向浙江省嘉善县人民法院提起自诉称：嘉善县干窑镇新星村经济合作社（以下简称新星村合作社）2014 年 8 月 22 日向法院起诉自诉人，同时提交了财产保全申请书。法院根据新星村合作社的申请，裁定查封、扣押、冻结自诉人价值数百万元的机器设备和银行存款。之后，新星村合作社未按规定缴纳诉讼费用，亦未提出减、缓、免交诉讼费用申请，法院于同年 9 月 4 日作出裁定，以新星村合作社未在规定时间内及时缴纳案件受理费及保全费用为由，解除了对自诉人财产的查封、扣押、冻结措施，但直到提起刑事自诉之日为止，自诉人的财产仍然下落不明。新星村合作社社长、法定代表人单国强作为直接负责的主管人员，妨害司法秩序，致使自诉人遭受重大经济损失，严重侵害了自诉人合法权益，行为涉嫌构成虚假诉讼罪。依照《中华人民共和国刑法》和《最高人民法院关于执行〈中华人民共和国刑事诉讼法〉若干问题的解释》之规定，特提起诉讼，请求依法追究单国强的刑事责任。

被告人单国强辩称，虚假诉讼犯罪案件不属于自诉案件范围，自诉人的诉讼请求无法律依据，请求人民法院不予受理。

嘉善县人民法院经审查认为，嘉善双赢轴承厂自诉单国强虚假诉讼罪一案，不属于《最高人民法院关于适用〈中华人民共和国刑事诉讼法〉的解释》第一条规定的人民法院直接受理的自诉案件的受案范围，依法应不予受理。依照《最高人民法院关于适用〈中华人民共和国刑事诉讼法〉的解释》第二百五十九条第（一）项、第二百六十三条之规定，裁定对自诉人嘉善双赢轴承厂的刑事自诉不予受理。

一审宣判后，自诉人嘉善双赢轴承厂以提起自诉符合法律规定且属于一审法院管辖范围、一审法院裁定不予受理错误为由提出上诉。

浙江省嘉兴市中级人民法院经审理认为，上诉人嘉善双赢轴承厂提起的刑事自诉不属于人民法院直接受理的自诉案件范围，一审法院裁定不予受理并无不当。嘉善双赢轴承厂请求二审撤销一审裁定、对本案直接管辖或者指令辖区内其他法院管辖的理由不足，不予采纳。一审裁定适用法律正确，审判程序合法。依照 2012 年修订的《中华人民共和国刑事诉讼法》第二百二十九条、第二百二十五条第一款第（一）项之规定，裁定驳回上诉，维持原判。

二、主要问题

如何正确认定虚假诉讼犯罪案件的自诉条件？

三、裁判理由

虚假诉讼犯罪案件发生在民事诉讼过程中，以存在在先的民事诉讼为前提，属于典型的刑民交叉案件。为了避免刑事自诉权被滥用，成为部分民事诉讼当事人用以恶意干扰民事诉讼进程的工具，对虚假诉讼犯罪案件的被害人行使自诉权的条件应当依法严格把握。本案即为典型例证。具体来讲，虚假诉讼犯罪案件中的被害人提起刑事自诉，应当同时满足以下三个方面的条件：

第一，自己的人身、财产权利遭到虚假诉讼犯罪行为侵害。这是提起自诉的主体条件。根据《刑法》第三百零七条之一的规定，以捏造的事实提起民事诉讼，妨害司法秩序或者严重侵害他人合法权益的，构成虚假诉讼罪。从理论上分析，虚假诉讼一旦进入诉讼程序，必然会造成妨害司法秩序的后果，但并不必然侵害他人合法权益，从这个意义上讲，司法秩序是虚假诉讼罪侵犯的必然客体，他人合法权益是选择客体，只有在虚假诉讼罪严重侵害他人合法权益的情况下，被害人才有权提起自诉。从实际情况看，虚假诉讼犯罪行为人的犯罪目的一般可分为欺诈侵财、逃避债务和其他目的三种类型。有权提起自诉的被害人，一般是自身财产被对方当事人非法占有的民事被告，或者因双方当事人恶意串通进行虚假诉讼导致自己合法债权无法实现的案外第三人。

另外，根据《刑事诉讼法》第一百一十四条的规定，虚假诉讼犯罪案件的被害人死亡或者丧失行为能力的，被害人的法定代理人、近亲属有权向人民法院提起自诉，人民法院应当依法受理。

第二，有证据证明对被告人通过虚假诉讼侵犯自己人身、财产权利的行为应当依法追究刑事责任。这是提起自诉的证据条件。此处的证明对象，不仅包括被告人实施了侵犯自己人身、财产权利的行为，还包括此行为应当依法追究刑事责任，因此，在虚假诉讼犯罪案件中，被害人不仅应当提供证明被告人实施了虚假诉讼犯罪行为的证据，还应提供证据证明该行为已经达到虚假诉讼罪定罪标准。对于"有证据证明"的内涵，应当结合刑事自诉案件的特点进行分析。《刑事诉讼法》第二百一十一条第一款规定:"人民法院对于自诉案件进行审查后，按照下列情形分别处理:(一)犯罪事实清楚，有足够证据的，应当开庭审判;(二)缺乏罪证的自诉案件，如果自诉人提不出补充证据，应当说服自诉人撤回自诉，或者裁定驳回。"根据《最高人民法院关于适用〈中华人民共和国刑事诉讼法〉的解释》(以下简称《适用解释》)第二百六十四条的规定，对已经立案，经审查缺乏罪证的自诉案件，自诉人提不出补充证据的，人民法院应当说服其撤回起诉或者裁定驳回起诉。因此，在刑事自诉案件中，人民法院在开庭前应当进行两次实质性审查，在受理阶段，经立案部门审查认为证据条件达到立案标准的，应当依法立案，缺乏罪证的，应当说服自诉人撤回起诉或者裁定不予受理;在立案受理后、开庭审理前，经刑事审判部门审查认为缺乏罪证，自诉人又提不出补充证据的，应当说服其撤回自诉或者裁定驳回起诉，审查认为犯罪事实清楚，有足够证据的，应当开庭审判。据此，刑事自诉案件开庭前两次审查的重点均是自诉人提供的证据能否支撑其诉讼请求，虽然所处诉讼阶段不同，但原则上应采用相同的证明标准。作为提起刑事自诉证据条件的"有证据证明"，应是指被告人实施了侵犯被害人人身、财产权利的行为，且该行为应当依法追究刑事责任的事实清楚，有足够的证据支撑。具体来讲，在虚假诉讼罪中，"提起民事诉讼"属于客观事实，一般情况下提供民事案件审理法院出具的诉讼文书即可，证明难度较小;被告人故意捏造事实，以及被告人的行为造成了妨害司法秩序或者严重侵害他人合法权益的危害后果属于核心事实，证明难度较大，被害人需提供足够证据证明上述两方面事实。在无其他证据佐证的情况下，法院不能仅以被害人的陈述为依据立案受理虚假诉讼犯罪刑事自诉。

第三，有证据证明被害人曾向公安机关或者人民检察院控告被告人实施虚假诉讼犯罪行为，而公安机关或者人民检察院不予追究被告人刑事责任。这是提起自诉的程序条件。根据《公安机关办理刑事案件程序规定》的相关规定，公安机关作出不予立案决定后，控告人不服的，可以在收到不予立案通知书后七日内向作出决定的公安机关申请复议，对不予立案的复议决定不服的，可以在收到复议决定书后七日以内向上一级公安机关申请复核。根据《刑事诉讼法》第一百八十条的规定，人民检察院决定不起诉的，被害人如果不服，可以自收到决定书后七日以内向上一级人民检察院申诉，也可以不经申诉，直接向人民法院起诉。因此，在公安机关作出不予立案通知书后，经申请复议、复核仍维持不予立案决定的，被害人才有权提起自诉。但是，在人民检察院作出不起诉决定书的情况下，被害人无须申诉，即可提起自诉。本案中，嘉善双赢轴承厂未能提供出自己已就单国强虚假诉讼侵犯其财产权利的行为向公安机关或者人民检察院提出控告，而公安机关或者人民检察院已经作出不予立案或者不起诉决定的证据，一审、二审法院认定其不属于《适用解释》第一条规定的人民法院直接受理的自诉案件受案范围，裁定不予受理，适用法律正确。

有意见提出，根据《最高人民法院关于拒不执行判决、裁定罪自诉案件受理工作有关问题的通知》的规定，申请执行人向公安机关控告负有执行义务的人涉嫌拒不执行判决、裁定罪，公安机关不予接受控告材料或者在接受控告材料后60日内不予书面答复，申请执行人有证据证明该拒不执行判决、裁定行为侵犯了其人身、财产权利,应当依法追究刑事责任的,人民法院可以以自诉案件立案审理。参照上述通知精神,为保护虚假诉讼犯罪被害人的合法权益,公安机关对被害人的控告材料不予接受或接受后60日内不予书面答复的,法院亦可作为虚假诉讼犯罪自诉案件立案审理。我们不同意这种观点。虚假诉讼犯罪案件和拒不执行判决、裁定犯罪案件存在诸多差别,对相关规定不宜简单推定适用。在拒不执行判决、裁定犯罪案件中,申请执行人提起自诉的目的在于通过刑罚手段督促执行义务人依法履行民事判决、裁定确定的义务,维护司法权威,因此,无论是在拒不执行判决、裁定刑事案件中,还是在作出该判决、裁定的民事案件中,申请执行人均是权利人,而被执行人均是义务人和责任承担者,两个诉讼中不存在相互冲突的利益,适当放宽申请执行人提起刑事自诉的条件,有利于增强民事裁判、裁定的执行力。而在虚假诉讼犯罪案件中,刑事自诉人在刑事案件中是享有自诉权的权利人,在民事案件中是被告或者利益受损的案外第三人,刑事被告人在民事案件中是原告,在刑事案件中则是责任承担者,双方当事人在两个诉讼中分别扮演不同角色,存在明显的利益冲突。从理论上讲,民事原告的民事诉权和刑事被害人的刑事自诉权均应得到有效保护,在民事诉讼程序在先进行的情况下,如果对民事被告或案外第三人提起刑事自诉的条件放得过宽,就存在刑事自诉权被滥用、民事诉权受到损害的危险。据此,在虚假诉讼犯罪案件中,对民事被告或者案外第三人的刑事自诉权应当予以适当限制,严格把握其提起自诉的条件,原则上以公安机关、人民检察院出具不予立案或者不起诉的书面决定为判断标准,不能提供公安机关、人民检察院作出的不予立案或者不起诉书面决定的,一般不予受理。

《刑事诉讼法》未对虚假诉讼犯罪案件是否可以提起刑事自诉作出专门规定,2018年10月施行的《最高人民法院、最高人民检察院关于办理虚假诉讼刑事案件适用法律若干问题的解释》亦未规定。有意见认为,如果允许被害人直接提起自诉,则民事诉讼中的被告在面临败诉风险时,有可能以提起刑事自诉的方式干扰民事诉讼的正常进程,要求人民法院中止或者终结民事诉讼案件,从而达到避免败诉风险、逃避承担民事责任的不当目的,从确保民事诉讼程序正常进行、避免刑事自诉权被滥用的角度考虑,不宜将刑事自诉权赋予虚假诉讼犯罪被害人。我们不同意这种观点。主要理由有以下两个方面:

第一,不符合《刑事诉讼法》的规定。《刑事诉讼法》第二百一十条规定:“自诉案件包括下列案件:(一)告诉才处理的案件;(二)被害人有证据证明的轻微刑事案件;(三)被害人有证据证明对被告人侵犯自己人身、财产权利的行为应当依法追究刑事责任,而公安机关或者人民检察院不予追究被告人刑事责任的案件。”理论上一般将上述三类自诉案件分别概括为告诉才处理的案件、有证据证明的轻微刑事案件和公诉转自诉案件。《适用解释》第一条对刑事自诉案件的范围作出了进一步规定。虚假诉讼犯罪案件虽不属于告诉才处理的案件和有证据证明的轻微刑事案件范围,但可能符合《刑事诉讼法》规定的公诉转自诉案件的条件。在被害人因为他人实施虚假诉讼犯罪行为导致自己人身、财产权利受到侵害,经控告后公安机关或者人民检察院决定不予追究对方刑事责任的情况下,如果不允许被害人提起刑事自诉,显然违反《刑事诉讼法》和《适用解释》的规定。

第二,不利于保护人民群众的合法诉权。一方面,诉权是当事人享有的在自身合法权益受到侵害或者与他人发生纠纷时,请求司法机关依法保护其权益或者解决纠纷的权利,是法律赋予公民的一项基本权利。在我国的法律体系中,诉权可分为民事诉权、行政诉权和刑事诉权三个方面,任何一个方面的诉权非因法律规定均不得随意剥夺。民事诉讼原告和被告的诉权均应当得到平等保护,不能以保证民事诉讼程序顺利进行、确保原告的民事诉权得以顺利实现为由,剥夺被告享有的依法提起刑事自诉、通过刑事诉讼维护自身合法权益的刑事诉权。另一方面,现阶段公安机关、人民检察院出于各种考虑,对人民法院移送的虚假诉讼犯罪线索或者公民关于虚假诉讼犯罪的控告、举报不愿立案,虚假诉讼犯罪案件立案难、立案慢的情况在一定范围内存在,如果否定被害人的刑事自诉权,将导致其刑事救济渠道被堵死,合法权益无法得到保障,惩罚刑事犯罪人更无从谈起。

在人民法院立案受理虚假诉讼犯罪刑事自诉案件后,由于该刑事案件的审理结果直接影响到相关民事案件中原告的诉讼请求能否成立,故原则上应当根据“先刑后民”的原则,待刑事案件审理完毕后再处理民事案件。这种情况下,对民事案件应当裁定中止审理还是作出终局性裁决,值得认真研究。根据《民事诉讼法》第一百五十条第(五)项的规定,本案(指民事案件——笔者注)必须以另一案的审理结果为依据,而另一案尚未审结的,人民法院应当中止审理。其中的“另一案”,包括与民事诉讼案件有关的刑事案件。《最高人民法院关于在审理经济纠纷案件中涉及经济犯罪嫌疑若干问题的规定》第十一条规定:“人民法院作为经济纠纷受理的案件,经审理认为不属于经济纠纷案件而有经济犯罪嫌疑的,应当裁定驳回起诉,将有关材料移送公安机关或检察机关。”《最高人民法院关于审理民间借贷案件适用法律若干问题的规定》第二十条规定:“经查明属于虚假民间借贷诉讼,原告申请撤诉的,人民法院不予准许,并应当根据民事诉讼法第一百一十二条之规定,判决驳回其请求;诉讼参与人或者其他人恶意制造、参与虚假诉讼,人民法院应当……依法予以罚款、拘留;构成犯罪的,应当移送有管辖权的司法机关追究刑事责任。”《民事诉讼法》与上述两个司法解释的规定内容存在明显区别。在司法实践中,为避免案件久拖不决,法院一般根据上述两个司法解释的规定,对民事案件裁定驳回起诉或者判决驳回诉讼请求,并将案件线索移送公安机关或者检察机关处理。但是,由于刑事自诉案件不经公安机关侦查和人民检察院审查起诉,处理周期相对较短,在法院未向公安机关或者检察机关移送案件线索、被害人直接以民事原告涉嫌虚假诉讼罪为由提起刑事自诉并获得法院立案受理的情况下,为确保民事案件稳妥处理,法院适用《民事诉讼法》第一百五十条第(五)项之规定,裁定对民事案件中止审理,通常是比较合适的处理方式。

(撰稿:最高人民法院刑四庭　李加玺
审编:最高人民法院刑四庭　陆建红)

[第1379号]万春禄虚假诉讼案

——隐瞒真相行为能否构成虚假诉讼罪及如何确定虚假诉讼罪的既遂标准

【关键词】 虚假诉讼罪　隐瞒真相　既遂

一、基本案情

被告人万春禄,男,1974年2月28日出生。浙江省杭州新美商城副总经理。2016年4月19日被逮捕。

浙江省杭州经济技术开发区人民检察院以被告人万春禄犯虚假诉讼罪,向杭州经济技术开发区人民法院提起公诉。

被告人万春禄辩称，自己与林欣欣之间120万元的债权债务关系客观真实存在，并未捏造事实提起虚假诉讼。万春禄的辩护人提出，公诉机关指控万春禄捏造事实提起虚假诉讼的事实不清，证据不足，应依法宣告无罪；即使认定万春禄的行为构成虚假诉讼罪，犯罪数额也仅应认定为50万元而非120万元，且虚假诉讼罪属于结果犯，本案民事诉讼尚未作出判决，应认定为犯罪未遂。

杭州经济技术开发区人民法院经审理查明：2011年12月，被害人林欣欣向被告人万春禄借款47万元，至2012年4月12日，林欣欣共拖欠万春禄借款本金及利息合计50万元，双方核算后，林欣欣向万春禄出具了一张金额为50万元的借条。同年9月4日，林欣欣又向万春禄借款5万元。之后，林欣欣无力归还上述借款和利息，经万春禄多次催讨，林欣欣于2012年11月23日再次向万春禄出具一张金额为70万元的借条，约定二人之间的债权债务以新出具的借条为准，林欣欣前次出具的金额为50万元的借条作废，但万春禄并未将该金额为50万元的借条归还给林欣欣。2015年12月2日，万春禄以林欣欣第一次出具但未取回的金额为50万元的借条以及第二次出具的金额为70万元的借条为证据，先后向杭州经济技术开发区人民法院提起民事诉讼，要求林欣欣归还借款共计120万元。杭州经济技术开发区人民法院同日立案受理，案号分别为(2015)杭经开商初字第1089号和第1090号，后对两案予以合并审理。两次开庭审理过程中，万春禄均当庭陈述称两张借条相互独立，金额为50万元的借条包含本金40余万元，金额为70万元的借条包含本金35万元。杭州经济技术开发区人民法院经审理发现万春禄涉嫌虚假诉讼犯罪，于2016年3月2日将线索移送杭州市公安局杭州经济技术开发区分局，该局于同月15日将万春禄传唤到案。

杭州经济技术开发区人民法院认为，被告人万春禄以捏造的事实提起民事诉讼，妨害司法秩序，其行为已构成虚假诉讼罪。辩护人提出即使认定万春禄构成犯罪，其虚假诉讼金额也仅应认定为50万元而非120万元的辩护意见，经查与指控的事实一致，予以采纳。万春禄的行为已经过人民法院立案及庭审等程序，已经妨害司法秩序，属于犯罪既遂状态，辩护人提出的万春禄的行为属犯罪未遂的辩护意见于法不符，不予采纳。根据万春禄的犯罪事实、性质、情节及对社会的危害程度，依照《中华人民共和国刑法》第三百零七条之一第一款、第五十二条、第五十三条之规定，判决如下：

被告人万春禄犯虚假诉讼罪，判处有期徒刑一年，并处罚金人民币二万元。

一审宣判后，被告人万春禄上诉提出，未实施虚假诉讼行为，涉案金额为50万元的借条与金额为70万元的借条是独立的，林欣欣共欠款128万元，请求改判无罪。

浙江省杭州市中级人民法院经审理认为，多项证据证实涉案的金额为70万元的借条包含金额为50万元的借条，上诉人万春禄提出的两个借条相互独立的上诉理由无证据支持，不予采信，其明知上述情况，仍以两份借条为依据提起虚假民事诉讼，并在法院两次庭审过程中均作虚假陈述，属于捏造事实进行虚假诉讼。第一审判决认定的事实清楚，证据确实、充分，定罪和适用法律正确，量刑适当。审判程序合法。依照2012年修订的《中华人民共和国刑事诉讼法》第二百二十五条第一款第(一)项之规定，裁定如下：

驳回上诉，维持原判。

二、主要问题

1. 采用隐瞒真相方式捏造事实并提起民事诉讼的行为是否构成虚假诉讼罪？

2. 如何确定虚假诉讼罪的既遂标准？

三、裁判理由

(一)采用隐瞒真相方式捏造事实并提起民事诉讼的行为可以构成虚假诉讼罪

对于被告人万春禄的行为是否构成虚假诉讼罪,本案审理过程中存在以下三种意见:

第一种意见认为,被告人万春禄明知被害人林欣欣仅欠其本金52万元及相应利息,起诉要求对方偿还120万元,远远超过实际债务数额,属于理论上所称的"部分篡改型"虚假诉讼行为,而虚假诉讼罪的规制对象仅包括"无中生有型"虚假诉讼行为,万春禄的行为不构成虚假诉讼罪。

第二种意见认为,被告人万春禄故意隐瞒金额为50万元的借条已经作废的事实,起诉要求被害人林欣欣偿还,行为构成虚假诉讼罪。

第三种意见认为,隐瞒真相不属于虚假诉讼罪中的捏造事实行为,被告人万春禄故意隐瞒金额为50万元的借条已经作废的事实、起诉要求被害人林欣欣偿还的行为不构成虚假诉讼罪。

我们赞同第二种意见。第一种意见中,关于"部分篡改型"虚假诉讼行为不构成虚假诉讼罪的观点正确,但是认为被告人万春禄的行为属于"部分篡改型"虚假诉讼、进而否定其可以构成虚假诉讼罪的观点则难以成立。本案中,万春禄先后两次向人民法院提起民事诉讼,分别以两份借条为依据,提出了两个相互独立的诉讼请求,要求被害人林欣欣偿还借款50万元和70万元,虽然法院立案受理后合并审理,但对万春禄实施的上述两个行为仍然应当分别进行评价。对于诉讼标的额为70万元的起诉行为,由于作为核心证据的借条是客观真实的,故无成立虚假诉讼罪的余地;对于诉讼标的额为50万元的起诉行为,万春禄故意隐瞒了作为核心证据的借条已经作废的事实,属于典型的隐瞒真相行为。因此,本案中刑法评价的对象,应当是万春禄故意隐瞒金额为50万元的借条已经作废的事实,并以该借条为依据提起民事诉讼的行为,而非其将金额为50余万元的债务篡改为120万元并提起民事诉讼的行为。就案件裁判的三段论结构而言,上述第一种意见对法律规定大前提的理解正确,但对案件事实这一小前提的归纳错误,最终导致了错误结论。

上述第二种意见和第三种意见的主要分歧,是对于隐瞒真相行为是否可以认定为虚假诉讼罪中的"捏造事实",存在不同认识。对于这个问题,理论界存在两种相反的意见:

第一种意见认为,虚假诉讼罪中的"捏造事实"只限于虚构事实,不包括隐瞒真相,虚假诉讼的行为方式只能是"虚构事实+提起诉讼","隐瞒真相+提起诉讼"不构成虚假诉讼罪。主要理由在于:其一,从自然感情的角度考虑,民事诉讼当事人为了实现自己的利益,扭曲、隐瞒部分真相甚至提供虚假材料乃是人之常情,苛求诉争双方完全陈述其已知的所有真相,缺乏法律上的期待可能性;其二,民事诉讼中的举证责任分配原则并不要求当事人对不属于自己举证责任范围内的事实穷尽真相。因此,无论是从实然还是应然的角度来看,虚假诉讼罪中的"捏造事实"均仅应包含以积极方式虚构事实。

第二种意见认为,虚假诉讼罪中的"捏造事实"包括虚构事实和隐瞒真相两种行为方式。主要理由在于,从行为论来看,虚假诉讼行为以捏造事实行为为起点、以提起民事诉讼行为为终点。根据刑法理论,犯罪实行行为包括作为与不作为两种形式,而不作为之所以能够构成犯罪,是因为其具有的社会危害性与作为具有等价性。隐瞒真相行为一般属于不作为,在虚假诉讼罪中,不作为的"隐瞒真相"行为的社会危害性与作为的"虚构事实"行为具有等价性。因此,既然认为虚构事实属于虚假诉讼罪的行为方式,就不应当将隐瞒真相排除在虚假诉讼罪的行为方式之外。

我们认为:首先,根据《刑法》第三百零七条之一第一款的规定,虚假诉讼罪在客观方面表现为"以捏造的事实提起民事诉讼",即行为人通过伪造证据、作虚假陈述等虚假行为欺骗法院,并经过庭审质证、司法裁判将虚假事实转化为法律事实的过程,本质上就是一种欺骗行为。捏造事实既可以通过虚构事实,也可以通过隐瞒真相的方式实现,两种行为方式均可以导致欺骗法院、实现非法目的的后果。两者的社会危害性并无本质区别,没有理由将隐瞒真相的行为排除在虚假诉讼罪之外。其次,虚构事实与隐瞒真相看似一个属于作为,一个属于不作为,但两者在语义范围内存在一定程度的重合,实践中作出明确区分存在一定困难,将隐瞒真相一概排除在虚假诉讼罪之外,缺乏可操作性。最后,民事诉讼中的举证责任分配实行"谁主张,谁举证"原则,法院最后作出裁判依据的是根据双方当事人提交的证据进行司法认定的事实,民事诉讼当事人只有获得证据优势,才能让法官形成对自己有利的内心确信。提出诉讼请求的一方如果隐瞒作为自己诉讼请求基础的民事法律关系已经消灭的事实,完全可能导致法院作出错误的裁判,因而不能根据民事诉讼举证责任分配原则否定隐瞒真相行为可以构成虚假诉讼罪。

综上,虚假诉讼罪中的"捏造事实"包括虚构事实和隐瞒真相两种行为方式。本案被告人万春禄故意隐瞒在先的50万元债务已被后续的70万元债务完全包含、金额为50万元的借条已经作废的事实,以该借条为依据提起民事诉讼,要求债务人林欣欣偿还该50万元借款,属于以捏造的事实提起民事诉讼,并造成了妨害司法秩序的危害后果,依法构成虚假诉讼罪。一审、二审定罪准确。

(二)虚假诉讼罪是结果犯,出现一定犯罪后果是判断犯罪既遂的标准

确定虚假诉讼罪的既遂标准以明确本罪的具体形态为前提。理论界关于虚假诉讼罪具体形态的争议,主要集中在本罪是行为犯还是结果犯的问题上。刑法理论上所称的行为犯,是指行为与结果同时发生的犯罪,在判断某一行为是否符合行为犯的构成要件时,不需要对结果及因果关系进行独立判断;结果犯,是指行为与结果之间存在距离的犯罪,在进行结果犯的构成要件判断时,需要对结果与因果关系进行独立判断。在行为犯与结果犯的两分法模式下,所谓的情节犯等概念亦可归入结果犯的范畴之中。在既遂标准的确定方面,通行理论认为,结果犯以行为造成犯罪构成要件预定的后果为既遂标准,而行为犯只需实施危害行为就构成既遂。

有意见认为,虚假诉讼罪是行为犯,行为人只要向人民法院提起虚假的民事诉讼,就会对司法秩序造成破坏;如果法官受到虚假证据的影响作出错误裁判,则该结果只能视为结果加重情节,作为对行为人加重处罚的依据。我们不同意这种观点,应当认定虚假诉讼罪属于结果犯。理由在于:其一,虚假诉讼罪的实行行为是以捏造的事实提起民事诉讼,《刑法》第三百零七条之一规定的"妨害司法秩序或者严重侵害他人合法权益"系实行行为造成的危害结果。无论是从时间还是空间上看,本罪的实行行为与危害结果之间均存在一定的间隔。当实行行为开始实施时,并不意味着立刻产生《刑法》规定的危害结果,只有在特定危害结果发生时才能认定为犯罪既遂,这与行为犯只需实施某种行为就达到既遂状态有所不同。其二,在民事诉讼过程中,当事人基于趋利避害的本能选择自己的行为方式,《民事诉讼法》明确规定了对虚假诉讼行为的司法处罚措施,倘若需要动用《刑法》来规制此类行为,必须遵循刑法的谦抑性原则,慎重确定处罚范围。如果认为虚假诉讼罪属于行为犯,行为人只要以捏造的事实提起民事诉讼就构成犯罪既遂,将导致犯罪行为与妨害民事诉讼的违法行为界限模糊,造成刑罚的打击面过广。

虚假诉讼罪保护的法益为复合法益。根据《刑法》第三百零七条之一的规定,虚假诉讼罪保护的法益是司法秩序和他人合法权益,行为造成"妨害司法秩序"或者"严重侵害他人合法权益"后果之一即可构成犯罪既遂。实践中,虽然部分行为人提起虚假诉讼的目的在于非法获取他人财产利益,但是,立法机关将本罪设置在妨害司法罪一章而非侵犯财产罪一章中,反映出立法初衷在于强调虚假诉讼犯罪行为对司法秩序的侵害是必然的,而侵害他人合法权益却仅是盖然性结果。如果将严重侵害他人合法权益作为虚假诉讼罪的唯一既遂标准,将不利于打击此类犯罪

行为,并可能造成部分不以侵财为目的的虚假诉讼行为永远无法达到犯罪既遂的不合理局面。

为此,《最高人民法院、最高人民检察院关于办理虚假诉讼刑事案件适用法律若干问题的解释》第二条明确了虚假诉讼罪的既遂标准,对"妨害司法秩序或者严重侵害他人合法权益"作了详尽的规定:(1)致使人民法院基于捏造的事实采取财产保全或者行为保全措施的;(2)致使人民法院开庭审理,干扰正常司法活动的;(3)致使人民法院基于捏造的事实作出裁判文书、制作财产分配方案,或者立案执行基于捏造的事实作出的仲裁裁决、公证债权文书的;(4)多次以捏造的事实提起民事诉讼的;(5)曾因以捏造的事实提起民事诉讼被采取民事诉讼强制措施或者受过刑事追究的;(6)其他妨害司法秩序或者严重侵害他人合法权益的情形。上述规定表明,认定虚假诉讼罪的既遂,不能以获得人民法院立案受理为标准,而应以行为是否对司法秩序造成实质损害或者严重侵害他人合法权益为判断本罪是否既遂的标准。此处的司法秩序是指人民法院受理民事案件后的正常司法活动,实践中主要表现为行为人提起虚假民事诉讼后导致司法机关作出错误裁判,或者大量占用司法资源、影响正常司法活动等两个方面。

本案中,被告人万春禄通过隐瞒真相的方式捏造事实并提出民事诉讼,人民法院立案后进行审理,并已进行了两次开庭审理活动。万春禄的行为已经扰乱了人民法院的正常审判活动,对法官、书记员等司法工作人员造成了不必要的工作负担,严重浪费了司法资源,已经达到虚假诉讼罪的既遂标准。因而,一审、二审法院认定辩护律师提出的人民法院尚未作出判决、本案应认定为犯罪未遂的辩护意见不能成立,万春禄的行为依法构成虚假诉讼犯罪既遂,是适当的。

(撰稿:最高人民法院刑四庭　崔　慧
审编:最高人民法院刑四庭　陆建红)

[第1380号]张崇光、张崇荣虚假诉讼案

——虚假诉讼犯罪案件中如何正确适用从旧兼从轻原则

【关键词】　虚假诉讼罪　《刑法修正案(九)》　从旧兼从轻原则

一、基本案情

被告人张崇光,男,1970年1月15日出生,浙江金意来阀门有限公司法定代表人。2016年6月28日被逮捕。

被告人张崇荣,男,1975年4月3日出生,个体工商户。2016年6月28日被逮捕。

浙江省临海市人民检察院以被告人张崇光、张崇荣犯虚假诉讼罪,向临海市人民法院提起公诉。

被告人张崇光对指控的犯罪事实予以供认,辩称有自首情节,请求从轻处罚。

被告人张崇荣对指控的犯罪事实予以供认,辩称在共同犯罪中作用较小,未造成债权人损失,系初犯、偶犯,请求判处缓刑。

临海市人民法院经审理查明:被告人张崇光系浙江金意来阀门有限公司(以下简称金意来公司)法定代表人,由于公司经营不善,无力归还中国农业银行股份有限公司临海市支行(以下简称农行临海支行)的抵押贷款本息,农行临海支行2015年8月17日向临海市人民法院提起民事诉讼,临海市人民法院于同年10月16日作出判决,由金意来公司偿付农行临海支行本金人民币

15 289 750 元及相应利息，农行临海支行对金意来公司所有的坐落在临海市东部区块管委会北洋十一路 5 号的厂房折价或者拍卖、变卖该财产所得价款在判决确定的债权范围内享有优先受偿权。

为避免金意来公司的厂房被折价或者拍卖、变卖抵付给农行临海支行，被告人张崇光于 2015 年五六月预先伪造了该公司 3 号、5 号厂房和 X 射线探伤室的两份建设工程施工合同，造价分别为 420 万元和 67 万元，后指示被告人张崇荣以承包人名义在合同上签名，并委托律师代理，以金意来公司拖欠张崇荣两笔分别为 420 万元和 67 万元的工程款为由，向临海市人民法院提起民事诉讼。同年 8 月 20 日，临海市人民法院作出(2015)台临杜民初字第 1019 号、第 1020 号民事调解书，认定张崇荣为工程承包人，由金意来公司支付张崇荣两笔工程款合计 487 万元，张崇荣有权就工程款对涉案金意来公司 3 号、5 号厂房和 X 射线探伤室折价或者拍卖、变卖所得价款享有优先受偿权，并有权要求金意来公司支付逾期利息损失。

2016 年 3 月 18 日，被告人张崇荣在浙江省温州市龙湾区龙湾中学附近被抓获归案，被告人张崇光于同年 4 月 7 日向临海市公安局自动投案并如实供述了犯罪事实。

临海市人民法院认为，被告人张崇光、张崇荣以捏造的事实提起民事诉讼，妨害司法秩序，其行为已构成虚假诉讼罪，公诉机关指控的罪名成立。张崇荣在共同犯罪中的作用相对较小，酌情从轻处罚，张崇光有自首情节，依法从轻处罚，二被告人均当庭自愿认罪，酌情从轻处罚。根据二被告人犯罪事实及在共同犯罪中的作用、犯罪性质、情节和对社会的危害程度等，依照《中华人民共和国刑法》第三百零七条之一第一款、第二十五条第一款、第六十七条第一款之规定，判决如下：

1. 被告人张崇光犯虚假诉讼罪，判处有期徒刑一年四个月，并处罚金人民币十五万元。

2. 被告人张崇荣犯虚假诉讼罪，判处有期徒刑一年，并处罚金人民币十万元。

一审宣判后，被告人张崇光、张崇荣分别提出上诉。

被告人张崇光上诉提出，自己的行为未造成债权人损失，有自首情节，系初犯、偶犯，请求改判缓刑。张崇光的辩护人提出了相同的辩护意见。

被告人张崇荣上诉提出，自己的行为未造成债权人损失，在共同犯罪中起辅助作用，有坦白和立功情节，系初犯、偶犯，请求改判缓刑。张崇荣的辩护人提出了相同的辩护意见。

出庭检察员提出，虚假诉讼罪是《刑法修正案(九)》增设的罪名，本案行为发生在《刑法修正案(九)》施行之前，根据从旧兼从轻原则，一审判决对被告人张崇光、张崇荣以虚假诉讼罪论处，主刑量刑适当，但并处罚金不当，建议改判张崇光犯妨害作证罪、张崇荣犯帮助伪造证据罪，不并处罚金。

浙江省台州市中级人民法院经审理认为，上诉人张崇光、张崇荣实施犯罪行为时《刑法修正案(九)》尚未公布施行，因为虚假诉讼罪的主刑中增加了管制，并可单处罚金，相对妨害作证罪和帮助伪造证据罪而言法定刑较轻，根据从旧兼从轻原则，本案应以虚假诉讼罪定罪处罚。虚假诉讼罪侵犯的客体是国家司法秩序和司法权威，关于未造成债权人经济损失、请求从轻处罚的上诉理由和辩护意见不予采纳。张崇荣以承包人名义参与整个虚假诉讼过程，在共同犯罪中作用相对较小，但并非仅起辅助作用，一审判决已酌情从轻处罚。一审判决认定的事实清楚，证据确实、充分，定罪和适用法律正确，量刑适当。审判程序合法。依照 2012 年修订的《中华人民共和国刑事诉讼法》第二百二十五条第一款第(一)项之规定，裁定如下：

驳回上诉，维持原判。

二、主要问题

在虚假诉讼犯罪案件处理中，应当如何正确适用从旧兼从轻原则？

三、裁判理由

（一）从旧兼从轻原则的含义

从旧兼从轻原则是解决法律规范选择、确定法律溯及力的基本原则，是刑法中罪刑法定原则的具体体现，已被世界上大多数国家和地区采用。我国《刑法》第十二条第一款规定："中华人民共和国成立以后本法施行以前的行为，如果当时的法律不认为是犯罪的，适用当时的法律；如果当时的法律认为是犯罪的，依照本法总则第四章第八节的规定应当追诉的，按照当时的法律追究刑事责任，但是如果本法不认为是犯罪或者处刑较轻的，适用本法。"从而在立法上确立了从旧兼从轻原则。

根据通行理论，刑法中的从旧兼从轻，是指对于发生在新法施行以前、新法施行以后尚未作出生效判决的行为，一般应当根据旧法的规定内容确定行为人所应承担的刑事责任，但是，如果适用新法对行为人更为有利的，则应当适用新法的相关规定确定其刑事责任。从旧兼从轻原则的具体内容主要包括以下两个方面：第一，"从旧"，即涉及新旧法律的选择问题时，应当优先适用旧法。以新法的颁布时间为界限，在这一时间点之前发生的行为，如果当时的《刑法》明确规定此行为不构成犯罪，而新修订的《刑法》认为该行为构成犯罪的，依据新法不溯及既往的原则，应当依据旧法的规定不追究行为人的刑事责任，这种情况下，新法不具有溯及力。如果当时的《刑法》和新修订的《刑法》均规定此行为构成犯罪的，则应结合"从轻"的原则要求进行规范选择。第二，"从轻"，即优先适用处刑较轻的法律。仍然以新法的颁布时间为界限，对于发生在新《刑法》施行以前的行为，如果旧《刑法》认为该行为构成犯罪，但是新修订的《刑法》认为该行为不构成犯罪或者处刑较轻的，从有利于被追诉人的角度出发，应当采用新《刑法》的规定确定其刑事责任，这种情况下，新法具有溯及力。在上述两个方面内容中，从旧是原则，从轻是例外，最终选择适用的刑法规范，应当是行为实施时有效的刑法规范或者对行为人最为有利的刑法规范。坚持从旧兼从轻原则，有利于维护法律权威，实现立法目的和保护被追诉人合法权益，较好地解决司法实践中存在的问题。

由上述分析可以看出，从旧兼从轻原则的适用对象是行为，从理论上讲，其适用对象可分为狭义和广义两个层面。具体而言，狭义的适用对象是指未经审判或者判决尚未确定的行为，且这一行为发生在新的刑法生效之前；广义的适用对象既包括未经审判或者判决尚未确定的行为，也包括已经判决生效和正处于服刑阶段的行为。鉴于刑事判决的既判力直接影响公民对法律的信赖程度，关系司法权威，我国《刑法》采用的是狭义的适用对象。《刑法》第十二条第二款规定："本法施行以前，依照当时的法律已经作出的生效判决，继续有效。"

虚假诉讼罪是2015年11月1日公布施行的《刑法修正案（九）》增设的罪名。本案被告人张崇光、张崇荣2015年五六月以虚构建设工程施工合同、制造金意来公司拖欠张崇荣工程款的假象等方式捏造事实并提起民事诉讼，临海市人民法院于同年8月20日依据上述捏造的事实作出民事调解书，二被告人实施的以捏造的事实提起民事诉讼的行为发生在《刑法修正案（九）》施行以前。被告人张崇光、张崇荣2016年3月和4月相继被抓获归案，后被交付审判，本案属于典型的行为发生在新《刑法》施行以前、新《刑法》施行之后尚未作出生效判决的情形，需要正确适用从旧兼从轻原则，依法确定二被告人的刑事责任。

（二）如何在虚假诉讼犯罪案件中正确适用从旧兼从轻原则

被告人张崇光、张崇荣实施以捏造的事实提起民事诉讼的行为时，《刑法》中并无虚假诉讼罪这一罪名。在这种情况下，应当分析二被告人的行为是否符合《刑法》规定的其他犯罪的构成要件，不能简单地以《刑法》中未规定虚假诉讼罪为由，认定二被告人的行为不构成犯罪。

首先,被告人张崇光的行为符合妨害作证罪的构成要件。妨害作证罪,是指采用暴力、威胁、贿买等方法阻止证人作证或者指使他人作伪证的行为。妨害作证罪是举动犯,只要实施了妨害作证行为,均可能构成本罪。妨害作证行为既可以发生在民事案件中,也可以发生在刑事案件、经济案件和行政案件中。妨害作证行为既可以发生在诉讼活动过程中,也可以发生在当事人或者公诉机关提起诉讼以前,行为人在提起诉讼以前实施妨害作证行为的,同样会影响即将进行的诉讼活动,妨害司法机关的正常诉讼活动,与在诉讼过程中实施妨害作证行为的社会危害性并不存在本质区别。张崇光为达到虚构建筑工程优先受偿权、逃避人民法院强制执行的目的,指使被告人张崇荣作伪证,伪造建筑工程施工合同,捏造虚假的债权债务关系和民事纠纷,并以伪造的证据为依据向人民法院提起民事诉讼,行为符合妨害作证罪的构成要件。

其次,被告人张崇荣的行为符合帮助伪造证据罪的构成要件。《刑法》第三百零七条第二款规定的帮助毁灭、伪造证据属于选择性罪名,其中,帮助伪造证据罪,是指帮助诉讼活动中的当事人伪造证据,情节严重的行为。本罪中的当事人范围较广,既包括刑事诉讼中的被害人、自诉人、犯罪嫌疑人、被告人和附带民事诉讼原告人,也包括民事诉讼中的原告、被告、共同诉讼人、第三人,以及行政诉讼中的原告、被告,等等。所谓伪造证据,是指凭空捏造实际根本不存在的证据,或者对现有证据进行篡改、歪曲、加工、整理使其脱离事实真相的行为。帮助当事人伪造证据必须达到情节严重的程度才能构成本罪,所谓情节严重,主要是指行为人犯罪动机卑劣、多次帮助当事人伪造证据、帮助重大案件当事人伪造证据、因实施帮助伪造证据行为导致诉讼活动无法正常进行或者中止,以及导致错案错判、造成恶劣影响等情形。张崇荣帮助民事诉讼中的被告张崇光在虚构的建筑工程施工合同上以承包人的身份签字,伪造重要证据并据以提起民事诉讼,导致人民法院基于该证据出具民事调解书,严重影响农行临海支行诉金意来公司借款纠纷一案民事判决的正常执行,已达到情节严重的程度,行为符合帮助伪造证据罪的构成要件。

在认定被告人张崇光、张崇荣的行为依照行为时法构成妨害作证罪和帮助伪造证据罪、根据裁判时法构成虚假诉讼罪的情况下,需要根据从旧兼从轻原则,选择适用刑法规范确定其刑事责任。《最高人民法院关于〈中华人民共和国刑法修正案(九)〉时间效力问题的解释》第七条规定:“对于2015年10月31日以前以捏造的事实提起民事诉讼,妨害司法秩序或者严重侵害他人合法权益,根据修正前刑法应当以伪造公司、企业、事业单位、人民团体印章罪或者妨害作证罪等追究刑事责任的,适用修正前刑法的有关规定。但是,根据修正后刑法第三百零七条之一的规定处刑较轻的,适用修正后刑法的有关规定。”上述规定是从旧兼从轻原则在虚假诉讼犯罪案件处理过程中的具体体现。但是,如何正确理解《刑法》第十二条和该解释第七条规定中的“处刑较轻”,理论和实践中仍然存在不同理解:第一种意见认为,“处刑较轻”是指可能判处的实际刑罚较轻;第二种意见认为,“处刑较轻”是指刑法规定的法定刑较轻。本案中,二审出庭检察员建议改判二被告人分别构成妨害作证罪和帮助伪造证据罪,判处有期徒刑,不并处罚金,明显采纳了第一种意见。

我们赞同第二种意见。这里涉及的主要问题在于,“处刑较轻”的判断标准是法定刑还是宣告刑。《最高人民法院关于适用刑法第十二条几个问题的解释》(以下简称《问题解释》)第一条规定:“刑法第十二条规定的‘处刑较轻’,是指刑法对某种犯罪规定的刑罚即法定刑比修订前刑法轻。法定刑较轻是指法定最高刑较轻;如果法定最高刑相同,则指法定最低刑较轻。”据此,确定两个以上罪名的刑罚轻重,判断标准是《刑法》针对各个罪名规定的法定刑,而非人民法院判决确定的宣告刑。如果《刑法》规定的某一罪名的法定刑比另一罪名的法定刑轻,即使人民法院判决最终确定的宣告刑由于存在附加刑而对被告人更为不利,也不能认定法定刑较轻的罪名属于重罪。具体判断过程中，应当首先比较不同罪名的主刑，主刑相同的，再比较附加刑。

本案涉及的比较对象为妨害作证罪、帮助伪造证据罪和虚假诉讼罪。根据《刑法》的规定，帮助伪造证据罪仅有三年以下有期徒刑或者拘役一个法定刑幅度，而妨害作证罪和虚假诉讼罪各有两个法定刑幅度。《问题解释》第二条规定："如果刑法规定的某一犯罪只有一个法定刑幅度，法定最高刑或者最低刑是指该法定刑幅度的最高刑或者最低刑；如果刑法规定的某一犯罪有两个以上的法定刑幅度，法定最高刑或者最低刑是指具体犯罪行为应当适用的法定刑幅度的最高刑或者最低刑。"根据在案证据，被告人张崇光、张崇荣所犯虚假诉讼罪以及张崇光所犯妨害作证罪均不属于情节严重，妨害作证罪应当适用的法定刑幅度为三年以下有期徒刑或者拘役，虚假诉讼罪应当适用的法定刑幅度为三年以下有期徒刑、拘役或者管制，并处或者单处罚金。根据司法解释确定的比较方法，妨害作证罪、帮助伪造证据罪和虚假诉讼罪的法定最高刑相同，但妨害作证罪和帮助伪造证据罪的法定最低刑均为拘役，而虚假诉讼罪的法定最低刑为管制和罚金，故虚假诉讼罪系处刑较轻的罪名。

综上，一审、二审法院对被告人张崇光、张崇荣均以虚假诉讼罪定罪处罚，符合从旧兼从轻原则，是适当的。

（撰稿：最高人民法院刑四庭　崔　慧
审编：最高人民法院刑四庭　陆建红）

[第1381号]张伟民虚假诉讼案

——如何认定虚假诉讼罪中的"情节严重"

【关键词】 *虚假诉讼罪　情节严重　社会危害性*

一、基本案情

被告人张伟民，男，1964年5月18日出生。2016年2月24日被取保候审。

江苏省宜兴市人民检察院以被告人张伟民犯虚假诉讼罪，向宜兴市人民法院提起公诉。

被告人张伟民对指控的犯罪事实予以供认。张伟民的辩护人提出，张伟民系共同犯罪中的从犯，有自首情节，归案后自愿认罪，积极退出违法所得，请求从轻、减轻或者免处处罚。

宜兴市人民法院经审理查明：董方红（另案处理）长期从事非法吸收公众存款违法犯罪活动，无力偿还债务，部分债权人向法院提起民事诉讼，法院依法查封了董方红的部分资产。2013年5月，董方红为将自己被法院查封的资产优先用于偿还拖欠亲友的债务，与被告人张伟民合谋，由董方红伪造其向张伟民借款470万元的借条，张伟民冒充董方红的债权人，向宜兴市人民法院提起民事诉讼，要求董方红归还欠款。同年5月28日，宜兴市人民法院对该案进行开庭审理，董方红和张伟民委托的诉讼代理人竺国新到庭参加诉讼，经法院主持调解，双方达成调解协议。同年6月3日，宜兴市人民法院作出(2013)宜民初字第1267号民事调解书，张伟民依据此调解书获得法院执行款60.468万元后交给董方红，董方红将上述款项用于归还亲友债务。2016年2月24日，张伟民接到公安人员电话通知后，主动到公安机关投案，如实供述了上述事实，并在本案审理过程中退出赃款60.468万元。

宜兴市人民法院认为，被告人张伟民伙同他人以虚假的借条向人民法院提起民事诉讼，导致法院作出错误的民事调解书,并依据该调解书取得执行款,妨害司法秩序并严重侵犯他人合法权益,其行为符合虚假诉讼罪的构成要件。张伟民的行为发生在2015年11月1日前,根据修正前《刑法》的有关规定,其行为构成帮助伪造证据罪,根据《最高人民法院关于〈中华人民共和国刑法修正案(九)〉时间效力问题的解释》第七条的规定,适用《刑法修正案(九)》规定的虚假诉讼罪处刑较轻,故对张伟民的行为应以虚假诉讼罪定罪处罚,公诉机关指控罪名成立,应予采纳。张伟民不属于情节严重,依法应判处三年以下有期徒刑、拘役或者管制,并处或者单处罚金,其作案后主动向公安机关投案并如实供述自己的犯罪事实,依法构成自首,应予以从轻处罚;案发后退出全部违法所得,庭审中自愿认罪,予以从轻处罚。在共同犯罪中,张伟民积极主动实施犯罪,不属于从犯。综合以上情节,结合社区评估意见,张伟民符合缓刑适用条件,依法可以宣告缓刑。依照《中华人民共和国刑法》第三百零七条之一第一款,第二十五条第一款,第六十七条第一款,第七十二条第一款、第三款,第七十三条第二款、第三款,第六十四条之规定,判决如下:

被告人张伟民犯虚假诉讼罪,判处有期徒刑一年,缓刑一年六个月,并处罚金人民币三万元。

一审宣判后,被告人张伟民未提出上诉,检察机关未提出抗诉,判决已经发生法律效力。

二、主要问题

如何认定虚假诉讼罪中的"情节严重"?

三、裁判理由

本案判决作出于2016年8月4日,当时对于虚假诉讼罪的定罪量刑标准尚无司法解释作出专门规定。审理过程中,对于被告人张伟民以捏造的事实提起民事诉讼,导致人民法院作出民事调解书的行为已经构成虚假诉讼罪,各方均无争议。但是,对于张伟民的行为是否属于虚假诉讼罪中的"情节严重"、可否适用三年以上七年以下有期徒刑的法定刑幅度则争议较大,主要有以下两种意见:

第一种意见认为,被告人张伟民提起虚假民事诉讼的标的额高达470万元,并在人民法院作出民事调解书后申请强制执行,实际取得执行款60.468万元,非法所得数额巨大,应当认定为"情节严重",判处三年以上七年以下有期徒刑,并处罚金。

第二种意见认为,被告人张伟民提起虚假民事诉讼的目的是帮助董方红逃避法院执行,将被法院查封的资产用于优先偿还亲友债务,社会危害性与通过诉讼诈骗手段直接非法占有他人财产的行为存在明显区别。张伟民虽然实际取得执行款60.468万元,但并无证据证实其实施的虚假诉讼行为导致董方红其他债权人的债务因此无法得到清偿的具体数额,认定为"情节严重"依据不足,对张伟民应适用第一个法定刑幅度,判处三年以下有期徒刑、拘役或者管制,并处或者单处罚金。

我们赞同第二种意见。主要理由如下:

(一)认定虚假诉讼罪"情节严重"的总体原则

根据《刑法》规定内容和通行理论观点,我们认为,正确认定虚假诉讼罪"情节严重"的标准,需要坚持以下几个原则:

1.坚持主客观相统一、以客观危害后果为主要依据的原则。主客观相统一原则是我国刑法基本原则之一。《最高人民法院关于常见犯罪的量刑指导意见》指出,量刑既要考虑被告人所犯罪行的轻重,又要考虑被告人应负刑事责任的大小,做到罪责刑相适应,实现惩罚和预防犯罪的目的。根据刑法理论,刑事责任同时包含对犯罪行为的非难性和对犯罪人的谴责性两个方面,是主客观相统一的整体,确定被告人的刑事责任和决定执行的刑罚,既要考虑犯罪行为的客观危害性,又要考察行为人的人身危险性。而确定被告人刑事责任的最主要依据,应当是犯罪行为造成的客观危害后果。

具体到虚假诉讼罪而言:其一,确定被告人是否构成犯罪以及应处以何种刑罚的判断标准,原则上应当与其实施的虚假诉讼行为造成的客观危害后果存在直接联系。被告人提起虚假民事诉讼的标的额虽然可以体现出其意图获取的非法利益大小,但是,由于虚假诉讼罪的成立并不以人民法院作出的裁判得到实际执行为必备要件,因此,诉讼标的额与虚假诉讼行为的客观危害后果不存在直接联系,因而不宜将诉讼标的额单独作为判断某一行为是否属于"情节严重"的标准。其二,被告人是否具有违法犯罪前科,可以反映出其再犯可能性大小以及刑罚改造的难易程度,特定情况下可以作为判断行为是否构成犯罪、应否受到刑罚处罚的标准,但一般不宜作为法定刑升格标准使用,否则可能导致与刑法总则规定的累犯制度之间的冲突。

2. 刑法的谦抑性原则。有意见提出,针对司法实践中虚假诉讼违法犯罪行为常见多发的严重态势,对此类行为应当加大惩罚力度,原则上获得人民法院立案受理就应认定为虚假诉讼罪、人民法院作出裁判即可认定为"情节严重"。我们认为,这种意见值得商榷。虚假诉讼罪是法定犯,成立犯罪原则上需满足双重违法性要求,虚假诉讼犯罪行为同时也是违反《民事诉讼法》等法律规定的违法行为。《民事诉讼法》第一百一十二条、第一百一十三条对虚假民事诉讼违法行为规定了罚款、司法拘留等民事诉讼强制措施,如果以法院立案受理作为定罪标准、作出裁判就认定为"情节严重",将导致几乎所有的虚假诉讼违法行为均被认定为犯罪,且大部分虚假诉讼犯罪均被处以三年以上七年以下有期徒刑,明显打击范围过广、处罚过重。从刑法的谦抑性角度考虑,应将刑罚处罚关口推迟至人民法院立案受理后进行开庭审理、作出实体性裁判等重要程序节点,将"情节严重"的认定标准提高至裁判进入执行阶段并实际执行一定数额的财产权益,或者虽未进行执行程序,但造成其他严重后果等情形。

3. 体系解释原则。根据《刑法》第三百零七条之一的规定,虚假诉讼罪的定罪条件为"妨害司法秩序或者严重侵害他人合法权益",二者属于选择关系,具备其一即可构成虚假诉讼罪,适用第二个法定刑幅度的条件为"情节严重"。根据体系解释的原则,此处的"情节严重",通常体现在妨害司法秩序和侵害他人合法权益两个方面,即社会危害性严重妨害司法秩序,或者对他人合法权益造成特别严重侵害的,才可以适用"情节严重"的法定刑幅度。

(二)认定虚假诉讼罪"情节严重"的具体标准

结合司法实践中的具体情况,我们认为,严重妨害司法秩序,包括人民法院对虚假民事诉讼案件进行开庭审理,同时还开展了调查取证、庭前会议等其他方面工作,对人民法院的正常工作和司法活动造成严重干扰;人民法院基于捏造的事实作出裁判文书,虽未生效,也未进入执行程序,但引发当事人上访、闹访或者新闻舆论负面炒作,对司法公信力造成严重损害;或者行为人在较短时间内频繁多次以捏造的事实提起民事诉讼,严重干扰正常司法活动等多种情形。而判断行为是否对他人合法权益造成特别严重侵害,涉及人民法院作出的裁判进入执行程序后、被告人实际获得的财产权益数额标准的确定。对此,应区分不同情况进行具体分析。

实践中,行为人提起虚假诉讼的目的多种多样,但大致可以区分为欺诈侵财、逃避债务和其他目的三种情形。首先,欺诈侵财类虚假诉讼行为可能构成诈骗罪、职务侵占罪和贪污罪等侵财型犯罪,构成行为竞合关系。根据刑法规定,诈骗罪和贪污罪的第二个法定刑幅度均为三年以上十年以下有期徒刑,职务侵占罪的第二个法定刑幅度为五年以上有期徒刑。从理论上讲,欺诈侵财类虚假诉讼行为同时侵犯司法秩序和他人合法权益两方面客体,社会危害性重于上述侵财型犯罪,适用第二个法定刑幅度的违法所得数额标准原则上不应高于上述三个侵财型犯罪罪名。但是,根据现行有效的司法解释的规定,诈骗罪、贪污罪、职务侵占罪适用第二个法定刑幅度的数额标准各不相同，分别为3万元到10万元、20万元和100万元，再考虑到关于诈骗罪的司法解释施行时间较早，随着社会经济的不断发展，定罪量刑数额标准未来有进一步提高的空间。综合以上考虑，司法实践中欺诈侵财类虚假诉讼犯罪适用第二个法定刑幅度的数额标准可确定为10万元左右，即行为人实施虚假诉讼犯罪行为，非法占有他人财产数额达到10万元以上的，可以认定为“情节严重”，适用第二个法定刑幅度。其次，对于逃避债务类虚假诉讼行为而言，其造成的危害后果主要体现为导致他人债权无法实现。这种情况下，债权人的可得利益无法顺利变现，与被害人自己所有的财产直接被他人非法占有相比，无论是从实际造成的危害后果，还是从社会公众的法感情上来看，前者的社会危害性均相对较小。另外，从司法实践中实际发生的案件来看，逃避债务类虚假诉讼案件的诉讼标的额一般较高，普遍在100万元以上，如果数额标的确定过低，将导致大量案件被认定为“情节严重”并判处较重的刑罚。据此，逃避债务类虚假诉讼行为认定为“情节严重”的数额，一般可按照10倍于欺诈侵财类行为的标准确定，致使他人债权无法实现，数额达到100万元以上的，或者在无证据证实他人无法实现的债权具体数额的情况下，法院生效裁判确定的义务人自动履行裁判确定的财产给付义务或者人民法院强制执行财产权益数额达到100万元以上的，可以适用第二个法定刑幅度。最后，行为人出于其他目的实施虚假诉讼行为的情形与逃避债务类行为类似，均不存在被害人将自己所有的财产直接交付于他人的情况，可以采用相同的数额标准，义务人自动履行财产给付义务或者人民法院强制执行的财产权益数额达到100万元以上的，可以认定为“情节严重”。

2018年10月1日起施行的《最高人民法院、最高人民检察院关于办理虚假诉讼刑事案件适用法律若干问题的解释》（以下简称《虚假诉讼解释》）对虚假诉讼罪的定罪量刑标准作出了明确规定，规定内容与上述分析一致。对于该解释施行后尚未处理完毕的虚假诉讼犯罪案件，可以直接适用解释的规定内容对被告人定罪量刑。

本案中，被告人张伟民经与董方红预谋，伪造债权债务关系并向法院提起民事诉讼，目的在于帮助董方红用其被法院查封的资产优先归还亲友债务，从而达到逃避对他人所负债务的目的，属于典型的逃避债务类虚假诉讼行为。张伟民依据法院作出的民事调解书，通过法院的执行行为，实际取得执行款60万余元，未达到人民法院强制执行财产权益数额100万元的标准，亦无证据证实其他债权人的债权无法实现的具体数额。在此情况下，原审法院未认定张伟民的行为构成虚假诉讼罪的“情节严重”，这与《虚假诉讼解释》所规定的“情节严重”相关标准的精神是一致的。

此外，被告人张伟民的行为发生在2013年，根据当时的《刑法》规定，张伟民的行为构成帮助伪造证据罪；本案审理时《刑法修正案（九）》已经生效，《刑法》中增设了虚假诉讼罪。根据从旧兼从轻原则和《最高人民法院关于〈中华人民共和国刑法修正案（九）〉时间效力问题的解释》的规定，应以处刑较轻的罪名定罪处罚。张伟民所犯虚假诉讼罪应适用第一个法定刑幅度，判处三年以下有期徒刑、拘役或者管制，并处或者单处罚金，所犯帮助伪造证据罪仅有一个法定刑幅度，应判处三年以下有期徒刑或者拘役。两罪法定最高刑相同，而虚假诉讼罪的法定最低刑低于帮助伪造证据罪，属于处刑较轻的罪名。

综上，原审法院以虚假诉讼罪判处被告人张伟民有期徒刑一年，缓刑一年六个月，并处罚金人民币三万元，符合从旧兼从轻原则和《最高人民法院关于〈中华人民共和国刑法修正案（九）〉时间效力问题的解释》的规定，是适当的。

（撰稿：最高人民法院刑四庭　艾章琴　李加玺
审编：最高人民法院刑四庭　陆建红）

三、妨害国(边)境管理罪

[第1031号]凌文勇组织他人偷越边境、韦德其等运送他人偷越边境案

——如何区分组织他人偷越边境罪与运送他人偷越边境罪以及如何认定运送他人偷越边境罪既未遂形态

【关键词】 组织他人偷越边境罪 运送他人偷越边境罪 既遂 未遂

一、基本案情

被告人凌文勇(越南文名:LANG VAN DUNG),男,1981年2月26日出生,越南籍人。2013年5月17日因涉嫌犯组织他人偷越边境罪被逮捕。

被告人韦德其,男,1977年10月5日出生。2013年1月17日因涉嫌犯组织他人偷越边境罪被逮捕。

被告人何邦太,男,1979年7月1日出生。2013年1月17日因涉嫌犯组织他人偷越边境罪被逮捕。

被告人陈德成(越南文名:TRAN DUC THANH),男,1969年6月2日出生,越南籍人。2013年1月17日因涉嫌犯运送他人偷越边境罪被逮捕。

被告人邓文桃(越南文名:DANG VAN DAO),男,1966年6月6日出生,越南籍人。2013年1月17日因涉嫌犯运送他人偷越边境罪被逮捕。

福建省宁德市蕉城区人民检察院以被告人凌文勇、韦德其、何邦太犯组织他人偷越边境罪,被告人陈德成、邓文桃犯运送他人偷越边境罪,向蕉城区人民法院提起公诉。

宁德市蕉城区人民法院经公开审理查明:2012年11月,被告人凌文勇伙同其女友阮氏芳(另案处理)在越南预谋组织29名越南籍偷渡人员入境中国后经广西、福建等地偷渡我国台湾地区,并收取偷渡费用共计折合人民币(以下币种同)约187 915.68元,安排被告人陈德成、邓文桃负责驾驶船只运送。凌文勇、阮氏芳为该29名越南籍人员办理入境中国的手续后,于同年12月2日组织上述人员从广西友谊关口岸入境到达广西凭祥市,后将该29名人员分成两批,分别由二人带领至福建省宁德市。凌文勇在前往福建省的途中电话联系被告人韦德其帮忙购买偷渡所需船只及安排住宿。随后,韦德其找被告人何邦太帮忙,并与陈德成、邓文桃一起购买了船只,对船只进行改装并购买了导航仪,凌文勇支付了相关费用。12月5日,29名越南籍偷渡人员乘坐何邦太安排的车辆到金蛇头码头集结。登船后,由陈德成、邓文桃按照导航仪设定的航线驾驶船只欲偷渡我国台湾地区。其间,凌文勇向韦德其、何邦太分别支付酬劳2 000元、5 000元。次日,由于船只马力不足,陈德成、邓文桃将船只停靠在福建省连江县黄岐码头附近,后被边防派出所查获。

宁德市蕉城区人民法院认为,被告人凌文勇、韦德其、何邦太违反国家出入边境管理法规,非法组织他人偷越边境,其行为均构成组织他人偷越边境罪。被告人陈德成、邓文桃违反国家出入边境管理法规,非法运送他人偷越边境,其行为均构成运送他人偷越边境罪。凌文勇、韦德其、何邦太在实施组织他人偷越边境过程中,由于意志以外原因未得逞,系未遂,可以从轻处罚。凌文

勇在共同犯罪中起主要作用，系主犯；韦德其、何邦太在共同犯罪中起次要作用，系从犯，应当减轻处罚。韦德其、何邦太、邓文桃、陈德成归案后能够如实供述自己的罪行，依法予以从轻处罚。据此，依照《中华人民共和国刑法》第三百一十八条第一款第二项、第三百二十一条第一款第一项、第二十三条、第二十五条第一款、第二十六条第一款、第二十七条、第三十五条、第六十七条第三款、第六十四条及《最高人民法院、最高人民检察院关于办理妨害国（边）境管理刑事案件应用法律若干问题的解释》第一条、第四条之规定，蕉城区人民法院判决如下：

1. 被告人凌文勇犯组织他人偷越边境罪，判处有期徒刑七年，并处罚金人民币二十万元，驱逐出境；

2. 被告人韦德其犯组织他人偷越边境罪，判处有期徒刑五年，并处罚金人民币二千元；

3. 被告人何邦太犯组织他人偷越边境罪，判处有期徒刑五年，并处罚金人民币五千元；

4. 被告人陈德成犯运送他人偷越边境罪，判处有期徒刑五年，并处罚金人民币一千元，驱逐出境；

5. 被告人邓文桃犯运送他人偷越边境罪，判处有期徒刑五年，并处罚金人民币一千元，驱逐出境。

一审宣判后，被告人凌文勇、韦德其、何邦太以未参与组织他人偷越边境，原判定性错误为由提起上诉。被告人陈德成、邓文桃以原判未认定其未遂为由提起上诉。

宁德市中级人民法院经公开审理认为，上诉人凌文勇非法组织他人偷越边境人数众多，其行为构成组织他人偷越边境罪。上诉人韦德其、何邦太、陈德成、邓文桃非法运送他人偷越边境人数众多，其行为均构成运送他人偷越边境罪。凌文勇在实施组织他人偷越边境过程中，韦德其、何邦太、陈德成、邓文桃在运送他人偷越边境中，由于意志以外原因未得逞，系未遂，对凌文勇可以从轻处罚，对韦德其、何邦太、陈德成、邓文桃可以减轻处罚。原判对上诉人韦德其、何邦太定罪有误，对上诉人韦德其、何邦太、陈德成、邓文桃量刑不当，应予纠正。据此，依照《中华人民共和国刑法》第三百一十八条第一款第二项、第三百二十一条第一款第一项、第二十三条、第二十五条第一款、第六十七条第三款、第六十四条，《最高人民法院、最高人民检察院、关于办理妨害国（边）境管理刑事案件应用法律若干问题的解释》第一条、第四条以及《中华人民共和国刑事诉讼法》第二百二十五条第一款第一项、第二项之规定，宁德市中级人民法院判决如下：

1. 维持福建省宁德市蕉城区人民法院（2013）蕉刑初字第 184 号刑事判决对上诉人陈德成、邓文桃的定罪部分；

2. 撤销福建省宁德市蕉城区人民法院（2013）蕉刑初字第 184 号刑事判决对上诉人韦德其、何邦太定罪量刑部分和对上诉人陈德成、邓文桃的量刑部分；

3. 上诉人何邦太犯运送他人偷越边境罪，判处有期徒刑三年，并处罚金人民币五千元；

4. 上诉人韦德其犯运送他人偷越边境罪，判处有期徒刑三年，并处罚金人民币二千元；

5. 上诉人陈德成犯运送他人偷越边境罪，判处有期徒刑三年，并处罚金人民币一千元，驱逐出境；

6. 上诉人邓文桃犯运送他人偷越边境罪，判处有期徒刑三年，并处罚金人民币一千元，驱逐出境。

二、主要问题

1. 如何区分组织他人偷越边境罪与运送他人偷越边境罪？

2. 如何认定运送他人偷越边境罪的既遂与未遂？

三、裁判理由

(一)组织他人偷越边境罪与运送他人偷越边境罪的区分

组织他人偷越边境罪,是指领导、策划、指挥他人偷越边境或者在首要分子指挥下,实施拉拢、引诱、介绍他人偷越边境等行为。运送他人偷越边境罪,是指使用车、船等交通工具或者徒步带领,将他人非法送出或者接入边境的行为。1979 年刑法规定的是组织、运送他人偷越国(边)境罪,1994 年《全国人民代表大会常务委员会关于严惩组织、运送他人偷越国(边)境犯罪的补充规定》(以下简称《补充规定》)第一条、第四条将其拆分为组织他人偷越国(边)境罪与运送他人偷越国(边)境罪,1997 年刑法沿用了《补充规定》的做法。组织他人偷越国(边)境罪与运送他人偷越国(边)境罪在侵犯的客体、主体、主观方面均相同,客观方面亦有重合之处,如组织他人偷越边境的环节中也可能包含运送他人偷越边境行为。但两罪的法定刑相差较大:组织他人偷越边境的,处二年以上七年以下有期徒刑,并处罚金;有特别情形的,处七年以上有期徒刑或者无期徒刑,并处罚金或者没收财产。运送他人偷越边境的,处五年以下有期徒刑、拘役或者管制,并处罚金;有特别情形的,处五年以上十年以下有期徒刑,并处罚金。因此,有必要对两罪严格区分,以确保罪责刑相适应。

区分组织他人偷越边境罪与运送他人偷越边境罪的关键在于判断行为是否具有组织性。组织他人偷越边境罪之所以是妨害国(边)境管理系列罪中法定刑最重的罪,原因在于其聚集分散的偷渡人员,使偷渡活动具有系统性、整体性,更容易实施犯罪、妨害侦查,还容易衍生其他犯罪,其组织行为带来的社会危害性更大。根据 2012 年《最高人民法院、最高人民检察院关于办理妨害国(边)境管理刑事案件应用法律若干问题的解释》[以下简称《妨害国(边)境管理解释》]第一条的规定,组织他人偷越边境罪的"组织"行为,主要有两种方式:一是领导、策划、指挥他人偷越边境的行为;二是在首要分子指挥下,实施拉拢、引诱、介绍他人偷越边境等行为。由于组织他人偷越边境犯罪环节较多,参与人员情况复杂,对于拉拢、引诱、介绍三种方式以外的其他协助行为,一般不宜认定为"组织"行为。明知他人组织他人偷越边境,而参与购买、联系、安排船只、汽车等交通工具,提供运输服务,将非法出境人员送至离境口岸、指引路线,甚至是积极对偷渡人员进行英语培训以应付通关的需要,转交与出境人员身份不符的虚假证件,安排食宿、送取机票等行为,均是为组织他人偷越边境提供帮助,且由于主观目的及行为缺乏组织性,不能认定为组织他人偷越边境罪的共同犯罪,而应认定为运送他人偷越边境罪。

本案中,被告人凌文勇预谋组织人员偷渡,向 29 名偷渡人员收取偷渡费用,组织偷渡人员入境中国,安排偷渡人员住宿,指使同案被告人购买偷渡船只及导航仪,安排偷渡人员登船及驾驶船只,使偷渡活动具有系统性、整体性,其行为具有明显的组织性,构成组织他人偷越边境罪。值得强调的是,"国境"是指我国与外国的国界,而"边境"则是指我国大陆与港澳台地区的边界。由于 29 名越南籍人员从广西友谊关口岸进入中国内地,办理有合法进入中国国境的手续,意图偷越边境前往我国台湾地区,所以凌文勇是组织他人偷越边境而不是偷越国境。凌文勇在实施组织他人偷越边境犯罪行为的过程中又实施了运送行为,应当视为组织行为的方式之一,不实行数罪并罚。一审法院认定凌文勇构成组织他人偷越边境罪是正确的。

被告人韦德其、何邦太受凌文勇指使,帮助购买偷渡用船只、导航仪,与被告人陈德成、邓文桃受凌文勇指使在帮助他人偷越边境时驾驶船只的行为性质一致,均属于为运送他人偷越边境提供帮助,在主观目的和客观行为方面不具有聚集分散的偷渡人员使偷渡活动具有系统性、整体性的特征,二审法院撤销一审对韦德其、何邦太的组织偷越边境罪定罪,改判其犯运送他人偷越边境罪,是正确的。

(二)运送他人偷越边境罪既遂与未遂的认定

就犯罪构成而言,运送他人偷越边境罪系行为犯还是结果犯,在司法实践中存在分歧。一种观点认为,该罪系行为犯,行为人只要实施了运送的行为,不论偷渡者是否被运送出入境,都成立该罪的既遂。另一种观点认为,只有发生了将偷渡者实际运出入边境的危害后果才能构成该罪的既遂。

我们同意后一种观点。具体理由如下:

在司法解释未明确规定运送他人偷越边境罪既未遂认定标准的情况下,《妨害国(边)境管理解释》对组织他人偷越边境罪既未遂认定标准的规定具有参考意义。根据《妨害国(边)境管理解释》第一条第三款的规定,组织他人偷越边境,在他人偷越边境之前或者偷越边境过程中被查获的,应当以组织他人偷越边境罪(未遂)论处。可见,司法解释明确规定只有发生了将被组织的偷渡者实际运出入边境的危害后果才能构成组织他人偷越边境罪的既遂。而运送他人偷越边境犯是组织他人偷越边境犯的环节之一,从刑法规定的量刑幅度也可看出运送他人偷越边境罪的社会危害性低于组织他人偷越边境罪,根据举重以明轻的解释原理,亦应以运送的偷渡人员是否越过边境线作为区分运送他人偷越边境罪既未遂的认定标准。

本案中,被告人陈德成、邓文桃、韦德其、何邦太运送的偷渡人员,因船舶出现故障,在偷越边境之前被查获,对各被告人应以运送他人偷越边境罪(未遂)论处,依法可以比照既遂犯从轻或者减轻处罚。二审法院据此改判,认定陈德成、邓文桃亦属运送他人偷越边境犯罪未遂,是正确的。

(撰稿:福建省宁德市中级人民法院　曾　鸣
审编:最高人民法院刑一庭　杜国强)

四、妨害文物管理罪

[第1129号]谢志喜、曾和平盗掘古文化遗址案

——盗掘确定为全国重点文物保护单位的古文化遗址，但犯罪情节较轻的，如何量刑

【关键词】 盗掘古文化遗址罪　全国重点文物保护单位　犯罪情节较轻　量刑

一、基本案情

被告人谢志喜，男，1979年8月26日出生。2012年12月21日被逮捕。

被告人曾和平，男，1978年10月13日出生。2012年12月21日被逮捕。

江西省吉安县人民检察院以被告人谢志喜、曾和平犯盗掘古文化遗址罪，向吉安县人民法院提起公诉。

吉安县人民法院经公开审理查明：2012年11月15日10时许，被告人谢志喜携带手电、手套、不锈钢碗等工具，前往吉州窑遗址公园，在一个因栽树形成的地洞内横向挖掘洞壁，挖了一尺深左右，挖到几块带花纹的碗碎片。当日11时许，被告人曾和平到达现场，进洞后沿着谢志喜挖掘的洞壁继续深挖。谢志喜、曾和平二人协作将洞壁又掘了一尺余深，挖到了些碎瓷片、一个碎瓶嘴。该地洞位于全国重点文物保护单位吉州窑遗址保护范围内。

吉安县人民法院认为，被告人谢志喜、曾和平以非法占有为目的，违反文物保护法规，擅自在确定为全国重点文物保护单位的吉州窑遗址保护范围内挖掘古文物，其行为均已构成盗掘古文化遗址罪。据此，依照《中华人民共和国刑法》第三百二十八条第一款、第二十五条第一款之规定，吉安县人民法院判决如下：

1. 被告人谢志喜犯盗掘古文化遗址罪，判处有期徒刑十年，并处罚金五千元；

2. 被告人曾和平犯盗掘古文化遗址罪，判处有期徒刑十年，并处罚金五千元。

一审宣判后，被告人谢志喜、曾和平不服，向吉安市中级人民法院提出上诉。

上诉人谢志喜、曾和平的上诉意见及其辩护人的辩护意见是：二上诉人主观上不明知该处属于国家重点保护的古文化遗址范围内，客观上也没有实施挖掘行为，只是在政府搞开发所挖的树洞内捡碎瓷片，不构成盗掘古文化遗址罪；即使二人的行为构成犯罪，但犯罪情节显著轻微，社会危害程度不大，应当减轻或者免予处罚。

吉安市中级人民法院经审理认为，上诉人谢志喜、曾和平违反国家文物保护法规，擅自在全国重点文物保护单位吉州窑遗址的保护范围内挖掘古文物，其行为均已构成盗掘古文化遗址罪。二上诉人提出不知道所挖掘的树洞处于吉州窑遗址保护范围内以及没有挖掘行为的辩解意见与二上诉人在公安机关的供述不符，不予采纳；鉴于二上诉人是在政府为绿化而挖的树洞内盗掘，主观恶性较小，根据罪刑相适应原则，对二上诉人依法可予以减轻处罚。原判认定事实清楚，证据充分，定罪准确，审判程序合法。依照《中华人民共和国刑法》第三百二十八条第一款、第二十五条第一款、第六十三条第二款以及《中华人民共和国刑事诉讼法》第二百二十五条第一款第二项之规定，吉安市中级人民法院以盗掘古文化遗址罪，分别改判上诉人谢志喜有期徒刑四年，并

处罚金五千元;上诉人曾和平有期徒刑三年零六个月,并处罚金五千元。

江西省高级人民法院在复核期间认为,原审上诉人谢志喜、曾和平违反国家文物保护法规,擅自在全国重点文物保护单位江西省吉安县吉州窑遗址的保护区范围内挖掘古文物,其行为均已构成盗掘古文化遗址罪。鉴于谢志喜、曾和平是在政府为绿化而挖的树坑内进行盗掘,盗掘行为亦未给国家重点保护遗址造成严重破坏,故其犯罪情节较轻,又有悔罪表现。据此,依照《中华人民共和国刑法》第六十三条及《最高人民法院关于适用〈中华人民共和国刑事诉讼法〉的解释》第三百三十六条之规定,裁定撤销吉安市中级人民法院的刑事判决,发回吉安市中级人民法院重新审判。

吉安市中级人民法院经再次审理,以盗掘古文化遗址罪判处谢志喜、曾和平有期徒刑三年,缓刑三年,并处罚金五千元。该判决逐级层报至最高人民法院,最高人民法院认为该判决认定的事实清楚,证据确实、充分,定罪准确,量刑适当,审判程序合法,裁定予以核准。

二、主要问题

1. 在全国重点文物保护单位的区域内对政府为栽树而挖的树坑进行盗掘的行为是否构成盗掘古文化遗址罪?

2. 盗掘确定为全国重点文物保护单位的古文化遗址,犯罪情节较轻,依法决定在法定刑以下判处刑罚的,可否适用缓刑?

三、裁判理由

(一)在确定为全国重点文物保护单位的区域内盗掘古文化遗址的行为,依法应当以盗掘古文化遗址罪定罪处罚

古文化遗址、古墓葬,作为人类活动的实物遗存,从不同的侧面和领域揭示了一定的历史现象,体现了我国祖先的思想道德和科学文化水平,其价值和作用是永恒的,是连接过去、现在和未来的历史文化纽带。这些前人给我们留下的珍贵宝藏,不可再生、无法复制,一旦受损则无法挽回。盗掘古文化遗址、古墓葬的违法犯罪活动会使大量未出土的文物脱离特定的环境而失去珍贵的科学价值,也为非法倒卖文物提供了文物源,因此,刑法设立盗掘古文化遗址、古墓葬罪,是保护文物、制止倒卖文物犯罪活动的有效手段。根据刑法第三百二十八条的规定,盗掘具有历史、艺术、科学价值的古文化遗址、古墓葬的行为,构成盗掘古文化遗址、古墓葬罪。这里的盗掘,是指以出卖或者非法占有为目的,私自秘密挖掘古文化遗址和古墓葬的行为。古文化遗址是指在人类历史发展中由古代人类创造并留下的表明其文化发展水平的地区,如周口店;古墓葬是指古代(一般指清代以前,含清代)人类将逝者及其生前遗物按一定方式置于特定场所并建造的固定设施。辛亥革命以后,与著名历史事件有关的名人墓葬、遗址和纪念地,也视同古墓葬、古遗址,受国家保护。对于盗掘古文化遗址罪,一般可以从以下几个方面进行分析认定:

1. 从主观方面进行判断。本罪在主观上表现为故意,并且以非法出卖或者非法占有为目的。犯罪的故意由认识因素和意志因素组成,对本罪来说,认识因素表现为明知,最重要的是要求行为人明知自己盗掘的是具有历史、艺术、科学价值的古文化遗址;意志因素表现为希望。由于盗掘古文化遗址罪是以非法出卖或者非法占有为目的的犯罪,因此只能出于直接故意。国家文物主管部门对本案所涉及的江西省吉州窑遗址属于全国重点文物保护单位已予以立碑公布,被告人谢志喜、曾和平长期生活在当地,凭借其知识、经验,应当能够鉴别其挖掘目标的价值。谢志喜供述:“我在吉州窑公园看到一个为栽树而挖的树坑里被挖掘机挖出少许碎瓷片,便返回永和镇购买了一个手电筒,又拿来一双黄色皮手套和一个钢碗,于当日来到该树坑内开始挖掘,与曾和平说好挖到的东西一人一半,我知道所掘位置处于吉州窑遗址范围内。”曾和平供述:“我前两天

听说吉州窑作坊后面有碎瓷片捡,遂带了一个橘红色的手电筒来到现场,看见谢志喜戴着手套蹲在洞口耙土,谢告诉我已经捡了一些碎瓷片。然后我与谢志喜轮流耙土,谁耙到东西就算谁的。我们知道现场为吉州窑遗址范围内,想搞些碎片自己玩和卖钱。”从二被告人的供述亦可以看出,二人不仅明知挖掘地属于吉州窑遗址范围内,还具有盗掘古文化遗址并非法占有、非法出卖遗址中文物的目的。

2. 从客观方面进行判断。学界对本罪客观方面中的“盗掘”是单一行为还是复合行为,即盗掘行为是否包含盗窃文物行为存在两种截然不同的观点:“窃得文物说”认为,本罪客观方面应当包含实施了挖掘行为并且窃得内藏的物品;“盗掘行为说”认为,只要行为人实施了盗掘行为便构成本罪。我们同意“盗掘行为说”,即只要行为人客观上实施了挖掘古文化遗址的行为就足以构成本罪。首先,从立法规定来看,刑法第三百二十八条将“盗掘古文化遗址、古墓葬,并盗窃珍贵文物或者造成珍贵文物严重损坏”的情形作为本罪的加重处罚情节,而不是规定为犯罪构成要件。其次,在实践中,有些破坏古文化遗址的案件,尽管情况严重,却未窃得文物或者因文物被毁无法窃取,但对古文化遗址本身的破坏是显然存在的。可见,是否盗窃珍贵文物或者造成珍贵文物严重被破坏,是决定对犯罪分子在哪一个法定刑幅度内量刑的依据,而不是判断其行为是否构成犯罪的依据。本案中,被告人谢志喜供述其为盗掘文物事先准备挖掘工具,曾和平到达之前其一个人在洞内横向挖掘洞壁,挖了一尺深左右,挖到几块带花纹的碗碎片。曾和平到达现场进洞后沿着其挖掘的洞壁用手、码钉继续深挖,二人协作将洞壁又掘了一尺余深。二被告人挖掘行为持续了一个多小时,对古文化遗址已经造成破坏,客观上完成了盗掘国家重点保护的古文化遗址的行为。其仅挖到几块带花纹的碗碎片,只是犯罪情节的内容,而不是行为是否构成犯罪的判断依据。

3. 将本罪与盗窃罪区别开来。盗掘古文化遗址罪,是指盗掘具有历史、艺术、科学价值的古文化遗址的行为。在刑法规定本罪之前,我国法律对于私自挖掘古文化遗址的行为,一般以盗窃罪论处。由于盗掘古文化遗址的犯罪活动猖獗,给国家珍贵历史文化遗产造成无法估量的损失,从保护文物的角度出发,1991 年 6 月 29 日第七届全国人民代表大会常务委员会第二十次会议通过了《关于惩治盗掘古文化遗址古墓葬犯罪的补充规定》(已废止)对刑法补充规定了盗掘古文化遗址罪,由此正式确立了相关保护古文化遗址的罪名、罪状及严厉的法定刑。1997 年刑法基本沿用了该补充规定。因此两罪很容易混淆。两罪相比较,区别主要在于:首先,侵犯的客体不同。盗掘古文化遗址罪侵犯的客体是复杂客体,即国家对古文化遗址的管理秩序和国家财产所有权;而盗窃罪侵犯的是单一客体,即公私财产所有权。其次,侵犯的对象不同。盗掘古文化遗址罪侵犯的对象是古文化遗址,是不可再生物,一般不能以金额计算,一旦遭到破坏,损失无法挽回;而盗窃罪侵犯的对象为公私财物。最后,客观表现不同。盗掘古文化遗址罪表现为秘密或者公开地私自掘取行为,不论是否窃得财物,只要实施了盗掘行为就构成该罪。盗掘既不是单纯的盗窃,也不是单纯的损毁,而是指未经国家文物主管部门批准,私自挖掘,盗掘可谓集盗窃与损毁于一体,其侵害程度相当重。而且,盗掘并不限于挖掘埋藏于地下的古文化遗址、古墓葬,打捞被水淹没的古文化遗址、古墓葬的,掘出掩埋于其他物体中的古文化遗址、古墓葬的,也应认定为盗掘。而盗窃罪只能表现为秘密窃取公私财物数额较大的行为。

(二)盗掘确定为全国重点文物保护单位的古文化遗址,犯罪情节较轻,依法决定在法定刑以下判处刑罚的,可以根据犯罪情节、悔罪表现等因素决定是否适用缓刑

根据刑法第三百二十八条第一款规定,只要实施了盗掘具有历史、艺术、科学价值的古文化遗址、古墓葬行为的,就构成盗掘古文化遗址、古墓葬罪。而盗掘确定为全国重点文物保护单位

和省级文物保护单位的古文化遗址的，则应当处十年以上有期徒刑、无期徒刑，并处罚金或者没收财产。本案二被告人盗掘确定为全国重点文物保护单位的古文化遗址的，则应当在十年以上有期徒刑或者无期徒刑的法定刑幅度内处罚。但是，根据本案的具体情节，可以在法定刑以下判处刑罚，并适用缓刑。首先，二被告人有别于有预谋、有准备、携带专业挖掘工具流窜作案的专业盗掘文物人员，系临时起意。二被告人不是刻意去寻找挖掘对象，而是在政府为绿化而挖的树洞内实施盗掘行为，因而主观恶性相对较小。其次，二被告人的挖掘持续时间不长，既未给吉州窑遗址造成实质性的严重破坏，也未盗得有价值的文物，与采取捣毁、损坏、拆除、焚烧、爆炸等不计后果的破坏性手段盗掘古文化遗址，大肆倒卖、走私文物的犯罪相比，犯罪情节相对较轻。再次，二被告人归案后均如实供述犯罪事实，且悔罪态度较好。最后，二被告人平时表现较好，无前科劣迹，均系初犯，归案后认罪悔罪，能够坦白罪行。综上，吉安市中级人民法院经综合评估，认为二被告人的犯罪情节较轻，有悔罪表现，且没有再犯罪的危险，宣告缓刑对所居住社区没有重大不良影响，故对被告人谢志喜、曾和平分别以盗掘古文化遗址罪判处有期徒刑三年，缓刑三年，并处罚金五千元，是妥当的。

（撰稿：江西省高级人民法院　王长河　张超平
审编：最高人民法院刑四庭　陆建红）

[第1130号]韩涛、胡如俊盗掘古墓葬案

——盗掘古墓葬石像生的如何定罪

【关键词】　盗掘古墓葬罪　盗掘古墓葬石像生　以非法占有为目的

一、基本案情

被告人韩涛，男，1981年2月12日生。因涉嫌犯盗掘古墓葬罪于2013年8月9日被逮捕。

被告人胡如俊，男，1982年3月27日生。因涉嫌犯盗掘古墓葬罪于2014年2月27日被逮捕。

江苏省镇江市润州区人民检察院以被告人韩涛、胡如俊犯盗掘古墓葬罪，向江苏省镇江市润州区人民法院提起公诉。

被告人韩涛、胡如俊对起诉书指控的事实没有异议，未做辩解。被告人胡如俊的辩护人辩称：被告人胡如俊系初犯，在共同犯罪中所起作用相对较小，且赃物已被追回，建议法庭对其从轻处罚并适用缓刑。

江苏省镇江市润州区人民法院经审理查明：2007年，被告人韩涛（古玩爱好者）在江苏省镇江市南山风景区五凤口社区谈家湾村口（现镇江市旅游学校正大门对面）山坡下发现一只石马（长1.8米，高1.45米，宽0.4米）半埋于地下，根据其经验判断该石马为明清年代用于墓道上的石雕。2012年6月，韩涛与被告人胡如俊经实地调查商议后，于当月的一天晚上，分别联系吊车、货车等起重、运输车辆到达现场，由胡如俊用铁锹将覆盖在石马周围的土挖开，把钢丝绳固定在石马下，通过吊车将石马吊装到货车上将石马运走并存放于韩涛事先联系好的龚恩同经营的镇江恒达物资回收有限公司院内。2013年7月2日，韩涛通过程敏的联系，欲将该石马以5万～6万元的价格销售给他人。当日10时许，韩涛联系了吊车在镇江恒达物资回收有限公司院内搬运

该石马时，被公安机关当场抓获。经镇江市文物局鉴定，该石马系放置于坟丘前神道两侧的石像生，为明代三级文物，是明代古墓葬的组成部分。

江苏省镇江市润州区人民法院认为，被告人韩涛、胡如俊共同盗窃具有历史、艺术、科学价值的古墓葬，其行为均已构成盗掘古墓葬罪，依法应予惩处。韩涛、胡如俊归案后能够如实供述自己的犯罪事实，依法可从轻处罚。公诉机关指控被告人韩涛、胡如俊犯盗掘古墓葬罪的事实清楚，证据确实充分，指控的罪名正确，予以采纳。依照《中华人民共和国刑法》第三百二十八条第一款，第二十五条第一款，第六十七条第三款，第七十二条第一款、第三款，第七十三条第二款、第三款之规定，判处被告人韩涛有期徒刑三年六个月，并处罚金人民币三万元；判处被告人胡如俊有期徒刑三年，缓刑三年，并处罚金人民币二万五千元。

宣判后，被告人韩涛、胡如俊在法定期限内未提出上诉，公诉机关也未提出抗诉，判决已发生法律效力。

二、主要问题

行为人未直接挖掘古墓葬的墓室，而是以非法占有为目的，偷挖古墓葬墓室以外墓道上的石像生，是否能够认定为“盗掘古墓葬”行为？

三、裁判理由

本案在审理中，对于被告人偷挖石像生的行为如何定罪有两种不同观点：一种观点认为，被告人的行为不构成盗掘古墓葬罪，只能以盗窃罪论处。盗掘古墓葬罪的犯罪对象仅指古墓葬的墓室，而不包括墓室以外的附属物，对于墓室以外的附属物的挖掘不是刑法意义上的“掘”。另一种观点认为，被告人的行为构成盗掘古墓葬罪。不能狭义地理解“古墓葬”及“掘”的含义，盗掘古墓葬罪的犯罪对象不仅包括古墓葬的主体——墓室，也包括墓室外的一些重要附属物，如墓道、石像生、碑刻等，对附属物的偷挖同样应当认定为刑法意义上的“盗掘”。

我们同意第二种观点，即对被告人应按照盗掘古墓葬罪定罪处罚，理由如下：

（一）石像生是古墓葬的重要组成部分，具有重要的历史、艺术、科学价值

盗掘古墓葬罪规定在刑法第六章第四节“妨害文物管理”中，表明盗掘古墓葬罪侵犯的是复杂客体，不仅侵犯了国家对古墓葬的所有权，还侵犯了国家对古墓葬的管理秩序。古墓葬的所有权归属于国家，未经批准盗掘古墓葬的行为，无论是否窃得古墓葬中的可移动文物，都是对国家所有权的侵犯。同时，盗掘古墓葬的行为不但会造成文物的严重流失，而且使许多文物因缺乏保护而丧失其历史、艺术、科学价值，有时甚至造成文物的直接毁坏，因而这种行为还侵犯了国家对古墓葬的管理秩序。刑法第三百二十八条对盗掘古墓葬罪规定了三年以上有期徒刑，最高可处无期徒刑的刑罚，只有情节较轻的，处三年以下有期徒刑、拘役或者管制。刑法之所以将盗掘古墓葬罪作为重罪惩处，不仅是为了保护古墓葬的所有权和古墓葬中的珍贵文物，更重要的是古墓葬及其文物中所蕴含的重要历史、艺术、科学价值。因此，判断石像生是否是“古墓葬”，不能仅从其是位于墓室内还是墓室外来判断分析，更应当从本质属性上分析是否具有古墓葬的重要历史、艺术和科学价值。

石像生又称石像、石俑、翁仲，指的是用巨石琢成的仿动物或人物的石像，如古代帝陵神道两侧的石兽、石人等。石像生的设置始于秦汉时期，以后历代帝王、重臣沿用不衰。石兽有麒麟、狮子、辟邪、龙马、象、虎、牛、羊、玄鸟等，石人分文、武、勋三臣，以象征文武百官。我国唐乾陵、明孝陵、明十三陵、清东陵、清西陵等均有大型石像生雕塑群。因此，石像生实际已经成为古墓葬不可分割的一部分，古墓葬由地上遗迹和地下遗迹组成，古墓葬的墓室、葬具、随葬品、壁画、神道、石像生、碑刻、地面建筑等形成一个有机整体，离开了其中任何一部分，古墓葬都是不完整的。因

此,上述对象都应当成为盗掘古墓葬罪所要保护的对象。

石像生的作用主要是显示墓主人的身份等级地位,也有驱邪、镇墓的作用。我国古代墓葬大多是通过随葬品来判断墓主人的身份,从明清时代开始,墓葬的墓室内部已经不是主要放置随葬品了,主要还是通过摆放在外面的一些物品来反映墓主人的身份和地位。石像生一般只有在帝王陵或者等级极高的大臣墓才有,因而相对于其他附属物而言,石像生具有更高的研究价值。在文物保护手段还不够成熟、考古发掘还存在一定技术性障碍的情况下,古墓葬附属物的完整保存对研究一定地区的历史事件、经济发展水平、丧葬习俗及民俗等具有重要价值。对那些年代和墓主身份难以认定的古墓,石像生对判明墓主人的身份等具有重要的参考价值。本案中,镇江市博物馆的专家发现现场还有其他坟丘、石刻存在,通过考察查扣的石马的工艺水平、雕刻方式等,结合证人证言提到的此前在此曾有石碑刻有“大明开国世公”字样,在没有挖掘墓室的情况下,主要根据被偷挖的石马最终认定这是一处品级很高的明朝开国功臣之墓,对研究镇江南山风景区的历史、文化具有极高的价值。由此可见,涉案的石马完全具有古墓葬所体现出的重要历史、艺术和科学价值,应当认定为古墓葬。

(二)偷挖石像生的行为属于“盗掘”古墓葬行为

对于盗掘古墓葬罪中的“盗掘”的含义,实践中有不同理解。有种观点认为,“盗掘古墓葬”中的“掘”仅指向下挖掘,通俗地讲就是“挖坟掘墓”,是对墓室的开挖,并且通过开挖来达到占有随葬文物的目的。我们认为这种观点有失偏颇。从字面上看,“掘”是由“手”和“屈”两部分组合而成,意为弓着身体用手掏挖,在现代汉语中“掘”是指刨、挖,[①]即通过清除土的方式实现行为的既定目的。但对刑法语词的解释不能仅限于文义解释。由于我国幅员辽阔,民族众多,各地的丧葬风俗也各不相同,有土葬、火葬、水葬、塔葬、天葬、树葬、崖葬等多种,很多墓葬并非位于地面以下,如果将“掘”仅作狭义理解的话,势必使得刑法保护的古墓葬范围大大缩小,不利于对散落于全国各地不同种类古墓葬的保护。因此,对什么是刑法上的“盗掘”,不能完全拘泥于“掘”的字面含义,即狭义地理解为“向下挖掘”“刨开泥土”或者是“在地面以下挖掘”,而应作广义的理解。

我们认为,从盗掘古墓葬罪所要保护的法益的角度出发,凡是具备以下两个特征的“破坏性手段”,都可以视为盗掘古墓葬罪的行为方式:(1)行为人秘密实施的行为,旨在破坏古墓葬及其附属物的完整性或者使其离开原处;(2)行为客观上破坏了古墓葬及其附属物所蕴含的历史、艺术、科学价值。本案被告人偷挖石马的行为就属于秘密实施的使古墓葬的附属物离开原处的行为,符合“盗掘”古墓葬的行为特征。

(三)对偷挖石像生的行为不宜以盗窃罪定罪处罚,而应当以盗掘古墓葬罪定罪处罚

从法理上分析,盗掘古墓葬罪与盗窃罪之间的区别比较明显:(1)两罪的主观方面不同。盗掘古墓葬罪的行为人虽然大多出于获得墓葬内的珍贵文物高价卖出后牟取暴利的目的,但本罪并未将该目的作为犯罪构成要件,无论出于何种目的,也无论是否实际取得文物,只要行为人实施了盗掘古墓葬的行为都足以成立本罪;而盗窃罪的主观方面表现为行为人以非法占有为目的,构成犯罪一般以盗窃数额较大、多次盗窃入户盗窃、携带凶器盗窃、扒窃等情节为前提。(2)两罪所侵犯的客体不同。如前所述,盗掘古墓葬罪所侵犯的客体是复杂客体,即国家对古墓葬的所有权和国家对古墓葬的管理秩序;而盗窃罪侵犯的是简单客体,即公私财产所有权。虽然文物也可以成为盗窃的对象,但不包括尚未脱离古墓葬的文物。(3)两罪客观方面不同。盗掘古墓葬罪表

① 中国社会科学院语言研究所词典编辑室编:《现代汉语词典》(第4版),商务印书馆2002年版,第691页。

现为行为人未经国家有关主管部门批准而擅自挖掘古墓葬的行为;盗窃罪则表现为以秘密窃取的方法,将公私财物转移到自己的控制之下,并非法占为己有的行为。

在1997年之前,盗掘古墓葬的行为一般以盗窃罪定罪处罚,1997年刑法将盗掘古墓葬罪作为一个单独的罪名予以规定,旨在加强对具有历史、艺术、科学价值的古墓葬及其附属物的保护,故而对盗掘古墓葬罪设置的法定刑明显重于盗窃罪的法定刑。鉴于盗挖石像生的行为人大多是以转卖牟利为目的,在多数情况下,可以将盗挖石像生的行为理解为行为人以非法占有为目的,秘密窃取属于国家所有的文物,这种行为同时构成盗窃罪和盗掘古墓葬罪,属于想象竞合犯。根据想象竞合犯"从一重处断"的原则,应以盗掘古墓葬罪定罪处罚。

另外,从司法实践来看,如果将盗挖石像生的行为认定为盗掘古墓葬罪,该罪作为行为犯,其定罪标准容易掌握。如果以盗窃罪定罪处罚则会面临两个难题:一是盗窃罪必须以窃得文物的数量、等级作为定罪量刑的依据,而实践中因盗掘行为导致文物毁坏、缺损、灭失而无法进行等级鉴定的比比皆是。二是根据《最高人民法院、最高人民检察院关于办理盗窃刑事案件适用法律若干问题的解释》的规定,按照等级来定罪量刑的仅限于国有馆藏文物,民间文物需要按照评估价格来确定盗窃数额。但实践中,文物管理部门往往对民间文物只鉴定等级而不鉴定价格,物价部门也往往以无专业知识为由拒绝对文物价格进行鉴定;同时我国文物市场还不健全,文物交易也不够规范,文物交易价格根据市场行情往往波动较大,因此按照文物的销赃价格来认定盗窃数额也不够准确。

综上,对盗挖石像生的行为以盗掘古墓葬罪定罪处罚既符合法理,又便于司法实践操作,更有利于对古墓葬的保护。本案被告人韩涛、胡如俊以非法占有为目的,盗掘属于国家三级文物的明代古墓葬,原审法院以盗掘古墓葬罪对两被告人定罪处罚是正确的。

(撰稿:江苏省镇江市润州区人民法院　岳益民　余　波
审编:最高人民法院刑四庭　陆建红)

五、危害公共卫生罪

[第1191号]陈菊玲非法进行节育手术案

——判决宣告前犯有同种数罪但被分案起诉，后罪判决时能否与前罪并罚

【关键词】 非法进行节育手术罪 同种数罪 数罪并罚 漏罪

一、基本案情

被告人陈菊玲，女，1977年10月5日出生。2013年12月19日因犯非法进行节育手术罪被判处有期徒刑一年九个月，并处罚金人民币一万元。

被告人张菊玲前科犯罪具体案发及审理经过：2010年7月26日，被告人陈菊玲非法对被害人张某某实施终止妊娠手术，致张某某子宫、小肠、大网膜及横结肠系膜破裂，经鉴定构成重伤。同年8月4日，陈菊玲被公安机关查获，后被采取取保候审强制措施。昆山市人民检察院于2011年1月21日指控陈菊玲犯非法进行节育手术罪，向昆山市人民法院提起公诉。取保候审期间，陈菊玲又于2011年3月19日在昆山市非法对被害人周某某实施终止妊娠手术。次日，公安机关再次将陈菊玲查获并立案侦查，陈菊玲到案后如实供述了自己的罪行，后在取保候审期间脱逃，致使被害人张某某一案在较长时间内无法继续审理，昆山市人民法院遂依法裁定对陈菊玲非法进行节育手术案中止审理。2013年11月28日，陈菊玲被公安机关抓捕归案。昆山市人民法院建议昆山市人民检察院并案公诉陈菊玲的两起犯罪事实，但公诉机关不予并案处理。同年12月19日，昆山市人民法院仅就起诉的非法进行节育手术致张某某重伤的犯罪事实进行审理，以非法进行节育手术罪判处陈菊玲有期徒刑一年九个月，并处罚金人民币一万元。宣判后无上诉、抗诉，该判决已生效。

2014年2月12日，江苏省昆山市人民检察院以被告人陈菊玲犯非法进行节育手术罪，向昆山市人民法院提起公诉。

被告人陈菊玲对公诉机关指控的犯罪事实无异议，请求对其从轻处罚。其辩护人的辩护意见是：本案案发时间为2011年3月19日，彼时陈菊玲正因涉嫌另一起非法进行节育手术犯罪（被害人张某某一案）被取保候审，后陈菊玲却仅因该案被判刑，而未能与本案（被害人周某某一案）一并审理。因该两起犯罪事实同系非法进行节育手术，应属处断的一罪，现作为两案分别审理，予以数罪并罚不当。

昆山市人民法院经审理查明：2011年3月19日，被告人陈菊玲在未取得医生执业资格的情况下，在昆山市周市镇东方家园12号楼603室为被害人周某某进行终止妊娠手术，致周某某子宫破裂，子宫次全切除、两侧输卵管切除。经法医鉴定，周某某腹部脏器损伤已构成人体重伤，八级伤残。

昆山市人民法院经审理认为，被告人陈菊玲未取得医生执业资格，擅自为被害人周某某进行终止妊娠手术，情节严重，其行为已构成非法进行节育手术罪。陈菊玲在前罪判决宣告以后，刑罚执行完毕以前，还有判决宣告以前的该起犯罪没有判决，依法予以数罪并罚。陈菊玲归案后如实供述自己罪行，依法予以从轻处罚。据此，依照《中华人民共和国刑法》第三百三十六条第二

款、第六十七条第三款、第七十条、第六十九条之规定，以非法进行节育手术罪判处被告人陈菊玲有期徒刑一年十个月，并处罚金人民币一万元；与前罪并罚，决定执行有期徒刑二年三个月，并处罚金人民币二万元。

宣判后，被告人陈菊玲以其前后两起犯罪均系非法进行节育手术犯罪，一审法院未将其前后两罪一并审理，不应分案数罪并罚，适用程序有误，以及已对被害人周某某进行赔偿并取得谅解，原判量刑过重等为由，提出上诉。

江苏省苏州市中级人民法院经审理认为，被告人陈菊玲为被害人周某某进行节育手术的行为已构成非法进行节育手术罪。陈菊玲在前罪判决宣告以后，刑罚执行完毕以前，还有判决宣告以前的其他罪没有判决，依法应予数罪并罚。一审法院依据公诉机关指控的陈菊玲新的犯罪事实依法进行审理于法有据，故对陈菊玲的相关辩解意见，不予采纳。陈菊玲到案后如实供述自己罪行，依法予以从轻处罚。陈菊玲对被害人进行了赔偿并取得被害人谅解，酌情从轻处罚。据此，依照《中华人民共和国刑事诉讼法》第二百二十五条第一款第二项，《中华人民共和国刑法》第三百三十六条第二款、第五十二条、第五十三条、第六十七条第三款、第七十条、第六十九条之规定，撤销原判，以非法进行节育手术罪，改判陈菊玲有期徒刑一年六个月，并处罚金人民币九千元；与前罪并罚，决定执行有期徒刑二年，并处罚金人民币一万九千元。

二、主要问题

判决宣告以前犯有同种数罪但被人为分案处理的，对后罪进行审判时能否数罪并罚，应适用何种法律程序？

三、裁判理由

（一）判决宣告以前犯同种数罪的，一般应并案按照一罪处理，不实行并罚

同种数罪，是指行为人实施的数个独立的犯罪属于同一罪名的犯罪形态，通说采取单罚论的立场，认为除对判决宣告以后、刑罚执行完毕以前发现的同种漏罪和再犯的同种新罪应实行并罚之外，对同种数罪不并罚，而应作为一罪的从重情节或法定刑升格的情节处罚即可。最高人民法院1993年发布的《关于判决宣告后又发现被判刑的犯罪分子的同种漏罪是否实行数罪并罚问题的批复》明确规定，人民法院的判决宣告并已发生法律效力以后，刑罚还没有执行完毕以前，发现被判刑的犯罪分子在判决宣告以前还有其他罪没有判决的，不论新发现的罪与原判决的罪是否属于同种罪，都应当依照规定实行数罪并罚。但如果在第一审人民法院的判决宣告以后，被告人提出上诉或者人民检察院提出抗诉，判决尚未发生法律效力的，第二审人民法院在审理期间，发现原审被告人在第一审判决宣告以前还有同种漏罪没有判决的，第二审人民法院应当按照刑事诉讼法的规定，裁定撤销原判，发回原审人民法院重新审判，第一审人民法院重新审判时，不适用刑法关于数罪并罚的规定。可见，对判决宣告以前一人犯同种数罪以一罪处理，也是我国刑事司法实务的一贯做法。

本案中，被告人陈菊玲因犯非法进行节育手术罪被检察机关提起公诉，在法院审理过程中，再次实施非法进行节育手术犯罪并被立案侦查。其前后两次犯罪系同种数罪，均实施于判决宣告以前，也被发现于判决宣告以前，根据刑法理论和司法实践的一贯做法，一般应当并案一罪处理，不实行并罚。

（二）在审理过程中，法院发现被告人犯有同种数罪但被人为分案处理的，可以建议检察机关并案起诉；检察机关不予并案处理的，应仅就起诉的犯罪事实作出裁判，在审理后起诉的犯罪事实时，可以适用刑法第七十条关于漏罪并罚的规定

刑事诉讼中，对行为人犯有数罪的，司法机关通常会并案处理，通过一次诉讼活动一并解决，

以便查明案情和节约司法资源。对此，司法解释亦作出了明确规定。最高人民检察院于2012年11月22日出台的《人民检察院刑事诉讼规则（试行）》第十二条第二款规定："对于一人犯数罪、共同犯罪、多个犯罪嫌疑人实施的犯罪相互关联，并案处理有利于查明案件事实和诉讼进行的，人民检察院可以对相关犯罪案件并案处理。"最高人民法院、最高人民检察院、公安部、国家安全部、司法部、全国人大常委会法制工作委员会联合发布的《关于实施刑事诉讼法若干问题的规定》（以下简称《六部委规定》）第三条亦规定："具有下列情形之一的，人民法院、人民检察院、公安机关可以在其职责范围内并案处理：（一）一人犯数罪的；（二）共同犯罪的；（三）共同犯罪的犯罪嫌疑人、被告人还实施其他犯罪的；（四）多个犯罪嫌疑人、被告人实施的犯罪存在关联，并案处理有利于查清案件事实的。"上述规定对于规范刑事追诉活动具有重要指导意义，但是在用语上均使用了"可以"一词。可见，对同种数罪并案处理，并非一种强制性规定。

实践中，存在办案机关出于业务考核等考虑，将被告人所犯同种数罪分开处理，先后追诉的情况。例如，在审理某盗窃案件中，被告人的两起盗窃事实已为不同的公安机关所掌握，两家公安机关均明知被告人有两起盗窃事实，但基于各自考核指标的考虑，均不愿把案件移送对方处理，结果由一家将案件先行移送、起诉，待法院判决生效后，另一家再移送、起诉另一起盗窃事实，导致本应一并处理的案件经两次刑事追诉，这种做法不利于节约司法资源，给被告人增加诉累，并对适用法律造成不必要的困扰。

控审分离、不告不理，是现代刑事诉讼的基本原则。它要求未经起诉，法院不得实施任何形式的审理活动；法院的审判范围应当限于公诉机关指控的范围，不得审判任何未经起诉的行为。对于法院发现检察机关未指控的犯罪事实该如何处理，考虑到我国刑事诉讼法实行公检法机关分工负责，相互配合，相互制约原则，《六部委规定》第三十条规定，人民法院审理公诉案件，发现有新的事实，可能影响定罪的，可以建议人民检察院补充起诉或者变更起诉，人民检察院应当在7日以内回复意见。《最高人民法院关于适用〈中华人民共和国刑事诉讼法〉的解释》（以下简称《刑事诉讼法解释》）第二百四十三条作出了类似规定，并针对实践中常见的检察机关不同意补充起诉或者变更起诉，或者在7日以内未回复意见的情况，进一步明确规定人民法院应当就起诉指控的犯罪事实依照解释第二百四十一条的规定作出判决、裁定。因此，人民法院在审理过程中，发现被告人犯有同种数罪但被检察机关人为分案处理的，因分案处理的事实影响对被告人的定罪，可以建议检察机关并案起诉。二审法院发现被告人在第一审判决宣告以前还有同种漏罪没有判决的，也可以发回重审，并协调检察机关并案处理。检察机关不同意或者在7日内未回复意见的，法院应当仅就起诉指控的犯罪事实作出裁判。判决生效以后，检察机关另案起诉其他同种漏罪的，并案以一罪处理的前提条件已经消失，法院必须对漏罪依法予以审理，构成犯罪的，单独予以定罪判刑。鉴于此前判处的刑罚尚未执行完毕，亦不属于刑法第六十九条规定的判决宣告以前一人犯数罪及第七十一条规定的刑罚执行期间发现新罪的情形，故对漏罪进行审判时，适用刑法第七十条关于漏罪并罚的规定进行处理，是相对合理的选择。

就本案而言，昆山市人民法院在判决宣告前，发现被告人陈菊玲在审理期间又实施了非法进行节育手术犯罪并被公安机关立案侦查，所涉新罪与检察机关已经起诉指控的犯罪属同种罪行。检察机关知晓陈菊玲有该起同种犯罪事实，却不予并案起诉。昆山市人民法院根据《刑事诉讼法解释》第二百四十三条的规定，建议昆山市人民检察院补充起诉，但昆山市人民检察院仍未对陈菊玲前后两罪并案公诉。昆山市人民法院无权主动并案审理陈菊玲的同种数罪，最终只能仅就起诉指控的陈菊玲对被害人张某某非法进行节育手术犯罪部分进行审判，判处陈菊玲有期徒刑一年九个月，并处罚金人民币一万元。判决生效之后，刑罚执行完毕以前，检察机关又起诉指控陈菊玲对被害人周某某非法进行节育手术犯罪。昆山市人民法院受理后，对陈菊玲在判决宣告以前实施的同种漏罪进行审判，判处陈菊玲有期徒刑一年十个月，并处罚金人民币一万元，并根据刑法第七十条的规定，与其前罪判处的刑罚实行并罚。昆山市人民法院的一审判决于法有据，在审理程序和适用法律上并无不当。但检察机关该种分案处理的做法，不利于提高诉讼效率，实践中应尽量避免。

（三）对人为分案处理的同种数罪实行并罚时，决定执行的刑罚应当与并案以一罪处理时所应判处的刑罚基本相当，不得加重被告人的处罚

我国刑法以“刑罚执行完毕以前”作为适用数罪并罚制度的时间条件。为了有区别地对待不同危害程度的数罪和危险程度各异的数罪实施者，贯彻罪刑相适应原则，刑法第六十九条、第七十条和第七十一条中明确规定对不同阶段实施或者被发现的数罪采取不同的并罚方法。

刑法第七十条规定：“判决宣告以后，刑罚执行完毕以前，发现被判刑的犯罪分子在判决宣告以前还有其他罪没有判决的，应当对新发现的罪作出判决，把前后两个判决所判处的刑罚，依照本法第六十九条的规定，决定执行的刑罚……”这是关于漏罪并罚的规定，因为漏罪事实所反映的社会危害性及其行为人的人身危险性，要比判决宣告以前发现的同等数罪相对严重。换言之，犯有数罪的犯罪分子，对社会危害严重，其到案后不但不积极悔罪，还故意隐瞒部分罪行，表明其有较大的人身危险性。对其漏罪实行并罚，既是罪刑相适应原则的要求，也有加重处罚的司法威慑效果。所以，根据立法本意，该条主要是针对犯罪分子归案后，在审判之前故意隐瞒自己的部分犯罪行为，直到对其审判之后刑罚执行完毕以前才发现还有遗漏罪行的情况。

因侦查机关、检察机关人为分案，导致法院在审判时未发现被告人的同种犯罪事实，或者已经发现但因未一并起诉而不能对被告人的同种犯罪事实并案审理，从而造成另案审判时对被告人所犯同种罪行只好适用漏罪并罚的规定处理，该种做法虽不是不可以，但可能会使被告人因分案处理而承担不利后果。因此，在因人为分案处理而对被告人的同种漏罪进行并罚时，决定执行的刑罚应与并案以一罪公诉所应判处的刑罚基本相当，否则有违刑法的罪刑相适应原则。

刑法第三百三十六条第二款规定，非法进行节育手术，情节严重的，处三年以下有期徒刑、拘役或者管制，并处或者单处罚金；严重损害就诊人身体健康的，处三年以上十年以下有期徒刑，并处罚金；造成就诊人死亡的，处十年以上有期徒刑，并处罚金。本案中，被告人陈菊玲两次非法进行节育手术犯罪均造成他人重伤，属于情节严重，尚不构成严重损害就诊人身体健康的情形，其法定刑范围应为三年以下有期徒刑、拘役或者管制，并处或者单处罚金。因此，如果并案以一罪处理，对陈菊玲的宣告刑不应超过有期徒刑三年。昆山市人民法院在一审审理陈菊玲的同种漏罪适用并罚时，决定执行有期徒刑二年三个月，并处罚金人民币二万元。在二审期间，因出现被告人赔偿获得谅解情节，二审依法改判陈菊玲有期徒刑二年，并处罚金人民币一万九千元。一、二审对陈菊玲数罪并罚后决定执行的刑期，均没有超出并案以一罪处理时有期徒刑三年的法定最高刑，且与并案以一罪公诉所应判处的刑罚基本相当，不仅符合罪刑相适应原则，也保障了被告人的合法权益。

（撰稿：江苏省昆山市人民法院　王　东
审编：最高人民法院刑一庭　杜国强）

[第 1288 号]梁娟医疗事故案
——医务人员在医院安排下的违规医疗行为应当如何定性

【关键词】 非法行医罪 医疗事故 医务人员 医院安排 违规医疗行为

一、基本案情

被告人梁娟,女,汉族,1983 年 11 月 20 日出生,安徽省宿州同济医院护士。

安徽省宿州市埇桥区人民检察院以被告人梁娟犯非法行医罪,向安徽省宿州市埇桥区人民法院提起公诉。

被告人梁娟对公诉机关的指控无异议,并愿意适当赔偿附带民事诉讼原告人的经济损失。

被告人梁娟的辩护人提出:梁娟系同济医院的护士,其给被害人杨某某注射丙泊酚系职务行为;丙泊酚不属于麻醉药品,被告人梁娟的行为不构成非法行医罪。如认定被告人梁娟的行为构成犯罪,其具有自首、立功情节。

宿州市埇桥区人民法院经公开审理查明:被告人梁娟系宿州同济医院护士,未取得医生执业资格。2014 年 5 月 16 日上午,宿州同济医院妇产科医生陶艳丽安排助理医师孙静给被害人杨某某做人流手术,被告人梁娟给杨某某静脉推注丙泊酚,手术结束后杨某某昏迷,经抢救无效死亡。经法医鉴定,被害人杨某某系因在人流手术过程中静脉推注麻醉药丙泊酚导致呼吸抑制而死亡。案发后宿州同济医院已赔偿被害人杨某某亲属人民币 60 万元。

宿州市埇桥区人民法院认为,被告人梁娟身为宿州同济医院的护士,未取得麻醉师和医生执业资格,在为被害人杨某某做人流手术时注射麻醉药丙泊酚,造成被害人杨某某死亡的严重结果,其行为构成非法行医罪。被告人梁娟归案后能如实供述犯罪事实,依法可予从轻处罚。依据《中华人民共和国刑法》第三百三十六条、第五十二条、第六十七条第三款、第六十一条及《最高人民法院关于民事诉讼证据的若干规定》第二条第二款之规定,判决被告人梁娟犯非法行医罪,判处有期徒刑十年,并处罚金人民币一万元。

一审判决后,被告人梁娟不服,向安徽省宿州市中级人民法院提起上诉。

梁娟上诉提出,她是医院的护士,是按照医院安排并遵照医嘱注射的丙泊酚,是履行职务行为,不构成非法行医罪。

梁娟的辩护人提出,宿州同济医院是合法的从事医疗的经营单位,医院内部管理混乱、严重违规操作是造成本次事故的根本原因,梁娟是第一次打麻醉,是受医生安排违规操作,梁娟的行为不构成非法行医罪,应构成医疗事故罪。

宿州市人民检察院认为,丙泊酚是麻醉药,应由受过训练的麻醉师或者加强监护病房的医生给药,护士不能独立注射,认定梁娟构成医疗事故罪于法无据,应认定梁娟构成非法行医罪。

宿州市中级人民法院查明:上诉人梁娟系宿州同济医院的护士,陶艳丽、孙静是同济医院妇科的医生,均系助理医师,陶艳丽担任主任。2014 年 5 月 16 日上午,被害人杨某某到宿州同济医院妇科就诊,陶艳丽安排助理医师孙静给杨某某做人流手术,在孙静表示可以麻醉时,上诉人梁娟在明知麻醉药丙泊酚应由受过训练的麻醉师或加强监护病房的医生给药的情况下,给被害人杨某某静脉推注了丙泊酚注射液,手术结束后杨某某昏迷,经抢救无效死亡。经法医鉴定,被害人杨某某系因在人流手术过程中静脉推注丙泊酚导致呼吸抑制而死亡,可以排除杨某某系毒物中毒致死、机械性窒息致死、机械性损伤致死和原发性疾病致死。案发后宿州同济医院赔偿被害人杨某某亲属人民币60万元。二审期间，上诉人梁娟及其亲属与被害人亲属自行达成调解协议，赔偿被害人亲属14万元，取得被害人亲属的谅解。

宿州市中级人民法院认为，梁娟作为宿州同济医院的医务人员在诊疗护理工作中严重违反法律、法规、规章和诊疗护理规范、常规，造成就诊人杨某某死亡，其行为构成医疗事故罪，依法应予惩处。梁娟归案后能如实供述主要犯罪事实，构成坦白，且有立功（检举他人犯罪线索）、赔偿被害人亲属经济损失并取得谅解等从轻处罚情节，可依法对其从轻处罚，但其在取保候审期间潜逃，严重影响司法权威，不宜适用缓刑。依据《中华人民共和国刑法》第三百三十五条、第六十七条第三款、第六十八条、第六十一条以及《中华人民共和国刑事诉讼法》第二百二十五条第一款第二项之规定，撤销一审判决，以医疗事故罪改判梁娟有期徒刑二年。

二、主要问题

被告人作为护士，在医院安排下违法从事治疗行为，导致医疗事故发生的，应当如何定罪？

三、裁判理由

本案审理中，对于被告人梁娟的行为如何定性，存在以下几种观点：

第一种观点认为，被告人梁娟的行为构成非法行医罪。理由是：梁娟作为护士，知道自己没有行医资格，也没有麻醉师资格，在为被害人杨某某做人流手术时注射丙泊酚，而丙泊酚注射液属于麻醉药，应严格按照该药的使用说明，由受过训练的麻醉师或病房医生来给药。梁娟作为宿州同济医院的护士，擅自为被害人静脉注射丙泊酚，超出其职权范围，属于非法行医行为，应构成非法行医罪。

第二种观点认为，被告人梁娟的行为构成过失致人死亡罪。理由是：梁娟作为护士应聘到同济医院，一直担任护士的职务，没有非法行医的故意，不能认定梁娟构成非法行医罪。梁娟对被害人的死亡具有过失，应当以过失致人死亡罪定罪量刑。

第三种观点认为，被告人梁娟不构成犯罪。理由是：梁娟系业务过失导致被害人死亡，对其罪名选择应是特殊罪名优于普通罪名，梁娟如果构成犯罪，只能是医疗事故罪，但本案没有进行医疗事故责任认定，认定梁娟构成犯罪事实不清，证据不足。

第四种观点认为，被告人梁娟的行为构成医疗事故罪。

我们同意第四种观点，理由如下：

（一）推注麻醉药丙泊酚并非被告人梁娟个人的擅自行为，梁娟不构成非法行医罪

《最高人民法院关于审理非法行医刑事案件具体应用法律若干问题的解释》（以下简称《解释》）第一条规定，刑法第三百三十六条第一款中“未取得医生执业资格的人非法行医”是指以下情形：(1)未取得或者以非法手段取得医师资格从事医疗活动的；(2)被依法吊销医师执业证书期间从事医疗活动的；(3)未取得乡村医生执业证书，从事乡村医疗活动的；(4)家庭接生员实施家庭接生以外的医疗行为的。虽然非法行医罪不要求以营利为目的，但实践中该罪的打击重点一直是以营利为目的、长期以非法行医为业的人。

一审法院认为，被告人梁娟构成非法行医罪，理由是梁娟为他人静脉注射麻醉药丙泊酚，已超出其职权范围，不属职务行为，属于“未取得医师资格从事医疗活动”的情况。这种观点值得商榷。宿州同济医院是一家合法成立的私立医院，梁娟作为护士应聘到同济医院，一直担任护士的职务，领取护士的薪水。根据孙静、赵亚楠、薛斌、陈明等证人的证言和梁娟的供述分析，陶艳丽是宿州同济医院妇科主任，有对妇科医务人员的人事安排权利，且该医院妇科仅有陶艳丽具有购买、保管麻醉药的权限。案发当天，陶艳丽安排助理医师孙静给杨某某做人流手术，并未外聘麻

醉师，虽然陶艳丽否认安排梁娟推注麻醉药丙泊酚，但综合全案证据，可以推定梁娟参与手术是受医院安排的。在孙静表示可以麻醉时，作为护士的梁娟给被害人杨某某静脉推注了麻醉药丙泊酚，手术结束后杨某某昏迷，经抢救无效死亡。这是一个完整的诊疗活动，梁娟的行为是该诊疗活动的一个环节。从宿州同济医院妇科的管理和整个诊疗过程来看，可以认定梁娟参与手术、推注麻醉药丙泊酚的行为系受院方安排的职务行为，并非其个人擅自决定。因而，虽然梁娟本人没有医师资格，但是其推注麻醉药实际是医院和医师授权下的职务行为，尽管这一授权从管理角度是违规的，但梁娟本人不属于《解释》规定的“未取得医生执业资格的人非法行医”的四种情形，依法不构成非法行医罪。

（二）被告人梁娟具有明显过错，符合医疗事故罪的构成要件

刑法第三百三十五条规定，医疗事故罪是指医务人员严重不负责任，造成就诊人死亡或者严重损害就诊人身体健康的行为。《医疗事故处理条例》第二条规定，医疗事故是指医疗机构及其医务人员在医疗活动中，违反医疗卫生管理法律、行政法规、部门规章和诊疗护理规范、常规，过失造成患者人身损害的事故。

医疗事故罪的主体为特殊主体，即必须是医务人员。医务人员是指具有一定医学知识和医疗技能，取得行医资格，直接从事医疗护理工作的人员，包括医院医务人员及经批准的个体行医者、医疗防疫人员、药剂人员、护理人员和其他技术人员。梁娟是取得护士执业资格的护士，符合本罪的主体要件。

在客观上，由于梁娟严重不负责任的行为造成了就诊人的死亡。所谓严重不负责任，是指在诊疗护理工作中，严重违反法律、法规、规章和诊疗护理规范、常规，即医疗中的违法违规行为。本案中，孙静仅是助理医师，不具有独立进行手术的资格，根据执业医师法第三十条第一款的规定，执业助理医师应当在执业医师的指导下，在医疗、预防、保健机构中按照其执业类别执业。孙静在没有执业医师指导的情况下为被害人做人流手术，这是违法违规的；丙泊酚注射液应由受过训练的麻醉师或加强监护病房的医生来给药，梁娟是宿州同济医院的护士，没有医师资质而给患者推注麻醉药丙泊酚注射液，也是违法违规的。对于杨某某的死亡，宿州同济医院具有不可推卸的责任，而梁娟严重不负责任的医务行为正是医疗事故发生的直接原因。

医疗事故罪在主观方面表现为过失，即行为人主观上对病人伤亡存在重大业务过失。所谓业务过失，是指担任某种职务或从事某种职业的人，违反业务上的特定注意义务的主观心态。本案中，综合梁娟的供述和其身份、职业等，可以认定梁娟能够清楚认识自己从事麻醉行为的危险性，梁娟明知自己没有医师资质而给患者推注麻醉药丙泊酚注射液，存在重大的业务过失。

综合上述情况，我们认为，即使被告人梁娟的行为属于其所就职的同济医院安排的职务行为，但其个人仍然存在重大业务过失，符合医疗事故罪的犯罪构成，可依法构成该罪。

需要说明的是，医疗事故责任认定书是认定医疗事故罪的充分条件而非必要条件。根据《医疗事故处理条例》的规定，卫生行政部门接到医疗机构关于重大医疗过失行为的报告或者医疗事故争议当事人要求处理医疗事故争议的申请后，对需要进行医疗事故技术鉴定的，应当交由负责医疗事故技术鉴定工作的医学会组织鉴定；医患双方协商解决医疗事故争议，需要进行医疗事故技术鉴定的，由双方当事人共同委托负责医疗事故技术鉴定工作的医学会组织鉴定。同时，《医疗事故处理条例》第三十一条对于医疗事故技术鉴定书的主要内容进行了规定，其关键内容包括“（四）医疗行为是否违反医疗卫生管理法律、行政法规、部门规章和诊疗护理规范、常规；（五）医疗过失行为与人身损害后果之间是否存在因果关系；（六）医疗过失行为在医疗事故损害后果中的责任程度”。本案中，虽然没有医疗事故责任认定书，但是在案有尸体检验、理化检验、病理检

验等司法鉴定结论,全面、翔实、清楚地证明了被告人梁娟的行为与被害人死亡之间具有直接因果关系,明确杨某某系因在人流过程中静脉推注丙泊酚导致呼吸抑制而死亡,排除杨某某系毒物中毒致死、机械性窒息致死、机械性损伤致死和原发性疾病致死,医院不具有无法预见和无法避免的免责情形。即使没有医疗事故责任认定书也不影响医疗事故罪的成立。换言之,医疗事故责任认定书只是认定被告人行为是否构成医疗事故罪的其中一个证据,法院可以综合全案证据来认定医疗事故责任。

(三)梁娟不构成过失致人死亡罪

医疗事故罪在造成致人死亡的结果时与过失致人死亡罪存在法条竞合关系。但二罪之间的区分也是明显的:医疗事故罪的主体是特殊主体,即医务人员;主观方面为特定的业务过失;客体上除了侵犯他人的生命健康权外,还侵犯了医疗机构的管理秩序;客观上也通常表现为诊疗中的违规行为。根据特殊罪名优于普通罪名原则,符合上述犯罪构成的应当以医疗事故罪定罪处罚。

(四)认定被告人梁娟构成医疗事故罪符合罪责刑相适应原则

实践中,对于已取得护士资格而未取得医生执业资格的护士,擅自从事诊疗活动损害就诊人身体健康的,以非法行医罪论处争议不大。但是本案中,被害人到合法成立的私立医院就诊,由医生安排手术,被告人梁娟在医院的安排下从事超出其护理工作职责的麻醉行为,之所以发生被害人死亡的后果,与医院对医护人员资格、诊疗行为、手术规程等管理存在漏洞明显有关,如以非法行医罪对护士梁娟判处有期徒刑十年,既不符合非法行医罪的构成要件,也明显有失公允。我们认为,二审法院综合考虑案件的性质、情节以及医院方面的过错、赔偿等,以医疗事故罪改判梁娟有期徒刑二年是正确的。

(撰稿:安徽省宿州市中级人民法院刑一庭　蔡玉良　贾　硕
最高人民法院刑二庭　段　凰
审编:最高人民法院刑二庭　韩维中)

[第1332号]黎善文传染病防治失职案

——多种因素造成传染病传播或者流行时,对从事传染病防治的政府卫生行政部门工作人员失职行为,如何定罪量刑

【关键词】 传染病防治失职罪　政府卫生行政部门工作人员　失职　定罪量刑

一、基本案情

被告人黎善文,男,壮族,1968年3月16日出生,原系广西壮族自治区巴马瑶族自治县(以下简称巴马县)卫生局副局长。2014年4月10日被取保候审。

广西壮族自治区巴马县人民检察院指控被告人黎善文犯传染病防治失职罪,向巴马县人民法院提起公诉。

被告人黎善文辩称:(1)起诉书指控"截至4月8日,巴马县陆续发现18例麻疹(乙类传染病)疑似病例"与"4月1—8日出现第一个小流行峰,发病22例"数字前后有出入;(2)"广西壮族自治区疾病预防控制中心于2013年5月3日发布的《广西巴马县麻疹暴发疫情处理情况(续报)》"是该中心副主任卓家同的个人续报,是个人观点;(3)巴马县疾病预防控制中心瞒报疫情,

致使其不掌握疫情动态,导致误判疫情;(4)县卫生局班子决定不通过网络直报疫情,不是其个人行为;(5)在2013年4月10日全县麻疹疫情防控协调会上,其没有说"已经诊断的麻疹病病历必须改为肺炎或上呼吸道感染"之类的话;(6)巴马县麻疹疫情蔓延、暴发是多种原因造成的。综上,其行为是工作失误,不构成犯罪,请求法庭从轻或者减轻处理。

巴马县人民法院经审理查明:2013年2月14日,巴马县人民医院通过中国疾病预防控制信息系统网络直报1例麻疹疑似病例,后订正为风疹。同月16日,巴马县疾病预防控制中心通过中国疾病预防控制信息系统网络直报1例麻疹疑似病例,后订正为其他。同月21日,巴马县人民医院通过中国疾病预防控制信息系统网络直报1例麻疹疑似病例,后经实验室检验确诊为麻疹病。

2013年3月5日,巴马县人民医院又收治1例麻疹疑似病例,但没有通过中国疾病预防控制信息系统进行网络直报,而是依据"惯例"先口头向巴马县疾病预防控制中心免疫规划科科长周宝东报告。周宝东向该中心主任李树江汇报,李树江让免疫规划科去进行流行病学个案调查、采样,但调查、采样后并没有依照规定要求中心工作人员进行网络直报,而是将采样标本存放该中心冻库保存。

2013年3月7日,广西壮族自治区疾病预防控制中心副主任卓家同通过中国疾病预防控制信息系统发现巴马县网络直报且经实验室检验确诊1例麻疹病例,便打电话给李树江讲巴马县已出现1例麻疹病例,要求其做好防控,加强疫苗接种工作,不能出现第2例麻疹病例。

2013年3月15日,周宝东又接到巴马县人民医院报告收治1例麻疹疑似病例,当日其在外出差,就向李树江汇报,李树江当时在县政府参加计划生育工作会议,便发一条短信给中心免疫规划科副科长韦桂阳,短信内容为"桂阳,我在县里参加计划生育会议,县医院儿科有一例疑似麻疹,你现在上去调查核实相关信息及技术处理,不得再上报了"。韦桂阳接到短信后,便带免疫规划科的其他同事到巴马县人民医院进行流行病学个案调查及采样,并依其理解的"技术处理"让医院的医生在病历上将"麻疹"更改为"肺炎""支气管炎"等,并根据李树江"不得再上报"的指示,要求医院不能进行网络直报。调查、采样回来后,李树江没有依照规定要求中心工作人员进行网络直报,而是将采样标本存放该中心冻库保存。

2013年3月26日,周宝东再接到巴马县人民医院报告1例麻疹疑似病例。该患者为巴马县甲篆乡甲篆村金边屯人,入院时间为2013年3月23日。周宝东接到报告后向李树江汇报,李树江让周宝东带人去进行流行病学个案调查及采样,并让周宝东告知医院不能进行网络直报,病历诊断上不能出现"麻疹"字样。周宝东依李树江的指示传达给县人民医院的医生。后周宝东等人进行个案调查及采样后并没有依规定进行网络直报,而是将采样标本存放该中心冻库保存。同月29日,百色市右江民族医学院附属医院通过中国疾病预防控制信息系统网络直报在该医院确诊的巴马县1例麻疹病例,患者为巴马县甲篆乡甲篆村金边屯人。依据麻疹暴发定义,巴马县甲篆乡甲篆村金边屯在10日内发生2例,已达到麻疹暴发的标准。

2013年3月19日、3月29日,巴马县卫生局分管疾病预防控制工作的被告人黎善文两次接到李树江关于巴马县麻疹疫情的汇报,但没有按要求及时督促疾病预防控制中心及医疗机构按规定及时上报相关部门。此后,巴马县又出现新的麻疹疫情。同年4月1日上午,巴马县卫生局召开了对麻疹疫情防控的紧急碰头会,由局长杨军主持,参会人员有黎善文、罗璇及李树江,会上李树江反映巴马县麻疹疫情的网络直报已有2例,继续网络直报巴马县卫生系统绩效考评会被"黄牌警告"。基于这种情况,此次会议形成了暂不进行麻疹疫情网络直报的一致意见。会议结束后,黎善文于当日11时召集人民医院、民族医院、妇幼保健院分管传染病防控的副院长开会,要求各医院在发现新的麻疹疫情后不能进行网络直报，同时要求对麻疹患者病历上的“麻疹”字样进行技术处理，但各医院分管副院长没有将会议内容传达给医院相关人员。截至4月1日，巴马县共出现8例麻疹疑似病例。

2013年4月8日，巴马县人民医院院长岑丹洁发现当日在该院就诊的麻疹病例多达10例，就打电话汇报给杨军。同日，巴马县疾病预防控制中心写了《2013年2—4月麻疹疫情调查处理》书面汇报给巴马县卫生局。次日，杨军局长打电话向河池市卫生局副局长文彪汇报巴马县已出现麻疹病例10余例，文彪副局长指示巴马县按要求进行防控工作。同日，巴马县卫生局写了《巴马瑶族自治县2013年2—4月麻疹疫情调查处理》书面汇报县人民政府副县长韦瑞芬。截至4月8日，巴马县共出现16例麻疹疑似病例。

2013年4月10日上午，巴马县卫生局召开疫情防控协调会，参会人员有卫生局领导班子、县人民医院、县妇幼保健院正副院长及李树江，会上被告人黎善文再次强调各单位要服从大局，服从领导，在对收治的疑似麻疹病患者的病历上不能出现“麻疹”字样，已经诊断的麻疹病历，必须改为“肺炎”“上呼吸道感染”等字样，不能进行网络直报，但仍以麻疹病情救治。县人民医院分管儿科副院长会后交代儿科按卫生局要求在病历上不出现“麻疹”字样，可改为“肺炎”“支气管炎”等。

2013年4月11日下午至12日，根据河池市卫生局文彪副局长要求，河池市疾病预防控制中心副主任黄绍毅和工作人员黄丽到巴马县进行督导检查，发现巴马县麻疹疫情严重，于同月12日下午召开麻疹防控工作汇报、推进会，部署麻疹疫情防控工作，并向巴马县疾病预防控制中心下督导意见。督导意见指出自2013年以来，巴马县陆续发现18例麻疹疑似病例，甲篆乡、巴马镇已达疑似麻疹暴发标准，要求加强疫情监测，实行零报告制度，对麻疹疑似病例按规定报告并采集血清、咽拭子和尿液告示标本及时送检。李树江签收后并未按要求网络直报，也未及时将采集标本送检。从2013年3月15日至4月14日，医疗机构发现的每一例麻疹病例均按巴马县疾控中心等单位的要求，不进行网络直报，而是报告给周宝东，后周宝东汇报给李树江，并进行流行病学个案调查和采样，先后共采样27份，采样标本均存放中心冻库，没有及时送检。

2013年4月14日晚，自治区、市卫生(厅)局及疾病预防控制中心领导、专家组到巴马县调查核实麻疹疫情，发现巴马县有瞒报行为，要求巴马县按规定网络直报，及时将采集标本送检。当晚，县疾病预防控制中心将采集的27例瞒报麻疹标本送市疾病预防控制中心专家，专家直接在该县疾病预防控制中心进行实验室检测。

2013年4月15日，全市麻疹疫情防控工作会议在巴马县人民政府召开，区、市及全市各县卫生系统领导参加，会上通报巴马县麻疹疫情，部署防控救治工作。4月15日以后，各医院按规定如实网络直报并补报之前瞒报的病例，各项防控救治工作按工作方案进行。

广西壮族自治区疾病预防控制中心于2013年5月3日发布的《广西巴马县麻疹暴发疫情处理情况(续报)》、河池市人民政府于2013年5月22日下发的河政发〔2013〕25号文件《河池市人民政府关于巴马瑶族自治县瞒报假报麻疹疫情的通报》、广西壮族自治区卫生厅于2013年7月9日下发的桂卫疾控〔2013〕33号文件《自治区卫生厅关于巴马县麻疹暴发疫情的情况通报》，都指出巴马县疫情暴发原因之一是瞒报迟报疫情，错过最佳处置时机，导致疫情蔓延扩散。

2013年8月5日，河池市疾病预防控制中心出具《2013年巴马县麻疹疫情结案报告》表明，截至6月28日，全县10个乡镇均有病例报告、累计报告麻疹病例540例，排除12例，确诊528例，除死亡1例，其余527例经治疗痊愈。疫情出现两个流行峰，4月1—8日出现第一个小流行峰，发病22例;4月14日—5月13日出现第二个大流行峰，发病432例。疫情发生、蔓延的原因之一是“瞒报迟报疫情错过最佳处置时间”。

被告人黎善文在检察机关立案前询问时如实供述了其全部犯罪事实。

巴马县人民法院认为,被告人黎善文身为巴马县卫生局分管疾病预防控制工作的副局长,在履行传染病防治职责过程中,严重不负责任,授意、指使巴马县疾病预防控制中心和医疗机构隐瞒麻疹疫情,使上级有关部门没有及时掌握疫情动态,致使麻疹疫情错过最佳防控时机,导致传染病麻疹传播和流行,造成500余人感染麻疹病和1人医治无效死亡的严重后果,情节严重,其行为已触犯刑律,构成了传染病防治失职罪。根据专家分析及自治区卫生厅通报,造成巴马县麻疹疫情暴发的原因有多种:一是当地免疫规划基础工作严重滑坡、接种率低下;二是乡、村两级防保网络破溃,导致预防接种服务无法做到全面覆盖;三是瞒报迟报疫情错过最佳处置时机,导致疫情蔓延扩散;四是没有认真贯彻落实自治区卫生厅的文件精神,未成立独立的防保组,且专职防保人员不足,没有落实免疫规划工作经费。据此,黎善文瞒报迟报行为与造成麻疹疫情暴发的后果有刑法上的因果关系,但属一果多因,责任较轻。麻疹疫情扑灭后,黎善文于2013年8月13日在接受河池市人民检察院对事件调查时主动交代全部犯罪事实;同年12月25日,河池市人民检察院对黎善文涉嫌犯罪立案侦查,黎善文上述行为属自首,依法可以从轻或者减轻处罚。综上,黎善文的犯罪情节轻微,不需要判处刑罚,可以免予刑事处罚。依照《中华人民共和国刑法》第四百零九条、第六十七条第一款、第三十七条之规定,判决如下:

被告人黎善文犯传染病防治失职罪,免予刑事处罚。

二、主要问题

在审理妨害预防、控制突发传染病疫情等灾害的刑事案件中,有多种因素造成传染病传播或者流行的情形下,对从事传染病防治的政府卫生行政部门工作人员失职行为应如何定罪量刑?

三、裁判理由

传染病疫情防控攸关人民健康、社会安定和国家安全。疫情就是命令,防控就是责任。疫情防控的有力保障是法治。我国历来重视依法科学防控传染病,要求疫情防控人员做到“守土尽责”,先后颁行《传染病管理办法》《传染病防治法》《突发公共卫生事件应急条例》等法律法规。1997年刑法修订时,专门设立了传染病防治失职罪。2003年“非典”疫情发生后,最高人民法院、最高人民检察院发布了《关于办理妨害预防、控制突发传染病疫情等灾害的刑事案件具体应用法律若干问题的解释》(以下简称《解释》),对传染病防治失职罪的主体范围和“情节严重”的四种情形作了具体规定。通常而言,导致传染病疫情发生和蔓延的原因有很多种,它既可能是相关人员的失职行为,也可能是非人为因素,以及人为与非人为因素叠加所致。为了保障相关人员依法履职,避免因不当追究对疫情防控产生消极影响,在追究相关人员失职行为的刑事责任时,需要严格依照法律法规及司法解释,准确执行宽严相济的刑事政策。结合本案,具体分析如下:

(一)关于本罪与一般工作失误的区别

根据刑法第四百零九条规定,传染病防治失职罪是指从事传染病防治的政府卫生行政部门工作人员严重不负责任,不履行或者不认真履行传染病防治监管职责,导致传染病传播或者流行,情节严重的行为。由于本罪与一般工作失误客观上都会造成传染范围扩大或者疫情、灾情加重的危害后果,实践中易于混淆。本案中,控辩双方争议焦点之一亦是被告人黎善文的行为是否属于工作失误。我们认为,这二者的区别在于:一是主观动机和客观行为表现不同,即行为人是否认真履职,在恪尽职守中是否能预见或者已经预见到其行为可能导致传染病传播或者流行的严重后果。工作失误的主观动机往往是行为人为了做好工作,认真履行工作职责,但主观上仍未预见到危害后果的发生,或者在尽责履职中已经预见,但因为经验能力有限、政策界限模糊、管理机制缺失等情况出现失误，以致发生传染范围扩大或者疫情、灾情加重的危害后果。反之，传染病防治失职罪在主观上表现为行为人对自身职责的认识偏差，不认真履行职责，违反《传染病防治法》及相关法律和工作制度，疏忽大意、过于自信、不尽职责、擅离职守等，导致发生严重危害后果。二是追责的前提条件不同，即行为人违反职责的行为与传染病传播、流行的后果是否有刑法上因果关系以及因果作用力大小。如果行为人没有违反所承担职责的规定，或者违反职责的行为与危害后果之间不具有刑法上因果关系或者作用力较小，即便发生了严重危害后果，也属于工作失误或者意外事件；反之，则构成本罪的失职行为。三是政策界限不同，即在国家对突发传染病疫情等灾害尚未采取预防、控制措施时，行为人履职中行为有差错，通常属于工作失误；反之，在采取预防、控制措施之后，具有上述司法解释所规定"情节严重"的情形之一，才以本罪论处。

具体到本案，被告人黎善文作为巴马县卫生局分管疾病预防控制工作的副局长，负有组织对突发疫情的调查、通报、控制和医疗救治工作的职责，且国家已对麻疹疫情采取了疫苗接种、疫情通报等预防、控制措施，但黎善文在疫情发生后，严重不负责任，授意、指使他人隐瞒麻疹疫情，致使错过最佳防控时机，造成麻疹传染范围扩大。黎善文授意、指使他人瞒报疫情的行为与造成麻疹疫情加重的后果之间有刑法上的因果关系，且情节严重，依法应认定构成传染病防治失职罪。

（二）关于指使他人隐瞒疫情并造成传染范围扩大或者疫情、灾情加重的情节认定

本罪属于情节犯，情节是否严重是区分罪与非罪的关键。根据《解释》第十六条第二款的规定，在国家对突发传染病疫情等灾害采取预防、控制措施后，具有下列情形之一的，属于刑法第四百零九条规定的"情节严重"：(1)对发生突发传染病疫情等灾害的地区或者突发传染病病人，病原携带者、疑似突发传染病病人，未按照预防、控制突发传染病疫情等灾害工作规范的要求做好防疫、检疫、隔离、防护、救治等工作，或者采取的预防、控制措施不当，造成传染范围扩大或者疫情、灾情加重的；(2)隐瞒、缓报、谎报或者授意、指使、强令他人隐瞒、缓报、谎报疫情、灾情，造成传染范围扩大或者疫情、灾情加重的；(3)拒不执行突发传染病疫情等灾害应急处理指挥机构的决定、命令，造成传染范围扩大或者疫情、灾情加重的；(4)具有其他严重情节的。

本案在审理过程中，被告人黎善文就辩称其没有"隐瞒疫情"。审查认为，根据《解释》，本罪"情节严重"第二项中的"隐瞒疫情"是"造成传染范围扩大或者疫情、灾情加重"的前提，是认定行为人失职且情节严重的客观行为表现。对此，可以从行为人在疫情发生后履职行为表现、履职行为对疫情发展所起的作用、上级疾控部门对疫情的调查分析等方面进行综合审查。

1. 本案被告人黎善文在履行传染病防治职责中有指使他人隐瞒疫情的行为

在案证据证实，案涉疫情发生前，巴马县疾病预防控制中心主任李树江曾两次向黎善文汇报麻疹疫情，报告了该县麻疹疫情已达到暴发标准。但是，黎善文考虑到继续网络直报疫情会给县卫生系统绩效考评造成不利影响，便授意、指使巴马县疾病预防控制中心和医疗机构隐瞒麻疹疫情，并且在疫情发生后的2013年4月10日全县麻疹疫情防控协调会上，黎善文要求相关医院在收治患者的病历上不能出现"麻疹"字样，而可改为"肺炎"等字样，且不能通过网络直报疫情。

值得注意的是，集体研究不能成为行为人失职行为的免责理由。案涉疫情发生后，巴马县卫生局相关领导于2013年4月1日召开了麻疹疫情防控紧急碰头会，形成"不进行网络直报疫情"的意见。黎善文作为该局有关疾病预防控制的主管人员，既参与了上述意见的讨论和决定，之后又多次授意、指使他人隐瞒疫情，应当对其失职行为承担责任。

2. 被告人黎善文隐瞒疫情的行为造成了传染范围扩大的严重后果

2013 年 4 月 27 日，广西壮族自治区疾病预防控制中心工作组到巴马县指导疫情防控，随即发布《广西巴马县麻疹暴发疫情处理情况（续报）》，其中指出“瞒报迟报疫情，错过最佳处置时机，导致疫情蔓延扩散”是案涉疫情暴发的原因之一。之后，《河池市人民政府关于巴马瑶族自治县瞒报假报麻疹疫情的通报》《自治区卫生厅关于巴马县麻疹暴发疫情的情况通报》中均重申了导致疫情散播的这一原因。疫情结束后，河池市疾病预防控制中心出具的《2013 年巴马县麻疹疫情结案报告》显示，截至 2013 年 6 月 28 日，该县 10 个乡镇均有麻疹病例报告，累计确诊 528 例，其中死亡 1 例。

需要说明的是，人们对传染病疫情往往有一个逐步认识和完善应对的过程，不同时期有关疫情报告中会出现病例统计数据不同的情况。具体到本案，河池市疾病预防控制中心工作组在 2013 年 4 月 12 日的督导意见中统计“自 2013 年 2 月以来，巴马县陆续发现 18 例麻疹疑似病例”，而该中心在 2013 年 8 月 5 日出具的《2013 年巴马县麻疹疫情结案报告》则为“2013 年 4 月 1—8 日出现第一个小流行峰，发病 22 例”。前组数据是该中心工作组调查核实是否存在疫情及其严重程度，以便及时部署疫情防控工作，故统计时间有限，并没有全面掌握全部疑似病例数据。后组数据是对麻疹疑似患者采样标本，经实验室检测后得出。这两组数据客观反映出对疫情发展的认识经过，并不影响对被告人行为性质、后果的认定。因而被告人所称两组数据不一致、指控事实有误的辩解不能成立。

（三）关于导致传染病传播或者流行存在其他原因，且行为人有自首情节时，量刑时应体现宽严相济刑事政策

对于发生在预防、控制突发传染病疫情期间的犯罪行为，现行法律及司法解释强调了依法从严从重处罚的内容，但并不意味着相关案件都要一味从重，应当根据个案具体情况，切实做到严之有据、宽之有度，只有如此方能督促卫生行政部门工作人员依法履职，推进传染病防治工作健康有序发展，维护人民群众的身体健康和生命安全。

本案中，广西壮族自治区卫生厅通报及专家分析均指出，除被告人黎善文瞒报疫情行为外，导致麻疹疫情蔓延还有其他原因，包括当地免疫规划基础工作严重滑坡、乡村两级防保网络破溃、未成立独立的防保组、专职防保人员不足等。另外，在疫情扑灭之后，被告人黎善文向河池市人民检察院主动交代了全部犯罪事实，构成自首。根据《解释》第十七条的规定，人民法院、人民检察院办理有关妨害预防、控制突发传染病疫情等灾害的刑事案件，对于有自首、立功等悔罪表现的，依法从轻、减轻、免除处罚或者依法作出不起诉决定。正是基于上述情节，依法对黎善文从轻处罚。

综上，被告人黎善文作为疾病预防控制工作的主管人员，严重不负责任，授意、指使他人隐瞒麻疹疫情，导致传染病麻疹传播和流行，情节严重，其行为构成传染病防治失职罪。人民法院综合考虑本案系多种因素造成麻疹疫情暴发，且黎善文有自首情节，故对黎善文予以定罪免刑。

（撰稿：广西壮族自治区高级人民法院　刘茂盛
广西壮族自治区巴马瑶族自治县人民法院　王丰贤
审编：最高人民法院刑二庭　韩维中）

[第1382号]侯春英非法行医案

——未取得医生执业资格的人在诊所负责人默许下长期独立从事医疗活动的行为定性

【关键词】 非法行医罪 未取得医生执业资格 独立从事医疗活动

一、基本案情

被告人侯春英,女,1972年5月22日出生。2017年8月26日被逮捕。

北京市顺义区人民检察院以被告人侯春英犯非法行医罪,向北京市顺义区人民法院提起公诉。

被告人侯春英对指控事实及罪名均有异议,其辩称自己不是非法行医,非法行医指的是没有执照,其和李中杰是有营业执照的,孟凡海的死因不能认为和头孢有关系。

被告人侯春英的辩护人提出,本案事实不清,证据不足:(1)侯春英一直供述自己开具的药物为头孢曲松钠。证明侯春英有罪的证据仅有其他同案犯的口供;根据2019年5月5日北京法源司法科学证据鉴定中心出具的《司法鉴定意见书》,不能鉴定出侯春英的行医行为与死亡结果之间的因果关系。(2)关于非法行医的定性,应当由卫生部来决定,而根据《卫生部关于医学生毕业后暂未取得医师资格从事诊疗活动有关问题的批复》,“医疗机构违反规定安排未取得医师资格的医学专业毕业生独立从事临床工作的,造成患者人身损害的,按照《医疗事故处理条例》处理”,故本案根本不属于非法行医。

北京市顺义区人民法院经公开审理查明:北京诺亚德福医药科技有限公司圣德利民诊所(以下简称圣德利民诊所),法定代表人李改凤,注册有四名医师,分别为张庆雷(另案处理)、于英、刘献珍、张玉山。另有两名多地点执业备案医师,分别为李中杰、左胜国(均另案处理)。2014年6月,李中杰与李改凤签订合作协议,该协议约定李中杰负责该诊所人员的聘任、管理、酬劳,该诊所发生的事故纠纷(包括医疗纠纷和医疗事故)由李中杰承担。侯春英系李中杰之妻,1998年从郑州医学成人中等专业学校毕业,所学专业为西医专业。被告人侯春英未通过医师资格考试,未取得执业医师资格或者执业助理医师资格。2015年11月侯春英到圣德利民诊所工作后,长期以医生身份独自为患者提供临床诊疗服务。李中杰明知侯春英未取得医生执业资格,仍然允许侯春英在该诊所内长期以医生身份独自为患者提供临床诊疗服务。

2017年7月19日16时许,被害人孟凡海(男,殁年37岁)到该诊所就诊,侯春英以医生身份为孟凡海诊治,后在未书写处方的情况下从药房内亲自挑选头孢呋辛钠等药品对孟凡海进行输液治疗。吕利先(另案处理)将头孢呋辛钠注入输液瓶稀释后,胡霞携输液瓶到大厅为孟凡海输液。孟凡海输液半小时左右出现呼吸困难等不良反应,吕利先见状叫来李中杰,李中杰从吕利先处得知是侯春英治疗的孟凡海后,连忙叫来医生张庆雷一同对孟凡海使用肾上腺素等药物进行抢救,并拨打120急救电话。其间,李中杰指使吕利先伪造一份署名为左胜国的处方笺,指使张庆雷伪造一份署名为左胜国的病历本,并电话告知左胜国相关情况,让左胜国冒充系孟凡海的主治医生。120急救车到达后,继续对孟凡海进行抢救,并送往顺义区医院进行抢救。后孟凡海经抢救无效死亡。在公安机关调查期间,左胜国编造自己诊治孟凡海的事实,吕利先编造左胜国诊治孟凡海的事实。经北京法源司法科学证据鉴定中心鉴定,孟凡海符合注射用头孢呋辛钠导致过敏性休克死亡。被告人侯春英于2017年7月20日被公安机关传唤到案。另查明，在本案的庭审结束后，李中杰、侯春英先行赔偿了死者近亲属人民币80万元，死者近亲属表示对李中杰、侯春英予以谅解。

北京市顺义区人民法院认为，被告人侯春英在未取得医生执业资格的情况下，非法行医，造成一名就诊人员死亡，其行为侵犯了医疗秩序和他人的生命权利，已构成非法行医罪，依法应予惩处。鉴于其到案后能够如实供述自己的基本犯罪事实，积极赔偿被害人近亲属的经济损失，取得被害人近亲属的谅解，故依法对其从轻处罚。依照《中华人民共和国刑法》第三百三十六条第一款、第二十五条第一款、第六十七条第三款、第五十二条、第五十三条、第六十一条的规定，以非法行医罪判处被告人侯春英有期徒刑十年六个月，并处罚金人民币五万元。

一审宣判后，被告人侯春英提出上诉，理由是：无证据证实自己的行医行为与孟凡海的死亡具有因果关系；自己不是非法行医罪的主体，而是属于“医疗机构违反规定安排未取得医师资格的医学专业毕业生独立从事临床工作”的情况，死者孟凡海的死亡系医疗意外，自己的行为不构成非法行医罪。

北京市第三中级人民法院经审理认为，一审法院的判决，事实清楚，证据确实、充分，定罪和适用法律正确，量刑适当。审判程序合法。依照《中华人民共和国刑事诉讼法》第二百三十六条第一款第（一）项的规定，裁定驳回上诉，维持原判。

二、主要问题

被告人未取得医生执业资格，在诊所负责人默许的情况下长期独立从事医疗活动，造成一人死亡，应当如何定罪？

三、裁判理由

本案中，对被告人侯春英的行为如何定性，存在以下两种观点：

第一种观点认为，被告人侯春英从事医疗行为，是经过了诊所负责人的允许，属于“医疗机构违反规定安排未取得医师资格的医学专业毕业生独立从事临床工作”的情况，被告人侯春英不构成非法行医罪，构成医疗事故罪。

第二种观点认为，被告人侯春英的行为构成非法行医罪。

我们同意第二种观点，理由如下：

（一）未取得医师资格的医学专业毕业生独立从事临床工作，造成患者损害的，不能一律按照医疗事故处理

本案辩护人提出，根据《卫生部关于医学生毕业后暂未取得医师资格从事诊疗活动有关问题的批复》（以下简称《诊疗活动批复》），被告人侯春英属于在医疗机构违反规定安排下，独立从事临床工作的情形，本案应当作为医疗事故处理，侯春英不符合非法行医罪的主体要求。

根据《医疗事故处理条例》的规定，医疗事故是指医疗机构及其医务人员在医疗活动中，违反医疗卫生管理法律、行政法规、部门规章和诊疗护理规范、常规，过失造成患者人身损害的事故。而2005年9月5日卫生部的《诊疗活动批复》规定，医学专业毕业生在毕业第一年后未取得医师资格的，可以在执业医师指导下进行临床实习，但不得独立从事临床活动，包括不得出具任何形式的医学证明文件和医学文书。医疗机构违反规定安排未取得医师资格的医学专业毕业生独立从事临床工作的，按照《医疗机构管理条例》（1994）第四十八条的规定处理；造成患者人身损害的，按照《医疗事故处理条例》处理。未取得医师资格的医学专业毕业生违反规定擅自在医疗机构中独立从事临床工作的，按照《执业医师法》第三十九条的规定处理；造成患者人身损害的，按照《医疗事故处理条例》（1994）第六十一条的规定处理。《医疗机构管理条例》第四十八条规定

了对相关医疗机构的处罚,而《医疗事故处理条例》第六十一条规定,非法行医,造成患者人身损害,不属于医疗事故,触犯刑律的,依法追究刑事责任;有关赔偿,由受害人直接向人民法院提起诉讼。因而根据该《诊疗活动批复》并不能得出未取得医师资格的医学专业毕业生独立从事临床工作一律按照医疗事故处理的结论。

本案中,被告人侯春英在诊所负责人即其丈夫李中杰的默许下长期独立从事临床活动,造成患者人身损害,其丈夫及诊所的默许行为并不是侯春英构成非法行医罪的阻却条件。侯春英是否符合非法行医罪的主体要求,其行为是否属于非法行医,需根据《刑法》和司法解释的相关条文进行认定。辩护人关于此点的辩护意见,无法律依据。

(二)被告人的行为符合非法行医罪的构成要件

根据《刑法》第三百三十六条的规定,未取得医生执业资格的人非法行医,情节严重或严重损害就诊人身体健康、造成就诊人死亡,构成非法行医罪。故被告人是否构成非法行医罪,应当从该罪的构成要件进行分析。

1. 就犯罪主体而言,非法行医罪的主体是特殊主体,即未取得医生执业资格的人。《最高人民法院关于审理非法行医刑事案件具体应用法律若干问题的解释》第一条规定,未取得医生执业资格包括未取得医师资格或者以非法手段取得医师资格等情形。本案中,被告人侯春英从医学成人中等专业学校毕业后,未能通过医师资格考试,未取得医生执业资格,符合本罪的“身份”要求。

2. 就犯罪行为而言,非法行医罪要求非法从事医疗行为,并且以此为业。本案中,首先,侯春英的行为属于医疗行为。医疗行为有广义和狭义之分,广义的医疗行为是指出于医疗目的所实施的行为,包括疾病的治疗与预防、生育的处置、按摩、针灸等符合医疗目的的行为;狭义的医疗行为则是指广义的医疗行为中,只能由医师根据医学知识与技能实施,否则便对个体产生危险的行为。侯春英的行为属于典型的、狭义的医疗行为。其次,侯春英的行医行为不具有合法性。侯春英长期在没有执业医师的监督、指导的情况下,独自开展临床诊疗活动,这些治疗活动与一名执业医生所进行的医疗活动并无差别,并非属于一些辅助、次要环节。最后,侯春英的行医行为具有反复性、长期性的特征。非法行医罪属于职业犯,要求行为人反复、继续从事医疗、预防、保健活动。本案中,被告人侯春英在长达一年多的时间内,反复、多次实施医疗行为,并收取相应报酬,属于以非法行医为业的情形。

3. 就犯罪结果而言,病患孟凡海经过治疗后,出现了死亡的后果。被告人侯春英在没有医师资格,没有独自开具处方药物权力的情况下,擅自为孟凡海诊疗,并开具药物头孢呋辛钠,由他人为孟凡海输液,导致头孢呋辛钠进入了孟凡海的体内,孟凡海在输入头孢呋辛钠后,很快就产生了激烈的不良反应,后经抢救无效死亡。根据鉴定机构意见,孟凡海符合注射头孢呋辛钠导致过敏性休克死亡,同时死者也未见致死性疾病改变,无机械性损伤致其死亡的证据。故可以认定被告人侯春英的非法行医行为是孟凡海死亡的直接原因。

需要说明的是,本案中鉴定机构以“行医人员是否具有相应资质不是鉴定机构判断范围”及“诊所在对被鉴定人诊疗过程中未有病历材料记载,使本次鉴定无书面材料评价行医人员对被鉴定人的诊断、用药是否合理,并且在使用头孢呋辛钠前是否进行询问,以及在患者出现药物过敏反应时是否进行对应的救治措施”为理由,对被告人侯春英的责任未给出明确意见,对侯春英的行医行为与孟凡海死亡结果之间的因果关系亦未给出明确意见。对此,我们认为,即使鉴定机构出具的鉴定意见未就行医行为与死者死亡结果之间的因果关系给出明确意见,司法机关也有权力、有责任判断具体案件中非法行医行为与死者死亡之间是否具有因果关系。根据本案查明的事实及在案证据,足以认定被告人侯春英未取得医生执业资格从事医疗行为,其行为存在过错,并直接导致了孟凡海的死亡,二者间存在着因果关系。

4.就主观要件而言,本罪要求行为人主观上存在故意,即行为人明知自己未取得医生执业资格而非法行医,但对就诊病患死亡的后果应当是持过失的心态。本案中,被告人侯春英在主观上明知自己未取得医生执业资格而非法行医:首先,侯春英供述其未取得医生执业资格;其次,在病患死亡后,民警到诊所调查时,侯春英并未出面向民警如实供述,而是任其丈夫安排有医生执业资格的人员冒充行医人,也从侧面说明侯春英明知自己系非法行医。同时对于孟凡海的死亡结果,侯春英明显是不追求、不希望的,在此层面上是过失心态。

综上,我们认为,被告人侯春英未取得医生执业资格,在诊所负责人默许下长期独立从事医疗活动,造成一名就诊人员死亡,其行为符合非法行医罪的犯罪构成,依法构成非法行医罪。

(三)被告人侯春英长期独立行医的行为,不构成医疗事故罪

根据《刑法》第三百三十五条的规定,医疗事故罪是指医务人员严重不负责任,造成就诊人死亡或者严重损害就诊人身体健康的行为。一般情况下,非法行医罪与医疗事故罪并不难区分。两者主体有明显区别,前者主体是未取得医生执业资格的人,而后者主体则是医疗机构的医生、护士、药剂人员,以及经主管部门批准开业的个体行医人员。本案中,因为被告人侯春英是医学专业毕业生,且其在诊所默许的情形下行医,故有必要对其是否构成医疗事故罪进行评析。

在司法实践中,未取得医生执业资格的医护人员,在院方的安排下,并且在医师的授权和指导下,在诊疗活动的某个环节中,实施了执业医生才能实施的医疗行为,因行为人的行为系医院和医师授权下的职务行为,故一般不认定为非法行医罪。在此过程中,如果行为人具有明显过错,并造成了就诊人死亡或者严重损害就诊人身体健康的,则构成医疗事故罪。

但本案中,被告人侯春英的行为与上述情形有明显区别。侯春英长期独立在诊所内行医的行为,虽然得到诊所负责人即其丈夫李中杰的默许,但侯春英的行医行为是在没有任何医师的授权和指导下独立进行的,且实施了整个诊疗过程,而非其中某一环节,不能将这种行为认定为是在医院和医师的授权下的职务行为,而应当认定为侯春英的擅自行医行为,故侯春英的行为不构成医疗事故罪。同时,我们认为,李中杰明知侯春英未取得医生执业资格,仍然允许其在诊所内长期以医生身份独自提供诊疗服务,李中杰与侯春英构成非法行医罪的共犯。

另外,作为一项过失犯罪,医疗事故罪的量刑幅度为三年以下有期徒刑及拘役。而被告人侯春英长期在没有执业医师的监督、指导的情况下,擅自开展临床诊疗活动,给患者带来了严重风险,而且也造成了本案中就诊人孟凡海的死亡,其行为严重侵害了国家对医疗秩序的管理及公众的生命健康安全。故从罪责刑相适应的角度而言,认定被告人侯春英构成医疗事故罪也明显不合适。

综上,人民法院根据犯罪的事实、性质、情节和危害后果,以非法行医罪判处被告人侯春英有期徒刑十年六个月,并处罚金人民币五万元,是正确的。

(撰稿:北京市顺义区人民法院　赵仁洋
审编:最高人民法院刑二庭　王晓东)

六、破坏环境资源保护罪

[第953号]耿志全非法捕捞水产品案

——非法捕捞水产品"情节严重"的司法认定

【关键词】 非法捕捞水产品罪　情节严重　国家禁止的电鱼工具

一、基本案情

被告人耿志全,男,原系江苏省江阴市法尔胜管业有限公司员工。2013年6月27日因涉嫌犯非法捕捞水产品罪被取保候审。

江苏省江阴市人民检察院以被告人耿志全犯非法捕捞水产品罪,向江阴市人民法院提起公诉。

江苏省江阴市人民法院经公开审理查明:2013年6月24日16时许,被告人耿志全在长江禁渔期内,到江阴市临港街道利港新河闸口西侧长江堤岸边,使用电瓶、海兜、逆变器等国家禁止的电鱼工具进行捕鱼,共捕得长江小川条、鲫鱼等水产品合计1公斤,价值人民币44元。被告人耿志全在利港新河闸口西侧长江堤岸边捕鱼时被江阴市渔政管理站工作人员当场查获。

江阴市人民法院经审理认为,被告人耿志全违反保护水产资源法规,在禁渔期使用禁用的工具、方法捕捞水产品,情节严重,其行为构成非法捕捞水产品罪。公诉机关指控耿志全犯非法捕捞水产品罪的事实清楚,证据确实、充分,指控的罪名成立。据此,依照《中华人民共和国刑法》第三百四十条之规定,江阴市人民法院以被告人耿志全犯非法捕捞水产品罪,判处罚金人民币三千元。

宣判后,被告人未提起上诉,检察机关亦未抗诉,一审判决已发生法律效力。

二、主要问题

如何认定非法捕捞水产品罪"情节严重"?

三、裁判理由

根据刑法第三百四十条的规定,成立非法捕捞水产品罪必须达到"情节严重"的程度。由于目前尚未出台认定非法捕捞水产品罪中"情节严重"的司法解释,相关水产资源保护法律法规亦无具体参照标准,故对此情节的认识不一。第一种观点认为,"情节严重"主要包括以下情形:非法捕捞水产品数量大的;组织或者聚众非法捕捞水产品的首要分子;非法捕捞水产品,屡教不改的;使用禁用的工具、方法捕捞水产品,造成水产资源重大损失的等。第二种观点认为,具有以下情形的,应当认定为"情节严重":为首或者聚众捕捞水产品的;大量非法捕捞水产品的;多次(三次以上)捕捞水产品的;采用毁灭性捕捞方法,造成水资源重大损失的;非法捕捞国家重点保护的名贵或者稀有的水产品的;非法捕捞、暴力抗拒渔政管理的等。第三种观点认为,情节严重是指:聚众非法捕捞的;捕捞数量巨大的;多次非法捕捞的;非法捕捞后果严重的等。上述三种观点,对"情节严重"的认定基本系从数量、次数、地位作用、非法捕捞方式等方面进行,其通病在于缺乏实践操作性,如数量大的标准、次数多的标准、地位作用的界限、捕捞方式的认定等均不详尽。我们

认为,本罪中的“情节严重”,可以从以下三个层面逐层分析,只要其中一个层面符合条件即可认定为“情节严重”:

(一)从数量层面认定“情节严重”

作为破坏环境资源保护的犯罪之一,通常情况下,非法捕捞水产品的行为只有达到一定的数量才足以侵害到刑法保护的相应法益,即达到刑法评价的程度。鉴于目前尚无司法解释或者相关法律法规对此作出明确规定,司法实践中可以参照执行《最高人民检察院、公安部关于公安机关管辖的刑事案件立案追诉标准的规定(一)》[以下简称《追诉标准(一)》]的相关规定。《追诉标准(一)》第六十三条规定:“违反保护水产资源法规,在禁渔区、禁渔期或者使用禁用的工具、方法捕捞水产品,涉嫌下列情形之一的,应予立案追诉:(一)在内陆水域非法捕捞水产品五百公斤以上或者价值五千元以上的,或者在海洋水域非法捕捞水产品二千公斤以上或者价值二万元以上的;(二)非法捕捞有重要经济价值的水生动物苗种、怀卵亲体或者在水产种质资源保护区内捕捞水产品,在内陆水域五十公斤以上或者价值五百元以上,或者在海洋水域二百公斤以上或者价值二千元以上的;(三)在禁渔区内使用禁用的工具或者禁用的方法捕捞的;(四)在禁渔期内使用禁用的工具或者禁用的方法捕捞的;(五)在公海使用禁用渔具从事捕捞作业,造成严重影响的;(六)其他情节严重的情形。”

本案中,行为人在长江江阴市临港街道利港新河闸口西侧长江堤岸边共捕得长江小川条、鲫鱼等水产品共计1公斤,价值人民币44元。参照《追诉标准(一)》的规定,行为人的行为在数量方面显然尚未达到“情节严重”的程度。因此,可以从下个一层面审查判断被告人耿志全的行为是否达到情节严重。

(二)从时间、地点、工具、方法层面认定“情节严重”

根据刑法第三百四十条的规定,非法捕捞水产品犯罪行为是指在禁渔区、禁渔期或者使用禁用的工具、方法捕捞水产品,情节严重的行为。从本罪罪状分析,本罪犯罪行为大致有四种情形:一是在禁渔区(地点条件)捕捞水产品,如在某些主要鱼、虾、蟹、贝、藻类以及其他主要水生生物产卵场、索饵场、越冬场和洄游通道划定的禁止区内捕捞;二是在禁渔期(时间条件)捕捞水产品,如在根据主要水生生物幼体出现的不同盛期划定的禁止期限内捕捞;三是使用禁用的工具(工具条件)捕捞水产品,如使用超过国家按不同捕捞对象所分别规定的最小网眼尺寸的渔具或其他禁止使用的渔具捕捞;四是使用禁用的方法(方法条件)捕捞水产品,如使用禁止使用的损害水产资源正常繁殖、生长的方法,如炸鱼、毒鱼捕鱼。

上述四种情形之间是并列选择的关系,如果行为符合其中一种情形,数量达到情节严重程度的即可构成本罪;如果行为符合其中两种或者两种以上情形,但数量均未达到情节严重程度的,是否可以构成本罪,值得进一步探讨。

1.应当认定为“情节严重”的情形。参照《追诉标准(一)》第六十三条第(三)项、第(四)项的规定,在禁渔区内使用禁用的工具或者禁用的方法捕捞的,以及在禁渔期内使用禁用的工具或者禁用的方法捕捞的,均应当立案追诉,即均达到“情节严重”的程度。同时,鉴于非法捕捞水产品罪与非法狩猎罪在罪质上相似,对非法捕捞水产罪情节严重的认定也可参考非法狩猎罪司法解释的规定。《最高人民法院关于审理破坏野生动物资源刑事案件具体应用法律若干问题的解释》(以下简称《解释》)第六条规定:“违反狩猎法规,在禁猎区、禁猎期或者使用禁用的工具、方法狩猎,具有下列情形之一的,属于非法狩猎‘情节严重’:(一)非法狩猎野生动物二十只以上的;(二)违反狩猎法规,在禁猎区或者禁猎期使用禁用的工具、方法狩猎的;(三)具有其他严重情节的。”综合《追诉标准(一)》和《解释》的规定,我们认为,时间+工具或者方法(禁渔期+禁用工具或者禁用方法)、地点+工具或者方法(禁渔区+禁用工具或者禁用方法),这四种具体情形,即便数量均未达到情节严重的认定标准,也应当认定为"情节严重"。

2. 不应认定为"情节严重"的情形。刑法第三百四十条规定的并列条件有四种,既然禁渔区+禁用工具或者禁用方法、禁渔期+禁用工具或者禁用方法可以认定为"情节严重",那么是否任何两个并列条件的叠加,都可以认定为非法捕捞水产罪中的"情节严重",对此实践中存在不同认识。有观点认为,禁渔区+禁渔期、禁用工具+禁用方法情形的捕捞行为,在有些情形下比禁渔区+禁用工具或者禁用方法、禁渔期+禁用工具或者禁用方法情形,具有更严重的社会危害性,故禁渔区+禁渔期、禁用工具+禁用方法情形也可以认定为"情节严重"。我们认为,上述观点值得商榷。首先,相关规定对"情节严重"的规定采用了列举式模式,禁渔区+禁渔期、禁用工具+禁用方法情形未被列入其中,不属于明文列举的内容,且规定中并未留有关于此行为方式组合的兜底条款,故一般不应做扩大解释。其次,虽然四种情形系并列关系,但禁渔区、禁渔期是宏观层面的规定,不因行为的不同而有任何变化,禁用工具和禁用方法是微观层面的规定,从本质上分析,禁渔区和禁渔期具有同质性,禁用工具和禁用方法具有同质性,故禁渔区+禁渔期、禁用工具+禁用方法情形原则不应直接认定为情节严重。当然,个别情形中,如使用的禁用工具和禁用方法,破坏性极大,给水产资源造成或者足以造成严重影响的,可以适用《追诉标准(一)》第六十三条兜底项规定,认定为情节严重。下文将会论及。

基于上述分析,本案被告人耿志全在长江禁渔期内,使用电瓶、逆变器等工具,采用国家禁止的电鱼方式捕捞鱼类,其行为属于禁渔期+禁用工具或者禁用方法情形,已然达到"情节严重"的程度,应当以非法捕捞水产品罪定罪处罚。

(三)从兜底条款层面认定"情节严重"

若行为的涉案数量未达到上述标准,行为方式亦不属于上述组合情形,则应当进一步审查行为是否属于其他情节严重的情形。《追诉标准(一)》和《解释》均规定了兜底条款,即"其他情节严重的情形",我们认为,"其他情节严重的情形"主要包括"非法捕捞次数""共同非法捕捞中的地位作用"、对水产资源造成的影响等方面。所谓非法捕捞次数,是指在禁渔区、禁渔期,采用禁用的工具或者方法的捕捞次数。有观点认为,使用禁用工具和禁用方法的数量在司法实践中很难操作,几乎不可能侦查清楚,故建议以非法捕捞水产品的数量为根据来判断是否情节严重。我们认为,虽然非法捕捞水产品行为的社会危害性主要表现在水产品的数量上,但行为的次数也在一定程度体现了行为人的主观恶性和人身危险性,因此,以侦查困难排除非法捕捞次数在出入罪中的门槛作用,则难免失之偏颇。借鉴刑法及司法解释中一般以三次作为情节犯的通行惯例,行为人在一年内实施非法捕捞水产品三次以上的,应当认定为"情节严重"。之所以将共同非法捕捞中地位突出作为认定情节严重的参考要素,是因为聚众犯罪涉及人员多、影响范围广,历来是我国刑法打击的重点,首要分子在其中更是起到关键作用。在多人参与的共同非法捕捞水产品行为中,组织者和其他积极参加者对于水产品危害的危害后果应当负主要责任,适当降低其入罪标准符合刑事理念和政策精神。此外,本罪的法益是水产资源以及相关管理制度,因此,对水产资源的影响理应成为重要的参考指标。《追诉标准(一)》第六十三条第(五)项仅规定了"在公海使用禁用渔具从事捕捞作业,造成严重影响的"可以认定为情节严重,但从法益和规范技术层面分析,在存在兜底条项的前提下,这种有限列举是一种提示和强调性的,因为如果在内陆水域使用禁用工具捕捞导致水资源污染或者造成极其严重后果的,举重以明轻,也应具有刑罚惩罚性,应当纳入刑法评价范围。

综上，江阴市人民法院以被告人耿志全犯非法捕捞水产品罪是正确的。

（撰稿：江苏省无锡市中级人民法院　王星光　庄绪龙
审编：最高人民法院刑四庭　陆建红）

[第969号]梁连平污染环境案

——焚烧工业垃圾，向空气排放大量苯并[a]芘、氯化氢、二噁英等气体污染物的行为，如何定性

【关键词】　污染环境罪　焚烧工业垃圾　气体污染物

一、基本案情

被告人梁连平，男，1966年1月31日出生，农民。2013年11月1日因涉嫌犯污染环境罪被逮捕。

浙江省台州市路桥区人民检察院以被告人梁连平犯污染环境罪，向路桥区人民法院提起公诉。

被告人梁连平对犯罪事实无异议。其辩护人提出梁连平具有坦白、认罪等从轻情节，建议法庭对梁连平判处六个月以下拘役，并适用缓刑。

台州市路桥区人民法院经公开审理查明：2013年9月9日23时许，被告人梁连平到台州市路桥区金清镇泗水村老人协会东边荒地上，明知焚烧工业垃圾会产生有害物质，仍违反国家规定，点火焚烧近20吨工业垃圾，导致垃圾燃烧持续近两天两夜，向空气排放大量苯并[a]芘、氯化氢、二噁英等气体污染物，严重污染周边空气，并使附近群众感到明显不适。案发后经检测，现场遗留的两堆工业垃圾燃烧残渣的苯并[a]芘含量分别为12.6μg/kg、78.4μg/kg。

台州市路桥区人民法院认为，被告人梁连平违反国家规定，焚烧工业垃圾，产生有害物质，直接排放大气，严重污染环境，其行为构成污染环境罪。梁连平归案后如实供述自己的罪行，依法可以从轻处罚。公诉机关指控的事实清楚，证据确实、充分，罪名成立。辩护人认为梁连平具有坦白、认罪等从轻情节，予以采纳，但是建议对被告人判处六个月以下拘役，并适用缓刑的意见，难以体现罪责刑相适应原则，不予采纳。据此，依照《中华人民共和国刑法》第三百三十八条、第六十七条第三款之规定，路桥区人民法院以被告人梁连平犯污染环境罪，判处有期徒刑一年六个月，并处罚金人民币五万元。

一审宣判后，被告人未提出上诉，检察机关亦未抗诉，该判决已发生法律效力。

二、主要问题

焚烧工业垃圾，向空气排放大量苯并[a]芘、氯化氢、二噁英等气体污染物的行为，如何定性?

三、裁判理由

本案中，被告人梁连平焚烧工业垃圾20余吨，持续时间近两天两夜，造成周边居民不敢开窗呼吸，但对梁连平的行为是否构成污染环境罪，以及如何适用《最高人民法院、最高人民检察院关于办理环境污染刑事案件适用法律若干问题的解释》（以下简称《解释》）的规定进行裁判，存在分歧：

第一种意见认为，梁连平的行为不符合《解释》第一条第一项至第十四项的规定，不构成犯

罪。第二种意见认为，梁连平的行为符合《解释》第一条第二项“非法排放、倾倒、处置危险废物三吨以上”的规定，应当适用该项规定进行裁判。第三种意见认为，梁连平的行为符合《解释》第一条第三项“非法排放严重危害环境、损害人体健康的污染物超过国家污染物排放标准或者省、自治区、直辖市人民政府根据法律授权制定的污染物排放标准三倍以上”的规定，应当适用该项规定进行裁判。第四种意见认为，梁连平的行为属于《解释》第一条第十四项规定的“其他严重污染环境的情形”，应当适用该项规定进行裁判。

我们同意第四种意见。理由如下：

（一）污染环境不以造成重大环境事故为构成犯罪的必要条件

刑法修正案（八）将1997年刑法第三百三十八条规定的“造成重大环境污染事故，致使公私财产遭受重大损失或者人身伤亡的严重后果”修改为“严重污染环境”，修改后，罪名由原来的“重大环境污染事故罪”调整为“污染环境罪”，降低了破坏环境犯罪的入罪标准。实践中，大部分环境污染后果一般均由量变到质变，逐渐显现，具有滞后性，故以实际发生环境污染后果定罪的案件偏少，而以行为情节来推定严重污染环境结果发生的案件为主。《解释》第一条第一项至第五项列举了几种具体的行为类型，以此指导司法人员认定“是否严重污染环境”，从《解释》的规定来看，造成实害结果不是构成污染环境罪必须具备的条件。

（二）被告人的行为不属于《解释》第一条第二项规定的情形

在案证据表明，被告人梁连平焚烧的工业垃圾系台州友兴金属回收有限公司对进口的工业垃圾进行拆解后，产生的废弃塑料、橡胶、金属等固体废物。对于这些固体废物，按照规定本应由拆解企业送至定点处理单位进行无害化处理，但向友兴公司承包固体废物运输业务的李某却默许货车司机宋某（另案处理）运至他处非法倾倒。宋某经与梁连平联系，由梁连平带至案发地点倾倒，梁从宋某处获取报酬200元。在宋某到现场卸载垃圾后，梁连平点燃了倾倒在现场的近20吨工业垃圾。因此，梁连平伙同他人在非规定地点倾倒、焚烧20余吨工业垃圾的行为，表面上似乎符合《解释》第一条第二项规定的“非法倾倒、处置危险废物三吨以上”的“严重污染环境”的情形。然而，在环保领域，“危险废物”和“固体废物”是两个不同的概念，相互之间既有交叉，又有区别。部分“固体废物”同时属于“危险废物”，但也有部分“固体废物”并不属于“危险废物”。同理，在“危险废物”中，不仅有固体状态的“危险废物”，同时也有液体、气体状态的“危险废物”。对于“危险废物”的认定，《解释》第十条第一项有明确的规定，即“包括列入国家危险废物名录的废物，以及根据国家规定的危险废物鉴别标准和鉴别方法认定的具有危险特性的废物”。因此，在实践中适用《解释》第一条第二项规定进行裁判的，其前提之一是行为人非法排放、倾倒、处置的废物属于“危险废物”，不属“危险废物”的，不能适用该项规定进行裁判。

本案中，友兴公司拆解所产生的橡胶、塑料、金属等工业垃圾本身没有多大的毒害性，但如果在不当的地点对这些工业垃圾以不当的方式进行处理，就有可能产生较大的毒害性，鉴于这些工业垃圾虽然属于“固定废物”，但不属于“危险废物”，因此，对被告人梁连平的行为不能适用《解释》第一条第二项的规定进行裁判。

（三）被告人的行为不属于《解释》第一条第三项规定的情形

从目前浙江省审结的污染环境案件来看，大部分被告人系电镀加工企业的生产经营人员，在生产经营过程中没有对加工产生的废水作无害化处理，导致排放的废水中重金属超过国家或者省级主管部门规定的污染物排放标准的3倍以上，因而构成污染环境罪。本案中，被告人梁连平非法倾倒、焚烧的两堆工业垃圾，燃烧残渣中的苯并[a]芘含量高达12.6μg/kg和78.4μg/kg。案发后，环保部门、侦查机关依法进行了侦查实验，证明相似条件下，焚烧相同工业垃圾产生的有毒有害气体中,氯化氢、苯并[a]芘的排放量均超过《大气污染物综合排放标准》(GB 16297—1996)中相应物质排放量的3倍以上。因此,梁连平伙同他人在非规定地点倾倒、焚烧20余吨工业垃圾,排放含有超标氯化氢、苯并[a]芘等大气污染物的行为,表面上看似乎符合《解释》第一条第三项规定的"非法排放严重危害环境、损害人体健康的污染物超过国家污染物排放标准或者省、自治区、直辖市人民政府根据法律授权制定的污染物排放标准三倍以上"的情形。然而,《解释》第一条第三项在"严重危害环境、损害人体健康的污染物"前限制性地规定了"含重金属、持久性有机污染物等"的前置性条件。因此,《解释》中"严重危害环境、损害人体健康的污染物"应当是"重金属""持久性有机污染物"或者与"重金属、持久性有机污染物"毒害性相当的污染物。《解释》第十条第三项、第四项对"重金属""持久性有机污染物"进行了规定,此类污染物具有长期性、累积性、潜伏性、不可逆转性等特点,很难降解。而本案中因焚烧工业垃圾而排放的氯化氢、苯并[a]芘等有毒物质,主要是有害气体,对皮肤、眼睛等有刺激作用,易清除、降解,因此,梁连平非法倾倒、焚烧的两堆工业垃圾不属于与《解释》第一条第三项规定的"重金属""持久性有机污染物"毒害性相当的污染物,对梁连平的行为不能适用该项规定进行裁判。

(四)被告人的行为符合《解释》第一条第十四项规定的"其他严重污染环境的情形"

对于本案的审理,一方面因为被告人梁连平的行为从表面上看符合《解释》第一条第二项或者第三项的规定,可能导致因适用该两项的规定而造成法律适用错误的不当裁判;另一方面也可能因认为不属于《解释》第一条第一项至第十三项规定的情形,而错误认为梁连平无罪。造成前一个问题的原因主要是对法律规定的理解不够透彻,而造成后一个问题的原因则主要是兜底条款具有"内容不够明确、往往需要法官自由裁量"的特点,如果法官对兜底条款不能准确把握,则可能导致其不敢适用兜底条款进行裁判。

我们认为,被告人梁连平违法焚烧20余吨工业垃圾,向大气排放大量有毒有害物质的行为,显然已经造成严重污染环境的后果,符合《解释》第一条第十四项规定的"其他严重污染环境的情形",应当适用《解释》的该项规定进行裁判。具体理由是:

1. 认定梁连平的行为已严重污染环境符合基本生活常识。本案中,梁连平的行为虽然与《解释》第一条第一项至第十三项规定的情形不相符,但梁连平在村庄、工厂聚集的人口稠密区焚烧20余吨工业垃圾,垃圾焚烧时间持续近两天两夜,因此造成方圆两公里内的居民因烟气散发的剧烈刺激性恶臭而不敢开窗呼吸,显然已经严重污染了大气环境,只要具有正常生活常识的人都会认为梁连平严重污染了环境。

2. 本案犯罪对象的特殊性决定了难以根据实际产生的污染后果来定罪。我们认为,土壤、水体因为在物理性状上具有相对稳定性,相对容易测定特定土壤、水体受污染的程度,并可据此判定犯罪行为的危害程度。而大气因为容易飘散、稀释,在物理性状上并不稳定,难以将一定环境下、一定范围内的大气特定化,故实践中较难测定特定空气的受污染程度。这也是《解释》第一条第六项至第八项只对水源、土地、林木等造成严重污染后果的情形进行了规定,而没有规定大气被严重污染情形的一个重要原因。同时,正是由于前述原因,当特定范围的土壤、水体因为被严重污染时,还有必要疏散被污染地区的周边群众,而当特定范围的大气被严重污染时,进行紧急疏散的情况就没有土壤、水体受污染时那么多。这也是本案案发后当地政府有关部门没有紧急疏散周边群众的部分原因。上述原因,决定了本案一方面无法适用类似《解释》第一条第六项至第八项污染水源、土地、林木数量等类似的规定;另一方面也无法适用《解释》第一条第十项关于"疏散群众数量"的规定。

3. 侦查实验数据及相关证据可以从侧面证实被告人的行为对环境污染的严重性。因为本案案发现场没有相应的检测性设备，环保部门和公安机关只检测了现场遗留的工业垃圾燃烧残渣的苯并[a]芘含量（两堆焚烧残渣分别为12.6μg/kg、78.4μg/kg），而没有提取现场污染物排放的相关数据。因此，环保部门和公安机关专门进行了侦查实验。从实验获取的数据来看，燃烧相似工业垃圾，向大气排放的氯化氢含量在上风向平均为0.108mg/m^3（3个频次中第一频次为0.228mg/m^3），在3个下风向平均分别为1.57 mg/m^3、5.50 mg/m^3、2.03 mg/m^3，其中3个下风向排放的数值均大大超过国家《大气污染物综合排放标准》规定的0.20 mg/m^3限值；向大气排放的苯并[a]芘含量在上风向为0.0004μg/kg，在3个下风向分别为0.206μg/kg、0.064μg/kg、0.015μg/kg，其中3个下风向排放的数值均超过国家《大气污染物综合排放标准》规定的0.008μg/kg限值。同时，橡胶、塑料等物质燃烧，产生含有二噁英等的废气和残渣、灰尘，其中，二噁英是强致癌物质，具有类似于“12大危害物”（指一组被称为持久性有机污染物的危险化学物质）的特性，其毒性是氰化物的130倍、砒霜的900倍。二噁英和燃烧产生的残渣、灰尘分别属于《国家危险废物名录》中的HW44、HW18废物。因此，被告人梁连平的行为可以说间接排放了危险废物，但排放的危险废物数量无法测定，无法适用《解释》第一条第二项的规定，而侦查实验数据和在案证据可以从侧面证实梁连平的行为对环境污染的严重性。

4. 正确适用兜底条款是弥补法律、司法解释条文列举规定周延性不足的重要途径。对于法律、司法解释的兜底条款，固然不能过多适用，以免因过度扩张法官的自由裁量权而造成兜底条款喧宾夺主，违背立法、司法解释的本意，从而在一定程度上违反罪刑法定基本原则。但是，也不能虚化兜底条款的存在，使兜底条款成为法律、司法解释的摆设性规定。合理适用兜底条款，可以使法律、司法解释的明确性规定与兜底条款的包容性互为补充，相得益彰。就本案被告人梁连平焚烧的工业垃圾数量、工业垃圾燃烧持续的时长、气体污染物排放的超量数值及当前惩治污染环境行为的形势而言，适用司法解释的兜底性条款，是必要的。

综上，在本案中，台州市路桥区人民法院援引刑法第三百三十八条和《解释》第一条第十四项的规定，认定被告人梁连平的行为属于“其他严重污染环境的情形”，对其以污染环境罪定罪量刑是正确的。

（撰稿：浙江省高级人民法院　梁　健　阮铁军
审编：最高人民法院刑一庭　冉　容）

[第970号]王文峰、马正勇污染环境案

——擅自向河中倾倒大量煤焦油分离液的行为如何定性

【关键词】　污染环境罪　倾倒煤焦油分离液

一、基本案情

被告人王文峰，男，1971年5月13日出生，无业。2013年2月1日因涉嫌犯污染环境罪被逮捕。

被告人马正勇，男，1967年11月16日出生。2013年1月26日因涉嫌犯污染环境罪被取保候审。

江苏省江阴市人民检察院以被告人王文峰、马正勇犯污染环境罪，向江阴市人民法院提起公诉。

江阴市人民法院经公开审理查明：

2012年9月间,被告人王文峰对在江阴市周庄镇华宏村江阴市高宏贸易有限公司内租用油罐做煤焦油生意的刁胜先谎称其在污水处理厂有关系,可以帮刁胜先处理煤焦油分离废液。同年12月25日,刁胜先委托王文峰处理油罐内的煤焦油分离废液,约定每吨处理费用人民币(以下币种同)180元。次日下午,王文峰租用被告人马正勇驾驶的槽罐车,至刁胜先处装载了煤焦油分离废液30.24吨。随后,王文峰指使马正勇将槽罐车开至其事先踩点确定的倾倒地点江阴市徐霞客镇峭岐皋岸村江阴市周涛涤塑有限公司东侧的冯泾河北支浜岸边。当晚21时许,王文峰、马正勇趁无人之际,将30.24吨煤焦油分离废液倒入江阴市冯泾河北支浜内,致使冯泾河北支浜及相连的冯泾河河水大面积被污染。

江阴市环保局为防止污染扩大、消除污染,根据江苏省环境科学研究院、江苏省环科院环境科技有限责任公司设计的应急处置方案,对该污染事件进行了筑坝拦截、调水稀释、活性炭吸附、污水处理、污泥清淤、干化焚烧等相应处置,处置费用共计60万余元。案发后,王文峰的家属自愿代为赔偿1万元,马正勇自愿赔偿5万元。江苏省环境科学研究院、江苏省环科院环境科技有限责任公司组织的专家论证分析认为,煤焦油分离废液中含有大量的挥发酚和油类物质,还有大量的氨氮、硫氰化物、氰化物、各种单环或者多环芳香族化合物和杂环有机化合物,属于较难处理的工业废水。由于流入冯泾河的废液较多,该次污染事件除应急处置费用外,还对流域局部的水环境、饮水安全、农业浇灌等产生较大负面影响,造成了不可估量的间接损失,全面消除这些影响所需费用远高于应急处置费用。

江阴市人民法院认为,被告人王文峰、马正勇违反国家规定,向河水中排放危险废物30余吨,严重污染环境,致使公私财产损失30万元以上,二被告人的行为均构成污染环境罪。在共同犯罪中,王文峰起主要作用,系主犯;马正勇起次要作用,系从犯。王文峰犯罪后自动投案,并如实供述自己的罪行,系自首。据此,依照《中华人民共和国刑法》第三百三十八条、第二十五条第一款,第二十六条第一款、第四款,第二十七条,第六十七条第一款,第七十二条第一款、第三款以及《最高人民法院关于处理自首和立功具体应用法律若干问题的解释》第一条、《最高人民法院、最高人民检察院关于办理环境污染刑事案件适用法律若干问题的解释》第一条之规定,江阴市人民法院判决如下:

1. 被告人王文峰犯污染环境罪,判处有期徒刑一年九个月,并处罚金人民币三万元;

2. 被告人马正勇犯污染环境罪,判处有期徒刑九个月,缓刑一年,并处罚金人民币一万元。

宣判后,二被告人均未提起上诉,检察机关亦未抗诉,该判决已发生法律效力。

二、主要问题

行为人擅自向河中倾倒大量煤焦油分离液的行为如何定性?

三、裁判理由

为加大环境保护力度,惩治环境污染犯罪,2011年出台的刑法修正案(八)第四十六条将1997年刑法第三百三十八条规定的"重大环境污染事故罪"修改为"污染环境罪",并将该罪罪状由"违反国家规定,向土地、水体、大气排放、倾倒或者处置有放射性的废物、含传染病病原体的废物、有毒物质或者其他危险废物,造成重大环境污染事故,致使公私财产遭受重大损失或者人身伤亡的严重后果",修改为"违反国家规定,排放、倾倒或者处置有放射性的废物、含传染病病原体的废物、有毒物质或者其他有害物质,严重污染环境"。本案审理过程中,对二被告人擅自向河中倾倒煤焦油分离液的行为如何定性,存在不同看法。争议焦点主要围绕煤焦油分离液是否属于"有毒物质或者其他有害物质",二被告人倾倒煤焦油分离液的行为是否属于严重污染环境。具体分析如下:

（一）煤焦油分离液属于“有毒物质”

污染环境罪所针对的对象包括“有放射性的废物、含传染病病原体的废物、有毒物质或者其他有害物质”。其中，“有放射性的废物”主要指放射性核素含量超过国家规定限值的固体、液体和气体废弃物；“含传染病病原体的废物”是指含有传染病病菌的废弃物。实践中可以根据放射性污染防治法、传染病防治法的规定对两类物质进行认定。而“有毒物质”的范围，最高人民法院、最高人民检察院于2013年联合出台的《关于办理环境污染刑事案件适用法律若干问题的解释》（以下简称《环境污染解释》）第十条进行了明确规定。具体包括：（1）危险废物；（2）剧毒化学品、列入重点环境管理危险化学品名录的化学品，以及含有上述化学品的物质；（3）含有铅、汞、镉、铬等重金属的物质；（4）《关于持久性有机污染物的斯德哥尔摩公约》附件所列物质；（5）其他具有毒性，可能污染环境的物质。其中第一项的“危险废物”，具体包括列入《国家危险废物名录》的废物，以及根据国家规定的危险废物鉴别标准和鉴别方法认定的具有危险特性的废物。值得注意的是，刑法修正案（八）对刑法第三百三十八条的一处重要修改是将有关污染物的兜底规定“其他危险废物”修改为“其他有害物质”。“其他有害物质”涵盖了“有放射性的废物、含传染病病原体的废物、有毒物质”以外包括生活垃圾在内的一切对人体健康或者其他生物机能产生不良影响的普通废物和危险废物。

本案中，所涉煤焦油分离废液，含有大量的挥发酚和油类物质，以及大量的氨氮、硫氰化物、氰化物、各种单环或者多环芳香族化合物和杂环有机化合物，属于较难处理的工业废水，系《国家危险废物名录》中“HW11精（蒸）馏残渣”一类，即属于有毒物质。关于环境污染专门性问题的确定，《环境污染解释》第十一条第二款规定：“县级以上环境保护部门及其所属监测机构出具的数据，经省级以上环境保护部门认可的，可以作为证据使用。”本案中，为确定污染物的成分与含量，江阴市环境监测站出具了相应的监测报告。该报告得到了江苏省环保厅的认可，是江苏省环境科学研究院、江苏省环科院环境科技有限责任公司专家论证的依据，可以作为诉讼证据使用。

（二）本案二被告人倾倒煤焦油分离液造成的后果属于“严重污染环境”

刑法修正案（八）对刑法第三百三十八条所作的另一处重要修改是将“造成重大环境污染事故，致使公私财产遭受重大损失或者人身伤亡的严重后果”修改为“严重污染环境”。由于“严重污染环境”的概念较为抽象，污染环境行为损害结果的发生具有一定滞后性，而且认定污染环境行为与损害结果之间的因果关系也存在较大难度，故《环境污染解释》第一条就“严重污染环境”的认定标准界定了14种情形，实现了“结果犯”向“情节犯”甚至是“行为犯”的转变，其中第一至五种情形均是对特定行为或者特定情节的规定。《环境污染解释》第九条关于“公私财产损失”的计算标准沿用了最高人民法院于2006年出台的《关于审理环境污染刑事案件具体应用法律若干问题的解释》的规定，包括“污染环境行为直接造成财产损毁、减少的实际价值，以及为防止污染扩大、消除污染而采取必要合理措施所产生的费用”。

本案中，二被告人将煤焦油分离废液共计30.24吨倾倒入河中，致使水体大面积被污染，远超过倾倒危险废物“三吨以上”的入罪标准。同时，江阴市环保局为防止污染扩大、消除污染，根据江苏省环境科学研究院、江苏省环科院环境科技有限责任公司设计的应急处置方案，对该污染事件进行了筑坝拦截、调水稀释、活性炭吸附、污水处理、污泥清淤、干化焚烧等相应处置，处置费用共计60万余元。该费用均应当计入污染行为造成的公私财产损失，故本案造成的财产损失也超过了“三十万元以上”的数额要求。当然，就本案而言，二被告人倾倒煤焦油分离液的行为即使未造成损失，或者造成的损失短时间内无法计算，或者难以证明损害结果与污染行为之间的因果联系，仅根据二被告人倾倒煤焦油分离液的数量，也可认定其行为构成污染环境罪。

(三)对污染环境犯罪的处罚应当贯彻落实宽严相济刑事政策

长期以来,在我国工业迅猛发展的同时,环境污染事件时有发生,而相应的法律法规规制措施不够健全,导致环境污染违法犯罪的处理也不够规范。刑法修正案(八)、《环境污染解释》的出台在一定程度上改变了这种局面,也向社会传递了依法惩处污染环境犯罪的信号。在依法惩处污染环境犯罪的过程中贯彻宽严相济刑事政策,本案具有一定代表性。本案中,被告人王文峰、马正勇均具有较多的法定、酌定量刑情节。王文峰构成自首;马正勇在共同犯罪中系从犯,且能如实供述罪行。同时,二被告人均能主动赔偿,具备《环境污染解释》第五条规定的酌情从宽处罚情节。考虑到二被告人倾倒工业废水的数量以及所造成的损失,江阴市人民法院对主犯王文峰判处有期徒刑一年九个月,对从属地位明显的马正勇判处缓刑,体现了罪责刑相适应原则,符合宽严相济刑事政策的要求。

(撰稿:江苏省无锡市中级人民法院　黄　辛
审编:最高人民法院刑三庭　罗国良)

[第1067号]徐峰非法收购、出售珍贵、濒危野生动物案

——非法收购、出售《濒危野生动植物种国际贸易公约》(《CITES》)保护动物的情节认定

【关键词】　非法收购、出售珍贵、濒危野生动物罪　CITES保护动物　犯罪情节

一、基本案情

被告人徐峰,男,1978年9月4日出生,经商。2014年5月8日因涉嫌犯非法收购、出售珍贵、濒危野生动物罪被逮捕。

浙江省台州市黄岩区人民检察院以被告人徐峰犯非法收购、出售珍贵、濒危野生动物罪,向黄岩区人民法院提起公诉。

被告人徐峰对公诉机关指控的犯罪事实和罪名均无异议。其辩护人提出徐峰归案后如实供述犯罪事实,认罪态度较好,主观恶性较小,又系初犯、偶犯,要求对被告人从轻处罚等辩护意见。

台州市黄岩区人民法院经公开审理查明:

2007年至2014年间,被告人徐峰通过某网络论坛向网友购买了红尾蚺、杜氏蚺,又在饲养过程中繁殖蚺进行贩卖。2013年4月初,徐峰通过QQ联系朱某后,将其所繁殖的杜氏蚺2条用大巴车托运至上海,以人民币5 000元的价格贩卖给朱某。2012年10月26日、2013年10月24日,徐峰先后通过某论坛,发帖向网友出售其繁殖的杜氏蚺7条及收购的杜氏蚺1条。2014年5月8日,公安机关抓获徐峰,后在其住处查扣杜氏蚺24条、红尾蚺2条。其中12条杜氏蚺和2条红尾蚺系其向网友购买所得,其余12条杜氏蚺系其饲养繁殖所得。

经鉴定,上述涉案的杜氏蚺、红尾蚺均系《濒危野生动植物种国际贸易公约》(英文简称《CITES》,以下简称《公约》)附录Ⅱ所列的保护动物,属于我国刑法第三百四十一条第一款规定的"珍贵、濒危野生动物"。

台州市黄岩区人民法院经审理认为,被告人徐峰非法收购、出售国家重点保护的珍贵、濒危野生动物,其行为已构成非法收购、出售珍贵、濒危野生动物罪,依法应予惩处。公诉机关指控被

告人的罪名成立。辩护人提出该被告人归案后如实供述犯罪事实,认罪态度较好,主观恶性较小,又系初犯、偶犯,要求对被告人从轻处罚等辩护意见,经查,与本案的事实及相关的法律规定相符,予以采纳,依法并酌情对被告人予以从轻处罚。扣押在案的杜氏蚺、红尾蚺依法应予没收;被告人的违法所得依法予以追缴。根据被告人犯罪的事实、犯罪的性质、情节和对于社会的危害程度,依照《中华人民共和国刑法》第三百四十一条第一款、第六十七条第三款、第六十四条之规定,以被告人徐峰犯非法收购、出售珍贵、濒危野生动物罪,判处有期徒刑二年,并处罚金人民币一万元。扣押在案的杜氏蚺24条、红尾蚺2条,均予以没收,由扣押机关依法处理。被告人徐峰的违法所得,由原侦查机关予以追缴。

一审宣判后,被告人徐峰在法定期限内未提起上诉,公诉机关亦未提出抗诉,一审判决已经发生法律效力。

二、主要问题

如何把握非法收购、出售《濒危野生动植物种国际贸易公约》保护动物的情节认定?

三、裁判理由

珍贵、濒危野生动物是国家宝贵的自然资源,具有重要的经济、文化、生态等多重价值,因此,对于非法捕杀珍贵、濒危野生动物,以及非法收购、运输、出售珍贵、濒危野生动物及其制品的行为,应当依法予以惩处。在司法实践中,对于如何认定非法收购、出售珍贵、濒危野生动物罪的情节往往存在争议。

(一)本案的争议焦点及理由

本案的定性没有争议,即被告人徐峰的行为构成非法收购、出售国家重点保护的珍贵、濒危野生动物罪,争议的焦点在于,被告人的犯罪情节是属于"一般情节",还是属于"情节特别严重",因为不同的情节认定,直接关系到对被告人的具体量刑。

第一种观点认为,被告人徐峰非法收购、出售国家重点保护的珍贵、濒危野生动物的行为,属于情节特别严重。其理由是,本案的鉴定意见认为:"送检的动物样本分为红尾蚺和杜氏蚺两种。本案中涉案动物大部分是完整的动物,如果涉案活体动物按只数量刑,国家没有出台相关的文件,建议本案按价值认定犯罪事实比较合理。根据我国法律通则,在法律和技术鉴定不完善的情况下,起诉、量刑的标准要有利于被告,通常情况下按动物价值标准量刑一般低于按动物只数量刑标准。"由于被告人非法收购、出售珍贵、濒危野生动物价值共计25万余元,根据《最高人民法院关于审理破坏野生动物资源刑事案件具体应用法律若干问题的解释》(以下简称《解释》)第五条第二款第一项的规定,非法收购、运输、出售珍贵、濒危野生动物制品,价值在20万元以上的属于情节特别严重,应处十年以上有期徒刑,并处罚金或者没收财产。

第二种观点亦认为,被告人徐峰的行为属于情节特别严重,但理由不同。该观点认为被告人非法收购、出售珍贵、濒危野生动物的数量有20余条,根据《解释》第十条的规定,可以参照《解释》附表所列的国家一、二级保护野生动物名录中蟒的情节认定标准,达到4条即构成情节特别严重。

第三种观点认为,被告人徐峰非法收购、出售国家重点保护的珍贵、濒危野生动物,系一般情节,不构成情节特别严重。我们同意第三种观点。

(二)非法收购、出售珍贵、濒危野生动物罪的情节认定标准

根据《解释》对"珍贵、濒危野生动物"的具体划分,认定犯罪情节的标准也有所不同。《解释》第一条规定,本罪中"珍贵、濒危野生动物"既包括列入国家重点保护野生动物名录的国家一、二级保护野生动物,还包括列入《公约》附录一、附录二的野生动物,以及驯养繁殖的上述名录或附录中野生动物的物种。针对这两类情况,认定情节的标准分别是:

1. 如果是列入国家重点保护野生动物名录的国家一、二级保护野生动物以及驯养繁殖的物种，应按照《解释》附表所列相应数量标准来认定情节。例如，对于蟒（Python molurus），非法猎捕、杀害、收购、运输、出售2条的属于"情节严重"，非法猎捕、杀害、收购、运输、出售4条的属于"情节特别严重"。

2. 如果是列入《公约》附录一、附录二的野生动物以及驯养繁殖的物种，根据《解释》第十条规定，非原产于我国的野生动物"情节严重""情节特别严重"的认定标准，参照该解释第三条、第四条以及附表所列与其同属的国家一、二级保护野生动物的认定标准执行；没有与其同属的国家一、二级保护野生动物的，参照与其同科的国家一、二级保护野生动物的认定标准执行。换言之，列入《公约》附录一、附录二的野生动物必须与我国国家一、二级保护野生动物具有同属或同科的关系，才能根据《解释》附表所列的相应数量标准来认定情节，否则没有参照依据，应当按照该罪的一般情节认定。

（三）本案的情节认定分析

本案所涉的红尾蚺、杜氏蚺系列入《公约》的野生动物，无法在《解释》附表所列的国家一、二级保护野生动物名录中找到相应的同科或同属的物种，缺少认定"情节严重"或"情节特别严重"的参照标准。但本罪的一般情节（基本构罪标准）不需要参照标准，只要非法收购、出售列入《公约》附录一、附录二中的珍贵、濒危野生动物，便可构成本罪。因此，被告人徐峰非法收购、出售国家重点保护的珍贵、濒危野生动物的行为，系一般情节，不属于情节特别严重，应处五年以下有期徒刑或者拘役，并处罚金。

前述第一种观点属于适用法律错误。《解释》第五条适用的罪名系非法收购、运输、出售珍贵、濒危野生动物制品罪，而不是非法收购、运输、出售珍贵、濒危野生动物罪。以非法收购、运输、出售珍贵、濒危野生动物制品罪的"情节严重""情节特别严重"的认定标准作为非法收购、运输、出售珍贵、濒危野生动物罪的"情节严重""情节特别严重"的认定标准，实属适用法律错误，有违罪刑法定原则。而第二种观点缺乏法律依据，未考虑到本案所涉的红尾蚺、杜氏蚺无法在《解释》附表所列的国家一、二级保护野生动物名录中找到相应的同科或同属的物种，无法参照《解释》第三条、第四条以及附表所列的认定标准执行。

值得注意的是，虽然认定本案构成"情节严重"或"情节特别严重"没有法律依据，但是仍可按照本罪的一般情节进行定罪量刑。

（撰稿：浙江省台州市黄岩区人民法院　王永兴
审编：最高人民法院刑二庭　高洪江）

[第1178号]郑错非法运输、出售珍贵、濒危野生动物制品案

——如何准确把握非法运输、出售珍贵、濒危野生动物制品罪的量刑标准

【关键词】 非法运输、出售珍贵、濒危野生动物制品罪　量刑标准　侦查管辖　鉴定意见

一、基本案情

被告人郑错，男，1982年4月9日出生。因涉嫌犯非法运输、出售珍贵、濒危野生动物制品

罪,于2013年7月19日被逮捕。

山东省济南市槐荫区人民检察院以被告人郑锴犯非法运输、出售珍贵、濒危野生动物制品罪,向济南市槐荫区人民法院提起公诉。

被告人郑锴辩称,公安机关扣押的其中一张豹皮是其朋友苗涵此前从淄博带到济南的;涉案物品价值鉴定的主体、程序不合法,认定的价格偏高,应重新鉴定;其没有向逯艺(同案被告人,已判刑)出售羚羊角。其辩护人还提出,郑锴随身携带的3张豹皮和象牙小件因没有出售牟利的主观意图,不构成非法运输珍贵、濒危野生动物制品罪;郑锴系犯罪未遂,社会危害性不大,主观恶性小,请求对郑锴减轻处罚。

济南市槐荫区人民法院经公开审理查明:2013年6月22日12时许,被告人郑锴将金钱豹毛皮1张(价值6万元)、雪豹毛皮1张(价值10万元)、云豹毛皮1张(价值3万元)、赛加羚羊角4根(价值共计12万元)、象牙制品4个(非洲象或亚洲象,价值共计8291元)及其他动物制品装在两个旅行包中放在银灰色大众牌轿车(车牌号鲁CK3693)的后备厢里,后驾驶该轿车携带上述物品从山东省淄博市沿309国道于当日13时30分许来到济南市历下区经十路。在与朋友苗涵见面后,郑锴以其驾驶的车辆手续不全、不能在济南市区行驶为由,将两个旅行包放在苗涵驾驶的丰田牌轿车的后备厢里,但苗涵不知旅行包内有何物。苗涵载郑锴及其朋友到一歌厅唱歌。其间,被告人逯艺通过网络向郑锴购买赛加羚羊角2根(价值6万元),二人通过网络讨价还价。后苗涵应郑锴的要求驾驶丰田牌轿车载郑锴及其朋友到济南市槐荫区经六路绿地小区附近与逯艺见面。19时许,郑锴与逯艺正在讨价还价并查看郑锴带来的羚羊角时,被公安人员抓获,当场查获金钱豹毛皮1张、雪豹毛皮1张、云豹毛皮1张、赛加羚羊角4根、象牙制品4个等物品。经鉴定,上述金钱豹、雪豹、云豹、赛加羚羊、非洲象或亚洲象均为国家一级重点保护动物,涉案物品价值共计31.8291万元。

济南市槐荫区人民法院认为,被告人郑锴违反国家野生动物保护法规,运输珍贵、濒危野生动物制品,情节特别严重,并出售珍贵、濒危野生动物制品,其行为已构成非法运输、出售珍贵、濒危野生动物制品罪。对被告人郑锴判处有期徒刑十年六个月,并处罚金人民币二万元。

宣判后,被告人郑锴提出上诉。济南市中级人民法院经审理认为,本案应由济南市森林公安机关管辖,原公诉机关提交给原审法院的证据均系济南市公安局槐荫区分局提供,侦查主体违反了相关法律、法规关于案件管辖的规定,从而导致对本案事实的认定缺少合法证据予以支持,决定将案件发回济南市槐荫区人民法院重新审理。

济南市槐荫区人民法院重审后认为,济南市公安局槐荫区分局对本案具有管辖权。本罪属于行为犯,只要行为人实施了相关行为即构成犯罪既遂,不能因被告人郑锴、逯艺未完成出售和收购行为而认定为犯罪未遂。鉴于本案现有证据不能证实郑锴对羚羊角之外的豹皮等非法运输的大部分珍贵、濒危野生动物制品有出售的意图,且在商谈价格的过程中即被抓获,未造成严重社会危害,其虽不具有法定减轻处罚情节,但根据案件的特殊情况,对其处以十年以上有期徒刑的刑罚过重,为罪责刑相均衡,可在法定刑以下判处刑罚,并报请最高人民法院核准。依照《中华人民共和国刑法》第三百四十一条第一款、第六十三条第二款,《最高人民法院关于审理破坏野生动物资源刑事案件具体应用法律若干问题的解释》第五条第二款第一项之规定,判决如下:

被告人郑锴犯非法运输、出售珍贵、濒危野生动物制品罪,判处有期徒刑五年,并处罚金人民币二万元。

宣判后,被告人郑锴以一审认定的事实不清、证据不足、程序违法等理由提出上诉。其辩护人提出,郑锴随身携带的豹皮和象牙小件并无出卖意图,不应认定为非法运输珍贵、濒危野生动物制品罪；本案鉴定主体不合法，且对涉案羚羊角的鉴定价值过高；量刑过重。

济南市中级人民法院经二审审理，于2015年9月17日作出二审裁定，驳回上诉人郑锴的上诉，维持原判，并依法报请山东省高级人民法院复核。

山东省高级人民法院经复核认为，本案侦查管辖合法、理由充分，鉴定主体不违法，鉴定意见合法有效。被告人郑锴的行为构成非法运输、出售珍贵、濒危野生动物制品罪。郑锴对羚羊角之外的豹皮等非法运输的大部分珍贵、濒危野生动物制品予以出售的意图不明显，且在商谈羚羊角价格的过程中即被抓获，未造成严重社会危害，其虽不具有法定减轻处罚情节，但根据案件的特殊情况，为罪责刑相均衡，可在法定刑以下判处刑罚，并报请最高人民法院核准。一审判决、二审裁定认定事实清楚，证据确定、充分，定罪准确，量刑适当，诉讼程序合法。依照《中华人民共和国刑法》第六十三条第二款和《最高人民法院关于适用〈中华人民共和国刑事诉讼法〉的解释》第三百三十六条第二项之规定，裁定同意济南市中级人民法院维持济南市槐荫区人民法院对被告人郑锴以非法运输、出售珍贵、濒危野生动物制品罪在法定刑以下判处有期徒刑五年，并处罚金人民币二万元的刑事裁定，报请最高人民法院核准。

最高人民法院经复核认为，被告人郑锴违反国家野生动物保护法规，运输、出售国家重点保护的珍贵、濒危野生动物制品，其行为构成非法运输、出售珍贵、濒危野生动物制品罪。郑锴非法运输、出售珍贵、濒危野生动物制品价值31万余元，情节特别严重，本应处十年以上有期徒刑，但考虑到涉案野生动物制品已全部被查获，郑锴非法出售野生动物制品行为属未遂且欲售价格明显低于鉴定价值等特殊情况，为实现罪责刑相适应，可以对郑锴在法定刑以下判处刑罚。第一审判决、第二审裁定认定的事实清楚，证据确实、充分，定罪准确，量刑适当，审判程序合法。依照《中华人民共和国刑法》第六十三条第二款和《最高人民法院关于适用〈中华人民共和国刑事诉讼法〉的解释》第三百三十八条的规定，裁定核准山东省济南市中级人民法院(2015)济刑一终字第57号维持第一审以非法运输、出售珍贵、濒危野生动物制品罪对被告人郑锴在法定刑以下判处有期徒刑五年，并处罚金人民币二万元的刑事裁定。

二、主要问题

1. 本案的侦查管辖是否合法？

2. 如何审查判断涉案野生动物制品的鉴定意见？

3. 如何准确把握非法运输、出售珍贵、濒危野生动物制品罪的量刑标准？

三、裁判理由

(一)本案的侦查机关具有侦查管辖权

被告人郑锴及其辩护人提出，本案不应由济南市公安局槐荫区分局营市街派出所侦查，应由济南市森林公安机关侦查，侦查程序违法，收集的证据不合法。经审查，国家林业局、公安部制定的《关于森林和陆生野生动物刑事案件管辖及立案标准》(以下简称《管辖及立案标准》)规定，对于未建立森林公安机关的地方，森林和陆生野生动物刑事案件由地方公安机关负责查处。槐荫区分局营市街派出所出具书面说明称，2013年6月22日案发时，该派出所即向山东省公安厅森林警察总队请示有关涉林案件管辖权问题。山东省公安厅森林警察总队答复：济南市槐荫区无森林警察机构，涉林案件一直由各区公安机关自行侦办。2014年9月18日，该派出所派员赴山东省公安厅森林警察总队请示有关涉林案件管辖权问题。山东省公安厅森林警察总队答复：涉林侦查管辖属于公安机关内部工作分工；在未设置森林公安机构的地区，由各分局自行侦办涉林案件。济南市森林公安局出具书面说明称，本案可由济南市公安局槐荫区分局管辖。可见，本案由济南市公安局槐荫区分局侦查有相关规范性文件作为依据，且槐荫区分局营市街派出所在案发时及侦办过程中两次请示上级森林公安机关以确定其是否有侦查权限，均得到肯定答复。故本案侦查管辖合法，槐荫区分局营市街派出所收集到的材料可作为证据使用。

另外，山东省高级人民法院、山东省人民检察院、山东省公安厅、山东省林业厅 2013 年 11 月 1 日印发的《关于森林公安机关办理森林和陆生野生动物刑事、治安和林业行政案件有关问题的通知》要求，自文件下发之日起，省、市、县（市、区）森林公安机关依照《管辖及立案标准》《公安机关办理刑事案件程序规定》和本通知，公安机关各警种及其他部门在工作中发现属于森林公安机关管辖的案件或案件线索，应及时移送森林公安机关。虽然上述文件未规定对于未建立森林公安机关的地方发生的森林和陆生野生动物刑事案件由地方公安机关负责查处，但相对于《管辖及立案标准》，该文件属于下位规定，且该文件出台于本案已侦查完毕移送审查起诉之后，故不影响本案的侦查管辖。综上，一、二审法院认定济南市公安局槐荫区分局对本案具有侦查管辖权，其收集相关证据合法有效，是正确的。

（二）本案对野生动物制品的鉴定符合法律和有关规定

《最高人民法院关于适用〈中华人民共和国刑事诉讼法〉的解释》第八十四条规定，对鉴定意见应当着重审查以下内容："（一）鉴定机构和鉴定人是否具有法定资质……（五）鉴定程序是否符合法律、有关规定……（十）鉴定意见是否依法及时告知相关人员，当事人对鉴定意见有无异议。"司法实践中，被告人及其辩护人经常对鉴定机构和鉴定人是否具有法定资质、鉴定程序是否合法以及鉴定的过程和方法是否符合相关专业的规范要求等提出质疑。本案中，被告人郑锴及其辩护人提出，涉案野生动物制品价值鉴定的主体不合法，涉案赛加羚羊角的价值认定过高。下面分别进行分析：

1. 对涉案动物制品进行鉴定的机构无须在司法行政机关编制的鉴定机构名册内

全国人民代表大会常务委员会发布的《关于司法鉴定管理问题的决定》（以下简称《决定》）第二条规定："国家对从事下列司法鉴定业务的鉴定人和鉴定机构实行登记管理制度：（一）法医类鉴定；（二）物证类鉴定；（三）声像资料鉴定；（四）根据诉讼需要由国务院司法行政部门商最高人民法院、最高人民检察院确定的其他应当对鉴定人和鉴定机构实行登记管理的鉴定事项。法律对前款规定事项的鉴定人和鉴定机构的管理另有规定的，从其规定。"《决定》的释义指出，对于《决定》第二条规定以外的其他鉴定种类，不实行登记制度。之所以这样规定，主要是考虑到司法鉴定涉及的专门性问题十分广泛，将各行各业的技术部门全部纳入登记管理范围不现实也不可能。实践中如果有的案件涉及的专门性问题需要鉴定，而登记范围以内的鉴定人或鉴定机构不能进行鉴定的，可以要求登记范围以外的技术部门或人员进行鉴定，并不妨碍司法鉴定工作。此外，对于这类特殊性质鉴定，最高人民法院 2011 年对山东省高级人民法院关于司法鉴定的复函和 2015 年对黑龙江省司法鉴定管理意见的复函均表明，《决定》规定的三大类鉴定以外的特殊鉴定，目前不受司法行政登记管理的限制。

本案中，对扣押的疑似豹皮、羚羊角及象牙制品等动物制品种属、保护级别及价值认定不属于《决定》规定的需要实行登记制度的鉴定种类，故进行鉴定的机构并非必须在《决定》规定的范围内。本案涉案野生动物制品的鉴定机构和鉴定人——国家林业局森林公安司法鉴定中心的鉴定机构资格证书及两名鉴定人资格证书系公安部颁发，济南市价格认证中心的价格鉴证机构资质证和两名鉴定人资格证书均是国家发展和改革委员会颁发，均具有相应的鉴定资质。因此本案鉴定主体合法，辩护人在二审阶段提出的国家林业局森林公安司法鉴定中心系公安部批准，按照《决定》其不属于具有司法行政部门管理登记的鉴定资质，主体不合法，鉴定结论不应作定案根据的辩护意见不能成立。

2. 涉案野生动物制品价值鉴定的过程和方法符合相关规范要求

关于野生动物制品的价值认定依据，国家发展和改革委员会价格认证中心制定的《野生动物及其产品（制品）价格认定规则》第五条规定，野生动物产品（制品），依法获得出售、收购行政许可的，按野生动物产品（制品）许可交易市场的中等价格认定；未依法获得出售、收购行政许可的，按国家野生动物产品（制品）价值标准相关规定进行价格认定。国家林业局、卫生部、国家工商行政管理总局、国家食品药品监督管理局、国家中医药管理局于2007年11月12日下发的《关于加强赛加羚羊、穿山甲、稀有蛇类资源保护和规范其产品入药管理的通知》要求："为确保对资源消耗总量的宏观控制，今后所有赛加羚羊、穿山甲原材料仅限用于定点医院临床使用和中成药生产，并不得在定点医院外以零售方式公开出售……因中成药生产需要利用赛加羚羊角、穿山甲片和稀有蛇类原材料的，必须是已取得国家食品药品监督管理部门相应药品生产批准文号的企业。"

本案中，被告人郑锴的辩护人提出，案发后郑锴的父母在淄博药店以每根3000元左右的价格购买过2根赛加羚羊角，鉴定意见认定涉案的4根赛加羚羊角价值12万元偏高，明显不合理。关于郑锴的父母案发后从淄博市淄博齐鲁医药商场连锁有限公司购买的2根赛加羚羊角一节，该公司工作人员解释，该羚羊角系该公司1997年开业时从药材展销会上买来作为展品的，属非卖品，当时购买者称家中有高烧病人，需要羚羊角治病，并称担心羚羊角粉不纯，强烈要求购买整根羚羊角，为了治病救人，药店根据羚羊角粉的价格进行折算，先后出售2根羚羊角。但是，赛加羚羊角除有药用价值外，还具有工艺、观赏性，以药用品或药粉折算其价值既不合理，也不科学。并且，根据上述规定，赛加羚羊角原材料仅限于定点医疗临床使用和中成药生产，在市场上是不允许销售的，故郑锴父母通过非正常手段购买的羚羊角的价格不具有参考价值。因此，不能依据并非通过合法途径购买的赛加羚羊角的价格认定其价值，涉案赛加羚羊角的价值应当按照国家野生动物产品（制品）价值标准相关规定进行计算、认定。

关于涉案野生动物制品价值的计算方法，林业部发布的《关于在野生动物案件中如何确定国家重点保护野生动物及其产品价值标准的通知》规定，国家一级保护陆生野生动物的价值标准，按照该种动物资源保护管理费的12.5倍执行；国家重点保护陆生野生动物具有特殊利用价值或者导致野生动物死亡的主要部分，其价值标准按照该种动物价值标准的80%予以折算。林业部、财政部、国家物价局发布的《陆生野生动物资源保护管理费收费办法》附录2规定，高鼻羚羊（即赛加羚羊）保护管理费6000元/只。本案中，涉案赛加羚羊角属具有特殊利用价值部分，其价值为：4根×6000元×12.5倍×0.8÷2＝120 000元。此外，《最高人民法院关于审理破坏野生动物资源刑事案件具体应用法律若干问题的解释》第十一条规定，珍贵、濒危野生动物制品的价值，依照国家野生动物保护主管部门的规定核定；核定价值低于实际交易价格的，以实际交易价格认定。本案中，根据供证情况，郑锴出售2根赛加羚羊角的价格为3000元左右，低于核定价值6万元，故应按核定价值认定。

综上，本案扣押的疑似豹皮、羚羊角及象牙制品等动物制品种属、价值及保护级别先经国家林业局森林公安司法鉴定中心进行鉴定，后二审法院为稳妥起见，又对其中价值认定存在争议的4根赛加羚羊角送济南市价格认证中心进行鉴定，所认定的价值与国家林业局森林公安司法鉴定中心的认定一致。因此，上述鉴定意见应当采信，被告人郑锴及其辩护人提出的相关辩解和辩护意见均不能成立。

（三）对本案被告人郑锴所犯非法运输、出售珍贵、濒危野生动物制品罪，可以在法定刑以下判处刑罚

关于非法运输、出售珍贵、濒危野生动物制品罪的具体量刑标准，目前仍在适用的《最高人民

法院关于审理破坏野生动物资源刑事案件具体应用法律若干问题的解释》第五条的规定,即非法收购、运输、出售珍贵、濒危野生动物制品,价值在10万元以上的,属于犯罪情节严重,处五年以上十年以下有期徒刑,并处罚金;价值在20万元以上的,属于犯罪情节特别严重,处十年以上有期徒刑,并处罚金或者没收财产。而关于走私珍贵动物及其制品罪的量刑标准,近年来已经被大幅度提高。2000年起施行的《最高人民法院关于审理走私刑事案件具体应用法律若干问题的解释》(现已失效)第四条规定,走私珍贵动物制品价值10万元以上不满20万元,处五年以上有期徒刑,并处罚金;走私珍贵动物制品价值20万元以上的,属于犯罪情节特别严重,处无期徒刑或者死刑,并处没收财产。但2014年起施行的《最高人民法院、最高人民检察院关于办理走私刑事案件适用法律若干问题的解释》第九条规定,走私珍贵动物制品数额不满20万元的,可以认定为犯罪情节较轻;走私珍贵动物制品数额在20万元以上不满100万元的,处五年以上十年以下有期徒刑,并处罚金;走私珍贵动物制品数额在100万元以上的,属于犯罪情节特别严重。

上述司法解释表明,为适应社会经济的发展变化,走私珍贵动物、珍贵动物制品罪的数额标准自2014年9月以来已经大幅度提高,而非法运输、出售珍贵、濒危野生动物制品罪的量刑标准却没有及时作出相应调整。由此,原则上非法运输、出售珍贵、濒危野生动物制品罪仍须依照原数额标准量刑。但是,在走私珍贵动物、珍贵动物制品罪的数额标准已大幅度提高的情况下,如果仍然按照原数额标准对非法运输、出售珍贵、濒危野生动物制品罪予以量刑,势必与走私珍贵动物、珍贵动物制品罪的量刑存在明显差异,有违罪责刑相适应原则。因此,根据这一特殊情况,为实现罪责刑相均衡,对于此类案件,可以考虑在法定刑以下判处刑罚。本案即是适例。

本案被告人郑铠所涉犯罪数额为31万余元,依照前述司法解释的规定,则应判处十年以上有期徒刑。但本案具有特殊性:一方面,本案具有需要体现从严的情节,包括郑锴所犯非法运输珍贵、濒危野生动物制品罪系既遂,而非法出售的2根赛加羚羊角包含在运输的涉案物品之中,不能因非法出售珍贵、濒危野生动物制品罪系未遂而对郑锴减轻处罚;郑锴非法运输珍贵、濒危野生动物制品的种类较多,社会危害性相对较大;郑锴在侦查后期开始部分翻供,认罪态度不好。但另一方面,本案需要体现从宽处罚的情节更为突出:(1)涉案野生动物制品全部被查获。由于被人举报,郑锴与逯艺正在交易赛加羚羊角时即被公安人员抓获,郑锴持有的豹类毛皮、羚羊角、象牙雕件等野生动物制品当场被查获,没有进一步流入社会,郑锴的犯罪行为未造成严重危害。(2)郑锴非法出售珍贵、濒危野生动物制品的行为属未遂。公诉机关认为郑锴上述非法出售行为属于犯罪未遂,一、二审均认为系犯罪既遂。我们认为,根据在案证据,郑锴与逯艺仅开始看货检验,尚未确认质量、重量,更未谈妥价款即被抓获,即该二人已经着手犯罪,由于意志以外的原因而未得逞,应当认定为未遂。(3)郑锴欲出售赛加羚羊角的价格明显低于鉴定价值。虽然郑锴非法运输珍贵、濒危野生动物制品价值31万余元,非法出售珍贵、濒危野生动物制品(赛加羚羊角2根)价值6万元,但在案证据证实,对于准备非法出售的赛加羚羊角,郑锴要价每克30元或20元,逯艺还价每克17元,且根据郑锴供述,每根羚羊角重五六十克(鉴定意见书表明未对羚羊角进行称重),按此计算,二人交易的赛加羚羊角的价格3000元左右。虽然鉴定意见认定的赛加羚羊角价值6万元于法有据,但实际交易价格较低在一定程度上反映郑锴主观恶性相对较小。

根据本案的上述特殊情况,一、二审法院对被告人郑锴在法定刑有期徒刑十年以下判处有期徒刑五年,基本上实现了罪责刑相适应,故最高人民法院依法裁定予以核准。

(撰稿:最高人民法院刑五庭　李晓光　邓克珠
审编:最高人民法院刑五庭　马　岩)

[第1289号]张正伟污染环境案

——环境污染犯罪案件刑事附带民事公益诉讼有关问题

【关键词】 环境污染犯罪 刑事附带民事公益诉讼 环境损害赔偿数额

一、基本案情

被告人张正伟,男,1975年6月12日出生,农民。因涉嫌犯污染环境罪于2018年8月9日被逮捕。

公诉机关暨附带民事公益诉讼起诉人浙江省德清县人民检察院。

德清县人民检察院以被告人张正伟犯污染环境罪,于2018年9月29日向德清县人民法院提起公诉。德清县人民法院于当日立案受理,依法适用简易程序审理。在审理过程中,德清县人民检察院向德清县人民法院提起刑事附带民事公益诉讼,认为张正伟违反国家法律规定,排放重金属超标的污水,其行为破坏了生态环境,损害了社会公共利益,应当承担环境侵权的民事责任。德清县人民法院依法转为适用普通程序,由三名审判员与四名人民陪审员组成七人合议庭公开开庭进行了审理。德清县人民检察院检察长出庭支持公诉及刑事附带民事公益诉讼起诉。

德清县人民法院经审理查明:

2018年5月4日至5月8日间,被告人张正伟在浙江省德清县阜溪街道曲园北路1232号厂房内,私自设立加工作坊,加工中岛架、展柜等不锈钢产品,使用化学试剂进行清洗,后将未经处理的重金属废水经沉淀后直接排放至雨水管网,污水排放量约为600公斤。2018年5月11日,经德清县环境保护监测站检测,排污口废水重金属铜含量为24.1mg/L,超过《污水综合排放标准》(GB 8978—1996)规定的一级标准限值(0.5mg/L)48.2倍。

2018年6月25日,德清县环境保护局将被告人张正伟涉嫌污染环境罪一案移送德清县公安局,德清县公安局于次日立案侦查。2018年7月6日,张正伟投案自首,并如实供述了犯罪行为。

另查明,由杭州市环境保护科学研究院、煤科集团杭州环保研究院有限公司、浙江清雨环保工程有限公司三名环境影响评价工程师组成的专家组,出具了环境污染损害评估意见,认为本案环境损害费用适用虚拟成本法进行估算,所涉及的地表水体环境功能区类型为Ⅲ类,环境损害赔偿额在44 546元至59 394.66元。德清县人民检察院支付了评估费用人民币7 000元。

2018年11月13日,被告人张正伟向德清县人民检察院预交了环境损害赔偿金及评估费用共计51 546元。

德清县人民法院经审理认为,被告人张正伟违反国家规定,在未办理任何环保手续且未采取任何环保防治措施的情况下,排放含重金属铜的污水,超过国家排放标准十倍以上,严重污染环境,侵犯了国家对危险废物的安全管理制度,其行为已构成污染环境罪。张正伟自动投案,如实供述自己的犯罪事实,系自首,依法可以从轻处罚。根据张正伟的自首情节,综合其认罪、悔罪表现,以及主动预交赔偿金的情形,对其可以适用缓刑。张正伟的辩护人提出的适用缓刑意见,予以采纳。

被告人张正伟非法排放污水,破坏了生态环境,损害了社会公共利益,依法应承担相应的民事责任。德清县人民检察院发现张正伟的污染环境违法行为后,履行了公告程序,在公告期满适格主体未提起民事诉讼的情况下,提起附带民事公益诉讼,符合法律规定。因涉案污水已经雨水管网排放至阜溪等开放水域，以当前情势无法回收处理，污水致使阜溪水体污染，造成了生态环境风险及损失，张正伟应依法承担赔偿责任。德清县人民检察院主张的损失数额，有专家评估意见为证，且经张正伟质证无异议，予以采信。故对德清县人民检察院要求张正伟赔偿因排污造成的生态环境损害44 546元的诉讼请求，予以支持。德清县人民检察院为确定损害支出的专家评估费用7 000元，应由张正伟承担。为保护环境安全，打击污染环境犯罪，维护社会生态环境公共权益，依照《中华人民共和国刑法》第三百三十八条，第六十七条第一款，第七十二条，第七十三条第二款、第三款，第五十二条，第五十三条，第三十六条第一款；《中华人民共和国环境保护法》第六十四条；《中华人民共和国侵权责任法》第十五条第一款第六项、第六十五条；《最高人民法院、最高人民检察院关于办理环境污染刑事案件适用法律若干问题的解释》第一条第一款第四项；《最高人民法院关于审理环境民事公益诉讼案件适用法律若干问题的解释》第十八条、第二十二条；《中华人民共和国刑事诉讼法》第一百零一条第二款；《中华人民共和国民事诉讼法》第五十五条第二款之规定，作出如下判决：

1. 被告人张正伟犯污染环境罪，判处有期徒刑七个月，缓刑一年四个月，并处罚金人民币一万元；

2. 被告人张正伟于判决生效之日起十日内赔偿生态环境损失人民币44 546元；

3. 被告人张正伟于判决生效之日起十日内向德清县人民检察院支付评估费用人民币7 000元；

4. 禁止被告人张正伟在缓刑考验期间从事与排放、倾倒、处置危险废物有关的职业及活动。

一审宣判后，在法定期限内，被告人张正伟未提出上诉，公诉机关亦未提起抗诉，判决已发生法律效力。

二、主要问题

1. 刑事附带民事公益诉讼案件，法院审判组织应如何确定？

2. 污染环境犯罪刑事附带民事诉讼案件中，环境损害赔偿数额应如何认定？

三、裁判理由

（一）关于本案审判组织的确定

《最高人民法院关于审理环境民事公益诉讼案件适用法律若干问题的解释》（法释〔2015〕1号）第六条规定，第一审环境民事公益诉讼案件原则上应由中级以上人民法院管辖。中级人民法院认为确有必要的，可以在报请高级人民法院批准后，裁定将案件交由基层人民法院审理。但随着公益诉讼制度的不断推进与完善，刑事附带民事公益诉讼作为一种便捷的特殊公益诉讼形式，逐渐成为检察机关参与公益诉讼的主要途径。对于此类案件的管辖，《最高人民法院、最高人民检察院关于检察公益诉讼案件适用法律若干问题的解释》（法释〔2018〕6号，以下简称《解释》）第二十条规定，人民检察院对破坏生态环境和资源保护、食品药品安全领域侵害众多消费者合法权益等损害社会公共利益的犯罪行为提起刑事公诉时，可以向人民法院一并提起附带民事公益诉讼，由人民法院同一审判组织审理。根据该解释，对于检察机关提起的第一审刑事附带民事公益诉讼，基层人民法院无须层报高级人民法院批准即可直接受理。司法实践中，基层人民法院直接受理的第一审刑事附带民事公益诉讼案件成为目前公益诉讼的重要组成部分。

本案中，德清县人民法院在审理被告人张正伟污染环境刑事案件过程中，受理德清县人民检察院提起的附带民事公益诉讼，符合前述关于刑事附带民事公益诉讼的管辖规定及实践操作，但在受理后如何确定审判组织审理本案的问题上，主要有两种意见：

第一种意见认为，本案应该由原审判员继续独任审理。刑事诉讼法第一百零四条规定，附带民事诉讼应当同刑事案件由同一审判组织一并审判。《解释》也明确对于检察机关提起的刑事附带民事公益诉讼案件，由人民法院同一审判组织审理。本案在刑事案件审理过程中，已经根据案情确定了由一名审判员独任审判，故应由该审判员继续一并审理刑事附带民事公益诉讼。

第二种意见认为，本案应该转为普通程序并组成七人合议庭审理。根据刑事诉讼法第一百八十三条规定，基层人民法院审判第一审案件，应当由审判员三人或者由审判员和人民陪审员共三人或者七人组成合议庭进行，但是基层人民法院适用简易程序、速裁程序的案件可以由审判员一人独任审判。该法第二百一十五条规定，有重大社会影响的案件，不适用简易程序审理。本案应该转为普通程序审理，并适用人民陪审员法的规定，由人民陪审员和法官组成七人合议庭进行审理。

我们赞同第二种意见，具体理由如下：

第一，本案出现了不适用简易程序的法定情形，应转为普通程序组成合议庭审理。为提高司法效率，刑事诉讼法规定了简易程序、速裁程序等特别程序，并规定了适用简易程序审理的条件，同时列明了不适用简易程序的案件情形，但对“有重大社会影响的”“其他不宜适用简易程序审理的”等规定该如何把握，基本由人民法院根据案件实际情况自行理解并适用。本案中，德清县人民法院在受理刑事案件后，根据实际案情，决定适用简易程序由审判员一人独任审判，并无不当。但因本案涉及社会公共环境权益，检察院决定提起刑事附带民事公益诉讼，法院的裁判结果将对辖区产生重大社会影响，出现了刑事诉讼法规定的不适用简易程序的法定情形，故应转为适用普通程序组成合议庭审理。

第二，人民陪审员法第十六条第二项规定，人民法院审判根据民事诉讼法、行政诉讼法提起的公益诉讼案件，由人民陪审员和法官组成七人合议庭进行。本案符合这种情形。

第三，组成七人合议庭审理本案，更能体现司法的公正价值取向。刑事诉讼法确定刑事附带民事诉讼制度，主要是考虑诉讼的效率问题。人民法院在审理刑事案件时，由同一审判组织审理附带民事诉讼，既方便了刑事被害人维护合法权益，又节约了司法资源。而人民陪审员法相关规定的主要目的在于保障公民参加审判活动，促进司法公正，提升司法公信。人民陪审员法第十六条规定人民法院审理公益诉讼等重大第一审案件应由人民陪审员和法官组成七人合议庭审理，对司法公正提出了形式要求。办理刑事附带民事公益诉讼案件，确定由原审判组织一人独任审判还是由三人或者七人组成合议庭审理，实际上体现了效率与公正两种司法价值的选择。本案组成七人合议庭审理，首先从形式上保障了案件的公正审理，是正确的、恰当的。

（二）关于本案环境损害赔偿数额的确定

德清县人民检察院委托杭州市环境保护科学研究院、煤科集团杭州环保研究院有限公司、浙江清雨环保工程有限公司三名环境影响评价工程师组成专家组，就本案环境污染损害出具了评估意见，适用虚拟成本法估算环境损害费用，认为所涉及的地表水体环境功能区类型为Ⅲ类，计算出环境损害赔偿额在44 546元至59 394.66元之间。据此，德清县人民检察院主张被告人张正伟赔偿环境污染损害44 546元，并申请其中一名专家组成员出庭提出意见。煤科集团杭州环保研究院有限公司的环境影响评价工程师张迎喜出庭发表意见，认为涉案污水直接排入雨水管网，最终流入阜溪，对生态环境造成损害。评估意见采用虚拟成本法进行估算，将企业单位污染物治理平均成本（含固定资产折旧）乘以根据受污染影响区域的环境功能敏感程度而确定的一定倍数，作为环境损害数额的上下限值，本案估算的环境损害赔偿额为44 546元至59 394.66元。

有意见认为，有专门知识的人提出的意见不属于任何一种法定证据形式，根据《最高人民法院关于适用〈中华人民共和国民事诉讼法〉的解释》第一百二十二条的规定，应视为当事人陈述，不能作为证据对待,更不能作为定案的根据。本案仅凭三名环境影响评价工程师出具的评估意见,即便其中一名工程师到庭提出意见并接受询问,也不能据此作出要求被告人张正伟赔偿环境污染损害44 546元的判决。我们认为,司法实践中对专家意见在裁判中的作用素有争论,但不能据此否认专家意见在法院裁判中的辅助作用,特别是其在证据认定、裁量刑罚等方面,具有重要的参考价值。本案的附带民事公益诉讼,实为因被告人张正伟的犯罪行为侵犯公共环境权益而提起的侵权之诉。《最高人民法院关于审理环境侵权责任纠纷案件适用法律若干问题的解释》第九条规定:"当事人申请通知一至两名具有专门知识的人出庭,就鉴定意见或者污染物认定、损害结果、因果关系等专业问题提出意见的,人民法院可以准许。当事人未申请,人民法院认为有必要的,可以进行释明。具有专门知识的人在法庭上提出的意见,经当事人质证,可以作为认定案件事实的根据。"该规定为法院采信专家意见提供了明确的依据。本案中,被告人张正伟将加工不锈钢产生的污水通过雨水管网排入阜溪开放性水域,客观上对阜溪水体环境造成损害及生态风险,本案三名环境影响评价工程师接受委托,通过实地走访及调查论证,并根据环境影响评价的相关规定,采用虚拟成本法,结合损害地的环境状况,给出了需赔偿的数额区间,并当庭提出意见且做了详细说明。根据上述意见,德清县人民检察院选择损害赔偿区间的最低值作为诉讼主张,经被告人张正伟及其委托代理人质证无异议,并当庭表示愿意赔偿。上述专家意见,经本案合议庭审查后认为科学、公正,可以作为损害赔偿数额确定的根据,为本案合议庭运用自由裁量权作出裁判提供了重要参照。

需要注意的是,在环境侵权案件审理过程中,对有专门知识的人提出的意见进行认证,要严格参照法定证据形式的认证程序,必须经当事人充分质证,以及法庭的认真论证,确保只有科学的、客观的、严谨的专家意见才能作为认定案件事实的根据。

综上所述,德清县人民法院在受理了德清县人民检察院提起的附带民事公益诉讼后,由独任审判转为组成七人合议庭审理,是合法的、适当的。在本案审理过程中,合议庭根据有专门知识的人提出的损害评估意见,确定本案环境损害赔偿数额,进而作出支持德清县人民检察院的民事赔偿诉讼请求,是正确的。

(撰稿:浙江省高级人民法院 郑晓红
浙江省德清县人民法院 何晓红 王昆明
审编:最高人民法院刑二庭 韩维中)

[第1383号]解景芳非法出售珍贵、濒危野生动物案

——如何准确把握涉人工繁育野生动物资源刑事案件的定罪量刑

【关键词】 非法出售珍贵、濒危野生动物罪 人工繁育野生动物资源 定罪量刑

一、基本案情

被告人解景芳,女,1983年5月3日出生。2019年5月20日被逮捕,同年8月28日被取保候审。

山东省临沭县人民检察院指控被告人解景芳犯非法出售珍贵、濒危野生动物罪，向临沭县人民法院提起公诉。

被告人解景芳对公诉机关指控的犯罪事实和罪名均无异议，并辩称自己有繁殖鹦鹉的资质，以为销售属于违规行为，没想到构成犯罪，请求从轻处罚。

被告人解景芳的辩护人建议对其判处缓刑。理由是：(1)解景芳出售的鹦鹉是人工繁育的动物，与国家重点保护的珍贵、濒危野生动物在本质上有极大差别。(2)解景芳持有人工繁育鹦鹉的行政许可，其出售人工繁育鹦鹉的行为与出售国家重点保护的纯野生动物的行为相比，在危害后果上有着本质区别。(3)本案与"深圳鹦鹉案"性质类似，但行为更为轻微。(4)解景芳认罪态度较好，系初犯、偶犯。

临沭县人民法院经审理查明：

被告人解景芳的丈夫满某某于2017年注册成立临沂轩雅繁殖有限公司，经营范围为鹦鹉驯养、繁殖、展览、出租、出售。2017年年底，该公司向山东省林业厅申请并获取非洲灰鹦鹉、蓝黄金刚鹦鹉、金头鹦鹉、太阳锥尾鹦鹉和蓝和尚鹦鹉等14种国家一、二级保护野生动物的人工繁育许可证，后经山东省林业厅批准，从泰安爱尔鸟类物种保育有限公司购买了118只鹦鹉用于人工繁育。

2018年5月至12月，被告人解景芳在未取得合法转让许可证的情况下，将6只人工繁育的非洲灰鹦鹉、蓝黄金刚鹦鹉、金头鹦鹉、太阳锥尾鹦鹉和蓝和尚鹦鹉，以人民币22 950元（以下未标明币种均为人民币）的价格，出售给山东省临沂市兰山区春园花鸟市场"百鸟争鸣"宠物店主尹某某（另案处理）。经鉴定，解景芳非法出售的6只鹦鹉均系被列入《濒危野生动植物种国际贸易公约》（以下简称《公约》）附录Ⅰ、Ⅱ的物种，属于国家一、二级保护野生动物。其中，列入《公约》附录Ⅰ中的鹦鹉2只，列入《公约》附录Ⅱ中的鹦鹉4只。

临沭县人民法院认为，被告人解景芳非法出售蓝黄金刚鹦鹉等国家重点保护动物的行为构成非法出售珍贵、濒危野生动物罪。解景芳到案后能够如实供述犯罪事实，依法可从轻处罚；庭审中自愿认罪，积极缴纳非法所得及罚金，可酌情从轻处罚。解景芳非法出售野生动物的数量，达到《最高人民法院关于审理破坏野生动物资源刑事案件具体应用法律若干问题的解释》规定的"情节严重"的标准，法定刑期应为五年以上有期徒刑。因解景芳非法出售鹦鹉的数量刚达到情节严重的标准，且涉案鹦鹉系人工繁育，其行为的社会危害性相对小于非法出售纯野外生长、繁殖的鹦鹉，对其可在法定刑以下减轻处罚，并可适用缓刑。依照《中华人民共和国刑法》第三百四十一条第一款、第六十七条第三款、第六十三条第二款、第七十二条、第六十四条，《最高人民法院关于审理破坏野生动物资源刑事案件具体应用法律若干问题的解释》第一条、第二条、第三条、第十条之规定，以非法出售珍贵、濒危野生动物罪，在法定刑以下判处解景芳有期徒刑三年，缓刑四年，并处罚金三万元。

一审宣判后，检察机关未抗诉，被告人解景芳未上诉，临沭县人民法院依法层报最高人民法院核准。

最高人民法院经复核认为，被告人解景芳非法出售灰鹦鹉、蓝黄金刚鹦鹉等国家重点保护野生动物6只，其行为构成非法出售珍贵、濒危野生动物罪。解景芳非法出售珍贵、濒危野生动物情节严重，依法应当在五年以上十年以下有期徒刑的量刑幅度内判处刑罚。鉴于解景芳具有人工繁育涉案鹦鹉的资质，涉案鹦鹉系其合法购买后又人工繁育的动物，且归案后如实供述所犯罪行，认罪悔罪，综合全案因素，对其依法可以减轻处罚并适用缓刑。原审判决认定的事实清楚，证据确实、充分，定罪准确，量刑适当。审判程序合法。依照《刑法》第六十三条第二款和《最高人民法院关于适用〈中华人民共和国刑事诉讼法〉的解释》第三百三十八条之规定，依法裁定核准临沭县人民法院以被告人解景芳犯非法出售珍贵、濒危野生动物罪，在法定刑以下判处有期徒刑三年，缓刑四年，并处罚金三万元的刑事判决。

二、主要问题

如何准确把握涉人工繁育野生动物资源刑事案件的定罪量刑？

三、裁判理由

根据1988年出台的《野生动物保护法》及之后的相关规范性文件规定，列入《国家重点保护野生动物名录》和《公约》附录Ⅰ、Ⅱ的珍贵、濒危野生动物，其野外和人工繁育种群均属于国家重点保护野生动物，在法律性质和管理措施方面均无区别。《最高人民法院关于审理破坏野生动物资源刑事案件具体应用法律若干问题的解释》（以下简称《野生动物资源解释》）据此规定，《刑法》第三百四十一条第一款规定的“珍贵、濒危野生动物”，包括野生及驯养、繁殖的相关物种，在定罪量刑上未区分野外种群与人工繁育种群。随着经济社会的发展，有关野生动物繁育的科研水平不断提高，不少珍贵、濒危野生动物的人工繁育技术得到突破，形成了较大的、稳定的、完全不依赖野外资源的人工繁育种群。在此情况下，如果仍然将人工繁育种群和野外种群完全按照同一标准进行管理，严格限制对人工繁育种群的经营利用，既会造成资源严重浪费，也会伤害到很多合法从事人工繁育野生动物的企业和个人的切身利益，影响相关产业发展。有鉴于此，立法机关于2016年修订《野生动物保护法》时，对人工繁育技术成熟稳定且纳入人工繁育国家重点保护野生动物名录的国家重点保护野生动物，实行人工繁育种群与野外种群区别管理的制度。

根据《野生动物保护法》的规定，结合野生动物保护和人工繁育的实际情况来看，野生动物资源司法保护的重点应当是野外种群，以及濒危程度和保护等级较高且繁育技术不成熟、繁育规模较小的物种。在定罪量刑时如果对所有破坏人工繁育种群犯罪与破坏野外种群犯罪不加区分，既不符合罪责刑相适应原则，更背离社会公众的一般认知。近年来，各地法院在办理破坏人工繁育野生动物资源犯罪案件时，对于在法定量刑幅度内从宽后判罚仍明显过重的，根据案件的事实、性质、情节和社会危害程度，依法对被告人在法定刑以下判处刑罚，取得了良好的法律效果和社会效果。考虑到实践中的情况纷繁复杂，在办理这类案件时，应当结合案件具体情况，综合考量相关因素，依法准确定罪量刑。从本案以及近年来司法实践中相关案件的情况看，对于破坏人工繁育野生动物资源的行为，在决定是否追究刑事责任以及如何裁量刑罚时，应当结合案件事实和证据，综合考量涉案动物的濒危程度、野外种群状况、人工繁育情况、用途、行为手段和对野生动物资源的损害程度等情节，综合评估社会危害性，依法作出妥当处理，确保罪责刑相适应。

（一）涉案动物的濒危程度和野外种群状况

根据野生动物的濒危程度等因素，我国《野生动物保护法》和《公约》将需要重点保护的野生动物分为一、二级保护野生动物和附录Ⅰ、Ⅱ规定的物种。一般而言，野生动物的濒危程度越高，其保护等级相应就越高，相应犯罪的社会危害性就越大。基于此，《野生动物资源解释》就破坏野生动物资源犯罪根据涉案动物的保护等级规定了相应的定罪量刑标准。

在类似案件的讨论中，有观点认为，既然法律和司法解释规定了根据涉案动物的保护等级进行定罪量刑，涉案的灰鹦鹉与大熊猫等野生动物同属于国家一级保护动物，从保持司法的统一性上来看，在量刑时不宜差别过大。我们认为，在定罪量刑时，除涉案动物的保护等级外，其野外种群和人工繁育情况等因素亦应考虑。如目前大熊猫野外种群数量仅为2 000只左右，人工繁育数量亦只有600只左右。而涉案的灰鹦鹉，近年来由于栖息地被破坏以及非法交易等问题造成其野外种群数量下降，被列入《公约》附录Ⅰ，属于国家一级保护野生动物，但现存野外种群规模仍较大,人工繁育的规模亦很可观。灰鹦鹉的野外种群数和人工繁育规模虽然目前尚无准确数字,但各种数据均显示至少为大熊猫数量的数百倍。因此,两者虽然均属于国家一级保护动物,但野外种群状况和人工繁育情况均差别甚大,在定罪量刑时简单地以保护等级相当为由将两者相提并论,有机械司法之嫌。

因此,在对破坏野生动物资源尤其是破坏人工繁育的野生动物资源的行为定罪量刑时,除了考虑涉案动物的保护等级,还应当注意,有些野生动物虽然规定的保护等级较高,但野外种群规模相对较大,濒危程度相对较低,在量刑时可以适当从宽。另外,对于虽然列入《公约》附录Ⅰ、Ⅱ,但在我国没有野外种群分布的濒危物种的人工繁育种群,还可以考察该物种的人工繁育种群在原产或者引种国家和地区的立法保护情况,量刑时根据具体情况进行适当区分。

(二)涉案动物的人工繁育情况

对于破坏人工繁育野生动物资源犯罪而言,涉案动物的人工繁育情况是此类案件定罪量刑时应当考虑的重要因素。人工繁育是促进濒危野生动物种群恢复和发展的重要途径,根据《野生动物保护法》的规定,经省级政府野生动物保护主管部门批准并取得人工繁育许可证,可以人工繁育国家重点保护野生动物,并在有利于野外种群养护和符合生态文明建设等前提下依法经营利用。中华人民共和国成立以来,我国相继建立了大熊猫、东北虎、野马、扬子鳄、梅花鹿等珍贵、濒危野生动物人工繁育场,人工繁育的国家重点保护野生动物种类达40多种,已初步形成人工繁育产业体系。野生动物人工繁育技术和产业的发展有效缓解了对部分野外动物种群利用的压力,也创造了较好的经济效益。例如,被列入国家一级保护野生动物的梅花鹿,在我国有着悠久的养殖历史,现有养殖规模达上百万头,在一些省份成为重要的养殖产业,人工繁育的梅花鹿已被列入《国家畜禽遗传资源目录》,作为家畜对待。

在此背景下,对于涉案动物系人工繁育技术成熟且养殖规模较大的物种的,在定罪量刑时应与人工繁育技术不成熟、养殖规模较小物种的犯罪有所区别。如果属于濒危程度较高、人工繁育技术不成熟、养殖规模较小的物种,如大熊猫、东北虎、华南虎等,量刑时原则上不宜从宽,确有特殊情况需要从宽处理的,亦应从严掌握;如果属于人工繁育技术成熟且养殖规模较大的物种,如球蟒、黄金蟒、缅甸陆龟、豹纹陆龟、红色吸蜜鹦鹉、珍达锥尾鹦鹉等,考虑行为人的主观恶性较小、行为的社会危害性较低,在决定是否追究刑事责任和量刑时应适当从宽。具体还可以从以下方面做进一步区分:

1. 判断涉案动物是否属于合法繁育的情形

实践中,有的行为人是合法繁育但无证出售其人工繁育的野生动物,相对于由野外非法捕获的动物进行繁育等非法繁育的情形,该行为对野外种群的影响更小,涉案动物的来源可溯,因而危害性更小,行为人的主观恶性也相对较低,量刑上应当体现从宽。

2. 判断涉案动物是否被列入《人工繁育国家重点保护野生动物名录》

根据《野生动物保护法》的规定,人工繁育技术成熟稳定且纳入《人工繁育国家重点保护野生动物名录》的国家重点保护野生动物,其人工繁育种群可以不再列入《国家重点保护野生动物名录》,凭省级政府野生动物保护主管部门核发的许可证和专用标识经营利用,无须再在市场流通环节申请运输、出售、收购、利用等许可证件。原国家林业局(现国家林业和草原局)、农业部等部门据此先后出台了《人工繁育国家重点保护陆生野生动物名录(第一批)》和两批《人工繁育国家重点保护水生野生动物名录》,将包括梅花鹿、马鹿、尼罗鳄、暹罗鳄、湾鳄等30种国家一、二级重点保护野生动物纳入。根据前述规定,被列入名录的30种野生动物的合法人工繁育种群,不再属于破坏野生动物资源犯罪的犯罪对象。

实践中，对于被列入名录的30种野生动物，有的行为人取得了人工繁育许可，但在经营利用相关动物及其制品的过程中未取得专用标识，我们认为，这种情况应当依据行政法规进行处罚，原则上不宜按犯罪处理；如果行为人未取得人工繁育许可，涉案动物系非法人工繁育的，此种情形下，应结合涉案动物的濒危程度、人工繁育状况等因素，依法确定是否应追究刑事责任，确有追究刑事责任必要的，在量刑时亦应与30种野生动物以外的其他野生动物犯罪有所区别。这样的考虑也有充分的法律依据，如原国家林业局2017年发布的《野生动物及其制品价值评估方法》第七条规定："人工繁育的野生动物及其制品的价值，按照同种野生动物及其制品价值的百分之五十执行。人工繁育的列入《人工繁育国家重点保护野生动物名录》的野生动物及其制品的价值，按照同种野生动物及其制品价值的百分之二十五执行。"根据该规定，是否列入《人工繁育国家重点保护野生动物名录》，在计算人工繁育的野生动物及其制品价值时有着显著差异，该规定在办理人工繁育野生动物案件的定罪量刑时亦可作为参考。

（三）涉案动物的用途

根据《野生动物保护法》以及有关规范性文件的规定，因科学研究、物种保护、展示展演、文物保护或者药用等特殊情况，在按照有关规定严格审批和检疫检验的前提下，可以经营利用人工繁育的野生动物及其制品，禁止非法放生和以食用为目的经营利用。

禁止非法放生野生动物，主要是考虑未经专业机构严格论证的盲目放生行为，容易造成被放生动物死亡或者对当地生态系统造成破坏等不良后果，此外，随意放生有毒、凶猛或者未经检疫的野生动物，还可能造成人身和财产损害等严重后果。因此，《野生动物保护法》第三十八条规定，任何组织和个人将野生动物放生至野外环境，应当选择适合放生地野外生存的当地物种，不得干扰当地居民的正常生活、生产，避免对生态系统造成危害。随意放生野生动物，造成他人人身、财产损害或者危害生态系统的，依法承担法律责任。

禁止食用野生动物，主要是考虑滥食野生动物的陋习是造成乱捕滥捕野生动物现象屡禁不止的重要原因，不仅对野生动物种群造成严重破坏，败坏了社会风气，而且还成为公共卫生安全的重大隐患，因为许多野生动物常常携带各种疫源疫病。特别是新型冠状病毒疫情发生以来，对非法交易、滥食野生动物的突出问题及对社会公共卫生安全构成的重大隐患，社会各界广泛关注。为了全面禁止和惩治非法野生动物交易行为，革除滥食野生动物的陋习，维护生物安全和生态安全，有效防范重大公共卫生风险，切实保障人民群众生命健康安全，加强生态文明建设，促进人与自然和谐共生，全国人大常委会于2020年2月24日发布了《关于全面禁止非法野生动物交易、革除滥食野生动物陋习、切实保障人民群众生命健康安全的决定》（以下简称《决定》）。《决定》在《野生动物保护法》的基础上，以全面禁止食用野生动物为导向，扩大法律调整范围，确立了全面禁止食用野生动物的制度，从源头上防范和控制重大公共卫生安全风险。最高人民法院、最高人民检察院、公安部、司法部于2020年2月6日联合制定发布的《关于依法惩治妨害新型冠状病毒感染肺炎疫情防控违法犯罪的意见》（以下简称《惩治妨害疫情防控犯罪意见》）第九条亦规定，为食用或者其他目的而非法购买珍贵、濒危野生动物及其制品的，应以非法收购珍贵、濒危野生动物、珍贵、濒危野生动物制品罪定罪处罚，非法经营利用非国家重点保护野生动物及其制品，情节严重的，应当以非法经营罪定罪处罚。

根据上述规定，在办理破坏人工繁育野生动物资源犯罪案件时，应结合涉案动物的用途准确定罪量刑。如涉案动物系用于非法放生或者食用等目的，定罪量刑时应当依法从严。需要注意的是，根据《惩治妨害疫情防控犯罪意见》第十条第二款的规定，对于在疫情防控期间实施有关违法犯罪的，要作为从重情节予以考虑，依法体现从严的政策要求，以有力惩治震慑违法犯罪，维护法律权威,维护社会秩序,维护人民群众生命安全和身体健康。如涉案动物系用于科学研究、物种保护、展示展演、文物保护或者药用等合法用途的,在量刑时应与前者有所区别。

(四)行为方式、手段和对野生动物资源的损害程度

在办理破坏人工繁育野生动物资源犯罪案件时,除了涉案动物的濒危程度和野外种群状况、人工繁育情况、用途等因素外,行为人作案的方式、手段和对野生动物资源的损害程度亦应作为量刑时应当考虑的因素。综合相关法律、规范性文件的规定和司法实践,具有以下情形的,在决定是否从宽量刑时应依法从严掌握:一是武装掩护或者使用军用、警用车辆等特种交通工具实施犯罪的。《野生动物资源解释》中将以武装掩护方法或者使用军用、警用车辆等特种交通工具实施犯罪规定为升档量刑,从实践来看,使用前述作案方式和手段犯罪的,涉案动物数量往往较大,且易造成其他严重后果。二是妨害野生动物的科研、养殖等工作。根据《野生动物保护法》的规定,国家保障依法从事野生动物科学研究、人工繁育等活动,如破坏人工繁育野生动物资源的行为妨害野生动物的科研、养殖等工作,应当依法予以惩处,故《野生动物资源解释》中亦将该情形规定为升档量刑的情节。三是造成野生动物死亡或者无法追回等严重后果。实践中,一些犯罪分子为逃避打击,采用密闭工具装运非法交易的野生动物,造成动物死亡等严重后果,或者在归案后拒不交代动物去向,在此情况下,对其量刑应依法从严掌握。四是引起重大疫情或者有引起重大疫情风险。一些野生动物携带致命病毒、细菌,如不严加管制,可能会引起重大疫情或者引起重大疫情风险,因此,对于这类破坏人工繁育野生动物资源犯罪案件,在量刑时应从严掌握。五是非法放生或者因动物逃逸造成他人人身、财产损害或者危害生态系统安全的。需要注意的是,如果行为人主动捕回放生或者逃逸的野生动物,尚未造成他人人身、财产损害或者危害生态系统安全的,量刑时可酌情从宽。

本案中,涉案的6种被列入国家重点保护动物的鹦鹉,野外种群数目相对较大,虽然未被列入《人工繁育国家重点保护野生动物名录》,但均属于人工繁育技术较为成熟且养殖规模巨大的物种,系实践中较为常见的宠物鸟类;被告人解景芳拥有人工繁育涉案鹦鹉的许可证,出售的鹦鹉均系从合法的繁养机构购买后又再次人工繁育的子二代或子三代,亲本来源清晰;涉案的鹦鹉流向宠物市场,未被用于非法放生或者食用等非法目的,亦未造成疫病传播等危害后果;同时,行为人没有其他法定从重情节,未引起严重后果或引发相关风险,归案后如实供述罪行,认罪、悔罪。基于以上考虑,法院以非法出售珍贵、濒危野生动物罪在法定刑以下判处被告人解景芳有期徒刑三年,缓刑四年,并处罚金三万元。

另外,需要注意的是,实践中存在以观赏或者饲养宠物等目的购买极少数量人工繁育珍贵、濒危野生动物的行为,通常以人工繁育技术较为成熟且养殖规模巨大的物种为对象,如较为常见的宠物龟、宠物鹦鹉等。我们认为,相比非法出售等行为,此类行为的社会危害性和相关行为人的主观恶性相对更小,在决定是否追究刑事责任时应当更加慎重,在能够通过行政处罚对相关行为予以惩治的情况下,不宜动用刑事手段制裁,确有追究刑事责任必要的,量刑时应注意从宽。

(撰稿:最高人民法院刑二庭　郭　慧

审编:最高人民法院刑二庭　刘为波)

七、走私、贩卖、运输、制造毒品罪

[第954号]巴拉姆·马利克·阿吉达利、木尔塔扎·拉克走私毒品案

——走私毒品案件中被告人主观明知的认定

【关键词】 走私毒品罪 被告人主观明知 拒不供认 刑事推定

一、基本案情

被告人巴拉姆·马利克·阿吉达利(以下简称巴拉姆),男,1971年10月26日出生,伊朗伊斯兰共和国国籍。2008年2月22日因涉嫌犯走私毒品罪被逮捕。

被告人木尔塔扎·拉克(以下简称木尔塔扎),男,1974年5月20日出生,伊朗伊斯兰共和国国籍。2008年2月22日因涉嫌犯走私毒品罪被逮捕。

北京市人民检察院第二分院以巴拉姆、木尔塔扎犯走私毒品罪,向北京市第二中级人民法院提起公诉。

二被告人均否认明知自己携带的公文箱夹层内藏有毒品。二被告人的辩护人均提出,指控二被告人明知所携带的公文箱内藏有毒品的证据不足,应当判决无罪。

北京市第二中级人民法院经公开审理查明:2008年1月18日22时许,被告人巴拉姆、木尔塔扎未向海关申报任何物品,采取在公文箱夹层内隐藏毒品的方式,分别携带甲基苯丙胺740克(含量65%)、746克(含量61%),拟乘坐EK307航班由中华人民共和国北京首都国际机场飞往阿拉伯联合酋长国迪拜。巴拉姆在出境时被海关关员查获,后海关关员又将等候登机的木尔塔扎查获。上述毒品全部被起获并收缴。

北京市第二中级人民法院认为,被告人巴拉姆、木尔塔扎违反我国对毒品的管理制度和海关法规,非法携带毒品甲基苯丙胺出境,其行为均构成走私毒品罪,依法应当惩处。北京市人民检察院第二分院指控二被告人犯走私毒品罪的事实清楚,证据确实、充分,指控的罪名成立。关于二被告人所提不知携带的公文箱内藏有毒品的辩解,以及辩护人所提认定二被告人明知所携带的物品系毒品的证据不足,应当判决无罪的辩护意见,经查,执法人员在机场口岸对巴拉姆、木尔塔扎进行检查时,已告知二人须申报本人或者为他人携带的违禁品,二人均未如实申报。在二人所携带的公文箱夹层内查获的毒品,系采用高度隐蔽的方式携带,且二被告人对其所携带的毒品均不能作出合理解释,故二被告人的辩解及其辩护人的前述辩护意见不能成立,不予采纳。据此,依照《中华人民共和国刑法》第六条第一款、第三百四十七条第二款第(一)项、第三十五条、第二十五条第一款、第二十六条第一款、第五十九条、第六十一条之规定,判决如下:

1. 被告人巴拉姆犯走私毒品罪,判处有期徒刑十五年,并处没收个人全部财产,附加驱逐出境;

2. 被告人木尔塔扎犯走私毒品罪,判处有期徒刑十五年,并处没收个人全部财产,附加驱逐出境。

一审宣判后，二被告人均未提出上诉。

二、主要问题

走私毒品犯罪中，被告人拒不供认其主观明知是毒品的，如何根据在案证据定罪？

三、裁判理由

办理毒品犯罪案件中，对被告人主观明知的认定常有一定难度。主要原因有以下两点：一是毒品犯罪比较隐蔽，毒枭和指使者往往自己并不出面，而是通过指使、雇佣马仔从事走私、运输等具体行为，取证工作难度较大，证据数量通常也较少。二是毒品犯罪的涉案人员往往有逃避制裁的思想准备，特别是用箱包运输毒品的被告人，即使当场在其身边查获毒品，亦往往以"为他人运输和携带，并不知道有毒品"进行辩解。有的在被查获时虽然承认明知是毒品，但到了审查起诉和审判阶段又翻供。如果仅以涉案行为人本人是否承认明知为标准，办案工作就会非常被动，相当一部分案件难以认定被告人的主观明知，影响对毒品犯罪的打击力度。

针对这种状况，为解决司法实践中毒品犯罪被告人主观明知的认定问题，最高人民法院、最高人民检察院、公安部 2007 年联合制定的《办理毒品犯罪案件适用法律若干问题的意见》（以下简称《意见》）对明知的认定做了专门的规定。根据《意见》的规定，走私、贩卖、运输、非法持有毒品犯罪主观故意中的"明知"，是指行为人知道或者应当知道所实施的行为是走私、贩卖、运输、非法持有毒品行为。具有下列情形之一，并且犯罪嫌疑人、被告人不能做出合理解释的，可以认定其"应当知道"，但有证据证明确属被蒙骗的除外：（1）执法人员在口岸、机场、车站、港口和其他检查站检查时，要求行为人申报为他人携带的物品和其他疑似毒品物，并告知其法律责任，而行为人未如实申报，在其所携带的物品内查获毒品的；（2）以伪报、藏匿、伪装等蒙蔽手段逃避海关、边防等检查，在其携带、运输、邮寄的物品中查获毒品的；（3）执法人员检查时，有逃跑、丢弃携带物品或逃避、抗拒检查等行为，在其携带或者丢弃的物品中查获毒品的；（4）体内藏匿毒品的；（5）为获取不同寻常的高额或者不等值的报酬而携带、运输毒品的；（6）采用高度隐蔽的方式携带、运输毒品的；（7）采用高度隐蔽的方式交接毒品，明显违背合法物品惯常交接方式的；（8）其他有证据足以证明行为人应当知道的。《意见》的上述规定，明确的一个认定原则就是在犯罪嫌疑人、被告人否认明知的情况下，可以通过刑事推定来认定主观明知。所谓刑事推定，是指在认定刑事案件事实的过程中，根据法律规定或者经验法则，在没有相反证据推翻的情况下，从已知的基础事实推导出另一未知事实的证明方法。近年来，刑事推定在司法实践中越来越受关注，在毒品案件审理过程中时有运用。

本案中，机场海关人员在被告人巴拉姆和木尔塔扎携带的手提公文箱夹层中起获了大量冰毒，但二被告人从侦查阶段到庭审中，都坚称不知所携带的手提公文箱中有夹层，更不知内中藏有毒品。除二被告人的供述外，其他证据只能证实毒品的查获过程，不能证实二被告人对其走私毒品犯罪的主观明知。以往实践中，类似案件能否定罪有较大争议，2007 年《意见》公布后这种争议逐渐减少。我们认为，本案情形符合《意见》上述第六项的规定，即根据现有证据，可以认定二被告人采用高度隐蔽的方式携带、运输毒品，且未能做出合理解释，故可以认定二被告人明知所携带的手提公文箱中藏有毒品，依法构成走私毒品罪。

首先，在手提公文箱的夹层中藏匿毒品属于高度隐蔽的方式。证人刘川的证言证实，经对被告人巴拉姆所携行李物品进行 X 光机检查后，发现有夹藏嫌疑，遂立即通知现场值班副科长，经进一步查验确认在巴拉姆携带的手提密码箱中有夹层，找到木尔塔扎后，对两个手提密码箱开拆查验，在箱体衬板后查获白色晶体状固体各一包。这说明，二被告人所提公文箱的夹层很隐蔽，必须经过专业检测扫描仪器，在有经验的查验人员的检查下才能查出，一般开箱检查或者清晰度不高的黑白扫描检测仪器难以发现。而根据现场照片,对涉案手提箱中的夹层必须使用工具、采取破坏性手段才能打开。二被告人能顺利地将藏有毒品的公文箱从深圳运至北京首都机场,也印证了携带毒品采取的是高度隐蔽的方式。

其次,二被告人虽然否认明知手提箱中藏有毒品,但均未对其行为作出"合理解释",且存在多处矛盾。具体体现在:(1)关于手提公文箱的来源。被告人巴拉姆辩称公文箱是他的朋友哈桑在广州去往深圳的火车上交给他并委托他带回伊朗的,公文箱从未拿进过住宿的酒店;被告人木尔塔扎辩称公文箱是巴拉姆在广州的市场购买后送给他的,购买后一直放在旅馆,从未有人动过。(2)关于涉案关键人物黑衣男子的情况。巴拉姆供称除 17 日晚他的朋友哈桑和一友人之外,再没有人到过他们住宿的房间;木尔塔扎则称从广州下飞机到离开,从没有和第三人接触过,在酒店期间也没有任何人到过其房间。而汉风酒店监控录像显示:1 月 16 日巴拉姆和木尔塔扎在黑衣男子陪同下入住酒店;1 月 18 日凌晨,黑衣男子和白衣男子将涉案的两个公文箱拿到住宿房间,木尔塔扎为二人开门;18 日中午,巴拉姆和木尔塔扎在黑衣男子陪同下携涉案公文箱离开酒店。可见,对该案的核心物证手提公文箱和涉案关键人物黑衣男子,二被告人均在编造谎言,未做如实供述。(3)关于来中国的目的。巴拉姆供称来中国前并不认识木尔塔扎,自己到中国来是为了办理假护照,与木尔塔扎同行只是巧合;木尔塔扎则称与巴拉姆认识四五年之久,本次是跟随巴拉姆到中国考察市场和旅游。从二人的连程机票、火车票等书证来看,二人同时订票、行程完全相同,可以确定为结伴而行;从住宿期间活动情况(大部分时间都待在旅馆)、连程机票内容(没有为北京预留时间)和其随身携带货币(100 美元和少量人民币)等证据看,木尔塔扎供述的二人此行目的也不能成立。(4)关于来中国的费用。巴拉姆供述是其朋友全额支付,木尔塔扎则称是巴拉姆无偿支付,即二人来中国的费用均非自己支付。以该二人分别系伊朗国内地毯市场帮工、卖瓜子小商贩的职业身份和他们随身携带的极少量货币来看,他们也无力支付此次行程的高额费用,更不可能来中国做建材贸易和旅游。(5)二人供述和辩解中的其他矛盾之处也很明显。如,巴拉姆称在首都机场候机时曾有两人跟其攀谈,其去洗手间时曾委托二人帮其照看行李,进而推测是该二人将手提箱调包。但木尔塔扎则供述在首都机场他和巴拉姆从没分开过,巴拉姆去洗手间时,是由他照看行李。再如,巴拉姆对与木尔塔扎关系的交代、木尔塔扎对电话卡等细节问题的交代均是反复不定、自相矛盾。综上可见,二被告人对在其携带的手提公文箱夹层中查获大量毒品的事实,不但没有做出合理解释,反而是避重就轻、编造谎言。故可以认定二被告人具备犯罪的主观故意。而二被告人当庭除坚持侦查阶段的辩解外,不能提供任何证据反驳控方的指控,以证实其非明知。故本案最终认定指控罪名成立。本案宣判后,二被告人均未提出上诉,从另一个角度表明二被告人认罪服法,认同一审法院认定的故意实施走私毒品的犯罪事实。

值得注意的是,刑事推定是一种不得已的证明方法,有"末位的证明方式"之称。只有在相关事实确实难以用直接证据来证明时才允许采取这种方式进行认定。由于推定被告人明知不是以确凿证据来证明,而是根据基础事实与待证事实的常态联系,运用情理判断和逻辑推理得出的,不排除有例外情况,所以推定若运用不当,则很有可能导致错误定罪。依据《意见》的有关规定来认定毒品犯罪被告人的主观明知时,特别要注意两点:(1)判断是否明知应当以客观真实的在案证据为基础。尽管"明知"是被告人知道或者应当知道行为对象是毒品的心理状态,但判断被告人主观是否明知,不能仅凭被告人的供述,而应当综合案件中的其他证据,依据实施毒品犯罪行为的过程、行为方式、毒品被查获时的环境等证据,结合被告人的年龄、阅历、智力及掌握相关知识情况,进行综合分析判断。本案中,二被告人在广州汉风酒店的住宿行踪、二人的机票、火车票、出境申报单及现场照片、鉴定结论等证据,都是作出判断的重要基础,若缺乏这些证据,则很难定罪。(2)应当准许被告人提出反证,以对其行为作出合理解释或者证实其确系被蒙骗。并且,如果被告人在审判阶段只能提出相关的证据线索,无法提出具体证据,法院可以进行调查取证。如经调查核实,发现被告人提出的证据线索确实存在,被告人的辩解有事实根据或者合乎情理,足以推翻推定事实的,则不能认定其明知。本案中,二被告人未能就此提供任何证据或者证据线索,故起诉书指控二人犯走私毒品罪均成立。

(撰稿:北京市第二中级人民法院　黄小明
审编:最高人民法院刑五庭　马　岩)

[第 955 号]阿力日呷等贩卖、运输毒品案

——对临时结伙贩卖、运输毒品起组织作用,但本人实际贩卖毒品数量相对较少的主犯如何量刑

【关键词】 贩卖、运输毒品罪　临时组织　本人实际贩卖毒品　数量相对较少　主犯　量刑

一、基本案情

被告人阿力日呷,男,1972 年 2 月 7 日出生。2010 年 5 月 1 日因涉嫌犯贩卖、运输毒品罪被逮捕。

某省某州人民检察院以被告人阿力日呷等犯贩卖、运输毒品罪,向某州中级人民法院提起公诉。

被告人阿力日呷及其辩护人辩称,四被告人系分工协作共同完成本案犯罪行为,阿力日呷仅应对其个人贩卖的毒品承担刑事责任,请求法庭对其从轻处罚。

某州中级人民法院经公开审理查明:2010 年 3 月,被告人阿力日呷与女友阿牛木史牛(同案被告人,判处无期徒刑)商定共同出资人民币(以下币种同)3 万元购买 1 块海洛因。后阿布木拉尾(同案被告人,判处死刑,缓期二年执行)得知二人意图到某省购买海洛因,便主动要求出资共同购买海洛因以牟利,阿布木拉尾愿意以每块 3.6 万元的价格购买 2 块海洛因,并汇给阿力日呷 7.2 万元。阿布木拉尾让阿布么作外(同案被告人,判处有期徒刑十五年)随阿力日呷、阿牛木史牛去某省境内将其购买的毒品运输回来,许诺事成后付给阿布么作外 6 000 元报酬。同月 21 日,阿力日呷与阿牛木史牛、阿布么作外前往云南境内购买海洛因,阿力日呷以 10.2 万元的价格购买了 3 块海洛因。阿力日呷拿了 2 块海洛因给阿布么作外,另 1 块交给阿牛木史牛藏于身上。三人在搭乘长途汽车返回途中被抓获,公安人员从阿布么作外处查获 2 块海洛因,净重 693 克;从阿牛木史牛处查获 1 块海洛因,净重 344 克。

某州中级人民法院认为,被告人阿力日呷与同案被告人阿牛木史牛、阿布木拉尾、阿布么作外贩卖、运输海洛因的行为已构成贩卖、运输毒品罪,且构成共同犯罪。阿力日呷在共同犯罪中起组织、策划的主要作用,应当对查获的毒品承担全部责任。据此,依照《中华人民共和国刑法》第三百四十七条第一款、第二款第一项、第二十五条、第二十六条、第二十七条、第五十四条、第五十七条之规定,某州中级人民法院以被告人阿力日呷犯贩卖、运输毒品罪,判处死刑,剥夺政治权

利终身,并处没收个人全部财产。

一审宣判后,阿力日呷不服,基于以下理由向某省高级人民法院提起上诉,请求从轻处罚:原审被告人阿牛木史牛、阿布木拉尾主动出资参与贩毒,并非其游说、诱惑,故其不应对阿布木拉尾的2块毒品和阿牛木史牛的部分毒品承担责任;原判认定其以每块3万元价格购买2块海洛因,并以每块3.6万元价格转卖给阿布木拉尾从中牟利,与查明的事实不符;本案四被告人分工协作,应当各自承担责任,其不应承担组织、策划的责任。

针对上诉人阿力日呷提出的上诉理由,某省高级人民法院经审理认为,在共同犯罪中,阿力日呷联系、邀约原审被告人阿牛木史牛共同出资购买1块海洛因共344克用于贩卖牟利,虽然原审被告人阿布木拉尾系主动出资参与贩毒,但上诉人阿力日呷为阿布木拉尾提供银行卡转存毒资并帮助其取款,负责联系购买3块海洛因,向毒贩支付毒资和具体交易毒品,安排整个贩卖、运输毒品犯罪的路线和行程,在共同犯罪中起策划、组织、指挥的主要作用,系主犯,应当对查获的全部海洛因1 037克承担刑事责任,故阿力日呷提出的相关上诉理由不能成立。同时,原判认定阿力日呷将2块海洛因加价卖给阿布木拉尾的证据不足,对阿力日呷的相关上诉理由予以采纳,但该事实不影响对其定罪量刑。原判认定的事实清楚,证据确实、充分,定罪准确,量刑适当,审判程序合法。据此,依照《中华人民共和国刑事诉讼法》(1996年)第一百八十九条第一项之规定,某省高级人民法院裁定驳回上诉,维持原判,并依法报请最高人民法院核准。

最高人民法院经复核认为,第一审判决、第二审裁定认定的事实清楚,证据确实、充分,定罪准确,审判程序合法。鉴于该起毒品犯罪各同案被告人责任相对分散,综合全案情况,对被告人阿力日呷判处死刑,可不立即执行。据此,依照《中华人民共和国刑事诉讼法》(2012年修改后)第二百三十五条、第二百三十九条和《最高人民法院关于适用〈中华人民共和国刑事诉讼法〉的解释》第三百五十条第五项之规定,最高人民法院裁定不核准并撤销某省高级人民法院维持第一审对被告人阿力日呷以贩卖、运输毒品罪判处死刑,剥夺政治权利终身,并处没收个人全部财产的刑事裁定,发回某省高级人民法院重新审判。

二、主要问题

对临时结伙贩卖、运输毒品起组织作用,但本人实际贩卖毒品数量相对较少的主犯如何量刑?

三、裁判理由

根据刑法规定,对于毒品共同犯罪中的主犯,应当按照其所参与或者组织、指挥的全部犯罪处罚。毒品共同犯罪有一定的特点,虽然涉案毒品数量是影响量刑的主要因素,但不能唯涉案毒品数量量刑。在对主犯量刑时,既要考虑涉案毒品数量,又要考虑各被告人在共同犯罪中的地位、作用,如犯意提起、具体分工、毒资筹集、毒品实际控制等。此外,毒品是否流入社会造成实际危害等也应作为考虑情节。

本案中,被告人阿力日呷积极联系毒贩,向毒贩支付毒资并接收全部毒品,安排贩卖、运输毒品的路线和行程,在共同犯罪中起组织、策划作用,系主犯,应当对查获的全部1 037克毒品承担刑事责任。同时,对阿力日呷的量刑又应考虑以下因素:

第一,现有证据不能证实阿力日呷邀约阿布木拉尾一起贩卖海洛因。阿力日呷和阿牛木史牛供称二人与阿布木拉尾聊天时提到去云南境内贩卖海洛因,阿布木拉尾主动提出出资参与。数日后,阿布木拉尾找到二人,要求帮其购买两块海洛因。对二人上述供述内容,阿布木拉尾亦作相同供述。根据三人供述,只能认定阿布木拉尾得知阿力日呷和阿牛木史牛意图贩卖海洛因而主动参与贩卖,不能认定阿力日呷主动邀约阿布木拉尾参与贩卖海洛因。

第二,现有证据不能证实阿力日呷从其为阿布木拉尾代购的 2 块海洛因中加价牟利。阿力日呷一直供称其只是帮阿布木拉尾购买 2 块海洛因,每块 3.6 万元,一共 7.2 万元,没有从中牟利。阿布木拉尾共汇 7.2 万元钱给阿力日呷。阿牛木史牛和阿布么作外均供称,阿力日呷和二人一起从银行取款后将钱款交给卖海洛因的人。上述证据证实阿力日呷帮阿布木拉尾购买海洛因没有赚取差价。

第三,阿布么作外系受雇于阿布木拉尾运输海洛因,阿力日呷购买海洛因后就将帮阿布木拉尾购买的 2 块海洛因交给阿布么作外,公安人员是在阿布么作外身上查获该 2 块海洛因的。最高人民法院 2008 年 12 月印发的《全国部分法院审理毒品犯罪案件工作座谈会纪要》(以下简称《大连会议纪要》)明确要求:“要从犯意提起、具体行为分工、出资和实际分得毒赃以及共犯之间相互关系等方面,比较各共同犯罪人在共同犯罪中的地位和作用。”本案中,阿力日呷与阿牛木史牛合买的 344 克海洛因,二人出资额相同,且系共同取款,共同将款交给毒贩,二人均起主要作用,鉴于系阿力日呷指使阿牛木史牛携带海洛因,故阿力日呷的作用略大于阿牛木史牛。阿力日呷帮阿布木拉尾购买的 693 克毒品,阿布木拉尾主动出资让阿力日呷帮助购买毒品,并雇第三人直接运输毒品,阿力日呷没有从中加价牟利,故二人均起主要作用,但阿布木拉尾的作用要大于阿力日呷。

根据《大连会议纪要》的规定,对于“共同犯罪毒品数量刚达到实际掌握的数量标准,但各共同犯罪人作用相当,或者责任大小难以区分的”,可不判处被告人死刑立即执行。本案中,各共同犯罪人之间存在亲属、熟人关系,因有贩卖毒品的故意而临时结伙,三名主犯均系积极主动参与犯罪,且阿力日呷对同案被告人和毒品的控制力较弱,在各共同犯罪人责任相对分散的情况下,考虑到阿力日呷系初犯,毒品未流入社会造成实际危害,根据宽严相济刑事政策精神,对阿力日呷判处死刑,可不立即执行。

(撰稿:最高人民法院刑三庭　郑　鹏　韩景慧
审编:最高人民法院刑三庭　姜永义)

[第 956 号]刘洪高、刘开贵贩卖、运输毒品案

——如何理解同一辩护人不得为两名以上犯罪事实存在关联的被告人辩护的限制性规定

【关键词】 贩卖、运输毒品罪　同一辩护人　犯罪事实存在关联　共同诉讼

一、基本案情

被告人刘洪高,男,1975 年 8 月 6 日出生,农民。2011 年 10 月 25 日因涉嫌犯运输毒品罪被逮捕。

被告人刘开贵,男,1984 年 10 月 24 日出生,农民。2011 年 6 月 21 日因涉嫌犯运输毒品罪被逮捕。

同案被告人刘开龙,男,被告人刘开贵的弟弟。2011 年 6 月 21 日因涉嫌犯运输毒品罪被逮捕。

某省某市人民检察院以刘洪高等被告人犯贩卖、运输毒品罪,向某市中级人民法院提起

公诉。

某市中级人民法院经公开审理查明：2011年4月，被告人刘开贵与被告人刘洪高、刘开应（同案被告人，已判刑）商议从某省A市购买毒品甲基苯丙胺运到该省B市贩卖。刘洪高出资人民币（以下币种同）25万元并负责在A市向他人联系购买毒品，刘开贵出资14万元并邀约刘开龙、付朝信、罗朝勇、王恩庆（同案被告人，均已判刑）共同筹集毒资。同年5月13日，刘洪高与毒贩谈妥购买毒品事宜后，刘开应电话通知刘开贵前往A市接运毒品。次日，在刘开贵的安排、组织下，刘开贵与刘开龙、付朝信、罗朝勇、王恩庆携带五人筹集的毒资44万元驾驶两辆车来到A市，并在刘洪高的带领下在某农场向毒贩购买了20块毒品。5月15日凌晨1时许，刘开贵与刘开龙、王恩庆驾驶原车途经某服务区时，刚好碰上民警设卡查缉，遂电话通知坐在装有毒品的后车的罗朝勇、付朝信，并让刘开龙、王恩庆下车徒步前去接应。付朝信即下车携带毒品在高速公路上徒步行走。2时许，民警巡逻时发现付朝信扛着编织袋在公路上行走，便上前盘查，付朝信立即将毒品丢弃逃跑。民警当场从付朝信丢弃的编织袋内查获毒品甲基苯丙胺20包，净重11 133.4克。

某市中级人民法院认为，被告人刘洪高、刘开贵等人的行为构成贩卖、运输毒品罪，且贩卖、运输毒品数量大，情节严重。依照《中华人民共和国刑法》第三百四十七条第二款第（一）项，第二十五条，第二十六条第一款、第二款，第四十八条第一款，第五十七条第一款，第六十四条之规定，某市中级人民法院以被告人刘洪高、刘开贵犯贩卖、运输毒品罪，均判处死刑，剥夺政治权利终身，并处没收个人全部财产。

宣判后，被告人刘洪高、刘开贵不服，向某省高级人民法院提起上诉。

二审审理期间，上诉人刘开贵委托原审被告人刘开龙一审期间的辩护人周某作为自己的辩护人。

某省高级人民法院经审理认为，一审认定的事实清楚，证据确实、充分，定罪准确，量刑适当，审判程序合法，遂于2012年11月23日裁定驳回上诉，维持原判，并将上诉人刘洪高、刘开贵的死刑裁定依法报请最高人民法院核准。

最高人民法院经复核认为，二审期间上诉人刘开贵的辩护人周某在一审期间担任过原审被告人刘开龙的辩护人，此情况不符合1998年《最高人民法院关于执行〈中华人民共和国刑事诉讼法〉若干问题的解释》（以下简称《1998年解释》）第三十五条之规定，属于违反法定诉讼程序。依照《中华人民共和国刑事诉讼法》第二百三十五条、第二百三十九条和《最高人民法院关于适用〈中华人民共和国刑事诉讼法〉的解释》（以下简称《解释》）第三百五十条第（六）项、第三百五十三条第一款之规定，裁定不核准某省高级人民法院的刑事裁定，以程序违法为由发回某省高级人民法院重新审判。

二、主要问题

如何理解同一辩护人不得为两名以上犯罪事实存在关联的被告人辩护的限制性规定？

三、裁判理由

（一）在共同犯罪案件中，一名辩护人不得为两名以上的同案被告人辩护

《1998年解释》第三十五条规定："一名被告人委托辩护人不得超过两人。在共同犯罪的案件中，一名辩护人不得为两名以上的同案被告人辩护。"这是基于避免利益冲突，维护犯罪嫌疑人或被告人的辩护权，确保司法公正的目的而作出的规定。辩护权是法律赋予刑事案件被告人的一项重要诉讼权利，是被告人维护自己合法权益而采用的主要手段。辩护人的责任，是根据事实和法律，提出证明犯罪嫌疑人、被告人无罪、罪轻或者减轻、免除其刑事责任的材料和意见，维护

犯罪嫌疑人、被告人的诉讼权利和其他合法权益。

在共同犯罪案件中,各被告人之间往往存在程度不同的利害关系,如果一名辩护人为两名以上同案被告人辩护,就可能损害其中一名被告人的合法权益。因此,我们认为,"一名辩护人不得为两名以上的同案被告人辩护",不能仅仅理解为不得"在同一案件的同一诉讼程序中同时为两名以上同案被告人辩护",即使是在同一案件的不同审级中,这一限制性规定也同样应当适用。在同一案件的不同审级中,一名辩护人如果在一审为一名被告人辩护,在二审又为其他同案被告人辩护,也极有可能形成利益冲突,不利于维护同案被告人的合法权益,也不利于准确判断各被告人的罪责。

本案中,被告人刘开贵二审期间委托原审同案被告人刘开龙一审期间的辩护人周某作为自己的辩护人,违反了《1998 年解释》第三十五条的相关规定。二审法院没有认真审查,导致二审违反了法定诉讼程序,不利于保障被告人的合法权益,可能影响公正审判,只能通过不核准被告人死刑,发回重审的方式予以纠正。因此,法院在审理案件的过程中,应当严格审核辩护人资格,以避免出现"一名辩护人为两名以上的同案被告人辩护"的情形。

(二)一名辩护人不得为两名以上的同案被告人,或者未同案处理但犯罪事实存在关联的被告人辩护

《1998 年解释》第三十五条的规定,虽然对于保障被告人的诉讼权利具有重要意义,但它的适用范围毕竟局限在"共同犯罪"和"同案被告人"之中。因此,司法实践中仍有许多问题难以解决。如毒品买卖的"上下家",彼此之间的关联极为密切,但并不构成共同犯罪;有些案件虽然系共同犯罪案件,但分案处理。那么,同一辩护人可否在不同审级中分别担任毒品犯罪"上下家"的辩护人? 此类问题在实践中也很常见。

鉴于上述问题的存在,2012 年《中华人民共和国刑事诉讼法》修正后,《解释》第三十八条第二款规定:"一名辩护人不得为两名以上的同案被告人,或者未同案处理但犯罪事实存在关联的被告人辩护。"这一规定是对《1998 年解释》第三十五条极具重要的补充。它将限制的范围扩大到了"犯罪事实存在关联的被告人"。也就是说,只要犯罪事实存在关联,无论被告人之间是否构成共同犯罪,无论案件处于哪一审级,无论案件是否并案处理,同一辩护人均不得为两名以上此类情形下的被告人辩护。

这一规定中关于保护被告人诉讼权利的思路更加明晰。首先,规定了凡是同案被告人,均不得由同一辩护人辩护。如此,《1998 年解释》中不甚明确的关于共同犯罪、审级等问题均得到了解决。其次,规定"未同案处理但犯罪事实存在关联的被告人"也不得由同一辩护人辩护,有利于避免审判过程中因利益冲突产生的损害被告人诉讼权利的问题。如,毒品犯罪的上下家,行贿和受贿双方,虽然不构成共同犯罪,但双方缺一不可,他们之间的关联,甚至比一般共犯更加密切。如果对他们分案处理,即属于"未同案处理但犯罪事实存在关联的被告人",应当适用本条的规定。实际上,我们认为,"犯罪事实存在关联的被告人"的范围,应当尽量作宽泛的理解,如恐怖组织、黑社会性质组织的参加者,其行为与集团组织指挥者实施的具体犯罪可能并无关联,但由于其系该集团的参加者,仍应当认定为"犯罪事实存在关联的被告人"。部分下游型犯罪,如洗钱,帮助毁灭、伪造证据,窝藏、包庇,掩饰、隐瞒犯罪所得、犯罪收益等犯罪,虽然与上游犯罪不构成共犯,且完全属于两种不同性质的犯罪,但犯罪事实之间仍然存在一定关联,故也应当适用上述规定。

《解释》的规定更有利于保障被告人的辩护权。犯罪事实存在关联的被告人之间,由于所处的地位和作用不同,他们之间的利害关系既有相互一致的方面,又有相互冲突的一面。如果一名

辩护人同时为几名被告人进行辩护，就可能使辩护人处于自相矛盾的境地，难以维护各被告人的合法权益。因此，法院应当高度重视对被告人辩护人资格的审核，确保各个被告人的诉讼权利不因彼此之间存在利益冲突而遭到损害。

（撰稿：最高人民法院刑三庭　周小霖
审编：最高人民法院刑三庭　罗国良）

[第971号] 李刚、李飞贩卖毒品案

——如何审查未查获毒品实物的指控事实，以及在毒品案件中如何运用非法证据排除规则

【关键词】 贩卖毒品罪　未查获毒品实物　非法证据排除规则

一、基本案情

被告人李刚，男，1960年11月24日出生。曾因犯贩卖毒品罪被判处有期徒刑十五年，2009年6月19日刑满释放，2012年5月4日因涉嫌犯贩卖毒品罪被逮捕。

被告人李飞（系被告人李刚之子），男，1984年2月24日出生。2013年5月3日因涉嫌犯贩卖毒品罪被取保候审。

安徽省阜阳市人民检察院以被告人李刚、李飞犯贩卖毒品罪，向阜阳市中级人民法院提起公诉。

阜阳市中级人民法院经公开审理查明：2012年3月20日，被告人李刚以每克人民币（以下币种同）400元的价格将20克海洛因卖给韦可发（已判刑）。同月28日15时许，李刚以相同价格将199.94克海洛因卖给韦可发。2012年4月1日，韦可发与李刚联系购买毒品，李刚将一装有毒品的塑料袋交给其子李飞，让李飞送到安徽省临泉县瓦店东侧路边一大棚子处交给韦可发。李飞到达后即被公安人员抓获，毒品被当场查获。经鉴定，塑料袋内的毒品重199.7克，海洛因含量为51.37%。

阜阳市中级人民法院认为，被告人李刚的行为构成贩卖毒品罪，且贩卖毒品数量大。公诉机关指控李飞犯贩卖毒品罪的证据不足。李刚系毒品再犯、累犯，应当依法从重处罚。据此，依照《中华人民共和国刑法》第三百四十七条第一款、第二款第一项，第四十八条第一款，第五十一条，第五十七条第一款，第六十五条第一款，第三百五十六条和《中华人民共和国刑事诉讼法》第一百九十五条第三项之规定，阜阳市中级人民法院判决如下：

1. 被告人李刚犯贩卖毒品罪，判处死刑，缓期二年执行，剥夺政治权利终身，并处没收个人全部财产；

2. 被告人李飞无罪。

宣判后，阜阳市人民检察院以一审判决被告人李飞无罪属认定事实和适用法律错误为由，提出抗诉。

被告人李刚上诉提出，一审认定其前两起贩卖219.94克海洛因的证据不足，要求从宽处罚。

安徽省高级人民法院经二审公开审理查明：2012年4月1日14时许，韦可发打电话给上诉人李刚，要求购买200克海洛因，李刚表示同意，并在电话里和韦可发商定交易毒品的价格和地

点。李刚在家中用黑色塑料袋把海洛因包好后,让其子李飞把装有毒品的黑色塑料袋送到安徽省临泉县瓦店东侧路边一大棚子处交给韦可发。李飞到达指定地点后即被公安人员抓获,毒品被当场查获。经鉴定,查获的毒品中海洛因含量为 51.37%,重 199.7 克。

安徽省高级人民法院认为,上诉人李刚贩卖 199.7 克海洛因的行为构成贩卖毒品罪。一审认定李刚第一、二起贩卖 219.94 克海洛因的证据不足,不应认定,二审予以纠正。李刚系累犯、毒品再犯,依法应当从重处罚。原审被告人李飞在审判前的有罪供述不能排除系侦查机关办案人员采取非法方法取得,应予排除,一审根据在案证据判决李飞无罪正确。二审期间,安徽省人民检察院认为阜阳市人民检察院抗诉不当,撤回抗诉,本院予以准许。据此,依照《中华人民共和国刑事诉讼法》第二百二十五条第一款第三项、第二百三十七条之规定,裁定驳回上诉,维持原判,并核准阜阳市中级人民法院以贩卖毒品罪判处被告人李刚死刑,缓期二年执行,剥夺政治权利终身,并处没收个人全部财产的刑事判决。

二、主要问题

1. 对于未查获毒品实物的指控犯罪,如何审查认定?

2. 在毒品案件中如何运用非法证据排除规则?

三、裁判理由

(一)对于公诉机关指控的未查获毒品实物的犯罪事实,只有依法取得的被告人供述与其他证据能够相互印证,且不存在合理怀疑时,才能依法认定

本案中,公诉机关指控被告人李刚三次将海洛因贩卖给韦可发,李刚对现场查获的第三起贩卖毒品事实不持异议,但始终否认之前的两起贩卖毒品事实。故对李刚犯罪事实认定的争议焦点,是对韦可发指供李刚前两起贩卖毒品的证据如何审查认定。审理过程中,有意见认为,李刚第三起贩卖毒品系公安机关现场抓获,足以认定李刚有贩卖毒品事实,李刚虽然对下线韦可发指供其之前两次贩卖毒品的事实未做供认,但结合李刚与韦可发手机在案发前多次联系的通话记录,可以从内心确信李刚实施了前两起贩卖毒品犯罪,鉴于毒品案件取证具有特殊性,此类案件的证明标准可适当放宽,对韦可发指供李刚的前两起毒品犯罪可以认定。

我们认为,对于没有查获毒品实物的被告人既往犯罪事实,只有当依法取得的被告人口供与同案被告人供述及其他证据能够相互印证,且不存在合理怀疑时,才可以依法认定。本案中,韦可发供述其于 2012 年 3 月 20 日左右、3 月 28 日和 4 月 1 日共三次从李刚处购买共计 419.64 克海洛因,每次都是事前与李刚用手机联系好交易事项,前两次购买的 219.94 克海洛因卖给了王秀起。证人王秀起虽然供认毒品是从韦可发处购买,但不知道毒品具体来源,因此王秀起的供述不能证明韦可发卖给其的毒品是李刚卖给韦可发的。公安机关调取的韦可发与李刚的通话记录证明,韦、李二人在 2012 年 3 月 8 日至 15 日之间通话 11 次,3 月 18 日至 21 日通话 7 次,3 月 23 日至 27 日通话 7 次,3 月 28 日至 31 日没有通话,4 月 1 日通话 4 次,由此可以印证韦可发关于 3 月 20 日左右和 4 月 1 日与李刚进行电话联系的供述,但与韦可发关于 3 月 28 日同李刚用手机联系毒品交易的供述相矛盾。李刚本人归案后始终否认自己前两次卖给韦可发 219.94 克海洛因,对于 4 月 1 日之前的手机通话,李刚辩称两人是同乡且朋友关系,通话内容没有涉及毒品的事情。从常理分析,李刚曾因毒品犯罪被判刑,应当知道贩卖 200 克海洛因的法律后果,如果韦可发和李刚之前没有任何毒品交易,李刚一般不会接到韦可发电话后就同意直接卖给韦可发 200 克海洛因。由此推测李刚和韦可发之间可能有多次毒品交易。但是,主观推测和经验法则不能取代证据证明,认定犯罪事实必须始终坚持证据裁判原则。公诉机关主要根据韦可发的指供和二人的通话记录指控李刚实施了前两起毒品犯罪,而通话记录、韦可发指供与李刚供述在本案中

形成的证明关系是，通话记录能够印证李刚与韦可发关于第三起贩卖毒品事前电话联系的供述；对于韦可发指供李刚的前两起贩卖毒品而言，通话记录仅能证明韦可发与李刚在3月20日左右有电话联系，并不能证明两人的通话内容就是联系毒品交易，更无法作为独立证据印证韦可发关于李刚前两次贩卖219.94克海洛因的供述。通话记录与韦可发的指供在李刚前两次贩卖毒品事实的证明方向上仍属单向证明，没有得到李刚的供述或者在案其他证据的相互印证。综合韦可发的指供与通话记录，并不能必然得出李刚前两次贩卖海洛因的结论，故韦可发对李刚前两起毒品的指供和二人之间的通话记录，不能作为认定李刚前两次毒品犯罪的根据，公诉机关指控李刚前两次贩卖219.94克海洛因证据不足，不能认定。

长期以来，我国对毒品犯罪始终坚持“严打”的高压态势，但是“严打”只是在处罚上从严，而不是放松了对犯罪事实认定的证据要求。如果认定被告人的犯罪事实缺乏证据的支撑，不仅案件质量没有了保障，甚而还有可能会酿成冤假错案。尽管毒品案件取证难的问题较为突出，与杀人、抢劫等普通刑事案件在取证方式上有些区别，但在认定被告人有罪和对被告人从重处罚时，仍然要严格执行证据裁判原则，严格把握证据确实、充分的证明标准。在办理案件时法官可以形成自己的内心确信，但是对被告人犯罪事实形成的内心确信必须建立在证据确实、充分的基础上，不能脱离证明标准讲内心确信。证据不确实、不充分时形成的内心确信，其实是盲目自信。在认定案件事实时，必须以证据为根据，重证据，重调查研究，不能以主观猜测或者推断代替证据证明，更不能搞有罪推定，以确保案件质量零差错。

（二）对被告人提出排除非法证据的申请，要严格依照法律及相关司法解释的规定处理

最高人民法院会同最高人民检察院、公安部、国家安全部、司法部于2010年发布《关于办理刑事案件排除非法证据若干问题的规定》（以下简称《非法证据排除规定》）后，非法证据排除工作进入一个崭新的阶段。2012年修改后的刑事诉讼法也吸纳了其中的主要内容，进一步完善了非法证据排除制度。根据《非法证据排除规定》、刑事诉讼法及《最高人民法院关于适用〈中华人民共和国刑事诉讼法〉的解释》（以下简称《刑诉法解释》）的相关规定，审判工作中对于非法证据排除问题需要把握以下几个重要环节：

第一，当事人及其辩护人、诉讼代理人申请排除非法证据，人民法院对证据收集的合法性有疑问的，应当召开庭前会议，就收集证据合法性等问题了解情况，听取意见。控辩双方存在较大争议，无法在庭前会议协商解决的，人民法院应当归纳争议焦点，通过法庭调查程序，对证据是否采取非法手段收集的问题进行审查，并决定是否排除相关证据。

第二，人民法院决定对证据收集的合法性进行法庭调查的，应当根据申请人提供的线索、材料，结合侦查机关的讯问笔录、讯问过程的录音录像、看守所管教人员的谈话笔录、驻所检察员的记录、同监室人员的证言、被告人出入看守所的身体检查记录、医院检查病历、侦查机关出具的说明等材料，综合审查判断被申请排除的证据是否采取合法手段收集。

第三，现有证据材料不能证明证据收集合法性的，人民法院可以通知有关侦查人员出庭说明情况。经人民法院通知，侦查人员没有正当理由拒绝出庭说明有关情况，不能排除存在刑事诉讼法第五十四条规定的以非法方法收集证据情形的，人民法院对有关证据应当予以排除。

本案中，被告人李飞以其不知道父亲李刚让其送的是毒品，其在侦查机关的有罪供述是侦查人员刑讯逼供的结果为由，申请对其庭前有罪供述予以排除，并依法判决其无罪。阜阳市中级人民法院经审理查明：侦查机关于2012年4月1日下午将李飞抓获，当晚20时3分至22时19分对李飞第一次讯问；4月2日凌晨1时，办案人员带李飞到临泉县人民医院，进行B超、心电图、血液、双下肢外伤等检查，但检查后侦查人员并未把李飞送看守所羁押；4月3日，李飞被送看守所

羁押后，看守所对李飞再次进行健康检查，体检结果为李飞身体健康，无外伤。

对李飞提出排除其审判前供述的申请，合议庭组织召开庭前会议，听取控辩双方对非法证据排除的意见，归纳双方争议焦点。开庭审理时，公诉人通过宣读李飞在侦查机关的供述，出示看守所收押登记表及侦查机关依法办案的情况说明等材料，以证明侦查人员没有对李飞刑讯逼供，但对侦查人员讯问结束后于凌晨带李飞到医院检查身体的原因没有作出说明。为查明侦查人员在临泉县人民医院对李飞健康检查的原因，法庭要求侦查机关对李飞在临泉县人民医院的检查情况进行说明，侦查机关没有回应；法庭依法通知办案人员出庭说明情况，但办案人员无合适理由拒绝出庭。《非法证据排除规定》第七条第一款规定，"法庭对被告人审判前供述取得的合法性有疑问的，公诉人应当向法庭提供讯问笔录、原始的讯问过程的录音录像或者其他证据，提请法庭通知讯问时其他在场人员或者其他证人出庭作证，仍不能排除刑讯逼供嫌疑的，提请法庭通知讯问人员出庭作证，对该供述取得的合法性予以证明"。鉴于公诉机关在一审开庭时出示的李飞的有罪供述笔录、在押人员体检登记表以及侦查机关依法办案的情况说明不足以证明取证的合法性，侦查机关对李飞讯问时也没有按照法律规定进行同步录音或者录像，当法庭通知侦查办案人员出庭说明情况时办案人员无正当理由拒绝出庭，故法庭认为不能排除李飞审判前的有罪供述系采取非法方法取得。据此，依照刑事诉讼法第五十八条的规定，李飞在审判前的有罪供述不能作为定案的根据，应当依法排除。

一审法院对李飞审判前供述排除后，综合全案证据分析，不能认定李飞明知自己所送物品系毒品，故认定公诉机关指控李飞犯贩卖毒品罪的证据不足，依法判决李飞无罪。宣判后，检察机关对李飞的无罪判决提出抗诉。二审期间，检察机关阅卷后，第二审法院就认定事实、排除非法证据以及与审判相关的其他问题与检察机关、辩护人进行沟通、交换意见。通过庭前会议，安徽省人民检察院认为阜阳市人民检察院抗诉不当，决定撤回抗诉，第二审法院按照上诉程序继续审理本案。第二审法院审理认为，李飞在审判前的有罪供述不能排除系采取非法方法取得，不能作为定案的根据，应予排除；一审法院认定李飞贩卖毒品证据不足，对李飞作出无罪判决正确，故二审维持一审对李飞的无罪判决。

（撰稿：安徽省高级人民法院　白春子
审编：最高人民法院刑五庭　马　岩）

[第 1014 号]刘继芳贩卖毒品案

——为吸食者代购少量毒品的行为如何定性以及特情引诱情节对毒品犯罪案件的定罪量刑是否具有影响

【关键词】 贩卖毒品罪　为吸食者代购　少量毒品　特情引诱

一、基本案情

被告人刘继芳，女，1963 年 1 月 5 日出生，农民。2012 年 11 月 21 日因涉嫌犯贩卖毒品罪被逮捕。

山东省青岛市市北区人民检察院以被告人刘继芳犯贩卖毒品罪，向青岛市市北区人民法院提起公诉。

被告人刘继芳辩称,其两次提供毒品给杨淑双系代购行为,第三次刚交易完毕就被侦查机关抓获。

其辩护人提出如下辩护意见:刘继芳只是帮助杨淑双代购毒品,且未牟利,不应以贩卖毒品罪定罪处罚;刘继芳最后一次贩卖毒品是特情引诱导致的,且毒品未流入社会;刘继芳系初犯,到案后认罪态度较好。

青岛市市北区人民法院经公开审理查明:

1. 被告人刘继芳于2012年9月中旬和10月10日前后,在青岛市市北区杭州路199号601号其住处,先后两次销售给杨淑双甲基苯丙胺0.3克、0.5克,共获款人民币(以下币种同)650元。

2. 被告人刘继芳于2012年10月24日10时许,在青岛市市北区杭州路76号灯具市场门口附近,销售给潘海波白色晶体1包,获款400元。侦查机关当场抓获刘继芳,并查获其贩卖给潘海波的甲基苯丙胺0.5克。案发后,侦查机关从刘继芳暂住处缴获净重共计1克的灰色粉末1包、白色晶体1包,均检出甲基苯丙胺成分。

刘继芳到案后如实供述了司法机关尚未掌握的其向杨淑双贩卖毒品的事实。

青岛市市北区人民法院认为,被告人刘继芳多次贩卖甲基苯丙胺不满10克,其行为构成贩卖毒品罪,且属情节严重,应予惩处。刘继芳到案后如实供述司法机关尚未掌握的同种较重罪行,应当从轻处罚。关于刘继芳及其辩护人所提刘继芳只是为杨淑双代购毒品的辩解、辩护意见,经查,目前没有确实充分的证据证实刘继芳的行为系代购,也无法证实刘继芳未从中牟利,现有证据仅证实刘继芳与杨淑双进行了毒品与现金的交易,应当认定其行为构成贩卖毒品罪。关于辩护人所提刘继芳第三次犯罪系特情引诱、刘继芳系初犯及认罪态度好等辩护意见,予以采纳,在量刑时予以从轻处罚考虑。据此,依照《中华人民共和国刑法》第三百四十七条第一款、第四款、第七款,第六十七条第三款及《最高人民法院关于处理自首和立功具体应用法律若干问题的解释》第四条之规定,青岛市市北区人民法院以被告人刘继芳犯贩卖毒品罪,判处有期徒刑三年,并处罚金人民币七千元。

一审宣判后,被告人刘继芳不服,向青岛市中级人民法院提起上诉。其上诉提出,其不知道为杨淑双代购两次毒品是贩卖行为;其贩卖给潘海波毒品系被引诱,不应构成贩卖毒品罪。其辩护人提出,刘继芳不以牟利为目的为杨淑双代购两次毒品的行为不应认定为贩卖毒品罪;刘继芳贩卖给潘海波的毒品本系用于自己吸食,潘海波被侦查机关抓获后充当特情引诱刘继芳犯罪,证实刘继芳此次贩卖毒品的相关证据属于非法证据,不应被采信。

青岛市中级人民法院经公开审理查明:

1. 上诉人刘继芳与杨淑双共同租住在青岛市杭州路199号601号,二人均吸食毒品。2012年9月中旬和10月10日前后,刘继芳应杨淑双要求,两次分别以300元和350元的价格从他人处购买0.3克、0.5克甲基苯丙胺给杨淑双用于吸食。

2. 2012年10月23日9时许,公安人员查获涉嫌吸毒违法嫌疑人潘海波。潘海波供述其曾在一名"大姐"(上诉人刘继芳)处吸过毒。侦查机关认为刘继芳有贩卖毒品嫌疑。潘海波主动要求配合侦查机关抓获刘继芳。同月24日10时许,潘海波与刘继芳约定在青岛市原四方区杭州路76号灯具市场进行毒品交易。二人在约定地点见面后,潘海波以400元的价格从刘继芳手中购买毒品1包,交易后二人被当场抓获。侦查机关扣押刘继芳贩卖给潘海波的甲基苯丙胺0.5克,从刘继芳租住处查获甲基苯丙胺1克。

青岛市中级人民法院认为,上诉人刘继芳违反国家对毒品的管理制度贩卖毒品,其行为构成贩卖毒品罪,依法应予惩处。其被查获的毒品应当认定为贩卖数量。刘继芳贩卖毒品给潘海波的行为,因存在犯意引诱,可以酌情从轻处罚。刘继芳为杨淑双两次代购用以吸食的毒品的行为,因现无证据证实其从中牟利,故不应认定其构成贩卖。原审判决对该两次代购毒品行为认定为贩卖,进而认定刘继芳贩卖毒品情节严重,系适用法律错误,予以纠正。刘继芳及其辩护人的相关上诉理由、辩护意见成立,予以采纳。关于辩护人所提刘继芳贩卖毒品给潘海波系特情引诱,属于非法证据,应予排除的辩护意见,经查,该起犯罪确实存在犯意引诱,但不影响刘继芳贩卖毒品罪的成立,仅可以作为量刑情节予以考虑。原判定性准确,审判程序合法,但认定刘继芳贩卖毒品的部分事实不成立,适用法律错误,量刑不当,依法予以改判。据此,依照《中华人民共和国刑法》第三百四十七条第四款、《中华人民共和国刑事诉讼法》第二百二十五条第一款第二项之规定,青岛市中级人民法院判决如下:

1. 撤销原判对被告人刘继芳的量刑部分。

2. 上诉人刘继芳犯贩卖毒品罪,判处有期徒刑一年,罚金人民币三千元。

二、主要问题

1. 为吸食者代购少量毒品的行为如何定性?

2. 特情引诱情节对毒品犯罪案件的定罪量刑是否具有影响?

三、裁判理由

(一)不以牟利为目的,为他人代购用于吸食的毒品,毒品数量未达到非法持有毒品罪的定罪标准的,不应认定为犯罪

本案审理过程中,对被告人刘继芳为杨淑双两次代购毒品的行为如何定性,存在三种意见。第一种意见认为,刘继芳的行为构成贩卖毒品罪。理由是,刘继芳购买毒品的上线没有到案,目前没有确实、充分的证据证实刘继芳的行为系代购,也无法证实刘继芳未从中牟利,现有证据仅证实刘继芳与杨淑双进行了毒品与现金的交易,故应当认定其行为构成贩卖毒品罪。第二种意见认为,刘继芳的行为构成贩卖毒品罪。理由是,刘继芳虽系为杨淑双代购毒品,但现有证据证实,刘继芳购买毒品的上线系其本人提供而非托购者杨淑双提供,此种情况下,刘继芳具有代购与居间介绍的双重身份,客观上起到了帮助其上线向杨淑双贩卖毒品的作用,应当认定为贩卖毒品罪的共犯。第三种意见认为,刘继芳的代购行为不构成犯罪。理由是,有证据证明刘继芳为吸食毒品者杨淑双代购毒品,没有证据证实其在代购中牟利,且其代购毒品数量未达到非法持有毒品罪的入罪标准,故不应以犯罪论处。

我们同意第三种意见。具体理由如下:

1. 为他人代购用于吸食的毒品,且没有从中牟利的,不能认定为贩卖毒品罪。关于为吸毒者代购毒品行为的定性,2000 年 4 月印发的《全国法院审理毒品犯罪案件工作座谈会纪要》(以下简称《南宁会议纪要》,已废止)指出:“有证据证明行为人不是以营利为目的,为他人代买仅用于吸食的毒品,毒品数量超过刑法第三百四十八条规定的数量最低标准,构成犯罪的,托购者、代购者均构成非法持有毒品罪。”2008 年印发的《全国部分法院审理毒品犯罪案件工作座谈会纪要》(以下简称《大连会议纪要》)在《南宁会议纪要》的基础上,对为吸毒人员代购毒品行为的定性等问题作出了更为详细、完善的规定。《大连会议纪要》指出:“有证据证明行为人不以牟利为目的,为他人代购仅用于吸食的毒品,毒品数量超过刑法第三百四十八条规定的最低数量标准的,对托购者、代购者应以非法持有毒品罪定罪。代购者从中牟利、变相加价贩卖毒品的,对代购者应以贩卖毒品罪定罪。明知他人实施毒品犯罪而为其居间介绍、代购代卖的,无论是否牟利,都应以其实施的毒品犯罪的共犯论处。”根据《大连会议纪要》的规定,对于为他人代购毒品的行为,不能一律认定为犯罪,构成犯罪的也不是都要按照贩卖毒品罪处理,而应当具体分析、区别对待。首

先,明知他人实施毒品犯罪而为其代购毒品的,如明知他人购买毒品的目的是贩卖而帮助其联系购买毒品的,行为人主观上有为他人贩卖毒品提供帮助的共同犯罪故意,客观上有非法买卖毒品的行为,因此无论其是否从中获利,都应当按照贩卖毒品罪的共犯处理。其次,为他人代购仅用于吸食的毒品,代购者从中牟利的,实际上相当于变相加价销售毒品,且该行为与刑法第三百五十五条规定的以牟利为目的向吸食、注射毒品的人提供麻醉药品、精神药品的行为性质类似,对代购者应以贩卖毒品罪论处。最后,为吸毒者代购用于吸食的毒品,代购者没有从中加价牟利的,代购者购买毒品的根本目的在于满足托购者的吸食需要,代购者购买毒品的行为虽然在客观上促成了毒品交易,但其在主观上没有贩卖毒品的共同犯罪故意,故对其不能以贩卖毒品罪的共犯论处。在这种情况下,代购者代购的毒品数量未达到非法持有毒品罪的定罪标准的,不以犯罪论处;数量达到定罪标准的,对托购者、代购者均应认定为非法持有毒品罪。

上述规范性文件之所以专门对为吸毒者代购毒品行为的定性作出规定,是由于在我国吸毒行为本身以及为吸毒而购买或者持有少量毒品的行为均不构成犯罪。而不以牟利为目的,为吸毒者代购用于吸食的毒品的行为,与吸毒者自身购买用于吸食的毒品的行为在本质上相似。这种情况下,代购者只是充当了吸毒者购买毒品行为的代理人,吸毒者和代购者的目的均在于吸食和消费毒品,而不是促进毒品流通和贩卖。因此,对于为吸毒者代购毒品的行为应当结合具体情况作出处理,为他人代购仅供吸食的毒品且未牟利的,不应认定为贩卖毒品罪。由于毒品属于国家严格管制的麻醉药品和精神药品范畴,严禁个人非法持有,刑法第三百四十八条对此也作了明文规定,故对于托购者和代购者购买的毒品数量较大,达到非法持有毒品罪的定罪数量标准的,应当依法定罪处罚。

本案中,对于被告人刘继芳两次为他人代购毒品行为的定性,主要应当从两个方面进行分析:一是刘继芳为他人代购毒品的目的。现有证据证实,代购者刘继芳与托购者杨淑双均系吸毒人员,且二人共同租住于一套房屋内,均知道对方吸食毒品。刘继芳的供述与杨淑双的证言一致证实,杨淑双委托刘继芳代为购买毒品的目的是用于吸食而非贩卖,也没有证据证实杨淑双有贩毒行为。且从二人所证实的代购毒品数量看,两次共计约0.8克,并没有超过正常的吸食量范围,案发后公安人员还从杨淑双处查获了部分其委托刘继芳代购后尚未吸食的毒品。因此,根据现有证据可以认定刘继芳系为吸毒人员代购用于吸食的毒品。二是刘继芳有无从中牟利。刘继芳交代,其受杨淑双委托向自己的上家购买毒品后如数交给杨,未从中赚取差价。杨淑双的证言也没有提到刘继芳存在加价贩卖的情节。因目前为刘继芳提供毒品的上家没有到案,没有其他直接证据证实刘继芳为刘继芳提供的毒品系加价贩卖,从中牟利。结合其他间接证据分析,刘继芳为杨淑双代购毒品的价格没有明显超出当地的毒品交易价格,且刘继芳第二次为杨淑双代购0.5克甲基苯丙胺时收取350元,低于其向潘海波贩卖相同数量毒品的售价400元,亦间接显示刘继芳无加价贩卖的情形。且从刘继芳、杨淑双的关系看,刘继芳纯粹出于帮忙而代购,符合双方特殊的交往关系。综上,刘继芳两次为他人代购用于吸食的毒品,没有证据证实其有加价贩卖的行为,不能认定其构成贩卖毒品犯罪,且因刘继芳代购毒品的数量未达到非法持有毒品罪的定罪数量标准,故其代购行为不构成犯罪。

2. 证明行为人是否具有牟利目的的举证责任应当由公诉机关承担,举证不能的,应当依法认定行为人不具有牟利目的。本案在审理过程中,有观点认为,因没有确实、充分的证据证实被告人刘继芳未从代购行为中牟利,而现有证据能够证实刘继芳确与杨淑双进行了毒品与现金的交易,故应当认定其行为构成贩卖毒品罪。我们认为,这种观点不能成立,不能因为无法证实刘继芳是否从中牟利,就推定刘继芳从中牟利,进而认定其构成贩卖毒品罪。

对于《大连会议纪要》中“有证据证明行为人不以牟利为目的”的规定，司法实践中存在两种理解：一种意见认为，行为人不以牟利为目的，要有相关的证据证明，没有证据证明的，就应当推定其以牟利为目的。另一种意见认为，以牟利为目的是代购行为构成犯罪的构成要件，属于有罪指控的内容，应当通过证据加以证明。如果不能通过证据证明的，不能认定其以牟利为目的。我们同意后一种理解。根据刑事诉讼法第四十九条的规定，公诉案件中被告人有罪的举证责任由人民检察院承担。对于为吸毒者代购毒品的行为，公诉机关若要指控行为人为他人代购毒品的行为构成贩卖毒品罪，应当举证证明行为人具有牟利目的，举证不能的，不能认定其具有牟利的目的。刑事诉讼证明有时并不能证明某一待证事实确实存在，待证事实常常会处于一种模棱两可的状态，既没有确实、充分的证据证实待证事实存在，也不能明确认定待证事实不存在，在对待证事实的证明达不到要求的情况下，应由承担举证责任的一方承担举证不利的后果，也就是承担法院对待证事实不予认定的后果。

本案中，被告人刘继芳为吸毒人员杨淑双代购用于吸食的毒品，刘继芳有无从中牟利，关系到其是否构成贩卖毒品犯罪。刘继芳否认其从代购行为中获利，辩称其没有加价贩卖毒品，向刘继芳提供毒品的上家没有归案，托购者杨淑双也不能证实刘继芳为其提供的毒品系加价贩卖，故现有证据不足以证实刘继芳有以牟利为目的为他人代购毒品的行为，根据举证责任的归责原则，应当由公诉机关对该事实承担举证责任，如公诉机关提供的证据达不到确实、充分的证明标准，则公诉机关承担指控的罪名不能成立的后果。一审法院在公诉机关提供的证实刘继芳牟利的证据未达相应证明标准的情况下，以“无法证实刘继芳未从中牟利”反向推定刘继芳牟利，实际上是将本该由公诉机关承担的举证不能的后果，反过来由被告人承担。这种推定本质上是一种有罪推定，严重违背了刑事诉讼法关于举证责任的规定。二审法院以没有证据证实刘继芳从中牟利，不应认定其代购行为构成贩卖毒品罪为由，对一审认定的事实依法改判，是正确的。

3. 应当坚持主客观相统一原则，不能因为代购者的行为客观上起到帮助上线贩卖毒品的作用，就认定其构成贩卖毒品罪。本案中，由于被告人刘继芳为杨淑双寻找毒品来源并帮助后者购买毒品，有意见认为刘继芳的行为具有代购与居间介绍的双重性质。我们认为，这种意见不能成立，刘继芳的行为属于帮助托购者寻找卖毒者的代购行为。理由是，为购毒者寻找卖毒者的居间行为与代购行为在形式上虽有相似之处，但区分两者的关键在于：居间介绍贩卖毒品的，居间介绍者在毒品交易中起到中间人的作用，不是一方交易主体，真正的交易主体是卖毒者与购毒者；代购毒品的，代购者起到的是一方代理人的作用，是实际参与毒品交易的一方主体，托购者并不参与具体的交易环节。刘继芳在毒品交易过程中充当的是杨淑双的代理人的角色，是直接购买毒品的一方交易主体，故对其行为应当认定为代购行为。另外，刘继芳的行为虽然在客观上促成了卖毒者的贩毒活动，但其主观上并没有帮助卖毒者贩卖毒品的故意，其目的在于帮助托购者杨淑双购买毒品用于吸食，故对刘继芳不能以贩卖毒品罪的共犯论处。

综上，被告人刘继芳两次为杨淑双代购毒品的行为不构成犯罪，由此认定刘继芳存在多次贩卖毒品的情节，不能成立。

（二）对于因犯意引诱而实施毒品犯罪的被告人，应当依法定罪，但在量刑时应当体现从宽处罚

本案中，相关证据证实，公诉机关指控被告人刘继芳实施的第三起贩卖毒品犯罪，系刘继芳在没有贩卖毒品故意的情况下，受侦查机关安排的特情引诱而产生犯意，进而实施了贩卖毒品犯罪，属于典型的犯意引诱。对于存在犯意引诱情况下的证据采信及被告人量刑问题，实践中存在两种意见：一种意见认为，在犯意引诱的情况下，行为人本无实施毒品犯罪的主观故意，系因特情

引诱才产生犯罪意图,如果对此类行为定罪,容易导致对无辜者的陷害,不利于诉讼中的人权保障,此类取证手段应当视为非法取证,通过此类手段取得的证据应当认定为非法证据,被告人的行为不应作为犯罪处理。另一种意见认为,在犯意引诱的情况下,取得的证实行为人实施毒品交易的证据,只要不属于刑事诉讼法第五十四条规定的非法证据,就可以作为定案的根据,证据达到确实、充分标准的,应当依法定罪,但在量刑时应当考虑犯意引诱的情节,对被告人依法从轻处罚。

我们同意后一种意见。毒品犯罪的隐蔽性和复杂性导致此类案件的取证工作难度较大,因而利用特情手段侦破毒品犯罪案件在实践中较为常见。但是,特情手段的运用也给毒品犯罪案件的处理带来一些问题,对特情介入侦破的毒品案件,要区别不同情形予以分别处理。《大连会议纪要》规定,对已持有毒品待售或者有证据证明已准备实施大宗毒品犯罪者,采取特情贴靠、接洽而破获的案件,不存在犯罪引诱,应当依法处理。行为人本没有主动实施毒品犯罪的主观意图,而是在特情诱惑和促成下形成犯意,进而实施毒品犯罪的,属于犯意引诱。对因犯意引诱实施毒品犯罪的被告人,根据罪刑相适应原则,应当依法从轻处罚,无论涉案毒品数量多大,都不应判处死刑立即执行。《大连会议纪要》的上述规定既体现了刑法对毒品犯罪依法从严惩处的总体指导思想,又体现了对因犯意引诱而实施毒品犯罪的被告人的区别对待。概括而言,《大连会议纪要》对存在犯意引诱的毒品犯罪案件的处理原则是"定罪轻罚"。首先,由于毒品犯罪的特殊性,利用特情介入或者使用秘密侦查手段、特殊技术手段侦破案件,是打击毒品犯罪的现实需要,只要特情使用规范,不能仅以此为由否定侦查及其取证手段的合法性。如果行为人是在特情引诱包括犯意引诱下实施毒品犯罪的,尽管特情行为失范,但毕竟行为人的犯罪行为是在其主观意志支配下所为,故仍应认定其行为构成犯罪。其次,在犯意引诱情况下实施毒品犯罪的行为人,犯罪相对被动,与那些积极主动实施毒品犯罪者相比,社会危害性和主观恶性均较小,根据罪责刑相适应原则,应当从轻处罚。《最高人民法院关于常见犯罪的量刑指导意见》规定,存在数量引诱情形的,可以减少基准刑的30%以下。本案中,二审法院综合考虑被告人刘继芳的犯罪事实与情节,在刑法规定的量刑幅度内对其判处有期徒刑一年,符合法律规定和政策精神。

(撰稿:山东省青岛市中级人民法院　刘世明　丛日新　牛传勇
最高人民法院刑五庭　李静然
审编:最高人民法院刑五庭　马　岩)

[第1015号]骆小林运输毒品案

——对当场查获毒品的案件,被告人拒不认罪的,如何把握有关被告人主观明知的证据要求

【关键词】　运输毒品罪　当场查获　拒不认罪　明知　证据

一、基本案情

被告人骆小林,男,1971年7月6日出生,四川省成都市人,无业。2008年6月21日因涉嫌犯运输毒品罪被逮捕。

云南省普洱市人民检察院以被告人骆小林犯运输毒品罪,向普洱市中级人民法院提起公诉。

被告人骆小林对公诉机关指控的事实和当庭宣读、出示的证据未提出异议，但其提出是一个叫“二哥”的人从四川租他的车到云南，在孟连县城“二哥”用过车子，返回途中从他车上查获的毒品不知从何而来。辩护人提出，毒品的外包装袋上无骆小林的指纹，骆小林主观上不明知是毒品，应当宣告其无罪。

普洱市中级人民法院经公开审理查明：2008 年 5 月 16 日，被告人骆小林驾驶藏有毒品的车牌号为“川 A5V165”的黑色长安轿车从云南省孟连县经景洪市前往四川省成都市。当日 23 时 50 分，途经普洱市思茅区刀官寨时，被公开查缉的公安民警抓获，当场从其驾驶的车辆后排两扇门夹层中查获毒品甲基苯丙胺 11 块，净重 5 589 克。

普洱市中级人民法院认为，被告人骆小林为牟取非法利益，违反国家毒品管制法规，非法运输毒品，其行为构成运输毒品罪，依法应当惩处。骆小林利用交通工具以隐蔽方式运输大量毒品，在运输途中被公安民警查获，其提出不知车上有毒品的辩解及辩护人提出骆小林无罪的辩护意见，与事实不符，不予采纳。依照《中华人民共和国刑法》第三百四十七条第二款第一项，第五十七条第一款之规定，普洱市中级人民法院以运输毒品罪判处骆小林死刑，剥夺政治权利终身，并处没收个人全部财产。

一审宣判后，骆小林不服，以不明知所驾驶的轿车车门夹层内藏有毒品，认定其犯运输毒品罪的事实不清、证据不足为由提出上诉。云南省人民检察院以书面意见形式向云南省高级人民法院提出，一审判决认定被告人骆小林犯运输毒品罪的事实不清，证据不足，建议将此案发回重审。

云南省高级人民法院经审理认为，上诉人骆小林始终辩解不知道所驾驶的轿车车门夹层内藏有毒品，本案又无证据能够印证骆小林明知毒品而进行运输，一审判决认定被告人骆小林运输毒品甲基苯丙胺 5 589 克的犯罪事实不清，证据不足，遂裁定撤销一审判决，发回重审。同时，指出在证据上需要补充以下问题：(1)骆小林在公安机关审讯及后来会见辩护人时称：他是受“二哥”的雇用，为“二哥”等三人开车到孟连县并住了三四天。其住在榕孟旅馆 306 号房间，未用身份证登记，其间有个叫“阿信”的服务员帮骆小林买过水果。请公安机关调查该地有无该旅馆和叫“阿信”的服务员，并出示混合照片让该旅馆服务员辨认。(2)请公安机关查证骆小林的手机通话清单，以证实其是否与供述的“二哥”的手机有过通话联系。(3)二审辩护人提供了 2008 年 5 月 11 日，骆小林所驾驶机动车在昭待公路因超速被交警处罚的通知书及照片，从照片上大致可看出是四人乘坐该车，以印证骆小林的供述。请与该交警核实此事。(4)骆小林在二审辩护人会见时称，“二哥”住成都市资子金中路的一农行对面的小区，该小区附近有一广场。“二哥”的妻子叫“娟娟”，请当地公安机关协助查找“二哥”。

普洱市中级人民法院重审期间，公诉机关建议延期审理，并以事实不清、证据不足两次退回公安机关补充侦查未果。2010 年 5 月 24 日，普洱市人民检察院作出不起诉决定(存疑不诉)，并于当天将骆小林释放。

二、主要问题

对当场查获毒品的案件，被告人拒不认罪的，如何把握有关被告人主观明知的证据要求？

三、裁判理由

运输毒品罪要求被告人客观上有运输毒品的行为，主观上有明知是毒品并运输的故意。对当场查获毒品的案件，要重点审查被告人的主观明知，包括对是否是毒品的明知和运输对象的明知两个方面，不能仅凭现场查获毒品就客观归罪，当然地认定被告人具有运输毒品的故意。对此，最高人民法院 2008 年 12 月 1 日印发的《全国部分法院审理毒品犯罪案件工作座谈会纪要》

规定:“判断被告人对涉案毒品是否明知,不能仅凭被告人供述,而应当根据被告人实施毒品犯罪行为的过程、方式、毒品被查获时的情形等证据,结合被告人的年龄、阅历、智力等情况,进行综合分析判断。”

对于运输毒品罪而言,即使被告人否认自己对毒品的明知,但如果根据其行为的过程、方式、毒品被查获时的情形能够推定其主观上是明知的,也不影响定罪。其实质就是要确定犯罪人与毒品之间的一种主客观统一的对应关系,也就是人与毒的对应关系,达到真正的“人毒俱获”。对于可能判处死刑的运输毒品犯罪而言,自然也要遵循一般的死刑案件证据标准,主要体现在所有的犯罪事实必须均有证据证实,证据之间不能出现无法排除的矛盾,最终得出唯一确定的结论。反观本案,从在案证据无法认定被告人对毒品的主观明知。具体可以从以下几个方面来分析:

(一)根据在案证据,无法确立人与毒的主客观对应关系

毒品案件往往直接证据较少,尤其是在犯罪人未做有罪供述的情况下,故实践中公安机关经常以人毒俱获作为案件是否破获的标准。但“人毒俱获”并不是简单地在现场抓获犯罪嫌疑人并从其处查获毒品,人与毒不是简单的并存关系,而是内在的主客观相统一的整体。必须要有充分证据证实犯罪人明知是毒品,明知自己实施的是毒品犯罪行为,而且客观上毒品确实是行为人实施的本次犯罪行为所获得的或者与之相关的物品。只有通过证据实现了人与毒的完全对应,才能称之为“人毒俱获”。而本案中,虽然公安机关在被告人骆小林的轿车内发现了毒品,但骆小林始终否认自己明知车上装有毒品。而从骆小林行为的过程、方式以及毒品被查获时的情形分析,毒品是在其车门夹层内查获的,其又是车辆的驾驶者,车内没有其他人,其是一个人从云南省孟连县返回四川省成都市,这些情况是最有可能推定其具有主观明知的证据。但是,这些证据无法直接推定其主观上对车上藏有毒品是明知的,要准确认定骆小林主观上明知,还必须有其他具有排他性的客观性证据。但是,本案缺乏的恰恰就是这种客观性证据。首先,被查获的毒品上没有骆小林的指纹,这就无法证实其直接接触过这些毒品;其次,对于骆小林为什么会运输毒品、毒品来自何处、要运往何处以及其他相关情节等也均无证据证实。由此难以确定骆小林与毒品的关系。最后,骆小林辩称自己是被人租车,其间车还被人单独使用过,其在途中还接触过哪些人等。而这些辩解如成立,则不能排除其他人在车内藏毒的可能性。这些辩解公安机关都没有核实其真伪,均无相反证据能够否定骆小林的辩解。在这种情况下,显然无法仅通过在骆小林驾驶的车内查获毒品这一客观事实就推定骆小林明知车内有毒品。因此,本案定罪的主观要件缺失。

(二)证据之间存在无法排除的矛盾

2010年6月“两院三部”共同制定的《关于办理死刑案件审查判断证据若干问题的规定》第五条明确规定:“办理死刑案件,对被告人犯罪事实的认定,必须达到证据确实、充分。证据确实、充分是指:(一)定罪量刑的事实都有证据证明;(二)每一个定案的证据均已经法定程序查证属实;(三)证据与证据之间,证据与案件事实之间不存在矛盾或者矛盾得以合理排除;(四)共同犯罪案件中,被告人的地位、作用均已经查清;(五)根据证据推断案件事实的过程符合逻辑和经验规则,由证据得出的结论为唯一结论。办理死刑案件,对于以下事实的证明必须达到证据确实、充分:(一)被指控的犯罪事实的发生;(二)被告人实施了犯罪行为与被告人实施犯罪行为的时间、地点、手段、后果以及其他情节;(三)影响被告人定罪的身份情况;(四)被告人有刑事责任能力;(五)被告人的罪过;(六)是否共同犯罪及被告人在共同犯罪中的地位、作用;(七)对被告人从重处罚的事实。”因此,办理死刑案件,包括毒品死刑案件,必须做到证据与证据之间不存在矛盾或者矛盾得以合理排除。而本案中,指控骆小林运输毒品的主要证据是公安机关在被告人骆

小林独自驾驶的车后门夹层内发现了藏匿的毒品。然而,骆小林始终供述是一个叫“二哥”的人在四川省租其车来云南省,并借用自己的车出去接过人,自己并不知道车里有毒品,自己担心家里地震情况于是先回四川省。骆小林的上述辩解符合常理,与上述客观性证据存在无法排除的矛盾。另外,骆小林因超速行驶被交警大队处罚的照片上显示车上有四人,这也与骆小林供述的当时车上有四人的情况一致;而在毒品的外包装上也确实没有提取到骆小林的指纹。该两项证据进一步加剧了证据之间的矛盾。这些矛盾无法得到合理排除,证据之间没有形成完整的定罪锁链。

(三)在案证据无法得出唯一结论

根据“两院三部”的上述规定,根据证据推断案件事实的过程必须符合逻辑和经验规则,由证据得出的结论必须是唯一的,不能出现其他合理的可能性。根据本案被告人骆小林的供述,当时是一个叫“二哥”的人租其车并拉了另外两个人,车内一共四人。该供述有交警大队处罚骆小林超速行驶的照片予以印证;骆小林称自己不知车上有毒品,而租车期间“二哥”又曾独立驾该车离开,故无法排除在“二哥”驾驶期间,其他人往车上藏匿毒品的可能。公安机关根据骆小林提供的线索又未能抓获“二哥”等人,也未调取骆小林与“二哥”的通话记录。另外,骆小林供述了他们所住的旅馆房间,住宿期间有一个叫“阿信”的服务员还帮他买过水果,公安机关亦未查证上述线索。由于公安机关未能将其他犯罪嫌疑人抓获,亦未查明骆小林与其他三人的联系情况,故不能完全排除“二哥”等人在车内藏匿毒品进行运输的可能。即根据本案现有证据,存在骆小林独立作案、与其他人共同参与作案、其他人独立作案三种可能。而第三种可能直接影响到骆小林是否构成犯罪的问题。

综上,本案在案证据无法证实被告人骆小林对运输毒品具有主观上的明知,无法排除其他人作案的合理怀疑,不能得出骆小林运输毒品的唯一结论,因此,不能对骆小林定罪,更不能以运输毒品罪判处其死刑。

(撰稿:最高人民法院刑四庭　秦　鹏
审编:最高人民法院刑四庭　陆建红)

[第1032号]聂凯凯容留他人吸毒案

——旅馆经营者发现客人在房间内吸毒不予制止,是否构成容留他人吸毒罪

【关键词】 容留他人吸毒罪　旅馆经营者　不予制止　间接故意

一、基本案情

被告人聂凯凯,男,1985年5月2日出生,旅馆经营者。2013年9月29日因涉嫌犯容留他人吸毒罪被逮捕。

广东省四会市人民检察院以被告人聂凯凯犯容留他人吸毒罪,向四会市人民法院提起公诉。

被告人聂凯凯对指控事实和罪名没有异议。

四会市人民法院经审理查明:2013年2月至同年8月,吸毒人员宋某、张某、池某、江某(未成年人)、易某先后入住被告人聂凯凯在广东省肇庆市大旺区信宜村经营的“平安旅馆”吸食毒品。

聂凯凯在送毛巾等物品到上述人员入住的房间时,看见他们吸食毒品未予制止。

四会市人民法院认为,被告人聂凯凯无视国家法律,容留他人吸食毒品,其行为构成容留他人吸毒罪。聂凯凯到案后能如实供述自己罪行,可以从轻处罚。据此,依照《中华人民共和国刑法》第三百五十四条、第六十七条第三款、第五十二条、第五十三条之规定,四会市人民法院以被告人聂凯凯犯容留他人吸毒罪,判处拘役五个月,并处罚金人民币一千元。

一审宣判后,被告人聂凯凯未提起上诉,检察机关亦未抗诉,该判决已经发生法律效力。

二、主要问题

旅馆经营者发现客人在房间内吸毒不予制止,是否构成容留他人吸毒罪?

三、裁判理由

近年来,随着禁毒工作的深入开展和禁毒综合治理的不断强化,我国禁毒工作取得了一定成效。但受国际毒潮持续泛滥和国内多种因素影响,我国面临的禁毒形势依然严峻复杂,毒品问题仍呈发展蔓延态势。全国法院近年来审结的毒品犯罪案件数、判决发生法律效力的毒品犯罪分子人数都在持续增长。这一现象与吸毒人员的持续增长密切相关。据统计,截至2014年4月底,全国登记在册的吸毒人员已达258万人,比2009年年底的133万人增长了近1倍,而实际吸食人数远不止于此。与此同时,受毒品消费市场持续膨胀影响,零包贩卖毒品、容留他人吸毒等毒品等末端犯罪也增长迅速。人民法院审结的容留他人吸毒案件数量从2007年的878件增至2013年的12 320件,增长了13倍。为加强禁毒工作成效,需要采取切实措施遏制毒品消费,对毒品末端犯罪予以严厉打击。当前,需要进一步加大对涉毒娱乐场所和宾馆、网吧、出租屋等其他涉毒公共场所的查处力度,依法惩处经营者和相关涉毒人员,以遏制吸毒行为的发生。

本案是一起旅馆经营者容留他人吸毒的典型案例。被告人聂凯凯系旅馆经营者,其多次发现入住客人在房间内吸食毒品,但未予制止,也未向公安机关报告,后被检察机关以容留他人吸毒罪提起公诉。在案件处理过程中,围绕聂凯凯的行为是否构成容留他人吸毒罪,形成两种意见:一种意见认为,聂凯凯事先并不明知客人前来登记入住是为吸食毒品,也未从入住客人处收取除应收房费外的其他费用,其行为不同于主动为吸毒人员提供场所甚至以此非法获利的情形,聂凯凯对入住客人的吸毒行为也没有义务制止或者报告公安机关,故其行为不构成容留他人吸毒罪。另一种意见认为,聂凯凯发现入住客人吸食毒品后不予制止,其行为属于放任他人吸毒,且聂凯凯对于入住客人的吸毒行为有义务制止或者报告公安机关,对聂凯凯应以容留他人吸毒罪论处。

我们同意后一种意见。具体理由分析如下:

(一)容留他人吸毒罪的主观方面包括间接故意

根据刑法第三百五十四条的规定,容留他人吸毒罪是指容留他人吸食、注射毒品的行为。对于此处的容留,应当理解为允许他人在自己管理的场所吸食、注射毒品或者为他人吸食、注射毒品提供场所的行为。容留他人吸毒罪属于行为犯,主观方面只能由故意构成,但对于是否包括间接故意,即放任型的容留他人吸毒行为是否构成本罪,则有不同看法。一种意见认为,容留他人吸毒罪的主观方面必须出于直接故意。理由是,容留他人吸毒罪是指行为人明知他人吸食、注射毒品仍然提供场所,表明行为人主动、积极地实现犯罪目的,追求结果的发生,其主观上不存在放任危害结果发生的可能性。另一种意见认为,容留他人吸毒罪的主观方面包括间接故意。理由是,犯罪故意包括直接故意和间接故意,从刑法对该罪的罪状规定来看,并未排斥间接故意构成本罪的情形;如果将放任型的容留他人吸毒行为排除在本罪范围之外,不利于对容留他人吸毒行为的有效打击,有违立法原意。我们赞同后一种意见,即容留他人吸毒罪的主观方面包括间接故意。直接故意与间接故意虽然存在区别,但二者并非对立关系,而是具有统一性。在刑法分则中,凡是由故意构成的犯罪,刑法分则条文均未排除间接故意。在适用法律时,一般不宜将间接故意排除在某一故意犯罪的构成要件之外。具体到本罪,立法原意旨在打击为他人吸食、注射毒品提供场所的行为,实质是处罚吸毒违法行为的"帮助犯",以最大限度地遏制吸毒行为的发生。因此,容留他人吸毒罪的主观方面包括间接故意,这样的理解既不违反立法原意和刑法理论,也符合我国厉行禁毒的一贯立场和坚决主张。换言之,容留他人吸毒行为,既可以主动实施,也可以被动实施。

需要说明的是,虽然容留他人吸毒罪的主观方面包括间接故意,但并非对于所有放任型的容留他人吸毒行为都要追究刑事责任。在个案处理上,要根据案件的具体情况区别对待。例如,房主出租房屋后,偶然发现他人在房屋内吸食、注射毒品未予制止或者报案的,一般不成立本罪;行为人放任共同生活的家庭成员在自家住所吸食、注射毒品的,一般也不成立本罪。根据2012年最高人民检察院、公安部联合制定的《关于公安机关管辖的刑事案件立案追诉标准的规定(三)》,并非对所有容留他人吸毒行为都要追究刑事责任。该规定第十一条规定了容留他人吸毒案件的立案追诉标准,具体内容是:提供场所,容留他人吸食、注射毒品,涉嫌下列情形之一的,应予立案追诉:(1)容留他人吸食、注射毒品2次以上的;(2)一次容留3人以上吸食、注射毒品的;(3)因容留他人吸食、注射毒品被行政处罚,又容留他人吸食、注射毒品的;(4)容留未成年人吸食、注射毒品的;(5)以牟利为目的容留他人吸食、注射毒品的;(6)容留他人吸食、注射毒品造成严重后果或者其他情节严重的。在最高人民法院出台容留他人吸毒案件的定罪量刑标准之前,审理此类案件时可以参照该立案追诉标准。

(二)旅馆经营者对于入住客人的吸毒行为有义务制止或者向公安机关报告

根据《禁毒法》第十五条的规定,飞机场、火车站、长途汽车站、码头以及旅店、娱乐场所等公共场所的经营者、管理者,负责本场所的禁毒宣传教育,落实禁毒防范措施,预防毒品违法犯罪行为在本场所内发生。根据《治安管理处罚法》第五十六条的规定,旅馆业的工作人员对住宿的旅客不按规定登记姓名、身份证件种类和号码的,或者明知住宿的旅客将危险物质带入旅馆,不予制止的,处200元以上500元以下罚款。经国务院批准,公安部发布的《旅馆业治安管理办法》第九条规定,旅馆工作人员发现违法犯罪分子,形迹可疑的人员和被公安机关通缉的罪犯,应当立即向当地公安机关报告,不得知情不报或隐瞒包庇。该办法第十二条规定,旅馆内严禁卖淫、嫖宿、赌博、吸毒、传播淫秽物品等违法犯罪活动。由此可见,依照相关法律法规的规定,旅馆经营者对于入住客人在房间内的吸毒行为,有义务予以制止或者向公安机关报告。

本案中,被告人聂凯凯作为案发旅馆的实际经营者,其对于旅馆房间拥有场所上的管理权和支配权。5名吸毒人员(含1名未成年人)先后入住聂凯凯经营的旅馆,并在房间内吸食毒品。尽管聂凯凯事先并不明知该5名客人入住的真实目的是吸食毒品,但其在到房间送毛巾等物品时,发现这5名客人吸食毒品的行为后,既未作制止,也未向公安机关报告,放任吸毒行为的继续发生,其行为客观上为他人吸食毒品提供了场所,符合容留他人吸毒罪的构成要件。参照上述立案追诉标准,本案同时具有容留他人吸食毒品2次以上、容留未成年人吸食毒品等情形,依法应当追究刑事责任。

需要说明的是,对于旅馆经营者发现入住客人在房间内吸食毒品不予制止的,尽管可以以容留他人吸毒罪追究刑事责任,但此种情形毕竟不同于事先明知他人吸食毒品而提供场所的行为,旅馆经营者也没有从吸毒人员处收取除应收房费外的其他费用,故量刑时可以酌情从轻处罚。这也是贯彻执行宽严相济刑事政策的必然要求。

四会市人民法院根据本案事实,结合被告人聂凯凯的坦白情节,以容留他人吸毒罪判处其拘役五个月,并处罚金人民币一千元,定罪准确,量刑适当。

(撰稿:最高人民法院刑五庭　吴　笛
审编:最高人民法院刑五庭　马　岩)

[第1033号]叶布比初、跑次此尔走私、贩卖、运输毒品案

——毒品犯罪中,有地位、作用突出的嫌疑人在逃的,是否影响对被告人死刑的适用

【关键词】 走私、贩卖、运输毒品罪　有地位、作用突出的嫌疑人　在逃　死刑　区别对待

一、基本案情

被告人叶布比初,男,彝族,1984年12月30日出生,住布拖县地洛乡柳口村4组19号。2011年2月24日因涉嫌犯走私、贩卖、运输毒品罪被逮捕。

被告人跑次此尔,男,彝族,1968年5月7日出生,住布拖县乌科乡洛呷村1组10号。2011年2月24日因涉嫌犯走私、贩卖、运输毒品罪被逮捕。

(其他同案被告人基本情况略。)

云南省临沧市人民检察院以被告人叶布比初、跑次此尔犯走私、贩卖、运输毒品罪,向临沧市中级人民法院提起公诉。

被告人叶布比初当庭拒不认罪。其辩护人提出,叶布比初是从犯,且本案有主犯在逃,请求量刑时留有余地。

被告人跑次此尔当庭供认起诉书指控的事实,但辩称其是为获取报酬而参与作案,没有出资购毒。其辩护人提出,跑次此尔是"探路"的从犯,且本案有主犯在逃,请求从轻处罚。

临沧市中级人民法院经公开开庭审理查明:

1. 2011年1月初,被告人叶布比初、跑次此尔和阿有沙务(未抓获)在阿有沙务家商议出资购买毒品海洛因,跑次此尔又邀约被告人阿约此黑出资参与贩运毒品,同时商议由叶布比初在四川省西昌市将购毒款转付给缅甸毒贩。后阿有沙务、叶布比初雇用叶布你沙(未抓获)帮助运输毒品,并雇用被告人阿什次吾探路。同年1月12日,阿有沙务、跑次此尔、阿约此黑、阿什次吾、叶布你沙五人从西昌经保山市勐兴出境至缅甸红岩毒贩家准备购买毒品。1月14日,阿有沙务通过电话安排叶布比初将毒资汇入其提供的银行账户内,购得毒品海洛因22块。次日,阿有沙务、跑次此尔、阿约此黑、阿什次吾采取分段探路的方式,由叶布你沙跟随其后将毒品走私入境至龙陵县与镇康县分界处的龙镇大桥附近藏匿。1月16日,为牟取非法利益,被告人迪洛俄鬼从四川赶到保山与阿什次吾取得联系帮助运输毒品。几人会合后,将藏匿于山上的毒品取出,仍然采取分段探路的方式,由迪洛俄鬼携带毒品尾随其后。18日上午,跑次此尔和阿约此黑、阿什次吾分别乘坐客运班车在前探路,迪洛俄鬼携带毒品乘坐勐糯至龙陵的班车跟随在后。当日12时许,迪洛俄鬼乘坐一辆班车(云M19150)途经龙陵县碧寨乡小平田路段时被凤庆县公安局缉毒民警抓获,当场从该车后备箱内的一深色双肩包内查获迪洛俄鬼所携带的毒品海洛因22块,净重

7 630 克。同日,民警在大保高速公路东门收费站抓获乘车途经该站的跑次此尔、阿约此黑;在勐兴至保山的班车(云 N06580)上抓获阿什次吾。同日 13 时 30 分许,民警在四川省西昌市凤凰大酒店 8217 房间内抓获叶布比初。

2. 2010 年 8 月间,吉沙日色(在逃)、叶布小王、阿苦日沙(均已判刑)三人从西昌乘车至保山勐兴,从小路出境到缅甸红岩向毒贩购买毒品。其间,被告人叶布比初在吉沙日色的安排下将购毒款转入毒贩所提供的银行账户。购得毒品后,三人随即携带毒品从原路返回国内,于 8 月 28 日到达龙陵,吉沙日色乘车先行返回西昌。8 月 29 日 14 时许,叶布小王、阿苦日沙携带毒品搭乘保山至丽江的班车(号牌为云 P12835)途经永平县路段时被公安民警抓获,当场从二人携带的帆布包内查获毒品海洛因 38 块,净重 13 070 克,从叶布小王的内裤内查获毒品海洛因两块,净重 7.85 克,本案查获毒品海洛因共计净重 13 077.85 克。

临沧市中级人民法院认为,被告人叶布比初、跑次此尔的行为构成走私、贩卖、运输毒品罪,且毒品数量特别巨大。在共同犯罪中,叶布比初、跑次此尔、阿约此黑起主要作用,应当认定为主犯,阿什次吾、迪洛俄鬼起次要作用,为从犯,依法应当从轻或者减轻处罚。关于叶布比初辩称"没有参与第二起(2010 年 8 月)犯罪,在第一起(2011 年 1 月)犯罪中只是帮助他人汇款"及其辩护人提出的叶布比初在共同犯罪中是从犯的上诉理由和辩护意见与查明的事实不符。审理查明的犯罪事实及相应证据证明叶布比初主观明知是毒品犯罪,客观上积极参与组织实施,且二次涉案,毒品海洛因数量特别巨大,其主观恶性深、社会危害性大,属于罪行极其严重的犯罪分子,虽已供述犯罪事实,但不足以减轻其罪责,依法应当予以严惩。据此,临沧市中级人民法院以被告人叶布比初、跑次此尔犯走私、贩卖、运输毒品罪,分别判处死刑,剥夺政治权利终身,并处没收个人全部财产。

一审宣判后,被告人叶布比初、跑次此尔均提出上诉。

被告人叶布比初及其辩护人提出,叶布比初没有参与 2010 年 8 月的犯罪,在 2011 年 1 月实施的共同犯罪中是从犯,不是出资人,且主犯在逃,到案后如实供述,原判量刑过重,请求改判。

被告人跑次此尔及其辩护人提出,在共同犯罪中,跑次此尔是从犯,未出资,且主犯在逃,原判量刑过重,请求改判。

出庭检察员认为,原判认定的事实清楚,证据确实、充分,定罪准确,量刑适当,审判程序合法。请求驳回上诉,维持原判。

云南省高级人民法院经公开开庭审理认为,上诉人叶布比初、跑次此尔无视国法,从境外购买毒品携带入境的行为构成走私、贩卖、运输毒品罪,且毒品数量特别巨大,依法应当严惩。叶布比初不知悔改,在短时间内连续进行毒品犯罪,主观恶性极深。在共同犯罪中,叶布比初、跑次此尔、阿约此黑是主犯,且叶布比初、跑次此尔积极邀约他人参与毒品犯罪,还出资购买毒品,二人的作用大于阿约此黑。叶布比初及其辩护人提出其没有参与 2010 年 8 月的犯罪、在共同犯罪中是从犯的上诉理由和辩护意见与查明的事实不符;跑次此尔及其辩护人提出在共同犯罪中是从犯、未出资的上诉理由及辩护意见,经查,与在案证据证明的事实不符。因此,叶布比初、跑次此尔及其辩护人所提从轻判处的要求,均不予采纳。据此,裁定驳回上诉,维持原判,并依法报请最高人民法院核准。

最高人民法院经复核认为,被告人叶布比初、跑次此尔结伙走私、贩卖、运输海洛因,其行为均构成走私、贩卖、运输毒品罪。走私、贩卖、运输海洛因数量大,犯罪情节严重,社会危害大,均系共同犯罪中起主要作用的主犯,依法应当严惩。第一审、二审判决认定的事实清楚,证据确实、充分,定罪准确,审判程序合法。对被告人叶布比初量刑适当。鉴于跑次此尔在共同犯罪中的地位、作用次于叶布比初，对其判处死刑，可不立即执行。据此，最高人民法院判决如下：

1. 核准云南省高级人民法院对被告人叶布比初维持第一审以走私、贩卖、运输毒品罪判处死刑，剥夺政治权利终身，并处没收个人全部财产部分的判决；

2. 撤销云南省高级人民法院、临沧市中级人民法院判决中对被告人跑次此尔的量刑部分；

3. 被告人跑次此尔犯走私、贩卖、运输毒品罪，判处死刑，缓期二年执行，剥夺政治权利终身，并处没收个人全部财产。

二、主要问题

毒品犯罪中，有地位、作用突出的嫌疑人在逃的，是否影响对被告人死刑的适用？

三、裁判理由

本案被告人叶布比初参与两起走私、贩卖、运输毒品犯罪，涉案海洛因数量达20.7余千克。一审、二审法院和最高人民法院复核审理过程中，对依法严惩叶布比初，均无不同意见，但对被告人跑次此尔是否适用死刑，存在两种意见。

一种观点认为，对被告人跑次此尔应当适用死刑。理由是，根据《全国部分法院审理毒品犯罪案件工作座谈会纪要》（以下简称《纪要》）的相关规定，跑次此尔并非单纯的运输毒品，而是直接出资贩卖并带人、带毒资去境外购毒、走私运毒，起到一定组织、指挥、协调作用，应当从严惩处。并非只针对7 630克毒品判处二被告人死刑，叶布比初还要对其所涉13 077.85克海洛因负责且仅此一起就足以判处其死刑。仅就跑次此尔涉及走私、贩卖、运输海洛因7 630克一起而言，毒品数量大、纯度高，情节严重，社会危害大；在案被告人中，跑次此尔是行为贯穿始终的实行犯，系主犯，地位、作用不次于叶布比初，且明显大于阿约此黑、阿什次吾和迪洛俄鬼，不判处跑次此尔死刑立即执行的理由不充分。

另一种观点认为，对被告人跑次此尔判处死刑可不立即执行。理由是，在逃的阿有沙务系毒品犯罪提议者，出资和筹资明显多于跑次此尔，且其直接与境外毒贩当面洽谈毒品交易，安排叶布比初汇款，指挥毒品运输，还有证据反映其可能是第一起毒品犯罪的出资者，在共同犯罪中的地位更高，作用比跑次此尔更为突出。仅就跑次此尔涉及海洛因7 630克一起而言，判处死刑的人数应当严格控制，在阿有沙务未归案的情况下，对跑次此尔要慎重适用死刑，处理要留有余地。根据《纪要》中关于“对于共同犯罪中有多个主犯或者共同犯罪人的，处罚上也应做到区别对待”的规定，对跑次此尔判处死刑可不立即执行。

本案死刑复核阶段，我们基于以下两点考虑，认为对被告人跑次此尔慎重适用死刑，改判死缓，更为妥当：

（一）对跑次此尔慎重适用死刑，有利于体现司法公正

根据现有证据，足以认定以下事实：

2011年1月走私、贩卖、运输7 630克海洛因这一起犯罪，是以阿有沙务为主筹集毒资后亲自出境购毒，其女婿叶布比初根据父亲叶布小王留下的联系方式组织货源并在家支付毒资，翁婿两人是整起犯罪的最初造意者。

阿有沙务参与犯罪策划商议，筹集人民币（以下币种同）20万元参与出资购毒，纠集跑次此尔、阿约此黑并伙同叶布比初雇用叶布你沙参加运毒，参与到境外购毒并负责进行交易，联系叶布比初付款，入境运输时负责探路，指挥叶布你沙、阿什次吾，将毒品转交迪洛俄鬼运输后，自己先行返回。

叶布比初坐镇四川，是通盘协调者，他参与商议，联系境外毒贩、组织毒品货源，伙同阿有沙务雇用叶布你沙，出资3.3万元购毒、筹资16.5万元、接收阿有沙务夫妇筹资20万元、接收跑次

此尔和阿约此黑的出资8万元，通过转账支付以上毒资，叶布你沙在运输途中走丢时进行联系、协调、指挥，汇去路费。

跑次此尔参与犯罪策划商议，纠集阿什次吾参加，自己出资4万元并指使阿约此黑出资4万元，将共计8万元出资交给叶布比初，参与到境外购毒并入境运输，负责探路，安排接应迪洛俄鬼，指挥迪洛俄鬼、阿什次吾接取毒品并进行运输，继续负责探路，负责路费开支。

因此，阿有沙务、叶布比初翁婿两人的行为贯穿犯罪全程，是为主出资者，毒品所有者和起意、策划、纠集、组织、雇用、指使他人参与犯罪的人，地位、作用大于跑次此尔。另外，有证据显示，阿有沙务可能还参与了2010年8月的毒品犯罪，且是出资者。

《纪要》第九条规定："毒品犯罪中，部分共同犯罪人未到案，如现有证据能够认定已到案被告人为共同犯罪，或者能够认定为主犯或者从犯的，应当依法认定。"《纪要》第九条第二款还规定："对于确有证据证明在共同犯罪中起次要或者辅助作用的，不能因为其他共同犯罪人未到案而不认定为从犯，甚至将其认定为主犯或者按主犯处罚。"根据上述规定，即便确有证据证明是主犯，在对其按主犯所参与的或者组织、指挥的全部犯罪处罚时，特别是适用死刑时，从"慎刑"的角度出发，也有必要和其他未到案共同犯罪人进行地位、作用的比较，以确认其是否是地位、作用最为突出的主犯，是否需要对全部罪行按照最严厉的刑罚予以惩处，甚至判处死刑。本案中，考虑到在逃的阿有沙务系毒品犯罪提议者，出资和筹资明显多于跑次此尔，直接与境外毒贩当面洽谈毒品交易，安排叶布比初汇款，指挥毒品运输，在共同犯罪中的地位、作用比跑次此尔更为突出，在阿有沙务未归案的情况下，对跑次此尔的处理应当留有余地。

综上，我们对在案、不在案的共同犯罪人地位、作用进行了全面、细致的审查后，提出了改判被告人跑次此尔的意见。一方面，对已到案的跑次此尔依法认定主犯；另一方面，因为其他共同犯罪人未到案，对到案的主犯跑次此尔，也要进行地位、作用的准确认定，而不机械执行"按主犯处罚"。这种做法，首先，体现了证据裁判的原则。在复核审判中查明，有手机通话清单、查获叶布比初记账所用笔记本、银行账户明细及被告人一致证实阿有沙务参与犯罪的供述。虽然阿有沙务在逃，但是，通过客观审查全案证据，全面比较评价阿有沙务和跑次此尔的地位、作用大小，准确认定案件事实。其次，体现了平等公正原则。虽然认定跑次此尔在共同犯罪中系主犯，但是，对于其提出还有主犯在逃、地位作用不清的辩解，也应给予充分、慎重的审查和考虑，对跑次此尔的地位、作用做出正确认定并据以量刑，确保其受到与其罪行、责任相适应的处罚，使其服判。据此，努力做到个案公正，确保在每一个案件中都体现出公平正义。最后，体现了司法公开的原则。对于有证据证实的在逃共同犯罪人阿有沙务的罪行，在公开的裁判文书中进行申明，并在此基础上依法对在案的跑次此尔裁判，敢于担当，勇于通过公开促进公正，彰显了司法的公信和权威。

（二）对跑次此尔慎重适用死刑，有利于做到区别对待

根据《纪要》第九条的规定，"对于共同犯罪中有多个主犯或者共同犯罪人的，处罚上也应做到区别对待"。当然，如前所述，我们认为，"多个主犯"包括未到案的主犯。《纪要》在"区别对待"之后随即明确规定，"应当全面考察各主犯或者共同犯罪人在共同犯罪中实际发挥作用的差别，主观恶性和人身危险性方面的差异，对罪责或者人身危险性更大的主犯或者共同犯罪人依法判处更重的刑罚"。《纪要》的这一规定，和《最高人民法院关于贯彻落实宽严相济刑事政策的若干意见》第一条"贯彻宽严相济刑事政策，要根据犯罪的具体情况，实行区别对待，做到该宽则宽，当严则严，宽严相济，罚当其罪"的规定是一脉相承的，体现了刑罚价值观向科学、进步的方向发展演进。传统刑法主张报应刑论，现代刑法则同时考虑了目的刑论与报应刑论，刑罚不再是出于报复和惩罚目的的一味从严，而是综合考虑惩处、改造两方面的需要，该宽则宽，当严则严。罪行

本身的轻重由犯罪的主客观事实决定；刑事责任的轻重虽然主要由犯罪的主客观事实决定，但同时也要根据具体案件案情内外反映被告人人身危险性程度的事实和情节考量。

本案中，被告人跑次此尔参与结伙走私、贩卖、运输海洛因多达7 630克，又系主犯，是否必须核准死刑？从具体案情考虑，本案具有两个显著特征：一是叶布比初的行为危害性和人身危险性明显大于跑次此尔，叶布比初连续参与了全案两起罪行，均系主犯，涉毒次数、数量，所起地位、作用都明显大于跑次此尔。二是地位、作用大于跑次此尔的阿有沙务在逃。因此，不能将案件简单类比，认为涉案毒品7 630克数量大，就必须判处包括跑次此尔在内的两个被告人死刑，就不分主次而一律将认定为主犯的被告人均判处重刑甚至死刑。要实事求是地根据被告人在共同犯罪中的作用和罪责大小确定刑罚，对跑次此尔，既要看到其实施实行、组织、指挥、协调走私、贩卖、运输毒品的客观行为，也要看到其是在阿有沙务翁婿的提议、带领、指挥下实施罪行，和阿有沙务、叶布比初相比，地位、作用较次，尚属于可以改造的犯罪分子。

综上，对被告人跑次此尔改判死刑，缓期二年执行，体现了慎重适用死刑、"少杀、慎杀"的刑事政策，体现了刑法宽和人道的一面。在同一个案件中，对被告人叶布比初适用死刑，对跑次此尔改判死缓，做到区别对待，形成鲜明对比。从特别预防的角度，促使跑次此尔和其他同案被告人认罪服法，积极改过自新；从一般预防的角度，促使人们趋利避害，远离毒品犯罪，促使其他毒品犯罪分子适时止步，不致实施更为严重的毒品犯罪行为，取得分化瓦解之效，做到打击和孤立极少数，教育、感化和挽救大多数，最大限度减少社会对立面，促进社会和谐，维护国家长治久安。

（撰稿：最高人民法院刑四庭　杨　军
审编：最高人民法院刑四庭　陆建红）

[第1034号]姚某贩卖毒品案

——不满18周岁的人因毒品犯罪被判处五年有期徒刑以下刑罚，其再次实施毒品犯罪的，是否能够认定为毒品再犯

【关键词】 贩卖毒品罪　不满18周岁　再次实施毒品犯罪　毒品再犯　从旧兼从轻原则

一、基本案情

姚某，男，1993年9月4日出生。2011年7月22日因犯贩卖毒品罪被判处有期徒刑六个月。2013年1月29日因涉嫌犯贩卖毒品罪被逮捕。

重庆市垫江县人民检察院以被告人姚某犯贩卖毒品罪，且系毒品再犯，向垫江县人民法院提起公诉。

垫江县人民法院经公开审理查明：2013年1月16日22时许，被告人姚某在垫江县桂溪镇名流网吧附近一巷子内以人民币200元的价格贩卖甲基苯丙胺0.19克给吸毒人员欧阳才飞。二人交易完毕后被民警当场抓获。

垫江县人民法院认为，被告人姚某违反国家对毒品的管理法规，将毒品贩卖给他人，其行为构成贩卖毒品罪。公诉机关指控姚某系毒品再犯，经查，姚某曾因毒品犯罪被判刑，但犯罪时未满18周岁，该指控不符合法律有关规定。姚某到案后，如实供述自己的罪行，可以从轻处罚。据

此，依照《中华人民共和国刑法》第三百四十七条第一款、第四款，第六十七条第三款，第五十二条，第五十三条之规定，垫江县人民法院判决被告人姚某犯贩卖毒品罪，判处有期徒刑六个月，并处罚金人民币一千元；公安机关已扣押的被告人姚某违法所得人民币二百元予以没收，上缴国库；公安机关已扣押的毒品予以没收。

判决生效后，重庆市人民检察院第三分院向重庆市第三中级人民法院提出抗诉，认为原审被告人姚某曾因犯贩卖毒品罪被判过刑，又犯贩卖毒品罪，依照刑法第三百五十六条的规定，系毒品再犯，应当从重处罚。虽然刑法修正案（八）增加了有关未成年人犯罪不构成累犯的规定，但并未对毒品再犯作出特殊规定，2012 年修改后的刑事诉讼法增加的未成年人犯罪记录封存制度，亦明确将司法机关办案需要设置为例外情形。故应当认定姚某为毒品再犯，并从重处罚。原审判决以原审被告人姚某前次犯贩卖毒品犯罪时未满 18 周岁为由，对其毒品再犯情节未予认定，属于法律适用错误，量刑不当。

重庆市第三中级人民法院经审理认为，原审判决认定原审被告人姚某犯贩卖毒品罪的事实清楚，证据充分，量刑适当，审判程序合法。关于抗诉机关抗诉提出"姚勇曾因犯贩卖毒品罪被判过刑，又犯贩卖毒品罪，系毒品再犯，应当从重处罚"的理由，经查，虽然抗诉机关举示了原审被告人姚某未满 18 周岁前因犯贩卖毒品罪被判过刑的证据，但 2012 年修改后的刑事诉讼法第二百七十五条第一款规定："犯罪时不满十八周岁，被判处五年有期徒刑以下刑罚的，应当对相关犯罪记录予以封存。"该条第二款规定："犯罪记录被封存的，不得向任何单位和个人提供，但司法机关为办案需要或者有关单位根据国家规定进行查询的除外。依法进行查询的单位，应当对被封存的犯罪记录的情况予以保密。"根据该条规定的精神和刑法从旧兼从轻原则，本案即使是司法机关办案需要，也应对被封存的未成年犯罪记录的情况予以保密，故也不得将封存的未成年人犯罪记录用作从重处罚的依据。因此，抗诉机关提出姚某系毒品再犯，应当从重处罚的抗诉理由，不予支持。据此，依照《中华人民共和国刑事诉讼法》第二百四十五条第一款、第二百二十五条第一项之规定，重庆市第三中级人民法院裁定驳回抗诉，维持原判。

二、主要问题

不满 18 周岁的人因毒品犯罪被判处五年有期徒刑以下刑罚，其再次实施毒品犯罪的，是否能够认定为毒品再犯？

三、裁判理由

在本案审理过程中，有观点认为，姚某未成年时因毒品犯罪记录被封存，其再次犯毒品犯罪，应当认定为毒品再犯。主要理由是：（1）姚某曾因贩卖毒品被判刑，2013 年 1 月 16 日又因贩卖毒品被公安机关查获，虽然前罪行为发生时姚某不满 18 周岁，不构成累犯，但是刑法第三百五十六条对毒品犯罪再犯进行了特别规定，且该规定并未排除未成年人可构成毒品犯罪再犯的可能性；前科封存制度不得对抗法律相关例外规定，如刑法对特殊累犯、再犯等的规定。（2）2012 年修改的刑事诉讼法第二百七十五条虽然创设了"未成年人轻罪犯罪记录封存制度"，但该条仅是一种程序性规定，目的在于使失足未成年人卸下沉重的心理负担，在上学、入伍、就业等方面不受其较轻犯罪行为影响。"未成年人轻罪犯罪记录封存制度"不同于"前科消灭制度"。首先，"前科"是指因犯罪而被判处刑罚的事实，是个人犯罪的历史记录。而"未成年人轻罪犯罪记录"指的是特定主体在特定范围内的犯罪记录，作为一种客观的事实记载，与"前科"有着本质的区别。其次，"封存"又不同于"消灭"。"封存"的意思是使犯罪记录暂时处于保密状态，是不予查询或者限制查询，但实际上仍是存在的。而"消灭"则是把行为人的犯罪记录彻底消除，把曾经犯罪的事实彻底消除。该程序性规定不能否定实体法规定。（3）现行刑法规定体现了对毒品再犯从严打击的精神，对于实施毒品犯罪已成习惯的犯罪人，改造难度很大，保留前科，是打击毒品犯罪、预防毒品犯罪的需要，与立法精神相一致。(4)犯罪行为引起的刑法上的不利后果并不因犯罪记录封存而消灭，法律特别规定“司法机关为办案需要或者有关单位根据国家规定进行查询的除外”，对于未成年人重新犯罪的，应当允许公安、检察、审判机关查阅原犯罪记录，作出恰当的处置，符合再犯条件的，仍构成再犯。犯罪记录封存并未将行为人在法律上视为从未犯过罪的人。综上，对本案姚某应当援引刑法第三百五十六条的规定，以毒品犯罪再犯从重处罚。

我们认为，不满18周岁的人因毒品犯罪被判处五年有期徒刑以下刑罚，其再次实施毒品犯罪的，不能认定为毒品再犯而予以从重处罚。具体理由如下：

(一)符合立法精神和本意

2011年2月25日，第十一届全国人民代表大会常务委员会第十九次会议通过刑法修正案(八)，在刑法第一百条中增加一款作为第二款：“犯罪的时候不满十八周岁被判处五年有期徒刑以下刑罚的人，免除前款规定的报告义务。”① 2012年修改后的刑事诉讼法第二百七十五条规定：“犯罪的时候不满十八周岁，被判处五年有期徒刑以下刑罚的，应当对相关犯罪记录予以封存。犯罪记录被封存的，不得向任何单位和个人提供，但司法机关为办案需要或者有关单位根据国家规定进行查询的除外。依法进行查询的单位，应当对被封存的犯罪记录的情况予以保密。”2012年5月10日，最高人民法院、最高人民检察院、公安部、国家安全部、司法部发布了《关于建立犯罪人员犯罪记录制度的意见》(法发〔2012〕10号)。以上法律规定被视为是未成年人犯罪记录封存制度在我国程序法与实体法上正式确立的标志。

然而实际上，中央关于未成年人犯罪记录封存的政策精神提出得更早。早在2008年12月，中共中央转发的《中央政法委关于深化司法体制和工作机制改革若干问题的意见》首次以中央文件的形式明确提出了建立“未成年人轻罪犯罪记录消灭制度”。根据这一政策精神，2009年3月最高人民法院发布了《人民法院第三个五年改革纲要(2009—2013)》。该文件提出：“人民法院配合有关部门有条件地建立未成年人轻罪犯罪记录消灭制度，明确其条件、期限、程序和法律后果。”未成年人轻罪犯罪记录消灭制度作为人民法院一项重要的改革项目和措施被确定下来。从中央政法委和最高人民法院的相关文件中可见，实现未成年人轻罪犯罪记录的消灭是改革和立法的本意，未成年人轻罪犯罪记录封存制度的建立不仅仅是为了使犯罪记录暂时处于保密状态，不允许查询、限制查询，更是为了在实质上禁止对未成年人轻罪犯罪记录的重复使用，从而避免其以罪犯身份出现在公众面前，帮助未成年人尽快回归社会，健康成长。

(二)符合未成年人轻罪犯罪记录封存制度的本质特征和设立目的

未成年人犯罪记录封存制度要求犯罪记录被封存后应当处于一种保密状态，即便司法机关为办案需要或者有关单位根据国家规定可以进行查询，查询单位也应将查询所获知的犯罪记录情况予以保密，不得对此加以利用。可见，犯罪记录封存不仅具有程序法上的意义，更具有实体法上的意义。具体而言，被封存的犯罪记录应当保密这一前提决定了该犯罪记录所反映的犯罪行为应当免于被重复利用和评价，否则保密便无从谈起。如果被封存的犯罪记录能够被重复利用和评价，封存制度实际上就被虚化，制度设立的目的也难以实现。即使未成年犯罪人再犯罪，司法机关也不得引用其前科犯罪记录，其前科亦不能作为适用累犯或者再犯的原因而对其从重或者加重处罚。因此，在实体法上，被封存的犯罪记录所反映的犯罪行为不能作为累犯或者再犯

① 第一款规定为“依法受过刑事处罚的人，在入伍、就业的时候，应当如实向有关单位报告自己曾受过刑事处罚，不得隐瞒”。

的认定依据，不然就是对被封存犯罪记录的重复利用和评价，就是对保密义务的置若罔闻，就与犯罪记录封存制度背道而驰。在此种意义上而言，我国的未成年人犯罪记录封存制度，其功能已经相当于前科消灭制度。①

（三）符合国际司法规则的相关要求

《儿童权利公约》规定，“其隐私在诉讼的所有阶段均得到充分尊重”。《联合国少年司法最低限度标准规则》第八条明确规定：“应在各个阶段尊重少年犯享有隐私的权利，以避免由于不当的宣传或加以点名而对其造成伤害；原则上不应公布可能导致认出某一少年犯的资料。”第二十一条规定：“对少年罪犯的档案应严格保密，不得让第三方利用。应仅限于与处置手头案件直接相关的人员或其他经正式授权的人员才可以接触这些档案。少年罪犯的档案不得在其后的成人诉案中加以利用。”以上规定的意义在于：首先，基于保护未成年人的考虑，使其免受来自社会的不良影响，避免其以罪犯身份出现在公众面前，这不仅有利于未成年人的教育和改造，也有利于其尽快回归社会。其次，在警察、检察机关和其他当局的利益同少年罪犯的利益发生冲突时，明确了未成年人犯罪档案不得在以后其作为成年人犯罪的诉讼案中加以使用的原则，就可以避免未成年人在心智不成熟时的犯罪成为以后犯罪的加重或者从重处罚情节。我国作为加入《联合国少年司法最低限度标准规则》的国家，有义务履行条约要求。

（四）符合我国宽严相济刑事政策中对未成年人的保护原则

刑法及刑事诉讼法对未成年人犯罪历来坚持教育、感化、挽救的方针及“教育为主、惩罚为辅”的原则。修改后的刑法及刑事诉讼法都直接体现了对未成年犯罪人的倾斜保护原则，使未成年犯罪人免受因犯罪记录的终身伴随，而在个人学习、入伍、就业等方面遭受不利影响，使其能顺利回归社会，改过自新，重新做人。虽然对于毒品犯罪我国历来都是坚持从严整治，严厉打击，但是结合我国刑法对于未成年人保护的原则，在宽严相济的刑事政策的大前提下，对于未成年人轻罪犯罪记录封存后，再犯毒品犯罪，不宜认定为毒品再犯。同时，从价值衡量上看，对未成年时期所实施较轻犯罪行为进行犯罪记录封存，不予重复利用和评价，也更有利于未成年人的成长与发展，更能体现我国处理未成年人犯罪的立法精神。

（五）符合相关司法解释和“从旧兼从轻”的基本原则

《最高人民法院关于适用〈中华人民共和国刑事诉讼法〉的解释》第四百九十条第二款规定：“2012 年 12 月 31 日以前审结的案件符合前款规定的，相关犯罪记录也应当封存。”我国刑法历来贯彻从旧兼从轻原则。具体到本案中，从被告人姚某的角度看，适用 2013 年 1 月 1 日起施行的新修正的刑事诉讼法第二百七十五条的规定，不再考虑其第一次的贩卖毒品行为，仅就 2013 年 1 月 16 日的贩卖毒品行为进行单独评价和认定，处罚结果明显比适用刑法第三百五十六条的规定所得出的处罚结果轻。因此，基于从旧兼从轻原则，不应将姚某认定为毒品犯罪再犯。

综上所述，不满 18 周岁的人因毒品犯罪被判处五年有期徒刑以下刑罚，因犯罪记录被封存，不应被重复利用和评价，不得作为毒品犯罪再犯认定的依据。

（撰稿：重庆市第三中级人民法院　陈胜友
审编：最高人民法院刑四庭　陆建红）

① 前科消灭制度，是对有前科的人，经过法定程序，宣告注销犯罪记录，恢复正常法律地位的一种制度。在国外，前科消灭制度常见于关于未成年人的法律制度中，日本《少年法》第六十条规定：“少年犯刑期执行完毕或免予执行，适用有关人格法规的规定，在将来得视为未受过刑罚处分。”

[第1035号]李梦杰、刘辉贩卖毒品案

——立功等从轻处罚事实的认定是适用严格证明标准还是优势证明标准

【关键词】 贩卖毒品罪 立功 严格证明标准 优势证明标准 从轻处罚

一、基本案情

上诉人(原审被告人)李梦杰,男,1980年7月6日出生,无业。2013年3月30日因涉嫌犯贩卖毒品罪被逮捕。

原审被告人刘辉,男,1991年4月9日出生,无业。2013年3月30日因涉嫌犯贩卖毒品罪被逮捕。

江苏省无锡市南长区人民检察院以被告人李梦杰、刘辉犯贩卖毒品罪,向南长区人民法院提起公诉。

无锡市南长区人民法院经公开审理查明:被告人李梦杰于2013年2月20日晚,经与杜枫事先电话联系交易毒品后,指使被告人刘辉至无锡市第三人民医院附近的建设银行门口,向杜枫贩卖毒品甲基苯丙胺9余克。被告人李梦杰得款人民币4 500元。

无锡市南长区人民法院认为,被告人李梦杰、刘辉结伙贩卖毒品甲基苯丙胺,情节严重,二被告人的行为均构成贩卖毒品罪。在共同犯罪中,李梦杰起主要作用,是主犯,应当按照其所参与的全部犯罪处罚;刘辉起次要作用,是从犯,应当从轻、减轻或者免除处罚。李梦杰曾因故意犯罪被判处有期徒刑,在刑罚执行完毕后,五年内再犯应当判处有期徒刑以上刑罚之罪,是累犯,应当从重处罚。李梦杰、刘辉到案后均如实供述自己的罪行,可以从轻处罚。综合李梦杰、刘辉的犯罪情节和量刑情节,南长区人民法院决定对李梦杰从重处罚,对刘辉减轻处罚。据此,依照《中华人民共和国刑法》第三百四十七条第四款,第二十五条第一款,第二十六条第一款、第四款,第二十七条,第六十五条第一款,第六十七条第三款及《最高人民法院关于审理毒品案件定罪量刑标准有关问题的解释》第三条之规定,以贩卖毒品罪,分别判处被告人李梦杰有期徒刑六年六个月,并处罚金人民币六千元;判处被告人刘辉有期徒刑二年六个月,并处罚金人民币三千元。

一审宣判后,被告人李梦杰提出上诉。上诉理由是:李梦杰在2013年2月25日被公安机关抓获后,当晚便在公安民警的控制下电话联系了原审被告人刘辉,得知刘辉在无锡市马山镇的红灯笼网吧上网,即将该线索告知民警。民警查询到该网吧地址后即前往红灯笼网吧将刘辉抓获。李梦杰的行为应当构成立功。

无锡市中级人民法院经公开审理查明:2013年2月20日晚,上诉人李梦杰经与杜枫事先电话联系交易毒品后,指使原审被告人刘辉至无锡市第三人民医院附近的建设银行门口,向杜枫贩卖毒品甲基苯丙胺9余克。同月25日,无锡市公安局南长分局金匮派出所民警在五星家园182号602室抓获了李梦杰。当晚,在民警的控制下,李梦杰与刘辉通话,得知刘辉在无锡马山的红灯笼网吧上网,即将该线索告知民警。民警查询到该网吧地址后即前往红灯笼网吧将刘辉抓获。

无锡市中级人民法院认为,虽然上诉人李梦杰在一审时未提出有协助抓获同案犯的意见,但根据二审查明的事实,应当认定李梦杰归案后协助公安机关抓获了原审被告人刘辉,具有立功情节。理由是:(1)上诉人李梦杰二审庭审时供称其归案当晚在与刘辉的通话中,刘辉告知其在马

山的红灯笼网吧上班,其将该线索告知了民警。该供述亦得到了刘辉二审当庭供述的印证。(2)在二审审理过程中,公安机关出具《情况说明》证明公安机关系通过李梦杰手机中存储的刘辉QQ号码采用技侦手段抓获了刘辉,但公安机关既未提供QQ号码,又未提供相关审批手续。故该《情况说明》证明的内容,法院不予采信。(3)李梦杰与刘辉二审庭审时的供述能够相互印证,而公安机关出具的《案件的侦破、揭发经过》和《情况说明》与李梦杰、刘辉的供述相互矛盾,且无其他证据印证。根据现行司法解释的规定,应当认定李梦杰确有立功表现,对李梦杰在原判量刑的基础上可以从轻处罚。综上,原审判决的审判程序合法,对李梦杰的定罪正确,对原审被告人刘辉的定罪正确、量刑适当,但鉴于上诉人李梦杰确有立功表现,依照《中华人民共和国刑事诉讼法》第二百二十五条第一款第三项,《中华人民共和国刑法》第三百四十七条第四款,第二十五条第一款,第二十六条第一款、第四款,第二十七条,第六十五条第一款;《最高人民法院关于审理毒品案件定罪量刑标准有关问题的解释》第三条以及《最高人民法院关于处理自首和立功具体应用法律若干问题的解释》第五条之规定,无锡市中级人民法院判决如下:

1. 维持无锡市南长区人民法院(2013)南刑初字第104号刑事判决对原审被告人李梦杰的定罪部分以及对原审被告人刘辉的定罪量刑部分,撤销对原审被告人李梦杰的量刑部分。

2. 上诉人(原审被告人)李梦杰犯贩卖毒品罪,判处有期徒刑六年,并处罚金人民币五千元。

二、主要问题

立功等从轻处罚事实的认定是适用严格证明标准还是优势证明标准?

三、裁判理由

根据《最高人民法院关于处理自首和立功具体应用法律若干问题的解释》和《最高人民法院关于处理自首和立功若干问题的意见》的相关规定及精神,犯罪分子提供犯罪后掌握的同案犯的藏匿地址,司法机关据此抓捕同案犯的,应当认定为协助司法机关抓捕同案犯,构成立功。本案争议的焦点在于:上诉人李梦杰是否提供了原审被告人刘辉的藏匿地址,以及司法机关是否是根据李梦杰提供的线索抓捕了刘辉。一种意见认为,李梦杰并未提供刘辉的具体藏匿地址,司法机关抓捕刘辉主要是通过相关的技术侦查手段。其理由是,司法机关出具的《案件的侦破、揭发经过》和《情况说明》充分证明了刘辉的归案情况,且上述书证的证明力大于当事人供述的证明力,李梦杰提出的构成立功的上诉理由不应予以采信。另一种意见认为,李梦杰构成立功。其理由是,李梦杰的上诉事实和证据得到刘辉当庭供述的印证,而公安机关的材料前后不一,且尚有明显疑点无法排除,认定构成立功证据的证明力大于否定其的证明力。根据优势证据的证明标准,应当认定李梦杰构成立功。

我们同意后一种观点。具体分析如下:

(一)立功等从轻处罚事实的认定可以采用自由证明,而非一律适用最严格证明

犯罪事实包括定罪事实与量刑事实,后者又包括不利于被告人的从重量刑事实和有利于被告人的从宽量刑事实。立功属于有利于被告人的量刑事实。传统的刑事证据理念及相关规则主要是针对定罪问题而确立,以对法院定罪活动加以限制和约束为目标。基于此,诉讼活动中要求严格坚持无罪推定原则,赋予公诉方证明被告人有罪的责任,并为这种证明确立了最高的证明标准,即严格证明。但是,当讨论具体个案中的量刑事实时,默认前提是该被告人的行为已经构成犯罪,不宜再将严格证明应用于所有量刑事实,特别是从轻处罚事实。

就量刑事实而言,囿于控辩双方向法庭提供的量刑信息的不全面、不客观,甚至各方基于本方的诉讼利益,可能向法庭提供虚假或者不可靠的量刑证据,法庭据此作出的量刑裁判往往会过分偏重或者偏轻,导致量刑裁决的不公正。为了最大限度降低潜在的量刑失衡风险,真正实现罪

责刑相适应,在相应司法理念指导下,法庭对量刑事实的证明应当区别对待。具体而言,对于由控诉机关提供的从重量刑事实的证明,从限制国家司法权的理念出发,仍应坚持适用最严格的证明标准;而被告方提供的从轻、减轻等有利于被告人量刑事实的证明,本着有利于被告人的原则,对此类量刑事实应当允许进行自由证明;质言之,在证据种类、提出和调查方式上不应进行苛刻要求,对于用于证明有利于被告人量刑事实的证据的证明能力不应作严格的限制。如证据种类方面,不局限于法定证据种类,对于有关机关出具的"情况说明"、民意的反映材料等也可纳入考量范畴;提出和调查方式方面,不拘泥于证据来源的方式,如通过查阅卷宗或者电话询问的方式取得的材料也可作为对被告人量刑的依据。立功作为有利于被告人的重要量刑情节之一,其认定当然亦应采用自由证明的方式。《最高人民法院关于适用〈中华人民共和国刑事诉讼法〉的解释》(以下简称《解释》)第六十四条第二款规定:"认定被告人有罪和对被告人从重处罚,应当适用证据确实、充分的证明标准。"然而,《解释》对被告人从轻、减轻等有利于被告人的量刑事实并未规定最严格的证明标准,从体系解释的逻辑脉络分析,可反向推论对此类事实可以不适用最严格证明标准。

(二)立功等从轻处罚事实的认定可以适用优势证明标准

自由证明与严格证明的区别除了上文提及的证据种类、提出和调查方式外,另一显著区别在于两者的证明标准不同,即严格证明适用"排除合理怀疑"的通常标准,而自由证明则适用优势证明标准。换言之,相对于严格证明适用的"排除合理怀疑"等证明标准而言,自由证明中判断证据指向的事实是否存在的标准是"盖然性"。之所以如此,是因为严格证明适用于定罪和从重量刑场合,这些场合中承担证明责任的主要是控诉机关,从无罪推定理念和控诉机关掌握大量司法权力的现实出发,如若不适用上述标准,可能导致国家权力的滥用,直接损害被告人的合法权益。而自由证明适用于有利于被告人的量刑场合,如果对有利于被告人的量刑情节一律要求严格证明,就会导致取证能力较弱的被告人及其辩护人所获证据被采信的可能性大大降低,不利于对被告人合法权益的保障。因此,无论是严格证明中的通常标准还是自由证明中的优势标准,蕴含的价值取向均是对被告人权益的保障,两者有异曲同工之妙。

司法实践中,诸如立功等有利于被告人的量刑情节,通常由被告方提出。相应地,被告方通常会承担主要的证明责任。具体而言,被告方的这种证明责任需要达到优势证据的程度,并在达到这一程度之后,将证明责任再次转移给公诉方。公诉方此时要承担证明该项量刑情节不成立的责任,并需达到优势证据的程度。在被告方与公诉方的证明势均力敌的情况下,法庭通过对控辩双方量刑证据的权衡,最终裁断哪一方的证明达到了相对优势的程度。换言之,在存在两种相反的事实认定的可能下,只要其中一种事实存在的可能性具有证据上的相对优势,也就是相对另一种事实存在的可能性而言,该种事实成立的可能性更大一些,那么,法庭就该确信该种事实的成立,并将其作为裁判的依据。

本案中,上诉人李梦杰为证明其有协助公安机关抓捕同案犯的行为,向法庭提供了抓捕前其与同案犯的通话记录,据此证实其通过电话确定了同案犯的具体藏匿地址,并将该地址及时告知了公安机关。此时的证明责任已经转移至公诉方。公诉方为了证明李梦杰不构成立功,向法庭提交了由公安机关出具的《案件的侦破、揭发经过》和《情况说明》。该三份材料虽然均否认李梦杰有提供同案犯具体藏匿地址的行为,始终坚持同案犯的落网是公安机关运用技术侦查手段所致,但具体细节描述前后不一,特别是关于通过同案犯QQ锁定其藏匿地址的证明无法得到相关证据的证实。相反,同案犯刘辉的供述证实,其在与李梦杰通话过程中曾将自己所处详细位置告知李梦杰,后被公安机关抓获。法庭综合衡量后,认为李梦杰的上诉理由能够得到同案犯供述的印证，相对于公安机关出具的《案件的侦破、揭发经过》和《情况说明》，可信度更大。故二审法院根据优势证据裁判标准，认定李梦杰有协助抓获同案犯的行为，依法认定其构成立功是适当的。

（撰稿：江苏省无锡市中级人民法院　韩　锋　王星光
审编：最高人民法院刑四庭　陆建红）

[第1036号]朱莎菲贩卖毒品案

——被告人协助公安机关抓获同案犯，但同案犯未被作为犯罪处理的，能否认定被告人构成立功

【关键词】　贩卖毒品罪　协助公安机关抓获同案犯　立功　同案犯未被作为犯罪处理

一、基本案情

被告人朱莎菲，女，1974年10月17日出生，无业。2013年3月26日因涉嫌犯贩卖毒品罪被逮捕。

江苏省无锡市北塘区人民检察院以被告人朱莎菲犯贩卖毒品罪，向北塘区人民法院提起公诉。

无锡市北塘区人民法院经公开审理查明：

2013年2月至3月12日期间，被告人朱莎菲在江苏省无锡市南长区永乐路87号永乐名典等地，分三次将0.74克甲基苯丙胺分别贩卖给邱涛、费忠、陈登英，得款共计人民币（以下币种同）800元。具体事实如下：

1. 2013年2月，朱莎菲在无锡市南长区永乐路87号永乐名典附近，将0.1克甲基苯丙胺贩卖给邱涛，得款100元。

2. 2013年3月10日左右，朱莎菲在无锡市南长区永乐路大荣饭店门口，将0.44克甲基苯丙胺贩卖给费忠，得款500元。

3. 2013年3月12日，朱莎菲在无锡市南长区永乐路87号永乐名典附近，将0.2克甲基苯丙胺贩卖给陈登英，得款200元。

2013年3月12日14时许，公安机关在无锡市南长区日航大酒店附近抓获朱莎菲，并从其身上当场查获3克甲基苯丙胺。同日16时许，公安机关在朱莎菲位于无锡市南长区扬名路63号402室的租住处查获1.83克甲基苯丙胺。朱莎菲归案后主动供述了司法机关尚未掌握的其向邱涛、陈登英贩卖毒品的事实，并协助公安机关抓获张志超、邱涛、陈登英。

无锡市北塘区人民法院认为，被告人朱莎菲明知甲基苯丙胺是毒品而多次贩卖给他人共计0.74克，其既有吸毒行为，又有贩毒行为，查获的甲基苯丙胺4.83克，应当计入其贩卖数额，即认定其贩卖甲基苯丙胺5.57克，其行为构成贩卖毒品罪，且属情节严重。朱莎菲归案后如实供述自己的罪行，依法可以从轻处罚。朱莎菲多次因吸毒被行政处罚，仍不思悔改，酌情从重处罚。朱莎菲归案后协助公安机关抓捕其他犯罪嫌疑人员，犯罪嫌疑虽未查证属实，但有立功意愿，酌情从轻处罚。鉴于本案部分毒品被查获尚未流入社会以及朱莎菲本人吸食毒品的情况，在量刑时可以酌情从轻。据此，依照《中华人民共和国刑法》第三百四十七条第四款、第六十七条第三款

之规定,无锡市北塘区人民法院以被告人朱莎菲犯贩卖毒品罪,判处有期徒刑三年八个月,并处罚金人民币四千元。

一审宣判后,被告人朱莎菲以其具有立功表现,其犯罪行为不属于情节严重等为由向无锡市中级人民法院提起上诉。

无锡市中级人民法院经公开审理查明:2013 年 2 月至 3 月 12 日,上诉人朱莎菲在无锡市南长区永乐路 87 号永乐名典等地,先后 3 次将共计 0.74 克甲基苯丙胺贩卖给邱涛、费忠、陈登英,得款共计 800 元。同年 3 月 12 日 14 时许,公安机关在无锡市南长区日航大酒店附近将朱莎菲抓获,当场从朱莎菲身上查获其为了贩卖而委托涉案人员张志超(另案处理)购买的甲基苯丙胺 3 克。同日 16 时许,公安机关在朱莎菲租住地查获甲基苯丙胺 1.83 克。朱莎菲归案后主动供述了司法机关尚未掌握的其向邱涛、陈登英贩卖毒品的事实,并协助公安机关抓获张志超、邱涛、陈登英。

无锡市中级人民法院认为,上诉人朱莎菲多次贩卖甲基苯丙胺共计5.57克,其行为构成贩卖毒品罪,且属情节严重。朱莎菲归案后协助公安机关抓获涉案人员张志超,该行为依法构成立功,且有主动供述公安机关尚未掌握的同种罪行以及如实供述全部罪行的情节。据此,依照《中华人民共和国刑事诉讼法》第二百二十五条第一款第三项,《中华人民共和国刑法》第三百四十七条第四款、第二十五条第一款、第六十八条第一款、第六十七条第三款以及《最高人民法院关于处理自首和立功具体应用法律若干问题的解释》第五条之规定,无锡市中级人民法院判决如下:

1. 维持无锡市北塘区人民法院(2013)北刑初字第 0136 号刑事判决对原审被告人朱莎菲的定罪部分,撤销对朱莎菲的量刑部分。

2. 上诉人朱莎菲犯贩卖毒品罪,判处有期徒刑二年,并处罚金人民币二千元。

二、主要问题

被告人协助公安机关抓获同案犯,但同案犯未被作为犯罪处理的,能否认定被告人构成立功?

三、裁判理由

本案中,被告人朱莎菲在被公安机关抓获后,主动交代其被查获的 3 克甲基苯丙胺系张志超明知其贩卖毒品而为其代购的,并按照公安机关的安排打电话将张志超约至指定地点见面,还在见面地点向公安人员指认了张志超,公安机关据此将张志超抓获。张志超到案后,公安机关出具的《情况说明》载明:2013 年 3 月 12 日 13 时许,接涉毒嫌疑人费忠举报,朱莎菲近期在无锡市向多人贩卖毒品。当日 14 时许,公安机关在费忠的协助下,将携带 3 克甲基苯丙胺准备与费忠进行交易的朱莎菲抓获,后朱莎菲协助公安机关抓获帮助其购买毒品的张志超。因朱莎菲与费忠的毒品交易已被公安机关掌控,张志超不构成犯罪。一审法院据此认定:"朱莎菲归案后协助公安机关抓捕其他犯罪嫌疑人员,犯罪嫌疑虽未查证属实,但有立功意愿,酌情从轻处罚。"从该裁判理由分析可知,一审法院认定朱莎菲协助抓获同案犯的行为不构成立功。

二审审理过程中,对于被告人朱莎菲协助公安机关抓获张志超的行为是否构成立功,存在两种意见:一种意见与一审法院的意见相同,认为朱莎菲虽具有协助公安机关抓获张志超的行为,但张志超未被公安机关处理,朱莎菲检举的张志超的犯罪行为未能查证属实,故不应认定朱莎菲的行为构成立功。另一种意见认为,审判机关应当根据法律规定认定张志超明知他人实施毒品犯罪仍为其代购毒品的行为构成犯罪,虽然公安机关未对张志超作出处理,但朱莎菲确有协助公安机关抓获张志超的表现,应当认定朱莎菲的行为构成立功。

我们同意后一种意见。具体理由如下：

刑法第六十八条规定，犯罪分子有揭发他人犯罪行为，查证属实的，或者提供重要线索，从而得以侦破其他案件等立功表现的，可以从轻或者减轻处罚。《最高人民法院关于处理自首和立功具体应用法律若干问题的解释》（以下简称《解释》）第五条对立功的构成条件作出详细列举和明确规定："犯罪分子到案后有检举、揭发他人犯罪行为，包括共同犯罪案件中的犯罪分子揭发同案犯共同犯罪以外的其他犯罪，经查证属实；提供侦破其他案件的重要线索，经查证属实；阻止他人犯罪活动；协助司法机关抓捕其他犯罪嫌疑人（包括同案犯）；具有其他有利于国家和社会的突出表现的，应当认定为有立功表现。"由于实践中满足立功制度确立的从宽处罚条件的情形较为复杂，为进一步规范司法实践中对立功制度的运用，更好地贯彻落实宽严相济刑事政策，最高人民法院2010年12月印发的《关于处理自首和立功若干具体问题的意见》（以下简称《意见》）对协助抓捕其他犯罪嫌疑人型立功的具体认定、立功线索的查证程序、自首与立功证据材料的审查等问题作出了更为详细的规定。《意见》第五条第一款规定，犯罪分子具有下列行为之一，使司法机关抓获其他犯罪嫌疑人的，属于《解释》第五条规定的"协助司法机关抓捕其他犯罪嫌疑人"：（1）按照司法机关的安排，以打电话、发信息等方式将其他犯罪嫌疑人（包括同案犯）约至指定地点的；（2）按照司法机关的安排，当场指认、辨认其他犯罪嫌疑人（包括同案犯）的；（3）带领侦查人员抓获其他犯罪嫌疑人（包括同案犯）的；（4）提供司法机关尚未掌握的其他案件犯罪嫌疑人的联络方式、藏匿地址的，等等。根据上述规定，认定协助抓捕其他犯罪嫌疑人（包括同案犯）型立功属于刑法第六十八条规定的"犯罪分子有揭发他人犯罪行为，查证属实的"，应当满足三个条件：一是行为条件。即行为人应当有协助抓捕其他犯罪嫌疑人（包括同案犯）的行为，具体包括《意见》第五条第一款规定的四种情形等。二是对象条件。即被协助抓获的犯罪嫌疑人确有犯罪行为。三是结果条件。即被协助抓获的犯罪嫌疑人的犯罪行为经查证属实。

本案认定被告人朱莎菲的行为构成立功，主要有以下几点理由：

（一）朱莎菲的行为符合"协助司法机关抓捕其他犯罪嫌疑人"型立功的行为条件

朱莎菲在被公安机关抓获后，主动交代其被查获的3克甲基苯丙胺系张志超明知其贩卖毒品而为其代购，提供了张志超的联系方式，按照公安机关的安排打电话将张志超约至指定地点，并当场指认了张志超，公安机关在朱莎菲的指认下抓获张志超。朱莎菲的行为既符合《意见》第五条第一款第一项规定的"按照司法机关的安排，以打电话、发信息等方式将其他犯罪嫌疑人（包括同案犯）约至指定地点"的情形，也符合该款第二项规定的"按照司法机关的安排，当场指认、辨认其他犯罪嫌疑人（包括同案犯）"的情形。朱莎菲的电话约见、当场指认为司法机关的抓捕提供了极大便利，有效地降低了抓捕成本，提高了抓捕效率，符合"协助司法机关抓捕其他犯罪嫌疑人"型立功的客观行为特征。

（二）被告人朱莎菲的行为符合"协助司法机关抓捕其他犯罪嫌疑人"型立功的对象条件

认定朱莎菲是否构成立功的第二个要件，是其协助抓获的张志超是否有犯罪行为。张志超明知朱莎菲贩卖毒品而为其代购3克甲基苯丙胺的事实，有张志超、朱莎菲的一致供述及从朱莎菲处查获的3克甲基苯丙胺予以证实，足以认定张志超实施犯罪的事实。对于张志超的行为是否构成犯罪，公安机关、一审法院与二审法院的认识存在分歧，但分歧不在于认定该事实的证据是否充分，而在于不同机关对法律适用问题的理解。对此问题，公安机关出具了专门的《情况说明》。该《情况说明》分析，因为朱莎菲欲向他人贩卖3克甲基苯丙胺的犯罪公安机关已事先掌握，故帮助朱莎菲购买毒品的张志超不构成犯罪，从而朱莎菲检举并协助抓获张志超的行为不构成立功。我们认为，公安机关在《情况说明》中关于张志超不构成犯罪的结论和理由均不能成立。

公安机关是否事先掌握朱莎菲欲向他人贩卖3克甲基苯丙胺的犯罪事实,与明知朱莎菲贩卖毒品而帮助其购毒的张志超是否构成犯罪没有必然联系。本案中,公安机关根据涉毒人员费忠的检举掌握了朱莎菲贩卖毒品的犯罪线索,且利用费忠向朱莎菲再次购买毒品而将正欲进行毒品交易的朱莎菲抓获,属于利用特情引诱破案。因朱莎菲此前已有多次贩毒行为,向费忠贩卖毒品也不是第一次,故本案不属于犯意引诱,但从以往朱莎菲贩毒数量均在1克以下的情节分析,不排除此次贩卖毒品有数量引诱因素。但本案中的特情引诱情节不影响朱莎菲贩卖毒品犯罪的成立,更不影响对张志超为朱莎菲代购毒品的行为性质的认定。2008年印发的《全国部分法院审理毒品犯罪案件工作座谈会纪要》明确指出:“明知他人实施毒品犯罪而为其居间介绍、代购代卖的,无论是否牟利,都应以相关毒品犯罪的共犯论处。”张志超明知朱莎菲欲实施贩卖毒品犯罪而为其代购毒品,为朱莎菲贩卖毒品提供实际帮助,与朱莎菲构成共同犯罪,应当按照贩卖毒品罪的共犯论处。

(三)被协助抓获者的犯罪行为是否“查证属实”应当由法院依据事实和法律作出认定

张志超的犯罪行为是否查证属实,是本案争议的焦点,也是实践中存在认识分歧的主要问题,并直接关系到对朱莎菲立功情节的认定。其中主要涉及两个问题:一是“查证属实”的认定主体问题;二是“查证属实”的认定依据问题。

1. 关于“查证属实”的认定主体。我们认为,应当明确不同司法机关在此问题上的职责和权限,确立侦查机关的查证职责和审判机关的审查认定职责。首先,侦查机关有查证被协助抓获者是否构成犯罪的职责。根据刑事诉讼法第一百一十三条的规定:“公安机关对已经立案的刑事案件,应当进行侦查,收集、调取犯罪嫌疑人有罪或者无罪、罪轻或者罪重的证据材料。”根据法律规定,对犯罪嫌疑人立案之后,处理相应的立功线索以及认定犯罪嫌疑人是否具有立功情节的职责均归属于侦查机关。侦查机关应当对犯罪嫌疑人的犯罪行为与犯罪嫌疑人所检举揭发的他人的犯罪行为给予同样的重视,既要收集犯罪嫌疑人有罪和罪重的证据,也要收集犯罪嫌疑人无罪或者罪轻的证据,以保障犯罪嫌疑人的诉讼权利不受侵犯。具体到本案,被告人朱莎菲涉及构成协助抓获同案犯的立功,侦查机关在查证时应当明确朱莎菲是否具有协助抓获同案犯的客观行为,也应查明朱莎菲协助抓获的张志超是否存在相应的犯罪事实,并将证明上述情节的证据材料全面、客观地提供给人民法院。其次,人民法院有审查认定被协助抓获者的犯罪行为是否被“查证属实”的职责。《最高人民法院关于适用〈中华人民共和国刑事诉讼法〉的解释》第一百一十条规定了人民法院应当对被告人的立功材料进行形式和实质审查的内容。其中第一款规定:“证明被告人自首、坦白、立功的证据材料,没有加盖接受被告人投案、坦白、检举揭发等的单位的印章,或者接受人员没有签名的,不得作为定案的根据。”这表明人民法院对涉及立功的相关证据材料具有形式审查的职责,只有形式完备的证据材料才能作为定案的根据。该条第二款规定:“对被告人及其辩护人提出有自首、坦白、立功的事实和理由,有关机关未予认定,或者有关机关提出被告人有自首、坦白、立功表现,但证据材料不全的,人民法院应当要求有关机关提供证明材料,或者要求相关人员作证,并结合其他证据作出认定。”该款规定明确了人民法院对被告人的立功情节应当进行实质审查的职责。人民法院既可以根据被告人一方提出的请求和意见,对有关机关未予认定的立功情节进行审查;也可以根据职权,对有关机关认定被告人构成立功的结论进行实质审查。本案中,人民法院对公安机关出具的证实张志超不构成犯罪的《情况说明》,不应简单进行形式审查后直接采纳,而应根据案情和其他相关证据进行综合评判。

2. 关于“查证属实”的认定依据。《意见》第六条第四款对立功线索的查证及认定作出规定:“根据被告人检举揭发破获的他人犯罪案件,如果已有审判结果,应当依据判决确认的事实认定是否查证属实;如果被检举揭发的他人犯罪案件尚未进入审判程序,可以依据侦查机关提供的书面查证情况认定是否查证属实。”本案中,被告人朱莎菲协助抓获的张志超未被侦查机关作为犯罪处理,因此,主要涉及人民法院对侦查机关出具的证实张志超不构成犯罪的材料如何认定的问题。对此,首先应当从刑法设立立功制度的立法原意进行分析,对立功中的“查证属实”要件作有利于被告人的解释。立功制度兼具体现犯罪人的悔罪表现以及打击犯罪的双重功能:一方面犯罪人通过立功行为体现其对犯罪行为的悔恨,展现较好的悔罪表现,从而获得从轻处罚;另一方面犯罪人的立功行为有利于司法机关发现、侦破刑事犯罪,从而实现刑罚预防和惩治犯罪的作用。其中,犯罪人的悔罪表现往往是通过其立功行为本身体现出来的,而认定其是否构成立功的关键即在于该行为是否客观上对打击犯罪起到帮助和促进作用。本案中,被告人朱莎菲协助抓获的张志超确实涉嫌贩卖毒品犯罪,朱莎菲的协助抓获行为体现了其认罪、悔罪的良好态度,并有利于司法机关及时发现和有效惩治相关犯罪行为,因而具有立功价值。其次,对于被检举者的犯罪行为是否“查证属实”的认定,不宜一概要求依据相应的刑事判决。实践中,对检举者的判决与被检举者的判决之间常常会出现较长的时间间隔,若一味强调只有人民法院判决才能确定被检举者的犯罪行为是否“查证属实”,无疑会错过对检举者在量刑阶段进行从宽处罚的时机,不利于保障犯罪人的正当权利。因此,从有利于被告人和便宜诉讼进程的角度考虑,可以由审理检举人的人民法院根据现有证据认定被检举人是否构成犯罪以及可能判处的刑罚,并据此认定检举人是否构成立功。

综上,无锡市中级人民法院在审理被告人朱莎菲贩卖毒品一案的过程中,有权根据现有证据认定张志超明知他人实施毒品犯罪而为其代购毒品的相关犯罪事实,并据此认定朱莎菲协助抓获张志超的行为构成立功是正确的。

(撰稿:江苏省无锡市中级人民法院　蔡连德　黄　辛　杨　柳
审编:最高人民法院刑五庭　马　岩)

[第1037号]杨文博非法持有毒品案

——因形迹可疑被盘查时发现持有可疑物品,在被带至公安机关接受调查时如实供述了非法持有毒品事实的,是否成立自首

【关键词】 非法持有毒品罪　如实供述　自首　从轻处罚

一、基本案情

被告人杨文博,男,1984年4月9日出生,无业。2014年5月23日因涉嫌犯非法持有毒品罪被逮捕。

河南省鹤壁市山城区人民检察院以被告人杨文博犯非法持有毒品罪,向山城区人民法院提起公诉。

被告人杨文博对指控的事实和罪名无异议,但辩称涉案毒品是其被带到公安机关后主动交代的。杨文博的辩护人提出,杨文博在侦查人员讯问前主动交代自己的主要犯罪事实,应当认定为自首;杨文博认罪态度好,系初犯,可以从轻或者减轻处罚。

鹤壁市山城区人民法院经公开审理查明:2014年5月8日17时许,鹤壁市公安局红旗分局

侦查大队在鹤壁市山城区东岭转盘处设卡盘查,在对杨文博驾驶的牌号为豫AY646X的车辆进行检查时,发现其随身携带的挎包内藏有4包可疑白色晶体,遂将其带至红旗分局接受调查。杨文博随即交代了其携带的可疑物品系冰毒,是其从网上购买供自己吸食用的。经鹤壁市公安局物证鉴定所鉴定,该4包白色晶体净重62.58克,均检出甲基苯丙胺成分。

鹤壁市山城区人民法院认为,被告人杨文博非法持有甲基苯丙胺62.58克,其行为构成非法持有毒品罪。杨文博在公安机关已发现其随身携带的挎包内藏有可疑物品后,才交代非法持有毒品的事实,不能认定为自首。杨文博认罪态度好,到案后能如实供述自己的犯罪事实,系坦白,依法可以从轻处罚。据此,依照《中华人民共和国刑法》第三百四十八条、第六十七条第三款、第五十二条、第五十三条之规定,鹤壁市山城区人民法院以被告人杨文博犯非法持有毒品罪,判处有期徒刑七年,并处罚金人民币二万元。

宣判后,被告人杨文博未提起上诉,公诉机关亦未抗诉,该判决已发生法律效力。

二、主要问题

因形迹可疑被盘查时发现随身携带的挎包内藏有可疑物品,在被带至公安机关接受调查时,如实供述了非法持有毒品事实的,是否成立自首?

三、裁判理由

本案审理过程中,对于被告人杨文博的行为能否认定为自首,存在两种意见:一种意见认为,根据《最高人民法院关于处理自首和立功具体应用法律若干问题的解释》(以下简称《解释》)的规定,罪行尚未被司法机关发觉,仅因形迹可疑,被司法机关盘问后,主动交代自己的罪行的,应当视为自动投案。杨文博因形迹可疑被执行巡查任务的公安人员盘查后,主动交代其非法持有毒品的犯罪事实,应当认定为自动投案。另一种意见认为,公安人员在盘问杨文博的同时,对其驾驶的车辆进行搜查,发现其随身携带与犯罪有关的物品,此后杨文博交代了非法持有毒品的事实,其行为不属于自动投案;杨文博如实供述的事实系司法机关已掌握的犯罪事实,其行为不成立自首;杨文博如实供述犯罪事实的情节,应当认定为坦白。

我们赞同后一种意见,理由如下:

(一)侦查人员已从被告人杨文博随身携带的挎包内查获可疑物品,此时杨文博交代非法持有毒品的事实,不应当视为自动投案

根据刑法第六十七条的规定,犯罪以后自动投案,如实供述自己的罪行的,是自首。可见,自动投案是自首成立的前提条件。所谓自动投案,是指犯罪事实或者犯罪嫌疑人未被司法机关发觉,或者虽被发觉,但犯罪嫌疑人尚未受到讯问、未被采取强制措施时,主动、直接向公安机关、人民检察院或者人民法院投案。实践表明,自动投案有多种情形。《解释》第一条规定:"罪行未被司法机关发觉,仅因形迹可疑被有关组织或者司法机关盘问、教育后,主动交代自己的罪行的……应当视为自动投案。"上述规定中使用的"形迹可疑"一词,是指对方的举动和神色让人起疑心。这种疑心,是司法工作人员基于经验、常理对怀疑对象所作的一种主观判断。从侦查人员的角度看,在"形迹可疑"语境下,侦查人员还没有掌握任何可疑物品,即尚未掌握任何被怀疑者犯罪的证据或者线索,因而只能对被怀疑者进行盘问、教育,而无权对其采取进一步的侦查措施。从被怀疑者的角度看,此时他不能被作为刑事侦查程序意义上的犯罪嫌疑人。这个时候,如果被怀疑对象主动交代了自己尚未被司法机关发觉的罪行,应当视为自动投案。但是,如果被怀疑者的罪证已经被侦查人员所掌握,或者侦查人员凭借一定的事实、证据以及工作经验或者他人提供的线索,对特定对象产生了某种具体的、有针对性的怀疑,从而可以将嫌疑人与某种具体犯罪行为相联系,则该嫌疑对象已经成为刑事侦查程序意义上的犯罪嫌疑人。此时犯罪

嫌疑人交代犯罪事实的,不属于《解释》规定的“罪行尚未被司法机关发觉”,不能认定为自动投案。

本案中,侦查人员在对被告人杨文博进行盘查而尚未发现其随身携带的挎包内藏有可疑物品时,杨文博只是个“形迹可疑”的人;但是当侦查人员对杨文博的车辆进行检查后发现其挎包内有4包白色可疑晶体,并决定将其带至公安机关接受调查时,杨文博不再是《解释》所称的“仅因形迹可疑”而被盘问、教育的人,而是一个犯罪嫌疑人,即侦查人员已经掌握了被怀疑者实施犯罪的证据或者线索。此时,侦查人员根据自己的工作经验,可以判断毒品犯罪事实——如贩卖、运输毒品或者非法持有毒品事实存在的较大可能性。这4包白色可疑晶体已经在一定程度上证明了杨文博具有非法持有毒品的犯罪嫌疑。有观点认为,侦查人员在物证检验报告结果出来之前,不能确定该4包白色晶体是毒品,故侦查人员对杨文博的怀疑只是一般性的怀疑,而没有掌握确凿的证据,因而不能认为公安机关已经发觉了杨文博非法持有毒品的罪行。我们认为,此种观点不能成立。发觉某种罪行的发生,不等于完全证实了该种罪行。在侦查阶段,不能以侦查人员掌握的证据达到“确实、充分”标准来认定发觉了犯罪嫌疑人实施的罪行。在毒品犯罪案件中,作为物证的毒品是指控犯罪的最有力、最直接的证据。非法持有毒品犯罪案件尤其如此,只要毒品被查获,就应当认定行为人的罪行已经被司法机关发觉。物证检验报告形成之前,侦查人员可以根据经验去判断所查获的可疑物品是不是毒品,并决定对可疑物品持有者采取进一步的侦查措施。这种判断虽然不能代替人民法院宣告有罪判决时所要求的物证鉴定,但在侦查阶段确定犯罪嫌疑人时不失为一种有效的判断。因此,在毒品犯罪案件中,毒品已经被查获,处于公安机关控制之下的犯罪嫌疑人即失去了自动投案的机会。基于这种思路,《最高人民法院关于处理自首和立功若干具体问题的意见》明确规定:“有关部门、司法机关在其身上、随身携带的物品、驾乘的交通工具等处发现与犯罪有关的物品的,不能认定为自动投案。”

(二)被告人杨文博虽然不具有自首情节,但其到案后能够如实供述犯罪事实,依法可以从轻处罚

根据上述分析,虽然被告人杨文博在自己的挎包被侦查人员没收后才交代其非法持有毒品事实的行为不成立自首,但根据刑法第六十七条第三款规定,犯罪嫌疑人虽然不具有自首情节,但是如实供述自己罪行的,可以从轻处罚。本案中,被告人杨文博认罪态度好,到案后能如实供述自己的犯罪事实,系坦白,可以从轻处罚。诉讼过程中有观点认为,杨文博携带的毒品数量已经超出了自吸的合理范围,认定杨文博的行为构成非法持有毒品罪,意味着涉案毒品的去向是不清楚的——可能自吸,但不排除贩卖等可能,因此不能认定杨文博“如实供述自己罪行”。如果认定杨文博关于购买冰毒用于自吸的供述是真实的,则不应当认定其行为构成犯罪,因为吸毒不构成犯罪,那么购买毒品用于自吸也不应当予以定罪。因此,反过来看,不能认定杨文博关于购买毒品用于自吸的供述是真实的。

我们认为,上述观点虽有一定道理,但不能过于绝对。首先,根据刑法第三百四十八条的规定,非法持有毒品罪中持有的毒品数量并无上限,因此,认定杨文博是否“如实供述自己罪行”首先要看其所携带的毒品是否明显超出自吸的合理范围。如果所携带的毒品数量明显超出自吸范围,仅是因为没有其他证据证明贩卖或者运输目的而认定为持有的,一般不认定被告人具有“如实供述自己罪行”情节。本案中,杨文博携带毒品的数量为62.58克,尚未明显超出自吸的合理范围,故上述观点的前提不能成立。其次,刑法第六十七条规定的“如实供述自己罪行”,应当理解为如实交代自己的主要犯罪事实,而不是交代所有的事实。非法持有毒品罪是一种持有型犯罪,本罪的客观方面是持有毒品行为,因而在所携带毒品数量尚未明显超出自吸合理范围的前提下,

只要行为人如实交代了其非法持有毒品状态的事实，即可认定其交代了主要犯罪事实。至于毒品的来源与去向，因不属于本罪的构成要件事实，可以排除于主要犯罪事实之外。最后，从刑事证明角度看，在所携带毒品并未明显超出自吸合理范围的前提下，虽无证据证明杨文博关于购买冰毒用于自吸的供述是真实的，但同样无证据证明其供述是虚假的。因此，从有利于被告的角度考虑，不能认定杨文博未如实供述自己的罪行，不能轻易排除坦白情节的认定。值得注意的是，上述关于杨文博未如实供述自己罪行的观点既无证据支持，也过分挤压了自首和坦白情节在持有型犯罪中的适用空间，不利于鼓励犯罪分子认罪悔罪，故难免失之偏颇。

综上所述，鹤壁市山城区法院对被告人杨文博予以从轻处罚，即以非法持有毒品罪判处其有期徒刑七年，并处罚金人民币二万元的判决是正确的。

（撰稿：河南省鹤壁市山城区人民法院　崔艳丽
审编：最高人民法院刑二庭）

[第1038号]文某非法持有毒品案

——如何审查判断是否存在刑讯逼供等非法方法收集证据的情形以及审查起诉阶段未审查排除侦查阶段刑讯逼供取得的有罪供述，继续获取的不稳定有罪供述是否应当排除

【关键词】　非法持有毒品罪　刑讯逼供　有罪供述　非法证据排除

一、基本案情

被告人文某，男，1963年6月28日生。2013年2月21日因吸食毒品被送戒毒所行政拘留15日（未执行完毕），同年3月8日因涉嫌犯运输毒品罪被逮捕。

某区人民检察院以被告人文某犯运输毒品罪，向某区人民法院提起公诉。

被告人文某辩称，其在侦查阶段的有罪供述系侦查机关刑讯逼供的结果，其行为不构成运输毒品罪。

辩护人基于以下理由提出被告人文某的行为不构成运输毒品罪：(1)本案言词证据存在矛盾；(2)本案存在特情引诱；(3)侦查人员实施了刑讯逼供取证行为，公诉机关提供的相关证据应当作为非法证据予以排除。

某区人民法院经公开审理查明：

1. 关于审判前供述取得合法性的审查

被告人文某在公安机关共作有四份有罪供述，分别是2013年2月20日、2月21日在某派出所两份，2月26日、4月10日在某看守所两份。

文某及其辩护人提出相关供述系侦查人员刑讯逼供所致，并提供如下材料、线索：(1)提交的照片显示文某进看守所时脸有浮肿、眼睛青紫；(2)看守所出具的健康检查笔录，载明文某入所时“双眼青紫，左头部痛，自述系在派出所被吊飞机和被按在地上所致”；(3)文某曾于2013年2月22日、26日两次到当地某医院就诊，其中2月22日的病历载明患者“头部外伤后头痛3天，约3天前头部撞伤”。

经庭审先行调查，公诉人当庭宣读和出示了下列证据：

(1)某医院的两份病历。该两份病历证明,2013年2月22日、2月26日文某确有至某医院就诊的事实,其中2月22日的病历载明文某头部外伤后头痛3天,约3天前头部撞伤。

(2)戒毒所提供的健康检查表、派出所提供的谈话笔录、文某亲笔说明。某戒毒所出具的健康检查表载明,文某于2013年2月21日入所时“双眼有青紫,有情况说明”;文某自书情况说明一份,载明“本人文某眼睛伤系正常的碰撞,自己撞到的,脚有痛风”;某派出所出具的谈话笔录证明,文某在戒毒所期间未受到打骂、体罚等。

(3)公安机关出具的情况说明。该情况说明载明:2013年2月19日晚,民警抓获文某,因天色已晚在现场未发现文某眼部有伤。后将文某带至某派出所审查,发现眼部有伤。文某当时自称是同月18日自己撞到眼部所致。2月21日文某因吸毒被送至戒毒所执行行政拘留。入所检查时,戒毒所民警发现文某眼部有伤,遂询问其伤情原因。文某依然称是自己撞到眼部所致,并亲笔写下情况说明。

(4)公安机关出具的另一份情况说明。该情况说明载明:侦查人员就本案审讯过程制作过全程同步录音录像,但因主办人员于2013年4月调离且其电脑已报废,故该录音录像资料灭失。

(5)公诉机关分别于2013年3月4日、3月6日和5月7日对文某所做的三份讯问笔录。其中3月6日的笔录内容证明文某向公诉机关反映被刑讯逼供的情形,其余两份内容为有罪供述。

在对上述证据当庭质证过程中,被告人文某及其辩护人提出,文某的亲笔说明系因被逼迫所写,且根据上述证据不能排除文某被刑讯逼供的可能。而公诉机关认为,根据文某本人所写情况说明,结合其他证据,可以证明文某的外伤与刑讯逼供无关;按照法律规定,文某所犯罪行尚未达到必须要进行全程录音录像的条件,且目前该录像已灭失;文某在审查起诉阶段的有罪供述能够证明其运输毒品犯罪事实。

2. 非法持有毒品事实

2013年2月19日晚,文某在某小区某号楼门前被公安机关抓获,其随身携带的2小包毒品及身边雪地上的2大包毒品被查获。经鉴定,4包毒品均含有甲基苯丙胺成分,经称重,4包毒品分别为0.29克、0.14克、25.06克、25.05克,合计50.54克。

某区人民法院认为:(1)关于审判前供述取得合法性的审查。首先,关于文某在侦查机关所作的有罪供述的合法性审查。文某自2013年2月19日被抓获至同月26日进入看守所期间,多份证据证明其有眼睛青紫,面部肿胀的外伤。文某在入所体检及公诉机关提审时均进行了反映,而公诉机关为论证侦查机关证据收集的合法性仅提供了文某自书的情况说明、侦查机关出具的情况说明,未能提供同步录音录像等更有力的客观证据。根据现有的证据及线索,不能排除文某的伤情系侦查人员刑讯逼供所致的可能,故对文某在侦查机关所作的供述笔录应当依法予以排除。其次,关于文某在公诉机关三份有罪供述笔录的合法性审查。文某在侦查、审查起诉阶段的有罪供述具有连贯性,既然侦查阶段的有罪供述应当依法予以排除,那么公诉机关在审查起诉阶段的取证亦应依法予以排除。更何况文某在审查起诉阶段亦未形成多次稳定的供述,且文某当庭供述的犯罪事实与审查起诉阶段的供述存有反复,其关于其在审查起诉阶段所作有罪供述笔录系在害怕打击报复且未细看的情况下完成的辩解,具有一定合理性,故其在审判前的所有供述都应依法予以排除。(2)关于文某非法持有毒品的事实部分。文某非法持有甲基苯丙胺50克以上,其行为构成非法持有毒品罪。首先,公诉机关指控文某犯运输毒品罪,在排除了文某庭前供述后,剩余证据尚无法形成证据锁链证明文某运输毒品的犯罪事实,故指控文某犯运输毒品罪的证据不足,不予采纳。其次,文某作为吸毒人员被公安机关抓获时现场查获毒品甲基苯丙胺50克以上,有文某当庭的供述及公安机关的扣押物品、文件清单,称量记录,物证检验报告,毒品照片等证据相互印证。现有证据尚无法证明涉案的50.54克冰毒是用于贩卖或者是自己吸食,故对文某的行为应当以非法持有毒品罪论处。(3)关于本案可能存在特情引诱辩护意见的审查。根据公安机关提供的情况说明,证人陈某并非特情人员,且本案是否存在特情,与定罪量刑并无直接关系。该辩护意见与事实和法律不符,故不予采纳。据此,依照《中华人民共和国刑法》第三百四十八条、《中华人民共和国刑事诉讼法》第五十四条之规定,某区人民法院以被告人文某犯非法持有毒品罪,判处有期徒刑七年,并处罚金人民币一万元。

一审宣判后,被告人文某未提起上诉,检察院亦未抗诉,该判决已发生法律效力。

二、主要问题

1. 如何审查判断是否存在刑讯逼供等非法方法收集证据的情形?

2. 审查起诉阶段未审查排除侦查阶段刑讯逼供取得的有罪供述,继续获取的不稳定有罪供述是否应当排除?

三、裁判理由

在立法、司法政策理念大转型的环境下,司法实践中,辩方提出非法证据排除申请的案件日益增加。但由于涉及深层次体制及非法证据排除规则自身设计等因素,证据经法院审查或者调查后被作为非法证据排除的案件相对较少,经非法证据排除后影响定罪量刑的案件更是少之又少。本案系人民法院依法办理的一起非法证据排除案件,庭审过程中切实严格贯彻体现了"六刑会"关于"以庭审为中心""以审判为中心"的政策精神,对进一步改进和完善非法证据排除制度,推进防范冤假错案机制制度建设具有重要意义。下文围绕以下两个主要问题展开分析论述:

(一)不能排除以非法方法收集的证据应当坚决依法排除

1. 辩方能够提供涉嫌非法取证的线索或者材料的,可以依法申请启动非法证据排除程序。刑事诉讼法第五十六条第二款规定:"当事人及其辩护人、诉讼代理人有权申请人民法院对以非法方法收集的证据依法予以排除。申请排除以非法方法收集的证据的,应当提供相关线索或者材料。"《最高人民法院关于适用〈中华人民共和国刑事诉讼法〉的解释》(以下简称《刑事诉讼法解释》)第九十六条进一步明确了当事人申请所需提供的线索、材料包括:涉嫌非法取证的人员、时间、地点、方式、内容等。其中所谓"材料"是指被告人出示的血衣、伤痕、伤痕照片、医疗证明、伤残证明、同监人证言等能够证明存在刑讯逼供等非法取证事实的证据材料;所谓"线索"是指可以显示刑讯逼供等非法取证事实确实存在的比较具体的事实,如关于刑讯逼供的时间、地点、方式、人员等信息。本案辩方即提供了伤痕照片、医疗证明及入所健康检查笔录等线索材料,用以证明其在公安机关侦查阶段受到打、踢、反剪双手等方式逼取供述。根据刑事诉讼法第五十六条的规定,法庭审理过程中,根据辩方提供的线索材料,审判人员认为可能存在以非法方法收集证据情形的,应当对证据收集的合法性进行法庭调查。本案中,法院在辩方提供上述线索后,即产生了对证据收集合法性的怀疑,并开庭专门就该事项进行了法庭调查。

2. 法院经审查对证据收集合法性有疑问的应当进行调查,不能排除存在以刑讯逼供等非法方法收集证据情形的,应当将该证据依法予以排除。根据刑事诉讼法第五十七条、第五十八条的规定,证据收集合法性的证明责任在于公诉机关,如果证据不能达到确实、充分的程度标准,不能排除非法取证合理怀疑的,对相关证据应当依法予以排除。

本案被告人文某于2012年2月19日被抓获,20日因涉嫌运输毒品犯罪被立案,21日因吸毒被送戒毒所行政拘留,26日被送看守所执行刑事拘留。在此期间,对证据收集合法性问题的反向证据有:(1)伤痕照片。案卷材料中,拍摄的当时作为犯罪嫌疑人的文某三面免冠照片,能看到其脸部、眼角等处有明显淤青痕迹。(2)医院急诊病历。2月22日上午10时30分,文某被送医院就诊,病历载明:"头部外伤后头痛3天,伤者约3天前头部撞伤"。而3天前即抓捕当天2月19日。医院的体征查体为"双眼睑肿胀青紫",诊治项目为"螺旋CT平扫(头颅)",后配药氯霉素滴眼液。2月26日下午3时许,文某因高血压被送医院进行常规心电图检查。(3)健康检查表。2月21日某戒毒所出具的健康检查表载明文某"双眼青紫",2月26日某看守所出具的健康检查表载明文某"双眼青紫,左头部痛,自述在派出所被吊飞机和被按在地上所致"。(4)文某的辩解。在审查起诉阶段,其于3月6日向公诉机关反映,其被抓获当晚及次日,被公安人员打耳光、吊飞机、按在地上打,并描述了两位侦查人员的体貌特征。在庭审中,文某再次反映了挨耳光、蜡烛油滴脚背脚跟等受刑讯逼供的情形,并反映自书说明是在侦查人员恐吓环境下所写,在审查起诉阶段其仍害怕公安人员报复,以及2月26日其系因看守所不收押才去医院就诊的。

2010年"两高三部"联合制定的《关于办理刑事案件排除非法证据若干问题的规定》(以下简称《非法证据排除规定》)第十一条规定:"对被告人审判前供述的合法性,公诉人不提供证据加以证明,或者已提供的证据不够确实、充分的,该供述不能作为定案的根据。"对照该规定,公诉机关证明取证合法性的证明标准,必须达到"确实、充分",而本案公诉机关提供的证明取证合法性的正向证据,无法达到"确实、充分"的标准:(1)文某进入某戒毒所时的自书情况说明。该说明载明"本人文某眼睛伤系正常的碰撞,自己撞到的,脚有痛风"。该情况说明系在某戒毒所体检发现文某双眼青紫后所作。从形式看,系在同一张纸上先由侦查人员书写"文某眼睛红肿,其本人称是于2013年2月18日自己不小心撞到的,眼睛无大碍",再由文某另起一行书写;从内容看,文字明显不通顺,不排除外部因素干扰;从理由看,将自己撞伤尤其是双眼撞伤不尽合理;从主体看,与取证合法性关系较为疏远的戒毒所尚且因被拘留人员有外伤痕迹而要求有书面说明,而与本案关系更为密切的侦查机关却从未有该方面的要求。(2)侦查机关关于伤势原因的情况说明。该情况说明载明2月19日晚将文某抓获带至某派出所时才发现其有伤,文自称是18日自己撞到眼部所致。将其送至戒毒所执行行政拘留,其在回答伤势原因时也称是自己所撞。然而,关于文某自称眼部受伤系自身所致的内容,并未在任何一次讯问笔录中得到体现。(3)侦查机关关于录音录像资料的情况说明。该情况说明仅载明侦查人员就本案审讯过程制作过全程同步录音录像,但因主办人员于2013年4月调离且其电脑已报废,故该录音录像资料已灭失。由于案发地公安机关有对所有刑事案件全程同步录音录像的惯例,只是区分是否属于大要案而决定是否另行刻录光盘。该情况说明以主办人员调离、电脑报废作为录音录像资料灭失的理由难以令人信服。(4)戒毒所出所谈话笔录。该笔录只能证明文某于2月21日至26日在某戒毒所期间未受到戒毒所民警的打骂、体罚,并不能排除侦查期间受侦查人员的刑讯逼供。

综上分析,本案在被告人文某能够提供确切伤情的证据,且提出其有罪供述系侦查人员刑讯逼供所致的情况下,公诉机关未能提供确实、充分的证据证明侦查机关取证的合法性,不能排除侦查机关系以刑讯逼供的方法获取被告人有罪供述的合理怀疑,故该有罪供述应当依法予以排除。

值得注意的是,根据《刑事诉讼法解释》第一百零一条的规定,公诉机关提交的取证过程合法的说明材料不能单独作为证明取证过程合法的根据。因此,实践中,为了证明取证的合法性,公诉机关、侦查机关除了提交取证过程合法的材料之外,一般还会提供被告人自己所作有罪供述过程的说明材料,如被告人自己书写的有关伤势形成的解释性说明。在此情况下,能否认定取证过程的合法性,我们认为,需要根据庭审具体情况,依法审查被告人自书的解释性说明在内容上是否符合常理,形成的时间、环境以及内容是否一贯、稳定。本案中,文某较早时间段自书的伤势情况说明(第一份材料),与其在脱离办案单位即将进入监管场所时所作的说明并不一致。然而,根据后一份自书伤势情况说明，文某在监管场所这一办案民警、监管民警多人在场的复杂环境体检时，其自述伤势系遭刑讯逼供所致。显然，文某就伤势形成原因前后矛盾的解释，不能作为侦查机关、公诉机关取证过程合法性的辅证材料。同时，因为文某不具有取证合法性的证明义务，故不能基于其对伤势形成原因解释不清就作出对其不利于的判断。

（二）审查起诉阶段未审查排除侦查阶段刑讯逼供取得的有罪供述，继续获取的不稳定有罪供述亦应依法予以排除

对于被告人在侦查、审查批捕、审查起诉各阶段所作的多次有罪供述，如果前一阶段的有罪供述被作为非法证据排除后，后一阶段的有罪供述是否一并排除，理论界和实务界主要存在分阶段排除和一体化排除两种意见。分阶段排除意见认为，检察机关与公安机关系不同主体，且法律赋予了检察机关调查取证权，因此，即使在侦查阶段被告人的有罪供述系侦查人员逼供所致，只要在审查起诉阶段不存在刑讯逼供等非法取证行为，则审查起诉阶段取得的被告人供述的效力不应受到公安机关刑讯逼供的影响，不应当一并排除。一体化排除意见认为，根据现实国情，不能寄希望于犯罪嫌疑人、被告人准确区分侦查人员和公诉人员，其在遭受刑讯逼供后，可能会对所有司法人员产生惧怕心理，从而违背意愿作出有罪供述。因此，如果公安机关刑讯逼供在先，则检察机关所取得的被告人的有罪供述亦应一并排除。

我们认为，是分阶段排除还是一体化排除，不能"一刀切"，而应结合案情视具体分析而定。判断后一阶段的有罪供述是否具有可采性，应当以刑讯逼供等非法方法对被告人所造成的心理影响是否得到一定程度的消除为标准。如果辩方提出被告人在后一阶段的有罪供述系因侦查机关在前一阶段实施刑讯逼供而导致其害怕后一阶段被继续刑讯逼供的，公诉机关应当提供前一阶段的刑讯逼供对被告人造成的心理影响在后一阶段各次讯问中已经消除的证据。对公诉机关不能提供证据证明前一阶段的刑讯逼供对被告人造成的心理影响在后一阶段各次讯问中已经消除的，后一阶段的有罪供述亦应当依法排除。具体理由分析如下：

1. 从法律评价分析，对同一主观心理支配下的行为内容应当作相同评价。这种情形类似于基于同一主观故意支配下实施相同行为，在刑法上做同一评价。被告人基于同一肉体或者精神折磨等原因作出的重复性有罪供述，亦应做相同的性质评价。侦查阶段有罪供述被判定为非法证据，性质相同的重复有罪供述也应判定为非法证据。

2. 从行为人的心理分析，不消除恐惧心理影响继续取证实质上是侵犯基本人权的延续。尤其是行为人在向检察机关反映其被刑讯逼供的痛苦遭遇后，非但未获得检察机关的积极回应，反而继续让其作有罪供述，一定程度上让行为人感觉公诉机关与侦查机关是同一条战线的，其心理包袱不是减轻了而是加重了。

3. 从相关规定分析，后一阶段的有罪供述应当作为非法证据予以排除。公检法分工负责、相互制约是刑事诉讼法的基本原则。根据刑事诉讼法第五十四条第二款、第五十五条关于检察机关审查起诉或者接到控告举报时应当调查核实的规定，无论是基于诉讼职能，还是基于法律监督职能，检察机关都有义务进行非法证据的核查。根据《刑事诉讼法解释》第一百零三条第一项的规定，一审法院对辩方提出的排除非法证据请求没有审查，且以该证据作为定案根据的，二审法院应当对证据收集的合法性进行审查并作出排除或者不排除的处理。由此规定可知，如果不能排除证据收集的非法性，对相关证据的证明资格、证明力亦应当予以否定。另从国家赔偿法第二十一条关于刑事赔偿义务机关的规定分析，对于侦查、审查批捕、审查起诉、庭审等各阶段，总是由最后作出错误司法行为的司法机关承担赔偿责任。因此，后一阶段（最终生效）司法机关有义务、有责任承担证据审查义务。在被告人提出前一阶段存在刑讯逼供的情况下，后一阶段的司法

主体不但有义务审查相关证据，而且在继续实施讯问之前有义务审查被告人是否消除恐惧心理。

被告人是否消除侦查人员刑讯逼供所造成的恐惧心理，是非常复杂的判断过程。司法实践中，司法主体往往借助以下程序性的行为进行分析认定：

（1）排除非法证据申请权利的告知。如根据《刑事诉讼法解释》第九十七条的规定，人民法院向被告人及其辩护人送达起诉书副本时，应当告知其有权申请排除非法证据。（2）排除非法证据程序启动的告知。在辩方提供线索材料后，承办人对取证合法性产生疑问进而启动调查程序时，可以通过书面、口头方式告知犯罪嫌疑人（被告人）。尤其是对于履行诉讼监督职能的检察机关而言，给予控告举报人回复是必要的程序环节。（3）排除非法证据结果的告知。根据《刑事诉讼法解释》第一百条、第一百零二条第二款的规定，法庭经审查对证据收集合法性没有疑问的，应当当庭说明情况和理由；法院对证据收集合法性进行调查后，应当将调查结论告知控辩双方。结果告知的程序要求也应当适用于审查起诉阶段。

刑事诉讼法规定，采用刑讯逼供等非法方法收集的犯罪嫌疑人、被告人供述，应当予以排除。在侦查、审查起诉、审判时发现有应当排除的证据的，应当依法予以排除，不得作为起诉意见、起诉决定和判决依据。本案中，被告人文某在审查起诉阶段即向公诉机关反映被刑讯逼供的情形，公诉机关对此未予依法审查，而是继续对被告人进行了三次讯问。且之后三次供述不稳定，在审查起诉阶段形成的两份有罪供述笔录与庭审供述存在矛盾。人民法院综合审查判断相关取证过程证据，认为不能排除文某在侦查、审查起诉阶段的认罪供述系以非法方法收集，故依法予以排除。

值得强调的是，人民法院在依法排除非法证据后，应当综合其他证据就被告人的行为定性以及处罚进行审查判断。本案中，被告人文某系吸毒人员，在依法排除文某的有罪供述后，现有证据尚无法证明涉案的50.54克甲基苯丙胺是出于贩卖的唯一目的，故某区人民法院结合其庭审有效供述和其他扣押清单等间接证据，以非法持有毒品罪定罪处罚是正确的。

（撰稿：最高人民法院刑二庭　刘晓虎
审编：最高人民法院刑二庭）

［第1039号］李志周运输毒品案

——如何把握证据收集合法性的证明标准，以及排除非法证据后案件的处理方式

【关键词】　运输毒品罪　证据收集合法性　证明标准　非法证据排除

一、基本案情

被告人李志周，男，汉族，1983年12月15日出生，无业。2012年8月17日因涉嫌犯运输毒品罪被逮捕。

江西省萍乡市人民检察院以被告人李志周犯运输毒品罪，向萍乡市中级人民法院提起公诉。

被告人李志周辩称，其没有参与指控的犯罪事实，对同案被告人易洪涛运输毒品的事实不知情，不构成犯罪。

萍乡市中级人民法院经审理查明：2012年7月9日晚，易洪涛（同案被告人，已判刑）向“老

三”(在逃)联系购买毒品,并将其之前所欠的人民币6 000元购毒款通过被告人李志周汇给“老三”。同日23时许,易洪涛、李志周驾驶车牌号为赣JW6969的黑色别克轿车从江西省萍乡市前往湖南省郴州市。7月10日,二人在郴州市“老三”处购得毒品后驾车返回萍乡市。当日20日许,二人驾车行至萍乡市达金大酒店时被公安人员抓获。公安人员当场从二人驾驶的车辆中查获白色塑料封口袋包装的白色结晶颗粒2包,净重196.86克,经鉴定检出甲基苯丙胺成分;红色片剂988片,净重88.9克,绿色片剂10片,净重0.9克,经鉴定检出甲基苯丙胺和咖啡因成分。

该案审理过程中,被告人李志周提出,其在派出所接受讯问期间遭到刑讯逼供,并提供相关线索、材料,申请排除其所作供述。萍乡市中级人民法院经审查认为,公安人员可能存在以刑讯逼供方法收集被告人供述的情形,依法启动证据收集合法性调查程序。公诉机关出示相关办案说明等材料证明取证合法性。萍乡市中级人民法院经审理认为,现有证据不能排除被告人供述是公安人员采用刑讯逼供方法收集的,对有关供述应当予以排除。但关于指控被告人李志周的运输毒品事实,仍有同案被告人的供述、相关证人证言以及当场从李志周身上查获的毒品等证据予以证实,起诉书指控的犯罪事实清楚,其他证据确实、充分。

萍乡市中级人民法院认为,被告人李志周违反国家毒品管理规定,非法运输毒品甲基苯丙胺196.86克、甲基苯丙胺片剂89.8克,其行为已构成运输毒品罪。李志周在运输毒品共同犯罪中起次要作用,系从犯,应当减轻处罚。据此,依照《中华人民共和国刑法》第三百四十七条第二款第一项、第二十五条第一款、第二十七条之规定,萍乡市中级人民法院判决如下:

被告人李志周犯运输毒品罪,判处有期徒刑十年,并处罚金人民币五万元。

宣判后,被告人李志周提出不服,向江西省高级人民法院提起上诉,辩称其受到公安人员刑讯逼供;公安人员并非从其身上搜查到毒品,而是从车内搜查到毒品,其自始至终都不知情,更没有参与毒品犯罪。

江西省高级人民法院经公开审理认为,虽然被告人李志周的供述被认定为非法证据,依法应当予以排除,但在案其他证据足以认定其运输毒品的犯罪事实。原判认定事实清楚,证据确实、充分,定罪准确,量刑适当,审判程序合法。依照《中华人民共和国刑事诉讼法》第二百二十五条第一款第一项之规定,裁定驳回上诉,维持原判。

二、主要问题

如何把握证据收集合法性的证明标准,以及排除非法证据后案件的处理方式?

三、裁判理由

本案一审过程中,被告人李志周辩称其在侦查阶段遭到刑讯逼供,申请排除其所作的有罪供述。李志周提出,其在派出所接受讯问时,有一名年龄较大、约40岁模样的侦查人员脱下黑色皮鞋,用鞋跟殴打李志周头部,致李志周头部出血,一名年龄只有十多岁的人帮李志周用卫生纸按住头部止血,但止不住,李志周被迫作出有罪供述。李志周的辩护人提出,《看守所入所人员身体检查表》显示,李志周入所时曾接受体检,体检表载明:“头顶见血迹,衣服大片血迹,头部肿痛”,证实李志周入所前头部有明显伤痕。但该体检表的“体表检查”一栏记载“有伤。自述在楼梯上碰伤”;“备注”一栏又记载“自述昨天下午抓捕时头部撞在铁栏杆上”。该两处记载对李志周在何处受伤的描述自相矛盾,不能证明李志周是在抓捕时被撞伤。综合上述线索、材料,不能排除李志周是在进入看守所前遭受刑讯逼供导致头部受伤,其在侦查阶段的有罪供述应当被认定为非法证据,依法应予排除。

对于被告人李志周及其辩护人提出的排除非法证据申请,以及提供的相关线索、材料,一审法院经审查认为,本案可能存在以刑讯逼供方法收集被告人供述的情形,依法启动了证据收集合法性的调查程序。对一审法院的上述行为,可以从以下两个方面进行解决。

(一)如何把握证据收集合法性的证明标准

刑事诉讼法第五十七条第一款规定:“在对证据收集的合法性进行法庭调查的过程中,人民检察院应当对证据收集的合法性加以证明。”第五十八条规定:“对于经过法庭审理,确认或者不能排除存在本法第五十四条规定的以非法方法收集证据情形的,对有关证据应当予以排除。”

根据上述规定,人民检察院对证据收集合法性事实的证明,应当达到证据确实、充分的证明标准,即排除存在刑事诉讼法第五十四条规定的以非法方法收集证据的情形。主要理由如下:一方面,证据是认定案件事实的基础,对证据收集合法性的审查是判断该证据能否作为定案依据的关键。如果据以定案的证据在合法性方面存疑,那么以之为基础指控的犯罪事实显然也达不到“证据确实、充分”的证明标准。对证据收集合法性事实的证明标准与刑事案件定罪的证明标准在本质上是一致的。另一方面,强调公诉机关对证据收集合法性的证明应当达到证据确实、充分的证明标准,有助于规范侦查取证行为,落实不得强迫自证其罪原则的要求,减少刑讯逼供及其他非法取证情形的发生,切实保障人权,防范冤假错案。

人民检察院可以通过多种方式证明取证的合法性,例如,可以出示讯问笔录、体检笔录,播放讯问过程同步录音录像,或者提请法庭通知侦查人员或者其他人员出庭作证。本案中,为证明证据收集的合法性,公诉人当庭出示了以下证据:江西省莲花县看守所出具的《说明》,萍乡市公安局安源分局出具的情况说明、关于李志周等人被抓获的情况和审讯情况的补充说明,安源分局后埠派出所出具的情况说明、办案说明,安源分局缉毒大队出具的易洪涛贩毒案抓获情况及审讯情况说明、办案说明、说明,又对参与审讯的陈翔、陶平华、许渤等13名侦查人员逐一进行了询问,提取了证人证言,13名侦查人员也均出具了情况说明,声明在审讯中无刑讯逼供行为。

需要强调的是,上述证据材料数量虽多,但本质上都是办案单位和办案人员的说明材料,根据《最高人民法院关于适用〈中华人民共和国刑事诉讼法〉的解释》第一百零一条第二款的规定,此类说明材料不能单独作为证明取证过程合法的根据。对于能够证明证据收集合法性的关键证据,如讯问过程的同步录音录像、被告人李志周出入派出所的监控视频等,公诉机关未能提供。

一审法院经审查认为,对于被告人李志周供述收集的合法性,公诉机关未能提供确实、充分的证据予以证实,本案不能排除存在刑事诉讼法第五十四条规定的以非法方法收集供述的情形,对李志周的供述,依法应当排除。主要理由如下:(1)根据《看守所入所人员身体检查表》的记载,李志周头部受伤的事实可以得到确认,控辩双方对此均无异议。现有证据证实,李志周头部伤情是在抓获当时至进入看守所前的时间段内形成的。李志周入所前后表现异常,在入所前均在讯问笔录上签字捺印,入所后在涉及其可能承担刑事责任的讯问笔录上均未签字捺印。(2)针对李志周提供的在派出所接受讯问时遭到刑讯逼供导致头部受伤的具体线索,办案单位所作的李志周头部伤情系抓捕时反抗所致的解释缺乏证据支持:一是一同在现场被抓捕的易洪涛、廖婷证明三人均无逃跑、反抗的行为;二是办案民警均称抓捕当时没有看见李志周受伤。(3)公诉机关提供的证明取证合法的证据材料,均是办案单位和办案人员出具的说明材料,不能单独作为证明取证过程合法的根据。(4)对于能够证明取证合法的关键证据,公诉机关未能提供。例如,李志周出入后埠派出所的监控视频未能提供;讯问李志周的同步录音录像未能提供;第一次讯问笔录中没有记载李志周受伤的情况;抓获情况及审讯情况说明中也没有李志周受伤的反映。据此,公诉机关提供的证明取证合法的证据未能达到确实、充分的证明标准,一审法院依法排除李志周的有罪供述,是依法有据的。

（二）排除非法证据后案件的处理方式

非法证据排除规则解决的是特定证据能否作为诉讼证据使用的证据资格问题。非法证据排除应与案件的实体处理区分开来，针对证据收集合法性的争议，之所以建立独立的调查和裁判程序，并要求法庭先行调查并当庭作出裁决，就是要与案件的实体处理剥离。排除了非法证据，并不意味着案件一定要宣告无罪，还应综合审查其他在案证据，依法认定案件事实。

排除非法证据后，基于其他在案证据的情况，案件的处理大致可分为三种情形：案件事实清楚，证据确实、充分，依法能够认定被告人有罪的，应当作出有罪判决；证据不足，不能认定被告人有罪的（排除的是据以定罪的关键证据），应当作出证据不足、指控的犯罪事实不能成立的无罪判决；案件部分事实清楚，证据确实、充分的，应当依法认定该部分事实并作出相应处理（实践中排除非法证据的案件多属此种情形）。

本案中，虽然被告人李志周的有罪供述被法院认定为非法证据，并依法予以排除，但其他在案证据仍能够证明李志周实施了公诉机关指控的运输毒品犯罪行为。例如，搜查笔录及扣押物品清单、照片证实，办案民警系从坐在汽车后座的李志周手中持有的黑色布袋中搜出涉案毒品；证人廖婷的证言、同案被告人易洪涛的供述均证实李志周对此次去湖南联系毒品事宜是明知的，且实施了运输毒品的行为；等等。上述证据足以认定被告人李志周有运输毒品的主观目的，并在易洪涛安排下参与实施了具体的运输毒品行为。

综上分析，人民法院认定被告人李志周的行为构成运输毒品罪是正确的。

（撰稿：最高人民法院刑三庭　管延青
江西省萍乡市中级人民法院　余向阳　李　斌
审编：最高人民法院刑三庭　罗国良）

［第1068号］周崇敏贩卖毒品案

——二审裁判文书生效后，发现被告人在因一审判处的有期徒刑届满被取保候审期间又犯新罪的，在对新罪进行审判时不应认定该被告人构成累犯

【关键词】　贩卖毒品罪　取保候审期间　新罪　累犯　刑罚执行完毕

一、基本案情

被告人周崇敏，女，1984年8月5日出生，无业。因涉嫌犯贩卖毒品罪于2013年9月25日被刑事拘留，10月30日被逮捕。

江苏省丹阳市人民检察院以被告人周崇敏犯贩卖毒品罪，向丹阳市人民法院提起公诉。

丹阳市人民法院经公开审理查明：2013年8月21日至9月13日间，被告人周崇敏先后五次向雷凯（“佳佳”）、景军贩卖毒品甲基苯丙胺共计1.1克，得款1 500元。2013年9月25日，公安机关在周崇敏的暂住地将其查获，当场缴获甲基苯丙胺0.83克。

另查明，被告人周崇敏曾因犯贩卖毒品罪于2012年9月26日被江苏省镇江市中级人民法院判处有期徒刑一年六个月（判决前先行羁押期限折抵刑期，即刑期自2011年6月3日至2012年12月2日），并处罚金人民币二千元。宣判后，同案被告人提出上诉，法院依法对周崇敏决定取保

候审,江苏省高级人民法院于2013年11月29日作出刑事裁定,驳回上诉,维持原判。

丹阳市人民法院认为,被告人周崇敏明知是毒品甲基苯丙胺而进行贩卖,其行为构成贩卖毒品罪,对其已卖出的和在其住处查获的全部毒品应一并认定为贩卖毒品的数量。检察机关指控的事实清楚,证据确实、充分,指控的罪名成立。周崇敏曾因贩卖毒品罪被判过刑,又犯本罪,依法从重处罚;其归案后如实供述自己的罪行,可从轻处罚。据此,依照《中华人民共和国刑法》第三百四十七条第一款、第四款、第七款,第三百五十六条,第六十七条第三款,第六十四条之规定,以被告人周崇敏犯贩卖毒品罪判处有期徒刑一年六个月,并处罚金人民币三千元。

宣判后,被告人未上诉,检察机关亦未抗诉,判决已经发生法律效力。

二、主要问题

如何把握构成一般累犯所要求的"刑罚执行完毕"?

三、裁判理由

在本案中,被告人周崇敏曾因犯贩卖毒品罪一审被判处有期徒刑,同案被告人提出上诉后该案进入第二审程序,一审判决书对周崇敏确定的刑期在二审期间已届满,对被告人周崇敏在该期限届满后至二审裁判文书生效前又实施的新的毒品犯罪的,是否构成累犯,存在两种不同意见:

第一种意见认为,被告人周崇敏前罪判决执行前被先行羁押,前罪一审判处的刑罚因折抵羁押期限而已实际执行完毕,二审裁定只是对这种状态的追认,周崇敏属于在刑罚执行完毕后又实施犯罪,其前后两罪均被判处有期徒刑,故应认定其系累犯。

第二种意见认为,被告人周崇敏前罪所判处的刑罚在二审阶段因羁押期届满而被取保候审,从时间节点来看,其犯本罪在前罪二审裁判文书生效前,而前罪判处的刑罚此时因判决尚未生效而未进入执行程序,故不属于刑罚执行完毕后再犯罪,不符合累犯的构成条件。

我们同意第二种意见,被告人周崇敏不构成累犯,应认定为毒品再犯。具体理由如下:

根据我国刑法第六十五条的规定,被判处有期徒刑以上刑罚的犯罪分子,刑罚执行完毕或者赦免以后,在5年以内再犯应当判处有期徒刑以上刑罚之罪的,是累犯,应当从重处罚,但是过失犯罪和不满18周岁的人犯罪的除外。由此可见,构成一般累犯,要求后罪必须发生在前罪判处的刑罚执行完毕或者赦免以后5年内,本案争议的焦点就在于如何理解和认定"刑罚执行完毕"。我们认为,需要把握以下三点:

首先,关于刑罚种类的界定。我国刑法规定的刑罚种类既有主刑,也包括附加刑,但构成累犯所要求的"刑罚执行完毕"仅限于指主刑执行完毕,被判处附加刑的,附加刑是否执行完毕不影响累犯的构成。主要是考虑到从刑法对累犯规定的用语表述来看,前罪、后罪均要求判处或应判处有期徒刑以上刑罚,强调的侧重点在主刑;后罪构成累犯,与前罪所判处的刑罚执行完毕有法定时间间隔限制,即5年内,意在突出被告人的人身危险性大。而附加刑的执行与主刑并不完全同步。例如,主刑是有期徒刑,附加剥夺政治权利的,自主刑执行完毕才计算剥夺政治权利的刑期,如将"刑罚执行完毕"理解为包括主刑和附加刑都执行完毕,则过分延长了前、后罪的时间间隔,有违累犯制度从重处罚的初衷。

其次,关于"刑罚执行完毕"时间点的把握。刑事诉讼法第二百四十八条规定:"判决和裁定在发生法律效力后执行。下列判决和裁定是发生法律效力的判决和裁定:(一)已过法定期限没有上诉、抗诉的判决和裁定;(二)终审的判决和裁定;(三)最高人民法院核准的死刑的判决和高级人民法院核准的死刑缓期二年执行的判决。"由此可见,刑罚执行的内容是判决和裁定,执行的前提条件是裁判发生法律效力,刑罚执行的起点是裁判发生法律效力之时。刑罚执行完毕,既包括有期徒刑实际执行完毕,也包括假释考验期满;被判处缓刑的犯人,在缓刑考验期满后再犯罪的，不构成累犯，系因缓刑考验期满意味着所判处的主刑不再执行，本质上区别于刑罚执行完毕。

最后，要准确区分刑罚执行完毕与羁押期限届满。刑罚是以限制或剥夺犯罪人权益为内容的最严厉的强制性法律制裁方法，羁押是司法机关对犯罪嫌疑人在判决生效前的暂时关押，羁押不是刑事诉讼法规定的强制措施，而是因适用拘留、逮捕等剥夺人身自由的强制措施而形成的附带性后果及状态，两者在性质、内容、适用主体与对象等方面各成体系。两者的关联主要体现在"刑期折抵"：对先行羁押的被告人，如经审判被确认有罪，且判处刑罚为管制、拘役、有期徒刑的，则判决生效前羁押的时间相应折抵判决所确定的刑期；如经审判被确认无罪，则属于错误羁押，可依据国家赔偿法申请赔偿。如果被逮捕羁押的被告人所羁押的时间已届满第一审人民法院对其判处的刑期期限，因案件进入二审程序或复核程序，一审判决尚未生效的，则人民法院应当对其变更强制措施或者予以释放，但这并不属于刑罚执行完毕。

在本案中，被告人周崇敏于2012年9月26日被江苏省镇江市中级人民法院以贩卖毒品罪判处有期徒刑一年六个月，一审宣判后，该案因同案被告人上诉进入二审程序，故原一审判决未生效，不具有可执行效力；直至2013年11月29日江苏省高级人民法院对该案作出驳回上诉，维持原判裁定，二审裁定作出并送达之日，一审判决生效。周崇敏在该案诉讼过程中，于2011年6月3日被刑事拘留，一直处于被羁押状态，至2012年12月2日羁押期限届满一年六个月，法院决定对周崇敏取保候审。虽在该时间节点之后原一审判决确定的有期徒刑一年六个月已无实际可执行内容，但不能认为是原判刑罚已执行完毕。因为，在周崇敏被羁押的整个过程中，该案判决未具可执行的条件，而当判决生效进入执行阶段时，所确定的刑期基于法律规定，经先前羁押的期间折抵后已无可供执行的余刑。换言之，本案原判刑罚的执行，系从判决生效之日起始，亦在该日结束，此为执行过程。而周宗敏在取保候审期间实施本案贩卖毒品犯罪，系在原判决生效前所为，亦即在刑罚执行前犯新罪，故在本案审理时不符合累犯必须是"前罪刑罚执行完毕后"的时间条件。需要指出的是，从我国刑法对数罪并罚的制度规定来看，被告人周崇敏属于在判决生效前又犯新罪，表面上看似符合刑法第六十九条"判决宣告前犯数罪予以并罚"的情形，但在前罪二审裁定书宣告前，并未发现周崇敏另犯本案新罪的情况，且前罪判决生效时已无余刑可执行，故不具备实行数罪并罚的客观条件和必要性。相对而言，法院在本案中将周崇敏认定为"曾因贩卖毒品罪被判过刑"的毒品再犯予以从重处罚，处理是正确的。

（撰稿：江苏省丹阳市人民法院　朱菊霞
审编：最高人民法院刑一庭　翟　超）

[第1069号]张应宣运输毒品案

——吸毒人员在运输毒品过程中被查获的，如何定性

【关键词】　运输毒品罪　吸毒人员　运输毒品过程中　查获　贩卖毒品　数量较大

一、基本案情

被告人张应宣，男，1966年11月20日生。因涉嫌犯运输毒品罪于2014年1月10日被逮捕。

浙江省杭州市人民检察院以被告人张应宣犯运输毒品罪，向杭州市中级人民法院提起公诉。

被告人张应宣对指控其携带毒品乘坐大客车从广东省东莞市到浙江省杭州市的事实无异议，但辩称查获的毒品系为自吸而购入，其不构成运输毒品罪，应认定为非法持有毒品罪，且毒品未流入社会，请求从轻处罚。

杭州市中级人民法院经审理查明：2013 年 12 月 3 日，被告人张应宣在广东省东莞市常平镇携带藏有冰毒的“王老吉”润喉糖外包装盒，乘坐长途大客车从东莞市前往浙江省杭州市。次日 10 时许，该大客车驶入杭州市下沙高速服务区，张应宣见公安人员准备上车检查，便将藏有冰毒的“王老吉”润喉糖外包装盒丢弃于座位上，下车后即被抓获。公安人员从该大客车靠车门侧第三排座位上查获“王老吉”润喉糖外包装盒一个，内有黑色塑料袋一个，藏有两包白色可疑晶体。经鉴定，该两包白色可疑晶体分别净重180.33克、68.86 克，均检出甲基苯丙胺成分。

杭州市中级人民法院认为，被告人张应宣明知是毒品而随身携带，乘坐长途客车将毒品从东莞市运输至杭州市，其行为已构成运输毒品罪，且运输毒品数量大。公诉机关指控的罪名成立。张应宣所提其行为应当构成非法持有毒品罪的意见与查证的事实及相关法律规定不符，不予采纳。鉴于涉案毒品全部被查获等情节，酌情对其从轻处罚。据此，依照《中华人民共和国刑法》第三百四十七条第二款第一项、第五十七条第一款之规定，以运输毒品罪，判处被告人张应宣无期徒刑，剥夺政治权利终身，并处没收个人全部财产。

一审宣判后，被告人张应宣不服，以原判定性不当，应当改判为非法持有毒品罪为由，提出上诉。

浙江省高级人民法院二审查明的事实与一审一致，认为原判定罪及适用法律正确，量刑适当，审判程序合法。据此，裁定驳回上诉，维持原判。

二、主要问题

吸毒者在运输毒品途中被查获，没有证据证明其是为了实施贩卖毒品等其他犯罪，且毒品数量达到较大以上的，能否认定为运输毒品罪？

三、裁判理由

运输毒品必然要持有毒品，而就非法持有毒品而言，“持有”既可以是静态的，也可是移动状态的。当持有毒品属于动态时，如何区分运输毒品罪与非法持有毒品罪，在实践中一直存在争议。本案即是如此。被告人张应宣系吸毒人员，其所携带的毒品在运输途中被查获，没有证据证明其是为了实施贩卖毒品等其他犯罪，且毒品数量达到较大以上的，究竟是认定为非法持有毒品罪还是运输毒品罪？对其行为如何定性形成了三种意见：第一种意见认为，运输毒品罪的构成不仅要求行为人主观上明知是毒品，而且还要求必须有证据证明其具有实施走私、贩卖、运输、制造毒品等目的，否则只能认定为非法持有毒品罪。第二种意见认为，吸毒者运输毒品的行为能否认定为运输毒品罪，取决于被查获的毒品数量是否明显超出其在合理时段内的正常吸食量，超出合理时段内正常吸食量的，以运输毒品罪定罪处罚；反之，以非法持有毒品罪定罪处罚。第三种意见认为，对吸毒者运输毒品的行为不应以合理吸食量而应以数量较大作为区分标准，吸食者在运输毒品过程中被查获，没有证据证明其是为了实施贩卖毒品等其他犯罪，但只要数量达到较大以上的，一律以运输毒品罪定罪处罚。

我们同意第三种意见，对被告人张应宣的行为应当认定为运输毒品罪。理由如下：

（一）从严厉打击毒品犯罪的刑事政策来看，为了有效打击毒品的流转与扩散行为，在运输毒品犯罪中不应人为地设置主观目的要件

传统观点认为，我国刑法将运输毒品罪作为与走私、贩卖、制造毒品罪并列的选择性罪名而设置于同一个条文中，在该罪的构成上没有数量的限制，且在刑罚的设置上最高可至死刑，由此

表明,运输毒品罪所表现出来的社会危害性与走私、贩卖、制造毒品罪是相当的,其只有作为制造、走私、贩卖毒品当中的一个环节,即为了制造、走私、贩卖而运输时,才能认定为运输毒品罪。反之,如果无法查清毒品的来源和去向,又没有确凿证据证明行为人实施了走私、贩卖、制造毒品等犯罪行为的,即使数量大,也只能认定为非法持有毒品罪。对此,2000年印发的《全国法院审理毒品犯罪案件工作座谈会纪要》(已废止,以下简称《南宁会议纪要》)规定,吸毒者在购买、运输、存储毒品过程中被抓获的,如没有证据证明其实施了其他毒品犯罪行为,查获的毒品数量较大的,应当以非法持有毒品罪定罪。然而,从实践情况来看,有相当一部分从事运输毒品的行为人对整个毒品犯罪不甚知情,到案后能够提供的抓获上下家的线索非常有限,导致运送毒品行为人被抓获后很难再抓获其上下家。在上下家未到案的情况下,如果要求证明毒品的来源、去向,要求证明行为人系为了制造、走私、贩卖或者为了获取高额利益而运输的,将造成大量运毒案件无法定案,与当前从严打击毒品犯罪的刑事政策不符。

当前,我国毒品犯罪形势十分严峻。众所周知,制造毒品是毒品的生产环节,贩卖则是毒品流向不特定消费者的终端环节,而在其中起承上启下作用的是毒品运输行为,正是运输毒品的犯罪活动将毒品由生产领域向消费终端作出了实质性推进。为此,打击毒品犯罪不仅需要打击毒品源头,也需要切断由生产到消费之间的流转环节。司法实践中,运输者在运输毒品过程中一旦被查获,往往会辩称其系吸毒者,所运输的毒品系用于吸食,由于毒品上、下家很难抓获归案,无法证实运输者还有贩卖毒品等其他目的,故只能认定为非法持有毒品罪。可见,正是由于运输毒品目的性要求的设置,导致司法实践中有些案件的被告人携带大量毒品被抓获,也只能认定为非法持有毒品罪。这在无形之中降低了毒品运输的风险成本,加快了毒品的流转与扩散。从当前毒品犯罪的严峻形势以及严厉打击毒品犯罪的刑事政策需要来看,应当避免在运输毒品构成要件之外再设置主观目的要件。

(二)对吸毒者在运输数量较大毒品过程中被查获的情形,认定为运输毒品罪符合"运输"的本义

运输毒品目的性要件的设置,不仅容易导致放纵犯罪现象的发生,同时也与运输毒品罪的构成要件不符。所谓运输毒品,是指明知是毒品而采用携带、邮寄、利用他人或者使用交通工具等方法非法运送毒品的行为。故只要行为人主观上明知是毒品,客观上实施了携带毒品,利用交通工具运载、邮寄等行为的,就构成运输毒品罪,犯罪动机和目的并不是构成运输毒品罪主观方面的必备条件。根据我国刑法理论,在由故意形态构成的犯罪中,除赌博罪与制作、复制、出版、贩卖、传播淫秽物品牟利罪等少数几种犯罪主观上需要具备特定的营利或牟利目的外,其他犯罪不论出于何种动机、目的,均可以构成。尽管运输毒品的行为人一般都具有贪利性目的,出于贪图高额报酬而替他人运输毒品,或者其本身就是为贩卖毒品而进行运输,但这种目的并不是运输毒品罪成立的必要条件,即使是出于为亲属、朋友帮忙而无偿进行运输,只要明知所运输的是毒品,就不影响运输毒品罪的成立。

此外,将运输数量较大毒品的行为一律认定为运输毒品罪,也符合司法实践中的常态。从生活经验来看,运输毒品过程中落网的犯罪分子往往都是为了赚取高额报酬而铤而走险的人,或者其本身就是毒品贩卖、走私、制造者。上述人员为了将毒品从生产环节推向终端消费市场,需要通过流通环节进行运输。反之,作为终端消费者的毒品吸食人员在购得毒品之后,往往会将毒品置于家中或其他住处,故其对毒品的持有更多地表现为一种静止状态或短距离运输。尽管司法实践中确实存在吸毒人员长途运输用于自己吸食的毒品的情况,但这毕竟是少数。考虑到毒品犯罪的隐蔽性强、取证难度大,根据毒品的运输状态直接认定为运输毒品罪,更有利于打击猖獗

的毒品犯罪。

（三）将吸毒者运输毒品的行为认定为运输毒品罪，符合最新司法文件的精神

在司法实践中，吸毒者实施毒品犯罪的情况大量存在，若对吸毒者购买、存储、运输较大数量毒品的行为一律以非法持有毒品罪处理，无疑会放纵吸毒者实施的毒品犯罪，削弱惩治毒品犯罪的力度。在执行《南宁会议纪要》相关规定的过程中，就屡屡出现吸毒者运输千克以上海洛因或冰毒的情形，由于无法证明其具有实施其他毒品犯罪的目的与行为，只能按照非法持有毒品罪定罪处罚，这在一定程度上导致对吸毒人员实施的毒品犯罪打击力度不够。有鉴于此，2008 年印发的《全国部分法院审理毒品犯罪案件工作座谈会纪要》（以下简称《大连会议纪要》）对《南宁会议纪要》的相关规定作出了修正，规定吸毒者在购买、运输、存储毒品过程中被查获的，如没有证据证明其是为了实施贩卖等其他毒品犯罪行为，查获的毒品数量达到较大以上的，应以其实际实施的毒品犯罪行为定罪处罚。

然而，由于《大连会议纪要》的上述规定仍然过于原则，实践中对于何为“实际实施的毒品犯罪行为”一直存在意见分歧：一种观点认为，吸毒者在购买、存储等静态持有数量较大毒品的过程中被查获的，应当以非法持有毒品罪定罪处罚；在运输过程中被查获的，应当以运输毒品罪定罪处罚。另一种观点则认为，吸毒者在购买、运输、存储毒品过程中被查获，毒品数量较大但尚未超出其个人正常吸食量的，应当以非法持有毒品罪定罪处罚；吸毒者在运输毒品过程中被查获，毒品数量大且明显超出其个人正常吸食量的，推定为具有实施其他毒品犯罪的目的，应当以运输毒品罪定罪处罚。

我们认为，上述第一种观点更为妥当。主要理由是：第一，刑法在设置非法持有毒品罪的定罪标准时，实际考虑了吸毒者合理吸食量的因素，故可以把数量较大视为合理吸食量的界限，超过数量较大标准的应视为超出了合理吸食量。吸毒者在运输毒品过程中被当场抓获，毒品数量达到较大以上的，如没有证据证明其是为了实施贩卖毒品等其他犯罪，可以根据其客观行为状态认定为运输毒品罪。第二，我国吸毒人员数量庞大，仅登记在册的吸毒人员就达到近 300 万人，而隐性未登记的吸毒人员更多。如此庞大的吸毒人群是毒品犯罪的重要诱因。为从源头上遏制毒品犯罪，减少毒品的流通，应当加大对吸毒者实施的毒品犯罪的打击力度。在数量较大标准之上设定更高的合理吸食量标准，虽然有一定的合理性，但容易轻纵吸毒者实施的毒品犯罪。第三，“合理时段内的正常吸食量”难以界定，容易造成实践认定标准的不统一，而直接以毒品数量较大作为区分标准更便于操作。也正是考虑到上述问题，2015 年 5 月 18 日印发的《全国法院毒品犯罪审判工作座谈会纪要》（以下简称《武汉会议纪要》）明确规定：“吸毒者在运输毒品过程中被查获，没有证据证明其是为了实施贩毒等其他犯罪，毒品数量达到较大以上的，以运输毒品罪定罪处罚。”据此规定，只要吸毒者运输毒品达到较大以上，就构成运输毒品罪，而无须在数量较大之上再考虑是否超过合理吸食量问题。

本案中，被告人张应宣在运输毒品过程中被当场抓获，尽管其系吸毒人员，且现有证据无法证明其具有实施走私、贩卖、制造毒品等目的，亦无法证实其具有为他人运输的目的，但由于被查获的毒品处于运输状态之中，且数量达到较大以上，故法院直接认定其行为构成运输毒品罪。本案的裁判虽然发生在《武汉会议纪要》印发之前，但裁判结果完全符合该纪要的规定。

（撰稿：浙江省高级人民法院　聂昭伟
审编：最高人民法院刑五庭　马　岩）

[第1070号]欧阳永松非法持有毒品案

——从吸毒人员住处查获数量较大的毒品,但认定其曾贩卖毒品的证据不足的,是认定为贩卖毒品罪还是非法持有毒品罪

【关键词】 非法持有毒品罪 吸毒人员 贩卖毒品罪 数量较大 证据不足

一、基本案情

被告人欧阳永松,男,1978年8月2日出生,无业。因涉嫌犯贩卖毒品罪于2014年6月25日被逮捕。

广东省佛山市顺德区人民检察院以被告人欧阳永松犯贩卖毒品罪,向顺德区人民法院提起公诉。

公诉机关指控,被告人欧阳永松贩卖25.81克甲基苯丙胺等毒品,其行为已构成贩卖毒品罪。

被告人欧阳永松辩称,其是吸毒人员,没有贩卖毒品,公安人员从其住处查获的毒品是其自吸的。

佛山市顺德区人民法院经公开审理查明:2014年5月20日下午,欧阳绮云请求被告人欧阳永松代购甲基苯丙胺用于吸食,欧阳永松代其联系贩毒人员"一万"(在逃)未果。当日23时许,应欧阳绮云的要求,欧阳永松在其位于佛山市顺德区的住宅内,从其持有的毒品中拿出净重0.51克的一小包甲基苯丙胺交给欧阳绮云,欧阳绮云支付现金人民币(以下币种同)200元。后公安人员抓获欧阳永松并当场在该住宅大厅内查获涉毒物品57份、带吸管的塑料瓶2个等物品。公安人员从欧阳绮云处查获涉毒物品1份(即净重0.51克的一小包甲基苯丙胺)。经鉴定,上述58份涉毒物品中,有30份检出甲基苯丙胺成分,共净重25.81克;有11份检出四氢大麻酚和大麻酚成分,共净重30.7克;有3份检出氯胺酮和3,4-亚甲基二氧基甲基安非他命成分,共净重1.1克;有5份检出氯胺酮成分,共净重2.8克;有3份检出尼美西泮成分,共净重0.78克;有1份检出麻黄素成分,净重0.58克;另有5份未检出毒品成分。

佛山市顺德区人民法院认为,被告人欧阳永松非法贩卖毒品,其行为构成贩卖毒品罪。根据相关法律规定,被告人有贩卖毒品行为的,被查获的毒品均计入贩卖毒品的数量。据此,依照《中华人民共和国刑法》第三百四十七条第三款、第五十二条、第五十三条之规定,顺德区人民法院以被告人欧阳永松犯贩卖毒品罪,判处有期徒刑八年,并处罚金人民币八万元。

一审宣判后,被告人欧阳永松以其没有贩卖毒品,公安人员从其住处查获的毒品是用于吸食的,原判量刑过重为由,提出上诉。

佛山市中级人民法院经公开审理认为,认定上诉人欧阳永松的行为构成贩卖毒品罪的证据不足。欧阳永松非法持有25.81克甲基苯丙胺等毒品,数量较大,其行为构成非法持有毒品罪。据此,依照《中华人民共和国刑事诉讼法》第二百二十五条第一款第二项,《中华人民共和国刑法》第三百四十八条、第四十七条、第五十二条、第五十三条之规定,佛山市中级人民法院改判被告人欧阳永松犯非法持有毒品罪,判处有期徒刑二年,并处罚金人民币二万元。

二、主要问题

从吸毒人员住处查获数量较大的毒品,但认定其曾贩卖毒品的证据不足的,是认定为贩卖毒

品罪还是非法持有毒品罪?

三、裁判理由

根据行为人持有毒品的目的不同,其行为触犯的罪名也不同。如果行为人持有毒品是为了贩卖,其行为构成贩卖毒品罪;如果是为了自己吸食或者不能证实其有实施贩卖、运输、走私等其他犯罪的故意,毒品数量达到较大以上的,其行为构成非法持有毒品罪。故行为人持有毒品的主观目的,是区分贩卖毒品罪与非法持有毒品罪的重要标准。如何准确认定行为人的主观目的,是实践中的难题。如果行为人承认其具有贩卖毒品的目的,通常可以据此直接认定其持有毒品的行为构成贩卖毒品罪。但现实中持有毒品的行为人一般不会承认有贩卖毒品的主观故意,而往往辩解是出于吸食毒品的目的而持有毒品或者是帮他人保管毒品,这时就需要分析行为人的客观行为表现,以认定其主观目的。

本案中,从一审判决认定的事实来看,被告人欧阳永松的行为是,其向证人欧阳绮云贩卖0.51克甲基苯丙胺后随即被查获,公安人员从其住处又查获了数量较大的毒品。对于这种情形如何认定,最高人民法院2008年印发的《全国部分法院审理毒品犯罪案件工作座谈会纪要》没有作出明确规定,实践中一般采取推定贩卖的方法予以认定。这种事实推定所遵循的认定逻辑是,当某种基础事实存在时,便可以推定另一种事实也存在。例如,行为人曾经实施贩卖毒品的行为或者正在实施贩卖毒品的行为,后从其身上或者住处查获毒品,一般便可以认定行为人对从其身上或者住处查获的毒品也具有贩卖的故意,从而一并计入贩卖毒品的数量之中。2015年5月18日印发的《全国法院毒品犯罪审判工作座谈会纪要》在总结实践经验的基础上,认可了这种推定方法,明确规定:“贩毒人员被抓获后,对于从其住所、车辆等处查获的毒品,一般均应认定为其贩卖的毒品。确有证据证明查获的毒品并非贩毒人员用于贩卖,其行为另构成非法持有毒品罪、窝藏毒品罪等其他犯罪的,依法定罪处罚。”

对这一指导性文件的理解要注意两点:一是允许被告人提出反证。因为基础事实与推定事实之间只是常态联系,而不是必然联系,如果被告人的辩解成立,则推定不成立,故在运用推定的方法认定行为人是否具有贩卖毒品的故意时,应当细致审查被告人的辩解和理由。二是要准确查明据以推定的基础事实。如果认定被告人曾经贩卖毒品或者正在贩卖毒品的基础事实存在诸多疑点,证据没有达到确实、充分的程度,且现有证据不能排除被告人提出的被查获的毒品是其准备用于自己吸食的辩解的真实性和合理性的,就不能推定被告人对其被查获的毒品存在贩卖的故意。在此情况下,如果没有证据证实被告人对其被查获的毒品具有实施走私、贩卖、运输等其他犯罪故意的情况下,对被告人持有该部分毒品的行为应当认定为非法持有毒品罪。

本案中,公诉机关与原审法院均认定被告人欧阳永松实施了贩卖0.51克甲基苯丙胺给证人欧阳绮云的行为,从而认定欧阳永松具有贩卖毒品的故意,进而将公安人员从其住处查获的25.3克甲基苯丙胺等毒品也计入其贩卖毒品的数量之中。但仔细分析本案的案情与证据,就会发现上述认定难以成立:

其一,被告人欧阳永松从其持有的毒品中拿出0.51克甲基苯丙胺给证人欧阳绮云,完全是受欧阳绮云的引诱行为所导致。案发当天下午,欧阳绮云请求欧阳永松代购7克毒品用于吸食,欧阳永松在欧阳绮云的频繁电话催促下最终答应帮她向贩毒人员“一万”询问有否毒品出售,但“一万”一直没有回复欧阳永松。后欧阳绮云仍然不断打电话给欧阳永松催促购买毒品事宜,而欧阳永松则一直称贩毒人员“一万”还没有回复,所以无法帮她购毒。到了当日23时许,欧阳绮云还是不停地打电话给欧阳永松,并最后要求欧阳永松从其自己吸食的毒品中让出1克毒品给她吸食,欧阳永松不堪欧阳绮云频繁的电话纠缠,只好答应从其自己持有的毒品中拿出0.51克甲基苯丙胺给欧阳绮云吸食,欧阳绮云便在报警后来到欧阳永松的住处收取该0.51克甲基苯丙胺,欧阳永松刚将0.51克甲基苯丙胺交给欧阳绮云,便被预伏的公安人员抓获。从上述事实可以看出,欧阳永松只有帮欧阳绮云联系其他贩毒人员代购毒品用于吸食的故意,但其自己没有直接贩卖毒品给欧阳绮云的故意,而现有证据不能证实欧阳永松帮欧阳绮云代购毒品是出于牟利目的,故对其代购行为不能认定为贩卖毒品罪。而且,公诉机关也没有指控其代购行为构成贩卖毒品罪。至于欧阳永松之所以会在案发当天23时许从其自己持有的毒品中拿出0.51克甲基苯丙胺给证人欧阳绮云吸食,完全是由于欧阳绮云为了协助公安人员抓捕欧阳永松而不断使用电话骚扰欧阳永松的引诱行为所致,不能据此认定欧阳永松具有贩卖毒品的故意。

其二,认定涉案200元现金是证人欧阳绮云向被告人欧阳永松购买0.51克甲基苯丙胺的交易对价款,证据不足。欧阳绮云称其于案发当天23时许交给欧阳永松的200元现金是她向欧阳永松购买0.51克甲基苯丙胺的毒资,但欧阳永松称该200元现金是欧阳绮云归还给其的欠款,而欧阳永松与欧阳绮云相识且交往多年,欧阳绮云的证言和欧阳永松的供述均证实欧阳永松在案发之前的确借过钱给欧阳绮云及她的丈夫,且尚未归还。另外,公安人员并没有在欧阳永松处查获该200元现金,欧阳永松如果是为了逃避侦查,他完全可以称案发当天23时许并没有收取过证人欧阳绮云给付的200元现金,而欧阳永松却一直没有否认收取该200元现金的事实。从这些情况分析,不能排除欧阳永松所提出的案发当晚他收取欧阳绮云给付的200元现金,是她归还给其的欠款的辩解意见的真实性,故认定该200元现金属于本案毒资的证据不足。

其三,认定被告人欧阳永松具有贩毒故意,存在不合理性。如果被告人欧阳永松具有贩毒的故意,其完全没有必要为贩卖0.51克甲基苯丙胺而与证人欧阳绮云在案发当天通话20多次,欧阳永松完全可以一口答应交付毒品给欧阳绮云,从而免于承受欧阳绮云频繁的电话骚扰。而且,欧阳永松既然持有25.81克甲基苯丙胺等涉案毒品,其也完全没有必要在欧阳绮云要求购买7克毒品的情况下最后才答应贩卖0.51克毒品给欧阳绮云,欧阳永松完全可以满足欧阳绮云购买7克毒品的愿望,从而赚取更多的毒资。可见,如果认定欧阳永松具有贩卖毒品的故意,便无法合理地解释欧阳永松在本案中的上述种种表现,故认定欧阳永松具有贩卖毒品的故意无法排除合理怀疑。

综上所述,现有证据不足以证实被告人欧阳永松具有贩卖毒品的行为和故意,从而也就不能简单推定欧阳永松对公安人员在其住处查获的涉案毒品存在贩卖的故意。而欧阳永松的确是吸毒人员,根据现有的证据情况,公安人员从欧阳永松住处查获的毒品是欧阳永松用于吸食的可能性很大,故认定欧阳永松的行为构成贩卖毒品罪的证据不足。但欧阳永松非法持有25.81克甲基苯丙胺等涉案毒品,数量较大,其行为构成非法持有毒品罪。二审法院的依法改判是正确的,符合证据裁判原则特别是“事实存疑时作有利于被告人的处理”原则。

(撰稿:广东省佛山市中级人民法院　古加锦
审编:最高人民法院刑五庭　马　岩)

[第1084号]周某非法持有毒品案

——非法持有毒品者主动向公安机关上交毒品的,如何量刑

【关键词】 非法持有毒品罪 主动上交毒品 量刑 自首 犯罪较轻

一、基本案情

被告人周某,男,1968年2月25日出生。2000年4月因犯贩卖毒品罪被判处拘役四个月;2002年1月因犯贩卖毒品罪被判处有期徒刑十个月;2009年10月因犯贩卖毒品罪被判处有期徒刑六个月,2010年1月29日刑满释放。2013年9月30日因涉嫌犯非法持有毒品罪被逮捕。

上海市浦东新区人民检察院以被告人周某犯非法持有毒品罪,向浦东新区人民法院提起公诉。

浦东新区人民法院经公开审理查明:2013年9月9日,被告人周某主动到公安机关投案,将其藏匿于上海市浦东新区家中的3包白色晶体上交。经鉴定,3包白色晶体共重113.63克,从中检出甲基苯丙胺成分。

浦东新区人民法院认为,被告人周某明知甲基苯丙胺是毒品而非法持有,数量达113.63克,其行为已构成非法持有毒品罪。周某曾数次因犯贩卖毒品罪被判刑,系累犯和毒品再犯,依法应从重处罚。鉴于周某在公安机关没有掌握其犯罪事实的情况下,主动投案自首并上交毒品,当庭又自愿认罪,可见其确有悔改的意愿和实际表现,综合考量上述情节,依法对周某予以减轻处罚。据此,依照《中华人民共和国刑法》第三百四十八条、第三百五十六条、第六十五条、第六十七条第一款、第五十五条、第五十六条、第五十三条之规定,浦东新区人民法院以非法持有毒品罪,判处被告人周某有期徒刑六年,剥夺政治权利一年,并处罚金人民币一万二千元。

一审宣判后,被告人周某提出上诉称:一审对其量刑过重。因其未私下销毁毒品而是选择上交,既是向年迈的母亲表示与毒品彻底决裂的决心,也是想给自己施加压力,坚定永不触碰毒品的信念。其愿意接受刑事处罚,但希望尽快服刑完毕回家照顾老母。

上海市第一中级人民法院经二审审理认为,被告人周某非法持有甲基苯丙胺一百余克,其行为构成非法持有毒品罪。一审法院认定周某具有自首情节,并依法对其减轻处罚,但量刑时仍未充分考虑本案的特殊性,尚不足以体现刑法的罪刑相适应原则,应予调整。刑法第六十七条第一款规定:"对于自首的犯罪分子,可以从轻或者减轻处罚。其中,犯罪较轻的,可以免除处罚。"评价毒品犯罪的轻重时,除考虑犯罪数量外,还应当根据犯罪的社会危害性和犯罪人的人身危险性进行综合考量。周某主动将非法持有的毒品上交公安机关,其行为已将非法持有毒品的社会危害性极大降低,且其系出于与毒品决裂、尽心赡养老母的动机上交毒品,虽系毒品再犯,但其行为说明其确有悔改诚意,其人身危险性与一般毒品再犯明显不同。此外,对周某最大限度地予以从宽处罚,也有利于准确贯彻宽严相济刑事政策,分化瓦解毒品犯罪分子,鼓励毒品犯罪分子主动与毒品决裂。故综合本案情况,可以认定周某的行为属于"犯罪较轻",对其可免除处罚。据此,依照《中华人民共和国刑法》第六十七条第一款、《中华人民共和国刑事诉讼法》第二百二十五条第一款第二项之规定,上海市第一中级人民法院以非法持有毒品罪,判处被告人周某免予刑事处罚。

二、主要问题

1. 非法持有毒品者主动向公安机关上交毒品的,是构成犯罪中止还是自首?

2. 如何认定自首条款中的“犯罪较轻”?

三、裁判理由

(一)非法持有毒品者主动向公安机关上交毒品的,构成自首

本案中,被告人周某向公安机关上交其非法持有的毒品,对其行为应认定为犯罪中止还是自首,审理过程中存在两种意见:一种意见认为,行为人一旦持有毒品,持有状态即已形成,构成非法持有毒品罪。但持有是一个持续的过程,当持有仅存在对社会的潜在威胁时,行为人可以通过主动上交毒品的方式彻底消除该潜在威胁,有效防止危害结果的发生,根据刑法第二十四条的规定,周某的行为属于犯罪中止。因其行为未对社会造成损害,故应当免除处罚。另一种意见认为,非法持有毒品者主动上交毒品的行为只能认定为自首,不属于非法持有毒品罪的犯罪中止。因为行为人持有毒品已经成为事实,其行为已构成犯罪既遂,不具备成立犯罪中止的条件。其上交毒品的行为,依法可认定为自首。

上述两种意见的争议焦点在于,被告人周某主动上交其非法持有的毒品,是否构成非法持有毒品罪的犯罪中止?进言之,持有型犯罪是否存在犯罪中止形态?刑法理论通说认为,持有型犯罪在犯罪形态方面的特点是一经持有即达成既遂,即行为人实施持有行为、犯罪进入实行阶段后,持有状态即形成,持有犯罪便已达成既遂形态,不可能再向另外一种停止形态,即犯罪中止形态逆向转化,其持有行为是否发生实际的危害结果,不影响持有犯罪既遂的成立。在持有犯罪行为实施时,因不存在明显的行为终了与犯罪既遂之间的时间间隔,故不具备形成犯罪中止的时间条件;同理,持有行为实施后也不太可能再出现未遂等未完成形态。若对该问题做进一步探讨,持有型犯罪在预备阶段可能因行为人自动停止,不再着手实施犯罪,从而构成预备阶段的犯罪中止,如行为人为了实施非法持有毒品犯罪购买保险柜、包装袋、电子秤等物品后,在接取毒品前主动放弃犯罪,不再着手实施持有毒品行为。本案中,周某主动上交所藏毒品时,其非法持有毒品已有一定的时间,非法持有毒品犯罪已构成既遂,不宜认定构成犯罪中止,应当以自首论处。

(二)被告人虽系毒品再犯,但结合具体案情可认定其真诚悔罪,犯罪行为无实质危害的,属于自首条款中的“犯罪较轻”,对其可免除处罚

刑法第六十七条第一款规定:“对于自首的犯罪分子,可以从轻或者减轻处罚。其中,犯罪较轻的,可以免除处罚。”在常见的毒品案件中,对非法持有甲基苯丙胺(冰毒)100多克的犯罪确实无法作出“犯罪较轻”的认定,但本案的具体情节确实较为特殊,需与一般案件区别对待。本案中,被告人周某在公安机关事先完全不掌握其犯罪线索的情况下主动上交其非法持有的毒品,这种做法在司法实践中比较罕见。第一,从客观上看,其上交毒品的行为使其非法持有毒品行为的社会危害性明显低于一般的同类犯罪,其犯罪行为对社会也没有造成任何实质危害,并且极大节约了司法资源,对其行为多方面的积极意义应在量刑时予以充分考虑。第二,从主观上看,周某投案的动机是与毒品决裂,痛改前非,尽心赡养老母。在公安机关未掌握其犯罪线索的情况下,其完全可以采取私下销毁毒品等方式,既实现自己的目的,又逃避法律制裁,但为表示真诚悔改的态度,其将毒品上交公安机关,愿意接受刑事处罚,说明其悔罪态度真诚、坚决,再次实施毒品犯罪的可能性很小。周某虽系毒品再犯,但其人身危险性明显不同于一般的毒品犯罪分子。第三,对周某给予最大程度的从宽处罚,对教育、感化毒品犯罪分子,鼓励涉毒人员主动远离毒品具有良好的示范效应。因此,综合上述三方面因素分析,对周某的非法持有毒品行为认定为“犯罪较轻”,进而对其免除处罚,符合罪刑相适应原则。二审法院综合考量犯罪行为具体的社会危害性和犯罪人的人身危险程度,灵活适用量刑规范化规定,改判周某犯非法持有毒品罪,免予刑事处罚,定罪准确,量刑适当,取得了良好的法律效果和社会效果。

值得注意的是,一、二审在被告人周某是否构成累犯问题上作出了不同的处理,产生分歧的原因是一、二审对周某所犯非法持有毒品罪判处刑罚不同。一审认为对周某应以非法持有毒品罪判处有期徒刑,后罪符合刑法第六十五条规定的“应当判处有期徒刑以上刑罚”的刑度条件,故认定周某构成累犯。二审认为根据其所犯罪行,不必判处有期徒刑以上刑罚,故未认定周某构成累犯。

(撰稿:上海市第一中级人民法院 余 剑 吴 炯
审编:最高人民法院刑五庭 马 岩)

[第1085号]沙学民容留他人吸毒案

——在暂予监外执行期间犯新罪被抓获,应如何计算前罪余刑

【关键词】 容留他人吸毒罪 暂予监外执行期间 新罪 前罪余刑 计算

一、基本案情

被告人沙学民,男,1966年12月15日出生。2013年2月4日因犯贩卖毒品罪被判处有期徒刑一年,并处罚金人民币1 000元,同年2月18日因病被决定暂予监外执行。同年4月10日因涉嫌犯容留他人吸毒罪被抓获,次日被刑事拘留,当日因无锡市公安局监管支队不予收押,被取保候审。2014年5月29日经无锡市北塘区人民法院决定逮捕,同年6月4日由无锡公安局北塘分局执行逮捕,当日因无锡市公安局监所管理支队不予收押而被取保候审。

无锡市北塘区人民检察院以被告人沙学民犯容留他人吸毒罪,向北塘区人民法院提起公诉。

被告人沙学民对公诉机关指控的事实、证据无异议。

北塘区人民法院经审理查明:

1. 2013年4月8日下午,被告人沙学民在无锡市北塘区建设新村127号403室容留万建华吸食毒品甲基苯丙胺。

2. 2013年4月10日下午,被告人沙学民在无锡市北塘区建设新村127号403室容留刘雪珍吸食毒品甲基苯丙胺,容留邓国民吸食毒品甲基苯丙胺、注射毒品海洛因,容留金明发吸食毒品甲基苯丙胺、海洛因。

另查明,在前案中,被告人沙学民于2011年11月10日被抓获,同年11月12日被取保候审,羁押时间为3天。2013年2月18日沙学民被暂予监外执行。同年4月10日因本案被抓获,则监外执行服刑的时间为一个月零二十四天。综上,被告人沙学民已执行刑期为一个月二十七天。

北塘区人民法院认为,被告人沙学民容留他人吸食、注射毒品,其行为已构成容留他人吸毒罪,依法应当判处三年以下有期徒刑、拘役或者管制,并处罚金。沙学民曾因犯贩卖毒品罪被判过刑,又犯容留他人吸毒罪,是毒品再犯,依法从重处罚。沙学民归案后如实供述自己的罪行,依法可以从轻处罚。沙学民在判决宣告以后,刑罚执行完毕以前又犯罪,应当对新犯之罪作出判决,把前罪没有执行的刑罚和后罪所判处的刑罚数罪并罚。公诉机关指控被告人沙学民犯容留他人吸毒罪的事实清楚,证据确实、充分,指控成立,但未指控数罪并罚有误,应予纠正。依照《中华人民共和国刑法》第三百五十四条、第三百五十六条、第六十七条第三款、第七十一条、第六十九条之规定,以容留他人吸毒罪判处被告人沙学民有期徒刑九个月,并处罚金人民币1 000元。

连同前罪剩余刑期十个月三天，决定执行有期徒刑一年三个月，并处罚金人民币1 000元。

一审宣判后，北塘区人民检察院提起抗诉，称原审被告人沙学民前罪刑罚已经执行完毕，故北塘区人民法院的判决认定其前罪尚有未执行完毕的刑罚，且将前罪未执行的刑罚与后罪所判处的刑罚实行数罪并罚，属于适用法律错误。

无锡市中级人民法院经审理认为，原审判决的审判程序合法，认定的事实清楚，证据确实、充分，量刑适当，应予维持。依照《中华人民共和国刑事诉讼法》第二百二十五条第一项之规定，裁定驳回抗诉，维持原判。

二、主要问题

被暂予监外执行的罪犯在监外执行期间犯新罪并被抓获，社区矫正机关未及时出具收监建议书，而后出具社区矫正期满的证明书，被告人的前罪是否还有剩余刑期?

三、裁判理由

本案在审理过程中，对于被告人的前罪是否有剩余刑期，存在不同的意见。

第一种意见认为，被告人沙学民于2013年2月4日因犯贩卖毒品罪被北塘区人民法院判处有期徒刑一年，同年2月18日判决生效后因疾病被决定暂予监外执行一年。根据我国刑事诉讼法的规定，对被暂予监外执行的罪犯，依法实行社区矫正，由社区矫正机构负责执行。故自2013年2月18日至2014年2月17日，根据刑事诉讼法的规定将沙学民交由社区矫正机构负责执行。2014年2月17日社区矫正机构对沙学民作了社区矫正期满，依法解除社区矫正的宣告，并出具矫正期满解除社区矫正证明书。根据法律规定，暂予监外执行的期间计入刑罚执行的期间。被告人社区矫正一年期满，故前罪刑罚已经执行完毕，不存在数罪并罚的问题。

第二种意见认为，2013年4月10日被告人沙学民因涉嫌犯容留他人吸毒罪被公安机关抓获，根据最高人民法院、最高人民检察院、公安部、司法部联合制定的《社区矫正实施办法》第二十六条的规定，暂予监外执行的社区矫正人员违反有关法律、行政法规和监督管理规定，情节严重的，由居住地县级司法行政机关向批准、决定机关提出收监执行的建议书。举轻以明重，被告人的行为显然是违反有关法律、行政法规和监督管理规定，情节严重的行为，社区矫正机构应依法出具收监建议书。因此，本案被告人2013年4月10日被抓获当天，已不符合暂予监外执行条件，应通过法定程序中止前罪的暂予监外执行。同时，被告人被抓获当天即被公安机关采取刑事强制措施，即被告人从抓获之日起应当计入新罪的刑事强制措施时间，不应视为所服前罪判决的刑期。综上，本案应以被告人被抓获之日为界点计算前罪的剩余刑期。

我们同意第二种意见。理由如下：

(一)被告人在监外执行期间因犯新罪而被采取强制措施的，新罪强制措施采取之日，即为前罪监外执行中止之时

根据刑事诉讼法第二百五十七条的规定，对于暂予监外执行的罪犯，有法律规定情形之一的，应当及时收监。由此可见，暂予监外执行制度具有明显的临时性特征，随时可能因法定情形的出现而中止。决定或批准对罪犯适用暂予监外执行之后，并不意味着其之后都会在监狱外服刑，而是当出现法律规定的情形时，相关机关应当及时改变监外执行的方式，将罪犯收监从而恢复为监禁执行的行刑方式。一旦被告人被有权机关决定收监，则其暂予监外执行期间显然中止。

暂予监外执行期间犯新罪，暂予监外执行期满前发现的，根据最高人民法院、最高人民检察院、公安部、司法部联合制定的《社区矫正实施办法》第二十六条的规定，暂予监外执行的社区矫正人员违反有关法律、行政法规和监督管理规定，情节严重的，由居住地县级司法行政机关向批准、决定机关提出收监执行的建议书。举轻以明重，被告人的行为显然属于触犯刑法的行为，应

依法收监执行。故被告人在暂予监外执行期间犯新罪并在暂予监外执行期满前被发现的，自有权机关依法定程序作出收监决定之日，前罪的暂予监外执行期间中止。

本案中，社区矫正机构即无锡市北塘区司法局应在被告人因犯新罪被抓获之日依法向北塘区人民法院提出对被告人沙学民进行收监执行的建议书，但北塘区司法局没有及时向北塘区人民法院提出收监建议。这种不利的后果应由被告人自己承担，也就是说，其在被公安机关抓获后继续履行的接受社区矫正的时间不计入其刑期。因为《社区矫正实施办法》第十一条规定："社区矫正人员应当定期向司法所报告遵纪守法、接受监督管理、参加教育学习、社区服务和社会活动的情况。"显然，本案被告人没有履行应尽的义务。

另外，从社会导向的角度分析，规避法律责任往往是当事人趋利避害的反应，若对不履行社区矫正义务的暂予监外执行人认可其社区矫正期满，则可能诱导当事人采取各种方式规避法律责任，如此将不利于社区矫正机构依法进行社区矫正工作，也不利于维护司法的公正性。因此，只有将行为人没有履行社区矫正义务的行为导致的不利后果归于其本人承担，即认定其前罪的暂予监外执行期间自其被抓获之日起中止，同时认定其前罪的刑期也自被抓获之日起中止计算，方能有效避免当事人通过不履行义务的方式获得非法利益。在本案中，由于被告人没有切实履行其接受社区矫正的义务，在暂予监外执行期间没有向社区矫正机构如实报告其犯新罪的情况，导致社区矫正机构做出错误的矫正期满证明书，法院应不认可该社区矫正期满证明书，而是根据事实，依法认定被告人被抓获后其前罪的暂予监外执行期间中止，其在中止后继续接受社区矫正的期间不计入其前罪服刑期间。

（二）应以被告人被抓获之日作为计算前罪剩余刑期的界点

暂予监外执行期间的中止不等于刑期计算的中止，被告人在暂予监外执行期间因出现法定情形，如被保外就医的被告人疾病治愈，则有权机构应作出收监决定，被告人被收监后在监狱内继续服刑，即虽然暂予监外执行中止，但是刑期却是连续计算的。但是，如果被告人是因为犯新罪而被中止前罪的暂予监外执行期间，则涉及前罪的刑期的计算是否中断，以及以何日作为前罪刑期计算中断的界点，从而开始计算前罪的剩余刑期。我们认为，应以被告人犯新罪被抓获并被采取强制措施之日为界点，中断前罪刑期的计算。

实践中，被告人在前罪暂予监外执行期间因犯新罪被抓获的同时一般也被采取了刑事强制措施。同时被告人在前罪暂予监外执行期间因犯新罪被抓获，有权机关应依法对被告人进行收监执行。那么这里作为限制或者剥夺被告人人身自由的刑事强制措施和同为剥夺被告人人身自由的收监执行就产生了冲突。我们认为，应优先处理新罪。理由如下：

第一，新罪的处理比旧罪的服刑更加紧迫。被告人在前罪暂予监外执行期间犯新罪，侦查机关发现并抓获被告人后，立即进入紧张的侦查程序，刑事诉讼法对侦查工作的时间有着严格的要求，可以说时间紧迫。而且对新罪的侦查、起诉、审判工作决定着被告人是否犯罪。而被告人的前罪的剩余刑期是确定的，完全可以与新罪判决的刑罚一同执行，相比于侦查工作不具有时间上的紧迫性。故在这种情况下，应中止前罪的服刑，进入新罪的刑事诉讼程序上来。

第二，优先处理新罪符合立法的原意。刑法第七十一条规定，判决宣告以后，刑罚执行完毕以前，被判刑的犯罪分子又犯罪的，应当对新犯的罪作出判决，把前罪没有执行的刑罚和后罪所判处的刑罚，依照本法第六十九条的规定，决定执行的刑罚。根据该条规定，被告人在前罪的刑罚执行期间犯新罪的，应当首先对新罪作出判决，同时将因为处理新罪而耽搁的前罪服刑期间与新罪判处的刑罚进行数罪并罚。也就是说，被告人在前罪的刑罚执行期间犯新罪的，应中止前罪的服刑，并将中止后的前罪的剩余刑期与新罪进行数罪并罚。如果将被告人按照违反社区矫正监督管理规定收监,则属于继续前罪的刑罚的执行,收监后被告人仍然属于服前罪的刑期,与上述法条的立法精神不符。

结合到本案,被告人沙学民于 2013 年 4 月 10 日因涉嫌犯容留他人吸毒罪被抓获,次日被刑事拘留,当日因无锡市公安局监管支队不予收押,被取保候审。被告人自抓获之日起被采取了拘传、刑事拘留、取保候审等一系列刑事强制措施,这些刑事强制措施显然是为保障新罪的刑事诉讼顺利进行而采取的,属于新罪的刑事诉讼程序。故被告人自抓获之日起被限制人身自由属于新罪的刑事诉讼程序中的强制措施,被羁押的时间应在新罪的刑期中扣除,而不能计算在前罪的服刑期间。

综上,一、二审法院没有依据社区矫正机构出具的社区矫正期满证明书认定被告人沙学民前罪已服刑期满,而是以被告人被抓获的时间作为前罪刑期中断的界点计算其前罪的剩余刑期,从而对被告人进行数罪并罚的裁判是正确的。

（撰稿:江苏省无锡市北塘区人民法院　赵　越
审编:最高人民法院刑四庭　陆建红）

[第 1131 号]曾某平等贩卖、运输毒品案

——在上诉案件中,对于公诉机关指控但一审没有认定的犯罪事实,二审能否审理并予以认定

【关键词】 贩卖、运输毒品罪　上诉　一审没有认定的犯罪事实　二审审理及认定

一、基本案情

被告人曾某平,男,1983 年 8 月 27 日生。2010 年 9 月 22 日因涉嫌犯贩卖、运输毒品罪被逮捕。

(其他同案被告人略)

某市人民检察院以被告人曾某平等人犯贩卖、运输毒品罪,向某市中级人民法院提起公诉。

某市中级人民法院经审理查明:

被告人曾某平、吴某某系夫妻关系。2010 年,曾某平、吴某某多次向杨某某、申某某出售毒品甲基苯丙胺片剂(俗称"麻古")。付某某负责为曾某平、吴某某运输毒品。曾某某为他人窝藏毒品。具体如下:

1. 2010 年 8 月 9 日,被告人曾某平、吴某某向他人出售甲基苯丙胺片剂,交由付某某运输。付某某将毒品从某市运至某县牛滩镇交给买家后,将收取的 2 万元毒资存入吴某某银行账户。8 月 14 日,付某某携带甲基苯丙胺片剂乘坐大巴车前往某市,在高速公路某服务区被公安机关抓获。公安机关当场从其挎包内查获甲基苯丙胺片剂 3 000 颗,净重 274.61 克。

2. 2010 年 8 月 15 日 20 时许,杨某某以贩卖为目的从被告人曾某平处购买毒品甲基苯丙胺片剂,二人在曾某平驾驶的车辆上完成交易后,被公安机关抓获。公安机关当场在该车烟灰缸位置查获毒资人民币(以下币种同)2 万元,从杨某某身上查获甲基苯丙胺片剂 1 009 颗,净重 90.81 克。

3. 2010年间，申某某多次在被告人曾某平、吴某某处购买甲基苯丙胺片剂贩卖。同年8月初，申某某向曾某平、吴某某购买甲基苯丙胺片剂后，贩卖给熊某250颗。8月17日，申某某在某市某区东门口一美发店被公安机关抓获，公安机关在其随身携带的提包内查获甲基苯丙胺（冰毒）7包，净重10.65克，甲基苯丙胺片剂4袋，净重2.63克。

4. 2010年8月15日21时40分许，公安机关对被告人曾某平、吴某某位于某市某区美领居二期三号楼37号的租住房进行搜查，吴某某在公安人员进入房间搜查前，将家中所藏毒品“麻古”从阳台处扔出。经搜查，公安机关在该租住房中查获现金58万元和电子秤、银行卡等物，在该房阳台下负一楼雨棚上发现一个浅蓝色“劲浪体育”包装袋，内有甲基苯丙胺片剂2 300颗，净重203.5克。

5. 2010年8月24日，公安机关从曾某某位于某省某县马岭镇盘田村三社43号的住所内，查获甲基苯丙胺片剂363.59克。

6. 2010年9月17日，公安机关从被告人曾某平、吴某某在某市某区堰塘湾23号楼4楼20号的租住房内查获甲基苯丙胺片剂16 000颗，净重1 461.3克。

某市中级人民法院认为，被告人曾某平违反毒品管理规定，明知是毒品而贩卖，并指使他人运输，其行为已构成贩卖、运输毒品罪。公诉机关指控付某某运输274.61克甲基苯丙胺片剂系受曾某平夫妇安排的证据不足；指控曾某某处查获的363.59克甲基苯丙胺片剂系曾某平委托曾某某保管的证据不足，不予认定。曾某平贩卖毒品（含甲基苯丙胺、甲基苯丙胺片剂）1 768.89克及甲基苯丙胺片剂250颗，运输甲基苯丙胺片剂约800颗。在贩卖、运输共同犯罪中，曾某平系主犯。曾某平多次贩卖、运输毒品，且数量大，依法应当严惩。据此，依照《中华人民共和国刑法》第三百四十七条、第二十五条第一款、第二十六条第一款、第四十八条、第五十七条第一款、第五十九条、第六十四条之规定，以贩卖、运输毒品罪判处被告人曾某平死刑，剥夺政治权利终身，并处没收个人全部财产。

一审宣判后，被告人曾某平提出上诉。上诉理由如下：（1）原判认定其与杨某某有毒品交易的事实不成立；（2）原判认定两处租住房内查获的毒品是其用于贩卖的毒品的事实错误；（3）原判量刑过重，请求从轻处罚。其辩护人提出，本案存在犯意引诱的可能。

某省高级人民法院经审理确认，原判认定从申某某处查获的10.65克甲基苯丙胺系被告人曾某平、吴某某贩卖给申某某的证据不足；原公诉机关指控付某某运输274.61克甲基苯丙胺片剂系受曾某平夫妇安排的事实成立，原判未予认定，应予纠正；原公诉机关指控曾某某处查获的363.59克甲基苯丙胺片剂系曾某平委托曾某某保管的事实成立，原判未予认定，应予纠正。曾某平及其辩护人所提辩解理由和辩护意见不能成立（具体理由略），不予采纳。原判认定被告人曾某平犯贩卖、运输毒品罪的主要犯罪事实清楚，定罪准确，量刑适当，审判程序合法。据此，依照《中华人民共和国刑法》第三百四十七条第一款、第二款第一项、第七款，第二十五条第一款，第二十六条第一款、第四款，第四十八条，第五十七条第一款，第五十九条，第六十四条和《中华人民共和国刑事诉讼法》第五十三条、第二百二十五条第一款第一项之规定，判决维持原审对被告人曾某平的定罪量刑，并依法报请最高人民法院核准。

最高人民法院经审理认为，被告人曾某平违反国家毒品管理规定，明知是毒品而伙同他人予以贩卖，还雇用他人运输毒品，其行为已构成贩卖、运输毒品罪。曾某平在共同犯罪中起组织、指挥作用，系罪责最为严重的主犯。曾某平多次贩卖毒品，贩卖毒品数量大，社会危害极大，所犯罪行极其严重，应依法惩处。第二审判决认定曾某平安排付某某运输甲基苯丙胺片剂274.61克、委托曾某某保管甲基苯丙胺片剂363.59克的事实错误，应予纠正。第一审判决、第二审判决认定曾某平伙同他人贩卖、运输1 852.74克甲基苯丙胺片剂的事实清楚,证据确实、充分,定罪准确,量刑适当。审判程序合法。依照《中华人民共和国刑事诉讼法》第二百三十五条、第二百三十九条和《最高人民法院关于适用〈中华人民共和国刑事诉讼法〉的解释》第三百五十条第二项的规定,以贩卖、运输毒品罪判决核准被告人曾某平死刑。

二、主要问题

在上诉案件中,对于公诉机关指控但一审没有认定的犯罪事实,二审能否审理并予以认定?

三、裁判理由

司法实践中,对于一些涉及多起犯罪事实的案件,一审法院经审理后认为,公诉机关指控的部分犯罪事实清楚,证据确实、充分,但也有部分犯罪事实不清楚或者证据不足,进而依法认定达到法定证明标准的部分犯罪事实,对未达到法定证明标准的部分犯罪事实不予认定。此种情况下,如果被告人提起上诉,公诉机关未提起抗诉,二审法院是否需要审查一审法院未予认定的部分犯罪事实,进而能否追加认定该部分犯罪事实,值得研究。

该问题涉及二审程序的审理原则和审查范围。许多国家的二审都实行法律审,并且实行有限审理,即主要限定为对上诉理由的审理。根据我国刑事诉讼法第二百二十二条第一款的规定,第二审人民法院应当就第一审判决认定的事实和适用法律进行全面审查,不受上诉或者抗诉范围的限制。可见,我国刑事二审程序实行全面审理原则,且不是单纯的法律审,而是一并审理事实问题和法律问题。尽管如此,并不意味着二审程序的审查范围毫无边界,法律其实已经对此作出了适当的限制,即二审应当对"一审判决认定的事实和适用法律"进行审查。进一步来讲,对于一审判决没有认定的部分犯罪事实(抗诉案件除外),二审法院无须(或者不应当)进行审查,更不能追加认定该部分犯罪事实。

将二审程序的审理范围限定于"一审判决认定的事实和适用法律",符合二审程序的功能定位和相应的诉讼原则。

从二审程序的功能定位来看,因被告人上诉而启动的二审程序,主要功能是为被告人提供法律救济。实践中,被告人对一审判决认定的事实或者适用法律不服,可以依法提出上诉,请求二审法院对相关问题进行审理,以期获得有利于己方的裁判。对于因被告人上诉而启动的二审案件,如果二审法院审查一审未予认定的部分犯罪事实,进而追加认定该部分犯罪事实,不仅未能为被告人提供法律救济,反而作出不利于被告人的认定,这显然与二审程序的法律救济功能相悖。

同时,为确保被告人的上诉权,刑事诉讼法确立了上诉不加刑的基本原则。第二百二十六条第一款明确规定,第二审人民法院审理被告人或者他的法定代理人、辩护人、近亲属上诉的案件,不得加重被告人的刑罚。据此,对于被告人一方上诉的案件,二审法院追加认定一审未予认定的部分不利于被告人的犯罪事实,即使最终并未加重被告人的刑罚,这种做法也有违上诉不加刑原则的基本精神。

此外,对于一审法院未予认定的部分犯罪事实,检察机关并未提出抗诉,就表明检察机关对此并无异议。此种情况下,对于原本不属于二审审查范围的事项,二审法院基于不告不理原则的基本精神,不应当主动审查并追加认定。

本案中,公诉机关指控被告人曾某平实施多起贩卖、运输毒品事实,一审法院认定其中两起犯罪事实证据不足。具体如下:其一,公诉机关指控,2010年8月14日早上,付某某受曾某平、吴某某指使,在某市驿通车站乘坐大巴车将274.61克甲基苯丙胺片剂运往某市。一审法院认为,认定曾某平、吴某某指使付某某运输该宗毒品的证据不足,不能确定该宗毒品为曾某平夫妇所有,据此笼统认定付某某是为他人运输毒品。其二,公诉机关指控2010年8月24日,从曾某某住处查获的甲基苯丙胺片剂363.59克,是曾某平交由曾某某保管的。一审法院认为,认定曾某平委托曾某某保管该宗毒品的证据不足,不能确定该宗毒品是曾某平委托保管,据此笼统认定在曾某某住处查获该宗毒品的犯罪事实。二审法院认为,一审应当认定该两起犯罪事实系曾某平实施,进而对曾某平追加认定该两起犯罪事实,这种做法不符合法律规定的要求。最高人民法院在死刑复核过程中,依法对该两起犯罪事实不予认定,并对事实作出改判,是妥当的。

有意见认为,对类似案件,二审法院经审查认为,现有证据足以认定一审未予认定相关的犯罪事实,可以启动审判监督程序。我们倾向于认为,尽管我国法律并未明确规定一事不再理原则,但对于一审未予认定的犯罪事实,在被告人提出上诉且检察机关未提出抗诉的情况下,也不宜启动审判监督程序。

（撰稿:最高人民法院刑三庭　夏建勇
审编:最高人民法院刑三庭　姜永义）

[第1132号]易卜拉欣·阿卜杜西默德·阿布多什走私毒品案

——对走私恰特草的行为如何定罪量刑

【关键词】　走私毒品罪　走私恰特草　自己食用　量刑

一、基本案情

被告人易卜拉欣·阿卜杜西默德·阿布多什(英文名 Ibrahim Abdulsemed Abdosh),男,1989年11月29日出生,埃塞俄比亚国籍。2014年2月20日因涉嫌犯走私毒品罪被逮捕。

浙江省杭州市人民检察院以被告人易卜拉欣·阿卜杜西默德·阿布多什犯走私毒品罪,向杭州市中级人民法院提起公诉。

被告人易卜拉欣·阿卜杜西默德·阿布多什辩称其不知道恰特草在中国属于违法物品,其携带恰特草入境是用于自己食用。其辩护人提出,易卜拉欣·阿卜杜西默德·阿布多什有正当职业,所带恰特草是用于自己食用,与一般的走私毒品犯罪分子相比,主观恶性明显较小;涉案毒品被当场查获,未流入社会,建议对其从轻处罚。

杭州市中级人民法院经公开审理查明:2013年1月6日,被告人易卜拉欣·阿卜杜西默德·阿布多什携带5.73千克恰特草入境,被杭州萧山机场入境检验检疫部门查获并没收,并被告知恰特草禁止携带进入我国境内。2014年1月13日19时许,易卜拉欣·阿卜杜西默德·阿布多什乘坐ET688航班从埃塞俄比亚首都亚的斯亚贝巴飞抵杭州萧山机场,入境时选择无申报通道入关,未向海关申报任何物品。经杭州萧山机场海关关员查验,从其随身携带的双肩包内查获用锡纸包裹的三捆疑似恰特草植株。经鉴定,该三捆植株为卫矛科巧茶属巧茶,又名恰特草等,净重630克,检出卡西酮成分。

杭州市中级人民法院认为,被告人易卜拉欣·阿卜杜西默德·阿布多什违反我国法律,逃避海关监管,携带毒品恰特草入境,其行为已构成走私毒品罪。关于易卜拉欣·阿卜杜西默德·阿布多什所提其不知道恰特草在中国属于违法物品,且被查获的恰特草系其用于自己食用的辩解,经查,易卜拉欣·阿卜杜西默德·阿布多什在本案发生前曾因携带恰特草入境而被我国出入境管理部门没收,其知道我国禁止恰特草入境,且其长期食用恰特草,也应当知道恰特草具有使人兴奋、易于上瘾等特性,但其此次选择无申报通道入关,再次将恰特草带入我国境内,具有走私毒品的主观故意和客观行为,其走私毒品的目的、用途不影响走私毒品罪的成立。易卜拉欣·阿卜杜西默德·阿布多什的上述辩解与事实及相关法律不符,不予采纳。易卜拉欣·阿卜杜西默德·阿布多什此次出于经商目的入境我国,根据其携带恰特草的数量,不能排除自己食用的可能性,相较于走私毒品入境贩卖牟利的犯罪分子,其主观恶性较小,且本案涉案毒品均被查获,未流入社会,故可予从轻处罚。据此,依照《中华人民共和国刑法》第六条,第三百四十七条第一款、第四款,第三百五十七条,第五十二条之规定,以走私毒品罪判处被告人易卜拉欣·阿卜杜西默德·阿布多什有期徒刑七个月,并处罚金人民币三万元。

一审宣判后,被告人易卜拉欣·阿卜杜西默德·阿布多什未上诉,检察机关亦未抗诉,该判决已发生法律效力。

二、主要问题

1. 对于将恰特草走私入境我国的行为,能否认定为走私毒品罪?

2. 我国法律及相关司法解释尚未对恰特草的定罪量刑数量标准作出规定,对走私恰特草的行为应当如何量刑?

三、裁判理由

本案是一起走私新类型毒品恰特草的案件,也是恰特草在我国被作为第一类精神药品管制以来第一起被定罪判刑的案件。恰特草又称东非罂粟,俗称阿拉伯茶、巧茶,形似苋菜,广泛分布于热带非洲、阿拉伯半岛。恰特草中含有兴奋物质卡西酮,对人体中枢神经具有刺激作用,并容易成瘾,具有社会危害性。世界卫生组织将恰特草归类为Ⅱ类软性毒品,但埃塞俄比亚、也门、英国、荷兰等少数国家未将其列为毒品进行管制。恰特草不仅价格低廉,而且食用方便,在我国蔓延速度极快。据统计,仅2013年,杭州海关缉私部门查获恰特草总计达140余千克,在其他城市如广州、昆明海关也均有大量查获。但以往较长时间,恰特草在我国并未被作为精神药品进行管制,故只能将查获的恰特草没收了事。鉴于恰特草在我国有一定的滥用人群且呈蔓延趋势,国家食品药品监督管理总局、公安部、国家卫生和计划生育委员会在2013年11月11日新公布的《精神药品品种目录(2013年版)》中,将恰特草作为第一类精神药品进行管制。该目录自2014年1月1日起施行,故此后对于非法种植、非法持有、贩卖、走私、服食恰特草的行为均可按照违法犯罪行为处理。本案发生在2014年1月,恰特草在我国刚刚被作为第一类精神药品进行管制,而在本案被告人的国籍国埃塞俄比亚,恰特草则是可以合法交易和食用的,因此需要考察行为人对其行为的社会危害性及违法性是否存在认识。同时,由于我国法律及相关司法解释尚未对恰特草的定罪量刑数量标准作出规定,如何对被告人定罪量刑亦值得探讨。

(一)对非法携带恰特草入境我国的行为,应以走私毒品罪论处

本案中,被杭州海关查获的恰特草尽管在我国已经被作为第一类精神药品进行管制,但在被告人易卜拉欣·阿卜杜西默德·阿布多什(以下简称易卜拉欣)的国籍国埃塞俄比亚却未被列入毒品范畴,是可以合法交易和食用的。在这种情况下,能否将被告人携带恰特草入境我国的行为认定为走私毒品罪?我们认为,答案是肯定的。我国刑法在第八条中规定了保护管辖原则:“外国人在中华人民共和国领域外对中华人民共和国国家或者公民犯罪,而按本法规定的最低刑为三年以上有期徒刑的,可以适用本法,但是按照犯罪地的法律不受处罚的除外。”该条表明,外国人在其本国针对中国国家或者公民实施的犯罪,如果根据其本国法律不作为犯罪处理的,在我国亦不得作为犯罪处理。这就意味着,针对外国人在其本国实施的行为,需要考察其国籍国是否作

为犯罪处理。然而,本案的犯罪行为发生在我国境内,故不能适用保护管辖原则,而应当直接适用属地管辖原则。根据我国刑法第六条第一款的规定:"凡在中华人民共和国领域内犯罪的,除法律有特别规定的以外,都适用本法。"这里的"犯罪"的认定依据当然是我国刑法及相关规定,而并非被告人国籍国的法律规定。因此,针对发生在我国领域内的犯罪行为,无须考察该行为在行为人的国籍国是否构成犯罪,即使在行为人国籍国不认为是犯罪,在我国仍然应当作为犯罪处理。

此外,我们还需要审查行为人是否具有违法性认识,因为这在一定程度上会影响到行为人对其行为社会危害性的认识,进而影响到主观故意要件的成立与否。我国刑法第十四条第一款明确规定:"明知自己的行为会发生危害社会的结果,并且希望或者放任这种结果的发生,因而构成犯罪的,是故意犯罪。"据此,在我国犯罪构成主观要件中,行为人只需要认识到其行为具有社会危害性即可,并不要求其对行为的违法性有认识。具体来说,就是不需要行为人认识到自己的行为在刑法上构成犯罪,即"不知法亦不赦"。当然,对于传统自然犯来说,由于这些行为长期被作为犯罪处理,普通民众不仅能够认识到行为的社会危害性,对其刑事违法性同样也具有认识,因此无论是在社会危害性还是违法性认识上都不存在问题。但对于行政犯,由于某种行为长期以来并未被作为犯罪处理,行为人就有理由相信实施这样的行为不具有社会危害性。而随着新法的颁布,这种行为被纳入犯罪中,由于法制宣传不到位等原因,一些行为人难以很快认识到这种行为的违法性,进而会影响到其对行为社会危害性的判断。因此,对于此类行为,在司法实践中有必要审查行为人是否具有违法性认识及其可能性的大小。

本案中,恰特草在我国一直未被列入毒品范畴,直到2013年11月11日才首次被列管,并自2014年1月1日开始实施。构成走私毒品罪,主观上不仅要求行为人认识到自己的行为属于走私行为,还要求行为人明知其走私的物品系毒品。本案发生在2014年1月,是恰特草在我国被作为精神药品列管后查获的第一起案件,加之恰特草在埃塞俄比亚非常普遍,销售和使用均为合法,故被告人携带恰特草入境我国时主观上是否已经认识到恰特草是毒品,即是否具有社会危害性与违法性认识,对于认定其行为是否构成走私毒品罪尤为重要。我们认为,本案被告人知道其走私的恰特草系毒品。具体理由如下:

首先,被告人易卜拉欣曾于2013年1月6日从杭州萧山机场入境我国,当时即被查获并没收5.73千克恰特草。尽管当时恰特草尚不属于毒品,但海关人员已经明确告知易卜拉欣恰特草系违禁品,并予以没收。2014年1月13日,易卜拉欣再度携带630克恰特草入境,其主观上应明知恰特草是违禁品,携带入境属于违法行为。其次,在查验行李的X光机前贴有《中华人民共和国禁止进境物品表》,其中第五条明确规定,鸦片、吗啡、海洛因、大麻以及其他能使人成瘾的麻醉品、精神药物禁止进境。海洛因、大麻等属于众人皆知的毒品,其他能使人成瘾的麻醉品、精神药物与海洛因、大麻等并列,可知这类物品也属于毒品行列。易卜拉欣自己长期食用恰特草,完全知道恰特草具有使人兴奋、易于上瘾等特性。再次,在查验行李的X光机前,还贴有禁止携带恰特草的标识,海关关员也数次提醒、询问易卜拉欣是否带有恰特草,易卜拉欣均予以否认。易卜拉欣被带至查验房后,还趁海关关员不备,欲将恰特草予以隐匿,其逃避惩处的意图明显。最后,易卜拉欣选择无申报通道入关,未向海关申报任何物品。综上,易卜拉欣在明知恰特草系毒品的情况下,仍意图携带入境,法院据此认定其构成走私毒品罪是正确的。

(二)对于没有定罪量刑数量标准的毒品,应综合考虑其致瘾癖性、社会危害性、数量、纯度、非法交易价格等因素依法量刑

在本案审理期间,我国法律及相关司法解释尚未对走私恰特草的定罪量刑数量标准作出规定。对尚未明确规定定量刑数量标准的毒品,最高人民法院在2008年印发的《全国部分法院审理

毒品犯罪案件工作座谈会纪要》第五条中规定,“对于国家管制的精神药品和麻醉药品,刑法、司法解释等尚未明确规定量刑数量标准,也不具备折算条件的,应由有关专业部门确定涉案毒品毒效的大小、有毒成分的多少、吸毒者对该毒品的依赖程度,综合考虑其致瘾癖性、戒断性、社会危害性等依法量刑。因条件限制不能确定的,可以参考涉案毒品非法交易的价格因素等,决定对被告人适用的刑罚”。最高人民法院2015年印发的《全国法院毒品犯罪审判工作座谈会纪要》也规定:“对于既未规定定罪量刑数量标准,又不具备折算条件的毒品,综合考虑其致瘾癖性、社会危害性、数量、纯度等因素依法量刑。”

在本案审理过程中,针对恰特草的毒性问题,一审法院向浙江省公安司法鉴定中心进行了咨询,鉴定中心的鉴定人员表示,该中心目前只能检测出恰特草所含物质,对于其具体毒性等无法测算;作为新类型毒品,1克恰特草相当于多少大麻或者相当于多少甲基苯丙胺等,需要公安部组织专家搜集资料、研讨认证。在这种情况下,只能参考恰特草的社会危害性、数量、非法交易价格等因素,来决定对被告人适用的刑罚。本案中,630克恰特草本身价值不高,在毒品地下交易市场价格为人民币600元左右,而按照被告人供述,其在埃塞俄比亚的购买价格仅为300埃塞俄比亚比尔,折合人民币约为90元。此外,恰特草作为植株形态,既可以直接像吃生菜一样嚼食,又可以将其晒干做成茶叶或者研磨成粉冲服,属于天然毒品。根据已有的定罪量刑数量标准,传统的天然毒品如罂粟壳达到50千克以上、大麻叶达到30千克以上的,才能认定为“数量较大”,而本案涉案恰特草仅630克。综合考虑上述因素,本案毒品数量应认定为“少量毒品”,量刑档次上应选择在三年以下有期徒刑、拘役或者管制幅度内量刑。考虑到本案被告人从埃塞俄比亚入境我国,目的是进货,携带少量恰特草主要是供自己食用,没有证据证明其有贩卖恰特草的目的,其主观恶性小于其他走私毒品的犯罪分子;加之恰特草在被告人的国籍国属于合法物品,在我国也是2014年年初刚刚被列入管制范围,且涉案恰特草全部被缴获,没有流入社会,综合考虑上述因素,对被告人易卜拉欣可以从宽处罚。

值得注意的是,2016年4月11日起施行的《最高人民法院关于审理毒品犯罪案件适用法律若干问题的解释》,新规定了芬太尼等12类新类型毒品的定罪量刑数量标准,其中就包括恰特草。该解释第二条规定:“走私、贩卖、运输、制造、非法持有下列毒品,应当认定为刑法第三百四十七条第三款、第三百四十八条规定的‘其他毒品数量较大’:……(十三)阿普唑仑、恰特草二十千克以上不满一百千克……”本案虽然在该解释实施前审理,但判决结果和该解释的规定是一致的。

(撰稿:浙江省高级人民法院　聂昭伟
浙江省杭州市中级人民法院　刘　云
审编:最高人民法院刑五庭　马　岩)

[第1167号]黄志坚等贩卖、运输毒品案

——二审法院经审查认为原判据以定案的证据系非法证据,依法排除有关证据后应当如何处理

【关键词】　贩卖、运输毒品罪　二审　非法证据排除　据以定案的证据

一、基本案情

被告人黄志坚,男,1982年4月25日出生。2004年11月11日因犯故意伤害罪被判处有期

徒刑四年零六个月,2008 年 2 月 28 日刑满释放。2011 年 9 月 23 日因涉嫌犯贩卖毒品罪被逮捕。

被告人卢寒文,男,1976 年 11 月 21 日出生。2002 年 5 月 28 日因犯故意伤害罪被判处拘役五个月。2005 年 6 月 20 日因犯抢劫罪、敲诈勒索罪被判处有期徒刑四年,并处罚金人民币六千元,2008 年 5 月 1 日刑满释放。2011 年 9 月 23 日因涉嫌犯贩卖毒品罪被逮捕。

被告人陈乐,男,1995 年 10 月 2 日出生。2011 年 9 月 23 日因涉嫌犯贩卖毒品罪被逮捕。

江西省南昌市人民检察院指控被告人黄志坚犯贩卖、运输毒品罪,被告人卢寒文、陈乐犯贩卖毒品罪,向南昌市中级人民法院提起公诉。

被告人黄志坚及其辩护人提出,黄志坚在侦查机关所作的有罪供述系刑讯逼供所得,起诉书指控贩卖、运输毒品的证据不足。

被告人卢寒文及其辩护人提出,卢寒文在侦查阶段所作的有罪供述系刑讯逼供所得,起诉书指控的毒品不能认定系卢寒文伙同他人贩卖,在卢寒文租住处查获的毒品应认定为非法持有,且卢寒文有坦白情节。

被告人陈乐及其辩护人提出,陈乐在侦查机关所作的被告人黄志坚、卢寒文参与贩卖毒品的有罪供述系刑讯逼供所得,起诉书指控陈乐与卢寒文贩卖 100 粒麻古的事实证据不足。

江西省南昌市中级人民法院经审理查明:

2011 年五六月份,被告人黄志坚、卢寒文开始合伙贩毒,同年 7 月中旬租用江西省南昌市上沙窝 97 号 1 栋 1 单元 102 室储藏间作为贩毒窝点,后黄志坚指使被告人陈乐到南昌市参与贩毒,多次从江西省抚州地区购买毒品运输至南昌市,由卢寒文和陈乐在南昌市贩卖,其中卢寒文负责联系毒品买家,陈乐负责送货。

2011 年 8 月 17 日左右,被告人卢寒文、陈乐在南昌市省委加油站附近以 29 元一粒的价格将 100 粒麻古卖给付军号(另案处理)。

2011 年 8 月 19 日上午,被告人黄志坚独自驾车至江西省新干县,从"新干人"(另案处理)处购买 42 000 粒麻古,后驾车返回其在江西省崇仁县的住处。当日 13 时许,黄志坚携带上述毒品驾车前往南昌市。当日 15 时许,黄志坚在被告人陈乐租住的南昌市海棠明月小区附近与陈乐联系,指使陈乐将上述毒品取走。陈乐取走毒品后,前往南昌市上沙窝 97 号 1 栋 1 单元 102 室储藏间存放毒品。同时,黄志坚驾车前往被告人卢寒文租住的南昌市东湖区银色星座小区 2 栋 205 房间和卢寒文会面。随后,公安机关在南昌市上沙窝路 97 号附近将已存放好毒品准备离开的陈乐抓获,并从储藏间内查获大量可疑白色结晶状物以及大量可疑圆形片剂状物;在卢寒文租住处将黄志坚和卢寒文抓获,当场查获卢寒文另行购买的可疑圆形片剂状物若干和少量可疑白色结晶状物。经鉴定,从上沙窝 97 号 1 栋 1 单元 102 室储藏间内查获的可疑白色结晶状物总计 3029.5973 克,查获的可疑圆形片剂状物总计 6658.6127 克,均含甲基苯丙胺成分。从卢寒文租住的南昌市东湖区银色星座小区 2 栋 205 房间查获的可疑圆形片剂状物总计 103.3507 克,查获的可疑白色结晶状物总计 2.6044 克,均含甲基苯丙胺成分。

南昌市中级人民法院认为,被告人黄志坚单独或伙同他人贩卖、运输甲基苯丙胺类毒品 9688.2100 克、麻古 100 粒,其行为已构成贩卖、运输毒品罪。被告人卢寒文伙同他人贩卖甲基苯丙胺类毒品 9794.1651 克、麻古 100 粒;被告人陈乐伙同他人贩卖甲基苯丙胺类毒品 9688.2100 克、麻古 100 粒,其行为均已构成贩卖毒品罪。黄志坚、卢寒文系累犯,且利用未成年人贩毒,应从重处罚。黄志坚、卢寒文均系主犯。卢寒文在共同犯罪中的作用与黄志坚相比略小,有部分坦白情节,对其判处死刑,可不立即执行。陈乐系从犯,犯罪时未满十六周岁,应减轻处罚。依照《中华人民共和国刑法》第三百四十七条第一款、第二款第一项、第六款、第七款,第十七条第二款、第三款，第二十五条第一款，第二十六条，第二十七条，第四十八条第一款，第五十七条第一款，第六十五条第一款，第六十七条第三款之规定，南昌市中级人民法院对被告人黄志坚以贩卖、运输毒品罪判处死刑，剥夺政治权利终身，并处没收个人全部财产；对被告人卢寒文以贩卖毒品罪判处死刑，缓期二年执行，剥夺政治权利终身，并处没收个人全部财产；对被告人陈乐以贩卖毒品罪判处有期徒刑十年，并处罚金人民币五万元。

一审宣判后，被告人黄志坚、卢寒文、陈乐均不服，提出上诉。

被告人黄志坚上诉提出：第一，原判认定其参与贩卖、运输毒品的事实不清，证据不足。第二，一审审判程序违法。一是其多次申请对其被刑讯逼供的事实进行调查，并排除其因刑讯逼供所作的有罪供述，但一审法院未依法启动证据收集合法性调查程序；二是其进入看守所时曾向体检医生刘某某反映其伤是刑讯逼供所致，但一审法院未依法通知刘某某出庭作证。综上，请求二审法院查明事实，撤销一审判决，改判其无罪。被告人黄志坚的辩护人提出：第一，黄志坚的有罪供述系侦查机关刑讯逼供所得，属非法证据，不得作为定案根据。第二，手机通话记录、手机短信、银行卡存取款记录与本案无关，不能据此认定黄志坚与卢寒文、陈乐共同贩卖毒品。第三，原判对证人张某某证明黄志坚有罪证言的认定违反法律规定。第四，储藏间查获的9000余克毒品与黄志坚无关。综上，请求二审法院改判上诉人黄志坚无罪。

被告人卢寒文上诉提出：第一，原判认定其伙同他人贩卖麻古的证据不足。第二，原判认定在储藏间查获的冰毒及麻古系其伙同他人贩卖的证据不足。第三，在其住处查获的麻古应认定非法持有毒品，该毒品是其自购自吸，与被告人黄志坚、陈乐无关。第四，陈乐受黄志坚直接指使和安排，其主要是帮助黄志坚贩卖毒品，其和陈乐同由黄志坚控制与指挥，不能认定其具有利用未成年人贩毒的情节。第五，其认罪供述系刑讯逼供所得，请求二审法院启动证据收集合法性调查程序。综上，请求撤销原判，以非法持有毒品罪对其定罪量刑。被告人卢寒文的辩护人另提出：第一，没有证据证实卢寒文与黄志坚共同贩卖毒品。第二，卢寒文在一审庭审时反映其被侦查人员逼供，侦查人员取来黄志坚的材料，让卢寒文照着黄志坚的材料供述。第三，办案机关违反法律规定，对卢寒文羁押超过48小时。对侦查人员违反法定程序取得的供述，依法应予排除。第四，卢寒文持有的毒品没有流入社会造成危害。综上，卢寒文构成非法持有毒品罪，且应减轻处罚。

被告人陈乐上诉提出：其在侦查机关所作的认罪供述是被逼作出的虚假供述。侦查人员对其讯问期间曾将其带到讯问被告人黄志坚的讯问室，黄志坚请求其指控给了黄志坚42 000粒麻古。被告人陈乐的辩护人提出：第一，陈乐是受黄志坚指使藏匿毒品，其不参与分配贩毒所得，系从犯。第二，三名被告人是在藏匿毒品途中被抓获，贩卖毒品的行为尚未完成，系犯罪未遂。第三，陈乐系未成年人，没有前科。综上，请求二审法院再予减轻处罚。

江西省高级人民法院经审理认为，原判认定事实的证据不足。依照《中华人民共和国刑事诉讼法》第二百二十五条第一款第三项之规定，裁定撤销原判，发回重审。

二、主要问题

二审法院经审查认为原判据以定案的证据系非法证据，依法排除有关证据后应当如何处理？

三、裁判理由

（一）被告方不服原判对排除非法证据申请的处理结果，在上诉中再次申请排除非法证据的，二审法院应当对证据收集的合法性进行审查

根据2012年刑事诉讼法及相关司法解释的规定，对证据收集合法性的审查应当贯穿刑事诉讼的始终。控辩双方不服第一审人民法院作出的有关证据收集合法性的调查结论，提出抗诉、上

诉的，第二审人民法院应当进行审查，并依法作出处理。①

本案中，三名被告人及其辩护人在一审程序中均提出认罪供述系刑讯逼供所得，申请排除非法证据，并提供了身体存在损伤、办案人员非法取证的相关线索。一审法院对证据收集的合法性进行了审查，公诉机关提交了讯问录音录像、入所健康检查登记表和办案机关情况说明等证据材料。一审法院认为，讯问录音录像并非讯问时制作，不能证明取证过程的合法性，但办案单位情况说明和入所健康检查登记表证明对被告人卢寒文、陈乐的讯问合法；被告人黄志坚入所时虽然身体有伤，但办案单位情况说明及刘某某的证言等证明对黄志坚的讯问合法，最终采信了三名被告人的有罪供述，进而结合其他证据认定三名被告人有罪。

三名被告人对一审判决不服，在上诉中再次提出排除非法证据申请，并提供了相关的线索。二审法院对证据收集的合法性进行了审查，发现取证程序存在以下问题：

一是关于讯问录音录像的制作问题。办案单位先后出具了多份说明材料，但办案单位有关讯问录音录像的制作说明与讯问笔录的记载内容以及光盘制作时间不一致，不具有真实可靠性。被告人黄志坚在二审庭审中辩称，讯问录音录像系作假，讯问过程没有同步录音录像。经查，黄志坚的讯问录音录像时长10分43秒，黄志坚的12次讯问笔录中只有第二次是认罪供述，但第二次讯问笔录记载的讯问时长为1小时22分，与讯问录音录像的时长不一致，且录音录像内容与第二次讯问笔录差异极大。被告人卢寒文在二审庭审中辩称，办案单位对其讯问过程没有做过录像，录像是其被送交看守所收押前按侦查人员的要求做的，录像时没有做笔录。经查，卢寒文的讯问录音录像时长为21分8秒，而其当日讯问笔录记载的讯问时长为2小时4分，与讯问录音录像的时长不一致，且该次讯问笔录记载的内容与讯问录音录像完全不符。被告人陈乐在二审庭审中辩称，对其讯问过程的同步录音录像系作假，录像时侦查人员让其按照做好的笔录照着念。经查，陈乐的讯问录音录像时长21分43秒，而讯问笔录记载的讯问时长1小时，与讯问录音录像的时长不一致，且讯问录音录像的内容与各次讯问笔录差异极大；讯问录音录像中可明显看到陈乐手中持有一叠材料，回答问题非常书面化，陈述作案过程或内容较多时有低头动作，头部、眼睛反复从左至右来回移动，陈述完即抬头看着讯问人员，大段内容一气呵成，顺畅、完整，回答简单问题时始终抬头看着讯问人员，回答时常不顺畅、不连续。综上，办案单位提交的三名被告人讯问过程录音录像并非对实际讯问过程的录音录像，不排除系事后补录，不能作为证明讯问程序合法的证据。

二是关于被告人黄志坚身体损伤的成因问题。在押人员入所健康检查登记表及伤情照片显示，黄志坚入所时头脸、手、脚有擦伤，左、右上臂外侧有多条长条形伤痕，头额、下唇、右前肩胛区有多处伤痕。黄志坚入监时的亲笔字条写明："有些是打的，头部、手、脚，有些是摔的，左脚膝盖、右脚膝盖"，押送民警熊某、朱某某在该字条上签字并附警号。二审庭审中，黄志坚辩称损伤是在刑侦队审讯室讯问过程中被讯问人员殴打造成的，摔伤是其在被告人卢寒文租住处被抓时摔倒造成的。对此，办案单位出具情况说明称黄志坚的身体损伤系其脱逃被抓捕时扭打造成的。经查，看守所医生刘某某的证言证明黄志坚的伤是擦伤，"是很轻微的体表伤"，但刘某某并未出庭作证；而黄志坚同监室的胡某、李某的证言则证明，"看到黄志坚手、脚都肿了"；看守所协防员汪某、李某的证言证明黄志坚在讯问中脱逃，在被抓捕过程中受伤，但办案单位并未提供该时段的

① 对此，2017年最高人民法院、最高人民检察院、公安部、国家安全部、司法部联合出台的《关于办理刑事案件严格排除非法证据若干问题的规定》第三十八条规定："人民检察院、被告人及其法定代理人提出抗诉、上诉，对第一审人民法院有关证据收集合法性的审查、调查结论提出异议的，第二审人民法院应当审查。"

监控录像,因此,证明黄志坚的身体损伤系脱逃被抓捕时扭打所形成的相关证据关联性、真实性均存疑。

综上,对于三名被告人提出的排除非法证据申请,检察机关并未提供有效的证据证明取证合法性,二审法院经审查认为,现有证据材料不能排除刑讯逼供的可能性。根据法律规定,对于不能排除采用刑讯逼供等非法方法收集情形的,有关证据应当依法予以排除。

此外,被告人陈乐系未成年人,办案单位对其讯问时未通知法定代理人或其他成年亲属到场,讯问程序违反法律规定,尽管这并不属于法律规定的采用刑讯逼供等非法方法收集证据的情形,但上述违反法定程序取得的供述因客观真实性无法保障,亦不能作为定案的根据。

(二)二审法院经审查认为原判据以定案的证据系非法证据应当予以排除的,需要区分情形对案件作出处理

被告人在上诉中提出排除非法证据申请,二审法院经审查认为原判据以定案的证据系非法证据,依法应当予以排除的,应当区分情形对案件作出相应的处理:①

一种情形是被告方在一审程序中提出排除非法证据申请,但一审法院未予审查,径行驳回被告方的申请。如果被告方申请排除的证据系关键定案证据,而一审法院对该申请未予审查,并以有关证据作为定案根据,可能影响公正审判的,二审法院可以将其作为违反法律规定的诉讼程序的情形,裁定撤销原判,发回重审。

另一种情形是被告方在一审程序中提出排除非法证据申请,一审法院经过审查后对证据收集合法性进行调查,最终认定取证合法,进而驳回被告方的申请。如果二审法院经审查认为,一审法院有关证据收集合法性的处理结果并不准确,有关证据应当作为非法证据予以排除的,则需要进一步区分案件情况作出处理:排除有关证据后其他证据仍然能够证明被告人有罪的,二审法院可以依法排除有关证据,并在认定被告人有罪的基础上维持原判;排除有关证据后,案件事实不清,证据不足的,二审法院可以裁定撤销原判,发回重审。

本案中,被告方在一审期间申请排除非法证据,一审法院经过审查后对证据收集合法性进行调查,认定取证合法,驳回了被告方的申请。被告方在上诉中再次提出排除非法证据申请,二审法院经审查认为,对有关证据应当予以排除,而排除有关证据后,其他证据不足以认定案件事实,且办案单位获取本案线索、锁定三名被告人的证据材料以及办案场所的监控录像等关键证据有待进一步查证,故裁定撤销原判,发回重审。

需要指出的是,为了强化裁判说理,二审法院对于证据收集合法性的审查处理结果,以及案件的最终处理结果,都应当充分说明理由。

(撰稿:最高人民法院刑三庭　刘静坤
北京市高级人民法院　温小洁
审编:最高人民法院刑三庭　罗国良)

---

① 对此,2017年最高人民法院、最高人民检察院、公安部、国家安全部、司法部联合出台的《关于办理刑事案件严格排除非法证据若干问题的规定》第四十条规定:"第一审人民法院对被告人及其辩护人排除非法证据的申请未予审查,并以有关证据作为定案根据,可能影响公正审判的,第二审人民法院可以裁定撤销原判,发回原审人民法院重新审判。第一审人民法院对依法应当排除的非法证据未予排除的,第二审人民法院可以依法排除非法证据。排除非法证据后,原判决认定事实和适用法律正确、量刑适当的,应当裁定驳回上诉或者抗诉,维持原判;原判决认定事实没有错误,但适用法律有错误,或者量刑不当的,应当改判;原判决事实不清楚或者证据不足的,可以裁定撤销原判,发回原审人民法院重新审判。"

[第1179号]陈维有、庄凯思贩卖毒品案
——如何准确认定居间介绍买卖毒品行为

【关键词】 贩卖毒品罪 居间介绍买卖 居中倒卖 共同犯罪 特情参与

一、基本案情

被告人陈维有,男,1972年3月13日出生。2013年8月10日因涉嫌犯贩卖毒品罪被逮捕。

被告人庄凯思,女,1993年4月8日出生。2013年8月10日因涉嫌犯贩卖毒品罪被逮捕。

广东省广州市人民检察院以被告人陈维有、庄凯思犯贩卖毒品罪,向广州市中级人民法院提起公诉。

被告人陈维有及其辩护人辩称,陈维有并非涉案毒品的所有者,只是交易的中间人;本案属于特情引诱,并存在数量引诱。

被告人庄凯思及其辩护人辩称,庄凯思没有参与毒品交易,是为一点酬劳才帮忙介绍陈维有和罗某某认识,仅起到居间介绍的辅助作用,是从犯。

广州市中级人民法院经审理查明:2013年7月4日,公安特情人员罗某某经被告人庄凯思介绍与被告人陈维有商议购买毒品事宜。双方商定,陈维有以22万元的价格贩卖3000克甲基苯丙胺给罗某某介绍的买家。次日2时许,陈维有、庄凯思与罗某某会合,到广州市天河区天河公园附近等候他人送来毒品。7时许,经陈维有联系,由他人开车前来交给陈维有一袋毒品。随后,罗某某、庄凯思、陈维有一同前往广州市黄埔大道西210号海涛酒店。到达酒店门口后,庄凯思在车上等候;陈维有手持装有毒品的塑料袋和罗某某上到酒店一房间与罗某某介绍的买家进行交易。当陈维有与买家交接毒品、点验货款时,被事先埋伏的公安人员当场抓获。公安人员从陈维有带来的塑料袋中缴获甲基苯丙胺3包,共计净重2479克。同时,其他事先埋伏的公安人员在酒店门前将庄凯思抓获。

广州市中级人民法院认为,被告人陈维有、庄凯思结伙贩卖甲基苯丙胺,数量大,其行为均已构成贩卖毒品罪。在共同犯罪中,陈维有是主犯,应当按照其所参与的全部犯罪处罚;庄凯思起次要作用,是从犯,依法可予以减轻处罚。依照《中华人民共和国刑法》第三百四十七条第二款第一项、第二十五条、第二十六条第三款、第二十七条、第四十八条第一款、第五十七条第一款、第五十三条的规定,判决如下:

1. 被告人陈维有犯贩卖毒品罪,判处死刑,缓期二年执行,剥夺政治权利终身,并处没收个人全部财产;

2. 被告人庄凯思犯贩卖毒品罪,判处有期徒刑十三年,并处罚金人民币五万元。

一审宣判后,被告人陈维有、庄凯思均提出上诉。陈维有及其辩护人提出,陈维有没有与买家进行一手交钱一手交货的交易;本案是引诱犯罪,陈维有没有贩毒的主观故意,不构成贩卖毒品罪。庄凯思提出,原判量刑过重。

广东省高级人民法院经二审审理认为,被告人陈维有、庄凯思结伙贩卖甲基苯丙胺,数量大,其行为均已构成贩卖毒品罪。本案确系在公安机关特情人员介入之下侦破,但陈维有在公安机关安排的线人提出购买毒品后,为牟利而联系毒品货源,并携带毒品到预先商定好的交易现场,

其主观上具有贩卖毒品的故意。陈维有经庄凯思介绍认识罗某某以后,三人协商毒品的交易数量、价格以及交易方式等,陈维有还联系毒品来源并携带毒品到现场,在共同犯罪中起主要作用,系主犯,应当按照其所参与的全部犯罪处罚。庄凯思介绍罗某某与陈维有交易毒品,并参与毒品交易的整个过程,在共同犯罪中起次要作用,系从犯,可以减轻处罚。鉴于本案是在公安机关的监控下实施的毒品交易,社会危害较小,对各被告人可酌情从轻处罚。原审判决认定的事实清楚,证据确实、充分,定罪准确,量刑适当,审判程序合法。据此,裁定驳回上诉,维持原判,并核准对陈维有的死缓判决。

二、主要问题

1. 对居间介绍买卖、居中倒卖毒品的行为如何进行区分?

2. 对居间介绍买卖毒品的共同犯罪如何认定?

3. 对在公安特情参与下的居间介绍、居中倒卖者如何量刑?

三、裁判理由

(一)被告人陈维有、庄凯思在毒品交易中地位、作用的认定

毒品交易是典型的买卖对合犯罪,一宗非法的毒品交易,除毒品买方与卖方之外,现实中常见多层级的毒品交易上下家,以及处于毒品买方与卖方之间形形色色的"中间人"。其中,既有居间介绍者,也有居中倒卖者。对于毒品交易的居间介绍者,早在1994年最高人民法院印发的《关于适用〈全国人民代表大会常务委员会关于禁毒的决定〉的若干问题的解释》中便作了初步规定。该解释第二条第四款规定:"居间介绍买卖毒品的,无论是否获利,均以贩卖毒品罪的共犯论处。"2008年最高人民法院印发的《全国部分法院审理毒品犯罪案件工作座谈会纪要》(以下简称《大连会议纪要》)从行为人是否牟利、主观上是否明知他人实施毒品犯罪两方面,进一步对居间介绍行为的性质认定作出规定:"明知他人实施毒品犯罪而为其居间介绍、代购代卖的,无论是否牟利,都应以相关毒品犯罪的共犯论处。"

司法实践中,相当一部分贩毒者尤其是一些毒品倒卖者,为获取较轻的刑事处罚,到案后往往辩称自己是居间介绍者,将居间介绍买卖毒品和直接贩卖毒品混淆起来。2015年最高人民法院印发的《全国法院毒品犯罪审判工作座谈会纪要》(以下简称《武汉会议纪要》)针对这一实践问题,在总结以往经验的基础上指出,办理贩卖毒品案件,应当准确认定居间介绍买卖毒品行为,并与居中倒卖毒品行为相区别。关于居间介绍与居中倒卖的区分,《武汉会议纪要》提出可从以下几个方面进行:(1)交易地位与作用。居间介绍者在毒品交易中处于中间人地位,发挥介绍联络作用;居中倒卖者属于毒品交易主体,直接参与毒品交易,对交易的发起和达成起决定作用。(2)共同犯罪形式。居间介绍者通常与交易一方构成共同犯罪,居中倒卖者与前后环节的交易对象是上下家关系。(3)是否牟利。居间介绍者不以牟利为要件,居中倒卖者直接在毒品交易中获利。这些具体规定有助于司法实践中准确认定居间介绍行为。

本案中,特情人员罗某某以毒品买家代理人的身份出现,其首先联系的是被告人庄凯思,还将准备用于交易的现金、银行取款回执的照片发送给庄凯思。从形式上看,庄凯思似乎是罗某某的直接交易对象。但本案证据证实,真正与罗某某交易的是被告人陈维有。在庄凯思介绍罗某某与陈维有认识后,陈维有、罗某某见面商谈交易细节,虽有庄凯思的介入,但确定交易毒品的种类、数量、价格的仍是陈维有、罗某某二人。陈维有、罗某某也均明知交易的对象并非庄凯思。公安机关提取的手机短信息显示,庄凯思并不从本次交易中赚取差价,而是想通过介绍交易获得5000元的好处费。显然,庄凯思并不是本次毒品交易中独立的一方主体,而是陈维有、罗某某之间的居间介绍人。

被告人陈维有与罗某某确定交易毒品时，尚没有直接控制用于交易的毒品。陈维有在与罗某某交易的当日凌晨，才由他人将该批毒品送至陈维有处。陈维有与他人交接毒品的情节，陈维有、庄凯思、罗某某均予证实。从表面上看，陈维有似乎仅是交易的中间人，而不是交易的一方主体。因此，陈维有是独立的毒品交易主体，还是上下家之间的中介人，是本案另一个审查认定的重点。在案证据显示，陈维有虽然没有详细供述毒品来源，但其曾供认联系毒品提供者的情节，供认过毒品提供者同意赊账向其提供毒品，确定交易金额为 21 万元。结合陈维有以自己的名义与罗某某进行交易，且其向罗某某贩卖毒品的价格高于其所供的向毒品提供者购买毒品的金额，故能认定陈维有是毒品交易链中单独的一环，其获利方式是通过在上下家之间转卖获得差价。故陈维有在毒品交易中具有独立主体地位，应认定其属于在本案中居中倒卖毒品。

（二）对被告人陈维有、庄凯思共同犯罪及主从犯的认定

《武汉会议纪要》对于居间介绍者共同犯罪的认定，作了如下规定："居间介绍者受贩毒者委托，为其介绍联络购毒者的，与贩毒者构成贩卖毒品罪的共同犯罪；明知购毒者以贩卖为目的购买毒品，受委托为其介绍联络贩毒者的，与购毒者构成贩卖毒品罪的共同犯罪；受以吸食为目的的购毒者委托，为其介绍联络贩毒者，毒品数量达到刑法第三百四十八条规定的最低数量标准的，一般与购毒者构成非法持有毒品罪的共同犯罪；同时与贩毒者、购毒者共谋，联络促成双方交易的，通常认定与贩毒者构成贩卖毒品罪的共同犯罪。"这一规定依据我国刑法共同犯罪理论，对司法实践中典型的居间介绍买卖毒品行为的共同犯罪认定予以规范，体现出居间介绍人并不具有独立地位，在犯意和犯罪行为上依附于交易一方的本质特征。无论居间介绍者与购毒者还是贩毒者构成共同犯罪，其实质在于与另一方比较，居间介绍者与其中一方更具有共同的犯罪故意和共同的犯罪行为。

本案中，被告人庄凯思、陈维有系同乡、朋友关系，此前庄凯思就知道陈维有贩卖甲基苯丙胺；而庄凯思与罗某某经他人介绍，认识不久。虽然庄凯思是在罗某某提出购买毒品的要求后，才介绍陈维有与罗某某联系，似乎是为罗某某介绍贩毒者。但是，在案证据证实，庄凯思与陈维有关系密切，庄凯思不仅受罗某某所托向其介绍了陈维有，而且直接在罗某某与陈维有之间就交易的核心内容联络沟通，推动双方达成金额 22 万元的交易。此外，庄凯思还陪同陈维有从上家处接收毒品，并与陈维有共同前往交易地点。显然，庄凯思与陈维有之间具有密切的犯意联络，形成了贩卖毒品的共同故意，并一起实施了贩卖毒品的共同行为，两人也因此构成贩卖毒品的共同犯罪。这一认定，符合前述《武汉会议纪要》中"同时与贩毒者、购毒者共谋，联络促成双方交易的，通常认定与贩毒者构成贩卖毒品罪的共同犯罪"的精神。由于陈维有是独立的一方交易主体，其与上家之间并不存在共同犯罪的认定问题。

在主从犯认定上，《武汉会议纪要》规定："居间介绍者实施为毒品交易主体提供交易信息、介绍交易对象等帮助行为，对促成交易起次要、辅助作用的，应当认定为从犯；对于以居间介绍者的身份介入毒品交易，但在交易中超出居间介绍者的地位，对交易的发起和达成起重要作用的被告人，可以认定为主犯。"本案中，被告人庄凯思的作用主要体现在为双方牵线介绍，虽然介入到交易的具体过程之中，但其作用在根本上仍属于帮助性质，故本案将其认定为从犯，予以减轻处罚。被告人陈维有作为一方独立的交易主体，对交易达成起主要作用，应认定为主犯。

（三）特情介入情节对本案定罪量刑的影响

特情介入侦破案件，是办理毒品犯罪案件过程中常见的侦查手段。《大连会议纪要》对特情介入案件的处理做了较为详细的规定，明确了犯意引诱的基本特征，以及该情节对量刑尤其是死刑适用的影响。《大连会议纪要》规定："行为人没有实施毒品犯罪的主观意图，而是在特情诱惑

和促成下形成犯意，进而实施毒品犯罪的，属于‘犯意引诱’。对因‘犯意引诱’实施毒品犯罪的被告人，根据罪刑相适应原则，应当依法从轻处罚，无论涉案毒品数量多大，都不应判处死刑立即执行”。但“对已持有毒品待售或者有证据证明已准备实施大宗毒品犯罪者，采取特情贴靠、接洽而破获的案件，不存在犯罪引诱，应当依法处理”。

本案中，被告人庄凯思供认，此前就知道被告人陈维有贩卖甲基苯丙胺，虽然陈维有对此不予供认，但陈维有在短时间内即能联络到毒品货源，并提供大量甲基苯丙胺用于交易，且经鉴定用于交易的甲基苯丙胺含量达到76.6%，表明陈维有并非临时四处寻购毒品，也并非靠掺杂使假的方法增加毒品数量，而是具有大量贩卖毒品的能力和意愿，有稳定可靠的甲基苯丙胺来源。因此，对于陈维有这种随时具有实施大宗毒品犯罪的能力，且有一定证据显示其曾经贩卖毒品的犯罪分子，公安机关实际是运用了特情接洽的方式抓获贩毒分子，并缴获大量毒品，故不属于犯意引诱。但考虑到陈维有、庄凯思的贩卖毒品行为处于特情人员及其他公安人员密切监控之下，其行为的社会危害性被限制在特定范围之内，故在量刑上对两人均予以从宽处罚，未对实施大量贩卖毒品行为的陈维有判处死刑立即执行，是适当的。

（撰稿：广东省高级人民法院刑四庭　胡晓明
审编：最高人民法院刑五庭　马　岩）

[第1193号]圣德·阿美·强走私毒品案

——如何运用间接证据认定“零口供”走私毒品案

【关键词】　走私毒品罪　间接证据　零口供　直接证据

一、基本案情

被告人圣德·阿美·强(Sunday Amejuma John，别名Micheal)，男，1982年9月3日出生，尼日利亚联邦共和国国籍。因涉嫌犯走私毒品罪，于2013年3月29日被中华人民共和国苏州海关缉私分局逮捕。

江苏省苏州市人民检察院以被告人圣德·阿美·强犯走私、运输毒品罪，向苏州市中级人民法院提起公诉。

苏州市中级人民法院经公开审理查明：被告人圣德·阿美·强与他人合谋，由他人以联系业务为名与江苏省张家港友诚科技机电有限公司(以下简称友诚科技公司)员工张某取得联系，并以邮寄样品为名，将毒品藏在其中走私入境。2013年1月16日，藏有可卡因的样品包裹(邮单号CP298700481BR，可卡因藏在包裹内的菜谱中)从巴西联邦共和国被邮寄给张某。同年2月7日，该包裹被苏州海关驻邮局办事处查获，从菜谱中查获可卡因318克。后圣德·阿美·强与张某联系，让张某将该菜谱寄往广东省广州市越秀区麓景西路34号。张某根据民警的指示将毒品替代物邮寄至上述地址。2月22日，圣德·阿美·强在该地签收邮件后，被民警当场抓获。

苏州市中级人民法院认为，根据《中华人民共和国刑法》第六条第一款之规定，凡在中华人民共和国领域内犯罪的，除法律有特别规定的以外，都适用该法。被告人圣德·阿美·强在中华人民共和国领域内伙同他人违反毒品管制法规，将可卡因318克以邮件方式走私入境，其行为已构成走私毒品罪，应依照《中华人民共和国刑法》追究其刑事责任。圣德·阿美·强伙同他人走私毒品，在共同犯罪中起主要作用，系主犯。据此，依照《中华人民共和国刑法》第三百四十七条第一款、第二款第一项，第二十五条第一款，第二十六条第一款、第四款之规定，判决：被告人圣德·阿美·强犯走私毒品罪，判处无期徒刑，并处没收个人全部财产；随案扣押的手机等物品予以没收，上缴国库。

一审宣判后，圣德·阿美·强不服，向江苏省高级人民法院提出上诉。其上诉理由主要是：其没有参与走私毒品犯罪；是其朋友 AKIM 让其代收包裹，且只有这一次；是其朋友 AKIM、SUNDAY 让其汇款 200 元；其对笔记本电脑内查询快递的记录不知情；号码为 15817072419 的手机系案发前一天晚上 AKIM 给其的，此前没有使用过，请求改判无罪。其辩护人提出，圣德·阿美·强主观上不明知包裹内藏有毒品；现有证据不能证明圣德·阿美·强就是包裹的所有人或接收人；原审判决事实不清，证据不足，量刑过重，建议将本案发回重审。

江苏省高级人民法院二审经公开审理查明的事实、证据与一审相同。另查明：2013 年 1 月 6 日至 2 月 22 日，上诉人圣德·阿美·强收取“收件地址广东省广州市越秀区麓景西路 34 号、收件人 Micheal，联系电话 15817072419”的快件共计 7 次。

江苏省高级人民法院认为，上诉人圣德·阿美·强在中华人民共和国领域内伙同他人采用隐匿手段从境外邮寄毒品可卡因 318 克入境，其行为已构成走私毒品罪。上诉人及其辩护人所提相关辩解和辩护意见不能成立，不予采信。原审判决认定事实清楚，证据确实、充分，定性准确，审判程序合法。依照《中华人民共和国刑事诉讼法》第二百二十五条第一款第一项之规定，裁定驳回上诉，维持原判。

二、主要问题

如何运用间接证据认定“零口供”的走私毒品案件？

三、裁判理由

毒品犯罪案件中被告人到案后常提出自己对毒品不知情、被他人蒙骗的辩解，司法人员在无法利用被告人的有罪供述、相关证人证言等直接证据的情况下，如何利用被告人实施的客观行为推定其主观故意，准确认定其主观明知，就十分重要。本案是一起被告人以定制电子产品为名，利用制造商转寄毒品方式走私毒品的案件。被告人归案后“零口供”，始终作无罪辩解，其辩护人亦提出无罪辩护意见。法院依据查证属实的间接证据，最终认定了被告人主观上明知是毒品而伙同他人将毒品走私进入我国境内的事实。现具体分析如下。

（一）本案证据体系的特点

第一，缺少能够直接认定被告人圣德·阿美·强（以下简称圣德）伙同 James 走私毒品的直接证据。本案中，从巴西联邦共和国（以下简称巴西）发货的上家包括 James 在内均未归案，圣德归案后始终辩解系受朋友 AKIM 之托代为收取包裹，主观上不知道是毒品，更没有参与走私毒品。证人张某在案发之前对 James 以邮寄样品为名走私毒品的事实也不知情。两名证人即快递员证实圣德以本案的同一收件地址、收件人、联系电话收取了若干个包裹，但两名证人对包裹的内容不知情。因此，能够直接证明圣德伙同 James 走私毒品的直接证据既无圣德的有罪供述，又无知悉走私毒品经过的证人证言及上下家的证言等直接证据。

第二，间接证据较多。包括：（1）证实被告人圣德与证人张某电话联系转寄特定包裹以及包裹中像书一样的物品的证据。有手机通话记录、手机短信、顺丰快递邮寄单、汇款凭证等证据。（2）圣德在收取包裹后被抓获，并当场查获了特定包裹。（3）在圣德住处搜查到的笔记本电脑内查获查询本案快递单号的上网记录，查询单号为 204019215245 邮件的记录在 2013 年 2 月 21 日有 10 次，22 日有 3 次。查询过单号为 CP298700481BR 邮件的记录有 2013 年 2 月 17 日 21 时 01

分1次、18日10时25分1次。在圣德住处搜查到的硬面笔记本内有圣德自己书写的友诚科技公司的名称、张某联系地址和电话。(4)圣德的号码为15817030740的手机内留存有2013年1月2日向vitorg gvolvo(13660026124)发送的内容为友诚科技公司的地址、电话、联系人张某的短信;2013年1月17日向Sunday 95 two(13725289486)发送的内容为“cp 298700481 br ems”的短信。以上这些证据均为间接证据,不能仅凭单个间接证据直接认定圣德伙同上家James分工配合实施了走私毒品进境的犯罪事实。

第三,被告人圣德始终“零口供”,辩称其朋友AKIM让其代收包裹,且只有这一次;AKIM让其汇款200元;其对笔记本电脑内查询快递的记录不知情;其号码为15817072419的手机系案发前一天晚上AKIM给其的,在此之前没有使用过。其辩护人提出圣德主观上不明知包裹内藏有毒品;现有证据不能证明圣德就是包裹的所有人或接收人。概言之,圣德及其辩护人均主张圣德无罪。

出于对本案证据体系的不同认识,本案在处理过程中也出现了分歧意见:一种意见认为,现有证据无法证明被告人圣德主观上明知在涉案包裹内藏有毒品,认定圣德具有犯罪故意的证据不足。另一种意见则认为,尽管缺少直接证据,但根据圣德已经实施的客观行为蕴含圣德的主观故意,可以认定圣德伙同他人以邮寄方式走私毒品进境。可见,本案是运用间接证据认定毒品犯罪案件中明知问题较为典型的案例,有必要对本案的司法证明过程及依据做深入分析。

(二)如何运用间接证据构建案件主要事实

直接证据能够直接证明案件的主要事实,即何人实施了何种犯罪行为。间接证据虽不能直接证明案件的主要事实,但能够直接证明案件主要事实的某些环节,裁判者借助逻辑推理,整合、构建出案件主要事实,达到证明案件主要事实成立的诉讼目的。相对于运用直接证据证明案件事实而言,依靠间接证据认定案件事实是一个缜密的推理过程。裁判者在对每一个间接证据查证属实、确认其真实性的基础上,挖掘、评判每一个间接证据与案件事实存在的关联性,是使间接证据具有证明力的关键。而对间接证据关联性的评判主要指间接证据所包含的事实信息与案件主要事实之间的关联性。

本案中,以案发时间为序,存在如下间接事实:(1)被告人圣德与证人张某联系邮寄特定的包裹、特定的物品。2013年2月17日,James通过网络告知张某,Micheal会与张某联系,Micheal的手机号码为15817072419。30分钟后,张某收到号码为15817072419手机的来电,来电者自称Micheal,并让张某尽快转寄James的包裹(包裹内的一本菜谱中藏有可卡因318克),在张某提出需要邮费200元后圣德立即汇款,并马上给张某发送了“收件地址广东省广州市越秀区麓景西路34号、收件人Micheal,联系电话15817072419”的短信。另一名证人即快递员郭某某证实其2013年1月6日至2月22日向Micheal即圣德派送邮件7次,每次都事先与号码为15817072419的手机联系,都是圣德接电话并接收包裹。(2)2013年2月22日,圣德收取特定的包裹,并被当场抓获。(3)圣德跟踪查询本案快递的流程信息,自己在笔记本上写了友诚科技公司和张某的联系地址及电话。2月21日,查询单号为204019215245邮件的记录有10次,22日有3次;2月17日至18日,查询过单号为CP298700481BR邮件的记录各1次。(4)圣德在给张某汇出邮费200元后,马上将银行汇款凭证通过网络发给了James,James又通过网络转发给了张某。(5)圣德在本案邮包从巴西寄出之前(即1月2日,该邮包于1月16日在巴西交邮),已经掌握国内收件单位友诚科技公司的地址和联系人张某的电话;本案邮包从巴西寄出之次日(即1月17日)圣德即掌握了邮包的跟单号码“cp 298700481 br ems”。

以上事实信息紧紧围绕从巴西邮寄的包裹中藏匿毒品的菜谱而展开,该菜谱因James欲邮寄产品样品而从巴西寄出，被告人圣德因 James 推介而与张某取得联系，为转寄菜谱而支付邮费，因收取包含菜谱在内的特定包裹而被抓获。事实信息之间的关联性显而易见，并已形成环环相扣的证据锁链。但是，从如何证明圣德与 James 合谋的方面来看，这一证据锁链可能无法作出令人信服的解释。但其一，上家 James 告知张某，Micheal 会与张某联系，而圣德很快就与张某进行电话联系。其二，圣德支付邮费后将汇款凭证发送给 James，James 又将汇款凭证发给了张某。从源头来看，张某只是把本公司的名称、联系地址以及个人联系电话告知 James，而圣德的手机在 2013 年 1 月 2 日就收到了该信息；在涉案包裹从巴西寄出的次日（即 2013 年 1 月 17 日）就收到了该包裹的跟单号码。因此，如果说仅仅依据前面的事实信息尚不能完全证实圣德与 James 合谋，但加上后两条事实信息，就可以把圣德与 James 共同犯罪的事实确定下来。

（三）如何根据行为人的客观行为推定主观要素

毒品犯罪属于故意犯罪，行为人主观上应当明知是毒品，而行为人是否明知，属于其认识问题，最有效的证明方法是取得行为人的供述。但在行为人否认明知或者不予供认的情况下，很难通过其他证据直接证明。最高人民法院 2008 年印发的《全国部分法院审理毒品犯罪案件工作座谈会纪要》采用了推定的方法来代替直接证明。推定是在基础事实得到充分证明的基础上，根据经验和逻辑直接认定推定事实的成立；在证明客观行为的基础上，根据行为人的某些客观行为直接认定行为人的主观心态。推定是证据裁判原则的一个特例。因本案被告人圣德始终“零口供”，无法依据其供述认定其主观明知，只有从其已经实施的客观行为中推定其主观上明知是毒品。

被告人圣德在本案藏匿毒品的邮包尚未从巴西邮寄之前即已掌握国内收件人张某的相关信息，在该包裹从巴西邮寄后的第二天即掌握邮单号码，在该邮包进入我国后的第一时间即与张某联系，并要求张某尽快转寄像书一样的物品菜谱（其中藏有可卡因 318 克），多次催促张某将邮包中像书一样的物品转寄到广州市其提供的地址，在张某提出要求其支付远高出正常邮费的汇款要求后当即应允，圣德在转寄后第二天即进行多次跟踪查询。根据这些基础事实，圣德要求张某转寄从巴西邮寄来的一本普通菜谱，该菜谱既非急需用品，又非值得支付高额邮费通过他人费时周折转寄的贵重物品，更非有纪念价值的特定物品（圣德始终没有作此供述），而圣德在获悉张某将邮包寄出后非常关注该邮包进程，并急于收取该邮包，在案发后却极力开脱与该邮包的关系。从圣德实施的以上行为来看，依据经验法则和逻辑法则，圣德主观上对单号为 CP298700481BR 的邮件中藏匿毒品系明知，具有走私毒品的犯罪故意。这是本案以客观行为推定行为人主观故意的过程。

（四）完善间接证据体系——行为人无辜的排除

运用间接证据认定毒品案件事实，在证明犯罪客观要素和主观要素之外，对行为人的辩解须给予足够重视，即还应当能够排除行为人的无辜辩解。在司法实践中，行为人的辩解主要集中于其客观行为之上，因此对行为人辩解的认定至关重要。运用推定方法认定行为人主观故意需要严格遵守无罪推定原则。行为人犯罪时的主观心态隐藏于行为人之内心，通过客观行为推定行为人的主观心态时必然受到司法人员的认识能力、经验、社会阅历等条件的限制，如果结论不是唯一的，就要依照疑罪从无和有利于被告的原则作出认定。并且，行为人“不能作出合理解释，不能举出反证”在证明力上仅仅起到增强审判者内心确信、排除行为人遭受蒙骗被他人利用实施毒品犯罪这一合理怀疑的作用。真正能够证明行为人实施毒品犯罪的证据在于行为人自己实施的一系列客观行为，真正推定行为人主观故意的基础事实是行为人实施的客观行为，而非不合理的解释或者没有举出反证。司法工作中对这一点应当予以高度重视。

本案中,被告人圣德提出系其朋友AKIM让其收取包裹且只有一次,是AKIM等人让其汇款200元。经审理查明,2013年2月20日,证人张某系应Micheal的要求从张家港市寄出邮包,不是应AKIM的要求,邮包载明的收件人Micheal即为圣德;圣德在邮包寄出后即通过网络查询邮件进程10余次,首次查询时间为2月21日05:59,早于其供述的AKIM于2月21日晚上要其代收该邮包的时间。依据其辩解,AKIM于2月21日晚上才要其代收邮包,故圣德在此日之前无法了解邮包的存在以及邮包的邮单号,更无法查询该邮件的进程。2013年2月18日12时25分,圣德向张某账户存款200元,该200元在张某提出要求后即汇出,而依据圣德在侦查阶段的稳定供述,AKIM等人当日均不在广州市,也没有证据证明在圣德答应汇款要求后,圣德与AKIM联系协商汇款事宜。况且,侦查机关根据圣德提供的线索也没有查找到AKIM等相关人员。故行为人圣德提出系AKIM让其代收包裹、AKIM等人让其汇款200元的辩解无证据支持。

被告人圣德还提出其对笔记本电脑中查询快递信息的事情不知情,系其朋友或邻居查询的;号码为15817072419的手机系AKIM于2013年2月21日晚上所给,其此前没有使用过该手机。经审理查明,圣德使用的笔记本电脑内关于快递单号204019215245的查询记录在2013年2月21日有10次,首次查寻时间为5时59分,22日有3次,其中一次为0时31分。根据生活常识,通过网络查询快递流程需依据快递单号才能进行,而本案无证据证明圣德的朋友或邻居知悉该快递单号,且其朋友或邻居在凌晨到其住处查询快递跟单信息有违常理。快递员郭某某的证言证明,郭某某每次向Micheal即圣德派送邮件时都事先与号码为15817072419的手机联系。郭某某的手机号码与号码为15817072419手机的通话记录显示,2013年1月6日至2月22日,两部手机通话14次。证人张某的证言、短信记录、通话记录等证据证明,2013年2月18日至20日,Micheal一直使用号码为15817072419的手机与张某进行联系。故圣德即为收件人Micheal。圣德提出的号码为15817072419的手机系AKIM于2013年2月21日晚上给其,在此之前没有使用该手机的辩解与事实不符,不能成立。

根据以上分析,被告人圣德的辩解不足采信。之所以在间接证据体系中还应当存在能够排除行为人无辜辩解的证据,主要目的在于排除行为人没有实施犯罪事实的可能性,验证各项间接证据之间、间接证据与案件事实之间是否存在矛盾,以及矛盾是否得到了合理排除,最终认定全案证据指向同一案件事实,在本案中即为得出圣德伙同他人实施了走私毒品犯罪行为的唯一结论。

(撰稿:江苏省高级人民法院　蔡绍刚　郇习顶
审编:最高人民法院刑五庭　马　岩)

[第1194号]张成建等贩卖毒品案

——贩卖毒品案件中上下家的罪责区分及死刑适用

【关键词】 贩卖毒品罪　上下家　罪责区分　死刑适用

一、基本案情

被告人张成建,男,1966年8月16日出生。1996年11月因犯抢劫罪被判处有期徒刑七年;2003年9月因犯寻衅滋事罪被判处有期徒刑四年;2011年5月23日因犯贩卖毒品罪被判处有期徒刑十五年，剥夺政治权利三年，并处没收财产人民币四万元。因患重大疾病于2011年8月8日被暂予监外执行。2014年11月28日因涉嫌犯贩卖毒品罪被逮捕。

被告人贺建波，男，1976年8月18日出生。1998年5月11日因犯抢劫罪被判处有期徒刑十三年，2005年8月刑满释放。2013年11月15日因涉嫌犯贩卖毒品罪被逮捕。

（其他被告人洪达、匡小林、周伟伟的基本情况略）

浙江省舟山市人民检察院以被告人张成建、贺建波等五人犯贩卖毒品罪，向舟山市中级人民法院提起公诉。

被告人张成建及其辩护人提出，张成建购买的毒品部分被其吸食，应予扣除；其贩卖毒品的目的是治病，主观恶性不大；到案后如实供述自己罪行，请求从轻处罚。

被告人贺建波及其辩护人提出，指控贺建波4次向张成建贩卖甲基苯丙胺共计3 300克的事实不清，证据不足；在共同犯罪中，贺建波系从犯，请求从轻处罚。

舟山市中级人民法院经公开审理查明：

2013年5月至7月，被告人张成建在被告人匡小林的参与“验货”下，在浙江省舟山市普陀区华发大酒店、普津大酒店等地，先后4次从被告人贺建波处购得甲基苯丙胺（冰毒）共计约3 300克。同年8月至10月间，张成建在舟山市普陀区，将上述部分毒品及从他人处购得的甲基苯丙胺片剂（俗称“麻古”）共计163粒（约重14.67克），多次贩卖给匡小林、被告人周伟伟及张军峰、贺海江等人。同年10月9日，张成建在舟山市普陀区东港街道兴宁度假酒店公寓1018室被抓获，公安人员从该室查获甲基苯丙胺495.35克（含量为61.3%～62%）、含甲基苯丙胺成分的粉末0.15克及甲基苯丙胺片剂共计20.836克。

2013年五六月的一天，被告人贺建波在舟山市普陀区华发大酒店610房间内贩卖给被告人匡小林甲基苯丙胺10克、贩卖给被告人洪达甲基苯丙胺2克。同年10月9日，贺建波在舟山市普陀区华发大酒店门口被抓获，公安人员从其身上查获甲基苯丙胺片剂0.182克。

（其他被告人的犯罪事实略）

浙江省舟山市中级人民法院认为，被告人张成建、贺建波等人明知是毒品，单独或者伙同他人进行贩卖，其行为均已构成贩卖毒品罪。公诉机关指控的事实及罪名成立。张成建在暂予监外执行期间又犯新罪，应对新犯的罪作出判决，把前罪没有执行的刑罚和后罪所判处的刑罚，依法予以并罚。张成建曾多次因犯罪被判刑，且因犯贩卖毒品罪被判刑后，在暂予监外执行期间又实施贩卖毒品犯罪，系毒品再犯，主观恶性深，应依法从重处罚。张成建贩毒时间长、次数多、数量大、纯度高，犯罪情节极其严重，依法应予严惩。贺建波贩卖毒品数量大，亦应予以严惩，根据贺建波的犯罪事实、情节等实际情况，对其判处死刑，可不立即执行。据此，依照《中华人民共和国刑法》第三百四十七条第一款、第二款第一项、第三款、第七款，第二十五条第一款，第二十六条第一款、第四款，第六十五条第一款，第七十一条，第六十九条，第五十七条第一款之规定，判决如下：

1. 被告人张成建犯贩卖毒品罪，判处死刑，剥夺政治权利终身，并处没收个人全部财产，与前罪尚未执行的有期徒刑十二年二个月六日，剥夺政治权利三年，没收财产人民币四万元并罚，决定执行死刑，剥夺政治权利终身，并处没收个人全部财产；

2. 被告人贺建波犯贩卖毒品罪，判处死刑，缓期二年执行，剥夺政治权利终身，并处没收个人全部财产。

（其他被告人的判刑情况略）

被告人张成建上诉及其辩护人提出，张成建购买的毒品部分被其吸食或者送人，该部分毒品数量应予扣除；张成建的毒品来源于贺建波，贺建波系毒品上家，作用更大，对张成建的量刑不应重于贺建波；张成建贩毒是为了治疗肺癌，通过自吸来缓解症状，主观恶性不大，客观危害较小；张成建归案后主动交代了自己的全部罪行，原判对其判处死刑过重，希望从轻改判。

被告人贺建波上诉及其辩护人提出，原判认定贺建波4次向被告人张成建贩卖甲基苯丙胺共计3 300克的事实不清，证据不足；原判量刑过重，希望从轻改判。

浙江省高级人民法院经二审审理认为，上诉人张成建为实施贩毒犯罪而大肆购入毒品，并已将大量毒品贩卖给多人，原判将其所购买的毒品认定为其贩毒数量并无不当。张成建在前次尚未查出患有肺癌时即已在贩毒，在查出患病后所购买毒品的数量已经远远超过了其所称为治疗肺癌、自吸以缓解病痛的需要，其为牟利大肆购入毒品进行贩卖，毒品已大量流入社会，社会危害大。张成建贩卖毒品数量大，因贩卖毒品被判刑后又犯贩卖毒品罪，系毒品再犯，应依法从重处罚；张成建在暂予监外执行期间又犯新罪，应当对新犯的罪作出判决，把前罪没有执行的刑罚和后罪所判处的刑罚，依法予以并罚。贺建波贩卖毒品数量大，又有犯罪前科，应依法从严惩处。原判根据张成建、贺建波的罪行等具体犯罪情节，对二被告人的量刑适当，二被告人及其辩护人要求从轻改判的理由不能成立，不予采纳。原判定罪及适用法律正确，量刑适当，审判程序合法。依照《中华人民共和国刑法》第三百四十七条第二款、第三款、第七款，第三百五十六条，第六十七条第三款，第六十五条第一款，第二十七条，第七十一条，第六十九条，第五十七条第一款，第五十六条第一款，第五十五条第一款及《中华人民共和国刑事诉讼法》第二百二十五条第一款第一项之规定，裁定驳回被告人张成建、贺建波的上诉，维持原判，并将对张成建的死刑判决依法报请最高人民法院核准。

最高人民法院复核认为，被告人张成建多次贩卖甲基苯丙胺等毒品，其行为已构成贩卖毒品罪。张成建贩卖毒品数量大，社会危害大，罪行极其严重，且其在共同犯罪中起主要作用，系主犯，应当按照其所参与的全部犯罪处罚。张成建曾因犯贩卖毒品罪被判刑，在暂予监外执行期间又犯贩卖毒品罪，系毒品再犯，主观恶性深，人身危险性大，应依法从重处罚，并与前罪尚未执行的刑罚并罚。第一审判决、第二审裁定认定的事实清楚，证据确实充分，定罪准确，量刑适当，审判程序合法。依照《中华人民共和国刑事诉讼法》第二百三十五条、第二百三十九条和《最高人民法院关于适用〈中华人民共和国刑事诉讼法〉的解释》第三百五十条第一项的规定，裁定核准浙江省高级人民法院维持第一审对被告人张成建判处死刑的刑事裁定。

二、主要问题

贩卖毒品案件中，如何区分上下家的罪责并准确适用死刑？

三、裁判理由

在办理毒品犯罪案件过程中，为更好地区分各犯罪人在整个毒品犯罪中的地位与作用，准确认定其罪责大小，通常会将具有密切关联的上下游案件进行并案审理。对于买卖同宗毒品的上下家，由于涉案毒品总量并没有增加，毒品数量刚刚超过实际掌握的死刑数量标准的，一般不同时判处死刑。那么，应当如何对上下家准确适用死刑呢？对此，最高人民法院2015年5月18日印发的《全国法院毒品犯罪审判工作座谈会纪要》（以下简称《武汉会议纪要》）明确规定："对于贩卖毒品案件中的上下家，要结合其贩毒数量、次数及对象范围，犯罪的主动性，对促成交易所发挥的作用，犯罪行为的危害后果等因素，综合考虑其主观恶性和人身危险性，慎重、稳妥地决定死刑适用。对于买卖同宗毒品的上下家，涉案毒品数量刚超过实际掌握的死刑数量标准的，一般不能同时判处死刑；上家主动联络销售毒品，积极促成毒品交易的，通常可以判处上家死刑；下家积极筹资，主动向上家约购毒品，对促成毒品交易起更大作用的，可以考虑判处下家死刑。涉案毒品数量达到巨大以上的，也要综合上述因素决定死刑适用，同时判处上下家死刑符合罪刑相适应原则,并有利于全案量刑平衡的,可以依法判处。”

本案中,被告人贺建波与被告人张成建系买卖毒品的上下家关系,且就二人交易的 3 300 克甲基苯丙胺而言,二人属于买卖同宗毒品的上下家。从判决认定的贩卖毒品数量来看,贺建波与张成建二人贩毒数量基本相当,且均已达到了实际掌握的死刑数量标准,但尚未达到数量巨大的程度,故根据《武汉会议纪要》上述规定的精神,不宜对两人同时判处死刑。关于应当对上家还是下家适用死刑的问题,一、二审及最高人民法院复核均认为,尽管张成建系毒品下家,但其在与上家贺建波的毒品交易中更为积极主动,所起的作用、主观恶性及人身危险性均大于贺建波,故最终决定判处张成建死刑立即执行。具体理由分析如下:

(一)被告人张成建贩卖毒品的数量、次数多于被告人贺建波,贩卖毒品的对象范围也大于贺建波

首先,从贩卖毒品的数量来看,判决书中认定张成建贩卖毒品的数量为 3 335.521 克,贺建波贩卖毒品的数量为 3 321.182 克,张成建要略多于贺建波。但从在案证据来看,张成建实际贩卖的毒品应远多于判决书中所认定的数量:一方面,从购买毒品的角度来看,张成建与同案犯匡小林在供述中均曾提到,张成建除向贺建波购买毒品外,还分别从广东毒贩“阿凯”“眼镜”处购买过数千克甲基苯丙胺。公安机关抓获张成建时除查获大量甲基苯丙胺外,还查获到大量甲基苯丙胺片剂,而贺建波仅贩卖甲基苯丙胺给张成建,也说明张成建确实从其他人处购买过毒品。另一方面,从贩卖毒品的角度来看,银行交易明细显示,张成建及其女友刘金兰所有的两个银行账户案发前入账资金合计达 80 万元。张成建案发前没有任何职业,没有生活来源,上述资金应主要来源于其贩毒所得,即使按照张成建所供述的最高销售价每克 200 元计算,其贩卖毒品的数量也已经达到 4 000 多克。而且张成建供称毒品交易主要采用现金方式,仅有部分购毒款打入其上述银行账户,故账户上金额仅为部分贩毒款,张成建贩卖毒品的数量也远不止根据银行账户金额推算出来的数量。

其次,从毒品贩卖的次数及对象范围来看,根据现有证据,被告人贺建波除贩卖毒品给被告人匡小林(10 克)和被告人洪达(2 克)之外,另外 4 次都是贩卖给被告人张成建,贩卖的次数相对较少,且贩卖对象仅限于上述 3 人。而张成建除了贩卖毒品给同案犯匡小林、周伟伟之外,还大量贩卖给另案处理的张军锋、贺海江、“玲玲”、“阿二”、“乌骨鸡”、“阿路”等人;从查获到案的银行卡交易明细来看,上面有多达数十人、数百起的交易记录,表明张成建曾先后向数十人贩卖过数百次的毒品。由此可见,在贩卖毒品的次数及对象范围上,张成建实际上要远远多于或大于贺建波。

(二)在毒品交易中,被告人张成建比被告人贺建波更为积极主动,对促成交易所起的作用更大

从本案中张成建与贺建波之间的毒品交易过程来看,张成建始终处于积极、主动地位,而贺建波则处于相对消极、被动的地位。尽管贺建波系毒品买卖的上家,但其并未事先购入大量毒品持毒待售,也没有积极主动联系下家张成建,向张成建推销毒品。相反,每一次毒品交易都发生在张成建手中的毒品即将贩卖完毕之际,由张成建主动打电话向贺建波约购毒品,并向贺建波提出其所需毒品的种类与数量。贺建波在手中并没有毒品的情况下,应张成建的要求从他人处购入毒品,再由张成建携带事先筹集的购毒款,并带上验毒人员匡小林前来验货,张成建购买毒品后再将毒品带回销售给他人。可见,无论是从发起毒品交易的主动性,还是从对促成交易所发挥的作用来看,张成建明显更为积极主动,对于促成二人之间的毒品交易所发挥的作用也更大。

不仅如此，从毒品上下家之间的依赖关系来看，被告人贺建波购入的毒品除少量贩卖给被告人匡小林、洪达之外，绝大部分都贩卖给被告人张成建，张成建系其最主要的毒品下家。而证据显示，张成建除了从贺建波处购买毒品外，还分别从广东毒贩“阿凯”“眼镜”处购买过大量毒品，贺建波并非其唯一的毒品上家。这就表明，即使没有贺建波，张成建也能从他人那里购买到大宗毒品，其对上家贺建波的依赖性并不强。相反，贺建波的毒品主要是贩卖给张成建，毒品的种类、数量、价格、交易时间等因素均取决于张成建的需要，如果没有张成建，其因为缺乏销路也很可能不会主动向自己的上家购入大量毒品。可见，贺建波的贩卖行为很大程度上依赖于张成建的购买行为，也说明张成建在与贺建波的毒品交易中起着主导作用，对促成毒品交易的作用更大。

（三）从实际危害后果来看，涉案毒品通过被告人张成建进一步流向社会上不特定的吸贩毒人员，张成建贩毒行为的危害后果更为直接

尽管本案毒品系从被告人贺建波处流向被告人张成建，但张成建所购买的毒品并非用于自己吸食，而是用于贩卖给人数众多的下游吸、贩毒人员。张成建并非毒品流转环节中最末端的吸食者，在与毒品吸食者的交易关系中又居于毒品上家地位。同样，贺建波在本案中虽系毒品上家，但其并非毒品的制造者或走私入境者，相对于毒品源头来说，其又处于下家的地位。可见，处于毒品交易中间环节的上下家，仅是一个相对的概念，在社会危害性上并不具有绝对的衡量价值，不能简单地认为毒品上家的地位、作用及社会危害性就一定高于毒品下家，对其量刑也并非一律要重于毒品下家，仍要坚持具体案件具体分析。在本案的毒品流转关系中，当贺建波将毒品贩卖给张成建时，毒品尚未被人数众多的吸毒者所持有和吸食，其社会危害性并未完全显现；而张成建购得毒品后再向下游贩卖的行为，使毒品流向分散的零卖者以及最终端的吸毒者，毒品犯罪的危害后果才进一步显现。故从实际危害后果来看，张成建贩毒行为的危害性较贺建波更为直接，也更大。

（四）被告人张成建的主观恶性较被告人贺建波更深，其人身危险性也明显要大于贺建波

从被告人张成建的主观恶性及人身危险性来看，其先后有三次犯罪前科，分别于1996年因犯抢劫罪、2003年因犯寻衅滋事罪被判处刑罚，2011年又因犯贩卖毒品罪被判处有期徒刑十五年。可见，张成建在本次犯罪之前不仅具有暴力犯罪前科，还曾因毒品犯罪被判处重刑，系毒品再犯，应依法从重处罚。张成建在2011年因贩卖毒品被判刑之后，因患有重大疾病（肺癌及恶性胸腺瘤）被暂予监外执行，在暂予监外执行期间，又利用其所患疾病即使被抓获亦难以羁押的条件，继续实施贩毒犯罪，可谓肆无忌惮。上述情况表明，张成建素行不良，又系职业毒犯、毒品再犯，且在暂予监外执行期间又实施毒品犯罪，主观恶性深、人身危险性大，属于应依法从严惩处的对象。与之相比，被告人贺建波在此前有一次抢劫暴力犯罪前科，虽然亦属于主观恶性较深、人身危险性较大的犯罪分子，但其前科犯罪次数少于张成建，前次犯罪也并非毒品犯罪，并不具有毒品再犯这一法定从重情节，主观恶性和人身危险性相对而言均要小于张成建。

综上，在本案被告人贺建波与被告人张成建的上下家关系中，无论是从毒品交易的数量、次数、对象范围以及危害后果，还是从毒品交易过程中的主动性及对促成交易所发挥的作用，以及被告人的主观恶性和人身危险性来看，张成建的罪行均较贺建波更为严重，故判处下家张成建死刑立即执行是适当的。

（撰稿：浙江省高级人民法院　聂昭伟
审编：最高人民法院刑五庭　马　岩）

[第1195号]张传勇贩卖毒品案

——对以非接触方式交易毒品且被告人拒不供认的案件，如何综合运用间接证据定案

【关键词】 贩卖毒品罪 非接触方式交易 拒不供认 间接证据 零口供

一、基本案情

被告人张传勇，男，1987年12月15日出生。因涉嫌犯贩卖毒品罪于2014年12月12日被逮捕。

浙江省江山市人民检察院以被告人张传勇犯贩卖毒品罪，向江山市人民法院提起公诉。

被告人张传勇辩称其未实施指控的犯罪行为。其辩护人提出，公诉机关提交的证据不能证实贩卖毒品行为由张传勇实施，本案事实不清、证据不足，对张传勇的指控不能成立。

江山市人民法院经公开审理查明：2014年8月，被告人张传勇在浙江省江山市通过其持有的江山移动短号为758729的手机贩卖甲基苯丙胺（冰毒）。购毒人员电话联系该短号求购毒品后，张传勇将其控制的他人名下的尾号为7476的农业银行账号发送给对方，要求对方按照400元/克的价格汇入购毒款。张传勇将自己的号码为15973533913的手机与该账户进行绑定，其收到毒资入账的短信通知后，通过上述短号发送短信通知对方到藏毒地点取走毒品。至案发时，尾号为7476的农业银行账户共转入4.9万元，除其中一笔400元由福建省一银行柜台存入外，其余款项均系在江山市通过ATM机存入现金或转账。该账户内共有4.405万元通过网银转至张传勇名下的另一农业银行账户内。综上，张传勇共收到毒资4.86万元，折合贩卖甲基苯丙胺121.5克。

江山市人民法院认为，被告人张传勇明知是毒品而进行贩卖，其行为已构成贩卖毒品罪。本案的证据能够相互印证，形成证据锁链，证明其贩卖毒品的事实。对公诉机关的指控予以支持，张传勇的相关辩解及其辩护人所提辩护意见依据不足，不予采纳。据此，依照《中华人民共和国刑法》第三百四十七条第二款第一项之规定，以被告人张传勇犯贩卖毒品罪，判处有期徒刑十五年，并处没收财产人民币五万元。

一审宣判后，被告人张传勇以原判认定的事实不清、证据不足为由提出上诉。

浙江省衢州市中级人民法院经二审审理认为，多名购毒者的证言证明，购买毒品需首先拨打短号为758729的手机，与一名外地人联系，然后将购毒款打入农业银行尾号为7476的账户，并根据对方发回的短信至藏毒地点取走毒品。相关通信客户详单、机主信息及通话、短信记录等书证、鉴定意见与上述证人证言相印证，足以认定短号为758729的手机、农业银行尾号为7476的账户用于贩毒。同时，根据上述手机系从张传勇身上扣押、上述账户由张传勇参与申请开户并与其另一部手机绑定、上述账户中有4万余元通过网银转至张传勇名下的另一账户等事实，足以认定张传勇实施了贩卖毒品行为。其所作无罪辩解前后矛盾，且明显不符合常理。张传勇及其辩护人所提相关意见不成立。据此，依照《中华人民共和国刑事诉讼法》第二百二十五条第一款第一项之规定，于2015年8月6日裁定驳回上诉，维持原判。

二、主要问题

对于采取非直接接触方式交易毒品，且被告人“零口供”的贩卖毒品案件，如何运用间接证据

证明被告人的犯罪事实?

三、裁判理由

毒品犯罪隐蔽性较高,犯罪分子的反侦查意识也比较强,往往采取风险最小的作案方式,这给侦破、审判此类犯罪带来一定困难。近年来,随着信息技术的发展,资讯交流及资金支付方式更加便捷,出现了一种新的更为隐蔽的交易方式,即非接触式交易。贩毒分子利用移动通信终端与购毒者商定交易细节、确认付款、通知对方取货,交易双方在时空上有一定的距离,在互相不知道身份、体貌特征的情况下即可完成毒品交易。对此类案件,侦查中很难获取同时指向交易双方的证据,购毒者也无法直接指证出售毒品的人,认定行为人的犯罪事实有更大难度。本案就是一起典型的以非接触式交易方式实施的毒品犯罪。被告人张传勇将一定数量的毒品放置于隐蔽处,购毒者通过手机短信约购毒品并将购毒款汇入张的银行账户后,张传勇再以短信等方式告知购毒者藏毒位置,由购毒者自行取走毒品,俗称"打卡埋雷"。

在本案的审理过程中,对能否根据在案证据认定张传勇构成贩卖毒品罪,有两种意见:第一种意见认为,本案无同时指向交易双方的关联性证据,购毒者无法指证张传勇系售毒者,张传勇本人亦否认实施贩毒行为,认定其构成贩卖毒品罪的事实不清,证据不足。第二种意见认为,本案有较好的间接证据证实相关交易环节,且间接证据能形成完整的证据锁链,足以认定张传勇实施了贩毒行为。我们同意第二种意见,具体分析如下:

(一)根据多名购毒人员的证言及相关书证,可以认定短号为758729的手机和尾号为7476的农业银行账户被用于毒品犯罪

本案中,周某某、徐某等大量购毒者的证言均证实,购毒人员首先拨打短号为758729的手机,与一名外地人联系(张传勇系湖南省临武县人),商定交易内容后将购毒款打入该人提供的尾号为7476的农业银行账户,再根据对方发回的短信到藏毒地点取毒品,价格是每克400元。相关通信客户详单、机主信息及通话、短信记录等证实的短号为758729的手机通话情况,与上述证人证言相印证。同时,银行账户交易明细证实,尾号为7476的农业银行账户开户后三个月内共入账191笔,总金额4.9万元,每笔金额均为200元至800元的整数,其中188笔均在江山市区通过ATM机现金存入,2笔系转账(来自购毒人员胡某某)。该账户每笔入账的金额与购毒人员证实的毒品价格相对应,除福建省存入的400元外,汇款来源皆有据可查。绝大部分入账资金系通过ATM机现金存入的情节,也符合毒品交易中购毒人员欲隐瞒身份,避免留下交易痕迹的特点。综合上述证据,足以认定短号为758729的手机和尾号为7476的农业银行账户被用于贩卖毒品,该手机及账户的实际控制人应系贩毒行为人。

(二)根据在案证据,足以认定被告人张传勇系短号为758729的手机和尾号为7476的农业银行账户的实际控制人,该账户所涉毒品交易均由张传勇实施

公安人员抓获被告人张传勇时从其身上扣押两部手机,一部号码为短号758729,其中提取到若干求购毒品的短信,另一部号码为15973533913,其中提取到尾号为7476、5414的两个农业银行账户余额变动提示短信。相关银行资料显示,尾号为7476的账户开户人系刘某某,绑定的手机号为张传勇使用的15973533913。张传勇亦认可其与刘某某一起到银行,用刘某某的身份证办卡的事实,并供称由其填写申请开户单,刘某某作为申请人签字。同时该账户中几乎全部款项分19笔转入张传勇名下的尾号为5414的农业银行账户,ATM机监控视频证实张传勇多次从尾号为5414的农业银行账户中取款。结合从张传勇处扣押的两部手机中存储的相关短信内容分析,可以认定短号为758729的手机和尾号为7476的农业银行账户均由张传勇实际控制,且被其用于毒品交易。

被告人张传勇在拒不交代犯罪事实的同时，辩称短号为758729的手机和尾号为7476、5414的农业银行账户均与其无关。首先，对短号为758729的手机的来源，张传勇先后有“不知道是谁的，我没有这个手机”“来江山时，身上就有三部手机（包括短号758729手机）”“路边捡来的”等多种辩解，辩解内容前后不一，而且其在被抓获时还刻意隐藏该手机，说明张对该手机可能会成为对其不利的证据有明确认识，其关于手机来源的辩解不足采信。其次，张传勇辩称“阿华”（身份不详）委托其办理尾号为7476的农业银行账户，该账户与其无关，且从未在江山市的农业银行ATM机上取过款，但不能对“阿华”委托其办理银行账户、该账户绑定张的手机号、该账户中的几乎全部资金均转入张的账户的原因作出合理解释。其辩解不能形成合理疑点，也与相关视频监控资料证实的情节不符，不影响事实认定。

综上，本案系采用非接触式交易方式实施的毒品犯罪，缺乏直接指向被告人贩卖毒品的证据，但一、二审法院通过分析、梳理间接证据间的印证关系，认定在案证据能够形成完整的证据链，得出唯一结论，既符合法律和司法解释的相关规定，也有利于依法惩处此类毒品犯罪。

（撰稿：浙江省衢州市中级人民法院　罗志刚　唐海波
浙江省衢州市人民检察院　张思印
审编：最高人民法院刑五庭　马　岩）

［第1196号］刘守红贩卖、制造毒品案

——如何认定制造毒品行为以及制毒数量

【关键词】 贩卖、制造毒品罪　制造行为　制毒数量

一、基本案情

被告人刘守红，男，1976年11月23日生，无业。2015年1月23日因涉嫌犯贩卖、制造毒品罪被逮捕。

江苏省苏州市吴江区人民检察院以被告人刘守红犯贩卖、制造毒品罪，向苏州市吴江区人民法院提起公诉。

被告人刘守红辩称，公安人员对其刑讯逼供，在苏州市吴江区盛泽镇郎中村租房查扣的东西并非其所有，其不构成制造毒品罪。其辩护人提出，现有证据无法证明用查扣的原料和设备，按照被告人刘守红供述的制毒方法可以制造出高纯度的甲基苯丙胺，故认定刘守红犯制造毒品罪的证据不足。

苏州市吴江区人民法院经公开审理查明：2014年11月至12月间，被告人刘守红在其位于苏州市吴江区盛泽镇郎中村的租房内，采用从网上查找资料、购买制毒原料、工具等手段，制造甲基苯丙胺（冰毒）。刘守红在盛泽镇金盛花园小区附近、许金海外科诊所附近，采用电话联系等手段，先后5次向张永山、徐坤、谢继贩卖甲基苯丙胺共计3.75克。同年11月17日，公安人员从刘守红的租房内查获大量白色晶体和不同颜色的液体。经鉴定，净重49.8克的白色晶体中检出甲基苯丙胺成分，其中22.8克含量为74.6%，19.5克含量为73%；净重1 326.3克的褐色液体中检出甲基苯丙胺成分，含量为0.003%；净重572.7克的黄色液体中检出甲基苯丙胺成分，含量极低

无法鉴定;净重9 428.6克的褐色液体中检出麻黄碱成分。

苏州市吴江区人民法院认为,被告人刘守红贩卖、制造甲基苯丙胺共计53.55克,其行为已构成贩卖、制造毒品罪。关于刘守红提出的其没有制造毒品、公安人员对其刑讯逼供的辩解及辩护人提出的相关辩护意见,经查,公安人员接到线索后在盛泽镇郎中村欧亚奔保行边的一号楼433房间抓获了刘守红,并在现场扣押毒品、制毒原料、工具及吸毒工具,证人朱久华指认刘守红就是向其租住上述房间的男子;刘守红对自己制造毒品的犯罪行为做过多次有罪供述,且刘守红被收押时,内外科检查均无异常,故对刘守红的辩解及辩护人的辩护意见不予采纳。刘守红对贩卖毒品事实当庭自愿认罪,酌情从轻处罚。据此,依照《中华人民共和国刑法》第三百四十七条第一款、第二款第一项、第七款,第五十五条第一款,第五十六条第一款,第五十九条之规定,判决如下:

被告人刘守红犯贩卖、制造毒品罪,判处有期徒刑十五年,剥夺政治权利五年,并处没收财产人民币五万元。

宣判后,被告人刘守红未提出上诉,公诉机关亦未抗诉,判决已发生法律效力。

二、主要问题

如何认定制造毒品行为以及制毒数量?

三、裁判理由

(一)关于制造毒品行为的认定

本案中,被告人刘守红在诉讼阶段前期曾承认制造甲基苯丙胺,但对制毒流程的供述不是特别清楚,对制毒原理也没有作出详细说明,后期则翻供否认实施制造毒品犯罪。其辩护人也提出,现有证据无法证明按照刘守红供述的方法能够制造出甲基苯丙胺。另外,公诉机关未提供侦查实验报告等证据证明按照刘守红供述的制毒方法确实能够制造出甲基苯丙胺。那么,刘守红的行为是否构成制造毒品罪?对刘守红供述的制毒方法是否需要通过侦查实验进行核实?

对此,我们认为,依据现有证据可以认定刘守红的行为构成制造毒品罪。理由如下:

第一,利用被告人刘守红供述的制毒"原料"能够制造出甲基苯丙胺(冰毒)。甲基苯丙胺,又名甲基安非他明、去氧麻黄碱,是一种无味或微有苦味的透明结晶体。甲基苯丙胺属于化学合成毒品,制造工艺相对简单。随着合成毒品消费需求在我国的迅速增长,制造合成毒品犯罪呈上升趋势。麻黄碱类物质是制造甲基苯丙胺等苯丙胺类合成毒品的主要原料,属于《易制毒化学品管理条例》品种目录列管的第一类易制毒化学品。早期,犯罪分子利用易制毒化学品管理上存在的个别漏洞,非法获得麻黄碱、伪麻黄碱等物质后合成甲基苯丙胺。随着行政管控的进一步加强,部分犯罪分子转而利用含有麻黄碱类物质的药品加工、提炼麻黄碱、伪麻黄碱,进而制造甲基苯丙胺。随后,又逐步发展成为利用天然植物麻黄草提炼麻黄碱类物质,或者是利用溴代苯丙酮化学合成麻黄碱类物质,再制造甲基苯丙胺。其中,含有麻黄碱类物质的药品是用于治疗感冒和咳嗽的常用药,常见的如新康泰克胶囊、麻黄碱苯海拉明片、消咳宁等。通过加工、提炼等方法,可以从这类药物中提取麻黄碱类物质,因而也使之成为犯罪分子争相获取的对象。本案中,刘守红曾供述,其通过从互联网上搜索"新康泰克""冰毒"查询到制造甲基苯丙胺的方法,将康泰克胶囊(复方盐酸伪麻黄碱缓释胶囊)与其他化学品混合后制造甲基苯丙胺,案发后公安人员不但从刘守红的租房内查获了甲基苯丙胺,也查获了大量含有麻黄碱成分的液体。据此,可以认定刘守红供述的利用含麻黄碱类物质的药物制造甲基苯丙胺的情况属实。

第二,根据现场查获物证情况,结合被告人刘守红供述,足以认定刘守红实施了制造毒品犯罪行为。办理制造毒品犯罪案件时,确有必要对犯罪嫌疑人、被告人制造毒品的方法、过程进行详细讯问,以查明其是否确实实施了制造毒品犯罪行为。但实践中,一些犯罪分子出于逃避罪责等考虑,并不如实供述自己制造毒品的具体方法和过程;也有一些犯罪分子受自身知识水平所限,并不了解也难以表述清楚自己制造毒品的具体技术原理,由此给司法人员查明案件相关事实带来了一定困难。那么,对于这种情况,是否都需要办案人员按照犯罪嫌疑人、被告人供述的制毒方法、过程进行侦查实验,以核实其供述的真伪,并据此认定其是否实施了制毒行为?

我们认为,如果根据在案查获的制毒原料、工具、技术配方及毒品成品、半成品等情况,结合犯罪嫌疑人、被告人对基本制毒方法、原理的供述,足以认定其实施了制造毒品犯罪行为的话,则不需要通过侦查实验来进行核实验证。况且,即使侦查实验表明犯罪嫌疑人、被告人供述的制毒方法不完全真实,亦不能得出其未实施制造毒品犯罪的结论。本案中,公安人员从刘守红的租房内查获了其供述的酒精、氯化铵、含麻黄碱成分的液体等制毒原料,酒精灯、电子秤等制毒工具,以及含甲基苯丙胺成分的白色晶体、液体等毒品成品或含毒品物质。案发后,公安人员从刘守红租房内搜查到刘守红供称的记载制毒方法的笔记本,上面确实记载了"甲基苯丙胺""麻黄草""红磷"等字样。刘守红亦曾供认,其将康泰克胶囊与其他化学品混合、加热后制造甲基苯丙胺。结合上述证据,足以认定刘守红实施了制造毒品行为,故无须通过侦查实验进一步核实,并且,即使被告人后期翻供,亦不足以推翻上述认定。

第三,被告人刘守红实施的行为属于利用化学方法加工、配制毒品的制造毒品行为。我国刑法没有对制造毒品犯罪的含义作出明确界定。由于犯罪分子制造毒品的手段复杂多样、不断翻新,为厘清制造毒品的概念,最高人民法院在2008年印发的《全国部分法院审理毒品犯罪案件工作座谈会纪要》(以下简称《大连会谈纪要》)中对此作了具体规定:"制造毒品不仅包括非法用毒品原植物直接提炼和用化学方法加工、配制毒品的行为,也包括以改变毒品成分和效用为目的,用混合等物理方法加工、配制毒品的行为。"本案中,刘守红曾供述,其将康泰克胶囊、酒精、氯化铵、氢氧化钠及其他化学品在铁桶内混合,进行加热、冷却,后在桶壁上提取到白色晶体(甲基苯丙胺)。虽如前分析,刘守红可能并未全部如实供述制毒原料和方法、过程,但甲基苯丙胺只能通过化学方法加工合成,不能通过物理方法制造;且刘守红供述的制毒方法,符合将不同化学品混合后使之发生化学反应的基本原理。故可以认定刘守红实施了利用化学方法加工、配制毒品的行为,其行为属于《大连会谈纪要》规定的制造毒品行为。

综上,根据现有证据足以认定被告人刘守红从互联网上查询制毒方法后,以含麻黄碱类物质的药品和其他化学品为原料,采用化学方法制造合成甲基苯丙胺,其行为构成制造毒品罪。

(二)关于制造毒品的数量认定

本案中,公安机关从被告人刘守红的租房内查获40余克白色晶体和大量不同颜色的液体。其中,49.8克白色晶体经鉴定检出甲基苯丙胺成分,系甲基苯丙胺成品,应认定为刘守红贩卖、制造毒品的数量,对此不存在争议。对于9 428.6克检出麻黄碱成分的褐色液体,因未检出毒品成分,故不计入毒品数量。而对于检出甲基苯丙胺成分的1 326.3克褐色液体(甲基苯丙胺含量为0.003%)和572.7克黄色液体(甲基苯丙胺含量极低、无法鉴定含量)是否应当认定为刘守红制造毒品的数量,审理过程中存在一定争议。

对于制造毒品的数量认定,最高人民法院2015年印发的《全国法院毒品犯罪审判工作座谈会纪要》(以下简称《武汉会议纪要》)规定:"制造毒品案件中,毒品成品、半成品的数量应当全部认定为制造毒品的数量,对于无法再加工出成品、半成品的废液、废料则不应计入制造毒品的数量。对于废液、废料的认定,可以根据其毒品成分的含量、外观形态,结合被告人对制毒过程的供述等证据进行分析判断,必要时可以听取鉴定机构的意见。"

废液、废料通常是指已经不具备进一步提取(提纯)毒品条件的固体或者液体废弃物,能够检出毒品成分但含量极低。从上述规定可以看出,废液、废料的认定对于制造毒品的数量认定较为重要。实践中,认定废液、废料的关键在于废液废料与半成品的区分。根据《武汉会议纪要》的上述规定,对于制造毒品案件中查获的含有毒品成分,但外观明显有别于成品的非常态物质,除结合被告人对制毒过程的供述、物品的外观、提取状况等进行分析外,主要根据其毒品含量判断属于半成品还是废液、废料,必要时可以听取鉴定机构的意见。而国内有关技术专家提出,对于制造毒品现场查获的毒品含量在0.2%以下的物质,犯罪分子因受技术水平所限,通常难以再加工出毒品,且从成本角度考虑,犯罪分子也不太可能再对含量如此之低的物质进行加工、提纯,故0.2%的含量标准可以作为认定废液、废料时的参考。

根据有关法律规定及通常做法,结合本案具体情况,我们认为,对于查获的1 326.3克褐色液体和572.7克黄色液体,应当认定为制毒过程中产生的废液,不应计入被告人刘守红制造毒品的数量。理由如下:第一,上述1 326.3克褐色液体的甲基苯丙胺含量极低,仅为0.003%,572.7克黄色液体甚至低至无法鉴定出准确含量。无论是从技术水平角度还是从成本角度,都很难再被用于制造毒品。第二,根据刘守红的供述,其将买来的“原料”加水后放在铁锅铁桶里煮,煮到沸腾之后再冷却,锅(桶)壁上就结了和冰毒一样的东西。公安人员从刘守红的租房内查获的褐色液体装在铁锅里,且甲基苯丙胺含量极低,故应系析出甲基苯丙胺后剩余的液体。第三,查获的572.7克黄色液体的主要成分是酒精,里面含有极微量的甲基苯丙胺。根据刘守红的供述,酒精亦是他制毒的“原料”之一,故不排除是在制毒过程中混入了极少量的甲基苯丙胺成分。

综上,苏州市吴兴区人民法院将本案中现场查获的甲基苯丙胺含量极低的液体认定为废液,不计入被告人刘守红制造毒品的数量,符合《武汉会议纪要》的相关规定,体现了罪责刑相适应的刑法原则,是合理的。

(撰稿:最高人民法院刑五庭 李静然
江苏省苏州市吴兴区人民法院 沈 丽
审编:最高人民法院刑五庭 马 岩)

[第1197号]章远贩卖毒品、容留他人吸毒案

——为索要债务而唆使他人贩卖毒品的行为如何定性

【关键词】 贩卖毒品罪 容留他人吸毒罪 唆使他人贩卖毒品 住处 所有人不能查明

一、基本案情

被告人章远,男,1979年3月26日出生。1996年12月21日因犯盗窃罪、故意伤害罪被判处有期徒刑十五年,剥夺政治权利二年,2010年1月1日刑满释放。2014年12月13日因涉嫌犯贩卖毒品罪被逮捕。

湖北省襄阳市襄城区人民检察院以被告人章远犯贩卖毒品罪、容留他人吸毒罪,向襄城区人民法院提起公诉。

襄城区人民法院经公开审理查明:2012 年,邵辉欠被告人章远车辆维修费一直未还。2014 年 11 月 3 日晚,章远找到邵辉后将其带至襄城区艾泽万和时尚宾馆 8806 房间内索要欠款,邵辉无钱偿还债务,章远提出不管用什么方法都要还钱,并安排潘魏、李箓恩跟着邵辉;11 月 4 日至 5 日,邵辉在艾泽万和时尚宾馆房间内电话联系多名吸毒人员贩卖毒品,并将贩毒所得 1 000 余元交给章远;其间,章远在 8806 房间容留邵辉、潘魏、李箓恩多次吸食毒品;11 月 5 日 18 时许,公安机关在艾泽万和时尚宾馆门口将邵辉及李箓恩抓获,从邵辉身上查获甲基苯丙胺片剂(俗称“麻古”)6 粒共计 0.6 克,随后在 8806 房间抓获章远、潘魏,在房间内当场查获甲基苯丙胺(冰毒)3 袋共计 38.6 克、含海洛因成分的黄色粉末 1 袋共计 1 克、含咖啡因成分的红色药丸 127 粒共计 13.3 克。

襄城区人民法院认为,被告人章远容留他人吸食毒品,其行为已构成容留他人吸毒罪。公诉机关指控章远犯贩卖毒品罪,证据不足,不能成立。章远曾因故意犯罪被判处有期徒刑刑罚,刑满释放后五年内再次犯罪,构成累犯,依法应从重处罚。依照《中华人民共和国刑法》第三百五十四条、第六十五条第一款、第五十二条、第五十三条之规定,判决被告人章远犯容留他人吸毒罪,判处有期徒刑一年三个月,并处罚金人民币八千元。

宣判后,被告人章远未上诉。襄城区人民检察院提出抗诉,具体理由:一是章远明知邵辉系贩毒人员而唆使其贩卖毒品偿还债务,二人构成贩卖毒品罪的共犯,一审判决认定章远不构成贩卖毒品罪属于法律认识错误;二是查获的毒品所有权不能确定并不意味着章远对其房间的毒品不承担刑事责任,建议二审法院认定章远犯贩卖毒品罪。

襄阳市中级人民法院经审理查明:2012 年 3 月,邵辉(另案处理)因租用车辆发生车祸,欠下被告人章远修车费没有偿还。2014 年 11 月 3 日晚,章远指使他人将邵辉带至襄城区艾泽万和时尚宾馆由章远登记入住的 8806 房间,向邵辉索要欠款未果,章远又喊来潘魏、李箓恩(另案处理)帮助控制邵辉,后与邵辉达成合意:由邵辉通过贩卖毒品偿还债务;11 月 4 日至 5 日,邵辉在 8806 房间内打电话联系多名吸毒人员贩卖毒品,章远均派潘魏、李箓恩跟随邵辉前去交易,共贩卖甲基苯丙胺 10 余克,收取毒资 1 000 余元。其间,章远多次在 8806 房间容留邵辉、潘魏、李箓恩吸食毒品。11 月 5 日 18 时许,公安机关在艾泽万和时尚宾馆门口将邵辉及李箓恩抓获,从邵辉身上查获甲基苯丙胺片剂 6 粒共计 0.6 克,随后在 8806 房间抓获章远、潘魏,在房间内当场查获甲基苯丙胺 3 袋共计 38.6 克、含海洛因成分的黄色粉末 1 袋共计 1 克、含咖啡因成分的红色药丸 127 粒共计 13.3 克。

襄阳市中级人民法院认为,原审被告人章远与他人合谋并实施贩卖毒品的活动,获取利益,其行为已构成贩卖毒品罪。章远容留他人吸食毒品,其行为又构成容留他人吸毒罪。章远犯数罪,依法应予并罚。章远曾因故意犯罪被判处有期徒刑刑罚,刑满释放后五年内再次犯罪,构成累犯,依法应从重处罚。原审判决对指控的容留他人吸毒罪认定事实清楚,适用法律正确,量刑适当,审判程序合法,但对指控的贩卖毒品罪认定事实不清。依照《中华人民共和国刑法》第三百四十七条第三款、第三百五十四条、第二十五条第一款、第二十九条第一款、第六十五条第一款、第六十九条以及《中华人民共和国刑事诉讼法》第二百二十五条第一款第三项之规定,判决如下:

1. 撤销襄阳市襄城区人民法院(2015)鄂襄城刑初字第 00151 号刑事判决;

2. 原审被告人章远犯贩卖毒品罪,判处有期徒刑七年,并处罚金人民币一万元;犯容留他人吸毒罪,判处有期徒刑一年三个月,并处罚金人民币八千元;决定执行有期徒刑八年,并处罚金人民币一万八千元。

二、主要问题

1. 明知债务人系贩毒分子而唆使其贩卖毒品以偿还债务,是否构成犯罪?

2. 在贩毒人员住地查获毒品的所有人不能查明时如何确定被告人的刑事责任?

三、裁判理由

(一)明知债务人系贩毒分子而唆使其贩卖毒品以偿还债务,应当以贩卖毒品罪的教唆犯定罪处罚

本案审理过程中,对被告人章远唆使邵辉贩卖毒品用来偿还债务的行为如何定性,存在两种不同意见:第一种意见认为,章远的主观故意是索要个人合法债务,至于邵辉以何种方式偿还债务,章远不仅无法决定,而且对他人的犯罪行为不负有特定的制止义务,因此,章远不构成犯罪。第二种意见认为,章远明知邵辉系贩毒人员,而唆使、控制其实施贩毒行为,构成贩卖毒品罪的教唆犯。

我们赞同第二种意见。本案涉及教唆犯的认定问题,根据刑法理论和刑法第二十九条的规定,教唆犯是故意唆使他人实行犯罪的人。构成教唆犯,需要具备两个条件:一是主观方面必须有教唆他人犯罪的故意。教唆的故意,也包括认识因素与意志因素两个方面,即认识到自己的教唆行为会使被教唆人产生犯罪意图进而实施犯罪,以及被教唆人的犯罪行为会发生危害社会的结果,希望或者放任被教唆人实施犯罪行为及其危害结果的发生。二是客观方面必须有教唆他人犯罪的行为。教唆行为必须引起他人实施犯罪行为的意思,进而使之实行犯罪。教唆行为的方式没有限制,既可以是口头的,也可以是书面的,还可以是暗示性的眼色、手势等动作。教唆的方法也是多种多样的,如劝告、请求、指示、怂恿、命令、胁迫等。具体到本案,被告人章远故意教唆、控制他人实施贩卖毒品的活动,应以贩卖毒品罪的教唆犯论处,理由如下:

第一,被告人章远怂恿、控制他人贩卖毒品,收取毒赃以抵销债务,具有唆使他人贩卖毒品的客观行为和主观故意。

被告人章远指使李篆恩、潘魏将邵辉带到宾馆逼要债务,并限制其人身自由。章远索债未果,便怂恿邵辉贩卖毒品"赚"钱还债,并安排李篆恩、潘魏跟随、控制邵辉多次实施贩卖毒品的活动,收取毒赃归其所有。章远的行为客观上使他人产生了实施毒品犯罪的故意,并实施了毒品犯罪行为,造成了相应的社会危害。主观上,章远以怂恿、胁迫的方式唆使邵辉实施贩卖毒品活动,其应当认识到自己的教唆行为会使他人产生贩卖毒品的犯罪意图进而实施犯罪,同时亦认识到贩卖毒品行为会发生危害社会的结果,但对他人实施贩卖毒品行为及该行为产生的社会危害结果持希望或放任的态度,能够认定章远主观上具有教唆他人犯罪的故意。综上,章远具有唆使他人贩卖毒品的客观行为和主观故意,构成贩卖毒品罪的教唆犯。

第二,索要合法债务的犯罪动机,不影响对被告人章远贩卖毒品罪的认定。

在我国的刑事立法和司法实践中,犯罪动机不属于犯罪构成的要件,而是量刑时考虑的重要因素。本案中,被告人章远的犯罪动机虽然是向邵辉索要个人合法债务,但其明知债务人贩卖毒品,却唆使其通过贩卖毒品获利来偿还债务并对其贩卖毒品的过程实施监控,获取收益,其主观上虽然没有一般毒品犯罪牟取非法利益的目的,但仍然具有通过实施毒品犯罪获取非法利益来实现其债权的目的,与牟取非法利益的贩卖毒品行为没有本质上的区别。

第三,被告人章远教唆债务人贩卖毒品,对章远应当依照贩卖毒品罪的教唆犯量刑。

被告人章远虽未直接实施贩卖毒品的行为,但其教唆邵辉贩卖毒品,因此,章远系邵辉贩卖毒品的共同犯罪人,并构成教唆犯,应当依照刑法第二十九第一款关于"教唆他人犯罪的,应当按照他在共同犯罪中所起的作用处罚"的规定量刑。邵辉贩卖甲基苯丙胺的数量是10余克,对章

远的教唆行为应当根据刑法第三百四十七条第三款的规定,依法在七年以上有期徒刑的幅度内量刑。章远具有累犯的从重处罚情节,依法应当从重处罚。章远教唆邵辉贩卖毒品的动机是实现自身的合法债务,这与一般贩卖毒品系为了获取暴利的动机有所区别,与一般贩卖毒品犯罪的主观恶性相比较轻。综合考虑上述情况,二审法院对章远的教唆贩卖毒品行为处以七年有期徒刑并处一万元罚金是适当的。

(二)涉案毒品的所有人不能确定,不影响本案的定性

本案中,被告人章远与邵辉均供述涉案毒品系对方所有,证人李箓恩、潘魏根据推测判断查获的毒品系章远所有;由于缺少宾馆监控视频、指纹痕迹鉴定等客观证据,根据本案现有证据难以确定查获的毒品是章远的还是邵辉的。根据最高人民法院2015年5月印发的《全国法院毒品犯罪审判工作座谈会纪要》的规定,对于从贩毒人员住所查获的毒品,一般均应认定为其贩卖的毒品。基于章远、邵辉具有共同贩卖毒品的主观故意和客观行为,即便不能确认涉案毒品的所有人,也不影响章远的行为构成贩卖毒品罪。当然,在量刑时可结合毒品数量与情节予以适当考虑。

(撰稿:湖北省襄阳市中级人民法院　李沈岐
审编:最高人民法院刑四庭　陆建红)

[第1228号]林清泉制造毒品案

——制造毒品案件中,缴获的毒品系液态毒品,判处死刑应当特别慎重

【关键词】　制造毒品罪　液态毒品　死刑　既遂　定量

一、基本案情

被告人林清泉,男,汉族,1971年2月11日出生,农民,2015年4月15日因本案被逮捕。

广东省揭阳市人民检察院以被告人林清泉犯制造毒品罪向广东省揭阳市中级人民法院提起公诉。

广东省揭阳市中级人民法院经公开审理查明:被告人林清泉购买了用来制造甲基苯丙胺的液体,并将液体带回位于广东省惠来县东埔管区东下村的家中进行熬煮、冷却,制造甲基苯丙胺。2015年3月9日15时许,公安机关在惠来县东埔农场东埔管区东下村林清泉家抓获林清泉,现场查获1锅净重3.5千克的黄褐色液体(检出甲基苯丙胺成分,含量为29.55%)、1锅净重0.65千克的黄褐色液体(检出甲基苯丙胺成分,含量为37.54%)、1锅净重2.425千克的褐色液体(检出甲基苯丙胺成分,含量为14.74%)、1盒净重3.55千克的黄褐色液体(检出甲基苯丙胺成分,含量为17.63%)、1桶净重8.55千克的黑色液体(检出甲基苯丙胺成分,含量为9.15%)及煤气炉、铁盆、铁筛等制毒工具。

揭阳市中级人民法院认为,被告人林清泉非法制造毒品甲基苯丙胺,数量大,其行为已构成制造毒品罪,应依法严惩。依照《中华人民共和国刑法》第三百四十七条第二款第一项、第五十七条第一款之规定,以制造毒品罪判处被告人林清泉死刑,剥夺政治权利终身,并处没收个人全部财产。

一审宣判后，被告人林清泉不服，提出上诉。

广东省高级人民法院经审理认为，上诉人林清泉制造毒品甲基苯丙胺，数量大，其行为已构成制造毒品罪，依法应予惩处。公安机关缴获的毒品为液态，经鉴定含有甲基苯丙胺成分，均应计入林清泉制造毒品的数量。林清泉将购买的粗制毒品进行提纯，已经制造出纯度更高的毒品，是犯罪既遂。制造毒品犯罪是毒品犯罪的源头，是我国刑法打击的重点，故林清泉归案后虽能如实供述犯罪事实，但不足以抵偿其罪过。依照《中华人民共和国刑事诉讼法》第二百二十五条第一款第一项之规定，裁定驳回上诉，维持原判，并依法报请最高人民法院核准。

最高人民法院经复核认为，被告人林清泉违反国家对毒品的管制法规，非法制造毒品甲基苯丙胺，其行为已构成制造毒品罪。林清泉制造毒品数量大，罪行极其严重，应依法惩处。第一审判决、第二审裁定认定的事实清楚，证据确实、充分，定罪准确，审判程序合法。鉴于林清泉归案后如实供述主要犯罪事实，对其依法判处死刑，可不立即执行，故裁定不核准广东省高级人民法院维持第一审以制造毒品罪判处被告人林清泉死刑，剥夺政治权利终身，并处没收个人全部财产的刑事裁定。

二、主要问题

制造毒品案件中，公安机关缴获的含甲基苯丙胺的液态毒品与含甲基苯丙胺的晶体状毒品在毒品性质、毒品含量及社会危害性上均有区别，对适用死刑有无影响？

三、裁判理由

本案在审理过程中，对被告人的量刑出现分歧意见：

第一种意见认为，被告人制造毒品的数量特别巨大。本案缴获的毒品虽为液体，但根据《全国法院毒品犯罪审判工作座谈会纪要》（以下简称《武汉会议纪要》），毒品成品和半成品数量应当全部认定为制造毒品的数量，即使经过折算，数量也超过了目前实际掌握的死刑数量标准，对被告人应当适用死刑立即执行。

第二种意见认为，含甲基苯丙胺的液态毒品的量刑可以参照甲基苯丙胺片剂（麻古）的量刑。因为甲基苯丙胺片剂中甲基苯丙胺的含量一般在5%～12%，纯度也不高。根据《武汉会议纪要》，甲基苯丙胺片剂的死刑数量标准一般可以按照甲基苯丙胺（冰毒）的2倍左右掌握，以本案的液体冰毒数量，也可以考虑对被告人适用死刑。

第三种意见认为，虽然在液体中检出了甲基苯丙胺既视为制毒既遂，但毕竟还是液态毒品，仍属半成品，应当与制造出毒品成品的既遂有所区别。本案缴获的毒品全是液态，被告人未能制造出甲基苯丙胺成品，行为危害性相对较小，且归案后认罪态度好，确有悔罪表现，可对被告人判处死刑缓期二年执行。

我们同意第三种意见。具体理由如下：

（一）制造毒品案件中缴获的含有甲基苯丙胺成分的液体或固液混合毒品与毒品消费、流通环节能直接吸食的成品毒品，在毒品性质上并不完全一样

我国法律对毒品的概念有明确的规定。1997年刑法第三百五十七条及2008年6月1日起施行的《中华人民共和国禁毒法》规定，毒品是指鸦片、海洛因、甲基苯丙胺（冰毒）、吗啡、大麻、可卡因，以及国家规定管制的其他能够使人形成瘾癖的麻醉药品和精神药品。

1961年联合国大会通过了《麻醉品单一公约》，1971年通过了《精神药物公约》，1988年又通过了《禁止非法贩运麻醉药品和精神药物公约》，以上三个公约对毒品作出了统一释义。根据上述国际公约，所谓“毒品”，是指国际公约规定的受控制的麻醉品和精神药品。我国作为以上三个公约的缔约国，刑法中的毒品概念与国际公认的毒品概念基本吻合。

2014年8月20日，最高人民法院、最高人民检察院、公安部联合印发了《关于规范毒品名称表述若干问题的意见》，其中规定："对于含甲基苯丙胺成分的晶体状毒品，应当统一表述为甲基苯丙胺（冰毒）……对于含甲基苯丙胺成分的液体、固液混合物、粉末等，应当根据其毒品成分和具体形态进行表述，如表述为含甲基苯丙胺成分的液体、含甲基苯丙胺成分的粉末等。"市场流通环节中的冰毒，主体化学成分是甲基苯丙胺，但实质为甲基苯丙胺盐酸盐，因此冰毒并不能完全等同于甲基苯丙胺。

然而，实践中遇到的问题复杂多变。制定法律、解释法律时，立法机关、司法机关面对的多数是固体海洛因、晶体冰毒等常见形态，故而确定毒品性质时以常见形态来确定。但随着制毒技术、工艺的发展、普及，制造毒品案件出现了大量的新情况、新问题。如在制造甲基苯丙胺案件中，除查获毒品成品外，往往还会查获大量含有甲基苯丙胺成分的液体、固液混合物、块状物、粉末状物等非常态物质。这些物质通常是制毒过程中产生的半成品，甚至是废液废料，也可能是用于加工其他毒品的原料。如何认定这些半成品的物质性质，常常困扰很多办案人员。有意见认为，鉴于固态毒品与液态毒品或固液混合毒品等两类物质实际上不能等同，建议制定一个裁判规则，将制毒案件中缴获的半成品毒品与传统观念中或刑法条文规定的毒品区分认定，以减少争议。还有意见认为，没必要纠结是液态毒品还是固态毒品，因为法律规定的是毒品，没有规定必须是固态毒品。

对此，我们的意见是，由于毒品具有滥用性、依赖性、危害性、管制性四大特征，因此，在定义毒品成品时，通常是指可以直接用于销售和滥用的毒品，而毒品半成品通常是指未制成成品前的中间产品。通过化学方法制造毒品的，一般已经全部或者部分完成化学反应，但对于以制造甲基苯丙胺为最终目的的犯罪，制成含有甲基苯丙胺成分的晶体的，才能视为制出成品，制出含甲基苯丙胺成分的液体、固液混合物等的，应视为制出半成品。

本案中，被告人林清泉购买的是含有甲基苯丙胺成分的液体，不属于毒品成品。林清泉对其中的部分液体进行加工后，虽然甲基苯丙胺含量有所提高，但并未结晶，仍不具有可直接被吸食和消费的属性，故其加工产物不是毒品成品，而是半成品。毒品半成品不能直接被吸食消费，销售环节中也只有那些需要继续加工的人会购买，否则销售不出去，因此不存在滥用性。而成品毒品是可以直接吸食的，容易被滥用并有明确的社会危害性。

（二）含甲基苯丙胺的液态毒品的定量（转化率）问题

1997年刑法第三百五十七条第二款规定，毒品的数量以查证属实的走私、贩卖、运输、制造、非法持有毒品的数量计算，不以纯度折算。2015年5月20日，最高人民法院印发的《武汉会议纪要》规定："办理毒品犯罪案件，无论毒品纯度高低，一般均应将查证属实的毒品数量认定为毒品犯罪的数量，并据此确定适用的法定刑幅度，但司法解释另有规定或者为了隐蔽运输而临时改变毒品常规形态的除外。涉案毒品纯度明显低于同类毒品的正常纯度的，量刑时可以酌情考虑。"《武汉会议纪要》中还明确指出："制造毒品案件中，毒品成品、半成品的数量应当全部认定为制造毒品的数量，对于无法再加工出成品、半成品的废液、废料则不应计入制造毒品的数量。对于废液、废料的认定，可以根据其毒品成分的含量、外观形态，结合被告人对制毒过程的供述等证据进行分析判断，必要时可以听取鉴定机构的意见。"关于如何认定毒品废液，根据国家毒品实验室有关专家给出的意见，对于毒品含量在0.2%以下的物质即可以视为废液、废料。

毒品的纯度大小表明了毒品内含有毒性成分的大小，吸食量和吸食效果主要取决于毒品中的有效成分，也就是毒品的含量。纯度高的毒品，流入社会后其危害性必然大于纯度低的毒品。因此，2007年12月，最高人民法院、最高人民检察院、公安部联合出台了《办理毒品犯罪案件适用法律若干问题的意见》,其中规定:“可能判处死刑的毒品犯罪案件,毒品鉴定结论中应有含量鉴定的结论。”

办理制造毒品案件中如何计算液态毒品数量?实践中有用液体的重量乘以毒品含量得出一个数值来对液态毒品比照固态毒品进行定量的做法,此做法并不科学。以本案为例,根据被告人供述,其购买回一桶15公斤的“冰毒水”,将其中半桶倒出加工冰毒,剩下半桶被缴获。因公安机关缴获的半桶液态冰毒经鉴定甲基苯丙胺含量为9.15%,以此推算,这15公斤甲基苯丙胺含量为9.15%的液体定量后甲基苯丙胺量为1.372 5公斤(15公斤×9.15%);而被告人加入粗盐熬煮、过滤、冷却后,不仅总重量从原15公斤增加至18.675公斤,将3锅、1盒、半桶甲基苯丙胺含量不同的液体按上述计算方式计算后,甲基苯丙胺量也增加到3.042 925公斤,如果据此确定被告人的制毒数量,显然是不合理的。

本案在二审期间,合议庭曾就液态毒品的定量(转化率)问题咨询有关专家。有关专家表示,用液体的重量乘以毒品含量得出一个数值来对液态毒品比照固态毒品进行定量是不妥的。因为液态毒品的转化率受很多因素影响,包括制毒原材料、制毒工艺、使用的反应釜、制毒频率等。另外,转化过程中还存在损耗问题。由于液态毒品(毒品半成品)在转化(为毒品成品)过程中受很多不确定因素的影响,因此无法定量。假设该液态毒品能够完成生产流程,如想要定量,需要搜集上述制造毒品的原材料、工艺、规律、频率甚至发货单、进货单、用电量、用水量等证据,并根据有关专业知识进行实验确定。像本案被告人这样,买回半成品,根据道听途说的制毒方法试制冰毒,但一直未能结晶的,客观上很难定量。

本案中,被告人林清泉经加工,制造出10余千克甲基苯丙胺含量14.74%至37.54%不等的液体,对该10余千克含甲基苯丙胺成分的液体,应当全部认定为其制造毒品的数量。林清泉对查获的另外8.55千克含甲基苯丙胺成分的黑色液体,虽然尚未实施加工行为,也可一并认定为其制造毒品的数量,但在量刑时应酌情考虑。至于涉案半成品最终能制造出多少成品,受诸多因素影响,目前不能根据含量简单推算。

(三)含甲基苯丙胺的液态毒品的社会危害性相对较小,对缴获的毒品均呈液态的制造毒品案件,判处死刑应当特别慎重

《全国部分法院审理毒品犯罪案件工作座谈会纪要》(以下简称《大连会议纪要》)规定,已经制成毒品,达到实际掌握的死刑数量标准的,可以判处死刑;数量特别巨大的,应当判处死刑。根据上述规定,在决定能否对被告人判处死刑时,制出成品的数量是更为重要的考虑因素。认定的制造毒品数量虽已达到实际掌握的死刑数量标准,但尚未制造出成品的,或者仅制造出少量成品,绝大多数为粗制毒品或者半成品的,由于其社会危害与已经制成成品待售的情形有明显不同,故一般不宜对被告人适用死刑。这样考虑的原因在于,毒品半成品因无法被直接吸食、消费,与毒品成品的危害紧迫性不一样,其客观危害没那么紧迫。

此外,毒品犯罪的数量虽然能反映毒品犯罪行为社会危害性的大小,对定罪量刑有非常重要的意义,但它仍只是依法惩处毒品犯罪的一个基础情节,而不是唯一情节。因此,在执行毒品犯罪数量标准时不能将之简单化、绝对化,特别是对被告人可能判处死刑的案件,更不能简单地将数量标准作为判处死刑的唯一尺度。是否判处死刑还必须综合考虑被告人犯罪情节、危害后果、主观恶性等多种因素。

本案中,被告人林清泉购入原料即为毒品半成品,由于加工工艺等问题,林清泉始终未能制出成品。从林清泉的犯罪手段来看,林清泉制毒所用工具均来自普通家庭厨房所用,并非专门用来加工毒品的器皿,说明林清泉非长期制毒人员,其应不属于制毒惯犯,且其采取的加工工艺简

单,也并未实际制造出毒品成品。综合考虑被告人的犯罪情节、危害后果及主观恶性,并考虑其归案后能够如实供述主要犯罪事实,依法可以从轻处罚,故最高人民法院裁定依法不核准林清泉死刑。

(撰稿:最高人民法院刑三庭　罗　敏
广东省高级人民法院　罗　桦
审编:最高人民法院刑三庭　周　川)

[第1229号]陈恒武、李祥光贩卖、运输毒品案
——共同贩卖毒品的死刑政策把握

【关键词】 贩卖、运输毒品罪　共同犯罪　死刑　主犯在逃　代购者　托购者

一、基本案情

被告人陈恒武,男,1972年11月4日出生,小学文化,农民。2012年9月6日因本案被逮捕。

被告人李祥光,男,1968年1月9日出生,文盲,无业。2003年12月17日因犯贩卖毒品罪被判处有期徒刑八年,并处罚金人民币三千元,2010年7月23日刑满释放。2012年9月6日因本案被逮捕。

贵州省毕节市人民检察院指控被告人陈恒武、李祥光犯贩卖、运输毒品罪一案,向毕节市中级人民法院提起公诉。

被告人陈恒武辩称,其没有和陈艳商量,也没有邀约陈恒友去贩毒,公安机关缴获的毒品与陈艳在缅甸购买的毒品不是一批货。其辩护人提出,本案定性应为运输毒品罪,陈恒武系本案从犯,买车、改装、联系买主等都是陈艳等人实施的,并且由陈艳安排同伙的行动,且陈恒武所购毒品数额较少,请求从宽判处。

被告人李祥光不否认起诉书指控的事实,但认为汇给陈恒武的钱中有10万元是借给陈恒武的。其辩护人提出,李祥光系从犯,只对其出资6万元购买的毒品承担责任。

毕节市中级人民法院经审理查明:

被告人陈恒武与陈艳(在逃)共谋到云南购买毒品,并分别邀约陈恒友、李启兵(均系同案被告人,已判刑)、陈明权(在逃)一同前往。2012年7月24日,陈艳、李启兵、陈明权驾驶比亚迪轿车、陈恒武和陈恒友驾驶丰田凯美瑞轿车先后前往云南。7月25日,陈艳、陈明权、李启兵到达云南省勐海县打洛镇后,陈艳、陈明权偷渡到缅甸小勐拉。7月26日,陈恒武、陈恒友到达打洛镇后偷渡到小勐拉与陈艳、陈明权会合。陈恒武、陈艳、陈明权、陈恒友在入住的小勐拉凯旋宾馆内多次与货主"小龙"(在逃)等人查验毒品样品、商议购买毒品。其间,被告人李祥光、张佳勇(另案处理)分别通过银行汇款给陈恒武16万元和8.5万元购买毒品。7月31日晚,陈恒武、陈艳由缅甸返回打洛镇。8月1日凌晨1时许,李启兵按照陈艳的安排将比亚迪轿车开到事先指定的地点,送货人将毒品装入该车油箱。陈恒武驾驶丰田凯美瑞轿车与陈艳、陈恒友在前探路,李启兵驾驶比亚迪轿车运输毒品跟随其后。3时35分至3时50分,云南省勐海县公安边防支队在云南省西双版纳州国道老路3100路标处先后将陈恒武、陈恒友、陈艳和李启兵拦下检查,发现比亚迪轿车后排座位下的油箱电泵处有改动痕迹,怀疑藏有违禁品,遂将两车带到勐海县荣光汽修厂。

6时30分，在荣光汽修厂专业人员的协助下，当场从比亚迪轿车油箱内查获含量为46.88%的毒品海洛因2 760克，含量为14.45%的甲基苯丙胺片剂（俗称“麻古”）9 015克。

贵州省毕节市中级人民法院认为，被告人陈恒武违反国家毒品管理法规，以牟取非法利益为目的贩卖、运输毒品甲基苯丙胺9 015克、毒品海洛因2 760克，毒品共计11 775克的行为已构成贩卖、运输毒品罪。被告人李祥光得知陈恒武至境外购买毒品后将毒资汇至陈恒武账户、要求陈恒武为其代购毒品并支付相应车费的行为构成贩卖、运输毒品罪。其中，陈恒武与陈艳共谋购买毒品，与毒品上线联系，参与检验毒品样品、试货、商议毒品价格，斥巨资购买毒品，验收毒品数量，驾驶车辆行驶在运毒车辆之前探路，在犯罪中起主要作用，系主犯。李祥光出资16万元请陈恒武为其购买毒品，应当对其所购毒品负责，其所涉毒品数量巨大，且系毒品再犯、累犯，应从重处罚。依照《中华人民共和国刑法》第三百四十七条第二款第一项、第三百五十六条、第四十八条、第五十七条、第六十五条、第二十五条、第二十六条、第二十七条之规定，以贩卖、运输毒品罪，分别判处被告人陈恒死刑，剥夺政治权利终身，并处没收个人全部财产；判处被告人李祥光死刑，剥夺政治权利终身，并处没收个人全部财产。

一审宣判后，陈恒武、李祥光提出上诉。

被告人陈恒武上诉提出，陈艳在逃致关键事实不清，其行为应定运输毒品罪，系从犯，量刑过重。二审庭审中，陈恒武对其参与贩卖、运输毒品的事实不持异议，但辩解此前未与陈艳共谋，系到云南后陈艳再三邀约才参与的。其辩护人提出，鉴于陈艳在逃，请求对陈恒武作出留有余地的判决。

被告人李祥光上诉提出，其仅出资6万元购买毒品，应定贩卖毒品罪。其辩护人提出，一审判决认定事实不清，证据不足，量刑过重。

贵州省高级人民法院经审理认为，原判认定上诉人陈恒武、李祥光犯贩卖、运输毒品罪的事实清楚。陈恒武邀约陈恒友贩卖、运输毒品甲基苯丙胺和海洛因，其行为均已构成贩卖、运输毒品罪。李祥光贩卖毒品甲基苯丙胺和海洛因，其行为已构成贩卖毒品罪。陈恒武所提“应定运输毒品罪”的上诉理由不能成立，不予采纳。李祥光所提“应定贩卖毒品罪”的上诉理由成立，予以采纳。在陈恒武等人贩卖、运输毒品的共同犯罪中，陈恒武与陈艳等人共谋购买毒品，参与检验毒品样品、商议毒品价格、出资购买毒品，为他人代购毒品，驾驶车辆在运毒车辆之前探路，起主要作用，系本案主犯，应当按照其参与的全部犯罪处罚。其所提“系从犯，量刑过重”的上诉理由不能成立，不予采纳。上诉人李祥光出资16万元通过陈恒武为其购买毒品欲进行贩卖，且系毒品累犯和再犯，主观恶性极大，社会危害性特别严重，应依法从重处罚，原审法院据此对其量刑并无不当，其辩护人所提“量刑过重”的辩护意见不能成立，不予采纳。原审法院对陈恒武的定罪准确，对陈恒武、李祥光的量刑适当，但对李祥光的定罪不当，应予以改判，审判程序合法。据此，依照《中华人民共和国刑法》第三百四十七条第二款第一项、第三百五十六条、第五十七条第一款、第五十六条第一款、第五十五条第一款、第六十五条第一款、第二十五条第一款、第二十六条第一款和第四款、第二十七条和《中华人民共和国刑事诉讼法》第二百二十五条第一款第一项、第二项之规定，判决如下：

1. 维持毕节市中级人民法院对上诉人陈恒武的刑事判决；

2. 撤销毕节市中级人民法院对上诉人李祥光的刑事判决，以贩卖、运输毒品罪改判李祥光死刑，剥夺政治权利终身，并处没收个人全部财产。

贵州省高级人民法院依法将陈恒武、李祥光的死刑判决报请最高人民法院核准。

最高人民法院经复核认为，被告人陈恒武违反毒品管理法规，伙同他人购买、运输毒品海洛因、甲基苯丙胺的行为已构成贩卖、运输毒品罪。被告人李祥光委托陈恒武代为购买毒品的行为已构成贩卖毒品罪。陈恒武伙同陈艳共谋贩毒，纠集陈恒友参与贩卖、运输毒品，并邀约李祥光、张佳勇购买毒品，亲自赴境外检验毒品样品、商议毒品价格，且出资巨大，其在共同贩卖、运输毒品犯罪中起主要作用，系罪责最为严重的主犯之一，应当按照其所参与的全部犯罪处罚。陈恒武贩卖、运输毒品数量大，应依法惩处。第一审判决、第二审判决认定的事实清楚，证据确实、充分，定罪准确，对被告人陈恒武量刑适当，审判程序合法。李祥光受邀参与贩毒，未参与运输毒品，且归案后能如实供述罪行，对李祥光判处死刑，可不立即执行。依照《中华人民共和国刑事诉讼法》第二百三十五条、第二百三十九条和《最高人民法院关于适用〈中华人民共和国刑事诉讼法〉的解释》第三百五十二条之规定，判决如下：

1. 核准贵州省高级人民法院刑事判决中维持第一审以贩卖、运输毒品罪判处被告人陈恒武死刑，剥夺政治权利终身，并处没收个人全部财产的部分。

2. 撤销贵州省高级人民法院以贩卖、运输毒品罪判处被告人李祥光死刑，剥夺政治权利终身，并处没收个人全部财产的判决部分。

3. 被告人李祥光犯贩卖毒品罪，判处死刑，缓期二年执行，剥夺政治权利终身，并处没收个人全部财产。

二、主要问题

1. 共同贩卖毒品犯罪中，部分主犯在逃，能否适用死刑？

2. 如何准确认定毒品案件中代购者与托购者的罪责？

三、裁判理由

（一）共同贩卖毒品案件中死刑政策的把握

对共同犯罪案件如何把握死刑政策，现在普遍的认识和做法是，对于二人或者多人致死一人的案件，原则上只对其中罪责最为突出的被告人判处死刑。对此，《最高人民法院关于贯彻宽严相济刑事政策的若干意见》有明确的指导意见："对于多名被告人共同致死一名被害人的案件，要进一步分清各被告人的作用，准确确定各被告人的罪责，以做到区别对待；不能以分不清主次为由，简单地一律判处重刑。"当然，作为极少数例外情况，对多人致死一人的，也可能有判处二人死刑的情况。

针对毒品共同犯罪，通常也是参照上述政策精神来把握死刑适用。最高人民法院于2008年印发的《全国部分法院审理毒品犯罪案件工作座谈会纪要》（以下简称《大连会议纪要》）中明确提出：共同犯罪中能分清主从犯的，不能因为涉案的毒品数量特别巨大，就不分主从犯而一律将被告人认定为主犯或者实际上都按主犯处罚，一律判处重刑甚至死刑；对于共同犯罪中有多个主犯或者共同犯罪人的，要全面考察各主犯或者共同犯罪人在共同犯罪中实际发挥作用的差别，主观恶性和人身危险性方面的差异，对罪责或者人身危险性更大的主犯或者共同犯罪人判处更重的刑罚。如果共同犯罪毒品数量刚达到实际掌握的死刑数量标准，但各共同犯罪人作用相当，或者责任大小难以区分的，可以不判处死刑立即执行。由此可见，毒品共同犯罪中，一方面需要考虑毒品数量，另一方面需要认真审查各被告人的地位、作用，要注意从犯意的提起、与毒品源头的紧密程度、出资额、分工等方面进行审查，区分罪责大小。

同时，由毒品犯罪的特殊性所决定，在一些毒品犯罪案件中，只抓获部分涉毒人员，甚至有相当一部分案件主犯在逃。此时仍要根据在案证据比较在案被告人与在逃人员的罪责，若在案证据足以证明被告人地位、作用明显大于在逃同案犯或者地位、作用基本相当时，仍可依法核准在案被告人死刑。最高人民法院于2015年印发的《全国法院毒品犯罪审判工作座谈会纪要》中明确指出："对于部分共同犯罪人未到案的案件，在案被告人与未到案共同犯罪人均属罪行极其严重，即使共同犯罪人到案也不影响对在案被告人适用死刑的，可以依法判处在案被告人死刑……"

具体在本案中，结合证据可以认定如下事实：第一，陈恒武伙同陈艳共谋贩毒。陈艳虽未到案，但是手机通话清单、卷中其他证据材料可以证明陈恒武与陈艳共谋到云南购买毒品。手机通话清单证实，7月18日至24日陈恒武与陈艳手机通话联系34次（24次主叫），其中7月24日联系19次且陈恒武主叫13次。结合卷中其他证据材料可以证明，陈恒武与陈艳为购买毒品而多次预谋，陈艳主要负责购买包装等物，二人联系出发事宜。陈恒武辩解其受陈艳邀请到云南帮助陈艳找老公，但该辩解既得不到陈艳供述的印证，亦与技侦转化资料内容矛盾，又不符合常情常理。第二，陈恒武纠集同案犯陈恒友参与贩卖、运输毒品。陈恒友供述"被抓前约一个星期，陈恒武打电话说最近他们准备去做一批生意（指贩毒），问我要不要去，我说可以"，该内容与在案相关证据相印证。同时，车辆行驶信息、住宿登记信息以及陈恒友的供述证实，二人驾驶陈恒武的轿车，7月24日出发，沿着金关—昆明—景洪—打洛镇—缅甸—打洛镇的路线贩卖、运输毒品。第三，陈恒武亲自到境外查验毒品、商议毒品数量、价格。陈恒友供述，其与陈恒武到达云南勐海县打洛镇后就随同陈恒武一起偷渡到了缅甸小勐拉，与陈艳、陈明权会合，陈恒武、陈明权、陈艳联系购买毒品并商议价格。因陈艳、陈明权在逃，三人的具体分工无法获知，但是陈恒友的供述得到了卷中其他证据材料及陈恒武供述的印证。且从相关证据来看，陈恒武与上线联系更加紧密，尤其是"麻古"主要靠陈恒武联系，交易毒品时也是陈恒武在场，陈艳只是负责联系李启兵运输毒品。第四，陈恒武主动代张佳勇、李祥光购买毒品，该事实有张佳勇、李祥光的供述及手机通话清单、银行转账凭证等证据证明。综上，被告人陈恒武伙同陈艳共谋贩毒，纠集陈恒友参与贩卖、运输毒品，并邀约张佳勇、李祥光购买毒品，亲自赴境外检验毒品样品、试货、商议毒品价格，且出资额巨大，其在共同贩卖、运输毒品犯罪中起主要作用，系罪责最为严重的主犯之一，应当按照其所参与的全部犯罪处罚。陈恒武贩卖、运输毒品数量大，应依法惩处。虽然本案另两名主犯陈艳、陈明权在逃，但是从现有证据来看，陈恒武的作用比陈艳、陈明权略大或者至少作用相当。故最高人民法院依法核准被告人陈恒武死刑。

（二）毒品案件中代购者与托购者的罪责认定

办理毒品犯罪案件时，要注意对"居间介绍"或者"代购代卖"的准确认定。《大连会议纪要》明确指出："明知他人实施毒品犯罪而为其居间介绍、代购代卖的，无论是否牟利，都应以相关毒品犯罪的共犯论处。"一般而言，"居间者"或者"托购者"的罪责相对较小。但上述情况不是绝对的，仍要结合具体案情和证据问题具体分析。

本案中，被告人李祥光的供述及手机通话清单证明，此次贩毒系陈恒武主动联系李祥光；李祥光、陈恒武、陈恒友的供述以及卷中其他证据材料证明，李祥光通过电话委托陈恒武代为购买毒品；李祥光的供述、李祥光之妻的证言以及银行转账凭证证明李祥光汇款16万元至陈恒武指定账户；李祥光购买毒品实物被公安人员查获。因此现有证据可以证明李祥光委托陈恒武代为购买毒品，李祥光与陈恒武等人构成贩卖毒品罪的共犯。但是由于各被告人供述以及卷中其他证据材料关于李祥光毒资及购买毒品数量说法不一，就现有证据而言，不好确定李祥光到底购买了多少毒品。

对李祥光量刑时，首先需要平衡其与在案的陈恒武及在逃的陈艳、陈明权的罪责大小。在案证据证明，李祥光将毒资汇至陈恒武指定账户，未亲自到云南或者境外购买毒品，未参与运输毒品；李祥光不是幕后指挥操纵贩毒的主犯，而是在陈恒武打电话告知的情况下委托陈恒武代为购买,属于受邀约参与犯罪。故可以认定李祥光的罪责小于陈恒武以及在逃的陈艳、陈明权。同时也需要考虑,现有证据只能确定李祥光出资16万元,不能确定李祥光购买毒品种类和毒品数量,在作为量刑最重要标准之一的毒品数量不确定的情况下,也不宜核准李祥光死刑。

综上,权衡全案事实和各被告人量刑,最高人民法院作出了核准被告人陈恒武死刑,不核准被告人李祥光死刑并改判李祥光死刑缓期二年执行的刑事判决。

(执笔:最高人民法院刑三庭　薛美琴
审编:最高人民法院刑三庭　周　川)

[第1230号]孙奇志等贩卖毒品案

——对毒品犯罪上下家如何区分罪责和适用死刑

【关键词】　贩卖毒品罪　上下家　罪责　死刑　居间介绍　居中倒卖

一、基本案情

被告人孙奇志,男,1967年9月25日出生。2000年11月14日因犯贩卖毒品罪被判处有期徒刑三年六个月,并处罚金人民币一千元,2004年2月4日刑满释放。2010年9月3日因涉嫌犯贩卖毒品罪被逮捕。

被告人王守林,男,1977年5月18日出生。2010年9月3日因涉嫌犯贩卖毒品罪被逮捕。

被告人梁宗久,男,1964年4月29日出生。1987年9月18日因犯盗窃罪被判处死刑,缓期二年执行,剥夺政治权利终身。2006年11月8日被假释。2010年9月3日因涉嫌犯贩卖毒品罪被逮捕。

被告人马玉华,男,1966年3月16日出生。1998年3月4日因犯盗窃罪被判处有期徒刑十五年,剥夺政治权利五年,并处罚金人民币一万元,2006年8月19日刑满释放。2010年9月3日因涉嫌犯贩卖毒品罪被逮捕。

被告人王孝新,男,1971年11月30日出生。因犯盗窃罪于2004年12月15日被判处有期徒刑二年六个月,2006年12月27日刑满释放。2010年9月3日因涉嫌犯贩卖毒品罪被逮捕。

被告人段波,男,1977年5月9日出生。因犯组织、领导、参加黑社会性质组织罪于2001年6月29日被判处有期徒刑九年,剥夺政治权利三年,2008年8月26日刑满释放。2010年9月3日因涉嫌犯贩卖毒品罪被逮捕。

被告人王义杰,男,1988年4月12日出生。2010年9月3日因涉嫌犯贩卖毒品罪被逮捕。

(其他同案被告人基本情况略)

四川省达州市人民检察院以被告人孙奇志、王守林、梁宗久、马玉华、王孝新、段波、王义杰等人犯贩卖毒品罪,向达州市中级人民法院提起公诉。

被告人孙奇志及其辩护人提出:(1)本案犯意并非由孙奇志提起,其主观恶性不深;(2)孙奇志的犯罪情节与本案其他主犯相比较小;(3)孙奇志挎包内含量为64%的375.03克甲基苯丙胺等毒品不应计入贩卖毒品的数量;(4)孙奇志到案后能够如实供述犯罪行为,具有悔罪表现;(5)涉案毒品已全部被查获,未造成严重后果,应予从轻处罚。

(其他同案被告人的辩护情况略)

达州市中级人民法院经审理查明：

2010年3月底，被告人王孝新和女友罗子芳（另案处理）从江苏省徐州市回四川省大竹县探亲时，从罗子芳的表哥黄昌彬（另案处理）处得知可以购买到甲基苯丙胺。之后，王孝新与在徐州市的被告人马玉华、梁宗久共同商定到大竹县购买甲基苯丙胺回徐州市贩卖。

2010年7月23日，王孝新向黄昌彬提出要到大竹县购买1至2公斤甲基苯丙胺，黄昌彬同意后联系被告人王守林准备毒品。次日，马玉华、王孝新、梁宗久及罗子芳携带50万元现金从徐州市出发，于7月25日到达大竹县。黄昌彬将四人安排在大竹县莲印乡天生村净土寺附近一农家乐住宿后，伙同王守林于当晚和26日凌晨两次携带甲基苯丙胺样品与王孝新、梁宗久、马玉华洽谈毒品交易，均因毒品质量不好和数量不够未能成交。

同年7月26日上午，王守林与在达州市的被告人孙奇志联系购买毒品，并驾驶租赁的牌照为川S82211马自达轿车与被告人林欣欣（同案被告人，已判刑）前往达州市，又叫来被告人王义杰负责开车。当日下午，孙奇志携带甲基苯丙胺样品到王守林三人所在的达州市达川区兰新宾馆888房间，与王守林谈妥甲基苯丙胺价格为每公斤21.5万元。王守林随后通知黄昌彬等人到达州市交易毒品，价格为每公斤25万元。当日17时许，马玉华、梁宗久、王孝新和罗子芳在黄昌彬的安排下到达达州市，王守林将四人安置在达川区兰郡商务酒店茶房8210房间后，指使王义杰把孙奇志送来的甲基苯丙胺样品交给梁宗久、马玉华、王孝新试吸、验货。梁宗久、马玉华、王孝新决定购买2公斤甲基苯丙胺。当日22时许，梁宗久携带13万元现金，和王守林一同乘坐王义杰驾驶的轿车前往达州市通川区孙奇志所在的长城饭店进行毒品交易。途中，王守林让王义杰将车开到大竹县城，在其租用的大竹县新东方名都6楼18号房内，王守林卖给梁宗久甲基苯丙胺122.91克。而后，三人驾车返回长城饭店，王守林、梁宗久交给孙奇志毒品定金12万元。孙奇志找来被告人段波一同去向赵东（在逃）购买毒品。

次日凌晨4时许，孙奇志在长城饭店停车场将12万元定金交给赵东，同时收到赵东的毒品。后孙奇志与段波返回长城饭店8420房间，并通知王守林到该房间进行毒品交易。在等候期间，孙奇志将毒品分成两份，一份准备交给王守林，另一份交由许莉（同案被告人，已判刑）收藏保管。王守林与梁宗久乘坐王义杰驾驶的轿车到长城饭店接上孙奇志、段波前往兰郡商务酒店交易毒品。五人到达兰郡商务酒店门口后，王守林和梁宗久下车将甲基苯丙胺拿到该酒店茶房8210房间，并由王守林取走剩余购毒款37万元。此时，民警将在轿车内等候的孙奇志、王义杰、段波和在8210房间里的马玉华、梁宗久、王孝新等人抓获，王守林脱逃。民警当场从8210房间查获甲基苯丙胺858.25克，从轿车上查获甲基苯丙胺35.92克、海洛因4.98克、氯胺酮1.76克。

王守林脱逃后，打电话指使林欣欣（同案被告人，已判刑）前去兰郡商务酒店门前打探情况。二人见面后，王守林判断孙奇志等人已被公安机关抓获，便安排林欣欣到长城饭店8420房间通知许莉逃跑。当林欣欣通知许莉携带毒品刚逃出长城饭店8420房间，即被民警抓获。民警从许莉提着的孙奇志挎包内查获甲基苯丙胺375.03克、麻古62.78克、海洛因34.94克。后公安机关陆续将王守林、黄昌彬等人抓获归案。

达州市中级人民法院认为，被告人孙奇志、王守林、王义杰、段波明知是毒品而予以贩卖，被告人梁宗久、马玉华、王孝新以贩卖为目的非法收购毒品，其行为均已构成贩卖毒品罪。孙奇志贩卖甲基苯丙胺1 233.28克、海洛因34.94克、麻古62.78克；王守林贩卖甲基苯丙胺1 104.25克、海洛因323.35克、麻古8.4克、氯胺酮1.76克、烟酰胺205.07克；梁宗久贩卖甲基苯丙胺981.16克、海洛因0.32克；马玉华贩卖甲基苯丙胺981.16克；王孝新贩卖甲基苯丙胺981.16克；王义杰贩卖甲基苯丙胺981.16克；段波贩卖甲基苯丙胺1 233.28克。在孙奇志与段波，王守林与王义杰，梁宗久与马玉华、王孝新的共同犯罪中，孙奇志、王守林、梁宗久、马玉华分别起主要作用，是主犯，应当按照四人组织、指挥、参与的全部犯罪处罚；王孝新、王义杰、段波起次要或辅助作用，是从犯，依法应当从轻或减轻处罚。孙奇志因犯贩卖毒品罪被判过刑，现又犯贩卖毒品罪，是毒品再犯，应当从重处罚。梁宗久、马玉华、王孝新、段波曾因犯罪被判处有期徒刑以上刑罚，在刑罚执行完毕或者假释考验期满以后，五年以内再犯应当判处有期徒刑以上刑罚之罪，是累犯，依法应当从重处罚。据此，根据《中华人民共和国刑法》第三百四十七条第一款、第二款第一项，第三百五十六条，第三百五十七条，第二十五条第一款，第二十六条第一款、第四款，第二十七条，第四十八条第一款，第五十一条，第五十七条第一款，第四十五条，第四十七条，第五十六条，第五十九条，第五十二条，第六十五条第一款，第七十七条第一款及第六十四条之规定，判决如下：

1. 被告人孙奇志犯贩卖毒品罪，判处死刑，剥夺政治权利终身，并处没收个人全部财产。

2. 被告人王守林犯贩卖毒品罪，判处死刑，缓期二年执行，剥夺政治权利终身，并处没收个人全部财产。

3. 被告人梁宗久犯贩卖毒品罪，判处死刑，缓期二年执行，剥夺政治权利终身，并处没收个人全部财产。

4. 被告人马玉华犯贩卖毒品罪，判处死刑，缓期二年执行，剥夺政治权利终身，并处没收个人全部财产。

5. 被告人王孝新犯贩卖毒品罪，判处无期徒刑，剥夺政治权利终身，并处没收个人财产人民币十万元。

6. 被告人段波犯贩卖毒品罪，判处有期徒刑十五年，剥夺政治权利五年，并处罚金人民币五万元。

7. 被告人王义杰犯贩卖毒品罪，判处有期徒刑十年，剥夺政治权利三年，并处罚金人民币一万元。

（其他同案被告人的判刑情况略）

宣判后，被告人孙奇志、梁宗久、马玉华、王孝新、段波均提出上诉。孙奇志提出的上诉理由与一审中所提辩解理由相同。

（其他同案被告人的上诉情况略）

四川省高级人民法院经二审审理认为，被告人孙奇志明知是毒品而予以贩卖，其行为构成贩卖毒品罪。孙奇志贩卖毒品数量为甲基苯丙胺 1 233.28 克（挎包内毒品为其分装并待售的毒品，依法应当认定为贩卖毒品的数量）、海洛因 34.94 克、麻古 62.78 克，毒品数量大。孙奇志在本案中属毒品的最上游，系毒品来源；在与段波的共同犯罪中，其起主要作用，系主犯；其又系毒品再犯，虽认罪态度好，亦不足以从轻处罚。孙奇志贩卖毒品给王守林，王守林再将毒品贩卖给梁宗久、马玉华，他们分别构成毒品买卖的上下家关系，作用相当，鉴于孙奇志系毒品来源，又系毒品再犯，一审对其量刑适当。原判认定事实和定罪正确，审判程序合法。但发回重审后，因无新的犯罪事实，对王孝新、段波加重处罚不当。据此，根据《中华人民共和国刑法》第三百四十七条第一款、第二款第一项，第三百五十六条，第三百五十七条，第二十五条第一款，第二十六条第一款、第四款，第二十七条，第四十八条第一款，第五十一条，第五十七条第一款，第四十五条，第四十七条，第五十六条，第五十九条，第五十二条，第六十五条第一款，第六十四条之规定，判决维持原审对被告人孙奇志、王守林等人的定罪量刑；以贩卖毒品罪分别改判上诉人王孝新有期徒刑十五年，剥夺政治权利五年，改判上诉人段波有期徒刑十年，剥夺政治权利三年；将孙奇志的死刑判决依法报请最高人民法院核准。

最高人民法院经复核认为，被告人孙奇志非法贩卖含甲基苯丙胺、海洛因、咖啡因成分的毒品，其行为已构成贩卖毒品罪。孙奇志贩卖毒品数量大，在共同犯罪中起主要作用，系主犯，属罪行极其严重，并系毒品再犯，应依法从重处罚。但鉴于孙奇志归案后认罪态度好，对其判处死刑，可不立即执行。第一审判决、第二审判决认定的事实清楚，证据确实、充分，定罪准确，审判程序合法。依照《中华人民共和国刑事诉讼法》第二百三十五条、第二百三十九条和《最高人民法院关于适用〈中华人民共和国刑事诉讼法〉的解释》第三百五十条第五项、第三百五十三条第一款的规定，裁定不核准四川省高级人民法院维持第一审以贩卖毒品罪判处被告人孙奇志死刑，剥夺政治权利终身，并处没收个人全部财产的刑事判决。

二、主要问题

1. 如何区分毒品犯罪居间介绍和居中倒卖行为？

2. 对毒品犯罪上下家如何区分罪责和适用死刑？

三、裁判理由

本案中，被告人孙奇志在一、二审及死刑复核阶段均提出辩解称贩毒犯意并非由其提起，其所起作用小于本案其余主犯，对其适用死刑量刑过重。一、二审判决均认为，被告人孙奇志贩卖毒品给王守林，王守林再将毒品贩卖给梁宗久、马玉华，他们分别构成毒品买卖的上下家关系，作用相当，鉴于孙奇志系毒品来源，又系毒品再犯，应对其判处死刑。因此，本案的关键争议点是对孙奇志、王守林、梁宗久、马玉华四人的关系认定和作用区分，以及对孙奇志适用死刑是否适当的问题。

（一）关于居间介绍买卖毒品与居中倒卖毒品的区分

最高人民法院于2015年5月18日印发的《全国法院毒品犯罪审判工作座谈会纪要》（以下简称《武汉会议纪要》）规定，办理贩卖毒品案件，应当准确认定居间介绍买卖毒品行为，并与居中倒卖毒品行为相区别。居间介绍者在毒品交易中处于中间人地位，发挥介绍联络作用，通常与交易一方构成共同犯罪，但不以牟利为要件；居中倒卖者属于毒品交易主体，与前后环节的交易对象是上下家关系，直接参与毒品交易并从中获利。二者区分的关键在于在毒品交易中所处的地位和作用不同。居间介绍者不是毒品交易的一方主体，在交易中处于中间人地位，对毒品交易起帮助、促成作用；居中倒卖者虽然也处于毒品交易链条的中间环节，但在每一个具体的交易环节中都是一方交易主体，对交易的发起和达成起决定性作用。就量刑而言，对居中倒卖毒品者的处罚一般要重于居间介绍者。

本案中，被告人王守林明显处于毒品交易链条的中间环节，但其既没有提供毒资，也不是毒品来源，对其身份，究竟应认定为居间介绍者还是居中倒卖者，存在一定争议。我们认为，应认定王守林系居中倒卖者。主要理由是：

第一，根据查明的事实，梁宗久、马玉华、王孝新向黄昌彬提出要到大竹县购买毒品后，黄昌彬即联系王守林准备毒品，王守林、黄昌彬先后两次携带甲基苯丙胺样品与梁宗久等人洽谈毒品交易，均因质量不好和数量不够未能成交。这说明王守林与梁宗久等人之间已有交易毒品的犯意联络和具体行为，只因客观原因未成功。

第二，在交易未成的情况下，王守林紧急联系被告人孙奇志，王守林租车前往达州市与孙奇志见面，对孙奇志提供的毒品样品进行验货，并与孙奇志谈好毒品交易价格为21.5万元/公斤。这说明王守林与孙奇志之间亦有交易毒品的犯意联络。

第三，王守林随后通知梁宗久等人到达州市交易毒品，并告知毒品价格为25万元/公斤。这说明王守林明显有加价倒卖、从中获利的意图。

第四,王守林先指使王义杰将毒品样品送给梁宗久等人验货,后与梁宗久一起将 12 万元定金交给孙奇志。孙奇志从上家处购得毒品后电话通知王守林进行交易。王守林驾车将孙奇志接到马玉华等人所在的酒店,孙奇志在酒店外等候,由王守林、梁宗久将孙奇志提供的毒品拿到马玉华等人所在房间,马玉华等人收货后将剩余 37 万元毒资交给王守林。由此,本案交易的毒品、毒资均经过王守林之手,王守林与孙奇志、梁宗久等人分别构成独立交易关系。王守林的行为对毒品交易的完成起到关键的决定性作用。

第五,王守林在与梁宗久一起去给孙奇志交付定金的途中,还单独贩卖给梁宗久甲基苯丙胺 100 余克,更反映出王守林与梁宗久等人之间的交易关系。

综上,根据查明的事实,应认定在贩卖毒品犯罪中,孙奇志是王守林的上家,梁宗久、马玉华等人是王守林的下家,王守林是孙奇志与梁宗久、马玉华之间的居中倒卖者。

(二)关于毒品上下家的作用区分及死刑适用

办理毒品犯罪案件,对毒品上家还是下家判处死刑,是审判实践中比较突出和较难把握的问题。对此,《武汉会议纪要》特别规定:"对于贩卖毒品案件中的上下家,要结合其贩毒数量、次数及对象范围、犯罪的主动性、对促成交易所发挥的作用、犯罪行为的危害后果等因素,综合考虑其主观恶性和人身危险性,慎重、稳妥地决定死刑适用……上家主动联络销售毒品,积极促成毒品交易的,通常可以判处上家死刑;下家积极筹资,主动向上家约购毒品,对促成毒品交易起更大作用的,可以考虑判处下家死刑。"上述规定明确了两点:其一,在对贩卖毒品上下家决定死刑适用时,犯罪的主动性和对促成交易所发挥的作用,是应着重考虑的因素;其二,并非一律"杀上家不杀下家",下家对促成交易起更大作用的,也可以考虑判处下家死刑。

本案能否对被告人孙奇志判处死刑立即执行,需要准确比较、判定其与被告人王守林等人对促成交易所发挥的作用、罪责大小。本案的一、二审判决均认为,被告人孙奇志与王守林、梁宗久、马玉华作用相当,但鉴于孙奇志系毒品来源,又系毒品再犯,故应对其判处死刑立即执行。但从本案查明的事实和在案证据来看,在孙奇志与王守林的上下家关系中,下家王守林行为更加积极、主动,对促成交易所起作用更大,处罚应当更重。具体表现为:第一,王守林首先提出犯意,备齐全款向孙奇志约购毒品(王守林明知梁宗久等人已备齐全款);并且确定购毒数量。第二,在具体交易过程中,王守林从大竹前往达州找到孙奇志提出购毒,主动将 12 万元定金交到孙奇志处,并且将孙奇志接到交易地点,王守林的行为更加积极主动。第三,孙奇志虽然是王守林的上家,但其本身并没有毒品,毒品来自上家赵东,孙奇志仅是居中倒卖赚取差价。第四,在梁宗久等人携全款跨省向王守林约购毒品,王守林两次提供毒品样品均未成交的情况下,王守林又向孙奇志约购毒品,并提供租车接送孙奇志、安排梁宗久等人到达州住宿等便利,以促成交易,反映出王守林贩毒犯意的坚决性和主观恶性之深。在判处王守林死刑缓期二年执行的情况下,对孙奇志适用死刑立即执行,显得量刑不够均衡。

最高人民法院于 2008 年印发的《全国部分法院审理毒品犯罪案件工作座谈会纪要》(以下简称《大连会议纪要》)明确规定,对于共同犯罪中有多个主犯或者共同犯罪人的,要全面考察各主犯或者共同犯罪人在共同犯罪中实际发挥作用的差别,主观恶性和人身危险性方面的差异,对罪责或者人身危险性更大的主犯或者共同犯罪人判处更重的刑罚。如果共同犯罪中毒品数量刚达到实际掌握的死刑数量标准,但各共同犯罪人作用相当,或者责任大小难以区分的,可以不判处死刑立即执行。《武汉会议纪要》进一步规定,在对毒品犯罪从严惩处的同时,亦应全面、准确贯彻宽严相济刑事政策,体现区别对待,做到罚当其罪,量刑时综合考虑毒品数量、犯罪性质、情节、危害后果、被告人的主观恶性、人身危险性及当地的禁毒形势等因素，严格审慎地决定死刑适用，确保死刑只适用于极少数罪行极其严重的犯罪分子。

本案中，被告人孙奇志贩卖毒品数量较大，在与同伙段波的共同犯罪中起主要作用，系主犯，属罪行极其严重，并系毒品再犯，依法应当从重处罚。但孙奇志同时具有以下从轻处罚的情节：第一，购毒犯意、数量均是下家王守林提起，王守林对促成交易所起作用更大；王守林贩卖毒品的数量（贩卖冰毒、海洛因共计1 427.6克及其他毒品210余克）、次数（2次）均多于孙奇志。第二，孙奇志涉案冰毒、海洛因数量共计1 268克，且只卖出858.25克；涉案毒品均被收缴，没有造成实际社会危害。第三，孙奇志虽有毒品犯罪前科，但前罪仅贩卖约1.5克海洛因，数量相对较少。第四，孙奇志归案后认罪态度较好，如实供述犯罪，依法可以从轻处罚。

根据《大连会议纪要》和《武汉会议纪要》的规定精神，综合上述量刑情节，最高人民法院经复核审理后裁定不核准对被告人孙奇志的死刑判决。

（撰稿：最高人民法院刑三庭　管延青
审编：最高人民法院刑三庭　周　川）

[第1231号] 姚明跃等贩卖毒品案

——被告人具有吸毒情节的，如何认定贩卖毒品数量

【关键词】 贩卖毒品罪　吸毒　贩卖毒品数量

一、基本案情

被告人姚明跃，男，1963年3月24日出生，无业。2012年5月2日因涉嫌犯贩卖毒品罪被逮捕。

（其他同案被告人基本情况略）

浙江省湖州市人民检察院以被告人姚明跃等犯贩卖毒品罪，向湖州市中级人民法院提起公诉。公诉机关指控被告人姚明跃贩卖毒品的数量为20.35克。在审理过程中，湖州市中级人民法院认为起诉书遗漏重要犯罪事实，建议变更起诉。检察院经审查后变更起诉，指控姚明跃贩卖毒品205克。

被告人姚明跃及其辩护人辩护称，姚明跃购买毒品并非出于贩卖目的，其购买的205克冰毒中，自己吸食的数量较大，贩卖的只有20余克。

湖州市中级人民法院经公开审理查明：

1. 2011年11月，同案被告人虞靓经事先联系，从杨澜（另案处理）处以人民币8 000元的价格，为被告人姚明跃购入冰毒20克。

2. 2011年11月，同案被告人虞靓经事先联系，从杨澜处以人民币19 000元的价格，为被告人姚明跃购入冰毒50克。

3. 2012年春节前，同案被告人虞靓经事先联系，从杨澜处以人民币38 000元的价格，为姚明跃购入冰毒100克。

4. 2012年2月20日，同案被告人毛友鱼携带冰毒至湖州市，同案被告人虞靓遂与被告人姚明跃联系，后以人民币7 000元的价格，为姚明跃购入冰毒15克。

5. 2012年2月底3月初,同案被告人毛友鱼再次携带冰毒至湖州市,同案被告人虞靓经与被告人姚明跃联系,以人民币9 000元的价格,为姚明跃购入冰毒20克。

6. 2011年10月中下旬至2012年3月26日期间,姚明跃本人或者指使马某某、罗某分多次向谈某某、鲁某等人贩卖毒品共计20.35克。

(本案其他被告人其他事实略)

湖州市中级人民法院认为,被告人姚明跃为贩卖而购入毒品,其行为构成贩卖毒品罪,应以其购入毒品的数量认定其贩卖毒品的数量。姚明跃的贩毒行为持续发生于其购买毒品期间,每次购买毒品后均有贩卖行为,足以证实其购买毒品具有贩卖目的,姚明跃及其辩护人提出姚明跃购买毒品并非出于贩卖目的的辩护意见,与审理查明的事实不符,不予采纳。在共同犯罪中,姚明跃起主要作用,系主犯。姚明跃到案后如实供述自己的主要犯罪事实,坦白交代了同种较重罪行,可依法从轻处罚。姚明跃具有协助抓捕其他犯罪嫌疑人的情节,应认定为立功,可依法减轻处罚。依照《中华人民共和国刑法》第三百四十七条第一款、第二款第一项、第四款、第七款,第三百五十四条,第二十五条第一款,第二十六条第一款、第四款,第二十七条,第六十七条第三款,第六十八条、第五十六条第一款,第五十九条,第五十二条,第五十三条,第七十二条,第六十四条之规定,以贩卖毒品罪,判处被告人姚明跃有期徒刑十四年,剥夺政治权利四年,并处没收个人财产人民币八万元。

宣判后,被告人姚明跃提出上诉,称其购入的但未被查获的毒品已被其吸食,其只贩卖了20.35克冰毒,原审认定其贩卖205克冰毒不符合事实。其到案后如实供述自己主要犯罪事实,坦白交代同种较重罪行,协助抓捕其他犯罪嫌疑人,有立功表现。请求撤销一审判决,对其减轻处罚。

浙江省高级人民法院认为,被告人姚明跃在侦查阶段多次供述,其从虞靓处购入冰毒有80~90克贩卖给了他人,其供述显示所购进的毒品有一半左右都用于贩卖。故其上诉提出仅贩卖20.35克冰毒的理由,明显与其先前的供述相矛盾。姚明跃在由虞靓代为购进毒品之前即有贩卖毒品的行为,其在短时间内通过虞靓、毛友鱼处多次购进大量毒品,在购进毒品后一直持续地多次贩卖,足见其购买毒品时具有明显的贩卖意图。原判以其购进毒品的数量追究其刑事责任并无不当。姚明跃的上诉理由与事实不符,不予采纳。原审已经根据姚明跃的犯罪情节以及立功表现、坦白情节依法从轻或减轻处罚。原判定罪及适用法律正确,量刑适当,审判程序合法。依照《中华人民共和国刑事诉讼法》第二百二十五条第一款第一项之规定,裁定驳回上诉,维持原判。

二、主要问题

对于有吸毒情节的被告人短期内购入大量毒品且大部分毒品去向不明时,如何认定其贩卖毒品的数量?

三、裁判理由

(一)已被被告人吸食的部分毒品,不应计入被告人贩卖毒品的数量,但必须“确有证据证明”该部分毒品已被被告人吸食

本案中被告人姚明跃短期内购入205克毒品,且其贩毒行为持续发生于购毒期间。但是,有证据证明姚明跃向他人贩卖毒品的数量仅为20.35克,姚明跃辩称其余184.65克系自己吸食。对此,如何认定姚明跃的贩卖毒品数量?审理中,有两种不同意见。

第一种意见认为,应当认定姚明跃贩卖毒品的数量为20.35克。主要理由是:从证据角度来看,姚明跃辩称其余180余克毒品被其吸食,在案没有证据能够反驳姚明跃的辩解,因此,应当推

定其辩解成立。从刑事政策角度考虑,根据《全国部分法院审理毒品犯罪案件工作座谈会纪要》(以下简称《大连会议纪要》)第一条的规定,部分已被被告人吸食的,应当按照能够证明的贩卖数量及查获的毒品数量认定其贩卖的数量,已被吸食的部分不计在内。

第二种意见认为,应当认定姚明跃贩卖毒品的数量为205克。主要理由是:从证据角度分析,姚明跃辩称被其吸食的毒品数量达184.65克,与在案证据不符。姚明跃曾供述,毒品大部分被其卖掉,一小部分被自己吸食;同时,其从第一次购买毒品开始至最后一次购入毒品,时间仅4个月,自己难以吸食184.65克冰毒,且有证据证明其第一次购入毒品前,于2011年10月就有向他人贩卖毒品的行为,可见其购买毒品的数量实际并不止205克。从刑事政策角度看,已被姚明跃吸食的毒品即使大部分去向不明,也应当以其购入的毒品数量认定为贩卖毒品的数量,在量刑时考虑自吸的情节。《大连会议纪要》所规定的“已被吸食部分”毒品,不能仅根据被告人口供即予认定,而应当要充分的证据证明。而《全国法院毒品犯罪审判工作座谈会纪要》(以下简称《武汉会议纪要》)则更加明确规定:“对于有吸毒情节的贩毒人员,一般应当按照其购买的毒品数量认定其贩卖毒品的数量,量刑时酌情考虑其吸食毒品的情节……确有证据证明其购买的部分毒品并非用于贩卖的,不应计入其贩毒数量。”

我们同意第二种意见,认为应当认定姚明跃贩卖毒品的数量为205克。理由如下:

1. 对具有吸毒情节的贩毒分子,已经被被告人吸食的毒品,不应计入贩卖毒品数量。

这是因为,根据刑法规定,吸毒不构成犯罪。如果对被告人已经吸食或者根据在案证据确定被告人将用于吸食的毒品计入贩卖毒品数量,等于变相对吸毒行为追究刑事责任。因此,无论是《大连会议纪要》还是《武汉会议纪要》都明确规定,已被具有吸毒情节的被告人吸食的部分,不计算在其毒品犯罪数量内。

但是,对于吸毒者持有毒品的,也不是一律不追究刑事责任。不追究其刑事责任的吸毒者持有毒品数量的最高限度是刑法第三百四十八条规定的非法持有毒品罪的构成最低数量,即鸦片200克,海洛因或者甲基苯丙胺10克。超过这个数量的,即使没有证据证明其是为了实施贩卖毒品等其他犯罪,也应以非法持有毒品罪或运输毒品罪等处罚。例如,《大连会议纪要》规定,吸毒者在购买、运输、存储毒品过程中被查获的,如没有证据证明其是为了实施贩卖毒品等其他犯罪行为,毒品数量未超过刑法第三百四十八条规定的最低数量标准的,一般不定罪处罚;查获毒品数量达到较大以上的,应当以其实际实施的毒品犯罪行为定罪处罚。《武汉会议纪要》则更加明确规定:吸毒者在购买、存储过程中被查获的,没有证据证明其是为了实施贩卖毒品等其他犯罪,毒品数量达到刑法第三百四十八条规定的最低数量标准的,以非法持有毒品罪定罪处罚;在运输毒品过程中被查获的,以运输毒品罪定罪处罚。

2. 认定“已经被吸食”必须有确实的证据证明,而不能仅仅依据被告人供述和辩解。

实践中,吸毒者购买了一定数量的毒品后,有证据证明已经卖出了部分毒品,又从其身边或者住处查获了部分毒品,但是,查获的毒品与贩卖的毒品数量之和明显少于其购买的毒品数量,即“购买的毒品数量 = 能够证明的卖出的毒品数量 + 查获的毒品数量 + 去向不明的毒品数量”。从实践看,对去向不明的这部分毒品,被告人往往辩称已被自己吸食。在这种情况下,如何认定已被吸食的毒品数量?特别是,近年来我国吸毒人数不断上升,吸毒者实施的毒品犯罪也在大量增加,一些毒品犯罪分子利用其吸毒人员的身份逃避应有的惩处。为避免变相鼓励吸毒人员实施毒品犯罪活动,我们认为,应当坚持严格的证据证明规则,同时根据去向不明的毒品数量等情况,认定去向不明的毒品数量是否属于“已经被吸食的毒品”。

第一种情况:去向不明的毒品数量不是很大,被告人辩解称该部分毒品已经被其吸食,而这部分毒品没有明显超出被告人一段时期内的合理吸食量。在这种情况下，司法实践中一般采取宽松的证据标准。也就是说，没有相反证据的，认定被告人辩解成立，从而认定这部分毒品已经被被告人吸食，这是有利于被告人原则的具体体现。但是在量刑时，应当考虑被吸食的这部分毒品的因素。也就是说，在证明标准上从宽，在处罚上从严。

第二种情况：去向不明的毒品数量很大，明显超出一段时间的合理吸食量。在这种情况下，如果仍然把这部分毒品都认定为已被被告人吸食，不计入贩毒数量，明显不利于打击吸毒者实施的毒品犯罪。《大连会议纪要》虽然没有明确在这种情况下如何确定“已经被吸食的毒品数量”，但在司法实践中，一般采用严格的证明标准，即认定“已经被吸食的毒品数量”，必须有充分的证据证明，而不仅仅是被告人的供述和辩解。而《武汉会议纪要》则明确规定要“确有证据证明”被告人购买的部分毒品并非用于贩卖的，才不计入贩毒数量。实际上，“确有证据证明”的证明标准，包含了推定为贩卖毒品的意思，也具有举证责任倒置性质。也就是说，要求被告人提供确切证据证明去向不明的毒品并非用于贩卖，仅有被告人本人供述和辩解，没有其他证据印证的，不属于“确有证据证明”。这一规定实际是从证明标准方面加大了对此类犯罪的打击力度。

另外，所谓“并非用于贩卖”，不仅是指已经被吸食，还包括已经消耗的，也包括查获了实物但能够甄别的，具体有以下几种情况：(1)该部分毒品已经被被告人吸食或者已经被其赠与他人吸食的；(2)查获的毒品中有少量不同种类的毒品（如主要为冰毒，少量毒品为海洛因），而被告人正是吸食此类少量不同种类毒品（海洛因）；(3)不以牟利为目的为吸食者代购少量毒品的，等等。但是，有证据证明是已经丢失或者销毁的毒品，或者被盗抢的毒品，则不能简单认定为这里的“并非用于贩卖”，因为被告人购买的这部分毒品虽有可能用于吸食，但也完全可能用于贩卖，故无论是否卖出，均应计入其贩卖毒品的数量。当然，如果灭失的这部分毒品数量很大，特别是占总数量的比重很大时，应在量刑时予以考虑，对死刑适用也将产生影响。

3.《武汉会议纪要》与《大连会议纪要》的总体精神是一致的，但是《武汉会议纪要》更加明确了证明要求。

根据《大连会议纪要》的规定，具有吸食毒品情节的，在计算其贩卖毒品数量时，对于已被吸食部分可不计入贩卖毒品数量。但对于如何认定吸食毒品的数量以及在证明方面的要求，《大连会议纪要》没有明确提出解决方案。为此，《武汉会议纪要》做了完善：一是对于有吸毒情节的贩毒人员，一般应当按照其购买的毒品数量认定其贩卖毒品的数量，量刑时酌情考虑其吸食毒品的情节。也就是说，在一般情况下，不考虑减去毒贩自己吸食毒品的数量，仅在量刑时予以考虑。二是购买毒品的数量无法查明的，按照能够证明的贩卖数量及查获的毒品数量认定其贩毒数量。也就是说，以购买毒品数量作为其贩毒数量的依据是原则，只有在购买毒品数量无法查明时，才按照“贩卖数量＋查获数量＝贩毒数量”的方式确定。三是确有证据证明其购买的毒品中有部分并非用于贩卖，而是用于吸食或者赠与他人吸食等的，不应计入其贩毒数量。

就本案而言，案件审理时，《武汉会议纪要》尚未公布，但审理法院并非机械地套用《大连会议纪要》的原则性规定，而是根据毒品案件自身的规律作出符合事实和法律精神的裁判。主要体现在以下几个方面：一是认定姚明跃系具有吸毒情节的贩毒人员。二是按照姚明跃购买毒品的数量作为其贩卖毒品的数量。三是认定姚明跃辩解的吸毒数量不成立。四是在量刑上考虑其有吸毒情节的因素。

上述裁判认定本案中不知去向的大量毒品不是被姚明跃吸食而是被其贩卖的理由是：

1. 被告人姚明跃辩称其仅贩卖 20 余克冰毒，余下的均被其吸食，与其本人在多份讯问笔录中的供述①和相关吸毒人员的证言②相矛盾,不足以采信。

2. 按被告人姚明跃供述称每日1克连续吸食150天(2011年11月初至2012年3月初姚明跃通过虞靓购买毒品的期间)的吸食量进行推算,距其通过虞靓购入的205克尚有50余克的差距,更何况其曾供述在上述时间段内自己分3次从“嘉兴小金”处购买65克冰毒(公安机关未找到“嘉兴小金”,因而未认定该笔数量)。因此,仅以其自称的吸食量进行推算,仍有数量较大的毒品剩余。

3. 在案证据证实,被告人姚明跃在认识虞靓之前就有贩卖毒品的行为,虞靓本人也向其购买毒品,且其贩毒的行为一直持续发生在上述购毒期间,次数多、频率高。也可以据此认定其购买毒品是具有贩卖的目的和行为的。

4. 如果仅认定被告人姚明跃贩卖20.35克毒品,违反了举轻以明重的刑法解释及处罚原则,进而违背《大连会议纪要》从严打击毒品犯罪的精神。该纪要规定:“有证据证明行为人不以牟利为目的,为他人代购仅用于吸食的毒品,毒品数量超过刑法第三百四十八条规定的最低数量标准的,对托购者、代购者应以非法持有毒品罪定罪。”按照该条规定,对于购毒自吸的托购者,如果其购买的毒品数量超过刑法第三百四十八条规定的最低数量标准的,对托购者以非法持有毒品罪进行处罚。而本案中,在案证据证实姚明跃作为托购者还有大量的贩毒行为存在,因此对于托购自吸者的购毒行为以非法持有毒品罪进行评价,而对于托购贩毒者的购毒行为却不予评价,有违从严惩处毒品犯罪的精神。

5. 仅认定被告人姚明跃贩卖20.35克毒品,违反了共同犯罪理论,进而导致量刑失衡,显失公平。根据《大连会议纪要》的规定,明知他人实施毒品犯罪而为其代购的,以相关毒品犯罪的共犯论处。本案中,姚明跃委托虞靓代为购买毒品,若仅仅对作为代购者的虞靓购买毒品的行为进行评价,本身就违反了共犯理论。而对于共同犯罪,仅处罚其中的代购者,对托购者却不予以处罚,明显失当。

综上,虽然本案的一、二审判决均在《武汉会议纪要》发布之前作出,但其裁判结果与《武汉会议纪要》的相关规定是相契合的。

(二)人民法院在审判期间,发现可能影响定罪的新的犯罪事实,可以建议公诉机关补充或变更起诉

在本案中,公诉机关起初以被告人姚明跃贩卖毒品20.35克提起公诉。人民法院在审理期间,经审查认为,仅指控姚明跃贩卖20.35克毒品,存在犯罪事实的重大遗漏。在此种情况下,人民法院不宜径自按照法院认定的事实进行宣判。人民法院除了可以改变起诉指控的罪名而依照法院审理认定的罪名作出判决外,并不能改变公诉机关指控的事实。人民法院经审理发现新的犯罪事实的,只能建议人民检察院补充起诉或者变更起诉。对此,《最高人民法院关于适用〈中华人民共和国刑事诉讼法〉的解释》第二百四十三条有明确规定:“审判期间,人民法院发现新的事实,可能影响定罪的,可以建议人民检察院补充或者变更起诉;人民检察院不同意或者在七日内未回复意见的,人民法院应当就起诉指控的犯罪事实,依照本解释第二百四十一条的规定作出判决、裁定。”所以,在本案中,湖州市中级人民法院建议检察院变更起诉,检察院经审查后变更起

---

① 被告人姚明跃在多份笔录中供称:“大部分被其卖掉、一小部分被其自己吸食”“八九十克被其卖掉”“买来的毒品既吸又卖”等。

② 吸毒人员陈某某等人的证言一开始说向姚明跃购毒次数有七八十次,后又说最低也有四十四次(每次1至2克)之多。

诉,指控被告人姚明跃贩卖毒品 205 克,法院经审查后,认定姚明跃贩卖毒品的数量为 205 克,同时在量刑时考虑其吸食的情节,这一具体诉讼程序是合法的。

(撰稿:浙江省湖州市中级人民法院　王宗冉　沈怡侃
审编:最高人民法院刑四庭　陆建红)

[第 1232 号]高朝能贩卖、运输毒品案

——审理死刑案件应当经审判委员会讨论决定

【关键词】 贩卖、运输毒品罪　死刑　审判委员会

一、基本案情

被告人高朝能,男,汉族,1971 年 9 月 18 日出生。1998 年 3 月 20 日因犯贩卖毒品罪被判处死刑,缓期二年执行,经减刑后于 2012 年 7 月 19 日释放。2013 年 8 月 16 日因本案被逮捕。

某人民检察院以被告人高朝能犯贩卖、运输毒品罪,向某中级人民法院提起公诉。

被告人高朝能辩称其没有贩卖毒品;其辩护人提出,指控高朝能有贩卖毒品行为的证据不充分。

某中级人民法院经审理查明:被告人高朝能结伙同案被告人赵建忠(已判刑),于 2013 年 7 月 8 日、12 日到某市购买甲基苯丙胺(冰毒)后,存放于高朝能租住处用于贩卖。具体事实如下:

1. 2013 年 7 月 8 日凌晨,被告人高朝能雇用同案被告人赵建忠开车前往某某市向"老板"(身份不详,在逃)以人民币 10 万元的价格购买毒品甲基苯丙胺约 3 公斤。交易完成后,高朝能与赵建忠回到高朝能的出租屋,将毒品藏匿于出租屋的衣柜内用于贩卖牟利。

2. 2013 年 7 月 12 日凌晨,被告人高朝能纠集同案被告人赵建忠,乘坐赵建忠驾驶的本田牌小轿车,前往某市,以人民币 75 万元的价格向"老板"购买毒品约 25 公斤,准备用于贩卖。

同日上午 11 时许,高朝能、赵建忠携带购得的毒品回到高朝能租住处时,被公安人员抓获,当场缴获毒品 25 包(经检验,检出甲基苯丙胺成分,净重 25 028.96 克)。随后,公安人员在上述出租屋衣柜内缴获毒品 11 包(经检验,检出甲基苯丙胺成分,净重 3 575.14 克)及毒资人民币 8 437 元、手机、电子秤、电子天平、银行卡等物。

某中级人民法院认为,被告人高朝能无视国家法律,贩卖、运输毒品甲基苯丙胺 28 604.1 克,其行为已构成贩卖、运输毒品罪,数量巨大,应依法惩处。高朝能在运输毒品共同犯罪中起主要作用,是主犯,又系累犯,且是毒品再犯,应依法从重处罚。依照《中华人民共和国刑法》第三百四十七条第二款第一项,第三百五十六条,第二十五条第一款,第二十六条第一款、第四款,第二十七条,第六十五条第一款,第五十七条第一款,第六十四条之规定,以贩卖、运输毒品罪,判处被告人高朝能死刑,剥夺政治权利终身,并处没收个人全部财产;随案移送的毒品、毒资等予以没收。

一审宣判后,被告人高朝能提出上诉。

高朝能及其辩护人提出:高朝能因贪图便宜而大量购买毒品,目的是用于吸食而非贩卖,原判认定其构成贩卖、运输毒品罪的证据不足,应按非法持有毒品罪来定罪量刑;毒品未流入社会,原判决对其量刑过重,请求从轻判决。

某高级人民法院经审理查明的事实、证据与一审无异。

某高级人民法院认为,上诉人高朝能无视国家法律,结伙他人贩卖、运输毒品甲基苯丙胺28 604.1克,其行为已构成贩卖、运输毒品罪。高朝能贩卖、运输毒品数量巨大,且在运输毒品共同犯罪中起主要作用,是主犯,依法应当按照其所参与的全部犯罪处罚;高朝能在被判处有期徒刑以上刑罚执行完毕以后,五年以内再犯应当判处有期徒刑以上刑罚之罪,是累犯和毒品再犯,应依法从重处罚。原判认定事实清楚,证据确实、充分,定罪准确,量刑适当,审判程序合法。依照《中华人民共和国刑法》第三百四十七条第二款第一项,第三百五十六条,第二十五条第一款,第二十六条第一款、第四款,第二十七条,第六十五条第一款,第五十七条第一款、第六十四条及《中华人民共和国刑事诉讼法》第二百二十五条第一款第一项、第二百三十五条之规定,裁定驳回上诉,维持原判,并依法报请最高人民法院核准。

最高人民法院经复核认为,某中级人民法院审理被告人高朝能贩卖、运输毒品一案,违反法定诉讼程序,可能影响公正审判。依照《中华人民共和国刑事诉讼法》第二百三十五条、第二百三十九条和《最高人民法院关于适用〈中华人民共和国刑事诉讼法〉的解释》第三百五十条第六项、第三百五十三条第一款的规定,裁定如下:

1. 不核准某高级人民法院维持第一审对被告人高朝能以贩卖、运输毒品罪判处死刑,剥夺政治权利终身,并处没收个人全部财产的刑事裁定。

2. 撤销某高级人民法院和某中级人民法院对被告人高朝能以贩卖、运输毒品罪判处死刑,剥夺政治权利终身,并处没收个人全部财产的裁定、判决。

3. 发回某中级人民法院重新审判。

二、主要问题

审判死刑案件是否均应当经过审判委员会讨论决定?

三、裁判理由

本案一审期间,某中级人民法院组成了由副院长担任审判长,两名审判委员会委员为成员的合议庭。庭审后,合议庭经评议达成一致意见,遂当庭作出宣判,判处被告人高朝能死刑,剥夺政治权利终身,并处没收个人全部财产。对此举是否违反法定程序,有两种意见:

第一种意见认为,一审法院未经审判委员会讨论决定而由合议庭评议后当庭宣判的做法符合法定程序。理由是:刑事诉讼法关于公诉案件一审程序的规定,体现在第三编"审判"的第一章"审判组织"和第二章"第一审程序"的第一节"公诉案件"的相关规定中。上述章节所体现的主要精神,一是公开开庭和直接言词原则,以体现庭审的透明度并充分保护被告人的辩护权。二是民主集中制原则。对审判组织和合议庭的议事规则,主要体现在必须组成合议庭审理案件,合议庭成员权利平等,评议案件实行少数服从多数原则。但并未规定死刑案件一定要经过审判委员会讨论决定。况且,本案合议庭成员全部由审判委员会委员组成,体现了某中级人民法院实际上已经非常重视该案的程序问题。

第二种意见认为,一审法院未经审判委员会讨论决定而由合议庭评议后当庭宣判的做法违反法定诉讼程序,可能影响公正审判。主要理由是:刑事诉讼法第一百八十条规定,对于疑难、复杂、重大的案件,合议庭认为难以作出决定的,由合议庭提请院长决定提交审判委员会讨论决定。《最高人民法院关于适用〈中华人民共和国刑事诉讼法〉的解释》(以下简称《刑事诉讼法解释》)第一百七十八条第二款规定,拟判处死刑的案件、人民检察院抗诉的案件,合议庭应当提请院长决定提交审判委员会讨论决定。

我们同意第二种意见,认为一审法院未将本案提请院长决定提交审判委员会讨论决定,而由合议庭评议后当庭宣判的做法违反法定诉讼程序,可能影响公正审判,上级法院应当裁定撤销原

判,发回重新审判。理由如下:

(一)审理死刑案件应当坚持程序公正原则

程序公正是司法公正的重要方面。程序公正与实体公正密切关联、相辅相成、缺一不可。程序公正既具有保障实体公正的功能价值,同时也具有其独立的价值。即使实体裁判于法有据、并无不当,程序不公、不当,也难以得到当事人和社会公众的信赖、认同和尊重,难以保障案件审理的法律效果与社会效果。一些案件之所以引发舆论议论、质疑、炒作,往往并不是因为案件在实体处理上存在什么问题,而是因为法定程序没有得到切实遵循。因此,必须从根本上扭转长期以来没有得到切实改变的“重实体轻程序”的错误观念和做法,进一步强化程序公正意识,真正落实实体与程序并重的要求,更加重视程序公正的独立价值。刑事诉讼法是专门规范刑事诉讼程序的法律,刑事诉讼法的各项内容,可以说都是围绕更好地实现程序公正、体现其独立价值这一基本点而展开的。

审理死刑案件,应当更加重视程序公正。就审理法院来说,坚持程序公正,最主要的是坚持刑事诉讼法规定的各项原则和具体规定。除一般刑事案件所应共同遵循的如公开原则外,审理死刑案件还有特殊的规定,如必须有辩护人,当事人没有委托律师或者辩护人的,司法机关应当通知法律援助机构指派律师为其提供辩护;一、二审法院审理死刑案件应当由合议庭提请院长决定提交审判委员会讨论决定;死刑必须由最高人民法院核准,等等。这些有关死刑案件的特别程序规定,其目的一是确保不出冤错案件,使每一个死刑案件都经得起历史检验;二是更加充分地贯彻落实“尊重和保障人权”这一宪法原则;三是使被告人的合法权益,包括实体权益和诉讼权利得到更加充分、彻底的保护。

同时,审理死刑案件,必须坚持“保留死刑,严格控制和慎重适用死刑”的政策。贯彻落实这一政策,落脚点不仅体现在严把案件事实关、证据关、法律适用关上,同时也体现在严把诉讼程序关上。如果诉讼程序关没把好,导致程序不公正,极可能会使案件事实关、证据关、法律适用关大打折扣。而审判委员会讨论死刑案件,作为审判死刑案件的必经程序,有助于更加严格地把握事实关、证据关、法律适用关,更加坚决地贯彻“保留死刑,严格控制和慎重适用死刑”的政策,而且,审判委员会作为法定的最高审判组织,成员均为审判经验丰富的资深法官,负有统一司法标准,保证类案法律适用的统一性和准确性的职能作用。

(二)司法解释是审判机关适用法律时必须适用的依据

刑事诉讼法第一百八十条规定:“对于疑难、复杂、重大的案件,合议庭认为难以作出决定的,由合议庭提请院长决定提交审判委员会讨论决定。”何谓“重大”,虽然刑事诉讼法未作明确规定,但死刑案件关乎被告人的生死,生命如天,尊重生命、敬畏生命绝不仅是对社会公众的要求,更是对掌握生杀予夺权力的司法机关的要求,必须以最严格的程序来保障。所以,《刑事诉讼法解释》第一百七十八条第二款规定:“拟判处死刑的案件、人民检察院抗诉的案件,合议庭应当提请院长决定提交审判委员会讨论决定。”

从法理上来说,司法解释属于有权解释,具有普遍司法效力。《全国人民代表大会常务委员会关于加强法律解释工作的决议》第二条规定,凡属于法院审判工作中具体应用法律、法令的问题,由最高人民法院进行解释。《最高人民法院关于司法解释工作的规定》(法发〔2007〕12号)第五条规定:“最高人民法院发布的司法解释,具有法律效力。”第二十七条规定:“司法解释施行后,人民法院作为裁判依据的,应当在司法文书中援引。”因此,凡是最高人民法院司法解释有规定的,各级人民法院在审理案件时都必须严格遵守,不得将司法解释仅仅作为“参考”性质的规定,而应当将司法解释作为具有严格约束力的法律渊源。换言之,最高人民法院基于坚决贯彻落实

“保留死刑,严格控制和慎重适用死刑”政策的立足点和出发点,在司法解释中作出了应当“提交审判委员会讨论决定”的规定,这实际上就是明确:凡是死刑案件,都是疑难、复杂、重大案件,都属于合议庭难以作出决定的案件。此类案件都“应当”提交审判委员会讨论决定,而不是“可以”提交审判委员会讨论决定。

就本案而言,一审法院合议庭一致意见认为,被告人高朝能犯贩卖、运输毒品罪,依法应当判处死刑立即执行。此时,合议庭应当依照《刑事诉讼法解释》第一百七十八条第二款的规定,提请院长决定提交审判委员会讨论决定,而不能在合议庭意见一致的情况下直接当庭宣判。

(三)一审未经审判委员会讨论的死刑判决、裁定,属于“可能影响公正审判”的情形,二审法院应当裁定撤销原判,发回重审

刑事诉讼法第二百二十七条规定了第二审人民法院发现第一审人民法院的审理有五种违反法律规定的诉讼程序的情形之一的,应当裁定撤销原判,发回原审人民法院重新审判。其中第五种情形是“其他违反法律规定的诉讼程序,可能影响公正审判的”。第二百三十九条规定:“最高人民法院复核死刑案件,应当作出核准或者不核准死刑的裁定。对于不核准死刑的,最高人民法院可以发回重新审判或者予以改判。”《刑事诉讼法解释》第三百五十条第六项规定:“原审违反法定诉讼程序,可能影响公正审判的,应当裁定不予核准,并撤销原判,发回重新审判。”

如前所述,本案一审法院未经审判委员会讨论,由合议庭当庭作出宣判,属于“违反法定诉讼程序”的情形。但这一违反法定诉讼程序的情形,是否属于“可能影响公正审判”的情形,在实践中有争议。我们认为,程序公正是公正审判的核心要义。根据上述司法解释的规定,本案显然属于“可能影响公正审判”的情形。

综观刑事诉讼法第二百二十七条规定的五项因程序违法而应当发回重审的情形,可以分为两类:一类是一旦违反就必须发回重审的情形,如第一项“违反本法有关公开审判的规定的”、第二项“违反回避制度的”、第四项“审判组织的组成不合法的”。另一类是根据对公正审判的影响程度来衡量该程序违法行为是否发回重审的情形,如第三项“剥夺或者限制了当事人的法定诉讼权利,可能影响公正审判的”、第五项“其他违反法律规定的诉讼程序,可能影响公正审判的”。对于第三项规定的“剥夺或者限制了当事人的法定诉讼权利”的情形中,什么情况属于“可能影响公正审判的”情形?毫无疑问,剥夺被告人的辩护权、限制被告人的辩护权情节严重、没有在法定期限内向被告人送达起诉书副本等,肯定属于“可能影响公正审判”的情况。至于限制被告人的辩护权情节轻微、一些法律手续不完善等情形,如果没有影响公正审判的,则属于程序“瑕疵”,不必因此而发回重审。而第五项规定的“其他违反法律规定的诉讼程序”的情形,显然是个“兜底条款”,适用于立法未能涵盖的可能出现的所有情形,自然无法一一列举。

那么,死刑案件未经审判委员会讨论而由合议庭直接宣判,是否属于“违反法律规定的诉讼程序,可能影响公正审判”呢?我们可以从刑事诉讼法第二百二十七条列举的前四项规定所蕴含的法律用意进行判断。前四项规定的情形中,第一、二、四项都是违反了刑事诉讼法明文规定的诉讼原则和制度的情形,因此,没有他项选择,只能发回重审。第四项的含义如前所述。据此,如果一种情形违反了刑事诉讼法明确规定的原则和制度,那么,不论其是否实际影响了公正审判,都应当发回重审。但如果不属于违反刑事诉讼法明确规定的原则和制度,就要考察其是否可能影响公正审判了。

就本案而言,一审法院未经审判委员会讨论而由合议庭直接当庭宣判,虽然违反的不是刑事诉讼法明确规定的原则和制度,但是违反了《刑事诉讼法解释》关于“拟判处死刑的案件,合议庭应当提请院长决定提交审判委员会讨论决定”的刚性规定。这一违法情形,没有程度之区分,只

有违反和未违反之区分。也就是说，经审判委员会讨论决定的案件，就不违反《刑事诉讼法解释》的规定，未经审判委员会讨论决定的，就违反了《刑事诉讼法解释》的规定。而《刑事诉讼法解释》之所以作出这样的刚性规定，正是因为基于坚持“保留死刑，严格控制和慎重适用死刑”政策的目的，基于严把案件事实关、证据关、法律适用关和诉讼程序关的目的，基于确保死刑判决取得更好社会效果的目的。这些目的，正是公正审判的应有之义。因此，未经审判委员会讨论的死刑案件之裁判，必然“可能影响公正审判”。而且，合议庭与审判委员会都是法定的审判组织，各自职能法定，合议庭不能替代审判委员会作决定，即便合议庭成员都是审判委员会委员仍然不能。死刑案件审判中必须明确一个原则，即合议庭对拟判处死刑的案件，都应当提请院长决定提交审判委员会讨论决定，未提交审判委员会讨论决定作出死刑判决，就属于“违反法律规定的诉讼程序”，并必然构成“可能影响公正审判”，上级法院发现后依法应当撤销原判，发回重新审判。

综上，最高人民法院经复核，作出不予核准并撤销原判，发回重新审判的裁定是正确的。同时，根据《刑事诉讼法解释》第三百五十三条第一款关于“最高人民法院裁定不予核准死刑的，根据案件情况，可以发回第二审人民法院或者第一审人民法院重新审判”的规定，本案出现程序违法问题的是一审法院，故最高人民法院将本案直接发回某中级人民法院重新审判。

（撰稿：最高人民法院刑四庭　陆建红
审编：最高人民法院刑四庭　周　峰）

[第1249号]李继轩等贩卖、运输毒品案

——被告人在一审庭审中认罪并对其庭前有罪供述不持异议，二审期间提出受到非法取证的，如何审查与处理

【关键词】　贩卖、运输毒品罪　一审　认罪　二审　刑讯逼供

一、基本案情

被告人李继轩，男，1972年5月5日出生，无业。2017年1月4日因涉嫌犯贩卖毒品罪被逮捕。

被告人彭贵虎，男，1982年3月1日出生，无业。2017年1月4日因涉嫌犯运输毒品罪被逮捕。

被告人杨应忠，男，1968年1月6日出生，无业。2017年1月4日因涉嫌犯运输毒品罪被逮捕。

安徽省阜阳市人民检察院以被告人李继轩犯贩卖毒品罪，被告人彭贵虎、杨应忠犯运输毒品罪，向阜阳市中级人民法院提起公诉。

阜阳市中级人民法院经审理查明：被告人李继轩、彭贵虎与吕某（另案处理）系狱友。2016年11月某日，吕某与李继轩电话约定由其向李继轩提供海洛因700克用于贩卖，每克价格330元。同年11月26日，吕某联系彭贵虎，让其帮助运输毒品至安徽省临泉县交给李继轩，彭贵虎表示同意，吕某向彭的银行卡转账1 000元。次日，吕某购买了机票并安排被告人杨应忠乘坐飞机，将装有毒品的行李箱从昆明带到合肥新桥机场，交给彭贵虎。当日12时许，彭贵虎乘车将毒品送至临泉县城，与李继轩见面后，二人在前往李继轩家时，被民警当场抓获，从民警彭贵虎携带的行李箱中查获海洛因703.4克。

阜阳市中级人民法院认为，被告人李继轩违反国家毒品管理规定，为贩卖而购买海洛因703.4克，构成贩卖毒品罪。被告人彭贵虎、杨应忠违反国家毒品管理规定，运输海洛因703.4克，构成运输毒品罪。李继轩系累犯、毒品再犯；彭贵虎系累犯；彭贵虎、杨应忠属运输毒品罪的从犯；杨应忠有自首情节；李继轩、彭贵虎有坦白情节。根据李继轩、彭贵虎、杨应忠的犯罪事实、性质、情节和社会危害程度，依照《中华人民共和国刑法》第三百四十七条第一款、第二款第一项，第二十五条第一款，第二十七条，第四十八条第一款，第五十七条第一款，第五十九条，第六十四条，第六十五条，第六十七条第一款、第三款，第三百五十六条的规定，以贩卖毒品罪判处被告人李继轩死刑，缓期二年执行，剥夺政治权利终身，并处没收个人全部财产。以运输毒品罪判处被告人彭贵虎无期徒刑，剥夺政治权利终身，并处没收个人财产二十万元；判处被告人杨应忠有期徒刑十年，并处罚金十万元。扣押在案的毒品海洛因703.4克，作案工具蓝色手提箱1个，予以没收。

被告人李继轩不服一审判决，上诉提出被抓获后遭到侦查人员刑讯逼供，其为吕某代卖毒品，系共同犯罪中的从犯及原判量刑过重等理由，请求从轻改判。

安徽省高级人民法院二审审理查明的事实及采信的证据与一审相同。并查明：一审庭审过程中，审判人员明确告知了李继轩有申请排除非法证据的权利，李继轩及其辩护人没有申请排除非法证据；对公诉人一审当庭所举其侦查期间的五次供述，均确认没有客观性及合法性异议；二审期间虽然提出受到刑讯逼供，但对原判采信的其本人供述的真实性予以确认，也没有申请非法证据排除。

安徽省高级人民法院认为，根据《中华人民共和国刑事诉讼法》（2012年）第五十六条①的规定，排除非法证据不仅是当事人的诉讼权利，也是司法机关依法必须履行的职责。虽然李继轩及其辩护人一、二审期间均没有申请排除非法证据，仍应当依职权审查原判所采信供述的合法性，这一职责的履行不以诉讼参与人申请为前提。二审期间，证据合法性审查的对象应当是原审作为定案根据的证据。原判采信的李继轩供述如系侦查期间获取，则应当对相关侦查取证行为进行合法性审查；否则其提出的侦查阶段受到刑讯逼供问题与原判采信证据的合法性无关，不属于本案二审证据审查的范围，不需要适用非法证据排除规则。本案中，无论李继轩侦查阶段是否受到刑讯逼供，但在一审庭审时其应当享有的诉讼权利被明确告知并得到充分保障，其本人对自己行为的法律后果也能够正确认识。相应地，其所作的供述已属于任意性供述，对侦查阶段供述真实性的确认亦属于自愿确认。由此所形成的有罪供述，虽然属于侦查阶段供述的重复性供述，但显然已不受先前获取有罪供述的侦查行为影响，不再是侦查阶段有罪供述，而是由其转化而来的独立的当庭有罪供述。因此，原判采信的被告人李继轩有罪供述不再是侦查阶段获取的供述，不需要适用非法证据排除规则。李继轩二审期间提出的受到侦查人员殴打逼供的情况与本案二审证据审查无关，应当视为对侦查人员违法行为的控告，由有管辖权的机关处理。李继轩无论是否为他人代买毒品，但其准备加价出售从中牟利，已经属于独立的贩卖毒品行为。李继轩所提其属从犯、社会危害性小等上诉理由不能成立。原判认定事实清楚，适用法律正确，审判程序合法。依照《中华人民共和国刑事诉讼法》第二百二十五条②第一款第一项的规定，裁定驳回上诉，维持原判。

二、主要问题

被告人在一审庭审认罪，并对公诉机关出示的其庭前有罪供述不持异议，二审时提出其在侦查阶段遭受了刑讯逼供，对此法庭如何审查与处理？

---

① 2018年《中华人民共和国刑事诉讼法》第五十八条。

② 2018年《中华人民共和国刑事诉讼法》第二百三十六条。

三、裁判理由

本案中,被告人李继轩二审提出侦查人员刑讯逼供问题,涉及证据合法性审查范围、庭前有罪供述转化为当庭重复性供述的条件及其标准、刑讯逼供行为的审查与处理等。人民法院应当依法正确行使审判职权,在区分问题性质的基础上,作出正确处理。

(一)证据合法性审查的范围与方式

证据的合法性审查是人民法院审理案件采信证据从而查明事实的重要活动。对于经审查确认为非法证据的,应当依法予以排除,不得在法庭上宣读出示,作为定案的根据。本案中,被告人李继轩及其辩护人一、二审期间均没有申请排除非法证据,但在二审中明确提出被告人在侦查期间受到刑讯逼供,因此,是否需要对其相关供述进行合法性审查,适用非法证据排除程序,是首先需要解决的问题。对此,需要明确两个方面:一是证据合法性审查的范围,即必须是用于定案的证据才需要进行合法性审查。在一审中表现为控辩双方向法庭所举,用于证明案件事实的证据,不包括虽然作为侦查或者审查起诉活动依据,但未向法院移送、出示作为指控犯罪依据的相关证据。二审期间,证据合法性审查的对象应当是一审作为定案根据的证据和拟作为二审定案根据的证据。因此,与人民法院审判职权行使无关的证据,尽管可能发生在刑事诉讼过程中,并作为其他司法机关实施刑事诉讼活动的依据,但只要不用于案件审判,就不需要法院进行合法性审查。二是证据的合法性审查并非仅为依申请进行的司法行为,而是人民法院的职权或者职责行为,即无论被告人是否申请排除非法证据,人民法院均应依职权对证据的合法性进行审查,对判决采信证据的合法性承担责任。有观点认为,排除非法证据属于被告人、辩护人等诉讼参与人的诉讼权利,相关诉讼参与人没有申请,应视为对权利的放弃,人民法院因此不需要进行证据的合法性审查。我们不认同此观点。刑事诉讼法第五十六条除了规定“当事人及其辩护人、诉讼代理人有权申请人民法院对以非法方法收集的证据依法予以排除”外,还规定了“法庭审理过程中,审判人员认为可能存在本法第五十四条规定的以非法方法收集证据情形的,应当对证据收集的合法性进行法庭调查”。根据此规定,排除非法证据不仅是当事人的诉讼权利,也是司法机关依法应当履行的职责,这一职责的履行没有一审、二审的区分,也不以诉讼参与人申请为必要前提。

《最高人民法院关于适用〈中华人民共和国刑事诉讼法〉的解释》第一百零三条规定:“具有下列情形之一的,第二审人民法院应当对证据收集的合法性进行审查,并根据刑事诉讼法和本解释的有关规定作出处理:(一)第一审人民法院对当事人及其辩护人、诉讼代理人排除非法证据的申请没有审查,且以该证据作为定案证据的;(二)人民检察院或者被告人、自诉人及其法定代理人不服第一人民法院作出的有关证据收集合法性的调查结论,提出抗诉、上诉的;(三)当事人及其辩护人、诉讼代理人在第一审结束后才发现相关线索或者材料,申请人民法院排除非法证据的。”该规定对二审法院应当进行证据合法性审查的情况进行了列举,应当认为此项规定为提示性规定,而非限制性规定,即在符合所列条件的情况下,二审法院应当进行证据的合法性审查;对于不符合相关条件的,因证据合法性问题已在一审解决等,为诉讼效率考虑,一般情况下二审不需要主动审查,但并非二审不能或不应当再进行证据的合法性审查。前述观点把被告人及其辩护人申请作为法院进行证据合法性审查的必备条件,显然是不够全面和准确的。本案中,虽然李继轩及其辩护人在一、二审期间均没有申请排除非法证据,但其提出的刑讯逼供问题如与证据的合法性审查有关,即原判采信的李继轩供述如系侦查期间获取,则二审仍应当依职权对相关侦查取证行为进行合法性审查。

(二)被告人庭前供述转化为当庭供述的条件及合法性审查的标准

犯罪嫌疑人、被告人供述与辩解是我国刑事诉讼中法定的证据种类,根据所在阶段不同区分为庭前侦查、审查起诉阶段的犯罪嫌疑人供述与审判阶段的被告人供述。前两者为庭前供述，后者一般指被告人在法庭上所作的当庭供述。人民法院仅需就拟作为定案根据的供述的合法性即获取该供述的司法行为的合法性进行审查。对于庭前供述与当庭供述不一致的，法院采信何种供述往往会在裁判文书中明确表述。但对于两者一致的，采信的是庭前供述还是当庭供述，需要考察分析庭前供述是否转化为当庭供述。

被告人当庭供述包括两种情况：一是被告人当庭对案件事实进行完整供述，尽管供述的内容与庭前供述具有实质的一致性，但该供述的来源与庭前供述没有联系，属于独立完整的当庭供述；二是被告人当庭对庭前供述予以确认而转化成当庭供述，在实践中主要表现为公诉人宣读完起诉书后，被告人表示认罪，对起诉书指控的事实无异议，法庭为诉讼效率考虑，采用简易程序或者简化审程序，在法庭陈述阶段不再对被告人详细讯问或者发问，在法庭质证阶段对其庭前供述的主要内容进行宣读，被告人对供述内容的真实性予以确认。此种情形下，被告人当庭不再就指控的犯罪事实进行详细供述，而以其在侦查阶段的供述内容代替。因此，被告人当庭供述的内容不完整，需要结合庭前供述笔录的内容才能形成完整的供述。与庭前供述相比，此种情形下转化的被告人当庭供述具有两方面的特点，即供述的独立性与内容的承继性。供述的独立性指供述来源于法庭审判行为而非庭前的侦查或者审查起诉行为，即供述由被告人接受法庭讯问发问而进行的法庭陈述及发表的质证意见形成。内容的承继性主要指当庭陈述的内容与庭前供述具有实质的一致性，属于庭前供述的重复性供述，但并非通过庭审对全部犯罪事实全面重复陈述，而是通过庭审中的承继性行为，即对庭前供述内容的真实性予以确认形成。因此，庭前供述转化为当庭供述需要具备两个方面条件，即当庭陈述行为与对庭前供述内容的确认。只要具备上述两个条件，庭前供述即可转化为当庭供述。无论控辩双方有无以庭前供述作为定案证据的意图，人民法院均应当根据直接言词原则，以当庭供述作为定案根据。本案中，被告人李继轩当庭认罪，对公诉人所举其侦查期间的五次供述，均没有提出客观性及合法性异议，确认了供述内容的真实性，则其庭前供述已经转化为当庭供述。尽管原审判决书中没有明确写明采信的李继轩的供述是当庭供述，但根据直接言词原则，应当认定采信了当庭供述。

对于庭前供述转化的当庭供述，因其供述内容具有承继性，因此其合法性审查标准应当是当庭供述的自愿性，重点考虑是否切断了庭前侦查行为的影响。根据"两高三部"2017年发布的《关于办理刑事案件严格排除非法证据若干问题的规定》第五条第二项的规定，审查逮捕、审查起诉和审判期间，检察人员、审判人员讯问时告知诉讼权利和认罪的法律后果，犯罪嫌疑人、被告人自愿供述的，不受之前刑讯逼供的影响。该条规定并非提出判断供述合法性的新标准，而是对于当庭供述的自愿性的判断进行提示，即庭前受到刑讯逼供，如果当庭告知诉讼权利及认罪的法律后果后，仍然作出重复性供述的，其当庭供述独立于庭前供述，属于自愿供述。在此种情况下，其当庭供述不受之前刑讯逼供的影响，两者之间的联系被阻断。因此，只要被告人自愿确认侦查期间的供述，即使属于庭前供述的重复性供述，所转化形成的当庭供述也不存在合法性问题。本案中，被告人李继轩在一审庭审过程中被告知了申请排除非法证据的权利和其他诉讼权利，也获得了律师帮助，其认罪及确认侦查阶段有罪供述真实性出于自愿，不受先前的侦查行为的影响，由此形成的当庭供述应具有合法性。

（三）与证据合法性审查无关的刑讯逼供问题处理

证据合法性审查与刑讯逼供问题相关但并非同一。人民法院是国家的审判机关而非法律监督机关，在刑事诉讼中仅能对涉及证据合法性审查的刑讯逼供等非法取证行为进行调查、确认并对相关证据的效力予以否定。就本案而言，对被告人李继轩供述的合法性进行审查是人民法院行使审判职权的重要内容，由此不可避免地需要对获取其供述的司法行为的合法性进行评价。由于原判采信的是被告人李继轩侦查阶段供述转化形成的当庭供述，合法性审查的内容应当是当庭供述的合法性，而不是侦查阶段供述的合法性，即人民法院既无必要也无职权对侦查阶段获取供述的合法性进行独立审查。因此，李继轩上诉提出的侦查阶段受到刑讯逼供问题，独立于被告人供述的合法性审查，不属于人民法院二审证据合法性审查范围，与人民法院证据合法性审查无关。人民法院无权也不宜对侦查人员的刑讯逼供行为进行调查及评价。

刑事诉讼法第十四条明确规定，诉讼参与人对于审判人员、检察人员和侦查人员侵犯公民诉讼权利和人身侮辱的行为，有权提出控告。李继轩二审提出的侦查人员对其刑讯逼供的问题应视为对相关侦查人员的控告。但国家工作人员违法犯罪行为的调查处理不属于人民法院的职权范围，对此类问题，应当由人民法院根据刑事诉讼法第一百一十条的规定，移送主管机关处理，并且通知报案人、控告人、举报人。故二审法院将刑讯逼供问题线索依法移交给了相关机关处理。

（撰稿：安徽省高级人民法院　陈吉双
审编：最高人民法院刑二庭　韩维中）

[第1265号]张菊、王福贵、周道会贩卖、运输毒品案

——重大毒品犯罪中，共同犯罪人及上下家之间如何适用刑罚

【关键词】　贩卖、运输毒品罪　重大毒品犯罪　共同犯罪　上下家　量刑　死刑

一、基本案情

被告人张菊，女，汉族，1976年2月21日出生。2012年11月23日因涉嫌贩毒、运输毒品罪被逮捕。

被告人王福贵，男，汉族，1968年12月9日出生。2012年11月24日因涉嫌贩毒、运输毒品罪被逮捕。

被告人周道会，男，汉族，1981年12月11日出生。2012年11月24日因涉嫌贩毒、运输毒品罪被逮捕。

河北省唐山市人民检察院以被告人张菊、王福贵、周道会犯贩卖毒品罪向唐山市中级人民法院提起公诉。

被告人张菊、周道会对公诉机关指控的事实供认不讳。被告人王福贵供述公诉机关指控的事实基本属实，但辩称在白石家园查获的315克毒品不是其所有，除被查获的4 100余克毒品外，其之前未提供给张菊毒品。

被告人张菊的辩护人提出：张菊系从犯，应当从轻、减轻处罚。被告人王福贵的辩护人提出：购买后分两批邮寄的共计4 100余克毒品应属王福贵非法持有，且认定其贩卖毒品数量证据不足，其主动供述周道会贩卖给其毒品的犯罪事实属立功，可以从轻、减轻处罚。被告人周道会的辩护人提出：周道会的行为只构成运输毒品罪，而非贩卖毒品罪；周道会系从犯，供述毒品“上线”个人信息及贩卖毒品事实属立功，可以从轻或减轻处罚。

唐山市中级人民法院经审理查明：

2011年11月至2012年10月,被告人张菊在河北省唐山市丰南区租借多处房屋作为贩卖毒品的窝点,以给付报酬或提供毒品吸食为利诱,先后纠集同案被告人马永帅、周海全、王海涛、贾春芳、张广永(均已判刑)等为其交接毒品,以每克500元左右的价格分别向吸毒人员孙兆伟(另案处理)等十二人出售毒品,共计贩卖甲基苯丙胺(冰毒)800余克。其间,2012年8月,张菊还和周海全共同出资5万元,由周海全与王海涛到安徽省阜南县购得甲基苯丙胺150克,张菊给付王海涛5 000元报酬及甲基苯丙胺60克,给付周海全甲基苯丙胺10克,将剩余80克甲基苯丙胺贩卖。

2012年6月,被告人王福贵找到被告人张菊,提出以优惠价格提供甲基苯丙胺,双方合作贩毒,张菊表示同意,后王福贵陆续批量购进毒品交给张菊贩卖。同年10月,王福贵、张菊商定将前期合作贩毒所得作为共同出资,扩大贩毒规模,获利共分。王福贵随即到广东省佛山市找到被告人周道会,商定以每克220元的价格购买甲基苯丙胺4 000克,并要求周道会分两批寄至河北省唐山市。王福贵向周道会支付现金80万元,又与张菊通过银行汇款付给周道会7.97万元。周道会接收毒资后向他人两次购得甲基苯丙胺,指使同案被告人周虎成(已判刑)将甲基苯丙胺伪装在茶具中分两批通过物流公司寄给张菊。当月17日10时许,张菊指派马永帅在唐山市一小区门口接收第一批送到的甲基苯丙胺,马永帅接到毒品准备交给张菊时被抓获,公安人员当场查获甲基苯丙胺1 980.26克,随即将张菊抓获,并查获甲基苯丙胺131.21克、甲基苯丙胺片剂(麻古)3.02克。随后,公安人员将王福贵抓获,查获甲基苯丙胺16.01克;并在王福贵指认下,在丰南区一小区查获甲基苯丙胺315克。当月19日,公安人员在物流公司查获周道会邮寄的第二批甲基苯丙胺2 149.45克。当月30日,公安人员在佛山市将周道会抓获。

唐山市中级人民法院认为,被告人张菊、王福贵、周道会贩卖毒品,其行为均已构成贩卖毒品罪,且贩卖数量大。三被告人及其辩护人的辩解、辩护意见理据不足,均不予采纳。综合考虑各被告人在毒品犯罪中的地位、作用、毒品数量、毒资来源、参与情节及社会危害程度,依法以贩卖毒品罪,分别判处三被告人死刑,剥夺政治权利终身,并处没收个人全部财产。

一审宣判后,张菊、周道会提出上诉。

被告人张菊上诉及其辩护人提出:一审认定张菊与王福贵在2012年共同出资购买4 000余克毒品证据不足,且此部分毒品未流向社会,危害性小;张菊受王福贵雇佣贩卖毒品,应认定为从犯;如实供述犯罪事实,有积极认罪情节,请求从轻、减轻处罚。

被告人周道会上诉及其辩护人提出:一审仅认定周道会自愿认罪,未认定系从犯;具有毒品未流向社会、坦白、立功、积极退赃、初犯偶犯等酌定从轻、减轻处罚情节;亲属有积极退赃的情节,请求从轻处罚。

被告人王福贵未提出上诉。其辩护人的意见是,一审认定王福贵与张菊共同出资情况和贩卖毒品的数量不清,证据不足;量刑过重,不应适用死刑。

河北省高级人民法院认为,上诉人张菊、周道会及原审被告人王福贵的行为构成贩卖毒品罪,且贩卖毒品数量大,罪行极其严重,均应依法惩处。相关上诉理由及辩护意见,均不能成立,不予采纳。原判认定的事实清楚,证据确实、充分,定罪准确,量刑适当,审判程序合法。据此,依法裁定驳回上诉,维持原判,并报请最高人民法院核准。

最高人民法院经复核认为,被告人张菊、王福贵为牟取非法利益,结伙贩卖甲基苯丙胺,其行为均已构成贩卖毒品罪;被告人周道会为牟取非法利益,与他人结伙贩卖、运输甲基苯丙胺,其行为已构成贩卖、运输毒品罪。被告人张菊、王福贵共同出资购买毒品并贩卖给他人,贩卖毒品数量巨大,均系共同犯罪中罪责严重的主犯,犯罪情节严重,社会危害极大,应依法惩处。被告人周道会居中倒卖毒品并通过物流运输,贩卖、运输毒品数量巨大,犯罪情节严重,社会危害大,应依法惩处。第一审判决、第二审裁定认定的事实清楚,证据确实、充分。审判程序合法。对被告人张菊、王福贵定罪准确、量刑适当。鉴于被告人周道会在毒品犯罪中,与王福贵、张菊相比,罪责相对较轻,对其判处死刑,可不立即执行。依照《中华人民共和国刑法》第三百四十七条第二款第(一)项、第二十五条第一款、第二十六条第一款、第五十七条第一款、第五十九条,《中华人民共和国刑事诉讼法》第二百三十五条①、第二百三十九条②和《最高人民法院关于适用〈中华人民共和国刑事诉讼法〉的解释》第三百五十二条的规定,判决如下:

1. 核准河北省高级人民法院刑事裁定中维持第一审以贩卖毒品罪分别判处被告人张菊、王福贵死刑,剥夺政治权利终身,并处没收个人全部财产的部分。

2. 撤销河北省高级人民法院刑事裁定和唐山市中级人民法院刑事判决中对被告人周道会以贩卖毒品罪判处死刑,剥夺政治权利终身,并处没收个人全部财产的部分。

3. 被告人周道会犯贩卖、运输毒品罪,判处死刑,缓期二年执行,剥夺政治权利终身,并处没收个人全部财产。

二、主要问题

毒品犯罪中,共同犯罪人、上下家均到案,且存在既是共同犯罪又是上下家关系的情况下,如何适用死刑?

三、裁判理由

从贩毒数量上看,本案查实被告人张菊贩卖毒品甲基苯丙胺5 000余克,被告人王福贵、周道会贩卖毒品甲基苯丙胺4 000余克,均已超过判处死刑的数量标准。从三人的关系来看,周道会与王福贵、张菊之间比较单纯,就是上下家关系,而王福贵和张菊的关系比较复杂,王福贵最初是张菊的上家,其购买毒品后加价交给张菊贩卖,各自获利,后王福贵与张菊又发展为共同贩毒,也就是说,二人既是共同犯罪,又是上下家。本案审理期间,基于对各被告人在共同犯罪中的地位和作用及作为上下家所起作用的不同认识,就三被告人如何适用死刑的问题,形成了四种意见。

第一种意见认为,本案应判处被告人张菊、王福贵死刑,判处被告人周道会死刑缓期二年执行。理由是:(1)王福贵用于购买4 000多克毒品的毒资主要来源于张菊;(2)张菊在唐山是毒品的重要源头,雇用了很多马仔,在共同犯罪中地位作用突出;(3)张菊贩卖毒品数量最多,且多次零包贩卖,下家达20多个,掌握着当地毒品贩卖网络,系严厉打击的重点;(4)周道会虽然是毒品上家,但在促成毒品交易中的作用较小。

第二种意见认为,本案应判处被告人王福贵、周道会死刑,判处被告人张菊死刑缓期二年执行。理由是:(1)虽然本案中贩卖毒品数量最大的是张菊,但张菊的绝大部分毒品来源均是王福贵,而王福贵的毒品来源是周道会,所以涉案绝大部分毒品和三被告人都有关系;(2)周道会和王福贵、张菊是上下家关系,根据《全国法院毒品犯罪审判工作座谈会纪要》(以下简称《武汉会议纪要》)的精神,对于下家主动约购毒品的情形下可以判下家死刑,但打击毒品源头历来也是重点,而且在本案贩毒数量已达巨大的情况下,不能认为周道会的作用小于王福贵和张菊;(3)王福贵控制毒资和毒品,在张菊前男友因贩卖毒品被抓后主动找张菊贩卖毒品,而且承诺保证货源、承担损失,故张菊具有一定的被动性。

第三种意见认为,本案应判处被告人张菊、王福贵、周道会三人死刑。理由是:(1)本案虽然

---

① 2018年《中华人民共和国刑事诉讼法》第二百四十六条。

② 2018年《中华人民共和国刑事诉讼法》第二百五十条。

只认定了周道会的两笔贩卖毒品事实,但其系毒品上家,动辄交易几千克毒品,系大毒贩,雇用马仔周虎成,并通过邮寄等掩盖的方法运输毒品,反侦查能力很强,涉毒较深;(2)张菊和王福贵相比周道会而言,地位作用较小,但鉴于本案在当地影响较大,张菊是唐山销售毒品的总经销商,雇佣了很多马仔,贩卖毒品数量巨大,也系大毒贩,应当对三被告人均判处死刑。

第四种意见认为,本案只判处被告人王福贵一人死刑。理由是:(1)被告人周道会和王福贵是上下家,4 000 多克毒品是在二人之间实施交易,根据《武汉会议纪要》的精神,王福贵主动联系上家周道会,上下家都在案的情况下,一般在犯罪中哪个主动判哪个死刑,所以应判王福贵死刑;(2)王福贵主动找张菊,利用张菊前男友的关系销售毒品,张菊作用低于王福贵,尽管张菊单独及合伙贩卖 1 000 多克冰毒,但放在共同犯罪和上下线网络中考虑,属于涉毒数量相对少的被告人。

《武汉会议纪要》规定,毒品共同犯罪案件的死刑适用应当与该案的毒品数量、社会危害及被告人的犯罪情节、主观恶性、人身危险性相适应。涉案毒品数量达到巨大以上,二名以上主犯的罪责均很突出,或者罪责稍次的罪犯具有法定、重大酌定从重处罚情节,判处二人以上死刑符合罪刑相适应原则,并有利于全案量刑均衡的,可以依法判处。根据该规定,本案涉案毒品数量已经达到了巨大以上,前述第四种意见认为只判处王福贵一人死刑不够妥当。而前述其他三种意见争议的焦点有两个:一是本案判处二人死刑还是三人死刑更合适;二是判处二人死刑的情况下,三被告人中谁的地位作用相对较小从而应当改判死缓刑。我们同意第一种意见,理由如下:

(一)对于既是共同犯罪又是上下家的被告人,要在分清主次的基础上根据各自的地位和作用依法确定是否适用死刑

从本案的贩毒事实来看,主要涉及两部分:一是张菊、王福贵、周道会等人实施的贩卖毒品事实;二是张菊、周海全、王海涛合伙购买毒品及张菊向多人出售毒品的事实。由于第一部分事实系涉及三被告人贩毒的主要事实,故对此予以重点分析。在被告人张菊、王福贵、周道会等人实施的贩卖毒品事实中,尽管王福贵、张菊均系周道会的下家,但二人的关系并不是单纯的共同犯罪,而是有一个发展变化的过程。最初王福贵是张菊的上家,提供毒品,加价交给张菊贩卖,各自获利,后来王福贵与张菊逐步发展成为共同贩毒,共同获利,主要表现是:二人以兄妹相称,王福贵持有张菊所租部分房屋的钥匙,二人协作完成贩毒事宜,商定共分利润。从具体作用来看,王福贵提供最初的毒品,交给张菊贩卖获利,二人使用贩毒回收的本金和利润继续购进毒品、扩大贩毒;张菊接收王福贵购进的毒品,自主联系在本地销售并组织多人为其运送,且租用多处房屋用于贩毒,除将少量贩毒利润留作日常支出外,将大部分收入交由王福贵继续购进毒品。从上述变化情况来看,二人的主要关系是共同犯罪。从二人在共同犯罪中的地位和作用来看,王福贵有稳定货源,张菊有流通渠道,二人均有各自的优势和较大的独立性,“强强联手”后扩大贩毒规模,二人在共同犯罪中均起主要作用,均系主犯,地位、作用基本相当。

被告人张菊结伙贩卖甲基苯丙胺 5 145 克,贩毒数量巨大;在与王福贵的共同犯罪中,如前所述,张菊系地位和作用突出的主犯;在与周海全、王海涛共同犯罪中,张菊系主要货主,不仅拍板确定赴安徽购毒,而且负责安排毒资、提供路费、给予辛苦费等事宜,购买毒品的数量也是由其决定,其地位和作用在三人中最为突出。此外,本案中,张菊系唐山毒品销售网络的重要源头,拥有为数众多的下线买家,尽管每次销售数量不多,但因买家多、次数多,总量也不小,而且少量多销的方式更加隐蔽,流入社会危害更大。毒品零包贩卖,也是从严打击的重点。鉴于张菊犯罪情节严重,社会危害极大,罪行极其严重,结合其另有大量贩毒行为的实际情况,判处其死刑适当。被告人王福贵提议与张菊共同贩毒,承诺获利后与张菊年底分红,积极筹措毒资,主动联系上线周道会约购毒品,并事先交付毒资,亦系地位和作用突出的主犯,共查获其贩卖毒品 4 591 克,犯罪

情节严重,社会危害极大,应依法惩处,结合其另有大量贩毒行为的实际情况,判处其死刑适当。

(二)对于单纯的上下家,要综合考虑各自在促成毒品交易中的作用大小,慎重决定适用死刑

被告人王福贵、张菊从被告人周道会处购进毒品,然后由张菊出售给他人,因此双方是上下家关系,即周道会是上家,王福贵、张菊是下家。对同一宗毒品的上下家,判处几人死刑、如何选择适用死刑,一直是司法实践中困惑的问题。为此,《武汉会议纪要》规定,对于买卖同宗毒品的上下家,涉案毒品数量刚超过实际掌握的死刑数量标准的,一般不能同时判处死刑;上家主动联络销售毒品,积极促成毒品交易的,通常可以判处上家死刑;下家积极筹款,主动向上家约购毒品,对促成毒品交易起更大作用的,可以考虑判处下家死刑。涉案毒品数量达到巨大以上的,也要综合上述因素决定死刑适用。

从本案情况来看,被告人周道会虽系王福贵的上家,但属于居中倒卖,其接收王福贵的毒资后又联系他人购进毒品加价贩卖,且雇用他人协助完成贩卖、寄运事宜,罪责严重,应依法惩处。但与张菊、王福贵相比,周道会的作用相对较小:首先,周道会贩卖毒品的数量少于张菊、王福贵贩卖毒品的数量,获利更是少之又少,尚不及王福贵从张菊处获取的差价,对此应在量刑时予以适当考虑;其次,周道会虽然是毒品上家,但其并不是持有毒品待价而沽,而是王福贵主动找他联系并先支付毒资,其才去联系毒品,故其在贩卖毒品的合意、联络等方面,均具有一定的被动性,也就是说,在促成毒品交易方面,周道会的作用明显要小于王福贵。根据《武汉会议纪要》的规定以及周道会贩卖毒品的数量和情节,对其可以不判处死刑。

综上,最高人民法院核准一审、二审对被告人张菊、王福贵的死刑判决,并对被告人周道会改判死刑,缓期二年执行是适当的。

(撰稿:最高人民法院刑四庭　汪　雷
审编:最高人民法院刑四庭　陆建红)

[第1279号]高洪雷等贩卖、运输毒品,介绍卖淫案

——共同犯罪中作用相对较大的主犯因具有法定从轻情节而未判处死刑的,对其他主犯能否适用死刑

【关键词】 贩卖、运输毒品罪　介绍卖淫罪　共同犯罪　主犯　死刑　法定从轻情节

一、基本案情

被告人高洪雷,男,1974年5月21日出生。因涉嫌犯贩卖、运输毒品罪,介绍卖淫罪,于2015年1月7日被逮捕。

被告人杨军练,男,1968年3月4日出生。2005年1月12日因犯挪用公款罪被判处有期徒刑十年,2010年4月9日刑满释放。因涉嫌犯贩卖、运输毒品罪,介绍卖淫罪,于2015年1月7日被逮捕。

(同案被告人曾美英的身份情况和判刑情况略)

浙江省温州市人民检察院以被告人高洪雷、杨军练、曾美英犯贩卖、运输毒品罪,介绍卖淫罪,向温州市中级人民法院提起公诉。

被告人高洪雷对起诉书指控的事实无辩解。其辩护人提出,高洪雷贩卖的毒品数量在500克以内,且第二次购买的毒品全部被查获,未给社会造成实质性危害;高洪雷参与贩毒作用相对杨军练较小;现有证据仅能证实曾美英介绍卖淫4次,其中高洪雷接送2次;高洪雷系初犯、偶犯,归案后如实供述自己的罪行,当庭自愿认罪,请求对高洪雷从轻处罚。

温州市中级人民法院经公开审理查明:2014年11月中旬,被告人高洪雷与杨军练、曾美英经商议决定在浙江省温州市鹿城区贩毒,由杨军练负责向毒品上家姜雯静(另案处理)购买毒品,高洪雷负责销售毒品,曾美英负责提供"冰妹"陪吸毒者吸毒和发生性关系。11月21日,杨军练前往江西省南昌市向姜雯静购得甲基苯丙胺(冰毒)970克、甲基苯丙胺片剂(俗称"麻古")200粒,运回温州市后藏匿于浙商证券有限责任公司营业部的保安室内。后高洪雷陆续将毒品卖给他人,剩余的84.08克甲基苯丙胺、13克甲基苯丙胺片剂后被公安人员查获。其间,曾美英先后6次介绍付某某(女,未成年)等人陪吸毒者吸毒并发生性关系。后经曾美英请求,杨军练、高洪雷同意曾美英退出合伙。同年12月2日,杨军练、高洪雷一起乘坐曹某某驾驶的汽车前往南昌市向姜雯静购买毒品。次日,杨军练和姜雯静在南昌市广州路华东建材市场附近广场公厕旁进行毒品交易。交易完成后,杨军练、高洪雷乘坐上述车辆返回温州,在温州市温州西高速公路收费站处被公安人员抓获,当场查获3大包毒品疑似物及104颗毒品疑似物。经鉴定,该3大包毒品疑似物重2 497.98克,均检出甲基苯丙胺,其中1 000.44克甲基苯丙胺的含量为79.0%,499.50克甲基苯丙胺的含量为80.5%,998.04克甲基苯丙胺的含量为79.4%;104颗毒品疑似物重9.73克,检出甲基苯丙胺及咖啡因成分。

温州市中级人民法院经审理认为,被告人高洪雷、杨军练、曾美英违反国家毒品管制法规,贩卖、运输毒品,其行为均已构成贩卖、运输毒品罪;高洪雷、杨军练、曾美英多次介绍他人卖淫,其中介绍未成年人卖淫4次,情节严重,其行为又均已构成介绍卖淫罪,公诉机关指控的罪名成立。高洪雷在公安机关任协警期间与杨军练、曾美英相识,案发时虽已辞职离开公安机关,但却未将该情况告知杨、曾,杨、曾供述约定分成之时已考虑高洪雷协警的身份。此外,高洪雷负责销售毒品,大量毒品经其手流入社会,行为积极,故高洪雷与杨军练的地位、作用基本相当。虽然高洪雷归案后能够如实供述主要犯罪事实,但不足以对其从轻处罚。杨军练曾因故意犯罪被判处有期徒刑以上刑罚,在刑满释放后五年内又故意犯罪,系累犯,应依法从重处罚。杨军练归案后协助公安机关抓获毒品上家姜雯静,有重大立功表现,且能够如实供述主要犯罪事实,可以从轻处罚。依照《中华人民共和国刑法》第三百四十七条第二款第一项、第三百五十九条第一款、第六十九条、第六十七条第三款、第六十五条第一款、第二十五条第一款、第二十六条、第四十八条、第五十七条第一款、第六十八条等规定,判决如下:

1. 被告人高洪雷犯贩卖、运输毒品罪,判处死刑,剥夺政治权利终身,并处没收个人全部财产;犯介绍卖淫罪,判处有期徒刑五年,并处罚金人民币三千元;决定执行死刑,剥夺政治权利终身,并处没收个人全部财产。

2. 被告人杨军练犯贩卖、运输毒品罪,判处死刑,缓期二年执行,剥夺政治权利终身,并处没收个人全部财产;犯介绍卖淫罪,判处有期徒刑五年,并处罚金人民币三千元;决定执行死刑,缓期二年执行,剥夺政治权利终身,并处没收个人全部财产。

一审宣判后,被告人高洪雷上诉提出,原判认定其在共同犯罪中的分工、分成、贩毒数量等事实有误,其销售毒品数量应在500克以内,在共同犯罪中所起作用较杨军练要小,本案所涉毒品大部分未流入社会,应对其从轻处罚。其辩护人提出,杨军练在共同犯罪中所起的作用比高洪雷大;第一次贩卖的毒品含量没有经过鉴定,含量应该推定为非常低;高洪雷曾担任过协警的身份不影响其在共同犯罪中的地位;原审量刑不平衡,应依法改判。被告人杨军练未提出上诉。

浙江省高级人民法院经二审审理认为,被告人高洪雷等人的行为均已构成贩卖、运输毒品罪,介绍卖淫罪。高洪雷及其辩护人所提高洪雷贩卖毒品数量应在500克以内、在共同犯罪中作用相较杨军练小的上诉理由及辩护意见,与查明的事实不符,不予采信。虽然第一次购进的毒品没有含量鉴定,但第二次购得的毒品含量达到80%,且两次购进毒品均来源于上家姜雯静,出庭检察员基于毒品来源及销售速度,提出第一批毒品质量较好,没有鉴定不影响本案定罪量刑的意见可以成立。原判定罪准确,量刑适当,审判程序合法。裁定驳回上诉,维持原判。对高洪雷的死刑判决依法报请最高人民法院核准。

最高人民法院经复核认为,被告人高洪雷伙同他人非法购买、销售毒品甲基苯丙胺和甲基苯丙胺片剂,并使用交通工具运送,其行为已构成贩卖、运输毒品罪。高洪雷伙同他人介绍妇女卖淫,其行为又构成介绍卖淫罪。在共同犯罪中,高洪雷起主要作用,系主犯,应按照其所参与的全部犯罪处罚。高洪雷结伙贩卖、运输毒品数量大,罪行严重,还结伙多次介绍卖淫、介绍未成年人卖淫,情节严重,应依法惩处。鉴于高洪雷在共同贩卖、运输毒品犯罪中所起作用略小于同案被告人杨军练,归案后始终如实供述犯罪,能够认罪、悔罪,且涉案毒品大部分已查获,未进一步流入社会造成更严重危害,依法可不判处其死刑立即执行。高洪雷的辩护律师所提的部分辩护意见,有事实和法律依据,予以采纳。第一审判决、第二审裁定认定的事实清楚,证据确实、充分,定罪准确,审判程序合法。裁定不核准高洪雷死刑,发回浙江省高级人民法院重新审判。

浙江省高级人民法院经重新审判,于2017年5月8日判处被告人高洪雷死刑,缓期二年执行。

二、主要问题

1. 如何准确区分各被告人在毒品共同犯罪中的地位、作用?

2. 在作用相对较大的主犯因具有法定从宽情节而未判处死刑的情况下,对其他主犯能否适用死刑?

三、裁判理由

(一)要从预谋、出资、分配利润、购买和出售毒品等多个角度准确区分各被告人在毒品共同犯罪中的地位、作用

准确区分行为人在共同犯罪中的地位、作用,是审理共同犯罪案件中一个非常重要的问题,因为共同犯罪中的地位、作用直接决定罪责轻重,而罪责轻重直接影响刑罚适用。刑法第二十六条和第二十七条分别规定了主犯、从犯及其处罚原则,即对组织、领导犯罪集团的首要分子,按照集团所犯的全部罪行处罚;对组织、领导犯罪集团的首要分子以外的其他主犯,应当按照其所参与的或者组织、指挥的全部犯罪处罚;对于从犯,应当从轻、减轻处罚或者免除处罚。共同犯罪案件中一般情况下有主犯、从犯之分,有的案件中则可能出现两名以上主犯的情形。两名以上主犯由于所处地位和所实施的犯罪行为并不完全相同,其主观恶性、人身危险性也往往存在差别,故其在共同犯罪中的作用大小及罪行严重程度并不完全相同,判处的刑罚自然也会有区别。实践中,贩卖、运输毒品共同犯罪案件往往有多人参与,从起意贩毒、纠集人员到筹集毒资、联系毒品上家、商谈交易数量和价格、确定交易地点,再到支付毒资、接取毒品、运送毒品、保管毒品、销售毒品、收取毒赃、掌管账目、利润分成,涉及众多环节。各共同犯罪人的参与程度以及所实施的具体行为也多种多样,有的参与部分环节,有的全程参与,有的幕后指挥,有的直接实施,等等。此外,出于趋利避害和侥幸心理,各共同犯罪人尤其是多名主犯对自

己及其他人在毒品犯罪中具体行为的供述往往不尽一致。因此,准确区分各共同犯罪人尤其是多名主犯在共同犯罪中所处地位和所起作用是实践中比较疑难、复杂的问题,对此必须审慎地分析判断。

具体到本案,被告人高洪雷和杨军练均积极参与了两宗贩卖、运输毒品犯罪,在共同犯罪中均起主要作用,均系主犯。鉴于涉案甲基苯丙胺总量为3 000余克,已达到适用死刑的数量标准,进一步区分二人罪责大小对准确量刑尤其是准确适用死刑至关重要。由于高洪雷、杨军练、曾美英对部分情节的供述不尽一致,加大了区分的难度,这便需要细致梳理,认真比对。首先,从犯罪预谋阶段来看,虽然根据三人的供述无法准确认定是高洪雷还是杨军练最先提议贩毒及贩毒利润到底如何分成,但可以认定高洪雷和杨军练积极与曾美英共谋、商定利润分成及杨军练负责购进毒品、高洪雷负责销售毒品等事实。在此阶段,高洪雷和杨军练的地位、作用基本相当。其次,从犯罪实行阶段来看,根据在案证据可以认定,在第一次贩卖、运输毒品过程中,杨军练主动联系毒品上家、提供全部购毒款、亲自前往江西省南昌市购得毒品、将毒品运回浙江省温州市并保管毒品、掌控毒赃,高洪雷则按照事先分工为主销售毒品。在第二次贩卖、运输毒品过程中,杨军练和高洪雷分别提供了部分购毒款、一同乘坐曹某某驾驶的汽车前往南昌市购毒并运回温州市。其中,杨军练出资最多,还联系毒品上家、雇用曹某某驾车、直接与毒品上家交易毒品,高洪雷介绍他人出资并与曹某某驾车接应前去交易毒品的杨军练。相比较而言,在第一次犯罪中,杨军练所起作用明显大于高洪雷;在第二次犯罪中,杨军练所起作用也略大于高洪雷。据此可以认定,高洪雷在全案中所起作用相对小于杨军练。一、二审法院以高洪雷负责销售毒品且大量毒品经其手流入社会为由,认定其与杨军练地位、作用基本相当,是不够准确的。而这正是最高人民法院不核准高洪雷死刑的主要理由。

(二)在毒品共同犯罪中作用相对较大的主犯因具有法定从宽情节而未判处死刑的,对其他罪责相对较小的主犯不应“升格”判处死刑

司法实践中经常遇到这样的情形,毒品共同犯罪中的某一主犯的罪行极其严重,依法应当判处死刑,但因其具有自首或者立功等法定从宽处罚情节,法院对其从宽判处死刑缓期执行,而另一名主犯所犯罪行亦很严重,但其在共同犯罪中所起作用略小于前者,对其能否判处死刑立即执行?本案就属于这种情形。被告人高洪雷与杨军练贩卖、运输毒品数量大,已超过适用死刑的毒品数量标准。二人在共同犯罪中均起主要作用,均系主犯,且二人积极预谋并筹集毒资,主动向毒品上家约购毒品,并前往上家所在地购买毒品,相对于毒品上家而言,对促成毒品交易起到了更大作用,杨军练又系累犯,可以说二人均属罪行极其严重。那么,本案能否同时判处两名被告人死刑,或者应当对哪一名被告人适用死刑?这就需要立足案情本身,根据罪责刑相适应原则作出稳妥裁判。

2015年印发的《全国法院毒品犯罪审判工作座谈会纪要》(以下简称《武汉会议纪要》)规定:“毒品共同犯罪的死刑适用应当与该案的毒品数量、社会危害及被告人的犯罪情节、主观恶性、人身危险性相适应。涉案毒品数量刚超过实际掌握的死刑数量标准,依法应当适用死刑的,要尽量区分主犯间的罪责大小,一般只对其中罪责最大的一名主犯判处死刑。”根据这一规定,毒品共同犯罪的死刑适用要严格贯彻罪责刑相适应原则,涉案毒品的数量不同,毒品犯罪造成的社会危害不同,适用死刑的具体情况也有所区别。对于贩卖、运输毒品共同犯罪中有两名以上主犯,涉案毒品数量刚超过实际掌握的死刑数量标准的,应当全面考察各主犯在共同犯罪中实际发挥作用的差别,一般只选择其中罪责最大的一名主犯依法判处死刑;即便两名以上主犯均具有法定从重处罚情节,也要充分比较主观恶性和人身危险性方面的差异,同时判处二人死刑应当特别慎重。

换言之,即便同为罪行极其严重且依法可以判处死刑的主犯,也要注意区分彼此之间罪责大小,进一步区分出罪行最为严重者,并非一律判处死刑立即执行,更不能在罪责最为严重的主犯没有被判处死刑的情况下,对罪责稍次的主犯“升格”适用死刑。

根据以上分析,本案毒品数量近3 500克,以目前实际掌握的死刑数量标准,不宜判处二人死刑立即执行。被告人杨军练归案后对公安机关抓获毒品上家起到了一定协助作用,一审法院认定其行为构成重大立功,并考虑其能够如实供述主要犯罪事实,依法对其判处死刑,缓期二年执行。在此情况下,是否要判处被告人高洪雷死刑呢?答案是否定的,主要理由在于:其一,杨军练在贩卖、运输毒品共同犯罪中所起作用大于高洪雷,系罪行最为严重的主犯,又系累犯,论罪应依法判处死刑。在杨军练因具有重大立功表现这一法定从宽处罚情节而未被判处死刑的情况下,不宜对罪责稍次的主犯高洪雷“升格”判处死刑立即执行,否则,就违反了《武汉会议纪要》的相关规定。其二,毒品数量是毒品犯罪案件量刑的重要情节,但不是唯一情节,在考虑是否适用死刑时,更不能只强调毒品数量,忽视其他情节,而应当综合考虑毒品数量、犯罪情节等各种因素。高洪雷贩卖、运输毒品数量确实已经超过适用死刑的数量标准,但其并非罪行最严重的主犯,也不具有法定或者重大酌定从重处罚情节,而且从归案到复核提讯,始终如实供认犯罪,有悔罪表现,对公安机关抓获参与出资购买第二宗毒品的共同作案人起到积极作用。其三,第二宗毒品已全部被公安机关查获,未进一步流入社会造成严重危害,此情节在量刑时亦需酌情考虑。

综上,最高人民法院根据毒品犯罪的死刑政策和罪责刑相适应原则,依法未予核准被告人高洪雷死刑,将案件发回浙江省高级人民法院重新审判。

(撰稿:最高人民法院刑五庭　李晓光　赵　娟
审编:最高人民法院刑五庭　马　岩)

[第1280号]陈春莲贩卖毒品案

——先前被羁押行为与最终定罪行为并非同一行为时,羁押日期可否折抵刑期

【关键词】　贩卖毒品罪　被羁押行为　定罪行为　折抵刑期

一、基本案情

被告人陈春莲,男,汉族,1981年5月3日出生。2016年11月3日因涉嫌犯贩卖毒品罪被刑事拘留,同月28日被取保候审,2017年1月12日被继续取保候审,同年12月7日因本案被逮捕。

浙江省温州市人民检察院以被告人陈春莲犯贩卖毒品罪,向温州市中级人民法院提起公诉。

浙江省温州市中级人民法院经公开审理查明:

2016年5月25日,被告人陈春莲和陈曙辉(已判刑)约定以人民币18 000元的价格交易200克甲基苯丙胺(冰毒),陈曙辉通过微信向陈春莲转账人民币1万元,余款8 000元以现金方式支付,后陈曙辉取得甲基苯丙胺190余克。

另查明,2016年11月3日,陈春莲因涉嫌参与李晓微等人(均另案处理)贩卖毒品一案被立案侦查,并于同日被刑事拘留。在该案中,李晓微供称其系通过陈春莲向上家购买毒品,但陈春莲拒不认罪,检察机关于同年11月28日对陈春莲不予批准逮捕,同日转为取保候审,2017年1

月12日对其继续取保候审。其间，公安机关在办理陈曙辉贩卖毒品案件中，从陈曙辉的手机中提取到其向陈春莲购毒的信息，陈曙辉供认毒品来源于陈春莲，手机短信就是向陈春莲购毒的内容。公安机关遂对本案展开侦查，并于2016年12月14日移送审查起诉，检察机关经两次退回补充侦查，于2017年11月22日向法院提起公诉，法院于同年12月7日对陈春莲批准逮捕。

温州市中级人民法院认为，被告人陈春莲违反国家毒品管理法规，贩卖毒品数量大，其行为已构成贩卖毒品罪。公诉机关指控的罪名成立。根据被告人犯罪的事实、性质、情节和对于社会的危害程度，依照《中华人民共和国刑法》第三百四十七条第二款第一项、第五十六条第一款、第六十四条之规定，判决被告人陈春莲犯贩卖毒品罪，判处有期徒刑十五年，剥夺政治权利五年，并处没收个人财产六万元。（刑期从判决执行之日计算。判决执行以前先行羁押的，羁押一日折抵刑期一日，即自2017年12月7日起至2032年11月10日止。）

一审宣判后，被告人陈春莲以原判事实不清为由提出上诉。

浙江省高级人民法院经审理认为，被告人陈春莲违反国家毒品管理法律法规，贩卖毒品甲基苯丙胺，其行为已构成贩卖毒品罪。其贩卖毒品数量大，应依法惩处。被告人陈春莲及其辩护人所提辩护理由不足，不予采纳。原判事实清楚、证据确实充分，定罪正确，量刑适当，审判程序合法。依照《中华人民共和国刑法》第三百四十七条第二款第一项、第五十六条第一款及《中华人民共和国刑事诉讼法》第二百二十五条第一款第一项之规定，裁定驳回上诉，维持原判。

二、主要问题

被告人先后因两起犯罪被采取刑事羁押措施，但先前被羁押行为与最终定罪行为并非同一行为时，羁押日期可否折抵刑期？

三、裁判理由

本案犯罪事实清楚，存在争议的问题是对被告人判处刑罚之后，其先前羁押的时间能否折抵刑期，这就涉及刑期折抵制度。所谓刑期折抵制度，就是把被告人在审前羁押的期间换算成判决后执行刑期的一种制度。审前羁押在我国刑事诉讼过程中被大量运用，又直接影响对被告人自由的剥夺，但理论上对刑期折抵制度关注不多，司法实践中做法各异。

本案审理过程也是如此，犯罪嫌疑人陈春莲因涉嫌第一起贩毒被公安机关刑事拘留，后因证据不足被取保候审；其间公安机关又发现陈春莲还参与了另一起贩毒，后法院针对第二起贩毒判处其有期徒刑十五年，但法院在判决决定执行刑期起止日期时，对于陈春莲在第一起贩毒中被刑事拘留的期间是否应当折抵刑期，存在三种不同的观点：第一种观点认为，刑法明确规定“判决执行以前先行羁押的，羁押一日折抵刑期一日”，至于被告人先前被羁押行为与最终定罪行为是否系同一行为，并无限制，只要是在判决执行以前被先行羁押过即可，故对陈春莲因第一起贩毒而被刑事拘留的期间应折抵刑期。第二种观点认为，刑期折抵制度所针对的系同一行为，只有当被告人先前被羁押行为与最终定罪行为系同一行为时，才可以对被告人的羁押时间予以折抵。本案中，陈春莲被刑事拘留与其最终被判处刑罚的不是同一行为，故刑事拘留期间不应折抵刑期。第三种观点认为，被告人先行羁押时间能否最终折抵刑期，不能一概而论。只有先前被羁押行为与最终定罪行为系同一行为，或者虽然不是同一行为，但二者之间存在密切关联时才可以予以折抵。

我们同意上述第三种观点，具体理由分析如下：

（一）被告人最终被判处刑罚的犯罪行为，如果与之前被采取刑事或行政拘留的行为系同一行为，其被采取刑事或行政拘留的期间应予折抵刑期

从我国司法实践来看，犯罪嫌疑人、被告人在被判决之前往往会被采取刑事强制措施，此谓

先行羁押,亦即审前羁押、未决羁押制度。先行羁押制度为刑事诉讼的顺利进行以及社会公共安全提供了保障,但如果滥用,也存在侵犯人权以及违反一事不再罚原则的可能,因而需要对因先行羁押而造成被羁押人人身自由损害的予以救济。正是基于此,包括中国在内的世界各国刑事法律乃至宪法,都规定了以刑期折抵和国家刑事赔偿两种基本形式为主的救济形式。其中,对于先行羁押,若被告人经审理最终被确认无罪的,属于错误羁押,此时应依国家赔偿法给予其赔偿;若被告人经审理最终被判处刑罚且为有期自由刑的,则其被羁押的时间应折抵判决中所确定的刑期。我国刑事诉讼法亦明确规定,行为人因为在判决之前被刑事拘留、逮捕,之后被判处管制、拘役、有期徒刑的,先前所采取拘留、逮捕的时间可以折抵刑期。此外,在部分案件中,由于证据收集或法律认知等原因,某些行为在一开始并没有被发现或证实为犯罪行为,相关行政机关对其采取了行政处罚后,经查实系犯罪,也可以折抵刑期。对此,我国 1996 年 10 月 1 日起施行的现行行政处罚法第二十八条明确规定:“违法行为构成犯罪,人民法院判处拘役或者有期徒刑时,行政机关已经给予当事人行政拘留的,应当依法折抵相应刑期。违法行为构成犯罪,人民法院判处罚金时,行政机关已经给予当事人罚款的,应当折抵相应罚金。”

关于刑期折抵的标准问题,我国刑事立法并无明确规定,但相关司法答复、批复中对刑期折抵标准是比较明确且立场一致的,即先行羁押的行为与被判处刑罚的行为应系“同一行为”。对此,最高人民法院早在 1957 年 9 月 30 日给浙江省高级人民法院的《关于行政拘留日期应否折抵刑期等问题的批复》(〔1957〕法研字第 20358 号,已废止)中即指出:“如果被告人被判处刑罚的犯罪行为和以前受行政拘留处分的行为系同一行为,其被拘留的日期,应予折抵刑期;如果被判处刑罚的是另一犯罪行为,则其被拘留的日期当然不应折抵刑期。”此后,最高人民法院研究室 1988 年 2 月 23 日在《关于行政拘留日期折抵刑期问题的电话答复》中提到:“我院 1957 年法研字第 20358 号批复规定:‘如果被告人被判处刑罚的犯罪行为和以前受行政拘留处分的行为系同一行为,其被拘留的日期,应予折抵刑期。’这里所说的‘同一行为’,既可以是判决认定同一性质的全部犯罪行为,也可以是同一性质的部分犯罪行为。只要是以前受行政拘留处分的行为,后又作为犯罪事实的全部或者一部分加以认定,其行政拘留的日期即应予折抵刑期。”

(二)针对并案处理或先后处理的数个犯罪行为,“同一行为”标准无法适用,此时可以采用“关联性”标准来进行刑期折抵

当被采取强制措施的行为系单一行为,并最终被人民法院判决有罪时,人民法院在进行刑期折抵时按照“同一行为”标准计算刑期一般争议不大。但如果公安机关对犯罪嫌疑人采取强制措施后,在侦查过程中又发现了其他罪行,进而对两项罪行并案或先后处理,后检察机关仅对其中一项罪行进行指控,或者人民法院仅对其中一项罪行认定为犯罪,此时针对未指控或未认定犯罪的行为所采取的先行羁押能否折抵刑期,上述批复或电话答复并未涉及。如果按照绝对的“同一行为”标准,由于人民法院仅判决第二起事实构成犯罪,那么只能将针对第二起事实所采取的先行羁押折抵刑期,而针对第一起事实所采取的先行羁押,就不能折抵刑期。然而,按照国家赔偿法第十七条的规定,错拘错捕属于国家赔偿的范围,在第一起贩毒最终未予认定的情况下,那么针对该行为所采取的拘留逮捕措施就失去了合法性依据,这样就存在一个国家需要承担赔偿义务,而被告人需要付出自由代价的问题。为此,当面对数个犯罪行为时,不应受制于评价单一行为的“同一行为”标准,而应当将尽可能多的先行羁押纳入刑期折抵中来。对此,我们可以采取“关联性”标准,即只要被采取先行羁押的数行为之间存在某种事实或程序上的关联,就可以将先行羁押时间进行刑期折抵,从而达成一种国家与被告人双赢的结果。其中,事实上的关联是指先前被强制剥夺或限制人身自由的事实理由与最终被处罚的犯罪行为之间罪名相同,或者属于同

一选择性罪名,或者在法律、事实上有密切关联。这种密切关联体现在不同犯罪的构成要件存在交叉或者是犯罪行为之间存在因果关系、手段目的关系、条件关系等牵连关系上,如洗钱犯罪与上游犯罪,抢劫罪、盗窃罪与之后处理赃物的掩饰、隐瞒犯罪所得罪。程序上的关联是指前罪羁押与后罪的侦查、起诉、审判活动是连续进行的,且前罪羁押为后罪的刑事诉讼活动提供了一定保障,则不论先前羁押的行为与最终定罪行为是否一致,都应视羁押与该犯罪嫌疑人的犯罪行为存在关联,可以将羁押的时间折抵刑期。

综上所述,根据"同一行为"和"关联性"标准,对于司法实践中出现的如下四种情形,均可以纳入刑期折抵的范围中来:(1)行为人因为甲行为被采取羁押措施,在上述羁押措施执行完毕后,又因甲行为构成犯罪而进入刑事诉讼,最终被判处管制、拘役、有期徒刑的,之前的羁押日期应当折抵刑期。(2)行为人因为甲行为被采取刑事羁押措施,在对甲行为侦查期间,又发现乙行为涉嫌犯罪,但针对乙行为并未采取刑事羁押措施,最终因乙行为被判处管制、拘役、有期徒刑的,因甲行为被刑事拘留、逮捕的时间应当折抵刑期。(3)行为人因为甲行为被侦查期间,发现了乙行为涉嫌犯罪,如果针对乙行为采取刑事羁押措施,但最终因甲行为被判处管制、拘役、有期徒刑的,因乙行为被刑事拘留、逮捕的时间应当折抵刑期。(4)行为人因为甲行为被采取刑事羁押措施,后变更为取保候审或监视居住,其间发现了乙行为涉嫌犯罪并针对乙行为采取刑事拘留、逮捕措施,最终因乙行为被判处管制、拘役、有期徒刑的,针对甲、乙两个行为所采取的刑事拘留、逮捕措施的时间均应当折抵刑期。需要指出的是,针对行为人所实施的数个行为,公安机关不一定均采取刑事强制措施,完全可能针对甲行为采取行政强制措施或者予以行政拘留,而对乙行为采取刑事拘留、逮捕等刑事强制措施,此时需要区分情况来折抵刑期。如果甲行为最终构成犯罪,依据"同一行为"或"关联性"标准,针对甲行为所采取的行政强制措施或者予以行政拘留也可以折抵刑期。但如果甲行为不构成犯罪,针对甲行为所采取的行政强制措施能否折抵刑期呢?我们认为,答案是否定的。因为行政机关有权根据执法具体情况实施限制人身自由的行政措施,也有权对相应的违法行为处以拘留等行政处罚,被告人的行政违法行为应当承担相应的行政法律责任,是违法必究原则的体现。如果再予以折抵刑期,则在事实上使行为人的行政违法行为未受到追究,放纵了行为人的违法行为。以毒品案件为例,如行为人因为吸毒被查获,在被采取行政拘留措施后又发现其还有贩毒行为,遂对其予以立案并采取刑事拘留措施。尽管二者在程序上具有一定连续性,但吸毒与贩毒是两个行为,不折抵刑期并不违背"一事不再罚"原则;更重要的是,吸毒行为本身就应当受到行政拘留,不折抵刑期也不涉及国家赔偿的问题;相反,如果到贩卖毒品罪中去折抵刑期,则吸毒行为等于没有受到任何惩罚,显然是放纵了违法行为。

具体到本案中来,被告人陈春莲因为第一起贩毒案件被采取刑事羁押措施,后对其取保候审;在对该起贩毒案件侦查期间,又发现了另一起贩卖毒品犯罪,并对该起犯罪采取逮捕措施,最终陈春莲因为后一起犯罪被判处有期徒刑十五年。由于针对第一起贩毒案件所采取的刑事羁押措施与第二起贩毒案件的侦查、起诉、审判活动是连续进行的,且先行羁押实现了对第二起犯罪案件刑事诉讼活动的保障功能,二者在程序上具有"关联性"。为此,一、二审法院将前案羁押日期在后案判处刑罚时折抵刑期的做法是适当的。

(撰稿:浙江省高级人民法院　聂昭伟
审编:最高人民法院刑二庭　韩维中)

[第1290号]唐立新、蔡立兵贩卖毒品案
——如何把握贩卖毒品罪的既遂未遂标准与毒品犯罪上下家的死刑适用标准

【关键词】 贩卖毒品罪 既遂 未遂 上下家 死刑

一、基本案情

被告人蔡立兵，男，1973年10月26日出生，无业。1991年3月14日因犯抢劫罪被判处有期徒刑三年。因本案于2011年12月23日被逮捕。

被告人唐立新，男，1967年8月17日出生，无业。2011年12月23日被逮捕。

（其他被告人情况略）

湖南省郴州市人民检察院以被告人唐立新、蔡立兵犯贩卖毒品罪，向郴州市中级人民法院提起公诉。

被告人唐立新及其辩护人提出，公诉机关指控的第一起贩毒事实证据不足；第二起贩毒的毒品未流入社会，社会危害不大，请求对唐立新从轻处罚。

被告人蔡立兵及其辩护人提出，蔡立兵为吸食而购买毒品，公诉机关指控蔡立兵购买毒品系为贩卖的证据不足，且第二起贩毒的毒品未转移给蔡立兵，蔡立兵购买毒品的行为并未完成，不能定罪。

郴州市中级人民法院经公开审理查明：

2011年间，被告人蔡立兵从天津市来到湖南省郴州市，认识了被告人廖小军（同案被告人，已判刑）。经廖小军介绍，蔡立兵从被告人唐立新处购买毒品，带回天津市用于自己吸食和贩卖。蔡立兵驾驶一辆东南牌小轿车到郴州购买毒品，并雇请雷水林（另案处理）驾驶一辆骐达牌小轿车在郴州市区内接送。具体犯罪事实如下：

1. 2011年7月，被告人蔡立兵从天津市来到郴州市找到廖小军，欲购买毒品。廖小军找到被告人唐立新，唐立新即从“阿英”（在逃）处购进冰毒100克，在郴州市第三人民医院家属区廖小军家中卖给蔡立兵。之后，蔡立兵将毒品带回天津市用于自己吸食和贩卖。

2. 2011年10月底，被告人蔡立兵联系廖小军，欲购买2 000多克冰毒。廖小军将该信息告诉被告人唐立新。唐立新遂找到彭永根（同案被告人，已判刑）商议购买毒品卖给蔡立兵。同年11月15日，蔡立兵携带60.3万元毒资，驾驶东南牌小轿车从天津市来到郴州市，住在廖小军的妹妹廖某某家中。同月16日，彭永根在广东省陆丰市从“阿高”（在逃）处以每克220元的价格购进冰毒2 000余克。同月17日下午，彭永根将冰毒带回郴州，同日18时许，唐立新购买了电子秤并与彭永根接应，将蔡立兵约至郴州市春天公寓进行交易。三人会合后，蔡立兵对毒品验货、称重，并与唐立新、彭永根议定购买该批冰毒的价格为每克260元。其间，唐立新另将300粒“麻古”以1万元的价格卖给蔡立兵。唐立新与蔡立兵因此次毒品交易系廖小军从中介绍，商定各出5 000元给廖作为好处费，并当场打电话告知廖。唐立新、彭永根、蔡立兵将毒品包装好，准备出门前往廖某某住处取毒资时，被公安人员抓获。公安人员当场缴获白色晶体5包，红色药丸2包，经鉴定，白色晶体净重2 227克，甲基苯丙胺含量为57.8%；红色药丸净重30.338 9克，从中检出甲基苯丙胺和咖啡因成分。随后，公安机关从廖某某家卧室衣柜边查获蔡立兵藏匿的毒资

60.3万元,从蔡立兵驾驶的东南牌小轿车中查获“麻古”337粒,净重26.2208克。

郴州市中级人民法院认为,被告人唐立新、蔡立兵违反国家对毒品的管制法规,明知冰毒、“麻古”系毒品而予以贩卖,二人的行为均构成贩卖毒品罪。唐立新共贩卖毒品两次,其中冰毒2327克,“麻古”30.3389克;蔡立兵共贩卖毒品两次,其中冰毒2327克,“麻古”56.5597克。蔡立兵向唐立新购买100克冰毒用于吸食、贩卖的事实有唐立新、蔡立兵、雷水林在侦查阶段的供述相互印证,且公安机关在侦查阶段的审讯均合法有效,足以认定。蔡立兵一次性向唐立新购买价值60多万元的冰毒全部用于自己吸食,不符合常理,况且此前其已有过贩毒行为,蔡立兵、雷水林在侦查阶段的供述亦证实蔡立兵购买毒品除自己吸食外还用于贩卖,故蔡立兵及其辩护人所提蔡立兵购买毒品用于吸食的辩解和辩护意见不能成立。第二次贩毒中,唐立新从廖小军处获悉蔡立兵欲购买大量毒品后,主动联系彭永根商量贩毒牟利,并指使彭永根寻找、购买毒品,打电话与蔡立兵商谈毒品交易价格和安排交易地点,在彭永根买到毒品后又接应彭永根一同前往由其选定的交易地点与蔡立兵进行交易,系该起毒品犯罪的犯意提起、组织策划、具体实施者。蔡立兵应唐立新之约进入毒品交易现场,双方谈妥了毒品交易价格,并对毒品进行了查验和称重,准备赶往另一地点交付购毒款,故该起犯罪已经既遂。依照《中华人民共和国刑法》第三百四十七条第二款第一项,第二十五条第一款,第二十六条第一款、第四款,第四十八条第一款,第五十七条第一款等规定,判决如下:被告人唐立新犯贩卖毒品罪,判处死刑,剥夺政治权利终身,并处没收个人全部财产;被告人蔡立兵犯贩卖毒品罪,判处死刑,剥夺政治权利终身,并处没收个人全部财产。

一审宣判后,被告人唐立新、蔡立兵提出上诉。唐立新及其辩护人提出,一审认定第一起贩毒事实的证据不足;第二起贩毒系未遂,毒品未流入社会造成更大危害;唐立新归案后认罪态度好,一审对其量刑过重。蔡立兵及其辩护人提出,第一起贩毒中蔡立兵仅购买60克冰毒用于吸食;第二起贩毒系未遂,一审对其量刑过重。

湖南省高级人民法院经二审审理认为,第一起贩毒事实有依法取得的唐立新、蔡立兵和雷水林的供述证实,足以认定;第二起毒品交易是公安机关通过侦查掌握各被告人交易毒品的情况后布控破案,该起毒品没有流入社会,且唐立新、蔡立兵到案后如实供述自己的犯罪事实,但二人涉案毒品数量均多达2000余克,社会危害大,不足以对二人从轻处罚。原审认定的事实清楚,证据确实、充分,定罪准确,量刑适当,审判程序合法。依照《中华人民共和国刑事诉讼法》(2012年修正,下同)第二百二十五条第一款第一项等规定,裁定驳回上诉,维持原判,并依照《中华人民共和国刑事诉讼法》第二百三十六条第二款之规定,对唐立新、蔡立兵的死刑判决依法报请最高人民法院核准。

最高人民法院经复核认为,被告人蔡立兵以贩卖为目的,伙同他人非法购买甲基苯丙胺并销售,单独或伙同他人非法购买甲基苯丙胺片剂,其行为已构成贩卖毒品罪。被告人唐立新以贩卖为目的,非法购买毒品甲基苯丙胺和甲基苯丙胺片剂并销售,其行为已构成贩卖毒品罪。蔡立兵提出购买毒品犯意,委托廖小军联系购买毒品,雇请雷水林驾车接应,直接交易、销售毒品,在共同贩卖毒品犯罪中起主要作用,系主犯,应当按照其所参与的全部犯罪处罚。蔡立兵曾因犯抢劫罪被判处刑罚,本案中又系犯罪的诱发者,行为更为积极、主动,对促成毒品交易所起作用更大,且跨省贩卖毒品数量大,主观恶性深,人身危险性和社会危害性大,罪行极其严重,应依法惩处。唐立新贩卖毒品数量大,社会危害性大,但在本案中的罪责相对小于蔡立兵,依法对其判处死刑,可不立即执行。第一审判决、第二审裁定认定的事实清楚,证据确实、充分,定罪准确,审判程序合法,对蔡立兵量刑适当。依照《中华人民共和国刑法》第三百四十七条第二款第一项、第七款,

第二十六条第一款、第四款,第四十八条第一款,第五十七条第一款;《中华人民共和国刑事诉讼法》第二百三十五条、第二百三十九条和《最高人民法院关于适用〈中华人民共和国刑事诉讼法〉的解释》第三百五十二条的规定,核准蔡立兵死刑,改判唐立新死刑,缓期二年执行。

二、主要问题

1. 如何准确把握贩卖毒品罪的既遂与未遂标准?

2. 如何准确把握贩卖毒品案件中的上下家的死刑适用标准?

三、裁判理由

(一)认定贩卖毒品罪的既遂,宜采取"进入实质交易环节"的标准

司法实践中,贩卖毒品情形复杂多样,有的毒品和毒资均已转移给对方,有的支付了毒资、尚未收到毒品,有的双方已进入交易现场并实施了一定交易行为,有的则刚刚着手进行交易,等等。对于这些贩卖毒品案件,既遂与未遂一直是控辩双方关注的重要问题,因为该问题直接关乎被告人的刑罚轻重,甚至影响到是否对被告人适用死刑。长期以来,理论上对贩卖毒品罪既遂标准的认定问题一直存在争议,有"契约说""实际交付说""进入交易说""成交说""出卖说""买入说"等多种观点,实践中对该问题的认识和把握也不尽一致,影响了部分毒品案件的处理,需要加以规范和统一。

如前所述,本案第二起贩卖毒品行为就涉及既遂与未遂的认定问题。法院在审理过程中,对被告人唐立新属于犯罪既遂认识一致,即唐立新应被告人蔡立兵的请求而购买毒品,系为卖出而买入毒品,与毒品上家的交易行为已经完成。但是,对于蔡立兵是否成立犯罪既遂,则有不同意见。一种意见认为,应以毒品上家实际交付毒品作为犯罪既遂标准,只要毒品下家未实际收到毒品,便不成立既遂。蔡立兵因没有支付毒资而未实际控制毒品,在准备取毒资时被公安人员抓获,属于因意志以外的原因无法完成毒品交易,成立犯罪未遂。另一种意见认为,应以毒品是否进入交易环节为准,至于是否实际交付毒品,均不影响犯罪既遂的成立。唐立新与蔡立兵进入毒品交易现场,谈妥了交易价格,对带到现场的毒品进行了查验和称重,虽然还没有交付毒资和毒品,亦可以认定为犯罪既遂。

我们认为,就本案而言,第二种意见是可取的。主要理由是,这种意见符合司法实践中比较普遍采取的"进入实质交易环节"的既遂认定标准,也符合当前禁毒形势的客观需要,有利于打击与遏制毒品犯罪。我国经过连续多年开展禁毒人民战争,在一定程度上遏制了毒品快速蔓延的势头,但由于受国际毒潮泛滥和国内多种因素影响,我国仍处于毒品问题蔓延期、毒品犯罪高发期和毒品治理攻坚期,大宗制毒、贩毒、运毒犯罪活动多发,青少年吸毒人数增长迅猛,禁毒斗争形势严峻复杂,禁毒工作任务依然十分艰巨。面对如此严峻的毒品犯罪形势,坚持依法从严惩处毒品犯罪,无疑是治理毒品犯罪的重要手段。实践中,由于毒品犯罪具有高度隐蔽性,侦查难度大,一旦毒品交易行为已完成就难以被查缉,故"人毒俱获"成为侦破毒品犯罪案件的重要特征。本案毒品交易完成之前,公安人员即采取收网行动,将各被告人抓获并查获了被告人蔡立兵的毒品,毒品上下家已经进入毒品交易现场并实施了验货、谈价、称重等实际交易行为,仅差支付毒资后交付毒品的环节未完成。如果以毒品是否实际交付给下家为标准来认定犯罪既遂与否,则会使一部分毒品犯罪案件作未遂处理,不利于对毒品犯罪的打击。因此,在毒品犯罪既遂与未遂的认定上,应当充分考虑有利于依法严惩毒品犯罪的原则,以是否进入实质交易环节作为判断犯罪既遂与未遂的标准。

但需要说明的是,本案的情况具有一定特殊性,看起来被告人蔡立兵作为买家尚未拿到毒品,似乎存在认定为犯罪未遂的余地,但由于其已经完成验货、称量等重要交易行为,蔡立兵也把

购毒款带在身边准备支付,如果不是公安机关此时进行抓捕,则双方则必然完成本次交易。故不能简单以公安机关抓捕时间的早晚来认定是否既遂。当然,对毒品犯罪也并非完全不区分既遂与未遂,对于实践中典型的犯罪未遂,如买方尚未达到交易地点,或者买到的是假毒品等情形,可以认定为犯罪未遂。审判中对“进入实质交易环节”的把握也不能太宽,以免把一些本应认定为犯罪未遂的情形作为既遂处理,失之过严。

(二)要根据“数量+其他情节”的原则,准确把握贩卖毒品案件中的上下家的死刑适用标准

贩卖毒品案件中的上下家的死刑适用问题,一直是审判实践中的难题。在以往一段时期内,存在对毒品上家判处死刑、对下家判处死缓的思路和做法。因为毒品上家掌握毒品来源,系毒品源头或者更接近毒源,相较于下家,社会危害更大,罪责更重。但2015年最高人民法院印发的《全国法院毒品犯罪审判工作座谈会纪要》(以下简称《武汉会议纪要》)出台后,对以往的做法有所调整。《武汉会议纪要》首次对毒品犯罪上下家的死刑适用问题作出规定,即对于贩卖毒品案件中的上下家,要结合其贩毒数量、次数及对象范围,犯罪的主动性,对促成交易所发挥的作用,犯罪行为的危害后果等因素,综合考虑其主观恶性和人身危险性,慎重、稳妥地决定死刑适用。对于买卖同宗毒品的上下家,涉案毒品数量刚超过实际掌握的死刑数量标准的,一般不能同时判处死刑;上家主动联络销售毒品,积极促成毒品交易的,通常可以判处上家死刑;下家积极筹资,主动向上家约购毒品,对促成交易起更大作用的,可以考虑判处下家死刑。涉案毒品数量达到巨大以上的,也要综合上述因素决定死刑适用,同时判处上下家死刑符合罪刑相适应原则,并有利于全案量刑平衡的,可以依法判处。上述规定,对于处理贩卖毒品案件中的上下家死刑适用问题具有重要指导意义。

本案中,被告人蔡立兵除了向被告人唐立新购买甲基苯丙胺2 327克、甲基苯丙胺片剂30.338 9克外,另外向他人购买甲基苯丙胺片剂26.220 8克。该二人贩卖毒品数量大,社会危害性大,罪行极其严重,依法可以判处死刑。但是,根据《武汉会议纪要》的上述规定,唐立新、蔡立兵所贩卖毒品中的绝大部分系同宗毒品,二人涉案毒品数量相当,虽然已超过判处死刑的数量标准,但尚不属于数量巨大,只能判处其中一人死刑。因此,需要仔细区分唐立新、蔡立兵对促成毒品所起作用大小、社会危害程度及主观恶性、人身危险性等因素,准确决定刑罚。最高人民法院复核后核准蔡立兵死刑,改判唐立新死缓的主要理由如下:

第一,被告人蔡立兵对促成毒品交易所起作用更大。从具体行为看,蔡立兵在毒品犯罪中的主动性大于被告人唐立新。虽然唐立新是蔡立兵的上家,但其并非囤毒待售,而是应蔡立兵的要求向他人购入毒品,然后再加价卖给蔡立兵。蔡立兵向唐立新求购毒品,先后两次驾车携带购毒款从天津到湖南进行毒品交易,且被告人廖小军、彭永根和雷水林均系因蔡立兵而参与到毒品犯罪当中。因此,蔡立兵是本案的诱发者,行为更积极、主动,对促成毒品交易所起作用大于唐立新。

第二,被告人蔡立兵贩毒行为的社会危害性更大。蔡立兵先后两次从天津前往湖南向被告人唐立新购买毒品,系跨省长途贩卖毒品。第一次所购甲基苯丙胺除蔡立兵自己吸食外,还在天津贩卖给他人;第二次购毒,系蔡立兵约购毒品,唐立新请求彭永根联系购买毒品,随后彭永根从广东购来毒品,且该批毒品数量大,已远远超出蔡立兵个人正常吸食量,如果不是被公安机关及时查获,定会被蔡立兵运回天津出售给他人。此外,蔡立兵还从他人处购买了甲基苯丙胺片剂。因此,蔡立兵的购毒行为导致毒品从毒源地向外扩散,促进了毒品的进一步流转和消费,具有更大的社会危害性。

第三,被告人蔡立兵的人身危险性更大。蔡立兵曾因犯抢劫罪被判处有期徒刑三年,刑满释

放后却不知悔改,本次又实施贩卖毒品犯罪,虽然不构成累犯,但也反映出其主观恶性深,人身危险性大。此外,蔡立兵供述,其向被告人唐立新购买毒品之前,曾向他人购买过甲基苯丙胺用于吸食和贩卖牟利。而侦查机关并未查实唐立新在本次犯罪之前实施过其他违法或者犯罪行为,其人身危险性相对小于蔡立兵。

最高人民法院对本案的复核结果体现了对毒品犯罪上下家适用死刑的把握思路。需要说明的是,近年来涉案毒品数量巨大的案件时有出现,毒品数量越大,意味着可以判处二人以上死刑的根据也越充分,但对毒品犯罪案件始终需要贯彻执行"严格控制、慎重适用"的死刑政策,不能简单以涉案毒品数量巨大为由就不区分上下家的罪责大小。对于能够区分罪责大小的,不能仅因为数量巨大就同时判处二人以上死刑。

(撰稿:最高人民法院刑五庭　李晓光　赵　娟
审编:最高人民法院刑五庭　马　岩)

[第 1307 号]常茂、吴江运输毒品案

——对毒品共同犯罪案件如何准确把握死刑政策

【关键词】　运输毒品罪　共同犯罪　死刑　拒不供认

一、基本案情

被告人常茂,男,1988 年 1 月 8 日出生,农民。2014 年 5 月 27 日因涉嫌犯运输毒品罪被逮捕。

被告人吴江,男,1990 年 9 月 9 日出生,农民。2008 年 7 月 24 日因犯盗窃罪被判处拘役六个月,并处罚金人民币二千元。2014 年 5 月 27 日因涉嫌犯运输毒品罪被逮捕。

(其他被告人情况略)

云南省大理白族自治州人民检察院以被告人常茂、吴江犯运输毒品罪,向大理白族自治州中级人民法院提起公诉。

被告人常茂辩称无罪。其辩护人提出,公诉机关指控常茂犯运输毒品罪的事实不清、证据不足,请求宣告无罪。

被告人吴江当庭否认参与运输毒品犯罪。其第一辩护人对指控的罪名无异议,但提出吴江系受人指使,仅送他人到接取毒品的地点,系从犯,且毒品未流入社会,危害性较小,请求从轻处罚。其第二辩护人提出,指控吴江犯运输毒品罪的事实不清、证据不足,请求宣告无罪。

大理白族自治州中级人民法院经审理查明:被告人常茂组织多人从中缅边境接取毒品并在境内运输,通过电话等方式对整个运输过程进行指挥。2014 年 4 月 19 日夜间,常茂安排被告人吴江带领同案被告人吴庆、王勇(均已判刑)到云南省临沧市南伞镇接取毒品。之后,根据常茂的安排,同案被告人王克坤(已判刑)指挥同案被告人赵泽领、赵成(均已判刑)驾驶牌照为云 AZ892W 的大众牌迈腾轿车前往接应,并将毒品放置在该迈腾轿车内。后王克坤驾驶无牌照大众牌桑塔纳轿车、吴庆驾驶牌照为云 A360W9 的长城牌哈弗 H3 越野车依次在前探路,赵泽领、赵成、王勇驾驶迈腾轿车在后运输毒品,前往云南省昭通市。同月 20 日上午,行至云南省保山市昌宁县城外时,王勇、赵泽领将迈腾轿车上的毒品转移至王克坤驾驶的桑塔纳轿车的后备厢内,王克坤

将该桑塔纳轿车停放在昌宁县人民医院,后各自住店休息。当日晚,公安人员将上述人员抓获,同时查获该桑塔纳轿车,从车内起获海洛因 42.52 千克、甲基苯丙胺片剂(俗称“麻古”)5.965 千克。

大理白族自治州中级人民法院认为,被告人常茂、吴江伙同他人,为牟取非法利益运输毒品海洛因42.52 千克、甲基苯丙胺 5.965 千克,其行为均已构成运输毒品罪。在共同犯罪中,常茂组织、指挥毒品犯罪,起主要作用,系主犯;吴江将吴庆、王勇带至中缅边境接取毒品,亦起主要作用,属主犯,应依法惩处。常茂归案后拒不供述犯罪事实,但吴江、王勇、赵泽领、赵成均指证常茂组织和指挥毒品犯罪,并结合收缴在案的写有毒品犯罪详细计划的笔记本及笔记本中记录的被告人电话号码、被告人绰号、笔迹鉴定、通话清单、手机中银行卡信息以及银行账户存取款大额资金凭证等证据,可以认定常茂组织和指挥毒品犯罪的事实。常茂及其辩护人提出其构成运输毒品罪事实不清、证据不足,请求宣告无罪的辩解及辩护意见;吴江提出未参与运输毒品的辩解及其辩护人提出吴江构成运输毒品罪事实不清、证据不足,请求宣告无罪的辩护意见,均无事实及法律依据,不予采纳。依照《中华人民共和国刑法》第三百四十七条第二款第一项、第二十五条第一款、第二十六条第三款、第五十七条第一款、第五十九条之规定,对被告人常茂、吴江分别以运输毒品罪判处死刑,剥夺政治权利终身,并处没收个人全部财产。

一审宣判后,被告人常茂上诉提出,认定其构成运输毒品罪并判处其死刑的事实不清、证据不足。被告人吴江上诉提出,其在本案中受常茂指挥,系从犯,原判量刑过重。

云南省高级人民法院经审理认为,被告人常茂、吴江为牟取非法利益,运输毒品海洛因 42.52 千克、甲基苯丙胺片剂 5.965 千克的行为,均已构成运输毒品罪。运输毒品数量巨大,社会危害性极大,罪行极其严重,依法应当判处常茂、吴江死刑。常茂及其辩护人提出认定常茂构成运输毒品罪事实不清、证据不足的上诉理由及辩护意见,吴江及其辩护人提出吴江受常茂指挥,系从犯,原判量刑过重的上诉理由及辩护意见,与查明的事实不符,均不予采纳。依照 2012 年《中华人民共和国刑事诉讼法》第二百二十五条第一款第一项之规定①,裁定驳回上诉,维持原判,并依法报请最高人民法院核准。

最高人民法院经复核认为,被告人常茂、吴江违反国家毒品管理规定,伙同他人运输海洛因、甲基苯丙胺片剂,其行为均已构成运输毒品罪。常茂、吴江运输海洛因 42.52 千克、甲基苯丙胺片剂 5.965 千克,数量特别巨大,社会危害严重,应依法惩处。常茂在共同犯罪中起组织、指挥作用,系地位最为突出的主犯,且到案后拒不供认犯罪;吴江在共同犯罪中负责联系境外毒贩、接取毒品后交由他人运输,亦系作用突出的主犯,均应依法惩处。第一审判决、第二审裁定认定的事实清楚,证据确实、充分,定罪准确,量刑适当,审判程序合法。依照 2012 年《中华人民共和国刑事诉讼法》第二百三十五条、第二百三十九条和《最高人民法院关于适用〈中华人民共和国刑事诉讼法〉的解释》第三百五十条第一项的规定,裁定核准云南省高级人民法院维持第一审分别对被告人常茂、吴江以运输毒品罪判处死刑,剥夺政治权利终身,并处没收个人全部财产的刑事裁定。

二、主要问题

1. 对毒品共同犯罪案件如何准确把握死刑政策?

2. 对被告人拒不供认的毒品犯罪案件,如何综合审查证据?

三、裁判理由

(一)判处二名以上主犯死刑符合罪刑相适应原则的,对罪责稍次的主犯亦可适用死刑

与其他类型的犯罪相比较,共同犯罪是毒品犯罪的一个显著特征。特别是在某些地区,毒品

---

① 本文中引用的刑事诉讼法条款均是指2018 年修正前的《刑事诉讼法》,下同。

犯罪日益呈现集团化、专业化的趋势,从以往的单人贩运、售卖形式,逐渐发展为上家总销、下家贩运、马仔分售的复合形态;在毒品犯罪不同阶段,组织严密、分工明确,每一环节均由不同的人专门负责,形成相对固定的犯罪模式。对毒品共同犯罪中各犯罪人刑事责任的评价及以此为基础的量刑是一项复杂而细致的工作,对毒品共同犯罪准确把握死刑政策,有赖于对参与毒品犯罪各行为人行为性质的正确认定以及其在共同犯罪中罪责大小的准确判断。

我国《刑法》第四十八条规定“死刑只适用于罪行极其严重的犯罪分子”,这同样是司法实践中对毒品犯罪适用死刑的总体原则。根据历次毒品犯罪案件工作座谈会纪要精神,毒品共同犯罪案件的死刑适用应当与该案所涉毒品数量、社会危害性及被告人的犯罪情节、主观恶性、人身危险性相适应。综观2000年《全国法院审理毒品犯罪案件工作座谈会纪要》(以下简称《南宁会议纪要》)、2008年《全国部分法院审理毒品犯罪案件工作座谈会纪要》(以下简称《大连会议纪要》)、2015年《全国法院毒品犯罪审判工作座谈会纪要》(以下简称《武汉会议纪要》),体现出量刑标准更加明晰、对死刑适用范围的限定更加严格的趋势。关于主犯的死刑适用问题,《南宁会议纪要》规定,“共同犯罪中能分清主从犯的,不能因为涉案的毒品数量特别巨大,就一律将被告人认定为主犯并判处重刑甚至死刑”。该规定相对笼统,标准亦较为概括,没有就如何对多名主犯适用死刑作出明确规定。《大连会议纪要》的标准则稍显具体化,规定“对于共同犯罪中有多个主犯或者共同犯罪人的,处罚上应做到区别对待。应当全面考察各主犯或共同犯罪人在共同犯罪中实际发挥作用的差别,主观恶性和人身危险性方面的差异,对罪责或者人身危险性更大的主犯或者共同犯罪人依法判处更重的刑罚”。《武汉会议纪要》对死刑适用范围的规定仍以主犯为基础,但对可以适用死刑的主犯范围作出了限定,即“涉案毒品数量刚超过实际掌握的死刑数量标准,依法应当适用死刑的,要尽量区分主犯间的罪责大小,一般只对其中罪责最大的一名主犯判处死刑……二名主犯的罪责均很突出,且均具有法定从重处罚情节的,也要尽可能比较其主观恶性、人身危险性方面的差异,判处二人死刑要特别慎重”。由此可见,同一案件中存在多名主犯时,对于适用死刑的范围的限定日趋严格。但同时,《武汉会议纪要》也规定:“涉案毒品数量达到巨大以上,二名以上主犯的罪责均很突出,或者罪责稍次的主犯具有法定、重大酌定从重处罚情节,判处二人以上死刑符合罪刑相适应原则,并有利于全案量刑平衡的,可以依法判处。”由此,我们认为,同一案件存在多名主犯的,在适用死刑时应遵循两个基本原则:一是慎重适用死刑,在符合法律规定和政策精神的情况下,尽量只对其中罪责最大的一名主犯适用死刑;二是不存在机械的死刑适用的“人数指标”,判处二人以上死刑符合罪刑相适应原则,并有利于全案量刑平衡的,可以依法判处。

1. 对于涉案毒品数量刚超过实际掌握的死刑数量标准,依法应当适用死刑的,一般只对其中罪责最大的一名主犯适用死刑

司法实践中,对于毒品犯罪的量刑通常遵循“数量加情节”的原则,毒品犯罪数量对毒品犯罪的定罪,特别是量刑具有重要的基础性影响,在某种意义上直接关系到对被告人能否适用死刑。当然,毒品数量并不是毒品犯罪量刑的唯一考虑因素,还要综合考虑被告人的犯罪情节、危害后果、主观恶性等多种因素。《武汉会议纪要》即体现了这一精神,依据该纪要的规定,对于涉案毒品数量刚超过实际掌握的死刑数量标准,依法应当适用死刑的,各主犯间的作用能够区分主次的,对于罪责稍次的主犯一般可不适用死刑。

2. 涉案毒品数量达到巨大以上,罪责稍次的主犯具有法定、重大酌定从重处罚情节,判处二人以上死刑符合罪刑相适应原则,并有利于全案量刑平衡的,可以依法判处

在涉案毒品数量达到巨大以上的情况下,判处罪责稍次的主犯死刑仍需具备两个条件:一是

判处二人以上死刑符合罪刑相适应原则,并有利于全案量刑平衡;二是具有法定或重大酌定从重处罚情节。关于法定或重大酌定从重处罚情节的范围,通常包括:(1)累犯、毒品再犯、毒枭、职业毒犯等主观恶性深、人身危险性大的犯罪分子;(2)属于走私、制造毒品和大宗贩卖毒品等源头性犯罪的;(3)武装掩护走私、贩卖、运输、制造毒品的,或以暴力抗拒检查、拘捕,情节严重的;(4)利用、教唆未成年人实施毒品犯罪,或者向未成年人出售毒品的;(5)其他反映被告人主观恶性深、人身危险性大的情节。

在本案中,被告人常茂在共同犯罪中起组织、指挥作用,系罪责最突出的主犯;被告人吴江虽亦系主犯,但其在常茂指挥下负责具体环节的实施,地位和作用小于常茂,系罪责稍次的主犯。最终核准吴江死刑的理由主要是:(1)涉案毒品数量特别巨大。常茂、吴江伙同他人运输毒品海洛因42.52千克、甲基苯丙胺5.965千克,无论是在案发地还是全国,涉毒数量之大,均不多见,这是本案决定死刑适用的重要基础性情节。(2)本案系导致毒品入境的大宗毒品源头性犯罪。近年来境外毒源地对我国毒品渗透不断加剧,云南是缅北毒品向我国渗透的主要通道,毒品入境形势严峻,且大宗毒品犯罪案件多,必须进一步加大打击力度,以震慑毒品犯罪分子,从源头上遏制毒品犯罪。本案中,常茂组织多人从中缅边境接取大宗毒品后在境内运输,吴江直接负责安排人员接取毒品,系致使毒品入境的源头性犯罪,应从严惩处。(3)对吴江适用死刑有利于全案量刑平衡。常茂在共同运输毒品中固然居于总指挥的地位,但本案有多人参与,被告人吴江仅是略次于常茂,相对于其他同案被告人,吴江的地位、作用更为突出;同案被告人王定坤等人的地位和作用均次于吴江,法院依法对王定坤判处死刑,缓期二年执行,对吴江适用死刑有利于全案量刑平衡。综合来看,本案涉案毒品数量特别巨大,系致使毒品入境的大宗毒品源头性犯罪,社会危害极为严重,又具有一定的经营性和组织性,系打击的重点,核准常茂、吴江二人死刑更能体现罪刑相适应。

(二)被告人拒不供认犯罪,但其他证据确实、充分的,可以依法认定相关案件事实

毒品犯罪隐蔽性极强,收集证据的难度高,很多案件的细节需要靠被告人供述来加以证实,因此被告人的供述成为毒品犯罪案件中使用率最高的证据之一。而毒品犯罪的被告人往往具有一定的反侦查能力,尤其是在可能判处死刑的案件中,被告人翻供甚至自始至终不供认犯罪的情况十分常见。对于被告人拒不供认犯罪的案件,应当结合全案证据进行综合分析,审查被告人的无罪辩解是否成立,若其他证据确实、充分、能够证明被告人有罪的,可以依法对被告人定罪处刑。

本案是一起共同犯罪案件,被告人常茂通过电话联络的方式,组织、指挥被告人吴江、吴庆、王勇接取毒品,后交由王克坤、赵泽领、赵成等运输。常茂未直接参与运输犯罪、未直接接触毒品,到案后始终拒不供认犯罪,认定常茂是否参与犯罪及其在共同犯罪中的地位和作用成为本案的关键。综合现有证据,可认定常茂组织、指挥他人运输毒品的犯罪事实,具体分析如下:

1. 公安人员从常茂住处及车内查获手机、笔记本、存款业务凭条等证据,这是确认常茂与本案有关联的基础。(1)从常茂住处查获9部手机,在案发时间段分别与在案其余各被告人有数十次密集通话,其中有些通话长达一两个小时。(2)从常茂住处及包内查获3个笔记本,其中绿色笔记本上所记载的多个手机号码在到案的各被告人处提取,黑色笔记本和几何作业本上记载了部分被告人的代号、运输毒品途中需经过的主要地点、距离、运输中的分工、代号和暗语。(3)从常茂车内及手包内提取到吴江、赵泽领账户的存款业务凭条等书证,吴江供述账户被常茂用以支付毒资、赵泽领供述按照常茂的安排通过银行卡向吴江的账户转账。

2. 有多名被告人指认常茂参与犯罪,多次供述之间相互印证,高度可信。吴江始终稳定供认

系受常茂指使,其余被告人均系常茂组织和指挥;王勇曾供称系由常茂组织和指挥;赵泽领供称系受常茂纠集和指挥;赵成在侦查阶段曾供述经王克坤介绍后帮常茂运输毒品。

3. 常茂之弟常语宏、女友之弟吴彪均证明常茂于案发时间段安排其驾车查看有无警察以探路,佐证常茂参与犯罪。

4. 常茂的无罪辩解与现有证据不符。(1)常茂辩称提取在案的笔记本与其本人无关,其辩解与笔迹鉴定意见所证笔记本上的字迹系由常茂所留相矛盾;(2)常茂辩称在其住处查获的手机系捡得,其辩解与上述手机在案发时间段与其余6名被告人持有的号码均保持密集通话相矛盾;(3)常茂辩称不知道存款凭证等系由何人留在其车内,其辩解与其手机内存有上述存款凭证所记载账号的短信及同案被告人吴江、赵泽领的供述相矛盾。

综上,被告人常茂的无罪辩解与在案证据明显不符,不予采信;根据在常茂住处及车内查获的手机、笔记本、存款凭条以及吴江等同案被告人的有罪供述,足以认定常茂组织、指挥他人运输毒品的犯罪事实。

(撰稿:最高人民法院刑一庭　崔祥莲
审编:最高人民法院刑一庭　管应时)

[第1348号]赛黎华、王翼龙贩卖毒品,赛黎华非法持有毒品案

——如何认定毒品犯罪中的同种罪行及非法持有毒品罪中的“持有”

【关键词】 贩卖毒品罪　非法持有毒品罪　同种罪行　持有　自首

一、基本案情

被告人赛黎华,男,1959年6月25日出生。1999年10月因犯贩卖毒品罪被判处拘役六个月,并处罚金人民币五百元。2017年9月30日因本案被逮捕。

被告人王翼龙,男,1964年4月10日出生。2012年11月因犯贩卖毒品罪被判处拘役四个月,并处罚金人民币一千元。2017年9月30日因本案被逮捕。

上海市宝山区人民检察院以被告人王翼龙犯贩卖毒品罪、被告人赛黎华犯贩卖毒品罪和非法持有毒品罪,向上海市宝山区人民法院提起公诉。

二被告人对指控的犯罪事实无异议。被告人王翼龙的辩护人提出,王翼龙具有坦白情节,希望对其从轻处罚。被告人赛黎华的辩护人提出,赛黎华在被羁押后主动交代自己持有美沙酮,并带领公安人员查获,应认定其非法持有毒品罪构成自首,其未代购或向其他人出售毒品,社会危害性小,希望从轻处罚。

上海市宝山区人民法院经公开审理查明:2017年9月6日15时30分许,被告人王翼龙至本区永乐路、塘后路西侧200米路边处,用一瓶413.69克含有美沙酮成分的液体及人民币200元与被告人赛黎华交易两袋共计1.93克的甲基苯丙胺(冰毒),被民警当场查获,从被告人王翼龙处查获上述甲基苯丙胺,后从被告人赛黎华处查获毒资人民币200元及上述含有美沙酮成分的液体。

上海市宝山区人民法院认为,被告人王翼龙贩卖毒品美沙酮413.69克,被告人赛黎华贩卖

甲基苯丙胺1.93克,其行为均已构成贩卖毒品罪;被告人赛黎华又非法持有美沙酮413.69克,其行为已构成非法持有毒品罪,对两名被告人均应予惩处。赛黎华犯两罪,应予以数罪并罚。赛黎华在被羁押后如实供述其持有毒品美沙酮的犯罪事实,与公安机关已掌握的其贩卖甲基苯丙胺的犯罪事实在法律和事实上具有密切关联,不应认定其在非法持有毒品犯罪中具有自首情节。王翼龙、赛黎华系毒品再犯,依法应当从重处罚。王翼龙、赛黎华到案后如实供述自己的罪行,可依法从轻处罚。依照《中华人民共和国刑法》第三百四十七条第一款、第三款、第四款,第三百四十八条,第三百五十六条,第六十七条第三款,第六十九条,第六十四条之规定,判决如下:

一、被告人王翼龙犯贩卖毒品罪,判处有期徒刑八年,并处罚金人民币八千元;

二、被告人赛黎华犯贩卖毒品罪,判处有期徒刑十个月,并处罚金人民币二千元;犯非法持有毒品罪,判处有期徒刑一年四个月,并处罚金人民币二千元;决定执行有期徒刑二年,并处罚金人民币四千元。

一审宣判后,被告人赛黎华以其主动交代持有美沙酮,原判量刑过重为由提出上诉;其辩护人认为赛黎华在非法持有毒品犯罪中有自首情节。

上海市第二中级人民法院经审理查明的事实和证据与原判决相同。

上海市第二中级人民法院认为,上诉人赛黎华的行为构成贩卖毒品罪与非法持有毒品罪,应予并罚。原审被告人王翼龙向赛黎华出售美沙酮的行为构成贩卖毒品罪。根据在案证据,公安机关掌握二人贩卖毒品的犯罪事实后进行抓捕,虽然赛黎华在到案后的第二天主动供述非法持有美沙酮的行为,公安机关也是在其供述之后扣押了美沙酮,其如实供述的罪行的罪名与公安机关已掌握的贩卖毒品的罪名不同,但两者在法律上、事实上密切关联,赛黎华所持有的美沙酮是其向王翼龙贩卖甲基苯丙胺的对价的一部分,应认定为同种罪行,故赛黎华不构成自首,对上诉人的上诉理由及辩护人的辩护意见不予采纳。原判决根据两名被告人的犯罪事实、性质、均系毒品再犯、均具有如实供述情节等综合考量,对两名被告人所作的量刑并无不当,且诉讼程序合法。依照《中华人民共和国刑事诉讼法》第二百二十五条第一款第(一)项之规定①,裁定如下:

驳回上诉,维持原判。

二、主要问题

1. 如何判断非法持有毒品罪中的“持有”状态?

2. 在自首的认定中如何确定同种罪行?

三、裁判理由

(一)准确认定非法持有毒品罪中的“持有”,根据事实、证据区分“贩卖”与“持有”,合理定性

本案在审理过程中,对被告人赛黎华除构成贩卖毒品罪之外是否构成非法持有毒品罪有三种不同观点:

第一种观点认为,被告人赛黎华向被告人王翼龙贩卖甲基苯丙胺后,获得200元现金及一瓶美沙酮液体,其将装有美沙酮液体的瓶子放在电力助动车(又称自动自行车)的储物箱内后即被民警抓获,其后赛黎华被羁押,电动自行车被暂时扣押,赛黎华没有再接触到上述美沙酮液体,故其对美沙酮液体不具有控制的状态,不构成非法持有毒品罪。

第二种观点认为,被告人赛黎华构成贩卖毒品罪一罪。2015年《全国法院毒品犯罪审判工作座谈会纪要》(以下简称《武汉会议纪要》)规定,贩毒分子被抓获后,对于从其住所、车辆等处查获的毒品,一般均应认定为其贩卖的毒品。故从赛黎华身边查获的毒品可一并计入贩卖毒品的数量。

---

① 此处引用的是修正前的《刑事诉讼法》,对应修正后的《刑事诉讼法》第二百三十六条第一款第(一)项。

第三种观点认可第一种观点中对被告人赛黎华处置美沙酮液体的客观表述,但认为赛黎华将装有美沙酮液体的瓶子放在自己的电力助动车的储物箱时即已经具备了持有毒品的状态,此后不论赛黎华与这些毒品是否处于空间上分离的状态,都不影响其构成非法持有毒品罪。

我们同意第三种观点,具体理由如下:

1. 被告人赛黎华对涉案的美沙酮液体具有支配权,属于"持有"的形式。"持有"是指对毒品实际占有、携有、藏有或者其他方式持有毒品的行为。"持有"是一种事实上的支配,即行为人与毒品之间存在一种事实上的支配与被支配的关系。"持有"不要求物理上的握有,不要求行为人时时刻刻将毒品握在手中、放在身上和装在口袋里,只要行为人认识到它的存在,能够对之进行管理或者支配,就是"持有"。

本案中,被告人王翼龙将装有美沙酮液体的瓶子交给被告人赛黎华后,赛黎华将毒品放在电力助动车的储物箱内,而没有随身携带,但这并不影响赛黎华对该毒品的支配状态,赛黎华当时能够实际占有、控制该毒品。因此,不管赛黎华把毒品放在什么地方保存,均不影响认定其"持有"的状态。第一种观点认为,赛黎华被羁押,电动自行车也被扣押,赛黎华没有再接触到毒品,对毒品不具有控制状态是不能成立的。我国《刑法》中持有型犯罪还包括非法持有枪支罪、非法持有国家机密文件罪等,这些罪均是通过行为人对物品的控制、占有程度来判断是否属于"持有"的状态,而不单纯以时间性和紧密性判断。

2. 有证据表明被告人赛黎华并非将美沙酮液体用于贩卖,而是用于自用。对于第二种观点,《武汉会议纪要》虽规定贩毒人员被抓获后,从其相关处查获的毒品一般均认定为其贩卖的毒品,推定了查获的毒品认定为贩卖的数量,但同时也强调了确有证据证明查获的毒品并非贩毒人员用于贩卖的,应依法定罪。本案中,被告人王翼龙和赛黎华的口供一致,证实赛黎华求购美沙酮缓解毒瘾,属自用,卷中没有任何证据证明赛黎华贩卖美沙酮。故美沙酮的数量不应计入赛黎华贩卖毒品的数量,赛黎华另构成非法持有毒品罪。

(二)在自首的认定中同种罪行不等同于同种罪名

本案中,公安机关事先掌握了被告人赛黎华、王翼龙要交易毒品,继而在双方约定的交易地点将两人抓获,因在现场实施抓捕的公安人员与事先掌握信息的公安人员并非一人,故在现场的公安人员并没有注意赛黎华电动自行车储物箱内装在矿泉水瓶中的橘红色美沙酮液体,没有予以单独扣押、鉴定。赛黎华到案后否认贩卖甲基苯丙胺给王翼龙,同时并未提及王翼龙向其贩卖美沙酮的犯罪事实。次日,在否认自己贩卖甲基苯丙胺的前提下,赛黎华向公安人员供认以200元的价格向王翼龙购买了美沙酮液体。公安人员据此在赛黎华电动自行车储物箱内查获美沙酮液体。而王翼龙到案后只承认其用200元现金向赛黎华购买了2克左右甲基苯丙胺,并未提及美沙酮的事情,在公安人员查获美沙酮一段时间后才承认其用美沙酮液体加上200元现金向赛黎华购买了甲基苯丙胺。

关于被告人赛黎华主动供述向被告人王翼龙购买美沙酮液体能否认定为自首,在审理过程中存在两种观点:第一种观点认为,赛黎华在非法持有毒品犯罪中系自首,因为公安人员未发现赛黎华持有美沙酮的犯罪事实,而王翼龙也未供认该事实,赛黎华属于因贩卖毒品被采取强制措施后交代司法机关尚未掌握的其他罪行,构成自首。第二种观点认为,赛黎华交代持有美沙酮系其贩卖毒品的同种罪行,不构成自首。

我们同意第二种观点,具体理由如下:

1. 符合相关司法解释的规定

《刑法》第六十七条第二款规定了"特殊自首",即被采取强制措施的犯罪嫌疑人、被告人和正在服刑的罪犯,如实供述司法机关还未掌握的本人其他罪行的,以自首论。由于刑法仅规定交代其他罪行,对“其他罪行”的含义并没有予以细化,1998 年《最高人民法院关于处理自首和立功具体应用法律若干问题的解释》(以下简称《解释》)中明确规定,被告人如实供述司法机关尚未掌握的罪行,与司法机关已掌握的罪行属不同种罪行的,以自首论。2010 年《最高人民法院关于处理自首和立功若干具体问题的意见》(以下简称《意见》)对于不同种罪行作出进一步规定,犯罪嫌疑人、被告人在被采取强制措施期间如实供述本人其他罪行,该罪行与司法机关已掌握的罪行属同种罪行还是不同种罪行,一般应以罪名区分。虽然如实供述的其他罪行的罪名与司法机关已掌握犯罪的罪名不同,但如实供述的其他犯罪与司法机关已掌握的犯罪属选择性罪名或者在法律上、事实上密切关联,如因受贿被采取强制措施后,又交代因受贿为他人谋取利益行为,构成滥用职权罪的,应认定为同种罪行。可见,《意见》将选择性罪名或者在法律上、事实上密切关联的其他犯罪认定为同种罪行, 扩充了同种罪行的外延,对自首成立范围进行了限制性解释。

2. 法律上、事实上存在密切联系的罪行属同种罪行

同种罪行主要包括以下三种:第一,相同罪名的罪行;第二,选择性罪名的罪行;第三,法律上、事实上存在密切关联的罪行。除此之外的才能被认定为不同种罪行。

前面两种在审判实践中比较明确,而对于第三种“法律上、事实上密切关联的罪行”的认定,往往在实践中会出现分歧。有观点认为,在法律上密切关联的犯罪,是指不同犯罪的构成要件有交叉或者不同犯罪之间存在对合(对向) 关系、牵连关系、竞合关系或集合关系;在事实上密切关联的犯罪,是不同犯罪之间在犯罪的时间、地点、方法(手段) 、对象、结果等客观事实特征方面有密切联系。[①] 我们认为,在法律上密切关联的犯罪, 一般应从犯罪构成要件考察数种罪行在犯罪主体、客体、客观方面的行为、结果、对象要素上是否具有相近性或包容性;在事实上密切关联的犯罪, 一般依托司法实践,结合日常经验,考察数种行为在发生概率、逻辑以及关系上是否具有关联性。如某人持枪杀人, 其因故意杀人被抓获后, 主动供述了购买枪支的行为, 其购买枪支的行为构成非法买卖枪支罪, 与司法机关此前掌握的故意杀人罪虽不是同一罪名, 但因其在供述故意杀人犯罪事实时, 必须如实供述作为犯罪工具的枪支的来源, 因而, 其所触犯的两个罪名在法律上、事实上均有紧密关联, 其主动供述购买枪支的行为不能认定为自首。

本案当中,被告人赛黎华在公安机关未掌握其持有美沙酮的前提下,主动交代了持有美沙酮的行为,而且持有美沙酮的行为也被法院认定为非法持有毒品罪,与其构成的贩卖毒品罪是不同种罪名。然而,赛黎华所持有的美沙酮系其贩卖甲基苯丙胺对价的一部分,在法律上和事实上与贩卖毒品罪有密切关联,故其主动交代的非法持有毒品罪与公安机关掌握的贩卖毒品罪属于同种罪行,其非法持有毒品罪不应认定为自首。一审、二审法院根据案件事实和犯罪情节,对赛黎华判处的刑罚是适当的。

(撰稿:上海市第二中级人民法院　姜琳炜
审编:最高人民法院刑四庭　陆建红)

① 王飞跃:《自首制度中“如实供述” 的理解与认定》,载《湘潭大学学报》2009 年第 5 期。

[第1384号]孙德柱贩卖毒品、容留他人吸毒案

——容留他人吸毒且提供毒品并收取费用的行为如何定性

【关键词】 贩卖毒品 容留他人吸毒 提供毒品 收取费用

一、基本案情

被告人孙德柱,男,1981年1月17日出生。2016年6月15日被逮捕。

辽宁省大连市普兰店区人民检察院指控被告人孙德柱犯贩卖毒品罪和容留他人吸毒罪,向普兰店区人民法院提起公诉。

被告人孙德柱及其辩护人提出:孙德柱并未向曲某贩卖毒品,而是向他人索要毒品后与曲某、单某等人一起吸食;孙德柱容留他人吸毒并收取费用的行为,属于牟利性容留他人吸毒行为,不构成贩卖毒品罪。

普兰店区人民法院经审理查明:2016年5月中下旬的一天,车某、单某和孙某某先后来到被告人孙德柱位于大连市普兰店区双塔镇永宁村坡子店屯的家中,由孙德柱提供0.1克甲基苯丙胺、吸毒工具和场所,容留车某、单某和孙某某吸食甲基苯丙胺,后车某支付给孙德柱毒资100元。

2016年5月21日下午,赵某来到被告人孙德柱家中,孙德柱提供0.1克甲基苯丙胺和吸毒工具,容留赵某在其家中吸食甲基苯丙胺,后赵某支付给孙德柱毒资100元。

综上,被告人孙德柱容留他人吸食毒品并贩卖毒品两次,共计贩卖甲基苯丙胺0.2克,获利200元。

另查,2016年5月30日,曲某委托被告人孙德柱帮其购买毒品。孙德柱电话联系后告知曲某购买一袋毒品需要300元,曲某遂给孙德柱300元,孙德柱收钱后离开。嗣后,孙德柱携带0.5克甲基苯丙胺返回并交给曲某,之后曲某、单某及孙德柱一同来到单某朋友袁某家中,将该0.5克甲基苯丙胺吸食掉。

普兰店区人民法院认为,被告人孙德柱违反国家毒品管制法规,贩卖甲基苯丙胺,其行为已构成贩卖毒品罪;为他人吸食毒品提供场所,其行为已构成容留他人吸毒罪,应当依法予以并罚。关于公诉机关指控孙德柱向曲某贩卖毒品一节,经查,根据证人曲某、郭某的证言,能够认定孙德柱代购毒品的客观事实,但孙德柱为曲某代购的是用于吸食的毒品且无证据证实孙德柱存在牟利,不应认定为贩卖毒品,故对该节指控不予认定。依照《中华人民共和国刑法》第三百四十七条第一款、第四款、第七款,第三百五十四条,第六十九条第一款、第三款,第五十二条,第五十三条之规定,判决如下:

被告人孙德柱犯贩卖毒品罪,判处有期徒刑一年八个月,并处罚金人民币一千元;犯容留他人吸毒罪,判处有期徒刑八个月,并处罚金人民币一千元,决定执行有期徒刑二年,并处罚金人民币二千元。

一审宣判后,在法定期限内,被告人孙德柱未提出上诉,检察机关亦未抗诉,判决已发生法律效力。

二、主要问题

容留他人吸毒且提供毒品并收取毒品费用的行为如何定性?

三、裁判理由

本案审理中，对被告人孙德柱容留他人吸毒，并提供毒品，又收取毒品费用的行为如何定性，有以下三种不同观点：

第一种观点认为，被告人孙德柱的行为属于牟利性质的容留他人吸毒行为，应构成容留他人吸毒罪。

第二种观点认为，被告人孙德柱提供毒品是容留他人吸毒的方式，根据牵连犯理论，从一重罪处罚，本案应定贩卖毒品罪。

第三种观点认为，被告人孙德柱容留他人吸毒，并提供毒品，又收取毒品费用的行为分别构成容留他人吸毒罪和贩卖毒品罪，应依法予以并罚。

我们同意第三种观点，即被告人孙德柱容留他人吸毒的行为构成容留他人吸毒罪，为吸毒人员提供毒品并收取毒品费用的行为，构成贩卖毒品罪，应依法予以并罚。理由如下：

（一）被告人孙德柱容留他人在自己家中吸食毒品的行为构成容留他人吸毒罪

容留他人吸毒罪，是指为吸食、注射毒品提供场所或者允许他人在自己管理的场所内吸食、注射毒品的行为。只要行为人认识到他人是在自己管理和控制的场所内吸食、注射毒品即可。2016年4月11日施行的《最高人民法院关于审理毒品犯罪案件适用法律若干问题的解释》（以下简称《毒品解释》）第十二条对构成容留他人吸毒罪的情形进行了明确，规定“容留他人吸食、注射毒品，具有下列情形之一的，应当依照刑法第三百五十四条的规定，以容留他人吸毒罪定罪处罚：（一）一次容留多人吸食、注射毒品的；（二）二年内多次容留他人吸食、注射毒品的；（三）二年内曾因容留他人吸食、注射毒品受过行政处罚的；（四）容留未成年人吸食、注射毒品的；（五）以牟利为目的容留他人吸食、注射毒品的；（六）容留他人吸食、注射毒品造成严重后果的；（七）其他应当追究刑事责任的情形”。

本案中，被告人孙德柱容留车某、单某、孙某某在其家中一起吸食毒品，属于《毒品解释》第十二条第一款第（一）项规定的“一次容留多人吸食、注射毒品的”的情形，因此，仅依据此节事实，就可认定孙德柱容留他人吸食毒品的行为构成容留他人吸毒罪。至于其还另外容留赵某吸食毒品的行为，则可作为犯罪情节，在量刑时予以考虑。

（二）在容留他人吸毒的场所为吸毒者提供毒品并收取毒品费用的行为，构成贩卖毒品罪

容留他人吸毒罪中行为人的犯罪动机多样，有聚众取乐型，也有谋取利益型。实践中，本罪多发生在旅馆、饭店及茶馆、歌舞厅、棋牌室等休闲娱乐场所，行为人大都是出于招揽生意或者牟取非法收入而容留他人吸毒。容留吸毒的方式一般是仅提供场所，并不包含提供毒品。出于“以牟利为目的”而容留他人吸毒行为的，《毒品解释》规定，此情形下容留他人吸毒行为构成容留他人吸毒罪的，没有人数、次数及其他后果的限制。根据《毒品解释》第十二条第一款第（五）项规定，“以牟利为目的的容留他人吸食、注射毒品的”，以容留他人吸毒罪定罪处罚。

问题的关键在于如何理解这里的“以牟利为目的”？在容留他人吸毒的场所向吸毒者提供毒品并收取毒品费用的行为，是贩卖毒品的犯罪行为还是容留他人吸毒行为的定罪量刑情节？我们认为，这里的“以牟利为目的”，指的是通过容留他人吸毒行为而获取场所费用或者管理费用等利益，而不是贩卖毒品所获取的利益。理由如下：（1）符合《毒品解释》的规定。根据《毒品解释》第十二条第二款的规定：“向他人贩卖毒品后又容留其吸食、注射毒品，或者容留他人吸食、注射毒品并向其贩卖毒品，符合前款规定的容留他人吸毒罪的定罪条件的，以贩卖毒品罪和容留他人吸毒罪数罪并罚。”（2）提供场所容留他人吸毒和提供收费毒品是两个互相独立的行为。本案中，被告人孙德柱容留他人吸毒行为与提供收费毒品即贩卖毒品行为，虽然发生在同一个场所，且行

为人为同一主体，侵犯的客体从大的方面讲，也都是国家对毒品的管制，但行为的客观方面却是不相同的。前者实施的是提供吸毒场所行为，后者实施的是贩卖毒品行为。(3)符合行为本身的罪质，也有利于突出打击重点。从罪质方面看，贩卖毒品罪的罪质明显重于容留他人吸毒罪的罪质，即使因为法律规定可以作一罪处理，也是重罪吸收轻罪，而不是轻罪吸收重罪。因而认为构成容留他人吸毒罪一罪的观点显然不成立。(4)“以牟利为目的”并非构成容留他人吸毒罪的必要条件。《毒品解释》只是规定了行为人在“以牟利为目的”的情形下，对容留他人吸毒行为构成犯罪的条件作了有别于其他情形的规定，但不能因为《毒品解释》的这一规定，而将贩卖毒品行为的牟利特征理解为容留他人吸毒罪的必要构成要件。

在实践中，行为人在收取费用时，如果不提供毒品，仅提供场所，对这种情形认定为“以牟利为目的”的容留他人吸毒行为，没有争议。有争议的是，行为人不仅提供吸毒场所，而且提供毒品、收取费用，但却与吸毒者言明，此费用仅是场所费用及其他非毒品费用，如茶水费等，且明确毒品系赠食的情况下，其行为性质应该如何认定？我们认为，对此种情形，要透过现象看本质。在一般情况下，行为人所收取的费用当然包括购买毒品的费用。实际上，这是行为人销售毒品的一种方式，销售毒品的数量就是其提供的毒品数量。根据司法解释的规定，贩卖毒品与容留吸毒均应单独评价。需要注意的是，一般情况下，只要行为人有向他人提供毒品、收取费用的行为即可认定贩卖毒品，而无须证明行为人从中获利。但同样需要注意，避免对收取费用行为进行重复评价，尤其在“以牟利为目的”构成容留他人吸毒罪的情形中，除非有证据支持行为人收取的费用中既包括贩卖毒品的费用，也包括提供场地、吸毒便利的费用。

另外，本案第三节事实即被告人孙德柱为曲某代购 0.5 克甲基苯丙胺后用于其与曲某、袁某、单某一同吸食的行为，原审法院未将此认定为贩卖毒品行为是正确的。认定孙德柱代购行为是否构成贩卖毒品罪的关键在于孙德柱是否通过代购毒品谋取了非法利益。但在案证据不能证实此点。《全国部分法院审理毒品犯罪案件工作座谈会纪要》规定：“有证据证明行为人不以牟利为目的，为他人代购仅用于吸食的毒品，毒品数量超过刑法第三百四十八条规定的最低数量标准的，对托购者、代购者应以非法持有毒品罪定罪。代购者从中牟利，变相加价贩卖毒品的，对代购者应以贩卖毒品罪定罪”。根据这一规定，对于孙德柱代购毒品，仅是为了与他人共同吸食的行为，因其数量未超过《刑法》第三百四十八条非法持有毒品罪规定的最低数量标准(10 克)，原审法院未作犯罪处理是正确的。

综上，原审法院认定被告人孙德柱既提供场所容留他人吸食毒品，又提供毒品且收取费用的行为，分别构成容留他人吸毒罪、贩卖毒品罪，予以数罪并罚，是正确的。

(撰稿：辽宁省大连市中级人民法院　马晓国
审编：最高人民法院刑四庭　陆建红)

[第 1385 号]齐先贺贩卖、运输毒品案

——如何区分毒品代购与加价贩卖

【关键词】　贩卖、运输毒品罪　代购　加价贩卖

一、基本案情

被告人齐先贺，男，1972 年 10 月 2 日出生。1993 年 9 月 25 日因犯敲诈勒索罪被判处有期徒

刑二年,缓刑二年;2009年10月23日因犯盗窃罪被判处有期徒刑一年;2011年3月30日因犯盗窃罪被判处有期徒刑二年六个月,2012年8月31日刑满释放。2015年6月19日因本案被逮捕。

辽宁省营口市人民检察院指控被告人齐先贺犯贩卖、运输毒品罪,向营口市中级人民法院提起公诉。

被告人齐先贺辩称,自己购买的近3千克甲基苯丙胺(冰毒)是为了吸食,没有贩卖过毒品。被抓时才知道同案被告人信国、信平的4千克甲基苯丙胺也在其车上。其辩护人提出,齐先贺是代购代买,在贩卖毒品共同犯罪中是从犯。

营口市中级人民法院经审理查明:2015年5月初,被告人齐先贺与信国(同案被告人,已判刑)一起吸食毒品后,提及自己可买到低价甲基苯丙胺,信国与其哥哥信平(同案被告人,已判刑)即欲购买。同月9日,齐先贺乘火车到广东省陆丰市,与毒品上家商定取货每克40元,送货每克80元。齐先贺遂电话告知信国每克80元,信国与信平商议后,决定购买甲基苯丙胺4 000克,先汇购毒款22万元,尾款收货时付清。后信国、信平先后向齐先贺汇款15万元、7万元。齐先贺到广东省东莞市购买银色福特轿车一辆,以备运输毒品之用。同月14日,齐先贺从上家购买甲基苯丙胺7包,并驾车运往辽宁省。16日15时许,齐先贺在京沈高速公路塔山服务区被抓获,公安人员当场从其所驾车辆备胎存放处查获甲基苯丙胺3包(2 973克)、从后备厢矿泉水箱底部查获甲基苯丙胺4包(4 001.8克),共计6 974.8克。

营口市中级人民法院认为,被告人齐先贺违反国家毒品管理法规,贩卖、运输甲基苯丙胺,其行为已构成贩卖、运输毒品罪。检察机关指控的事实清楚,证据确实、充分,指控的罪名成立。齐先贺跨省运输甲基苯丙胺6 974.8克,其中明知购毒者以贩卖为目的,而帮其代买甲基苯丙胺4 001.8克,构成贩卖毒品罪共犯,齐先贺是毒品主要联络者、实际交易者,系主犯。齐先贺贩卖甲基苯丙胺数量特别巨大,社会危害性极大,罪行极其严重,且系累犯,应从重处罚。依照《中华人民共和国刑法》第三百四十七条,第二十五条,第二十六条第一款、第四款,第四十八条,第五十七条第一款,第六十四条,第六十五条第一款之规定,判决如下:

被告人齐先贺犯贩卖、运输毒品罪,判处死刑,剥夺政治权利终身,并处没收个人全部财产。

一审宣判后,被告人齐先贺上诉提出,其购买的3 000克毒品用于吸食,对将信国、信平购买的4 000克冰毒运输回来并不知情。其辩护人提出,齐先贺属代购代买,应认定为从犯;自愿认罪,具有坦白情节;涉案毒品被全部查获,未流入社会,未造成较大危害。

辽宁省高级人民法院经审理认为,被告人齐先贺赴南方购回大量甲基苯丙胺,将其中4 000余克以每克80元送货价转卖给信平、信国,系与信平、信国的实际交易人,应认定为独立毒品上线,原判认定齐先贺为信平、信国代购毒品,系共犯不妥,应予纠正。齐先贺贩卖、运输毒品数量巨大,罪行极其严重,又系累犯,依法应当判处死刑。归案后虽能积极认罪,但不足以从轻处罚。据此,判决如下:

驳回被告人齐先贺的上诉,维持原判。并依法报请最高人民法院核准。

最高人民法院经复核认为,被告人齐先贺违反国家毒品管制法规,贩卖、运输甲基苯丙胺,其行为已构成贩卖、运输毒品罪。其贩卖、运输毒品数量大,社会危害大,且曾多次犯罪被判刑,又系累犯,依法应从重处罚。依照《中华人民共和国刑事诉讼法》第二百三十五条、第二百三十九条①和《最高人民法院关于适用〈中华人民共和国刑事诉讼法〉的解释》第三百五十条第(一)项的规定,裁定如下:

---

① 此处引用的是2012年《刑事诉讼法》,对应2018年修正后的《刑事诉讼法》第二百四十六条、第二百五十条。

核准辽宁省高级人民法院(2016)辽刑终315号维持第一审以贩卖、运输毒品罪判处被告人齐先贺死刑,剥夺政治权利终身,并处没收个人全部财产的刑事判决。

二、主要问题

被告人齐先贺为同案被告人信平、信国购买的4 001.8克甲基苯丙胺是代购还是加价贩卖?

三、裁判理由

本案审理过程中,对被告人齐先贺为同案被告人信平、信国购买的4 000余克毒品如何定性,有两种不同观点:

第一种观点认为,现有证据只能证明信平、信国共给被告人齐先贺汇款22万元,因毒品上家“阿日”并未到案,齐先贺从上家购买的单价、支付毒资等均无充分证据证明,认定齐先贺牟利的证据不足。但现有证据足以证实齐先贺明知信平、信国贩毒,仍为二人代买毒品,构成贩卖毒品罪的共犯。

第二种观点认为,被告人齐先贺独自前往广东与上家交易,其与上家约定是每克40元,而告知信平、信国的交易价格是每克80元,信平、信国据此先行汇款22万元,并准备在接货时支付另外8万元。齐先贺供称已向上家付款27万元,尚欠17万元,齐先贺所付的27万元与当面交易价格每克40元(7 000克)最为接近。齐先贺供述已与上家交易完,上家已将其联系的电话卡销毁。广东与辽宁相距甚远,如失去联络,所欠17万元尾款恐很难收回,齐先贺被抓时又在其车上搜出全部6 974.8克毒品,可推定齐先贺与上家钱货两清。齐先贺是信平、信国的上家,而非共犯关系。

我们同意第二种观点。具体理由如下:

1.被告人齐先贺不属于狭义的毒品代购

毒品“代购”一词始于2000年4月印发的《全国法院审理毒品犯罪案件工作座谈会纪要》(以下简称《南宁会议纪要》,已废止)的规定:“有证据证明行为人不是以营利为目的,为他人代买仅用于吸食的毒品,毒品数量超过刑法第三百四十八条规定数量最低标准,构成犯罪的,托购者、代购者均构成非法持有毒品罪。”2008年12月印发的《全国部分法院审理毒品犯罪案件工作座谈会纪要》(以下简称《大连会议纪要》)对此予以完善:“有证据证明行为人不以牟利为目的,为他人代购仅用于吸食的毒品,毒品数量超过刑法第三百四十八条规定的最低数量标准的,对托购者、代购者应以非法持有毒品罪定罪。代购者从中牟利,变相加价贩卖毒品的,对代购者应以贩卖毒品罪定罪。明知他人实施毒品犯罪而为其居间介绍、代购代卖的,无论是否牟利,都应以相关毒品犯罪的共犯论处。”2015年5月印发的《全国法院毒品犯罪审判工作座谈会纪要》(以下简称《武汉会议纪要》)在《大连会议纪要》的基础上进一步补充规定:“行为人为吸毒者代购毒品,在运输过程中被查获,没有证据证明托购者、代购者是为了实施贩卖毒品等其他犯罪,毒品数量达到较大以上的,对托购者、代购者以运输毒品罪的共犯论处。行为人为他人代购仅用于吸食的毒品,在交通、食宿等必要开销之外收取‘介绍费’‘劳务费’,或者以贩卖为目的收取部分毒品作为酬劳的,应视为从中牟利,属于变相加价贩卖毒品,以贩卖毒品罪定罪处罚。”

根据以上规定,毒品代购有广义和狭义之分,狭义的毒品代购,是指行为人受吸毒者委托无偿为吸毒者代为购买仅用于吸食的毒品。广义的毒品代购,既包括狭义的毒品代购,也包括明知他人实施毒品犯罪而为其代购毒品以及介绍毒品买卖等情形。在狭义的毒品代购中,如果代购毒品数量超过《刑法》第三百四十八条规定的最低数量标准的,对托购者、代购者均应以非法持有毒品罪定罪处罚;如果代购毒品在运输途中被查获,且没有证据证明托购者、代购者是为了实施贩卖毒品等其他犯罪,毒品数量达较大以上的,对托购者、代购者以运输毒品罪的共犯论处;如果代购者从中牟利的,对代购者以贩卖毒品罪定罪处罚。

具体到本案中,对被告人齐先贺的行为显然不能用狭义的毒品代购来评价,理由如下:

第一,狭义的毒品代购要求委托者需是吸毒者,且其购买毒品的目的仅为吸食。本案中,信平、信国购买毒品数量达4 000余克,显然超出了正常吸食量,且被告人齐先贺明知信平、信国是贩毒者而不是单纯的吸毒者,其二人购买毒品的目的是贩卖而非吸食。

第二,狭义的毒品代购一般要求代购者代购毒品是无偿的,只有在无偿且构成犯罪的前提下,代购者与托购者才构成非法持有毒品罪或者运输毒品罪的共犯。但被告人齐先贺关于其未牟利的辩解明显不成立。其一,从齐先贺与信平、信国的关系看,齐先贺与信国只是普通的狱友,信平是信国的哥哥,之前与齐先贺无任何交往,双方之间的关系密切度较低,与代购并长途运输大量毒品的巨大风险不相称。其二,根据齐先贺、信国供述,齐先贺先要求信平、信国最低购买5公斤毒品,信平、信国因钱不够,说只能买3公斤,齐先贺不同意,二人才答应借钱买4公斤。此节充分说明,齐先贺对毒品数量与信平、信国进行了协商,不符合代购中被代购者确定购买量的常理。其三,从银行账户明细看,信国、信平先后共向齐先贺汇款22万元,公安机关抓获信平后,从信平处扣押其准备从齐先贺处接收毒品时支付的尚欠毒资8万元,信平、信国共应向齐先贺支付30万元,二人购买毒品的价格接近每克80元。齐先贺供称其已向上家支付毒资27万元(交易期间,齐先贺银行卡共支出29.9万元,抓获齐先贺时从其身上扣押现金2万元),从其车上共查获毒品约7公斤,可印证其供述从上家购买毒品价格是每克40元的细节。齐先贺供上门取货是每克40元,上家送货是每克80元。则信平、信国以每克80元的价格买进毒品,必须上家送货。而本案所涉毒品全部从齐先贺所驾汽车上查获,且除齐先贺外,再无其他人同行,齐先贺明显是送货人。齐先贺以每克40元的价格从上家购买,再以每克80元的价格卖给信平、信国,每克赚取差价40元,其辩解未牟利不能成立。

2. 被告人齐先贺的行为亦不属于广义的毒品代购

《大连会议纪要》规定,明知他人实施毒品犯罪而为其居间介绍、代购代卖的,无论是否牟利,都应以其实施的毒品犯罪的共犯论处。那么,本案能否以此为依据,从广义的毒品代购角度来认定齐先贺与信平、信国是贩卖毒品罪的共犯?我们持否定意见。主要理由如下:

第一,被告人齐先贺不属于居间介绍。居间介绍一般是指居间人按照自己的意愿为贩毒者、购毒者提供交易信息或介绍交易对象等帮助行为,积极促成贩毒者与购毒者达成毒品交易。在交易过程中,居间介绍人只是中间人,并不是一方交易主体,实际的交易主体仍然是贩毒者与购毒者。《武汉会议纪要》规定,居间介绍者受贩毒者委托,为其介绍联络购毒者的,与贩毒者构成贩卖毒品罪的共同犯罪;明知购毒者以贩卖为目的购买毒品,受委托为其介绍联络贩毒者的,与购毒者构成贩卖毒品罪的共同犯罪;同时与贩毒者、购毒者共谋,联络促成双方交易的,通常认定与贩毒者构成贩卖毒品罪的共同犯罪。因为上述情形下,居间人主观上有共同犯罪的故意,客观上有贩卖毒品或者为毒品犯罪分子提供信息帮助的行为,故不论其是否获利,都可以构成贩卖毒品罪的共犯。本案中,齐先贺主观上与贩毒者及购毒者信平、信国均无共同的犯罪故意,客观上也不是为贩毒者与信平、信国提供交易机会,以促成贩毒者与信平、信国达成毒品交易,而是其本人实际参与交易,即先作为下家与贩毒者达成交易,再作为上家与购毒者信平、信国达成交易,其与前后环节的交易对象都是上下家关系,显然不属于居间介绍。

第二,被告人齐先贺亦不属代购代买。司法实践中,为他人代购毒品一般可分两种情况:一种情况是托购者自己直接或者间接与贩毒者进行联系,但因为时间、地点或其他一些特殊原因,托购者无法或不愿亲自前往,即委托代购者向贩毒者代为购买指定数量、品种或者价格等相对固定的毒品。此种情形下,代购者主观上有帮助托购者购买毒品的故意,客观上充当了托购者的工具,替代托购者去购买了毒品,如果其明知托购者是为贩卖而代购,不论其是否牟利,当然与托购者构成贩卖毒品罪的共犯。另一种情况是托购者不知购毒渠道,但知道代购者有毒品来源,即委托代购者代为购买。此种情形下,虽然代购者并未将毒品买卖双方介绍到一起,看似是一种为他人代买的行为,但此时代购者因为自己认识和熟悉贩毒者,在得知托购者有购毒需求后,即通过自己的撮合让托购者实现了其购毒的需求,也帮助贩毒者顺利找到了买家,故其实质上仍然是一种具有居间性质的行为。如果代购者明知托购者购买毒品的目的是贩卖,则与托购者构成贩卖毒品罪的共犯。本案中,齐先贺的行为显然不属于第一种情形,虽接近第二种情形但仍有区别。因为,第二种情形下的代购实质仍为居间介绍,且第二种情形下的毒品代购,托购者与代购者之间也需以存在委托关系为前提,即代购者必须是受托购者的委托而代为购买毒品。在委托关系中,托购者与代购者必须事先对代为购买毒品的数量、种类、价格、代购者是否获利及获利多少、获利方式等均需有明确约定。如果双方事先没有约定,事后代购者向托购者隐瞒重要价格信息等从中牟利,实质上即相当于变相加价贩卖,代购者即成为托购者的实际上家,而不再是居间介绍人。本案中,从三人供述看,信平、信国与齐先贺对双方是委托关系还是上下家关系并不明确,此时即需要结合毒品的实际交易过程来分析。在案证据显示,信平、信国与齐先贺事先对齐先贺是否获利,获利多少、获利方式等均无约定,但在实际交易时,齐先贺先以每克 40 元的价格与贩毒者完成交易,而后对信平、信国隐瞒该重要价格信息,再以每克 80 元的价格卖与信平、信国,此时,齐先贺实际上已经是信平、信国的上家而非共犯,故齐先贺与信平、信国不构成贩卖毒品罪的共犯。

综上,二审法院认定被告人齐先贺为独立毒品上线,不属于毒品代购是正确的。法院以贩卖、运输毒品罪判处被告人死刑,剥夺政治权利终身,并处没收个人全部财产是适当的。

（撰稿:最高人民法院刑四庭　曾广东　郭艳地
审编:最高人民法院刑四庭　周　峰)

八、组织、强迫、引诱、容留卖淫罪

[第972号]王志余、秦群英容留卖淫案

——行政执法过程中收集的言词证据,是否可以直接作为刑事证据使用以及重新收集的言词证据是否在程序上具有特殊要求

【关键词】 容留卖淫罪 言词证据 行政执法过程中收集的言词证据 刑事证据 重新收集的言词证据

一、基本案情

被告人王志余,男,1952年9月26日出生,个体经营户。2012年6月8日因涉嫌犯介绍、容留卖淫罪被逮捕。

被告人秦群英(系被告人王志余之妻),女,1968年10月29日出生。2012年6月8日因涉嫌犯容留卖淫罪被逮捕。

江苏省海安县人民检察院以被告人王志余犯介绍、容留卖淫罪,被告人秦群英犯容留卖淫罪,向海安县人民法院提起公诉。其中,起诉时指控王志余介绍、容留2名卖淫女在其经营的浴室内向19名嫖客卖淫22次,秦群英参与其中15次容留卖淫。

被告人王志余辩称,其知道卖淫女在浴室内卖淫,但指控的次数偏多。其辩护人提出,本案涉及的治安行政处罚中对当事人的询问笔录,不应直接作为刑事诉讼中的证人证言使用;公安机关已对王志余进行了行政处罚,不应再追究其刑事责任;王志余容留卖淫,未达到"情节严重"的程度。

海安县人民法院经审理查明:被告人王志余、秦群英夫妇共同经营海安县曲塘镇白塘浴室。王志余、秦群英明知周某宜、周某菊系卖淫人员,仍于2012年1月至3月间容留二人在该浴室内向张某、于某、孙某等9名嫖娼人员卖淫9次。卖淫时,由卖淫女直接向嫖娼人员收取嫖资,然后按约定比例与二被告人分成,王志余共从中获利160元。其中,王志余参与全部作案,秦群英参与作案2起。同年3月6日,公安机关查明周某宜、周某菊有卖淫行为。经进一步调查,发现王志余、秦群英涉嫌介绍、容留卖淫,遂于同年5月将该案作为刑事案件立案侦查。公安机关共查获19名嫖娼人员,对相关人员按照治安处罚法规定的程序制作了询问笔录,后对其中9名嫖娼人员和2名卖淫女按照刑事诉讼法规定的程序重新收集证言。

海安县人民法院认为,被告人王志余单独或者伙同被告人秦群英在经营的浴室内容留卖淫女从事卖淫活动,二人的行为均构成容留卖淫罪。公安机关在查处卖淫嫖娼活动中形成的言词证据可以作为行政处罚的依据,但不得直接作为刑事诉讼证据使用。本案审理过程中,公诉机关提供了侦查机关对张某、于某、孙某等9人的询问笔录,上述笔录与证人周某菊、周某宜的证言和二被告人的供述能够相互印证,充分证实王志余容留卖淫女在其经营的浴室内卖淫9次,秦群英容留上述卖淫女卖淫2次。对公诉机关指控的其他容留卖淫事实不予认定。据此,依照《中华人民共和国刑法》第三百五十九条第一款,第二十五条第一款,第二十六条第一款、第四款,第二十七条,第六十四条之规定,海安县人民法院判决如下:

1. 被告人王志余犯容留卖淫罪,判处有期徒刑三年三个月,并处罚金人民币一万元。

2. 被告人秦群英犯容留卖淫罪,判处有期徒刑八个月,并处罚金人民币三千元。

一审宣判后,海安县人民检察院提出抗诉认为,公安机关查办治安案件时所作询问的内容、程序与刑事诉讼中的询问一致,指控的被告人王志余、秦群英容留周某宜、周某菊卖淫的事实,已由行政处罚决定书确认,相关卖淫嫖娼人员均无异议。起诉书据此指控王志余、秦群英分别介绍、容留卖淫 22 人次和 15 人次并无不当。一审判决对指控的大部分事实不予认定,属于认定事实错误,并导致量刑明显不当。南通市人民检察院对上述抗诉意见予以支持。

二审庭审中,检察员当庭提供了公安机关于二审期间补充制作的孙某等 3 名嫖娼人员的询问笔录,并说明其余 7 名嫖娼人员的证言无法及时收集。

南通市中级人民法院经审理认为,被告人王志余单独或者伙同被告人秦群英在经营的浴室内容留卖淫女从事卖淫活动,二被告人的行为均构成容留卖淫罪。根据《中华人民共和国刑事诉讼法》第五十二条第二款以及《最高人民法院关于适用〈中华人民共和国刑事诉讼法〉的解释》第六十三条、第六十五条第一款的规定,在刑事诉讼中除物证、书证、视听资料、电子数据等客观性较强的证据材料外,行政机关在行政执法和查办案件过程中收集的言词类证据材料应当由侦查机关重新收集、调取,不可直接作为证据使用,对重新收集、调取的言词证据材料,经法庭查证属实,且收集程序合法的,可以作为定案的根据。故抗诉机关的抗诉意见不能成立,不予采纳。一审法院认定的事实清楚,证据确实、充分,审判程序合法,量刑适当。据此,南通市中级人民法院裁定驳回抗诉,维持原判。

二、主要问题

1. 行政执法过程中收集的言词证据材料是否可以直接作为刑事诉讼中的证据使用?

2. 重新收集的言词证据作为刑事定案证据使用是否在提取、查实程序上具有特殊要求?

三、裁判理由

(一)行政执法中收集的言词证据,只有经过侦查机关依法重新取证的才具有刑事证据资格

对行政执法中收集的证据在刑事诉讼中是否采信、如何采信,1996 年修订的刑事诉讼法并未作出规定。从现行刑事诉讼理念出发,刑事诉讼中据以定案的证据必须系具有侦查权的主体依照刑事诉讼法的规定收集、调取、制作,并经庭审质证才可以作为证据使用。而行政执法机关并非法定的刑事侦查主体,故严格按照上述理念,无论是行政执法部门收集、调取、制作的物证、书证、视听资料、检验报告、鉴定意见、勘验笔录、现场笔录等客观性证据,还是证人证言、当事人陈述等主观性证据,均应在进入刑事诉讼程序后由侦查机关重新收集。然而,从实际情况出发,特别是从主观性证据和客观性证据的形成过程分析,主观性证据系在取证时临时生成,其内容受取证程序的影响较大;而客观性证据在取证前业已存在,其内容受取证程序的影响较小。为提高诉讼效率,节约司法资源,允许在行政执法程序中收集的客观性证据经一定程序转化为刑事证据是可行的、必要的。最高人民法院、最高人民检察院、公安部于 2011 年联合下发的《关于办理侵犯知识产权刑事案件适用法律若干问题的意见》首次对行政执法部门收集、调取的证据在刑事诉讼中的效力问题作出规定,根据证据的性质区分为两种情形:“行政执法部门依法收集、调取、制作的物证、书证、视听资料、检验报告、鉴定结论、勘验笔录、现场笔录,经公安机关、人民检察院审查,人民法院庭审质证确认,可以作为刑事证据使用。行政执法部门制作的证人证言、当事人陈述等调查笔录,公安机关认为有必要作为刑事证据使用的,应当依法重新收集、制作。”刑事诉讼法第五十二条第二款规定:“行政机关在行政执法和查办案件过程中收集的物证、书证、视听资料、电子数据等证据材料,在刑事诉讼中可以作为证据使用。”显然,被害人陈述、证人证言等言词证据未被规定在内,行政执法机关收集的言词证据不具有刑事诉讼证据资格。

言词证据具有较强的主观性，容易发生变化，对行政机关依据行政法律法规取证的程序要求明显不如刑事诉讼严格。根据刑事诉讼法有关规定，证人有意作伪证或者隐匿罪证，严重的可以伪证罪追究刑事责任；采用暴力、威胁等非法方法收集的证人证言、被害人陈述，应当予以排除；法庭审理过程中，当事人有权申请证人出庭作证；证人受到打击报复的，可以请求司法机关予以保护，甚至可以打击报复证人罪追究相关行为人的刑事责任。上述规定赋予证人的刑事诉讼权利、义务，在行政执法程序中并不能完全体现出来。即使同一个证人在不同的程序中证明同一件事，因其作证时具有不同的权利义务，叙述事实时可能会有所取舍。在刑事诉讼中对证人证言进行重新收集，让证人在更为严格的刑事诉讼权利、义务背景下叙述事实，能够保证其证言具有较强的可信性，也更有利于查明案件事实，保障当事人的权利。《人民检察院刑事诉讼规则(试行)》第六十四条第三款规定："人民检察院办理直接受理立案侦查的案件，对于有关机关在行政执法和查办案件过程中收集的涉案人员供述或者相关人员的证言、陈述，应当重新收集；确有证据证实涉案人员或者相关人员因路途遥远、死亡、失踪或丧失作证能力，无法重新收集，但供述、证言或者陈述的来源、收集程序合法，并有其他证据相印证，经人民检察院审查符合法定要求的，可以作为证据使用。"该款规定亦体现了这一精神，即刑事诉讼中的言词证据原则上应当重新收集，特殊情况下也可以进行适当形式转换，但必须有其他证据相互印证。公安机关查办卖淫嫖娼等行政违法案件时，发现有犯罪线索的，在刑事立案后，对行政执法中收集的言词证据，认为确有必要作为刑事证据使用的，应当由侦查人员依据刑事诉讼法的规定在告知权利与义务、相关法律后果后，向证人、当事人重新取证。不能因其职权的双重性，混淆行政处罚与刑事诉讼程序，任意转换不同程序进行执法。未经重新收集、制作的言词证据，不能作为刑事诉讼证据使用。故本案检察机关所提应当以行政执法过程中获取的证据认定被告人王志余、秦群英容留卖淫 22 次、涉及嫖娼人员 19 人的抗诉意见不能成立。

(二)重新收集的言词证据，不能依照治安处罚法的规定程序提取，且需经庭审质证、查证属实方可作为刑事定案证据使用

《最高人民法院关于适用〈中华人民共和国刑事诉讼法〉的解释》第六十三条规定："证据未经当庭出示、辨认、质证等法庭调查程序查证属实，不得作为定案的根据，但法律和本解释另有规定的除外。"本案一审中，检察机关仅向法院提供了重新收集的 9 名嫖娼人员及 2 名卖淫女的证言用以质证，对其余 10 名嫖娼人员的取证情况未予说明。二审中，检察员又向法庭提供了重新收集的 3 名嫖娼人员的证言用以质证，对未能向其余 7 名嫖娼人员取证的原因作了说明。在案证据材料显示，公安机关在刑事立案后，对该 10 名嫖娼人员仍然是依照治安处罚法的相关程序收集、制作笔录，取证程序不符合刑事诉讼法的规定。同时，这些言词证据材料提及的嫖资数额等内容与卖淫女证实卖淫一次收取 100 元嫖资等内容并不能完全印证，部分笔录记载的询问人与签名人不一致，同一办案人员既参与行政执法调查又参与刑事侦查，有先入为主之嫌。一审法院充分考虑上述证据材料的程序瑕疵以及与其他证据间的矛盾，经庭审质证后，排除其证据资格并无不当。二审中，检察员提交的 3 名嫖娼人员的证言材料仅证实其 3 人在白塘浴室有过嫖娼行为，不能证明王志余、秦群英明知并容留其 3 人嫖娼。且王志余、秦群英对该 3 人的证言亦不予认可，因此不能依据检察机关重新提供的 3 名嫖娼人员的证言，增加认定王志余、秦群英容留卖淫犯罪的次数。

(撰稿：江苏省南通市中级人民法院　杜开林

审编：最高人民法院刑五庭　马　岩)

[第973号]聂姣莲介绍卖淫案

——如何区分介绍卖淫的一般违法行为和介绍卖淫罪，以及如何认定介绍卖淫罪中的“情节严重”

【关键词】 介绍卖淫罪 介绍卖淫 情节严重

一、基本案情

被告人聂姣莲，女，1982年3月10日出生，无业。2012年7月14日因涉嫌介绍卖淫罪被逮捕。

湖南省湘潭市雨湖区人民检察院以被告人聂姣莲犯介绍卖淫罪，向湘潭市雨湖区人民法院提起公诉。

被告人聂姣莲对起诉书指控的事实及罪名均无异议。

湘潭市雨湖区人民法院经公开审理查明：

2011年10月左右的一天晚上，被告人聂姣莲介绍卖淫女杨某给张某嫖宿，双方在湘潭市韶山西路“金地宾馆”二楼一房间发生了性关系。事后聂姣莲收取杨某“介绍费”100元。

2012年元月初的一天晚上，聂姣莲介绍卖淫女肖某给张某嫖宿，双方在湘潭市九华“铭鸿大酒店”四楼一房间发生了性关系。事后聂姣莲收取了肖某“介绍费”100元。

2012年2月的一天凌晨，聂姣莲介绍卖淫女肖某给张某嫖宿，双方在湘潭市韶山西路“金地宾馆”206房间发生了性关系。事后聂姣莲收取了肖某“介绍费”100元。

2012年2月中、下旬的一天晚上，聂姣莲介绍卖淫女杨某给张某嫖宿，双方在湘潭市九华大兴安置区“源毅宾馆”302房间发生了性关系。事后聂姣莲收取了杨某“介绍费”100元。

湘潭市雨湖区人民法院认为，被告人聂姣莲以牟利为目的，多次介绍他人卖淫，情节严重，其行为构成介绍卖淫罪。聂姣莲归案后，如实供述其犯罪事实，认罪态度较好，依法可以从轻处罚。据此，依照《中华人民共和国刑法》第三百五十九条第一款、第六十七条第三款、第四十五条、第四十七条、第五十二条、第五十三条之规定，湘潭市雨湖区人民法院于2012年12月27日以被告人聂姣莲犯介绍卖淫罪，判处有期徒刑五年，并处罚金人民币三万元。

一审宣判后，被告人聂姣莲以原审判决适用法律错误，量刑过重为由向湘潭市中级人民法院提起上诉。

湘潭市中级人民法院经审理认为，被告人聂姣莲以牟利为目的，多次介绍他人卖淫，其行为构成介绍卖淫罪。聂姣莲归案后能如实供述其犯罪事实，认罪态度较好，依法可以从轻处罚。经查，原审判决认定聂姣莲四次介绍他人卖淫为“情节严重”的法律依据是《最高人民法院、最高人民检察院关于执行〈全国人民代表大会常务委员会关于严禁卖淫嫖娼的决定〉的若干问题的解答》(法发〔1992〕42号，高检法〔1992〕36号，以下简称《解答》)。然而，《解答》已经于2013年1月18日被废止，即本案二审审理过程中，《解答》已废止。现综合聂姣莲的各种犯罪情节，认定聂姣莲四次介绍他人卖淫系“情节严重”的依据不足，依法应当对聂姣莲在“五年以下有期徒刑、拘役或者管制，并处罚金”的法定刑幅度以内量刑，故聂姣莲的上诉理由成立，应当予以采纳。原审判决事实清楚，证据确实、充分，定罪准确，审判程序合法，但量刑不当。据此，依照《中华人民共和国刑法》第三百五十九条第一款、第六十七条第三款、第四十五条、第四十七条、第五十二条、第五十三条以及《中华人民共和国刑事诉讼法》第二百二十五条第一款第二项之规定，湘潭市中级人民法院判决如下：

1. 维持原判对被告人聂姣莲的定罪部分。

2. 撤销原判对聂姣莲的量刑部分。

3. 被告人聂姣莲犯介绍卖淫罪，判处有期徒刑二年，并处罚金人民币一万元。

二、主要问题

1. 如何区分介绍卖淫的一般违法行为和介绍卖淫罪？

2. 如何认定介绍卖淫罪中的“情节严重”？

三、裁判理由

（一）介绍他人卖淫的行为具有严重的社会危害性，不属于“情节显著轻微危害不大”的范畴，已构成介绍卖淫罪

介绍卖淫，俗称“拉皮条”，是指在卖淫者和嫖客之间牵线搭桥、沟通撮合，促使他人的卖淫活动即“性交易”得以实现的行为。刑法第三百五十九条第一款规定了介绍卖淫罪。同时，治安管理处罚法第六十七条也规定：“引诱、容留、介绍他人卖淫的，处十日以上十五日以下拘留，可以并处五千元以下罚款；情节较轻的，处五日以下拘留或者五百元以下罚款。”从上述规定可知，介绍他人卖淫既可能是一般违法行为，也可能是犯罪行为。仅仅从刑法、治安管理处罚法的规定，难以将介绍卖淫罪与介绍卖淫的一般违法行为准确区别开来。只有结合我国的立法历程、犯罪的概念和基本特征以及刑事案件的立案追诉标准，才能正确理解介绍卖淫犯罪与介绍卖淫一般违法行为之间的界限。

从我国的立法历程来看，介绍卖淫罪是1991年增设的罪名。1979年刑法没有关于介绍卖淫的规定，该法第一百六十九条只规定了引诱、容留妇女卖淫罪。[①] 1986年9月5日，全国人大常委会通过了治安管理处罚条例。该条例第三十条第一款规定：“严厉禁止卖淫、嫖宿暗娼以及介绍或者容留卖淫、嫖宿暗娼，违者处十五日以下拘留、警告、责令具结悔过或者依照规定实行劳动教养，可以并处五千元以下罚款；构成犯罪的，依法追究刑事责任。”该条例明确将介绍卖淫规定为应当严厉禁止的一般违法行为，虽然条款中含有“构成犯罪的，依法追究刑事责任”的表述，但因1979年刑法以及其他刑事法律没有将介绍卖淫的行为作为犯罪予以明确规定，故事实上对介绍卖淫的行为只能作为一般违法行为予以治安处罚，而不能追究行为人的刑事责任。鉴于从20世纪80年代开始，卖淫、嫖娼活动在我国绝迹数十年后又死灰复燃，并迅速席卷全国，为了严禁卖淫、嫖娼，严惩组织、强迫、引诱、容留、介绍他人卖淫的犯罪分子，维护社会治安秩序和良好的社会风气，1991年9月4日全国人大常委会通过了《关于严禁卖淫嫖娼的决定》（以下简称《决定》）。《决定》第三条第一款规定：“引诱、容留、介绍他人卖淫的，处五年以下有期徒刑或者拘役，并处五千元以下罚金；情节严重的，处五年以上有期徒刑，并处一万元以下罚金；情节较轻的，依照治安管理处罚条例第三十条的规定处罚。”至此，介绍他人卖淫正式入刑。1992年12月11日，最高人民法院、最高人民检察院又联合公布了《解答》。《解答》对《决定》规定的四个新罪名即组织他人卖淫罪、协助组织他人卖淫罪、介绍他人卖淫罪、传播性病罪做了比较详细的解释。1997年刑法进一步在第六章妨害社会管理秩序罪中专设一节即第八节规定组织、强迫、引诱、容留、介绍卖淫罪，介绍卖淫罪即规定于该节中的第三百五十九条第一款。与《决定》的规定相比

---

① 1979年刑法第一百六十九条规定：“以营利为目的，引诱、容留妇女卖淫的，处五年以下有期徒刑、拘役或者管制；情节严重的，处五年以上有期徒刑，可以并处罚金或者没收财产。”

较,1997年刑法规定的罪名和量刑均略有变化。罪名由“介绍他人卖淫罪”简化为“介绍卖淫罪”,在量刑方面则增加了一个主刑种类即拘役,同时删除了对附加刑罚金的数额限制。此后,2005年8月28日通过的治安管理处罚法仍然将介绍他人卖淫规定为一般违法行为,但简化了处罚的种类,将治安管理处罚条例规定的五种处罚种类减少到拘留和罚款两种。简而言之,在《决定》发布以前,介绍卖淫行为只是一般违法行为,无论情节多么严重,都不存在构成介绍卖淫罪的问题。《决定》发布之后,介绍卖淫行为才存在一般违法行为与犯罪的界限问题。

从刑法第十三条规定的犯罪的概念分析,犯罪具有三个基本特征:严重的社会危害性、刑事违法性、应受刑罚处罚性。其中,严重的社会危害性是犯罪的首要特征,也是它的本质特征,刑事违法性和应受刑罚处罚性都是犯罪的法律特征,是从严重的社会危害性特征派生出来的。社会危害性的有无和大小,是认定犯罪,区分罪与非罪界限的根本依据。具有社会危害性并且达到“严重”的程度才构成犯罪,不具有社会危害性或者虽然具有社会危害性但没有达到“严重”程度(即“情节显著轻微危害不大的”)则不构成犯罪。社会危害性的有无和大小,不是一成不变的,它有时会随着政治、经济、社会、文化等环境的变化而变化。对行为社会危害性的严重程度的认定,主要参考的因素有:行为侵犯的客体,行为方式、手段、动机、目的、对象、后果、数量、时间、地点,行为人的主观恶性、年龄、身份等。具体到本案中,被告人聂姣莲作为成年女性,以营利为目的,在不到半年的时间内,先后四次介绍成年女性卖淫,共获利400元,其行为具有严重的社会危害性,已不属于“情节显著轻微危害不大”的范畴,应当以介绍卖淫罪追究其刑事责任。

从刑事案件的立案追诉标准分析,被告人聂姣莲的行为也涉嫌犯介绍卖淫罪,应当予以立案追诉。刑事案件的立案追诉标准虽然不属于司法解释的范畴,但它从侦查机关、公诉机关的角度,以更加容易操作的方式将罪与非罪明确区分开来,人民法院在具体审判实践中一般也会参照适用。最高人民检察院、公安部2008年6月25日公布的《关于公安机关管辖的刑事案件立案追诉标准的规定(一)》第七十八条规定:“引诱、容留、介绍他人卖淫,涉嫌下列情形之一的,应予立案追诉:(一)引诱、容留、介绍二人次以上卖淫的;(二)引诱、容留、介绍已满十四周岁未满十八周岁的未成年人卖淫的;(三)被引诱、容留、介绍卖淫的人患有艾滋病或者梅毒、淋病等严重性病的;(四)其他引诱、容留、介绍卖淫应予追究刑事责任的情形。”从上述立案追诉标准来看,介绍他人卖淫2人次以上,就应当作为刑事案件立案以追究行为人的刑事责任。本案中,聂姣莲共介绍他人卖淫4人次,已经达到了刑事案件的立案标准,应当立案依法追究其刑事责任。

(二)《解答》已经于2013年1月18日被废止,综合本案犯罪情节不宜认定被告人介绍卖淫行为达到“情节严重”

刑法第三百五十九条对介绍卖淫罪规定了两个量刑幅度:第一个是“五年以下有期徒刑、拘役或者管制,并处罚金”;第二个是“五年以上有期徒刑,并处罚金”。在认定介绍卖淫的行为构成犯罪的前提下,是否认定介绍卖淫行为“情节严重”,关系到量刑问题。如果认定行为人系“情节严重”,则应当在第二个量刑幅度内量刑;如果不认定系“情节严重”,则应当在第一个量刑幅度内量刑。刑法没有规定哪些情形属于“情节严重”,仅《解答》对此作了明确规定。《解答》第七条规定:“引诱、容留、介绍他人卖淫,情节严重的,一般有以下几种情形:(一)多次引诱、容留、介绍他人卖淫的;(二)引诱、容留、介绍多人卖淫的;(三)引诱、容留、介绍明知是有严重性病的人卖淫的;(四)容留、介绍不满十四周岁的幼女卖淫的;(五)引诱、容留、介绍他人卖淫具有其他严重情节的。”《解答》第九条还规定:“《决定》和本解答中的‘多人’、‘多次’的‘多’,是指‘三’以上的数(含本数)。”

1997年刑法修订以后，特别是近年来，随着人们对有关性的观念的发展变化，实践中对于是否继续适用《解答》的相关规定，存在较大的争议。当然，在《解答》没有被明文废止之前，人民法院在审理介绍卖淫案件时往往是依据《解答》的规定认定"情节严重"，这也是本案一审法院认定被告人聂姣莲介绍卖淫系"情节严重"的原因。从时间上看，一审法院对本案作出判决的时间是2012年12月27日，当时《解答》还没有被废止，仍然是生效的司法文件，从这个角度来说，一审判决是正确的，并不存在"适用法律错误，量刑过重"的问题。但是，在聂姣莲不服一审判决提出上诉以后，由于最高人民法院、最高人民检察院于2013年1月4日公布了《关于废止1980年1月1日至1997年6月30日期间制发的部分司法解释和司法解释性质文件的决定》（法释〔2013〕1号），明文废止了包括《解答》在内的44件司法解释和司法解释性质文件，并且该决定自2013年1月18日起施行，故本案二审时《解答》已经被废止，不能继续适用。在此情况下，我们认为，聂姣莲介绍他人卖淫4次能否认定为"情节严重"，应当综合聂姣莲的犯罪情节、犯罪后果、主观恶性、人身危险性等方面进行认定。从审理查明的事实来看，聂姣莲虽然介绍卖淫的行为有4人次，但4次嫖客系张某同一人，卖淫女仅涉及肖某和杨某，收取的介绍费不高，4次共计400元，且所实施的犯罪手段非常普通，无恶劣表现，也未造成严重犯罪后果，故不宜认定聂姣莲介绍卖淫行为达到情节严重程度。湘潭市中级人民法院维持一审法院定罪部分，改判量刑部分的做法是正确的。

值得注意的是，不能认为《解答》被明文废止后，引诱、容留、介绍卖淫罪就不存在情节严重的情形。当然，由于《解答》被废止，实践中对引诱、容留、介绍卖淫罪情节严重情形的把握会更加审慎、严格，不排除个别地方存在引诱、容留、介绍卖淫罪第二个量刑幅度被架空的可能。对此，我们认为，最高人民法院有必要尽快通过出台新的司法解释性文件对引诱、容留、介绍卖淫罪的定罪量刑标准进行明确。在新的司法解释性文件出台之前，参照《最高人民检察院、公安部关于公安机关管辖的刑事案件立案追诉标准的规定（一）》（公通字〔2008〕第36号）第七十八条的规定，对于具有以下情形之一的，可以认定为刑法第三百五十九条第一款规定的"情节严重"：引诱、容留、介绍卖淫人次达10人次以上的；引诱、容留、介绍已满14周岁未满18周岁的未成年人卖淫达5人次以上的；容留、介绍不满14周岁的未成年人卖淫的；引诱、容留、介绍明知是患有艾滋病或者梅毒、淋病等严重性病的人卖淫，或者造成上述严重性病感染的；其他情节严重的情形。

（撰稿：湖南省湘潭市中级人民法院　周孚林
审编：最高人民法院刑二庭　叶晓颖）

[第1054号]张桂方、冯晓明组织卖淫案

——如何区分与认定组织卖淫罪与引诱、容留、介绍卖淫罪以及如何认定组织卖淫罪的"情节严重"

【关键词】 组织卖淫罪　引诱、容留、介绍卖淫罪　情节严重

一、基本案情

被告人张桂方，女，1980年7月23日出生，农民。2013年3月6日因涉嫌犯组织卖淫罪被

逮捕。

被告人冯晓明，男，1973年11月28日出生，农民。2012年8月31日因涉嫌犯组织卖淫罪被逮捕。

广东省广州市人民检察院以被告人张桂方、冯晓明犯组织卖淫罪，向广州市中级人民法院提起公诉。

被告人张桂方、冯晓明对起诉书指控的事实均无异议，但请求从轻处罚。张桂方的辩护人提出，张桂方的行为不构成组织卖淫罪，仅构成介绍卖淫罪；张桂方归案后，如实供述自己的罪行，认罪态度好，具有悔罪表现，请求法庭对其从轻处罚。

广州市中级人民法院经审理查明：

1. 2011年3月至2012年7月期间，被告人张桂方、冯晓明租用广东省广州市番禺区大石街大山村大涌路275号之七的出租屋作为卖淫场所，由同案人彭定军（已判刑）、"小胖"（另案处理）负责拉客及收取嫖资，组织王某、张某、王某玉等10名妇女，以每次人民币（以下币种同）100元的价格进行卖淫活动，从中谋取非法利益。2012年7月27日，冯晓明被公安人员抓获。2012年9月28日，张桂方被公安人员抓获，当天被取保候审。

2. 2012年10月至2013年1月期间，张桂方伙同他人租用了广东省广州市番禺区大石街大山村富山二街5号之一的出租房作为卖淫场所，组织胡某、杨某某、陈某某等3名妇女，以每次130元的价格进行卖淫活动，从中谋取非法利益。2013年1月31日，张桂方被公安人员抓获。

广州市中级人民法院认为，被告人张桂方、冯晓明组织多名妇女多次从事卖淫活动，其行为均构成组织卖淫罪，且情节严重。据此，依照《中华人民共和国刑法》第三百五十八条第一款第一项、第五十二条、第五十三条之规定，广州市中级人民法院判决如下：

1. 被告人张桂方犯组织卖淫罪，判处有期徒刑十一年，并处罚金人民币五万元。

2. 被告人冯晓明犯组织卖淫罪，判处有期徒刑十年，并处罚金人民币三万元。

一审宣判后，被告人张桂方、冯晓明不服，向广东省高级人民法院提起上诉。张桂方及其辩护人提出如下上诉、辩护意见：原判认定本案属"情节严重"于法无据；张桂方归案后如实供述自己的行为，在量刑时应予从宽处理。冯晓明及其辩护人提出如下上诉、辩护意见：比冯晓明犯罪情节更加严重的其他案件的量刑均远轻于冯晓明，原判没有做到"类似情况、处罚相近"；冯晓明夫妻均被羁押，家中只有年迈双亲及两个未成年孩子，经济困难，在量刑时应予充分考虑。

广东省高级人民法院经审理认为，上诉人张桂方、冯晓明以容留等手段，组织多名妇女从事卖淫行为，其行为均构成组织卖淫罪。上诉人张桂方归案后能如实供述自己的罪行，认罪态度较好，依法可以从轻处罚。原判认定事实清楚，证据确实、充分，定罪准确，审判程序合法，唯认定二上诉人的行为属于组织卖淫情节严重并据此量刑不当，应予纠正。二上诉人的相关上诉意见成立，予以采纳。据此，依照《中华人民共和国刑法》第三百五十八条第一款、第六十七条第三款以及《中华人民共和国刑事诉讼法》第二百二十五条第一款第二项之规定，广东省高级人民法院判决如下：

1. 维持广东省广州市中级人民法院（2013）穗中法刑一初字第101号刑事判决第一项中对上诉人张桂方的定罪部分及第二项中对上诉人冯晓明的定罪部分的判决。

2. 撤销广东省广州市中级人民法院（2013）穗中法刑一初字第101号刑事判决第一项中对上诉人张桂方的量刑部分及第二项中对上诉人冯晓明的量刑部分的判决。

3. 上诉人张桂方犯组织卖淫罪，判处有期徒刑八年，并处罚金人民币四万元。

4. 上诉人冯晓明犯组织卖淫罪，判处有期徒刑五年，并处罚金人民币三万元。

二、主要问题

1. 如何区分与认定组织卖淫罪与引诱、容留、介绍卖淫罪?

2. 如何认定组织卖淫罪的“情节严重”?

三、裁判理由

(一)组织卖淫罪与引诱、容留、介绍卖淫罪的区分与认定

组织、强迫、引诱、容留、介绍卖淫犯罪中,争议最大的主要是组织卖淫罪。对强迫卖淫罪,引诱、容留、介绍卖淫罪,在司法实践中一般没有争议。其主要原因就在于如何理解“组织”一词。最高人民法院、最高人民检察院于1992年12月11日印发的《关于执行〈全国人民代表大会常务委员会关于严禁卖淫嫖娼的决定〉的若干问题的解答》(以下简称《解答》,现已失效,但新的司法解释尚未出台)规定:“怎样认定组织他人卖淫罪?根据《决定》第一条第一款的规定,①组织他人卖淫罪,是指以招募、雇佣、强迫、引诱、容留等手段,控制多人从事卖淫的行为。本罪的主体必须是卖淫的组织者,可以是几个人,也可以是一个人,关键要看其在卖淫活动中是否起组织者的作用。”多年来,全国各级法院一直以此为标准认定组织卖淫罪。但《解答》对于组织卖淫罪概念的解释存在的缺陷也是明显的,即侧重强调组织的形式,而对组织的内质解释不够明确,导致各地法院在审判此类案件时,将组织卖淫与强迫、引诱、容留多人卖淫相混淆。有的法院将一般的引诱、容留卖淫案以组织卖淫罪判处,导致轻罪重判;而有的法院则将组织卖淫案以引诱、容留卖淫罪判处,导致重罪轻判。虽然《解答》已经失去效力,但由于新的司法解释没有出台,不少地方法院实际上仍然在不同程度上参照适用。因此,有必要从内涵上、罪质上对组织卖淫罪做进一步界定。

我们认为,理解组织卖淫罪的概念,关键在于理解“组织”一词的内涵。在组织卖淫罪的认定上要从严掌握,但在认定组织卖淫罪后的处罚上要明显重于一般的引诱、容留、介绍卖淫罪。也正因为如此,刑法在吸收了《决定》和《解答》基本合理内涵的基础上,对组织卖淫罪配置了比引诱、容留、介绍卖淫罪更重的刑罚。我们认为,行为人的行为是否构成组织卖淫罪可以从以下三个要件去判断:

一是组织行为特征。所谓组织,是指安排分散的人或者事物使之具有一定的系统性、整体性,它有安排、筹划、指示、指控等含义。我国刑法在两种不同意义上使用“组织”一词:一种是在总则中规定的;另一种是分则中所规定的犯罪行为。刑法第二十六条规定,组织、领导犯罪集团进行犯罪活动的,是主犯。而刑法分则规定一些具体犯罪中的组织行为,如组织、领导、参加黑社会性质组织罪,②组织卖淫罪等。

二是场所要件。在一般情况下,组织卖淫行为人是设置卖淫场所或者变相设置卖淫场所的,如以宾馆、洗浴中心、会所为固定场所或者以经营宾馆、洗浴中心、会所等为名,行卖淫之实。但现实中,面对严厉的“扫黄”活动,一些不法分子则采取“流动作战”方式,即不建立固定的卖淫窝点,而是利用现代化的交通与通信设施,指挥、控制着多名人员从事卖淫活动。这种动态管理模式,将组织卖淫行为化整为零,或者将分散的单个卖淫行为组织起来,既能扩大卖淫的范围,又便于躲避公安人员的追查,已经为一些卖淫组织所采用。这类没有固定场所的组织卖淫行为,卖淫者并非作为单个个体而存在,而是受制于组织者,随时接受他们的指示去办事,有一定的组织性

---

① 指七届人大常委会第21会议于1991年9月4日通过的《全国人民代表大会常务委员会关于严禁卖淫嫖娼的决定》,以下简称《决定》。

② 黑社会性质组织罪中的“组织”一词,作为一个名词,不是本文要讨论的内容。

和纪律性。综上，我们认为，组织卖淫的场所特征体现为有固定的场所或者虽无固定场所但实际掌控、管理卖淫人员，有组织地进行卖淫活动。

三是手段及规模要件。《解答》规定，组织他人卖淫罪，是指以招募、雇佣、强迫、引诱、容留等手段，控制多人从事卖淫的行为。我们认为，这一概念界定基本合理。一是手段上，包括了招募、雇佣、强迫、引诱、容留等手段，并且采取控制、管理的手段。值得一提的是，组织行为，不仅仅限于使用控制手段，还包括管理手段。因为，司法实践表明，由于受生活方式影响和价值观的扭曲，卖淫人员中，不仅有被强迫、引诱的，还有相当数量的是自愿卖淫。自愿卖淫人员被组织的行为，称为“管理”，或许更为准确。二是规模上。刑法第三百五十八条并未明确规定组织多少人或者多少次才能算是组织卖淫行为。《解答》规定的是“多人”（一般理解为三人以上）。我们认为，这一规定依然可以适用。因为，如果只是控制单个人从事卖淫，那么无论多少次都称不上“组织”，既然被称为“组织”，就有一个数量的最低限度。

综上，区分组织卖淫罪和引诱、容留、介绍卖淫罪的关键是行为人是否对卖淫者具有管理、控制等组织行为。如果行为人只是实施了容留、介绍甚至引诱卖淫的行为，没有对卖淫活动进行组织的，就不能以组织卖淫罪处罚。

就本案而言，被告人张桂方、冯晓明共同容留多名卖淫女从事卖淫活动，张桂方租用了广州市番禺区大石街大山村大涌路275号之七及番禺区大石街大山村富山二街5号之一的出租屋作为卖淫场所，亲自招揽嫖客，还雇请同案人为卖淫女拉客，规定卖淫价格及分成比例，并收取嫖资。冯晓明则拉拢、收买辖区派出所的辅警，通过辅警打探公安机关的清查活动，为组织卖淫活动寻求非法保护。因此，张桂方、冯晓明虽然没有从人身自由上对卖淫女实施严格的控制行为，但均实施了对多名卖淫女卖淫活动的管理行为，均构成组织卖淫罪。具体体现在：(1)提供固定卖淫场所；(2)规定上班时间和地点；(3)雇佣人员负责拉客，为卖淫女提供客源；(4)规定卖淫收入的分配比例，先由被告人收取嫖资后分配；(5)为卖淫活动寻求保护。这些特征，均为单一的引诱、容留、介绍卖淫罪所不能涵括。

（二）组织卖淫犯罪“情节严重”的认定

刑法第三百五十八对组织卖淫罪配置了三个量刑档次，即基本犯判处五年以上十年以下有期徒刑，并处罚金；情节严重的，处十年以上有期徒刑或者无期徒刑，并处罚金或者没收财产；情节特别严重的，处无期徒刑或者死刑，并处没收财产。这与强迫卖淫罪的罪刑配置是一致的。我们认为，在司法实践中，对组织卖淫罪“情节严重”的理解应当严于强迫卖淫罪。但刑法仅规定了强迫卖淫罪“情节严重”“情节特别严重”的情形，并未明确组织卖淫罪“情节严重”和“情节特别严重”的情形。《决定》对此也无相关规定，《解答》亦未对“情节严重”的情形作规定，但规定了“情节特别严重”，即主要是指组织他人卖淫的首要分子情节特别严重的；组织他人卖淫手段特别恶劣的；对被组织卖淫者造成特别严重后果的；组织多人多次卖淫具有极大的社会危害性的；等等。

从司法实践的情况看，以管理、控制卖淫的人数、造成被组织卖淫者伤亡后果及被组织者中是否有不满14周岁的幼女等来认定是否构成“情节严重”，比单纯用组织卖淫的次数衡量是否“情节严重”更合理、更具可操作性。组织卖淫的次数，可以作为量刑幅度内的量刑情节予以考虑，但不宜作为量刑升格的情节，因为组织卖淫的次数少，也可构成“情节严重”。如2003年9月16日至18日发生的“珠海买春”案，被告人一次性组织卖淫女达到300余人，法院认为各被告人均已构成组织卖淫罪，且情节严重。理由是，各被告人的行为虽系临时一次性地组织，但组织卖淫人数众多、造成恶劣的社会影响。由此可见，被组织的卖淫女人数，是认定“情节严重”的重要依据之一，而次数则不能成为认定“情节严重”的依据。一方面，次数问题取证困难，规定次数给实际操作带来许多不便；另一方面，次数与人数相比，显然人数多的危害比次数多的危害大得多。

结合司法实践，我们认为，以下三种情形，应当认定为组织卖淫罪“情节严重”的情形：一是从组织卖淫的人数看，组织卖淫罪入罪标准为3人，“情节严重”以基本犯起点人数的5倍即15人作为最低限度较为适宜；二是从被组织者是否因被组织卖淫造成伤亡的后果来考量，依照一般侵犯人身犯罪的标准，以是否造成重伤、死亡为界限确定是否构成“情节严重”；三是从被组织者中是否有幼女来考察。只要有幼女被组织卖淫的，一律以“情节严重”论，以切实严格保护幼女的权益。

就本案而言，有充分证据证明，被告人张桂方组织了13名卖淫女从事卖淫活动，但其主要手段是容留，没有对被组织卖淫者进行人身控制，没造成严重的伤亡后果或者恶劣的社会影响，也没有其他情节严重的情形存在，其犯罪情节一般。二审法院不认定张桂方、冯晓明的组织卖淫犯罪“情节严重”，并根据犯罪事实、情节和对社会的危害程度，结合二被告人的主观恶性程度及认罪态度予以改判是正确的。

（撰稿：最高人民法院刑四庭　杨　华
广东省高级人民法院　吴海涛　周　晶
审编：最高人民法院刑四庭　陆建红）

［第1133号］王某传播性病案

——明知自己携带艾滋病病毒而卖淫的如何定性

【关键词】　传播性病罪　明知　携带艾滋病病毒　卖淫

一、基本案情

被告人王某，女，1981年9月20日出生。2013年10月10日因涉嫌犯传播性病罪被逮捕。

广东省东莞市第一市区人民检察院以被告人王某犯传播性病罪，向东莞市第一人民法院提起公诉。

被告人王某对公诉机关指控的犯罪事实无异议。

东莞市第一人民法院经不公开审理查明：2007年1月被告人王某经某县艾滋病性病皮肤病防治中心确诊为HIV－1抗体呈阳性。2013年9月5日16时许，王某与陆某商定在出租屋进行性交易，嫖资为30元。陆某在未使用安全套的情况下与王某发生性关系。后二人被巡查的公安人员抓获。经东莞市疾病预防控制中心检验，王某的HIV－1抗体呈阳性。

东莞市第一人民法院认为，被告人王某明知自己患有严重性病而实施卖淫活动，其行为已构成传播性病罪。鉴于王某归案后如实供述犯罪事实，认罪态度较好，依法可以从轻处罚。据此，依照《中华人民共和国刑法》第三百六十条、第六十七条第三款、第五十二条之规定，以王某犯传播性病罪，判处有期徒刑十个月，并处罚金人民币二千元。

一审宣判后，被告人王某未上诉，公诉机关亦未抗诉，判决已发生法律效力。

二、主要问题

对明知自己系艾滋病病毒携带者，仍从事卖淫活动的行为，如何定性？

三、裁判理由

艾滋病是一种人类免疫缺陷病毒(艾滋病病毒)引起的获得性免疫缺陷综合征,极大威胁人类的健康、生命,目前尚无有效的治疗手段。同时,艾滋病还具有较强的传染性,自从被发现以来已在全球蔓延。近年来,性传播成为其扩散的主要途径,卖淫嫖娼人员作为高危人群,一旦感染艾滋病病毒,极易在卖淫嫖娼活动中将病毒传染给他人,因此有必要采取法律等手段对此类不安全性行为进行严格管控。但是,实践中对明知自己感染艾滋病病毒仍进行卖淫嫖娼的行为如何定性,存在不同认识。本案审理中,对被告人王某的行为应如何定性,有两种意见:一种意见认为,刑法第三百六十条未明确列举艾滋病属于"严重性病",《性病防治管理办法》亦未明确规定艾滋病属于性病,故王某的行为不构成传播性病罪,可结合具体案情认定为故意伤害罪或者以危险方法危害公共安全罪。另一种意见认为,艾滋病属于刑法第三百六十条规定的"严重性病",王某的行为构成传播性病罪。

我们同意第二种意见,具体分析如下:

(一)无论从医学角度还是法律角度分析,艾滋病均属于危害性与梅毒、淋病相当的严重性病

所谓性病,是以性接触为主要传播途径的疾病。艾滋病主要有性接触、母婴传播、血液传播等传播途径,其中通过性接触传染艾滋病病毒已成为最主要的传播途径。因此,1991 年 8 月 12 日施行的《性病防治管理办法》①(以下简称《办法》)第二条规定:"本办法所称性病包括:(一)《中华人民共和国传染病防治法》乙类传染病中的艾滋病、淋病和梅毒……"根据该规定,艾滋病是与淋病、梅毒同一等级的性病。同年 9 月 4 日施行的《全国人民代表大会常务委员会关于严禁卖淫嫖娼的决定》(以下简称《决定》)第五条第一款规定,"明知自己患有梅毒、淋病等严重性病卖淫、嫖娼的,处……",从而创设了传播性病罪的立法例。从刑事法律与行政法律的衔接关系来看,当时艾滋病显然属于传播性病罪中的"严重性病"。1997 年刑法沿袭了《决定》对传播性病罪的规定,艾滋病仍属于刑法意义上的"严重性病"。随着对艾滋病的危害及防治措施的认识不断深入,国家意识到艾滋病防治工作已不仅仅是卫生行政管理部门的职能,而是需要全社会共同参与的系统工程,单纯依靠作为部门规章的《办法》开展相关工作,已不能满足实践需要,必须制定比《办法》层级更高的行政法规,以整合所有与艾滋病防治工作相关的行政部门的职能,有效遏制艾滋病蔓延,增强预防措施的针对性。在此背景下,2006 年国务院出台了《艾滋病防治条例》(以下简称《条例》),对艾滋病防治管理工作作出规定,充分体现了国家对艾滋病防治工作的高度重视。因此,2013 年施行的新《办法》中未明确规定艾滋病系性病,而是将艾滋病单列出来,规定其防治管理工作依照《条例》的有关规定执行,以理顺《条例》与《办法》的关系。新《办法》缩小了调整范围,不再规定艾滋病的防治管理问题,这并不意味着艾滋病在医学和法律层面上被排除出性病的范畴,而是将其视为特殊性病。这种行政法层面上的立法变动并不影响刑法上"严重性病"的认定范围,更不能否定艾滋病作为性病的医学属性。同时,从疾病的传染性、危害程度看,艾滋病与淋病、梅毒同属于《传染病防治法》规定的乙类传染病,对健康的危害更是远远大于淋病、梅毒的,理应视为"严重性病"。

(二)HIV-1 抗体呈阳性的行为人符合传播性病罪的主体要件

梅毒、淋病等性病潜伏期较短,感染病菌后短时间内即会出现相应症状,因此通过化验及诊断症状,较容易判定行为人是否患有性病。艾滋病与梅毒、淋病相比有一定的特殊性:艾滋病病

---

① 2013 年 1 月 1 日,新修订的《性病防治管理办法》施行,1991 年 8 月 12 日卫生部公布的《性病防治管理办法》同时废止。

毒侵入人体后，一般要经过七至十年的潜伏期感染者才会发病，成为艾滋病患者。因此，从医学上说，HIV－1抗体呈阳性只是表明该人系艾滋病病毒携带者，如无相应症状，还不能将其视为艾滋病患者。刑法规定传播性病罪的主要目的是遏制严重性病以性交易的方式传播、蔓延，保护公民健康，维护公共卫生秩序。考虑到艾滋病病毒携带者（HIV－1抗体呈阳性）具有较强的传染性，其携带的病毒可以通过血液、性接触或者母婴进行传播、传染，将艾滋病病毒携带者视为严重性病患者，运用刑法手段遏制艾滋病以性交易的方式传播、蔓延，符合传播性病罪的立法目的，也是十分必要的。本案中，被告人王某经检测，体内HIV－1抗体呈阳性，说明其系艾滋病病毒携带者，虽无证据证明其已发病，但仍可认定其患有严重性病，符合传播性病罪的主体要件。

（三）明知自己携带艾滋病病毒而卖淫的，可以构成传播性病罪

根据前面的分析，被告人王某明知自己携带艾滋病病毒而卖淫，符合刑法关于传播性病罪的规定，可以认定其构成传播性病罪。但是，也有意见认为，对王某的行为应认定为故意伤害罪或者以危险方法危害公共安全罪，我们不同意这种意见。从司法实践来看，艾滋病病毒携带者或艾滋病患者进行卖淫嫖娼活动，对他人人身权利可能造成不同程度的损害，甚至危害公共安全，同时行为人的犯意亦有不同，根据案件的具体情况，认定行为人构成故意伤害罪或者以危险方法危害公共安全罪并无问题。但基于本案中查明的事实和确认的证据，认定王某构成传播性病罪较为稳妥。主要理由是：（1）王某不构成故意伤害罪。故意伤害罪是结果犯，构成该罪必须造成被害人轻伤以上的后果。王某从事卖淫活动，与嫖娼人员并无仇怨，对可能发生的致使嫖娼人员感染艾滋病病毒的结果只持放任心态，同时无证据证实嫖娼人员陆某因与王某进行性交易而感染艾滋病病毒。出于间接故意实施的犯罪行为未发生危害结果的，不构成犯罪，故王某不构成故意伤害罪。如果王某出于希望或放任他人感染艾滋病病毒的心理进行卖淫嫖娼活动，并使对方感染艾滋病病毒（或发病死亡），可以认定其构成故意伤害（致死）罪。（2）王某不构成以危险方法危害公共安全罪。有意见认为，王某主观上对于他人可能感染艾滋病病毒存在间接故意，客观上与不特定多数人发生了性关系，极易引起艾滋病病毒的扩散，给公共安全带来潜在危害，构成以危险方法危害公共安全罪。我们认为，本案现有的证据尚未达到以危险方法危害公共安全罪的证明标准。从主观上看，王某供称其知道自己携带的艾滋病病毒可能会传染给他人，也学习了相关知识，知道女性艾滋病病毒携带者传染的可能性相对于男性而言较小；进行性交易时其会要求对方使用安全套，如果对方不愿意使用，考虑到自己的艾滋病病毒传染给对方的可能性较小，也会同意。可见王某并无恶意传播艾滋病病毒以报复社会的意图，只是为了牟利而在一定程度上放任危害结果的发生。从客观上看，虽然王某供述称其知道自己携带艾滋病病毒后仍进行卖淫活动长达三年，但该情节无其他证据佐证，亦不能证实其与多少人进行过性交易，现有证据仅能证实其与嫖娼人员陆某有一次性交易。因此，根据在案证据尚不足以认定王某的行为造成了广泛的社会危害，故王某也不构成以危险方法危害公共安全罪。如有充分证据证实其得知自己系艾滋病病毒携带者后仍长期卖淫，与其进行性交易的人员众多，甚至导致艾滋病的进一步扩散，可认定其构成以危险方法危害公共安全罪。

综上，东莞市第一人民法院认定被告人王某构成传播性病是正确的。

（撰稿：广东省东莞市第一人民法院　陈　雯
审编：最高人民法院刑五庭　马　岩）

[第1267号]席登松等组织卖淫、刘斌斌等协助组织卖淫案
——组织卖淫罪的“组织”要件及情节严重如何认定

【关键词】 组织卖淫罪 协助组织卖淫罪 组织 情节严重 从犯

一、基本案情

被告人席登松,男,1972年12月7日出生。2016年7月29日被逮捕。

被告人郭晨,女,1988年10月1日出生。2016年7月29日被逮捕。

被告人郑利华,男,1978年5月20日出生。2016年7月29日被逮捕。

被告人陆根武,男,1972年6月29日出生。2016年7月29日被逮捕。

被告人刘斌斌,男,1990年9月10日出生。2016年7月29日被逮捕。

被告人汪雨,男,1988年12月2日出生。2016年7月21日被取保候审。

被告人詹海燕,女,1990年11月29日出生。2016年7月29日被逮捕。

被告人付大勇,男,1991年1月10日出生。2016年9月7日被逮捕。

被告人王淑娟,女,1989年6月10日出生。2016年7月18日被取保候审。

被告人汪榆鑫,女,1991年6月11日出生。2016年8月12日被取保候审。

浙江省江山市人民检察院以被告人席登松犯组织卖淫罪、非法持有枪支罪,被告人郭晨、郑利华、陆根武犯组织卖淫罪,被告人刘斌斌、汪雨、詹海燕、付大勇、王淑娟、汪榆鑫犯协助组织卖淫罪,向江山市人民法院提起公诉。

江山市人民法院经审理查明:

(一)组织卖淫、协助组织卖淫的事实

2015年6月至2016年6月,被告人席登松、郑利华、陆根武在江山市金陵大酒店一楼以6:3:1的出资比例合伙经营江山市金陵保健服务中心(以下简称金陵SPA馆),由席登松具体经营管理。其间金陵SPA馆组织卖淫女向嫖客提供多种性服务,收取不等的费用。2015年8月,席登松与被告人郭晨书面约定合作经营金陵SPA馆卖淫服务,由郭晨组建、管理卖淫女团队,席登松负责金陵SPA馆的整体运营管理,包括收银员的雇用、税费开支、物品提供以及相关人员违法行为被查处后的处置等。之后,郭晨招募卖淫女、安排卖淫交易,利用微信、支付宝收银,通过微信及出租车司机招揽嫖客,同时向郑利华发送每日记账单;郑利华通过郭晨发送的每日记账单以及偶尔到金陵SPA馆查看掌握情况;陆根武偶尔到金陵SPA馆查看掌握卖淫情况。卖淫所得的13%归郭晨,50%归卖淫女,37%由席登松、郑利华、陆根武按出资比例分配。

2015年6月至8月,被告人汪榆鑫在金陵SPA馆担任收银员,负责收银记账、卖淫计时、催钟、接待嫖客。2015年10月至2016年6月,被告人詹海燕在金陵SPA馆担任收银员,2016年4月至2016年6月,被告人王淑娟在金陵SPA馆担任收银员,二人均负责收银记账、卖淫计时、催钟、给付出租车司机提成。2016年2月至6月,被告人付大勇受雇于被告人郭晨在金陵SPA馆担任服务员,协助郭晨接待嫖客、通知卖淫女试钟、带卖淫女供嫖客挑选、收银、给付出租车司机提成。2016年5月至6月间,金陵SPA馆组织10余名卖淫女共卖淫1 400次。

2016年3月29日,被告人席登松承包被告人汪雨经营的江山市瑞都酒店208号房间,用于组织卖淫活动。被告人汪雨为被告人席登松在瑞都酒店客房放置招嫖卡片、抄录酒店男性旅客

信息提供便利。其间,被告人席登松、郭晨等人组织10名卖淫女在瑞都酒店卖淫20次。2016年4月至6月,被告人刘斌斌受雇于席登松,负责在金陵SPA馆与瑞都酒店之间接送10名卖淫女,并经手开房及给付出租车司机提成。

2016年6月27日、7月2日、7月21日、8月4日,被告人刘斌斌、陆根武、汪雨、汪榆鑫先后向公安机关投案。

(二)非法持有枪支的事实

2015年下半年,被告人席登松叫其朋友祝铁锋从网上购买气枪零部件后,由毛立旺(另案处理)将零部件组装成一支气枪,席登松同时从毛立旺处购买一支气枪。2016年5月中下旬,席登松将上述两支气枪从其家中转移至夏建军(已判刑)处保管。2016年6月23日凌晨,民警从夏建军处将该两支气枪缴获。经鉴定,该两支气枪均为以压缩气体为动力的非制式枪支,具有致伤力。

另查明,被告人席登松在本案侦查期间检举揭发他人涉嫌贩卖毒品犯罪,但公安机关未查证属实。

江山市人民法院认为,被告人席登松、郭晨、郑利华、陆根武共同组织他人卖淫,其行为均已构成组织卖淫罪,且情节严重;被告人付大勇、刘斌斌、詹海燕、王淑娟、汪雨、汪榆鑫明知他人组织卖淫而予以帮助,其行为均已构成协助组织卖淫罪,其中被告人刘斌斌协助组织卖淫情节严重;被告人席登松违反枪支管理规定,非法持有枪支,其行为已构成非法持有枪支罪。被告人席登松一人犯数罪,应依法予以并罚。被告人刘斌斌系累犯,应依法从重处罚。在共同组织卖淫犯罪中,被告人席登松、郭晨起主要作用,系主犯;被告人郑利华、陆根武起次要作用,系从犯,结合本案具体事实,对被告人郑利华、陆根武依法可以减轻处罚;同时,在被告人郑利华、陆根武之间,被告人陆根武的作用又相对较轻,在量刑时酌情予以体现。被告人陆根武、刘斌斌、汪雨、汪榆鑫主动投案并如实供述自己的罪行,属自首,依法可以从轻或减轻处罚。被告人席登松、郭晨、郑利华、付大勇、詹海燕、王淑娟如实供述自己的罪行,属坦白。被告人席登松虽有检举揭发,但未经查证属实,不构成立功。依照《中华人民共和国刑法》第三百五十八条第一款、第四款,第一百二十八条第一款,第二十五条第一款,第二十六条,第二十七条,第五十二条,第六十五条第一款,第六十七条第一款、第三款,第六十九条,第六十四条之规定,判决如下:

1. 被告人席登松犯组织卖淫罪,判处有期徒刑十年六个月,并处罚金人民币三十万元;犯非法持有枪支罪,判处有期徒刑八个月;决定执行有期徒刑十一年,并处罚金人民币三十万元。

2. 被告人郭晨犯组织卖淫罪,判处有期徒刑十年,并处罚金人民币二十万元。

3. 被告人郑利华犯组织卖淫罪,判处有期徒刑六年,并处罚金人民币二十万元。

4. 被告人陆根武犯组织卖淫罪,判处有期徒刑五年,并处罚金人民币十万元。

5. 被告人刘斌斌犯协助组织卖淫罪,判处有期徒刑三年,并处罚金人民币三万元。

6. 被告人汪雨犯协助组织卖淫罪,判处有期徒刑三年,缓刑三年,并处罚金人民币三万元。

7. 被告人詹海燕犯协助组织卖淫罪,判处有期徒刑二年六个月,缓刑三年,并处罚金人民币二万元。

8. 被告人付大勇犯协助组织卖淫罪,判处有期徒刑二年,缓刑二年,并处罚金人民币一万五千元。

9. 被告人王淑娟犯协助组织卖淫罪,判处有期徒刑二年,缓刑二年,并处罚金人民币一万五千元。

10. 被告人汪榆鑫犯协助组织卖淫罪,判处有期徒刑一年,缓刑一年,并处罚金人民币八千元。

宣判后，被告人席登松、郭晨、陆根武、刘斌斌提出上诉。席登松上诉称，原判量刑过重，请求减轻处罚。郭晨上诉称，原判认定其组建、管理卖淫女团队的事实不清，证据不足；其在共同犯罪中属从犯，原判量刑过重，请求减轻处罚。陆根武及其辩护人上诉、辩护称，陆根武虽然知道金陵保健服务中心有卖淫行为，但没有参与具体经营管理，没有实施控制他人卖淫的行为，陆的行为不构成组织卖淫罪，且有自首情节，又系从犯，原判量刑过重，请求依法改判。刘斌斌上诉称，原判认定其接送10名卖淫女的事实不清，证据不足，请求依法改判。

浙江省衢州市中级人民法院经审理后认为，上诉人陆根武作为出资人，明知席登松等合伙人在金陵保健服务中心组织他人卖淫，通过查看等方式掌握卖淫情况，参与分取组织卖淫所得款项，其行为符合组织卖淫罪的犯罪特征，所提陆根武的行为不构成组织卖淫罪的上诉、辩护意见，不予采纳。原判根据各上诉人及原审被告人的犯罪性质、犯罪情节、悔罪表现等，对其量刑适当，所提原判量刑过重的上诉意见，不予采纳。原判认定事实和适用法律正确，审判程序合法。据此，依照《中华人民共和国刑事诉讼法》(2012年)第二百二十五条第一款第一项；《中华人民共和国刑法》第三百五十八条第一款、第四款，第一百二十八条第一款，第二十五条第一款，第二十六条第一款、第四款，第二十七条，第六十五条第一款，第六十七条第一款、第三款，第六十九条第一款、第三款，第七十二条第一款、第三款，第七十三条第二款、第三款，第五十二条，第五十三条第一款，第六十四条和《最高人民法院、最高人民检察院关于办理组织、强迫、引诱、容留、介绍卖淫刑事案件适用法律若干问题的解释》第二条第一项、第五条第一项之规定，裁定如下：驳回上诉人席登松、郭晨、陆根武、刘斌斌的上诉，维持原判。

二、主要问题

1. 如何认定组织卖淫罪的“组织要件”？

2. 如何认定组织卖淫罪的情节严重？

3. 组织卖淫罪的从犯与协助组织卖淫罪如何区分？

三、裁判理由

(一)组织卖淫罪最主要的行为特征是管理或者控制他人卖淫

《最高人民法院、最高人民检察院关于办理组织、强迫、引诱、容留、介绍卖淫刑事案件适用法律若干问题的解释》(以下简称《涉卖淫刑案解释》)第一条第一款规定：“以招募、雇佣、纠集等手段，管理或者控制他人卖淫，卖淫人员在三人以上的，应当认定为刑法第三百五十八条规定的‘组织他人卖淫’。”据此，我们认为，“管理或者控制他人卖淫”是组织卖淫罪的最主要行为特征。具体的管理或者控制手段很多，如招募、雇用、引诱、容留、纠集。在司法实践中，卖淫犯罪往往以合法形式掩盖犯罪实质，如开设洗浴中心、保健中心，特别是一些行为人并不参与组织卖淫的具体管理或者控制活动，而仅仅对所谓的洗浴中心、保健中心等进行投资，并约定分成，对卖淫嫖娼活动的日常管理很少甚至不直接介入。那么，对这类投资行为是否能认定为组织卖淫？

我们认为，投资者只要明知实际经营者、管理控制者所进行的是组织卖淫活动，即使没有实际直接参与经营，没有直接对卖淫活动进行管理控制，其投资行为也应认定为组织卖淫行为的组成部分。其主要原因就在于，实际经营者、管理控制者如果离开了投资者的投资，组织卖淫的规模会受到影响，甚至是否有经济实力实施组织卖淫行为都可能存在问题。当然，仅有投资没有实际经营行为，没有管理控制行为，投资行为不会自动转变为组织卖淫行为。因此，投资行为与实际经营行为、管理控制行为共同构成了组织卖淫行为。有时，投资者既是实际经营者，又是管理控制者，行为人集三种角色于一身，那就更加充分地体现了其组织卖淫的行为特征。

就本案而言，被告人席登松、郑利华、陆根武以6:3:1的出资比例合伙经营金陵SPA馆，金陵

SPA馆实际是他们为组织卖淫而设置的固定卖淫场所，经营金陵SPA馆是名，实施组织卖淫犯罪是实，目的是牟取经济利益。特别是席登松，不仅投资比例最高，居于“控股”地位，而且系具体经营管理者。郑利华、陆根武投资后虽未直接参与经营，但也通过查看被告人郭晨发送的每日记账单或者偶尔到金陵SPA馆查看等方式掌握卖淫情况。因此，席登松、郑利华、陆根武都是组织卖淫犯罪的实施者。被告人郭晨组建、管理卖淫女团队，安排卖淫交易，利用微信、支付宝收银，通过微信及出租车司机招揽嫖客等行为，也都是组织卖淫犯罪的表现形式。

需要说明的是，明知是组织卖淫行为而投资，是投资者构成组织卖淫罪的前提条件。本案中，被告人席登松、郑利华、陆根武在投资时，均明知金陵SPA馆是卖淫场所而投资，因而其投资行为属于组织卖淫性质的行为。

（二）被告人席登松等人的组织卖淫行为属于“情节严重”

根据刑法第三百五十八条的规定，组织卖淫情节严重的，处十年以上有期徒刑或者无期徒刑。《涉卖淫刑案解释》第二条规定了组织卖淫应当认定为“情节严重”的六种情形：(1)卖淫人员累计达10人以上的；(2)卖淫人员中未成年人、孕妇、智障人员、患有严重性病的人累计达5人以上的；(3)组织境外人员在境内卖淫或者组织境内人员出境卖淫的；(4)非法获利人民币100万元以上的；(5)造成被组织卖淫的人自残、自杀或者其他严重后果的；(6)其他情节严重的情形。这六种情形，说到底就是组织卖淫罪的法定加重处罚情节。

本案中，一、二审法院均认定席登松等人组织卖淫犯罪属于“情节严重”，主要依据是被组织卖淫人员的人数。席登松在与郑利华、陆根武共同组织卖淫前，已经在被告人汪雨的协助下，与被告人郭晨共同组织10名卖淫女卖淫，后席登松、郭晨、郑利华、陆根武共同组织10余名卖淫女卖淫（席登松、郭晨与郑利华、陆根武共同组织卖淫中的卖淫女和席登松、郭晨共同组织卖淫中的卖淫女有重合，两者相加卖淫女人数为17人）。从本案事实认定来看，席登松等人在金陵SPA馆组织卖淫的时间从2015年6月持续到2016年6月，但经查证证据确实充分的，仅2016年5月至6月间共同组织10名卖淫女卖淫的事实。因此，对郑利华、陆根武组织卖淫行为情节是否严重的认定，只能根据查证属实的这一部分事实。综上，席登松、郭晨组织卖淫人数为17人，郑利华、陆根武组织卖淫人数为10人。根据《涉卖淫刑案解释》第二条第一项的规定，席登松、郭晨、郑利华、陆根武组织卖淫均属于“情节严重”。

在《涉卖淫刑案解释》出台前，一些省级法院或检察院曾有规定，卖淫的次数也作为认定组织卖淫情节是否严重的依据。但从司法实践来看，大多数法院不赞同以组织卖淫的次数衡量情节是否严重，而应以管理、控制的卖淫人员人数，造成被组织卖淫人员伤亡后果及卖淫人员自身的情况等来认定情节是否严重。主要原因是，卖淫的次数问题，取证通常比较困难，认定的证据往往会比较缺乏。另外，组织卖淫的次数与人数相比，显然人数的危害比次数大得多。基于以上理由，《涉卖淫刑案解释》没有将组织卖淫的次数作为认定组织卖淫情节严重的依据，而是专门在该解释第十条规定：“组织、强迫、引诱、容留、介绍他人卖淫的次数，作为酌定情节在量刑时考虑。”因此，本案中，席登松、郭晨、郑利华、陆根武组织10余名卖淫女共卖淫1 400余次，席登松、郭晨组织10名卖淫女共卖淫20次，被组织卖淫人员的人数作为认定组织卖淫“情节严重”的依据，而卖淫人员卖淫的次数不作为认定组织卖淫“情节严重”的依据，仅作为法定刑范围内量刑的参考。

（三）被告人刘斌斌、汪雨、詹海燕、付大勇、王淑娟、汪榆鑫协助组织卖淫的行为应当以协助组织卖淫罪定罪处罚，不以组织卖淫的共犯论处；被告人郑利华、陆根武系组织卖淫罪共同犯罪中的从犯

组织卖淫罪与协助组织卖淫罪是两个密切关联的犯罪。从本质上说，大多数协助组织卖淫

行为属于组织卖淫共同犯罪从犯的性质，但也有部分行为人成立专门的培训机构、运输组织等，专门从事协助组织卖淫的行为，这部分行为的独立性就非常强，将其以组织卖淫罪的从犯处理，不符合这类行为的本质。因此，1997年刑法单独规定了协助组织卖淫罪。这说明，这类行为有具体的罪状和单独的法定刑，应当认定为独立的罪名，适用单独的法定刑处罚，不再适用刑法关于从犯的处罚原则。《涉卖淫刑案解释》第四条第一款也对协助组织卖淫罪的概念和处理原则做了明确规定："明知他人实施组织卖淫犯罪活动而为其招募、运送人员或者充当保镖、打手、管账人等的，依照刑法第三百五十八条第四款的规定，以协助组织卖淫罪定罪处罚，不以组织卖淫罪的从犯论处。"当然，该解释第四条第二款还对协助组织卖淫罪的出罪做了规定："在具有营业执照的会所、洗浴中心等经营场所担任保洁员、收银员、保安员等，从事一般服务性、劳务性工作，仅领取正常薪酬，且无前款所列协助组织卖淫行为的，不认定为协助组织卖淫罪。"

需要指出的是，刑法专门规定了协助组织卖淫罪以后，并不影响组织卖淫共同犯罪中根据案件事实区分主从犯；同样，协助组织卖淫罪本身也有主从犯之分，如有的犯罪分子成立专门的运送卖淫女团伙，在团伙内部就有主从犯之分。概言之，只要是共同故意犯罪，都可能存在主从犯的问题。

就本案而言，席登松等人组织卖淫共同犯罪中，应该可以区分主从犯。席登松、郑利华、陆根武均是金陵SPA馆的投资者，如何区分主从犯地位？我们认为，就投资者而言，除了考察投资比例外，还要考察是否直接参与经营或者考察参与经营的程度。这是区分犯罪分子在共同犯罪中地位作用的一个重要方面。(1)主要投资者其地位明显高于仅投资而没有参与经营者，主要经营者比没有参与经营的人作用更突出。(2)虽然仅投资而不参与经营、管理，但居于控股地位的，其地位、作用不一定次于实际经营者和管控者。(3)仅投资且投资比例没有达到控股地位的，其地位作用明显次于投资处于控股地位者，或者明显次于实际经营者，或者明显次于实际管控者的，可以认定为组织卖淫的从犯；接近控股地位的，可以认定为主犯，但与最主要的主犯，在量刑上要有区分。根据这三个区分办法，本案被告人席登松既是主要投资者（投资比例占60%），又是主要经营者，理应认定为主犯。而郑利华投资占比30%、陆根武投资占比10%，且均未具体参与经营，只是偶尔查看经营情况，其地位、作用明显不如席登松，应当认定为从犯。被告人郭晨虽然未出资，但其实施了招募卖淫女，组织卖淫女团队，安排卖淫交易，利用微信、支付宝收银，通过微信及出租车司机招揽嫖客等行为，在共同犯罪中地位突出，行为积极且其收入占全部卖淫收入的13%，收入比投资者郑利华、陆根武都高，应当认定为共同犯罪中的主犯。

被告人刘斌斌、汪雨、詹海燕、付大勇、王淑娟、汪榆鑫所实施的行为均属于协助组织卖淫性质，且均不具有《涉卖淫刑案解释》第四条第二款规定的出罪情形。其中，刘斌斌负责运送卖淫女，系典型的协助组织卖淫行为；汪雨提供场所，为被告人席登松在酒店客房放置招嫖卡片、抄录酒店男性旅客信息等，亦属于协助组织卖淫行为；詹海燕、王淑娟、汪榆鑫虽然只是收银员，但均实施接待嫖客、卖淫计时、催钟等行为，所从事的已不是一般服务性、劳务性工作，且从他们上述行为中已经明显表现出"明知"席登松等人组织卖淫的主观内容，故亦属于协助组织卖淫行为；付大勇虽然只是服务员，但实施了接待嫖客、通知卖淫女试钟、带卖淫女供嫖客挑选等行为，所从事的已不是一般服务性、劳务性工作，且从其上述行为中已经明显表现出"明知"席登松等人组织卖淫的主观内容，故亦属于协助组织卖淫行为。上述协助组织卖淫行为人之间并无共同犯罪的故意，仅仅是行为性质均属于协助组织卖淫，故无法对上述协助组织卖淫行为人区分主从犯。

（四）本案量刑情节的具体运用

本案被告人众多，量刑情节各有具体情况，原审法院根据犯罪的事实、犯罪的性质、情节和对于社会的危害程度,依照刑法和《涉卖淫刑案解释》作出判决。本案在决定刑罚时,具有以下几个特点:一是判决时注重财产刑的充分运用,不让犯罪分子在经济上得到便宜。如对主犯席登松并处30万元罚金,郭晨并处20万元罚金,对从犯郑利华并处20万元罚金,陆根武并处10万元罚金,对犯协助组织卖淫罪的各罪犯也都处以数额不等的罚金。二是对同是组织卖淫共同犯罪主犯的席登松、郭晨,根据其在共同犯罪中的地位、作用进一步加以细分;对同是组织卖淫共同犯罪从犯的郑利华、陆根武,也根据其在共同犯罪中的地位、作用(主要是投资情况)进一步加以细分。三是对刘斌斌、汪雨、詹海燕、付大勇、王淑娟、汪榆鑫等协助组织卖淫罪犯,在量刑时充分考虑其各自的犯罪情节和认罪态度等合理量刑。四是充分体现刑事政策,对认罪态度好,具有投案自首、坦白等法定从宽处罚情节以及累犯等法定从重处罚情节均在量刑时予以体现。对从犯、坦白、自首等法定情节在量刑中的作用,既从其在共同犯罪中的实际地位、作用考量,也从其主观恶性方面考量,并结合全案实际情况进行量刑平衡,从而贯彻"轻轻重重"的原则。

(撰稿:最高人民法院刑四庭 陆建红
浙江省江山市人民法院 周中才
审编:最高人民法院刑四庭 周 峰)

[第1268号]方斌等组织卖淫案

——组织卖淫共同犯罪中的主犯认定及组织卖淫罪与协助组织卖淫罪的区分

【关键词】 组织卖淫罪 共同犯罪 主犯 协助组织卖淫罪 自首 如实供述

一、基本案情

被告人方斌,男,1964年6月24日出生,2016年9月25日被逮捕。

被告人于振洋,男,1982年8月23日出生,2016年9月23日被逮捕。

被告人秦辉明,男,1965年12月6日出生,2016年9月23日被逮捕。

被告人方勇,男,1968年10月9日出生,2016年9月23日被取保候审。

被告人张后龙,男,1985年9月15日出生,2016年9月23日被取保候审。

被告人吴聪,男,1992年9月12日出生,2016年9月18日被取保候审。

被告人潘强(曾用名潘小娃),男,1987年3月28日出生,2016年9月23日被取保候审。

四川省绵阳市涪城区人民检察院以被告人方斌、秦辉明、于振洋犯组织卖淫罪,被告人方勇、张后龙、吴聪、潘强犯协助组织卖淫罪,向绵阳市涪城区人民法院提起公诉。

被告人方斌对指控的罪名无异议,但辩称其没有实际管理、经营卖淫场所,没有参与分配卖淫收入和支出。其辩护人提出方斌没有参与卖淫活动的具体事务管理,在案发后主动投案,如实供述犯罪,有自首情节,属于初犯,有悔罪表现,应当对其从轻、减轻处罚。

被告人秦辉明对指控罪名有异议,辩称其只负责经营场所足浴部门的管理,不负责对卖淫人员的管理。其辩护人提出,指控秦辉明犯组织卖淫罪证据不足,秦辉明行为构成协助组织卖淫罪。秦辉明没有控制卖淫人员并从中获利,在本案中所起作用较小,系初犯、偶犯,到案后如实供述,系坦白,建议对其从轻、减轻判处。

被告人于振洋辩称其没有招聘和培训卖淫人员，只负责卖淫人员上下班、工资发放工作。其辩护人提出，于振洋不构成组织卖淫罪，构成协助组织卖淫罪。于振洋没有参与卖淫场所利润分配，在卖淫活动中不起决策、领导、管理作用，处于被领导、被管理的地位，同时没有招聘、培训卖淫人员，系初犯、偶犯，认罪态度好，建议对其从轻、减轻判处。

被告人方勇、张后龙、吴聪、潘强对公诉机关指控的犯罪事实、罪名无异议。

绵阳市涪城区人民法院经审理查明：

2013 年 3 月 20 日，被告人方斌租用位于绵阳市涪城区会仙路 16 号的四川豪瑞特酒店 8 楼成立"绵阳城区乔治五号商务娱乐会所"，经营卡拉 OK、洗浴、足浴服务。2016 年 3 月，被告人方斌聘用彭建智（另案处理）担任"绵阳城区乔治五号商务娱乐会所"总经理，负责会所经营管理活动。当月，彭建智又聘用被告人秦辉明在会所担任店长，负责会所员工日常管理等工作。此后，彭建智与方斌等人共谋在会所组织卖淫人员从事卖淫活动，方斌安排被告人方勇监督会所经营情况，负责保管卖淫活动营业款等工作。2016 年 4 月至 8 月 18 日，该会所聘用被告人于振洋负责招聘、管理卖淫人员，被告人张后龙、吴聪、潘强为足浴店接待员、保安，负责接待嫖娼人员，推荐、介绍卖淫服务，领取卖淫提成等；并先后制定豪瑞特养生会馆足浴技师提成方案、营业基本任务、理疗部项目提成方案等关于卖淫活动收入的分配方案，同时在互联网网站上发布招聘按摩师等信息，组织马某、王某等多名卖淫人员，在"绵阳城区乔治五号商务娱乐会所"从事卖淫活动，其中 2016 年 8 月 1 日至 8 月 18 日，该会所组织卖淫活动 346 次。

2016 年 8 月 18 日 16 时许，公安机关接群众举报，在"绵阳城区乔治五号商务娱乐会所"的租房内，查获正在进行卖淫嫖娼活动的马某（女）、石某（男）二人，并现场抓获被告人秦辉明、于振洋、方勇、潘强、吴聪、张后龙及卖淫女王某、随某某、吴某某、王某某，扣押赃款 2 680 元，扣押作案工具电脑主机 2 台、POS 机 1 台。同日 23 时许，被告人方斌主动到公安机关投案。

绵阳市涪城区人民法院认为，被告人方斌、秦辉明、于振洋在豪瑞特酒店利用从事服务行业的便利条件，在经营服务业的同时，招募多名卖淫人员，有组织地从事卖淫活动，其行为已构成组织卖淫罪；被告人张后龙、吴聪、潘强、方勇帮助他人组织卖淫，其行为已构成协助组织卖淫罪，应依法惩处。在共同犯罪过程中，被告人方斌起主要作用，是主犯，应当按照其组织的全部犯罪处罚；被告人秦辉明、于振洋起次要作用，是从犯，应当减轻处罚。被告人方斌虽主动到案，但到案后在第一次接受讯问时未如实交代犯罪事实，不属于自首，但当庭认罪，可以酌情从轻处罚。被告人秦辉明、张后龙、吴聪、潘强、方勇到案后如实供述自己的罪行，可以从轻处罚。被告人于振洋当庭认罪，可酌情从轻判处。依照《中华人民共和国刑法》第三百五十八条、第二十五条、第二十六条、第二十七条、第六十七条第三款、第六十四条、第七十二条、第五十三条之规定，判决如下：

1. 被告人方斌犯组织卖淫罪，判处有期徒刑五年六个月，并处罚金人民币 20 万元；
2. 被告人秦辉明犯组织卖淫罪，判处有期徒刑三年六个月，并处罚金人民币 8 万元；
3. 被告人于振洋犯组织卖淫罪，判处有期徒刑三年六个月，并处罚金人民币 8 万元；
4. 被告人张后龙犯协助组织卖淫罪，判处有期徒刑二年，缓刑二年，并处罚金人民币 2 万元；
5. 被告人吴聪犯协助组织卖淫罪，判处有期徒刑二年，缓刑二年，并处罚金人民币 2 万元；
6. 被告人潘强犯协助组织卖淫罪，判处有期徒刑二年，缓刑一年，并处罚金人民币 2 万元；
7. 被告人方勇犯协助组织卖淫罪，判处有期徒刑一年，缓刑一年，并处罚金人民币 1 万元。

一审宣判后，被告人方斌、于振洋不服，提出上诉。

方斌的上诉理由是：其不是主犯，因为犯意不是其提出，未具体实施管理、组织妇女卖淫，未掌握资金,不负责分配;其有自首情节,可以从轻或减轻、免除处罚。

于振洋的上诉理由是:其构成协助组织卖淫罪,而非组织卖淫罪,并且其家庭情况困难,请求二审法院从轻判处。其辩护人还提出:于振洋的工作是受店长秦辉明安排,秦辉明的作用远远大于于振洋,故在量刑上应进行区分;于振洋对会所的工作没有决定权,不参与制度的制定,没有负责招聘卖淫人员,其从事的只是打杂工作,应定协助组织卖淫罪,并在两年以下量刑,可适用缓刑。

绵阳市中级人民法院经审理认为,在组织卖淫的共同犯罪过程中,上诉人方斌起主要作用,是主犯,应当按照其组织的全部犯罪处罚;原审被告人秦辉明、上诉人于振洋起次要作用,是从犯,应当减轻处罚。原审被告人秦辉明、张后龙、吴聪、潘强、方勇到案后如实供述自己的罪行,可以从轻处罚。上诉人于振洋当庭认罪,可酌情从轻判处。上诉人方斌虽主动投案,但在司法机关掌握其主要犯罪事实之前没有如实供述,不属于自首,但当庭认罪,可以酌情从轻处罚。对上诉人方斌认为其构成自首以及不是主犯的上诉理由与审理查明的事实及法律规定不符,不予支持。上诉人于振洋以招募、雇佣、管理等手段,实施了控制多人从事卖淫活动的行为,其实行行为符合组织卖淫罪构成要件,应当以组织卖淫罪定罪,其上诉辩称构成协助组织卖淫罪的上诉及辩解理由不能成立,不予采纳。对于上诉人于振洋的辩护人提出的于振洋工作是受店长秦辉明安排、对会所的工作没有决定权、不参与制度的制定、没有负责招聘卖淫人员、其从事的只是打杂工作的辩护意见,与审理查明的事实不符,提出的应在两年以下量刑并适用缓刑的辩护意见,不予支持。综上,原判认定事实和适用法律正确,量刑适当。依照《中华人民共和国刑事诉讼法》(2012年)第二百二十五条第一款第一项之规定,裁定如下:驳回上诉,维持原判。

二、主要问题

1. 如何认定主要投资人在组织卖淫共同犯罪中的地位、作用?

2. 如何区分组织卖淫罪与协助组织卖淫罪?

3. 自动投案后在公安机关掌握其主要犯罪事实前未如实供述犯罪事实,其后才如实供述的,能否认定为自首?

三、裁判理由

(一)在组织卖淫共同犯罪中,主要投资人(所有人)一般应认定为主犯

1. 组织卖淫罪有主犯、从犯之分

司法实践中有观点认为,组织卖淫罪只有主犯,没有从犯。我们不认同这种观点。任何一种犯罪,在数人共同犯罪的形态中,除都是主犯或者共同正犯的情况外,均应按照各自在犯罪中所起到的作用大小,区分为主犯和从犯。在通常情况下,组织卖淫犯罪涉及的人员较多、关系复杂,既有组织者、各类管理人员,又有一般的服务人员。他们之间有不同的职责分工,共同参与犯罪活动,要根据其行为区分不同的罪责,确定主犯、从犯。

2. 在组织卖淫共同犯罪中,主要投资人一般应认定为主犯

对于主要投资人而言,其实际上是卖淫场所的所有人或实际经营者,虽然通常并不直接参与卖淫场所的日常经营管理,而是通过雇用、指使管理人员负责卖淫场所的日常经营运行,但主要投资人在整个组织卖淫共同犯罪过程中起到了组织、策划、指挥等主要作用,具有绝对的支配权和领导地位,其他参与组织卖淫犯罪的人员都受其指挥、服从其领导,二者之间是上下级的关系。故主要投资人在犯罪组织中的地位高、作用大,属于"幕后黑手""老板""大哥",当然应该对组织卖淫活动承担全部责任,是第一主犯。

本案中,被告人方斌在豪瑞特酒店利用从事服务行业的便利条件,以招募、雇佣、容留等手段,控制多人从事卖淫行为,其已构成组织卖淫罪。方斌虽然没有直接参与卖淫活动的具体事务

管理,但其作为会所实际投资人,雇用他人管理卖淫活动,是整个卖淫活动的控制者,起主要作用,是主犯,应当按照其组织的全部犯罪处罚。一、二审法院认定方斌系组织卖淫共同犯罪的主犯是正确的。

(二)区分组织卖淫罪和协助组织卖淫罪的关键在于是否实施了管理、控制卖淫活动的组织行为

组织卖淫罪与协助组织卖淫罪二者密切相关,司法实践中容易混淆。有观点认为,组织卖淫罪一般是由数人或者多个环节组成的共同犯罪行为,凡是共同组织卖淫罪的主犯应当定性为组织卖淫罪,凡是共同组织卖淫罪的从犯应当定协助组织卖淫罪。我们认为这种观点是片面的,混淆了组织卖淫罪从犯与协助组织卖淫罪的界限。

1. 主观上形成共同组织卖淫的故意,客观上有共同的组织卖淫行为者,构成组织卖淫共同犯罪

组织卖淫罪的行为人主观上要有组织他人卖淫的故意,客观上要有组织卖淫行为。所谓组织卖淫行为,一般是指以招募、雇佣、容留等手段,管理或者控制多人从事卖淫的行为。认定的关键是行为人对卖淫活动有策划、指挥、管理、控制、安排、调度等组织行为(实行行为),对卖淫者的卖淫活动已经形成有效管理与控制。因此,在组织卖淫活动中对卖淫者的卖淫活动直接实施安排、调度等行为的,也属于对卖淫者进行管理的组织行为,不论是主犯、从犯,还是实行犯、帮助犯,都应当按照组织卖淫罪定罪处罚,绝不能根据分工或者作用的不同而分别定罪。

本案被告人于振洋在整个犯罪体系中属于管理卖淫人员的"鸡头",卖淫人员的请销假、排班、调度、薪酬等都由其控制掌握,其在整个共同犯罪过程中地位极其重要,仅次于"大老板"方斌,负责管理、培训卖淫女等工作,与一般工作人员工作内容不同,其管理、支配、控制着卖淫活动,也就是与卖淫人员之间存在管理与被管理的关系,这些行为已经超越了单纯的帮助行为的界限,其行为实质上属于管理和控制他人从事卖淫活动,符合组织卖淫罪构成要件,应当以组织卖淫罪定罪处罚。

2. 客观上只实施了为组织卖淫的人招募、运送人员或者其他协助组织他人卖淫行为的,构成协助组织卖淫罪

组织卖淫罪的行为人主观方面是组织他人卖淫的犯罪故意,而协助组织卖淫罪的行为人主观方面是协助组织卖淫活动的犯罪故意。协助组织卖淫行为属于帮助犯,而帮助犯不实施主行为,因此,协助组织卖淫者所实施的行为不能是前述组织行为(实行行为),否则应当以组织卖淫罪论处。没有实施组织行为,即不是对卖淫活动直接进行策划、指挥、管理、控制、安排、调度,不与卖淫行为发生直接联系,而是在外围协助组织者实施其他行为,如充当保镖、打手、管账人或为直接为组织者招募、雇用、运送卖淫人员,为卖淫人员安排住处,为组织者充当管账人、提供反调查信息等行为,这些都不构成组织卖淫罪,而仅构成协助组织卖淫罪。

本案中,被告人张后龙、吴聪、潘强、方勇等分别监督会所经营情况,负责保管卖淫活动营业款,或作为足浴店接待员、保安,负责接待嫖娼人员,推荐、介绍卖淫服务,领取卖淫提成等,虽然对卖淫场所的正常运行发挥重要作用,但他们并没有直接管理和支配卖淫人员,与组织卖淫罪中的"控制多人从事卖淫活动"存在本质上的不同,属于在组织卖淫的共同犯罪中起帮助作用的行为,符合刑法第三百五十八条第四款规定的"为组织卖淫的人招募、运送人员或者有其他协助组织他人卖淫行为"的情形,应当以协助组织卖淫罪定罪处罚。

综上,一、二审法院认定于振洋构成组织卖淫罪,张后龙、吴聪、潘强、方勇等构成协助组织卖淫罪,是正确的。

（三）自动投案后在公安机关掌握其主要犯罪事实前未如实供述犯罪事实的，不能认定为自首

刑法第六十七条规定，犯罪以后自动投案，如实供述自己的罪行的，是自首。自首是法定从轻处罚情节。对于自首的认定，应当严格依照法律及相关司法解释来进行。一般情况下，自首的成立必须具备以下条件：一是自动投案。二是如实供述自己的罪行。本案被告人方斌自动投案是没有异议的，但方斌未在到案后的第一时间如实供述自己的罪行，能否认定为自首，在实践中容易出现争议。

如实供述自己的罪行是自首成立的重要条件，也是自首的本质特征。如实供述自己的罪行，是指犯罪分子自动投案后，应当"及时"如实供述自己的主要犯罪事实，也就是说，如实供述是有时间要求的。

关于"及时"如实供述，根据有关司法解释，有两种情形：第一种情形是，被告人在自动投案后，第一次供述时即如实交代自己的主要犯罪事实的，构成自首；即使如实供述后又翻供的，依照《最高人民法院关于处理自首和立功具体应用法律若干问题的解释》（以下简称《自首立功解释》）第一条第二项的规定，只要在一审判决前又能如实供述的，仍然可以认定为自首。这种情况下，犯罪嫌疑人的悔罪态度比较明显，其供述有利于降低办案成本，提高诉讼效率，故无论司法机关在其自动投案前是否已经掌握其主要犯罪事实，都应当认定为自首，以体现法律对自首的鼓励态度。第二种情形是，犯罪嫌疑人自动投案时虽然没有如实交代自己的主要犯罪事实，但在司法机关掌握其主要犯罪事实之前主动交代的，依照《最高人民法院关于处理自首和立功若干具体问题的意见》（以下简称《自首立功意见》）第二条第三款的规定，应认定为如实供述自己的罪行。即犯罪嫌疑人自动投案时，司法机关尚未掌握其主要犯罪事实，犯罪嫌疑人一开始未如实交代，但只要在司法机关掌握其主要犯罪事实之前如实供述的，仍然构成自首，但在掌握其主要犯罪事实之后，其迫于压力才如实供述的，则不构成自首。这样规定的原因在于，法律对于自首的犯罪嫌疑人依法从宽处理，是因为其体现了犯罪嫌疑人的悔罪态度，又能节约司法资源，而犯罪嫌疑人在侦查机关掌握证据后才交代的，并不能体现出其悔罪态度，案件侦破主要是依靠侦查机关的努力，未体现出节约司法资源的宗旨，故这种情况不能认定为自首。

本案被告人方斌虽主动投案，但其在第一次供述时并未如实交代主要犯罪事实（否认明知会所组织卖淫活动），不属于"及时"如实供述，不符合《自首立功解释》第一条规定的情形；方斌在第二次供述时供认犯罪，但此时已有两名同案被告人（秦辉明、潘强）证实方斌知道会所存在卖淫活动的事实，因此，应视为司法机关已经在方斌如实供述前掌握了方斌主要的犯罪事实，故也不符合《自首立功意见》第二条规定的情形。方斌在司法机关掌握其主要犯罪事实之前没有如实供述，其后才交代主要犯罪事实，已经不具有自首的时间条件，对于案件侦破的作用已经大为减少，不应当认定为自首。但鉴于被告人方斌有主动投案情节，且其在庭审时当庭认罪，故法院在量刑时应当考虑上述因素，可以酌情从轻处罚。

综上，一、二审法院认定被告人方斌、秦辉明、于振洋构成组织卖淫罪，被告人张后龙、吴聪、潘强、方勇构成协助组织卖淫罪，认定被告人方斌在共同犯罪中系主犯，秦辉明、于振洋系从犯，并根据各被告人具有的从轻处罚情节分别量刑是适当的。

（撰稿：最高人民法院刑四庭　张　剑
审编：最高人民法院刑四庭　陆建红）

[第1269号]杨恩星等组织卖淫案

——如何区分组织卖淫罪的从犯与协助组织卖淫罪

【关键词】 组织卖淫罪 从犯 协助组织卖淫罪

一、基本案情

被告人杨恩星,男,1984年8月25日出生,2016年9月26日被逮捕。

被告人逄锦敏,男,1985年5月4日出生,2016年9月26日被逮捕。

被告人纪文峰,女,1993年12月12日出生,2017年6月27日被逮捕。

山东省青岛市黄岛区人民检察院以被告人杨恩星、逄锦敏、纪文峰犯组织卖淫罪,向青岛市黄岛区人民法院提起公诉。

青岛市黄岛区人民法院经审理查明:自2015年10月起,被告人杨恩星在青岛市黄岛区江山路西小区租赁房屋,并在网上发布招嫖信息,招聘卖淫女从事卖淫活动。被告人纪文峰起初为杨恩星招聘的卖淫女,后与杨恩星发展成为情人关系,遂开始在卖淫活动中担任客服。2016年5月,杨恩星使用假身份证在青岛市黄岛区华宇新村××号楼×单元×××户租赁房屋,与被告人逄锦敏合伙经营,招聘卖淫女卫某某、明某、刘某某等人,从事组织卖淫犯罪活动。该二人约定各自享有华宇新村店一半的股份且该店所有收益由二人均分。该店规定了明确的卖淫项目及价格、卖淫所得分成方式。杨恩星负责在网上发布招嫖信息、客服、记账、招聘和管理卖淫女等工作,逄锦敏负责接送嫖客、给出租车司机结账、招聘卖淫女、望风等现场管理工作,纪文峰为华宇新村店担任客服工作,其主要负责接听嫖客电话、指引嫖客前往指定地点进行嫖娼、创建该卖淫店工作微信群、面试卖淫女等工作。2016年7月14日,公安人员在华宇新村店内查获卖淫女刘某某、卫某某、明某,嫖娼人员陈某某、孙某、张某。经查,当日张某和明某发生卖淫嫖娼关系,陈某某、孙某和卫某某发生卖淫嫖娼关系。

青岛市黄岛区人民法院认为,被告人杨恩星、逄锦敏、纪文峰为牟取非法利益,组织多名妇女从事卖淫活动,其行为均构成组织卖淫罪。对于逄锦敏所提其行为应认定为协助组织卖淫罪的辩解意见,经查,三被告人的供述及证人明某等证言均能证实逄锦敏作为卖淫店的老板之一,直接实施了组织卖淫的犯罪行为,其行为应认定为组织卖淫罪,对该辩解意见不予采纳。对于纪文峰辩护人所提纪文峰的行为应认定为协助组织卖淫罪的辩护意见,经查,纪文峰在组织卖淫活动中直接参与对卖淫者的卖淫活动进行安排、调度、指挥等组织行为,其行为应认定为组织卖淫罪,但由于其在组织卖淫犯罪中起次要作用,故应认定纪文峰为组织卖淫罪的从犯,依法予以减轻处罚。被告人杨恩星、逄锦敏、纪文峰均自愿认罪,酌情予以从轻处罚。依据《中华人民共和国刑法》第三百五十八条、第二十五条、第二十七条、第四十五条、第四十七条、第五十二条、第五十三条之规定,判决如下:

1. 被告人杨恩星犯组织卖淫罪,判处有期徒刑五年六个月,并处罚金人民币五万元;

2. 被告人逄锦敏犯组织卖淫罪,判处有期徒刑五年,并处罚金人民币三万元;

3. 被告人纪文峰犯组织卖淫罪,判处有期徒刑二年六个月,并处罚金人民币二万元。

宣判后,各被告人均未提出上诉,公诉机关亦未抗诉,判决已发生法律效力。

二、主要问题

如何区分组织卖淫罪的从犯与协助组织卖淫罪?

三、裁判理由

本案中，被告人杨恩星与逄锦敏合伙经营卖淫店，杨恩星租赁房屋、负责在网上发布招嫖信息、客服、记账、招聘和管理卖淫女等工作，逄锦敏负责接送嫖客、给出租车司机结账、招聘卖淫女、望风等现场管理工作，二人招聘多名卖淫女从事卖淫活动，均分收益。杨恩星和逄锦敏的行为属典型的组织卖淫行为，且均系主犯，审理时对二人均构成组织卖淫罪并不存在争议。但对于被告人纪文峰的行为如何定性，存在两种不同观点：

第一种观点认为，纪文峰的行为构成协助组织卖淫罪。理由是，纪文峰为杨恩星和逄锦敏的组织卖淫活动充当客服，负责接听嫖客电话、指引嫖客前往指定地点进行嫖娼、创建卖淫店工作微信群、面试卖淫女，这些行为对于杨恩星和逄锦敏所实施的犯罪来说均属于帮助行为，故构成协助组织卖淫罪。

第二种观点认为，纪文峰的行为构成组织卖淫罪，但由于其在组织卖淫犯罪中与两名同案犯相比，起次要作用，故应认定为组织卖淫罪的从犯。

我们同意第二种观点，主要理由如下：

（一）协助组织卖淫罪是将组织卖淫罪的帮助行为单独成罪，而非将组织卖淫罪的所有从犯单独成罪

我国1979年刑法没有规定协助组织卖淫罪。1991年《全国人民代表大会常务委员会关于严禁卖淫嫖娼的决定》（以下简称《决定》）第一次从法律上确认了组织卖淫罪和协助组织卖淫罪。随后，最高人民法院、最高人民检察院于1992年出台《关于执行〈全国人民代表大会常务委员会关于严禁卖淫嫖娼的决定〉的若干问题的解答》（以下简称《解答》）在第三条解释了协助组织卖淫罪的罪状，即“协助组织他人卖淫罪，是指在组织他人卖淫的共同犯罪中起帮助作用的行为。如充当保镖、打手、管帐人等”。1997年刑法吸纳了上述内容。2011年，《刑法修正案（八）》修改了本罪的罪状，将“协助组织他人卖淫的”修改为“为组织卖淫的人招募、运送人员或者有其他协助组织他人卖淫行为的”。2017年7月25日实施的《最高人民法院、最高人民检察院关于办理组织、强迫、引诱、容留、介绍卖淫刑事案件适用法律若干问题的解释》（以下简称《涉卖淫刑案解释》）对本罪罪状进行了详细的解释，即“明知他人实施组织卖淫犯罪活动而为其招募、运送人员或者充当保镖、打手、管账人等的，依照刑法第三百五十八条第四款的规定，以协助组织卖淫罪定罪处罚，不以组织卖淫罪的从犯论处”。

从以上协助组织卖淫罪的相关规定可以看出，组织卖淫罪与协助组织卖淫罪在一般情况下属于实质上的共同犯罪，协助组织卖淫行为属于组织卖淫行为中的帮助行为。在我国刑法理论中，一般来说，帮助犯从属于正犯，与正犯构成共同犯罪。在刑法没有对帮助犯设置具体罪状并单独规定法定刑的情况下，对帮助犯只能适用正犯的法定刑，并结合刑法总则规定的从犯处罚原则进行处罚。但考虑到实践中某些帮助行为已出现类型化趋势，社会危害性也较大，为加大对此类行为的打击，我国刑法分则将部分帮助行为规定为独立犯罪，如刑法第一百零七条规定的资助危害国家安全犯罪活动罪，第一百二十条之一第一款规定的帮助恐怖活动罪以及第三百五十八条第四款规定的协助组织卖淫罪。协助组织卖淫行为单独成罪，主要是由于司法实践中组织卖淫者往往不能单独完成犯罪，需要合作者或者帮助者才能顺利实施组织卖淫行为。在组织卖淫者开设“娱乐场所”的过程中，离不开保镖、打手、管账人等的“协助”，这些协助组织行为已经常态化、类型化，甚至可以说必不可少。而由于其中犯罪人之间的分工不同、作用不同，导致各自承担的刑事责任也是不同的。因此，将这些协助组织行为从组织卖淫行为中分离出来，进行区别定罪量刑。此外，司法实践中也存在不少协助者独立于组织卖淫者的情况，如一些行为人专门负责

招募、雇用、运输、培训卖淫者，他们不仅仅服务于某一个组织卖淫团伙，而是同时为数个组织卖淫团伙服务。这种情况下，如果简单地按照共同犯罪理论，将其作为某一个组织卖淫团伙的共犯来处理，就很可能会遗漏掉协助者的其他协助行为。

综上，协助组织卖淫者可以认为是组织卖淫者的帮助犯，在帮助犯没有单独成罪的情况下，确实属于从犯的一种，但并不是从犯的全部。在协助组织卖淫行为单独成罪以后，对该行为不再按照组织卖淫罪的从犯处理，而是作为独立的犯罪定罪量刑。但这并不意味着组织卖淫罪中不存在从犯，或者说组织卖淫罪的从犯就是协助组织卖淫罪。实践中有种观点认为，组织卖淫罪一般是由数人或者多个环节组成的共同犯罪行为，凡是共同组织卖淫罪的主犯都应当定性为组织卖淫罪，凡是共同组织卖淫罪的从犯都应当定协助组织卖淫罪。我们认为，这种观点是错误的，协助组织卖淫罪是一种独立的犯罪，而不是共同组织卖淫罪的从犯；共同组织卖淫罪的从犯，应当定性为组织卖淫罪，而不能定性为协助组织卖淫罪。

（二）协助组织卖淫罪与组织卖淫罪的从犯的本质区别在于行为不同，而非作用大小

组织卖淫罪的从犯与协助组织卖淫罪的区分历来是司法实践中的难点。我们认为，协助组织卖淫行为属于帮助犯，帮助犯与主行为实施者即实行犯是按照分工不同划分的，即帮助犯不实施主行为，两者的本质区别在于行为人在组织卖淫活动过程中的分工，而不是作用大小。在组织卖淫活动中，凡是对卖淫者的卖淫活动直接进行管理、控制的行为人，体现为以招募、雇佣、强迫、引诱、容留等手段，管理、控制多人从事卖淫，核心是策划、指挥、管理、控制、安排、调度等组织行为，应当构成组织卖淫罪。其中起主要作用的是主犯，起次要、辅助作用的是从犯，但从犯实施的行为也应是组织行为，只是这种组织行为相对于主要组织者而言作用相对次要。而协助组织卖淫罪中行为人所实施的行为不能是组织行为，不与卖淫行为发生直接联系，只能是在外围保障卖淫活动顺利进行的辅助行为。根据刑法和《涉卖淫刑案解释》的规定，协助组织卖淫罪的客观行为主要表现为：以招工为名，通过广告、互联网等方式，协助诱骗、招募妇女卖淫，但本身不参与组织卖淫活动；提供交通工具，为组织卖淫者接送、转移卖淫人员，只收取相应运输费用；充当保镖，看家护院、望风放哨；充当打手，协助强迫妇女卖淫；为组织卖淫者充当管账人等。

在司法实践中，对于将组织他人卖淫场所中的“老板”认定为组织者是没有异议的，但对于经理、领班等其他管理人员能否认定为组织者存在争议。我们认为，在整个卖淫组织中，出资者、指挥者固然属于组织卖淫者，经理、领班等其他管理人员也实施具体的管理行为，只是其地位和作用相对于出资者、指挥者来说较小，但只要与卖淫人员之间存在管理与被管理的关系，而不是实施单纯的帮助行为，其实质上就实施了组织卖淫罪的实行行为，故也应将这部分管理人员的管理行为认定为组织卖淫行为。

本案中，被告人纪文峰在卖淫场所中担当客服的角色，主要负责接听嫖客电话、指引嫖客前往指定地点进行嫖娼，此外纪文峰还负责创建该卖淫店工作微信群、面试卖淫女、办理卖淫女请假事宜等工作。这些行为中，前者即接听嫖客电话、指引嫖客前往嫖娼的地点、面试卖淫女等属于协助组织卖淫行为；但后者即建立杨恩星、逄锦敏还有卖淫女在内的微信工作群、准许卖淫女请假等行为，却属于组织卖淫行为，因为这些行为已经超出了协助组织卖淫的行为范畴，而属于组织卖淫中的管理行为。在这种情况下，应如何认定被告人纪文峰的行为性质？我们认为，应当综合全案分析纪文峰行为的本质特征。纪文峰是卖淫店合伙人杨恩星的情人，组织卖淫活动是杨恩星的唯一经济来源，纪文峰的日常花费均由杨恩星提供，纪文峰实际是在杨恩星的指使下，与逄锦敏分工负责共同管理卖淫活动，因此，组织卖淫活动并从中牟取利益是其实施所有行为的目的。在其实施组织卖淫行为时，虽然同时实施了性质上属于协助组织卖淫的行为，但两类行为

是密切相关的。也就是说,行为人基于同一犯罪目的(组织卖淫),同时实施两类行为,分别触犯了不同罪名,但行为之间具有牵连关系的,属于牵连犯,应当从一重罪处断,即按照组织卖淫罪来定罪处罚。原审法院在判决时《涉卖淫刑案解释》尚未公布实施,但认定被告人纪文峰的行为构成组织卖淫罪,与《涉卖淫刑案解释》的规定是完全一致的;原审法院同时考虑到,相对于杨恩星、逄锦敏来说,纪文峰的作用相对次之,认定其为从犯,判处有期徒刑二年六个月,并处罚金二万元是适当的。

(撰稿:最高人民法院刑四庭　张建英
山东省青岛市黄岛区人民法院　侯　风　王德成
审编:最高人民法院刑四庭　陆建红)

[第1270号]何鹏燕介绍卖淫案

——如何理解组织卖淫罪中"卖淫人员在三人以上"的含义

【关键词】 介绍卖淫罪　组织卖淫罪　卖淫人员在三人以上　组织

一、基本案情

被告人何鹏燕,女,1991年1月30日出生。2016年8月5日因涉嫌犯组织卖淫罪被逮捕。

重庆市丰都县人民检察院以被告人何鹏燕犯组织卖淫罪向丰都县人民法院提起公诉。丰都县人民检察院指控:2016年1月至6月间,被告人何鹏燕先后6次组织李某某、万某、秦某等卖淫女在丰都县三合街道、高家镇等地进行卖淫活动。在此期间,何鹏燕负责联系嫖客、收取嫖资、安排接送失足少女前往卖淫地点等。后为方便组织卖淫,何鹏燕在丰都县高家镇鸿发小区租了一间无牌门面房屋给自己及万某等人居住。

被告人何鹏燕及其辩护人提出,何鹏燕的行为属于介绍卖淫,不属于组织卖淫。

丰都县人民法院经审理查明:

2016年1月至6月间,被告人何鹏燕多次介绍李某某(女,2001年10月25日出生)、万某(女,2001年2月23日出生)、秦某(女,2000年8月30日出生)在丰都县高家镇进行卖淫活动。具体事实如下:

1. 2016年1月的一天,被告人何鹏燕介绍李某某在丰都县高家镇一酒店203房间卖淫一次。

2. 2016年4月下旬的一天晚上,被告人何鹏燕介绍秦某在丰都县高家镇一酒店201房间卖淫一次。

3. 2016年5月下旬的一天下午,被告人何鹏燕介绍万某在丰都县高家镇一酒店201房间卖淫一次。

4. 2016年5月的一天晚上,被告人何鹏燕介绍万某在丰都县高家镇一酒店4-6房间卖淫一次。

5. 2016年5月28日凌晨,被告人何鹏燕介绍万某在丰都县高家镇一酒店1304房间卖淫一次。

6. 2016年6月中旬的一天凌晨,被告人何鹏燕介绍万某在丰都县高家镇×××号卖淫一次。

重庆市丰都县人民法院认为,被告人何鹏燕介绍多名未成年人多次卖淫,情节严重,其行为已构成介绍卖淫罪。何鹏燕到案后如实供述了自己的罪行,依法对其从轻处罚。依照《中华人民共和国刑法》第三百五十九条、第六十七条第三款、第四十七条、第五十二条、第五十三条之规定,判决如下:被告人何鹏燕犯介绍卖淫罪,判处有期徒刑五年六个月,并处罚金一万元。

一审宣判后,检察机关提出抗诉,认为原判认定何鹏燕的行为构成介绍卖淫罪的定性不当,应当以组织卖淫罪定罪处罚,原判适用法律错误,提请二审予以改判。

重庆市第三中级人民法院经审理认为,虽然何鹏燕具有管理他人卖淫的行为,但卖淫女李某某与秦某、万某的卖淫活动分别在不同时间段,无三人在同一时段的情形,不符合《最高人民法院、最高人民检察院关于办理组织、强迫、引诱、容留、介绍卖淫刑事案件适用法律若干问题的解释》中有关组织卖淫罪构成要件的规定。检察机关的抗诉理由不能成立。原判认定何鹏燕的行为构成介绍卖淫罪的事实清楚,证据充分,定性正确。鉴于二审期间,因新的司法解释施行,认定介绍卖淫罪情节严重的标准与以前掌握的标准发生变化,导致原判认定情节严重不当,应当依法予以改判。依照《中华人民共和国刑法》第三百五十九条第一款、第六十七条第三款、第五十二条、第五十三条,《最高人民法院、最高人民检察院关于办理组织、强迫、引诱、容留、介绍卖淫刑事案件适用法律若干问题的解释》第九条第一项、第二项和《中华人民共和国刑事诉讼法》第二百二十五条第一款第一项、第二项的规定,判决如下:原审被告人何鹏燕犯介绍卖淫罪,判处有期徒刑四年六个月,并处罚金八千元。

二、主要问题

如何理解组织卖淫罪中“卖淫人员在三人以上”的含义?

三、裁判理由

我国1979年刑法中没有规定组织卖淫罪,1991年9月4日公布的《全国人民代表大会常务委员会关于严禁卖淫嫖娼的决定》(以下简称《决定》)对刑法有关规定做了补充修改,其中增加了组织卖淫罪,即“组织他人卖淫的,处十年以上有期徒刑或者无期徒刑,并处一万元以下罚金或者没收财产,情节特别严重的,处死刑,并处没收财产”。由于《决定》没有关于组织卖淫罪的具体罪状描述,司法实践当中,一般根据《最高人民法院、最高人民检察院关于执行〈全国人民代表大会常务委员会关于严禁卖淫嫖娼的决定〉的若干问题的解答》(以下简称《解答》)的规定来认定组织卖淫罪,即《解答》规定的“组织他人卖淫罪,是指以招募、雇佣、强迫、引诱、容留等手段,控制多人从事卖淫的行为。本罪的主体必须是卖淫的组织者,可以是几个人,也可以是一个人,关键要看其在卖淫活动中是否起组织者的作用”。但是,由于1997年刑法吸收并修改了《决定》关于组织卖淫罪的上述内容,《解答》于2013年失效,而2015年11月1日起施行的《刑法修正案(九)》又将刑法第三百五十八条修改为“组织、强迫他人卖淫的,处五年以上十年以下有期徒刑,并处罚金;情节严重的,处十年以上有期徒刑或者无期徒刑,并处罚金或者没收财产”。司法实践中对于如何认定组织卖淫罪存在一定争议和困惑。鉴于此,《最高人民法院、最高人民检察院关于办理组织、强迫、引诱、容留、介绍卖淫刑事案件适用法律若干问题的解释》(以下简称《涉卖淫刑案解释》)第一条第一款规定,以招募、雇佣、纠集等手段,管理或者控制他人卖淫,卖淫人员在三人以上的,应当认定为刑法第三百五十八条规定的“组织他人卖淫”。比较《涉卖淫刑案解释》和《解答》的规定可以看出,《涉卖淫刑案解释》在《解答》的基础上对“组织他人卖淫”的含义进行了修改,主要体现在两个方面:一是组织行为方面。《解答》规定的“以招募、雇佣、强迫、引诱、容留等手段”容易混淆引诱、容留、介绍卖淫罪与组织卖淫罪的概念,因此,《涉卖淫刑案解释》采用了“招募、雇佣、纠集等手段”方式的表述。将引诱、容留等手段隐含在组织人员的方法之中,从而将组织卖淫与一般的引诱、容留及介绍卖淫行为区分开来。二是组织特征方面。《解答》规定的“控制多人从事卖淫”容易混淆组织卖淫罪和强迫卖淫罪的概念。虽然组织卖淫可以包括强迫卖淫,但是,强迫卖淫涵盖不了组织卖淫。因此,《涉卖淫刑案解释》将《解答》的“控制他人卖淫”改为“管理或者控制他人卖淫”,以体现司法实践当中,不少卖淫人员是自愿卖淫,较自由地在多个卖淫组织中“接单”,并且自愿接受组织者管理的现实情况。

根据《涉卖淫刑案解释》的上述规定,构成组织卖淫罪应当同时具备以下三个条件:(1)组织者对卖淫人员采用了招募、雇佣、纠集等手段;(2)组织者具有管理或者控制他人卖淫的行为;(3)卖淫人员达到三人以上。

本案中,被告人何鹏燕的行为符合前两项条件,但对于是否符合“卖淫人员在三人以上”,在二审审理期间存在两种不同观点:

第一种观点认为,“卖淫人员在三人以上”是指在指控的犯罪期间,卖淫人员累计达到三人以上。本案中,卖淫人员已累计达到三人以上,符合《涉卖淫刑案解释》对组织卖淫罪的规定,应认定为组织卖淫罪。

第二种观点认为,“卖淫人员在三人以上”是指在指控的犯罪期间,管理、控制卖淫人员不是累计达到三人以上,而是在同一时间段内管理、控制的卖淫人员达到三人以上。本案中,卖淫人员是先后累计达到三人以上,但被告人何鹏燕先是对李某某的卖淫活动进行管理,李某某离开后再对秦某、万某的卖淫活动进行管理,三名卖淫人员在被管理的时间上不存在交叉、重叠,不符合《涉卖淫刑案解释》对组织卖淫罪的规定。何鹏燕具有介绍卖淫的行为,应以介绍卖淫罪定罪处罚。

我们同意第二种观点,具体理由如下:

(一)符合组织卖淫罪中“组织”的本意

在我国刑法中,涉及“组织”行为的罪名有多个,如“组织、领导、参加黑社会性质组织罪”“组织考试作弊罪”“组织卖淫罪”。虽然“组织”一词含义的广泛性及不同罪名间构成上的差异性导致不同罪名中“组织”一词的含义不尽相同,但这些“组织”行为也存在以下共性:一是“组织”行为表现为一种作为行为,即行为人积极实施刑法所禁止的行为。二是“组织”行为的对象,即被组织者应为多人。“组织”是将分散的人或事物按照一定的形式相结合,在数量上由少变多。三是“组织”行为的目的在于使分散的人或物形成相对固定的整体,具备“组织性”,则在实质上由弱变强。

由此,我们可以将刑法规定的“组织”行为的基本模式表述为行为人为了达到一定的犯罪目的,将分散的人或事物按照一定的形式相结合,形成相对固定的整体的行为。

(二)组织卖淫罪的构成应当以具有“组织性”为前提

通过对“组织”的理解分析,可以看出刑法规定的“组织”行为的本质在于体现“组织性”,即强调由分散个体组成整体的稳固性和强大性。这不只要求简单地将单个个体召集到一起,还要求组成成员的相对固化,形成相应的纪律、规则,具备一定的行为定式,从而使整体的实力远远大于个体实力的简单相加。

就组织卖淫罪而言,该罪的构成同样应当以具有“组织性”为前提,即将单个卖淫人员以招募、雇佣、纠集等手段整合为三人以上的稳定的卖淫团体,并按照相应的纪律、规则对卖淫活动进行管理或控制。因此,对刑法第三百五十八条第一款规定的“组织他人卖淫”的理解也必须从是否具有组织性上进行考察。《涉卖淫刑案解释》第一条规定,以招募、雇佣、纠集等手段,管理或者控制他人卖淫,卖淫人员在三人以上的,应当认定为刑法规定的“组织他人卖淫”。对此,应当从以下三个方面来理解：

首先，组织他人卖淫的“组织性”在人数上要求达到多人。即行为人组织的卖淫人员的人数必须达到三人及以上，在数量上实现由少变多，如果卖淫的人数没有达到三人，那么行为的“组织性”则无法体现。

其次，组织他人卖淫的“组织性”在空间上要求具有稳定性。即组织者与卖淫人员通过一定的管理或者控制手段形成相对稳定的团体，从而让卖淫人员处于有序状态下进行卖淫交易。

最后，组织他人卖淫的“组织性”在时间上要求具有重合性。即三人以上的卖淫人员在被管理或者控制的某个时间段必须存在交叉、重叠，也即三人以上的卖淫人员必须同时出现在一个时间段内，方能体现组织卖淫中的“组织性”。“时间上的重合”是“人数上多人”和“空间上稳定”有机结合的必要结合点。如果卖淫人员处于今天 A 来了又离开、明天 B 来了又离开、后天 C 来了又离开这样一种流动不定的状态，那么，稳定的卖淫团体难以形成，“组织性”也难以体现。

就本案而言，被告人何鹏燕先是对李某某的卖淫活动进行管理，李某某离开后再对秦某、万某的卖淫活动进行管理。何鹏燕在管理卖淫人员李某某、秦某、万某的时间上不存在交叉，未能将卖淫人员整合成三人以上的稳定的卖淫团体，缺乏组织他人卖淫的“组织性”。因此，何鹏燕的行为不构成组织卖淫罪。

（三）将“卖淫人员在三人以上”理解为累计达到三人以上，将会造成罪责刑不相适应

组织卖淫罪起点刑为五年有期徒刑，在刑法分则第六章第八节中属于重罪，量刑起点较高。将《涉卖淫刑案解释》规定的“卖淫人员在三人以上”理解为累计达到三人以上，将会放宽组织卖淫罪的成立条件，扩大打击面。之所以不能将《涉卖淫刑案解释》第一条规定的“三人以上”理解为累计三人以上，主要原因在于同时管理、控制“三人以上”卖淫和累计管理、控制三人以上卖淫的社会危害性是不一样的。在同一时间段内，管理、控制“三人以上”卖淫，体现了组织卖淫行为的“规模效应”。而“规模效应”既是组织卖淫行为的表现特征，也是其社会危害性较容留、介绍卖淫更大的体现，对社会正常秩序的冲击力也更大。这是组织卖淫罪的起刑点高于引诱、容留、介绍卖淫罪的主要原因。

综上，被告人何鹏燕虽然具有联系嫖客、与嫖客谈价格、收取嫖资、确定与卖淫女之间对嫖资的分配、接送卖淫女等“管理他人卖淫”的行为，但是卖淫女李某某与万某、秦某是在不同时间段从事卖淫活动的，不符合《涉卖淫刑案解释》规定的“卖淫人员在三人以上”的条件，不构成组织卖淫罪。本案一审期间虽然《涉卖淫刑案解释》尚未公布实施，但一审法院认定何鹏燕的行为不构成组织卖淫罪，完全符合《涉卖淫刑案解释》的规定和精神。本案二审期间《涉卖淫刑案解释》公布实施，何鹏燕介绍三名已满 14 周岁不满 18 周岁的卖淫女卖淫，不符合《涉卖淫刑案解释》对介绍卖淫罪规定的“情节严重”的标准（该解释规定引诱、容留、介绍五人以上的未成年人、孕妇、智障人员、患有严重性病的人卖淫的，构成“情节严重”），二审法院认定被告人何鹏燕犯介绍卖淫罪，改判其有期徒刑四年六个月，并处罚金八千元是适当的。

（撰稿：重庆市第三中级人民法院　程昔原　何　虎　张胜仙
审编：最高人民法院刑四庭　陆建红）

[第1291号]胡宗友、李仲达组织卖淫案

——卖淫女被嫖客杀害的,能否认定为组织卖淫罪的"情节严重"

【关键词】 组织卖淫罪 卖淫女被嫖客杀害 情节严重 容留卖淫罪 公诉机关指控罪名 法院认定罪名 新事实 加重量刑情节 二审

一、基本案情

被告人胡宗友,女,1975年3月23日出生,2016年8月30日被逮捕。

被告人李仲达,男,1955年4月1日出生,2016年8月30日被逮捕。

四川省宜宾市翠屏区人民检察院于2016年11月16日以被告人胡宗友、李仲达犯容留卖淫罪向宜宾市翠屏区人民法院提起公诉。翠屏区人民法院在审理过程中,根据在案证据发现二被告人组织卖淫的时间最迟应开始于2013年,但起诉书指控二被告人开始实施犯罪的时间为2015年11月。为此,向翠屏区人民检察院建议补充或变更起诉,翠屏区人民检察院在法定的七日回复期限内未作出回复。翠屏区人民法院遂依法就起诉指控的犯罪事实进行审理。

翠屏区人民法院经审理查明:被告人胡宗友、李仲达于1999年认识后同居。2015年11月至2016年8月15日间,胡宗友与李仲达利用租赁的宜宾市建设路72号、74号、80号门面以及胡宗友自购的建设路62号门面经营按摩店。经营期间,二被告人相继招募牟永某、陈正某、陈泽某等人从事卖淫活动。二被告人与上述卖淫女约定按80元提20元、100元提30元、120元至150元提40元、400元至600元提100元的比例进行提成,同时负责卖淫女的吃、住。为使其从事的卖淫活动更加隐蔽,二被告人还相继租赁了位于宜宾市建设路66号1单元2楼3号、3楼8号及2单元2楼6号的租住房给上述卖淫女从事卖淫活动。在此期间,二被告人每月获利共计6 000余元。胡宗友负责店内的各项管理,李仲达协助胡宗友管理,并在卖淫女从事卖淫活动时负责通风报信。2016年8月15日中午,卖淫女牟永某与嫖客陈旋在建设路66号1单元2楼3号从事卖淫活动时,因嫖资纠纷被陈旋杀害(2017年8月16日,宜宾市中级人民法院以故意杀人罪判处陈旋无期徒刑,剥夺政治权利终身)。公安机关在查处牟永某被杀害案件时,二被告人自动投案,主动供认了组织他人卖淫的犯罪事实。

翠屏区人民法院认为,被告人胡宗友、李仲达于2014年6月起开始直至案发,利用自有房屋和通过长期租赁数套房屋,相继招募、管理牟永某等多名卖淫女从事卖淫活动,从中牟利的行为已构成组织卖淫罪。公诉机关指控的罪名不当,予以纠正。鉴于公诉机关不同意补充或者变更起诉在审理过程中发现的可能影响定罪的新事实,依法仅就二被告人从2015年11月起直至案发的组织卖淫事实予以定罪量刑。在共同犯罪中,胡宗友起主要作用,是主犯;李仲达起次要作用,是从犯,依法予以从轻处罚。公安机关在查处陈旋故意杀人案件时,被告人胡宗友、李仲达自动投案,并主动供认了公安机关尚未掌握的组织他人卖淫的犯罪事实,属自首,依法予以从轻处罚。案发后,二被告人的亲属代为支付了牟永某的丧葬费,有悔罪表现,酌情予以从轻处罚。依照《中华人民共和国刑法》第三百五十八条第一款,第二十五条第一款,第二十六条第一款、第四款,第六十七条第一款,第五十二条,第五十三条以及《最高人民法院、最高人民检察院关于办理组织、强迫、引诱、容留、介绍卖淫刑事案件适用法律若干问题的解释》第一条、第十三条第一款的规定,判决如下:

1. 被告人胡宗友犯组织卖淫罪,判处有期徒刑八年,并处罚金人民币十二万元。

2. 被告人李仲达犯组织卖淫罪,判处有期徒刑六年,并处罚金人民币六万元。

宣判后,被告人胡宗友、李仲达均以其行为不构成组织卖淫罪,仅构成容留卖淫罪等理由提出上诉。

宜宾市中级人民法院经审理查明的事实、证据与一审无异。

宜宾市中级人民法院认为:被告人胡宗友、李仲达为牟取非法利益,通过提供食宿、门店招嫖、定点卖淫、约定分成等方式对卖淫女进行管理,组织多名卖淫女进行卖淫活动的行为已构成组织卖淫罪。原审判决认定的事实清楚,证据充分,定罪正确。卖淫女牟永某在卖淫违法活动期间被嫖客杀害,但原审人民法院未予认定二被告人的组织卖淫行为与卖淫女牟永某的死亡结果之间的因果关系,对此未予评价。裁定驳回上诉,维持原判。

二、主要问题

1. 如何区分组织卖淫罪和容留卖淫罪?

2. 卖淫女在实施卖淫违法行为时被嫖客杀害的,能否认定为组织卖淫罪"情节严重"?

3. 公诉机关指控罪名和人民法院认定罪名不一致时,人民法院应当如何处理?

4. 人民法院在审理中发现新的事实的,该如何处理?

5. 二审法院对一审判决未认定的加重量刑情节,该如何处理?

三、裁判理由

(一)被告人胡宗友、李仲达的行为构成组织卖淫罪

组织行为一般表现为使分散的个人有序进行某种活动,组织的手段包括但不限于暴力、胁迫、引诱等行为。具体到组织卖淫行为中,就是使分散从事卖淫活动的个人,通过有组织的行为进行卖淫活动。根据《最高人民法院、最高人民检察院关于办理组织、强迫、引诱、容留、介绍卖淫刑事案件适用法律若干问题的解释》(以下简称《涉卖淫刑案解释》)第一条的规定,以招募、雇佣、纠集等手段,管理或者控制他人卖淫,卖淫人员在三人以上的,应当认定为刑法第三百五十八条规定的"组织他人卖淫"。在司法实践中,组织卖淫一般表现为两种方式:(1)设置卖淫场所或者变相卖淫场所,管理、控制卖淫人员,招揽嫖娼者;(2)没有固定卖淫场所,通过管理、控制卖淫人员,有组织地进行卖淫活动。前者如以开设旅店、娱乐场所等名义纠集控制多人从事卖淫活动,后者如实践中常见的以App、网络等电子方式组织卖淫活动。控制是组织卖淫的最主要实现方式,是指通过以暴力、胁迫、引诱等方式,对卖淫人员施加物理或者心理的影响,使其难以摆脱行为人的影响。容留卖淫罪是指在一定期限内允许他人在自己控制的场所内卖淫,既包括在自己所有的、管理的、使用的、经营的固定或者临时租借的场所容留卖淫、嫖娼人员从事卖淫、嫖娼活动;也包括在流动场所,如运输工具内容留他人卖淫、嫖娼。

实践中,一些组织卖淫行为容易被认定为容留卖淫行为,主要原因就是有的组织卖淫行为,就是采取容留等手段,进而管理、控制卖淫活动的,即组织卖淫包含了容留卖淫的内容。这在我国刑法理论上称为"包容竞合",即一个罪名的外延是另一罪名外延的一部分,犯罪事实同时符合两个犯罪构成要件的情形。对此类情形的处理原则是适用全部法优于部分法的原则。换言之,虽然甲乙两罪之间从逻辑上看没有竞合关系,但是由于立法者的设定,甲乙两罪之间存在包容(完全法)和被包容(不完全法)的关系,行为符合甲罪的构成要件,也同时符合乙罪的构成要件,但是行为人仅成立甲罪,而排斥乙罪的适用,即重罪包容轻罪。[1] 根据"包容竞合"理论,组织卖淫行

① 周光权:《刑法总论》(第3版),中国人民大学出版社2016年版,第377页。

为通过容留、介绍卖淫等行为实现组织卖淫的目的，因组织卖淫行为包含了介绍、容留卖淫等行为，在针对同一对象的情况下，不再对介绍、容留卖淫等行为单独进行刑法上的评价，不再单独定罪而是依照组织卖淫罪定罪处理。

具体到本案，被告人胡宗友、李仲达开设按摩店，招募卖淫女到店里上班，并以提供食宿、门店招嫖、租赁房屋专门用作卖淫场所、约定分成等方式将牟永某、陈正某、陈泽某、谭光某等多名卖淫女组织起来，在统一管理下进行卖淫活动。这些行为已不再是简单地提供场所容留他人卖淫，而是表明被告人胡宗友、李仲达对卖淫嫖娼活动实施了管理行为。虽然本案中的管理行为相对比较松散，组织行为也仅由二被告人实施，不像一些卖淫团伙那样具有组织严密、管理严格、控制有力的特征，但其行为本质上属于组织卖淫性质。组织卖淫罪的构成要件也不要求组织卖淫的行为人必须具有一定的组织性，而只要求行为人实施了组织行为即可。

另外，本案的卖淫人员在人数上达到了组织卖淫罪的要求。组织卖淫罪要求被组织卖淫的人员必须达到三人以上，胡宗友、李仲达组织的卖淫人员有牟永某、陈正某、陈泽某等七人，人数上已经符合组织卖淫罪的要件。

综上，一审、二审法院认定被告人胡宗友、李仲达的行为构成组织卖淫罪是正确的。

（二）卖淫女在实施卖淫违法行为时被嫖客杀害的，应当认定为组织卖淫罪的“情节严重”

《涉卖淫刑案解释》第二条规定了组织卖淫罪“情节严重”的六种情形。根据该条第五项的规定，造成被组织卖淫的人自残、自杀或者其他严重后果的，应当认定为组织卖淫罪“情节严重”。如何理解该条文中的“其他严重后果”？首先，这里的严重后果不是基于组织者的故意行为。如果是组织者的故意行为，则应当依照刑法第三百五十八条第三款的规定，以故意杀人罪、故意伤害罪等对组织者实施数罪并罚。① 其次，理解该条文中的“其他严重后果”的内涵和外延，应当按照体系解释的方法。体系解释是刑法解释方法之一，其目的在于避免断章取义，以便实现刑法或者刑法条文内部的协调与平衡。因为“法律条文只有当它处于与它有关的所有条文的整体之中才显出真正的含义，或它所出现的项目会明确该条文的真正含义。有时把它与其他条文——其他法令或者同一法典的其他条款—— 一比较，其含义也就明确了”。② 对不明确的规定应当通过明确的规定来考查其含义。因此，对“其他严重后果”，应当基于罪刑法定原则的要求，按照体系解释方法，遵循同类解释规则进行。据此，我们认为，这里的“其他严重后果”是指与严重残疾、死亡基本同质的后果，如造成被害人精神病致不能生活自理的，造成多人重伤的，等等，而不是没有任何范围约束的严重结果。最后，这里的“其他严重后果”，必须是被害人即卖淫女在卖淫期间发生的，且该严重后果与卖淫活动有紧密的因果或者条件关系。

就本案而言，卖淫女牟永某于2016年8月15日在进行卖淫活动时，因嫖资纠纷被嫖客陈旋杀害。在该案中，卖淫女的死亡既非其自杀引起，也非被告人胡宗友、李仲达所实施，但发生在其从事卖淫活动期间，且因嫖资纠纷而引发，因此，与卖淫活动有着刑法意义上的紧密联系，应当认定为“其他严重后果”。

（三）公诉机关指控罪名和人民法院经审理后认定的罪名不一致时，人民法院应当按照审理认定的罪名作出有罪判决

根据刑事诉讼法第二百条第一项的规定，对于案件事实清楚，证据确实、充分，依据法律认定

---

① 参见周峰、党建军、陆建红、杨华：《〈关于审理组织、强迫、引诱、容留、介绍卖淫刑事案件适用法律若干问题的解释〉的理解与适用》，载《人民司法》2017年第25期。

② ［法］亨利·莱维·布律尔：《法律社会学》，许钧译，上海人民出版社1987年版，第70页。

被告人有罪的,人民法院应当作出有罪判决。根据《最高人民法院关于适用〈中华人民共和国刑事诉讼法〉的解释》第二百四十一条第一款第二项的规定,起诉指控的事实清楚,证据确实、充分,指控的罪名与审理认定的罪名不一致的,应当按照审理认定的罪名作出有罪判决。我们认为,公诉机关指控罪名与人民法院认定罪名不一致时如何判决的问题,实际上就是审判权由何机关行使的问题。判决是人民法院依据审理查明的案件事实,依法对案件作出的实体认定,认定的主体是人民法院。因此,判决认定的罪名不受起诉指控罪名的限制。其中包括三种情形:(1)指控甲罪名,判决认定为乙罪名的;(2)判决认定罪名数少于指控罪名数的;(3)判决认定罪名数多于指控罪名数的。

需要注意的是,由于法庭审理是围绕指控的犯罪进行的,特别是控辩双方主要围绕指控的罪名能否成立开展辩论,因此,人民法院作出与指控的罪名不一致的有罪判决,应当设法保障被告方的辩护权。基于这一考虑,《最高人民法院关于适用〈中华人民共和国刑事诉讼法〉的解释》第二百四十一条第二款规定:“具有前款第二项规定情形的,人民法院应当在判决前听取控辩双方的意见,保障被告人、辩护人充分行使辩护权。必要时,可以重新开庭,组织控辩双方围绕被告人的行为构成何罪进行辩论。”审判实践中,人民法院拟根据审判认定的罪名作出有罪判决前,应当采取多种方式就变更罪名问题听取控辩双方的意见,既可以召集控辩双方在庭外共同听取意见,也可以在庭外分别听取控辩双方的意见。根据案件的具体情况,在案件社会影响大,拟认定的罪名重于指控的罪名等必要情况下,可以重新开庭,组织控辩双方围绕罪名确定问题进行辩论。

综上所述,公诉机关指控被告人胡宗友、李仲达犯容留卖淫罪,而人民法院经开庭审理后,认定胡宗友、李仲达的行为构成组织卖淫罪,既符合案件的客观事实和被告人的主观故意内容,在程序上也是符合刑事诉讼法规定的。

(四)人民法院在审理中发现新的事实的,应当建议公诉机关补充或者变更起诉

本案中,公诉机关以被告人李仲达、胡宗友犯容留卖淫罪向翠屏区人民法院提起公诉后,法院在审理过程中,根据在案证据发现二被告人组织卖淫的时间最迟应开始于 2013 年,但起诉书指控二被告人开始实施犯罪的时间为 2015 年 11 月,对此应如何处理? 我们认为,应当建议公诉机关补充或者变更起诉。主要理由是,根据《最高人民法院关于适用〈中华人民共和国刑事诉讼法〉的解释》第二百四十三条的规定:“审判期间,人民法院发现新的事实,可能影响定罪的,可以建议人民检察院补充或者变更起诉;人民检察院不同意或者在七日内未回复意见的,人民法院应当就起诉指控的犯罪事实,依照本解释第二百四十一条的规定作出判决、裁定。”这里的“可能影响定罪”,不能仅仅从罪名角度理解,而应当从定罪量刑这一广义的定罪概念去理解。人民法院在审理过程中发现的新事实,可能与公诉机关指控的事实属于同类性质的事实,不影响对被告人认定罪名,但涉及罪轻与罪重,量刑重与量刑轻的问题。

就本案而言,翠屏区人民法院在审理过程中发现了指控犯罪事实以外,被告人还有其他组织卖淫犯罪事实,即审理发现的被告人胡宗友、李仲达组织卖淫的起始时间为 2013 年,早于指控的 2015 年 11 月;也就是说,二被告人自 2013 年至 2015 年 11 月实施的组织卖淫事实,公诉机关未指控。为此,原审法院认为,审理过程中发现的新事实,可能影响定罪,故依照司法解释的规定,建议公诉机关补充或者变更起诉,但公诉机关在法定的七日回复期限内未作出回复。翠屏区人民法院遂依法就起诉指控的犯罪事实进行审理,并作出相应的判决,是妥当的。

(五)二审法院对一审判决未认定的加重量刑情节,应当依照上诉不加刑的原则作出裁判

上诉不加刑原则,是指第二审人民法院审判被告人提出上诉的案件,不得以任何理由加重被告人刑罚的一项审判原则。该原则不仅是被告人在审判阶段行使辩护权的重要保障,更是第二

审人民法院确保审判质量的重要条件。实践中,贯彻上诉不加刑原则,主要是要防止借发回重审之机,由一审法院在重审时加重对被告人判处的刑罚。为此,刑事诉讼法第二百三十七条第一款明确规定,“第二审人民法院发回原审人民法院重新审判的案件,除有新的犯罪事实,人民检察院补充起诉的以外,原审人民法院也不得加重被告人的刑罚”。

本案中,卖淫女牟永某在被告人胡宗友、李仲达组织卖淫活动期间因嫖资纠纷被嫖娼人员陈旋杀害。该事实一审法院的判决书中也予以认定,但并未据此认定胡宗友、李仲达所犯组织卖淫罪构成“情节严重”。因此,一审认定的事实是清楚的,二审法院即使发回重新审判,一审法院也无法将“卖淫女牟永某被杀害”一节作为新的事实对待,公诉机关对此也不存在补充起诉的问题。因此,对二被告人组织卖淫“情节严重”的问题,二审法院既不能直接对二被告人加刑,也无法通过发回重审的方法对二被告人加刑,只能作出维持原判的裁定。

需要指出的是,二审法院的刑事裁定并未明确表明上诉不加刑原则,对卖淫女牟永某在从事卖淫违法活动期间被嫖客杀害一节,却以“原审人民法院未予认定二被告人的组织卖淫行为与卖淫女牟永某的死亡结果之间的因果关系”为由,作出“对此不予评价”的表述,是不当的。二审法院应当将“牟永某被杀害”认定为二被告人组织卖淫“情节严重”的情形,并依照上诉不加刑原则作出裁判。

（撰稿:最高人民法院刑四庭　张华锋
审编:最高人民法院刑四庭　陆建红）

[第1292号]周兰英组织卖淫案

——如何区分组织卖淫罪与容留卖淫罪

【关键词】 组织卖淫罪　容留卖淫罪　组织　手段　卖淫人数

一、基本案情

被告人周兰英,女,1968年9月25日出生,2015年12月14日被逮捕。

广西壮族自治区灵川县人民检察院以被告人周兰英犯组织卖淫罪,向灵川县人民法院提起公诉。

灵川县人民法院经审理查明:2015年4月至12月间,被告人周兰英以牟利为目的,在其居住的灵川县八里街八里五路工商大院3栋2楼的家中设置卖淫场所,招募、容留朱某某、邵某某、蒋某、李某、邓某某等卖淫女卖淫,由周兰英与嫖客谈价,以每次70元至75元的价格收取嫖资,分给卖淫女50元,周兰英从中抽取提成,非法获利。

灵川县人民法院认为,被告人周兰英以牟利为目的,以招募、容留的手段,控制多人从事卖淫,其行为已构成组织卖淫罪。被告人周兰英犯罪后能如实供述其罪行,依法可以从轻处罚。据此,依照《中华人民共和国刑法》第三百五十八条第一款、第五十二条、第五十三条、第六十七条第三款之规定,判决被告人周兰英犯组织卖淫罪,判处有期徒刑五年,并处罚金人民币五千元。

宣判后,周兰英提出上诉,称其没有组织、招聘、唆使妇女进行卖淫活动,没有提供卖淫场所,其主观上没有组织、容留妇女卖淫,请求二审法院对其改判有期徒刑三年,并适用缓刑。

广西壮族自治区桂林市中级人民法院经审理查明的事实与一审认定的事实一致。桂林市中级人民法院认为，周兰英以牟利为目的，以招募、容留的手段，控制多人从事卖淫，其行为已构成组织卖淫罪。周兰英以自己购买的房屋作为卖淫的场所，招募、容留多名卖淫女，通过熟人或者以前的嫖客介绍嫖娼人员，其亲自与嫖客谈价并收取嫖娼费的事实，有多名卖淫女、嫖客的证言及公安机关在其家中当场抓获卖淫女、嫖客的照片予以证实，其归案后的供述与上述证据相互印证。故其上述上诉理由不予采信。其关于适用缓刑的上诉理由不予采纳。裁定驳回上诉，维持原判。

二、主要问题

如何区分组织卖淫罪与容留卖淫罪?

三、裁判理由

关于被告人周兰英的行为构成组织卖淫罪还是容留卖淫罪，审理中有两种不同观点。

第一种观点认为，周兰英的行为只构成容留卖淫罪。主要理由是：周兰英只是提供场所给卖淫女卖淫时使用，是其个人的行为，不具有组织行为的特征；且卖淫女都是主动到周兰英家中的，并非周兰英招募而来的。

第二种观点认为，周兰英的行为构成组织卖淫罪。主要理由是：周兰英将自己的住宅提供给卖淫女卖淫时使用，其实质是设置卖淫场所的行为；周兰英通过向朋友及牌友以“一传十，十传百”的方式宣传其家中有卖淫服务，一方面是招揽嫖客，另一方面也起到了招募卖淫女的作用；周兰英与嫖客谈嫖娼价格并收取嫖资、分配嫖资的行为，其实质是组织卖淫罪的管理行为，而不是被动的容留卖淫行为。

我们同意第二种意见。理由如下：

（一）组织卖淫与容留卖淫的最大区别在于行为人对卖淫人员是否实施了管理、控制行为

《最高人民法院、最高人民检察院关于办理组织、强迫、引诱、容留、介绍卖淫刑事案件适用法律若干问题的解释》（以下简称《涉卖淫刑案解释》）第一条规定：“以招募、雇佣、纠集等手段，管理或者控制他人卖淫，卖淫人员在三人以上的，应当认定为刑法第三百五十八条规定的‘组织他人卖淫’。组织卖淫者是否设置固定的卖淫场所、组织卖淫者人数多少、规模大小，不影响组织卖淫行为的认定。”结合刑法理论和该司法解释的规定，我们认为，关于组织卖淫，其主要特征体现在以下几个方面：

1. 组织卖淫的第一特征是具备组织行为，既包括如何将卖淫人员组织在一起的行为，也包括将卖淫人员组织起来后如何管理、控制卖淫活动的行为。前者是手段，如招募、雇佣、纠集等，实践中，也包括引诱、容留等手段。但组织卖淫中的引诱、容留与单纯的引诱、容留卖淫是有质的区别的：组织卖淫中的引诱、容留，是为组织卖淫服务的，作为组织卖淫的一种手段；而单纯的引诱、容留卖淫，其本身就是犯罪客观方面的基本内容，而没有发展到组织卖淫的程度。后者则是对卖淫行为的组织，具体表现为对卖淫人员以及卖淫活动的管理与控制。至于卖淫人员是否自愿卖淫，不影响组织卖淫行为的成立。但是如果是强迫他人卖淫的，则可能构成强迫卖淫罪或者组织、强迫卖淫罪。管理和控制的主要表现就是卖淫人员在何处、何时卖淫、向谁卖淫、如何收费、如何分配卖淫的收入甚至卖淫人员的日常行为都是由行为人决定的。即使是卖淫人员自愿卖淫，但在上述事项上也是由组织卖淫行为人决定的。

实践中，有意见提出，组织卖淫行为应体现在行为人的组织性上。我们认为，刑法中类似于黑社会组织犯罪这类的有组织性犯罪与组织卖淫罪在本质上是不一样的。组织卖淫罪的罪质特征主要体现在其组织行为上，即组织卖淫人员进行卖淫活动，个人也可以组织他人卖淫，而不是体现在组织者的组织结构上。

2. 组织卖淫的第二特征是具备一定规模。组织卖淫对组织者的人数没有要求，但对被组织者即卖淫人员的人数历来都是有要求的，即组织卖淫行为必须是管理和控制多人卖淫。例如，最高人民法院、最高人民检察院1992年12月11日印发的《关于执行〈全国人民代表大会常务委员会关于严禁卖淫嫖娼的决定〉的若干问题的解答》（以下简称《解答》，已废止）规定，“组织他人卖淫罪，是指以招募、雇佣、强迫、引诱、容留等手段，控制多人从事卖淫的行为”。按照对刑法词义的一般理解，多人就是指三人以上。实践中，有意见认为，组织一人或者两人卖淫也可以以组织卖淫处理。我们认为，这一理解不符合组织卖淫行为的特征。《涉卖淫刑案解释》吸纳了《解答》的合理规定，将组织卖淫罪中被组织卖淫人员的人数明确规定为三人以上。

3. 关于组织卖淫是否必须具备场所要件的问题。在一般情况下，组织卖淫行为人是设置或者变相设置卖淫场所的，如以宾馆、洗浴中心、会所、发廊、旅店、饭店等为固定场所或者以经营宾馆、洗浴中心、会所等为名，行组织卖淫之实。但近年来，面对严厉的“扫黄”行动，一些不法之徒采取动态管理方式，即不建立固定的卖淫窝点，而是利用现代化的交通与通信工具，指挥、控制多人从事卖淫活动。这种动态管理模式，将组织卖淫行为化整为零，或者将分散的单个卖淫人员组织起来，既能扩大卖淫活动的范围，又便于逃避公安机关的追查。这类没有固定场所的组织卖淫，非常明显地体现了组织者的管理、控制行为，即卖淫者并非作为单独个体而存在，而是受制于组织者，随时接受他们的指令去办事，有一定的组织性和纪律性。正因如此，《涉卖淫刑案解释》第一条第二款规定：“组织卖淫者是否设置固定的卖淫场所、组织卖淫者人数多少、规模大小，不影响组织卖淫行为的认定。”

而容留他人卖淫，是指故意为他人从事卖淫、嫖娼活动提供场所的行为，既包括在自己所有、管理、使用、经营的固定或者临时租借的场所容留卖淫、嫖娼人员从事卖淫、嫖娼活动，也包括在流动场所，如运输工具中容留他们卖淫、嫖娼。①

通过以上对组织卖淫行为主要特征的分析，我们可以看出，组织卖淫，尤其是以容留卖淫为手段的组织卖淫与单纯的容留卖淫的主要区别在于：首先，行为人对卖淫人员的卖淫活动是否实施了管理、控制行为，即组织卖淫行为人最主要的行为特征是对卖淫活动进行了管理、控制，而容留卖淫行为人对卖淫人员的卖淫活动既不管理，更不控制，而仅仅提供固定或者临时租借的场所以及流动场所，对卖淫人员在何时卖淫、向谁卖淫、如何收费等均不过问，只收取一定的场所费用甚至不收取任何费用，至于卖淫人员的日常活动，均由卖淫人员自行安排。其次，两者在人数上也有一定的区别，即组织卖淫中的卖淫人员必须达到三人以上，而容留卖淫中的卖淫人员可以在三人以上，也可以在三人以下。例如，根据《涉卖淫刑案解释》第八条第一款第三项的规定，容留未成年人、孕妇、智障人员、患有严重性病的人卖淫的，容留一人即构成容留卖淫罪。如果行为人虽然实施了组织行为，但被组织卖淫人员的人数不到三人的，这种情况下只能依法降格作容留或介绍卖淫处理。

（二）本案被告人周兰英的行为系组织卖淫行为

在本案中，周兰英招募、容留朱某某、邵某某、蒋某、李某、邓某某等五名卖淫女卖淫的行为应当依法认定为组织卖淫罪，而不是容留卖淫罪。其理由主要在于周兰英的行为符合组织卖淫罪的本质特征，实施了组织卖淫行为。

1. 周兰英采用的手段并非单一的容留手段，而是采用了招募、容留等手段。卖淫女中，朱某某、邵某某等人是自愿卖淫然后找到周兰英的居住处即卖淫窝点，而李某是通过网友介绍来的。

---

① 参见王爱立主编：《中华人民共和国刑法解读》（第4版），中国法制出版社2015年版，第860页。

嫖客黄某某是通过 QQ 聊天经人介绍来的,嫖客赵某某则是通过出租车司机介绍来的。周兰英则供述,其在家里开了卖淫窝点后,通过向朋友及牌友以“一传十,十传百”的方式宣传其家中有卖淫小姐服务。综上,自身宣传及朋友介绍,是其招募卖淫人员,寻找嫖客的主要方式,其所采取的手段符合组织卖淫罪的行为方式。

2. 周兰英对卖淫嫖娼活动实施了管理行为,主要体现在其亲自与嫖客商定嫖娼价格,并决定嫖资的分配。本案卖淫人员均证实,嫖客上门后,周兰英亲自接待,亲自谈嫖娼价格并亲自收取嫖资,然后分给卖淫人员每次卖淫费用 50 元,剩余的均由周兰英占有。同时,周兰英还为卖淫人员提供一日三餐的伙食。虽然周兰英的管理行为相对比较松散,组织行为也由其一人实施,不如卖淫团伙那样具有组织严密、管理严格、控制有力的特征,但其行为本质上属于组织卖淫。组织卖淫罪的构成要件也不要求组织行为人必须具有一定的组织性,而只需要行为人实施了组织行为即可。

3. 周兰英管理的卖淫人员在人数上达到了组织卖淫罪的要求。组织卖淫罪要求被组织卖淫的人员必须达到三人以上,周兰英组织的卖淫人员有朱某某、邵某某、蒋某、李某、邓某某等五人,人数上已经符合组织卖淫罪的要件。

综上,一审、二审法院认定被告人周兰英组织五名卖淫女进行卖淫活动,其行为构成组织卖淫罪,并根据周兰英犯罪后能如实供述其罪行,依法从轻处罚,从而判处其有期徒刑五年,并处罚金人民币五千元,是适当的。需要说明的是,本案的发生和一审、二审裁判均发生在《涉卖淫刑案解释》实施前,但在适用法律上,与司法解释规定的精神是契合的。

(撰稿:最高人民法院刑四庭　陆建红
审编:最高人民法院刑四庭　周　峰)

[第 1293 号]于维、彭玉蓉组织卖淫案

——组织卖淫中有引诱、介绍卖淫行为的如何适用法律

【关键词】　组织卖淫罪　营利　引诱、介绍卖淫

一、基本案情

被告人于维,女,汉族,1987 年 10 月 10 日出生,2016 年 1 月 15 日被逮捕。

被告人彭玉蓉,女,汉族,1996 年 11 月 25 日出生,2016 年 1 月 15 日被逮捕。

湖南省益阳市人民检察院以被告人于维、彭玉蓉犯组织卖淫罪,向益阳市中级人民法院提起公诉。

益阳市中级人民法院经审理查明:2014 年 3 月至 2015 年 12 月间,被告人于维单独或伙同被告人彭玉蓉,采用以后在学校出了事可以帮忙解决、以后跟其混社会等方式引诱在校读书的女学生,先后招募了刘某(14 岁)、郑某某(14 岁)、帅某某(15 岁)、彭某某(14 岁)、冷某(13 岁)、王某(14 岁)、余某某(14 岁)、张某某(14 岁)、徐某某(15 岁)、余某(14 岁)等十余名受害人,然后以必须付出代价为由,组织这十余名受害人在其控制之下,多次向孙某等八名嫖客,以事先约定好的每次 500 元至 1 000 元的价格从事卖淫活动,处女以 8 000 元至 10 000 元的价格供孙某等嫖娼。于维、彭玉蓉组织受害人卖淫服务获得的款项均全部交由于维统一安排,除了每次支付受害

人100元至200元不等的报酬外，其余所有的获利十余万元均由于维控制与支配。

益阳市中级人民法院认为，被告人于维、彭玉蓉组织未成年少女卖淫，情节严重，其行为已构成组织卖淫罪。在组织卖淫共同犯罪中，于维、彭玉蓉均起主要作用，均系主犯。于维、彭玉蓉组织未成年人卖淫，依法应当从重处罚。彭玉蓉在未满十八周岁时实施的组织卖淫犯罪，依法从轻处罚。关于于维及其辩护人提出的其行为应当定性为胁从犯或者构成介绍卖淫罪，被告人彭玉蓉及其辩护人提出的其行为应当定性为介绍卖淫罪的辩解和辩护理由，经查，于维、彭玉蓉为谋取利益，组织未成年人卖淫，实施了组织纠集被害人、介绍联系嫖客、收取嫖资、给被害人分配少量嫖资的行为，故足以认定于维、彭玉蓉犯组织卖淫罪，对上述辩解和辩护意见均不予采纳。依照《中华人民共和国刑法》第三百五十八条第一款、第二款，第十七条第三款，第二十五条第一款，第二十六条第一款、第四款，第五十七条第一款之规定，判决如下：

1. 被告人于维犯组织卖淫罪，判处无期徒刑，剥夺政治权利终身，并处没收个人全部财产；

2. 被告人彭玉蓉犯组织卖淫罪，判处有期徒刑十五年，并处罚金十万元。

宣判后，被告人于维、彭玉蓉均提出上诉。

湖南省高级人民法院经审理认为，被告人于维、彭玉蓉组织多名未成年女性卖淫，其行为均已构成组织卖淫罪，且情节严重。在共同组织卖淫犯罪中，于维、彭玉蓉均系主犯。于维上诉提出，其揭发他人犯罪行为，有立功表现，量刑过重。经查，无证据证明于维有揭发他人犯罪行为的立功表现；于维、彭玉蓉组织十余名未成年女性，其中还包括一名未满十四周岁的幼女卖淫，属情节严重，故原判量刑适当，对于维的上诉理由不予采纳。彭玉蓉上诉提出，其没有实际获利，量刑过重。经查，是否实际获利并不影响构成组织卖淫罪，原判根据彭玉蓉在共同犯罪中的作用及实施部分犯罪行为时未满十八周岁等情节，对其量刑适当，对彭玉蓉的上诉理由亦不予采纳。综上，原审判决认定的犯罪事实清楚，证据确实、充分，定罪准确，量刑适当，审判程序合法。裁定驳回上诉，维持原判。

二、主要问题

1. 组织卖淫罪是否以营利为构成要件？

2. 组织卖淫中有引诱、介绍卖淫行为的，应如何定罪处罚？

三、裁判理由

（一）组织卖淫罪不以营利为构成要件

被告人彭玉蓉一直对自己行为的性质作出辩解，认为自己在整个过程中没有实际获利，故不构成组织卖淫罪，而应认定为介绍卖淫罪。一审、二审未采纳该辩解和辩护意见，认为是否实际获利不影响构成组织卖淫罪，彭玉蓉依法构成组织卖淫罪。我们认为，一审、二审法院的认定是正确的。

组织卖淫罪是指以招募、雇佣、引诱、容留、介绍等手段，管理、控制多人从事卖淫的行为。本罪侵犯的主要客体是社会治安管理秩序和良好的社会风尚；客观方面表现为组织他人从事卖淫活动；犯罪主体为一般主体；主观方面系故意。组织卖淫罪属于破坏社会管理秩序类犯罪，社会危害性主要体现在对社会秩序、社会风化的破坏，行为人是否以营利为目的、是否实际营利与其行为的社会危害性、刑事当罚性并无直接关系。只要行为人客观上实施了组织他人从事卖淫活动的行为，即符合该罪的客观要件。虽然司法实践中大多数的组织卖淫行为人是以营利为目的的，但是确实也有行为人组织卖淫并无直接的获利目的，或者虽有组织行为但尚未盈利的。对此，只要符合组织卖淫罪的犯罪构成，则应当以组织卖淫罪定罪处罚，而不考虑其是否以营利为目的或者是否实际盈利。

本案中，被告人彭玉蓉伙同被告人于维组织少女卖淫。根据于维的供述，2014 年下半年彭玉蓉与其商议，要其负责找“小妹子”（卖淫女），彭玉蓉负责联系嫖客，之后的卖淫活动一般情况下是彭玉蓉联系嫖客，再由其联系“小妹子”。彭玉蓉也供认，其从 2014 年开始找于维介绍“小妹子”给他人嫖娼。受害人王某、彭某某、张某某、徐某某等人亦陈述，系由于维、彭玉蓉二人安排、介绍卖淫。嫖客孙某等人也证明，系通过彭玉蓉、于维介绍与多名“小妹子”发生性关系的，嫖资支付给于维、彭玉蓉或者“小妹子”，嫖娼活动开始是于维、彭玉蓉一起安排的，后来彭玉蓉因为吸毒被抓了就由于维安排。上述证据表明，彭玉蓉在组织卖淫活动中联系嫖客并介绍卖淫人员，实施了引诱、介绍卖淫的行为，并与于维共同对卖淫人员实施管理和控制，其行为已构成组织卖淫罪。虽然组织卖淫的收入均由于维支配、挥霍，彭玉蓉未实际获利，但是该情节不影响其构成组织卖淫罪。

（二）组织卖淫中有引诱、介绍卖淫行为的，择一重罪处罚

本案中被告人于维、彭玉蓉先后组织十余名未成年少女从事卖淫活动。在此过程中，为了劝说上述人员从事卖淫，根据于维的供述，主要通过“洗脑”的方式，以利益诱惑受害人卖淫。在具体卖淫活动中，先是嫖客联系于维、彭玉蓉，二人与嫖客商谈好价格后再挑选适当的卖淫人员并送到嫖客入住的宾馆房间内推荐介绍，促成卖淫交易达成。从于维、彭玉蓉的行为特征看，二人既符合组织卖淫罪的要件，又符合引诱、介绍卖淫罪的要件。

对于此种情况下的法律适用问题，我们认为，组织卖淫罪与引诱、容留、介绍卖淫罪在手段上有重合之处，均可以表现为引诱、容留、介绍卖淫行为。一般认为，组织卖淫罪与引诱、容留、介绍卖淫罪系法条竞合关系，其适用原则为重法优于轻法。当行为人以引诱、容留、介绍的手段组织卖淫时，既可构成组织卖淫罪，又可构成引诱、容留、介绍卖淫罪的，择一重罪处罚。根据刑法第三百五十八条第一款的规定，组织卖淫的，处五年以上十年以下有期徒刑，并处罚金；情节严重的，处十年以上有期徒刑或者无期徒刑，并处罚金或没收财产。而刑法第三百五十九条第一款规定，引诱、容留、介绍卖淫的，处五年以下有期徒刑、拘役或者管制，并处罚金；情节严重的，处五年以上有期徒刑，并处刑罚。两相比较，组织卖淫罪的处罚重于引诱、容留、介绍卖淫罪，故一般按照组织卖淫罪进行处罚。但是，引诱卖淫中有一种特殊情形，就是引诱不满十四周岁的幼女卖淫。根据刑法第三百五十九条第二款的规定，引诱不满十四周岁的幼女卖淫的，处五年以上有期徒刑，并处罚金。因此，在某些情况下，引诱幼女卖淫罪的处罚可能重于组织卖淫罪，即组织卖淫犯罪未达到“情节严重”时，其法定刑幅度为五年以上十年以下有期徒刑，而引诱幼女卖淫罪的法定刑幅度为五年以上（十五年以下）有期徒刑。此时应依照引诱幼女卖淫罪定罪处罚，组织卖淫行为作为犯罪情节考虑。如果组织卖淫犯罪达到“情节严重”时，因其法定最高刑为无期徒刑，一般应当以组织卖淫罪一罪定罪处罚。

就本案而言，被告人于维从事组织卖淫活动多年，后彭玉蓉也加入其中。二人利用未成年人心智不成熟、容易受到利诱的状况，以“洗脑”利诱的手段引诱、介绍卖淫，先后组织十余名未成年少女多次从事卖淫。《最高人民法院、最高人民检察院关于办理组织、强迫、引诱、容留、介绍卖淫刑事案件适用法律若干问题的解释》第二条规定：“组织他人卖淫，具有下列情形之一的，应当认定为刑法第三百五十八条第一款规定的‘情节严重’：（一）卖淫人员累计达十人以上的；（二）卖淫人员中未成年人、孕妇、智障人员、患有严重性病的人累计达五人以上的；（三）组织境外人员在境内卖淫或者组织境内人员出境卖淫的；（四）非法获利人民币一百万元以上的；（五）造成被组织卖淫的人自残、自杀或者其他严重后果的；（六）其他情节严重的情形。”被告人于维、彭玉蓉符合上述规定第一项关于卖淫人员累计达到十人以上的规定，也符合第二项关于卖淫人员中未成

年人等特殊人员达到五人以上的规定，属于"情节严重"的情形，依法应当判处十年以上有期徒刑或者无期徒刑。故于维、彭玉蓉在组织卖淫中虽有引诱、介绍卖淫的行为，且被引诱人员中有未满十四周岁的幼女，但因二人构成组织卖淫罪"情节严重"的情形，最高可判处无期徒刑，量刑重于引诱、介绍卖淫罪和引诱幼女卖淫罪，故对二人以组织卖淫罪来定罪处罚。考虑到于维、彭玉蓉二人组织卖淫情节严重，在一年多时间内组织十余名在校学生向社会人员卖淫，卖淫人员最大15 岁最小 13 岁，其中受害人彭某某（14 岁）、张某某（14 岁）、徐某某（15 岁）等均分别被组织卖淫二十余次，对未成年少女身心造成严重伤害。被害人每次卖淫，嫖客支付嫖资 1 万元至 500 元不等，除每次给卖淫少女 100 元至 200 元外，其余钱款均被于维挥霍。本案犯罪性质恶劣，情节严重，社会影响特别恶劣。一审、二审法院根据本案的具体情况对被告人于维以组织卖淫罪判处无期徒刑，剥夺政治权利终身，并处没收个人全部财产；对被告人彭玉蓉以组织卖淫罪判处有期徒刑十五年，并处罚金十万元是适当的。

（撰稿：最高人民法院刑四庭　潘　洁
审编：最高人民法院刑四庭　陆建红）

［第 1294 号］丁宝骏、何红等组织卖淫、协助组织卖淫案

——在组织卖淫过程中采取非法限制卖淫人员人身自由等强迫行为的，应如何认定

【关键词】 组织卖淫罪　协助组织卖淫罪　非法限制卖淫人员人身自由　强迫行为　从犯

一、基本案情

被告人丁宝骏，男，1982 年 9 月 30 日出生，系辽宁省北镇市"语过添情"歌厅负责人，2013 年 5 月 17 日因涉嫌犯组织卖淫罪被逮捕。

被告人何红，女，1972 年 10 月 24 日出生，系辽宁省北镇市"语过添情"歌厅负责人，2014 年 7 月 24 日因涉嫌犯组织卖淫罪被逮捕。

被告人宋海波，男，1982 年 6 月 22 日出生，系辽宁省北镇市"语过添情"歌厅负责人，2013 年 5 月 17 日因涉嫌犯组织卖淫罪被逮捕。

被告人杨旺，男，1981 年 1 月 2 日出生，系辽宁省北镇市"语过添情"歌厅经理，2013 年 5 月 17 日因涉嫌犯协助组织卖淫罪被逮捕。

被告人翟天龙，男，1994 年 1 月 4 日出生，系辽宁省北镇市"语过添情"歌厅服务生，2013 年 5 月 17 日因涉嫌犯协助组织卖淫罪被逮捕。

被告人卢姗，女，1988 年 12 月 8 日出生，系辽宁省北镇市"语过添情"歌厅工作人员，2013 年 5 月 17 日因涉嫌犯非法拘禁罪被逮捕。

被告人刘双，女，1992 年 1 月 10 日出生，系辽宁省北镇市"语过添情"歌厅工作人员，2013 年 5 月 17 日因涉嫌犯非法拘禁罪被逮捕。

被告人张可心，女，1995 年 2 月 19 日出生，系辽宁省北镇市"语过添情"歌厅工作人员，2014 年 7 月 22 日因涉嫌犯非法拘禁罪被逮捕。

辽宁省北镇市人民检察院以被告人丁宝骏、何红、宋海波犯组织卖淫罪，被告人杨旺、翟天龙犯协助组织卖淫罪，被告人卢姗、刘双、张可心犯非法拘禁罪，向北镇市人民法院提起公诉。

北镇市人民法院于2014年7月26日作出判决。宣判后丁宝骏、何红、宋海波、杨旺、翟天龙不服，提出上诉。辽宁省锦州市中级人民法院认为部分事实不清，证据不足，于2014年12月30日裁定撤销原判，发回重审。

北镇市人民法院经重审查明：2011年7月至2013年4月间，被告人丁宝骏、何红与被告人宋海波合伙出资经营“语过添情”歌厅，其间招募陪唱人员十余名，雇佣被告人杨旺、翟天龙分别为歌厅经理、服务生，雇佣被告人卢姗、刘双、张可心为工作人员协助管理。经营初期，何红为主负责管理并制定和实施陪唱人员身份证和手机集中管理、统一外出等规定。2011年下半年至2012年8月16日间因怀孕生子，何红不再亲自管理歌厅事务，但仍收取歌厅收入盈利份额。2012年春节后，歌厅重新装修，同年8月6日重新开业，由丁宝骏为主负责经营管理，杨旺担任经理。丁宝骏采取扣押陪唱人员身份证、手机、收入，在宿舍上锁限制人身自由等手段，控制陪唱人员流动，并多次开会宣布歌厅纪律，要求陪唱人员满足客人需求。歌厅客人如提出嫖娼要求，与陪唱人员自行议定价格，由工作人员另开包房进行卖淫活动，包房费价格固定由歌厅收取，卖淫收入归陪唱人员，统一交到吧台记账，需要时再向吧台支取。卖淫过程中翟天龙负责望风，如发现公安机关检查则通过杨旺通知卖淫人员。卢姗、刘双、张可心按照丁宝骏、何红、宋海波的要求负责在歌厅内及带领陪唱人员外出期间进行监管，如有违反歌厅纪律者向丁宝骏或杨旺举报。宋海波在歌厅经营期间负责缴税、验照、去公安机关接受处罚等外围事务，偶尔参与日常管理和决策。因违反歌厅纪律、卖淫被公安机关查获等原因，丁宝骏、杨旺和宋海波对陪唱人员实施过打骂。在丁宝骏组织管理歌厅期间，陪唱人员郑某某、李某某、周某等人均曾从事卖淫活动。

北镇市人民法院认为，被告人丁宝骏、何红、宋海波利用经营娱乐场所的便利条件，以牟利为目的，采取招募和容留手段管理、控制他人从事卖淫活动，三被告人的行为已构成组织卖淫罪，并成立共同犯罪。本案证据能够认定卖淫活动均发生在丁宝骏组织经营和管理期间，丁宝骏是主要组织者和策划者，在共同犯罪中起主要作用，系主犯。鉴于丁宝骏庭审中认罪态度较好，且系初犯，故可酌情从轻处罚。在被告人何红对歌厅经营管理期间，没有发现足以认定的卖淫行为，但作为歌厅投资人员，其为了获取经济利益，纵容、放任陪唱人员从事卖淫活动，提供避孕用具，并雇佣、指派被告人杨旺、翟天龙等人限制陪唱人员人身自由，减少人员流动借以增加歌厅收入，在共同犯罪中起次要和辅助作用，系从犯，应当减轻处罚；鉴于其庭审中认罪态度较好，且系初犯，亦可酌情从轻处罚；鉴于其女儿年幼，可适用缓刑。被告人宋海波为歌厅打理外围事务，在卖淫人员被公安机关处罚后带回歌厅，在组织卖淫中起辅助作用，系从犯，应当减轻处罚；鉴于其庭审中认罪态度好，系初犯，亦可酌情从轻处罚；考虑到对其适用缓刑不致危害社会，可适用缓刑。被告人杨旺、翟天龙、卢姗、刘双、张可心为被告人丁宝骏、何红、宋海波组织卖淫提供帮助，管理账目、望风放哨、限制人身自由，五被告人的行为已分别构成协助组织卖淫罪。公诉机关指控被告人卢姗、刘双、张可心犯非法拘禁罪的罪名不成立。在协助组织卖淫过程中，杨旺作为管理人员，在共同犯罪中起主要作用，系主犯。被告人翟天龙、卢姗、刘双、张可心按照同案人指挥实施犯罪，在共同犯罪中起次要、辅助作用，系从犯，应当依法减轻处罚。鉴于被告人翟天龙、卢姗、刘双、张可心庭审中认罪态度较好，并指证同案其他被告人的犯罪事实，故可酌情从轻处罚，并可适用缓刑。根据本案的犯罪事实、情节和各被告人的悔罪表现，依照《中华人民共和国刑法》第三百五十八条第一款、第三款，第二十五条，第二十六条，第二十七条，第三百六十一条，第七十二条第一款，第七十三条第二款、第三款，第五十二条，第五十三条之规定，判决如下：

1. 被告人丁宝骏犯组织卖淫罪，判处有期徒刑五年六个月，并处罚金人民币六万元；

2. 被告人何红犯组织卖淫罪，判处有期徒刑三年，缓刑四年，并处罚金人民币五万元；

3. 被告人宋海波犯组织卖淫罪，判处有期徒刑三年，缓刑四年，并处罚金人民币五万元；

4. 被告人杨旺犯协助组织卖淫罪，判处有期徒刑二年八个月，并处罚金人民币三万元；

5. 被告人翟天龙犯协助组织卖淫罪，判处有期徒刑二年四个月，缓刑二年六个月，并处罚金人民币二万元；

6. 被告人卢姗犯协助组织卖淫罪，判处有期徒刑二年，缓刑二年，并处罚金人民币一万五千元；

7. 被告人刘双犯协助组织卖淫罪，判处有期徒刑二年，缓刑二年，并处罚金人民币一万五千元；

8. 被告人张可心犯协助组织卖淫罪，判处有期徒刑一年，缓刑一年，并处罚金人民币一万元。

宣判后，八被告人均未上诉，检察机关亦未抗诉，判决已发生法律效力。

二、主要问题

1. 组织卖淫或协助组织卖淫过程中，采取非法限制卖淫人员人身自由等强迫行为的，应如何认定？

2. 如何区分组织卖淫罪的从犯和协助组织卖淫罪？

三、裁判理由

（一）组织卖淫或协助组织卖淫犯罪中，对卖淫人员采取非法限制人身自由等强迫行为的，应以组织卖淫罪或协助组织卖淫罪论处

在司法实践中，对于行为人在组织卖淫或协助组织卖淫行为中采取非法限制卖淫人员人身自由等行为的认定有两种不同观点：

第一种观点认为，行为人组织卖淫或协助组织卖淫的行为所侵犯的客体为社会管理秩序及公序良俗，而其实施的非法限制卖淫人员人身自由等行为则侵犯了他人的人身权利，只认定组织卖淫一罪不足以评价其行为的社会危害性，故应根据刑法第三百五十八条第三款的规定，以非法拘禁罪和组织卖淫罪（或协助组织卖淫罪）数罪并罚。

第二种观点认为，非法限制卖淫人员人身自由是行为人组织卖淫过程中使用的手段行为，是组织卖淫行为的表现形式之一，以组织卖淫罪一罪即可评价。刑法第三百五十八条第三款的规定是针对严重侵害他人人身权利的犯罪，不应做扩大解释。同理，以协助组织卖淫的目的非法限制卖淫人员人身自由的，也应构成协助组织卖淫罪一罪。

我们同意第二种观点。行为人实施的非法限制卖淫人员自由等强制性质的行为应包含在组织卖淫罪的"管理和控制"行为之中，不宜单独评价。作为组织卖淫罪的帮助犯，行为人为协助组织卖淫而实施非法限制卖淫人员自由等行为的，亦只定协助组织卖淫罪一罪。

1992 年 12 月 11 日最高人民法院、最高人民检察院印发的《关于执行〈全国人民代表大会常务委员会关于严禁卖淫嫖娼的决定〉的若干问题的解答》（以下简称《解答》，已废止）中曾规定，"组织他人卖淫罪，是指以招募、雇佣、强迫、引诱、容留等手段，控制多人从事卖淫的行为"，该规定将"强迫"作为组织卖淫的手段之一。为避免在司法实践中混淆组织卖淫和强迫卖淫的概念，2017 年 7 月 25 日起施行的《最高人民法院、最高人民检察院关于办理组织、强迫、引诱、容留、介绍卖淫刑事案件适用法律若干问题的解释》（以下简称《涉卖淫刑案解释》）第一条将组织卖淫罪定义为"以招募、雇佣、纠集等手段，管理或控制他人卖淫，卖淫人员在三人以上的"。《涉卖淫刑案解释》中只采用"招募、雇佣、纠集等手段"的表述方法，并将"控制"他人卖淫改为"管理或者控

制”他人卖淫。这种“管理或者控制”主要表现在对卖淫人员和卖淫活动的管理和控制上，既表现为行为人使用协商、劝说、引诱等平和的方式，就卖淫方式、服务内容、收费分成等与卖淫人员达成合意，使卖淫人员自愿服从管理；也表现为行为人使用暴力、胁迫等具有强迫特征的手段，如组织者对卖淫人员实施扣押身份证、户口簿等证件；假借代为保管名义控制卖淫人员手机等通信工具，以限制其与外界联系的自由；以拘禁的方式限制卖淫人员人身自由，以殴打手段迫使卖淫人员卖淫，安排人员监督卖淫交易等行为。这种具有强迫特征的行为表现形式与强迫卖淫罪的手段行为虽有相似之处，但行为对象却有着本质区别，前者为自愿卖淫，并与行为人形成合意、接受行为人管理和控制的卖淫人员；后者则为无卖淫意愿，被强迫从事卖淫行为的人员。

实践中，卖淫组织中的卖淫人员为了追求经济利益，或是自愿卖淫并接受组织管理，或是经人介绍、引诱加入卖淫组织实施卖淫行为。行为人将卖淫人员组织起来统一管理、控制，以非法拘禁、殴打、侮辱等手段强制卖淫人员服从组织管理，强迫手段是组织、管理、控制的具体表现，行为人的目的仍是组织卖淫，根据罪刑法定原则，应直接定为组织卖淫罪，其中限制人身自由等手段行为可作为组织卖淫罪的量刑情节考虑。《解答》第二条曾明确规定，“在组织他人卖淫的犯罪活动中，对被组织卖淫的人有强迫、引诱、容留、介绍卖淫行为的，应当作为组织他人卖淫罪的量刑情节予以考虑，不实行数罪并罚”。虽然该《解答》根据 2013 年 1 月 18 日起施行的《最高人民法院、最高人民检察院关于废止 1980 年 1 月 1 日至 1997 年 6 月 30 日期间制发的部分司法解释和司法解释性质文件的决定》已经失效，但其对于组织卖淫犯罪中强迫行为的处置是司法实践中处理案件的普遍做法。需要注意的是，如果组织者故意实施的以上行为直接导致被组织者伤亡的，应当依照刑法第三百五十八条第三款的规定，以故意杀人罪、故意伤害罪等对组织者进行数罪并罚。另外，组织者对被组织者以外的其他人实施非法拘禁、殴打行为的，也应当按照其实施的行为定罪，与组织卖淫罪数罪并罚。

（二）协助组织卖淫行为是组织卖淫罪的帮助犯

根据刑法第三百五十八条的规定，协助组织卖淫罪是指为组织卖淫的人招募、运送人员或者有其他协助组织他人卖淫的行为。协助组织卖淫行为是组织卖淫行为的帮助行为。在共同犯罪中，起帮助作用的从犯和起次要作用的从犯在共同犯罪中的地位和主犯相比都具有从属性，但是，起次要作用的从犯是具体参与实施了刑法分则规定的组织卖淫罪客观方面构成要件的实行行为的人员，只是参与程度、对犯罪完成所起的作用、直接造成的危害等比主犯轻。帮助犯是没有具体参与实施刑法分则规定的客观方面构成要件的实行行为而只是提供物质、体力或精神上的帮助的人员。按照传统共犯理论及我国刑法总则对共同犯罪人的分类，一般以一个罪名就可以评价共同犯罪中包括帮助犯在内的各犯罪人的行为，实现罚当其罪。但我国刑法将组织卖淫的帮助犯单独定罪，实现正犯化，正是体现了立法者对组织卖淫行为严厉打击的意图。将协助组织卖淫行为单独定罪，从而也使组织卖淫罪中的帮助犯和起次要作用的从犯区分开来，分别构成不同的罪名。

组织卖淫罪是以招募、雇佣、纠集等手段，管理或控制多人从事卖淫活动的行为。在组织卖淫犯罪中起主要作用的是主犯，起次要作用或辅助作用的是从犯，从犯对卖淫活动同样直接进行策划、管理、指派，但相较于主犯而言处于辅助或者次要地位，对从犯仍以组织卖淫罪论处。协助组织卖淫罪的行为人实施的是组织卖淫罪的帮助行为。该帮助行为不对卖淫人员、卖淫活动直接进行组织、策划、管理，而是协助卖淫活动组织者实施其他行为，充当保镖、打手、管账人或为直接组织者招募、雇佣、运送卖淫者，为卖淫活动安排场所，为卖淫活动望风放哨等。协助组织卖淫罪作为一个单独的罪名，也存在一人单独犯罪与数人共同犯罪的形态。协助组织卖淫行为人在共同犯罪的情形下,应依据各行为人在协助组织卖淫犯罪中的作用进行主犯、从犯的区分。

《涉卖淫刑案解释》第四条规定,明知他人实施组织卖淫犯罪活动而为其招募、运送人员或者充当保镖、打手、管账人等的,依照刑法第三百五十八条第四款的规定,以协助组织卖淫罪定罪处罚,不以组织卖淫罪的从犯论处。《涉卖淫刑案解释》在法律适用上明确了协助组织卖淫罪的认定,明确协助组织卖淫的行为人必须对组织卖淫行为"明知",即主观上明知自己的行为是帮助组织卖淫的行为。如何确定行为人的主观明知？行为人的供述不是唯一的确定方式。一些案件中,若行为人供述不知道招募、运送的是卖淫人员,可结合行为人所在的工作场所、从事的工作性质与取得的劳动报酬进行综合认定。例如,在非合法经营场所从事保镖、打手、管账人、放哨望风等工作,获取明显高于普通工作人员的工资等情况下,即使行为人否认自己协助组织卖淫,客观证据与证人证言等能够形成完整、真实的证据链证明行为人对协助组织卖淫具有主观明知的,应认定行为人实施了协助组织卖淫行为。

在本案审理期间,《涉卖淫刑案解释》尚未公布,但本案的审理思路、裁判结果与《涉卖淫刑案解释》的规定一致。本案中,被告人丁宝骏、何红、宋海波利用经营歌厅的便利条件,以牟利为目的,采取招募和容留的手段组织多名陪唱人员从事卖淫活动,宣布纪律,制定收费标准,统一安排卖淫人员吃住,为嫖客安排卖淫人员,为卖淫活动提供房间,形成了一个以歌厅为掩护的卖淫组织。在歌厅经营期间,为强化组织管理,防止卖淫人员离开,采取打骂、限制人身自由以及集中保管手机、身份证及卖淫所得等行为,从人身、财物方面控制卖淫人员。三人的行为构成组织卖淫罪,不构成强迫卖淫罪,也不以非法拘禁罪论处。在共同犯罪中,在丁宝骏为主经营歌厅期间,丁宝骏直接组织、管理、控制卖淫人员及卖淫活动,是主犯;何红直接参与歌厅管理期间未发生足以认定的卖淫行为,但作为歌厅经营者之一,其明知并放任丁宝骏等人组织卖淫且享受歌厅收入分红,在共同犯罪中起次要作用,系从犯;宋海波主要处理歌厅外围事务,在共同犯罪中亦系从犯。被告人杨旺、翟天龙、卢姗、刘双、张可心受被告人丁宝骏、何红、宋海波的雇佣和指派,为组织卖淫提供帮助,管理账目、望风放哨、限制卖淫人员人身自由,其行为均构成协助组织卖淫罪。在协助组织卖淫过程中,杨旺作为歌厅管理人员,在共同犯罪中起主要作用,系主犯;翟天龙、卢姗、刘双、张可心按照杨旺的指挥实施犯罪,在共同犯罪中起次要、辅助作用,系从犯。

综上,法院对八被告人的定罪准确,且结合其在共同犯罪中的地位、作用以及本案其他情节,对八被告人的量刑也是适当的。

(撰稿:最高人民法院刑四庭　李　伟
辽宁省锦州市中级人民法院　张朝国　徐明哲
审编:最高人民法院刑四庭　陆建红)

[第1295号]刘革辛、陈华林、孔新喜强迫卖淫等案
——如何认定强迫卖淫罪的"强迫"要件

【关键词】　强迫卖淫罪　强迫　强迫未成年人卖淫　从重处罚　情节严重

一、基本案情

被告人刘革辛,男,1987年10月27日出生,2014年6月26日被逮捕。

被告人陈华林,男,1987年8月26日出生,2014年6月26日被逮捕。

被告人孔新喜,男,1986年12月2日出生,2014年6月26日被逮捕。

广西壮族自治区柳城县人民检察院以被告人刘革辛、陈华林、孔新喜犯强迫卖淫罪,刘革辛、陈华林犯容留他人吸毒罪,向柳城县人民法院提起公诉。

被告人刘革辛辩解称,自己没有强迫他人卖淫,没有容留他人吸毒,其行为不构成强迫卖淫罪和容留他人吸毒罪。其辩护人提出:公诉机关指控刘革辛犯强迫卖淫罪证据不充分。本案被害人随时可以呼救、报警却不呼救、报警,且在卖淫时被公安机关抓获却不向公安机关求救,不排除被害人是自愿卖淫的合理怀疑;刘革辛容留他人吸毒情节显著轻微,可不作为犯罪处理。

被告人陈华林、孔新喜对公诉机关指控的事实和罪名均没有异议。

柳城县人民法院经审理查明:

2014年年初,被告人刘革辛、陈华林与陈华远(另案处理)预谋找女孩子到娱乐场合"坐台"谋利。后三人找了黄某某、朱某某(均已满十四岁不满十六岁)到广西壮族自治区融安县"坐台"。因黄某某、朱某某"坐台"不成功,且二人与刘革辛、陈华林、陈华远在融安县的日常开支均是刘革辛支付,为此,刘革辛、陈华林、陈华远把刘革辛已支出的费用全部算在黄某某和朱某某的身上,胁迫二人在融安县卖淫还钱给刘革辛。后黄某某、朱某某在融安县卖淫被查处,刘革辛、陈华林、陈华远与被告人孔新喜一起带黄某某、朱某某到浙江省杭州市"坐台",二人又"坐台"不成功。因刘革辛支付了本人及陈华林、陈华远、孔新喜、黄某某、朱某某等人在融安县、杭州市的吃住行等开支约6万元,为此在杭州市,刘革辛、陈华林、陈华远威逼黄某某、朱某某写下欠条,要二人还这笔费用(其中黄某某写了一张4.5万元的欠条、朱某某写了一张1.5万元的欠条,且均以欠陈华林的名义写),以逼二人去卖淫还钱给刘革辛。从杭州回到广西壮族自治区柳城县后,刘革辛、陈华远、陈华林带黄某某、朱某某到柳城县沙埔镇、大埔镇及柳州市柳北区沙塘镇等地卖淫,其间刘革辛、陈华林还安排陈华远、孔新喜带黄某某、朱某某去卖淫和看管黄某某、朱某某等。其中,孔新喜带黄某某、朱某某去卖淫和看管黄某某、朱某某等一段时间后离开。黄某某、朱某某卖淫所得的收入除交给刘革辛以冲抵欠款外,还用于二人与刘革辛、陈华林、陈华远的日常吃住等开支。在卖淫期间,刘革辛、陈华林、陈华远、孔新喜、黄某某、朱某某吃住行在一起,其中刘革辛、陈华林、陈华远分别对黄某某、朱某某实施了殴打行为。2014年5月21日下午,黄某某、朱某某趁机逃跑,朱某某被刘革辛等人抓回。刘革辛、陈华林、陈华远把朱某某拉到柳城县沙埔镇芭芒屯一果地以挖坑活埋方式威胁朱某某,后又拉朱某某到柳城县心悦宾馆开301房住宿。

2014年5月21日晚上,刘革辛打电话给李七寿,让李喊人去心悦宾馆301房打麻将。随后,李七寿与周铜、王友云、周庆双来到心悦宾馆301房间与刘革辛打麻将。其间,陈华林拿出氯胺酮(俗称"K粉")给李七寿、周铜、王友云、周庆双、刘革辛吸食。当晚,陈华远与朱某某也在301房间吸食氯胺酮。次日凌晨4时许,接到黄某某报案的警察来到301房间解救朱某某时,抓获刘革辛、陈华林、陈华远以及李七寿、周铜、王友云、周庆双。2014年6月12日,孔新喜被公安机关抓获。

柳城县人民法院认为,被告人刘革辛、陈华林、孔新喜结伙使用暴力、胁迫手段,多次迫使他人卖淫,其行为均已构成强迫卖淫罪。被告人刘革辛、陈华林提供场所,容留他人吸毒,其行为又构成容留他人吸毒罪。对被告人刘革辛、陈华林所犯强迫卖淫罪、容留他人吸毒罪,应依法予以并罚。在强迫卖淫共同犯罪中,被告人刘革辛、陈华林参与事前的预谋、事中的胁迫、安排以及事后的卖淫收入支配等,起主要作用,均系主犯,但陈华林所起作用相对小于刘革辛。被告人孔新喜明知被告人刘革辛、陈华林胁迫黄某某、朱某某卖淫,仍然听从被告人刘革辛、陈华林的安排,参与犯罪,起次要作用,系从犯,应当依法从轻、减轻处罚。被告人陈华林、孔新喜归案后均如实供述自己罪行,可依法从轻处罚。

关于被告人刘革辛所提自己没有强迫他人卖淫的辩解及其辩护人所提指控刘革辛犯强迫卖淫罪证据不充分的辩护意见,经审理认为,在案证据充分证实刘革辛与陈华林、陈华远等人结伙使用暴力、胁迫手段,多次迫使被害人黄某某、朱某某卖淫的事实,且该事实与被告人刘革辛在侦查阶段供述的事实相吻合。在案证据也表明,当被告人刘革辛与陈华林、陈华远威逼黄某某、朱某某归还刘革辛支出的费用后,刘革辛与陈华林、陈华远让被害人用卖淫收入归还债务,并威逼黄某某、朱某某写下欠条,且该债务需要以高利贷来计算,被害人在未还清债务之前不许回家,其中朱某某如不按期还款需自砍手指一根。这足以使黄某某、朱某某产生惧怕心理。对于辩护人提出的"被害人有机会呼救、报警却不呼救、报警"以及"在卖淫时被公安机关抓获却不向公安机关求救"的辩护意见,经审理认为,此与黄某某、朱某某均为未成年人,缺乏自我保护意识和能力有关,不能以被害人未报警、未呼救为由,认定黄某某、朱某某系自愿卖淫。依照1997年修订的《中华人民共和国刑法》第三百五十八条第一款第三项,第三百五十四条,第五十二条,第五十三条,第五十五条第一款,第五十六条第一款,第五十八条,第六十七条第三款,第六十九条,第二十五条第一款,第二十六条第一款、第四款,第二十七条之规定,判决如下:

1. 被告人刘革辛犯强迫卖淫罪,判处有期徒刑十一年六个月,并处罚金三万元,剥夺政治权利二年;犯容留他人吸毒罪,判处有期徒刑九个月,并处罚金三千元;决定执行有期徒刑十二年,并处罚金三万三千元,剥夺政治权利二年。

2. 被告人陈华林犯强迫卖淫罪,判处有期徒刑十年六个月,并处罚金二万元,剥夺政治权利一年;犯容留他人吸毒罪,判处有期徒刑七个月,并处罚金二千元;决定执行有期徒刑十一年,并处罚金二万二千元,剥夺政治权利一年。

3. 被告人孔新喜犯强迫卖淫罪,有判处有期徒刑五年,并处罚金九千元。

一审宣判后,在法定期限内没有上诉、抗诉,判决已经发生法律效力。

二、主要问题

如何认定强迫卖淫罪的"强迫"要件?

三、裁判理由

强迫卖淫,主要是指行为人采取暴力、威胁或者其他手段,违背他人意志,迫使他人卖淫的行为。这里所说的"强迫",既包括直接使用暴力手段或者以暴力相威胁,也包括使用其他非暴力的逼迫手段,如以揭发他人隐私或者以可能使他人某种利害关系遭受损失相威胁,或通过使用某种手段和方法,对他人形成精神上的强制,在别无出路的情况下,违背自己的意愿从事卖淫活动。无论行为人采取哪一种强迫手段,都构成强迫他人卖淫罪。① 暴力,是指人身强制方法;威胁,是指精神强制方法;其他方法,是指采用灌醉、麻醉等方法。② 强迫卖淫的强迫性主要表现为以下情形:(1)在他人不愿意从事卖淫活动的情况下,使用强制手段迫使其从事卖淫活动;(2)他人虽然原本从事卖淫活动,但在他人不愿意继续从事卖淫活动的情况下,使用强制手段强迫其继续从事卖淫活动;(3)在卖淫者不愿意在某地从事卖淫活动或者为某人从事卖淫活动的情况下,使用强制手段在某地或为某人从事卖淫活动。因此,从事卖淫活动的卖淫者也可以成为强迫卖淫的对象。

---

① 全国人大常委会法制工作委员会刑法室编著:《中华人民共和国刑法解读》(第4版),中国法制出版社2015年版,第857~858页。

② 陈兴良:《规范刑法学》,中国人民大学出版社2013年版,第1061页。

（一）被告人刘革辛等人的行为符合强迫卖淫罪中的“强迫”要件

我们认为，被告人刘革辛等人的强迫行为既包括暴力，也包括胁迫，暴力中有胁迫，胁迫中透露着暴力，因此，属于强迫卖淫性质。

首先，被告人刘革辛使用强制手段迫使黄某某、朱某某卖淫的事实清楚，证据充分：一是有被害人证言证实，二是有同案被告人陈华林、孔新喜供述及同伙陈华远的证言相印证，三是书证欠条、医院病历等证据补强了上述言词证据，四是被告人刘革辛在侦查阶段也作了与上述证据相印证的供述。

其次，从行为性质看，刘革辛等人的行为属于采取暴力和胁迫手段。胁迫主要体现在，刘革辛等人威逼被害人黄某某、朱某某归还在组织卖淫活动过程中支出的费用，并让被害人通过卖淫归还债务，还威逼黄某某、朱某某写下欠条。此欠条本身就包含了胁迫的内容。欠条中写明：黄某某欠陈华林 45 000 元，黄某某自愿听从安排，直到还清所有费用为止，所花的钱按高利贷来算，在还清费用前不许回家，如出现私自逃跑，所欠费用按 10 万元归还。朱某某欠陈华林 15 000 元，自愿听从安排，直到还清所有费用为止，所花的钱按高利贷来算，在还清费用前不许回家，如出现私自逃跑，所欠费用按 5 万元归还。而署名“朱某某”的欠条则还有“如不能还清债务，自砍手指头一根”的内容。上述欠条的内容足以使黄某某、朱某某产生惧怕心理。暴力体现在，在组织卖淫活动期间，被告人刘革辛等人多次殴打黄某某、朱某某，迫使黄某某、朱某某卖淫。后黄某某、朱某某逃跑，刘革辛等人又对被抓回的朱某某进行殴打，并以殴打、活埋等方式威胁朱某某不得再逃跑。

最后，对于辩护人所提“被害人有机会呼救、报警却不呼救、报警”以及“在卖淫时被公安机关抓获却不向公安机关求救”的辩护意见，我们赞同原审法院的观点，即此与黄某某、朱某某均为未成年人，缺乏自我保护意识和能力有关，不能以被害人未报警、未呼救为由，认定黄某某、朱某某系自愿卖淫。而且被害人黄某某在陈述中也对此予以解释，其因害怕报案后刘革辛等人去家里找麻烦，所以不敢报警。因此，综观全案，是被害人不知报警和不敢报警，不是因自愿卖淫有条件报警而不报警。况且，未报警、未呼救，与自愿卖淫是两个完全不能等同的概念。自愿卖淫的人，肯定不会报警和呼救，但不能反过来推导出未报警、未呼救就是自愿卖淫的结论。

（二）被告人刘革辛等人强迫未成年人卖淫，应依法从重处罚

未成年人受到特殊保护，既是我国刑法的基本精神之一，也是刑事司法实践的一个基本共识。1997 年刑法将强迫不满十四周岁的幼女卖淫，作为法定加重处罚情节。《中华人民共和国刑法修正案（九）》［以下简称《刑法修正案（九）》］对强迫卖淫“情节严重”的情形未做具体规定，但增加了“强迫未成年人卖淫，从重处罚”的规定。《最高人民法院、最高人民检察院关于办理组织、强迫、引诱、容留、介绍卖淫刑事案件适用法律若干问题的解释》（以下简称《涉卖淫刑案解释》）第七条第二款对“强迫未成年人卖淫，从重处罚”的规定予以重申。同时，该解释还将强迫幼女卖淫作为强迫卖淫的法定加重处罚情节之一。本案中，被害人黄某某、朱某某在被强迫卖淫时，均未满十六周岁，均属于未成年人。根据刑法和司法解释规定，对被告人刘革辛等人强迫未成年人卖淫的犯罪行为应当在法定刑幅度内从重处罚。

当然，本案在审判时，《刑法修正案（九）》尚未实施，《涉卖淫刑案解释》也还未公布实施，因此，原审法院没有援引上述法律和司法解释对被告人刘革辛等人予以从重处罚，也是符合当时的法律规定的。

（三）关于本罪“情节严重”的认定

根据 1997 年刑法第三百五十八条第一款的规定，强迫卖淫具有下列情形之一的，属于情节

严重:(1)强迫不满十四周岁的幼女卖淫的;(2)强迫多人卖淫或者多次强迫他人卖淫的;(3)强奸后迫使卖淫的;(4)造成被强迫卖淫的人重伤、死亡或者其他严重后果的。本案在审判时,《刑法修正案(九)》尚未实施,《涉卖淫刑案解释》也还未公布实施,原审法院根据当时刑法规定,认定被告人刘革辛多次强迫黄某某、朱某某卖淫,构成情节严重,符合当时的法律规定。

需要说明的是,2015年11月1日起实施的《刑法修正案(九)》,取消了强迫卖淫罪的死刑,并取消了关于强迫卖淫"情节特别严重"的规定,仅规定"情节严重的,处十年以上有期徒刑或者无期徒刑,并处罚金或者没收财产",对何谓"情节严重"没有专门作出规定。同时,有的原属于"情节严重"情形的,依据《刑法修正案(九)》的规定,也发生了变化,如强奸后迫使卖淫的,依照《刑法修正案(九)》的规定,应当以强奸罪和强迫卖淫罪数罪并罚,不再认定为强迫卖淫"情节严重";杀害被强迫卖淫人员的,应当以故意杀人罪和强迫卖淫罪并罚,不再认定为强迫卖淫"情节严重"。因此,《涉卖淫刑案解释》根据刑法的修改和社会情势发展变化情况,在第六条第一款重新规定了强迫卖淫"情节严重"的情形:(1)卖淫人员累计达五人以上的;(2)卖淫人员中未成年人、孕妇、智障人员、患有严重性病的人累计达三人以上的;(3)强迫不满十四周岁的幼女卖淫的;(4)造成被强迫卖淫者自残、自杀或者其他严重后果的;(5)其他情节严重的情形。因此,在《涉卖淫刑案解释》公布实施后,认定强迫卖淫是否构成"情节严重",就应当依照该解释规定进行。

(撰稿:最高人民法院刑四庭　陆建红
审编:最高人民法院刑四庭　周　峰)

[第1308号]王道军强迫卖淫案

——多次强迫已满十四周岁的未成年人卖淫是否构成强迫卖淫罪的"情节严重"

【关键词】　强迫卖淫罪　强迫未满十四周岁未成年人卖淫　情节严重　强迫卖淫量刑

一、基本案情

被告人王道军,男,汉族,1963年7月22日出生,个体业主。2016年12月13日因涉嫌犯强迫卖淫罪被逮捕。

辽宁省台安县人民检察院以被告人王道军犯强迫卖淫罪向台安县人民法院提起公诉。

被告人王道军对公诉机关指控的犯罪事实予以否认,辩称没有强迫王某某卖淫,王在其开的旅店从事卖淫活动四次,都是她自愿的,故不构成强迫卖淫罪。

台安县人民法院经审理查明:2016年10月末至11月初,被告人王道军在台安县台安镇西商业街其经营的家兴旅社内,采用威胁、恐吓等手段强迫王某某(2002年3月26日出生)从事卖淫活动共计四次,获取嫖资共计160元。

台安县人民法院认为,被告人王道军以暴力、恐吓等手段,强迫已满十四周岁未满十八周岁的未成年人卖淫,其行为已构成强迫卖淫罪,应依法从重惩处。公诉机关指控的犯罪事实和罪名成立,应予以支持。关于被害人王某某委托代理人认为王道军采取暴力、胁迫等手段多次强迫刚满十四周岁的幼女从事卖淫活动,应判处十年以上有期徒刑或者无期徒刑的意见,经查,被害人王某某被强迫卖淫时已满十四周岁，不是幼女，根据《最高人民法院、最高人民检察院关于办理组织、强迫、引诱、容留、介绍卖淫刑事案件适用法律若干问题的解释》第六条的规定，王道军的行为不属于情节严重，对该意见不予支持。关于被告人及辩护人认为王道军不构成强迫卖淫罪的辩护意见，经查，王某某在王道军经营的家兴旅社住宿期间，因欠王道军 200 余元钱，王道军在王某某不情愿的情况下，以要求王某某还钱为由，采取语言威胁、将其关在房内、扣押其手机等手段强迫未成年人王某某卖淫，并从中获利，王道军的行为已构成强迫卖淫罪，故该辩护意见不予采纳。鉴于王道军系初犯，可酌情从轻处罚。按照《最高人民法院、最高人民检察院、公安部、司法部关于依法惩治性侵害未成年人犯罪的意见》，为打击性侵害未成年人犯罪，保护未成年人身心健康，根据王道军的犯罪事实、情节、性质和对社会的危害程度，依照《中华人民共和国刑法》第三百五十八条第一款、第二款，第六十一条，第四十五条，第四十七条，第五十二条，第五十三条第一款之规定，判决如下：

被告人王道军犯强迫卖淫罪，判处有期徒刑七年，并处罚金三万元。

一审宣判后，被告人王道军以一审部分事实认定不清、量刑过重为由提起上诉，要求从轻处罚。

辽宁省鞍山市中级人民法院经审理认为，上诉人王道军以暴力、恐吓等手段，强迫已满十四周岁未满十八周岁的未成年人卖淫，其行为已构成强迫卖淫罪，应依法从重惩处。关于上诉人提出一审部分事实认定不清、量刑过重，要求从轻处罚的上诉理由，经审，被害人王某某系刚满十四周岁的未成年人，上诉人以其欠款为由，采取语言威胁、将其关在房内、扣押其手机等手段违背其真实意愿，迫使其卖淫，并从中获利，原审法院结合被害人陈述、证人证言和王道军供述认定王道军犯强迫卖淫罪并从重处罚并无不当，且王道军在案件审理过程中始终供述一致，故对上诉人提出的上诉理由均不予采纳。综上，原判认定事实清楚，证据确实、充分，定罪准确，量刑适当，审判程序合法。依照 2012 年《中华人民共和国刑事诉讼法》第二百二十五条第一项之规定，裁定驳回上诉，维持原判。

二、主要问题

多次以胁迫手段强迫已满十四周岁的未成年人卖淫，是否构成强迫卖淫罪的“情节严重”？

三、裁判理由

根据《刑法》第三百五十八条的规定，强迫卖淫罪是指以暴力、胁迫或者其他手段，迫使他人卖淫的行为。强迫卖淫罪没有卖淫人数的限制，只要卖淫人员是被强迫卖淫即可构成本罪。本案中，虽然被告人王道军辩解没有强迫他人实施卖淫行为，但就证据来看，认定其构成强迫卖淫罪没有异议。本案争议的焦点在于：王道军多次强迫他人卖淫（四次），是否构成强迫卖淫罪的“情节严重”？有两种不同观点。

第一种观点认为，1997 年《刑法》第二百五十八条规定，“多次”强迫他人卖淫构成强迫卖淫罪的“情节严重”，2015 年 11 月 1 日起施行的《刑法修正案（九）》没有明确规定强迫卖淫罪“情节严重”的具体情形，实践中应沿用《刑法》第二百五十八条的规定认定和处罚。本案诉讼过程中，公诉机关于 2017 年 3 月 7 日起诉指控王道军构成强迫卖淫罪，同年 7 月 3 日变更起诉，认为王道军的行为构成强迫卖淫罪的“情节严重”。被害人的代理人亦持此观点，要求法院判处王道军十年以上有期徒刑。

第二种观点认为，根据 2017 年 7 月 25 日起施行的《最高人民法院、最高人民检察院关于办理组织、强迫、引诱、容留、介绍卖淫刑事案件适用法律若干问题的解释》（以下简称《涉卖淫刑案解释》）第六条的规定，王道军“多次”强迫他人卖淫的行为不构成强迫卖淫罪的“情节严重”。

我们同意第二种观点，理由如下：

（一）本案应适用《涉卖淫刑案解释》来认定是否构成强迫卖淫罪的"情节严重"

1997年《刑法》第三百五十八条第一款规定："组织他人卖淫或者强迫他人卖淫的，处五年以上十年以下有期徒刑，并处罚金；有下列情形之一的，处十年以上有期徒刑或者无期徒刑，并处罚金或者没收财产：（一）组织他人卖淫，情节严重的；（二）强迫不满十四周岁的幼女卖淫的；（三）强迫多人或者多次强迫他人卖淫的；（四）强奸后迫使卖淫的；（五）造成被强迫卖淫的人重伤、死亡或者其他严重后果的。"该条第二款还规定："有前款所列情形之一，情节特别严重的，处无期徒刑或者死刑，并处没收财产。"《中华人民共和国刑法修正案（九）》[以下简称《刑法修正案（九）》]对该条进行修改后的规定为："组织、强迫他人卖淫的，处五年以上十年以下有期徒刑，并处罚金；情节严重的，处十年以上有期徒刑或者无期徒刑，并处罚金或者没收财产。组织强迫未成年人卖淫的，依照前款的规定从重处罚。犯前两款罪，并有杀害、伤害、强奸、绑架等犯罪行为的，依照数罪并罚的规定处罚。"《刑法修正案（九）》与原《刑法》的不同在于，第一，取消了组织、强迫卖淫罪"情节特别严重"的规定，同时取消了该罪的死刑；第二，实施组织、强迫卖淫行为，又具有强奸、杀人、伤害、绑架等犯罪行为的，不再认定为该罪的"情节严重"；第三，仅规定了组织、强迫卖淫罪"情节严重"的量刑幅度，而没有明确"情节严重"的具体情形。立法将强迫卖淫罪的情节认定交给了司法裁量，如果再参照1997年《刑法》对强迫卖淫罪"情节严重"的规定来认定，显然不妥。

本案发生在2016年10月至11月，2017年3月7日提起公诉，案件一审期间《涉卖淫刑案解释》通过并正式公布实施，其中第六条规定："强迫他人卖淫，具有下列情形之一的，应当认定为刑法第三百五十八条第一款规定的'情节严重'：（一）卖淫人员累计达五人以上的；（二）卖淫人员中未成年人、孕妇、智障人员、患有严重性病的人累计达三人以上的；（三）强迫不满十四周岁的幼女卖淫的；（四）造成被强迫卖淫的人自残、自杀或者其他严重后果的；（五）其他情节严重的情形。"根据《最高人民法院、最高人民检察院关于适用刑事司法解释时间效力问题的规定》，司法解释自发布或者规定之日起施行，效力适用于法律的施行期间。对于司法解释实施前发生的行为，行为时没有相关司法解释，司法解释施行后尚未处理或者正在处理的案件，依照司法解释的规定办理。由于《刑法修正案（九）》施行后发生的强迫卖淫类案件，不适用1997年《刑法》"情节严重"的规定。在《涉卖淫刑案解释》施行前的"空档"期，关于强迫卖淫罪的"情节严重"应当理解为没有相关司法解释。据此分析，《涉卖淫刑案解释》的效力应当及于《刑法修正案（九）》施行后尚未处理的所有强迫卖淫类案件，本案也应适用《涉卖淫刑案解释》的规定。由于司法解释中强迫卖淫罪"情节严重"的情形不包含"多次"强迫卖淫，而被告人王道军所强迫卖淫的对象已满十四周岁，不是幼女，也不符合司法解释中"强迫不满十四周岁的幼女卖淫的"情节严重情形，故王道军的行为不构成强迫卖淫罪的"情节严重"。

（二）强迫卖淫的次数虽不作为"情节严重"的情形，但对于量刑仍然具有影响

《刑法》中的"多次"是指相同性质的危害行为次数较多，而不是指同一行为人分别实施不同罪名的犯罪加起来次数较多。在我国《刑法》或司法解释中，犯罪行为的次数对定罪或量刑具有重要的意义。我国《刑法》和司法解释规定了若干"多次"实施危害行为的犯罪情形。犯罪次数对定罪、量刑的影响主要表现在三个方面：第一种表现是将多次实施违法行为作为犯罪构成的入罪门槛，如《刑法》第二百六十四条规定的"多次盗窃"、第二百六十七条规定的"多次抢夺"、第二百七十四条规定的"多次敲诈勒索"等。这类规定中，行为人的每次行为可能在数额上（或行为危害性上）都达不到该罪的最低标准，甚至多次相加的犯罪数额也达不到该罪的最低标准，但由于行为次数上达到了"多次"，因而符合犯罪构成的客观要件。第二种表现是将犯罪次数作为情节

加重犯的法定条件。“多次”实施同一种犯罪行为，作为犯罪法定刑升格的条件，即将同种犯罪以法律拟制的方式作为一罪加重处罚，如《刑法》第二百六十三条规定的抢劫罪，其中“多次抢劫”就属于抢劫罪的“情节严重”，应处十年以上有期徒刑、无期徒刑或者死刑，并处罚金或没收财产，即“多次”抢劫，构成抢劫罪加重处罚情节。第三种表现是“多次”既不作为犯罪构成的入罪门槛，也不作为法定加重处罚情节，而仅作为从重处罚的依据。《涉卖淫刑案解释》就将组织、强迫、引诱、容留、介绍他人卖淫次数作为酌定量刑情节予以规定。

《涉卖淫刑案解释》对于强迫卖淫罪的“情节严重”主要从强迫卖淫的人数、造成的伤亡后果以及被强迫卖淫人员的特殊情况，如孕妇、智障人员、患有严重性病的人等方面考虑，而“多次”强迫卖淫不作为强迫卖淫罪的加重处罚情节。这主要是考虑两个原因：一是以往司法实践中所用的“人次”的标准，如十人次以上构成“情节严重”，将强迫卖淫的人数和次数并列作为情节严重的情形是不科学的。从实践中查处的情况来看，强迫卖淫案件中一个卖淫女几十次甚至几百次卖淫的都有，而人数是很难达到这么大量的，所以人数与次数在社会危害性上不具有同质性，强迫卖淫的次数与人数相比，显然人数反映的危害比次数大得多。二是强迫卖淫的次数问题取证比较困难，经常是通过卖淫女的回忆和估计来计算的，往往会比较缺乏证据的印证。因此，《涉卖淫刑案解释》没有将强迫卖淫的次数作为认定“情节严重”的情形。但这并不意味着强迫卖淫的次数对量刑就没有影响。《涉卖淫刑案解释》第十条规定：“组织、强迫、引诱、容留、介绍他人卖淫的次数，作为酌定情节在量刑时予以考虑。”据此，强迫卖淫的次数在已经查实的情况下，在法定刑幅度范围内应当作为量刑的情节予以考虑。本案中，被告人王道军强迫刚满十四周岁的未成年人卖淫，根据《刑法》第三百五十八条第二款“组织、强迫未成年人卖淫的，依照前款的规定从重处罚”的规定，应依法从重处罚。同时，王道军强迫未成年人卖淫四次，属于“多次”强迫他人卖淫，根据《涉卖淫刑案解释》第十条的规定，应当酌定从重处罚。一、二审法院判决被告人王道军犯强迫卖淫罪，判处有期徒刑七年，并处罚金三万元是基本适当的。

（撰稿：最高人民法院刑四庭　符莲香
审编：最高人民法院刑四庭　陆建红）

[第1309号]胡杨等协助组织卖淫案

——如何区分协助组织卖淫罪与组织卖淫罪

【关键词】　协助组织卖淫罪　组织卖淫罪　主从犯

一、基本案情

被告人胡杨，男，1978年6月13日出生，“1886汽车俱乐部”经理，2016年9月30日因涉嫌犯协助组织卖淫罪被逮捕。

被告人龙兴桥，男，1988年2月9日出生，“1886汽车俱乐部”员工。2009年5月因犯抢劫罪被判处有期徒刑三年，并处罚金人民币二千元。2016年9月30日因涉嫌犯协助组织卖淫罪被逮捕。

被告人方珂，男，1993年5月5日出生，“1886汽车俱乐部”员工。2016年9月30日因涉嫌犯协助组织卖淫罪被逮捕。

被告人李星,男,1996年4月20日出生,"1886汽车俱乐部"员工。2016年9月30日因涉嫌犯协助组织卖淫罪被逮捕。

被告人张江,男,1986年8月9日出生,"1886汽车俱乐部"员工。2010年9月因犯盗窃罪被判处有期徒刑一年一个月,并处罚金人民币一千元。2016年9月30日因涉嫌犯协助组织卖淫罪被逮捕。

被告人严寒寒,男,1992年12月24日出生,"1886汽车俱乐部"员工。2017年5月15日因涉嫌犯协助组织卖淫罪被逮捕。

被告人夏玲玲,女,1971年5月1日出生,"1886汽车俱乐部"员工。2016年10月1日因涉嫌犯协助组织卖淫罪被逮捕。

被告人吴鑫芝,女,1997年9月27日出生,"1886汽车俱乐部"员工。2016年10月1日因涉嫌犯协助组织卖淫罪被逮捕。

某某人民检察院以被告人胡杨、龙兴桥、方珂、李星、张江、严寒寒、夏玲玲、吴鑫芝犯协助组织卖淫罪向某某区人民法院提起公诉。

被告人胡杨、龙兴桥、方珂、李星、张江、严寒寒、夏玲玲、吴鑫芝及辩护人对起诉书指控的主要事实和罪名均不持异议。被告人李星、严寒寒、夏玲玲、吴鑫芝的辩护人均提出,被告人具有坦白情节,自愿认罪、悔罪,系初犯、偶犯,所起作用较小,情节轻微,社会危害性不大,请求对其从轻处罚。

某某人民法院经审理查明:

2016年8月3日,余永洪(另案处理)作为老板,承包使用1886汽车服务有限公司地下停车场,招募、雇佣人员利用该场所从事组织卖淫活动。后余永洪招聘被告人胡杨为执行经理负责日常管理,被告人龙兴桥负责看门、望风并核实确认嫖客身份等工作,被告人夏玲玲负责收银、记账等财务工作,被告人方珂、李星、张江、严寒寒、吴鑫芝等营销人员负责通过互联网、QQ、微信等方式发布招嫖信息,联系嫖客并带到"1886汽车俱乐部"后安排房间和卖淫女进行卖淫嫖娼活动。卖淫女按照自己价格的百分之五十提成,营销人员按照剩余部分的百分之三十提成,其余部分归公司。

2016年8月30日23时许,公安人员对"1886汽车俱乐部"进行清查,查获正在进行卖淫嫖娼违法活动人员5对10人,当场抓获协助组织卖淫活动的被告人胡杨、龙兴桥、方珂、李星、张江、严寒寒、夏玲玲、吴鑫芝等人及该俱乐部其他卖淫女13人。

某某人民法院认为,被告人胡杨、龙兴桥、方珂、李星、张江、严寒寒、夏玲玲、吴鑫芝协助组织他人卖淫,其行为均已构成协助组织卖淫罪。被告人胡杨、龙兴桥、方珂、李星、张江、严寒寒、夏玲玲、吴鑫芝归案后均能如实供述自己的罪行,系坦白,且在法院审理期间均能够自愿认罪,依法可以从轻处罚。在共同犯罪中,各被告人分工不同,相互配合,地位、作用相当,不宜区分主从犯,但被告人龙兴桥、方珂、李星、张江、严寒寒、夏玲玲、吴鑫芝罪责均相对较轻,可酌情从宽处罚。被告人龙兴桥曾因故意犯罪被判处有期徒刑,在刑罚执行完毕后五年之内再犯应当判处有期徒刑以上刑罚之罪,系累犯,依法应当从重处罚。被告人张江有前科劣迹,可酌情从重处罚。依照《中华人民共和国刑法》第三百五十八条第四款、第二十五条第一款、第六十七条第三款、第六十五条第一款及《最高人民法院、最高人民检察院关于办理组织、强迫、引诱、容留、介绍卖淫刑事案件适用法律若干问题的解释》第四条第一款之规定,判决如下:

1. 被告人胡杨犯协助组织卖淫罪,判处有期徒刑一年六个月,并处罚金人民币一万五千元。

2. 被告人龙兴桥犯协助组织卖淫罪,判处有期徒刑一年二个月,并处罚金人民币一万元。

3. 被告人方珂犯协助组织卖淫罪,判处有期徒刑一年,并处罚金人民币一万元。

4. 被告人李星犯协助组织卖淫罪,判处有期徒刑一年,并处罚金人民币一万元。

5. 被告人张江犯协助组织卖淫罪,判处有期徒刑一年一个月,并处罚金人民币一万元。

6. 被告人严寒寒犯协助组织卖淫罪,判处有期徒刑一年,并处罚金人民币一万元。

7. 被告人夏玲玲犯协助组织卖淫罪,判处有期徒刑一年,并处罚金人民币一万元。

8. 被告人吴鑫芝犯协助组织卖淫罪,判处有期徒刑一年,并处罚金人民币一万元。

宣判后,在法定期限内没有上诉、抗诉。判决已经发生法律效力。

二、主要问题

既非出资人,也非主要获利人,仅受雇佣而担任执行经理,对卖淫违法犯罪活动进行日常管理,构成组织卖淫罪还是协助组织卖淫罪?

三、裁判理由

在本案审理过程中,对被告人胡杨的行为定性存在两种意见。

第一种意见认为,胡杨的行为构成协助组织卖淫罪。理由是:第一,老板余永洪招募、雇佣人员利用"1886 汽车俱乐部"从事组织卖淫嫖娼活动,胡杨并未参与发起、建立卖淫团伙,胡杨受雇担任执行经理之前,该停车场内的卖淫活动已经存在,胡杨没有将分散的卖淫行为予以集中并加以控制、操纵的行为,即胡杨并未实施"组织行为"。第二,胡杨受余永洪的雇佣,按照余永洪的指示负责管理停车场内的卖淫嫖娼活动,其在共同组织卖淫活动中地位、作用相比余永洪明显要低,属于协助的从犯性质,应当认定为协助组织卖淫罪。

第二种意见认为,胡杨的行为构成组织卖淫罪。虽然胡杨并未参与发起、建立卖淫团伙,但其系卖淫活动的管理者,直接参与组织卖淫事项,其行为应当认定为组织卖淫罪的共犯。

我们赞同第二种意见,具体理由如下:

(一)组织卖淫罪和协助组织卖淫罪是两个独立的罪名,有具体的罪状和单独的法定刑

组织卖淫罪与协助组织卖淫罪是两个密切相关的犯罪,从本质上说,两者同属于一种共同犯罪,因为两者事先在主观上都有共同的意思联络,都明知自己行为发生的危害后果,客观上又都实施了在共同故意指导下的关联行为。但我国《刑法》第三百五十八条明确规定了组织卖淫罪和协助组织卖淫罪的罪状和法定刑,《最高人民法院、最高人民检察院关于办理组织、强迫、引诱、容留、介绍卖淫刑事案件适用法律若干问题的解释》又作出了进一步细化规定。

协助组织卖淫罪是从组织卖淫罪中分离出来的,两罪的犯罪构成特征有相似之处,在犯罪主体、客体和主观方面基本一致,比较容易混淆。但《刑法》条文对这两种犯罪的情况作了具体的规定和描述,两罪拥有独特的犯罪构成特征,在主观故意的具体内容、行为方式等方面存在明显区别,界限比较分明。区分组织卖淫罪和协助组织卖淫罪的关键点是行为人是否实施了"组织行为",认定时需注意以下三个方面:

1. 组织他人卖淫的行为贯穿于组织卖淫活动的整个过程,既包括将卖淫人员组织在一起的行为,也包括将卖淫人员组织起来后实施卖淫的行为。

2. 组织他人卖淫的行为既是一种组织行为,也是一种实行行为,它不同于刑法关于共同犯罪中的组织犯的意义。共同犯罪中的组织犯是指组织、策划、指挥他人去实施犯罪,其组织行为本身不是具体实施犯罪的实行行为,而组织卖淫罪中的组织、策划、指挥行为本身就是实行行为。

3. 组织他人卖淫的行为着眼点在于"管理"和"控制",即是否以招募、雇佣、纠集等手段对卖淫人员达到人身、财产、行为等方面的管理和控制,即卖淫人员服从于组织行为,受组织卖淫人员的管理和控制,而协助者没有权力参与对卖淫人员的指挥、管理和控制。

（二）组织卖淫罪和协助组织卖淫罪均可能存在主从犯的区分，不能简单地将组织卖淫罪的从犯认定为协助组织卖淫罪的正犯

1. 组织卖淫罪的共同犯罪人之间也可以区分主从犯

司法实践中有观点认为，组织卖淫罪的犯罪分子都是主犯。理由是：第一，根据《刑法》第二十六条第一款规定的“主犯是指组织、领导犯罪集团进行犯罪活动或者在共同犯罪中起主要作用的”，那么行为人只要构成组织卖淫罪，要么是组织、领导卖淫集团的首要分子，要么是在组织卖淫共同犯罪中起主要作用的，就都是主犯；第二，既然将协助组织卖淫罪从组织卖淫罪中分离出来，组织卖淫罪就不存在从犯了。

我们认为组织卖淫罪中也是能够区分主从犯的。第一，组织行为人的地位、作用并非完全相同。虽然组织卖淫犯罪本身蕴含的犯罪构成要件要求行为人实施的是组织行为，但实施这种组织行为未必是一般意义上的组织犯，其组织对象既包括其他共同犯罪人，也包括卖淫人员。组织卖淫罪中可以有多名组织者，多名组织者内部之间还存在主从之分。所以组织他人卖淫的组织者不一定是组织犯，也就不一定是首要分子，在多名组织者之间也是存在分工的，对于其中处于从属地位、发挥次要作用、听命于人的应当以从犯论处。第二，司法实践中，普遍认为协助组织卖淫行为是组织卖淫行为的帮助犯，帮助犯是起辅助作用的从犯，但从犯不一定是帮助犯。协助组织卖淫行为从组织卖淫罪中分离出来，组织卖淫共同犯罪中还存在另外一种起次要作用的从犯。第三，从刑法理论上说，既然是共同犯罪，就有主从犯的区分问题。

2. 协助组织卖淫罪的共同犯罪人之间也可以区分主从犯

有观点认为协助组织卖淫罪没有主犯，其理由就在于协助组织卖淫罪其实是法律将原本属于组织卖淫罪的从犯予以单独规定罪名的结果，故所有协助组织卖淫行为人，就其行为本质来说，都属于组织卖淫罪的从犯。

我们认为，这种观点既不符合刑法关于主从犯划分的理论，也与司法实践不相符。第一，从刑法理论上说，凡是共同犯罪案件，一般来说都存在罪犯之间有主有从的问题，当然也有可能共同犯罪人都是主犯，但不可能都是从犯。协助组织卖淫罪与组织卖淫罪分离，单独成罪后，显然不能在组织卖淫罪的范围内讨论协助组织卖淫罪有无主犯，而是要以协助组织卖淫罪为评价对象，判断协助行为本身的主从之分。《刑法》将协助组织卖淫罪从组织卖淫罪中分离出来，其主要原因就是协助组织卖淫行为的类型化。组织卖淫罪实施过程中需要保镖、打手、管账人予以协助已经成为常态，而“协助者”们往往由于分工不同而获利不同，因此，他们在共同犯罪中所起的作用不同，罪责也相应有所区别。第二，司法实践中，一些协助组织卖淫行为往往不依附于组织卖淫者，相反却有自己相对独立的组织，如专门的运输组织、专门的培训机构、专门的保镖组织。这些相对独立的组织，往往不止与一个卖淫犯罪团伙发生关系，而是同时与多个卖淫犯罪团伙发生关系。因此，那种认为协助组织卖淫行为一定是组织卖淫行为从犯的观点与犯罪方式的变化已经不相称了。在这些相对独立的协助组织卖淫机构内，完全有可能存在主从犯的区分问题。

综上，我们认为，组织卖淫罪和协助组织卖淫罪都可能存在一人犯罪和数人共同犯罪的情况，只要是数人共同犯罪，除都是主犯的外，都应当有主从犯之分，应当根据他们在共同组织卖淫或者协助组织卖淫犯罪活动中起的作用，按照《刑法》关于共同犯罪的相关规定确定，不能将组织卖淫罪的从犯认定为协助组织卖淫罪。

具体到本案中，应当认定被告人胡杨属于组织卖淫罪的从犯。理由如下：

1. 胡杨的行为性质应当认定为组织卖淫。虽然“1886 汽车俱乐部”的卖淫人员和卖淫活动最开始是由老板余永洪组织在一起的，被告人胡杨并没有参与发起和建立卖淫团伙，但胡杨受余

永洪的雇佣担任“1886 汽车俱乐部”的经理之后，直接对该场所的卖淫活动进行经营和管理，其行为本质上属于管理和控制卖淫人员的行为，应认定为“组织”行为，而不是实施充当保镖、打手、管账人等角色，也不是帮助招募、运送人员等处于协助地位的行为。

2. 胡杨在组织卖淫共同犯罪中处于从犯地位。胡杨与老板余永洪共同组织卖淫活动，应当认定为组织卖淫罪的共犯，其主从地位之分，要具体比较二人在共同犯罪中的具体分工和所起作用，如果二人地位作用完全一致或者基本相同，可以不做主从犯的区别，都认定为主犯。但幕后出资、策划的老板余永洪并不负责日常的经营管理，在现场负责组织管理的经理胡杨则充当了整个组织卖淫活动的具体实施者，但胡杨终究只是受雇于他人、听命于他人，主观恶性、社会危害性相对幕后老板余永洪要小，因此，可以认定其组织卖淫罪从犯的地位。

本案中，认定龙兴桥、方珂、李星、张江、严寒寒、夏玲玲、吴鑫芝 7 名被告人犯协助组织卖淫罪是准确的。这 7 名罪犯也并非不可区分主从犯。在协助组织卖淫共同犯罪中，可以根据他们的分工和所起作用大小评判主从地位，一般从利润中提成的行为人比按月领取工资的行为人所起的作用要更大些，相应罪责也更重。原审法院认为各被告人在共同犯罪中分工不同、相互配合，地位、作用相当，不宜区分主从犯，是不妥的。如果不区分主从犯，那么就都属于主犯，而不存在都是从犯的问题。如果都属于主犯，那也是区分主从犯的结果之一。

（撰稿：最高人民法院刑四庭　田文莎
审编：最高人民法院刑四庭　陆建红）

[第 1310 号] 张海峰组织卖淫、李志强协助组织卖淫、饶有才容留卖淫案

——强奸幼女后，将幼女送至组织卖淫行为人处进行卖淫活动的如何定性

【关键词】 组织卖淫罪　协助组织卖淫罪　容留卖淫罪　强奸幼女

一、基本案情

被告人张海峰，男，1971 年 11 月 12 日出生，原系河南省安阳市北关区灯塔路蓝祥洗浴中心按摩部承包人。2016 年 12 月 9 日被逮捕。

被告人李志强，男，1996 年 5 月 27 日出生。2016 年 12 月 9 日被逮捕。

被告人饶有才，男，1958 年 12 月 15 日出生，原系河南省安阳市殷都区铁西路巴黎春天洗浴中心按摩部承包人。2016 年 12 月 9 日被逮捕。

河南省安阳市文峰区人民检察院以被告人张海峰犯组织卖淫罪，被告人李志强犯协助组织卖淫罪、强奸罪，被告人饶有才犯容留卖淫罪，向安阳市文峰区人民法院提起公诉。

张海峰辩称其没有管理、指派卖淫女工作，其行为不构成组织卖淫罪。其辩护人提出，张海峰给卖淫女提供卖淫场所，放任卖淫女提供性服务，并不限制卖淫女的自由，不存在非法控制关系，其行为应构成容留、介绍卖淫罪。

李志强的辩护人提出，李志强协助组织卖淫的犯罪情节一般，且归案后能如实供述犯罪事实，有坦白情节，系初犯，请求对其从轻处罚。

饶有才辩称其仅介绍卖淫女卖淫一次。其辩护人提出,饶有才不是洗浴中心的承包者和实际经营者,仅介绍卖淫女卖淫一次,其行为不构成容留卖淫罪,而构成介绍卖淫罪。

安阳市文峰区人民法院经审理查明:

2016年6月,被告人张海峰承包安阳市北关区灯塔路中段蓝祥洗浴中心的按摩部,并纠集汪某某(1999年6月23日出生)、张某某、吕某某等人在该洗浴中心进行卖淫活动,张海峰负责与洗浴中心结算卖淫所得,后按照约定与卖淫者结算,从中获取非法利益,并提供避孕套、湿巾等用品。被告人李志强到该洗浴中心找汪某某时,得知张海峰在此组织他人卖淫并想召集其他卖淫女。2016年10月中旬,李志强在安阳市安漳大道与向阳路交叉口附近的租住房将董某某(时年不满十四周岁)奸淫后,将其送到蓝祥洗浴中心张海峰的按摩部从事卖淫活动。2016年10月29日至同年11月2日,张海峰在蓝祥洗浴中心组织卖淫达51人次,张海峰还安排汪某某、董某某、张某某到安阳市殷都区铁西路物华苑洗浴中心等地多次从事卖淫活动,并从中获取非法利益。李志强通过"叫钟"(根据嫖客需要让卖淫者提供服务、提示服务时间)、向收银台传送卖淫单据、接送卖淫女等方式协助张海峰组织卖淫。其间,李志强在其租住房和蓝祥洗浴中心313房间多次奸淫董某某。

2016年10月,被告人饶有才承包了安阳市殷都区铁西路南段巴黎春天洗浴中心的按摩部。当月下旬,饶有才经与汪某某、李志强联系,在该洗浴中心内多次容留汪某某、董某某卖淫。

安阳市文峰区人民法院认为,被告人张海峰为获取非法利益,通过招募、纠集手段,管理多人在洗浴中心进行卖淫活动,其行为构成组织卖淫罪。被告人李志强通过招募、运送、"叫钟"等方式协助张海峰组织卖淫,其行为构成协助组织卖淫罪;奸淫不满十四周岁的幼女,其行为已构成强奸罪,应依法予以并罚。被告人饶有才为获取非法利益,以承包洗浴中心按摩部的方式容留妇女卖淫,其行为构成容留卖淫罪。被告人张海峰、李志强、饶有才分别具有组织、协助组织或容留未成年人卖淫的情节,应予从重处罚。故被告人张海峰及其辩护人的相关辩解及辩护意见不予采纳。被告人李志强多次奸淫幼女,应依法予以从重处罚。被告人李志强归案后如实坦白犯罪事实,对其予以从轻处罚。依照《中华人民共和国刑法》第三百五十八条第一款、第二款、第四款,第三百五十九条第一款,第二百三十六条第一款、第二款,第六十一条,第六十七条第三款,第六十九条之规定,判决如下:

1. 被告人张海峰犯组织卖淫罪,判处有期徒刑七年六个月,并处罚金人民币五万元;

2. 被告人李志强犯强奸罪,判处有期徒刑五年,犯协助组织卖淫罪,判处有期徒刑三年,并处罚金人民币二万元,决定执行有期徒刑七年,并处罚金人民币二万元;

3. 被告人饶有才犯容留卖淫罪,判处有期徒刑二年,并处罚金人民币一万元。

宣判后,饶有才提出上诉,称其并非洗浴中心的承包者和实际经营者,其仅介绍汪某某去洗浴中心卖淫一次,没有介绍董某某卖淫,其行为不构成容留卖淫罪;原审量刑过重。

安阳市中级人民法院经审理认为,证人汪某某、董某某的证言和原审被告人李志强的供述均证实饶有才多次为汪某某和董某某卖淫提供场所和其他便利条件,证人汪某某、董某某等的证言证实饶有才负责巴黎春天洗浴中心按摩部,且有董某某、汪某某等人对饶有才的辨认笔录予以印证。上述证据能够形成完整的证据链条,足以证实饶有才多次容留汪某某、董某某卖淫的事实。原审根据饶有才多次容留两名未成年人卖淫的犯罪事实,根据其犯罪的性质、情节、后果,在法定量刑幅度范围内对上诉人处以刑罚,量刑并无不当。上诉人的上诉理由不能成立。依照2012年《中华人民共和国刑事诉讼法》第二百二十五条第一款第一项之规定,裁定驳回上诉,维持原判。

二、主要问题

1. 奸淫幼女后，将幼女送至组织卖淫行为人处进行卖淫活动的行为如何定性？

2. 将自己承包的场所提供给他人卖淫的行为如何定性？

三、裁判理由

（一）奸淫幼女后，将幼女送至组织卖淫行为人处进行卖淫活动的，应当以强奸罪和协助组织卖淫罪数罪并罚

1. 被告人李志强将幼女董某某送给组织卖淫行为人张海峰从事卖淫等行为，构成协助组织卖淫罪。根据《刑法》第三百五十八条第四款的规定，协助组织卖淫是指为组织卖淫的人招募、运送人员或者有其他协助组织他人卖淫行为。2017 年 7 月 25 日开始施行的《最高人民法院、最高人民检察院关于办理组织、强迫、引诱、容留、介绍卖淫刑事案件适用法律若干问题的解释》（以下简称《涉卖淫刑案解释》）第四条第一款进一步明确了其他协助组织行为的基本范围，规定“明知他人实施组织卖淫犯罪活动而为其招募、运送人员或者充当保镖、打手、管账人等的，以协助组织卖淫罪定罪处罚，不以组织卖淫罪的从犯论处”。本案中，被告人李志强在蓝祥洗浴中心见到被告人张海峰，得知张海峰在该处组织卖淫并招募卖淫女，后李志强认识了不满十四周岁的幼女董某某并与其发生了性关系，次日即将董某某带去蓝祥洗浴中心张海峰处卖淫。李志强在该洗浴中心实施了把卖淫女的单据交给收银台，将卖淫女接送到与嫖客约定的宾馆，在卖淫服务中负责“叫钟”（根据嫖客需要让卖淫者提供服务、敲门提示服务时间）等行为。综合来看，李志强所实施的行为，既有《刑法》第三百五十八条第四款规定的运送卖淫人员行为，又有《涉卖淫刑案解释》第四条第一款规定的“充当保镖、打手、管账人等”行为。这里的“充当保镖、打手、管账人等”应当包括但不限于“保镖、打手、管账人”。李志强在张海峰组织卖淫犯罪活动中所实施的上述“叫钟”、送单据等行为与“管账”是同质的行为。因此，李志强所实施的将董某某送给张海峰从事卖淫、接送卖淫女、“叫钟”、送单据等一系列行为，均属于协助组织卖淫性质的行为，应当以协助组织卖淫罪定罪处罚。

2. 被告人李志强奸淫幼女董某某的行为构成强奸罪，应当依法从重处罚。李志强明知被害人董某某系不满十四周岁的幼女，但为了将董某某送给组织卖淫行为人张海峰处使用，而对董某某实施奸淫的行为，应如何定性？这在《中华人民共和国刑法修正案（九）》[以下简称《刑法修正案（九）》]实施前后均无明确规定。1997 年《刑法》第三百五十八条将“强奸后迫使卖淫的”规定为强迫卖淫罪的法定加重情节。但对协助组织卖淫者“强奸后迫使卖淫的”如何定罪处罚未明确规定。根据《刑法修正案（九）》的规定，组织、强迫他人卖淫，并有强奸犯罪行为的，依照数罪并罚的规定处罚。从上述规定来看，《刑法》历来只对组织、强迫卖淫行为人实施强奸行为如何定罪处罚作出规定，而对协助组织卖淫行为人奸淫卖淫人员的行为如何定罪处理没有予以单独规定。针对这种情况，《涉卖淫刑案解释》第七条第一款明确规定，“犯组织、强迫卖淫罪，并有杀害、伤害、强奸、绑架等犯罪行为的，依照数罪并罚的规定处罚。协助组织卖淫行为人参与实施上述行为的，以共同犯罪论处”。该规定是对《刑法修正案（九）》的进一步完善，对司法实践起到了规范、指导作用。但是，该解释的这一规定，也只是针对协助组织卖淫行为人参与组织、强迫卖淫行为人的强奸共同犯罪如何处理作出的规定，而对协助组织卖淫行为人单独对卖淫人员实施强奸行为如何定罪处罚并未作出规定。我们认为，解释之所以未对此作出规定，是因为对此类行为不需要特别规定，只要依照《刑法》规定和《刑法》理论进行定罪处罚。协助组织卖淫行为人单独对卖淫人员实施强奸行为的，不论是发生在协助组织卖淫行为前还是协助组织卖淫行为实施过程中，由于其与组织卖淫行为人在强奸犯罪上没有共同的犯意，遂应当罪责自负。因此，本案中，被

告人李志强在实施协助组织卖淫行为前和实施过程中，对幼女董某某进行奸淫的行为，构成强奸罪。至于其强奸的目的是否为将董某某供张海峰组织卖淫犯罪所用，不影响其强奸罪的成立。同时，根据《刑法》第二百三十六条第二款的规定，奸淫不满十四周岁的幼女的，应当从重处罚。

3. 对协助组织未成年人卖淫的，可以酌情从重处罚。《刑法》第三百五十八条第二款规定，“组织、强迫未成年人卖淫的，依照前款的规定从重处罚”。尽管刑法未明确规定对协助组织未成年人卖淫的行为予以从重处罚，但根据《最高人民法院、最高人民检察院、公安部、司法部关于依法惩治性侵害未成年人犯罪的意见》第一条、第二条的规定，对于性侵害未成年人犯罪，应当依法从严惩治。本案中，被害人董某某明确告诉被告人李志强，她户口本上记载的出生年份是2006年，实际上她是2003年出生的。被告人李志强对此也有供述。李志强明知董某某不满十四周岁，是未成年人，依然将董某某送到组织卖淫行为人张海峰处卖淫，协助张海峰组织未成年人董某某、汪某某卖淫，可予从重处罚。法院以协助组织卖淫罪判处李志强有期徒刑三年，并处罚金人民币二万元，即体现了对其从重处罚的法律原则。

综上，一、二审法院认定李志强的行为分别构成强奸罪、协助组织卖淫罪并依法予以并罚是正确的。

（二）将自己承包的营业场所提供给他人卖淫的行为应当以容留卖淫罪定罪处罚

组织卖淫行为，尤其是以容留卖淫为手段的组织卖淫行为，与单纯的容留卖淫行为最主要的区别在于行为人对卖淫人员的卖淫活动是否实施了管理或者控制行为。组织卖淫行为的最主要特征是对卖淫活动实施了管理或者控制行为，而容留卖淫行为人对卖淫人员的卖淫活动既不管理，更不控制，仅仅提供固定或者临时租借的场所以及流动场所，但对卖淫人员在何时卖淫、向谁卖淫、如何收费等均不过问，只收取一定的场所费用甚至不收取任何费用，至于卖淫人员的日常行动，更是由卖淫人员自行安排。

组织卖淫罪与容留卖淫罪的区别除了前述行为人是否实施了管理或者控制卖淫活动这一质的区别外，还有一个量的区别。即组织卖淫罪必须具备一定规模要件。如果卖淫人员不到三人的，应当降格认定为容留或者介绍卖淫罪。本案中，被告人饶有才承包了巴黎春天洗浴中心的按摩部，招募、纠集卖淫女汪某某、董某某到其按摩部卖淫，其事先制定好卖淫的项目和价格，安排卖淫女到嫖客的房间卖淫，提供避孕套和湿巾，收取有关单据，由洗浴中心代为收取嫖资，事后间隔一段时间与卖淫女五五分成结账。可以看出，饶有才不仅将自己承包的营业场所提供给他人卖淫，其行为还具备一定的管理性质，如制定卖淫的项目和价格，为卖淫活动提供物质便利及相关服务、控制嫖资等。只是因其管理的卖淫女仅有两名，未达到《涉卖淫刑案解释》对组织卖淫罪规定的人数要求，故就低认定为容留卖淫罪。

还应注意的是，被告人饶有才容留卖淫的对象汪某某、董某某均系未成年人。虽然《刑法》未明确规定对容留未成年人卖淫的从重处罚，但从《刑法》相关规定的精神来看，对容留未成年人卖淫的行为，可以酌情从重处罚。综上，一、二审法院根据饶有才容留两名未成年人卖淫的事实，对其判处有期徒刑二年，并处罚金人民币一万元是适当的。

（撰稿：最高人民法院刑四庭　李莹莹
河南省安阳市中级人民法院　常树军　陈文馨
审编：最高人民法院刑四庭　陆建红）

[第1311号]郭某某介绍卖淫案
——介绍智障人员卖淫行为的定罪和处罚

【关键词】 介绍卖淫罪 介绍智障人员卖淫 定罪 情节严重

一、基本案情

被告人郭某某,女,1987年7月6日出生。2017年3月17日因涉嫌犯介绍卖淫罪被逮捕。

某市人民检察院以被告人郭某某犯介绍卖淫罪,向某市人民法院提起公诉。

某市人民法院经审理查明:2012年至2015年11月,被告人郭某某通过手机发布招嫖信息,介绍姜某某向嫖客郭某某、王某某、张某某、赵某某、刘某甲、刘某乙、寇某某等人卖淫,所获嫖资被郭某某挥霍。经某省精神卫生中心法医司法鉴定所鉴定,姜某某轻度精神发育迟滞;性防卫能力明显削弱。

某市人民法院认为,被告人郭某某多次为他人卖淫牵线搭桥,情节严重,妨害社会管理秩序,其行为已构成介绍卖淫罪;某市人民检察院指控的犯罪事实及罪名成立。被告人郭某某能自愿认罪,有悔罪表现,可从轻处罚。依照《中华人民共和国刑法》第三百五十九条、第五十二条、第五十三条之规定,判决被告人郭某某犯介绍卖淫罪,判处有期徒刑五年六个月,并处罚金人民币一万元。

一审宣判后,被告人未上诉,检察机关亦未抗诉,判决已发生法律效力。

二、主要问题

1. 介绍智障人员卖淫的危害?

2. 介绍智障人员卖淫行为的定性?

3. 介绍智障人员卖淫的入罪标准和情节严重标准?

三、裁判理由

(一)介绍智障人员卖淫的危害

智障人员是需要社会特殊保护的群体。所谓“智障”即智力障碍或智力残疾,也被称为智力发育不全、先天性痴呆。“智障”在医学上被称为精神发育迟滞,指一组起病于18岁以前的精神发育不全或受阻的综合征,其特征为智力低下和社会适应困难。由于受疾病影响,智障人员的生理成熟程度与心智成熟程度不同步,虽然智力发展落后于同龄人,但生理成熟度与同龄人无异。进入青春期后,智障人员也会产生对性的好奇和欲望,但因心智发展落后和性知识缺乏,智障人员对性行为的认知能力和对性冲动的控制能力有不同程度欠缺。智力正常的人卖淫有迫于生计的,有受人引诱的,也有贪恋奢靡生活的,但对卖淫行为的性质和社会给予的负面评价都有充分认识。而智障人员对卖淫行为的社会意义并不清楚,由于疾病引起性亢奋,对自身性行为也不能完全控制,甚至在一些微小的物质利益诱惑下自愿出卖身体,走上卖淫的道路。卖淫对智障人员的危害是多方面的,危害程度也更深。由于自我保护意识欠缺,卖淫会造成智障人员受伤、患性病、怀孕、流产等身体伤害,也会造成焦虑、愤怒等负面情绪及严重缺乏安全感等心理创伤,还可能造成智障人员的精神损害程度加重等更为严重的问题。

在涉及性侵害案件中有对精神疾病患者的“性自我防卫能力”评定。有学者界定,“性自我防卫能力”是指精神疾病患者对两性行为的社会意义、性质及其后果的理解能力和自卫、抗拒能力。

最高人民法院、最高人民检察院、公安部、司法部和卫生部共同颁布的《精神疾病司法鉴定暂行规定》(1989年8月1日起施行)第二十二条第一款规定,被鉴定人是女性,经鉴定患有精神病,在她的性不可侵犯权利遭到侵害时,对自身所受的侵害或严重后果缺乏实质性理解能力时,为无性自我防卫能力。在司法实践中,为保护精神疾病患者的人身权利,对遭受性侵害时未表现出相应反抗,甚至主动发生性行为的,多进行性自我防卫能力的评定。根据学者的研究,遭受性侵害的精神疾病患者中精神发育迟滞患者占多数,仅有少数的精神分裂症患者。根据《精神疾病司法鉴定暂行规定》第二十二条第一款,可将性自我防卫能力分为有性自我防卫能力和无性自我防卫能力,但因精神发育迟滞按程度不同分为轻度、中度和重度,司法鉴定机构根据实践需要进行司法鉴定时,将性自我防卫能力划分为完全性自我防卫能力、无性自我防卫能力和性自我防卫能力削弱等不同层次。在介绍智障人员卖淫的案件中,智障人员虽是自愿卖淫,甚至是主动卖淫,但由于精神发育迟滞导致认知和控制能力受限,为保护他们的权益,也有必要进行性自我防卫能力的鉴定。

本案是一起典型的介绍卖淫案件,被告人郭某某通过发布手机招嫖信息,在卖淫者姜某某与嫖客之间牵线搭桥,使姜某某的卖淫行为得以实现。从形式上来看,郭某某介绍姜某某卖淫与介绍一般人员卖淫并无区别,但姜某某被鉴定为轻度精神发育迟滞患者,且性自我防卫能力明显削弱。也就是说,姜某某的智力发展低于一般人,即便属于轻度精神发育迟滞,对很多事情的认知程度与一般人还是有显著差异的。而姜某某的性自我防卫能力明显削弱,说明其对性行为的性质缺乏理解,对性冲动的控制能力有限。郭某某在三年时间内多次介绍姜某某卖淫,较之其介绍一般人员卖淫,社会危害更深,对姜某某的伤害也更严重。

(二)介绍智障人员卖淫行为的定性

介绍智障人员卖淫一般是按照介绍卖淫罪定罪处罚。但在下列情形下,要以强奸罪定罪处罚。(1)介绍人在介绍卖淫过程中还对智障人员实施了奸淫,此时应以强奸罪对介绍人定罪处罚,其介绍卖淫行为亦构成犯罪的,则以强奸罪和介绍卖淫罪数罪并罚。(2)嫖客的行为构成强奸罪,且介绍人也明知所介绍的人员属于无性自我防卫能力的智障人员的。嫖客的行为是否构成强奸罪,取决于两个条件:一是嫖客是否明知卖淫人员是智障人员;二是智障人员是否属于无性自我防卫能力人。介绍人介绍智障且属于无性自我防卫能力的人员卖淫,嫖客也明知卖淫人员系无性自我防卫能力的智障人员而与之发生性关系的,即便该卖淫人员主动与嫖客发生性关系,或者在发生性关系时未表现出反抗,嫖客的行为亦构成强奸罪,介绍人则构成强奸罪的共犯。对介绍人的介绍行为不再以介绍卖淫罪定罪处罚。之所以对介绍人和嫖客不能简单地以强奸罪定罪处罚,是因为强奸罪系重罪,保护的是性的自主决定权,而一名性自我防卫能力削弱的智障人员并不能完全否定其对性有自主决定能力,定罪应更加慎重。如果嫖客并不明知卖淫人员是智障人员,即便卖淫人员被鉴定为无性自我防卫能力,也不能成立强奸罪。此时介绍人亦不构成强奸罪,因为介绍卖淫行为本身并不是强奸罪的实行行为,介绍人不能单独成为强奸罪的主体,而只能成为强奸罪的共犯。在嫖客不构成强奸罪的情况下,对介绍人应以介绍卖淫罪定罪处罚。

本案中,卖淫人员姜某某经鉴定系轻度精神发育迟滞患者,性自我防卫能力明显削弱。因此,姜某某尚不属于完全无性自我防卫能力人。嫖客郭某某、王某某等人也是通过被告人郭某某手机发布的招嫖信息而实施嫖娼行为,对姜某某的智障问题并不清楚。因此,嫖客郭某某、王某某等人的嫖娼行为不构成强奸罪。被告人郭某某介绍姜某某卖淫的行为也就不构成强奸罪。对此介绍卖淫行为应当以介绍卖淫罪定罪处罚。

(三)介绍智障人员卖淫的入罪标准及情节严重标准

我国法律禁止介绍他人卖淫的行为,但并非不管情节轻重,一律按照犯罪处理。虽然《刑法》第三百五十九条第一款规定,介绍他人卖淫的,处五年以下有期徒刑、拘役或者管制,并处罚金。但在司法实践中,公安司法机关对介绍卖淫行为的具体追诉标准有所限制。例如,最高人民检察院、公安部制定的《关于公安机关管辖的刑事案件立案追诉标准的规定(一)》第七十八条规定,介绍2人次以上卖淫是介绍卖淫罪的立案追诉标准之一。可见,介绍1人卖淫,即低于立案追诉标准的介绍卖淫行为是可以通过治安处罚进行惩戒的。《最高人民法院、最高人民检察院关于办理组织、强迫、引诱、容留、介绍卖淫刑事案件适用法律若干问题的解释》(以下简称《涉卖淫刑案解释》)第八条第一款对介绍卖淫罪的入罪标准作出明确界定,介绍他人卖淫符合下列四种情形之一的,按照《刑法》第三百五十九条第一款的规定定罪处罚:(1)介绍2人以上卖淫的;(2)介绍未成年人、孕妇、智障人员、患有严重性病的人卖淫的;(3)一年内曾因引诱、容留、介绍卖淫行为被行政处罚,又实施介绍卖淫行为的;(4)非法获利人民币1万元以上的。《涉卖淫刑案解释》将包括智障人员在内的特殊人员作为特别保护对象,介绍此类人员卖淫,不受人数限制即可入罪。也就是说,行为人介绍1名智障人员卖淫即构成介绍卖淫罪。

关于介绍卖淫罪的"情节严重"标准,《涉卖淫刑案解释》第九条明确规定,(1)介绍10人以上卖淫的;(2)介绍5人以上的未成年人、孕妇、智障人员、患有严重性病的人卖淫的;(3)非法获利人民币5万元以上的;(4)其他情节严重的情形。其中,对介绍智障人员等特殊人员卖淫"情节严重"标准与介绍一般人员卖淫"情节严重"标准进行了区分,主要体现在被介绍卖淫人员的人数上。介绍智障人员5人以上卖淫即构成"情节严重",而介绍一般人员卖淫10人以上才构成"情节严重"。人数减半的规定,同样体现的是对特殊人员的特殊关注和保护。对于构成介绍卖淫"情节严重"的,依照《刑法》第三百五十九条第一款的规定,判处五年以上有期徒刑,并处罚金。

本案被告人郭某某介绍姜某某卖淫,虽然介绍卖淫的对象只有一人,但因姜某某是智障人员,需要特别保护,郭某某的行为超越了治安处罚的范围,构成犯罪。某市人民法院认定郭某某的行为构成介绍卖淫罪,定罪准确。在《涉卖淫刑案解释》颁布实施以前,司法实践中对"情节严重"的认定不仅要计算人数,还要计算次数。本案判决日期在2017年7月25日之前,即《涉卖淫刑案解释》颁布实施前,某市人民法院依据郭某某介绍姜某某向嫖客郭某某、王某某、张某某、赵某某、刘某甲、刘某乙、寇某某等人卖淫的事实,认为卖淫次数达到7次,按人次标准计算已达到"情节严重"的标准,故对郭某某处以五年以上有期徒刑,并处罚金。但如果本案在2017年7月25日以后尚未审结,依据《涉卖淫刑案解释》的规定,郭某某的行为不构成"情节严重",应在五年以下有期徒刑的幅度内量刑。

(撰稿:最高人民法院刑四庭　高　蕾
审编:最高人民法院刑四庭　陆建红)

[第1312号]阳怀容留卖淫案
——容留卖淫罪的司法认定

【关键词】 容留卖淫罪 容留卖淫违法行为 卖淫行为未完成 既遂

一、基本案情

被告人阳怀,男,汉族,1986年4月24日出生,无业。2016年9月29日因涉嫌犯容留卖淫罪被取保候审。

湖南省长沙市岳麓区人民检察院以被告人阳怀犯容留卖淫罪向岳麓区人民法院提起公诉。

岳麓区人民法院经审理查明:被告人阳怀自2016年8月以来,租赁湖南省长沙市高新区麓谷街道长丰6期安置小区10栋经营"健康休闲"按摩店。同年9月27日21时至22时许,卖淫女刘某某与嫖娼人员陈某某、曹某某(均已行政处罚)先后在按摩店内发生了以金钱为媒介的非法性交易,嫖娼人员陈某某、曹某某分别支付了200元、150元的嫖资。卖淫女沈某与嫖娼人员王某(均已行政处罚)在按摩店内达成价格为150元的非法性交易后,因公安人员查获而未果。次日,被告人阳怀主动到公安机关投案,并如实供述了自己的犯罪事实。

岳麓区人民法院认为,被告人阳怀以非法营利为目的,提供场所容留他人卖淫,其行为已构成容留卖淫罪。被告人阳怀犯罪后能主动到公安机关投案,并如实供述了自己的犯罪事实,系自首,可从轻处罚。被告人阳怀此次犯罪系初犯,认罪态度好,有悔罪表现,再犯罪的危险性小,当地基层组织愿意接受其进行社区矫正,可酌定从轻处罚。据此,依照《中华人民共和国刑法》第三百五十九条第一款,第六十七条第一款,第四十二条,第七十二条第一款、第三款,第七十三条第一款、第三款,第五十二条,第五十三条,第六十四条之规定,判决被告人阳怀犯容留卖淫罪,判处拘役四个月,缓刑六个月,并处罚金人民币五千元。

一审宣判后,被告人阳怀未提出上诉,检察机关亦未抗诉,判决已发生法律效力。

二、主要问题

1. 如何区分容留卖淫罪与容留卖淫违法行为?

2. 卖淫行为尚未完成的,容留卖淫罪能否认定既遂?

三、裁判理由

《刑法》第三百五十九条第一款规定的容留卖淫罪和治安管理处罚法第六十七条规定的容留卖淫违法行为,其中关于容留卖淫的文字表述完全一致,但对应的处罚却有天壤之别,因此,准确区分容留卖淫罪与容留卖淫违法行为就显得尤为重要。在本案审理过程中,对于阳怀的容留行为应当如何认定,存在两种不同观点:

第一种观点认为,根据《最高人民检察院、公安部关于公安机关管辖的刑事案件立案追诉标准的规定(一)》第七十八条的规定,容留二人次以上卖淫的,应予立案追诉。本案中,被告人阳怀容留的刘某某的卖淫行为已实施完毕,即已与嫖娼人员发生了性关系,而沈某的卖淫行为尚未完成,不符合上述规定,故阳怀的容留卖淫行为属行政不法行为,应依照治安管理处罚法予以行政处罚。

第二种观点认为,卖淫嫖娼属于对向性行为,只要双方达成卖淫嫖娼的合意并基于该故意着手实施的,就可以认定卖淫,而容留行为人实施该行为的也应当认定为容留卖淫。被告人阳怀容留刘某某、沈某卖淫，符合容留卖淫罪容留二人以上的入罪标准，故应当以容留卖淫罪定罪处罚。

我们同意第二种观点，被告人阳怀容留的卖淫女沈某与嫖客王某已就卖淫嫖娼达成合意，双方基于该故意就嫖资进行了商议，该行为应认定为卖淫嫖娼。阳怀容留两名妇女卖淫嫖娼，应依法认定为容留卖淫罪。理由如下：

（一）符合容留卖淫罪的犯罪构成要件和入罪标准

容留卖淫罪，是指为他人卖淫嫖娼提供场所或者其他便利条件的行为。卖淫嫖娼有伤风化，本就为社会风尚和道德所不容，容留卖淫者常常基于牟取非法利益的目的，为卖淫嫖娼提供便利和市场，势必促进卖淫嫖娼的发生，极大败坏社会风气，因此为《刑法》所禁止。容留卖淫罪的客观方面是指为他人卖淫嫖娼提供场所或者其他便利条件。“容留”，《现代汉语词典》解释为容纳、收留。容纳是指在固定的空间或范围内接受（人或事物），收留是指把生活困难或者有特殊要求的人接收下来并给予帮助，所以容留就是在固定空间或者范围内接受或接收并给予帮助。这里所说的固定空间或者范围就是为卖淫嫖娼提供场所，即安排专供他人卖淫嫖娼的处所或者其他指定地点。这里的处所，既包括行为人所有的、管理的、使用的、经营的固定或者临时租借的场所，如私人住宅、宾馆、餐厅、歌厅、理发店、美容院、按摩馆等场所；也包括流动场所，如汽车、轮船等交通工具。这里所说的给予帮助就是为卖淫嫖娼提供便利条件，即为他人卖淫嫖娼提供物品、用具或者望风等其他条件。至于容留是主动为之还是应他人之请，容留时间长短，容留是否获利等在所不问。容留的对象必须是他人，包括妇女，也包括男人和未成年人。犯罪主体是具备刑事责任能力的自然人，不包括单位。容留卖淫罪的主观方面是直接故意，即明知他人卖淫嫖娼而为其提供处所和便利，追求和希望卖淫嫖娼的发生。

容留卖淫罪除具备上述特征外，还需满足入罪条件，即符合构罪条件的认定为容留卖淫罪，依照《刑法》定罪处罚，不符合构罪条件的则认定为容留卖淫违法行为，依照治安管理处罚法处罚。最高人民法院、最高人民检察院 2017 年 7 月 25 日施行的《关于办理组织、强迫、引诱、容留、介绍卖淫刑事案件适用法律若干问题的解释》（以下简称《涉卖淫刑案解释》）第八条第一款明确规定了容留卖淫罪的四种入罪条件：一是容留 2 人以上卖淫的；二是容留未成年人、孕妇、智障人员、患有严重性病的人卖淫的；三是一年内曾因引诱、容留、介绍卖淫行为被行政处罚，又实施容留卖淫行为的；四是非法获利人民币 1 万元以上的。如此规定，既考虑了治安管理处罚的空间，又加强了对特殊人员的保护，同时以人数来认定较以次数认定更具有司法可操作性。当然，并不是说容留卖淫的次数就不需要考虑，《涉卖淫刑案解释》第十条规定，容留他人卖淫的次数，作为酌定情节在量刑时考虑。根据《涉卖淫刑案解释》的规定，容留 2 名以上非特殊人员卖淫的，构成容留卖淫罪，那么容留 1 名非特殊人员卖淫的和其他涉及性器官的淫秽行为则可依照治安管理处罚法处罚。

实践中，还应当注意容留卖淫罪与组织卖淫罪的区别。容留卖淫往往作为组织卖淫的一种手段行为，两者在行为方式上有一定的重合，司法实践中较易混淆。组织卖淫罪，是指以招募、雇佣、强迫、引诱、容留等手段，控制他人从事卖淫活动的行为。组织卖淫罪最低法定刑是五年有期徒刑，最高可达无期徒刑，可见其行为的社会危害性和行为人的人身危险性要明显高于容留卖淫罪，在认定时应当格外慎重。组织卖淫罪的惩处重点在于“组织”，《现代汉语词典》将其解释为安排分散的人或事物使具有一定的系统性或整体性，因此组织卖淫者通常会建立相对固定的卖淫组织，并对卖淫活动进行管理。组织卖淫者会采取各种手段纠集卖淫者成立卖淫组织，组织者既是发起者也是负责者，旨在控制卖淫组织以达到获利目的。卖淫组织具体运作中，组织者会通过制定、确立相关人、财、物的管理方法，与卖淫人员之间形成组织和被组织、管理和被管理的关系，并安排具体的卖淫活动。而容留卖淫者与卖淫者之间则不具备上述组织性，也没有相关的组织行为，仅是提供一定场所或便利条件。

本案中，被告人阳怀租赁小区内的住所开办按摩店，其店内有2名卖淫人员，首先，从卖淫人数上不符合《涉卖淫刑案解释》第一条关于组织卖淫罪要求的卖淫人员在3人以上的规定。其次，阳怀与两名卖淫女之间没有明显的管理与被管理的关系，阳怀主要是为二人提供卖淫的处所和便利，而没有对卖淫女的管理、控制行为，也不符合《涉卖淫刑案解释》第一条关于组织卖淫罪“以招募、雇佣、纠集等手段，管理或者控制他人卖淫”的规定，其行为只能构成容留卖淫罪。

（二）容留卖淫罪是行为犯，卖淫嫖娼的行为是否完成不影响本罪既遂的成立

容留卖淫罪是行为犯，只要实施了容留他人卖淫的行为，满足前述各项要件的，不论卖淫嫖娼行为实际上是否完成，不影响本罪既遂的成立。换言之，卖淫者在行为人的容留下，已与嫖娼者达成合意并基于该合意着手实施卖淫嫖娼行为的，无论卖淫嫖娼行为本身是否完成，容留卖淫罪均应认定既遂。事实上，卖淫嫖娼是一个过程，为卖淫嫖娼所做的谈价格、找地点、性交易前准备、性交易过程等均属卖淫嫖娼的组成部分，只要上述一个或数个行为是在行为人的容留下实施的，即构成容留卖淫罪的既遂。

本案中，在被告人阳怀开办的按摩店内，卖淫女刘某某先后与2名嫖娼人员完成卖淫嫖娼行为，卖淫女沈某与嫖娼人员已谈拢嫖资，阳怀为两名卖淫者提供处所，2人在其提供的处所内均实施了卖淫嫖娼行为，根据前述观点和《涉卖淫刑案解释》的相关规定，阳怀的行为已构成容留卖淫罪。一审法院根据本案的具体情节，考虑到阳怀投案自首的认罪悔罪表现对其从轻处罚，以容留卖淫罪判处其拘役四个月，缓刑六个月，并处罚金人民币五千元是适当的。

（撰稿：最高人民法院刑四庭　杜军燕
审编：最高人民法院刑四庭　陆建红）

［第1349号］袁七虎容留、介绍卖淫案

——容留、介绍卖淫罪“情节严重”的司法认定

【关键词】　容留、介绍卖淫罪　情节严重　量刑

一、基本案情

被告人袁七虎，男，1973年12月7日出生。2002年10月18日因犯故意杀人罪被判处无期徒刑，剥夺政治权利终身，2010年1月26日减刑释放。2012年1月11日因容留卖淫被罚款500元，并追缴非法所得60元；2013年7月9日因容留卖淫被罚款500元；2015年10月20日因容留卖淫被行政拘留10日；2015年12月16日因容留卖淫被行政拘留15日。因涉嫌犯容留、介绍卖淫罪，于2016年12月1日被逮捕。

山西省吕梁市离石区人民检察院以被告人袁七虎犯容留、介绍卖淫罪向离石区人民法院提起公诉。

被告人袁七虎辩称没有实施指控的犯罪事实。

离石区人民法院经审理查明：被告人袁七虎伙同杨喜顺（另案处理）租赁离石区久安路慈坤医院对面的鑫浪宾馆和美丽家园三号楼三单元一居民房，容留赵某、王某某、郭某某等多人从事

卖淫活动,并通过出租车司机薛芝全、韩利锋等介绍嫖客,雇佣刘根儿(另案处理)收取嫖资,从中抽头得利。2016 年 8 月 3 日凌晨,公安民警根据举报在美丽家园三号楼三单元居民房内将刘根儿及卖淫女王某某、赵某、郭某某、嫖客冯某某、王某(均已行政处罚)等当场抓获。

离石区人民法院认为,被告人袁七虎在自己管理的久安路鑫浪宾馆和美丽家园三号楼三单元居民房内容留多名妇女从事卖淫活动,并在卖淫者与嫖娼者之间进行引见,抽取嫖资,情节严重,其行为构成容留、介绍卖淫罪。公诉机关指控的犯罪事实清楚,证据确实、充分,予以确认。综合本案证据,足以证明被告人在久安路鑫浪宾馆和美丽家园容留多名卖淫女多次从事卖淫活动,其庭审供述、辩解与本院查明的事实不符,不予采信。被告人袁七虎不如实供述其犯罪事实,到庭拒不认罪,可酌情对其从重处罚。依据《中华人民共和国刑法》第三百五十九条之规定,判决如下:

被告人袁七虎犯容留、介绍卖淫罪,判处有期徒刑五年,并处罚金人民币五千元。

一审宣判后,被告人袁七虎提出上诉称,其没有租赁房屋从事容留卖淫活动。

吕梁市中级人民法院认为,原判认定的犯罪事实清楚,证据确实、充分,定罪准确。审判程序合法。鉴于二审审理期间,《最高人民法院、最高人民检察院关于办理组织、强迫、引诱、容留、介绍卖淫刑事案件适用法律若干问题的解释》公布施行,根据该解释规定,上诉人袁七虎容留、介绍他人卖淫的行为不属于"情节严重"的情形,根据从旧兼从轻的刑法原则,对袁七虎的量刑予以改判。依照《中华人民共和国刑法》第三百五十九条第一款,《最高人民法院、最高人民检察院关于办理组织、强迫、引诱、容留、介绍卖淫刑事案件适用法律若干问题的解释》第八条、第九条,《最高人民法院、最高人民检察院关于适用刑事司法解释时间效力问题的规定》第二条,《中华人民共和国刑事诉讼法》第二百二十五条第一款第(二)项①之规定,判决如下:

1. 撤销山西省吕梁市离石区人民法院(2017)晋 1102 刑初 69 号刑事判决。

2. 上诉人袁七虎犯容留、介绍卖淫罪,判处有期徒刑二年,并处罚金人民币五千元。

二、主要问题

如何认定容留、介绍卖淫罪的"情节严重"?

三、裁判理由

容留、介绍卖淫罪系《刑法》第六章妨害社会管理秩序罪中的罪名。追溯该罪名的立法沿革,1979 年《刑法》将容留妇女卖淫与引诱妇女卖淫的罪状与刑罚一并规定在第一百六十九条,即"以营利为目的,引诱、容留妇女卖淫的,处五年以下有期徒刑、拘役或者管制;情节严重的,处五年以上有期徒刑,可以并处罚金或者没收财产"。1983 年全国人民代表大会常务委员会发布的《关于严惩严重危害社会治安的犯罪分子的决定》第一条第(六)项规定,容留妇女卖淫,与引诱、强迫妇女卖淫一样,情节特别严重的,可以在刑法规定的最高刑以上处刑,直至判处死刑。但该规定在 1991 年全国人大常委会发布的《关于严禁卖淫嫖娼的决定》(以下简称《决定》)施行后不再适用,容留卖淫罪不再有"情节特别严重"的量刑档次。同时,《决定》新增介绍卖淫罪,并且不再限定容留、介绍的卖淫人员性别为"妇女",而是改为"他人",取消了"以营利为目的"的犯罪构成要件。就容留、介绍卖淫罪"情节严重"的认定,长期以来依据的是 1992 年 12 月最高人民法院、最高人民检察院发布的《关于执行〈全国人民代表大会常务委员会关于严禁卖淫嫖娼的决定〉的若干问题的解答》(以下简称《解答》)第七条。该条对引诱、容留、介绍他人卖淫罪中"情节严

---

① 此处引用的是 2018 年修正前的《刑事诉讼法》,对应修正后的《刑事诉讼法》第二百三十六条第一款第(二)项。

重”的情形作了列举式规定:(一)多次引诱、容留、介绍他人卖淫的;(二)引诱、容留、介绍多人卖淫的;(三)引诱、容留、介绍明知是有严重性病的人卖淫的;(四)容留、介绍不满十四岁的幼女卖淫的;(五)引诱、容留、介绍他人卖淫具有其他严重情节的。同时明确“多人”“多次”的“多”,是指“三”以上的数(含本数)。现行《刑法》吸纳了《决定》对容留、介绍卖淫罪的规定,在《刑法》第三百五十九条规定“引诱、容留、介绍他人卖淫的,处五年以下有期徒刑、拘役或者管制,并处罚金;情节严重的,处五年以上有期徒刑,并处罚金”,但没有对如何认定“情节严重”作出具体规定。近年来,我国社会、经济、文化都有了较大的发展变化,治理、打击容留、介绍卖淫违法犯罪活动的实践也遇到了许多新情况、新问题,加之《解答》在2013年司法解释清理后宣布废止,相关案件的处理出现了法律适用标准不统一的问题。

本案中,被告人袁七虎容留三名妇女从事卖淫活动,并在卖淫者与嫖娼者之间进行引见,抽取嫖资,构成容留、介绍卖淫罪。一审法院参照《解答》对“情节严重”的规定,认定被告人袁七虎容留、介绍多人卖淫,属于“情节严重”,判处其有期徒刑五年,并处罚金五千元。鉴于一审判决作出时(2017年4月26日)尚未出台新的司法解释,该判决参照《解答》量刑并无不当。但客观上,由于《解答》已废止,各地在掌握容留、介绍卖淫“情节严重”的标准时难免不一,同案不同判的现象难以避免。为解决该类犯罪法律适用标准不统一的问题,2017年7月25日《最高人民法院、最高人民检察院关于办理组织、强迫、引诱、容留、介绍卖淫刑事案件适用法律若干问题的解释》(以下简称《涉卖淫刑案解释》)公布实施。《涉卖淫刑案解释》在吸收《解答》规定的基础上,根据司法实践新情况、新问题,对容留、介绍卖淫罪的定罪量刑标准作了修改:

1. 不再将容留、介绍卖淫的次数作为定罪量刑标准。《解答》规定,容留、介绍多人、多次卖淫的均构成“情节严重”,但司法实践中,容留、介绍卖淫的次数与人数相比,在社会危害性上相差较大,将二者并列作为入罪及“情节严重”的标准并不合理。此外,认定卖淫次数,取证难度大,证据要求高,不利于打击犯罪。为此,《涉卖淫刑案解释》不再以容留、介绍他人卖淫的次数作为入罪及判断情节严重的标准,同时在第十条规定,如果卖淫次数已经查实,在法定刑幅度范围内应当作为酌定量刑情节予以考虑。

2. 以人数为基准时,提高容留、介绍卖淫罪的入罪标准和法定刑升格标准。将“容留、介绍二人卖淫”作为入罪门槛,“引诱、容留、介绍十人以上卖淫”作为“情节严重”的情形之一。

3. 对于容留、介绍特殊人员卖淫的,设置了比容留、介绍普通人员卖淫较低的入罪和“情节严重”标准。即容留、介绍特殊人员卖淫的,容留、介绍一人就构成犯罪,引诱、容留、介绍五人以上即构成“情节严重”。此处的特殊人员,除《解答》规定的患有严重性病的人以外,还包括未成年人、孕妇、智障人员。

4. 对于曾因同类行为被行政处罚的行为人,降低入罪门槛。《涉卖淫刑案解释》规定,一年内曾因引诱、容留、介绍卖淫行为被行政处罚,又实施容留、介绍卖淫行为的,以容留、介绍卖淫罪定罪处罚。主要考虑此类人员主观恶性较深,人身危害性相对较大。需要说明的是,《涉卖淫刑案解释》规定,引诱一人卖淫即构成犯罪,但《治安管理处罚法》仍有引诱卖淫的规定,我们理解,《治安管理处罚法》所规定的引诱卖淫主要是指引诱他人手淫、引诱他人卖淫未成功等情况。

5. 将非法获利情况增设为定罪量刑标准。《涉卖淫刑案解释》虽然不再将容留、介绍卖淫的次数作为定罪量刑标准,但容留、介绍卖淫的次数多,即使仅涉及一名卖淫人员,其社会危害性还是相对较大的。为严密法网,同时考虑查处非法收入比查处容留、介绍卖淫的次数更容易,操作性更强,《涉卖淫刑案解释》从非法获利的角度,涵盖了容留、介绍卖淫的次数问题,确定非法获利一万元为入罪标准,非法获利五万元以上构成“情节严重”。

6.将容留、介绍卖淫罪的入罪标准、法定刑升格标准与引诱卖淫罪作了区分。虽然容留、介绍卖淫罪与引诱卖淫罪规定在同一刑法条文中，但引诱他人卖淫是让本没有卖淫意愿的人实施卖淫行为，容留、介绍卖淫的对象，本身就是曾经卖淫，至少是具有卖淫意愿的人，引诱他人卖淫的社会危害性要大于容留、介绍他人卖淫。因此，《涉卖淫刑案解释》在入罪标准上即作出了区分：除非法获利的数额标准一致外，对引诱他人卖淫的，不做人数限定，引诱一人卖淫即构成犯罪，而容留、介绍卖淫须达到二人以上，或者容留、介绍的对象具有特殊性，抑或行为人一年内曾因同类行为被行政处罚才构成犯罪。延伸到"情节严重"的认定标准，以人数为基准时，《涉卖淫刑案解释》仍将引诱他人卖淫与容留、介绍他人卖淫区别对待：对于引诱、容留、介绍普通人员卖淫的，多种行为并存时，以十人作为认定"情节严重"的起点，而引诱他人卖淫的，达到五人即可认定为"情节严重"，即第九条规定"引诱五人以上或者引诱、容留、介绍十人以上卖淫的"，应当认定为"情节严重"；对于引诱、容留、介绍特殊人员卖淫的，"引诱三人以上的未成年人、孕妇、智障人员、患有严重性病的人卖淫，或者引诱、容留、介绍五人以上该类人员卖淫的"，应当认定为"情节严重"。需要说明的是，引诱、容留、介绍卖淫是选择性罪名，如容留、介绍卖淫的人数未达到情节严重的标准，但另有引诱他人卖淫的行为，人数累计达到情节严重标准，也构成"情节严重"。

总体来说，《涉卖淫刑案解释》对于容留、介绍卖淫"情节严重"的认定，主要考虑卖淫人数、卖淫人员特殊性，并将非法获利情况也作为依据。认定容留、介绍他人卖淫"情节严重"，应当从卖淫人数、时间长度、社会影响等方面综合考虑，如果卖淫次数已经查实，在法定刑幅度范围内应当作为量刑的情节予以考虑。根据《最高人民法院、最高人民检察院关于适用刑事司法解释时间效力问题的规定》，对于司法解释实施前发生的行为，行为时没有相关司法解释，司法解释施行后尚未处理或者正在处理的案件，依照司法解释的规定办理。一审判决依据的《解答》早在2013年已废止，本案二审期间《涉卖淫刑案解释》公布施行，本案属于司法解释实施前发生的行为，且行为时没有相关司法解释，二审期间应当适用《涉卖淫刑案解释》的规定。被告人袁七虎容留、介绍三名妇女卖淫，无其他严重情节，二审法院依照《涉卖淫刑案解释》相关规定，不认定其构成容留、介绍卖淫罪的"情节严重"，并改判其有期徒刑二年，并处罚金五千元是适当的。

（撰稿：最高人民法院刑四庭　王　敏
审编：最高人民法院刑四庭　陆建红）

[第1350号]阎吉粤介绍卖淫案

——利用"QQ"网络建群为群成员卖淫嫖娼活动提供方便的行为应如何定性

【关键词】　介绍卖淫罪　QQ群　组织卖淫罪　非法利用信息网络罪

一、基本案情

被告人阎吉粤，男，1965年6月27日出生，无业。2016年8月24日因涉嫌介绍卖淫罪被逮捕。

沈阳市苏家屯区人民检察院以被告人阎吉粤犯介绍卖淫罪向苏家屯区人民法院提起公诉。

被告人阎吉粤对公诉机关指控的事实和罪名无异议。其辩护人认为，阎吉粤没有获利，主观恶性较小，且自愿认罪，应从轻处罚。

沈阳市苏家屯区人民法院经审理查明：2013年前后，被告人阎吉粤从网友处获得号码为471874702的QQ号码，将该QQ号码内的号码为193565141的QQ群改名为“暗夜王朝《总群》”，并充费保持QQ等级维持该群。阎吉粤作为群主经常在沈阳市苏家屯区十里河街道花卉市场通过电脑和手机登录、使用该QQ及QQ群，并通过询问“暗夜王朝《总群》”群内的嫖客和卖淫女，用自己的群主权限在有卖淫女证实的嫖娼过的男成员的名称前加上“护卫”“带刀”等头衔，在有嫖客证实的卖淫过的女成员名称前加上“验”“安全”等头衔，以方便群内成员的卖淫嫖娼行为。

2016年5月6日，赵某某通过“暗夜王朝《总群》”联系上李某，当日21时许，李某在沈阳市铁西区芙蓉雅居小区107－19号楼101室与赵某某发生性交易；同年5月12日，毛某某通过“暗夜王朝《总群》”联系上李某，当日21时许，李某在沈阳市于洪区沈辽路长隆公寓15020号房间与毛某某发生性交易；同年5月12日，李某某通过“暗夜王朝《总群》”联系上李某，当日15时许，李某在沈阳市大东区东远国际大厦11楼2号房间与李某某发生性交易；同年6月8日，王某帮助羿某某通过“暗夜王朝《总群》”私聊联系上张某，当日13时许，羿某某在沈阳市铁西区兴工北街63－2号C2－7－2其租房处与张某发生性交易。

沈阳市苏家屯区人民法院认为，被告人阎吉粤建立网络群，为卖淫嫖娼者提供平台和信息，已构成介绍卖淫罪。检察机关指控被告人的犯罪成立。鉴于被告人没有获利，主观恶性较小，且自愿认罪，可以从轻处罚。依照《中华人民共和国刑法》第三百五十九条第一款、第六十七条第三款、第五十二条之规定，判决如下：

被告人阎吉粤犯介绍卖淫罪，判处有期徒刑一年二个月，并处罚金人民币二万元。

一审宣判后，被告人阎吉粤未提出上诉，检察机关亦未抗诉，判决已发生法律效力。

二、主要问题

1. 如何区分组织卖淫罪与介绍卖淫罪？

2. 既构成非法利用信息网络罪，又构成介绍卖淫罪的，如何定罪处罚？

三、裁判理由

本案涉及的是利用即时通信软件腾讯“QQ”网络为卖淫、嫖娼人员建群并管理该群，为他人卖淫、嫖娼提供方便，群主并未收取费用，应如何定罪量刑的问题。对此，有两种不同观点。

第一种观点认为，被告人阎吉粤的行为构成组织卖淫罪与非法利用信息网络罪的竞合，应当以组织卖淫罪定罪处罚。理由是：被告人阎吉粤组建QQ群，为他人卖淫嫖娼活动提供了平台，作为群主，其经常使用、管理该群，并使用自己的群主权限在卖淫女和嫖客的成员的名称前加上一定的头衔，属于一种组织行为，且经过该群达成线下卖淫嫖娼交易有四起。

第二种观点认为，被告人阎吉粤的行为构成介绍卖淫罪与非法利用信息网络罪的竞合，应当以介绍卖淫罪定罪处罚。理由是：被告人阎吉粤只是利用QQ群实施了介绍卖淫行为，对卖淫嫖娼活动并未实施管理和控制。卖淫嫖娼者何时、在何地、如何卖淫嫖娼以及费用的支付等，均由卖淫嫖娼人员自主决定。阎吉粤并未从中牟取经济利益。因此，其对卖淫嫖娼活动仅起到介绍作用。

我们同意第二种观点，认为被告人阎吉粤的行为构成介绍卖淫罪与非法利用信息网络罪的竞合，应当以介绍卖淫罪定罪处罚。理由如下：

（一）被告人阎吉粤线上介绍他人卖淫嫖娼致他人线下达成卖淫嫖娼交易，但并未对卖淫嫖娼活动实施管理或者控制行为，应当认定为介绍卖淫罪

组织卖淫罪与介绍卖淫罪在行为特征上有重合之处。组织卖淫行为人往往将介绍卖淫作为

组织卖淫的手段行为。《最高人民法院、最高人民检察院关于办理组织、强迫、引诱、容留、介绍卖淫刑事案件适用法律若干问题的解释》(以下简称《涉卖淫刑案解释》)第一条将组织卖淫的构罪要件规定为,“以招募、雇佣、纠集等手段,管理或者控制他人卖淫,卖淫人员在三人以上的,应当认定为刑法第三百五十八条规定的‘组织他人卖淫’”。组织卖淫的行为特征,一般是指行为人对卖淫人员进行一定的管理或者控制措施前提下,向他人宣传、介绍、招揽卖淫嫖娼活动。组织卖淫罪中的组织活动包括:(1)对卖淫人员实施一定的管理或者控制措施,其形式包括紧密型组织或松散型组织,例如依托会所、洗浴中心等实体场所或者建立网络群等形式进行管理;(2)对卖淫所得按比例或者次数收取一定的费用,包括直接收取嫖资后扣留部分或要求卖淫人员上交部分等。介绍卖淫罪则是指行为人在卖淫女和嫖客之间建立媒介关系,行为人对卖淫人员并无管理行为,仅在卖淫人员和嫖娼人员之间介绍、引见、撮合或提供卖淫嫖娼信息,即进行牵线搭桥的行为,当然介绍人也经常从卖淫人员处收取一定的费用。组织卖淫罪和介绍卖淫罪二罪在介绍卖淫环节的行为特征有重合性,包括行为人在卖淫人员和嫖娼人员之间进行介绍、撮合,以及向卖淫人员收取一定的费用等方面的特征相同,但介绍卖淫行为区别于组织卖淫行为的关键点在于该罪对卖淫人员没有组织即“管理或者控制活动”。

实践中,一些组织卖淫行为容易与介绍卖淫行为相混淆,主要原因是有的组织卖淫行为,就是采取介绍等手段,进而管理、控制卖淫活动的,即组织卖淫包含了介绍卖淫的内容。这在我国刑法理论上称之为“包容竞合”,即指一个罪名的外延是另一罪名外延的一部分,但是犯罪构成的内容已超出外延窄的情形,其适用原则是全部法、完全法优于部分法、不完全法。换言之,虽然甲、乙两罪之间从逻辑上看,没有竞合关系,但是由于立法者的设定,甲、乙两罪之间存在包容(完全法)和被包容关系(不完全法)的关系,行为符合甲罪的构成要件,也同时符合乙罪的构成要件,但是行为人仅成立甲罪,而排斥乙罪的适用,即重罪包容轻罪。[①] 根据“包容竞合”理论,在对象同一性可以确定的情况下,组织卖淫行为通过介绍卖淫等行为实现组织卖淫的目的。因组织卖淫行为包含了介绍卖淫等行为,后一类行为当然的包含在组织卖淫行为中。在针对同一对象的情形下,不再对介绍卖淫等行为单独进行刑法上的评价,而是依照组织卖淫罪定罪处理。

具体到本案,被告人阎吉粤虽然建立了 QQ 群,并管理和使用 QQ 群,但其并未对该群内的人员在卖淫活动中有组织即管理或者控制行为,仅实施了介绍行为。故不能简单地将阎吉粤管理和使用 QQ 群的行为认定为管理卖淫嫖娼的行为。其建立 QQ 群并对该群号码充费以维持该群和对群成员进行标识行为的对象是 QQ 群而不是卖淫嫖娼活动。卖淫嫖娼者何时、在何地、如何卖淫嫖娼以及费用的支付等,均由卖淫嫖娼人员自主决定,阎吉粤既不过问,更不管理和控制,而且阎吉粤并未从中牟取经济利益。因此,被告人阎吉粤利用互联网建群的方式介绍卖淫虽然与典型的介绍卖淫行为有所不同,但其行为符合介绍卖淫罪的构罪要件。首先,阎吉粤有介绍卖淫的行为,阎吉粤从网友处取得 QQ 号码和该号码创建的 QQ 群后,明知该群内的成员主要为卖淫嫖娼人员,其充费维持该群的等级,为卖淫嫖娼人员提供了相互联系的平台,并通过询问群内的嫖客和卖淫女,用自己的群主权限在卖淫女和嫖客互相证实的群成员网名前加头衔标识,以便于卖淫女和嫖客更为便捷地实施卖淫嫖娼行为,该行为即属于为卖淫人员和嫖客建立媒介、发布卖淫嫖娼信息进行明示的行为。虽然阎吉粤没有直接在卖淫女和嫖客之间牵线搭桥,但是其以上的行为相当于在特定的成员群体中向卖淫女和嫖客相互介绍身份,提供准确便捷的可选择的卖淫嫖娼人员信息和联系方式,该行为即属于介绍卖淫行为。其次,群成员根据其提供的卖淫女和

---

① 参见周光权:《刑法总论》(第3版),中国人民大学出版社2016年版,第377页。

嫖客信息,进行了多次卖淫嫖娼活动,符合《涉卖淫刑案解释》第八条第一款第(二)项"介绍二人以上卖淫的"规定。虽然阎吉粤在实施以上行为的过程中未及收费就被查获,但该解释第八条第三款对此明确规定,介绍他人卖淫是否以营利为目的,不影响犯罪的成立。

(二)被告人阎吉粤的行为既构成非法利用信息网络罪,又构成介绍卖淫罪,应当以介绍卖淫罪定罪处罚

《刑法》第二百八十七条之一第一款规定:"利用信息网络实施下列行为之一,情节严重的,处三年以下有期徒刑或者拘役,并处或者单处罚金:(一)设立用于实施诈骗、传授犯罪方法、制作或者销售违禁物品、管制物品等违法犯罪活动的网站、通讯群组的;(二)发布有关制作或者销售毒品、枪支、淫秽物品等违禁物品、管制物品或者其他违法犯罪信息的;(三)为实施诈骗等违法犯罪活动发布信息的。"第三款规定:"有前两款行为,同时构成其他犯罪的,依照处罚较重的规定定罪处罚。"实践中,利用计算机网络发布招嫖信息公开介绍卖淫的情况比较常见,因此,对于利用信息网络发布招嫖信息,情节严重的行为,根据法律的规定,可以按照非法利用信息网络罪来追究刑事责任。对于确实促成一定数量的卖淫嫖娼人员达成交易的,可适用介绍卖淫罪追究责任。据此,《涉卖淫刑案解释》第八条第二款规定:"利用信息网络发布招嫖违法信息,情节严重的,依照刑法第二百八十七条之一的规定,以非法利用信息网络罪定罪处罚。同时构成介绍卖淫罪的,依照处罚较重的规定定罪处罚。"

本案中,阎吉粤的行为属于"设立实施违法活动的通讯群组的行为",但是其行为是否可以认定为"情节严重"?目前尚没有司法解释对《刑法》第二百八十七条之一"非法利用信息网络罪"的构成要件"情节严重"标准进行明确规定,可在司法实践中根据利用信息网络发布招嫖信息的传播面、所获得的收益、社会影响等方面综合确定。全国人大常委会法制工作委员会刑法室编著的《中华人民共和国刑法解读》中认为:"关于'情节严重'的具体认定,可以结合行为人所发布信息的具体内容、数量、扩散范围,获取非法利益的数额、受害人的多少、造成的社会影响等因素结合考量。"①我们赞同这一观点。理由有二:一是阎吉粤所建群的目的和功能是为群成员介绍、联系卖淫嫖娼,至案发时其已维护该群三年以上,群成员人数众多,其积极为群成员卖淫嫖娼相互识别、联系提供便利,在该区域内社会影响较大,仅在案发当月即查证有四人系通过该群联系卖淫嫖娼。二是阎吉粤的行为已构成介绍卖淫罪。判断非法利用信息网络行为是否构成"情节严重",固然有许多相应的标准,但当该行为本身已经构成《刑法》规定的其他犯罪时,则从质上表明已经达到了"情节严重"的程度。本案中,阎吉粤在管理和使用QQ群时,实施了介绍卖淫的犯罪行为,性质是恶劣的。在作为非法利用信息网络的组成行为之一的介绍卖淫行为,已经达到了犯罪程度时,如果还认定行为人非法利用信息网络行为不构成"情节严重",我们认为是不符合法理逻辑的。因此,被告人阎吉粤的行为同时构成介绍卖淫罪和非法利用信息网络罪,属于竞合犯。但鉴于非法利用信息网络罪的法定刑幅度为三年以下有期徒刑,而介绍卖淫罪的法定刑幅度为五年以下有期徒刑(情节严重的,法定刑幅度为五年以上有期徒刑),两者相比较,介绍卖淫罪的处罚更重。因此,原审法院以介绍卖淫罪对阎吉粤定罪处罚是适当的。

(撰稿:最高人民法院第五巡回法庭　李剑弢
审编:最高人民法院刑四庭　陆建红)

① 参见全国人大常委会法制工作委员会刑法室:《中华人民共和国刑法解读》(第4版),中国法制出版社2015年版,第693页。

[第1386号]王怀珍容留卖淫案

——容留卖淫罪的入罪标准

【关键词】 容留卖淫罪 容留卖淫违法行为 行政处罚 一年内

一、基本案情

被告人王怀珍,女,汉族,1966年10月10日出生,因容留卖淫于2017年6月2日被行政拘留十日,同年9月14日被行政拘留十二日。因涉嫌犯容留卖淫罪于2017年9月24日被刑事拘留,同月30日被取保候审。

湖北省当阳市人民检察院以被告人王怀珍犯容留卖淫罪向当阳市人民法院提起公诉。

被告人王怀珍对公诉机关的指控无异议。

当阳市人民法院经审理查明:

被告人王怀珍在当阳市玉阳办事处东正街建安小区大门旁经营一家休闲店。2017年6月2日,王怀珍因容留侯某某在店内卖淫,被当阳市公安局行政拘留十日。2017年9月13日,王怀珍又因容留林某某在店内卖淫,被当阳市公安局民警当场查获。

当阳市人民法院认为,被告人王怀珍曾因容留卖淫被行政处罚,在一年内又实施容留卖淫,其行为已构成容留卖淫罪。公诉机关指控罪名成立。王怀珍到案后如实供述犯罪事实,当庭认罪,属坦白,依法可从轻处罚。依照《中华人民共和国刑法》第三百五十九条第一款、第六十七条第三款、第七十二条,《最高人民法院、最高人民检察院关于办理组织、强迫、引诱、容留、介绍卖淫刑事案件适用法律若干问题的解释》第八条第一款第(四)项的规定,判决如下:

被告人王怀珍犯容留卖淫罪,判处拘役四个月,缓刑六个月,并处罚金三千元。

一审宣判后,被告人王怀珍未上诉,检察机关亦未抗诉,判决已发生法律效力。

二、主要问题

一年内曾因容留卖淫行为被行政处罚又实施容留卖淫行为的,如何定性?

三、裁判理由

关于容留卖淫罪,《刑法》第三百五十九条第一款规定:“引诱、容留、介绍他人卖淫的,处五年以下有期徒刑、拘役或者管制,并处罚金;情节严重的,处五年以上有期徒刑,并处罚金。”该条规定源自1991年9月4日公布的《全国人民代表大会常务委员会关于严禁卖淫嫖娼的决定》(以下简称《严禁卖淫决定》)中“引诱、容留、介绍他人卖淫的,处五年以下有期徒刑或者拘役,并处五千元以下罚金;情节严重的,处五年以上有期徒刑,并处一万元以下罚金;情节较轻的,依照治安管理处罚条例第三十条的规定处罚”的规定。与《严禁卖淫决定》相比,《刑法》增加了本罪管制刑的刑种,对并处罚金的数额不再规定上限,删除了情节较轻,依照《治安管理处罚法》规定处罚的内容。但是对于引诱、容留、介绍卖淫罪的入罪标准,无论是刑法还是《严禁卖淫决定》都没有具体规定。为此,《最高人民法院、最高人民检察院关于办理组织、强迫、引诱、容留、介绍卖淫刑事案件适用法律若干问题的解释》(以下简称《涉卖淫刑案解释》)第八条第一款规定,引诱、容留、介绍他人卖淫,具有以下五种情形之一的,应当以引诱、容留、介绍卖淫罪定罪处罚:(1)引诱他人卖淫的;(2)容留、介绍二人以上卖淫的;(3)容留、介绍未成年人、孕妇、智障人员、患有严重性病的人卖淫的;(4)一年内曾因引诱、容留、介绍卖淫行为被行政处罚,又实施容留、介绍卖淫行为的；(5)非法获利人民币一万元以上的。上述五种情形即引诱、容留、介绍卖淫罪的入罪标准，主要是从四个方面考虑而设置的：一是从卖淫人数考虑；二是从卖淫人员的类别考虑；三是参照其他司法解释的范例，对具有同类行为被行政处罚过的人作出降低入罪门槛的规定；四是根据行为人获利情况确定入罪标准。

本案中，被告人王怀珍曾因容留一人卖淫被行政拘留十日，又容留一人卖淫，是否构成容留卖淫罪，涉及《涉卖淫刑案解释》第八条第四种情形的认定，故本文主要阐述第八条第一款第（四）项规定的含义及司法实践中认定时需要注意的问题。

（一）“一年内曾因引诱、容留、介绍卖淫行为被行政处罚，又实施容留、介绍卖淫行为的”含义

《涉卖淫刑案解释》规定，一年内曾因引诱、容留、介绍卖淫行为被行政处罚，又实施容留、介绍卖淫行为的，以容留、介绍卖淫罪定罪处罚。此规定是对具有同类行为被行政处罚过的人作出降低入罪门槛的规定，主要是考虑此类人员主观恶性较深，人身危害性更大些，因此，相对于没有受过行政处罚的行为人，在入罪门槛上设置较低的标准。对于这一规定应从以下几方面来理解：

1. 本规定的前半句包括“引诱、容留、介绍卖淫行为”，而后半句只有“容留、介绍卖淫行为”，没有引诱卖淫行为。这是因为，根据《涉卖淫刑案解释》的规定，引诱他人卖淫一人即构成犯罪，因此，对于引诱他人卖淫的行为，不存在是否需要受过行政处罚才能构罪的问题，而是直接认定构成引诱卖淫罪。那么前半句规定的“引诱卖淫行为”该如何理解呢？我们认为，虽然引诱他人卖淫一人就构成犯罪，但是《治安管理处罚法》仍然有引诱卖淫的规定，这是由行政违法上的“卖淫”概念与刑事犯罪中的“卖淫”概念不同造成的。行政处罚中的“引诱卖淫”存在的空间主要在于引诱他人进行手淫和引诱他人卖淫未遂的情形，这两种情形均不做刑事处罚，但根据公安部《关于对同性之间以钱财为媒介的性行为定性处理问题的批复》的规定，“不特定的异性之间或者同性之间以金钱、财物为媒介发生不正当性关系的行为，包括口淫、手淫、鸡奸等行为，都属于卖淫嫖娼行为，对行为人应当依法处理”，即可以治安处罚。综上，本规定前半句的“引诱、容留、介绍卖淫行为”中的“卖淫”既包括刑法上的卖淫行为也包括治安管理处罚法上的卖淫行为，而后半句的“容留、介绍卖淫行为”中的“卖淫”仅指刑法上的卖淫行为。本规定的入罪包括两种情形：一是行为人一年内曾因容留、介绍卖淫行为被行政处罚，又实施容留、介绍卖淫行为的，前行为既包括容留、介绍卖淫的行为未达到容留、介绍卖淫罪入罪标准的刑法上的卖淫行为，也包括容留、介绍他人手淫等不认为是犯罪的行为，后行为则要求是刑法上的卖淫行为；二是行为人一年内曾因引诱卖淫行为被行政处罚，又实施容留、介绍卖淫行为的，这里前行为是引诱他人手淫等不认为是犯罪的行为，后行为同样要求是刑法上的卖淫行为。

2. 关于“一年内”的时间起止如何计算的问题。我们认为，此处的“一年内”是指自然跨度上满一年，就是前一次行为与后一次行为的时间跨度在一年的十二个月内。如果前一个行为与后一个行为发生的时间超出了十二个月，即使只多出一天，也属于超过一年，不属于“一年内”了。此外，关于“一年内”的时间起算节点如何认定，在司法实践中也存在困惑，我们认为，“一年内”的时间起算节点是指行为的发生时间，而不是行为的行政处罚时间。这主要是考虑行为的发生时间是固定的，而行政处罚时间则可能由于行政执法机关等多种原因有所拖延，从有利于被告人的原则出发，应理解为行为的发生时间，即前后两个行为发生的时间在一年内。

本案中，被告人王怀珍于2017年6月2日因容留一人在其店内卖淫，被公安机关行政拘留十日，一年的时间应从其实施容留卖淫行为时即2017年6月2日起算，至2018年6月1日为一年。被告人在2017年9月13日又容留一人在其店内卖淫，属于一年内曾因引诱、容留、介绍卖淫行为

被行政处罚，又实施容留、介绍卖淫行为的情形，符合《涉卖淫刑案解释》规定的容留卖淫罪的入罪条件，因此对其第二次容留卖淫的行为应直接认定为容留卖淫罪，而无须再进行行政处罚。公安机关对被告人第二次容留他人卖淫的行为先给予行政拘留十二日，在行政拘留到期前转为刑事拘留，而后又取保候审，虽然严格说来这种处理不够规范，但考虑被告人最终被判处缓刑，总体上还是妥当的。

（二）一年内因引诱、容留、介绍卖淫犯罪被判处刑罚的不适用前述入罪规定

《涉卖淫刑案解释》公布实施后，司法实践中出现了一些曾因引诱、容留、介绍卖淫犯罪被判处刑罚的行为人，（特别是在一年之内）又实施容留、介绍卖淫行为的情况，此种情形下如果后实施的容留、介绍卖淫行为未达到一般入罪标准的，能否比照适用《涉卖淫刑案解释》第八条第一款第（四）项关于"一年内曾因引诱、容留、介绍卖淫行为被行政处罚，又实施容留、介绍卖淫行为的"规定而认定构成犯罪呢？

有的观点认为，根据"举轻以明重"的解释原理，"一年内曾因引诱、容留、介绍卖淫行为被行政处罚，又实施容留、介绍卖淫行为的"，要以容留、介绍卖淫罪定罪处罚，那么，一年内因引诱、容留、介绍卖淫犯罪被判处刑罚，又实施同类违法行为的，更应当被评价为刑事犯罪行为。对此，我们认为，一年内因引诱、容留、介绍卖淫犯罪被判处刑罚的不适用《涉卖淫刑案解释》第八条第一款第（四）项规定。主要理由是：

1. 符合罪刑法定原则。《涉卖淫刑案解释》第八条第一款对《刑法》所规定的引诱、容留、介绍卖淫罪的入罪标准已经作了明确而详尽的规定，并包涵了司法实践中方方面面的情况，实践中应当严格依照该规定执行，而不宜再突破《涉卖淫刑案解释》规定的入罪标准。

2. "举轻以明重"规则的适用应有一定限制性。"举轻以明重"，其基本含义是，如果《刑法》将较轻的甲行为规定为犯罪，那么比甲行为更严重的乙行为，应当构成犯罪；如果《刑法》对较轻的甲行为规定了重处罚，那么比甲行为更严重的乙行为，也应当受到重处罚。显然，举轻以明重，是从轻的、小的方面向重的、大的方面推论，是就入罪、处罚重而言的，或者说，是就不利于被告人的结论而言。由于刑法实行罪刑法定原则，在适用"举轻以明重"的规则进行解释时，不能简单地以案件事实严重为由定罪处刑，否则就涉嫌类推。对于一年内曾因引诱、容留、介绍卖淫行为被判处刑罚，又实施容留、介绍卖淫行为的，前一行为已经被刑法所评价，如果将前一次的犯罪行为，作为后一次行为是否构成犯罪的标准，则有重复评价之嫌，对后一次行为应严格适用《涉卖淫刑案解释》的入罪标准判断是否构罪。

3. 符合刑法的谦抑性原则。从司法实践来看，《刑法》第六章第八节的罪名当中，社会危害性较大，需要重点打击的主要是组织、强迫卖淫类犯罪，这是由于此类犯罪通常具有一定规模性，容易造成较大的社会影响或者衍生其他犯罪，而引诱、容留、介绍卖淫类犯罪，除了具有"情节严重"情形之外的，在刑法本节犯罪中属于罪小刑轻类的犯罪，根据刑法的谦抑性原则，不宜再降低入罪标准或扩大《刑法》的处罚范围。

综上，原审法院认定被告人王怀珍构成容留卖淫罪，并根据其认罪态度好从轻处罚判处拘役四个月，缓刑六个月，并处罚金三千元是基本适当的。

（撰稿：最高人民法院刑五庭　杨　华

审编：最高人民法院刑四庭　陆建红）

九、制作、贩卖、传播淫秽物品罪

[第1086号]张正亮贩卖淫秽物品牟利案

——如何把握贩卖淫秽物品牟利罪既遂、未遂的认定标准

【关键词】 贩卖淫秽物品牟利罪　既遂　未遂

一、基本案情

被告人张正亮，男，1979年3月17日出生，农民。2013年6月15日因涉嫌犯贩卖淫秽物品牟利罪被逮捕。

北京市朝阳区人民检察院以被告人张正亮犯贩卖淫秽物品牟利罪，向朝阳区人民法院提起公诉。

北京市朝阳区人民法院经公开审理查明：被告人张正亮之妻伍海琼（另案处理）自2013年4月开始贩卖淫秽光盘牟利。同年5月14日22时许，张正亮使用名为"杨雷"的身份证件，在北京市朝阳区京达物流有限公司领取由伍海琼联系购买，并从广州发送至北京的2 996张光盘，被当场抓获归案。经鉴定，上述光盘均属于淫秽物品。

朝阳区人民法院认为，被告人张正亮以牟利为目的，伙同他人贩卖淫秽物品，情节特别严重，其行为已构成贩卖淫秽物品牟利罪。对于张正亮提出的"不知晓伍海琼发送的是淫秽光盘，没有犯罪故意，也没出售过光盘"的辩解理由，经查，张正亮与伍海琼是夫妻关系，二人共同生活，张正亮声称其不知晓伍海琼发送的是淫秽光盘的辩解理由不符合常理，且相关证人证言及京达物流有限公司运费专用收据等证据证实，张正亮使用名为"杨雷"的身份证件办理提货手续，并在提货时签名为"杨雷"，张正亮在侦查阶段亦曾供述其伙同伍海琼共同贩卖淫秽物品，据此，可以认定张正亮明知所取系淫秽物品，且具有贩卖淫秽物品牟利的犯罪目的。鉴于张正亮着手实行犯罪后，由于意志以外的原因而未得逞，系犯罪未遂，依法对其减轻处罚。据此，依照《中华人民共和国刑法》第三百六十三条第一款、第二十五条第一款、第二十三条、第五十二条、第五十三条、第六十一条、第六十四条以及《最高人民法院关于审理非法出版物刑事案件具体应用法律若干问题的解释》第八条第二款第二项、第三款，第十八条之规定，以被告人张正亮犯贩卖淫秽物品牟利罪，判处有期徒刑四年，并处罚金人民币八千元。

一审宣判后，被告人张正亮以主观上没有犯罪故意、量刑过重为由提出上诉，请求从轻处罚。

北京市第三中级人民法院经审理后，裁定驳回上诉，维持原判。

二、主要问题

如何把握贩卖淫秽物品牟利罪既遂、未遂的认定标准？

三、裁判理由

本案中，被告人张正亮在货运站内领取其妻伍海琼联系购买并从广州发送至北京的2 996张淫秽光盘，当场被抓获归案。现有证据能够认定张正亮的行为构成贩卖淫秽物品牟利罪。但张正亮贩卖淫秽物品牟利的行为属于既遂还是未遂，存在不同意见。一种意见认为，张正亮的行为构成犯罪既遂，理由是张正亮以牟利为目的购进淫秽光盘，只要购进淫秽光盘，即为犯罪既遂。

另一种意见认为，张正亮的行为构成犯罪未遂，理由是张正亮购进淫秽光盘后欲出售牟利，但该犯罪行为因张正亮“被当场抓获”这一意志以外的原因未能得逞，故应当认定为犯罪未遂。

我们同意第二种意见，即被告人张正亮贩卖淫秽物品牟利的行为属于犯罪未遂。具体分析如下：

鉴于“淫秽物品”在社会上传播后将对公众身心健康和社会风气造成不良影响，而贩卖淫秽物品牟利罪并无具体、有形、可衡量的损害后果，因此，出于牟利目的对淫秽物品的买卖行为都应当认定为对社会管理秩序造成了损害。据此，贩卖淫秽物品牟利罪不属于结果犯，而属于行为犯。行为犯通常以法律规定的犯罪行为的完成作为既遂认定标准，但行为犯中的犯罪行为并不是一着手实行即告完成。有的行为犯，犯罪行为有一个实行过程，通常要达到一定阶段（或者程度），才能视为行为的完成。

具体到贩卖淫秽物品牟利罪，其中的“贩卖”本义是一种市场交易行为，通常是指出于牟利目的以低价购进淫秽物品再以高价卖出的行为，但也包括有偿转让淫秽物品的行为。立足该类犯罪的发案特点和常见情形，以下四种行为均应认定为贩卖淫秽物品牟利罪中的“贩卖行为”：一是为牟利欲低价购进、高价出售，在购买时被查获的行为；二是为牟利低价购进后，正在进行出售（代售）被查获的行为；三是为牟利低价购进后，已出售并获利的行为；四是不能查明系低价购进，但确为牟利正在出售（代售）或已出售并获利的行为。实践中，基于公安机关对此类犯罪的严厉打击，行为人往往具有较强的反侦查意识，此类犯罪多是行为人为牟利而低价购买淫秽物品后在运输途中被查获，或者在摆摊、店铺进行代售或零星销售时被查获。已经出售获利或者大量购买时被查获的情形较为少见。

对于上述不同类型的贩卖行为，是否认定既遂，应当考察行为所处的阶段（或者程度），不能一概以行为着手作为认定既遂的标准。例如，对于前述第一种情形，虽然为牟利而购买淫秽物品的行为也妨害了社会管理秩序，依法已经构成犯罪，但是不能认定行为人只要购买淫秽物品就成立犯罪既遂，通常还要求行为人实际取得所购买的淫秽物品，毕竟“购买型”犯罪与“出售型”犯罪的社会危害存在一定差异。

本案中，被告人张正亮曾与卖家联系，此次由伍海琼与卖家联系好发货，货到后张正亮去货运站办理提货手续，尚未取到货物时即被抓获。尽管张正亮已经着手实施购买行为，既有购买的主观意思，又有购买、付款、取货的行为，但由于其尚未验货和取到货物，犯罪行为未达到既遂状态。且在案证据表明，公安机关已经掌握张正亮的犯罪线索，进行蹲点守候，张正亮的犯罪行为已经处于公安机关控制之下，不可能得逞。据此，本案应认定为犯罪未遂。

（撰稿：北京市朝阳区人民法院　崔光同
最高人民法院刑三庭　陈新旺
审编：最高人民法刑三庭　罗　敏）

[第1192号]深圳市快播科技有限公司、王欣等人传播淫秽物品牟利案

——网络视频缓存加速服务提供者构成传播淫秽物品牟利罪的认定

【关键词】 传播淫秽物品牟利罪　网络视频缓存加速服务提供者　技术中立　刑事责任

一、基本案情

被告单位深圳市快播科技有限公司,住所地深圳市南山区高新南一道009号中国科技开发院中科研发园三号楼塔楼22层A。

被告人王欣,男,1980年3月12日出生,深圳市快播科技有限公司法定代表人、执行董事、经理。2014年8月9日因涉嫌犯传播淫秽物品牟利罪被逮捕。

被告人吴铭,男,1971年11月2日出生,深圳市快播科技有限公司快播事业部总经理。2014年5月30日因涉嫌犯传播淫秽物品牟利罪被逮捕。

被告人张克东,男,1978年9月15日出生,深圳市快播科技有限公司快播事业部副总经理兼技术平台部总监。2014年5月30日因涉嫌犯传播淫秽物品牟利罪被逮捕。

被告人牛文举,男,1979年1月19日出生,深圳市快播科技有限公司快播事业部副总经理兼市场部总监。2014年5月30日因涉嫌犯传播淫秽物品牟利罪被逮捕。

北京市海淀区人民检察院以被告单位深圳市快播科技有限公司(以下简称快播公司)和被告人王欣、吴铭、张克东、牛文举犯传播淫秽物品牟利罪,向北京市海淀区人民法院提起公诉。

被告单位、各被告人及其辩护人在第一次庭审中提出,本案事实不清、证据不足,程序违法,适用法律错误,指控罪名不能成立。在第二次庭审过程中,被告单位、被告人王欣、张克东、牛文举对指控事实和罪名均不持异议,其辩护人主要围绕量刑情节作了罪轻辩护,辩护意见概括如下:(1)量刑应该考虑本案发生的特殊社会环境和网络犯罪特点,防止对被告人主观认知评价不足。(2)快播公司不是淫秽视频直接传播者,仅是怠于履行监管职责,主观上不具有直接、主动传播意义上的明知,放任心态是由于屏蔽技术难度较大造成的,在主观恶性上应区别于能管而不管。(3)快播公司并非网站,仅是提供了一个传播通道,不应适用相关司法解释规定;且涉案4台服务器获利情况、淫秽视频数量均不明,淫秽视频数量也不是判定法定刑升格唯一标准,建议不适用情节特别严重,而应认定情节一般或情节严重。(4)王欣具有自首情节;张克东系从犯,应在三年有期徒刑以下判处刑罚并适用缓刑;牛文举尽到了监管职责,不是公司股东,无决策权,系从犯,希望对被告单位和各被告人从宽处罚。被告人吴铭及其辩护人对快播公司构成传播淫秽物品牟利罪不持异议。但吴铭提出,其本人工作分工与视频监管没有关系,不应对快播公司行为承担法律责任。其辩护人提出,吴铭担任快播事业部总经理前,快播软件及缓存服务器就已经存在,吴铭对此并无实际决定权,对于涉案4台缓存服务器也不知情,其行为不应当构成犯罪;如果法院认定其有罪,希望考虑到本案案情,判处其三年有期徒刑以下刑罚并适用缓刑。

北京市海淀区人民法院经公开审理查明:

被告单位深圳市快播科技有限公司成立于2007年12月26日,公司性质为有限责任公司,注

册资本 1000 万元。该公司主办的快播网站网址包括 www. kuaibo. com、www. qvod. com 等。快播公司持有网络文化经营许可证,至案发之日没有取得互联网视听节目服务许可。被告人王欣为快播公司的法定代表人、股东、执行董事、经理,负责快播公司经营和管理工作。快播公司快播事业部负责公司视频播放器的技术开发和市场推广。被告人吴铭于 2013 年担任快播事业部总经理,负责事业部全面工作。被告人张克东系快播公司股东,于 2012 年担任事业部副总经理兼技术平台部总监,最初开发了快播视频传输和播放的核心软件。被告人牛文举于 2012 年担任事业部副总经理兼运营部总监,2013 年担任事业部市场部负责人,负责信息安全组工作。

快播公司通过免费提供 QSI(QVOD Server Install,即 QVOD 资源服务器程序)和 QVOD Player(快播播放器程序或客户端程序)的方式,为网络用户提供网络视频服务。任何人(被快播公司称为"站长")均可通过 QSI 发布自己所拥有的视频资源。具体方法是,"站长"选择要发布的视频文件,使用资源服务器程序生成该视频文件的特征码(hash 值),导出包含 hash 值等信息的链接。"站长"把链接放到自己或他人的网站上,即可通过快播公司中心调度服务器(运行 P2P Tracker 调度服务器程序)与点播用户分享该视频。这样,快播公司的中心调度服务器在站长与用户、用户与用户之间搭建了一个视频文件传输的平台。为提高热点视频下载速度,快播公司搭建了以缓存调度服务器(运行 Cache Tracker 缓存调度服务器程序)为核心的平台,通过自有或与运营商合作的方式,在全国各地不同运营商处设置缓存服务器1000余台。在视频文件点播次数达到一定标准后,缓存调度服务器即指令处于适当位置的缓存服务器(运行 Cache Server 程序)抓取、存储该视频文件。当用户再次点播该视频时,若下载速度慢,缓存调度服务器就会提供最佳路径,供用户建立链接,向缓存服务器调取该视频,提高用户下载速度。部分淫秽视频因用户的点播、下载次数较高而被缓存服务器自动存储。缓存服务器方便、加速了淫秽视频的下载、传播。

2012 年 8 月,深圳市公安局公安信息网络安全监察分局(以下简称深圳网监)对快播公司进行检查,针对该公司未建立安全保护管理制度、未落实安全保护技术措施等问题,给予行政警告处罚,并责令整改。随后,深圳网监将违法关键词和违法视频网站链接发给快播公司,要求采取措施过滤屏蔽。快播公司于是成立了信息安全组开展了不到一周的突击工作,于 8 月 8 日投入使用"110"不良信息管理平台(以下简称"110"平台),截至 9 月 26 日共报送"色情过滤"类别的不良信息 15 836 个。但在深圳网监验收合格后,信息安全组原有 4 名成员或离职或调到其他部门,"110"平台工作基本搁置,检查屏蔽工作未再有效进行。2013 年 8 月 5 日,深圳市南山区广播电视局执法人员对快播公司开展调查,在牛文举在场的情况下,执法人员登录 www. kuaibo. com,进入快播"超级雷达"(一种发现周边快播用户观看网络视频记录的应用),很快便找到了可播放的淫秽视频。牛文举现场对此予以签字确认。但快播公司随后仅提交了一份整改报告。10 月 11 日,南山区广播电视局认定快播公司擅自从事互联网视听节目服务,提供的视听节目含有诱导未成年人违法犯罪和渲染暴力、色情、赌博、恐怖活动的内容,对快播公司予以行政处罚。此后,快播公司的"110"平台工作依然搁置,检查屏蔽工作依然没有有效落实。

快播公司直接负责的主管人员王欣、吴铭、张克东、牛文举,在明知快播公司擅自从事互联网视听节目服务、提供的视听节目含有色情等内容的情况下,未履行监管职责,放任淫秽视频在快播公司控制和管理的缓存服务器内存储并被下载,导致大量淫秽视频在网上传播。

2013 年上半年,北京网联光通技术有限公司(以下简称光通公司)为解决使用快播播放器访问快播视频资源不流畅的问题,与快播公司联系技术解决方法,双方开展战略合作。根据双方协商,由光通公司提供硬件设备即 4 台服务器,由快播公司提供内容数据源以及降低网络出口带宽、提升用户体验的数据传输技术解决方案，负责远程对软件系统及系统内容的维护。2013 年 8 月，光通公司提供 4 台服务器开始上线测试，快播公司为 4 台服务器安装了快播公司的缓存服务器系统软件，并通过账号和密码远程登录进行维护。2013 年 11 月 18 日，北京市海淀区文化委员会在行政执法检查时，从光通公司查获此 4 台服务器。2014 年 4 月 11 日，北京市公安局海淀分局决定对王欣等人涉嫌犯传播淫秽物品牟利罪立案。经查，该 4 台服务器从 2013 年下半年投入使用，至 2013 年 11 月 18 日被扣押，存储的均为点击请求量达到一定频次以上的视频文件。公安机关从服务器里提取了 29 841 个视频文件进行鉴定，认定其中属于淫秽视频的文件为 21 251 个。

2013 年年底，为了规避版权和淫秽视频等法律风险，在王欣的授意下，张克东领导的技术部门开始对快播缓存服务器的存储方式进行调整，将原有的完整视频文件存储变为多台服务器的碎片化存储，将一部视频改由多台服务器共同下载，每台服务器保存的均是 32M 大小的视频文件片段，用户点播时需通过多台服务器调取链接，集合为可完整播放的视频节目。

另查明：快播公司盈利主要来源于广告费、游戏分成、会员费和电子硬件等，快播事业部是快播公司盈利的主要部门。根据账目显示，快播事业部的主要收入来源于网络营销服务（包括资讯快播、客户端、第三方软件捆绑、VIP 服务等），其中资讯快播和第三方软件捆绑是最为主要的盈利方式。具体而言，快播公司向欲发布广告的公司收取广告费，用户使用快播播放器时，会有快播资讯窗口弹出，该窗口内除部分新闻外即是广告内容；快播公司还向一些软件开发公司收取合作费用，使用户安装快播播放器的同时捆绑安装一些合作公司软件。快播公司营业收入逐年增长，至 2013 年仅快播事业部即实现营业收入人民币 143 075 083 元，其中资讯快播营业收入人民币 70 463 416 元，占49.25%，第三方软件捆绑营业收入为人民币 39 481 457 元，占 27.59%。

被告人吴铭、张克东、牛文举于 2014 年 4 月 23 日在深圳被抓获，被告人王欣于 2014 年 8 月 8 日到案。

北京市海淀区人民法院认为，被告单位深圳市快播科技有限公司及被告人王欣、吴铭、张克东、牛文举以牟利为目的，在互联网上传播淫秽视频，其行为均已构成传播淫秽物品牟利罪，且情节严重，应依法惩处。北京市海淀区人民检察院指控被告单位及各被告人犯传播淫秽物品牟利罪的事实清楚，证据确实、充分，指控罪名成立。被告单位、各被告人及其辩护人在第一次庭审中所提出的无罪辩护意见，没有事实及法律依据，不予采纳。被告人吴铭进入事业部工作的时间是快播公司传播淫秽视频牟利的时间段，起获的 4 台涉案缓存服务器传播淫秽视频的时间也是在吴铭担任事业部总经理期间，故对其辩护人提出的关于吴铭没有犯罪时间，没有决策权，不应认定为直接负责的主管人员的辩护意见不予采纳。各被告人的辩护人在第二次庭审中所提有关罪轻的辩护意见，可以作为量刑时的参考，酌情予以采纳。根据被告单位和各被告人犯罪的事实、性质、情节和对社会的危害程度，结合各被告人在单位犯罪中的地位、作用、认罪态度等具体情况，依照《中华人民共和国刑法》第三百六十三条第一款、第三百六十六条、第三十条、第三十一条、第五十二条、第五十三条之规定，判决如下：

1. 被告单位深圳市快播科技有限公司犯传播淫秽物品牟利罪，判处罚金人民币一千万元；
2. 被告人王欣犯传播淫秽物品牟利罪，判处有期徒刑三年六个月，罚金人民币一百万元；
3. 被告人张克东犯传播淫秽物品牟利罪，判处有期徒刑三年三个月，罚金人民币五十万元；
4. 被告人吴铭犯传播淫秽物品牟利罪，判处有期徒刑三年三个月，罚金人民币三十万元；
5. 被告人牛文举犯传播淫秽物品牟利罪，判处有期徒刑三年，罚金人民币二十万元。

一审宣判后，被告人吴铭不服，以本案事实不清，证据不足，其行为不构成犯罪为由，向北京市第一中级人民法院提起上诉。

北京市第一中级人民法院经审理认为，上诉人吴铭、原审被告单位深圳市快播科技有限公司及原审被告人王欣、张克东、牛文举以牟利为目的，在互联网上传播淫秽视频，其行为均已构成传播淫秽物品牟利罪，且情节严重，应依法惩处。吴铭系快播事业部总经理，负责快播播放器等核心产品的营销工作，在快播事业部拥有管理权，应当认定为直接负责的主管人员，对快播公司传播淫秽物品牟利的犯罪行为应承担相应的刑事责任。吴铭的上诉理由及其辩护人的辩护意见均不能成立，法院不予采纳。但鉴于吴铭参与时间较短，不是公司股东，作用相对王欣、张克东较轻，故可对其酌情予以从轻处罚。快播公司通过网络系统中的大量缓存服务器介入淫秽视频传播并且拒不履行安全管理义务，间接获取巨额非法利益，社会危害性大，但鉴于快播公司能自愿认罪，故可对其酌予从轻处罚。王欣作为快播公司法定代表人、股东、执行董事、经理，张克东作为快播公司股东、事业部副总经理兼技术平台部总监，牛文举作为事业部副总经理兼市场部总监，均系快播公司传播淫秽物品牟利行为中直接负责的主管人员，应根据其在犯罪中的地位、作用承担相应的刑事责任，但鉴于三人在一审第二次庭审及二审审理期间均能如实供述犯罪事实，自愿认罪，故可分别对三人酌情予以从轻处罚。原审人民法院判决认定的事实清楚、证据确实充分、适用法律正确、量刑适当、审判程序合法，应予维持。据此，依照《中华人民共和国刑事诉讼法》第二百二十五条第一款第一项之规定，裁定驳回上诉，维持原判。

二、主要问题

1. 快播公司作为网络视频缓存加速服务提供者，是否应该承担传播淫秽物品牟利罪的刑事责任？

2. 对于快播公司能否适用“技术中立”原则而免责？

3. 对于缓存加速服务提供者参与淫秽视频传播的，应如何评价其刑事责任的大小？

三、裁判理由

本案是发生在互联网时代的新类型刑事案件，自案发后便受到社会公众尤其是网民的普遍关注，其中所涉及的法律适用问题也引起学界的广泛讨论。在审理过程中，本案争议焦点主要集中在三个方面：第一，快播公司免费提供快播资源服务器程序和快播播放器程序，且并未直接在自己的网页上提供淫秽视频链接或者播放服务，是否应该承担传播淫秽物品牟利罪的刑事责任？第二，快播公司作为网络视频缓存加速服务提供者，免费提供视频缓存加速这一技术服务，是否应该适用“技术中立”原则而免责？第三，快播公司作为缓存加速服务提供者参与淫秽视频传播，如何评价其传播淫秽物品牟利的量刑情节？

对第一个问题，认定快播公司是否构成传播淫秽物品牟利罪，客观上主要应当审查快播公司是否存在传播淫秽物品的行为，主观上主要看快播公司和各被告人对参与淫秽视频传播是否存在明知，是否具有非法牟利的目的。对第二个问题，关于“技术中立”原则的适用，应该充分考虑该原则所保护的社会价值、适用范围，结合快播公司的具体行为及传播内容进行理解。对第三个问题，关于对快播公司传播淫秽物品牟利的量刑情节的评价，则要结合其具体犯罪情节并充分考量网络信息平台传播的特点，审慎把握。具体分析如下：

（一）快播公司及各被告人的行为构成传播淫秽物品牟利罪

1. 客观上，快播公司已经成为淫秽视频的实际传播者

快播公司是一家流媒体应用开发和服务供应企业，其免费发布快播资源服务器程序和播放器程序，使快播资源服务器、用户播放器、中心调度服务器、缓存调度服务器和上千台缓存服务器共同构建起了一个庞大的基于 P2P 技术提供视频信息服务的网络平台。用户使用快播播放器客户端点播视频，或者“站长”使用快播资源服务器程序发布视频，快播公司中心调度服务器均参与

其中。中心调度服务器为使用资源服务器程序的“站长”提供视频文件转换、链接地址发布服务，为使用播放器程序的用户提供搜索、下载、上传服务，进而通过其缓存服务器提供视频存储和加速服务。快播公司缓存服务器内存储的视频文件，也是在中心调度服务器、缓存调度服务器控制下，根据视频被用户的点击量自动存储下来的，只要在一定周期内点击量达到设定值，就能存储并随时提供给用户使用。

具体而言，快播公司的P2P技术不仅使用户在下载视频的同时提供了上传视频的服务，而且在用户与用户之间还介入了自己控制、管理的缓存服务器。快播用户在点播视频过程中，在拥有视频的“站长”（或“客户端”）、缓存服务器、观看视频的客户端之间形成三角关系，快播调度服务器不仅拉拽淫秽视频文件存储在缓存服务器里，而且也向客户端提供缓存服务器里的淫秽视频文件。这让缓存服务器实际上起到了淫秽视频的下载、储存、分发的作用。快播公司并不制作或购买合法的视频资源产品，但其以搜索点击数量决定“缓存”哪些视频的技术特点，决定了其缓存服务器中存储的视频文件必然包括被搜索点击频率较高的淫秽视频。正是快播公司提供的这种介入了缓存服务器的视频点播服务，以及设立的这种“缓存”技术规则，决定了其实质介入了淫秽视频的传播行为。

传播淫秽物品牟利罪的传播，是指通过播放、陈列、建立淫秽网站、网页等方式使淫秽物品让不特定人感知，以及通过出借、赠送等方式散布、流传淫秽物品的行为。实施传播行为者，不仅包括最初的视频内容提供者，也包括在整个传播链条中介入其中任何一个环节的内容提供者。查获的4台涉案缓存服务器内的淫秽视频文件均是快播用户一周内点播达到一定次数后被缓存服务器下载、存储下来的完整视频，并处于提供给光通公司用户在其个人选定的时间和地点获取的状态。技术是快播公司研发的，技术服务是快播公司提供的，技术服务规则是快播公司设定的，调度服务器均是快播公司所有并控制的，缓存服务器是在快播公司调度服务器的远程控制和维护下根据快播公司研发的技术和设定的技术规则下载、存储淫秽视频并提供给用户使用的。调度服务器和缓存服务器的运转是快播公司主观意志的体现，调度服务器和缓存服务器对淫秽视频的下载、存储、上传供用户使用等活动，应视为快播公司介入传播的行为，缓存服务器内存储的淫秽视频客观上应当认定为属于快播公司占有之下。快播公司放任其缓存服务器存储淫秽视频，使公众可以观看并随时得到下载加速服务的方式，属于通过互联网陈列等方式提供淫秽物品的传播行为。比较而言，在单纯的P2P传播模式下，对在用户之间建立链接渠道程序的提供者，难以认定是淫秽视频的内容提供者；但在运用缓存服务器提供加速服务的传播模式下，缓存服务器一旦从网络上下载、存储并根据用户需要上传了淫秽视频，快播公司便成为淫秽视频的内容提供者，而不仅仅是技术服务的提供者。

2. 主观上，快播公司及各被告人对介入淫秽视频传播存在明知，而且具有非法牟利目的

构成传播淫秽物品牟利罪要求行为人对传播淫秽物品行为具有明知，且要有牟利目的。本案中，快播公司及各被告人已经具备了以上两个主观要件。具体为：

（1）快播公司及各被告人对已经介入淫秽视频传播活动具有明知。刑法上的“明知”，司法实践中一般可以从两个角度证明：一是直接证明行为人知道或者因他人告知而知道；二是基于行为人的特定身份、职业、经验等特点推定其知道。对于单位犯罪而言，要求直接责任人员对于单位传播淫秽物品行为具有明知，并不要求对于单位传播淫秽物品的具体方法、技术等完全知晓。具体到本案，并不要求各被告人对于快播公司缓存服务器在调度服务器的支配下传播淫秽视频的具体方法、技术具有认知，只要求各被告人对于快播公司传播淫秽视频这一基本事实具有明知即可。在案证据证明，被告人王欣、张克东、牛文举对于快播缓存服务器实质上介入淫秽视频传

播均已知晓,王欣、张克东对于介入传播的具体技术原理更有深入了解。2012年8月,深圳网监针对快播公司未建立信息安全保护管理制度、未落实安全保护技术措施的情况给予行政处罚警告,快播公司接受整改的主要内容就是审核和过滤淫秽视频。2013年8月,南山区广播电视局执法人员对快播公司现场执法检查,确认快播公司网络上存在淫秽视频内容,随后作出行政处罚决定。如果说在第一次接受行政处罚并作出整改时,快播公司的经营者、管理者对快播网络服务系统介入淫秽视频传播并导致淫秽视频在互联网上大量传播还存在不知情的可能,那么,在事隔一年之后快播公司再次接受行政处罚并作出整改,而且先后两次整改的内容都是针对快播公司传播淫秽视频这一事实,此时,快播公司的经营者、管理者仍然坚称对此并不知情,显然不足采信。

(2)快播公司传播淫秽物品具有牟利目的。传播淫秽物品牟利罪要求以牟利为目的,即行为人主观上具有牟取非法利益的目的。这里的利益,既包括直接利益,也包括间接利益。司法实践中认定以牟利为目的,既包括通过制作、复制、出版、贩卖、传播淫秽物品直接获取对价的目的,也包括通过广告、流量、用户数量等获得间接收入的目的。淫秽视频被搜索、点播、下载的数量越多,淫秽视频网站的用户数量越多,网页访问量越大,广告收入越高,淫秽视频的网络传播者所获取的间接利益就越大。所以,以获取广告费等间接利益为目的,为吸引网络用户、增加网站网页访问量、提高用户数量而在互联网上发布、陈列、播放淫秽视频的行为,应当认定为"以牟利为目的"传播淫秽物品的行为。快播公司综合管理中心财务总监的证言及其提供的财务报表显示,快播公司盈利主要来源于快播事业部,而快播事业部的主要收入来源于网络营销服务,其中资讯快播和第三方软件捆绑是最主要的盈利方式,这部分盈利收入即直接来自快播播放器的安装和使用。快播资源服务器程序发布的视频经过快播技术手段加密,只能用快播播放器播放,快播公司因此对于使用快播软件播放快播视频过程中的第三方软件捆绑和广告资讯等盈利具有独占性。快播公司正是利用这种独占性特点,不断通过提供缓存技术支持等方法改善用户体验,增加用户数量和市场占有率,进而提升快播资讯广告或捆绑推广软件的盈利能力,增加收入。使用快播资源服务器程序发布、经由快播网络平台传播的淫秽视频的点击数量直接影响了快播播放器的用户数量,与快播公司的广告和软件捆绑收益密切关联。快播公司明知其快播软件和快播网络平台被用于传播淫秽视频而不予监管,反而用缓存服务器加速传播,致使淫秽视频在互联网上大量传播,快播播放器软件借此得到推广,快播公司也因此大量获利。快播公司和各被告人明知其网络系统上淫秽视频的传播和公司盈利增长之间的因果关系,仍放任其网络系统被用于传播淫秽视频,应当认定为具有非法牟利目的。

(二)对快播公司并不适用"技术中立"的责任豁免

司法实践对于"技术中立"的肯定,意在鼓励技术创新和发展,但技术是人类利用自然规律的成果,在一定程度上受到技术提供者和使用者意志的控制和影响,并体现技术提供者和使用者的目的和利益。技术本身的中立性与技术使用者的社会责任、法律责任的关系,主要取决于技术使用方式对社会发展起到了推动还是阻碍作用。依据"技术中立"原则给予法律责任豁免的情形,通常限于技术提供者,对于技术的实际使用者,则应视其具体行为是否符合法律规定进行判断。恶意使用技术危害社会或他人的行为,应受法律制裁。本案中,快播公司并不单纯是技术的提供者,"站长"或用户发布或点播视频时,快播公司的调度服务器、缓存服务器参与其中,快播公司构建的P2P网络平台和缓存加速服务都让其成为技术的使用者,同时也是网络视频信息服务的内容提供者。快播公司在提供P2P视频技术服务和缓存技术服务时,虽然客观上没有对视频内容进行选择,但当其明知自己的P2P视频技术服务被他人用于传播淫秽视频,自己的缓存技术服务被利用成为大量淫秽视频的加速传播工具,本身有义务、有能力阻止而不阻止时,快播公司就不可能再获得“技术中立”的责任豁免。快播公司出于牟利目的,拒不履行网络安全管理义务,放任他人利用快播网络系统大量传播淫秽视频,且放任自己的缓存服务器介入淫秽视频的传播,在使用技术的过程中明显存在恶意,应当承担相应的法律责任。

基于技术中立原则的要求,在信息网络传播权保护领域,技术的提供者需要尽到合理的注意义务,从而产生所谓“避风港”规则。这一规则在《信息网络传播权保护条例》中规定为,当网络用户利用网络服务实施侵权行为时,被侵权人有权通知网络服务提供者采取删除、屏蔽、断开链接等必要措施,网络服务提供者如果并不明知作品、表演、录音录像制品系侵权时,接到通知后,未采取必要措施的,网络服务提供者应当承担责任;网络服务提供者接到通知后采取了必要措施的,则不需要承担责任。设立该项规则的目的在于,保护单纯的网络服务提供者不因网络中海量的作品、表演、录音录像制品中存在侵权内容而被追究侵权赔偿责任,以促进网络服务的发展。本案中,辩护人认为基于“避风港”规则,快播公司作为网络服务提供者,可以适用《信息网络传播权保护条例》的规定免除责任。然而,《信息网络传播权保护条例》第三条明确规定:“依法禁止提供的作品、表演、录音录像制品,不受本条例保护。权利人行使信息网络传播权,不得违反宪法和法律、行政法规,不得损害公共利益。”也就是说,“避风港”规则保护的对象是合法的作品、表演、录音录像制品,而淫秽视频内容严重危害青少年身心健康和社会管理秩序,属于依法禁止提供的对象,不属于信息网络传播权保护的范围,当然不适用著作权法意义上的“避风港”规则。

关于缓存服务器内存储视频的“缓存”状态是否适用“避风港”规则免责的问题,经查,知识产权法领域基于“避风港”规则免责的“缓存”是指“断电即被清除的临时存储”。而本案中快播公司4台涉案缓存服务器内存储的淫秽视频,均系根据视频点击量自动存储下来,只要在设定的周期内点击量达到要求,就能长期存储并随时提供用户使用。即其并非计算机信息系统中通常意义上“断电即被清除的临时存储”,而是对符合设定条件内容的硬盘(服务器)存储,不属于适用“避风港”规则免责的“缓存”类型。

(三)对于快播公司传播淫秽视频牟利的行为,应当认定为“情节严重”

1. 快播公司的行为不属于相关司法解释规定的传播淫秽物品牟利罪“情节特别严重”的情形

2010年公布的《最高人民法院、最高人民检察院关于办理利用互联网、移动通讯终端、声讯台制作、复制、出版、贩卖、传播淫秽电子信息刑事案件具体应用法律若干问题的解释(二)》(以下简称《2010年解释》)第四条规定,以牟利为目的,网站建立者、直接负责的管理者明知他人制作、复制、出版、贩卖、传播的是淫秽电子信息,允许或者放任他人在自己所有、管理的网站或者网页上发布,达到相应定罪标准的,以传播淫秽物品牟利罪定罪处罚。根据上述司法解释的规定,传播淫秽视频的数量达到1000个,即属“情节特别严重”,应在十年有期徒刑以上量刑。本案中,快播公司的行为在放任传播、不作为犯罪、平台责任等方面与上述司法解释的规定虽有一定相似之处,但在规制对象、行为表现形式等方面仍存在区别。相对于《2010年解释》第四条规定的情形,快播公司的放任传播行为具有非直观性和更大的技术介入性,不能直接适用该条的规定认定为传播淫秽物品牟利“情节特别严重”。具体分析如下:

第一,快播公司对于特定视频是否属于淫秽视频缺乏事先的明知。“事先明确知道是淫秽电子信息”与“明知其网络平台上存在淫秽电子信息”所表达的主观明知内容并不相同,前者通常是针对特定视频文件的上传、下载、传播,后者则是笼统地针对网络平台所传播的内容包括哪类信息。本案中,快播公司在提供视频发布、点对点链接、缓存加速等服务时,并没有事先设置有效的内容审查技术环节或监管措施。因此,快播公司主观上虽然明知自己的网络平台上存在淫秽视频,但就本案缓存服务器内检验出的淫秽视频而言,没有证据表明快播公司事先明确知道其中不特定的任一视频是否属于淫秽视频(服务器目录中均以特征码作为文件名)。虽然本案能够认定快播公司控制下的缓存服务器参与了淫秽视频的传播,但无法认定快播公司有针对性地实施了上传、下载和存储、提供淫秽视频的行为。

第二,快播公司不具有传播淫秽视频的直接故意。一方面,从行为人的意志因素上说,现有证据并不能证明快播公司"希望"淫秽视频通过快播网络平台大量传播。实际上,缓存服务器提供加速服务符合淫秽网站"站长"的直接传播故意和点播用户的自主选择意愿,快播公司则是采取了听之任之的放任态度。另一方面,本案没有证据证明快播公司与淫秽网站的"站长"或者其他发布淫秽视频的用户之间存在共谋。快播公司无论是提供快播视频客户端软件、服务器软件,抑或提供缓存服务器的储存、加速服务,无论是针对服务对象还是服务内容,都没有进行区分或选择,故无法认定快播公司与淫秽网站等具有直接故意的淫秽视频传播者之间具有犯意联络。缓存服务器内大量淫秽视频的存在,是淫秽网站、用户(每一个用户既是下载者也是上传者)的直接故意和快播公司的间接故意交织在一起共同作用的结果。

第三,快播公司的放任传播与技术介入的非直观性是本案的重要特征。传统的淫秽视频传播行为,一般由淫秽网站"站长"或用户以直观陈列的方式实施,传播者直接将淫秽视频链接放到网上供他人点播,或直接展示播放,或直接提供下载服务。而本案是在 P2P 传播模式下,快播公司放任其缓存服务器参与淫秽视频的传播,而没有开展有效的事前审查或后台审查。并且,缓存服务器介入视频传播的方式,不是直接提供缓存服务器的链接,而是用户点击淫秽网站上的链接后,快播公司的缓存服务器才根据调度服务器的指挥提供加速服务,其实现方式更多地体现出网络技术的后台传输特点,技术介入性和非直观性特征明显。考虑到快播公司的放任传播方式的非直观性与传统直观陈列传播方式的区别,以及技术介入性特点,单纯以缓存服务器内实际存储的淫秽视频数量来评价快播公司及各被告人的刑事责任,未免过于严苛。

第四,快播公司放任淫秽视频传播的直接获利数额难以认定。根据现有证据可以认定,快播公司及各被告人之所以放任淫秽视频传播,目的是利用淫秽视频传播带动快播播放器的用户数量和市场占有率得到提高,从而提升快播资讯和捆绑软件的盈利能力,且实际获利巨大。但应当看到,没有证据证明快播公司经营的网络平台通过传播淫秽视频直接收取费用,快播公司的盈利方式具有间接性。实际上,快播公司及各被告人在经营视频点播业务过程中,主观上兼有合法经营目的和非法牟利目的,客观上难以即时区分合法视频点播服务和非法视频点播服务,因而也就无法区分快播公司现有营业收入中具体有哪些属于传播淫秽视频所得,哪些是合法经营所得。这种合法经营和非法经营的混同存在,反映出的快播公司行为的社会危害性和主观恶性,比纯粹以淫秽物品传播为专营业务的淫秽网站要小。

第五,对快播公司犯罪情节的认定应充分考量网络信息平台传播特点。点对点视频传播技术更新速度快,也促使传播能力迅速攀升。缓存服务器参与下的 P2P 视频点播技术使淫秽物品传播产生了超高速率、超大范围的传播效果,缓存服务器提供存储服务的淫秽视频数量动辄数以万计。这种新技术传播模式与传播淫秽物品牟利罪的刑法条文和相关司法解释制定时的情形存在较大差别,故不宜按照相关司法解释的规定单纯根据传播淫秽视频的数量标准来确定刑罚。科学技术的应用必须符合法律规范,法律也应当鼓励优先运用技术措施解决技术问题,从而使科学技术具有更大的发展空间。本案量刑时应当充分考量科技发展的特殊性,不宜简单地将对传统传播淫秽物品行为的量刑标准适用于新类型网络传播淫秽物品犯罪,以体现时代变迁条件下刑法的谦抑性,更好实现罪责刑相统一。

综上,快播公司传播淫秽物品牟利的情形与相关司法解释规定的情形在主客观方面均有所不同,故不宜直接根据相关司法解释规定的数量标准认定为“情节特别严重”。

2. 快播公司放任淫秽视频大量传播并获取巨额非法利益,应当认定为传播淫秽物品牟利“情节严重”

“情节严重”,是出于立法技术的考虑而对犯罪情形的综合表述。一方面,立法者无法预见所有情节严重的情形,而作出明确、具体的规定;另一方面,即使有所预见,也不能使用冗长表述而使刑法丧失简明价值。传播淫秽物品牟利罪中的“情节严重”,是法定刑升格的依据。司法实践中,这种情节可以根据具体案情综合判定。就本案而言,深圳网监和南山区广播电视局先后两次针对快播公司存在的网络信息安全问题给予行政处罚,快播公司及各被告人明知这些执法活动的具体指向就是其涉嫌传播淫秽视频、侵权等网络违法犯罪行为,仍消极对待整改,以作为的形式掩盖不作为的实质,继续放任自己控制的缓存服务器为淫秽视频传播提供加速服务,放任快播网络平台大量传播淫秽视频,其主观恶性和社会危害性显然大于一般的传播淫秽物品牟利行为。综合考虑快播公司拒不履行其作为视频信息服务企业的网络安全管理义务,放任其网络系统被用于传播淫秽信息,两次受到行政处罚后仍不积极履行安全管理责任,造成淫秽视频大量传播,间接获取巨额非法利益,故应当依据刑法第三百六十三条第一款的规定,认定为传播淫秽物品“情节严重”。

(撰稿:北京市海淀区人民法院　范　君　游　涛
最高人民法院刑五庭　李静然
审编:最高人民法院刑五庭　马　岩)

[第1351号]梁世勋贩卖淫秽物品牟利案

——网络云盘中淫秽物品的数量认定及量刑

【关键词】 贩卖淫秽物品罪　网络云盘　数量　量刑

一、基本案情

被告人梁世勋,男,1979年7月25日出生。2015年8月20日被逮捕。

浙江省安吉县人民检察院指控被告人梁世勋犯贩卖淫秽物品牟利罪,向安吉县人民法院提起公诉。

被告人梁世勋对起诉指控的罪名无异议,但对其贩卖的视频系淫秽物品的鉴定标准和数量提出异议。

安吉县人民法院经审理查明:2015年4月,被告人梁世勋在淘宝网上开设了名为“诚信得1188”的网店,经销相关软件和供他人进行网上信息存储、读取、下载的云盘。2015年5月11日,梁世勋在该网店以28.8元的价格向章某某出售了含有视频、图片资源的百度云盘。经鉴定,该云盘内所含的视频906部、图片24张属淫秽物品。2015年5月间,梁世勋通过该网店向颜某等19人销售含有视频、图片的百度云盘,获利9 000余元。公安机关对上述云盘中所含的视频、图片进行抽样提取,经鉴定,所含的视频316部、图片24张属淫秽物品。

安吉县人民法院认为,被告人梁世勋以牟利为目的,利用网络向他人贩卖内含淫秽视频、图片的云盘,其行为已构成贩卖淫秽物品牟利罪,且属情节特别严重。梁世勋系初犯,案发后能如实进行供述，予以从轻处罚。依照《中华人民共和国刑法》第三百六十三条第一款、第六十七条第三款、第五十二条、第五十三条第一款、第六十四条之规定，于2017年5月10日作出判决：

被告人梁世勋犯贩卖淫秽物品牟利罪，判处有期徒刑十年，并处罚金一万元。

一审宣判后，被告人梁世勋提出上诉。其上诉及辩护人提出：本案淫秽物品的数量认定有误；一审判决未考虑其主观恶性、人身危害性、社会危害性等，量刑过重，请求从轻处罚。

浙江省湖州市中级人民法院经审理认为，通过一次点击打开后连续播放或显示的淫秽视频，不论时间长短、字数多少，均应计为一份；淫秽图片一张为一份。上诉人梁世勋以牟利为目的，利用网络向他人贩卖内含淫秽视频、图片的云盘，情节严重，其行为已构成贩卖淫秽物品牟利罪。综合考虑梁世勋贩卖淫秽物品的时间、数量、次数、非法获利、传播范围等具体情况，不宜认定为"情节特别严重"。二审期间，上诉人梁世勋的家属代为退缴违法所得人民币9 000元，酌情从轻处罚。据此，依照《中华人民共和国刑事诉讼法》第二百二十五条第一款第（二）项①、《中华人民共和国刑法》第三百六十三条第一款、第六十七条第三款、第五十二条、第五十三条第一款之规定，判决如下：

一、维持安吉县人民法院（2016）浙0523刑初18号刑事判决对上诉人梁世勋贩卖淫秽物品牟利罪的定罪部分，撤销量刑部分；

二、上诉人梁世勋犯贩卖淫秽物品牟利罪，判处有期徒刑四年，并处罚金一万元。

二、主要问题

1. 如何认定贩卖含有淫秽电子信息②的网络云盘中淫秽物品的数量？

2. 贩卖含有淫秽视频的网络云盘类案件应当如何量刑？

三、裁判理由

（一）贩卖含有淫秽视频的网络云盘，应当按照网络云盘中实际存储的淫秽视频文件数量认定淫秽物品的数量

网络云盘，又称网盘，是由互联网公司推出的，旨在为用户提供免费或者收费的文件储存、访问、备份、共享等在线存储服务。网络云盘可以看成一个放在网络上的硬盘或U盘，不管用户在家中、单位或者其他任何地方，只要连接到网络，就可以管理、编辑里面的文件。正是由于网络云盘存储容量大、速度快，使用方便、安全、稳定等特点，随着网络技术、特别是云技术的不断发展，网络云盘的应用越来越广泛。同时，利用网络云盘制作、复制、出版、贩卖、传播淫秽电子信息的情况日益泛滥，网络云盘已成为"贩黄传黄"的重要渠道。而网络云盘的特点也给此类案件的处理带来诸多新问题。

对于如何认定贩卖含有淫秽电子信息的网络云盘中淫秽物品的数量，存在两种不同观点：

第一种观点认为，应当按照网络云盘的数量认定淫秽物品的数量。理由是：1998年最高人民法院发布的《关于审理非法出版物刑事案件具体应用法律若干问题的解释》（以下简称《非法出版物司法解释》）第八条第一款第（二）项规定，贩卖淫秽影碟、软件、录像带100张（盒）至200张（盒）以上的构成贩卖淫秽物品牟利罪。该司法解释以贩卖淫秽视频的载体数量作为贩卖淫秽物品的数量进行认定，同理，利用网络云盘贩卖淫秽物品的，也应当以网络云盘的数量作为认定贩卖淫秽物品的数量。

第二种观点认为，应当按照网络云盘中实际存储的淫秽视频文件数量认定淫秽物品的数量。

---

① 此处引用的是2018年修正前的《刑事诉讼法》，对应修正后的《刑事诉讼法》第二百三十六条第一款第（二）项。

② 为表述方便，本文中所称的"淫秽电子信息"特指淫秽视频。

理由是:2004 年最高人民法院、最高人民检察院发布的《关于办理利用互联网、移动通讯终端、声讯台制作、复制、出版、贩卖、传播淫秽电子信息刑事案件具体应用法律若干问题的解释》[以下简称《解释(一)》]第一条第一款第(一)项规定,贩卖淫秽视频文件 20 个以上构成贩卖淫秽物品牟利罪;2010 年最高人民法院、最高人民检察院发布的《关于办理利用互联网、移动通讯终端、声讯台制作、复制、出版、贩卖、传播淫秽电子信息刑事案件具体应用法律若干问题的解释(二)》[以下简称《解释(二)》]规定,贩卖内容含有不满十四周岁未成年人的淫秽视频文件 10 个以上构成贩卖淫秽物品牟利罪。根据上述两个司法解释的规定,认定贩卖淫秽物品的数量标准是淫秽视频文件的个数,而非淫秽视频载体的个数。网络云盘本身并非文件,而是文件的存储中介和载体,应当以网络云盘中实际存储的淫秽视频文件数量来认定贩卖淫秽物品的数量。

我们赞同第二种观点,具体理由如下:

首先,网络云盘本身并非文件,而是一个存储文件的电子介质,其包含有多个文件夹,每个文件夹中又包含有多个文件。而如何界定一个"视频文件"的数量?通常是指在计算机信息网络上,通过一次点击打开后连续播放或显示的淫秽影片、软件、书刊、录音,记为一个(份)文件。与传统的影碟、软件、录像带不同,由于网络云盘的容量大,可存储的淫秽电子信息往往数量巨大,若以网络云盘的数量作为贩卖淫秽物品的数量认定,不利于对此类案件的准确打击。

其次,利用互联网、移动通讯终端、声讯台制作、复制、出版、贩卖、传播淫秽电子信息犯罪,较之传统的淫秽物品犯罪,传播方式更简便,传播范围更广泛,社会危害性更大,因此,最高人民法院和最高人民检察院制定了《解释(一)》《解释(二)》,针对制作、复制、出版、贩卖、传播淫秽电子信息犯罪规定了单独的定罪量刑标准,予以从严打击。网络云盘作为一种由互联网提供的在线存储服务,属于《解释(一)》《解释(二)》的规制对象,在定罪量刑时应当符合该司法解释规定的精神和内容。《解释(一)》《解释(二)》认定贩卖淫秽物品的数量标准是能够单独进行传播的淫秽视频文件个数,而非存储淫秽视频的电子介质个数。通常情况下,利用网络云盘贩卖淫秽视频的入罪标准是 20 个淫秽视频文件,而非 20 个网络云盘。

最后,2017 年 12 月 1 日起施行的《最高人民法院、最高人民检察院关于利用网络云盘制作、复制、贩卖、传播淫秽电子信息牟利行为定罪量刑问题的批复》(以下简称《司法解释批复》)第一条也明确规定,对于以牟利为目的,利用网络云盘制作、复制、贩卖、传播淫秽电子信息的行为,是否应当追究刑事责任,适用《刑法》和《解释(一)》《解释(二)》的有关规定。该批复明确了利用网络云盘制作、复制、贩卖、传播淫秽电子信息的犯罪应当按照《解释(一)》《解释(二)》规定的入罪标准,即贩卖内容含有不满十四周岁未成年人的淫秽电子信息的,为 10 个以上的淫秽视频文件,其他情况下为 20 个以上的淫秽视频文件。

(二)贩卖含有淫秽电子信息的网络云盘类案件应当充分考虑案件的各种情节,综合评估社会危害性,恰当量刑

根据《解释(一)》《解释(二)》的规定,贩卖淫秽视频文件 20 个以上即构成犯罪,处三年以下有期徒刑、拘役或者管制,并处罚金;贩卖淫秽视频 100 个以上属于情节严重,处三年以上十年以下有期徒刑,并处罚金;贩卖淫秽视频 500 个以上属于情节特别严重,处十年以上有期徒刑或者无期徒刑,并处罚金或者没收财产。如果简单套用司法解释的规定,贩卖 1 个网络云盘即有可能构成情节特别严重,判处十年以上有期徒刑。但《解释(一)》《解释(二)》制定之时,利用网络云盘制作、复制、贩卖、传播淫秽电子信息的情况尚未出现。随着网络技术的发展,由于网络云盘存储量大,动辄即有几个 T 的容量,利用网络云盘制作、复制、贩卖、传播淫秽电子信息往往数量巨大,有的案件单个云盘存储的淫秽视频可达上万部,个别案件涉及云盘账号数万个,但通常而言,

此类案件获利数额不大,传播人数不多。因而不能简单地套用《解释(一)》《解释(二)》关于贩卖淫秽电子信息数量的量刑标准处理利用网络云盘贩卖淫秽电子信息的违法犯罪行为。否则,可能出现量刑畸重现象,有违罪责刑相适应原则的要求。

《司法解释批复》的出台为此类案件的处理提供了量刑指引,批复第二条明确规定,对利用网络云盘制作、复制、贩卖、传播淫秽电子信息牟利案件,量刑时,不应单纯考虑制作、复制、贩卖、传播淫秽电子信息的数量,还应充分考虑传播范围、违法所得、行为人一贯表现以及淫秽电子信息、传播对象是否涉及未成年人等情节,综合评估社会危害性,恰当裁量刑罚,确保罪责刑相适应。如行为人具有利用网络云盘传播淫秽电子信息范围广、获利多或者有前科等严重情节的,仍可判处重刑。

本案在二审审理中,《司法解释批复》虽然尚未公布实施,但被告人梁世勋贩卖给章某某的1个网络云盘中含有906部淫秽视频,获利仅为28.8元,如果简单套用《解释(一)》《解释(二)》,仅该次犯罪行为,就应认定为"情节特别严重",判处十年以上有期徒刑,明显罪责刑不相适应。即使以被告人全部犯罪事实来看,其贩卖时间为两个多月,贩卖的网络云盘内含有1 222部淫秽视频,传播人数20人,违法所得9 000余元,一审判处被告人有期徒刑十年,并处罚金一万元,与其罪责明显不相适应,量刑畸重。湖州市人民检察院也认为,一审判决认定事实清楚,证据确实、充分,定罪正确,但相对于其犯罪行为及危害后果,量刑确显过重,建议二审法院考虑上诉人贩卖淫秽物品的时间、数量等具体情况,依法判决。为此,二审法院考虑《解释(一)》《解释(二)》对如何办理利用网络云盘贩卖电子信息类案件并无明确规定,采取了定罪门槛参照《解释(一)》《解释(二)》的相关规定,但在认定被告人梁世勋的犯罪行为是否属于"情节特别严重"时,并未简单套用《解释(一)》《解释(二)》规定的办法,而是综合考虑梁世勋通过网络贩卖含有淫秽电子信息的网络云盘的时间不长,传播范围不大,传播对象不涉及未成年人,其无违法犯罪前科,二审期间,家属又代为退出了全部违法所得,有认罪悔罪表现等情节,不认定为"情节特别严重",对其改判有期徒刑四年,并处罚金一万元。

本案在审理阶段,虽然《司法解释批复》尚未公布实施,但二审法院适用法律的内在精神却与《司法解释批复》相契合,而且亦不违背《解释(一)》《解释(二)》的相关规定,其作出的改判是适当的。

(撰稿:浙江省湖州市中级人民法院　赵　芳　陈克娥
审编:最高人民法院刑四庭　陆建红)

刑事立法、司法规范

一、扰乱公共秩序罪

最高人民法院　最高人民检察院

关于办理扰乱无线电通讯管理秩序等刑事案件适用法律若干问题的解释

(2017 年 4 月 17 日最高人民法院审判委员会第 1715 次会议、2017 年 5 月 25 日最高人民检察院第十二届检察委员会第 64 次会议通过　2017 年 6 月 27 日公布　自 2017 年 7 月 1 日起施行　法释〔2017〕11 号)

为依法惩治扰乱无线电通讯管理秩序犯罪,根据《中华人民共和国刑法》《中华人民共和国刑事诉讼法》的有关规定,现就办理此类刑事案件适用法律的若干问题解释如下:

第一条　具有下列情形之一的,应当认定为刑法第二百八十八条第一款规定的“擅自设置、使用无线电台(站),或者擅自使用无线电频率,干扰无线电通讯秩序”:

(一)未经批准设置无线电广播电台(以下简称“黑广播”),非法使用广播电视专用频段的频率的;

(二)未经批准设置通信基站(以下简称“伪基站”),强行向不特定用户发送信息,非法使用公众移动通信频率的;

(三)未经批准使用卫星无线电频率的;

(四)非法设置、使用无线电干扰器的;

(五)其他擅自设置、使用无线电台(站),或者擅自使用无线电频率,干扰无线电通讯秩序的情形。

第二条　违反国家规定,擅自设置、使用无线电台(站),或者擅自使用无线电频率,干扰无线电通讯秩序,具有下列情形之一的,应当认定为刑法第二百八十八条第一款规定的“情节严重”:

(一)影响航天器、航空器、铁路机车、船舶专用无线电导航、遇险救助和安全通信等涉及公共安全的无线电频率正常使用的;

(二)自然灾害、事故灾难、公共卫生事件、社会安全事件等突发事件期间,在事件发生地使用“黑广播”“伪基站”的;

(三)举办国家或者省级重大活动期间,在活动场所及周边使用“黑广播”“伪基站”的;

(四)同时使用三个以上“黑广播”“伪基站”的;

(五)“黑广播”的实测发射功率五百瓦以上,或者覆盖范围十公里以上的;

(六)使用“伪基站”发送诈骗、赌博、招嫖、木马病毒、钓鱼网站链接等违法犯罪信息,数量在五千条以上,或者销毁发送数量等记录的;

(七)雇佣、指使未成年人、残疾人等特定人员使用“伪基站”的;

(八)违法所得三万元以上的;

(九)曾因扰乱无线电通讯管理秩序受过刑事处罚,或者二年内曾因扰乱无线电通讯管理秩

序受过行政处罚,又实施刑法第二百八十八条规定的行为的;

(十)其他情节严重的情形。

第三条 违反国家规定,擅自设置、使用无线电台(站),或者擅自使用无线电频率,干扰无线电通讯秩序,具有下列情形之一的,应当认定为刑法第二百八十八条第一款规定的“情节特别严重”:

(一)影响航天器、航空器、铁路机车、船舶专用无线电导航、遇险救助和安全通信等涉及公共安全的无线电频率正常使用,危及公共安全的;

(二)造成公共秩序混乱等严重后果的;

(三)自然灾害、事故灾难、公共卫生事件和社会安全事件等突发事件期间,在事件发生地使用“黑广播”“伪基站”,造成严重影响的;

(四)对国家或者省级重大活动造成严重影响的;

(五)同时使用十个以上“黑广播”“伪基站”的;

(六)“黑广播”的实测发射功率三千瓦以上,或者覆盖范围二十公里以上的;

(七)违法所得十五万元以上的;

(八)其他情节特别严重的情形。

第四条 非法生产、销售“黑广播”“伪基站”、无线电干扰器等无线电设备,具有下列情形之一的,应当认定为刑法第二百二十五条规定的“情节严重”:

(一)非法生产、销售无线电设备三套以上的;

(二)非法经营数额五万元以上的;

(三)其他情节严重的情形。

实施前款规定的行为,数量或者数额达到前款第一项、第二项规定标准五倍以上,或者具有其他情节特别严重的情形的,应当认定为刑法第二百二十五条规定的“情节特别严重”。

在非法生产、销售无线电设备窝点查扣的零件,以组装完成的套数以及能够组装的套数认定;无法组装为成套设备的,每三套广播信号调制器(激励器)认定为一套“黑广播”设备,每三块主板认定为一套“伪基站”设备。

第五条 单位犯本解释规定之罪的,对单位判处罚金,并对直接负责的主管人员和其他直接责任人员,依照本解释规定的自然人犯罪的定罪量刑标准定罪处罚。

第六条 擅自设置、使用无线电台(站),或者擅自使用无线电频率,同时构成其他犯罪的,按照处罚较重的规定定罪处罚。

明知他人实施诈骗等犯罪,使用“黑广播”“伪基站”等无线电设备为其发送信息或者提供其他帮助,同时构成其他犯罪的,按照处罚较重的规定定罪处罚。

第七条 负有无线电监督管理职责的国家机关工作人员滥用职权或者玩忽职守,致使公共财产、国家和人民利益遭受重大损失的,应当依照刑法第三百九十七条的规定,以滥用职权罪或者玩忽职守罪追究刑事责任。

有查禁扰乱无线电管理秩序犯罪活动职责的国家机关工作人员,向犯罪分子通风报信、提供便利,帮助犯罪分子逃避处罚的,应当依照刑法第四百一十七条的规定,以帮助犯罪分子逃避处罚罪追究刑事责任;事先通谋的,以共同犯罪论处。

第八条 为合法经营活动,使用“黑广播”“伪基站”或者实施其他扰乱无线电通讯管理秩序的行为,构成扰乱无线电通讯管理秩序罪,但不属于“情节特别严重”,行为人系初犯,并确有悔罪表现的,可以认定为情节轻微,不起诉或者免予刑事处罚;确有必要判处刑罚的,应当从宽处罚。

第九条 对案件所涉的有关专门性问题难以确定的,依据司法鉴定机构出具的鉴定意见,或者下列机构出具的报告,结合其他证据作出认定:

(一)省级以上无线电管理机构、省级无线电管理机构依法设立的派出机构、地市级以上广播电视主管部门就是否系“伪基站”“黑广播”出具的报告;

(二)省级以上广播电视主管部门及其指定的检测机构就“黑广播”功率、覆盖范围出具的报告;

(三)省级以上航空、铁路、船舶等主管部门就是否干扰导航、通信等出具的报告。

对移动终端用户受影响的情况,可以依据相关通信运营商出具的证明,结合被告人供述、终端用户证言等证据作出认定。

第十条 本解释自2017年7月1日起施行。

最高人民法院 最高人民检察院
关于办理非法利用信息网络、帮助信息网络犯罪活动等刑事案件适用法律若干问题的解释

(2019年6月3日最高人民法院审判委员会第1171次会议、2019年9月4日最高人民检察院第十三届检察委员会第二十三次会议通过 2019年10月21日公布 自2019年11月1日起施行 法释〔2019〕15号)

为依法惩治拒不履行信息网络安全管理义务、非法利用信息网络、帮助信息网络犯罪活动等犯罪,维护正常网络秩序,根据《中华人民共和国刑法》《中华人民共和国刑事诉讼法》的规定,现就办理此类刑事案件适用法律的若干问题解释如下:

第一条 提供下列服务的单位和个人,应当认定为刑法第二百八十六条之一第一款规定的“网络服务提供者”:

(一)网络接入、域名注册解析等信息网络接入、计算、存储、传输服务;

(二)信息发布、搜索引擎、即时通讯、网络支付、网络预约、网络购物、网络游戏、网络直播、网站建设、安全防护、广告推广、应用商店等信息网络应用服务;

(三)利用信息网络提供的电子政务、通信、能源、交通、水利、金融、教育、医疗等公共服务。

第二条 刑法第二百八十六条之一第一款规定的“监管部门责令采取改正措施”,是指网信、电信、公安等依照法律、行政法规的规定承担信息网络安全监管职责的部门,以责令整改通知书或者其他文书形式,责令网络服务提供者采取改正措施。

认定“经监管部门责令采取改正措施而拒不改正”,应当综合考虑监管部门责令改正是否具有法律、行政法规依据,改正措施及期限要求是否明确、合理,网络服务提供者是否具有按照要求采取改正措施的能力等因素进行判断。

第三条 拒不履行信息网络安全管理义务,具有下列情形之一的,应当认定为刑法第二百八十六条之一第一款第一项规定的“致使违法信息大量传播”:

(一)致使传播违法视频文件二百个以上的;

(二)致使传播违法视频文件以外的其他违法信息二千个以上的;

(三)致使传播违法信息,数量虽未达到第一项、第二项规定标准,但是按相应比例折算合计达到有关数量标准的;

（四）致使向二千个以上用户账号传播违法信息的；

（五）致使利用群组成员账号数累计三千以上的通讯群组或者关注人员账号数累计三万以上的社交网络传播违法信息的；

（六）致使违法信息实际被点击数达到五万以上的；

（七）其他致使违法信息大量传播的情形。

第四条 拒不履行信息网络安全管理义务，致使用户信息泄露，具有下列情形之一的，应当认定为刑法第二百八十六条之一第一款第二项规定的“造成严重后果”：

（一）致使泄露行踪轨迹信息、通信内容、征信信息、财产信息五百条以上的；

（二）致使泄露住宿信息、通信记录、健康生理信息、交易信息等其他可能影响人身、财产安全的用户信息五千条以上的；

（三）致使泄露第一项、第二项规定以外的用户信息五万条以上的；

（四）数量虽未达到第一项至第三项规定标准，但是按相应比例折算合计达到有关数量标准的；

（五）造成他人死亡、重伤、精神失常或者被绑架等严重后果的；

（六）造成重大经济损失的；

（七）严重扰乱社会秩序的；

（八）造成其他严重后果的。

第五条 拒不履行信息网络安全管理义务，致使影响定罪量刑的刑事案件证据灭失，具有下列情形之一的，应当认定为刑法第二百八十六条之一第一款第三项规定的“情节严重”：

（一）造成危害国家安全犯罪、恐怖活动犯罪、黑社会性质组织犯罪、贪污贿赂犯罪案件的证据灭失的；

（二）造成可能判处五年有期徒刑以上刑罚犯罪案件的证据灭失的；

（三）多次造成刑事案件证据灭失的；

（四）致使刑事诉讼程序受到严重影响的；

（五）其他情节严重的情形。

第六条 拒不履行信息网络安全管理义务，具有下列情形之一的，应当认定为刑法第二百八十六条之一第一款第四项规定的“有其他严重情节”：

（一）对绝大多数用户日志未留存或者未落实真实身份信息认证义务的；

（二）二年内经多次责令改正拒不改正的；

（三）致使信息网络服务被主要用于违法犯罪的；

（四）致使信息网络服务、网络设施被用于实施网络攻击，严重影响生产、生活的；

（五）致使信息网络服务被用于实施危害国家安全犯罪、恐怖活动犯罪、黑社会性质组织犯罪、贪污贿赂犯罪或者其他重大犯罪的；

（六）致使国家机关或者通信、能源、交通、水利、金融、教育、医疗等领域提供公共服务的信息网络受到破坏，严重影响生产、生活的；

（七）其他严重违反信息网络安全管理义务的情形。

第七条 刑法第二百八十七条之一规定的“违法犯罪”，包括犯罪行为和属于刑法分则规定的行为类型但尚未构成犯罪的违法行为。

第八条 以实施违法犯罪活动为目的而设立或者设立后主要用于实施违法犯罪活动的网站、通讯群组，应当认定为刑法第二百八十七条之一第一款第一项规定的“用于实施诈骗、传授犯罪方法、制作或者销售违禁物品、管制物品等违法犯罪活动的网站、通讯群组”。

第九条 利用信息网络提供信息的链接、截屏、二维码、访问账号密码及其他指引访问服务的,应当认定为刑法第二百八十七条之一第一款第二项、第三项规定的“发布信息”。

第十条 非法利用信息网络,具有下列情形之一的,应当认定为刑法第二百八十七条之一第一款规定的“情节严重”:

(一)假冒国家机关、金融机构名义,设立用于实施违法犯罪活动的网站的;

(二)设立用于实施违法犯罪活动的网站,数量达到三个以上或者注册账号数累计达到二千以上的;

(三)设立用于实施违法犯罪活动的通讯群组,数量达到五个以上或者群组成员账号数累计达到一千以上的;

(四)发布有关违法犯罪的信息或者为实施违法犯罪活动发布信息,具有下列情形之一的:

1. 在网站上发布有关信息一百条以上的;

2. 向二千个以上用户账号发送有关信息的;

3. 向群组成员数累计达到三千以上的通讯群组发送有关信息的;

4. 利用关注人员账号数累计达到三万以上的社交网络传播有关信息的;

(五)违法所得一万元以上的;

(六)二年内曾因非法利用信息网络、帮助信息网络犯罪活动、危害计算机信息系统安全受过行政处罚,又非法利用信息网络的;

(七)其他情节严重的情形。

第十一条 为他人实施犯罪提供技术支持或者帮助,具有下列情形之一的,可以认定行为人明知他人利用信息网络实施犯罪,但是有相反证据的除外:

(一)经监管部门告知后仍然实施有关行为的;

(二)接到举报后不履行法定管理职责的;

(三)交易价格或者方式明显异常的;

(四)提供专门用于违法犯罪的程序、工具或者其他技术支持、帮助的;

(五)频繁采用隐蔽上网、加密通信、销毁数据等措施或者使用虚假身份,逃避监管或者规避调查的;

(六)为他人逃避监管或者规避调查提供技术支持、帮助的;

(七)其他足以认定行为人明知的情形。

第十二条 明知他人利用信息网络实施犯罪,为其犯罪提供帮助,具有下列情形之一的,应当认定为刑法第二百八十七条之二第一款规定的“情节严重”:

(一)为三个以上对象提供帮助的;

(二)支付结算金额二十万元以上的;

(三)以投放广告等方式提供资金五万元以上的;

(四)违法所得一万元以上的;

(五)二年内曾因非法利用信息网络、帮助信息网络犯罪活动、危害计算机信息系统安全受过行政处罚,又帮助信息网络犯罪活动的;

(六)被帮助对象实施的犯罪造成严重后果的;

(七)其他情节严重的情形。

实施前款规定的行为,确因客观条件限制无法查证被帮助对象是否达到犯罪的程度,但相关数额总计达到前款第二项至第四项规定标准五倍以上，或者造成特别严重后果的，应当以帮助信息网络犯罪活动罪追究行为人的刑事责任。

第十三条 被帮助对象实施的犯罪行为可以确认，但尚未到案、尚未依法裁判或者因未达到刑事责任年龄等原因依法未予追究刑事责任的，不影响帮助信息网络犯罪活动罪的认定。

第十四条 单位实施本解释规定的犯罪的，依照本解释规定的相应自然人犯罪的定罪量刑标准，对直接负责的主管人员和其他直接责任人员定罪处罚，并对单位判处罚金。

第十五条 综合考虑社会危害程度、认罪悔罪态度等情节，认为犯罪情节轻微的，可以不起诉或者免予刑事处罚；情节显著轻微危害不大的，不以犯罪论处。

第十六条 多次拒不履行信息网络安全管理义务、非法利用信息网络、帮助信息网络犯罪活动构成犯罪，依法应当追诉的，或者二年内多次实施前述行为未经处理的，数量或者数额累计计算。

第十七条 对于实施本解释规定的犯罪被判处刑罚的，可以根据犯罪情况和预防再犯罪的需要，依法宣告职业禁止；被判处管制、宣告缓刑的，可以根据犯罪情况，依法宣告禁止令。

第十八条 对于实施本解释规定的犯罪的，应当综合考虑犯罪的危害程度、违法所得数额以及被告人的前科情况、认罪悔罪态度等，依法判处罚金。

第十九条 本解释自2019年11月1日起施行。

《关于办理非法利用信息网络、帮助信息网络犯罪活动等刑事案件适用法律若干问题的解释》的理解与适用

□周加海　喻海松

日前，最高人民法院、最高人民检察院联合发布《关于办理非法利用信息网络、帮助信息网络犯罪活动等刑事案件适用法律若干问题的解释》（法释〔2019〕15号，以下简称《解释》），自2019年11月1日起施行。为便于司法实践中正确理解与适用，现就《解释》的制定背景、起草中的主要考虑和主要内容介绍如下。

一、《解释》的制定背景与经过

近年来，网络犯罪呈上升趋势，各种传统犯罪日益向互联网迁移，网络犯罪呈高发多发态势，严重危害国家安全、社会秩序和人民群众合法权益。为进一步严惩网络犯罪，维护正常网络秩序，2015年11月1日起施行的《刑法修正案（九）》增设了《刑法》第二百八十六条之一和第二百八十七条之一、之二，规定了拒不履行信息网络安全管理义务罪，非法利用信息网络罪和帮助信息网络犯罪活动罪。《刑法修正案（九）》施行以来，各级公检法机关依据修改后的《刑法》规定，严肃惩处相关网络犯罪。截至2019年9月，全国法院共审理相关网络犯罪案件260件，判决473人。其中，非法利用信息网络刑事案件159件、223人，帮助信息网络犯罪活动刑事案件98件、247人。

依法严惩网络犯罪，切实维护网络安全，对于维护国家安全、社会秩序和人民群众合法权益，发挥了重要作用。但是，在查办案件过程中，有意见反映，《刑法修正案（九）》新增相关网络犯罪的定罪量刑标准较为原则，不易把握；另有一些法律适用问题存在认识分歧，影响了案件办理。鉴于此，为保障法律正确、统一适用，依法严厉惩治、有效防范网络犯罪，最高人民法院会同最高人民检察院，在公安部等部门的大力支持下，经深入调查研究、广泛征求意见、反复论证完善，起草了《解释》。2019年6月3日最高人民法院审判委员会第1771次会议、2019年9月4日最高人

民检察院第十三届检察委员会第二十三次会议审议通过了《解释》。

二、《解释》起草中的主要考虑

为确保《解释》的内容科学合理，能够适应形势发展、满足实践需要，在起草过程中，着重注意把握了以下几点：

第一，贯彻《刑法》修改精神，依法严惩网络犯罪。网络犯罪不仅严重侵害公民的人身安全和财产安全，而且严重影响社会秩序甚至国家安全，依法有效惩治网络犯罪已经成为当前及未来一段时期的重要任务。基于当前网络犯罪的态势，根据修法精神，《解释》相关条文彰显了对网络犯罪的严惩立场：设置较低的入罪门槛，以适当减小取证工作难度，对网络犯罪"打早打小"；规制为网络犯罪提供技术支持和其他帮助的行为，对网络犯罪"全链条"惩治；在自由刑的基础上进一步加大职业禁止、禁止令和财产刑的适用力度，防止相关犯罪分子"重操旧业"。

第二，坚持问题导向，有效解决司法实务问题。从调研情况来看，拒不履行信息网络安全管理义务罪、非法利用信息网络罪、帮助信息网络犯罪活动罪的定罪量刑标准尚不明确，"网络服务提供者"的范围、"经政府有关部门责令采取改正措施而拒不改正"的认定、非法利用信息网络罪中"违法犯罪"与帮助信息网络犯罪活动罪中"犯罪"的把握等法律适用问题存在较大争议，亟须通过司法解释加以明确。《解释》相关条文根据司法实践具体情况，全面解决办案实际中的难题，切实提升打击实效。

第三，坚持安全与发展并重，兼顾网络安全和网络服务业发展的需要。网络服务提供者依法切实履行信息网络安全管理义务，是维护网络安全的前提和基础。《解释》明确了拒不履行信息网络安全管理义务罪的入罪标准，以充分发挥《刑法》的威慑和教育功能，促进网络服务提供者认真履行防止违法信息传播、保护用户信息安全、留存刑事案件证据等义务，切实维护网络安全。同时，《解释》坚持实事求是和刑法谦抑原则，以确保相关刑事责任的追究依法、妥当、合理，确保网络服务业的健康、有序发展。

三、《解释》的主要内容

《解释》依照《刑法》《刑事诉讼法》的规定，对拒不履行信息网络安全管理义务罪、非法利用信息网络罪、帮助信息网络犯罪活动罪的定罪量刑标准和相关法律适用问题作了较为全面、系统的规定，共十九个条文，大致可以归纳为以下八个方面的问题：

（一）拒不履行信息网络安全管理义务罪的主体范围

根据《刑法》第二百八十六条之一的规定，拒不履行信息网络安全管理义务罪的主体是"网络服务提供者"。因此，明确"网络服务提供者"的范围，是确保拒不履行信息网络安全管理义务罪准确适用的前提和基础。《网络安全法》第七十六条第（一）项规定："网络，是指由计算机或者其他信息终端及相关设备组成的按照一定的规则和程序对信息进行收集、存储、传输、交换、处理的系统。"第（三）项规定："网络运营者，是指网络的所有者、管理者和网络服务提供者。"可见，"网络"与"信息系统"含义相同，包括联入公共通信网的系统和未联入公共通信网的系统，涵括对外提供服务的系统和不对外提供服务而自用的系统。而《刑法》第二百八十六条之一使用了"网络服务提供者"，自然不能包括《网络安全法》规定的"网络运营者"的所有情形。经研究认为，"网络服务提供者"包括提供互联网服务的"网络运营者"，也包括虽然提供内部网络服务、但涉及公共服务的"网络运营者"。基于此，《解释》第一条规定，提供下列服务的单位和个人，应当认定为《刑法》第二百八十六条之一第一款规定的"网络服务提供者"：（1）网络接入、域名注册解析等信息网络接入、计算、存储、传输服务；（2）信息发布、搜索引擎、即时通讯、网络支付、网络预约、网络购物、网络游戏、网络直播、网站建设、安全防护、广告推广、应用商店等信息网络应用服务；（3）利用信息网络提供的电子政务、通信、能源、交通、水利、金融、教育、医疗等公共服务。

(二)拒不履行信息网络安全管理义务罪的前提要件

根据《刑法》第二百八十六条之一的规定,构成拒不履行信息网络安全管理义务罪,以“经政府有关部门责令采取改正措施而拒不改正”作为前提要件。根据司法实践情况,为统一司法适用,《解释》第二条对“经政府有关部门责令采取改正措施而拒不改正”的认定作了明确。

1.“监管部门责令采取改正措施”的含义。《网络安全法》第八条第一款规定:“国家网信部门负责统筹协调网络安全工作和相关监督管理工作。国务院电信主管部门、公安部门和其他有关机关依照本法和有关法律、行政法规的规定,在各自职责范围内负责网络安全保护和监督管理工作。”据此,《解释》第二条第一款规定:“刑法第二百八十六条之一第一款规定的‘监管部门责令采取改正措施’,是指网信、电信、公安等依照法律、行政法规的规定承担信息网络安全监管职责的部门,以责令整改通知书或者其他文书形式,责令网络服务提供者采取改正措施。”

2.“经监管部门责令采取改正措施而拒不改正”的认定。根据司法实践反映的问题,基于拒不履行信息网络安全管理义务罪系不作为犯的属性,《解释》第二条第二款进一步规定:“认定‘经监管部门责令采取改正措施而拒不改正’,应当综合考虑监管部门责令改正是否具有法律、行政法规依据,改正措施及期限要求是否明确、合理,网络服务提供者是否具有按照要求采取改正措施的能力等因素进行判断。”

(三)拒不履行信息网络安全管理义务罪的入罪标准

《刑法》第二百八十六条之一第一款第(一)项至第(三)项列举了拒不履行信息网络安全管理义务,致使违法信息大量传播、致使用户信息泄露以及致使刑事案件证据灭失的入罪情形,并设置了兜底项“有其他严重情节的”。为统一司法适用,《解释》根据拒不履行信息网络安全管理义务罪的不同情形,对其入罪标准作了明确规定。

1.致使违法信息大量传播的。根据司法实践的情况,《解释》第三条主要从违法信息数量、传播范围等方面明确了“致使违法信息大量传播”的认定标准:根据违法信息的类型不同,第(一)项至第(三)项区分违法视频文件和其他违法信息设置不同标准;根据传播方式的不同,以传播用户账号数、通讯群组和社交网络账号数以及实际被点击数设置不同标准。具体而言,拒不履行信息网络安全管理义务,具有下列情形之一的,应当认定为《刑法》第二百八十六条之一第一款第(一)项规定的“致使违法信息大量传播”:(1)致使传播违法视频文件二百个以上的;(2)致使传播违法视频文件以外的其他违法信息二千个以上的;(3)致使传播违法信息,数量虽未达到前述规定标准,但是按相应比例折算合计达到有关数量标准的;(4)致使向二千个以上用户账号传播违法信息的;(5)致使利用群组成员账号数累计三千以上的通讯群组或者关注人员账号数累计三万以上的社交网络传播违法信息的;(6)致使违法信息实际被点击数达到五万以上的;(7)其他致使违法信息大量传播的情形。

2.致使用户信息泄露,造成严重后果的。根据司法实践情况,《解释》第四条主要从泄露的用户信息数量、后果严重程度等方面明确了“致使用户信息泄露,造成严重后果”的认定标准。其中,与侵犯公民个人信息罪的入罪标准相协调,区分高度敏感信息、敏感信息、一般信息设置不同标准。具体而言,拒不履行信息网络安全管理义务,致使用户信息泄露,具有下列情形之一的,应当认定为《刑法》第二百八十六条之一第一款第(二)项规定的“造成严重后果”:(1)致使泄露行踪轨迹信息、通信内容、征信信息、财产信息五百条以上的;(2)致使泄露住宿信息、通信记录、健康生理信息、交易信息等其他可能影响人身、财产安全的用户信息五千条以上的;(3)致使泄露一般用户信息五万条以上的;(4)数量虽未达到前述规定标准,但是按相应比例折算合计达到有关数量标准的;(5)造成他人死亡、重伤、精神失常或者被绑架等严重后果的;(6)造成重大经济损失的;(7)严重扰乱社会秩序的;(8)造成其他严重后果的。

3. 致使刑事案件证据灭失,情节严重的。根据司法实践的情况,《解释》第五条主要从相关证据所涉案件重要程度、造成证据灭失的次数、对刑事诉讼程序的影响等方面明确了"致使刑事案件证据灭失,情节严重"的认定标准。具体而言,拒不履行信息网络安全管理义务,致使影响定罪量刑的刑事案件证据灭失,具有下列情形之一的,应当认定为《刑法》第二百八十六条之一第一款第(三)项规定的"情节严重":(1)造成危害国家安全犯罪、恐怖活动犯罪、黑社会性质组织犯罪、贪污贿赂犯罪案件的证据灭失的;(2)造成可能判处五年有期徒刑以上刑罚犯罪案件的证据灭失的;(3)多次造成刑事案件证据灭失的;(4)致使刑事诉讼程序受到严重影响的;(5)其他情节严重的情形。

4. 有其他严重情节的。根据司法实践的情况,《解释》第六条主要从拒不履行信息网络安全管理义务的重要程度、前科情况、造成后果等方面对"有其他严重情节"作了明确。具体而言,拒不履行信息网络安全管理义务,具有下列情形之一的,应当认定为《刑法》第二百八十六条之一第一款第(四)项规定的"有其他严重情节":(1)对绝大多数用户日志未留存或者未落实真实身份信息认证义务的;(2)二年内经多次责令改正拒不改正的;(3)致使信息网络服务被主要用于违法犯罪的;(4)致使信息网络服务、网络设施被用于实施网络攻击,严重影响生产、生活的;(5)致使信息网络服务被用于实施危害国家安全犯罪、恐怖活动犯罪、黑社会性质组织犯罪、贪污贿赂犯罪或者其他重大犯罪的;(6)致使国家机关或者通信、能源、交通、水利、金融、教育、医疗等领域提供公共服务的信息网络受到破坏,严重影响生产、生活的;(7)其他严重违反信息网络安全管理义务的情形。

(四)非法利用信息网络罪的客观行为方式

《刑法》第二百八十七条之一多处涉及"违法犯罪"的表述,包括"用于实施诈骗、传授犯罪方法、制作或者销售违禁物品、管制物品等违法犯罪活动的网站、通讯群组""有关制作或者销售毒品、枪支、淫秽物品等违禁物品、管制物品或者其他违法犯罪信息""为实施诈骗等违法犯罪活动"等。经研究,《解释》第七条规定:"刑法第二百八十七条之一规定的'违法犯罪',包括犯罪行为和属于刑法分则规定的行为类型但尚未构成犯罪的违法行为。"据此,一方面,对《刑法》第二百八十七条之一规定中的"等",应当做等外的理解,即不只限于该条所明确列举的类型,也包括其他违法犯罪。另一方面,对于《刑法》未规定、仅在《治安管理处罚法》或者其他法律法规规定的行政违法行为,即使利用信息网络实施,也不应当构成非法利用信息网络罪。例如,对于买卖驾照计分的行为,目前无法直接追究刑事责任;对于此类行为,即使通过互联网、通信群组发布相关信息的,也不构成非法利用信息网络罪。

《解释》明确了《刑法》第二百八十七条之一第一款第(一)项规定的"用于实施诈骗、传授犯罪方法、制作或者销售违禁物品、管制物品等违法犯罪活动的网站、通讯群组"的认定规则。为区别于用于正常活动的网站、通讯群组,《解释》第八条从网站、群组的设立目的与设立后主要从事的活动两个方面予以明确,规定:"以实施违法犯罪活动为目的而设立或者设立后主要用于实施违法犯罪活动的网站、通讯群组,应当认定为刑法第二百八十七条之一第一款第一项规定的'用于实施诈骗、传授犯罪方法、制作或者销售违禁物品、管制物品等违法犯罪活动的网站、通讯群组'。"

《解释》明确了《刑法》第二百八十七条之一第一款第(二)项、第(三)项规定的"发布信息"的含义。实践中,有些行为人为逃避打击,不直接发布信息,而是发布信息的链接地址、截屏,或者将包含信息的文件放到网盘等存储空间后发布访问账号、密码。如某起案件，行为人将大量淫秽视频存入网盘后，在网上发布网盘账号、密码。经研究认为，此种情形与直接发布信息并无差异，应当认定为“发布信息”。基于此，《解释》第九条规定：“利用信息网络提供信息的链接、截屏、二维码、访问账号密码及其他指引访问服务的，应当认定为刑法第二百八十七条之一第一款第二项、第三项规定的‘发布信息’。”

（五）非法利用信息网络罪的入罪标准

根据《刑法》第二百八十七条之一第一款的规定，非法利用信息网络以“情节严重”作为入罪要件。根据司法实践的具体情况，《解释》第十条主要从设立网站、通讯群组、发布信息的数量，违法所得数额，前科情况等方面明确了“情节严重”的认定标准。具体而言，非法利用信息网络，具有下列情形之一的，应当认定为《刑法》第二百八十七条之一第一款规定的“情节严重”：(1)假冒国家机关、金融机构名义，设立用于实施违法犯罪活动的网站的。实践中，不少从事诈骗活动的犯罪分子会假冒国家机关或者金融机构名义设立用于实施违法犯罪活动的网站，如针对工商银行(icbc. com. cn)制作钓鱼网站，犯罪分子将网站内容托管到服务器后申请诸如 lcbc. com、1cbc. cn、icdc. cn 等近似于工商银行域名的虚假域名指向网站后台。基于此，《解释》将此种情形规定为“情节严重”。(2)设立用于实施违法犯罪活动的网站，数量达到三个以上或者注册账号数累计达到二千以上的。(3)设立用于实施违法犯罪活动的通讯群组，数量达到五个以上或者群组成员账号数累计达到一千以上的。(4)发布有关违法犯罪的信息或者为实施违法犯罪活动发布信息，具有下列情形之一的：①在网站上发布有关信息一百条以上的；②向二千个以上用户账号发送有关信息的；③向群组成员数累计达到三千以上的通讯群组发送有关信息的；④利用关注人员账号数累计达到三万以上的社交网络传播有关信息的。(5)违法所得一万元以上的。从实践来看，非法利用信息网络设立网站、通讯群组或者发布信息，可能获取广告费、会员注册费或者其他违法所得。基于此，《解释》将违法所得数额确定为“情节严重”的认定标准之一。(6)二年内曾因非法利用信息网络、帮助信息网络犯罪活动、危害计算机信息系统安全受过行政处罚，又非法利用信息网络的。(7)其他情节严重的情形。

（六）帮助信息网络犯罪活动罪的主观明知推定规则

根据《刑法》第二百八十七条之二的规定，帮助信息网络犯罪活动罪以行为人“明知他人利用信息网络实施犯罪”为前提。经研究认为，对帮助信息网络犯罪活动罪主观明知的认定，应当结合一般人的认知水平和行为人的认知能力，相关行为是否违反法律的禁止性规定，行为人是否履行管理职责，是否逃避监管或者规避调查，是否因同类行为受过处罚，以及行为人的供述和辩解等情况进行综合判断。根据司法实践的情况，《解释》第十一条总结了主观明知的推定情形。具体而言，为他人实施犯罪提供技术支持或者帮助，具有下列情形之一的，可以认定行为人明知他人利用信息网络实施犯罪，但是有相反证据的除外：(1)经监管部门告知后仍然实施有关行为的。随着信息技术的发展，监管部门不一定通过专门文书进行告知，甚至未必采用书面告知方式，特别是遇到紧急事件时，监管部门往往通过即时通讯群组、电话、短信、电子邮件等多种方式告知，只要有相关证据可以证明已经告知即可，故未限定告知方式。(2)接到举报后不履行法定管理职责的。网络服务提供者在为网络应用提供服务的同时也担负相关的管理职责，但现实中服务商不可能对所有服务对象进行相关管理。如网站托管服务商一般只负责网站软硬件环境的建设和维护，对网站内容不予管理，故不能要求服务商主动发现全部违法犯罪行为，但在接到举报后应当履行法定管理职责。例如，网站托管服务商在接到举报某服务对象托管的网站为淫秽色情网站后，仍不依法采取关停、删除、报案等措施，继续为该网站提供服务的，可以认定其主观明知。

(3)交易价格或者方式明显异常的。例如,第三方支付平台从一般的支付活动中收取1.5%的费用,而在有的赌博案件中第三方支付平台收取超过10%的费用。从这一收费明显异常情况,可以看出该第三方支付平台对服务对象从事犯罪活动实际上是"心知肚明"的,故推定其具有主观明知。(4)提供专门用于违法犯罪的程序、工具或者其他技术支持、帮助的。实践中,随着网络犯罪案件的分工日益细化,滋生出专门用于违法犯罪的活动,如替人开卡,取钱车手,贩卖"多卡合一"(银行卡、电话卡、支付宝账号、微信账号、身份证),解冻被支付宝、微信等支付工具安全策略冻结的未实名账户等服务;此外,还有专门用于违法犯罪活动的程序、工具,如仿冒银行、执法部门网站制作钓鱼网站。可以说,这些活动或者程序、工具并非社会正常活动所需,而系为违法犯罪活动提供帮助的专门服务,故相关从业人员对其服务对象系可能涉嫌犯罪主观上实际是明知的,故将此种情形推定为主观明知。(5)频繁采用隐蔽上网、加密通信、销毁数据等措施或者使用虚假身份,逃避监管或者规避调查的。实践中,一些行为人在帮助信息网络犯罪活动中长期使用加密措施或者虚假身份,对于此类逃避监管或者规避调查的行为,可以推定行为人主观明知。(6)为他人逃避监管或者规避调查提供技术支持、帮助的。(7)其他足以认定行为人明知的情形。实践中还有一些情形可以推断行为人主观明知,如取钱人持有多张户主不同的银行卡或者多张假身份证,无法说明缘由的,亦可以推定其主观明知。

(七)帮助信息网络犯罪活动罪的入罪标准

根据《刑法》第二百八十七条之二的规定,帮助信息网络犯罪活动以"情节严重"为入罪门槛。根据司法实践的具体情况,《解释》第十二条第一款明确了"情节严重"的认定标准。具体而言,明知他人利用信息网络实施犯罪,为其犯罪提供帮助,具有下列情形之一的,应当认定为《刑法》第二百八十七条之二第一款规定的"情节严重":(1)为三个以上对象提供帮助的;(2)支付结算金额二十万元以上的;(3)以投放广告等方式提供资金五万元以上的;(4)违法所得一万元以上的;(5)二年内曾因非法利用信息网络、帮助信息网络犯罪活动、危害计算机信息系统安全受过行政处罚,又帮助信息网络犯罪活动的;(6)被帮助对象实施的犯罪造成严重后果的;(7)其他情节严重的情形。

需要注意的是,考虑与传统犯罪中帮助行为不同,网络犯罪中帮助者往往为众多对象提供帮助,一一查证被帮助对象是否已构成犯罪存在客观困难,而帮助行为"累计"的社会危害性严重,《解释》第十二条第二款规定:"实施前款规定的行为,确因客观条件限制无法查证被帮助对象是否达到犯罪的程度,但相关数额总计达到前款第二项至第四项规定标准五倍以上,或者造成特别严重后果的,应当以帮助信息网络犯罪活动罪追究行为人的刑事责任。"适用本款时应当注意:一是此种情形下通常是被帮助对象人数众多,对于帮助单个或者少数对象利用信息网络实施犯罪的,必须以被帮助对象构成犯罪为入罪前提;二是确因客观条件限制无法证实被帮助对象实施的行为达到犯罪程度,但经查证确系刑法分则规定的行为的,如果是一般的违法行为也不能适用这一例外规则;三是情节远高于"情节严重"的程度,即此种情形下虽然无法查证被帮助对象构成犯罪,但帮助行为本身具有十分严重的社会危害性,达到独立刑事惩处的程度。

此外,根据《刑法》第二百八十七条之二第一款的规定,帮助信息网络犯罪活动罪中被帮助对象的行为必须构成犯罪,但是对此处规定的"犯罪"只应理解为相关犯罪查证属实,而不能理解为要求经人民法院生效裁判确认。同时,即使被帮助对象的行为符合《刑法》规定的其他构成要件,但因行为人未达到刑事责任年龄等原因依法未予追究刑事责任的,也不应影响帮助信息网络犯罪活动罪的认定。基于此,《解释》第十三条规定:"被帮助对象实施的犯罪行为可以确认,但尚未到案、尚未依法裁判或者因未达到刑事责任年龄等原因依法未予追究刑事责任的,不影响帮助信息网络犯罪活动罪的认定。"

（八）相关网络犯罪的其他问题

根据司法实践的情况，《解释》还对相关网络犯罪的其他问题作了明确规定。

1. 单位实施相关网络犯罪的定罪量刑标准。拒不履行信息网络安全管理义务罪、非法利用信息网络罪、帮助信息网络犯罪活动罪的主体均可以是单位。为严惩单位实施的相关网络犯罪活动，《解释》第十四条规定："单位实施本解释规定的犯罪的，依照本解释规定的相应自然人犯罪的定罪量刑标准，对直接负责的主管人员和其他直接责任人员定罪处罚，并对单位判处罚金。"

2. 相关网络犯罪的认罪认罚从宽规则。考虑司法实践中的复杂情况，根据认罪认罚从宽制度的要求，《解释》第十五条规定："综合考虑社会危害程度、认罪悔罪态度等情节，认为犯罪情节轻微的，可以不起诉或者免予刑事处罚；情节显著轻微危害不大的，不以犯罪论处。"

3. 相关网络犯罪的数量数额累计规则。《解释》第十六条规定："多次拒不履行信息网络安全管理义务、非法利用信息网络、帮助信息网络犯罪活动构成犯罪，依法应当追诉的，或者二年内多次实施前述行为未经处理的，数量或者数额累计计算。"

4. 相关网络犯罪的职业禁止和禁止令适用规则。《刑法》中规定，因利用职业便利实施犯罪的，人民法院可以根据犯罪情况和预防再犯罪的需要，禁止其自刑罚执行完毕之日或者假释之日起从事相关执业，期限为三年至五年；判处管制、宣告缓刑的，可以根据犯罪情况，同时禁止犯罪分子在执行期间从事特定活动。鉴于网络犯罪相当程度存在再犯现象，不少行为人"重操旧业"的现实情况，《解释》第十七条专门规定："对于实施本解释规定的犯罪被判处刑罚的，可以根据犯罪情况和预防再犯罪的需要，依法宣告职业禁止；被判处管制、宣告缓刑的，可以根据犯罪情况，依法宣告禁止令。"

5. 相关网络犯罪的罚金刑适用规则。网络犯罪具有明显的牟利性，行为人实施该类犯罪主要是为了牟取非法利益。因此，有必要加大财产刑的适用力度，让行为人在经济上得不偿失，进而剥夺其再次实施犯罪的经济能力。基于此，《解释》第十八条规定："对于实施本解释规定的犯罪的，应当综合考虑犯罪的危害程度、违法所得数额以及被告人的前科情况、认罪悔罪态度等，依法判处罚金。"

（作者单位：最高人民法院）

最高人民法院　最高人民检察院　公安部　司法部
关于办理黑恶势力犯罪案件若干问题的指导意见（节选）

（2018 年 1 月 16 日　法发〔2018〕1 号）

为贯彻落实《中共中央、国务院关于开展扫黑除恶专项斗争的通知》精神，统一执法思想，提高执法效能，依法、准确、有力惩处黑恶势力犯罪，严厉打击"村霸"、宗族恶势力、"保护伞"以及"软暴力"等犯罪，根据《刑法》、《刑事诉讼法》及有关司法解释等规定，针对实践中遇到的新情况、新问题，现就办理黑恶势力犯罪案件若干问题制定如下指导意见：

一、总体要求

1. 各级人民法院、人民检察院、公安机关和司法行政机关应充分发挥职能作用，密切配合，相互支持，相互制约，形成打击合力，加强预防惩治黑恶势力犯罪长效机制建设。正确运用法律规定加大对黑恶势力违法犯罪以及“保护伞”惩处力度，在侦查、起诉、审判、执行各阶段体现依法从严惩处精神，严格掌握取保候审，严格掌握不起诉，严格掌握缓刑、减刑、假释，严格掌握保外就医适用条件，充分运用《刑法》总则关于共同犯罪和犯罪集团的规定加大惩处力度，充分利用资格刑、财产刑降低再犯可能性。对黑恶势力犯罪，注意串并研判、深挖彻查，防止就案办案，依法加快办理。坚持依法办案、坚持法定标准、坚持以审判为中心，加强法律监督，强化程序意识和证据意识，正确把握“打早打小”与“打准打实”的关系，贯彻落实宽严相济刑事政策，切实做到宽严有据，罚当其罪，实现政治效果、法律效果和社会效果的统一。

2. 各级人民法院、人民检察院、公安机关和司法行政机关应聚焦黑恶势力犯罪突出的重点地区、重点行业和重点领域，重点打击威胁政治安全特别是政权安全、制度安全以及向政治领域渗透的黑恶势力；把持基层政权、操纵破坏基层换届选举、垄断农村资源、侵吞集体资产的黑恶势力；利用家族、宗族势力横行乡里、称霸一方、欺压残害百姓的“村霸”等黑恶势力；在征地、租地、拆迁、工程项目建设等过程中煽动闹事的黑恶势力；在建筑工程、交运运输、矿产资源、渔业捕捞等行业、领域，强揽工程、恶意竞标、非法占地、滥开滥采的黑恶势力；在商贸集市、批发市场、车站码头、旅游景区等场所欺行霸市、强买强卖、收保护费的市霸、行霸等黑恶势力；操纵、经营“黄赌毒”等违法犯罪活动的黑恶势力；非法高利放贷、暴力讨债的黑恶势力；插手民间纠纷，充当“地下执法队”的黑恶势力；组织或雇佣网络“水军”在网上威胁、恐吓、侮辱、诽谤、滋扰的黑恶势力；境外黑社会入境发展渗透以及跨国跨境的黑恶势力。同时，坚决深挖黑恶势力“保护伞”。

二、依法认定和惩处黑社会性质组织犯罪

3. 黑社会性质组织应同时具备《刑法》第二百九十四条第五款中规定的“组织特征”“经济特征”“行为特征”和“危害性特征”。由于实践中许多黑社会性质组织并非这“四个特征”都很明显，在具体认定时，应根据立法本意，认真审查、分析黑社会性质组织“四个特征”相互间的内在联系，准确评价涉案犯罪组织所造成的社会危害，做到不枉不纵。

4. 发起、创建黑社会性质组织，或者对黑社会性质组织进行合并、分立、重组的行为，应当认定为“组织黑社会性质组织”；实际对整个组织的发展、运行、活动进行决策、指挥、协调、管理的行为，应当认定为“领导黑社会性质组织 ”。黑社会性质组织的组织者、领导者，既包括通过一定形式产生的有明确职务、称谓的组织者、领导者，也包括在黑社会性质组织中被公认的事实上的组织者、领导者。

5. 知道或者应当知道是以实施违法犯罪为基本活动内容的组织，仍加入并接受其领导和管理的行为，应当认定为“参加黑社会性质组织”。没有加入黑社会性质组织的意愿，受雇到黑社会性质组织开办的公司、企业、社团工作，未参与黑社会性质组织违法犯罪活动的，不应认定力“参加黑社会性质组织”。

参加黑社会性质组织并具有以下情形之一的，一般应当认定为“积极参加黑社会性质组织”：多次积极参与黑社会性质组织的违法犯罪活动，或者积极参与较严重的黑社会性质组织的犯罪活动且作用突出，以及其他在组织中起重要作用的情形，如具体主管黑社会性质组织的财务、人员管理等事项。

6. 组织形成后，在一定时期内持续存在，应当认定为“形成较稳定的犯罪组织”。

黑社会性质组织一般在短时间内难以形成，而且成员人数较多，但鉴于“恶势力”团伙和犯罪集团向黑社会性质组织发展是一个渐进的过程，没有明显的性质转变的节点，故对黑社会性质组织存在时间、成员人数问题不宜作出“一刀切”的规定。

黑社会性质组织未举行成立仪式或者进行类似活动的，成立时间可以按照足以反映其初步形成非法影响的标志性事件的发生时间认定。没有明显标志性事件的，可以按照本意见中关于黑社会性质组织违法犯罪活动认定范围的规定，将组织者、领导者与其他组织成员首次共同实施该组织犯罪活动的时间认定为该组织的形成时间。该组织者、领导者因未到案或者因死亡等法定情形未被起诉的，不影响认定。

黑社会性质组织成员既包括已有充分证据证明但尚未归案的组织成员，也包括虽有参加黑社会性质组织的行为但因尚未达到刑事责任年龄或因其他法定情形而未被起诉，或者根据具体情节不作为犯罪处理的组织成员。

7. 在组织的形成、发展过程中通过以下方式获取经济利益的，应当认定为“有组织地通过违法犯罪活动或者其他手段获取经济利益”：

(1)有组织地通过违法犯罪活动或其他不正当手段聚敛；

(2)有组织地以投资、控股、参股、合伙等方式通过合法的生产、经营活动获取；

(3)由组织成员提供或通过其他单位、组织、个人资助取得。

8. 通过上述方式获得一定数量的经济利益，应当认定为“具有一定的经济实力”，同时也包括调动一定规模的经济资源用以支持该组织活动的能力。通过上述方式获取的经济利益，即使是由部分组织成员个人掌控，也应计入黑社会性质组织的“经济实力”。组织成员主动将个人或者家庭资产中的一部分用于支持该组织活动，其个人或者家庭资产可全部计入“一定的经济实力”，但数额明显较小或者仅提供动产、不动产使用权的除外。

由于不同地区的经济发展水平、不同行业的利润空间均存在很大差异，加之黑社会性质组织存在、发展的时间也各有不同，在办案时不能一般性地要求黑社会性质组织所具有的经济实力必须达到特定规模或特定数额。

9. 黑社会性质组织实施的违法犯罪活动包括非暴力性的违法犯罪活动，但暴力或以暴力相威胁始终是黑社会性质组织实施违法犯罪活动的基本手段，并随时可能付诸实施。暴力、威胁色彩虽不明显，但实际是以组织的势力、影响和犯罪能力为依托，以暴力、威胁的现实可能性为基础，足以使他人产生恐惧、恐慌进而形成心理强制或者足以影响、限制人身自由、危及人身财产安全或者影响正常生产、工作、生活的手段，属于《刑法》第二百九十四条第五款第(三)项中的“其他手段”，包括但不限于所谓的“谈判”“协商”“调解”以及滋扰、纠缠、哄闹、聚众造势等手段。

10. 为确立、维护、扩大组织的势力、影响、利益或者按照纪律规约、组织惯例多次实施违法犯罪活动，侵犯不特定多人的人身权利、民主权利、财产权利，破坏经济秩序、社会秩序，应当认定为“有组织地多次进行违法犯罪活动，为非作恶，欺压、残害群众”。

符合以下情形之一的，应当认定为是黑社会性质组织实施的违法犯罪活动：

(1)为该组织争夺势力范围、打击竞争对手、形成强势地位、谋取经济利益、树立非法权威、扩大非法影响、寻求非法保护、增强犯罪能力等实施的；

(2)按照该组织的纪律规约、组织惯例实施的；

(3)组织者、领导者直接组织、策划、指挥、参与实施的；

(4)由组织成员以组织名义实施，并得到组织者、领导者认可或者默许的；

(5)多名组织成员为逞强争霸、插手纠纷、报复他人、替人行凶、非法敛财而共同实施，并得到组织者、领导者认可或者默许的；

(6)其他应当认定为黑社会性质组织实施的。

11. 鉴于黑社会性质组织非法控制和影响的“一定区域”的大小具有相对性，不能简单地要求“一定区域”必须达到某一特定的空间范围，而应当根据具体案情，并结合黑社会性质组织对经济、社会生产秩序的危害程度加以综合分析判断。

通过实施违法犯罪活动,或者利用国家工作人员的包庇或者不依法履行职责,放纵黑社会性质组织进行违法犯罪活动的行为,称霸一方,并具有以下情形之一的,可认定为“在一定区域或者行业内,形成非法控制或者重大影响,严重破坏经济、社会生活秩序”:

(1)致使在一定区域内生活或者在一定行业内从事生产、经营的多名群众,合法利益遭受犯罪或严重违法活动侵害后,不敢通过正当途径举报、控告的;

(2)对一定行业的生产、经营形成垄断,或者对涉及一定行业的准入、经营、竞争等经济活动形成重要影响的;

(3)插手民间纠纷、经济纠纷,在相关区域或者行业内造成严重影响的;

(4)干扰、破坏他人正常生产、经营、生活,并在相关区域或者行业内造成严重影响的;

(5)干扰、破坏公司、企业、事业单位及社会团体的正常生产,经营、工作秩序,在相关区域、行业内造成严重影响,或者致使其不能正常生产、经营、工作的;

(6)多次干扰、破坏党和国家机关、行业管理部门以及村委会、居委会等基层群众自治组织的工作秩序,或者致使上述单位、组织的职能不能正常行使的;

(7)利用组织的势力、影响,帮助组织成员或他人获取政治地位,或者在党政机关、基层群众自治组织中担任一定职务的;

(8)其他形成非法控制或者重大影响,严重破坏经济、社会生活秩序的情形。

12. 对于组织者、领导者和因犯参加黑社会性质组织罪被判处五年以上有期徒刑的积极参加者,可根据《刑法》第五十六条第一款的规定适用附加剥夺政治权利。对于符合《刑法》第三十七条之一规定的组织成员,应当依法禁止其从事相关职业。符合《刑法》第六十六条规定的组织成员,应当认定为累犯,依法从重处罚。

对于因有组织的暴力性犯罪被判处死刑缓期执行的黑社会性质组织犯罪分子,可以根据《刑法》第五十条第二款的规定同时决定对其限制减刑。对于因有组织的暴力性犯罪被判处十年以上有期徒刑、无期徒刑的黑社会性质组织犯罪分子,应当根据《刑法》第八十一条第二款规定,不得假释。

13. 对于组织者、领导者一般应当并处没收个人全部财产。对于确属骨干成员或者为该组织转移、隐匿资产的积极参加者,可以并处没收个人全部财产。对于其他组织成员,应当根据所参与实施违法犯罪活动的次数、性质、地位、作用、违法所得数额以及造成损失的数额等情节,依法决定财产刑的适用。

三、依法惩处恶势力犯罪

14. 具有下列情形的组织,应当认定为“恶势力”:经常纠集在一起,以暴力、威胁或者其他手段,在一定区域或者行业内多次实施违法犯罪活动,为非作恶,欺压百姓,扰乱经济、社会生活秩序,造成较为恶劣的社会影响,但尚未形成黑社会性质组织的违法犯罪组织。恶势力一般为三人以上,纠集者相对固定,违法犯罪活动主要为强迫交易、故意伤害、非法拘禁、敲诈勒索、故意毁坏财物、聚众斗殴、寻衅滋事等,同时还可能伴随实施开设赌场、组织卖淫、强迫卖淫、贩卖毒品、运输毒品、制造毒品、抢劫、抢夺、聚众扰乱社会秩序、聚众扰乱公共场所秩序、交通秩序以及聚众“打砸抢”等。

在相关法律文书中的犯罪事实认定部分,可使用“恶势力”等表述加以描述。

15. 恶势力犯罪集团是符合犯罪集团法定条件的恶势力犯罪组织,其特征表现为:有三名以上的组织成员,有明显的首要分子,重要成员较为固定,组织成员经常纠集在一起,共同故意实施三次以上恶势力惯常实施的犯罪活动或者其他犯罪活动。

16. 公安机关、人民检察院、人民法院在办理恶势力犯罪案件时，应当依照上述规定，区别于普通刑事案件，充分运用《刑法》总则关于共同犯罪和犯罪集团的规定，依法从严惩处。

四、依法惩处利用“软暴力”实施的犯罪

17. 黑恶势力为谋取不法利益或形成非法影响，有组织地采用滋扰、纠缠、哄闹、聚众造势等手段侵犯人身权利、财产权利，破坏经济秩序、社会秩序，构成犯罪的，应当分别依照《刑法》相关规定处理：

（1）有组织地采用滋扰、纠缠、哄闹、聚众造势等手段扰乱正常的工作、生活秩序，使他人产生心理恐惧或者形成心理强制，分别属于《刑法》第二百九十三条第一款第（二）项规定的“恐吓”、《刑法》第二百二十六条规定的“威胁”，同时符合其他犯罪构成条件的，应分别以寻衅滋事罪、强迫交易罪定罪处罚。

《关于办理寻衅滋事刑事案件适用法律若干问题的解释》第二条至第四条中的“多次”一般应当理解为二年内实施寻衅滋事行为三次以上。二年内多次实施不同种类寻衅滋事行为的，应当追究刑事责任。

（2）以非法占有为目的强行索取公私财物，有组织地采用滋扰、纠缠、哄闹、聚众造势等手段扰乱正常的工作、生活秩序，同时符合《刑法》第二百七十四条规定的其他犯罪构成条件的，应当以敲诈勒索罪定罪处罚。同时由多人实施或者以统一着装、显露纹身、特殊标识以及其他明示或者暗示方式，足以使对方感知相关行为的有组织性的，应当认定为《关于办理敲诈勒索刑事案件适用法律若干问题的解释》第二条第（五）项规定的“以黑恶势力名义敲诈勒索”。

采用上述手段，同时又构成其他犯罪的，应当依法按照处罚较重的规定定罪处罚。

雇佣、指使他人有组织地采用上述手段强迫交易、敲诈勒索，构成强迫交易罪、敲诈勒索罪的，对雇佣者、指使者，一般应当以共同犯罪中的主犯论处。为强索不受法律保护的债务或者因其他非法目的，雇佣、指使他人有组织地采用上述手段寻衅滋事，构成寻衅滋事罪的，对雇佣者、指使者，一般应当以共同犯罪中的主犯论处；为追讨合法债务或者因婚恋、家庭、邻里纠纷等民间矛盾而雇佣、指使，没有造成严重后果的，一般不作为犯罪处理，但经有关部门批评制止或者处理处罚后仍继续实施的除外。

18. 黑恶势力有组织地多次短时间非法拘禁他人的，应当认定为《刑法》第二百三十八条规定的“以其他方法非法剥夺他人人身自由”。非法拘禁他人三次以上、每次持续时间在四小时以上，或者非法拘禁他人累计时间在十二小时以上的，应以非法拘禁罪定罪处罚。

五、依法打击非法放贷讨债的犯罪活动

19. 在民间借贷活动中，如有擅自设立金融机构、非法吸收公众存款、骗取贷款、套取金融机构资金发放高利贷以及为强索债务而实施故意杀人、故意伤害、非法拘禁、故意毁坏财物等行为的，应当按照具体犯罪侦查、起诉、审判。依法符合数罪并罚条件的，应当并罚。

20. 对于以非法占有为目的，假借民间借贷之名，通过“虚增债务”“签订虚假借款协议”“制造资金走账流水”“肆意认定违约”“转单平账”“虚假诉讼”等手段非法占有他人财产，或者使用暴力、威胁手段强立债权、强行索债的，应当根据案件具体事实，以诈骗、强迫交易、敲诈勒索、抢劫、虚假诉讼等罪名侦查、起诉、审判。对于非法占有的被害人实际所得借款以外的虚高“债务”和以“保证金”“中介费”“服务费”等各种名目扣除或收取的额外费用，均应计入违法所得。对于名义上为被害人所得、但在案证据能够证明实际上却为犯罪嫌疑人、被告人实施后续犯罪所使用的“借款”，应予以没收。

21. 对采用讨债公司、"地下执法队"等各种形式有组织地进行上述活动,符合黑社会性质组织、犯罪集团认定标准的,应当按照组织、领导、参加黑社会性质组织罪或者犯罪集团侦查、起诉、审判。

六、依法严惩"保护伞"

22.《刑法》第二百九十四条第三款中规定的"包庇"行为,不要求相关国家机关工作人员利用职务便利。利用职务便利包庇黑社会性质组织的,酌情从重处罚。包庇、纵容黑社会性质组织,事先有通谋的,以具体犯罪的共犯论处。

23. 公安机关、人民检察院、人民法院对办理黑恶势力犯罪案件中发现的涉嫌包庇、纵容黑社会性质组织犯罪、收受贿赂、渎职侵权等违法违纪线索,应当及时移送有关主管部门和其他相关部门,坚决依法严惩充当黑恶势力"保护伞"的职务犯罪。

24. 依法严惩农村"两委"等人员在涉农惠农补贴申领与发放、农村基础设施建设、征地拆迁补偿、救灾扶贫优抚、生态环境保护等过程中,利用职权恃强凌弱、吃拿卡要、侵吞挪用国家专项资金的犯罪,以及放纵、包庇"村霸"和宗族恶势力,致使其坐大成患;或者收受贿赂、徇私舞弊,为"村霸"和宗族恶势力充当"保护伞"的犯罪。

25. 公安机关在侦办黑恶势力犯罪案件中,应当注意及时深挖其背后的腐败问题,对于涉嫌特别重大贿赂犯罪案件的犯罪嫌疑人,及时会同有关机关,执行《刑事诉讼法》第三十七条的相关规定,辩护律师在侦查期间会见在押犯罪嫌疑人的,应当经相关侦查机关许可。

七、依法处置涉案财产

26. 公安机关、人民检察院、人民法院根据黑社会性质组织犯罪案件的诉讼需要,应当依法查询、查封、扣押、冻结全部涉案财产。公安机关侦查期间,要会同工商、税务、国土、住建、审计、人民银行等部门全面调查涉黑组织及其成员的财产状况。

对于不宜查封、扣押、冻结的经营性资产,可以申请当地政府指定有关部门或者委托有关机构代管或者托管。

对黑社会性质组织及其成员聚敛的财产及其孳息、收益的数额,办案单位可以委托专门机构评估;确实无法准确计算的,可以根据有关法律规定及查明的事实、证据合理估算。

27. 对于依法查封、冻结、扣押的黑社会性质组织涉案财产,应当全面收集、审查证明其来源、性质、用途、权属及价值大小的有关证据。符合下列情形之一的,应当依法追缴、没收:

(1)组织及其成员通过违法犯罪活动或其他不正当手段聚敛的财产及其孳息、收益;

(2)组织成员通过个人实施违法犯罪活动聚敛的财产及其孳息、收益;

(3)其他单位、组织、个人为支持该组织活动资助或主动提供的财产;

(4)通过合法的生产、经营活动获取的财产或者组织成员个人、家庭合法资产中,实际用于支持该组织活动的部分;

(5)组织成员非法持有的违禁品以及供犯罪所用的本人财物;

(6)其他单位、组织、个人利用黑社会性质组织及其成员的违法犯罪活动获取的财产及其孳息、收益;

(7)其他应当追缴、没收的财产。

28. 违法所得已用于清偿债务或者转让给他人,具有下列情形之一的,应当依法追缴:

(1)对方明知是通过违法犯罪活动或者其他不正当手段聚敛的财产及其孳息、收益的;

(2)对方无偿或者以明显低于市场价格取得的;

(3)对方是因非法债务或者违法犯罪活动而取得的;

(4)通过其他方式恶意取得的。

29. 依法应当追缴、没收的财产无法找到、被他人善意取得、价值灭失或者与其他合法财产混合且不可分割的,可以追缴、没收其他等值财产。

30. 黑社会性质组织犯罪嫌疑人、被告人逃匿,在通缉一年后不能到案,或者犯罪嫌疑人、被告人死亡的,应当依照法定程序没收其违法所得。

31. 对于依法查封、扣押、冻结的涉案财产,有证据证明确属被害人合法财产,或者确与黑社会性质组织及其违法犯罪活动无关的应予以返还。

八、其他

……(具体内容略)

35. 公安机关、人民检察院、人民法院办理黑社会性质组织犯罪案件,应当按照《刑事诉讼法》《关于办理黑社会性质组织犯罪案件若干问题的规定》《公安机关办理刑事案件证人保护工作规定》的有关规定,对证人、报案人、控告人、举报人、鉴定人、被害人采取保护措施。

犯罪嫌疑人、被告人,积极配合侦查、起诉、审判工作,在查明黑社会性质组织的组织结构和组织者、领导者的地位作用,组织实施的重大犯罪事实,追缴、没收赃款赃物,打击"保护伞"等方面提供重要线索和证据,经查证属实的,可以根据案件具体情况,依法从轻、减轻或者免除处罚,并对其参照证人保护的有关规定采取保护措施。前述规定,对于确属组织者、领导者的犯罪嫌疑人、被告人应当严格掌握。

对于确有重大立功或者对于认定重大犯罪事实或追缴、没收涉黑财产具有重要作用的组织成员,确有必要通过分案审理予以保护的,公安机关可以与人民检察院、人民法院在充分沟通的基础上作出另案处理的决定。

对于办理黑社会性质组织犯罪案件的政法干警及其近亲属,需要采取保护措施的,可以参照《刑事诉讼法》等关于证人保护的有关规定,采取禁止特定的人员接触、对人身和住宅予以专门性保护等必要的措施,以确保办理案件的司法工作人员及其近亲属的人身安全。

36. 本意见颁布实施后,最高人民法院、最高人民检察院、公安部、司法部联合发布或者单独制定的其他相关规范性文件,内容如与本意见中有关规定不一致的,应当按照本意见执行。

最高人民法院　最高人民检察院　公安部　司法部
关于办理恶势力刑事案件若干问题的意见

(2019年4月19日　法发〔2019〕10号)

为认真贯彻落实中央开展扫黑除恶专项斗争的部署要求,正确理解和适用最高人民法院、最高人民检察院、公安部、司法部《关于办理黑恶势力犯罪案件若干问题的指导意见》(法发〔2018〕1号,以下简称《指导意见》),根据刑法、刑事诉讼法及有关司法解释、规范性文件的规定,现对办理恶势力刑事案件若干问题提出如下意见:

一、办理恶势力刑事案件的总体要求

1. 人民法院、人民检察院、公安机关和司法行政机关要深刻认识恶势力违法犯罪的严重社会危害,毫不动摇地坚持依法严惩方针,在侦查、起诉、审判、执行各阶段,运用多种法律手段全面体现依法从严惩处精神,有力震慑恶势力违法犯罪分子,有效打击和预防恶势力违法犯罪。

2. 人民法院、人民检察院、公安机关和司法行政机关要严格坚持依法办案,确保在案件事实清楚，证据确实、充分的基础上，准确认定恶势力和恶势力犯罪集团，坚决防止人为拔高或者降低认定标准。要坚持贯彻落实宽严相济刑事政策，根据犯罪嫌疑人、被告人的主观恶性、人身危险性、在恶势力、恶势力犯罪集团中的地位、作用以及在具体犯罪中的罪责，切实做到宽严有据，罚当其罪，实现政治效果、法律效果和社会效果的统一。

3. 人民法院、人民检察院、公安机关和司法行政机关要充分发挥各自职能，分工负责，互相配合，互相制约，坚持以审判为中心的刑事诉讼制度改革要求，严格执行“三项规程”，不断强化程序意识和证据意识，有效加强法律监督，确保严格执法、公正司法，充分保障当事人、诉讼参与人的各项诉讼权利。

二、恶势力、恶势力犯罪集团的认定标准

4. 恶势力，是指经常纠集在一起，以暴力、威胁或者其他手段，在一定区域或者行业内多次实施违法犯罪活动，为非作恶，欺压百姓，扰乱经济、社会生活秩序，造成较为恶劣的社会影响，但尚未形成黑社会性质组织的违法犯罪组织。

5. 单纯为牟取不法经济利益而实施的“黄、赌、毒、盗、抢、骗”等违法犯罪活动，不具有为非作恶、欺压百姓特征的，或者因本人及近亲属的婚恋纠纷、家庭纠纷、邻里纠纷、劳动纠纷、合法债务纠纷而引发以及其他确属事出有因的违法犯罪活动，不应作为恶势力案件处理。

6. 恶势力一般为3人以上，纠集者相对固定。纠集者，是指在恶势力实施的违法犯罪活动中起组织、策划、指挥作用的违法犯罪分子。成员较为固定且符合恶势力其他认定条件，但多次实施违法犯罪活动是由不同的成员组织、策划、指挥，也可以认定为恶势力，有前述行为的成员均可以认定为纠集者。

恶势力的其他成员，是指知道或应当知道与他人经常纠集在一起是为了共同实施违法犯罪，仍按照纠集者的组织、策划、指挥参与违法犯罪活动的违法犯罪分子，包括已有充分证据证明但尚未归案的人员，以及因法定情形不予追究法律责任，或者因参与实施恶势力违法犯罪活动已受到行政或刑事处罚的人员。仅因临时雇佣或被雇佣、利用或被利用以及受蒙蔽参与少量恶势力违法犯罪活动的，一般不应认定为恶势力成员。

7. “经常纠集在一起，以暴力、威胁或者其他手段，在一定区域或者行业内多次实施违法犯罪活动”，是指犯罪嫌疑人、被告人于2年之内，以暴力、威胁或者其他手段，在一定区域或者行业内多次实施违法犯罪活动，且包括纠集者在内，至少应有2名相同的成员多次参与实施违法犯罪活动。对于“纠集在一起”时间明显较短，实施违法犯罪活动刚刚达到“多次”标准，且尚不足以造成较为恶劣影响的，一般不应认定为恶势力。

8. 恶势力实施的违法犯罪活动，主要为强迫交易、故意伤害、非法拘禁、敲诈勒索、故意毁坏财物、聚众斗殴、寻衅滋事，但也包括具有为非作恶、欺压百姓特征，主要以暴力、威胁为手段的其他违法犯罪活动。

恶势力还可能伴随实施开设赌场、组织卖淫、强迫卖淫、贩卖毒品、运输毒品、制造毒品、抢劫、抢夺、聚众扰乱社会秩序、聚众扰乱公共场所秩序、交通秩序以及聚众“打砸抢”等违法犯罪活动，但仅有前述伴随实施的违法犯罪活动，且不能认定具有为非作恶、欺压百姓特征的，一般不应认定为恶势力。

9. 办理恶势力刑事案件，“多次实施违法犯罪活动”至少应包括1次犯罪活动。对于反复实施强迫交易、非法拘禁、敲诈勒索、寻衅滋事等单一性质的违法行为，单次情节、数额尚不构成犯罪，但按照刑法或者有关司法解释、规范性文件的规定累加后应作为犯罪处理的，在认定是否属于“多次实施违法犯罪活动”时，可将已用于累加的违法行为计为1次犯罪活动，其他违法行为单独计算违法活动的次数。

已被处理或者已作为民间纠纷调处，后经查证确属恶势力违法犯罪活动的，均可以作为认定恶势力的事实依据，但不符合法定情形的，不得重新追究法律责任。

10. 认定“扰乱经济、社会生活秩序，造成较为恶劣的社会影响”，应当结合侵害对象及其数量、违法犯罪次数、手段、规模、人身损害后果、经济损失数额、违法所得数额、引起社会秩序混乱的程度以及对人民群众安全感的影响程度等因素综合把握。

11. 恶势力犯罪集团，是指符合恶势力全部认定条件，同时又符合犯罪集团法定条件的犯罪组织。

恶势力犯罪集团的首要分子，是指在恶势力犯罪集团中起组织、策划、指挥作用的犯罪分子。恶势力犯罪集团的其他成员，是指知道或者应当知道是为共同实施犯罪而组成的较为固定的犯罪组织，仍接受首要分子领导、管理、指挥，并参与该组织犯罪活动的犯罪分子。

恶势力犯罪集团应当有组织地实施多次犯罪活动，同时还可能伴随实施违法活动。恶势力犯罪集团所实施的违法犯罪活动，参照《指导意见》第十条第二款的规定认定。

12. 全部成员或者首要分子、纠集者以及其他重要成员均为未成年人、老年人、残疾人的，认定恶势力、恶势力犯罪集团时应当特别慎重。

三、正确运用宽严相济刑事政策的有关要求

13. 对于恶势力的纠集者、恶势力犯罪集团的首要分子、重要成员以及恶势力、恶势力犯罪集团共同犯罪中罪责严重的主犯，要正确运用法律规定加大惩处力度，对依法应当判处重刑或死刑的，坚决判处重刑或死刑。同时要严格掌握取保候审，严格掌握不起诉，严格掌握缓刑、减刑、假释，严格掌握保外就医适用条件，充分利用资格刑、财产刑等法律手段全方位从严惩处。对于符合刑法第三十七条之一规定的，可以依法禁止其从事相关职业。

对于恶势力、恶势力犯罪集团的其他成员，在共同犯罪中罪责相对较小、人身危险性、主观恶性相对不大的，具有自首、立功、坦白、初犯等法定或酌定从宽处罚情节，可以依法从轻、减轻或免除处罚。认罪认罚或者仅参与实施少量的犯罪活动且只起次要、辅助作用，符合缓刑条件的，可以适用缓刑。

14. 恶势力犯罪集团的首要分子检举揭发与该犯罪集团及其违法犯罪活动有关联的其他犯罪线索，如果在认定立功的问题上存在事实、证据或法律适用方面的争议，应当严格把握。依法应认定为立功或者重大立功的，在决定是否从宽处罚、如何从宽处罚时，应当根据罪责刑相一致原则从严掌握。可能导致全案量刑明显失衡的，不予从宽处罚。

恶势力犯罪集团的其他成员如果能够配合司法机关查办案件，有提供线索、帮助收集证据或者其他协助行为，并在侦破恶势力犯罪集团案件、查处“保护伞”等方面起到较大作用的，即使依法不能认定立功，一般也应酌情对其从轻处罚。

15. 犯罪嫌疑人、被告人同时具有法定、酌定从严和法定、酌定从宽处罚情节的，量刑时要根据所犯具体罪行的严重程度，结合被告人在恶势力、恶势力犯罪集团中的地位、作用、主观恶性、人身危险性等因素整体把握。对于恶势力的纠集者、恶势力犯罪集团的首要分子、重要成员，量刑时要体现总体从严。对于在共同犯罪中罪责相对较小、人身危险性、主观恶性相对不大，且能够真诚认罪悔罪的其他成员，量刑时要体现总体从宽。

16. 恶势力刑事案件的犯罪嫌疑人、被告人自愿如实供述自己的罪行，承认指控的犯罪事实，愿意接受处罚的，可以依法从宽处理，并适用认罪认罚从宽制度。对于犯罪性质恶劣、犯罪手段残忍、社会危害严重的犯罪嫌疑人、被告人，虽然认罪认罚，但不足以从轻处罚的，不适用该制度。

四、办理恶势力刑事案件的其他问题

17. 人民法院、人民检察院、公安机关经审查认为案件符合恶势力认定标准的，应当在起诉意见书、起诉书、判决书、裁定书等法律文书中的案件事实部分明确表述，列明恶势力的纠集者、其他成员、违法犯罪事实以及据以认定的证据；符合恶势力犯罪集团认定标准的，应当在上述法律文书中明确定性，列明首要分子、其他成员、违法犯罪事实以及据以认定的证据，并引用刑法总则关于犯罪集团的相关规定。被告人及其辩护人对恶势力定性提出辩解和辩护意见，人民法院可以在裁判文书中予以评析回应。

恶势力刑事案件的起诉意见书、起诉书、判决书、裁定书等法律文书，可以在案件事实部分先概述恶势力、恶势力犯罪集团的概括事实，再分述具体的恶势力违法犯罪事实。

18. 对于公安机关未在起诉意见书中明确认定，人民检察院在审查起诉期间发现构成恶势力或者恶势力犯罪集团，且相关违法犯罪事实已经查清，证据确实、充分，依法应追究刑事责任的，应当作出起诉决定，根据查明的事实向人民法院提起公诉，并在起诉书中明确认定为恶势力或者恶势力犯罪集团。人民检察院认为恶势力相关违法犯罪事实不清、证据不足，或者存在遗漏恶势力违法犯罪事实、遗漏同案犯罪嫌疑人等情形需要补充侦查的，应当提出具体的书面意见，连同案卷材料一并退回公安机关补充侦查；人民检察院也可以自行侦查，必要时可以要求公安机关提供协助。

对于人民检察院未在起诉书中明确认定，人民法院在审判期间发现构成恶势力或恶势力犯罪集团的，可以建议人民检察院补充或者变更起诉；人民检察院不同意或者在七日内未回复意见的，人民法院不应主动认定，可仅就起诉指控的犯罪事实依照相关规定作出判决、裁定。

审理被告人或者被告人的法定代理人、辩护人、近亲属上诉的案件时，一审判决认定黑社会性质组织有误的，二审法院应当纠正，符合恶势力、恶势力犯罪集团认定标准，应当作出相应认定；一审判决认定恶势力或恶势力犯罪集团有误的，应当纠正，但不得升格认定；一审判决未认定恶势力或恶势力犯罪集团的，不得增加认定。

19. 公安机关、人民检察院、人民法院应当分别以起诉意见书、起诉书、裁判文书所明确的恶势力、恶势力犯罪集团，作为相关数据的统计依据。

20. 本意见自2019年4月9日起施行。

《关于办理恶势力刑事案件若干问题的意见》的理解与适用

□朱和庆　周　川　李梦龙

为认真贯彻落实中央开展扫黑除恶专项斗争的部署要求，依法严惩恶势力违法犯罪，在全国扫黑办的统筹协调下，最高人民法院会同最高人民检察院、公安部、司法部联合制定印发了《关于办理恶势力刑事案件若干问题的意见》（法发〔2019〕10号，以下简称《意见》），自2019年4月9日起施行。为便于司法实践中准确理解和正确适用，现对《意见》的制定背景、制定过程中的总体考虑和重点内容予以简要介绍和说明。

一、《意见》的制定背景

在全国开展扫黑除恶专项斗争，是以习近平同志为核心的党中央站在中国特色社会主义进入新时代、“两个一百年”奋斗目标进入历史交汇期的战略高度作出的一项重大决策部署。为依法、准确、有力惩处黑恶势力犯罪，最高人民法院、最高人民检察院、公安部、司法部于2018年1月出台了《关于办理黑恶势力犯罪案件若干问题的指导意见》（法发〔2018〕1号，以下简称《指导意见》），对于指导办理黑恶势力犯罪案件发挥了重要作用。随着专项斗争全面深入推进，新情况、新问题不断出现,在办理恶势力刑事案件方面,一些《指导意见》未作规定或者有关规定尚需进一步细化、完善的问题,越发困扰执法办案一线。

2018 年 10 月,中央政法委召开全国扫黑除恶专项斗争推进会,对深入推进扫黑除恶专项斗争作出全面部署,明确提出要进一步统一执法办案思想,在提高法治化水平上实现新突破。根据全国扫黑办的部署安排,最高人民法院第一时间成立了专题调研小组,经过充分调研,在深入总结实践经验和突出问题的基础上研究起草了《意见》稿,并广泛征求和听取意见,经多次修改和完善后形成《意见》。《意见》经最高人民法院、最高人民检察院、公安部、司法部会签,于 2019 年 4 月 9 日向社会发布并施行。

二、制定《意见》的总体考虑

第一,满足实践需要,解决突出问题。由于恶势力不是一个法定概念,导致有的地方公检法机关对于恶势力的认识分歧较大、执法尺度把握不一,一定程度上影响了打击效果。为此,《意见》研究起草牢固坚持问题导向,力求通过进一步明晰法律、政策适用,回应司法实践中依法严惩恶势力、恶势力犯罪集团的迫切需要。从前期调研情况来看,各地政法机关反映的问题基本都集中在恶势力违法犯罪认定、宽严相济刑事政策把握和恶势力刑事案件的办理程序三个方面。基于这一情况,《意见》在设计总体框架时,即明确将前述三个方面问题作为规制重点,在《意见》的第二部分、第三部分、第四部分分别作出详细规定,以期有效指导司法实践,解决办理恶势力刑事案件中的突出问题。

第二,坚持依法办案,体现从严惩处。在研究起草《意见》时,我们坚持充分运用法治思维和法治方式,确保将依法严惩的要求落到实处。首先,《意见》有关内容和办案要求均严格依照《刑法》、刑事诉讼法及有关司法解释、规范性文件的规定,强调要在案件事实清楚,证据确实、充分的基础上,准确认定恶势力和恶势力犯罪集团,坚决防止人为拔高或者降低认定标准,确保严守法律底线,保障政法机关依法办案。其次,《意见》明确要毫不动摇地坚持依法严惩方针,强调要在侦查、起诉、审判、执行各阶段体现全程从严,要运用多种法律手段体现全面从严。同时,还强调要坚持贯彻落实宽严相济刑事政策,切实做到宽严有据,罚当其罪,防止将依法从严理解为片面从严。最后,《意见》明确要坚持"分工负责,互相配合,互相制约"等刑事诉讼基本原则,坚持以审判为中心的刑事诉讼制度改革要求,不断强化程序意识和证据意识。其中,《意见》强调严格执行"三项规程",就是要突出"三项规程"在办理恶势力刑事案件中对于规范办案程序的重要意义,提示办案人员要"规行矩步""照章办事",推动侦查机关、公诉机关按照证据裁判的要求和标准收集、固定、审查、运用证据,审判机关充分发挥庭前会议程序作用、规范有序组织庭审,确保将每一起恶势力刑事案件都办成经得起法律和历史检验的铁案。

第三,继承既有成果,指导长远实践。《指导意见》对恶势力作出的相关规定,是对以往司法经验的深刻总结,对于依法办理恶势力刑事案件具有重要影响。《意见》的定位不是对《指导意见》作出变更、修改,而是在继受、吸收《指导意见》既有规定的基础上进行进一步细化、补充、完善,力争在满足当前扫黑除恶专项斗争需要的同时,能够在今后较长一个时期内指导司法实践,并逐步建立起办理恶势力刑事案件的规范体系。

三、对于《意见》重点内容的解读

(一)关于恶势力、恶势力犯罪集团的认定标准

1. 关于"为非作恶,欺压百姓"特征,以及恶势力与普通违法犯罪团伙的区别

《意见》第四条沿用了《指导意见》对恶势力的定义,其中"尚未形成黑社会性质组织的违法犯罪组织"这一表述,既明确了恶势力与黑社会性质组织间的内在联系,也厘清了恶势力与普通

违法犯罪团伙的关系。作为一种共同违法犯罪的特殊形式，恶势力在组织形式、行为方式、危害后果等方面与黑社会性质组织均有一定的相似之处，虽尚未达到黑社会性质组织的严重程度，但已经初具雏形，如果不加以限制和打击，就有可能发展成为黑社会性质组织。扫黑除恶专项斗争之所以明确提出“扫黑”与“除恶”并重，正是因为准确洞察“黑”与“恶”的内在联系，故而要以“打早打小”的惩治策略来实现“斩草除根”的惩治效果。基于同样的理由，恶势力的定义与黑社会性质组织的认定标准也具有明显的相似性和对应性。比如，二者都要求“以暴力、威胁或者其他手段，多次实施违法犯罪活动”；又如，恶势力定义中的“为非作恶，欺压百姓”，与黑社会性质组织行为特征中的“为非作恶，欺压、残害群众”相对应，“造成较为恶劣的社会影响”与黑社会性质组织危害性特征中的“形成非法控制或者重大影响”相对应。因此，在认定恶势力时，要深刻理解和准确把握“黑”与“恶”的关系以及恶势力与普通违法犯罪团伙的区别，避免认定扩大化、随意化，确保“打准打实”的原则落到实处。

（1）办案时要认真审查违法犯罪活动是否带有“为非作恶，欺压百姓”特征。黑社会性质组织的危害性特征中有“称霸一方”的要求，这实际上不仅勾勒出黑社会性质组织形成的不法状态，同时也反映了黑社会性质组织的总体违法犯罪意图，从而可以清晰地划定黑社会性质组织与恐怖组织、邪教组织等其他犯罪组织的楚河汉界。恶势力的定义中未包含类似的主观方面要求，主要是考虑恶势力尚处于相对松散的低端形态，不宜完全参照黑社会性质组织的认定标准。但是，“恶”与“黑”的演进关系和内在联系，决定了恶势力实施违法犯罪活动一般都会不同程度地带有“形成非法影响、谋求强势地位”的意图，并会通过不断累积的非法影响、日益巩固的强势地位攫取不法利益，壮大自身实力，最终形成对一定区域或者行业的非法控制，完成恶势力向黑社会性质组织的蜕变。在司法实践中，违法犯罪意图往往较为抽象和复杂，不易判断和把握，这就需要根据犯罪嫌疑人、被告人的客观行为，特别是违法犯罪活动的动机、起因、手段等情节来认定。就恶势力“形成非法影响、谋求强势地位”的意图而言，其表征于外的便是实施违法犯罪活动必然带有“为非作恶，欺压百姓”的特征。因此，“为非作恶，欺压百姓”这一特征便成了区分恶势力和普通共同犯罪团伙的关键标志。所谓“为非作恶，欺压百姓”，从字面上来理解，是指做坏事、施恶行，欺负、压迫群众，办案时要注意全面、准确地把握其含义。首先，“为非作恶”，不仅是指行为性质具有不法性，同时也要求行为的动机、目的、起因带有不法性，因婚恋纠纷、家庭纠纷、邻里纠纷、劳动纠纷、合法债务纠纷而引发以及其他确属事出有因的违法犯罪活动，就不宜归入“为非作恶”之列。其次，“欺压百姓”，要求“为非作恶”的方式、手段带有欺凌、强制、压迫的性质，也就是要利用物理强制或心理强制手段侵害群众权益。因此，暴力、威胁应是恶势力较常采用的违法犯罪活动手段。此处需要说明的是，实践中经常会有这样的案件：恶势力之间互相争斗，违法犯罪活动未伤及无辜群众，是否属于“欺压百姓”？我们认为，“欺压百姓”既包括直接以普通群众为对象实施违法犯罪活动的情形，也包括因逞强争霸、好勇斗狠、树立恶名、抢夺地盘等不法动机实施违法犯罪活动，直接或间接破坏人民群众安全感的情形。这是因为，恶势力处于不断发展过程中，违法犯罪活动对象并不特定，即便在个案中未直接侵害普通群众权益，但其发展壮大后必然会对人民群众的人身权利、财产权利、民主权利形成威胁或造成损害，故对“欺压百姓”不应作狭义理解。

（2）办案时要准确区分恶势力与普通违法犯罪团伙。恶势力与普通违法犯罪团伙都具有一定的组织性、稳定性，但二者在有无“为非作恶，欺压百姓”特征、有无“造成较为恶劣的社会影响”等方面存在区别。在具体案件中，可以从以下方面分解细化：

一是违法犯罪手段具有特定性。如前所述，“欺压百姓”的特定含义，决定了恶势力实施违法犯罪活动应当以暴力、威胁为主要手段。而普通违法犯罪团伙则没有这方面要求，犯罪手段要根据其具体实施的犯罪行为而定。

二是行为方式具有公开性。恶势力实施违法犯罪活动一般都会不同程度地带有“形成非法影响、谋求强势地位”的意图，而且客观上要求“在一定区域或者行业内，造成较为恶劣的社会影响”，因此，其实施违法犯罪活动必然具有一定的公开性，也就是通常所说的“横行乡里，肆无忌惮”。而普通共同违法犯罪通常采用较为隐蔽的方式实施，在实现犯罪目的后就设法隐匿踪迹、毁灭痕迹，不会有意制造或者放任形成不法影响。

三是危害后果具有多重性。恶势力因为意图“形成非法影响、谋求强势地位”，其违法犯罪活动带来的危害往往具有复合性，在侵犯公民人身、财产权利的同时，还会破坏市场经济秩序或者社会管理秩序。而普通违法犯罪团伙一般是出于某种特定的违法犯罪目的而聚集，造成的危害后果通常具有单一性。因此，《意见》第五条作出排除性规定，将“单纯为牟取不法经济利益而实施的‘黄、赌、毒、盗、抢、骗’等违法犯罪活动，不具有为非作恶、欺压百姓特征的”排除在恶势力案件之外。同时，在《意见》其他条款中也有类似提示，认定恶势力、恶势力犯罪集团时，应杜绝只看“人数”、“行为次数”和“罪名”的错误倾向。

2. 关于恶势力的成员人数及各类成员的认定、区分

《意见》第六条吸收了《指导意见》中“恶势力一般为 3 人以上，纠集者相对固定”的规定，并明确了恶势力纠集者、其他成员的认定和区分。关于恶势力的成员人数，有一种观点认为，由于《指导意见》规定恶势力是“一般”而非“应当”为 3 人以上，因此，对于 2 人共同实施，甚至 1 人单独实施多次违法犯罪活动，造成较为恶劣社会影响的，也完全可以认定为“2 人恶势力”甚至“1 人恶势力”。我们认为，这种观点并不准确，在绝大多数案件中应当将恶势力的成员人数把握在 3 人以上。主要理由是，恶势力是一类违法犯罪组织，作为共同违法犯罪的特殊形式，不论是从《刑法》相关规定还是从文义解释来看，其人数下限原则上都应高于一般的共同违法犯罪，只有在“为非作恶，欺压百姓”特征十分明显、危害后果特别严重的极个别情况下，才可以考虑认定“2 人恶势力”。至于“1 人恶势力”，则明显不符合违法犯罪组织的基本构成条件，应当坚决排除在外。

关于恶势力的纠集者，《指导意见》规定“纠集者相对固定”却没有明确纠集者的概念，使实践中各地、政法各单位对恶势力的纠集者理解、把握有不同程度差异。为此，《意见》明确“纠集者，是指在恶势力实施的违法犯罪活动中起组织、策划、指挥作用的违法犯罪分子”。需要说明，由于恶势力属于相对松散的违法犯罪组织，故其纠集者所起的组织、策划、指挥作用主要体现在恶势力实施的具体违法犯罪活动中，不必然及于整个违法犯罪组织的运行、活动。此外，有意见提出，实践中常有多名较为固定的违法犯罪分子相互纠集，除多次实施违法犯罪活动是由不同的人员组织、策划、指挥外，均符合恶势力其他认定条件，建议将此类情况也认定为恶势力。我们经研究认为，在前述情况下，多名违法犯罪分子通常关系较为紧密、地位基本相当，在多次违法犯罪活动中起组织、策划、指挥作用的具体人员虽有不同，但也是视情况在特定几人中产生，因而符合“恶势力纠集者相对固定”这一规定的本质要求。故《意见》采纳了这一观点，并且明确有组织、策划、指挥具体违法犯罪活动行为的成员均可以认定为纠集者。

关于恶势力的其他成员，《意见》坚持了主客观相一致原则，要求行为人需要在主观认识上“知道或者应当知道与他人经常纠集在一起是为了共同实施违法犯罪”，在主观意志上要有加入恶势力的意愿，即“仍按照纠集者的组织、策划、指挥”，在客观行为上“参与违法犯罪活动”，方可认定为恶势力成员。对于那些主观上并无加入恶势力意愿，仅因临时雇佣或被雇佣、利用或被利用以及受蒙蔽参与少量恶势力违法犯罪活动的人员，一般不应认定为恶势力成员。从实践情况

来看,行为人有无参与恶势力实施的违法犯罪活动一般能够通过充分的证据直观反映,而行为人的主观认知与态度则要结合其参与违法犯罪活动时的具体行为、所起作用、与其他恶势力成员间的关系等事实予以认定。在办理案件时,应当结合《意见》规定注意把握以下两点:一是行为人在知晓与他人经常纠集在一起是为了共同实施违法犯罪的情况下,依然按照纠集者组织、策划、指挥行事,通常会具体表现为与其他成员平时联系较紧密、对所参与实施的违法犯罪活动的动机、起因、对象比较了解且行为积极、作用明显等;二是在适用恶势力成员的排除性规定时,要注意把握参与违法犯罪活动的"临时""少量"。对于表面虽有雇佣或被雇佣、利用或被利用关系,但是长时间或者多次参与恶势力违法犯罪活动的,应当视为行为人已具有加入恶势力的意愿,避免违法犯罪分子利用规定逃避打击。

3. 关于"经常纠集在一起"的把握

根据《指导意见》规定,认定恶势力要求犯罪嫌疑人、被告人经常纠集在一起,并且多次实施违法犯罪活动。但对于"经常纠集在一起"应当如何理解、把握,《指导意见》并未明确。我们认为,认定"经常纠集在一起",要审查犯罪嫌疑人、被告人日常联系是否紧密,但更主要的是看有无在一定时期内共同"多次实施违法犯罪活动",前者很大程度上需要通过后者的时间跨度和参与人员稳定性来反映和证明。

(1)关于多次实施违法犯罪活动的时间跨度

"经常纠集在一起",实际上反映了对违法犯罪组织持续性的要求,而这种持续性主要是靠一定时期内违法犯罪活动的反复实施来体现。一方面,"多次实施违法犯罪活动"需要达到一定的频密度,不能相隔过久;另一方面,也要求违法犯罪活动不能过于集中。换言之,就是"纠集在一起"的时间不能过于短暂。因此,有必要对"多次实施违法犯罪活动"的时间跨度加以适当限定。例如,甲、乙、丙三人曾经共同实施过两起寻衅滋事违法活动,之后很长一段时间里没有惹是生非,直至六七年后又共同实施了一起故意伤害犯罪,在形式上虽然符合"多人""多次"标准,但由于违法活动和犯罪活动的时间间隔过长,实际上已经难以认定甲、乙、丙三人"经常纠集在一起",不应以恶势力来评价。又如,甲、乙、丙三人在短短数天内连续共同实施三起违法犯罪活动,但除此之外再无其他违法犯罪事实,尽管在形式上同样也已符合"多人""多次"标准,但由于"纠集在一起"的时间明显较短,故不足以作为违法犯罪组织来评价。当然这种情形并不绝对,如果时间虽短,但违法犯罪活动远超"多次"标准,且已造成较为恶劣的社会影响,同时符合其他认定条件的,也可以认定为恶势力。

(2)关于成员的稳定性

恶势力作为一类违法犯罪组织,其成员需要有一定的稳定性,如果每次参与实施违法犯罪活动的人员都变化不定,那么也很难认定其已形成"组织"。因此,本次出台的《意见》规定"包括纠集者在内,至少应有2名相同的成员多次参与实施违法犯罪活动",办案时要特别注意这一点,不能不区分情况,简单地将若干不同人员实施违法犯罪活动叠加,打包后作为恶势力刑事案件来处理。

4. 关于恶势力主要实施和伴随实施的违法犯罪活动

恶势力主要实施的违法犯罪活动,是指恶势力惯常实施且能够较明显地反映恶势力"为非作恶,欺压百姓"特征的违法犯罪活动。《指导意见》提示性地列举了强迫交易、故意伤害、非法拘禁、敲诈勒索、故意毁坏财物、聚众斗殴、寻衅滋事,并在之后加了一个"等"字。实践中有观点认为,犯罪嫌疑人、被告人只要多次共同实施上述七类中的一种或数种违法犯罪活动,就可以认定为恶势力。对此,前文已作分析,不能简单地以罪名来认定恶势力,办案时还要根据案件的动机、起因、对象、危害后果等综合判断。此外，实践中对于“等”字也有不同理解，《意见》第八条第一款针对该问题作出回应。

与“主要实施”相对应，开设赌场、组织卖淫、强迫卖淫、贩卖毒品、运输毒品、制造毒品、抢劫、抢夺、聚众扰乱社会秩序、聚众扰乱公共场所秩序、交通秩序以及聚众“打、砸、抢”等，是恶势力案件中伴随实施的违法犯罪活动。之所以称为“伴随实施”，是因为这些违法犯罪活动在恶势力案件中虽然也很常见，但有的缺少公开性，有的没有具体被害人，有的危害后果仅限于侵害财产权，还有的往往事出有因，故在通常情况下，仅有这些违法犯罪活动还不足以体现恶势力“为非作恶，欺压百姓”的特征。因此，如果犯罪嫌疑人、被告人仅仅是共同实施了以上一种或数种违法犯罪活动，一般不应认定为恶势力。但这也并不绝对，诸如聚众“打、砸、抢”等违法犯罪活动，在不少案件中也可以明显地反映出犯罪嫌疑人、被告人“为非作恶，欺压百姓”的特征，如果同时符合其他认定条件，也可认定为恶势力。基于以上理解，《意见》第八条第二款对《指导意见》中恶势力伴随实施的违法犯罪活动有关规定进行了进一步完善。

5. 关于反复实施单一性质违法行为的评价

《意见》第九条第一款规定：“对于反复实施强迫交易、非法拘禁、敲诈勒索、寻衅滋事等单一性质的违法行为，单次情节、数额尚不构成犯罪，但按照刑法或者有关司法解释、规范性文件的规定累加后应作为犯罪处理的，在认定是否属于‘多次实施违法犯罪活动’时，可将已用于累加的违法行为计为一次犯罪活动，其他违法行为单独计算违法活动的次数。”以上规定，主要考虑违法行为是恶势力违法犯罪活动的重要组成部分，对于认定恶势力意义重大。特别是对那些“大罪不犯，小恶不断”的团伙，如果其行为符合“为非作恶，欺压百姓”特征，且已造成较为恶劣的社会影响的，完全有必要作为恶势力打击处理。以寻衅滋事为例，假如犯罪嫌疑人、被告人共同实施了5次随意殴打他人的寻衅滋事违法行为，虽然只能按照一罪处理，但超出“多次随意殴打他人”入罪标准的那部分违法行为，可以单独计算违法活动的次数，也就是视为1次犯罪活动和2次违法活动，这样就符合了恶势力“多次实施违法犯罪活动”的要求，如果同时符合其他认定条件的，应当作为恶势力案件处理。如此认定，可以更加全面、准确评价相关违法犯罪活动所造成的社会危害。

6. 关于恶势力危害后果的认定

《指导意见》规定，恶势力“扰乱经济、社会生活秩序，造成较为恶劣的社会影响”，但没有明确前述后果应当如何认定。我们认为，恶势力“造成较为恶劣的社会影响”并不是仅指案件的社会知晓度或者产生的轰动效应，而是与黑社会性质组织形成的非法控制或者重大影响相类似，表现为对经济、社会生活秩序干扰、破坏和影响程度。故《意见》第十条借鉴黑社会性质组织犯罪危害性特征的规定，从侵害对象及其数量、违法犯罪次数、手段、规模、人身损害后果、经济损失数额、违法所得数额、引起社会秩序混乱的程度以及对人民群众安全感的影响程度等方面提出了认定恶势力危害后果的方向性指引，供办案机关结合案情和本地区实际情况综合把握。

7. 恶势力犯罪集团的有关问题

《意见》第十一条在《指导意见》有关规定的基础上对恶势力犯罪集团的定义作出了进一步明确，即符合恶势力全部认定条件，同时又符合犯罪集团法定条件的犯罪组织。可以说，恶势力是形成恶势力犯罪集团的基础，恶势力犯罪集团是恶势力的下一发展形态。与恶势力的纠集者不同，由于犯罪集团是一个法定概念，《刑法》中对犯罪集团的首要分子已有明确界定，因而《意见》对于恶势力犯罪集团首要分子的定义也宜与之保持一致。

对恶势力犯罪集团的首要分子，按照恶势力集团所犯全部罪行处罚，是用足用好《刑法》总则关于犯罪集团的规定,实现依法从严惩处的重要途径。为此,只有准确认定恶势力犯罪集团实施的违法犯罪活动,将集团与成员个人的违法犯罪区分开来,才能确保精准打击、不枉不纵。由于黑社会性质组织属于特殊的犯罪集团,因而在违法犯罪活动区分问题上与恶势力犯罪集团具有一致性,故《意见》明确直接参照《指导意见》第十条第二款的规定认定恶势力犯罪集团所实施的违法犯罪活动。

8. 关于特定群体认定恶势力、恶势力犯罪集团的问题

考虑未成年人、老年人、残疾人由于心智、身体等方面的特点,在实施违法犯罪的方式和行为表现上往往与典型的恶势力、恶势力犯罪集团有所区别。故《意见》第十二条明确,全部成员或者首要分子、纠集者以及其他重要成员均为未成年人、老年人、残疾人的,认定恶势力、恶势力犯罪集团时应当特别慎重。

(二)关于正确运用宽严相济刑事政策的有关要求

1. 关于运用宽严相济刑事政策的总体把握

宽严相济刑事政策是我国的基本刑事政策,贯穿于刑事立法、刑事司法和刑罚执行的全过程,在办理恶势力刑事案件过程中同样需要一以贯之。宽严相济的核心就是要根据犯罪的具体情况,实行区别对待,做到该宽则宽,当严则严,宽严相济,罚当其罪。首先,对于恶势力犯罪整体来说,由于其严重的社会危害性,与办理其他刑事案件相比,在总体上应当体现依法从严惩处方针,这是宽严相济刑事政策的内在要求。其次,对具体的恶势力刑事案件而言,要深刻认识"没有区别就没有政策",不能将依法严惩简单理解为一律从严,而是要充分体现区分情况、区别对待的原则,根据犯罪嫌疑人、被告人的主观恶性、人身危险性、在恶势力、恶势力犯罪集团中的地位、作用以及在具体犯罪中的罪责来确定不同的刑罚,切实全面发挥刑罚功能,做到坚持宽严并举、突出惩治重点,实现政治效果、法律效果和社会效果的统一。最后,要注重综合运用多种法律手段充分体现依法从"严"、从"宽"的政策要求,这也是《意见》第十三条着重解决的问题。

2. 对恶势力犯罪集团不同类型成员立功情节的把握

根据《意见》第十四条的规定,对恶势力犯罪集团首要分子的立功情节应当从严把握、区别对待。这一规定是宽严相济刑事政策的具体体现,是对既往严格把握黑社会性质组织的组织者、领导者立功情节相关规定的借鉴和发展,进一步体现了不让犯罪分子利用优势地位得利的从严惩处精神。在研究起草过程中,有观点认为,对恶势力纠集者的立功情节也应从严把握、区别对待。我们认为,恶势力犯罪集团属于为共同实施犯罪而组成的较为固定的犯罪组织,已经达到了相当高的组织化程度,离黑社会性质组织更近一步,但恶势力还处在"纠集"层面,组织较为松散,纠集者的作用一般只体现在具体违法犯罪活动中,平时与其他成员大多没有领导、管理关系,故其没有明显的优势地位,难以与恶势力犯罪集团的首要分子相提并论,故《意见》未采纳这种观点。此外,《意见》还昭示了对于恶势力犯罪集团的其他成员通过提供线索、帮助收集证据或者其他协助行为,配合司法机关查办案件的应予积极评价,并且明确提出,在侦破恶势力犯罪集团案件、查处"保护伞"等方面起到较大作用的,即使依法不能认定立功,一般也应酌情对其从轻处罚,可以起到分化、瓦解犯罪分子,提高案件查办效率的效果。

3. 对同时具有从严、从宽处罚情节的把握

实践中,常有恶势力刑事案件的犯罪嫌疑人、被告人同时具有法定、酌定从严和法定、酌定从宽处罚情节,需要在量刑时作出总体把握。对此,《意见》在吸收《最高人民法院关于贯彻宽严相济刑事政策的若干意见》(法发〔2010〕9号)有关规定的基础上,进一步强调对于恶势力的纠集者、恶势力犯罪集团的首要分子、重要成员,量刑时要体现总体从严;对于在共同犯罪中罪责相对

较小、人身危险性、主观恶性相对不大，且能够真诚认罪悔罪的其他成员，量刑时要体现总体从宽。通过这一规定，《意见》力求实现对宽和严两种手段的综合运用，对不同的犯罪和犯罪分子作出区别对待，切实做到严中有宽、宽以济严；宽中有严、严以济宽。

4. 关于认罪认罚从宽制度的适用

2018 年 10 月 26 日，第十三届全国人大常委会第六次会议通过《关于修改〈中华人民共和国刑事诉讼法〉的决定》，将认罪认罚从宽制度改革成果以法律形式固定下来。认罪认罚从宽制度对于更好落实坦白从宽、全面贯彻宽严相济，推进繁简分流，实现公正与效率相统一都有着重要意义。但是，在办理恶势力刑事案件过程中能否适用该制度存在争议，实践中也确实存在“不敢用”的问题。我们认为，认罪认罚从宽制度是宽严相济、坦白从宽刑事政策的具体化和制度化，其制度定位决定了认罪认罚从宽制度没有特别的案件范围限制。故《意见》规定，恶势力刑事案件的犯罪嫌疑人、被告人自愿如实供述自己的罪行，承认指控的犯罪事实，愿意接受处罚的，可以依法从宽处理，并适用认罪认罚从宽制度。但是，需要注意，根据《刑事诉讼法》第十五条的规定，认罪认罚从宽绝不是“一律从宽”，而是“依法”从宽、“可以”从宽，在适用时必须坚持宽严相济刑事政策。因此，对那些犯罪性质恶劣、犯罪手段残忍、社会危害严重的犯罪嫌疑人、被告人，其认罪认罚不足以从轻处罚的，《意见》也明确对其排除适用认罪认罚从宽制度。

（三）办理恶势力刑事案件的其他问题

1. 关于恶势力刑事案件的文书表述问题

《指导意见》第十四条第二款规定：“在相关法律文书的犯罪事实认定部分，可使用‘恶势力’等表述加以描述”。这是相比以往规范性文件的一大创新之处，首次提出了恶势力的法律文书表述问题，对于办理恶势力刑事案件的制度化、规范化具有重要意义。《意见》基于一年多来扫黑除恶专项斗争的司法实践，对恶势力刑事案件法律文书的制作规范作了进一步完善，主要体现在以下两个方面：

一是《意见》第十七条将“可使用‘恶势力’等表述加以描述”的要求上升为“应当”明确表述或者定性。主要考虑，认定恶势力、恶势力犯罪集团是对犯罪嫌疑人、被告人的否定性评价，一旦认定就要在刑事诉讼各阶段对其体现整体从严，对犯罪嫌疑人、被告人的实体和程序利益影响重大。《意见》要求在法律文书中一律明确表述恶势力或者明确恶势力犯罪集团的定性，不仅体现了司法公开的基本精神，也是对当事人知情权和辩解、辩护权的进一步保障。此外，在相关法律文书中明确表述恶势力或者明确恶势力犯罪集团的定性，还有利于侦查、审查起诉、审判、执行各阶段工作的顺畅衔接，进一步提高恶势力刑事案件办理的法治化、规范化水平。

二是《意见》提出了恶势力刑事案件法律文书的制作要求和指引。《意见》明确要求认定恶势力的案件，要同时在法律文书事实部分列明恶势力的纠集者、其他成员、违法犯罪事实以及据以认定的证据；符合恶势力犯罪集团认定标准的，同时应当列明首要分子、其他成员、违法犯罪事实以及据以认定的证据，并引用《刑法》总则关于犯罪集团的相关规定。同时，《意见》还明确“被告人及其辩护人对恶势力定性提出辩解和辩护意见，人民法院可以在裁判文书中予以评析回应”，既统一了实践中的不同做法，也符合裁判说理的工作要求。

2. 关于不诉不理原则和上诉不加刑原则的适用问题

根据不诉不理原则，《意见》规定，人民检察院如果没有指控恶势力或恶势力犯罪集团的，人民法院不应主动认定，可仅就起诉指控的犯罪事实依照相关规定作出判决、裁定；还根据上诉不加刑原则规定，审理上诉案件时，一审认定黑恶势力有误，二审可以纠正，但不能增加或者升格认定，充分保障被告人的上诉权，防止上诉可能给被告人带来的不利后果。对此，在《意见》研究起草过程中曾有不同观点，认为恶势力不是独立的罪名，仅属于司法认定的事实和酌定的量刑情节，所以即便人民检察院未在起诉书中指控，人民法院在审判期间发现构成恶势力，可以主动认定；同理，一审判决在认定恶势力存在错误，该定未定的，二审法院可以通过增加认定来予以纠正。我们认为，产生这一分歧的关键在于对认定恶势力的法律意义应如何定位。根据《指导意见》和《意见》规定，认定恶势力不仅会导致量刑从重，还会产生其他不利于被告人的法律后果：一是在执行刑罚时，减刑、假释、保外就医等均会被从严掌握；二是认定恶势力后，在适用部分罪名（如敲诈勒索罪）时入罪标准会有相应降低。因此，是否认定恶势力，事实上对被告人实体、程序利益均有重大影响，应当受到不诉不理原则和上诉不加刑原则的限制，故《意见》未采纳前述观点。

（作者单位：最高人民法院）

最高人民法院　最高人民检察院　公安部　司法部
关于办理“套路贷”刑事案件若干问题的意见

（2019年2月28日　法发〔2019〕11号）

为持续深入开展扫黑除恶专项斗争，准确甄别和依法严厉惩处“套路贷”违法犯罪分子，根据刑法、刑事诉讼法、有关司法解释以及最高人民法院、最高人民检察院、公安部、司法部《关于办理黑恶势力犯罪案件若干问题的指导意见》等规范性文件的规定，现对办理“套路贷”刑事案件若干问题提出如下意见：

一、准确把握“套路贷”与民间借贷的区别

1.“套路贷”，是对以非法占有为目的，假借民间借贷之名，诱使或迫使被害人签订“借贷”或变相“借贷”“抵押”“担保”等相关协议，通过虚增借贷金额、恶意制造违约、肆意认定违约、毁匿还款证据等方式形成虚假债权债务，并借助诉讼、仲裁、公证或者采用暴力、威胁以及其他手段非法占有被害人财物的相关违法犯罪活动的概括性称谓。

2.“套路贷”与平等主体之间基于意思自治而形成的民事借贷关系存在本质区别，民间借贷的出借人是为了到期按照协议约定的内容收回本金并获取利息，不具有非法占有他人财物的目的，也不会在签订、履行借贷协议过程中实施虚增借贷金额、制造虚假给付痕迹、恶意制造违约、肆意认定违约、毁匿还款证据等行为。

司法实践中，应当注意非法讨债引发的案件与“套路贷”案件的区别，犯罪嫌疑人、被告人不具有非法占有目的，也未使用“套路”与借款人形成虚假债权债务，不应视为“套路贷”。因使用暴力、威胁以及其他手段强行索债构成犯罪的，应当根据具体案件事实定罪处罚。

3.实践中，“套路贷”的常见犯罪手法和步骤包括但不限于以下情形：

（1）制造民间借贷假象。犯罪嫌疑人、被告人往往以“小额贷款公司”“投资公司”“咨询公司”“担保公司”“网络借贷平台”等名义对外宣传，以低息、无抵押、无担保、快速放款等为诱饵吸引被害人借款，继而以“保证金”“行规”等虚假理由诱使被害人基于错误认识签订金额虚高的“借贷”协议或相关协议。有的犯罪嫌疑人、被告人还会以被害人先前借贷违约等理由，迫使对方签订金额虚高的“借贷”协议或相关协议。

（2）制造资金走账流水等虚假给付事实。犯罪嫌疑人、被告人按照虚高的“借贷”协议金额将资金转入被害人账户，制造已将全部借款交付被害人的银行流水痕迹，随后便采取各种手段将其中全部或者部分资金收回，被害人实际上并未取得或者完全取得“借贷”协议、银行流水上显示的钱款。

（3）故意制造违约或者肆意认定违约。犯罪嫌疑人、被告人往往会以设置违约陷阱、制造还款障碍等方式，故意造成被害人违约，或者通过肆意认定违约，强行要求被害人偿还虚假债务。

（4）恶意垒高借款金额。当被害人无力偿还时，有的犯罪嫌疑人、被告人会安排其所属公司或者指定的关联公司、关联人员为被害人偿还“借款”，继而与被害人签订金额更大的虚高“借贷”协议或相关协议，通过这种“转单平账”“以贷还贷”的方式不断垒高“债务”。

（5）软硬兼施“索债”。在被害人未偿还虚高“借款”的情况下，犯罪嫌疑人、被告人借助诉讼、仲裁、公证或者采用暴力、威胁以及其他手段向被害人或者被害人的特定关系人索取“债务”。

二、依法严惩“套路贷”犯罪

4. 实施“套路贷”过程中，未采用明显的暴力或者威胁手段，其行为特征从整体上表现为以非法占有为目的，通过虚构事实、隐瞒真相骗取被害人财物的，一般以诈骗罪定罪处罚；对于在实施“套路贷”过程中多种手段并用，构成诈骗、敲诈勒索、非法拘禁、虚假诉讼、寻衅滋事、强迫交易、抢劫、绑架等多种犯罪的，应当根据具体案件事实，区分不同情况，依照刑法及有关司法解释的规定数罪并罚或者择一重处。

5. 多人共同实施“套路贷”犯罪，犯罪嫌疑人、被告人在所参与的犯罪中起主要作用的，应当认定为主犯，对其参与或组织、指挥的全部犯罪承担刑事责任；起次要或辅助作用的，应当认定为从犯。

明知他人实施“套路贷”犯罪，具有以下情形之一的，以相关犯罪的共犯论处，但刑法和司法解释等另有规定的除外：

（1）组织发送“贷款”信息、广告，吸引、介绍被害人“借款”的；

（2）提供资金、场所、银行卡、账号、交通工具等帮助的；

（3）出售、提供、帮助获取公民个人信息的；

（4）协助制造走账记录等虚假给付事实的；

（5）协助办理公证的；

（6）协助以虚假事实提起诉讼或者仲裁的；

（7）协助套现、取现、办理动产或不动产过户等，转移犯罪所得及其产生的收益的；

（8）其他符合共同犯罪规定的情形。

上述规定中的“明知他人实施‘套路贷’犯罪”，应当结合行为人的认知能力、既往经历、行为次数和手段、与同案人、被害人的关系、获利情况、是否曾因“套路贷”受过处罚、是否故意规避查处等主客观因素综合分析认定。

6. 在认定“套路贷”犯罪数额时，应当与民间借贷相区别，从整体上予以否定性评价，“虚高债务”和以“利息”“保证金”“中介费”“服务费”“违约金”等名目被犯罪嫌疑人、被告人非法占有的财物，均应计入犯罪数额。

犯罪嫌疑人、被告人实际给付被害人的本金数额，不计入犯罪数额。

已经着手实施“套路贷”，但因意志以外原因未得逞的，可以根据相关罪名所涉及的刑法、司法解释规定，按照已着手非法占有的财物数额认定犯罪未遂。既有既遂，又有未遂，犯罪既遂部分与未遂部分分别对应不同法定刑幅度的，应当先决定对未遂部分是否减轻处罚，确定未遂部分对应的法定刑幅度,再与既遂部分对应的法定刑幅度进行比较,选择处罚较重的法定刑幅度,并酌情从重处罚;二者在同一量刑幅度的,以犯罪既遂酌情从重处罚。

7. 犯罪嫌疑人、被告人实施“套路贷”违法所得的一切财物,应当予以追缴或者责令退赔;对被害人的合法财产,应当及时返还。有证据证明是犯罪嫌疑人、被告人为实施“套路贷”而交付给被害人的本金,赔偿被害人损失后如有剩余,应依法予以没收。

犯罪嫌疑人、被告人已将违法所得的财物用于清偿债务、转让或者设置其他权利负担,具有下列情形之一的,应当依法追缴:

(1)第三人明知是违法所得财物而接受的;

(2)第三人无偿取得或者以明显低于市场的价格取得违法所得财物的;

(3)第三人通过非法债务清偿或者违法犯罪活动取得违法所得财物的;

(4)其他应当依法追缴的情形。

8. 以老年人、未成年人、在校学生、丧失劳动能力的人为对象实施“套路贷”,或者因实施“套路贷”造成被害人或其特定关系人自杀、死亡、精神失常、为偿还“债务”而实施犯罪活动的,除刑法、司法解释另有规定的外,应当酌情从重处罚。

在坚持依法从严惩处的同时,对于认罪认罚、积极退赃、真诚悔罪或者具有其他法定、酌定从轻处罚情节的被告人,可以依法从宽处罚。

9. 对于“套路贷”犯罪分子,应当根据其所触犯的具体罪名,依法加大财产刑适用力度。符合刑法第三十七条之一规定的,可以依法禁止从事相关职业。

10. 三人以上为实施“套路贷”而组成的较为固定的犯罪组织,应当认定为犯罪集团。对首要分子应按照集团所犯全部罪行处罚。

符合黑恶势力认定标准的,应当按照黑社会性质组织、恶势力或者恶势力犯罪集团侦查、起诉、审判。

三、依法确定“套路贷”刑事案件管辖

11. “套路贷”犯罪案件一般由犯罪地公安机关侦查,如果由犯罪嫌疑人居住地公安机关立案侦查更为适宜的,可以由犯罪嫌疑人居住地公安机关立案侦查。犯罪地包括犯罪行为发生地和犯罪结果发生地。

“犯罪行为发生地”包括为实施“套路贷”所设立的公司所在地、“借贷”协议或相关协议签订地、非法讨债行为实施地、为实施“套路贷”而进行诉讼、仲裁、公证的受案法院、仲裁委员会、公证机构所在地,以及“套路贷”行为的预备地、开始地、途经地、结束地等。

“犯罪结果发生地”包括违法所得财物的支付地、实际取得地、藏匿地、转移地、使用地、销售地等。

除犯罪地、犯罪嫌疑人居住地外,其他地方公安机关对于公民扭送、报案、控告、举报或者犯罪嫌疑人自首的“套路贷”犯罪案件,都应当立即受理,经审查认为有犯罪事实的,移送有管辖权的公安机关处理。

黑恶势力实施的“套路贷”犯罪案件,由侦办黑社会性质组织、恶势力或者恶势力犯罪集团案件的公安机关进行侦查。

12. 具有下列情形之一的,有关公安机关可以在其职责范围内并案侦查:

(1)一人犯数罪的;

(2)共同犯罪的;

(3)共同犯罪的犯罪嫌疑人还实施其他犯罪的;

(4)多个犯罪嫌疑人实施的犯罪存在直接关联,并案处理有利于查明案件事实的。

13.本意见自2019年4月9日起施行。

《关于办理"套路贷"刑事案件若干问题的意见》的理解与适用

□朱和庆　周　川　李梦龙

为持续深入开展扫黑除恶专项斗争,准确甄别和依法严厉惩处"套路贷"违法犯罪分子,在全国扫黑办的统筹协调下,最高人民法院会同最高人民检察院、公安部、司法部联合制定印发了《关于办理"套路贷"刑事案件若干问题的意见》(法发〔2019〕11号,以下简称《意见》),自2019年4月9日起施行。为便于司法实践中准确理解和正确适用,现对《意见》的制定背景、主要内容予以简要介绍和说明。

一、《意见》的制定背景和过程

近年来,假借民间借贷之名实施的侵犯财产类违法犯罪活动开始出现并日益猖獗,政法机关在司法实践中对此类违法犯罪逐渐形成了"套路贷"这一称谓。在一些地区,"套路贷"已逐步发展成为黑恶势力较常实施的违法犯罪活动,严重侵害人民群众的人身权利、财产权利,严重破坏经济秩序、社会秩序,严重影响人民群众的安全感和社会和谐稳定,社会危害性极大,人民群众反映强烈。针对"套路贷"犯罪,最高人民法院、最高人民检察院、公安部、司法部于2018年1月出台的《关于办理黑恶势力犯罪案件若干问题的指导意见》(法发〔2018〕1号,以下简称《指导意见》)虽然没有明确使用"套路贷"这一称谓,但已在《指导意见》第二十条对"套路贷"犯罪的认定和处理作出了初步规定;多个地方也就办理"套路贷"刑事案件研究出台了地方性指导意见。但由于"套路贷"在全国各地的发案分布极不均衡,表现形式千差万别,一些地方对此类案件的理解、认识存在偏差,在办理"套路贷"刑事案件时不同程度出现了"不会打"或"打不准"的问题。

为贯彻落实2018年10月全国扫黑除恶专项斗争推进会的有关部署要求,进一步统一执法办案思想,提高专项斗争的法治化水平,最高人民法院第一时间成立了专题调研小组,经过充分调研,在深入总结实践经验和突出问题的基础上研究起草了《意见》稿,并以《意见》稿为基础通过召开调研座谈会、书面征求意见等多种形式广泛听取意见,几经修改和完善后形成《意见》。《意见》经最高人民法院、最高人民检察院、公安部、司法部会签,于2019年4月9日向社会公布并施行。

二、准确把握"套路贷"与民间借贷的区别

(一)关于"套路贷"的概念

《意见》第一条对于什么是"套路贷"作出了定义。"套路贷"既不是一个法律概念也不是一个政策概念,而是在办案实践中对假借民间借贷之名非法占有他人财物的类型化违法犯罪的概括性称谓。因此,"套路贷"在之前并没有统一的定义,各地出台的有关文件对其的界定也存在不同程度差异。经认真总结各地经验,充分研究"套路贷"的不同行为方式,《意见》在《指导意见》第二十条规定的基础上明确了"套路贷"的概念,其概念主要包括以下三个方面:

一是行为目的非法性,即犯罪分子是以非法占有被害人财物为目的实施"套路贷"。明确非法占有目的,既是为了从主观方面将"套路贷"与民间借贷区分开来,也是为了在具体犯罪中区分此罪与彼罪。

二是债权债务虚假性,即犯罪分子假借民间借贷之名,通过使用"套路",诱使或迫使被害人签订"借贷"或变相"借贷""抵押""担保"等相关协议,进而通过虚增借贷金额、恶意制造违约、肆意认定违约等方式形成虚假债权债务。对于犯罪分子来说,"借贷"是假,侵犯被害人的财产权利是真,“借贷”仅是一个虚假表象。

三是“讨债”手段多样性,即在被害人未按照要求交付财物时,“套路贷”犯罪分子会借助诉讼、仲裁、公证或者采用暴力、威胁以及其他手段向被害人强行“讨债”,以此实现对被害人财物的非法占有。其中,“套路贷”犯罪分子借助公证,既有可能是为之后以虚假事实提起诉讼或者仲裁准备证据,也有可能是利用民事诉讼法中公证债权文书执行的相关规定,直接申请强制执行案涉“公证债权文书”,非法占有被害人财物。

(二)关于“套路贷”与民间借贷的区别

《意见》第二条重点解读了应当如何区分“套路贷”与民间借贷。通过前期调研,我们发现将“套路贷”与民间高利放贷、非法讨债相混淆,是当前一些地方对“套路贷”犯罪存在误解的主要原因。为此,《意见》第二条专门从主客观两个方面明确了“套路贷”与民间借贷的区别。在主观上,要注意把握行为人有无非法占有他人财物的目的,这是“套路贷”与民间借贷的本质区别。民间借贷的目的是获取利息收益,借贷双方都对实际借得的本金和将产生的利息有清醒认识,出借人通常希望借款人能按时还本付息。而“套路贷”是以借款为幌子,通过设计套路,引诱、逼迫借款人垒高债务,最终达到非法占有借款人财产的目的。在客观上,要注意把握行为人是否处心积虑设计各种套路,制造债权债务假象,非法强占他人财产的行为。例如,犯罪分子往往会以低息、无抵押等为诱饵吸引被害人“上钩”,以行业规矩为由诱使被害人签订虚高借款合同,谎称只要按时还款,虚高的借款金额就不用还,然后制造虚假给付痕迹,采用拒绝接受还款等方式刻意制造违约,通过一系列“套路”形成高额债务,达到非法占有他人财物的目的。而在民间借贷中,虽然常会出现出借人从借款本金中预扣利息、收“砍头费”的现象,但在这种情况下,预扣的利息、收取的费用是基于借贷双方的约定,借款人对于扣除利息、收取费用的金额也心知肚明,出借人后续亦不会实施故意制造违约、恶意垒高借款等行为。因此,区分“套路贷”和民间借贷,要根据案件事实和证据综合评判,不能只关注某个因素、某个情节。

此外,因为“套路贷”违背被害人的意志,或制造虚高的借款金额,或恶意垒高债务,被害人一般不可能自愿还债,所以犯罪嫌疑人、被告人往往软硬兼施“索债”,在外在行为表现上与非法讨债引发的案件有相似之处。在司法实践中,要牢牢把握有无非法占有他人财物目的这一本质区别特征,对于犯罪嫌疑人、被告人不具有非法占有目的,也未使用“套路”与借款人形成虚假债权债务,因使用暴力、威胁以及其他手段强行索债构成犯罪的,不视为“套路贷”,应当根据具体案件事实定罪处罚。

(三)关于“套路贷”常见的犯罪手法和步骤

《意见》第三条共列举了制造民间借贷假象、制造资金走账流水等虚假给付事实、故意制造违约或者肆意认定违约、恶意垒高借款金额、软硬兼施“索债”这五类“套路贷”常见犯罪手法和步骤,在实践中应当注意把握以下几个方面:

一是列举五类常见犯罪手法和步骤的目的是回应实践需要。蔓延发展迅速和地区间发案不均衡,是当前“套路贷”犯罪呈现的两个特征。在“套路贷”犯罪出现较早的地区,当地政法机关已经接触了不少“套路贷”刑事案件,对“套路贷”犯罪已经有了一定认识,积累了一定办案经验。而有些地方的政法机关由于尚未接触或刚刚开始接触“套路贷”刑事案件,对“套路贷”犯罪尚缺乏足够的认识,但却同样面临严防严惩“套路贷”犯罪的紧要任务。列举五类常见的犯罪手法和步骤,就是为了帮助办案一线直观认识“套路贷”犯罪,进而有效甄别、打击。

二是在具体的“套路贷”犯罪中,五类犯罪手法和步骤并不必然全部出现。实践中,“套路贷”犯罪在犯罪手法的具体选择上多种多样,可能多种犯罪手法并用,通过多个犯罪步骤实现对被害人财产的非法占有，也可能仅采用少量犯罪手法就达成了犯罪目的。因此，不能认为全部具备所列举的五类犯罪手法和步骤才是“套路贷”犯罪。

三是“套路贷”犯罪的犯罪手法和步骤不局限于所列举的范围。实践中，“套路贷”犯罪的表现形式千差万别，且为了逃避打击、继续攫取不法利益，不断转型变化、花样翻新，在认定“套路贷”犯罪时还是应当着重根据其假借民间借贷之名行非法占有之实的主要特征来甄别判断。

三、依法严惩“套路贷”犯罪

（一）关于“套路贷”的定罪问题

《意见》第四条对于“套路贷”犯罪案件的罪名确定问题作了提示性规定。“套路贷”犯罪在主观上以非法占有为目的，在客观上行侵财之实，但由于犯罪手段、行为表现各有不同。在办理“套路贷”刑事案件时，司法机关需要根据“套路贷”行为人非法取得他人财产的具体手段、方式，依照刑法有关犯罪的构成要件，确定具体罪名。对于未采用明显的暴力或者威胁手段，主要靠“骗”取得被害人财物的“套路贷”，一般以诈骗罪论处。例如，在有的案件中，被告人谎称自己的公司需要“冲业绩”，帮公司签订借贷协议不仅不用还款，还可以获取“好处费”，待被害人落入圈套后，便利用对方法律知识欠缺的弱点以及害怕“惹事”的心理索取所谓“债务”。由于该案中被告人主要是靠虚构事实、隐瞒真相实现非法占有目的，故应以诈骗罪定罪处罚。

但在实践中，犯罪分子实施“套路贷”的手段经常变换，还有可能构成敲诈勒索、非法拘禁、虚假诉讼、寻衅滋事、强迫交易、抢劫、绑架等多种犯罪。例如，在实施“套路贷”过程中，主要通过威胁或者要挟的方法非法占有被害人财物的，构成敲诈勒索罪。在常见的“车贷”型“套路贷”中，有的被告人在诱骗被害人签订虚高“借款”合同时，要求给被害人车辆安装 GPS 定位器，并编造各种借口拿走汽车备用钥匙。嗣后，通过损毁 GPS 定位器等方式故意造成被害人违约，再采用滋扰、恐吓等手段进行威胁，或者利用备用钥匙将车辆开走，逼迫被害人付款赎车。在该类案件中，被告人主要是利用威胁或者要挟对被害人形成心理强制，实现非法占有财物目的，因此应以敲诈勒索罪追究刑事责任。再如，对于在实施“套路贷”过程中，以暴力、胁迫或者其他方法当场劫取被害人财物的，应以抢劫罪定罪处罚。在某起“套路贷”案件中，一名被害人与被告人开设的公司签订借款 4 万元的合同，之后被告人肆意认定违约，指使手下挟持并殴打该被害人，通过被害人微信转账方式当场劫取 16 万元，应当认定该起犯罪构成抢劫罪。

在具体个案中，“套路贷”的表现形式不胜枚举，不同犯罪手段的组合、不同的犯罪情境等都可能导致案件定性或者罪数处断截然不同。以前述构成抢劫罪的案例作进一步分析，假如被告人不是当场劫取被害人本人的财物，而是在使用暴力手段挟持被害人后要求其亲友交钱赎人，那么就应以绑架罪定罪处罚。此外，犯罪分子多种手段并用，导致办案时往往需要对“一行为”或“数行为”以及是否存在竞合、牵连关系进行判断，所以，对于不同案件，应当根据具体案件事实，区分不同情况，依照《刑法》及有关司法解释的规定确定罪名和罪数。

（二）关于“套路贷”的共犯认定

《意见》第五条对于“套路贷”犯罪案件中的共犯问题作出了规定。实践中，“套路贷”犯罪多为共同犯罪，分工日趋细化，环节众多，其中“拉客户”、协助制造走账记录等配合、支持、帮助行为对于“套路贷”犯罪顺利实施并最终达成非法占有目的发挥了重要作用。由于“套路贷”犯罪的暴利性，围绕“套路贷”俨然已经形成了一个犯罪链条，不仅产生了所谓“贷款中介”等专门为“套路贷”犯罪分子提供“服务”的职业化群体，而且还有一些具有专业知识背景或者在相关行业从业的人员参与其中，在加剧“套路贷”犯罪社会危害的同时，也增加了发现、惩治犯罪的难度。为实现对“套路贷”犯罪的全链条打击，《意见》明确了“套路贷”共同犯罪人的处理，规定明知他人实施"套路贷"犯罪,仍具有组织发送"贷款"信息、广告,吸引、介绍被害人"借款"等情形的,除《刑法》和司法解释等另有规定外,以相关犯罪的共犯论处。

根据《刑法》第二十五条的规定,共同犯罪离不开共同犯意,而共同犯意历来又是司法实践中的认定难点。在《意见》起草过程中,《意见》稿一度采用"与'套路贷'犯罪分子事先通谋"才能以共犯论处的观点。在后续修改中将"通谋"改为"明知",主要考虑"通谋"一般会被理解为二名以上行为人通过交流沟通形成共同犯罪故意的过程,而反映这一过程的证据往往难以获取,大多数情况下严重依赖口供,容易出现只要一方否认就难以形成闭合证据链的情况。尤其在当前"套路贷"犯罪链条化的背景下,"套路贷"共同犯罪人之间分工明确、配合默契,往往通过心照不宣的方式形成犯意联络,不再依赖明示沟通,如果以"通谋"作为入罪条件,可能会在实践中抬高认定标准,从而放纵犯罪。但是,将"通谋"改为"明知"并不意味着可以无视共同犯罪基本原理,摒弃共同犯意这一共同犯罪成立的主观要件,办案时,对于行为人之间有无意思联络应当作出准确的审查判断。

对于如何审查判断行为人是否"明知他人实施'套路贷'犯罪",《意见》第五条第三款规定:"应当结合行为人的认知能力、既往经历、行为次数和手段、与同案人、被害人的关系、获利情况、是否曾因'套路贷'受过处罚、是否故意规避查处等主客观因素综合分析认定。"在实践中,对"明知"作出判断需要基于一定的事实基础,指向行为人主观"明知"的因素越多、指向性越强,司法工作人员也就越能作出准确判断。因此,对于前述认定"明知"的考量因素,应当准确理解、通盘考虑、综合评定,不能"只看一点、不及其余",要切实防止认定范围不当扩大。

(三)关于"套路贷"犯罪数额的认定

《意见》第六条对"套路贷"犯罪数额认定进行了说明。由于"套路贷"假借民间借贷之名行非法占有之实,其非法占有被害人的财物多以"利息""保证金"等名目混淆视听。在办理"套路贷"刑事案件时,要牢牢把握"套路贷"的本质是以非法占有为目的而实施的违法犯罪,不能适用民间借贷法律关系,也不可能产生合法收入。因此,除犯罪嫌疑人、被告人实际给付被害人的本金数额之外,"虚高债务"和以"利息""保证金""中介费""服务费""违约金"等名目被非法占有的财物,均应计入犯罪数额。《意见》基于以上分析,在吸收《指导意见》有关规定的基础上,进一步提出了"从整体上予以否定性评价"的"套路贷"犯罪数额认定原则,并分别明确了计入"套路贷"犯罪数额的对象范围。此外,《意见》第六条第三款还根据《关于办理诈骗刑事案件具体应用法律若干问题的解释》(法释〔2011〕7号)等有关司法解释、规范性文件规定的数额犯犯罪未遂认定及处罚方法,明确了"套路贷"犯罪未遂的认定以及既未遂情形并存时应如何处罚的问题。

(四)关于"套路贷"刑事案件中的涉案财产处置

根据《刑法》第六十四条以及有关司法解释、规范性文件的规定,《意见》第七条中明确了"套路贷"犯罪违法所得财物的追缴或者责令退赔、被害人合法财产的返还以及为实施"套路贷"而交付给被害人本金的处置等问题。其中,根据《刑法》的规定,"为实施'套路贷'而交付给被害人的本金"属于犯罪所用之物,应予没收。但从司法实践来看,在被害人自身损失没有得到补偿的情况下,直接让被害人退出犯罪嫌疑人、被告人先前为实施"套路贷"而交付的本金,显然有悖常理常情,相关裁判也难以得到有效执行。为便于办案一线操作,《意见》规定,有证据证明是犯罪嫌疑人、被告人为实施"套路贷"而交付给被害人的本金,赔偿被害人损失后如有剩余,应依法予以没收。

(五)关于"套路贷"犯罪的量刑情节

《意见》第八条秉持有关司法解释、规范性文件的一贯精神,明确对以社会弱势群体为对象实施，以及造成后果的“套路贷”犯罪酌情从重处罚。在强调依法从严惩处“套路贷”犯罪的同时，《意见》还坚持贯彻宽严相济的刑事政策，明确对于认罪认罚、积极退赃、真诚悔罪或者具有其他法定、酌定从轻处罚情节的被告人，可以依法从宽处罚，鼓励被告人认罪服法、退赔退赃，确保案件的裁判效果。

（六）关于“套路贷”犯罪集团和涉“套路贷”黑恶势力的认定

实践中，“套路贷”是一些黑恶势力常用的犯罪手段，经常会出现“套路贷”犯罪与黑恶势力犯罪之间相互交织的情形。一方面，“套路贷”犯罪获利快、收益高，所采用的“套路”易于复制，容易被黑恶势力利用，用以聚敛财富。另一方面，一些“套路贷”犯罪分子正在逐渐采用公司化模式有组织地实施犯罪，加上常常借助暴力、威胁的方式“讨债”，如果任其肆意发展，很容易蜕变为黑恶势力。正因为“套路贷”犯罪与黑恶势力犯罪之间客观上存在关联，所以《意见》才作为扫黑除恶专项斗争系列规范性文件出台，目的就是准确甄别、依法严惩“套路贷”犯罪，及时铲除黑恶势力犯罪滋生蔓延的土壤。但是，我们要认识到“套路贷”犯罪并不必然就是黑恶势力犯罪，不能因为二者存在关联就简单地在“套路贷”犯罪与黑恶势力犯罪之间画等号。首先，从犯罪主体上看，“套路贷”犯罪可以是黑恶势力实施，也可以是普通的个人、团伙或者犯罪集团实施。只有实施“套路贷”犯罪的行为人同时具备黑恶势力特征的，才能认定为黑恶势力。即使有的团伙、人员实施了“套路贷”犯罪，只要黑恶势力特征不齐备，不完全符合黑恶势力认定标准，就不能认定为黑恶势力。其次，从犯罪目的上看，黑恶势力犯罪意图多元化，既包括聚敛财富，也包括形成非法秩序、非法影响力。而一般“套路贷”犯罪的目的就是侵财，虽然在实现该犯罪目的的过程中，时常会伴随发生其他违法犯罪活动，但是这些活动都是围绕侵财目的实施的，具有附属性。为准确界分“套路贷”犯罪与涉“套路贷”黑恶势力犯罪，《意见》第十条第一款规定“套路贷”犯罪集团认定条件、处罚原则的基础上，在第二款明确要求对符合黑恶势力认定标准的“套路贷”犯罪，应当按照黑社会性质组织、恶势力或者恶势力犯罪集团侦查、起诉、审判。

四、关于“套路贷”刑事案件的管辖问题

目前，“套路贷”犯罪往往具有被害人多、涉及范围广、各犯罪环节实施地点分散等特点。为解决实践出现的新问题，《意见》第十一条、第十二条严格依照刑事诉讼法有关规定，本着有利于查清犯罪事实，有利于诉讼的原则，对“套路贷”刑事案件管辖和并案侦查作出针对性规定，较为全面地列举了“套路贷”犯罪的“犯罪行为发生地”和“犯罪结果发生地”，并明确在一人犯数罪、共同犯罪等四类情形下，有关公安机关可以在其职责范围内并案侦查，为公正、高效执法办案提供了保障。对于涉“套路贷”黑恶势力犯罪，考虑“套路贷”通常只是黑恶势力犯罪事实中的一个部分，为确保黑恶势力犯罪案件办理的完整性、全面性，《意见》规定此类案件由侦办黑社会性质组织、恶势力或者恶势力犯罪集团案件的公安机关进行侦查。此外，《意见》还明确公民扭送、报案、控告、举报“套路贷”犯罪的，公安机关都应当立即受理，经审查认为有犯罪事实的，依照管辖的规定处理或移送，确保人民群众能够在第一时间得到司法保障。

（作者单位：最高人民法院）

最高人民法院　最高人民检察院　公安部　司法部
关于办理实施“软暴力”的刑事案件若干问题的意见

（2019年4月9日）

为深入贯彻落实中央关于开展扫黑除恶专项斗争的决策部署，正确理解和适用最高人民法院、最高人民检察院、公安部、司法部《关于办理黑恶势力犯罪案件若干问题的指导意见》（法发〔2018〕1号，以下简称《指导意见》）关于对依法惩处采用“软暴力”实施犯罪的规定，依法办理相关犯罪案件，根据《刑法》《刑事诉讼法》及有关司法解释、规范性文件，提出如下意见：

一、“软暴力”是指行为人为谋取不法利益或形成非法影响，对他人或者在有关场所进行滋扰、纠缠、哄闹、聚众造势等，足以使他人产生恐惧、恐慌进而形成心理强制，或者足以影响、限制人身自由、危及人身财产安全，影响正常生活、工作、生产、经营的违法犯罪手段。

二、“软暴力”违法犯罪手段通常的表现形式有：

（一）侵犯人身权利、民主权利、财产权利的手段，包括但不限于跟踪贴靠、扬言传播疾病、揭发隐私、恶意举报、诬告陷害、破坏、霸占财物等；

（二）扰乱正常生活、工作、生产、经营秩序的手段，包括但不限于非法侵入他人住宅、破坏生活设施、设置生活障碍、贴报喷字、拉挂横幅、燃放鞭炮、播放哀乐、摆放花圈、泼洒污物、断水断电、堵门阻工，以及通过驱赶从业人员、派驻人员据守等方式直接或间接地控制厂房、办公区、经营场所等；

（三）扰乱社会秩序的手段，包括但不限于摆场架势示威、聚众哄闹滋扰、拦路闹事等；

（四）其他符合本意见第一条规定的“软暴力”手段。

通过信息网络或者通讯工具实施，符合本意见第一条规定的违法犯罪手段，应当认定为“软暴力”。

三、行为人实施“软暴力”，具有下列情形之一，可以认定为足以使他人产生恐惧、恐慌进而形成心理强制或者足以影响、限制人身自由、危及人身财产安全或者影响正常生活、工作、生产、经营：

（一）黑恶势力实施的；

（二）以黑恶势力名义实施的；

（三）曾因组织、领导、参加黑社会性质组织、恶势力犯罪集团、恶势力以及因强迫交易、非法拘禁、敲诈勒索、聚众斗殴、寻衅滋事等犯罪受过刑事处罚后又实施的；

（四）携带凶器实施的；

（五）有组织地实施的或者足以使他人认为暴力、威胁具有现实可能性的；

（六）其他足以使他人产生恐惧、恐慌进而形成心理强制或者足以影响、限制人身自由、危及人身财产安全或者影响正常生活、工作、生产、经营的情形。

由多人实施的，编造或明示暴力违法犯罪经历进行恐吓的，或者以自报组织、头目名号、统一着装、显露纹身、特殊标识以及其他明示、暗示方式，足以使他人感知相关行为的有组织性的，应当认定为“以黑恶势力名义实施”。

由多人实施的，只要有部分行为人符合本条第一款第（一）项至第（四）项所列情形的，该项即成立。

虽然具体实施“软暴力”的行为人不符合本条第一款第(一)项、第(三)项所列情形,但雇佣者、指使者或者纠集者符合的,该项成立。

四、“软暴力”手段属于《刑法》第二百九十四条第五款第(三)项“黑社会性质组织行为特征”以及《指导意见》第14条“恶势力”概念中的“其他手段”。

五、采用“软暴力”手段,使他人产生心理恐惧或者形成心理强制,分别属于《刑法》第二百二十六条规定的“威胁”、《刑法》第二百九十三条第一款第(二)项规定的“恐吓”,同时符合其他犯罪构成要件的,应当分别以强迫交易罪、寻衅滋事罪定罪处罚。

《关于办理寻衅滋事刑事案件适用法律若干问题的解释》第二条至第四条中的“多次”一般应当理解为二年内实施寻衅滋事行为三次以上。三次以上寻衅滋事行为既包括同一类别的行为,也包括不同类别的行为;既包括未受行政处罚的行为,也包括已受行政处罚的行为。

六、有组织地多次短时间非法拘禁他人的,应当认定为《刑法》第二百三十八条规定的“以其他方法非法剥夺他人人身自由”。非法拘禁他人三次以上、每次持续时间在四小时以上,或者非法拘禁他人累计时间在十二小时以上的,应当以非法拘禁罪定罪处罚。

七、以“软暴力”手段非法进入或者滞留他人住宅的,应当认定为《刑法》第二百四十五条规定的“非法侵入他人住宅”,同时符合其他犯罪构成要件的,应当以非法侵入住宅罪定罪处罚。

八、以非法占有为目的,采用“软暴力”手段强行索取公私财物,同时符合《刑法》第二百七十四条规定的其他犯罪构成要件的,应当以敲诈勒索罪定罪处罚。

《关于办理敲诈勒索刑事案件适用法律若干问题的解释》第三条中“二年内敲诈勒索三次以上”,包括已受行政处罚的行为。

九、采用“软暴力”手段,同时构成两种以上犯罪的,依法按照处罚较重的犯罪定罪处罚,法律另有规定的除外。

十、根据本意见第五条、第八条规定,对已受行政处罚的行为追究刑事责任的,行为人先前所受的行政拘留处罚应当折抵刑期,罚款应当抵扣罚金。

十一、雇佣、指使他人采用“软暴力”手段强迫交易、敲诈勒索,构成强迫交易罪、敲诈勒索罪的,对雇佣者、指使者,一般应当以共同犯罪中的主犯论处。

为强索不受法律保护的债务或者因其他非法目的,雇佣、指使他人采用“软暴力”手段非法剥夺他人人身自由构成非法拘禁罪,或者非法侵入他人住宅、寻衅滋事,构成非法侵入住宅罪、寻衅滋事罪的,对雇佣者、指使者,一般应当以共同犯罪中的主犯论处;因本人及近亲属合法债务、婚恋、家庭、邻里纠纷等民间矛盾而雇佣、指使,没有造成严重后果的,一般不作为犯罪处理,但经有关部门批评制止或者处理处罚后仍继续实施的除外。

十二、本意见自2019年4月9日起施行。

最高人民法院　最高人民检察院　公安部　司法部
关于办理黑恶势力刑事案件中财产处置若干问题的意见

(2019年4月9日)

为认真贯彻中央关于开展扫黑除恶专项斗争的重大决策部署,彻底铲除黑恶势力犯罪的经济基础,根据刑法、刑事诉讼法及最高人民法院、最高人民检察院、公安部、司法部《关于办理黑恶势力犯罪案件若干问题的指导意见》(法发〔2018〕1号)等规定,现对办理黑恶势力刑事案件中财产处置若干问题提出如下意见：

一、总体工作要求

1. 公安机关、人民检察院、人民法院在办理黑恶势力犯罪案件时，在查明黑恶势力组织违法犯罪事实并对黑恶势力成员依法定罪量刑的同时，要全面调查黑恶势力组织及其成员的财产状况，依法对涉案财产采取查询、查封、扣押、冻结等措施，并根据查明的情况，依法作出处理。

前款所称处理既包括对涉案财产中犯罪分子违法所得、违禁品、供犯罪所用的本人财物以及其他等值财产等依法追缴、没收，也包括对被害人的合法财产等依法返还。

2. 对涉案财产采取措施，应当严格依照法定条件和程序进行。严禁在立案之前查封、扣押、冻结财物。凡查封、扣押、冻结的财物，都应当及时进行审查，防止因程序违法、工作瑕疵等影响案件审理以及涉案财产处置。

3. 对涉案财产采取措施，应当为犯罪嫌疑人、被告人及其所扶养的亲属保留必需的生活费用和物品。

根据案件具体情况，在保证诉讼活动正常进行的同时，可以允许有关人员继续合理使用有关涉案财产，并采取必要的保值保管措施，以减少案件办理对正常办公和合法生产经营的影响。

4. 要彻底摧毁黑社会性质组织的经济基础，防止其死灰复燃。对于组织者、领导者一般应当并处没收个人全部财产。对于确属骨干成员或者为该组织转移、隐匿资产的积极参加者，可以并处没收个人全部财产。对于其他组织成员，应当根据所参与实施违法犯罪活动的次数、性质、地位、作用、违法所得数额以及造成损失的数额等情节，依法决定财产刑的适用。

5. 要深挖细查并依法打击黑恶势力组织进行的洗钱以及掩饰、隐瞒犯罪所得、犯罪所得收益等转变涉案财产性质的关联犯罪。

二、依法采取措施全面收集证据

6. 公安机关侦查期间，要根据《公安机关办理刑事案件适用查封、冻结措施相关规定》（公通字〔2013〕30 号）等有关规定，会同有关部门全面调查黑恶势力及其成员的财产状况，并可以根据诉讼需要，先行依法对下列财产采取查询、查封、扣押、冻结等措施：

（1）黑恶势力组织的财产；

（2）犯罪嫌疑人个人所有的财产；

（3）犯罪嫌疑人实际控制的财产；

（4）犯罪嫌疑人出资购买的财产；

（5）犯罪嫌疑人转移至他人名下的财产；

（6）犯罪嫌疑人涉嫌洗钱以及掩饰、隐瞒犯罪所得、犯罪所得收益等犯罪涉及的财产；

（7）其他与黑恶势力组织及其违法犯罪活动有关的财产。

7. 查封、扣押、冻结已登记的不动产、特定动产及其他财产，应当通知有关登记机关，在查封、扣押、冻结期间禁止被查封、扣押、冻结的财产流转，不得办理被查封、扣押、冻结财产权属变更、抵押等手续。必要时可以提取有关产权证照。

8. 公安机关对于采取措施的涉案财产，应当全面收集证明其来源、性质、用途、权属及价值的有关证据，审查判断是否应当依法追缴、没收。

证明涉案财产来源、性质、用途、权属及价值的有关证据一般包括：

（1）犯罪嫌疑人、被告人关于财产来源、性质、用途、权属、价值的供述；

（2）被害人、证人关于财产来源、性质、用途、权属、价值的陈述、证言；

（3）财产购买凭证、银行往来凭据、资金注入凭据、权属证明等书证；

(4)财产价格鉴定、评估意见;

(5)可以证明财产来源、性质、用途、权属、价值的其他证据。

9. 公安机关对应当依法追缴、没收的财产中黑恶势力组织及其成员聚敛的财产及其孳息、收益的数额,可以委托专门机构评估;确实无法准确计算的,可以根据有关法律规定及查明的事实、证据合理估算。

人民检察院、人民法院对于公安机关委托评估、估算的数额有不同意见的,可以重新委托评估、估算。

10. 人民检察院、人民法院根据案件诉讼的需要,可以依法采取上述相关措施。

三、准确处置涉案财产

11. 公安机关、人民检察院应当加强对在案财产审查甄别。在移送审查起诉、提起公诉时,一般应当对采取措施的涉案财产提出处理意见建议,并将采取措施的涉案财产及其清单随案移送。

人民检察院经审查,除对随案移送的涉案财产提出处理意见外,还需要对继续追缴的尚未被足额查封、扣押的其他违法所得提出处理意见建议。

涉案财产不宜随案移送的,应当按照相关法律、司法解释的规定,提供相应的清单、照片、录像、封存手续、存放地点说明、鉴定、评估意见、变价处理凭证等材料。

12. 对于不宜查封、扣押、冻结的经营性财产,公安机关、人民检察院、人民法院可以申请当地政府指定有关部门或者委托有关机构代管或者托管。

对易损毁、灭失、变质等不宜长期保存的物品,易贬值的汽车、船艇等物品,或者市场价格波动大的债券、股票、基金等财产,有效期即将届满的汇票、本票、支票等,经权利人同意或者申请,并经县级以上公安机关、人民检察院或者人民法院主要负责人批准,可以依法出售、变现或者先行变卖、拍卖,所得价款由扣押、冻结机关保管,并及时告知当事人或者其近亲属。

13. 人民检察院在法庭审理时应当对证明黑恶势力犯罪涉案财产情况进行举证质证,对于既能证明具体个罪又能证明经济特征的涉案财产情况相关证据在具体个罪中出示后,在经济特征中可以简要说明,不再重复出示。

14. 人民法院作出的判决,除应当对随案移送的涉案财产作出处理外,还应当在判决书中写明需要继续追缴尚未被足额查封、扣押的其他违法所得;对随案移送财产进行处理时,应当列明相关财产的具体名称、数量、金额、处置情况等。涉案财产或者有关当事人人数较多,不宜在判决书正文中详细列明的,可以概括叙述并另附清单。

15. 涉案财产符合下列情形之一的,应当依法追缴、没收:

(1)黑恶势力组织及其成员通过违法犯罪活动或者其他不正当手段聚敛的财产及其孳息、收益;

(2)黑恶势力组织成员通过个人实施违法犯罪活动聚敛的财产及其孳息、收益;

(3)其他单位、组织、个人为支持该黑恶势力组织活动资助或者主动提供的财产;

(4)黑恶势力组织及其成员通过合法的生产、经营活动获取的财产或者组织成员个人、家庭合法财产中,实际用于支持该组织活动的部分;

(5)黑恶势力组织成员非法持有的违禁品以及供犯罪所用的本人财物;

(6)其他单位、组织、个人利用黑恶势力组织及其成员违法犯罪活动获取的财产及其孳息、收益;

(7)其他应当追缴、没收的财产。

16. 应当追缴、没收的的财产已用于清偿债务或者转让、或者设置其他权利负担,具有下列情形之一的，应当依法追缴：

（1）第三人明知是违法犯罪所得而接受的；

（2）第三人无偿或者以明显低于市场的价格取得涉案财物的；

（3）第三人通过非法债务清偿或者违法犯罪活动取得涉案财物的；

（4）第三人通过其他方式恶意取得涉案财物的。

17. 涉案财产符合下列情形之一的，应当依法返还：

（1）有证据证明确属被害人合法财产；

（2）有证据证明确与黑恶势力及其违法犯罪活动无关。

18. 有关违法犯罪事实查证属实后，对于有证据证明权属明确且无争议的被害人、善意第三人或者其他人员合法财产及其孳息，凡返还不损害其他利害关系人的利益，不影响案件正常办理的，应当在登记、拍照或者录像后，依法及时返还。

四、依法追缴、没收其他等值财产

19. 有证据证明依法应当追缴、没收的涉案财产无法找到、被他人善意取得、价值灭失或者与其他合法财产混合且不可分割的，可以追缴、没收其他等值财产。

对于证明前款各种情形的证据，公安机关或者人民检察院应当及时调取。

20. 本意见第19条所称"财产无法找到"，是指有证据证明存在依法应当追缴、没收的财产，但无法查证财产去向、下落的。被告人有不同意见的，应当出示相关证据。

21. 追缴、没收的其他等值财产的数额，应当与无法直接追缴、没收的具体财产的数额相对应。

五、其他

22. 本意见所称孳息，包括天然孳息和法定孳息。

本意见所称收益，包括但不限于以下情形：

（1）聚敛、获取的财产直接产生的收益，如使用聚敛、获取的财产购买彩票中奖所得收益等；

（2）聚敛、获取的财产用于违法犯罪活动产生的收益，如使用聚敛、获取的财产赌博赢利所得收益、非法放贷所得收益、购买并贩卖毒品所得收益等；

（3）聚敛、获取的财产投资、置业形成的财产及其收益；

（4）聚敛、获取的财产和其他合法财产共同投资或者置业形成的财产中，与聚敛、获取的财产对应的份额及其收益；

（5）应当认定为收益的其他情形。

23. 本意见未规定的黑恶势力刑事案件财产处置工作其他事宜，根据相关法律法规、司法解释等规定办理。

24. 本意见自2019年4月9日起施行。

《关于办理黑恶势力刑事案件中财产处置若干问题的意见》解读

□曹红虹

为认真贯彻落实中央关于开展扫黑除恶专项斗争的部署要求，正确理解和适用最高人民法院、最高人民检察院、公安部、司法部（以下简称两高两部）2018年《关于办理黑恶势力犯罪案件若干问题的指导意见》（以下简称《指导意见》），2019年4月9日，两高两部印发《关于办理黑恶势力刑事案件中财产处置若干问题的意见》（以下简称《财产处置意见》），自公布之日起施行。《财产处置意见》认真按照中办、国办2015年1月印发的《关于进一步规范刑事诉讼涉案财物处置工作的意见》(以下简称《涉案财物处置意见》)的有关要求,针对扫黑除恶斗争实践中公检法机关在刑事诉讼涉案财产处置工作中存在的问题和困难,进一步明确黑恶势力财产的范围,完善了相关工作机制以及操作规程,对规范司法、严格执法必将发挥积极作用。为便于理解和适用,现对《财产处置意见》的起草背景、思路和主要内容作如下说明。

一、《财产处置意见》的起草背景和思路

涉案财物的查封、扣押、冻结、保管、处理一直是刑事诉讼中的一项重要工作,不仅关系诉讼活动的顺利进行和当事人合法权益的保障,更关系司法公正和司法机关的公信力。扫黑除恶专项斗争开展以来,如何准确打击黑恶势力,铲除黑恶势力经济基础,避免其死灰复燃,成为扫黑除恶工作的重点内容。2018 年,打黑除恶专项斗争开展之初,为了依法打击黑恶势力,严惩黑恶势力犯罪,两高两部颁发了《指导意见》,对规范执法起到了积极作用,其中第七部分对涉黑恶势力财产依法处置进行了规定。当前,扫黑除恶专项斗争进入第二年,也是扫黑除恶工作的关键之年,实践中反映出涉黑恶财产如何认定,处置程序如何操作,《指导意见》的某些规定如何理解等问题,需要进一步明确。

长期以来,党中央对规范刑事诉讼涉案财物工作高度重视,《涉案财物处置意见》对公检法机关开展刑事诉讼处置涉案财物工作提出明确要求。在扫黑除恶专项斗争中应当遵照执行。刑事诉讼法对涉案财物的处置在侦查环节、审查起诉环节、审判环节分别进行规定。各部门对于涉案财物的处置历来高度重视,联合或者单独在多个文件及司法解释中作出规范,以保证该项工作合法、有序进行。如 2012 年最高人民法院、最高人民检察院、公安部、国家安全部、司法部、全国人大常委会法制工作委员会联合发布的《关于实施刑事诉讼法若干问题的规定》对公安机关、检察机关在财产处置中的职能进行了限定,又明确了犯罪嫌疑人、被告人死亡后其涉案财产的处理方式,是对刑事诉讼法的细化规范。最高人民法院、最高人民检察院及公安部等在不同的文件和司法解释中对刑事案件涉案财物进行规定,规范处置。特别是检察机关根据实践需要先后制定下发了不同的文件提出要求,2010 年修订出台《人民检察院扣押、冻结涉案款物工作规定》(以下简称《工作规定》)、2012 年修订出台《人民检察院刑事诉讼规则(试行)》(以下简称《刑诉规则》)、2013 年修订出台《检察机关执法工作基本规范(2013 年版)》等,从不同角度对涉案财物的调查、查封、扣押、冻结、保管、处理等工作作出规范,在扫黑除恶专项斗争中应当继续援引适用。

这次专项斗争既要严惩黑恶势力犯罪,打击黑恶势力成员,又要准确认定涉黑恶财产,“打财断血”,铲除黑恶势力经济根基。为了进一步提升司法公信力,体现办理黑恶势力刑事案件的特殊性,最高人民检察院根据全国扫黑除恶专项斗争小组要求,及时启动对《关于办理黑恶势力犯罪案件中财产处置若干问题的意见》的起草工作,在多次赴地方调研、召开座谈会、书面征求公安机关、法院、司法行政部门及各省级检察院和最高人民检察院相关内设机构意见的基础上,经反复修改,形成《财产处置意见》。

《财产处置意见》贯彻落实《指导意见》要求,严格遵照《涉案财物处置意见》规定,结合最高人民法院印发的《关于刑事裁判涉案财物部分执行的若干规定》、最高人民检察院印发的《人民检察院刑事诉讼涉案财物管理规定》、公安部印发的《公安机关涉案财物管理若干规定》等相关规定内容,同时充分考虑了黑恶势力刑事案件的特点。主要遵循以下思路:

一是《财产处置意见》从制度上重视并加大了对涉案财物的审查、处置力度,以保证从经济上遏制黑恶势力“死灰复燃”的可能性。例如,在《财产处置意见》第四部分对“追缴、没收其他等值财产”作出详细规定。第十六条明确规定了关于第三人非善意取得涉案财物应当依法追缴的情形。在第二十二条对于“收益”的界定中,也将聚敛、获取的财产投资、置业形成的财产及其收益列在其中,加大了对黑恶势力涉案财物的追缴力度。此外,黑恶势力犯罪往往会衍生、牵连、依托于其他犯罪行为。因此,在打击黑恶势力犯罪的策略上必须"以点带面",深挖关联犯罪。对此,《财产处置意见》也对深挖打击黑恶势力犯罪相关经济犯罪,如洗钱,以及掩饰、隐瞒犯罪所得、犯罪收益等作出了规定,目的是深挖彻查,真正从经济基础方面遏制黑恶势力死灰复燃。

二是对涉黑恶势力财产的处置突出一定特殊性及针对性。当前,黑恶势力刑事案件除传统暴力犯罪外,在经济犯罪领域亦呈高发态势,通常表现为以暴力追求或维护不正当商业竞争优势,常见的如强迫交易、非法经营等,所涉个罪通常都涉及财产刑或涉案财产的处置。攫取经济利益、扩充经济实力,不仅是黑恶势力实施违法犯罪活动的主要目标,也是其称霸一方,实现一定行业领域或地域区域非法控制并向黑社会性质组织发展过渡的物质基础。因此,从打击黑恶势力犯罪的角度来看,不仅要打击犯罪组织及其成员,还要对涉案财物作出及时处理。因此,在刑事诉讼过程中对涉黑恶势力财产的处置应有一定特殊性及针对性。在过去一年的扫黑除恶专项斗争活动中,公安机关、司法机关在推进相关工作中对涉案财物处置时,常常面临诸如何时冻结财产、冻结范围、涉黑恶案件涉案财物的界定等一系列问题。《财产处置意见》的出台,着重解决此类涉黑恶势力案件所特有的问题。

三是进一步明确处置涉黑恶财产相关部门的具体职责和工作流程。涉案财物工作涉及多个部门和多个环节,为防止权责不清、处理不到位,《财产处置意见》对公安机关、检察机关、法院的职责分工和工作衔接、操作规程等作出具体规定。强调了公检法在打击涉黑恶犯罪、处置涉黑恶犯罪财产时要形成合力。规定了公检法在办案时,要依法运用查询、查封、扣押、冻结、追缴、没收等手段摧毁黑恶势力犯罪经济基础,强调了不同诉讼阶段各自的任务。特别是公安机关、检察机关应当加强对在案财产审查甄别。在侦查和审查起诉阶段,就要逐步甄别组织及其成员的财产性质和有效剥离其黑化部分,明确权属关系,坚持抓捕涉案人员和查清涉案财产同步进行,在移送审查起诉、提起公诉时,要"提出处理意见建议",对继续追缴的尚未被足额查封、扣押的其他违法所得同样予以处理,真正做到部门联动、整体发力,彻底摧毁黑恶势力犯罪经济基础。

二、《财产处置意见》的主要内容

《财产处置意见》共分五部分二十四条,第一部分规定了财产处置的总体要求,包括涉黑恶财产范围和处理方式。第二部分是公安机关对黑恶势力及其成员财产采取措施的方式,对于证明涉案财产属性的证据等进行列举式规定。第三部分规定在每个诉讼环节中,公、检、法均应对涉黑恶势力财产处置担当责任,强调不同诉讼阶段司法机关的任务,督促各部门责任到位,对查处涉黑恶财产形成合力。第四部分是对"追缴、没收其他等值财产"程序的详细规定,对这种处理方式进行了严格限定。第五部分对"孳息"进行了规定,列举了"收益"的部分情形。主要包括以下几个方面的内容。

(一)对公安机关、检察机关、法院在办理黑恶势力刑事案件中财产处置提出了总体工作要求

黑恶势力犯罪相较一般犯罪而言,涉案财产往往来源广泛、形态多样、权属混同、收益多元、往来频繁、规模数额大、法律关系复杂,因此,对黑恶势力犯罪财产查处需要有针对性地提出工作要求。《财产处置意见》强调"全面调查,依法处理,严格程序",为实现彻底摧毁黑恶势力经济基础,对黑恶势力财产状况的调查取证提出了具体和明确的要求,并提供了工作方法与程序指南。《财产处置意见》要求公检法机关全面调查黑恶势力组织及其成员的财产状况,明确处置的范围和方式。处置的财产范围包括"黑恶势力组织及其成员的财产",关键词是"全面调查"。对涉案财产中犯罪分子违法所得、违禁品、供犯罪所用的本人财物要进行"全面调查",特别需要强调的是,以往的财产处置文件都是针对刑事案件中的"涉案财产",即对采取措施的在案财产进行处

理,处理方式都是"追缴、没收、返还"等,而《财产处置意见》根据《指导意见》中"追缴、没收其他等值财产"的规定,考虑黑恶势力犯罪持续时间一般较长,有的盘踞多年,财产成分、类型和流转情况相当复杂,财产权属混同,要彻底摧毁其财产基础,不仅要对"已采取措施的涉案财产"查"财产属性"并决定如何处理,还要对审查认定的犯罪所得财产查"财产去向",是否存在需要"继续追缴的尚未被足额查封、扣押的其他违法所得",并判断是否需要"追缴、没收其他等值财产"。只有将两种方法相结合,才能有效解决司法实践中存在的"涉案财产属性难以认定"等困难,才能依法有效地对已采取措施的财产作出处理,必要时没收等值财产,最大限度地保证依法摧毁黑恶势力的经济基础。要求在对"违法所得、违禁品、供犯罪所用的本人财物"查扣不能时,要对对应的其他等值财产等依法追缴、没收。当然,扫黑除恶专项斗争同时强调财产处置要严格依法。主要是针对以往司法实践中出现的违规违法处置财产的问题,再一次进行强调,确保不因程序违法、工作瑕疵等影响案件审理以及处置决定的作出。

在彻底摧毁黑社会性质组织的经济基础的同时,也应考量基于人道、秩序等需要,兼顾合法性和合理性的要求,对涉案财产采取措施要求进行及时审查;为犯罪嫌疑人、被告人扶养的亲属保留必要的生活费用和物品;根据案件具体情况,可以允许有关人员继续合理使用有关涉案财产,并采取必要的保值保管措施,以减少案件办理对正常办公和合法生产经营的影响。

(二)对黑恶势力及其成员财产采取措施的方式

实践中,查扣黑恶势力财产是一个工作难点,对哪些财产属于应该查扣的范围?基层办案人员往往感到困惑,特别是在案件立案后,有的因对涉黑恶财产范围不清晰,导致涉案人员到案后,财产没有被及时查扣,财产被转移,使黑恶势力保存了势力,一旦有机会又会死灰复燃,所以防止财产隐匿和转移成为迫切需要解决的问题。公安机关在案件立案初期就要及时查扣涉案财物,2013年《公安机关办理刑事案件适用查封、冻结措施相关规定》等有关规定对此进行了规定,《财产处置意见》又进行了细化规定,包括的范围有:(1)黑恶势力组织的财产;(2)犯罪嫌疑人个人所有的财产;(3)犯罪嫌疑人实际控制的财产;(4)犯罪嫌疑人出资购买的财产;(5)犯罪嫌疑人转移至他人名下的财产;(6)犯罪嫌疑人涉嫌洗钱以及掩饰、隐瞒犯罪所得、犯罪所得收益等犯罪涉及的财产;(7)其他与黑恶势力组织及其违法犯罪活动有关的财产。这个阶段的规定属于暂扣性质,前提是"诉讼需要",黑恶组织财产和黑恶势力违法犯罪活动有关的财产均需经查询其关联性后,先行查封、扣押、冻结,目的是避免财产转移,待事实证据查清后,再依法追缴犯罪财产或者判处财产刑。这部分内容对哪些属于证明涉案财产属性的证据等进行了规定。要求公安机关要全面收集证明财产来源、性质、用途、权属及价值的有关证据,列举式地规定了可以作为判断财产属性的证据,可以根据证据综合审查判断是否应当依法追缴、没收。当然,对这些证据要求,需要在具体案件中灵活掌握,可多可少,只要能够实现证明财产属性的目的即可。检察机关、法院在必要的时候也需要采取措施查明涉案财物情况。

(三)公、检、法对黑恶势力财产处置要担负责任,《财产处置意见》明确了处置财产的几种方式

《财产处置意见》第三部分规定公检法均应当对黑恶势力财产处置担负责任,对追缴、没收、返还的情形进行了分类表述,以更方便在司法实践中操作。一方面,总结以往经验,着力解决基层急需,吸收了历次司法解释文件关于涉黑恶犯罪财产处置的内容并加以总结、提炼;另一方面,也是扫黑除恶法治保障的要求。

1. 在公安环节要及时查清涉案财产的数量、种类、性质,不能只关注对黑恶组织成员的抓捕打击,还要对支持组织进行犯罪活动的经济实力进行同步处置,侦查环节的工作是查清楚财产的

数量、种类和属性,是否有该扣没扣、不该扣的扣了的情形。检察机关受理移送审查起诉后,要核查、甄别,提出意见。目的是解决基层办案中对涉黑恶财产处置责任不到位的问题。特别需要说明的是,《财产处置意见》第十一条规定,“公安机关、检察机关在移送案件时,应当对涉案财产如何处理提出意见”。这条规定是以往文件中没有的,之所以增加这条规定,是因为公安机关、检察机关作为办案部门,同样负有对财产处置提出意见的责任,有利于法院在审判时予以参考。在《财产处置意见》起草过程中,第一次征求意见稿规定:“对公安机关移送审查起诉时,应当将采取措施的涉案财产及其清单随案移送人民检察院,并根据财产类别逐笔或者逐项提出处理意见;人民检察院提起公诉时,应当将采取措施的涉案财产及其清单一并移送受理案件的人民法院,并根据财产类别逐笔或者逐项提出处理意见。”有部门反映,这样规定在实践中不易操作,考虑在案件侦查和审查起诉过程中证据有可能发生变化,特别是公安机关如果逐项提出意见有可能影响办案进度,延误打击处理黑恶犯罪的时机,多次征求意见后,修改成《财产处置意见》第十一条,要求侦查机关和检察机关均要积极参与财产处置,提出处理意见作为法院审理参考。

2. 明确了对不宜移送的特殊涉案财物的处理办法。侦查机关、检察机关“将采取措施的涉案财产及其清单随案移送”。“涉案财产不宜随案移送的,应当按照相关法律、司法解释的规定,提供相应的清单、照片、录像、封存手续、存放地点说明、鉴定、评估意见、变价处理凭证等材料。”此项内容在刑事诉讼法和最高人民法院印发的《关于刑事裁判涉案财物部分执行的若干规定》、最高人民检察院印发的《人民检察院刑事诉讼涉案财物管理规定》、公安部印发的《公安机关涉案财物管理若干规定》中都进行了规定,集中于《财产处置意见》中予以再次明确。实践中,办案部门扣押物品的种类很多,有些是违禁品,有些是危险品,还有些是不动产,这些物品全部移送并无必要,或者说有的物证也不便移送下一个诉讼环节。最高人民检察院印发的《人民检察院刑事诉讼涉案财物管理规定》第二十六条列举了六类扣押物品可以不移交管理部门,由办案部门拍照或者录像后及时按照有关规定处理。这个规定在处置黑恶势力犯罪财产时仍然有效。《刑诉规则》第二百三十七条规定,在扫黑除恶中也仍应遵照执行。

3. 明确了对于不宜查封、扣押、冻结的经营性财产如何处理,规定了“可以申请当地政府指定有关部门或者委托有关机构代管或者托管”,即追缴、没收黑社会性质组织犯罪涉案财产,既要保证充分剥夺犯罪利益,也要保障其合法财产权。合法处置黑社会性质组织涉案财产是保护产权的要求。在中央加强产权保护的政策背景下,扫黑除恶斗争中也要充分重视合法产权的司法保护,《财产处置意见》的及时出台,既实现了办理黑恶势力案件财产处置工作有法可依,也为保护合法产权提供了制度保障。

4. 对于不宜保管的财产或者财产性权利如何处理进行了重申。这次规定延续了《涉案财物处置意见》这方面的内容,规定对易贬值的汽车、船艇等物品的先行变卖、拍卖内容,易损毁、灭失、变质等不宜长期保存的物品,易贬值的汽车、船艇等物品,经权利人同意或者申请,可以及时委托有关部门先行变卖、拍卖。前提是“经权利人同意或者申请”,由于涉及权利人的权益保障和救济问题,要慎重研究、审慎决定。须“经权利人申请”,强调严格依照法定程序进行。

5. 明确应当依法追缴、没收的黑恶势力组织或者个人的财产类型。明确了六种情形并设定兜底条款。六种情况包括:(1)黑恶势力组织及其成员通过违法犯罪活动或者其他不正当手段聚敛的财产及其孳息、收益;(2)黑恶势力组织成员通过个人实施违法犯罪活动聚敛的财产及其孳息、收益;(3)其他单位、组织、个人为支持该黑恶势力组织活动资助或者主动提供的财产;(4)黑恶势力组织及其成员通过合法的生产、经营活动获取的财产或者组织成员个人、家庭合法财产中,实际用于支持该组织活动的部分;(5)黑恶势力组织成员非法持有的违禁品以及供犯罪所用的本人财物;(6)其他单位、组织、个人利用黑恶势力组织及其成员违法犯罪活动获取的财产及其孳息、收益。

6. 明确了第三人非善意取得的涉案财产应当追缴,包括:(1)第三人明知是违法犯罪所得而接受的;(2)第三人无偿或者以明显低于市场的价格取得涉案财物的;(3)第三人通过非法债务清偿或者违法犯罪活动取得涉案财物的;(4)第三人通过其他方式恶意取得涉案财物的。尽管这些财产已经转移,不在黑恶势力组织或者个人名下,只要非善意取得,仍然要予以追缴。

7. 明确哪些物品财产应当返还。只要是有证据证明确属被害人合法财产或者有证据证明确与黑恶势力及其违法犯罪活动无关的财产均应当依法返还。《财产处置意见》第十八条还规定,有关违法犯罪事实查证属实后,对于有证据证明权属明确且无争议的被害人、善意第三人或者其他人员合法财产及其孳息,凡返还不损害其他利害关系人的利益,不影响案件正常办理的,应当在登记、拍照或者录像后,依法及时返还,体现了充分剥夺黑恶势力犯罪所得与保护财产权并重的理念。

(四)对"追缴、没收其他等值财产"详细规定

扫黑除恶专项斗争开展以后,"两高两部"制定下发了《指导意见》,统一执法思想,明确执法尺度,其中第二十九条规定,依法应当追缴、没收的涉案财产无法找到、被他人善意取得、价值灭失或者与其他合法财产混合且不可分割的,可以追缴、没收其他等值财产。该条规定的精神体现对黑恶犯罪财产充分剥夺、坚决判罚的国际惯例。我国批准参加的《联合国打击跨国有组织犯罪公约》("巴勒莫公约")第十二条规定"没收与扣押制度",重点之一就是涉及有组织犯罪所得的没收问题。该公约规定,在不损害善意第三人权利的前提下,如果犯罪所得已与从合法来源获得的财产相混合……没收价值可达混合于其中的犯罪所得的估计价值,对于来自犯罪所得、来自由犯罪所得转变或者转化而成的财产或已与犯罪所得相混合的财产所产生的收入或者其他利益。《财产处置意见》第四部分对"追缴、没收其他等值财产"进行详细规定,对《指导意见》文件内容进一步明确,对哪些财产视为"无法找到"作出规定,并细化了操作程序。为了避免对"无法找到"产生理解歧义,《财产处置意见》对此进行了说明,即"无法找到"是指"有证据证明存在依法应当追缴、没收的财产,但无法查证财产去向、下落的"。被告人有不同意见的,应当出示相关证据。对"追缴、没收其他等值财产"处理方式作出严格限定,采取处置等值财产时必须有证据能证明财产无法找到、被他人善意取得、价值灭失或者与其他合法财产混合且不可分割,才能启动没收等值财产这种处理方式,这是一个兜底条款,不能将"追缴、没收其他等值财产"直接适用,必须确有"应当追缴、没收而不能追缴、没收的具体财产"情形才能对"黑恶势力的其他财产"等值对应作出处理。同时也赋予被告人可以提出不同意见的权利,但需要被告人举证支持自己的主张。财产数额的对等性也是《财产处置意见》强调的,没收的财产数额必须是与依法应当追缴、没收的涉案财产对应的数额,也就是"不能多也不能少",必须是等值财产,不能损害被告人的合法权益。

(作者单位:最高人民检察院)

最高人民法院　最高人民检察院　公安部　司法部
关于办理非法放贷刑事案件若干问题的意见

(2019 年 7 月 23 日　法发〔2019〕24 号)

为依法惩治非法放贷犯罪活动,切实维护国家金融市场秩序与社会和谐稳定,有效防范因非

法放贷诱发涉黑涉恶以及其他违法犯罪活动，保护公民、法人和其他组织合法权益，根据刑法、刑事诉讼法及有关司法解释、规范性文件的规定，现对办理非法放贷刑事案件若干问题提出如下意见：

一、违反国家规定，未经监管部门批准，或者超越经营范围，以营利为目的，经常性地向社会不特定对象发放贷款，扰乱金融市场秩序，情节严重的，依照刑法第二百二十五条第（四）项的规定，以非法经营罪定罪处罚。

前款规定中的“经常性地向社会不特定对象发放贷款”，是指2年内向不特定多人（包括单位和个人）以借款或其他名义出借资金10次以上。

贷款到期后延长还款期限的，发放贷款次数按照1次计算。

二、以超过36%的实际年利率实施符合本意见第一条规定的非法放贷行为，具有下列情形之一的，属于刑法第二百二十五条规定的“情节严重”，但单次非法放贷行为实际年利率未超过36%的，定罪量刑时不得计入：

（一）个人非法放贷数额累计在200万元以上的，单位非法放贷数额累计在1000万元以上的；

（二）个人违法所得数额累计在80万元以上的，单位违法所得数额累计在400万元以上的；

（三）个人非法放贷对象累计在50人以上的，单位非法放贷对象累计在150人以上的；

（四）造成借款人或者其近亲属自杀、死亡或者精神失常等严重后果的。

具有下列情形之一的，属于刑法第二百二十五条规定的“情节特别严重”：

（一）个人非法放贷数额累计在1000万元以上的，单位非法放贷数额累计在5000万元以上的；

（二）个人违法所得数额累计在400万元以上的，单位违法所得数额累计在2000万元以上的；

（三）个人非法放贷对象累计在250人以上的，单位非法放贷对象累计在750人以上的；

（四）造成多名借款人或者其近亲属自杀、死亡或者精神失常等特别严重后果的。

三、非法放贷数额、违法所得数额、非法放贷对象数量接近本意见第二条规定的“情节严重”“情节特别严重”的数额、数量起点标准，并具有下列情形之一的，可以分别认定为“情节严重”“情节特别严重”：

（一）2年内因实施非法放贷行为受过行政处罚2次以上的；

（二）以超过72%的实际年利率实施非法放贷行为10次以上的。

前款规定中的“接近”，一般应当掌握在相应数额、数量标准的80%以上。

四、仅向亲友、单位内部人员等特定对象出借资金，不得适用本意见第一条的规定定罪处罚。但具有下列情形之一的，定罪量刑时应当与向不特定对象非法放贷的行为一并处理：

（一）通过亲友、单位内部人员等特定对象向不特定对象发放贷款的；

（二）以发放贷款为目的，将社会人员吸收为单位内部人员，并向其发放贷款的；

（三）向社会公开宣传，同时向不特定多人和亲友、单位内部人员等特定对象发放贷款的。

五、非法放贷数额应当以实际出借给借款人的本金金额认定。非法放贷行为人以介绍费、咨询费、管理费、逾期利息、违约金等名义和以从本金中预先扣除等方式收取利息的，相关数额在计算实际年利率时均应计入。

非法放贷行为人实际收取的除本金之外的全部财物，均应计入违法所得。

非法放贷行为未经处理的，非法放贷次数和数额、违法所得数额、非法放贷对象数量等应当累计计算。

六、为从事非法放贷活动，实施擅自设立金融机构、套取金融机构资金高利转贷、骗取贷款、非法吸收公众存款等行为，构成犯罪的，应当择一重罪处罚。

为强行索要因非法放贷而产生的债务，实施故意杀人、故意伤害、非法拘禁、故意毁坏财物、寻衅滋事等行为，构成犯罪的，应当数罪并罚。

纠集、指使、雇佣他人采用滋扰、纠缠、哄闹、聚众造势等手段强行索要债务，尚不单独构成犯罪，但实施非法放贷行为已构成非法经营罪的，应当按照非法经营罪的规定酌情从重处罚。

以上规定的情形，刑法、司法解释另有规定的除外。

七、有组织地非法放贷，同时又有其他违法犯罪活动，符合黑社会性质组织或者恶势力、恶势力犯罪集团认定标准的，应当分别按照黑社会性质组织或者恶势力、恶势力犯罪集团侦查、起诉、审判。

黑恶势力非法放贷的，据以认定"情节严重""情节特别严重"的非法放贷数额、违法所得数额、非法放贷对象数量起点标准，可以分别按照本意见第二条规定中相应数额、数量标准的50%确定；同时具有本意见第三条第一款规定情形的，可以分别按照相应数额、数量标准的40%确定。

八、本意见自2019年10月21日起施行。对于本意见施行前发生的非法放贷行为，依照最高人民法院《关于准确理解和适用刑法中"国家规定"的有关问题的通知》（法发〔2011〕155号）的规定办理。

《关于办理非法放贷刑事案件若干问题的意见》的理解与适用

□朱和庆　周　川　李梦龙

为依法惩治非法放贷犯罪活动，切实维护国家金融市场秩序与社会和谐稳定，有效防范因非法放贷诱发涉黑涉恶以及其他违法犯罪活动，保护公民、法人和其他组织合法权益，在全国扫黑办的统筹协调下，最高人民法院会同最高人民检察院、公安部、司法部联合制定印发了《关于办理非法放贷刑事案件若干问题的意见》（法发〔2019〕24号，以下简称《意见》），自2019年10月21日起施行。为便于司法实践中准确理解和正确适用，现对《意见》的制定背景、主要内容予以简要介绍和说明。

一、《意见》的制定背景和过程

民间借贷，是一种广泛存在的民间资金融通活动，作为平等民事主体之间的经济互助行为，在一定程度上满足了社会融资需求，对于促进经济发展起到有益补充作用。但由于其游离于正规金融体系之外，自身带有混乱、无序的弊端，故在逐利动机驱使下容易发生性质变异，并随之诱发一系列负面效应。近年来，对外出借资金行为背离民间借贷本质的问题愈加严重，一些已经脱离民间借贷个体的、偶然的、互助式的存在模式，演化为出借人的经常性谋利手段，并向着资本运作方式规模化发展，客观上已经形成一种未经有权部门批准、未取得合法资质从事发放贷款业务的非法金融业务活动。非法放贷活动不仅扰乱金融市场秩序，而且易于滋生黑恶势力，引发各类伴生和次生违法犯罪活动，是扫黑除恶专项斗争聚焦的重点领域之一。实践中，由于非法放贷的认定缺乏明确、统一标准，是否应纳入刑事司法调整范围也存在较大争议，导致部分严重扰乱金融市场秩序的非法放贷活动得不到有效打击处理，社会各界和一线政法单位对此反映强烈。

为贯彻落实全国扫黑除恶专项斗争推进会有关精神，解决办案一线惩治非法放贷活动面临的问题和障碍，进一步明确法律适用，统一定罪量刑标准，提高专项斗争法治化水平，按照全国扫黑办部署要求，最高人民法院第一时间成立了专题调研小组，经过深入调研，在认真总结实践经验和突出问题的基础上研究起草了《意见》稿，并以《意见》稿为基础通过召开调研座谈会、书面征求意见等多种形式广泛听取意见，几经修改和完善后形成《意见》。《意见》经最高人民法院、最高人民检察院、公安部、司法部会签，于2019年10月21日向社会公布并施行。

二、《意见》的主要内容及理解适用

《意见》共八条，主要包括以下内容：

（一）关于非法放贷行为的认定及定罪处罚依据

实践中，非法放贷行为缺乏明确、统一认定标准，是否应对非法放贷行为追究刑事责任、应对哪些非法放贷行为追究刑事责任、应以何种罪名追究刑事责任也均存在认识分歧。为解决这些问题，《意见》第一条第一款将"非法放贷行为"界定为"违反国家规定，未经监管部门批准，或者超越经营范围，以营利为目的，经常性地向社会不特定对象发放贷款，扰乱金融市场秩序"，并在此基础上进一步明确，实施非法放贷行为达到"情节严重"程度，依照《刑法》第二百二十五条第（四）项的规定，以非法经营罪定罪处罚。根据《意见》规定，在认定非法放贷行为时应着重把握以下方面：

一是放贷行为的违法性。非法经营罪属于行政犯，需要"违反国家规定"才能入罪。《非法金融机构和非法金融业务活动取缔办法》第四条第一款第（三）项规定："本办法所称非法金融业务活动，是指未经中国人民银行批准，擅自从事的下列活动……非法发放贷款、办理结算、票据贴现、资金拆借、信托投资、金融租赁、融资担保、外汇买卖。"同时，在第二十二条中规定："设立非法金融机构或者从事非法金融业务活动，构成犯罪的，依法追究刑事责任……"《银行业监督管理法》第十九条规定："未经国务院银行业监督管理机构批准，任何单位或者个人不得设立银行业金融机构或者从事银行业金融机构的业务活动。"第四十四条规定："擅自设立银行业金融机构或者非法从事银行业金融机构的业务活动的，由国务院银行业监督管理机构予以取缔；构成犯罪的，依法追究刑事责任……"因此，从事发放贷款业务需要经过有关金融监管部门批准。"未经监管部门批准，或者超越经营范围"，是认定非法放贷行为，并进而视情节对其以非法经营罪论处的必要条件。

二是放贷活动的职业性。有别于互助式的、偶然的民间资金融通行为，非法放贷作为一种经营行为，必然包含着出借目的营利性和出借行为反复性。为了准确区分非法放贷行为和正常的民间借贷，揭示非法放贷行为人以放贷为业的行为实质，《意见》第一条第一款规定非法放贷行为人需"以营利为目的，经常性地向社会不特定对象发放贷款"，并且在第一条第二款明确"前款规定中的'经常性地向社会不特定对象发放贷款'，是指2年内向不特定多人（包括单位和个人）以借款或其他名义出借资金10次以上"。此外，《意见》第一条第三款还进一步明确了贷款到期后延长还款期限这一情况下，发放贷款次数的计算问题。应当注意的是，在延长还款期限后仅改变约定利率或者利息计算方式，但出借的本金金额未实际增加的，发放贷款次数仍按照1次计算；如果在延长还款期限后追加出借资金，或者将借款人已偿还贷款重新借出的，放贷次数另行计算。

三是放贷对象的不特定性。发放贷款行为的开放性，是非法放贷这一非法金融业务活动与民间借贷的又一重要区别。为此，《意见》第一条第一款强调非法放贷行为人发放贷款的对象是"社会不特定对象"，并且在《意见》第一条第二款将"社会不特定对象"解读为"不特定多人（包括单位和个人）"，即非法放贷行为人需要2年内累计向多个不特定的单位或者个人，以借款或其他名义出借资金10次以上。

（二）关于"情节严重""情节特别严重"的一般认定标准

根据《刑法》第二百二十五条的规定，以非法经营罪追究刑事责任需要达到"情节严重"的程度。通过刑事司法入罪处刑，是最为严厉的法律制裁措施，故应只适用于社会危害性严重，民事、行政等其他法律手段都无法有效调整的行为。实践中，非法高利放贷是非法放贷活动中危害最突出的部分，所造成的后果和引发的问题是多方面的，不仅严重扰乱金融市场秩序，制约实体经济发展，使企业或个人陷入债务深渊，而且还诱发大量非法拘禁、寻衅滋事等违法犯罪活动，并为黑恶势力滋生蔓延提供土壤。因此，《意见》将运用刑法手段打击的目标锁定为非法高利放贷，结合民事司法解释关于民间借贷利率的规定，明确“以超过36%的实际年利率实施符合本意见第一条规定的非法放贷行为”是认定非法放贷“情节严重”和“情节特别严重”的前提条件，从而有效防止扩大打击面，并为民事司法和行政执法留出必要空间。此外，根据司法统计和调研所掌握的情况，《意见》还从非法放贷数额、违法所得数额、非法放贷对象数量以及所造成的危害后果等方面，规定了非法放贷“情节严重”和“情节特别严重”的具体认定标准。

对于《意见》第二条第一款中的“以超过36%的实际年利率实施符合本意见第一条规定的非法放贷行为，具有下列情形之一的，属于刑法第二百二十五条规定的‘情节严重’，但单次非法放贷行为实际年利率未超过36%的，定罪量刑时不得计入”，执法办案时需要重点把握。例如，行为人2年内共向不特定多人以借款名义出借资金10次，但其中只有9次实际年利率超过36%，还有1次未超过，则其行为不符合“以超过36%的实际年利率实施符合本意见第一条规定的非法放贷行为”的标准，不能以非法经营罪定罪处罚。又如，行为人(个人)2年内共向不特定多人以借款名义出借资金15次，其中单次放贷行为实际年利率超过36%的有11次，非法放贷数额共计210万元；未超过36%的有4次，非法放贷数额共计900万元。按照《意见》规定，只能根据其中11次高利放贷行为及其相应的非法放贷数额210万元定罪量刑，该行为人非法放贷构成非法经营罪，但属于“情节严重”，而非“情节特别严重”，应在五年以下有期徒刑或者拘役，并处或者单处违法所得一倍以上五倍以下罚金的法定刑幅度内量刑。

(三)关于“情节严重”“情节特别严重”的特别认定标准

实践中，一些犯罪嫌疑人、被告人曾因非法放贷行为受过行政处罚，但拒不悔改并再次实施。还有一些案件，犯罪嫌疑人、被告人以超高利率大量放贷，社会危害极为严重。针对这两种恶劣情形，《意见》第三条规定了“情节严重”“情节特别严重”的特别认定标准，相应降低入罪门槛，体现依法从严惩处精神。

(四)关于“向社会不特定对象发放贷款”的把握

《意见》第四条区分不同情况，对“向社会不特定对象发放贷款”的把握问题作出明确。如果行为人出借资金仅限定于亲友、单位内部人员等特定对象，其行为就不符合非法放贷这一非法金融业务活动的对象不特定性特征，不宜认定为非法放贷，更不能以非法经营罪论处。因此，《意见》第四条规定：“仅向亲友、单位内部人员等特定对象出借资金，不得适用本意见第一条的规定定罪处罚。”

针对司法实践中非法放贷行为手段不断翻新的实际情况，为避免行为人假借向亲友、单位内部人员等特定对象出借资金之名非法放贷，《意见》第四条明确，具有以下三种情形之一的，定罪量刑时应当与向不特定对象非法放贷的行为一并处理：一是通过亲友、单位内部人员等特定对象向不特定对象发放贷款的情形。二是以发放贷款为目的，将社会人员吸收为单位内部人员，并向其发放贷款的情形。三是向社会公开宣传，同时向不特定多人和亲友、单位内部人员等特定对象发放贷款的情形。

(五)关于非法放贷数额、实际年利率等的认定和计算标准

根据《意见》中的有关规定，实际年利率、非法放贷数额、违法所得数额、非法放贷对象数量等

均是影响定罪量刑的重要因素。《意见》第五条针对调研中各方反映的问题，分别规定了实际年利率、非法放贷数额、违法所得数额等的计算方法，避免理解认识差异导致执法尺度不一。

首先，在非法放贷数额认定方面，从借款本金中预先扣除利息、计收复利等做法在非法放贷行为中极为常见，这就导致借据、收据、借条等凭证所载明的本金金额与非法放贷行为人实际出借的本金金额存在差异，究竟应以何种金额认定非法放贷数额需要明确。因此，《意见》第五条第一款结合民事法律和司法解释有关本金金额认定的规定，明确非法放贷数额应当以实际出借给借款人的本金金额，即按照借款人实际能够完全支配和使用的借款金额作出认定。

其次，在实际年利率计算方面，虽然逾期利息、违约金以及介绍费、咨询费、管理费等费用在民法上性质有所差异，但是在实践中非法放贷行为人为规避利率上限，经常假借以上名目，或者采用从本金中预先扣除等方式收取利息。《意见》第五条第一款结合民事法律和司法解释中对逾期利息、违约金、其他费用并存时，总计超过利率上限部分不予保护的规定精神，以从严管理角度出发，明确非法放贷行为人以介绍费、咨询费、管理费、逾期利息、违约金等名义和以从本金中预先扣除等方式收取利息的，相关数额在计算实际年利率时均应计入。例如，非法放贷行为人在单次非法放贷活动中实际出借本金1000万元，借期1年，同时与借款人约定，除按照年利率24%还本付息外，还需要支付180万元的管理费。根据《意见》规定，在计算该次非法放贷行为的实际年利率时，应当以本金1000万元为基数，将240万元约定利息和180万元管理费一并计入，计得该次非法放贷行为的实际年利率为42%。

再次，在违法所得数额认定方面，考虑借贷市场有着极强的复杂性，非法放贷行为人的资金来源千差万别，有的还极为隐蔽，为便于司法实践操作，《意见》第五条第二款规定，“非法放贷行为人实际收取的除本金之外的全部财物，均应计入违法所得”。

最后，针对未经处理的非法放贷行为，《意见》第五条第三款明确，“非法放贷行为未经处理的，非法放贷次数和数额、违法所得数额、非法放贷对象数量等应当累计计算”。

（六）关于非法放贷与伴生、次生犯罪的罪数处断问题

针对非法放贷活动易于诱发伴生、次生犯罪的特点，《意见》第六条规定了非法放贷与相关犯罪的罪数处断原则。为从事非法放贷活动，实施擅自设立金融机构、套取金融机构资金高利转贷、骗取贷款、非法吸收公众存款等行为，非法放贷行为和前述行为同时构成犯罪的，由于存在牵连或者竞合关系，所侵犯的客体具有类似性，《意见》明确除《刑法》、司法解释另有规定外，应当择一重罪处罚。对于非法放贷的次生犯罪，即非法放贷行为本身已构成犯罪，为强行索要因非法放贷而产生的债务，又实施故意杀人、故意伤害、非法拘禁、故意毁坏财物、寻衅滋事等行为，构成犯罪的，由于所侵犯的客体存在明显差异，《意见》明确除刑法、司法解释另有规定外，依法应当数罪并罚。

（七）关于对黑恶势力非法放贷的从严惩处

实践中，非法放贷是黑恶势力易于染指的重点领域。一方面，非法放贷行为人为了扩大业务范围，确保能够收回本金及高息，往往会有组织地发放贷款并采取暴力、威胁等方式催收，从而形成非法放贷、讨债团伙，如果任其发展，很容易蜕变为黑恶势力；另一方面，由于获利快、收益高，非法放贷也成为一些黑恶势力聚敛钱财的重要手段。正是基于非法放贷与黑恶势力犯罪之间的客观联系，《意见》才作为扫黑除恶专项斗争系列规范性文件出台，目的就是要聚焦重点领域精准发力，持续将专项斗争引向深入。为准确认定、惩处涉及非法放贷活动的黑恶势力违法犯罪组织，《意见》第七条第一款要求，有组织地非法放贷，同时又有其他违法犯罪活动，符合黑恶势力认定标准的，应当分别按照黑社会性质组织或者恶势力、恶势力犯罪集团侦查、起诉、审判。

此外，为了对黑恶势力非法放贷充分体现区别对待、依法严惩的政策精神，《意见》第七条第二款对黑恶势力非法放贷的入罪标准和加重处罚标准均大幅降低，明确据以认定“情节严重”“情节特别严重”的非法放贷数额、违法所得数额、非法放贷对象数量起点标准，可以分别按照一般情况下相应数额、数量标准的50%确定；同时具有《意见》第三条第一款规定情形的，可以分别按照一般情况下相应数额、数量标准的40%确定。

（八）关于《意见》的时间效力问题

在本意见出台前，根据《最高人民法院关于准确理解和适用刑法中“国家规定”的有关问题的通知》（法发〔2011〕155号）的规定，拟适用《刑法》第二百二十五条第（四）项对非法放贷行为以非法经营罪论处的案件，均应当作为法律适用问题，逐级向最高人民法院请示。根据该规定，最高人民法院曾于2012年12月26日对广东省高级人民法院请示的被告人何伟光、张勇泉等非法经营案作出批复，明确对何伟光、张勇泉等人的高利放贷行为不宜以非法经营罪定罪处罚。该批复虽然是最高人民法院对个案的批复，但是长期以来在司法实践中已然起到了重要的指导作用，为类似案件的处理提供了规范和指引。为此，《意见》第八条明确，对于《意见》施行前发生的非法放贷行为，仍依照《最高人民法院关于准确理解和适用刑法中“国家规定”的有关问题的通知》的规定办理。对于《意见》第八条规定，在司法实践中需着重把握以下方面：一是为贯彻罪刑法定原则，办案机关应当准确理解和把握《意见》的时间效力问题，对于《意见》施行前发生的非法放贷行为，在实体处理上要注意与《最高人民法院关于被告人何伟光、张勇泉等非法经营案的批复》精神保持一致。二是行为人非法发放贷款在《意见》施行前，收回本息在《意见》施行后的，应当认定为“本意见施行前发生的非法放贷行为”。三是行为人在《意见》施行之前、之后均有非法放贷行为的，只能对施行后的行为适用《意见》相关规定定罪处罚。

（作者单位：最高人民法院）

最高人民法院　最高人民检察院　公安部　司法部
关于办理利用信息网络实施黑恶势力犯罪刑事案件若干问题的意见

（2019年7月23日）

为认真贯彻中央关于开展扫黑除恶专项斗争的部署要求，正确理解和适用最高人民法院、最高人民检察院、公安部、司法部《关于办理黑恶势力犯罪案件若干问题的指导意见》（法发〔2018〕1号，以下简称《指导意见》），根据刑法、刑事诉讼法、网络安全法及有关司法解释、规范性文件的规定，现对办理利用信息网络实施黑恶势力犯罪案件若干问题提出以下意见：

一、总体要求

1. 各级人民法院、人民检察院、公安机关及司法行政机关应当统一执法思想、提高执法效能，坚持“打早打小”，坚决依法严厉惩处利用信息网络实施的黑恶势力犯罪，有效维护网络安全和经济、社会生活秩序。

2. 各级人民法院、人民检察院、公安机关及司法行政机关应当正确运用法律，严格依法办案，坚持“打准打实”，认真贯彻落实宽严相济刑事政策，切实做到宽严有据、罚当其罪，实现政治效果、法律效果和社会效果的统一。

3. 各级人民法院、人民检察院、公安机关及司法行政机关应当分工负责，互相配合、互相制约，切实加强与相关行政管理部门的协作，健全完善风险防控机制，积极营造线上线下社会综合治理新格局。

二、依法严惩利用信息网络实施的黑恶势力犯罪

4. 对通过发布、删除负面或虚假信息，发送侮辱性信息、图片，以及利用信息、电话骚扰等方式，威胁、要挟、恐吓、滋扰他人，实施黑恶势力违法犯罪的，应当准确认定，依法严惩。

5. 利用信息网络威胁他人，强迫交易，情节严重的，依照刑法第二百二十六条的规定，以强迫交易罪定罪处罚。

6. 利用信息网络威胁、要挟他人，索取公私财物，数额较大，或者多次实施上述行为的，依照刑法第二百七十四条的规定，以敲诈勒索罪定罪处罚。

7. 利用信息网络辱骂、恐吓他人，情节恶劣，破坏社会秩序的，依照刑法第二百九十三条第一款第二项的规定，以寻衅滋事罪定罪处罚。

编造虚假信息，或者明知是编造的虚假信息，在信息网络上散布，或者组织、指使人员在信息网络上散布，起哄闹事，造成公共秩序严重混乱的，依照刑法第二百九十三条第一款第四项的规定，以寻衅滋事罪定罪处罚。

8. 侦办利用信息网络实施的强迫交易、敲诈勒索等非法敛财类案件，确因被害人人数众多等客观条件的限制，无法逐一收集被害人陈述的，可以结合已收集的被害人陈述，以及经查证属实的银行账户交易记录、第三方支付结算账户交易记录、通话记录、电子数据等证据，综合认定被害人人数以及涉案资金数额等。

三、准确认定利用信息网络实施犯罪的黑恶势力

9. 利用信息网络实施违法犯罪活动，符合刑法、《指导意见》以及最高人民法院、最高人民检察院、公安部、司法部《关于办理恶势力刑事案件若干问题的意见》等规定的恶势力、恶势力犯罪集团、黑社会性质组织特征和认定标准的，应当依法认定为恶势力、恶势力犯罪集团、黑社会性质组织。

认定利用信息网络实施违法犯罪活动的黑社会性质组织时，应当依照刑法第二百九十四条第五款规定的“四个特征”进行综合审查判断，分析“四个特征”相互间的内在联系，根据在网络空间和现实社会中实施违法犯罪活动对公民人身、财产、民主权利和经济、社会生活秩序所造成的危害，准确评价，依法予以认定。

10. 认定利用信息网络实施违法犯罪的黑恶势力组织特征，要从违法犯罪的起因、目的，以及组织、策划、指挥、参与人员是否相对固定，组织形成后是否持续进行犯罪活动、是否有明确的职责分工、行为规范、利益分配机制等方面综合判断。利用信息网络实施违法犯罪的黑恶势力组织成员之间一般通过即时通讯工具、通讯群组、电子邮件、网盘等信息网络方式联络，对部分组织成员通过信息网络方式联络实施黑恶势力违法犯罪活动，即使相互未见面、彼此不熟识，不影响对组织特征的认定。

11. 利用信息网络有组织地通过实施违法犯罪活动或者其他手段获取一定数量的经济利益，用于违法犯罪活动或者支持该组织生存、发展的，应当认定为符合刑法第二百九十四条第五款第二项规定的黑社会性质组织经济特征。

12. 通过线上线下相结合的方式，有组织地多次利用信息网络实施违法犯罪活动，侵犯不特定多人的人身权利、民主权利、财产权利，破坏经济秩序、社会秩序的，应当认定为符合刑法第二百九十四条第五款第三项规定的黑社会性质组织行为特征。单纯通过线上方式实施的违法犯罪活动，且不具有为非作恶、欺压残害群众特征的，一般不应作为黑社会性质组织行为特征的认定依据。

13. 对利用信息网络实施黑恶势力犯罪非法控制和影响的“一定区域或者行业”，应当结合危害行为发生地或者危害行业的相对集中程度，以及犯罪嫌疑人、被告人在网络空间和现实社会中的控制和影响程度综合判断。虽然危害行为发生地、危害的行业比较分散，但涉案犯罪组织利用信息网络多次实施强迫交易、寻衅滋事、敲诈勒索等违法犯罪活动，在网络空间和现实社会造成重大影响，严重破坏经济、社会生活秩序的，应当认定为“在一定区域或者行业内，形成非法控制或者重大影响”。

四、利用信息网络实施黑恶势力犯罪案件管辖

14. 利用信息网络实施的黑恶势力犯罪案件管辖依照《关于办理黑社会性质组织犯罪案件若干问题的规定》和《关于办理网络犯罪案件适用刑事诉讼程序若干问题的意见》的有关规定确定，坚持以犯罪地管辖为主、被告人居住地管辖为辅的原则。

15. 公安机关可以依法对利用信息网络实施的黑恶势力犯罪相关案件并案侦查或者指定下级公安机关管辖，并案侦查或者由上级公安机关指定管辖的公安机关应当全面调查收集能够证明黑恶势力犯罪事实的证据，各涉案地公安机关应当积极配合。并案侦查或者由上级公安机关指定管辖的案件，需要提请批准逮捕、移送审查起诉、提起公诉的，由立案侦查的公安机关所在地的人民检察院、人民法院受理。

16. 人民检察院对于公安机关提请批准逮捕、移送审查起诉的利用信息网络实施的黑恶势力犯罪案件，人民法院对于已进入审判程序的利用信息网络实施的黑恶势力犯罪案件，被告人及其辩护人提出的管辖异议成立，或者办案单位发现没有管辖权的，受案人民检察院、人民法院经审查，可以依法报请与有管辖权的人民检察院、人民法院共同的上级人民检察院、人民法院指定管辖，不再自行移交。对于在审查批准逮捕阶段，上级检察机关已经指定管辖的案件，审查起诉工作由同一人民检察院受理。人民检察院、人民法院认为应当分案起诉、审理的，可以依法分案处理。

17. 公安机关指定下级公安机关办理利用信息网络实施的黑恶势力犯罪案件的，应当同时抄送同级人民检察院、人民法院。人民检察院认为需要依法指定审判管辖的，应当协商同级人民法院办理指定管辖有关事宜。

18. 本意见自 2019 年 10 月 21 日起施行。

最高人民法院　最高人民检察院　公安部　司法部
关于跨省异地执行刑罚的黑恶势力罪犯坦白检举构成自首立功若干问题的意见

（2019 年 10 月 21 日）

各省、自治区、直辖市高级人民法院、人民检察院、公安厅（局）、司法厅（局），新疆维吾尔自治区高级人民法院生产建设兵团分院、新疆生产建设兵团人民检察院、公安局、司法局、监狱管理局：

为认真贯彻落实中央开展扫黑除恶专项斗争的部署要求，根据刑法、刑事诉讼法和有关司法解释、规范性文件的规定，现对办理跨省异地执行刑罚的黑恶势力罪犯坦白交代本人犯罪和检举揭发他人犯罪案件提出如下意见：

一、总体工作要求

1. 人民法院、人民检察院、公安机关、监狱要充分认识黑恶势力犯罪的严重社会危害，在办理案件中加强沟通协调，促使黑恶势力罪犯坦白交代本人犯罪和检举揭发他人犯罪，进一步巩固和扩大扫黑除恶专项斗争成果。

2. 人民法院、人民检察院、公安机关、监狱在办理跨省异地执行刑罚的黑恶势力罪犯坦白、检举构成自首、立功案件中，应当贯彻宽严相济刑事政策，充分发挥职能作用，坚持依法办案，快办快结，保持密切配合，形成合力，实现政治效果、法律效果和社会效果的统一。

二、排查和移送案件线索

3. 监狱应当依法从严管理跨省异地执行刑罚的黑恶势力罪犯，积极开展黑恶势力犯罪线索排查，加大政策宣讲力度，教育引导罪犯坦白交代司法机关还未掌握的本人其他犯罪行为，鼓励罪犯检举揭发他人犯罪行为。

4. 跨省异地执行刑罚的黑恶势力罪犯检举揭发他人犯罪行为、提供重要线索，或者协助司法机关抓捕其他犯罪嫌疑人的，各部门在办案中应当采取必要措施，保护罪犯及其近亲属人身和财产安全。

5. 跨省异地执行刑罚的黑恶势力罪犯坦白、检举的，监狱应当就基本犯罪事实、涉案人员和作案时间、地点等情况对罪犯进行询问，形成书面材料后报省级监狱管理机关。省级监狱管理机关根据案件性质移送原办案侦查机关所在地省级公安机关、人民检察院或者其他省级主管部门。

6. 原办案侦查机关所在地省级公安机关、人民检察院收到监狱管理机关移送的案件线索材料后，应当进行初步审查。经审查认为属于公安机关或者人民检察院管辖的，应当按照有关管辖的规定处理。经审查认为不属于公安机关或者人民检察院管辖的，应当及时退回移送的省级监狱管理机关，并书面说明理由。

三、办理案件程序

7. 办案侦查机关收到罪犯坦白、检举案件线索或者材料后，应当及时进行核实。依法不予立案的，应当说明理由，并将不予立案通知书送达罪犯服刑监狱。依法决定立案的，应当在立案后十日内，将立案情况书面告知罪犯服刑监狱。依法决定撤销案件的，应当将案件撤销情况书面告知罪犯服刑监狱。

8. 人民检察院审查起诉跨省异地执行刑罚的黑恶势力罪犯坦白、检举案件，依法决定不起诉的，应当在作出不起诉决定后十日内将有关情况书面告知罪犯服刑监狱。

9. 人民法院审理跨省异地执行刑罚的黑恶势力罪犯坦白案件，可以依法适用简易程序、速裁程序。有条件的地区，可以通过远程视频方式开庭审理。判决生效后十日内，人民法院应当向办案侦查机关和罪犯服刑监狱发出裁判文书。

10. 跨省异地执行刑罚的黑恶势力罪犯在服刑期间，检举揭发他人犯罪、提供重要线索，或者协助司法机关抓捕其他犯罪嫌疑人的，办案侦查机关应当在人民法院判决生效后十日内根据人民法院判决对罪犯是否构成立功或重大立功提出书面意见，与案件相关材料一并送交监狱。

11. 跨省异地执行刑罚的黑恶势力罪犯在原审判决生效前，检举揭发他人犯罪活动、提供重要线索，或者协助司法机关抓捕其他犯罪嫌疑人的，在原审判决生效后才被查证属实的，参照本意见第10条情形办理。

12. 跨省异地执行刑罚的黑恶势力罪犯检举揭发他人犯罪，构成立功或者重大立功的，监狱依法向人民法院提请减刑。对于检举他人犯罪行为基本属实，但未构成立功或者重大立功的，监狱可以根据有关规定给予日常考核奖励或者物质奖励。

13. 公安机关、人民检察院、人民法院认为需要提审跨省异地执行刑罚的黑恶势力罪犯的，提审人员应当持工作证等有效证件和县级以上公安机关、人民检察院、人民法院出具的介绍信等证明材料到罪犯服刑监狱进行提审。

14. 公安机关、人民检察院、人民法院认为需要将异地执行刑罚的黑恶势力罪犯跨省解回侦查、起诉、审判的，办案地省级公安机关、人民检察院、人民法院应当先将解回公函及相关材料送监狱所在地省级公安机关、人民检察院、人民法院审核。经审核确认无误的，监狱所在地省级公安机关、人民检察院、人民法院应当出具确认公函，与解回公函及材料一并转送监狱所在地省级监狱管理机关审批。监狱所在地省级监狱管理机关应当在收到上述材料后三日内作出是否批准的书面决定。批准将罪犯解回侦查、起诉、审判的，办案地公安机关、人民检察院、人民法院应当派员到监狱办理罪犯离监手续。案件办理结束后，除将罪犯依法执行死刑外，应当将罪犯押解回原服刑监狱继续服刑。

15. 本意见所称“办案侦查机关”，是指依法对案件行使侦查权的公安机关、人民检察院。

国家监察委员会　最高人民法院　最高人民检察院　公安部　司法部
关于在扫黑除恶专项斗争中分工负责、互相配合、互相制约严惩公职人员涉黑涉恶违法犯罪问题的通知

(2019 年 10 月 20 日)

为认真贯彻党中央关于开展扫黑除恶专项斗争的重大决策部署，全面落实习近平总书记关于扫黑除恶与反腐败结合起来，与基层“拍蝇”结合起来的重要指示批示精神，进一步规范和加强各级监察机关、人民法院、人民检察院、公安机关、司法行政机关在惩治公职人员涉黑涉恶违法犯罪中的协作配合，推动扫黑除恶专项斗争取得更大成效，根据刑法、刑事诉讼法、监察法及最高人民法院、最高人民检察院、公安部、司法部《关于办理黑恶势力犯罪若干问题的指导意见》的规定，现就有关问题通知如下：

一、总体要求

1. 进一步提升政治站位。坚持以习近平新时代中国特色社会主义思想为指导，从增强“四个意识”、坚定“四个自信”、做到“两个维护”的政治高度，立足党和国家工作大局，深刻认识和把握开展扫黑除恶专项斗争的重大意义。深挖黑恶势力滋生根源，铲除黑恶势力生存根基，严惩公职人员涉黑涉恶违法犯罪，除恶务尽，切实维护群众利益，进一步净化基层政治生态，推动扫黑除恶专项斗争不断向纵深发展，推进全面从严治党不断向基层延伸。

2. 坚持实事求是。坚持以事实为依据，以法律为准绳，综合考虑行为人的主观故意、客观行为、具体情节和危害后果，以及相关黑恶势力的犯罪事实、犯罪性质、犯罪情节和对社会的危害程度，准确认定问题性质，做到不偏不倚、不枉不纵。坚持惩前毖后、治病救人方针，严格区分罪与非罪的界限，区别对待、宽严相济。

3. 坚持问题导向。找准扫黑除恶与反腐“拍蝇”工作的结合点，聚焦涉黑涉恶问题突出、群众反映强烈的重点地区、行业和领域，紧盯农村和城乡结合部，紧盯建筑工程、交通运输、矿产资源、商贸集市、渔业捕捞、集资放贷等涉黑涉恶问题易发多发的行业和领域，紧盯村“两委”、乡镇基层站所及其工作人员，严肃查处公职人员涉黑涉恶违法犯罪行为。

二、严格查办公职人员涉黑涉恶违法犯罪案件

4. 各级监察机关、人民法院、人民检察院、公安机关应聚焦黑恶势力违法犯罪案件及坐大成势的过程，严格查办公职人员涉黑涉恶违法犯罪案件。重点查办以下案件：公职人员直接组织、

领导、参与黑恶势力违法犯罪活动的案件;公职人员包庇、纵容、支持黑恶势力犯罪及其他严重刑事犯罪的案件;公职人员收受贿赂、滥用职权,帮助黑恶势力人员获取公职或政治荣誉,侵占国家和集体资金、资源、资产,破坏公平竞争秩序,或为黑恶势力提供政策、项目、资金、金融信贷等支持帮助的案件;负有查禁监管职责的国家机关工作人员滥用职权、玩忽职守帮助犯罪分子逃避处罚的案件;司法工作人员徇私枉法、民事枉法裁判、执行判决裁定失职或滥用职权、私放在押人员以及徇私舞弊减刑、假释、暂予监外执行的案件;在扫黑除恶专项斗争中发生的公职人员滥用职权,徇私舞弊,包庇、阻碍查处黑恶势力犯罪的案件,以及泄露国家秘密、商业秘密、工作秘密,为犯罪分子通风报信的案件;公职人员利用职权打击报复办案人员的案件。

公职人员的范围,根据《中华人民共和国监察法》第十五条的规定认定。

5. 以上情形,由有关机关依规依纪依法调查处置,涉嫌犯罪的,依法追究刑事责任。

三、准确适用法律

6. 国家机关工作人员包庇黑社会性质的组织,或者纵容黑社会性质的组织进行违法犯罪活动的,以包庇、纵容黑社会性质组织罪定罪处罚。

国家机关工作人员既组织、领导、参加黑社会性质组织,又对该组织进行包庇、纵容的,应当以组织、领导、参加黑社会性质组织罪从重处罚。

国家机关工作人员包庇、纵容黑社会性质组织,该包庇、纵容行为同时还构成包庇罪、伪证罪、妨害作证罪、徇私枉法罪、滥用职权罪、帮助犯罪分子逃避处罚罪、徇私舞弊不移交刑事案件罪,以及徇私舞弊减刑、假释、暂予监外执行罪等其他犯罪的,应当择一重罪处罚。

7. 非国家机关工作人员与国家机关工作人员共同包庇、纵容黑社会性质组织,且不属于该组织成员的,以包庇、纵容黑社会性质组织罪的共犯论处。非国家机关工作人员的行为同时还构成其他犯罪的,应当择一重罪处罚。

8. 公职人员利用职权或职务便利实施包庇、纵容黑恶势力、伪证、妨害作证,帮助毁灭、伪造证据,以及窝藏、包庇等犯罪行为的,应酌情从重处罚。事先有通谋而实施支持帮助、包庇纵容等保护行为的,以具体犯罪的共犯论处。

四、形成打击公职人员涉黑涉恶违法犯罪的监督制约、配合衔接机制

9. 监察机关、公安机关、人民检察院、人民法院在查处、办理公职人员涉黑涉恶违法犯罪案件过程中,应当分工负责,互相配合,互相制约,通过对办理的黑恶势力犯罪案件逐案筛查、循线深挖等方法,保证准确有效地执行法律,彻查公职人员涉黑涉恶违法犯罪。

10. 监察机关、公安机关、人民检察院、人民法院要建立完善查处公职人员涉黑涉恶违法犯罪重大疑难案件研判分析、案件通报等工作机制,进一步加强监察机关、政法机关之间的配合,共同研究和解决案件查处、办理过程中遇到的疑难问题,相互及时通报案件进展情况,进一步增强工作整体性、协同性。

11. 监察机关、公安机关、人民检察院、人民法院、司法行政机关要建立公职人员涉黑涉恶违法犯罪线索移送制度,对工作中收到、发现的不属于本单位管辖的公职人员涉黑涉恶违法犯罪线索,应当及时移送有管辖权的单位处置。

移送公职人员涉黑涉恶违法犯罪线索,按照以下规定执行:

(1)公安机关、人民检察院、人民法院、司法行政机关在工作中发现公职人员涉黑涉恶违法犯罪中的涉嫌贪污贿赂、失职渎职等职务违法和职务犯罪等应由监察机关管辖的问题线索,应当移送监察机关。

(2)监察机关在信访举报、监督检查、审查调查等工作中发现公职人员涉黑涉恶违法犯罪线索的，应当将其中涉嫌包庇、纵容黑社会性质组织犯罪等由公安机关管辖的案件线索移送公安机关处理。

(3)监察机关、公安机关、人民检察院、人民法院、司法行政机关在工作中发现司法工作人员涉嫌利用职权实施的侵犯公民权利、损害司法公正案件线索的，根据有关规定，经沟通后协商确定管辖机关。

12. 监察机关、公安机关、人民检察院接到移送的公职人员涉黑涉恶违法犯罪线索，应当按各自职责及时处置、核查，依法依规作出处理，并做好沟通反馈工作；必要时，可以与相关线索或案件并案处理。

对于重大疑难复杂的公职人员涉黑涉恶违法犯罪案件，监察机关、公安机关、人民检察院可以同步立案、同步查处，根据案件办理需要，相互移送相关证据，加强沟通配合，做到协同推进。

13. 公职人员涉黑涉恶违法犯罪案件中，既涉嫌贪污贿赂、失职渎职等严重职务违法或职务犯罪，又涉嫌公安机关、人民检察院管辖的违法犯罪的，一般应当以监察机关为主调查，公安机关、人民检察院予以协助。监察机关和公安机关、人民检察院分别立案调查（侦查）的，由监察机关协调调查和侦查工作。犯罪行为仅涉及公安机关、人民检察院管辖的，由有关机关依法按照管辖职能进行侦查。

14. 公安机关、人民检察院、人民法院对公职人员涉黑涉恶违法犯罪移送审查起诉、提起公诉、作出裁判，必要时听取监察机关的意见。

15. 公职人员涉黑涉恶违法犯罪案件开庭审理时，人民法院应当通知监察机关派员旁听，也可以通知涉罪公职人员所在单位、部门、行业以及案件涉及的单位、部门、行业等派员旁听。

二、妨害司法罪

最高人民法院　最高人民检察院
关于办理虚假诉讼刑事案件适用法律若干问题的解释

(2018年1月25日最高人民法院审判委员会第1732次会议、2018年6月13日最高人民检察院第十三届检察委员会第二次会议通过　2018年9月26日公布　自2018年10月1日起施行　法释〔2018〕17号)

为依法惩治虚假诉讼犯罪活动,维护司法秩序,保护公民、法人和其他组织合法权益,根据《中华人民共和国刑法》《中华人民共和国刑事诉讼法》《中华人民共和国民事诉讼法》等法律规定,现就办理此类刑事案件适用法律的若干问题解释如下:

第一条　采取伪造证据、虚假陈述等手段,实施下列行为之一,捏造民事法律关系,虚构民事纠纷,向人民法院提起民事诉讼的,应当认定为刑法第三百零七条之一第一款规定的"以捏造的事实提起民事诉讼":

(一)与夫妻一方恶意串通,捏造夫妻共同债务的;

(二)与他人恶意串通,捏造债权债务关系和以物抵债协议的;

(三)与公司、企业的法定代表人、董事、监事、经理或者其他管理人员恶意串通,捏造公司、企业债务或者担保义务的;

(四)捏造知识产权侵权关系或者不正当竞争关系的;

(五)在破产案件审理过程中申报捏造的债权的;

(六)与被执行人恶意串通,捏造债权或者对查封、扣押、冻结财产的优先权、担保物权的;

(七)单方或者与他人恶意串通,捏造身份、合同、侵权、继承等民事法律关系的其他行为。

隐瞒债务已经全部清偿的事实,向人民法院提起民事诉讼,要求他人履行债务的,以"以捏造的事实提起民事诉讼"论。

向人民法院申请执行基于捏造的事实作出的仲裁裁决、公证债权文书,或者在民事执行过程中以捏造的事实对执行标的提出异议、申请参与执行财产分配的,属于刑法第三百零七条之一第一款规定的"以捏造的事实提起民事诉讼"。

第二条　以捏造的事实提起民事诉讼,有下列情形之一的,应当认定为刑法第三百零七条之一第一款规定的"妨害司法秩序或者严重侵害他人合法权益":

(一)致使人民法院基于捏造的事实采取财产保全或者行为保全措施的;

(二)致使人民法院开庭审理,干扰正常司法活动的;

(三)致使人民法院基于捏造的事实作出裁判文书、制作财产分配方案,或者立案执行基于捏造的事实作出的仲裁裁决、公证债权文书的;

(四)多次以捏造的事实提起民事诉讼的;

(五)曾因以捏造的事实提起民事诉讼被采取民事诉讼强制措施或者受过刑事追究的;

(六)其他妨害司法秩序或者严重侵害他人合法权益的情形。

第三条　以捏造的事实提起民事诉讼,有下列情形之一的,应当认定为刑法第三百零七条之一第一款规定的"情节严重":

（一）有本解释第二条第一项情形，造成他人经济损失一百万元以上的；

（二）有本解释第二条第二项至第四项情形之一，严重干扰正常司法活动或者严重损害司法公信力的；

（三）致使义务人自动履行生效裁判文书确定的财产给付义务或者人民法院强制执行财产权益，数额达到一百万元以上的；

（四）致使他人债权无法实现，数额达到一百万元以上的；

（五）非法占有他人财产，数额达到十万元以上的；

（六）致使他人因为不执行人民法院基于捏造的事实作出的判决、裁定，被采取刑事拘留、逮捕措施或者受到刑事追究的；

（七）其他情节严重的情形。

第四条 实施刑法第三百零七条之一第一款行为，非法占有他人财产或者逃避合法债务，又构成诈骗罪，职务侵占罪，拒不执行判决、裁定罪，贪污罪等犯罪的，依照处罚较重的规定定罪从重处罚。

第五条 司法工作人员利用职权，与他人共同实施刑法第三百零七条之一前三款行为的，从重处罚；同时构成滥用职权罪，民事枉法裁判罪，执行判决、裁定滥用职权罪等犯罪的，依照处罚较重的规定定罪从重处罚。

第六条 诉讼代理人、证人、鉴定人等诉讼参与人与他人通谋，代理提起虚假民事诉讼、故意作虚假证言或者出具虚假鉴定意见，共同实施刑法第三百零七条之一前三款行为的，依照共同犯罪的规定定罪处罚；同时构成妨害作证罪，帮助毁灭、伪造证据罪等犯罪的，依照处罚较重的规定定罪从重处罚。

第七条 采取伪造证据等手段篡改案件事实，骗取人民法院裁判文书，构成犯罪的，依照刑法第二百八十条、第三百零七条等规定追究刑事责任。

第八条 单位实施刑法第三百零七条之一第一款行为的，依照本解释规定的定罪量刑标准，对其直接负责的主管人员和其他直接责任人员定罪处罚，并对单位判处罚金。

第九条 实施刑法第三百零七条之一第一款行为，未达到情节严重的标准，行为人系初犯，在民事诉讼过程中自愿具结悔过，接受人民法院处理决定，积极退赃、退赔的，可以认定为犯罪情节轻微，不起诉或者免予刑事处罚；确有必要判处刑罚的，可以从宽处罚。

司法工作人员利用职权，与他人共同实施刑法第三百零七条之一第一款行为的，对司法工作人员不适用本条第一款规定。

第十条 虚假诉讼刑事案件由虚假民事诉讼案件的受理法院所在地或者执行法院所在地人民法院管辖。有刑法第三百零七条之一第四款情形的，上级人民法院可以指定下级人民法院将案件移送其他人民法院审判。

第十一条 本解释所称裁判文书，是指人民法院依照民事诉讼法、企业破产法等民事法律作出的判决、裁定、调解书、支付令等文书。

第十二条 本解释自2018年10月1日起施行。

《关于办理虚假诉讼刑事案件适用法律若干问题的解释》的理解与适用

□周 峰 汪 斌 李加玺

为明确虚假诉讼刑事案件的法律适用，依法惩治虚假诉讼犯罪活动，最高人民法院、最高人民检察院联合发布了《关于办理虚假诉讼刑事案件适用法律若干问题的解释》(法释〔2018〕17号,以下简称《解释》),自2018年10月1日起施行。为便于实践中准确理解和正确适用,现对《解释》的制定背景、起草过程中的总体原则和主要内容予以简要介绍。

一、《解释》的制定背景

近年来,随着我国经济社会的快速发展和人民群众法治观念的不断增强,公民、法人和其他组织之间发生民事纠纷后,选择向人民法院提起民事诉讼,通过法律途径保护自身权利、定分止争,成为解决民事争议、维护自身合法权益的重要途径,各级人民法院受理的民事案件数量大幅增长。特别是2015年5月1日人民法院全面启动立案登记制改革之后,民事审判工作压力空前繁重。其中,个别单位和个人出于各种目的,故意捏造事实提起虚假民事诉讼,意图骗取人民法院裁判文书,牟取不正当利益。此类行为不仅严重侵害他人合法权益,同时也极大损害了司法权威,扰乱了正常诉讼秩序。在极少数民事案件中,司法工作人员与当事人恶意串通,帮助其实施虚假诉讼行为,意图达到非法确认驰名商标、规避商品房或者机动车限购政策等不正当目的,造成了恶劣影响。

虚假诉讼违法行为的社会危害性十分严重,有必要通过刑罚手段予以规制。十八届四中全会通过的《中共中央关于全面推进依法治国若干重大问题的决定》提出,加大对虚假诉讼的惩治力度。2012年修订的《民事诉讼法》第一百一十二条、第一百一十三条规定,当事人之间或者被执行人与他人恶意串通,企图通过诉讼、调解等方式侵害他人合法权益或者逃避履行法律文书确定的义务的,人民法院应当驳回其请求,并根据情节轻重予以罚款、拘留;构成犯罪的,依法追究刑事责任。但是,由于当时的《刑法》并无专门的虚假诉讼罪名,司法实践中,对于虚假诉讼违法犯罪行为应当如何定性和处罚存在很大争议。为了解决这个问题,中央和地方司法机关相继出台了一系列规范性文件。例如,最高人民检察院2002年出台了《关于通过伪造证据骗取法院民事裁判占有他人财物的行为如何适用法律问题的答复》(法研〔2006〕73号,以下简称《2002年最高检答复》),浙江、江苏等部分省、区、市司法机关也陆续出台了一些地方性规范文件。理论界和实务界普遍认为,虚假诉讼违法犯罪行为的社会危害性较大,且司法机关对相关问题的认识不统一,建议尽早在立法上予以明确。

立法机关经审慎研究,采纳了在《刑法》中增设专门罪名规制虚假诉讼犯罪的意见。2015年11月1日施行的《刑法修正案(九)》决定在《刑法》第三百零七条后面增加一条,作为第三百零七条之一。该条第一款规定:“以捏造的事实提起民事诉讼,妨害司法秩序或者严重侵害他人合法权益的,处三年以下有期徒刑、拘役或者管制,并处或者单处罚金;情节严重的,处三年以上七年以下有期徒刑,并处罚金。”第二款、第三款、第四款还对单位犯罪、数罪竞合、司法工作人员共同犯罪等问题作出了规定。《最高人民法院、最高人民检察院关于执行〈中华人民共和国刑法〉确定罪名的补充规定(六)》把该条规定的罪名确定为虚假诉讼罪。

最高人民法院历来高度重视依法惩治虚假诉讼违法犯罪活动,在《刑法修正案(九)》施行前后开展了认真调研。调研发现,在《刑法》增设虚假诉讼罪后,全国范围内审结的虚假诉讼犯罪案件数量总体偏少,且各地区分布极不平衡,量刑方面,绝大部分案件均适用第一档法定刑,适用第二档法定刑、判处三年以上有期徒刑的案件极少,说明部分地区司法机关对虚假诉讼罪的认识有待进一步深入,对定罪量刑标准把握不准,迫切需要出台司法解释对法律适用等方面问题进行明确。最高人民法院会同最高人民检察院共同深入调研,广泛听取了各方面意见,经反复研究论证,起草了《解释》。2018年1月25日和6月13日,最高人民法院审判委员会第1732次会议、最高人民检察院第十三届检察委员会第二次会议分别审议通过了《解释》。

二、《解释》起草过程中的总体原则

为确保《解释》规定内容科学合理，能够有效指导司法实践，解决实践中存在的突出问题，起草过程中着重把握了以下几个总体原则：

第一，惩罚犯罪与保护诉权并重。诉权是法律赋予当事人的基本权利。依法惩治虚假诉讼犯罪活动，不能侵害人民群众依法享有的诉权，否则就偏离了刑事立法的初衷。为此，《解释》起草过程中着重解决了以下三个方面问题：首先，明确规制重点，合理界定刑事处罚范围，将虚假诉讼犯罪限定为"无中生有型"捏造事实行为。其次，设置明确的定罪量刑标准，对于什么情况下可以认定为虚假诉讼罪，给人民群众以明确的行为预期和规范指引。最后，注意与《民事诉讼法》第一百一十二条、第一百一十三条规定内容的协调衔接，将定罪标准确定为人民法院采取保全措施、开庭审理或者作出裁判文书等重要程序节点，确保对大部分虚假诉讼违法行为由民事诉讼强制措施予以规制，形成司法处罚和刑事惩罚手段的层次递进关系，避免造成犯罪行为大面积侵占妨害民事诉讼违法行为的局面。

第二，立足实际需要，突出打击重点。司法解释不仅是裁判规范，也是行为规范。在发挥对人民群众的行为指引功能方面，列举式规定比定义式更加有效。但是，司法实践中存在的虚假诉讼犯罪行为多种多样，要作出完全列举，既无必要，也不可能。《解释》在认真总结审判经验的基础上，在第一条第一款中选取实践中常见多发、人民群众反映强烈的六种典型的虚假诉讼犯罪行为作了不完全列举，并设置了兜底性条款。另外，自 2016 年 3 月以来，人民法院全面打响"基本解决执行难"攻坚战。在民事执行过程中，部分被执行人与他人恶意串通，以捏造的事实对执行标的提出异议或者申请参与执行财产分配，以达到非法转移财产、逃避执行义务的目的，此类行为严重干扰民事执行程序的正常进行，社会危害严重，应依法予以严惩。《解释》第一条第三款明确，在民事执行过程中对执行标的提出异议、申请参与执行财产分配，以及申请执行仲裁裁决或者公证债权文书，均属于虚假诉讼罪中"提起民事诉讼"的范畴。

第三，坚持宽严相济原则。为最大限度地体现宽严相济，发挥刑法的威慑作用和教育功能，首先，《解释》第五条、第六条明确，司法工作人员犯虚假诉讼罪的，从重处罚；司法工作人员或者诉讼代理人、证人、鉴定人等诉讼参与人犯虚假诉讼罪，同时构成其他犯罪的，根据择一重从重原则进行处罚，体现依法从严的一面。其次，《解释》第九条第一款规定，实施了虚假诉讼犯罪行为但未达到情节严重标准的犯罪人，如果系初犯，在民事诉讼过程中自愿具结悔过，接受人民法院处理决定，积极退赃、退赔的，可以认定犯罪情节轻微，不起诉或者免予刑事处罚，确有必要判处刑罚的，可以从宽处罚，体现依法从宽的一面。此外，考虑司法工作人员利用职权与他人串通实施虚假诉讼犯罪行为的严重危害性，该条第二款还规定，司法工作人员利用职权与他人共同实施虚假诉讼犯罪行为的，不适用第一款规定，体现"宽中有严"的政策要求。

三、虚假诉讼罪的行为特征

虚假诉讼罪的行为特征，解决的是什么样的行为可以构成虚假诉讼罪的问题。《解释》第一条对此作了明确规定。

1."捏造事实"的认定

有意见认为，《刑法》规定的"以捏造的事实提起民事诉讼"，既可能表现为行为人自己捏造事实向人民法院提起诉讼，也可能表现为利用他人捏造的事实向人民法院提起诉讼，虚假诉讼罪并非复行为犯，行为并不是由捏造行为 + 起诉行为所构成。[1] 研究认为，上述意见正确。但是，在

---

① 参见张明楷：《虚假诉讼罪的基本问题》，载《法学》2017 年第 1 期。

行为人利用他人捏造的事实向人民法院提起民事诉讼的情况下，起诉人与捏造事实行为人至少成立片面共犯，在此情况下，认定起诉人是否构成虚假诉讼罪，仍需对该他人的行为是否属于捏造事实进行审查。因此，虽然虚假诉讼罪不属于复行为犯，但正确认定“捏造事实”的内涵，仍然是正确适用本罪的必要条件。

准确认定“捏造事实”，应当从《刑法》条文的通常语义、《刑法》增设虚假诉讼罪的立法目的以及立法沿革等方面进行考虑。首先，根据一般理解，“捏造”一般是指完全没有依据，仅靠自己的凭空想象臆造事物，与“杜撰”“虚构”等基本属于同义词。《刑法》第二百四十三条关于诬告陷害罪的规定、第二百四十六条关于诽谤罪的规定等多个条文均使用了“捏造”一词，理论和实践中一般认为，上述条文中的“捏造”，是指对相关事实无中生有的行为。从保持《刑法》用语含义的一致性考虑，虚假诉讼罪中的“捏造”，原则上也应限定为无中生有、凭空虚构。其次，从立法本意来看，刑法增设虚假诉讼罪的目的，主要是依法惩治不具有合法诉权的行为人故意捏造事实，制造自己具有诉权的假象，意图骗取人民法院裁判文书、达到非法目的的行为。对于虚假诉讼中的“诉讼”一词来讲，行为人行使诉权、提交诉状为“诉”，人民法院立案受理为“讼”，在人民法院实行立案登记制改革之后，“讼”是“诉”的必然逻辑结果。因此，所谓虚假诉讼，重点是其中“诉”的虚假性，刑罚打击的对象是行为人行使虚假诉权的行为。根据民事诉讼理论，诉权具有程序和实体两个方面的内涵，程序内涵即在程序上请求法院行使审判权，旨在启动诉讼程序；实体内涵是指原告行使诉权或提起诉讼所欲获得的实体法上的具体法律地位或具体法律效果。① 据此，从实体意义和程序意义上来讲，原告享有诉权的前提，分别是其与他人之间存在的特定民事法律关系，以及因该民事法律关系产生的民事纠纷，因此，行为人行使虚假诉权，也应体现在民事法律关系的虚假性和民事纠纷的虚假性两个方面。最后，《刑法修正案（九）》（草案一次审议稿）对虚假诉讼罪罪状的规定为，为谋取不正当利益，以捏造的事实为案由，向人民法院提起民事诉讼，骗取人民法院裁判文书的，构成虚假诉讼罪，明确虚假诉讼罪中捏造的事实属于案由范围内的事实。

综上所述，研究认为，虚假诉讼罪中的“捏造”，应当是指“无中生有”“凭空虚构”；捏造的“事实”，应当是足以对起诉能否获得人民法院受理以及人民法院作出何种裁判结果产生影响，属于民事案由范围内的事实。根据《民事案件案由规定》的规定，民事案件的案由反映案件涉及的民事法律关系的性质，是对诉讼争议所包含的法律关系进行的概括，表述方式原则上为“法律关系的性质”加“纠纷”组成。据此，《解释》第一条第一款明确，虚假诉讼罪中的“捏造事实”，包括捏造民事法律关系、虚构民事纠纷两个方面。捏造民事法律关系，是指行为人与他人之间根本不存在特定的民事法律关系，但是，行为人通过伪造证据、虚假陈述等手段无中生有、凭空伪造双方存在民事法律关系的假象；虚构民事纠纷，是指双方本来不存在民事纠纷，故意虚构因为捏造出来的民事法律关系产生民事纠纷的事实。同时满足上述两个条件的，才能认定为“捏造事实”。具体案件处理过程中，对于是否属于捏造民事法律关系，应当坚持实质性判断，不能进行形式化、简单化认定。根据《民事案件案由规定》的规定，行为人起诉的法律关系与实际诉争的法律关系不一致的，人民法院结案时应当根据法庭查明的当事人之间实际存在的法律关系的性质，相应变更案件的案由，不能一概认定为捏造民事法律关系。另外，考虑虚假诉讼罪的实质是通过欺骗手段获得人民法院立案受理和作出裁判，而《刑法》中典型的以欺骗手段实施的犯罪，如诈骗罪，理论上认为虚构事实和隐瞒真相两种行为方式均可以构成，且实践中存在的采用隐瞒真相方式虚构民事法律关系的行为，其社会危害性与采用积极行为虚构民事法律关系行为的社会危害性并无

---

① 参见江伟、肖建国主编：《民事诉讼法》，中国人民大学出版社2015年版，第40页。

本质上的区别，没有理由将隐瞒真相行为排除在虚假诉讼罪之外。《解释》第一条第二款明确，隐瞒债务已经全部清偿的事实，向人民法院提起民事诉讼，要求他人履行债务的，以“以捏造的事实提起民事诉讼”论。

《解释》起草过程中，有意见提出，行为人与他人存在特定的民事法律关系，为了达到不法目的，故意篡改该民事法律关系的部分内容并提起民事诉讼的行为，即理论上所谓的“部分篡改型”虚假诉讼行为，社会危害性并不一定小于“无中生有型”虚假诉讼行为，也可能构成虚假诉讼罪。研究认为，首先，如果行为人与他人之间确实存在真实的民事法律关系和民事纠纷，则行为人依法享有诉权，将其在起诉时或者民事诉讼过程中伪造部分证据的行为认定为虚假诉讼罪，不符合《刑法》增设本罪的立法目的；其次，民事诉讼的情况比较复杂，部分原告采取伪造证据等手段故意提高诉讼标的额，其实是出于诉讼策略的考虑，如果对这种情况一律认定为虚假诉讼犯罪，可能会侵害人民群众的合法诉权；最后，如果将“部分篡改型”行为认定为虚假诉讼罪，涉及如何合理确定罪与非罪的判断标准问题，实践中不具有可操作性。《解释》第七条明确，采取伪造证据等手段篡改案件事实，骗取人民法院裁判文书的，不构成虚假诉讼罪，构成其他犯罪的，可以以伪造公司、企业、事业单位、人民团体印章罪或者妨害作证罪等罪名定罪处罚。

关于虚假诉讼犯罪参与人仅限于双方当事人，还是也包括单方当事人，在《刑法修正案（九）》审议过程中和施行之后，一直存在不同意见。有意见认为，根据《民事诉讼法》第一百一十二条、第一百一十三条的规定，虚假诉讼罪仅应包含双方当事人恶意串通提起的虚假民事诉讼，仅限于“双方串通型”一种形式。研究认为，上述意见难以成立。首先，《刑法》并没有对虚假诉讼罪设置当事人恶意串通的限制条件，一方当事人以捏造的事实提起民事诉讼的行为，完全可能造成妨害司法秩序或者严重侵害他人合法权益的危害后果，进而构成虚假诉讼罪。其次，《刑法》第三百零七条之一第三款规定：“有第一款行为，非法占有他人财产或者逃避合法债务，又构成其他犯罪的，依照处罚较重的规定定罪从重处罚。”其中的“非法占有他人财产”行为即属于“单方欺诈型”虚假诉讼。最后，《刑法》第三百零七条之一属于叙明罪状，不需要参照其他法律法规的具体规定来确定虚假诉讼罪的构成要件特征，成立虚假诉讼罪，不以违反《民事诉讼法》第一百一十二条、第一百一十三条的具体规定为前提。《解释》第一条第一款明确，单方或者与他人恶意串通，捏造事实，向人民法院提起民事诉讼的，均可以认定为虚假诉讼犯罪行为。

2. “提起民事诉讼”的认定

如上所述，虚假诉讼罪的惩治对象，是不具有合法诉权的行为人采用欺骗手段提起民事诉讼，致使虚假民事案件进入人民法院诉讼程序的行为，规制重点原则上是导致案件首次进入诉讼程序的起诉和申请立案执行等行为。因此，不能认为《刑法》第三百零七条之一规定的“提起民事诉讼”包括了民事诉讼法规定的所有诉讼程序。一方面，根据《最高人民法院关于适用〈中华人民共和国民事诉讼法〉的解释》第三百二十三条的规定，民事诉讼二审程序采用续审制原则，除特殊情况外，二审审理范围原则上不超出一审之诉和上诉请求的范围。行为人在一审阶段被动应诉、一审宣判后以捏造的事实提出上诉的，其上诉诉求不超出一审之诉的范围，不符合“无中生有”捏造民事法律关系的行为特征，故一审宣判后提出上诉、启动二审程序的，一般不属于虚假诉讼罪中的“提起民事诉讼”。另一方面，还需要考虑民事诉讼中的特殊情况。案件获得人民法院受理立案、进行诉讼程序后，当事人提出新的独立的诉讼请求的，实质上属于诉的合并，也可以认定为“提起民事诉讼”。

根据上述判断标准，虚假诉讼罪中的“提起民事诉讼”包括以下七种情形：(1)民事案件普通一审程序；(2)第三人撤销之诉和执行异议之诉；(3)特别程序、督促程序、公示催告程序；(4)原告增加诉讼请求，被告提出反诉，有独立请求权的第三人提出与本案有关的诉讼请求；(5)审判监督程序；(6)企业破产程序；(7)执行程序。根据《解释》第一条第三款的规定，此处的执行程序，包括申请执行仲裁裁决和公证债权文书、在执行过程中对执行标的提出异议和申请参与执行财产分配三种情形。还应明确的是，可能构成虚假诉讼罪的审判监督程序，仅包括《民事诉讼法》第二百二十七条规定的执行过程中案外人提起的审判监督程序和《最高人民法院关于适用〈中华人民共和国民事诉讼法〉审判监督程序若干问题的解释》第五条规定的案外人申请再审。原审当事人申请再审的，针对的是原生效裁判认定的事实和确认的诉讼请求，一般不涉及新的诉讼请求，难以成立虚假诉讼罪。

四、虚假诉讼罪的定罪量刑标准

《解释》起草过程中对虚假诉讼罪的定罪量刑标准争议很大。经研究，《解释》第二条、第三条确定了六个方面的定罪标准和七个方面的法定刑升格标准。实际适用中，需要注意以下四个方面问题：

第一，正确认识"妨害司法秩序"与"严重侵害他人合法权益"的关系。"妨害司法秩序"和"严重侵害他人合法权益"均属于虚假诉讼罪的成立条件，满足其一即可构成本罪。实践中，虚假诉讼行为一旦获得立案、进入审判程序，自然会产生妨害司法秩序的危害后果。但是，如果在案件进入执行程序或者人民法院采取保全措施之前就被识破或者中止，一般情况下并不会侵害他人合法权益。从这个意义上讲，司法秩序是虚假诉讼罪侵犯的必然客体，而他人合法权益则仅属于选择客体。另外，《刑法》还对"侵害他人合法权益"设置了"严重"的程度要求，对"妨害司法秩序"则无任何限制。如何合理确定上述两个定罪条件的具体认定标准，值得认真研究，如果把握不当，可能导致"严重侵害他人合法权益"这一定罪条件在实践中失去适用的余地。

研究认为，在《刑法》对某一罪名同时规定有多个定罪条件的情况下，各定罪条件体现的社会危害性应大致相当，否则就违反了罪责刑相适应原则的基本要求。据此，一方面，《解释》将"妨害司法秩序"的认定标准适当提高，将刑事处罚关口适当延后。例如，行为人以捏造的事实提起民事诉讼，致使人民法院开庭审理，干扰正常司法活动，或者致使人民法院作出裁判文书、制作财产分配方案或者基于捏造的事实作出的仲裁裁决、公证债权文书立案执行，等等。实践中，不能认为只要获得人民法院受理立案就达到了妨害司法秩序的程度，进而认定为虚假诉讼罪。还应当注意的是，一般情况下，干扰正常司法活动可以视为人民法院开庭审理的必然结果，在人民法院开庭审理的情况下，无须再对该行为是否干扰正常司法活动进行实质审查，但是，如果刚刚开始法庭调查，行为人的虚假诉讼行为就被识破或者自愿认罪，则可以认定为未达到干扰正常司法活动的程度，不认定为犯罪。另一方面，《解释》将"严重侵害他人合法权益"的认定标准适当降低，不要求人民法院作出的裁判文书得到实际履行或者强制执行。人民法院对他人采取财产保全或者行为保全措施即可，且对财产保全和行为保全措施不设数额限制，也不要求实际造成财产损失。

第二，准确理解"情节严重"的认定标准。从体系解释的角度出发，与虚假诉讼罪的定罪标准相对应，作为法定刑升格标准的"情节严重"，也应体现在妨害司法秩序和侵害他人合法权益两个方面。因此，行为人以捏造的事实提起民事诉讼，严重妨害司法秩序，或者给他人合法权益造成特别严重侵害的，才能适用第二档法定刑，判处三年到七年有期徒刑。根据《解释》第三条的规定，严重妨害司法秩序，实践中主要表现为：致使人民法院开庭审理，同时还开展了调查取证等其他方面工作，对人民法院的正常司法活动造成严重干扰；人民法院基于捏造的事实作出的裁判文书虽未生效，也未进入执行程序，但引发当事人上访、闹访或者新闻舆论负面炒作，对司法公信力造成严重损害；行为人在较短时间内频繁以捏造的事实提起民事诉讼，严重干扰正常司法活动，等等。在行为人多次以捏造的事实提起民事诉讼的情况下，什么情况可以认定为“情节严重”，可以参考其他司法解释的规定，以三倍于定罪条件的标准，结合行为人第一次和最后一次提起民事诉讼的时间间隔进行判断，一般不宜超过五年。给他人合法权益造成特别严重侵害，包括采取财产保全或者行为保全措施，造成他人经济损失100万元以上；义务人自动履行执行义务或者人民法院基于生效裁判文书执行他人财产权益，数额达到100万元以上；通过虚假诉讼手段逃避合法债务，致使他人债权无法实现，数额达到100万元以上；通过虚假诉讼手段直接非法占有他人财产，数额达到10万元以上；致使他人因为不执行判决、裁定受到刑事打击处罚，等等。

第三，《解释》起草过程中，有意见建议将诉讼标的额以及致使人民法院开展调解活动明确规定为虚假诉讼罪的定罪标准。研究认为：首先，《解释》确定的定罪量刑标准原则上应当与犯罪行为造成的危害后果存在直接联系。根据《刑法》的规定，成立虚假诉讼罪并不要求人民法院作出的裁判得到实际履行，在此种情况下，案件诉讼标的额与虚假诉讼行为是否造成了妨害司法秩序和严重侵害他人合法权益的危害后果之间并不存在直接联系，难以直接反映行为的社会危害性。其次，根据《民事诉讼法》的规定，民事诉讼中的调解活动并无明确的程序性标志。实践中，人民法院对某一民事案件是否已经开展调解、开展调解后对司法秩序的妨害程度等，均缺乏明确的判断标准，将人民法院开展调解作为定罪标准，无法为人民群众提供明确的行为预期。据此，《解释》对上述意见未予采纳。

第四，对于将《解释》第二条第（五）项“曾因以捏造的事实提起民事诉讼被采取民事诉讼强制措施或者受过刑事追究的”作为定罪标准，是否可能导致重复评价，起草过程中分歧较大。经研究，保留了本项规定，理由在于：首先，刑事责任是主客观相统一的整体，本项规定内容符合主客观相统一原则，有利于从严打击虚假诉讼惯犯，贯彻落实宽严相济刑事政策。其次，将行为人的同类前科违法犯罪情况规定为定罪条件，是近年来多个司法解释的通行做法，在《刑法》部分条文中也有体现。最后，实践中，如果作为定罪条件的行为人前科犯罪情况同时符合刑法规定的累犯条件，人民法院依法认定其构成累犯的，从重处罚的幅度可以适当从严把握，不会造成处刑过重。

五、虚假诉讼罪中的数罪竞合和共同犯罪问题

《解释》第四条至第六条规定了虚假诉讼罪中的数罪竞合和共同犯罪问题。有以下三个方面的问题需要说明：

1. 虚假诉讼犯罪行为是否可以构成侵财型犯罪

行为人采用虚假诉讼手段逃避合法债务的，可能构成拒不执行判决、裁定罪，一般争议不大。但是，对于虚假诉讼犯罪中的“单方欺诈型”行为是否可以认定为诈骗罪等侵财型犯罪，理论和实践中存在较大争议。《2002年最高检答复》确立的总体原则是，对此类行为不宜以诈骗罪追究刑事责任，行为人实施的手段行为构成犯罪的，可以认定为伪造公司、企业、事业单位、人民团体印章罪或者妨害作证罪等罪名。但是，理论和实践中的争议并未因为该答复的出台而平息，对于此类行为的定性，长期存在多种观点。一种意见认为，此类行为不符合侵财型犯罪的构成要件，不构成侵财型犯罪。另一种意见认为，“单方欺诈型”行为人的主观目的是借助人民法院的强制执行力，迫使被害人非自愿的交付财物，更加符合敲诈勒索罪的构成要件，应以敲诈勒索罪论处。还有一种意见认为，“单方欺诈型”虚假诉讼行为属于典型的“三角诈骗”，认定为诈骗罪等侵财型犯罪，并不存在理论上的障碍，多个省、区、市出台的地方性规范文件基本上采纳了这种观点。

研究认为，从《刑法修正案（九）》的审议过程来看，立法机关采纳了上述第三种意见，认为

"单方欺诈型"虚假诉讼行为可以构成诈骗罪等侵财型犯罪。《刑法修正案(九)》(草案一次审议稿)建议增设的《刑法》第三百零七条之一第二款规定:"以捏造的事实提起民事诉讼,非法侵占他人财产或者逃避合法债务,又构成其他犯罪的,依照本法第二百六十六条(诈骗罪——作者注)的规定从重处罚。"已经明确虚假诉讼犯罪行为可以构成诈骗罪。后续有意见提出,实施虚假诉讼行为非法侵占他人财产,还可能构成职务侵占罪、贪污罪等其他侵财型犯罪,故立法机关对该款规定作了进一步修改,明确此类行为又构成其他犯罪的,依照处罚较重的规定定罪从重处罚。此处的"其他犯罪",既包括诈骗罪,也包括以欺诈手段实施的职务侵占罪、贪污罪等侵财型犯罪。《解释》第四条明确,行为人以非法占有他人财产为目的实施虚假诉讼犯罪行为,达到诈骗罪、职务侵占罪、贪污罪等侵财型犯罪定罪标准的,应当依法认定为诈骗罪、职务侵占罪、贪污罪等罪名,再比较该罪与虚假诉讼罪适用的量刑幅度,选择其中一个重罪论处,并在法定量刑幅度内从重处罚。

2. 虚假诉讼行为人的手段行为构成其他犯罪的,是否适用择一重从重处罚原则

《解释》起草过程中,有意见提出,虚假诉讼行为人的手段行为同时构成伪造公司、企业、事业单位、人民团体印章罪或者妨害作证罪等其他犯罪的,也属于《刑法》第三百零七条之一第三款的规定范围,应当适用择一重从重处罚原则。经研究,对该意见未予采纳。理由在于:首先,《刑法》规定的对牵连犯和想象竞合犯的处罚原则,多数为择一重处罚,少数情况下为数罪并罚。《刑法》第三百零七条之一第三款、第四款首次规定对牵连犯和想象竞合犯择一重从重处罚,应是对本罪所作的特殊规定,不属于处理牵连犯和想象竞合犯的一般原则,一般不宜扩大适用于其他情形。其次,《刑法》第三百零七条之一第三款对虚假诉讼行为人的主观目的作了明确限制,即"非法占有他人财产或者逃避合法债务",并不涉及行为人的手段行为。虚假诉讼行为人的手段行为构成其他犯罪的,不属于本款规定情形,不能适用择一重罪从重处罚原则,仍应根据处理牵连犯和想象竞合犯的一般原则,择一重罪处罚。

3. 诉讼参与人的共同犯罪和数罪竞合

《解释》第五条、第六条对司法工作人员和诉讼代理人、证人、鉴定人等诉讼参与人的共同犯罪和数罪竞合问题作了规定,处罚原则存在一定差异。首先,现行《刑法》废除了1979年《刑法》对主犯从重处罚的原则,《刑法》第三百零七条之一第四款关于司法工作人员利用职权与他人共同实施虚假诉讼行为应当从重处罚的规定内容,应属特殊规定而非一般原则。在《刑法》无明文规定的情况下,对于诉讼参与人与他人共同实施虚假诉讼犯罪行为的情况,不能适用从重处罚,仍应按照共同犯罪的一般处理原则处理。其次,《刑法》第三百零七条第三款、第四款确立了对虚假诉讼罪中的数罪竞合择一重从重处罚原则,诉讼代理人、证人、鉴定人等诉讼参与人与他人通谋,共同实施虚假诉讼犯罪的,将导致虚假诉讼犯罪更加容易得逞,与司法工作人员利用职权共同实施虚假诉讼犯罪的社会危害性并无实质差别,构成其他犯罪的,也应适用择一重从重处罚原则。

六、虚假诉讼犯罪案件的地域管辖

《刑事诉讼法》第二十四条规定,刑事案件由犯罪地的人民法院管辖;如果由被告人居住地的人民法院审判更为适宜的,可以由被告人居住地的人民法院管辖。《最高人民法院关于适用〈中华人民共和国刑事诉讼法〉的解释》第二条规定,犯罪地包括犯罪行为发生地和犯罪结果发生地。根据上述规定,虚假诉讼刑事案件既可以由犯罪行为发生地或者犯罪结果发生地人民法院管辖,也可以由被告人居住地人民法院管辖。但是,在多个人民法院均有管辖权的情况下,有可能导致争夺或者推诿管辖权,还有可能出现虚假民事诉讼案件审判法院与刑事案件审判法院不一致的

情况。在审判法院不一致的情况下,由于相关案件材料均集中在虚假民事诉讼案件审判法院,刑事办案机关需要异地调查取证和固定证据,办案成本将大幅增加。更加重要的是,在民事案件审理过程中,被告有可能向异地公安机关报案,称原告存在虚假诉讼犯罪嫌疑,要求异地公安机关立案侦查,要求民事诉讼案件审判法院中止或者终结民事审判程序,从而达到阻碍民事诉讼正常进行、避免自己败诉的不正当目的。类似情况在实践中已经出现,应当引起高度重视,并采取适当措施予以解决。

研究认为,为了维护正常民事诉讼秩序,解决实践中存在的突出问题,有必要对虚假诉讼刑事案件的地域管辖范围作出进一步明确。有意见提出,为了确保此类民刑交叉案件的公正审理,最好由同一审判组织统一审理相关的民事案件和刑事案件。[①] 在现阶段人民法院内部民事、刑事审判部门存在明确分工的情况下,由同一审判组织统一审理民事案件和刑事案件的条件尚不成熟,由同一地区的人民法院审理相关的民事案件和刑事案件,是现阶段可以作出的最优选择。《解释》第十条明确,虚假诉讼刑事案件由虚假民事诉讼案件的受理法院所在地或者执行法院所在地人民法院管辖。虚假诉讼罪属于轻罪,一般应由基层人民法院管辖。实践中,如果虚假民事诉讼案件的受理法院或者执行法院本身就是基层人民法院,这种情况下,由同一人民法院的刑事审判部门审理相关刑事案件即可;如果虚假民事诉讼案件的受理法院或者执行法院属于中、高级法院,则可以由辖区内基层人民法院审理相关刑事案件。采取这种处理方式,有利于民事和刑事办案机关之间相互协调,确保案件及时、公正处理,并可以防止部分当事人利用地域管辖恶意干扰民事诉讼案件的正常审理。

《解释》起草过程中,有意见提出,为确保此类案件公正审理,审理虚假民事诉讼案件的人民法院应当回避,由异地人民法院审理相关刑事案件。研究认为,一般情况下,人民法院与虚假民事诉讼案件当事人之间并无利益关联,一律实行异地管辖,既无必要,可行性也不高。但是,在司法工作人员利用职权与他人相互串通,共同实施虚假诉讼犯罪的情况下,虚假民事诉讼案件的受理法院或者执行法院应当回避,适用《刑事诉讼法》第二十六条的规定,实行异地指定管辖。《解释》第十条明确,有《刑法》第三百零七条之一第四款情形的,上级人民法院可以指定下级人民法院将案件移送其他人民法院审判。

七、虚假诉讼犯罪案件的程序衔接和责任竞合

虚假诉讼犯罪发生在民事诉讼过程中,以行为人提起民事诉讼为前提,属于典型的民刑交叉案件。民刑交叉案件的处理是近年来法学理论和司法实践研究的热点和难点,此处仅讨论其中的程序衔接和责任竞合问题。

1. 虚假诉讼犯罪案件的程序衔接

虚假诉讼犯罪案件的程序衔接,主要是指在民事案件审理过程中发现有虚假诉讼犯罪线索的,人民法院对民事诉讼程序应当如何处理,以及犯罪线索应当如何移送的问题。对于这个问题,法律和司法解释存在多个规定,但规定内容并不完全一致。根据《民事诉讼法》第一百五十条第(五)项的规定,本案(指民事案件)必须以另一案的审理结果为依据,而另一案尚未审结的,人民法院应当中止审理。其中的"另一案",包括与民事诉讼案件有关的刑事案件。上述规定内容比较原则,且中止审理并非对民事诉讼案件的终局性处理,如果另一案在较长时间内无法审结,中止审理时间过长,将导致民事诉讼案件久拖不决,当事人的实体权利长期处于不确定状态。为了解决实践中存在的问题,多个司法解释和规范性文件对此问题作出了进一步规定。《最高人民

---

① 参见张卫平:《民刑交叉诉讼关系处理的规则与法理》,载《法学研究》2018 年第 3 期。

法院关于在审理经济纠纷案件中涉及经济犯罪嫌疑若干问题的规定》第十一条规定:“人民法院作为经济纠纷受理的案件,经审理认为不属于经济纠纷案件而有经济犯罪嫌疑的,应当裁定驳回起诉,将有关材料移送公安机关或检察机关。”《最高人民法院关于审理民间借贷案件适用法律若干问题的规定》第二十条规定:“经查明属于虚假民间借贷诉讼,原告申请撤诉的,人民法院不予准许,并应当根据民事诉讼法第一百一十二条之规定,判决驳回其请求;诉讼参与人或者其他人恶意制造、参与虚假诉讼,人民法院应当……依法予以罚款、拘留;构成犯罪的,应当移送有管辖权的司法机关追究刑事责任。”《最高人民法院关于防范和制裁虚假诉讼的指导意见》第十一条规定:“经查明属于虚假诉讼,原告申请撤诉的,不予准许,并应当根据民事诉讼法第一百一十二条的规定,驳回其请求。”第十二条还规定:“虚假诉讼违法行为涉嫌虚假诉讼罪、诈骗罪、合同诈骗罪等刑事犯罪的,民事审判部门应当依法将相关线索和有关案件材料移送侦查机关。”可见,上述司法解释和规范性文件对于在民事案件审理过程中发现有刑事犯罪线索应当如何处理的问题,并未采用《民事诉讼法》第一百五十条第(五)项规定的处理方式,一律裁定中止审理,而是要求民事审判部门依法作出裁定驳回起诉或者判决驳回诉讼请求等终局性处理结论,然后再将犯罪线索和有关材料移送侦查机关。这种处理方式,有利于相关民事案件及时审结,避免久拖不决。

为有效解决虚假诉讼民事案件与刑事案件的程序衔接问题,《解释》起草过程中,曾考虑作如下规定:“人民法院在审理民事案件的过程中,发现当事人有虚假诉讼犯罪嫌疑的,应当裁定驳回起诉或者判决驳回诉讼请求,并将有关证据材料移送有管辖权的公安机关处理。”征求意见过程中,多个意见提出,在《解释》中明确规定审理民事案件过程中发现的犯罪线索应当移送公安机关处理,等于给民事案件的审判法官设置了及时移送犯罪线索的法定义务,一旦民事法官未能及时发现虚假诉讼犯罪线索,或者虽然发现了犯罪线索,但由于种种原因未及时移送,将可能导致民事法官被追究审判责任,甚至可能被以渎职犯罪追究刑事责任。经反复慎重研究,《解释》删去了相关条文。实践中,民事审判部门在具体民事案件审理过程中,发现有虚假诉讼犯罪嫌疑的,可以按照相关司法解释和规范性文件的规定,对民事案件裁定驳回起诉或者判决驳回诉讼请求,并将案件线索和相关证据材料及时移送侦查机关处理。需要注意的是,判断是否存在虚假诉讼犯罪嫌疑、是否需要将相关材料对外移送,需要有相应的证据支持。不能认为只要一方当事人提出对方有犯罪嫌疑,民事审判部门就需要把案件线索和相关证据移送侦查机关处理,否则,可能导致民事诉讼程序无法正常进行,不当加重民事审判部门的工作负担和法律责任。

2. 虚假诉讼犯罪案件中的责任竞合

《民事诉讼法》和《刑法》分别规定了对虚假诉讼行为的司法处罚和刑事处罚措施,实践中可能涉及不同责任的竞合问题。通行理论认为,对于同一不法行为在不同法律领域间的责任竞合,应当区分不同情况,考虑禁止重复评价等原则进行处理,在刑事责任与行政罚责竞合的问题上,应当仅让不法者承担刑事责任,而不应承担行政责任。①《行政处罚法》第二十八条规定:“违法行为构成犯罪,人民法院判处拘役或者有期徒刑时,行政机关已经给予当事人行政拘留的,应当依法折抵相应刑期。违法行为构成犯罪,人民法院判处罚金时,行政机关已经给予当事人罚款的,应当折抵相应罚金。”1988年《最高人民法院研究室关于行政拘留日期折抵刑期问题的电话答复》指出,最高人民法院1957年法研字第20358号批复规定:“如果被告人被判处刑罚的犯罪行为和以前受行政拘留处分的行为系同一行为,其被拘留的日期,应予折抵刑期。”这里所说的“同一行为”,既可以是判决认定同一性质的全部犯罪行为,也可以是同一性质的部分犯罪行为。

① 参见孙华璞:《法律责任竞合理论初探》,载《人民司法·应用》2017年第4期。

只要是以前受行政拘留处分的行为，后又作为犯罪事实的全部或者一部分加以认定，其行政拘留的日期即应予折抵刑期。但是，对于司法处罚和刑事责任的竞合问题，法学理论和现行法律及司法解释的规定均鲜有涉及。

研究认为，解决此问题的要点，在于区分不法者承担的公法上的责任和私法上的责任。从理论上讲，公法上责任属于国家权力机关对不法者的否定评价和施加的不利后果，主要体现惩罚功能，而私法上的责任属于平等民事主体之间基于法律规定产生的法律关系，主要实现补偿功能。由于功能存在明显差异，对于同一不法行为所负公法上的责任和私法上的责任，一般情况下应当坚持并科原则。但是，根据禁止重复评价和禁止双重危险的法律原则，一般情况下不应对同一不法行为处以两种或者两种以上公法上的责任。当不法者已经承担一种公法上的责任时，如果其仍需承担另一种公法上的责任，则应按照一定的标准予以折抵。对于虚假诉讼犯罪案件而言，人民法院对虚假诉讼行为人所处罚款、拘留等司法处罚属于公法上的责任。在某一行为人已因实施虚假诉讼行为被处以罚款、拘留等民事诉讼强制措施的情况下，如果其行为又被认定为犯罪，人民法院在对其判处刑罚时，应当参照《行政处罚法》第二十八条的规定进行折抵，并在裁判文书查明的案件事实部分写明被告人被处以民事诉讼强制措施的情况。

八、《解释》的时间效力

《解释》第十二条规定，本解释自 2018 年 10 月 1 日起施行。应当明确的是，司法解释是对审判、检察工作中具体应用法律问题所作的解释，其效力适用于作为其解释对象的法律的施行期间。虚假诉讼罪是 2015 年 11 月 1 日施行的《刑法修正案（九）》增设的罪名。对于 2015 年 10 月 31 日以前发生的行为，除适用从旧兼从轻原则处理的情况外，不能以虚假诉讼罪定罪处罚；对于 2015 年 11 月 1 日以后发生的行为，如果在《解释》施行前已经办结，且认定事实和适用法律没有错误的，不再变动，如果在《解释》施行时尚未处理或者正在处理的，应当适用《解释》的相关规定定罪处罚。实践中，对于发生在《刑法修正案（九）》施行之前的虚假诉讼行为，应当审查其是否符合伪造公司、企业、事业单位、人民团体印章罪、妨害作证罪或者诈骗罪等侵财型犯罪的构成要件，然后再根据从旧兼从轻原则，确定该行为是否构成犯罪和对行为人应当判处的刑罚，不能以行为发生时刑法未规定虚假诉讼罪为由，简单认定行为人无罪。另外，在《刑法修正案（九）》增设虚假诉讼罪，并且明确虚假诉讼罪可能与诈骗罪等侵财型犯罪成立竞合关系后，《2002 年最高检答复》的效力仅适用于虚假诉讼罪以外的情形。

（作者单位：最高人民法院刑四庭、刑五庭）

三、破坏环境资源保护罪

最高人民法院　最高人民检察院
关于办理非法采矿、破坏性采矿刑事案件适用法律若干问题的解释

（2016年9月26日最高人民法院审判委员会第1694次会议、2016年11月4日最高人民检察院第十二届检察委员会第57次会议通过　2016年11月28日公布　自2016年12月1日起施行　法释〔2016〕25号）

为依法惩处非法采矿、破坏性采矿犯罪活动，根据《中华人民共和国刑法》《中华人民共和国刑事诉讼法》的有关规定，现就办理此类刑事案件适用法律的若干问题解释如下：

第一条　违反《中华人民共和国矿产资源法》《中华人民共和国水法》等法律、行政法规有关矿产资源开发、利用、保护和管理的规定的，应当认定为刑法第三百四十三条规定的“违反矿产资源法的规定”。

第二条　具有下列情形之一的，应当认定为刑法第三百四十三条第一款规定的“未取得采矿许可证”：

（一）无许可证的；

（二）许可证被注销、吊销、撤销的；

（三）超越许可证规定的矿区范围或者开采范围的；

（四）超出许可证规定的矿种的（共生、伴生矿种除外）；

（五）其他未取得许可证的情形。

第三条　实施非法采矿行为，具有下列情形之一的，应当认定为刑法第三百四十三条第一款规定的“情节严重”：

（一）开采的矿产品价值或者造成矿产资源破坏的价值在十万元至三十万元以上的；

（二）在国家规划矿区、对国民经济具有重要价值的矿区采矿，开采国家规定实行保护性开采的特定矿种，或者在禁采区、禁采期内采矿，开采的矿产品价值或者造成矿产资源破坏的价值在五万元至十五万元以上的；

（三）二年内曾因非法采矿受过两次以上行政处罚，又实施非法采矿行为的；

（四）造成生态环境严重损害的；

（五）其他情节严重的情形。

实施非法采矿行为，具有下列情形之一的，应当认定为刑法第三百四十三条第一款规定的“情节特别严重”：

（一）数额达到前款第一项、第二项规定标准五倍以上的；

（二）造成生态环境特别严重损害的；

（三）其他情节特别严重的情形。

第四条　在河道管理范围内采砂，具有下列情形之一，符合刑法第三百四十三条第一款和本解释第二条、第三条规定的，以非法采矿罪定罪处罚：

（一）依据相关规定应当办理河道采砂许可证，未取得河道采砂许可证的；

（二）依据相关规定应当办理河道采砂许可证和采矿许可证，既未取得河道采砂许可证，又未取得采矿许可证的。

实施前款规定行为，虽不具有本解释第三条第一款规定的情形，但严重影响河势稳定，危害防洪安全的，应当认定为刑法第三百四十三条第一款规定的“情节严重”。

第五条 未取得海砂开采海域使用权证，且未取得采矿许可证，采挖海砂，符合刑法第三百四十三条第一款和本解释第二条、第三条规定的，以非法采矿罪定罪处罚。

实施前款规定行为，虽不具有本解释第三条第一款规定的情形，但造成海岸线严重破坏的，应当认定为刑法第三百四十三条第一款规定的“情节严重”。

第六条 造成矿产资源破坏的价值在五十万元至一百万元以上，或者造成国家规划矿区、对国民经济具有重要价值的矿区和国家规定实行保护性开采的特定矿种资源破坏的价值在二十五万元至五十万元以上的，应当认定为刑法第三百四十三条第二款规定的“造成矿产资源严重破坏”。

第七条 明知是犯罪所得的矿产品及其产生的收益，而予以窝藏、转移、收购、代为销售或者以其他方法掩饰、隐瞒的，依照刑法第三百一十二条的规定，以掩饰、隐瞒犯罪所得、犯罪所得收益罪定罪处罚。

实施前款规定的犯罪行为，事前通谋的，以共同犯罪论处。

第八条 多次非法采矿、破坏性采矿构成犯罪，依法应当追诉的，或者二年内多次非法采矿、破坏性采矿未经处理的，价值数额累计计算。

第九条 单位犯刑法第三百四十三条规定之罪的，依照本解释规定的相应自然人犯罪的定罪量刑标准，对直接负责的主管人员和其他直接责任人员定罪处罚，并对单位判处罚金。

第十条 实施非法采矿犯罪，不属于“情节特别严重”，或者实施破坏性采矿犯罪，行为人系初犯，全部退赃退赔，积极修复环境，并确有悔改表现的，可以认定为犯罪情节轻微，不起诉或者免予刑事处罚。

第十一条 对受雇佣为非法采矿、破坏性采矿犯罪提供劳务的人员，除参与利润分成或者领取高额固定工资的以外，一般不以犯罪论处，但曾因非法采矿、破坏性采矿受过处罚的除外。

第十二条 对非法采矿、破坏性采矿犯罪的违法所得及其收益，应当依法追缴或者责令退赔。

对用于非法采矿、破坏性采矿犯罪的专门工具和供犯罪所用的本人财物，应当依法没收。

第十三条 非法开采的矿产品价值，根据销赃数额认定；无销赃数额，销赃数额难以查证，或者根据销赃数额认定明显不合理的，根据矿产品价格和数量认定。

矿产品价值难以确定的，依据下列机构出具的报告，结合其他证据作出认定：

（一）价格认证机构出具的报告；

（二）省级以上人民政府国土资源、水行政、海洋等主管部门出具的报告；

（三）国务院水行政主管部门在国家确定的重要江河、湖泊设立的流域管理机构出具的报告。

第十四条 对案件所涉的有关专门性问题难以确定的，依据下列机构出具的鉴定意见或者报告，结合其他证据作出认定：

（一）司法鉴定机构就生态环境损害出具的鉴定意见；

（二）省级以上人民政府国土资源主管部门就造成矿产资源破坏的价值、是否属于破坏性开采方法出具的报告；

（三）省级以上人民政府水行政主管部门或者国务院水行政主管部门在国家确定的重要江河、湖泊设立的流域管理机构就是否危害防洪安全出具的报告；

（四）省级以上人民政府海洋主管部门就是否造成海岸线严重破坏出具的报告。

第十五条 各省、自治区、直辖市高级人民法院、人民检察院，可以根据本地区实际情况，在本解释第三条、第六条规定的数额幅度内，确定本地区执行的具体数额标准，报最高人民法院、最高人民检察院备案。

第十六条 本解释自2016年12月1日起施行。本解释施行后，最高人民法院《关于审理非法采矿、破坏性采矿刑事案件具体应用法律若干问题的解释》（法释〔2003〕9号）同时废止。

《关于办理非法采矿、破坏性采矿刑事案件适用法律若干问题的解释》的理解与适用

□喻海松

日前，最高人民法院、最高人民检察院发布《关于办理非法采矿、破坏性采矿刑事案件适用法律若干问题的解释》（法释〔2016〕25号，以下简称《解释》），自2016年12月1日起施行。这是1997年刑法施行以来最高司法机关就矿产资源犯罪再次发布专门司法解释，体现了对矿产资源司法保护的高度重视，对于依法惩治矿产资源犯罪，进一步加大对矿产资源的司法保护必将发挥重要作用。为便于司法实践中正确理解和适用，现就《解释》的制定背景、起草中的主要考虑和主要内容介绍如下。

一、《解释》的制定背景与经过

1997年刑法规定了非法采矿罪和破坏性采矿罪。第三百四十三条规定："违反矿产资源法的规定，未取得采矿许可证擅自采矿的，擅自进入国家规划矿区、对国民经济具有重要价值的矿区和他人矿区范围采矿的，擅自开采国家规定实行保护性开采的特定矿种，经责令停止开采后拒不停止开采，造成矿产资源破坏的，处三年以下有期徒刑、拘役或者管制，并处或者单处罚金；造成矿产资源严重破坏的，处三年以上七年以下有期徒刑，并处罚金。违反矿产资源法的规定，采取破坏性的开采方法开采矿产资源，造成矿产资源严重破坏的，处五年以下有期徒刑或者拘役，并处罚金。"2003年5月16日，最高人民法院审判委员会第1270次会议审议通过《关于审理非法采矿、破坏性采矿刑事案件具体应用法律若干问题的解释》（法释〔2003〕9号，以下简称《2003年解释》），主要对非法采矿和破坏性采矿行为的认定、造成矿产资源破坏的认定和鉴定等问题作了明确规定，进一步加大了对矿产资源的刑事司法保护力度。

为了加大对非法采矿犯罪活动的惩治力度，刑法修正案（八）进一步完善了非法采矿罪的规定，将"经责令停止开采后拒不停止开采，造成矿产资源破坏"的要件修改为"情节严重"，降低了入罪门槛；将升档处罚情节由"造成矿产资源严重破坏"修改为"情节特别严重"。据此，构成非法采矿罪不再要求"经责令停止开采后拒不停止开采"，而只要求实施非法采矿行为，达到情节严重的程度。刑法修正案（八）施行后，司法实践对于"情节严重""情节特别严重"的具体情形认识不一，影响了相关案件的办理。

根据国土资源部的建议，最高人民法院会同最高人民检察院，依据法律修改情况，以《2003年解释》为基础，结合当前实践，启动了新的司法解释起草工作。起草过程中，水利部及有关部门也反映了非法采砂违法犯罪的有关问题，建议通过《解释》规定对非法采砂行为适用非法采矿罪，并明确定罪量刑标准和相关法律适用问题。在深入调研的基础上，经反复研究讨论形成了征求意见稿，分别征求了最高人民检察院、公安部、国土资源部、水利部、国家海洋局等中央有关单位的意见，并征求了最高人民法院有关审判庭和各高级人民法院的意见。2016年3月，最高人民法院

研究室会同有关部门召开专家论证会，分别邀请刑法专家和矿产资源、水利专家对解释稿进行论证研讨。此后，根据专家论证会作了修改完善，形成新的征求意见稿，征求了全国人大常委会法工委意见，并根据法工委意见进一步征求了国务院法制办的意见。2016 年 9 月 26 日最高人民法院审判委员会第 1694 次会议、2016 年 11 月 4 日最高人民检察院第十二届检察委员会第 57 次会议审议通过了《解释》。

二、《解释》起草中的主要考虑

为确保《解释》的内容科学合理，能够适应形势发展、满足实践需要，在起草过程中，着重注意把握了以下几点：

一是从严惩治矿产资源犯罪。矿产资源属于不可再生资源，处于持续递减的消耗之中。非法采矿、破坏性采矿行为对矿产资源的破坏具有不可逆性，故而，对矿产资源犯罪刑事政策的基本取向应当是从严惩治。基于此，《解释》未因经济社会发展水平提高而大幅提升矿产资源犯罪的定罪量刑标准，以确保刑事惩治力度不减。当然，这并非意味着对矿产资源犯罪一律从重，而是仍然应当区分情况，突出惩治重点，体现宽严相济，充分发挥刑法的威慑和教育功能，以更为有效地保护矿产资源和生态环境。

二是注重对生态环境的保护。中共中央、国务院发布的《生态文明体制改革总体方案》提出："严格实行生态环境损害赔偿制度。强化生产者环境保护法律责任，大幅度提高违法成本……对造成生态环境损害的，以损害程度等因素依法确定赔偿额度；对造成严重后果的，依法追究刑事责任。"根据这一要求，《解释》将生态环境损害因素纳入考量范围，针对非法采矿罪根据造成生态环境损害的程度设置了定罪量刑标准。

三是明确非法采砂犯罪的法律适用。实践中非法采砂对环境的危害日益严重，在刑法未针对非法采砂规定专门罪名的前提下，适用非法采矿罪对非法采砂行为进行规制，成为当下的选择。基于此，《解释》明确对非法采砂行为适用非法采矿罪，加大了对水资源的刑事司法保护力度。

三、《解释》的主要内容

《解释》根据法律规定和立法精神，结合近年来办理矿产资源犯罪案件的实际问题，对矿产资源犯罪的定罪量刑标准及有关法律适用问题作了全面、系统的规定。《解释》共十六个条文，大致可以归纳为如下八个方面的问题：

（一）"违反矿产资源法的规定"的含义

根据刑法第三百四十三条的规定，构成非法采矿罪、破坏性采矿罪的前提是"违反矿产资源法的规定"。经研究认为，为避免法律适用漏洞，对于"违反矿产资源法的规定"，不宜限缩为违反《中华人民共和国矿产资源法》（以下简称《矿产资源法》）的规定，而应当包括违反《中华人民共和国水法》（以下简称《水法》）等其他法律、法规中关于矿产资源开发、利用、保护和管理规定的情形。基于此，《解释》第一条明确规定："违反《中华人民共和国矿产资源法》《中华人民共和国水法》等法律、行政法规有关矿产资源开发、利用、保护和管理的规定的，应当认定为刑法第三百四十三条规定的'违反矿产资源法的规定'。"

（二）"未取得采矿许可证"的认定

对于刑法第三百四十三条第一款关于非法采矿罪客观行为方式的表述，从语言逻辑角度加以细究，"未取得采矿许可证"之后跟着三个"擅自……"的表述。而无论是"擅自采矿"，还是"擅自进入国家规划矿区、对国民经济具有重要价值的矿区和他人矿区范围采矿"，抑或是"擅自开采国家规定实行保护性开采的特定矿种"，均应以"未取得采矿许可证"为前提。基于此，《解释》第二条在《2003年解释》第二条规定的基础上，对“未取得采矿许可证”的具体情形作了明确，即“具有下列情形之一的，应当认定为刑法第三百四十三条第一款规定的‘未取得采矿许可证’：（一）无许可证的；（二）许可证被注销、吊销、撤销的；（三）超越许可证规定的矿区范围或者开采范围的；（四）超出许可证规定的矿种的（共生、伴生矿种除外）；（五）其他未取得许可证的情形。”其中，第二项“许可证被注销、吊销、撤销”的规定，系根据《矿产资源法》第四十七条“违法颁发的勘查许可证、采矿许可证、采矿许可证，上级人民政府地质矿产主管部门有权予以撤销”的规定，增加了“撤销”的情形；第三项“超越采矿许可证规定的矿区范围或者开采范围”开采矿产资源的规定，系根据非法采砂犯罪的情形增加了“开采范围”的表述。

实践中，一些矿山企业在被责令停产停业期间仍然擅自采矿的情况较为普遍，且往往是引发矿难的重大隐患。《最高人民法院、最高人民检察院关于办理危害矿山生产安全刑事案件具体应用法律若干问题的解释》（已失效）第八条第一款规定：“在采矿许可证被依法暂扣期间擅自开采的，视为刑法第三百四十三条第一款规定的‘未取得采矿许可证擅自采矿’。”《解释》起草过程中，拟将上述规定吸收为认定“未取得采矿许可证”的情形，并考虑到可能因程序性瑕疵而被暂扣许可证，故限定为“因存在重大安全隐患而被暂扣许可证期间开采矿产资源”的情形。专家论证过程中，有意见提出，上述规定虽然具有实践合理性，但从法理层面而言不妥。主要表现为：（1）采矿许可证被暂扣的情形，不同于行为人自始未取得采矿许可证的情形，行为人实际上属于采矿权人，将此种情形下开采矿产资源的行为认定为“未取得采矿许可证”，恐有不妥。（2）就规范的保护目的而言，因存在重大安全隐患而暂扣许可证，所保护的是安全生产，而非法采矿罪保护的矿产资源。因此，对于违反因存在重大安全隐患而被暂扣许可证期间不得开采矿产资源的规定，擅自开采矿产资源的，适用非法采矿罪的规定，不符合规范的保护目的。（3）因存在重大安全隐患而被暂扣采矿许可证期间开采矿产资源的，排除适用非法采矿罪，但构成其他犯罪的，还可以按照其他犯罪处理，并不存在法律适用的漏洞。经研究认为，上述意见确有道理，予以采纳。

在《解释》起草过程中，对于采矿许可证到期后继续开采矿产资源的情形，是否宜认定为“未取得采矿许可证”，存在不同认识。经研究认为，实践中采矿许可证到期后继续开采矿产资源的情形十分复杂，一律认定为“未取得采矿许可证”恐有不妥。而且，对于其中情节严重的，可以吊销许可证，对于此后采矿的可以认定为《解释》第二条第二项规定的情形。因此，未将此种情形明确列为“未取得采矿许可证”的情形。此外，对于非法转让采矿权的，可以根据《矿产资源法》的相关规定吊销采矿许可证，进而将此后采矿的行为认定为《解释》第二条第二项规定的情形。

（三）非法采矿罪的定罪量刑标准

刑法修正案（八）对非法采矿罪作了重大完善，将入罪门槛由“造成矿产资源破坏”修改为“情节严重”，从而将非法采矿罪由结果犯调整为情节犯。根据法律修改的精神，不宜再将“情节严重”限制在造成实害后果的情形。基于此，在《2003年解释》规定的基础上，《解释》第三条明确了“情节严重”的具体情形。

1. 开采的矿产品价值或者造成矿产资源破坏的价值在10万元至30万元以上的。开采的矿产品价值是衡量非法采矿行为社会危害性的基础因素，也是认定非法采矿“情节严重”的基本标准。据统计，从2003年至2015年，我国煤、铁、金、银、铜、铅、锌、铝、锡等主要矿产品的市场价格平均上涨将近1倍。因此，经综合考虑矿产品价格上涨因素，将非法采矿罪的入罪标准设定为开采的矿产品价值在10万元至30万元以上。

2. 在国家规划矿区、对国民经济具有很重要价值的矿区采矿，开采国家规定实行保护性开采的特定矿种，矿产品价值或者造成矿产资源破坏的价值在5万元至15万元以上的。该项标准体现了对“两矿区一矿种”的特殊保护。《矿产资源法》第十七条规定：“国家对国家规划矿区、对国民经济具有重要价值的矿区和国家规定实行保护性开采的特定矿种，实行有计划的开采；未经国务院有关主管部门批准，任何单位和个人不得开采。”根据《中华人民共和国矿产资源法实施细则》（以下简称《矿产资源法实施细则》）第六条的规定，对“两矿区一矿种”的范围应作如下把握：（1）国家规划矿区，是指国家根据建设规划和矿产资源规划，为建设大、中型矿山划定的矿产资源分布区域。（2）对国民经济具有重要价值的矿区，是指国家根据国民经济发展需要划定的，尚未列入国家建设规划的，储量大、质量好、具有开发前景的矿产资源保护区域。（3）国家规定实行保护性开采的特定矿种，是指国务院根据国民经济建设和高科技发展的需要，以及资源稀缺、贵重程度确定的，由国务院有关主管部门按照国家计划批准开采的矿种。根据有关规定，具体包括黄金、钨、锡、锑、离子型稀土。

3. 二年内曾因非法采矿受过两次以上行政处罚，又实施非法采矿行为的。一方面，实践中出现“蚂蚁搬家”式的非法采矿行为，在被查获后行为人往往否认在被抓获前存在开采行为，而被查获的矿产品达不到入罪标准。而且，此种情形的矿产品交易往往采取现金交易的方式，收集交易单据等其他证据也十分困难。因此，对于此种行为，只能予以行政处罚，对屡罚屡犯者难以起到效果。另一方面，实践中一些犯罪分子是长期从事非法采矿的惯犯，特别是其中有一些在受过多次行政处罚甚至刑事处罚后还屡教不改，继续进行非法采矿，应加大对该类人员的打击力度，以起到震慑效果。因此，以因非法采矿受过的行政处罚次数作为考量情节，将多次实施者认定为“情节严重”，纳入刑事处罚范围。

需要注意的是，借鉴《最高人民法院、最高人民检察院关于办理走私刑事案件适用法律若干问题的解释》第十七条“刑法第一百五十三条第一款规定的‘一年内曾因走私被给予二次行政处罚后又走私’中的‘一年内’，以因走私第一次受到行政处罚的生效之日与‘又走私’行为实施之日的时间间隔计算确定”的规定，“二年内”宜以第一次违法行为受到行政处罚的生效之日与又实施相应行为之日的时间间隔计算确定。此外，“两次以上行政处罚”，包括但不限于国土资源主管部门的行政处罚，只要是有关部门依法对非法采矿行为给予的行政处罚即可。

4. 造成生态环境严重损害的。《解释》第三条将“环境价值”明确纳入判断“情节严重”的考量因素。实践中应当根据造成生态环境损害的程度判断是否达到“情节严重”的标准，对于达到严重损害程度的应当以非法采矿罪定罪处罚。

5. 其他情节严重的情形。《解释》第三条第一款第五项为兜底项，需要在司法实践中根据具体情况裁量适用。司法适用中，既要敢于根据具体案情适用兜底项，同时也要持慎重态度，考虑与前述具体情形之间的相当性。

此外，《解释》第三条第二款明确了“情节特别严重”的认定标准。通常情况下，“情节特别严重”和“情节严重”之间为5倍的倍数关系。造成生态环境特别严重损害的，也可以认定为“情节特别严重”。

（四）破坏性采矿罪的定罪量刑

1. “采取破坏性的开采方法开采矿产资源”的认定。《2003年解释》第四条规定：“刑法第三百四十三条第二款规定的破坏性采矿罪中‘采取破坏性的开采方法开采矿产资源’，是指行为人违反地质矿产主管部门审查批准的矿产资源开发利用方案开采矿产资源，并造成矿产资源严重破坏的行为。”《2003年解释》以违反矿产资源开发利用方案作为认定破坏性的开采方法的依据，有其合理性。但是，从司法适用的情况来看，也存在不足之处：其一，现行法律并未规定“矿产资源开发利用方案”，只有《矿产资源开采登记管理办法》第五条规定采矿权申请人申请办理采矿许可证中提及“矿产资源开发利用方案”。而《矿产资源开采登记管理办法》属于行政法规,效力位阶不如法律。其二,在开采过程中,受制于地质等因素影响,采矿权人可能违反矿产资源开发利用方案,但未必会造成矿产资源严重破坏,故以矿产资源开发利用方案作为认定破坏性的开采方法的依据,可能存在不妥。《解释》起草过程中,有意见提出,有关法律明确提及“矿山设计”,如《矿产资源法》第十五条规定:“设立矿山企业,必须符合国家规定的资质条件,并依照法律和国家有关规定,由审批机关对其矿区范围、矿山设计或者开采方案、生产技术条件、安全措施和环境保护措施等进行审查;审查合格的,方予批准。”《中华人民共和国煤炭法》(2013 年修正)第十八条规定,开办煤矿企业,应当有符合煤矿安全生产和环境保护要求的矿山设计。因此,建议以违反矿山设计作为认定破坏性的开采方法的依据。但是,对此也存在不同认识。而且,就技术层面而言,对于破坏性的开采方法的认定,可能会随着技术的发展而不断完善。经慎重研究,《解释》暂不对“采取破坏性的开采方法开采矿产资源”的认定标准作出明确。但是,考虑到其认定的专业性较强,为确保相关案件依法得到稳妥、正确处理,《解释》第十四条仍对其认定程序作出明确,即对是否属于破坏性的开采方法难以确定的,依据省级以上人民政府国土资源主管部门出具的报告,结合其他证据作出认定。

2. 破坏性采矿罪的定罪量刑。根据刑法第三百四十三条第二款的规定,非法采矿罪只设有一个法定刑档次,即造成矿产资源严重破坏的,处五年以下有期徒刑或者拘役,并处罚金。在适当考虑矿产品价格上涨因素的基础上,《解释》对入罪标准作了适当提升,同时突出了对“两矿区一矿种”的特殊保护,在第六条规定:“造成矿产资源破坏的价值在五十万元至一百万元以上,或者造成国家规划矿区、对国民经济具有重要价值的矿区和国家规定实行保护性开采的特定矿种资源破坏的价值在二十五万元至五十万元以上的,应当认定为刑法第三百四十三条第二款规定的‘造成矿产资源严重破坏’。”

(五)非法采砂犯罪的法律适用

对于非法采砂行为的定性,司法实践中存在较大的认识分歧。而且,地方法院曾就非法采砂行为的定性问题请示最高人民法院。为统一法律适用,有必要通过司法解释对河道非法采砂和非法采挖海砂的定性作出明确。经反复征求意见和慎重研究,《解释》明确对非法采砂行为适用非法采矿罪,并对定罪量刑标准及有关法律适用问题作了规定。

1. 非法采矿罪行为的定性。《矿产资源法实施细则》第二条第一款规定:“矿产资源是指由地质作用形成的,具有利用价值的,呈固态、液态、气态的自然资源。”砂属于矿产资源,可以成为非法采矿罪的对象。例如,河(江)砂属河流相沉积天然石英砂,主要化学成分为二氧化硅,经长期地质作用形成。《矿产资源分类细目》将河(江)砂归属到非金属矿产天然石英砂中。可见,砂受矿产资源法的调整,可以成为非法采矿罪的对象。而且,《水法》第三十九条第一款规定“国家实行采砂许可制度”。《中华人民共和国河道管理条例》第二十五条规定,在河道管理范围内进行采砂活动,必须报经河道主管机关批准,涉及其他部门的,由河道管理机关会同有关部门批准。因此,对于未取得许可证非法采砂的行为,实质上是“未取得采矿许可证擅自采矿”,应当适用非法采矿罪。

2. “未取得采矿许可证”的认定。从实践来看,对非法采砂适用非法采矿罪,可能适用的客观行为方式主要为“未取得采矿许可证擅自采矿”。为避免法律适用的漏洞,《解释》第四条第一款、第五条第一款对刑法第三百四十三条第一款规定的“采矿许可证”作扩大解释,将开采河砂需要申请的采矿许可证、河道采砂许可证和开采海砂需要申请的采矿许可证、海砂开采海域使用权证均涵括在内。

《水法》第三十九条第一款规定："国家实行河道采砂许可制度。河道采砂许可制度实施办法，由国务院规定。"目前，国务院尚未对河道采砂许可制度实施办法作出统一规定，仅通过《长江河道采砂管理条例》明确了长江宜宾以下干流河道内从事开采砂石的许可办法。《长江河道采砂管理条例》第九条第一款、第二款规定："国家对长江采砂实行采砂许可制度。河道采砂许可证由沿江省、直辖市人民政府水行政主管部门审批发放；属于省际边界重点河段的，经有关省、直辖市人民政府水行政主管部门签署意见后，由长江水利委员会审批发放；涉及航道的，审批发放前应当征求长江航务管理局和长江海事机构的意见。省际边界重点河段的范围由国务院水行政主管部门划定。"据此，长江干流河道采砂实行"一证"，即长江河道采砂许可证由长江水利委员会和沿江省、直辖市人民政府水行政主管部门审批发放(省际边界重点河段由长江水利委员会发放)。

近年来，为扭转河道采砂秩序混乱、非法采砂活动猖獗的现象，在国务院对河道采砂许可制度实施办法作出具体规定前，各地理顺管理体制，加强河道采砂管理工作。经对省级地方性法规、政府规章及规范性文件进行梳理，河道采砂许可情况如下：(1)由水行政主管部门发放采砂许可证。对此有的通过省级地方性法规作出规定，有的通过省级政府规章作出规定，还有的通过规范性文件作出规定。(2)发放采砂许可证和采矿许可证。

开采海砂需要取得海砂开采海域使用权证(由海洋主管部门发放)和采矿许可证(由国土资源主管部门发放)。《中华人民共和国海域使用管理法》第三条第二款规定："单位和个人使用海域，必须依法取得海域使用权。"《矿产资源开采登记管理办法》第三条第一款明确规定，开采领海及中国管辖的其他海域的矿产资源，由国务院地质矿产主管部门审批登记，颁发采矿许可证。因此，开采海砂的，除了申请海砂开采海域使用权证外，还应向国土资源部申请采矿许可证。

如前所述，《解释》将刑法第三百四十三条规定的"采矿许可证"扩大解释为除采矿许可证外，还涵括采砂许可证、海砂开采海域使用权证等开采河砂、海砂所应取得的许可证。由此带来的问题是，如何准确认定"未取得采矿许可证擅自采矿"。对于实行"一证"管理的区域，这一问题并不存在。但是，对于实行"两证"管理的区域，由于"两证"之间没有先后之分，取得其中一个证并非申领另一个证的前置程序，且实践中经常会出现取得其中一个证但无法取得另一个证的情形。例如，行为人已经申领了开采海域使用权证，并缴纳了海域使用金；但是行为人继而向有关部门申领采矿许可证，未被批准。经研究认为，这一现象与现行的采砂管理体制不无关系，如果统一许可证发放或者明确两证之间的衔接关系，则完全可以避免上述现象。此种情况下对行为人开采海砂的行为以非法采矿罪追究刑事责任，并不合适。总之，不应由行为人承担由于现行采砂管理体制带来的不利后果，上述情形不宜认定为刑法第三百四十三条第一款规定的"未取得采矿许可证擅自采矿"，不应以非法采矿罪论处。

基于上述考虑，《解释》第四条第一款规定："在河道管理范围内采砂，具有下列情形之一，符合刑法第三百四十三条第一款和本解释第二条、第三条规定的，以非法采矿罪定罪处罚：(一)依据相关规定应当办理河道采砂许可证，未取得河道采砂许可证的；(二)依据相关规定应当办理河道采砂许可证和采矿许可证，既未取得河道采砂许可证，又未取得采矿许可证的。"第五条第一款规定："未取得海砂开采海域使用权证，且未取得采矿许可证，采挖海砂，符合刑法第三百四十三条第一款和本解释第二条、第三条规定的，以非法采矿罪定罪处罚。"申言之，对于实行"一证"管理的区域，以是否取得该许可证为认定非法采矿的标准；对于实行"两证"管理的区域，只要取得一个许可证的，则不能认定为非法采矿，不宜以非法采矿罪论处。

需要注意的是，由于《解释》第二条对"未取得采矿许可证"作了明确，故第四条第一款、第五条第一款明确对于采砂领域"未取得采矿许可证擅自采矿"的认定要适用第二条的规定。对此司法实务要注意把握。例如,在实行"一证"管理的区域,虽然取得了河道采砂许可证,但是许可证被注销、吊销、撤销后继续采砂的,符合《解释》第二条第二项、第三项的规定,也应当认定为"未取得采矿许可证擅自采矿"。

3. 非法采砂犯罪的定罪量刑标准。非法采砂是非法采矿的类型之一,自然应当适用非法采矿罪的定罪量刑标准。故而,《解释》第四条第一款、第五条第一款明确规定,对非法采砂的定罪量刑适用第三条关于非法采矿罪的定罪量刑标准。

此外,非法采砂行为具有特殊性。对在河道管理范围内非法采砂行为予以刑事规制,除了其对砂资源的破坏外,更为重要的是非法采砂行为对河势稳定和防洪安全的危害。严格规范河砂开采的目的,不仅仅是维护其经济价值,更重要的是维护防洪安全和生态安全等公共利益。因此,不应单纯以矿产品价值作为非法采砂的入罪标准,还应当同时考虑非法采砂行为对防洪安全的危害。为了有效防范非法采砂对防洪安全的危害,应当实现刑法防线的适度前移,在非法采砂行为影响河势稳定,危害防洪安全,但尚未达到危害公共安全程度时加以规制。基于上述考虑,《解释》第四条第二款规定:"实施前款规定行为,虽不具有本解释第三条第一款规定的情形,但严重影响河势稳定,危害防洪安全的,应当认定为刑法第三百四十三条第一款规定的'情节严重'。"

同理,非法采挖海砂不仅破坏矿产资源,还可能严重破坏海岸线。特别是在入海口、滨海湿地、海岛、红树林、珊瑚礁、濒危海洋栖息地等典型、敏感海域开采海砂,极易造成海岸线改变。基于对海岸线和海洋生态环境的特殊保护,《解释》第五条第二款规定:"实施前款规定行为,虽不具有本解释第三条第一款规定的情形,但造成海岸线严重破坏的,应当认定为刑法第三百四十三条第一款规定的'情节严重'。"

(六)矿产资源犯罪所得之物与所用之物的处理

为了规范矿产资源犯罪所得之物、所用之物的处理,《解释》第十二条规定:"对非法采矿、破坏性采矿犯罪的违法所得及其收益,应当依法追缴或者责令退赔。对用于非法采矿、破坏性采矿犯罪的专门工具和供犯罪所用的本人财物,应当依法没收。"

(七)矿产资源犯罪专门性问题的认定

办理非法采矿刑事案件,通常涉及非法开采的矿产品价值计算等专门性问题。《解释》第十三条、第十四条通过总结司法经验,对相关专门性问题认定规则作了明确。具体而言:

1. 非法开采的矿产品价值的认定规则。根据《解释》第十三条的规定,非法开采的矿产品价值,根据销赃数额认定;无销赃数额,销赃数额难以查证,或者根据销赃数额认定明显不合理的,根据矿产品价格和数量认定。矿产品价值难以确定的,依据下列机构出具的报告,结合其他证据作出认定:(1)价格认证机构出具的报告;(2)省级以上人民政府国土资源、水行政、海洋等主管部门出具的报告;(3)国务院水行政主管部门在国家确定的重要江河、湖泊设立的流域管理机构出具的报告。

2. 其他专门性问题的认定规则。根据《解释》第十四条的规定,对案件所涉的有关专门性问题难以确定的,依据下列机构出具的鉴定意见或者报告,结合其他证据作出认定:(1)司法鉴定机构就生态环境损害出具的鉴定意见;(2)省级以上人民政府国土资源主管部门就造成矿产资源破坏的价值、是否属于破坏性开采方法出具的报告;(3)省级以上人民政府水行政主管部门或者国务院水行政主管部门在国家确定的重要江河、湖泊设立的流域管理机构就是否危害防洪安全出具的报告;(4)省级以上人民政府海洋主管部门就是否造成海岸线严重破坏出具的报告。

(八)矿产资源犯罪其他问题

根据司法实践的情况,《解释》还对矿产资源犯罪的其他问题作了明确:

1. 掩饰、隐瞒犯罪所得的矿产品及其收益的处理。从司法实践来看,矿产资源犯罪形成了利益链条,后续的窝藏、转移、收购、代为销售等环节成为此类犯罪蔓延的重要原因。为有效惩治此类犯罪,保护国家矿产资源,《解释》第七条规定:"明知是犯罪所得的矿产品及其产生的收益,而予以窝藏、转移、收购、代为销售或者以其他方法掩饰、隐瞒的,依照刑法第三百一十二条的规定,以掩饰、隐瞒犯罪所得、犯罪所得收益罪定罪处罚。实施前款规定的犯罪行为,事前通谋的,以共同犯罪论处。"

司法适用中需要注意的是,《解释》对掩饰、隐瞒犯罪所得的矿产品及其产生的收益行为未单独规定定罪量刑标准,故应当适用《最高人民法院关于审理掩饰、隐瞒犯罪所得、犯罪所得收益刑事案件适用法律若干问题的解释》(法释〔2015〕11 号,以下简称《掩饰、隐瞒犯罪所得、犯罪所得收益罪解释》)的规定。对此,有两个问题需要特别注意:(1)《掩饰、隐瞒犯罪所得、犯罪所得收益罪解释》第八条第一款规定:"认定掩饰、隐瞒犯罪所得、犯罪所得收益罪,以上游犯罪事实成立为前提。"据此,对于掩饰、隐瞒犯罪所得的矿产品及其产生收益行为的入罪以非法采矿、破坏性采矿行为构成犯罪为前提。对于上游行为未达到入罪标准的,即使后续的掩饰、隐瞒行为达到入罪标准,也不能认定为犯罪。(2)对于掩饰、隐瞒犯罪所得的矿产品及其产生的收益行为的量刑,特别是升档量刑,应当注意与作为上游犯罪的非法采矿罪、破坏性采矿罪的量刑平衡。

2. 多次实施矿产资源违法犯罪的价值数额累计。《解释》第八条对矿产资源犯罪的价值数额累计规则作了明确,规定:"多次非法采矿、破坏性采矿构成犯罪,依法应当追诉的,或者二年内多次非法采矿、破坏性采矿未经处理的,价值数额累计计算。"根据这一规定,对于矿产资源犯罪的价值数额累计应当区分情况处理:(1)二年内多次非法采矿或者破坏性采矿未经处理的,价值数额累计计算。对于实施非法采矿、破坏性采矿违法行为,每次均未达到定罪量刑标准,如果未经处理的,应当以二年为限进行累计计算,如果累计数额构成犯罪的,则应当依法定罪处罚。(2)多次非法采矿或者破坏性采矿构成犯罪,依法应当追诉的,价值数额累计计算。申言之,此种情形的数额累计不受两年的限制,而应当适用犯罪追诉期限的规定。

3. 单位实施矿产资源犯罪的处理。为了统一裁判尺度,《解释》第九条对单位矿产资源犯罪的定罪量刑标准作了明确。基于严厉惩治矿产资源犯罪、切实保护矿产资源的考虑,《解释》规定对单位实施非法采矿罪、破坏性采矿罪,与自然人犯罪适用统一的定罪量刑标准。

4. 矿产资源犯罪惩治的宽严相济。根据宽严相济刑事政策的要求,《解释》根据矿产资源犯罪的具体情况,实行区别对待,突出惩治重点。其中,第十条规定:"实施非法采矿犯罪,不属于'情节特别严重',或者实施破坏性采矿犯罪,行为人系初犯,全部退赃退赔,积极修复环境,并确有悔改表现的,可以认定为犯罪情节轻微,不起诉或者免予刑事处罚。"第十一条规定:"对受雇佣为非法采矿、破坏性采矿犯罪提供劳务的人员,除参与利润分成或者领取高额固定工资的以外,一般不以犯罪论处,但曾因非法采矿、破坏性采矿受过处罚的除外。"该两条规定可谓办理矿产资源犯罪案件贯彻宽严相济刑事政策的直接体现,司法适用中应当注意妥善把握。

(作者单位:最高人民法院研究室)

最高人民法院研究室
关于收购、运输、出售部分人工驯养繁殖技术成熟的野生动物适用法律问题的复函

(2016年3月2日　法研〔2016〕23号)

国家林业局森林公安局：

贵局《关于商请对非法收购、运输、出售部分人工驯养繁殖的珍贵濒危野生动物适用法律问题予以答复的函》(林公刑便字〔2015〕49号)收悉。经研究并征求我院相关业务庭意见，我室认为：

我院《关于被告人郑喜和非法收购珍贵、濒危野生动物、珍贵、濒危野生动物制品罪请示一案的批复》(〔2011〕刑他字第86号，以下简称《批复》)是根据贵局《关于发布商业性经营利用驯养繁殖技术成熟的梅花鹿等54种陆生野生动物名单的通知》(林护发〔2003〕121号，以下简称《通知》)的精神作出的。虽然《通知》于2012年被废止，但从实践看，《批复》的内容仍符合当前野生动物保护与资源利用实际，即：由于驯养繁殖技术的成熟，对有的珍贵、濒危野生动物的驯养繁殖、商业利用在某些地区已成规模，有关野生动物的数量极大增加，收购、运输、出售这些人工驯养繁殖的野生动物实际已无社会危害性。

来函建议对我院2000年《关于审理破坏野生动物资源刑事案件具体应用法律若干问题的解释》进行修改，提高收购、运输、出售有关人工驯养繁殖的野生动物的定罪量刑标准。此一思路虽能将一些行为出罪，但不能完全解决问题。如将运输人工驯养繁殖梅花鹿行为的入罪标准规定为20只以上后，还会有相当数量的案件符合定罪乃至判处重刑的条件。按此思路修订解释、对相关案件作出判决后，恐仍难保障案件处理的法律与社会效果。

鉴此，我室认为，彻底解决当前困境的办法，或者是尽快启动国家重点保护野生动物名录的修订工作，将一些实际已不再处于濒危状态的动物从名录中及时调整出去，同时将有的已处于濒危状态的动物增列进来；或者是在修订后司法解释中明确，对某些经人工驯养繁殖、数量已大大增多的野生动物，附表所列的定罪量刑数量标准，仅适用于真正意义上的野生动物，而不包括驯养繁殖的。

以上意见供参考。

最高人民法院　最高人民检察院　公安部　司法部　生态环境部
印发《关于办理环境污染刑事案件有关问题座谈会纪要》的通知

(2019年2月20日　高检会〔2019〕3号)

各省、自治区、直辖市高级人民法院、人民检察院、公安厅(局)、司法厅(局)、生态环境厅(局)，解放军军事法院、解放军军事检察院，新疆维吾尔自治区高级人民法院生产建设兵团分院，新疆生产建设兵团人民检察院、公安局、司法局、环境保护局：

为深入学习贯彻习近平生态文明思想，认真落实党中央重大决策部署和全国人大常委会决议要求，全力参与和服务保障打好污染防治攻坚战，推进生态文明建设，形成各部门依法惩治环境污染犯罪的合力，2018年12月，最高人民法院、最高人民检察院、公安部、司法部、生态环境部

在北京联合召开座谈会。会议交流了当前办理环境污染刑事案件的工作情况,分析了遇到的突出困难和问题,研究了解决措施,对办理环境污染刑事案件中的有关问题形成了统一认识。现将会议纪要印发,请认真组织学习,并在工作中遵照执行。执行中遇到的重大问题,请及时向最高人民法院、最高人民检察院、公安部、司法部、生态环境部请示报告。

关于办理环境污染刑事案件有关问题座谈会纪要

2018 年 6 月 16 日,中共中央、国务院发布《关于全面加强生态环境保护坚决打好污染防治攻坚战的意见》。7 月 10 日,全国人民代表大会常务委员会通过了《关于全面加强生态环境保护依法推动打好污染防治攻坚战的决议》。为深入学习贯彻习近平生态文明思想,认真落实党中央重大决策部署和全国人大常委会决议要求,全力参与和服务保障打好污染防治攻坚战,推进生态文明建设,形成各部门依法惩治环境污染犯罪的合力,2018 年 12 月,最高人民法院、最高人民检察院、公安部、司法部、生态环境部在北京联合召开座谈会。会议交流了当前办理环境污染刑事案件的工作情况,分析了遇到的突出困难和问题,研究了解决措施。会议对办理环境污染刑事案件中的有关问题形成了统一认识。纪要如下:

一

会议指出,2018 年 5 月 18 日至 19 日,全国生态环境保护大会在北京胜利召开,习近平总书记出席会议并发表重要讲话,着眼人民福祉和民族未来,从党和国家事业发展全局出发,全面总结党的十八大以来我国生态文明建设和生态环境保护工作取得的历史性成就、发生的历史性变革,深刻阐述加强生态文明建设的重大意义,明确提出加强生态文明建设必须坚持的重要原则,对加强生态环境保护、打好污染防治攻坚战作出了全面部署。这次大会最大的亮点,就是确立了习近平生态文明思想。习近平生态文明思想站在坚持和发展中国特色社会主义、实现中华民族伟大复兴中国梦的战略高度,把生态文明建设摆在治国理政的突出位置,作为统筹推进"五位一体"总体布局和协调推进"四个全面"战略布局的重要内容,深刻回答了为什么建设生态文明、建设什么样的生态文明、怎样建设生态文明的重大理论和实践问题,是习近平新时代中国特色社会主义思想的重要组成部分。各部门要认真学习、深刻领会、全面贯彻习近平生态文明思想,将其作为生态环境行政执法和司法办案的行动指南和根本遵循,为守护绿水青山蓝天、建设美丽中国提供有力保障。

会议强调,打好防范化解重大风险、精准脱贫、污染防治的攻坚战,是以习近平同志为核心的党中央深刻分析国际国内形势,着眼党和国家事业发展全局作出的重大战略部署,对于夺取全面建成小康社会伟大胜利、开启全面建设社会主义现代化强国新征程具有重大的现实意义和深远的历史意义。服从服务党和国家工作大局,充分发挥职能作用,努力为打好打赢三大攻坚战提供优质法治环境和司法保障,是当前和今后一个时期人民法院、人民检察院、公安机关、司法行政机关、生态环境部门的重点任务。

会议指出,2018 年 12 月 19 日至 21 日召开的中央经济工作会议要求,打好污染防治攻坚战,要坚守阵地、巩固成果,聚焦做好打赢蓝天保卫战等工作,加大工作和投入力度,同时要统筹兼顾,避免处置措施简单粗暴。各部门要认真领会会议精神,紧密结合实际,强化政治意识、大局意识和责任担当,以加大办理环境污染刑事案件工作力度作为切入点和着力点,主动调整工作思路,积极谋划工作举措,既要全面履职、积极作为,又要综合施策、精准发力,保障污染防治攻坚战顺利推进。

二

会议要求，各部门要正确理解和准确适用刑法和《最高人民法院、最高人民检察院关于办理环境污染刑事案件适用法律若干问题的解释》（法释〔2016〕29号，以下称《环境解释》）的规定，坚持最严格的环保司法制度、最严密的环保法治理念，统一执法司法尺度，加大对环境污染犯罪的惩治力度。

1. 关于单位犯罪的认定

会议针对一些地方存在追究自然人犯罪多，追究单位犯罪少，单位犯罪认定难的情况和问题进行了讨论。会议认为，办理环境污染犯罪案件，认定单位犯罪时，应当依法合理把握追究刑事责任的范围，贯彻宽严相济刑事政策，重点打击出资者、经营者和主要获利者，既要防止不当缩小追究刑事责任的人员范围，又要防止打击面过大。

为了单位利益，实施环境污染行为，并具有下列情形之一的，应当认定为单位犯罪：（1）经单位决策机构按照决策程序决定的；（2）经单位实际控制人、主要负责人或者授权的分管负责人决定、同意的；（3）单位实际控制人、主要负责人或者授权的分管负责人得知单位成员个人实施环境污染犯罪行为，并未加以制止或者及时采取措施，而是予以追认、纵容或者默许的；（4）使用单位营业执照、合同书、公章、印鉴等对外开展活动，并调用单位车辆、船舶、生产设备、原辅材料等实施环境污染犯罪行为的。

单位犯罪中的"直接负责的主管人员"，一般是指对单位犯罪起决定、批准、组织、策划、指挥、授意、纵容等作用的主管人员，包括单位实际控制人、主要负责人或者授权的分管负责人、高级管理人员等；"其他直接责任人员"，一般是指在直接负责的主管人员的指挥、授意下积极参与实施单位犯罪或者对具体实施单位犯罪起较大作用的人员。

对于应当认定为单位犯罪的环境污染犯罪案件，公安机关未作为单位犯罪移送审查起诉的，人民检察院应当退回公安机关补充侦查。对于应当认定为单位犯罪的环境污染犯罪案件，人民检察院只作为自然人犯罪起诉的，人民法院应当建议人民检察院对犯罪单位补充起诉。

2. 关于犯罪未遂的认定

会议针对当前办理环境污染犯罪案件中，能否认定污染环境罪（未遂）的问题进行了讨论。会议认为，当前环境执法工作形势比较严峻，一些行为人拒不配合执法检查、接受检查时弄虚作假、故意逃避法律追究的情形时有发生，因此对于行为人已经着手实施非法排放、倾倒、处置有毒有害污染物的行为，由于有关部门查处或者其他意志以外的原因未得逞的情形，可以污染环境罪（未遂）追究刑事责任。

3. 关于主观过错的认定

会议针对当前办理环境污染犯罪案件中，如何准确认定犯罪嫌疑人、被告人主观过错的问题进行了讨论。会议认为，判断犯罪嫌疑人、被告人是否具有环境污染犯罪的故意，应当依据犯罪嫌疑人、被告人的任职情况、职业经历、专业背景、培训经历、本人因同类行为受到行政处罚或者刑事追究情况以及污染物种类、污染方式、资金流向等证据，结合其供述，进行综合分析判断。

实践中，具有下列情形之一，犯罪嫌疑人、被告人不能作出合理解释的，可以认定其故意实施环境污染犯罪，但有证据证明确系不知情的除外：（1）企业没有依法通过环境影响评价，或者未依法取得排污许可证，排放污染物，或者已经通过环境影响评价并且防治污染设施验收合格后，擅自更改工艺流程、原辅材料，导致产生新的污染物质的；（2）不使用验收合格的防治污染设施或者不按规范要求使用的；（3）防治污染设施发生故障，发现后不及时排除，继续生产放任污染物排放的;(4)生态环境部门责令限制生产、停产整治或者予以行政处罚后,继续生产放任污染物排放的;(5)将危险废物委托第三方处置,没有尽到查验经营许可的义务,或者委托处置费用明显低于市场价格或者处置成本的;(6)通过暗管、渗井、渗坑、裂隙、溶洞、灌注等逃避监管的方式排放污染物的;(7)通过篡改、伪造监测数据的方式排放污染物的;(8)其他足以认定的情形。

4. 关于生态环境损害标准的认定

会议针对如何适用《环境解释》第一条、第三条规定的“造成生态环境严重损害的”“造成生态环境特别严重损害的”定罪量刑标准进行了讨论。会议指出,生态环境损害赔偿制度是生态文明制度体系的重要组成部分。党中央、国务院高度重视生态环境损害赔偿工作,党的十八届三中全会明确提出对造成生态环境损害的责任者严格实行赔偿制度。2015 年,中央办公厅、国务院办公厅印发《生态环境损害赔偿制度改革试点方案》(中办发〔2015〕57 号),在吉林等 7 个省市部署开展改革试点,取得明显成效。2017 年,中央办公厅、国务院办公厅印发《生态环境损害赔偿制度改革方案》(中办发〔2017〕68 号),在全国范围内试行生态环境损害赔偿制度。

会议指出,《环境解释》将造成生态环境损害规定为污染环境罪的定罪量刑标准之一,是为了与生态环境损害赔偿制度实现衔接配套,考虑到该制度尚在试行过程中,《环境解释》作了较原则的规定。司法实践中,一些省市结合本地区工作实际制定了具体标准。会议认为,在生态环境损害赔偿制度试行阶段,全国各省(自治区、直辖市)可以结合本地实际情况,因地制宜,因时制宜,根据案件具体情况准确认定“造成生态环境严重损害”和“造成生态环境特别严重损害”。

5. 关于非法经营罪的适用

会议针对如何把握非法经营罪与污染环境罪的关系以及如何具体适用非法经营罪的问题进行了讨论。会议强调,要高度重视非法经营危险废物案件的办理,坚持全链条、全环节、全流程对非法排放、倾倒、处置、经营危险废物的产业链进行刑事打击,查清犯罪网络,深挖犯罪源头,斩断利益链条,不断挤压和铲除此类犯罪滋生蔓延的空间。

会议认为,准确理解和适用《环境解释》第六条的规定应当注意把握两个原则:一要坚持实质判断原则,对行为人非法经营危险废物行为的社会危害性作实质性判断。比如,一些单位或者个人虽未依法取得危险废物经营许可证,但其收集、贮存、利用、处置危险废物经营活动,没有超标排放污染物、非法倾倒污染物或者其他违法造成环境污染情形的,则不宜以非法经营罪论处。二要坚持综合判断原则,对行为人非法经营危险废物行为根据其在犯罪链条中的地位、作用综合判断其社会危害性。比如,有证据证明单位或者个人的无证经营危险废物行为属于危险废物非法经营产业链的一部分,并且已经形成了分工负责、利益均沾、相对固定的犯罪链条,如果行为人或者与其联系紧密的上游或者下游环节具有排放、倾倒、处置危险废物违法造成环境污染的情形,且交易价格明显异常的,对行为人可以根据案件具体情况在污染环境罪和非法经营罪中,择一重罪处断。

6. 关于投放危险物质罪的适用

会议强调,目前我国一些地方环境违法犯罪活动高发多发,刑事处罚威慑力不强的问题仍然突出,现阶段在办理环境污染犯罪案件时必须坚决贯彻落实中央领导同志关于重典治理污染的指示精神,把刑法和《环境解释》的规定用足用好,形成对环境污染违法犯罪的强大震慑。

会议认为,司法实践中对环境污染行为适用投放危险物质罪追究刑事责任时,应当重点审查判断行为人的主观恶性、污染行为恶劣程度、污染物的毒害性危险性、污染持续时间、污染结果是否可逆、是否对公共安全造成现实、具体、明确的危险或者危害等各方面因素。对于行为人明知其排放、倾倒、处置的污染物含有毒害性、放射性、传染病病原体等危险物质,仍实施环境污染行为放任其危害公共安全，造成重大人员伤亡、重大公私财产损失等严重后果，以污染环境罪论处明显不足以罚当其罪的，可以按投放危险物质罪定罪量刑。实践中，此类情形主要是向饮用水水源保护区，饮用水供水单位取水口和出水口，南水北调水库、干渠、涵洞等配套工程，重要渔业水体以及自然保护区核心区等特殊保护区域，排放、倾倒、处置毒害性极强的污染物，危害公共安全并造成严重后果的情形。

7. 关于涉大气污染环境犯罪的处理

会议针对涉大气污染环境犯罪的打击处理问题进行了讨论。会议强调，打赢蓝天保卫战是打好污染防治攻坚战的重中之重。各级人民法院、人民检察院、公安机关、生态环境部门要认真分析研究全国人大常委会大气污染防治法执法检查发现的问题和提出的建议，不断加大对涉大气污染环境犯罪的打击力度，毫不动摇地以法律武器治理污染，用法治力量保卫蓝天，推动解决人民群众关注的突出大气环境问题。

会议认为，司法实践中打击涉大气污染环境犯罪，要抓住关键问题，紧盯薄弱环节，突出打击重点。对重污染天气预警期间，违反国家规定，超标排放二氧化硫、氮氧化物，受过行政处罚后又实施上述行为或者具有其他严重情节的，可以适用《环境解释》第一条第十八项规定的“其他严重污染环境的情形”追究刑事责任。

8. 关于非法排放、倾倒、处置行为的认定

会议针对如何准确认定环境污染犯罪中非法排放、倾倒、处置行为进行了讨论。会议认为，司法实践中认定非法排放、倾倒、处置行为时，应当根据《固体废物污染环境防治法》和《环境解释》的有关规定精神，从其行为方式是否违反国家规定或者行业操作规范、污染物是否与外环境接触、是否造成环境污染的危险或者危害等方面进行综合分析判断。对名为运输、贮存、利用，实为排放、倾倒、处置的行为应当认定为非法排放、倾倒、处置行为，可以依法追究刑事责任。比如，未采取相应防范措施将没有利用价值的危险废物长期贮存、搁置，放任危险废物或者其有毒有害成分大量扬散、流失、泄漏、挥发，污染环境的。

9. 关于有害物质的认定

会议针对如何准确认定刑法第三百三十八条规定的“其他有害物质”的问题进行了讨论。会议认为，办理非法排放、倾倒、处置其他有害物质的案件，应当坚持主客观相一致原则，从行为人的主观恶性、污染行为恶劣程度、有害物质危险性毒害性等方面进行综合分析判断，准确认定其行为的社会危害性。实践中，常见的有害物质主要有：工业危险废物以外的其他工业固体废物；未经处理的生活垃圾；有害大气污染物、受控消耗臭氧层物质和有害水污染物；在利用和处置过程中必然产生有毒有害物质的其他物质；国务院生态环境保护主管部门会同国务院卫生主管部门公布的有毒有害污染物名录中的有关物质等。

10. 关于从重处罚情形的认定

会议强调，要坚决贯彻党中央推动长江经济带发展的重大决策，为长江经济带共抓大保护、不搞大开发提供有力的司法保障。实践中，对于发生在长江经济带十一省（直辖市）的下列环境污染犯罪行为，可以从重处罚：（1）跨省（直辖市）排放、倾倒、处置有放射性的废物、含传染病病原体的废物、有毒物质或者其他有害物质的；（2）向国家确定的重要江河、湖泊或者其他跨省（直辖市）江河、湖泊排放、倾倒、处置有放射性的废物、含传染病病原体的废物、有毒物质或者其他有害物质的。

11. 关于严格适用不起诉、缓刑、免予刑事处罚

会议针对当前办理环境污染犯罪案件中如何严格适用不起诉、缓刑、免予刑事处罚的问题进

行了讨论。会议强调,环境污染犯罪案件的刑罚适用直接关系加强生态环境保护打好污染防治攻坚战的实际效果。各级人民法院、人民检察院要深刻认识环境污染犯罪的严重社会危害性,正确贯彻宽严相济刑事政策,充分发挥刑罚的惩治和预防功能。要在全面把握犯罪事实和量刑情节的基础上严格依照刑法和刑事诉讼法规定的条件适用不起诉、缓刑、免予刑事处罚,既要考虑从宽情节,又要考虑从严情节;既要做到刑罚与犯罪相当,又要做到刑罚执行方式与犯罪相当,切实避免不起诉、缓刑、免予刑事处罚不当适用造成的消极影响。

会议认为,具有下列情形之一的,一般不适用不起诉、缓刑或者免予刑事处罚:(1)不如实供述罪行的;(2)属于共同犯罪中情节严重的主犯的;(3)犯有数个环境污染犯罪依法实行并罚或者以一罪处理的;(4)曾因环境污染违法犯罪行为受过行政处罚或者刑事处罚的;(5)其他不宜适用不起诉、缓刑、免予刑事处罚的情形。

会议要求,人民法院审理环境污染犯罪案件拟适用缓刑或者免予刑事处罚的,应当分析案发前后的社会影响和反映,注意听取控辩双方提出的意见。对于情节恶劣、社会反映强烈的环境污染犯罪,不得适用缓刑、免予刑事处罚。人民法院对判处缓刑的被告人,一般应当同时宣告禁止令,禁止其在缓刑考验期内从事与排污或者处置危险废物有关的经营活动。生态环境部门根据禁止令,对上述人员担任实际控制人、主要负责人或者高级管理人员的单位,依法不得发放排污许可证或者危险废物经营许可证。

三

会议要求,各部门要认真执行《环境解释》和原环境保护部、公安部、最高人民检察院《环境保护行政执法与刑事司法衔接工作办法》(环环监〔2017〕17 号)的有关规定,进一步理顺部门职责,畅通衔接渠道,建立健全环境行政执法与刑事司法衔接的长效工作机制。

12. 关于管辖的问题

会议针对环境污染犯罪案件的管辖问题进行了讨论。会议认为,实践中一些环境污染犯罪案件属于典型的跨区域刑事案件,容易存在管辖不明或者有争议的情况,各级人民法院、人民检察院、公安机关要加强沟通协调,共同研究解决。

会议提出,跨区域环境污染犯罪案件由犯罪地的公安机关管辖。如果由犯罪嫌疑人居住地的公安机关管辖更为适宜的,可以由犯罪嫌疑人居住地的公安机关管辖。犯罪地包括环境污染行为发生地和结果发生地。“环境污染行为发生地”包括环境污染行为的实施地以及预备地、开始地、途经地、结束地以及排放、倾倒污染物的车船停靠地、始发地、途经地、到达地等地点;环境污染行为有连续、持续或者继续状态的,相关地方都属于环境污染行为发生地。“环境污染结果发生地”包括污染物排放地、倾倒地、堆放地、污染发生地等。

多个公安机关都有权立案侦查的,由最初受理的或者主要犯罪地的公安机关立案侦查,管辖有争议的,按照有利于查清犯罪事实、有利于诉讼的原则,由共同的上级公安机关协调确定的公安机关立案侦查,需要提请批准逮捕、移送审查起诉、提起公诉的,由该公安机关所在地的人民检察院、人民法院受理。

13. 关于危险废物的认定

会议针对危险废物如何认定以及是否需要鉴定的问题进行了讨论。会议认为,根据《环境解释》的规定精神,对于列入《国家危险废物名录》的,如果来源和相应特征明确,司法人员根据自身专业技术知识和工作经验认定难度不大的,司法机关可以依据名录直接认定。对于来源和相应特征不明确的,由生态环境部门、公安机关等出具书面意见,司法机关可以依据涉案物质的来源、产生过程、被告人供述、证人证言以及经批准或者备案的环境影响评价文件等证据，结合上述书面意见作出是否属于危险废物的认定。对于需要生态环境部门、公安机关等出具书面认定意见的，区分下列情况分别处理：(1)对已确认固体废物产生单位，且产废单位环评文件中明确为危险废物的，根据产废单位建设项目环评文件和审批、验收意见、案件笔录等材料，可对照《国家危险废物名录》等出具认定意见。(2)对已确认固体废物产生单位，但产废单位环评文件中未明确为危险废物的，应进一步分析废物产生工艺，对照判断其是否列入《国家危险废物名录》。列入名录的可以直接出具认定意见；未列入名录的，应根据原辅材料、产生工艺等进一步分析其是否具有危险特性，不可能具有危险特性的，不属于危险废物；可能具有危险特性的，抽取典型样品进行检测，并根据典型样品检测指标浓度，对照《危险废物鉴别标准》(GB 5085.1－7)出具认定意见。(3)对固体废物产生单位无法确定的，应抽取典型样品进行检测，根据典型样品检测指标浓度，对照《危险废物鉴别标准》(GB 5085.1－7)出具认定意见。对确需进一步委托有相关资质的检测鉴定机构进行检测鉴定的，生态环境部门或者公安机关按照有关规定开展检测鉴定工作。

14.关于鉴定的问题

会议指出，针对当前办理环境污染犯罪案件中存在的司法鉴定有关问题，司法部将会同生态环境部，加快准入一批诉讼急需、社会关注的环境损害司法鉴定机构，加快对环境损害司法鉴定相关技术规范和标准的制定、修改和认定工作，规范鉴定程序，指导各地司法行政机关会同价格主管部门制定出台环境损害司法鉴定收费标准，加强与办案机关的沟通衔接，更好地满足办案机关需求。

会议要求，司法部应当根据《关于严格准入严格监管提高司法鉴定质量和公信力的意见》(司发〔2017〕11号)的要求，会同生态环境部加强对环境损害司法鉴定机构的事中事后监管，加强司法鉴定社会信用体系建设，建立黑名单制度，完善退出机制，及时向社会公开违法违规的环境损害司法鉴定机构和鉴定人行政处罚、行业惩戒等监管信息，对弄虚作假造成环境损害鉴定评估结论严重失实或者违规收取高额费用、情节严重的，依法撤销登记。鼓励有关单位或者个人向司法部、生态环境部举报环境损害司法鉴定机构的违法违规行为。

会议认为，根据《环境解释》的规定精神，对涉及案件定罪量刑的核心或者关键专门性问题难以确定的，由司法鉴定机构出具鉴定意见。实践中，这类核心或者关键专门性问题主要是案件具体适用的定罪量刑标准涉及的专门性问题，比如公私财产损失数额、超过排放标准倍数、污染物性质判断等。对案件的其他非核心或者关键专门性问题，或者可鉴定也可不鉴定的专门性问题，一般不委托鉴定。比如，适用《环境解释》第一条第二项“非法排放、倾倒、处置危险废物三吨以上”的规定对当事人追究刑事责任的，除可能适用公私财产损失第二档定罪量刑标准的以外，则不应再对公私财产损失数额或者超过排放标准倍数进行鉴定。涉及案件定罪量刑的核心或者关键专门性问题难以鉴定或者鉴定费用明显过高的，司法机关可以结合案件其他证据，并参考生态环境部门意见、专家意见等作出认定。

15.关于监测数据的证据资格问题

会议针对实践中地方生态环境部门及其所属监测机构委托第三方监测机构出具报告的证据资格问题进行了讨论。会议认为，地方生态环境部门及其所属监测机构委托第三方监测机构出具的监测报告，地方生态环境部门及其所属监测机构在行政执法过程中予以采用的，其实质属于《环境解释》第十二条规定的“环境保护主管部门及其所属监测机构在行政执法过程中收集的监测数据”，在刑事诉讼中可以作为证据使用。

《关于办理环境污染刑事案件有关问题座谈会纪要》的理解与适用

□周加海 * 喻海松**

日前，最高人民法院、最高人民检察院、公安部、司法部、生态环境部联合印发《关于办理环境污染刑事案件有关问题座谈会纪要》（以下简称《纪要》）。这是习近平生态文明思想确立以来，“两高三部”第一次就办理环境污染刑事案件有关问题联合出台专门文件。为便于司法实践中正确理解和适用，现就《纪要》的制定背景与经过、起草中的主要考虑和主要内容介绍如下。

一、《纪要》的制定背景与经过

2018 年 5 月 18 日至 19 日，全国生态环境保护大会在北京胜利召开，习近平总书记出席会议并发表重要讲话，着眼人民福祉和民族未来，从党和国家事业发展全局出发，全面总结党的十八大以来我国生态文明建设和生态环境保护工作取得的历史性成就、发生的历史性变革，深刻阐述加强生态文明建设的重大意义，明确提出加强生态文明建设必须坚持的重要原则，对加强生态环境保护、打好污染防治攻坚战作出了全面部署。这次大会最大的亮点，就是确立了习近平生态文明思想。习近平生态文明思想站在坚持和发展中国特色社会主义、实现中华民族伟大复兴中国梦的战略高度，把生态文明建设摆在治国理政的突出位置，作为统筹推进“五位一体”总体布局和协调推进“四个全面”战略布局的重要内容，深刻回答了为什么建设生态文明、建设什么样的生态文明、怎样建设生态文明的重大理论和实践问题，是习近平新时代中国特色社会主义思想的重要组成部分。

1997 年刑法施行以来，最高人民法院单独或者会同最高人民检察院，就环境污染犯罪先后三次出台专门司法解释，充分体现了最高司法机关对环境保护的高度重视。特别是《最高人民法院、最高人民检察院关于办理环境污染刑事案件适用法律若干问题的解释》（法释〔2016〕29 号，以下简称《解释》）自 2017 年 1 月 1 日施行以来，各级公检法机关和环保部门依法查处环境污染犯罪，进一步加大惩治力度，取得了良好效果。以污染环境罪为例，人民法院审理的刑事案件量持续增长，年均超过 2 000 件。据统计，2017 年、2018 年人民法院新收污染环境刑事案件 2 344 件、2 409 件，审结 2 258 件、2 204 件。与之同时，在环境污染犯罪的惩治向纵深推进过程中，司法实践中也出现了一些新的情况和问题，如追究自然人犯罪多，追究单位犯罪少，非法经营罪的适用标准不统一、对危险废物如何认定以及是否需要鉴定存在不同认识，司法鉴定亟须规范和收费过高，等等。有效解决办理环境污染刑事案件中的有关难题，进一步统一法律适用标准，是充分发挥生态环境行政执法和司法办案的职能作用，为守护绿水青山蓝天、建设美丽中国提供有力保障的前提和基础。

2018 年 6 月 16 日，中共中央、国务院下发《关于全面加强生态环境保护 坚决打好污染防治攻坚战的意见》。7 月 10 日，全国人民代表大会常务委员会通过了《关于全面加强生态环境保护 依法推动打好污染防治攻坚战的决议》。为深入学习贯彻习近平生态文明思想，认真落实党中央重大决策部署和全国人大常委会决议要求，全力参与和服务保障打好污染防治攻坚战，推进生态文明建设，形成各部门依法惩治环境污染犯罪的合力，2018 年 12 月，最高人民法院、最高人民检察院、公安部、司法部、生态环境部在北京联合召开座谈会。会议交流了当前办理环境污染刑

---

* 最高人民法院研究室副主任，法学博士。

** 最高人民法院研究室刑事处副处长，法学博士。

事案件的工作情况，分析了遇到的突出困难和问题，研究了解决措施。会议对办理环境污染相关案件中的有关问题达成统一认识，形成《纪要》，于2019年2月以“两高三部”名义正式对外发布。

二、《纪要》起草中的主要考虑

为确保《纪要》的内容科学合理，能够适应形势发展、满足司法实践需要，在起草过程中，着重注意把握了以下几点：

一是坚持以习近平生态文明思想为根本遵循。习近平生态文明思想内涵十分丰富，用最严格制度保护生态环境的严密法治观是重要组成部分。习近平总书记指出，只有实行最严格的制度、最严密的法治，才能为生态文明建设提供可靠保障。这也是研究起草《纪要》的指导思想。针对当前一些地方环境违法犯罪活动高发多发，刑事处罚威慑力不强的问题，《纪要》突出了从严惩治环境污染犯罪的精神，要求坚持最严格的环保司法制度、最严密的环保法治理念，统一执法司法尺度，加大对环境污染犯罪的惩治力度。

二是贯彻体现宽严相济刑事政策。《纪要》根据实践情况，要求正确贯彻宽严相济刑事政策，充分发挥刑罚的惩治和预防功能。特别是在刑罚适用方面，要全面把握犯罪事实和量刑情节，既要考虑从宽情节，又要考虑从严情节，严格依照刑法和刑事诉讼法规定的条件适用刑罚，确保罪责刑相适应。

三是切实解决办案实际中的难题。针对当前办理环境污染刑事案件中的重点难点问题，特别是对单位犯罪的认定、非法经营罪的适用、涉大气污染环境犯罪的处理、司法鉴定等近年来地方执法司法机关反映比较集中的具体问题，《纪要》作出明确规定，以有效解决此类犯罪取证难、鉴定难、认定难等实际问题。

三、《纪要》的主要内容

《纪要》根据当前办理环境污染刑事案件的工作情况，依照刑法、刑事诉讼法的规定，对办案过程中遇到的突出问题作了具体规定。大体而言，《纪要》的相关规定可以归纳为如下十五个方面的问题：

（一）关于单位犯罪的认定

当前，一些地方办理环境污染犯罪案件，存在追究自然人犯罪多，追究单位犯罪少，单位犯罪认定难的问题。对此，《纪要》作了专门规定：

一是依法合理把握追究刑事责任的范围。《纪要》要求在办理单位环境污染刑事案件时贯彻宽严相济刑事政策的要求，依法合理把握追究刑事责任的范围，“重点打击出资者、经营者和主要获利者，既要防止不当缩小追究刑事责任的人员范围，又要防止打击面过大”。特别是要合理把握单位犯罪中直接负责的主管人员和其他直接责任人员的范围。根据《纪要》的规定，单位犯罪中的“直接负责的主管人员”，一般是指对单位犯罪起决定、批准、组织、策划、指挥、授意、纵容等作用的主管人员，包括单位实际控制人、主要负责人或者授权的分管负责人、高级管理人员等；“其他直接责任人员”，一般是指在直接负责的主管人员的指挥、授意下积极参与实施单位犯罪或者对具体实施单位犯罪起较大作用的人员。

二是单位犯罪的认定情形。根据《纪要》的规定，为了单位利益，实施环境污染行为，并具有下列情形之一的，应当认定为单位犯罪：(1)经单位决策机构按照决策程序决定的；(2)经单位实际控制人、主要负责人或者授权的分管负责人决定、同意的；(3)单位实际控制人、主要负责人或者授权的分管负责人得知单位成员个人实施环境污染犯罪行为，并未加以制止或者及时采取措施，而是予以追认、纵容或者默许的；(4)使用单位营业执照、合同书、公章、印鉴等对外开展活动，并调用单位车辆、船舶、生产设备、原辅材料等实施环境污染犯罪行为的。

三是单位犯罪的补充起诉机制。《纪要》规定:“对于应当认定为单位犯罪的环境污染犯罪案件,公安机关未作为单位犯罪移送审查起诉的,人民检察院应当退回公安机关补充侦查。对于应当认定为单位犯罪的环境污染犯罪案件,人民检察院只作为自然人犯罪起诉的,人民法院应当建议人民检察院对犯罪单位补充起诉。”需要注意的是,根据《最高人民法院关于适用〈中华人民共和国刑事诉讼法〉的解释》(法释〔2012〕21 号)第二百八十三条的规定,在建议人民检察院对犯罪单位补充起诉的情形下,如果人民检察院仍以自然人犯罪起诉的,人民法院应当依法审理,按照单位犯罪中的直接负责的主管人员或者其他直接责任人员追究刑事责任,并援引刑法分则关于追究单位犯罪中直接负责的主管人员和其他直接责任人员刑事责任的条款。

(二)关于犯罪未遂的认定

司法实践中,对于污染环境未遂的认定和处理,存在不同认识。对此,《纪要》规定,“对于行为人已经着手实施非法排放、倾倒、处置有毒有害污染物的行为,由于有关部门查处或者其他意志以外的原因未得逞的情形,可以污染环境罪(未遂)追究刑事责任”。司法适用中,需要注意的是:(1)对于犯罪未遂的认定,以行为人着手实施非法排放、倾倒、处置有毒有害污染物的行为为前提,故应当准确判断“着手”。对于排放、倾倒危险废物“着手”的判断,通常不存在问题。相比之下,处置危险废物“着手”的判断较为复杂,须妥当把握。(2)根据刑法第二十三条第二款的规定,对于未遂犯,可以比照既遂犯从轻或者减轻处罚。鉴于未遂造成的社会危害性相对较小,参照以往司法解释的相关规定,实践中对未遂的定罪量刑标准可以把握为既遂标准的三倍以上。(3)实践中存在部分既遂、部分未遂的情形,参照以往司法解释的规定,对此不宜将数量简单相加,可以分别评价既遂情节和未遂情节,在认定全案既遂的前提下,在处罚较重的法定刑幅度内酌情从重处罚。例如,行为人用罐车装有 10 吨的危险废物并开往某河流旁倾倒,在倾倒完 1 吨时被环保执法人员及时制止,对于此案可以依法认定行为人非法倾倒危险废物既遂 1 吨,未遂 9 吨,依照上述规则作出处理。

(三)关于主观过错的认定

司法实践中,对于环境污染犯罪、特别是污染环境罪的主观罪过形式,存在不同认识。鉴于司法实践中环境污染犯罪的主观罪过形式通常表现为故意,故《纪要》对判断行为人是否具有环境污染犯罪的故意作出专门规定:

一是综合分析判断规则。《纪要》规定,“判断犯罪嫌疑人、被告人是否具有环境污染犯罪的故意,应当依据犯罪嫌疑人、被告人的任职情况、职业经历、专业背景、培训经历、本人因同类行为受到行政处罚或者刑事追究情况以及污染物种类、污染方式、资金流向等证据,结合其供述,进行综合分析判断”。

二是主观故意推定规则。根据《纪要》的规定,具有下列情形之一,犯罪嫌疑人、被告人不能作出合理解释的,可以认定其故意实施环境污染犯罪,但有证据证明确系不知情的除外:(1)企业没有依法通过环境影响评价,或者未依法取得排污许可证,排放污染物,或者已经通过环境影响评价并且防治污染设施验收合格后,擅自更改工艺流程、原辅材料,导致产生新的污染物质的;(2)不使用验收合格的防治污染设施或者不按规范要求使用的;(3)防治污染设施发生故障,发现后不及时排除,继续生产放任污染物排放的;(4)生态环境部门责令限制生产、停产整治或者予以行政处罚后,继续生产放任污染物排放的;(5)将危险废物委托第三方处置,没有尽到查验经营许可的义务,或者委托处置费用明显低于市场价格或者处置成本的;(6)通过暗管、渗井、渗坑、裂隙、溶洞、灌注等逃避监管的方式排放污染物的;(7)通过篡改、伪造监测数据的方式排放污染物的;(8)其他足以认定的情形。

（四）关于生态环境损害标准的认定

生态环境损害赔偿制度是生态文明制度体系的重要组成部分。党的十八届三中全会明确提出对造成生态环境损害的责任者严格实行赔偿制度。2015 年，中央办公厅、国务院办公厅印发《生态环境损害赔偿制度改革试点方案》（中办发〔2015〕57 号），在吉林等 7 个省市部署开展改革试点，取得明显成效。2017 年，中央办公厅、国务院办公厅印发《生态环境损害赔偿制度改革方案》（中办发〔2017〕68 号），在全国范围内试行生态环境损害赔偿制度。《生态文明体制改革总体方案》提出："严格实行生态环境损害赔偿制度。强化生产者环境保护法律责任，大幅度提高违法成本……对造成生态环境损害的，以损害程度等因素依法确定赔偿额度；对造成严重后果的，依法追究刑事责任。"根据这一要求，《解释》将生态环境损害因素纳入考量范围，第一条第十项将"造成生态环境严重损害"规定为"严重污染环境"的情形，第三条第六项将"造成生态环境特别严重损害"规定为"后果特别严重"的情形。

需要注意的是，《解释》将造成生态环境损害规定为污染环境罪的定罪量刑标准之一，是为了与生态环境损害赔偿制度实现衔接配套，考虑到该制度尚在试行过程中，《解释》作了较原则的规定。司法实践中，一些省市结合本地区工作实际制定了具体标准。《纪要》规定，"在生态环境损害赔偿制度试行阶段，全国各省（自治区、直辖市）可以结合本地实际情况，因地制宜，因时制宜，根据案件具体情况准确认定'造成生态环境严重损害'和'造成生态环境特别严重损害'"。《解释》第十七条第五款规定："本解释所称'生态环境损害'，包括生态环境修复费用，生态环境修复期间服务功能的损失和生态环境功能永久性损害造成的损失，以及其他必要合理费用。"因此，实践中可以根据上述界定，结合本地实际情况，准确判断污染环境行为造成生态环境损害的程度，准确认定是否达到"造成生态环境严重损害"和"造成生态环境特别严重损害"。

（五）关于非法经营罪的适用

《解释》第六条规定："无危险废物经营许可证从事收集、贮存、利用、处置危险废物经营活动，严重污染环境的，按照污染环境罪定罪处罚；同时构成非法经营罪的，依照处罚较重的规定定罪处罚。实施前款规定的行为，不具有超标排放污染物、非法倾倒污染物或者其他违法造成环境污染的情形的，可以认定为非法经营情节显著轻微危害不大，不认为是犯罪；构成生产、销售伪劣产品等其他犯罪的，以其他犯罪论处。"《纪要》要求坚持全链条、全环节、全流程对非法排放、倾倒、处置、经营危险废物的产业链进行刑事打击，查清犯罪网络，深挖犯罪源头，斩断利益链条，不断挤压和铲除此类犯罪滋生蔓延的空间。特别是针对《解释》第六条规定的准确理解和适用，《纪要》要求注意把握两项原则：

一是坚持实质判断原则，对行为人非法经营危险废物行为的社会危害性作实质性判断。《解释》第六条确立了无危险废物经营许可证从事收集、贮存、利用、处置危险废物经营活动的入罪以违法造成环境污染为实质要件，未违法造成环境污染的，通常可以认定为情节显著轻微危害不大，不认为是犯罪。比如，一些单位或者个人虽未依法取得危险废物经营许可证，但其收集、贮存、利用、处置危险废物经营活动，没有违法造成环境污染情形的，则不宜以非法经营罪论处，也不宜以污染环境罪论处。需要注意的是，对于"违法造成环境污染"要件的判断应当采取相对宽泛的标准，即不要求一定达到《解释》第一条第二项以外其他项规定的"严重污染环境"的具体情形。例如，未按照规定安装特定污染防治设施，处置过程中超过标准排放污染物（虽然未达到超过特定标准三倍以上），或者将处置剩余的污染物违反规定倾倒的，可以认定为具备"违法造成环境污染"的要件。

二是坚持综合判断原则，对行为人非法经营危险废物行为根据其在犯罪链条中的地位、作用综合判断其社会危害性。比如,有证据证明单位或者个人的无证经营危险废物行为属于危险废物非法经营产业链的一部分,并且已经形成了分工负责、利益均沾、相对固定的犯罪链条,如果行为人或者与其联系紧密的上游或者下游环节具有排放、倾倒、处置危险废物违法造成环境污染的情形,且交易价格明显异常的,对行为人可以根据案件具体情况在污染环境罪和非法经营罪中,择一重罪处断。

(六)关于投放危险物质罪的适用

违规排放、倾倒或者处置有放射性的废物、含传染病病原体的废物、有毒物质的,不仅严重污染环境,还可能危害公共安全,此时污染环境罪就可能与投放危险物质罪竞合,宜择一重罪处断。因此,《解释》第八条规定:"违反国家规定,排放、倾倒、处置含有毒害性、放射性、传染病病原体等物质的污染物,同时构成污染环境罪、非法处置进口的固体废物罪、投放危险物质罪等犯罪的,依照处罚较重的规定定罪处罚。"在此基础上,《纪要》对投放危险物质罪的适用作了专门规定:

一是用足用好刑法和《解释》的规定。目前,我国一些地方环境违法犯罪活动高发多发,刑事处罚威慑力不强的问题仍然突出。因此,《纪要》要求,现阶段在办理环境污染犯罪案件时必须坚决贯彻落实中央领导同志关于重典治理污染的指示精神,把刑法和《解释》的规定用足用好,形成对环境污染违法犯罪的强大震慑。

二是准确适用投放危险物质罪。司法适用中,对污染环境的行为应当原则上适用污染环境罪,适用投放危险物质罪的,应当特别慎重,准确查明主客观方面的情况。《纪要》规定,"司法实践中对环境污染行为适用投放危险物质罪追究刑事责任时,应当重点审查判断行为人的主观恶性、污染行为恶劣程度、污染物的毒害性危险性、污染持续时间、污染结果是否可逆、是否对公共安全造成现实、具体、明确的危险或者危害等各方面因素"。而且,对污染环境行为适用投放危险物质罪,主要是基于罪责刑相适应的考虑,对此应当特别注意把握。基于此,《纪要》专门规定,对于行为人明知其排放、倾倒、处置的污染物含有毒害性、放射性、传染病病原体等危险物质,仍实施环境污染行为放任其危害公共安全,造成重大人员伤亡、重大公私财产损失等严重后果,以污染环境罪论处明显不足以罚当其罪的,可以依照《解释》第八条的规定,以投放危险物质罪定罪量刑。具体而言,实践中此类情形主要是向饮用水水源保护区,饮用水供水单位取水口和出水口,南水北调水库、干渠、涵洞等配套工程,重要渔业水体以及自然保护区核心区等特殊保护区域,排放、倾倒、处置毒害性极强的污染物,危害公共安全并造成严重后果的情形。

(七)关于涉大气污染环境犯罪的处理

大气污染是人民群众感受最为直接、反映最为强烈的环境问题。但是,由于大气污染物流动性大、稀释速度快等原因,提取固定证据困难,给查处此类犯罪带来较大实际困难。基于此,《纪要》要求抓住关键问题,紧盯薄弱环节,突出打击重点,推动解决人民群众关注的突出大气环境问题。《中华人民共和国大气污染防治法》第九十三条第一款规定:"国家建立重污染天气监测预警体系。"第九十六条第一款规定:"县级以上地方人民政府应当依据重污染天气的预警等级,及时启动应急预案,根据应急需要可以采取责令有关企业停产或者限产、限制部分机动车行驶、禁止燃放烟花爆竹、停止工地土石方作业和建筑物拆除施工、停止露天烧烤、停止幼儿园和学校组织的户外活动、组织开展人工影响天气作业等应急措施。"可见,在重污染天气预警期间,违反国家规定,超标排放二氧化硫、氮氧化物,社会危害性更大。为切实加大对涉大气污染环境犯罪的打击力度,《纪要》规定,受过行政处罚后又实施上述行为或者具有其他严重情节的,可以适用《解释》第一条第十八项规定的"其他严重污染环境的情形"追究刑事责任。司法适用中需要妥当把握《纪要》上述规定与《解释》第四条第三项规定的"在重污染天气预警期间、突发环境事件处置期间或者被责令限期整改期间，违反国家规定排放、倾倒、处置有放射性的废物、含传染病病原体的废物、有毒物质或者其他有害物质”这一从重处罚情节的关系，对于重污染天气预警期间，违规超标排放二氧化硫、氮氧化物，受过行政处罚后又实施上述行为或者具有其他严重情节的，如果根据《纪要》的规定适用《解释》第一条第十八项规定的“其他严重污染环境的情形”追究刑事责任的，不能再适用《解释》第四条第三项的规定从重处罚，以避免重复评价。

（八）关于非法排放、倾倒、处置行为的认定

根据刑法第三百三十八条的规定，污染环境罪的客观方面限于排放、倾倒、处置三种行为方式。司法实践中，一方面，要严格遵循罪刑法定原则的要求，避免将非法运输、贮存等其他行为不当以污染环境罪追究刑事责任；另一方面，也要准确认定非法排放、倾倒、处置行为，特别是防止名为运输、贮存、利用，实为排放、倾倒、处置的行为逃脱刑事法律制裁。基于此，《纪要》要求根据《中华人民共和国固体废物污染环境防治法》和《解释》的有关规定精神，准确认定非法排放、倾倒、处置行为，特别是应当“从其行为方式是否违反国家规定或者行业操作规范、污染物是否与外环境接触、是否造成环境污染的危险或者危害等方面进行综合分析判断。对名为运输、贮存、利用，实为排放、倾倒、处置的行为应当认定为非法排放、倾倒、处置行为，可以依法追究刑事责任。比如，未采取相应防范措施将没有利用价值的危险废物长期贮存、搁置，放任危险废物或者其有毒有害成分大量扬散、流失、泄漏、挥发，污染环境的”。

（九）关于有害物质的认定

根据刑法第三百三十八条的规定，构成污染环境罪，排放、倾倒或者处置的须为“有放射性废物、含传染病病原体的废物、有毒物质或者其他有害物质”。鉴于“其他有害物质”的范围十分宽泛，交由司法实践裁量把握可以更好地适应具体案件的复杂情况，《解释》未作明确界定。根据当前司法适用中的具体情况，《纪要》对如何准确认定刑法第三百三十八条规定的“其他有害物质”作了专门规定：

一是坚持主客观相一致原则。《纪要》规定，“办理非法排放、倾倒、处置其他有害物质的案件，应当坚持主客观相一致原则，从行为人的主观恶性、污染行为恶劣程度、有害物质危险性毒害性等方面进行综合分析判断，准确认定其行为的社会危害性”。

二是把握常见的有害物质形式。根据《纪要》的规定，实践中常见的有害物质主要有：工业危险废物以外的其他工业固体废物；未经处理的生活垃圾；有害大气污染物、受控消耗臭氧层物质和有害水污染物；在利用和处置过程中必然产生有毒有害物质的其他物质；国务院生态环境保护主管部门会同国务院卫生主管部门公布的有毒有害污染物名录中的有关物质等。

（十）关于从重处罚情形的认定

长江是中华民族的母亲河，也是中华民族发展的重要支撑。推动长江经济带发展是党中央作出的重大决策，是关系国家发展全局的重大战略。服务长江生态高水平保护和经济社会高质量发展，为长江经济带共抓大保护、不搞大开发提供有力保障，是司法等有关部门肩负的重大政治责任、社会责任和法律责任。为充分发挥刑法的威慑功能，体现宽严相济刑事政策依法从“严”的政策要求，《纪要》明确对于发生在长江经济带十一省（直辖市）的下列环境污染犯罪行为，可以从重处罚：(1)跨省（直辖市）排放、倾倒、处置有放射性的废物、含传染病病原体的废物、有毒物质或者其他有害物质的；(2)向国家确定的重要江河、湖泊或者其他跨省（直辖市）江河、湖泊排放、倾倒、处置有放射性的废物、含传染病病原体的废物、有毒物质或者其他有害物质的。

（十一）关于严格适用不起诉、缓刑、免予刑事处罚

环境污染刑事案件的刑罚适用直接关系加强生态环境保护打好污染防治攻坚战的实际效

果。从近年来环境污染刑事案件的刑罚适用情况来看，各级人民法院、人民检察院准确把握宽严相济刑事政策的要求，准确适用刑罚，严格适用不起诉、缓刑、免予刑事处罚。特别是准确依法适用缓刑，环境污染犯罪的缓刑适用率与全部刑事案件的缓刑适用率基本持平。为更好地体现宽严相济刑事政策的要求，《纪要》对环境污染犯罪案件的刑罚适用，特别是不起诉、缓刑、免予刑事处罚的适用作出专门规定：

一是依法适用刑罚。《纪要》规定："要在全面把握犯罪事实和量刑情节的基础上严格依照刑法和刑事诉讼法规定的条件适用不起诉、缓刑、免予刑事处罚，既要考虑从宽情节，又要考虑从严情节；既要做到刑罚与犯罪相当，又要做到刑罚执行方式与犯罪相当，切实避免不起诉、缓刑、免予刑事处罚不当适用造成的消极影响。"

二是明确一般不适用不起诉、缓刑或者免予刑事处罚的情形。根据《纪要》的规定，具有下列情形之一的，一般不适用不起诉、缓刑或者免予刑事处罚：(1)不如实供述罪行的；(2)属于共同犯罪中情节严重的主犯的；(3)犯有数个环境污染犯罪依法实行并罚或者以一罪处理的；(4)曾因环境污染违法犯罪行为受过行政处罚或者刑事处罚的；(5)其他不宜适用不起诉、缓刑、免予刑事处罚的情形。

三是严格适用不起诉、缓刑或者免予刑事处罚。根据《纪要》的规定，人民法院审理环境污染刑事案件拟适用缓刑或者免予刑事处罚的，应当分析案发前后的社会影响和反映，注意听取控辩双方提出的意见。对于情节恶劣、社会反映强烈的环境污染犯罪，不得适用缓刑、免予刑事处罚。人民法院对判处缓刑的被告人，一般应当同时宣告禁止令，禁止其在缓刑考验期内从事与排污或者处置危险废物有关的经营活动。生态环境部门根据禁止令，对上述人员担任实际控制人、主要负责人或者高级管理人员的单位，依法不得发放排污许可证或者危险废物经营许可证。

(十二)关于管辖的问题

实践中，一些环境污染犯罪案件属于典型的跨区域刑事案件，容易存在管辖不明或者有争议的情况。基于此，《纪要》专门对环境污染犯罪案件的管辖问题作出专门规定：

一是跨区域环境污染犯罪案件管辖地。《纪要》规定，"跨区域环境污染案件由犯罪地的公安机关管辖。如果由犯罪嫌疑人居住地的公安机关管辖更为适宜的，可以由犯罪嫌疑人居住地的公安机关管辖。犯罪地包括环境污染行为发生地和结果发生地。'环境污染行为发生地'包括环境污染行为的实施地以及预备地、开始地、途经地、结束地以及排放、倾倒污染物的车船停靠地、始发地、途经地、到达地等地点；环境污染行为有连续、持续或者继续状态的，相关地方都属于环境污染行为发生地。'环境污染结果发生地'包括污染物排放地、倾倒地、堆放地、污染发生地等"。

二是管辖争议的处理。《纪要》规定："多个公安机关都有权立案侦查的，由最初受理的或者主要犯罪地的公安机关立案侦查，管辖有争议的，按照有利于查清犯罪事实、有利于诉讼的原则，由共同的上级公安机关协调确定的公安机关立案侦查，需要提请批准逮捕、移送审查起诉、提起公诉的，由该公安机关所在地的人民检察院、人民法院受理。"

(十三)关于危险废物的认定

根据《解释》第十五条第一项的规定，危险废物是指列入《国家危险废物名录》，或者根据国家规定的危险废物鉴别标准和鉴别方法认定的，具有危险特性的废物。《解释》第十三条第一款规定："对国家危险废物名录所列的废物，可以依据涉案物质的来源、产生过程、被告人供述、证人证言以及经批准或者备案的环境影响评价文件等证据，结合环境保护主管部门、公安机关等出具的书面意见作出认定。"具体适用中，对危险废物如何认定以及是否需要鉴定，仍存在不同认识。

为统一司法适用,《纪要》对此规定区分情况作出处理:

一是对于列入《国家危险废物名录》的,如果来源和相应特征明确,司法人员根据自身专业技术知识和工作经验认定难度不大的,司法机关可以依据名录直接认定。《国家危险废物名录》对于废物类别、行业来源(危险废物的产生源)、废物代码、危险特性(指腐蚀性、毒性、易燃性、反应性和感染性)均有明确描述,特别是对废物系在何生产阶段产生均有叙述。因此,实践中,如果根据涉案物品来源和相应特征可以认定确系列入名录的危险废物的,可以依据名录直接认定为危险废物。

二是对于来源和相应特征不明确的,由生态环境部门、公安机关等出具书面意见,司法机关可以依据涉案物质的来源、产生过程、被告人供述、证人证言以及经批准或者备案的环境影响评价文件等证据,结合上述书面意见作出是否属于危险废物的认定。根据《解释》第十三条的规定,此种情形下应当由生态环境部门、公安机关等对涉案物品是否系危险废物出具书面意见。具体而言,对于需要生态环境部门、公安机关等出具书面认定意见的,区分下列情况分别处理:

1. 对已确认固体废物产生单位,且产废单位环评文件中明确为危险废物的,根据产废单位建设项目环评文件和审批、验收意见、案件笔录等材料,可对照《国家危险废物名录》等出具认定意见。

2. 对已确认固体废物产生单位,但产废单位环评文件中未明确为危险废物的,应进一步分析废物产生工艺,对照判断其是否列入《国家危险废物名录》。列入名录的可直接出具认定意见;未列入名录的,应根据原辅材料、产生工艺等进一步分析其是否具有危险特性,不可能具有危险特性的,不属于危险废物;可能具有危险特性的,抽取典型样品进行检测,并根据典型样品检测指标浓度,对照《危险废物鉴别标准》(GB 5085.1－7)出具认定意见。

3. 对固体废物产生单位无法确定的,应抽取典型样品进行检测,根据典型样品检测指标浓度,对照《危险废物鉴别标准》(GB 5085.1－7)出具认定意见。对确需进一步委托有相关资质的检测鉴定机构进行检测鉴定的,生态环境部门或者公安机关按照有关规定开展检测鉴定工作。

(十四)关于鉴定的问题

鉴定难是困扰环境污染刑事案件办理的难题之一。为解决这一实际困难,《解释》第十四条规定:“对案件所涉的环境污染专门性问题难以确定的,依据司法鉴定机构出具的鉴定意见,或者国务院环境保护主管部门、公安部门指定的机构出具的报告,结合其他证据作出认定。”据此,对环境污染专门性问题确立了鉴定与检验“两条腿走路”的原则。在此基础上,《纪要》针对环境污染犯罪案件的司法鉴定问题作出进一步规定:

一是规范环境损害司法鉴定工作。2016 年 1 月,最高人民法院、最高人民检察院、司法部和原环境保护部就环境损害司法鉴定实行统一登记管理和规范环境损害司法鉴定工作作出明确规定。司法部会同生态环境部,依法准入了一批诉讼急需、社会关注的环境损害司法鉴定机构。截至 2019 年 1 月底,全国经省级司法行政机关审核登记的环境损害司法鉴定机构达 109 家,鉴定人 2 000 余名,基本实现省域全覆盖,环境损害司法鉴定的供给能力大大提升,为打击环境违法犯罪提供了有力支撑。顺带提及的是,原环境保护部依据《解释》规定,于 2014 年 1 月、2016 年 2 月分两批指定推荐的 29 家环境损害鉴定评估推荐机构(第一批 12 家机构,协作单位 7 家;第二批 17 家机构,协作单位 2 家),目前大多数已审核登记成为环境损害司法鉴定机构。《纪要》要求进一步规范环境损害司法鉴定工作,加快准入一批诉讼急需、社会关注的环境损害司法鉴定机构,加快对环境损害司法鉴定相关技术规范和标准的制定、修改和认定工作,规范鉴定程序,指导各地司法行政机关会同价格主管部门制定出台环境损害司法鉴定收费标准,加强与办案机关的沟通衔接,更好地满足办案机关需求。

二是强化对环境损害司法鉴定机构的监管。《纪要》要求司法部会同生态环境部加强对环境损害司法鉴定机构的事中事后监管,加强司法鉴定社会信用体系建设,建立黑名单制度,完善退出机制,及时向社会公开违法违规的环境损害司法鉴定机构和鉴定人行政处罚、行业惩戒等监管信息,对弄虚作假造成环境损害鉴定评估结论严重失实或者违规收取高额费用、情节严重的,依法撤销登记。鼓励有关单位和个人向司法部、生态环境部举报环境损害司法鉴定机构的违法违规行为。

三是妥当把握司法鉴定的范围。根据《解释》和《纪要》的规定,司法鉴定限于涉及案件定罪量刑的核心或关键专门性问题难以确定的情形。实践中,这类核心或关键专门性问题主要是案件具体适用的定罪量刑标准涉及的专门性问题,比如公私财产损失的数额、超过排放标准的倍数、污染物性质判断等。对案件的其他非核心或关键专门性问题,或者可鉴定也可不鉴定的专门性问题,一般不委托鉴定。比如,适用《解释》第一条第三项"非法排放、倾倒、处置危险废物三吨以上"的规定对当事人追究刑事责任的,除可能适用公私财产损失第二档定罪量刑标准的以外,则不应再对公私财产损失数额或者超过排放标准倍数进行鉴定。涉及案件定罪量刑的核心或关键专门性问题难以鉴定或者鉴定费用明显过高的,司法机关可以结合案件其他证据,并参考生态环境部门意见、专家意见等作出认定。

(十五)关于监测数据的证据资格问题

《解释》第十二条第一款规定:"环境保护主管部门及其所属监测机构在行政执法过程中收集的监测数据,在刑事诉讼中可以作为证据使用。"据此,环境保护主管部门及其所属监测机构在行政执法和查办案件过程中收集的监测数据具有刑事证据资格。但是,对于地方生态环境部门及其所属监测机构委托第三方监测机构出具报告的证据资格问题,实践中存在不同认识。为统一司法适用,《纪要》明确,地方生态环境部门及其所属监测机构委托第三方监测机构出具的监测报告,地方生态环境部门及其所属监测机构在行政执法过程中予以采纳的,其实质属于《解释》第十二条规定的"环境保护主管部门及其所属监测机构在行政执法过程中收集的监测数据",在刑事诉讼中可以作为证据使用。

四、走私、贩卖、运输、制造毒品罪

最高人民法院　最高人民检察院　公安部
关于印发《办理毒品犯罪案件毒品提取、扣押、称量、取样和送检程序若干问题的规定》的通知

（2016年5月24日　公禁毒〔2016〕511号）

各省、自治区、直辖市高级人民法院，人民检察院，公安厅、局，新疆维吾尔自治区高级人民法院生产建设兵团分院，新疆生产建设兵团人民检察院、公安局：

为进一步规范毒品犯罪案件中毒品的提取、扣押、称量、取样和送检工作，最高人民法院、最高人民检察院、公安部制定了《办理毒品犯罪案件毒品提取、扣押、称量、取样和送检程序若干问题的规定》。现印发给你们，请认真贯彻执行。执行中遇到的问题，请及时分别层报最高人民法院、最高人民检察院、公安部。

办理毒品犯罪案件毒品提取、扣押、称量、取样和送检程序若干问题的规定

第一章　总　　则

第一条　为规范毒品的提取、扣押、称量、取样和送检程序，提高办理毒品犯罪案件的质量和效率，根据《中华人民共和国刑事诉讼法》《最高人民法院关于适用〈中华人民共和国刑事诉讼法〉的解释》《人民检察院刑事诉讼规则（试行）》《公安机关办理刑事案件程序规定》等有关规定，结合办案工作实际，制定本规定。

第二条　公安机关对于毒品的提取、扣押、称量、取样和送检工作，应当遵循依法、客观、准确、公正、科学和安全的原则，确保毒品实物证据的收集、固定和保管工作严格依法进行。

第三条　人民检察院、人民法院办理毒品犯罪案件，应当审查公安机关对毒品的提取、扣押、称量、取样、送检程序以及相关证据的合法性。

毒品的提取、扣押、称量、取样、送检程序存在瑕疵，可能严重影响司法公正的，人民检察院、人民法院应当要求公安机关予以补正或者作出合理解释。经公安机关补正或者作出合理解释的，可以采用相关证据；不能补正或者作出合理解释的，对相关证据应当依法予以排除，不得作为批准逮捕、提起公诉或者判决的依据。

第二章　提取、扣押

第四条　侦查人员应当对毒品犯罪案件有关的场所、物品、人身进行勘验、检查或者搜查，及时准确地发现、固定、提取、采集毒品及内外包装物上的痕迹、生物样本等物证，依法予以扣押。必要时，可以指派或者聘请具有专门知识的人，在侦查人员的主持下进行勘验、检查。

侦查人员对制造毒品、非法生产制毒物品犯罪案件的现场进行勘验、检查或者搜查时，应当

提取并当场扣押制造毒品、非法生产制毒物品的原料、配剂、成品、半成品和工具、容器、包装物以及上述物品附着的痕迹、生物样本等物证。

提取、扣押时，不得将不同包装物内的毒品混合。

现场勘验、检查或者搜查时，应当对查获毒品的原始状态拍照或者录像，采取措施防止犯罪嫌疑人及其他无关人员接触毒品及包装物。

第五条 毒品的扣押应当在有犯罪嫌疑人在场并有见证人的情况下，由两名以上侦查人员执行。

毒品的提取、扣押情况应当制作笔录，并当场开具扣押清单。

笔录和扣押清单应当由侦查人员、犯罪嫌疑人和见证人签名。犯罪嫌疑人拒绝签名的，应当在笔录和扣押清单中注明。

第六条 对同一案件在不同位置查获的两个以上包装的毒品，应当根据不同的查获位置进行分组。

对同一位置查获的两个以上包装的毒品，应当按照以下方法进行分组：

（一）毒品或者包装物的外观特征不一致的，根据毒品及包装物的外观特征进行分组；

（二）毒品及包装物的外观特征一致，但犯罪嫌疑人供述非同一批次毒品的，根据犯罪嫌疑人供述的不同批次进行分组；

（三）毒品及包装物的外观特征一致，但犯罪嫌疑人辩称其中部分不是毒品或者不知是否为毒品的，对犯罪嫌疑人辩解的部分疑似毒品单独分组。

第七条 对查获的毒品应当按其独立最小包装逐一编号或者命名，并将毒品的编号、名称、数量、查获位置以及包装、颜色、形态等外观特征记录在笔录或者扣押清单中。

在毒品的称量、取样、送检等环节，毒品的编号、名称以及对毒品外观特征的描述应当与笔录和扣押清单保持一致；不一致的，应当作出书面说明。

第八条 对体内藏毒的案件，公安机关应当监控犯罪嫌疑人排出体内的毒品，及时提取、扣押并制作笔录。笔录应当由侦查人员和犯罪嫌疑人签名；犯罪嫌疑人拒绝签名的，应当在笔录中注明。在保障犯罪嫌疑人隐私权和人格尊严的情况下，可以对排毒的主要过程进行拍照或者录像。

必要时，可以在排毒前对犯罪嫌疑人体内藏毒情况进行透视检验并以透视影像的形式固定证据。

体内藏毒的犯罪嫌疑人为女性的，应当由女性工作人员或者医师检查其身体，并由女性工作人员监控其排毒。

第九条 现场提取、扣押等工作完成后，一般应当由两名以上侦查人员对提取、扣押的毒品及包装物进行现场封装，并记录在笔录中。

封装应当在有犯罪嫌疑人在场并有见证人的情况下进行；应当使用封装袋封装毒品并加密封口，或者使用封条贴封包装，作好标记和编号，由侦查人员、犯罪嫌疑人和见证人在封口处、贴封处或者指定位置签名并签署封装日期。犯罪嫌疑人拒绝签名的，侦查人员应当注明。

确因情况紧急、现场环境复杂等客观原因无法在现场实施封装的，经公安机关办案部门负责人批准，可以及时将毒品带至公安机关办案场所或者其他适当的场所进行封装，并对毒品移动前后的状态进行拍照固定，作出书面说明。

封装时，不得将不同包装内的毒品混合。对不同组的毒品，应当分别独立封装，封装后可以统一签名。

第十条　必要时，侦查人员应当对提取、扣押和封装的主要过程进行拍照或者录像。

照片和录像资料应当反映提取、扣押和封装活动的主要过程以及毒品的原始位置、存放状态和变动情况。照片应当附有相应的文字说明，文字说明应当与照片反映的情况相对应。

第十一条　公安机关应当设置专门的毒品保管场所或者涉案财物管理场所，指定专人保管封装后的毒品及包装物，并采取措施防止毒品发生变质、泄漏、遗失、损毁或者受到污染等。

对易燃、易爆、具有毒害性以及对保管条件、保管场所有特殊要求的毒品，在处理前应当存放在符合条件的专门场所。公安机关没有具备保管条件的场所的，可以借用其他单位符合条件的场所进行保管。

第三章　称　　量

第十二条　毒品的称量一般应当由两名以上侦查人员在查获毒品的现场完成。

不具备现场称量条件的，应当按照本规定第九条的规定对毒品及包装物封装后，带至公安机关办案场所或者其他适当的场所进行称量。

第十三条　称量应当在有犯罪嫌疑人在场并有见证人的情况下进行，并制作称量笔录。

对已经封装的毒品进行称量前，应当在有犯罪嫌疑人在场并有见证人的情况下拆封，并记录在称量笔录中。

称量笔录应当由称量人、犯罪嫌疑人和见证人签名。犯罪嫌疑人拒绝签名的，应当在称量笔录中注明。

第十四条　称量应当使用适当精度和称量范围的衡器。称量的毒品质量不足一百克的，衡器的分度值应当达到零点零一克；一百克以上且不足一千克的，分度值应当达到零点一克；一千克以上且不足十千克的，分度值应当达到一克；十千克以上且不足一百千克的，分度值应当达到十克；一百千克以上且不足一吨的，分度值应当达到一百克；一吨以上的，分度值应当达到一千克。

称量前，称量人应当将衡器示数归零，并确保其处于正常的工作状态。

称量所使用的衡器应当经过法定计量检定机构检定并在有效期内，一般不得随意搬动。

法定计量检定机构出具的计量检定证书复印件应当归入证据材料卷，并随案移送。

第十五条　对两个以上包装的毒品，应当分别称量，并统一制作称量笔录，不得混合后称量。

对同一组内的多个包装的毒品，可以采取全部毒品及包装物总质量减去包装物质量的方式确定毒品的净质量；称量时，不同包装物内的毒品不得混合。

第十六条　多个包装的毒品系包装完好、标识清晰完整的麻醉药品、精神药品制剂的，可以按照其包装、标识或者说明书上标注的麻醉药品、精神药品成分的含量计算全部毒品的质量，或者从相同批号的药品制剂中随机抽取三个包装进行称量后，根据麻醉药品、精神药品成分的含量计算全部毒品的质量。

第十七条　对体内藏毒的案件，应当将犯罪嫌疑人排出体外的毒品逐一称量，统一制作称量笔录。

犯罪嫌疑人供述所排出的毒品系同一批次或者毒品及包装物的外观特征相似的，可以按照本规定第十五条第二款规定的方法进行称量。

第十八条　对同一容器内的液态毒品或者固液混合状态毒品，应当采用拍照或者录像等方式对其原始状态进行固定，再统一称量。必要时，可以对其原始状态固定后，再进行固液分离并分别称量。

第十九条 现场称量后将毒品带回公安机关办案场所或者送至鉴定机构取样的，应当按照本规定第九条的规定对毒品及包装物进行封装。

第二十条 侦查人员应当对称量的主要过程进行拍照或者录像。

照片和录像资料应当清晰显示毒品的外观特征、衡器示数和犯罪嫌疑人对称量结果的指认情况。

第四章 取 样

第二十一条 毒品的取样一般应当在称量工作完成后，由两名以上侦查人员在查获毒品的现场或者公安机关办案场所完成。必要时，可以指派或者聘请具有专门知识的人进行取样。

在现场或者公安机关办案场所不具备取样条件的，应当按照本规定第九条的规定对毒品及包装物进行封装后，将其送至鉴定机构并委托鉴定机构进行取样。

第二十二条 在查获毒品的现场或者公安机关办案场所取样的，应当在有犯罪嫌疑人在场并有见证人的情况下进行，并制作取样笔录。

对已经封装的毒品进行取样前，应当在有犯罪嫌疑人在场并有见证人的情况下拆封，并记录在取样笔录中。

取样笔录应当由取样人、犯罪嫌疑人和见证人签名。犯罪嫌疑人拒绝签名的，应当在取样笔录中注明。

必要时，侦查人员应当对拆封和取样的主要过程进行拍照或者录像。

第二十三条 委托鉴定机构进行取样的，对毒品的取样方法、过程、结果等情况应当制作取样笔录，但鉴定意见包含取样方法的除外。

取样笔录应当由侦查人员和取样人签名，并随案移送。

第二十四条 对单个包装的毒品，应当按照下列方法选取或者随机抽取检材：

（一）粉状。将毒品混合均匀，并随机抽取约一克作为检材；不足一克的全部取作检材。

（二）颗粒状、块状。随机选择三个以上不同的部位，各抽取一部分混合作为检材，混合后的检材质量不少于一克；不足一克的全部取作检材。

（三）膏状、胶状。随机选择三个以上不同的部位，各抽取一部分混合作为检材，混合后的检材质量不少于三克；不足三克的全部取作检材。

（四）胶囊状、片剂状。先根据形状、颜色、大小、标识等外观特征进行分组；对于外观特征相似的一组，从中随机抽取三粒作为检材，不足三粒的全部取作检材。

（五）液态。将毒品混合均匀，并随机抽取约二十毫升作为检材；不足二十毫升的全部取作检材。

（六）固液混合状态。按照本款以上各项规定的方法，分别对固态毒品和液态毒品取样；能够混合均匀成溶液的，可以将其混合均匀后按照本款第五项规定的方法取样。

对其他形态毒品的取样，参照前款规定的取样方法进行。

第二十五条 对同一组内两个以上包装的毒品，应当按照下列标准确定选取或者随机抽取独立最小包装的数量，再根据本规定第二十四条规定的取样方法从单个包装中选取或者随机抽取检材：

（一）少于十个包装的，应当选取所有的包装；

（二）十个以上包装且少于一百个包装的，应当随机抽取其中的十个包装；

（三）一百个以上包装的，应当随机抽取与包装总数的平方根数值最接近的整数个包装。

对选取或者随机抽取的多份检材,应当逐一编号或者命名,且检材的编号、名称应当与其他笔录和扣押清单保持一致。

第二十六条 多个包装的毒品系包装完好、标识清晰完整的麻醉药品、精神药品制剂的,可以从相同批号的药品制剂中随机抽取三个包装,再根据本规定第二十四条规定的取样方法从单个包装中选取或者随机抽取检材。

第二十七条 在查获毒品的现场或者公安机关办案场所取样的,应当使用封装袋封装检材并加密封口,作好标记和编号,由取样人、犯罪嫌疑人和见证人在封口处或者指定位置签名并签署封装日期。犯罪嫌疑人拒绝签名的,侦查人员应当注明。

从不同包装中选取或者随机抽取的检材应当分别独立封装,不得混合。

对取样后剩余的毒品及包装物,应当按照本规定第九条的规定进行封装。选取或者随机抽取的检材应当由专人负责保管。在检材保管和送检过程中,应当采取妥善措施防止其发生变质、泄漏、遗失、损毁或者受到污染等。

第二十八条 委托鉴定机构进行取样的,应当使用封装袋封装取样后剩余的毒品及包装物并加密封口,作好标记和编号,由侦查人员和取样人在封口处签名并签署封装日期。

第二十九条 对取样后剩余的毒品及包装物,应当及时送至公安机关毒品保管场所或者涉案财物管理场所进行妥善保管。

对需要作为证据使用的毒品,不起诉决定或者判决、裁定(含死刑复核判决、裁定)发生法律效力后方可处理。

第五章 送 检

第三十条 对查获的全部毒品或者从查获的毒品中选取或者随机抽取的检材,应当由两名以上侦查人员自毒品被查获之日起三日以内,送至鉴定机构进行鉴定。

具有案情复杂、查获毒品数量较多、异地办案、在交通不便地区办案等情形的,送检时限可以延长至七日。

公安机关应当向鉴定机构提供真实、完整、充分的鉴定材料,并对鉴定材料的真实性、合法性负责。

第三十一条 侦查人员送检时,应当持本人工作证件、鉴定聘请书等材料,并提供鉴定事项相关的鉴定资料;需要复核、补充或者重新鉴定的,还应当持原鉴定意见复印件。

第三十二条 送检的侦查人员应当配合鉴定机构核对鉴定材料的完整性、有效性,并检查鉴定材料是否满足鉴定需要。

公安机关鉴定机构应当在收到鉴定材料的当日作出是否受理的决定,决定受理的,应当与公安机关办案部门签订鉴定委托书;不予受理的,应当退还鉴定材料并说明理由。

第三十三条 具有下列情形之一的,公安机关应当委托鉴定机构对查获的毒品进行含量鉴定:

(一)犯罪嫌疑人、被告人可能被判处死刑的;

(二)查获的毒品系液态、固液混合物或者系毒品半成品的;

(三)查获的毒品可能大量掺假的;

(四)查获的毒品系成分复杂的新类型毒品,且犯罪嫌疑人、被告人可能被判处七年以上有期徒刑的;

(五)人民检察院、人民法院认为含量鉴定对定罪量刑有重大影响而书面要求进行含量鉴定的。

进行含量鉴定的检材应当与进行成分鉴定的检材来源一致,且一一对应。

第三十四条 对毒品原植物及其种子、幼苗,应当委托具备相应资质的鉴定机构进行鉴定。当地没有具备相应资质的鉴定机构的,可以委托侦办案件的公安机关所在地的县级以上农牧、林业行政主管部门,或者设立农林相关专业的普通高等学校、科研院所出具检验报告。

第六章 附 则

第三十五条 本规定所称的毒品,包括毒品的成品、半成品、疑似物以及含有毒品成分的物质。

毒品犯罪案件中查获的其他物品,如制毒物品及其半成品、含有制毒物品成分的物质、毒品原植物及其种子和幼苗的提取、扣押、称量、取样和送检程序,参照本规定执行。

第三十六条 本规定所称的"以上""以内"包括本数,"日"是指工作日。

第三十七条 扣押、封装、称量或者在公安机关办案场所取样时,无法确定犯罪嫌疑人、犯罪嫌疑人在逃或者犯罪嫌疑人在异地被抓获且无法及时到场的,应当在有见证人的情况下进行,并在相关笔录、扣押清单中注明。

犯罪嫌疑人到案后,公安机关应当以告知书的形式告知其扣押、称量、取样的过程、结果。犯罪嫌疑人拒绝在告知书上签名的,应当将告知情况形成笔录,一并附卷;犯罪嫌疑人对称量结果有异议,有条件重新称量的,可以重新称量,并制作称量笔录。

第三十八条 毒品的提取、扣押、封装、称量、取样活动有见证人的,笔录材料中应当写明见证人的姓名、身份证件种类及号码和联系方式,并附其常住人口信息登记表等材料。

下列人员不得担任见证人:

(一)生理上、精神上有缺陷或者年幼,不具有相应辨别能力或者不能正确表达的人;

(二)犯罪嫌疑人的近亲属,被引诱、教唆、欺骗、强迫吸毒的被害人及其近亲属,以及其他与案件有利害关系并可能影响案件公正处理的人;

(三)办理该毒品犯罪案件的公安机关、人民检察院、人民法院的工作人员、实习人员或者其聘用的协勤、文职、清洁、保安等人员。

由于客观原因无法由符合条件的人员担任见证人或者见证人不愿签名的,应当在笔录材料中注明情况,并对相关活动进行拍照并录像。

第三十九条 本规定自2016年7月1日起施行。

最高人民法院

关于审理走私、非法经营、非法使用兴奋剂刑事案件适用法律若干问题的解释

(2019年11月12日最高人民法院审判委员会第1781次会议通过 2019年11月18日公布 自2020年1月1日起施行 法释〔2019〕16号)

为依法惩治走私、非法经营、非法使用兴奋剂犯罪,维护体育竞赛的公平竞争,保护体育运动参加者的身心健康,根据《中华人民共和国刑法》《中华人民共和国刑事诉讼法》的规定,制定本解释。

第一条 运动员、运动员辅助人员走私兴奋剂目录所列物质,或者其他人员以在体育竞赛中非法使用为目的走私兴奋剂目录所列物质,涉案物质属于国家禁止进出口的货物、物品,具有下

列情形之一的，应当依照刑法第一百五十一条第三款的规定，以走私国家禁止进出口的货物、物品罪定罪处罚：

（一）一年内曾因走私被给予二次以上行政处罚后又走私的；

（二）用于或者准备用于未成年人运动员、残疾人运动员的；

（三）用于或者准备用于国内、国际重大体育竞赛的；

（四）其他造成严重恶劣社会影响的情形。

实施前款规定的行为，涉案物质不属于国家禁止进出口的货物、物品，但偷逃应缴税额一万元以上或者一年内曾因走私被给予二次以上行政处罚后又走私的，应当依照刑法第一百五十三条的规定，以走私普通货物、物品罪定罪处罚。

对于本条第一款、第二款规定以外的走私兴奋剂目录所列物质行为，适用《最高人民法院、最高人民检察院关于办理走私刑事案件适用法律若干问题的解释》（法释〔2014〕10 号）规定的定罪量刑标准。

第二条 违反国家规定，未经许可经营兴奋剂目录所列物质，涉案物质属于法律、行政法规规定的限制买卖的物品，扰乱市场秩序，情节严重的，应当依照刑法第二百二十五条的规定，以非法经营罪定罪处罚。

第三条 对未成年人、残疾人负有监护、看护职责的人组织未成年人、残疾人在体育运动中非法使用兴奋剂，具有下列情形之一的，应当认定为刑法第二百六十条之一规定的“情节恶劣”，以虐待被监护、看护人罪定罪处罚：

（一）强迫未成年人、残疾人使用的；

（二）引诱、欺骗未成年人、残疾人长期使用的；

（三）其他严重损害未成年人、残疾人身心健康的情形。

第四条 在普通高等学校招生、公务员录用等法律规定的国家考试涉及的体育、体能测试等体育运动中，组织考生非法使用兴奋剂的，应当依照刑法第二百八十四条之一的规定，以组织考试作弊罪定罪处罚。

明知他人实施前款犯罪而为其提供兴奋剂的，依照前款的规定定罪处罚。

第五条 生产、销售含有兴奋剂目录所列物质的食品，符合刑法第一百四十三条、第一百四十四条规定的，以生产、销售不符合安全标准的食品罪、生产、销售有毒、有害食品罪定罪处罚。

第六条 国家机关工作人员在行使反兴奋剂管理职权时滥用职权或者玩忽职守，造成严重兴奋剂违规事件，严重损害国家声誉或者造成恶劣社会影响，符合刑法第三百九十七条规定的，以滥用职权罪、玩忽职守罪定罪处罚。

依法或者受委托行使反兴奋剂管理职权的单位的工作人员，在行使反兴奋剂管理职权时滥用职权或者玩忽职守的，依照前款规定定罪处罚。

第七条 实施本解释规定的行为，涉案物质属于毒品、制毒物品等，构成有关犯罪的，依照相应犯罪定罪处罚。

第八条 对于是否属于本解释规定的“兴奋剂”“兴奋剂目录所列物质”“体育运动”“国内、国际重大体育竞赛”等专门性问题，应当依据《中华人民共和国体育法》《反兴奋剂条例》等法律法规，结合国务院体育主管部门出具的认定意见等证据材料作出认定。

第九条 本解释自 2020 年 1 月 1 日起施行。

五、组织、强迫、引诱、容留、介绍卖淫罪

最高人民法院 最高人民检察院
关于办理组织、强迫、引诱、容留、介绍卖淫刑事案件适用法律若干问题的解释

(2017年5月8日最高人民法院审判委员会第1716次会议、2017年7月4日最高人民检察院第十二届检察委员会第66次会议通过 2017年7月21日公布 自2017年7月25日起施行 法释〔2017〕13号)

为依法惩治组织、强迫、引诱、容留、介绍卖淫犯罪活动,根据刑法有关规定,结合司法工作实际,现就办理这类刑事案件具体应用法律的若干问题解释如下:

第一条 以招募、雇佣、纠集等手段,管理或者控制他人卖淫,卖淫人员在三人以上的,应当认定为刑法第三百五十八条规定的“组织他人卖淫”。

组织卖淫者是否设置固定的卖淫场所、组织卖淫者人数多少、规模大小,不影响组织卖淫行为的认定。

第二条 组织他人卖淫,具有下列情形之一的,应当认定为刑法第三百五十八条第一款规定的“情节严重”:

(一)卖淫人员累计达十人以上的;

(二)卖淫人员中未成年人、孕妇、智障人员、患有严重性病的人累计达五人以上的;

(三)组织境外人员在境内卖淫或者组织境内人员出境卖淫的;

(四)非法获利人民币一百万元以上的;

(五)造成被组织卖淫的人自残、自杀或者其他严重后果的;

(六)其他情节严重的情形。

第三条 在组织卖淫犯罪活动中,对被组织卖淫的人有引诱、容留、介绍卖淫行为的,依照处罚较重的规定定罪处罚。但是,对被组织卖淫的人以外的其他人有引诱、容留、介绍卖淫行为的,应当分别定罪,实行数罪并罚。

第四条 明知他人实施组织卖淫犯罪活动而为其招募、运送人员或者充当保镖、打手、管账人等的,依照刑法第三百五十八条第四款的规定,以协助组织卖淫罪定罪处罚,不以组织卖淫罪的从犯论处。

在具有营业执照的会所、洗浴中心等经营场所担任保洁员、收银员、保安员等,从事一般服务性、劳务性工作,仅领取正常薪酬,且无前款所列协助组织卖淫行为的,不认定为协助组织卖淫罪。

第五条 协助组织他人卖淫,具有下列情形之一的,应当认定为刑法第三百五十八条第四款规定的“情节严重”:

(一)招募、运送卖淫人员累计达十人以上的;

(二)招募、运送的卖淫人员中未成年人、孕妇、智障人员、患有严重性病的人累计达五人以上的;

(三)协助组织境外人员在境内卖淫或者协助组织境内人员出境卖淫的;

(四)非法获利人民币五十万元以上的;

（五）造成被招募、运送或者被组织卖淫的人自残、自杀或者其他严重后果的；

（六）其他情节严重的情形。

第六条 强迫他人卖淫，具有下列情形之一的，应当认定为刑法第三百五十八条第一款规定的“情节严重”：

（一）卖淫人员累计达五人以上的；

（二）卖淫人员中未成年人、孕妇、智障人员、患有严重性病的人累计达三人以上的；

（三）强迫不满十四周岁的幼女卖淫的；

（四）造成被强迫卖淫的人自残、自杀或者其他严重后果的；

（五）其他情节严重的情形。

行为人既有组织卖淫犯罪行为，又有强迫卖淫犯罪行为，且具有下列情形之一的，以组织、强迫卖淫“情节严重”论处：

（一）组织卖淫、强迫卖淫行为中具有本解释第二条、本条前款规定的“情节严重”情形之一的；

（二）卖淫人员累计达到本解释第二条第一、二项规定的组织卖淫“情节严重”人数标准的；

（三）非法获利数额相加达到本解释第二条第四项规定的组织卖淫“情节严重”数额标准的。

第七条 根据刑法第三百五十八条第三款的规定，犯组织、强迫卖淫罪，并有杀害、伤害、强奸、绑架等犯罪行为的，依照数罪并罚的规定处罚。协助组织卖淫行为人参与实施上述行为的，以共同犯罪论处。

根据刑法第三百五十八条第二款的规定，组织、强迫未成年人卖淫的，应当从重处罚。

第八条 引诱、容留、介绍他人卖淫，具有下列情形之一的，应当依照刑法第三百五十九条第一款的规定定罪处罚：

（一）引诱他人卖淫的；

（二）容留、介绍二人以上卖淫的；

（三）容留、介绍未成年人、孕妇、智障人员、患有严重性病的人卖淫的；

（四）一年内曾因引诱、容留、介绍卖淫行为被行政处罚，又实施容留、介绍卖淫行为的；

（五）非法获利人民币一万元以上的。

利用信息网络发布招嫖违法信息，情节严重的，依照刑法第二百八十七条之一的规定，以非法利用信息网络罪定罪处罚。同时构成介绍卖淫罪的，依照处罚较重的规定定罪处罚。

引诱、容留、介绍他人卖淫是否以营利为目的，不影响犯罪的成立。

引诱不满十四周岁的幼女卖淫的，依照刑法第三百五十九条第二款的规定，以引诱幼女卖淫罪定罪处罚。

被引诱卖淫的人员中既有不满十四周岁的幼女，又有其他人员的，分别以引诱幼女卖淫罪和引诱卖淫罪定罪，实行并罚。

第九条 引诱、容留、介绍他人卖淫，具有下列情形之一的，应当认定为刑法第三百五十九条第一款规定的“情节严重”：

（一）引诱五人以上或者引诱、容留、介绍十人以上卖淫的；

（二）引诱三人以上的未成年人、孕妇、智障人员、患有严重性病的人卖淫，或者引诱、容留、介绍五人以上该类人员卖淫的；

（三）非法获利人民币五万元以上的；

（四）其他情节严重的情形。

第十条 组织、强迫、引诱、容留、介绍他人卖淫的次数,作为酌定情节在量刑时考虑。

第十一条 具有下列情形之一的,应当认定为刑法第三百六十条规定的"明知":

(一)有证据证明曾到医院或者其他医疗机构就医或者检查,被诊断为患有严重性病的;

(二)根据本人的知识和经验,能够知道自己患有严重性病的;

(三)通过其他方法能够证明行为人是"明知"的。

传播性病行为是否实际造成他人患上严重性病的后果,不影响本罪的成立。

刑法第三百六十条规定所称的"严重性病",包括梅毒、淋病等。其它性病是否认定为"严重性病",应当根据《中华人民共和国传染病防治法》《性病防治管理办法》的规定,在国家卫生与计划生育委员会规定实行性病监测的性病范围内,依照其危害、特点与梅毒、淋病相当的原则,从严掌握。

第十二条 明知自己患有艾滋病或者感染艾滋病病毒而卖淫、嫖娼的,依照刑法第三百六十条的规定,以传播性病罪定罪,从重处罚。

具有下列情形之一,致使他人感染艾滋病病毒的,认定为刑法第九十五条第三项"其他对于人身健康有重大伤害"所指的"重伤",依照刑法第二百三十四条第二款的规定,以故意伤害罪定罪处罚:

(一)明知自己感染艾滋病病毒而卖淫、嫖娼的;

(二)明知自己感染艾滋病病毒,故意不采取防范措施而与他人发生性关系的。

第十三条 犯组织、强迫、引诱、容留、介绍卖淫罪的,应当依法判处犯罪所得二倍以上的罚金。共同犯罪的,对各共同犯罪人合计判处的罚金应当在犯罪所得的二倍以上。

对犯组织、强迫卖淫罪被判处无期徒刑的,应当并处没收财产。

第十四条 根据刑法第三百六十二条、第三百一十条的规定,旅馆业、饮食服务业、文化娱乐业、出租汽车业等单位的人员,在公安机关查处卖淫、嫖娼活动时,为违法犯罪分子通风报信,情节严重的,以包庇罪定罪处罚。事前与犯罪分子通谋的,以共同犯罪论处。

具有下列情形之一的,应当认定为刑法第三百六十二条规定的"情节严重":

(一)向组织、强迫卖淫犯罪集团通风报信的;

(二)二年内通风报信三次以上的;

(三)一年内因通风报信被行政处罚,又实施通风报信行为的;

(四)致使犯罪集团的首要分子或者其他共同犯罪的主犯未能及时归案的;

(五)造成卖淫嫖娼人员逃跑,致使公安机关查处犯罪行为因取证困难而撤销刑事案件的;

(六)非法获利人民币一万元以上的;

(七)其他情节严重的情形。

第十五条 本解释自2017年7月25日起施行。

《关于办理组织、强迫、引诱、容留、介绍卖淫刑事案件适用法律若干问题的解释》的理解与适用

□周　峰　党建军　陆建红　杨　华

一、起草背景和过程

司法实践中发现,各地在审理组织、强迫、引诱、容留、介绍卖淫刑事案件时,存在诸多适用法律不统一的问题。最高人民法院曾受理多个高级人民法院就此类案件的请示,在调研工作中也

发现此类案件中的不少问题。最高人民法院、最高人民检察院曾经于1992年12月11日发布《关于执行〈全国人民代表大会常务委员会关于严禁卖淫嫖娼的决定〉的若干问题的解答》(以下简称《解答》),但该解答所依附的《全国人民代表大会常务委员会关于严禁卖淫嫖娼的决定》(以下简称《决定》)有关刑事责任方面的规定已经被现行刑法所吸纳,并且刑法与《决定》相比,在罪刑规定方面有较大变化,因此,《解答》无法解决司法实践中的诸多问题。2013年,我院经对司法解释进行清理,宣布废止《解答》。因此,有必要对办理此类案件的法律适用问题进行统一、规范。

2012年,最高人民法院审判委员会经讨论,决定对《最高人民法院关于办理组织、强迫、引诱、容留、介绍卖淫刑事案件适用法律若干问题的解释》(以下简称《解释》)进行立项。承办部门刑事审判第四庭成立了起草小组,起草了征求意见稿,并进行了广泛的调研,征求了全国各高级人民法院的意见,先后到江苏、四川、广东、河北、海南、浙江、广西等地召开高级法院及部分中级和基层法院同志参加的调研座谈会。2015年8月29日,《刑法修正案(九)》公布,对解释稿所涉及的组织、强迫卖淫罪和协助组织卖淫罪等进行了修改。此后,起草小组根据《刑法修正案(九)》的相关规定,对司法解释稿进行了修改,并多次与公安部治安局、部分省公安厅及部分地市县公安机关治安部门负责人座谈,对解释稿进行了充分讨论,召开了专家论证会,在全国人大常委会法工委的主持下与相关部委召开了协调会,就解释稿中的有关问题进行了充分协商,最后决定该解释由最高人民法院和最高人民检察院联合发布。最高人民法院、最高人民检察院经对解释稿进行修改后,2017年5月8日,最高人民法院审判委员会经讨论,原则通过了解释稿,2017年7月4日最高人民检察院第十二届检察委员会经讨论,通过了解释稿。《解释》自2017年7月25日起实施。

二、关于组织卖淫罪的界定及情节严重的认定

(一)关于组织卖淫罪的概念

司法实践中,对如何认定组织卖淫,一直存在困惑。《解答》规定,"组织他人卖淫罪,是指以招募、雇佣、强迫、引诱、容留等手段,控制多人从事卖淫的行为"。我们认为,《解答》的基本内涵还是正确的。体现在:一是组织卖淫需要具备组织行为,既包括将卖淫人员组织在一起的行为,也包括将卖淫人员组织起来后实施卖淫的行为;二是卖淫者的人数。但是,司法实践也表明,《解答》关于组织卖淫的定义需要完善。

一是组织行为方面。《解答》的缺陷有两处:其一是容易混淆引诱、容留、介绍卖淫与组织卖淫的概念,因此,《解释》采用了"招募、雇佣、纠集等手段"的表述方法,将引诱、容留等手段隐含在组织人员的方法之中,以将组织卖淫与一般的引诱、容留及介绍行为区分开来。其二是容易混淆组织卖淫和强迫卖淫的概念。虽然在某种程度上组织卖淫可以包括强迫卖淫,但是,强迫卖淫涵盖不了组织卖淫。因此,《解释》将《解答》的"控制他人卖淫"改为"管理或者控制他人卖淫",以体现不少卖淫人员是自愿卖淫,并且接受组织者的管理。

调研中,有意见提出,组织卖淫行为应体现在行为人的组织性上。经研究认为,刑法中类似于黑社会性质组织犯罪这类的组织性犯罪与本罪在本质上是不一样的。本罪的罪质特征主要体现在其组织行为上,如一个人也可以组织他人卖淫,而不是体现在组织者的组织机构上。

二是规模要件即卖淫人数方面。《解答》关于控制多人卖淫的概念总体上是对的,而且多人就是指三人以上,也符合刑法术语的一般理解。在调研中,有意见认为,只要符合"管理或者控制他人卖淫"的形式,即使组织一人或者二人也可以以组织卖淫罪处理。为澄清这种认识,并且明确组织卖淫和容留卖淫的区别,同时也避免在同一个法律文件内出现对一个名词自我解释的现象,《解释》将组织卖淫罪中被组织人员的人数明确规定为三人以上。

三是场所要件。在一般情况下,组织卖淫行为人是设置或者变相设置卖淫场所的,如以宾馆、洗浴中心、会所为固定场所或者以经营宾馆、洗浴中心、会所等为名,行组织卖淫之实。但近些年来,面对严厉的“扫黄”活动,一些不法之徒采取动态管理方式,即不建立固定的卖淫窝点,而是利用现代化的交通与通信设施,指挥、控制多人从事卖淫活动。这种动态管理模式,将组织卖淫行为化整为零,或者将分散的单个卖淫行为组织起来,既能扩大卖淫的范围,又便于逃避公安机关的追查。这类没有固定场所的组织卖淫行为,依然明显地体现出组织者的管理、控制行为,即卖淫者并非作为单个个体而存在,而是受制于组织者,随时接受他们的指令去办事,有一定的组织性和纪律性。

基于以上理由,《解释》第一条规定:“以招募、雇佣、纠集等手段,管理或者控制他人卖淫,卖淫人员在三人以上的,应当认定为刑法第三百五十八条规定的‘组织他人卖淫’。组织卖淫者是否设置固定的卖淫场所、组织卖淫者人数多少、规模大小,不影响组织卖淫行为的认定。”

(二)关于组织卖淫罪“情节严重”的认定

1997 年刑法第三百五十八条第一款规定了组织、强迫卖淫罪“情节严重”的五种情形,但对组织卖淫罪的“情节严重”情形没有细化。该条同时还规定,组织、强迫卖淫情节特别严重的,处无期徒刑或者死刑,并处没收财产。《刑法修正案(九)》取消了组织、强迫卖淫罪的死刑,并取消了关于“情节特别严重”的规定,仅规定“情节严重的,处十年以上有期徒刑或者无期徒刑,并处罚金或者没收财产”。但对于何谓“情节严重”没有作出规定。而司法实践亟须对组织卖淫“情节严重”进行细化。为满足这一需要,《解释》从以下几个方面作出了细化的规定。一是从卖淫人员的人数方面进行规定。根据对北京市、上海市、天津市、重庆市、江苏省、福建省、广东省、四川省等八个高级人民法院近 5 年(2011 年至 2015 年,下同)来此类案件的司法统计汇总,组织卖淫案件中,卖淫人员为 5 人以上的共 417 件,占同期该类案件数的 18.65%;卖淫人员为 10 人以上的共 164 件,占同期该类案件数的 7.33%;卖淫人员为 15 人以上的共 65 件,占同期该类案件数的 2.9%;卖淫人员为 20 人以上的共 39 件,占同期该类案件数的 1.74%。通过对上述八省市组织卖淫案件的分析,经研究认为,将卖淫人数累计达到 10 人以上作为组织卖淫“情节严重”的起点标准,基本能够反映情节严重案件与情节一般案件的比例要求。二是从特殊保护角度进行规定。组织未成年人、孕妇、智障人员、患有严重性病的人等具有特殊身份的人进行卖淫的,认定“情节严重”的卖淫人数标准,依照组织普通人员卖淫人数标准的 50% 确定,即累计达到 5 人以上即构成组织卖淫“情节严重”。三是从社会影响层面考虑而作出相应的规定,即规定“组织境外人员在境内卖淫或者组织境内人员出境卖淫”的,只要构成犯罪就属于“情节严重”。四是从危害后果方面进行规定,即将造成卖淫人员自残、自杀或者其他严重后果的作为“情节严重”的情形之一。需要注意的是,这里的严重后果不是基于组织者的故意行为。如果是组织者的故意行为,则应当依照刑法第三百五十八条第三款的规定,以故意杀人罪、故意伤害罪等对组织者实施数罪并罚。

关于组织卖淫的次数是否可以作为“情节严重”的情形问题。从调研情况来看,各地法院普遍赞同不以组织卖淫的次数衡量情节是否严重,而应以管理、控制卖淫人员的人数,造成被组织卖淫人员伤亡后果,以及卖淫人员自身的情况,如未成年人、孕妇、智障人员、患有严重性病的人等来认定情节是否严重。因为司法实践中,对于卖淫的次数,取证通常比较困难,在认定的证据上往往会比较缺乏。另外,组织卖淫的次数与人数相比,显然人数的危害比次数大得多。当然,解释对次数问题也是有充分的考虑的。一是专门设置第十条,将组织、强迫、引诱、容留、介绍他人卖淫的次数,作为在法定刑幅度内的酌定量刑情节。二是将组织卖淫犯罪活动“非法获利人民币一百万元以上”作为“情节严重”的情形之一。组织卖淫活动获利越多，越能在较大程度上反映其组织卖淫的次数，体现其社会危害性的严重程度。从收集证据角度来看，获利情况相对容易查明，将获利情况作为情节严重与否的标准，也有利于使一些反侦查意识较强，对卖淫者的信息实行一定保护，致使公安机关查处困难的犯罪分子难以逃避打击。那么，获利多少可以认定为“情节严重”？经征求相关方面的意见，起草小组认为，获利多少不是认定“情节严重”的主要选项，而是在认定组织卖淫人数存在取证困难时的一个补充手段，因此，标准不宜太高，也不宜太低。其获利情况应当与组织卖淫犯罪活动连续时间或者累计时间一年以上基本相当，因而确定为100万元。实践中，犯罪分子获利数百万元甚至数千万元的也不在少数。

综上，《解释》第二条将六种情形认定为组织卖淫“情节严重”：(1)卖淫人员累计达10人以上的；(2)卖淫人员中未成年人、孕妇、智障人员、患有严重性病的人累计达5人以上的；(3)组织境外人员在境内卖淫或者组织境内人员出境卖淫的；(4)非法获利人民币100万元以上的；(5)造成被组织卖淫的人自残、自杀或者其他严重后果的；(6)其他情节严重的情形。

三、关于协助组织卖淫罪的含义及“情节严重”的认定

(一)关于协助组织卖淫罪的含义

刑法第三百五十八条第四款规定了协助组织卖淫罪的基本概念，即“为组织卖淫的人招募、运送人员或者有其他协助组织他人卖淫行为的”。调研中，一些法院提出，在制定司法解释时需要明确三个问题：一是应当明确协助组织卖淫的行为人是否必须对组织卖淫行为“明知”；二是应当明确其他协助组织行为的基本范围；三是应当对协助组织卖淫罪是否以组织卖淫罪的从犯处理作出明确。关于第一个问题，经研究认为，实践中确实有一些人不知是卖淫人员而认为是运送、招募劳务人员，但实际协助了组织卖淫的情况，对此有必要明确不构成协助组织卖淫罪。关于第二个问题，《解释》将刑法第三百五十八条第四款规定的“其他协助组织他人卖淫”的行为，解释为“充当保镖、打手、管账人等”。关于第三个问题，经研究认为，刑法单独规定了协助组织卖淫罪，就说明这类行为有具体的罪状和单独的法定刑，应当确定为独立的罪名，适用单独的法定刑，不再适用刑法关于从犯的处罚原则。既然协助组织卖淫罪是一个独立的罪名，对协助组织卖淫行为本身，也就可以依照刑法关于共同犯罪的有关规定区分主从犯。

(二)关于协助组织卖淫罪的出罪问题

在查处组织卖淫案件时，公安机关往往不仅抓捕组织卖淫者和协助组织卖淫者，对协助组织卖淫行为性质不明显的人员也可能一并抓获。对此类人员如何处理，在实践中常有困惑。我们认为，应当具体情况具体分析，不能一概而论地都予以定罪处罚。如果行为人协助组织卖淫行为性质明显，不论其从事何种协助组织行为，均应以协助组织卖淫罪定罪处罚。但对协助组织卖淫行为性质不明显的，则不轻易定罪处罚。如何区分协助组织卖淫行为性质是否明显？一是从其工作场所来区分。如果是在隐蔽场所、非合法经营场所，则不存在协助组织行为性质不明显的问题，这是前提条件。行为人明知是非法场所，仍然实施协助组织行为，不能认定为协助组织性质不明显。因此，在会所、洗浴中心等合法经营场所，是认定协助组织行为性质不明显的首要条件。二是以从事的工作性质来区分。充当保镖、打手、管账人等工作的，从其平时工作中就应发现组织卖淫犯罪活动。而从事一般的服务性、劳务性工作，如保洁员、收银员、保安员，就不一定能在主观上具有协助组织卖淫的故意。三是从所获取的利益来区分。这是认定行为人与组织卖淫者关系密切程度的重要方法之一。仅领取正常的一般性薪酬且无《解释》第四条第一款所列协助行为的，与领取高额工资者明显不同。上述三个方面需要结合起来确定协助组织行为性质是否明显，不能仅从某一方面来区分。

（三）关于协助组织卖淫罪的“情节严重”问题

从刑法关于组织卖淫罪、协助组织卖淫罪的刑罚幅度配置来看，协助组织卖淫罪的刑罚幅度实际上就相当于组织卖淫罪从犯的刑罚幅度。因此，其“情节严重”的标准，基本可以参照组织卖淫罪“情节严重”的标准来确定。《解释》仅对其中非法获利一项做了调整，主要考虑协助组织卖淫的获利一般情况下明显小于组织卖淫者的获利。因此，《解释》以组织卖淫罪“情节严重”获利起点的一半即50万元作为协助组织卖淫罪“情节严重”的起点。其他“情节严重”情形的量化标准与组织卖淫罪“情节严重”的量化标准一致。

四、关于强迫卖淫罪“情节严重”及与强迫卖淫相关行为的定性及罪数问题

（一）关于强迫卖淫罪“情节严重”的认定

1997年刑法第三百五十八条第一款规定了组织、强迫卖淫罪“情节严重”的五种情形。根据该条规定，强迫他人卖淫“情节严重”的是指：（1）强迫不满14周岁的幼女卖淫的；（2）强迫多人卖淫或者多次强迫他人卖淫的；（3）强奸后迫使卖淫的；（4）造成被强迫卖淫的人重伤、死亡或者其他严重后果的。该条第二款还规定，有前款所列情形之一，情节特别严重的，处无期徒刑或者死刑，并处没收财产。《刑法修正案（九）》取消了组织、强迫卖淫罪的死刑，并取消了关于“情节特别严重”的规定，仅规定“情节严重”的量刑幅度。同时，对强奸后迫使卖淫的，规定应当以强奸罪和强迫卖淫罪数罪并罚，不再认定为强迫卖淫“情节严重”；杀害被强迫卖淫人员的，应当以故意杀人罪和强迫卖淫罪并罚，不再认定为强迫卖淫“情节严重”。因此，如何在《刑法修正案（九）》的框架内确定强迫卖淫罪“情节严重”的问题，也显得非常迫切。

起草小组参考1997年刑法对强迫卖淫罪“情节严重”的有关规定，基于《刑法修正案（九）》取消“情节严重”具体规定、取消强迫卖淫罪死刑条款的实际情况，认为仍然应当规定强迫卖淫罪“情节严重”的具体情形，但必须遵循《刑法修正案（九）》规定的精神，并且强迫卖淫罪“情节严重”的标准应当在门槛设置上低于组织卖淫罪。主要原因是，强迫卖淫罪的行为人对卖淫人员的人身具有更大的侵害性。以此为立足点，起草小组提出了强迫卖淫罪“情节严重”的以下内容：（1）卖淫人员累计达5人以上的。此标准参照组织卖淫罪人数标准的一半设置，体现对强迫卖淫罪更严厉打击的精神。（2）卖淫人员中未成年人、孕妇、智障人员、患有严重性病的人累计达3人以上的。本项规定针对未成年人、孕妇、智障人员、患有严重性病的人，人数标准参照组织卖淫罪人数标准的一半设置，体现对强迫卖淫罪更严厉打击的精神。（3）强迫不满14周岁的幼女卖淫的。本项对于强迫幼女卖淫的问题专门作出规定，即强迫幼女卖淫的，不需要人数的限定，只要强迫幼女卖淫的，即属于“情节严重”。理由有二：其一，与组织卖淫罪的构成要件要求组织3人以上卖淫不同的是，强迫卖淫罪的构成要件没有人数限制，只要卖淫人员是被强迫卖淫的即可。其二，刑法第三百五十九条第二款规定的引诱幼女卖淫罪的量刑幅度，相当于引诱他人卖淫“情节严重”的量刑幅度。此规定所蕴含的立法精神是，针对幼女实施的犯罪行为应当作为加重处罚情节。据此，对强迫幼女卖淫也应当体现比强迫其他人员卖淫更严厉的处罚。（4）造成被强迫卖淫者自残、自杀或者其他严重后果的。此规定与组织卖淫罪理由相同。

（二）关于组织、强迫卖淫罪“情节严重”的认定

司法实践中，常有行为人在实施组织卖淫行为的同时又实施强迫卖淫行为的情形。对此类行为人的犯罪“情节严重”标准如何确定？特别是在组织卖淫未达到“情节严重”标准，强迫卖淫亦未达到“情节严重”标准的情况下，能否综合考虑认定为具有组织、强迫卖淫“情节严重”的情节？经研究认为，组织、强迫卖淫罪是选择性罪名，如果行为人既实施组织卖淫行为又实施强迫卖淫行为的，应当以组织、强迫卖淫罪定罪处罚。其“情节严重”的标准，应当依照《解释》关于组

织卖淫罪"情节严重"、强迫卖淫罪"情节严重"的标准综合考虑。在组织卖淫、强迫卖淫分别均未达到"情节严重"标准的情况下,如果符合规定情形的,依然能综合认定为组织、强迫卖淫"情节严重"。为此,《解释》第六条第二款规定,行为人既有组织卖淫犯罪行为,又有强迫卖淫犯罪行为,且具有以下情形之一的,以组织、强迫卖淫"情节严重"论处:(1)组织卖淫、强迫卖淫行为中具有《解释》第二条、第六条第一款规定的"情节严重"情形之一的;(2)卖淫人员累计达到《解释》第二条第一项、第二项规定的组织卖淫"情节严重"人数标准的;(3)非法获利数额相加达到《解释》第二条第四项规定的组织卖淫"情节严重"数额标准的。

(三)关于组织、强迫卖淫行为人及协助组织卖淫行为人实施杀害、伤害、强奸、绑架等犯罪行为的处理

《刑法修正案(九)》取消了组织、强迫卖淫罪的死刑,对犯罪分子实施杀害、伤害、强奸、绑架行为的,进行了立法上的技术处理,即由原来的一罪处罚改为数罪并罚。这样,可以确保取消组织、强迫卖淫罪的死刑后,对有杀害、伤害、强奸、绑架等犯罪行为的犯罪分子,如果应当判处死刑,可以依法判处死刑。《解释》第七条第一款对此做了重申。

由于刑法对协助组织卖淫者参与上述杀害、伤害、强奸、绑架行为如何处理没有明确规定,《解释》第七条第一款对此予以明确,即以共同犯罪论处。在杀害、伤害、强奸、绑架犯罪中,由于《刑法修正案(九)》已经将这些行为从组织、强迫卖淫中剥离出来,作为一个独立的犯罪处理,因此,组织、强迫卖淫行为人和协助组织卖淫行为人在杀害、伤害、强奸、绑架犯罪中的地位、作用,并不一定依照他们在组织、强迫卖淫犯罪中的地位、作用来认定,而是依照他们在杀害、伤害、强奸、绑架犯罪的具体情况确定主从犯地位。

五、关于引诱、容留、介绍卖淫罪的构罪标准及情节严重的认定

(一)关于引诱、容留、介绍卖淫罪的构罪标准

1. 关于引诱、容留、介绍卖淫罪的入罪标准,主要从以下几个方面考虑:一是从卖淫人数考虑;二是从卖淫人员的类别考虑;三是参照其他司法解释的范例,对具有同类行为被行政处罚过的人作出降低入罪门槛的规定;四是根据行为人获利情况确定入罪标准。(1)关于引诱他人卖淫问题。虽然刑法对引诱、容留、介绍卖淫规定在同一个定罪量刑条款中,但从罪质来看,引诱他人卖淫,是让本没有卖淫意愿的人走上了卖淫的道路,而容留、介绍卖淫的对象本身就是曾经卖淫的人,至少是具有卖淫意愿的人。因此,《解释》对引诱卖淫罪的构罪条件不做任何人数的限定,即只要引诱一人卖淫即构成犯罪。此外,《解释》对引诱幼女卖淫的刑法规定进行了重申,并且规定,对行为人既引诱幼女卖淫,又引诱其他人员卖淫的,以引诱幼女卖淫罪和引诱卖淫罪并罚,以增加办理此类案件时的可操作性,同时明确《解释》对引诱幼女卖淫犯罪从严打击的立场。(2)关于容留、介绍他人卖淫的基本入罪标准。解释将容留、介绍2人作为入罪标准,主要理由是:一是符合法律规范的阶梯性规定。根据治安管理处罚法的规定,引诱、容留、介绍他人卖淫的,并不是不管情节轻重,都以犯罪处罚,而是存在治安处罚空间的。2008年最高人民检察院、公安部发布的《关于公安机关管辖的刑事案件立案追诉标准的规定(一)》第七十八条规定的容留、介绍卖淫案的立案追诉标准之一是"容留、介绍二人次以上卖淫"(其他标准分别是被容留、介绍的人已满14周岁未满18周岁,患有艾滋病或者患有梅毒、淋病等严重性病,其他容留、介绍卖淫应予追究刑事责任的情形)。可见,以人次计算,一般达2人次以上才予以刑事立案。二是更具可操作性。司法实践表明,引诱、容留、介绍人数的认定比次数的认定在证据上更加简便,侦查机关取证的难度也更低些。

2. 关于容留、介绍特殊人员卖淫的入罪标准问题。特殊人员指未成年人、孕妇、智障人员、患

有严重性病的人。这类人员要么是法律特别保护的对象,要么其卖淫对社会会造成更大危害,如患有严重性病的人。因此,《解释》规定,容留、介绍上述特殊人员卖淫的,不受2人的人数限制,即容留、介绍上述人员1人卖淫即构成容留、介绍卖淫罪。

3. 关于具有同类行为被行政处罚过的人的入罪门槛问题。《解释》规定,一年内曾因引诱、容留、介绍卖淫行为被行政处罚,又实施容留、介绍卖淫行为的,以容留、介绍卖淫罪定罪处罚。这样规定是因为此类人员主观恶性较深,人身危险性更大些,所以,在入罪门槛上更低些。需要说明的是,《解释》规定,引诱一人卖淫即构成犯罪,但治安管理处罚法依然有引诱卖淫的规定,我们认为,治安管理处罚法所规定的引诱卖淫主要是指引诱他人手淫的情况(这里涉及卖淫的概念,将在下文中详述)。此外,引诱他人卖淫未成功的,也可以予以治安处罚,均不做刑事处罚。因此,《解释》所规定的因引诱、容留、介绍卖淫被行政处罚的内容与《解释》的条文及治安管理处罚法并不矛盾。由于《解释》对于引诱卖淫行为构成犯罪不要求前科劣迹的条件,因此只规定对容留、介绍卖淫行为,在具有前述前科劣迹的情况下做犯罪化处理。司法实践中,可能存在引诱他人手淫等被治安处罚,又实施引诱他人手淫等行为的情况,对此,原则上也不适用刑法处罚。对引诱他人卖淫的犯罪行为,应当严格按照刑法关于犯罪的有关规定认定。

4. 关于非法获利的构罪数额问题。调研中,有的地方法院和公安机关建议将容留、介绍卖淫的次数规定一个入罪标准。经研究,如前所述,次数问题在认定证据上有难度,且容留、介绍不同的人卖淫和容留、介绍相同的人卖淫,从社会影响和危害性来看,肯定前者更大些。但是,容留、介绍次数多,即使是针对同一个卖淫人员,其危害还是相对较大的。为了织密法网,同时考虑查处非法收入比查处容留、介绍的次数更容易、可操作性更强,《解释》从非法获利的角度,涵括容留、介绍卖淫的次数问题,经与相关方面研究,确定非法获利1万元以上作为入罪标准。

5. 关于是否必须以营利为目的,才能构成本罪的问题。1979年刑法将以营利为目的作为引诱、容留卖淫罪的犯罪构成要件予以规定。1997年刑法取消了“以营利为目的”的要件规定。刑法条文中,有的犯罪没有规定“以营利为目的”,但在实际操作中,还是应当将获利作为构成要件。但是,本罪却不然。之所以取消“以营利为目的”的规定,主要是考虑到实践中往往遇到并非“以营利为目的”而是出于奸淫或者其他目的而引诱、容留、介绍卖淫的情况,如果规定必须“以营利为目的”,就难以追究此类人的刑事责任。① 为了使司法实务中更加明确此点,《解释》强调“引诱、容留、介绍他人卖淫是否以营利为目的,不影响犯罪的成立”。

6. 关于通过网络、短信发布招嫖信息等公开介绍卖淫的入罪问题。调研时,不少公安机关和法院反映,利用网络、短信发布招嫖信息等公开介绍卖淫的情况比较严重,应当予以犯罪化处理。在征求意见过程中,全国人大常委会法工委刑法室提出,关于利用网络招嫖问题,在《刑法修正案(九)》公布前,没有明确规定。但是,《刑法修正案(九)》将利用信息网络发布违法犯罪信息的行为专门规定为犯罪,因此,对于利用网络、短信发布招嫖信息的行为,适用刑法第二百八十七条之一的规定,以非法利用信息网络罪追究刑事责任更为妥当。对于能够查实,同时线下实施了介绍卖淫行为,构成犯罪的,可适用介绍卖淫罪追究刑事责任。据此,《解释》第八条第二款规定:“利用信息网络发布招嫖违法信息,情节严重的,依照刑法第二百八十七条之一的规定,以非法利用信息网络罪定罪处罚。同时构成介绍卖淫罪的,依照处罚较重的规定定罪处罚。”

(二)关于引诱、容留、介绍卖淫罪“情节严重”的认定

《解释》从人数、非法获利情况等方面对引诱、容留、介绍卖淫“情节严重”问题做了规定。在

---

① 参见高铭暄:《中华人民共和国刑法的孕育诞生和发展完善》,北京大学出版社2012年版,第583页。

人数方面,《解释》将引诱他人卖淫与容留、介绍他人卖淫区别对待,将引诱、容留、介绍一般人员卖淫与引诱、容留、介绍特殊人员卖淫区别对待。根据浙江、江苏、广东、上海等地的经验,一般都将容留、介绍10人卖淫作为"情节严重"的起点。《解释》采纳了这一相对比较成熟的做法。同时,引诱他人卖淫的,按照容留、介绍卖淫人数的一半计算,即以5人为起点;引诱、容留、介绍特殊人员卖淫的,减半计算"情节严重"的起点。据此,《解释》第九条规定,"引诱五人以上或者引诱、容留、介绍十人以上卖淫的",应当认定为"情节严重";"引诱三人以上的未成年人、孕妇、智障人员、患有严重性病的人卖淫,或者引诱、容留、介绍五人以上该类人员卖淫的",应当认定为"情节严重"。关于以非法获利为依据认定"情节严重"的问题,《解释》以构成犯罪基数1万元的5倍即5万元作为"情节严重"的起点标准。

需要说明的是,引诱、容留、介绍卖淫罪是选择性罪名。如果被引诱卖淫的人数达到5人以上的,即构成"情节严重"。如果被引诱卖淫的人数不到5人,但被引诱、容留、介绍卖淫的人数达到10人以上的,也构成"情节严重"。

六、关于组织、强迫、引诱、容留、介绍卖淫次数的处理

总的来说,认定组织、强迫、引诱、容留、介绍他人卖淫"情节严重",应当从卖淫人数、时间长度、社会影响等方面综合考虑,不能仅以卖淫次数认定"情节严重"。《解释》对于组织、强迫、引诱、容留、介绍卖淫的"情节严重",主要从人数及造成的后果考虑,并且将非法获利情况作为认定犯罪构成和犯罪情节严重的依据之一。但是,卖淫次数在已经查实的情况下,在法定刑幅度范围内应当作为量刑的情节予以考虑。根据以上考虑,《解释》第十条规定:"组织、强迫、引诱、容留、介绍他人卖淫的次数,作为酌定情节在量刑时考虑。"此规定既在于明确犯罪构成、犯罪情节严重的认定不以卖淫次数为界线,又在于指导各级法院在办理此类案件时运用好卖淫次数这一事实因素。

七、传播性病罪的认定及故意传播艾滋病的处理

(一)关于传播性病罪的有关问题

1. 如何界定行为人对自己患有性病的"明知"。传播性病罪以行为人明知自己患有严重性病为前提,但司法实践中,行为人常否认知道自己患有性病,因此有必要对哪些情况下能够认定行为人明知自己患有性病予以明确。为此,《解释》第十一条第一款规定了应当认定为明知自己患有严重性病的三种情形:(1)有证据证明曾到医院或者其他医疗机构就医或者检查,被诊断为患有严重性病的;(2)根据本人的知识和经验,能够知道自己患有严重性病的;(3)通过其他方法能够证明行为人是"明知"的。

2. 关于严重性病的范围。刑法对"严重性病"仅列举了梅毒、淋病,其他严重性病未做明确规定。臧铁伟主编、全国人大常委会法制工作委员会刑法室编著的《中华人民共和国刑法修正案(九)解读》①认为,对其他"严重性病",司法机关应在传染病防治法中规定的性病和原卫生部规定实行性病监测的性病范围内从严掌握,不能将普通性病都作为严重性病,防止扩大打击面。也就是说,该性病必须是与梅毒、淋病的危害特点相当的性病。《解释》采用了这一观点,并据此规定:其他性病是否认定为"严重性病",应当根据传染病防治法、《性病防治管理办法》的规定,在原国家卫生和计划生育委员会规定实行性病监测的性病范围内,依照其危害、特点与梅毒、淋病相当的原则,从严掌握。

---

① 臧铁伟主编、全国人大常委会法制工作委员会刑法室编著:《中华人民共和国刑法修正案(九)解读》,中国法制出版社2015年版,第299页。

3. 传播性病罪是否为结果犯。行为人明知自己患有严重性病而卖淫、嫖娼后，被害人是否实际染上严重性病取决于多方面的因素，同时，性病的发作也有个过程，有的个体潜伏期甚至达数年。因此，如果将发生严重性病的传染结果作为传播性病罪的构成要件，容易使犯罪分子逃避打击。因此，《解释》规定，传播性病行为是否实际造成他人患上严重性病的后果，不影响本罪的成立。

需要说明的是，有的行为人虽然明知自己患有严重性病而卖淫、嫖娼，但注意采取了防护措施，又确实没有致他人染上严重性病的，一般不以传播性病罪处理。

（二）关于故意传播艾滋病的定罪问题

刑法第三百六十条所列举的严重性病中，并未列举出艾滋病。而艾滋病的危害，实际上远远大于梅毒、淋病等。梅毒、淋病等严重性病，基本可以经过治疗而痊愈，艾滋病则很难根治，且易致人死亡。臧铁伟主编、全国人大常委会法制工作委员会刑法室编著的《中华人民共和国刑法修正案（九）解读》①认为，性病包括艾滋病。司法实践中，对此争议比较大。有学者及司法工作者提出，考虑到传播艾滋病与其他性病在侵害法益、侵害方式及所涉及人群等方面的相似性，以及艾滋病的高度传染性、对人体的严重危害性和不可治愈性，建议将传播艾滋病认定为传播性病罪为宜，但在量刑上，对故意传播艾滋病的行为人，予以从重处罚。也有的人提出，对故意传播艾滋病的行为应当以故意伤害罪等罪名定罪处罚。经研究，我们认为：

1. 关于艾滋病的性质，应当认定为严重性病。根据有关法规、规章的规定，并征询原国家卫生和计划生育委员会意见后，我们认为，艾滋病属于性病，而且是最严重的性病。原卫生部 1991 年 8 月 12 日发布的《性病防治管理办法》第二条明确将艾滋病规定为性病的一种，并列于淋病、梅毒之前。国务院 2006 年 1 月 18 日通过的《艾滋病防治条例》表明，国家把对艾滋病的防治放到了更加重要的战略高度，以将艾滋病与其他性病区别开来。《艾滋病防治条例》第六十二条规定，艾滋病病毒感染者或者艾滋病病人故意传播艾滋病的，依法承担民事赔偿责任；构成犯罪的，依法追究刑事责任。2013 年 1 月 1 日起施行的修订后的《性病防治管理办法》更加重视艾滋病的防治。该条例在艾滋病的防治机制、咨询及疫情上报方面均与一般性病一起规定，并突出艾滋病的预防工作。如该条例第四条规定："性病防治工作与艾滋病防治工作相结合，将性病防治工作纳入各级艾滋病防治工作协调机制，整合防治资源，实行性病艾滋病综合防治。"原国家卫计委在复函中也称：根据艾滋病的危害程度和特点，当前艾滋病较梅毒、淋病属于危害更加严重的性病。

2. 关于故意传播艾滋病行为的定性。由于艾滋病属于最严重的性病，《解释》规定，明知自己患有艾滋病或者感染艾滋病病毒而卖淫、嫖娼的，以传播性病罪从重处罚。

在调研中，有意见提出，有的行为人通过卖淫、嫖娼传播艾滋病的目的，就是报复社会或者使被传染者得病死亡或无法治愈。有的艾滋病患者不一定通过卖淫、嫖娼的途径，而是通过其他方式传播，如"一夜情"、通奸，这些行为危害极大。对此，如何适用法律，司法实践中存在困惑。如果有证据能够证明行为人是出于故意伤害等目的而传播艾滋病的，仅仅以传播性病罪处罚，明显有轻纵犯罪之嫌。为此，《解释》将故意传播艾滋病行为分两种情况予以规定：一种情况是明知自己患有艾滋病或者感染艾滋病病毒而卖淫、嫖娼，但没有致使他人感染艾滋病病毒的，以传播性病罪定罪处罚。另一种情况是故意传播艾滋病致使他人感染艾滋病病毒的，以故意伤害罪定罪处罚。其中，以卖淫、嫖娼以外的性行为传播艾滋病病毒，以"故意不采取防范措施"为前提。这

---

① 臧铁伟主编、全国人大常委会法制工作委员会刑法室编著：《中华人民共和国刑法修正案（九）解读》，中国法制出版社 2015 年版，第 299 页。

主要是考虑到艾滋病患者的生活、交友等方面不应受到歧视，而应当受到尊重。只要采取防范措施，其正当的性权利应当得到依法保护。但是，由于艾滋病病毒的易传染性，这类人与他人发生性关系时，应当采取防范措施，确保艾滋病病毒不致传染。

关于致使他人染上艾滋病病毒的伤情问题。经研究，并经征求原国家卫生和计划生育委员会等部门及部分专家的意见认为，刑法第九十五条对重伤的定义中第三项“其他对于人身健康有重大伤害的”，可以适用于故意将艾滋病传染给他人，并致使他人染上艾滋病病毒的情形，即染上艾滋病病毒的，可以认定为重伤。在《人体损伤程度鉴定标准》修改前，一般可依照刑法第二百三十四条第二款的规定，犯故意伤害罪“致人重伤的，处三年以上十年以下有期徒刑处罚”。如果致人死亡的，则可在“十年以上有期徒刑、无期徒刑或者死刑”的幅度内量刑，但适用死刑应当格外慎重。

八、关于特殊行业人员通风报信行为的认定

刑法第三百六十二条规定，旅馆业、饮食服务业、文化娱乐业、出租汽车业等单位的人员，在公安机关查处卖淫、嫖娼活动时，为违法犯罪分子通风报信，情节严重的，依照本法第三百一十条的规定定罪处罚。第三百一十条则规定：“明知是犯罪的人而为其提供隐藏处所、财物，帮助其逃匿或者作假证明包庇的，处三年以下有期徒刑、拘役或者管制；情节严重的，处三年以上十年以下有期徒刑。犯前款罪，事前通谋的，以共同犯罪论处。”

在司法实践中，对如何适用刑法第三百六十二条和第三百一十条仍然存在困惑。一是通风报信时，卖淫、嫖娼还未构成犯罪仅是违法的，是否可适用刑法第三百六十二条和第三百一十条？二是刑法第三百一十条包括窝藏罪和包庇罪两个罪名，通风报信行为应定窝藏罪还是包庇罪？三是通风报信者事先与犯罪分子通谋的，如何处罚？四是如何认定“情节严重”？

经研究，我们认为：

1. 为未构成犯罪仅是违法的卖淫、嫖娼者通风报信，也可适用刑法第三百六十二条和第三百一十条。理由在于：对第三百六十二条规定的行为的定罪虽然引用第三百一十条，但其犯罪构成却是独立的，即犯罪构成不依照第三百一十条的规定，而是由第三百六十二条规定。根据第三百六十二条的规定，特定行业从业人员，在公安机关查处卖淫、嫖娼活动时，为违法犯罪分子通风报信，情节严重的，即构成犯罪，并依照刑法第三百一十条的规定处理。而公安机关查处卖淫、嫖娼活动未必就仅查处组织、强迫、引诱、容留、介绍卖淫犯罪活动，也可能查处卖淫、嫖娼活动本身。而除明知自己患有严重性病卖淫、嫖娼的及嫖宿不满14周岁的幼女构成犯罪以外，一般的卖淫、嫖娼行为并非犯罪行为，本来无所谓包庇的问题。但鉴于对这种违法行为的包庇性质较为严重，刑法作出与一般包庇犯罪有所不同的规定，将包庇的对象界定为违法犯罪分子。

2. 刑法第三百六十二条规定的通风报信行为可定包庇罪。理由是：(1)之前的司法解释均未对刑法第三百六十二条的行为定窝藏罪还是包庇罪作出规定。(2)刑法第三百六十二条的行为依照第三百一十条定罪处罚是一项法律拟制规定，并不以卖淫、嫖娼行为构成犯罪为必要前提，卖淫、嫖娼仅构成违法的也不影响本罪的成立。(3)刑法第三百六十二条的行为依照刑法第三百一十条规定定罪处罚，不必适用第三百一十条规定的犯罪构成，只需要适用第三百一十条规定的罪名和刑罚即可。(4)窝藏、包庇罪是选择性罪名，一般情况下，根据行为性质确定一个罪名即可。(5)刑法第三百六十二条的行为，从本质上看，是一种通风报信的行为，定窝藏罪还是定包庇罪，可根据一般理解和实践做法确定。陈兴良教授主编的《刑法疏议》认为，应以包庇罪论处；①

① 陈兴良主编：《刑法疏议》，中国人民公安大学出版社1997年版，第584～585页。

最高人民法院研究室编的《中华人民共和国刑法修订本》也将刑法第三百六十二条的行为表述为包庇罪。① (6)罪名问题,在无明确定论的情况下,由最高人民法院以司法解释的形式确定后,全国法院即可遵照执行。

3. 事前与犯罪分子通谋的,以共同犯罪论处。对此,司法实践中一般也是这样做的。为避免实务操作中将事前通谋型的通风报信行为以包庇罪处理而放纵犯罪,《解释》明确规定以共同犯罪处理是有必要的。

4. 通风报信"情节严重"的认定。通风报信,情节严重的,才以包庇罪定罪处罚。据统计,各级法院审理的此类案件极少,各地普遍要求对如何认定"情节严重"作出明确的细化规定。公安机关也要求作出相应规定,以增加侦查工作的可操作性,更有利于精准打击此类犯罪。《解释》结合本罪的特点,从通风报信本身的情况,通风报信妨害司法的危害程度,通风报信者所获得的非法利益等方面,对通风报信"情节严重"的情形作出规定。(1)通风报信本身的情况,包括向谁通风报信,报信人自身的主观恶性和人身危险性。解释将"向组织、强迫卖淫犯罪集团通风报信""二年内通风报信三次以上""一年内因通风报信被行政处罚,又实施通风报信行为"三种情形列为"情节严重",应当追究刑事责任。(2)通风报信造成的危害情况主要是指通风报信行为实际上已经造成严重妨害刑事追究的后果发生。《解释》将"致使犯罪集团的首要分子或者其他共同犯罪的主犯未能及时归案""造成卖淫嫖娼人员逃跑,致使公安机关查处犯罪行为因取证困难而撤销刑事案件"两种情形列为"情节严重",应当追究刑事责任。(3)关于通风报信者获利情况,考虑到本罪是加入犯,其实际获利在一般情况下会比组织、强迫、引诱、容留、介绍卖淫犯罪的本犯低,因此,其非法获利数额的起点标准也应适当降低。鉴于本罪与掩饰、隐瞒犯罪所得、犯罪所得收益罪相比,主要危害性都是妨害司法秩序,参考《最高人民法院关于审理掩饰、隐瞒犯罪所得、犯罪所得收益刑事案件适用法律若干问题的解释》第一条关于掩饰、隐瞒犯罪所得及其产生的收益的犯罪数额的规定,确定本罪非法获利1万元为构成犯罪的起点。

九、关于此罪与彼罪、一罪与数罪的问题

1. 关于既组织卖淫,又强迫卖淫,如何定罪的问题。行为人既有组织卖淫行为,又有强迫卖淫行为的,依照组织、强迫卖淫罪定罪处罚,其"情节严重"的认定,依照《解释》第六条第二款的规定进行。

2. 关于组织卖淫活动中并有引诱、容留、介绍卖淫行为的定罪问题。一种情况是对被组织卖淫者实施引诱、容留、介绍卖淫行为的,依照处罚较重的规定处罚。一般情况下,组织卖淫罪的处罚重于引诱、容留、介绍卖淫罪,但引诱的对象是不满14周岁的幼女时,则存在引诱幼女卖淫罪重于组织卖淫罪的可能,即组织卖淫未达到"情节严重"时,其法定刑幅度为5年以上10年以下有期徒刑,而引诱幼女卖淫罪的法定刑幅度为5年以上(15年以下)有期徒刑,此时,引诱幼女卖淫罪的处罚重于组织卖淫罪。此时,应依照引诱幼女卖淫罪定罪处罚,组织卖淫行为作为犯罪情节考虑。如果组织卖淫犯罪达到"情节严重"时,因其法定最高刑为无期徒刑,应当以组织卖淫罪一罪定罪处罚。另一种情况是对被组织卖淫者以外的其他人实施引诱、容留、介绍卖淫行为的,则仍应当分别定罪,实行数罪并罚。

3. 关于引诱、容留、介绍卖淫罪的罪名确定问题。应当根据行为人实施的具体行为确定罪名。如行为人既引诱又容留又介绍卖淫的,定引诱、容留、介绍卖淫罪,只实施其中两项或一项行为的,以行为性质定,如引诱、容留卖淫罪,引诱、介绍卖淫罪,容留、介绍卖淫罪,引诱卖淫罪,容

---

① 最高人民法院研究室编:《中华人民共和国刑法修订本》,人民法院出版社2011年版,第160页。

留卖淫罪,介绍卖淫罪。

4. 行为人既引诱他人卖淫,又引诱幼女卖淫的定罪问题。依照《解释》第八条第五款的规定,以引诱幼女卖淫罪和引诱卖淫罪并罚。

十、关于刑法意义上“卖淫”概念的理解

关于如何理解刑法意义上的“卖淫”一词,理论界有一定的争议,司法实践中争议更大。认识相对一致的主要有:(1)对传统意义上的提供性交服务并收取财物的行为应当认定为卖淫。(2)男性也可以提供卖淫服务。随着社会的发展变迁,男性也存在为获取物质利益而与不特定的女性发生性关系的现象。将此现象理解为卖淫,已经得到了立法和司法的肯定。1979 年刑法第一百四十条规定:“强迫妇女卖淫的,处三年以上十年以下有期徒刑。”第一百六十九条规定:“以营利为目的,引诱、容留妇女卖淫的,处五年以下有期徒刑、拘役或者管制;情节严重的,处五年以上有期徒刑,可以并处罚金或者没收财产。”《决定》将强迫妇女卖淫罪细化为组织(他人)卖淫罪、强迫(他人)卖淫罪,将引诱、容留妇女卖淫罪也修改为引诱、容留、介绍(他人)卖淫罪,并增加规定了引诱幼女卖淫罪。1997 年刑法修订时,采用了《决定》中关于组织、强迫、引诱、容留、介绍卖淫罪的表述。(3)肛交、口交应当列入卖淫的方式。这既是对传统卖淫概念的突破,也能被大众所认同。在男男可以卖淫、女女可以卖淫的现实情况及法律规定下,肛交、口交显然是同性卖淫的主要方式,且异性卖淫也可采取肛交、口交的方式。三者的共性是一方生殖器进入另一方的体内,均属于进入式性行为。并且,从传播性病的角度来看,此三种方式均可引起性病的传播。

争议最大的是提供手淫等接触式而非进入式的色情服务能否认定为刑法意义上的卖淫。对此,各地理解不一,学界争议也不小。起草小组经广泛调研,充分论证和协商后,仍未能取得一致意见。但是,公安部曾经于 2001 年 2 月 28 日以公复字〔2001〕4 号作出《关于对同性之间以钱财为媒介的性行为定性处理问题的批复》,该批复称:“根据《中华人民共和国治安管理处罚条例》和全国人大常委会《关于严禁卖淫嫖娼的决定》的规定,不特定的异性之间或者同性之间以金钱、财物为媒介发生不正当性关系的行为,包括口淫、手淫、鸡奸等行为,都属于卖淫嫖娼行为,对行为人应当依法处理。”那么,这一批复能否作为认定刑法意义上卖淫概念的依据? 我们认为,界定刑法上卖淫的概念,严格来说属于立法解释的权限范围,不宜由司法机关作出解释。但是,司法实践中应当明确如下几点:第一,出于权限原因,司法解释未对卖淫的概念作出解释,但这并不影响各地司法实践的处理。第二,行政违法不等同于刑事犯罪,违法概念也不等同于犯罪概念。违反行政法律、法规的行为不等同于构成犯罪。前述公安部的批复,可以作为行政处罚和处理相关行政诉讼案件的依据,但不能作为定罪依据。行政法规扩大解释可以把所有的性行为方式都纳入卖淫行为并进行行政处罚,但刑法罪名的设立、犯罪行为的界定及解释应遵循谦抑性原则,司法解释对刑法不应进行扩张解释。因此,司法实践中对于如何认定刑法意义上的“卖淫”,应当依照刑法的基本含义,结合大众的普遍理解及公民的犯罪心理预期等进行认定,并严格遵循罪刑法定原则。据此,不宜对刑法上的“卖淫”概念做扩大解释,刑法没有明确规定手淫行为属于刑法意义上的“卖淫”,因而对相关行为就不宜入罪。第三,在目前情况下,也不能将刑法意义上的“卖淫”局限于性交行为,对于性交之外的肛交、口交等进入式的性行为,应当依法认定为刑法意义上的“卖淫”。第四,待条件成熟时,应当建议由立法机关作出相应解释或由立法直接规定。

(作者单位:最高人民法院刑四庭)

六、制作、贩卖、传播淫秽物品罪

最高人民法院　最高人民检察院

关于利用网络云盘制作、复制、贩卖、传播淫秽电子信息牟利行为定罪量刑问题的批复

（2017年8月28日最高人民法院审判委员会第1724次会议、2017年10月10日最高人民检察院第十二届检察委员会第70次会议通过　2017年11月22日公布　自2017年12月1日起施行　法释〔2017〕19号）

各省、自治区、直辖市高级人民法院、人民检察院，解放军军事法院、军事检察院，新疆维吾尔自治区高级人民法院生产建设兵团分院、新疆生产建设兵团人民检察院：

近来，部分高级人民法院、省级人民检察院就如何对利用网络云盘制作、复制、贩卖、传播淫秽电子信息牟利行为定罪量刑的问题提出请示。经研究，批复如下：

一、对于以牟利为目的，利用网络云盘制作、复制、贩卖、传播淫秽电子信息的行为，是否应当追究刑事责任，适用刑法和《最高人民法院、最高人民检察院关于办理利用互联网、移动通讯终端、声讯台制作、复制、出版、贩卖、传播淫秽电子信息刑事案件具体应用法律若干问题的解释》（法释〔2004〕11号）、《最高人民法院、最高人民检察院关于办理利用互联网、移动通讯终端、声讯台制作、复制、出版、贩卖、传播淫秽电子信息刑事案件具体应用法律若干问题的解释（二）》（法释〔2010〕3号）的有关规定。

二、对于以牟利为目的，利用网络云盘制作、复制、贩卖、传播淫秽电子信息的行为，在追究刑事责任时，鉴于网络云盘的特点，不应单纯考虑制作、复制、贩卖、传播淫秽电子信息的数量，还应充分考虑传播范围、违法所得、行为人一贯表现以及淫秽电子信息、传播对象是否涉及未成年人等情节，综合评估社会危害性，恰当裁量刑罚，确保罪责刑相适应。

此复。

在全国法院依法惩处妨害疫情防控犯罪工作会议上的讲话(节选)

(2020 年 3 月 6 日)

□李少平*

今天,我们召开全国法院依法惩处妨害疫情防控犯罪工作会议,主要任务是,深入学习贯彻习近平总书记关于疫情防控工作的重要指示精神和党中央决策部署,认真落实中央政法委和最高人民法院党组具体工作部署,全面、正确执行《最高人民法院、最高人民检察院、公安部、司法部关于依法惩治妨害新型冠状病毒感染肺炎疫情防控违法犯罪的意见》(以下简称"两高两部意见"),充分发挥刑事审判职能作用,为统筹推进新冠肺炎疫情防控和经济社会发展工作提供有力的司法服务和保障。

下面,我讲四点意见。

一、深入学习贯彻习近平总书记重要指示精神,切实把思想和行动统一到党中央决策部署上来

新冠肺炎疫情发生以来,以习近平同志为核心的党中央高度重视疫情防控工作,习近平总书记亲自部署、亲自指挥,多次作出重要指示、主持重要会议、发表重要讲话,对做好疫情防控工作作出全面部署,为打赢疫情防控人民战争、总体战、阻击战指明了前进方向、提供了根本遵循。2 月5 日,习近平总书记在中央全面依法治国委员会第三次会议上强调,疫情防控越是到最吃劲的时候,越要坚持依法防控,在法治轨道上统筹推进各项防控工作,保障疫情防控工作顺利开展。2 月 23 日,习近平总书记出席统筹推进新冠肺炎疫情防控和经济社会发展工作部署会议并发表重要讲话,全面总结疫情防控工作,明确提出统筹推进疫情防控和经济社会发展工作的总体要求、目前的形势、重点任务和重大举措。习近平总书记强调,要坚决打好湖北保卫战、武汉保卫战,全力做好北京疫情防控工作,强调要切实维护社会稳定,落实分区分级精准复工复产,统筹推进疫情防控和经济社会发展工作。习近平总书记指出,疫情防控期间采取一些严格的管控措施是完全必要的,到了现在这个阶段,除湖北和武汉等疫情防控任务重的地区外,要注意把握好度,尽量采取对群众生产生活影响小、带来不便少的措施。3 月 4 日,习近平总书记主持中央政治局常委会会议并发表重要讲话,指出,经过全国上下艰苦努力,当前已初步呈现疫情防控形势持续向好、生产生活秩序加快恢复的态势,必须深入贯彻落实统筹推进疫情防控和经济社会发展工作部署会议精神,加快建立同疫情防控相适应的经济社会运行秩序,完善相关举措,巩固和拓展这一来之不易的良好势头,力争全国经济社会发展早日全面步入正常轨道,为实现决胜全面建成小康社会、决战脱贫攻坚目标任务创造条件。

习近平总书记重要讲话高屋建瓴、内涵丰富,深刻分析疫情形势,对统筹推进疫情防控和经济社会发展工作、推进依法防控提出明确要求,思想性、指导性、针对性强,对人民法院依法审理妨害疫情防控刑事案件指明了方向、提供了遵循。最高人民法院党组书记、院长周强同志多次主

---

* 最高人民法院党组成员、副院长。

持召开党组会议、疫情防控领导小组会议进行传达学习，研究贯彻落实的具体措施。一段时间以来，最高人民法院多次下发指导意见和通知，对相关工作作出了一系列安排。各级人民法院要深入学习贯彻习近平总书记重要讲话精神，增强“四个意识”、坚定“四个自信”、做到“两个维护”，全面贯彻坚定信心、同舟共济、科学防治、精准施策的总要求，切实把思想和行动统一到党中央决策部署上来，按照最高人民法院党组部署要求，充分发挥刑事审判职能作用，为统筹推进疫情防控和经济社会发展提供有力司法服务和保障。

二、认真总结疫情发生以来人民法院惩治妨害疫情防控犯罪工作情况及取得的成效

疫情发生以来，各级人民法院认真贯彻习近平总书记关于疫情防控工作的一系列重要指示精神和党中央决策部署，按照最高人民法院部署要求，充分发挥刑事审判职能作用，依法及时、从严惩处一批抗拒疫情防控措施、暴力伤医、制假售假、哄抬物价、诈骗、造谣传谣、破坏野生动物资源等妨害疫情防控的犯罪，有力维护了人民群众生命健康和社会大局稳定。截至3月4日，全国各地法院一审受理妨害疫情防控刑事案件1 177件1 462人，审结598件677人，其中59.30%采取视频开庭。从案由来看，适用罪名相对集中，其中诈骗罪占37.70%，妨害公务罪占24.40%，二者合计占62.10%。从量刑来看，量刑超过三年有期徒刑的占11.80%。从地区来看，案件较多的省份有广东、陕西、江苏、浙江、安徽、云南。

前一阶段开展的主要工作有：

一是加强审判指导。最高人民法院牵头会同最高人民检察院、公安部、司法部及时研究制定“两高两部意见”，会同国家卫生健康委员会、最高人民检察院和公安部发布《关于做好新型冠状病毒肺炎疫情防控期间保障医务人员安全维护良好医疗秩序的通知》，为依法及时严惩妨害疫情防控犯罪提供法律指引。最高人民法院、最高人民检察院（以下简称“两高”）研究室负责人就妨害疫情防控犯罪案件法律适用答记者问，对司法实践集中反映的问题予以明确，有效指导各地法院依法办理此类案件。最高人民法院成立工作专班，协调对下指导、新闻宣传等工作。各地法院健全完善工作机制，统筹指导，强化上下联动、部门协调。处于疫情防控主战场、最前线的湖北省高级人民法院，成立刑事审判指导小组，对全省涉疫情案件加强监督指导。山西省高级人民法院协调建立政法部门案件信息实时通报和会商机制。浙江省高级人民法院成立审判研究小组，及时研究相关法律适用问题，确保案件依法稳妥处理。

二是坚持依法严惩。各地法院严格贯彻“两高两部意见”，依法严惩扰乱医疗秩序、防疫秩序、市场秩序、社会秩序等犯罪行为，切实保障人民群众生命安全和身体健康，坚决维护国家政治安全和社会大局稳定，并结合本地实际，出台指导意见，细化办案标准，统一定罪量刑尺度。湖北法院坚持总体从严，突出打击重点，严格依法办案，确保案件质效。江苏省高级人民法院发布审理指南，对41个罪名细化事实证据和定罪量刑标准，统一裁判尺度。

三是优化审理程序。各地法院合理调配审判资源，对认罪认罚案件和符合速裁程序、简易程序适用条件的案件，开辟绿色通道，依法快审快结。同时，严格遵循法定程序，依法保障当事人各项诉讼权利，坚决防止一味求快导致程序瑕疵。北京市高级人民法院要求积极适用认罪认罚从宽制度，对符合条件的案件依法适用速裁程序、简易程序快速审理。广东省高级人民法院要求依法保障被告人诉讼权利和律师辩护权，按照刑事辩护全覆盖的要求，对没有委托辩护人的被告人，通知法律援助机构指派律师提供辩护。

四是完善办案机制。各地法院依托智慧法院建设成果，在确保公正、符合保密和防疫要求的前提下，通过电话、视频、微信等方式完成卷宗流转、文书送达、指定辩护、开庭审理等工作，最大限度减少了人员接触和聚集，做到防疫与审判两不误。北京、河南、浙江等地法院，利用“云间互联网庭审系统”、政法大数据协同平台等办案系统，依法为律师会见在押被告人提供便利。

五是加强法治宣传。各地法院运用官网、微信、微博等平台，以案释法，弘扬主旋律，传播正能量，为疫情防控营造良好的舆论氛围和法治环境。湖北、黑龙江、安徽、山东、广东等高级人民法院发布多个典型案例。江苏南通港闸区、陕西西安长安区、四川南充顺庆区法院选取当地首例妨害疫情防控案件进行庭审直播，1 000 余万网民在线观看，给全社会上了一堂生动的依法防疫“公开课”。

总体来看，疫情发生以来，各地法院提高政治站位，充分发挥刑事审判职能作用，依法及时严惩一批妨害疫情防控犯罪，实现政治效果、法律效果和社会效果有机统一，为保障疫情防控工作顺利开展、维护人民群众生命健康和社会大局稳定提供了有力的刑事司法保障，彰显了人民法院的责任担当，值得充分肯定。

在看到成绩的同时，我们也要清醒看到，有的案件还存在司法尺度不一、政策把握不准、裁判说理不到位、审判质效有待提升等问题，一些工作还有待改进。我们要对照党中央、中央政法委和最高人民法院党组各项要求，查找差距不足，完善工作举措，进一步做好疫情防控期间的刑事审判工作，不断提高刑事司法能力和水平，更好地服务疫情防控和经济社会发展大局。

三、充分发挥刑事审判职能作用，依法惩处妨害疫情防控犯罪

打击妨害疫情防控犯罪，人民法院承担着重要的职责任务。相信同志们都看了 2 月 28 日、3 月 5 日《人民法院报》新闻稿及近期的《最高人民法院简报》。周强院长主持召开党组会议时两次专门强调要加强审判工作指导，严把案件事实关、证据关、程序关、法律适用关，依法保障被告人、辩护人和其他诉讼参与人诉讼权利，确保严格公正文明司法。我们要认真贯彻落实周强院长讲话要求，依法审理妨害疫情防控犯罪案件，确保定罪公正、量刑公正、程序公正，确保每一起案件经得起法律和历史的检验。

一要坚持严字当头，积极服务疫情防控工作大局。此次疫情，是中华人民共和国成立以来在我国发生的传播速度最快、感染范围最广、防控难度最大的一次重大突发公共卫生事件。疫情形势变化快，防控工作任务重，给刑事审判工作带来许多新问题、新挑战，而且时间紧、任务重。各地法院要充分认识到，打击妨害疫情防控犯罪，维护社会正常秩序，是打赢疫情防控总体战的重要组成部分。要立足疫情防控总体态势，充分发挥刑事审判职能作用，把依法惩处妨害疫情防控犯罪作为当前刑事审判工作的中心任务抓紧抓好，该出手时就要果断出手，该重判的就要坚决重判，发挥震慑作用，切实保障疫情防控工作有序开展，有力保护人民群众生命安全和身体健康，坚决维护国家政治安全和社会大局稳定。

二要坚持依法办案，统一裁判尺度。各地法院要严格执行刑法、相关司法解释和“两高两部意见”，正确适用法律，准确定罪量刑，依法妥善审理相关案件，既要与其他政法机关加强配合协调，更要坚持严格依法办案。要坚持罪刑法定，在全面查清案件事实的基础上，根据被告人的主观罪过、客观行为和危害后果，准确把握罪与非罪、违法与犯罪、此罪与彼罪的界限，坚持以事实为根据、以法律为准绳，既不随意“拔高”，也不人为“降格”，坚守法律底线。针对前一段司法实践中较为突出的法律适用问题，如妨害公务罪犯罪对象的范围如何把握，制售伪劣一次性使用医用口罩如何定罪，囤积居奇、哄抬物价认定为非法经营罪如何把握界限等，“两高”研究室负责人就妨害疫情防控犯罪案件法律适用答记者问已经作出明确解答，希望各地认真学习、严格执行。

目前，各高级人民法院基本上都已经单独或者会同其他政法部门，就依法严惩妨害疫情防控犯罪出台了政策性文件，这对于统一司法尺度、指导司法实践、做好当地相关刑事案件审判工作起到了积极作用。各高级人民法院要对已出台的政策性文件进行一次系统梳理，确保与“两高两部意见”相协调、相一致，确保法律适用统一。

三要突出重点，精准打击妨害疫情防控犯罪。疫情防控要精准施策，做好疫情防控期间的刑事审判工作，同样也要精准施策，不能简单地“一把尺子量到底”。要根据防控形势及发展变化，因地制宜，因时制宜，聚焦打击锋芒，突出打击重点。周强院长 2019 年在七刑会上突出强调，要精准适用刑罚，体现区别对待、轻重有别，聚焦重点、精准发力。这一要求，对于妥善审理妨害疫情防控犯罪案件，具有重要指导意义，要结合审判工作实际进一步抓好落实。

要区分案件性质。对于直接严重妨害疫情防控、给疫情扩散带来巨大风险、给人民群众生命健康造成巨大威胁、给社会造成恐慌、给大局稳定造成严重破坏的案件，要旗帜鲜明地依法严惩，绝不姑息。如确诊病人恶意传播病毒的，暴力伤医的，制售伪劣医用器材的，以及其他直接严重妨害疫情防控、人民群众深恶痛绝、严重危害社会治安的案件，该重判的要重到位，彰显人民法院维护人民群众生命健康安全和社会大局稳定的立场和决心。同时也要注意到，疫情防控前期，为快速阻断疫情传播蔓延，各地采取了严格的交通管控措施，这是必要的，但在执行过程中一些地方出现了过头行为，中央已经及时督促各地予以纠正。对于由此引发的刑事案件，以及其他情节一般、事出有因、社会反映不大的案件，要充分考虑人民群众的公平正义观念，平衡国法、天理、人情，依法妥善处理，刑罚要保持一定的谦抑性，对疫情防控没有重大影响、未造成严重后果，不是必须给予刑事处罚的，要尽量缩小打击面，给行政处罚留足空间，即使要给予刑罚处罚也可以酌情依法从轻。

要区分各地疫情防控形势。由于各地面临的疫情形势和防控任务差异较大，人民法院在案件审理中也要充分考虑各地分区分级差异化防控任务，同样的行为在疫情风险等级不同的地区，其危害性是不一样的，案件审判中要有所体现。对湖北、北京等重点地区及其他高风险地区的妨害疫情防控案件，总体上要坚持依法从严惩处。疫情低风险地区要充分考虑本地疫情防控实际情况和案件具体情节，实事求是，做到罪责刑相适应，避免政策把握粗放化、简单化。

四要严格遵守法定程序，依法保障诉讼权利。要严格落实《刑事诉讼法》及司法解释规定，依法保障被告人及其他诉讼参与人的各项诉讼权利，为符合条件的被告人提供法律帮助或者指定辩护人，依法保障辩护律师阅卷权，充分听取辩护意见，确保程序公正和实体公正相统一。目前已审结的妨害疫情防控案件，多数是被告人认罪认罚，通过速裁程序或者简易程序审理，实现“快立、快审、快判”，这对及时惩治相关犯罪、保障疫情防控顺利开展起到积极作用，也是对社会公众的一轮普法教育。需要强调的是，适用速裁程序或者简易程序，必须严格依照法律规定，不符合适用条件的，必须通过普通程序审理。对于被告人认罪认罚并签署具结书的案件，要依法审查认罪认罚是否自愿、是否知悉认罪认罚的法律后果，是否得到值班律师帮助，量刑建议是否适当，等等。要严格执行案件审理期限规定，依法扣除、延长审限或者延期审理，必要时及时对被告人变更强制措施。

五要确保办案质量，实现“三个效果”有机统一。审理妨害疫情防控犯罪案件，时效性强，很多案件案情简单明了，各地依法快审快结，适应形势需要，这是完全正确的。同时也要注意，案件的审理绝不能一味求快，放松质量把关。要严把案件事实证据关，坚决贯彻证据裁判原则，确保裁判经得起法律和历史的检验。要严把裁判文书关。此类案件往往社会关注度高，要增强敏锐性和风险意识，从疫情、案情等多方面，准确预判社会关注点，案件事实认定要客观全面、求精求准，裁判说理也要求精求准。即便是适用速裁程序，裁判文书也要把事实叙述清楚，该说的法理、事理、情理要说到位，让公众理解、认同裁判结果，实现案件审理的政治效果、法律效果和社会效果有机统一。裁判文书质量高低，直接影响到裁判效果好坏，一定要防止文书表述不准确、说理不到位甚至出现低级错误。

四、健全工作机制,统筹做好相关工作

一要加强审判指导。前一段审结的案件,真正疑难、复杂、有分量的案件还不算太多,许多案件还在侦查取证、审查起诉阶段,下一步会逐步进入审判程序。各地法院要组织骨干力量,投入精兵强将,做好监督指导和案件办理工作,在办要案、处急事、破难题中受考验、长才干、出实效。各高级人民法院要坚决落实守土有责、守土担责、守土尽责要求,加强监督指导,全面、准确、及时掌握辖区案件态势和审判工作存在的问题、困难,做到底数清、情况明,特别是对于在本地有重大影响的疑难复杂案件,要提前预判,做到心中有数。

二要加强沟通协调。各地法院要在当地党委政法委统一领导下,加强与公安机关、检察机关的沟通协调,建立信息共享和会商机制,共同研究当前疫情防控形势下相关案件的政策把握等问题,促进办案理念和执法司法尺度统一。要充分考虑看守所严防输入性风险的疫情防控要求,研究提出可行性方案,加强沟通协调,尽量减少对审判工作的影响。要区分案件轻重缓急,对于时效性较强的涉疫情等案件,应当在确保安全的前提下,优先考虑,重点安排,依法及时审判。

三要统筹做好疫情防控和刑事审判工作。各地法院要认真落实党中央关于分区分级精准复工复产的决策部署,按照当地党委、政府制定的分区分级差异化防控策略,统筹抓好疫情防控和刑事审判工作。要注重办案安全,加强自身防护,减少人员聚集和流动。要充分运用信息化和智慧法院建设成果,推进网上办公、网上办案,具备条件的地区可采用远程视频方式听取辩护律师意见、讯问被告人、宣告判决,对适用速裁程序、简易程序的案件,可采取远程视频方式开庭审理,并引导公众通过网络直播等方式旁听庭审,切实保护当事人、诉讼参与人、旁听群众、法院干警的身体健康和安全,严防发生聚集性疫情风险。

同志们,依法服务保障疫情防控和经济社会发展大局,人民法院和广大干警承担着重要职责使命。我们要深入学习贯彻习近平总书记关于疫情防控的一系列重要指示精神和党中央决策部署,发扬斗争精神,切实肩负起责任,充分发挥刑事审判职能作用,依法惩治妨害疫情防控犯罪,坚决保护人民群众生命健康安全,全力维护国家政治安全和社会大局稳定,为全面打赢疫情防控人民战争、总体战、阻击战,实现决胜全面建成小康社会、决战脱贫攻坚目标任务提供有力的刑事司法服务和保障。

上海市高级人民法院《关于办理组织、强迫、引诱、容留、介绍卖淫刑事案件适用法律若干问题的解释》适用情况的调研报告

一、案件基本情况

《最高人民法院、最高人民检察院关于办理组织、强迫、引诱、容留、介绍卖淫刑事案件适用法律若干问题的解释》(以下简称《解释》)于 2017 年 7 月 25 日实施以来,全市法院一审共审结涉卖淫类刑事案件 71 件,判刑人数 144 人,其中判处三年以下有期徒刑或者拘役的 70 人,判处三年以上有期徒刑的 9 人;另有 2 人因新司法解释实施,被检察院以不构成犯罪为由撤诉。

涉卖淫类案件主要有以下特点:(1)被告人以男性为主,外来人员比重高,受教育程度普遍偏低。(2)犯罪手段多元化、隐蔽性强。区别于站街招嫖的传统方式,被告人多采用电话、手机短信和微信等方式联系招嫖,加大了查处、打击犯罪的难度。(3)有组织的卖淫犯罪增多,内部分工严密,犯罪形态趋向复杂。被告人往往以经营足浴店、美发店等娱乐场所为掩护,在正常经营场所内设置隐蔽区域,招徕卖淫女子实施卖淫活动并从中获利。卖淫人员往往相对固定。(4)女性被告人在犯罪中采用暴力方式少,但所起作用往往较大。在该类犯罪中,以暴力或暴力威胁的方式对卖淫女进行控制的多为男性被告人,女性被告人主要负责提供卖淫场所、招募卖淫女,对其进行日常监管并安排卖淫活动,一般采用非暴力方式,但在犯罪中起重要作用。(5)容留、介绍卖淫类案件比重较大,组织、引诱卖淫类案件比重相对较小。(6)案发区域相对集中,涉卖淫类案件多发生在外来人口集中的区域。

二、事实证据和法律适用方面的一些成熟做法

(一)组织卖淫罪的认定

《解释》出台后,我们发现很多公诉机关以容留、介绍卖淫罪提起公诉的案件,其实已经具备一定规模的组织行为,但证据方面尚难以把握,加之被告人辩解自己只是居中介绍(容留),故还是以容留、介绍卖淫罪定罪量刑。

我们认为,组织卖淫罪有两种客观表现形式:一是设置相对固定的卖淫场所或者卖淫窝点,组织卖淫活动;二是没有固定的卖淫场所,操纵、控制多名卖淫人员,有组织地进行卖淫活动。无论哪一种形式,组织者都要有组织行为。判定行为人是否有组织行为和居于组织者地位,应从以下三个方面把握:(1)是否具有一定规模的卖淫人员队伍。无论是否具有固定的卖淫场所,也无论是否具有相应的卖淫组织,但一定规模的卖淫人员队伍都是必需的。而且,在纠集卖淫人员的过程中,组织者处于发起、负责的地位。(2)是否对卖淫者进行管理、控制。在纠集到多名从事卖淫活动的人员后,组织者要实施一定的管理行为,支配、监督卖淫人员,使之服从、接受管理安排。组织者通过制定、确立相关人、财、物的管理方法,与卖淫人员之间形成组织和被组织、管理和被管理的关系。(3)是否负责指挥、命令、调度卖淫活动的具体实施。在卖淫活动的具体实施中,组织者起领导、指挥的作用。

（二）介绍嫖娼行为能否构成介绍卖淫罪

《解释》第八条第三款规定："引诱、容留、介绍他人卖淫是否以营利为目的，不影响犯罪的成立。"由此，将一般介绍嫖娼行为纳入介绍卖淫罪的视角考虑。我们认为，两者之间还是有所区别的。介绍卖淫罪是指在卖淫者和嫖客之间牵线搭桥、沟通撮合，使他人的卖淫活动得以实现的行为，俗称"拉皮条"。与其密切相关的行为之一是介绍嫖娼，主要指为嫖客介绍何处有暗娼、如何联系或者直接将嫖客带往卖淫地点等。两者都是涉卖淫行为，有时可能是并存的，并共同促成卖淫嫖娼这一社会丑恶现象。现实生活中，介绍卖淫和介绍嫖娼行为具有多样性、复杂性，往往容易重叠和混淆。应当区分介绍卖淫和介绍嫖娼，不能一概而论地将所有介绍嫖娼行为以介绍卖淫行为论处，也不能绝对地认为凡是介绍嫖娼行为均不属于介绍卖淫行为。既不能违背罪刑法定原则，进行无限扩张解释，把所有的介绍嫖娼行为都纳入刑法的打击圈内，扩大刑法的打击面；也不能过于缩小解释，不区分具体案情，而将形形色色的介绍嫖娼行为都排除在刑法调整的视野之外。我们认为，一般的介绍嫖娼行为不能作为犯罪处理，但也不排除实践中存在的貌似介绍嫖娼，但实为介绍卖淫的帮助者，可以作为介绍卖淫罪共犯的情况。正确界定是介绍卖淫还是介绍嫖娼，不能简单地依据行为人是为卖淫者招徕嫖客还是为嫖客介绍卖淫人员进行评判，而应当判明行为人与卖淫者之间的关系以及是否与其他介绍卖淫者达成共识。

三、事实证据和法律适用存在的问题

（一）卖淫人数的计算问题

《解释》多次出现"卖淫人员累计达……"的表述，但卖淫人员在违法犯罪过程中退出了，隔一段时间之后又加入的，是算作一人还是算作二人呢？

（二）"卖淫"的范围界定问题

刑法中的"卖淫"与行政法中的"卖淫"范围有不同之处。行政法中的"卖淫"可以扩大到一切满足他人性需求的性服务；但刑法中的"卖淫"一般仅限于常规的性交。至于肛交、口交、胸推、手淫行为是否属于"卖淫"，争议较大。

（三）"一年内被行政处罚"的起算时间问题

《解释》第八条第一款第四项规定，一年内曾因引诱、容留、介绍卖淫行为被行政处罚，又实施容留、介绍卖淫行为的，应当定罪处罚。实践中，"对一年内被行政处罚"的时间起算方法存在争议。有的认为从处罚之日起计算，有的认为从处罚结束之日起计算。

（四）违法所得数额无法确定时的文书表达问题

实践中，很多案件无法认定被告人违法所得的具体数额。但是，根据《解释》的规定，则需要在判决主文中表述被告人的违法所得并根据卖淫所得判处罚金。同时，根据刑法第六十四条的规定，对于犯罪分子违法所得的一切财物，应当予以追缴或者责令退赔。犯罪分子在服刑期间，报请减刑、假释时，往往应当将违法所得缴清。违法所得难以确定具体数额的，往往会导致罪犯需要减刑时，无法确定具体应当缴纳的数额。目前我市已经碰到多起类似的情况，因为判决主文里没有写明具体的数额，导致违法所得无法缴纳，引起了罪犯家属的不满。

四、事实、证据和法律适用方面的完善建议

（一）关于卖淫人数问题

由于卖淫人数是评价涉卖淫类犯罪行为社会危害性和定罪的重要依据，建议同一个卖淫人员退出后又加入的，仍然按照一人计算。

（二）关于卖淫的概念问题

关于卖淫的范围界定问题，建议在司法解释中直接明确，肛交、口交等插入式行为属于刑法意义上的“卖淫”，胸推、手淫等非插入式行为不属于刑法意义上的“卖淫”。待时机成熟时，由立法机关将前述规定纳入刑法典或者刑法修正案之中。

（三）关于“一年内被行政处罚”的起算时间问题

“一年内曾因引诱、容留、介绍卖淫行为被行政处罚”的起算时间，应当是指行为人在案发前一年内，因引诱、容留、介绍卖淫行为受到行政处罚。具备该条件的，即构成刑事犯罪。

（四）违法所得数额无法确定时的文书表达问题

违法所得数额无法确定时文书如何表述，以及追缴等后续问题如何处理，希望最高人民法院予以明确。

（五）尽快明确相关证据标准

建议加强公检法机关间的沟通，明确卖淫嫖娼事实、卖淫人员身份、卖淫人数和次数认定、组织卖淫的组织性认定等的证据标准，引导公安机关在侦查初期注意对卖淫场所存在时间、卖淫人数和次数、获利、卖淫人员身份情况和生理精神状况等证据的固定，避免进入审判阶段后因为证据缺陷影响案件的定罪量刑。

湖北省高级人民法院
关于办理涉卖淫类刑事案件审判情况的调研报告

《最高人民法院、最高人民检察院关于办理组织、强迫、引诱、容留、介绍卖淫刑事案件适用法律若干问题的解释》（以下简称《解释》）已于2017年7月25日起施行。现将我省自《解释》实施以来的有关情况介绍如下。

一、案件审判基本情况

2017年7月25日至2018年1月底，湖北省法院作出生效判决的涉卖淫类刑事案件共计83件，案件主要集中于引诱、容留、介绍卖淫罪，组织卖淫罪，协助组织卖淫罪。从定罪情况来看，以引诱、容留、介绍卖淫罪定罪的有59件，占71.1%；以组织卖淫罪、协助组织卖淫罪定罪的有23件，占27.7%，其中，以组织卖淫罪、协助组织卖淫罪定罪的有8件，以组织卖淫罪定罪的有6件，以协助组织卖淫罪定罪的有9件；以强迫卖淫罪定罪的有1件，占1.2%。

从量刑情况来看，组织卖淫罪、协助组织卖淫罪属于重罪，社会危害性大，实刑率较高，判处实刑20件，占比87%。唯一的判处缓刑案件，是综合考虑被告人系自首、赔偿损失并取得被害人谅解、正处于哺乳期等情节。容留、介绍卖淫罪社会危害性相对较小，缓刑率较高，判处缓刑39件，占比66%。从案件地区分布来看，武汉市29件，占比35%，其中14件为组织卖淫、协助组织卖淫；黄冈市12件，占比15%，其中11件为容留卖淫，10件均发生在所属辖区的山区县城；十堰市8件，均为容留卖淫，占比10%，其中7件发生在所属辖区的山区县城。通过统计分析发现，我省受理此类案件数量前三名地区中，武汉市城市发展快、经济发达，故该市涉卖淫类案件占比高，且组织卖淫罪、协助组织卖淫罪等社会危害性大的犯罪多；而在经济欠发达的偏远山区，涉卖淫类案件也相对较多，但都集中在容留卖淫类犯罪。

二、审判工作中有关问题研究

涉卖淫类犯罪主要表现为与卖淫嫖娼活动关联的各种行为，具体有组织他人卖淫，协助组织他人卖淫，强迫他人卖淫，引诱、容留、介绍他人卖淫，引诱幼女卖淫，明知自己患有严重性病仍进行卖淫嫖娼的行为。1991年9月，全国人大常委会发布了《关于严禁卖淫嫖娼的决定》（2009年修正)。1992年12月,最高人民法院、最高人民检察院发布《关于执行〈全国人民代表大会常务委员会关于严禁卖淫嫖娼的决定〉的若干问题的解答》。由于《关于严禁卖淫嫖娼的决定》已被现行刑法所吸纳,上述解答的效力已经终止。近年来,组织、强迫、引诱、容留、介绍卖淫犯罪呈现出诸多新情况、新特点,2017年最高人民法院、最高人民检察院在充分调研的基础上,结合《刑法修正案(九)》对组织、强迫卖淫罪和协助组织卖淫罪等作出的修改,出台了《解释》。《解释》的出台,对于依法惩治组织、强迫、引诱、容留、介绍卖淫犯罪,维护良好的社会秩序,具有重要的指导意义。《解释》的主要亮点有二:一是突出了对未成年人、孕妇等特殊群体的保护;二是规定了引诱、容留、介绍卖淫罪的入罪标准和"情节严重"的认定标准,对于引诱卖淫罪与容留、介绍卖淫罪规定了不同的人数标准。但法律适用是一个复杂的判断过程,现行法律对"卖淫"的概念、法律适用冲突等问题仍含糊不清,加之涉卖淫类刑事案件在具体审理过程中存在诸多争议问题,现结合我省在审理此类案件中出现的新情况、新问题,提出如下观点。

(一)组织卖淫罪与协助组织卖淫罪的区分

《解释》对两罪的客观表现予以明确:组织卖淫,即以招募、雇佣、纠集等手段,管理或者控制他人卖淫,卖淫人员在三人以上的行为;协助组织卖淫,即为组织卖淫的人招募、运送人员或者充当保镖、打手、管账等其他协助组织他人卖淫的行为。虽然《解释》对两罪在概念上予以明确,但在司法实践中如何区分,依然存在问题和争议。

1. 组织卖淫罪与协助组织卖淫罪的关系。对两者的关系,理论上一直存在争议:一是协助组织卖淫罪是组织卖淫罪的从犯;二是协助组织卖淫罪是一个独立的犯罪,不是组织卖淫罪的从犯。而现行刑法将协助组织卖淫作为一个独立的罪名予以规定,而不是作为组织卖淫罪的从犯予以规定,主要是基于:(1)避免刑罚畸轻。协助组织卖淫的行为对社会影响较为恶劣,在实践中影响定罪量刑的因素很多,将行为人定性为从犯可能导致从轻、减轻或者免除处罚的情况。(2)突出打击重点。组织卖淫罪处罚较重,是为了严厉打击组织卖淫犯罪集团及危害严重的首要分子,单独设置协助组织卖淫罪罪名就是为了防止打击偏差。

2. 组织卖淫罪与协助组织卖淫罪的主从犯问题。有观点认为,组织卖淫罪的行为人均是主犯,没有从犯的存在空间;协助组织卖淫行为本就是组织卖淫行为的从犯,没有必要对协助组织卖淫行为划分主从犯。我们认为,在组织卖淫罪、协助组织卖淫罪中,应当根据行为人的作用大小、地位高低区分主从犯。主要理由有以下两点:一是从刑法理论上看,任何一种犯罪,都可能存在一人犯罪和数人共同犯罪两种形态。在数人共同犯罪形态中,如果犯罪分子在犯罪过程中发挥的作用不完全相同,处于指挥地位或者起主要、决定作用的是主犯,处于被指挥地位或者起次要、辅助作用的是从犯。现行刑法既然将组织卖淫行为和协助组织卖淫行为规定为两种不同的犯罪,那么这两种独立的犯罪都会存在一人单独犯罪与数人共同犯罪的形态。在共同犯罪中,应当根据他们在共同组织卖淫或者协助组织卖淫犯罪活动中起的作用确定主犯、从犯。二是从司法实践来看,只有对整个卖淫活动控制和管理的组织者才能构成组织卖淫罪,但组织者与主犯不能简单画上等号,组织者并不一定就是组织卖淫行为的主犯,因为整个组织卖淫行为由多名行为人共同完成,且存在不同分工,这是由组织卖淫罪的行为特征及行为人的个体差异决定的,虽然在实践中对行为人基本都是按主犯处理的,但这并不能否认根据每个行为人所起作用不同来区分主从犯的可能性。因为组织者在组织卖淫活动中的控制力的大小、利润分配的多少、分工的不同都可直接影响组织卖淫罪中主从犯的划分。协助组织卖淫罪与组织卖淫罪一样,行为人在为组织卖淫活动实施招募、运送人员或者其他协助行为时,也会因个体差异而存在不同的分工,继而导致在犯罪中的作用不同。

（二）组织卖淫罪与引诱、容留、介绍卖淫罪的区分

引诱、容留、介绍卖淫罪是一个选择性罪名，我省实践中涉及的主要是容留、介绍卖淫罪。组织卖淫罪和容留、介绍卖淫罪有竞合之处，两个罪在构成要件上存在诸多相似之处，尤其在犯罪手段上存在重合之处，都可表现为容留、介绍，即两罪都有为卖淫提供一定场所或条件，为卖淫嫖娼牵线搭桥、联系引见的行为，故而易发生组织卖淫罪与容留、介绍卖淫罪相混淆的情况，这也成为审判实践中的一个难点。

【案例1】2017年年初，被告人胡某某租赁赤壁市陆水湖大道某售楼部三楼场所后开设"碧水云谷"休闲会所，同年3月开始营业。经营期间，胡某某通过"兰鹏"（另案处理）招募按摩女在该会所从事卖淫嫖娼违法活动，并从嫖资中抽取提成牟利。同年6月，胡某某要求被告人方某为其帮忙打理会所的日常事务，包括管理所有员工、收取嫖资以及按约定分成比例与卖淫女每日结算钱款等。法院以容留卖淫罪对两被告人定罪量刑，并认定方某为从犯。

本案中，胡某某建立会所，专门从事卖淫嫖娼活动，并安排方某管理员工、安排卖淫活动，有组织也有管理，审理法院以容留卖淫罪对两被告人定罪处罚。有人认为本案的定罪是不当的，对二被告人均应认定为组织卖淫罪。由本案引申出如何区分容留卖淫罪与组织卖淫罪的问题。根据主流观点，区分两罪的关键在于行为是否具有组织性，而组织性又体现在三个方面：第一，是否建立卖淫组织；第二，是否组织、安排卖淫活动；第三，是否对卖淫者进行管理。但从本案来看，二被告人建立了卖淫场所、安排了卖淫活动，并对卖淫人员进行了管理，那是不是就该认定为组织卖淫罪呢？我们认为，要正确区分两罪，就必须搞清楚两罪的本质区别。组织卖淫罪的本质在于其目的行为，即控制或者管理，招募、雇佣、纠集只是其手段行为，而容留卖淫罪中行为人是不会控制卖淫者的。法律给组织卖淫罪配置了严厉的法定刑，这在一定程度上可以反推出控制或者管理是带有一定强制性的，因为刑罚的轻重应当与犯罪分子所犯罪行和承担的刑事责任相适应，即如果没有一定程度的强制和管理，不能算是"组织"，也就不能配置严厉的刑罚。根据实践经验，组织卖淫罪中的控制或管理必须具备严密性，方可体现其强制性，具体可以从以下几个方面判断：一是对卖淫者进行实质管理，卖淫者的活动范围有很大的局限性，其在卖淫活动中没有一定的自由，比如接客需要经过组织者安排批准，其行为往往被组织者支配和控制，并根据组织者的命令和支配实施与嫖客之间的违法行为，其行为体现了对组织者的依附，同时组织者也通过这种依附关系达到了控制的目的。二是组织内有配备专人站岗放哨和检查的安保措施，以确保卖淫行为的顺利进行，确保组织的稳定性。三是制定卖淫人员管理制度、财务管理制度、收益分配制度等，实现对人、财、物的统筹管理，通过这些制度使卖淫活动有序化、系统化，以此来调度和支配卖淫人员。相反，容留卖淫罪中就不具有控制与被控制的关系，行为人仅为卖淫人员提供卖淫场所，即像本案一样，将分散的卖淫人员容留在自己所提供的场所内实施卖淫，并按事先约定的分成比例结算每日嫖资，但并未对这些卖淫人员进行控制、管理，也就当然不能以组织卖淫罪定罪处罚，法院以容留卖淫罪对行为人定罪处罚是罚当其罪的。

（三）关于介绍卖淫罪的有关问题

介绍卖淫，是指在卖淫嫖娼者之间进行牵线搭桥、撮合、沟通，从而使卖淫嫖娼活动得以实现的行为，俗称"拉皮条"。介绍卖淫的方式最常见的表现为双向介绍，如将卖淫人员引见给嫖客，或将嫖客领到卖淫人员处进行撮合。

【案例2】2016年8月3日，余某某（另案处理）作为老板，承包使用某汽车服务（武汉）有限公司台北路地下停车场，招募、雇用人员利用该场所组织卖淫嫖娼活动。后余某某招聘被告人胡某为执行经理负责日常管理，被告人龙某某负责看门望风和核实确认嫖客身份等工作，被告人夏某

某负责收银、记账等财务工作，被告人方某、李某、张某、严某某、吴某某等营销人员负责通过发卡片、互联网、QQ、微信等方式发布招嫖信息，联系嫖客并带到“汽车俱乐部”后安排房间和卖淫女进行卖淫嫖娼活动。卖淫女按照自己价格的50%提成，营销人员按照剩余部分的30%提成，其余部分归公司。审理法院对方某、李某、张某、严某某、吴某某等营销人员均以协助组织卖淫罪定罪处罚。

【案例3】2015年12月27日至2016年1月10日，被告人肖某某、涂某某与卖淫女高某、张某等人商议按照收入四六分成的方式介绍卖淫女高某、张某等人从事卖淫活动。后肖某某、涂某某一起驾车将印有提供性服务的宣传卡片发于红安县城区“都市18”“格林豪泰”等宾馆的房间内，待有招嫖人员联系卡片上的电话号码时，即与其商谈好提供性服务的价格，再将卖淫女高某、张某等人送至招嫖人员所在的宾馆内进行性交易，从而获取利益。在此期间，肖某某、涂某某多次介绍高某、张某等人到红安县城区各宾馆内进行卖淫活动，二被告人分别从中非法获利3 000余元。审理法院对肖某某、涂某某均以介绍卖淫罪定罪处罚。

上述两个案例中，行为人均实施了发放招嫖卡片的行为，但同样的行为方式定罪却不同；另外，案例2还涉及在互联网上发布招嫖信息的新型行为方式。带着这些问题，我们从以下两个方面分析：

1. 介绍卖淫新型行为方式的认定

随着社会的不断发展，新形式的介绍卖淫行为层出不穷，对此，我们有必要对这些新形式的介绍卖淫行为进行分析。(1)发放招嫖卡片的方式。这种方式在上述两个案例中均有出现，对这种行为该如何认定呢？案例3中，行为人在招嫖卡片上留下自己的联系方式，然后去酒店、宾馆等地散发招嫖卡片，后接听嫖客电话，按照嫖客要求将卖淫者带至嫖客处或者将嫖客带至卖淫者处。行为人通过在卖淫者和嫖娼者之间进行撮合，促成卖淫嫖娼活动实现，并从中获得提成。此时，发放招嫖卡片的行为就是为后面的介绍卖淫行为做铺垫，行为人的行为就可能构成介绍卖淫罪。另外，实践中还存在受雇于他人发放招嫖卡片，在卖淫者和嫖娼者之间没有任何牵线搭桥行为的案件，对此应如何处罚？我们应该根据发卡人的具体行为性质进行分析。如果发卡人是受卖淫团伙的委托招揽嫖客，待招到嫖客后，由团伙中的行为人在卖淫者和嫖娼者之间联系，那么此时发卡人与该行为人的行为共同促成了卖淫嫖娼活动，两者有共同的故意和行为，故形成了共犯关系，如果团伙中的行为人构成组织卖淫罪，那么发卡人就构成协助组织卖淫罪；如果团伙中的行为人构成介绍卖淫罪，那么发卡人就构成介绍卖淫罪。(2)通过网络发布招嫖信息的行为。随着社会经济的迅猛发展，互联网的社会影响力不断扩大，利用网络兜售、传播色情信息很是常见，为此，《解释》对如何处理该行为作出了明确规定。《解释》第八条第二款规定：“利用信息网络发布招嫖违法信息，情节严重的，依照刑法第二百八十七条之一的规定，以非法利用信息网络罪定罪处罚。同时构成介绍卖淫罪的，依照处罚较重的规定定罪处罚。”案例2中，方某等人通过互联网发布招嫖信息，法院是以协助组织卖淫罪定罪处罚的，这是不是与《解释》相矛盾呢？这又涉及我们下面需要讨论的问题。

2. 介绍卖淫罪与协助组织卖淫罪的区分

实践中，由于介绍卖淫罪与协助组织卖淫罪在客观方面的表现相似且容易混淆，有必要对两罪的区别予以明确。

我们认为，两罪最本质的区别在于行为人所实施的介绍卖淫行为是否依附于卖淫组织。若行为人所实施的行为依附于卖淫组织，那么行为人的行为构成协助组织卖淫罪；若行为人的行为不依附于卖淫组织，行为人只是单纯实施介绍卖淫的行为，那么行为人的行为构成介绍卖淫罪。

协助组织卖淫罪中，行为人可能实施介绍卖淫的行为，只不过其介绍卖淫的行为是为卖淫组织服务的；而介绍卖淫罪中，行为人只单纯实施介绍行为，不依附于其他任何组织。故上述两则案例，虽然行为人的行为方式一样，但行为人依附组织的情况不一样，这就导致两则案例中对行为人的定罪不同。案例2中，行为人受雇于卖淫组织，并按照分工通过发招嫖卡片、互联网、QQ、微信等方式发布招嫖信息，联系嫖客并带到宾馆安排房间和卖淫女进行卖淫嫖娼活动，其介绍卖淫的行为是依附于卖淫组织的，故审理法院对方某等营销人员以协助组织卖淫罪定罪处罚是正确的。案例3中，行为人发放招嫖卡片，目的是促成卖淫嫖娼活动的完成，并不依附于卖淫组织，故审理法院对肖某某、涂某某以介绍卖淫罪定罪处罚是正确的。

（四）组织卖淫罪，容留、介绍卖淫罪既未遂问题

要搞清犯罪的既未遂状态，首先要确定该类犯罪是行为犯还是结果犯。行为犯指的是只要实施了刑法分则所规定的某种行为，就构成既遂；结果犯指的是行为人不仅实施了刑法分则所规定的特定行为，还必须发生法定的实害结果才构成既遂。绝大多数学者认为，涉卖淫类犯罪是行为犯，即只要实施了相应的行为，不需要发生具体的卖淫事实即构成既遂。我们以实践中常见的组织卖淫罪和容留、介绍卖淫罪为例，进行具体分析。

1. 组织卖淫罪的既未遂问题

讨论组织卖淫罪的既未遂问题，关键在于对实行行为程度的认识。组织卖淫中既有犯罪的实行行为即组织行为，又有依附于犯罪的卖淫行为。组织卖淫罪是以组织行为实施完毕来认定既遂，还是以组织行为和卖淫行为均实施完毕来认定既遂？第一种观点认为，既然卖淫行为是依附于组织卖淫行为的，那么，该罪既遂状态应当以组织卖淫行为和卖淫行为完成为标准。第二种观点认为，组织卖淫罪以组织行为实行完毕作为既遂。我们同意第二种观点。理由有两点：一是组织卖淫罪属于妨害社会管理秩序的犯罪，其侵害的法益是社会管理秩序及社会良好风尚，法律惩处的是这种组织行为，即组织行为比卖淫行为本身的违法性和社会危害性都要严重，故从立法层面上看，以组织行为完成作为既遂标准是更符合立法目的的。二是将组织行为完成作为既遂标准有利于对组织卖淫罪的打击，因为卖淫嫖娼行为在我国并不构成犯罪，如果将打击时间推后到卖淫行为完成，无疑会放纵犯罪，不利于对该犯罪的打击。

2. 容留、介绍卖淫罪的既遂问题

同组织卖淫罪一样，本罪所侵害的法益是社会风尚，当行为人在卖淫者和嫖娼者之间牵线搭桥，积极撮合并导致二者卖淫嫖娼的意愿确定时，或积极为卖淫嫖娼者提供处所时，就已经对社会风尚造成了侵害，即该罪已达到既遂标准，至于卖淫嫖娼者是否发生了性交易并不影响该罪的既遂。

需要特别指出的是，在网上发布招嫖信息构成介绍卖淫罪的既遂认定问题。行为人仅在网络上发布招嫖信息，表明信息发布者拥有所述的信息资源，这些信息面对的是不特定的多数人，其效果跟宣传类似，并不必然让卖淫者和嫖娼者产生卖淫嫖娼的意愿，判定行为人是否构成介绍卖淫罪的既遂，关键在于行为人有没有在卖淫者和嫖娼者之间进行撮合沟通从而让卖淫者和嫖娼者产生卖淫嫖娼共同意愿的行为，只有卖淫者和嫖娼者产生了卖淫嫖娼的共同意愿时，才构成介绍卖淫罪的既遂。

（五）其他问题

1. 卖淫概念仍未明确

刑法及相关司法解释对刑法意义上的“卖淫”这个概念并未予以明确，这不得不说是个遗憾。从《汉语大词典》上看，卖淫就是指女性出卖肉体的行为。但是，随着社会的变迁、社会环境的不

断改变，许多词语的含义本身就会发生变化，刑法条文也需要对一些词语作出符合社会实际的解释，故卖淫的内涵和外延也需进一步扩展，对卖淫概念的重新界定也并不违反罪刑法定原则。

2.《解释》与有关立案追诉标准不一致问题

《解释》第四条第一款规定："明知他人实施组织卖淫犯罪活动而为其招募、运送人员或者充当保镖、打手、管账人等的，依照刑法第三百五十八条第四款的规定，以协助组织卖淫罪定罪处罚，不以组织卖淫罪的从犯论处。"2017年4月27日，最高人民检察院与公安部公布施行的《关于公安机关管辖的刑事案件立案追诉标准的规定(一)的补充规定》(以下简称《补充规定》)第十二条明确规定：协助组织卖淫罪的追诉标准是"帮助招募、运送、培训人员三人以上"。两者在入罪门槛上存在明显差别，实践中应如何掌握？

根据《解释》第八条的规定，引诱1人卖淫的或者容留、介绍2人以上卖淫的即构成引诱、容留、介绍卖淫罪。2008年6月25日，最高人民检察院与公安部公布施行的《关于公安机关管辖的刑事案件立案追诉标准的规定(一)》(以下简称《规定》)第七十八条规定："引诱、容留、介绍他人卖淫，涉嫌下列情形之一的，应予立案追诉：(一)引诱、容留、介绍二人次以上卖淫的……"通过对比，我们很容易就发现两者有明显差别：《解释》认为引诱卖淫的危害性大，引诱1人卖淫即可入罪，而《规定》中规定引诱2人次卖淫才入罪；《解释》规定容留、介绍2人卖淫才入罪，《规定》规定容留、介绍2人次卖淫入罪，那么实践中应该以哪个规定为准？

我们认为，《补充规定》中已规定，立案追诉标准有司法解释作出进一步明确的，依解释规定。

3. 关于行为人的主观明知问题

组织、强迫卖淫罪和协助组织卖淫罪中将组织、强迫、协助组织一定数量的未成年人卖淫作为情节严重的标准之一，引诱、容留、介绍卖淫罪将容留、介绍未成年人(理应包含幼女)卖淫作为入罪标准。在现有法律规定下，适用针对幼女的特殊规定进行定罪量刑时，是否需要行为人对女性的年龄有主观明知，这也是理论和实践中不容回避的问题。英美法系国家奉行的是严格责任，即不需要性侵幼女类犯罪行为人对女性年龄有主观明知，而大陆法系国家则大多要求对女性的年龄存在明知。

我们认为，在涉卖淫类犯罪中，行为人对幼女的年龄应为主观明知，原因有三：一是根据我国刑法犯罪构成理论的主客观相统一原则，犯罪故意是认识因素和意志因素的统一，认识因素即明知自己的行为会发生危害社会的结果，这里的明知适用于所有的故意犯罪。涉卖淫类犯罪中，幼女的年龄是引诱幼女卖淫罪和容留、介绍卖淫罪的构成要件之一。因此在认定行为人是否构罪时，主观上明知幼女的年龄是主观故意的应有之义。二是从相关规定来看，《最高人民法院、最高人民检察院、公安部、司法部关于依法惩治性侵害未成年人犯罪的意见》(以下简称《两高两部意见》)明确规定："知道或者应当知道对方是不满十四周岁的幼女，而实施奸淫等性侵害行为的，应当认定行为人'明知'对方是幼女。"该意见对实践具有重要指导意义，增强了实务中的可操作性。三是从司法实务来看，明知在实践中并不是很难判断。明知分为自认的明知和推定的明知，实践中大多数行为人往往声称自己不知道被害人年龄或者认为被害人满14周岁，以此来逃避处罚。而明知是一种主观心态，司法机关要结合行为人的年龄、文化程度、职业和阅历以及对方的身体发育、言谈举止、穿衣打扮、生活习惯等，并结合一般人的认知综合推定是否明知。既然是推定就允许被推翻，如果行为人有确切证据证明自己确实不知道对方的年龄，那就不认定行为人主观明知。

需要说明的是，根据《两高两部意见》第十九条第二款的规定，对于不满12周岁的被害人实施奸淫等性侵害行为的，应当认定行为人"明知"对方是幼女。也就是说，在被害人不满12周岁的情况下，行为人是否“明知”，无须其他证据证明，甚至无须被告人关于是否“明知”的供述，只要有充足的证据证明被害人确实系不满12周岁的幼女即可，即使被害人身体发育、言谈举止等呈早熟特征，行为人亦辩称其误认为被害人已满14周岁，也不应采信其辩解。①

4. 关于违法所得的界定问题

《解释》第十三条第一款规定：“犯组织、强迫、引诱、容留、介绍卖淫罪的，应当依法判处犯罪所得二倍以上的罚金。共同犯罪的，对各共同犯罪人合计判处的罚金应当在犯罪所得的二倍以上。”实践中容易对犯罪所得如何计算产生分歧：犯罪所得是否包括卖淫人员的收入、酒店开房的费用等？如果卖淫人员已收取费用，其只向介绍或者容留卖淫行为人支付部分费用，那介绍或者容留卖淫行为人的犯罪所得该如何计算？

我们认为，组织卖淫罪设置的目的就是严厉打击这种组织行为，那么该罪犯罪所得应为向嫖娼者所收取的所有费用总和；在强迫卖淫罪中，卖淫人员系违背意志被行为人强迫卖淫的，卖淫人员不存在自愿从卖淫行为中得到收入的问题，故该罪犯罪所得为行为人强迫他人卖淫后所收取的费用；在引诱、容留、介绍卖淫罪中，卖淫人员系自愿以卖淫行为牟利，行为人从嫖资中提成获得收入，故该罪犯罪所得为行为人与卖淫人员按比例提取的费用，卖淫人员自己的收入不计算在行为人的犯罪所得内。

另外，《解释》并未对协助组织卖淫罪的罚金刑作出规定。我们认为，可以比照组织卖淫罪的罚金刑判处方式进行判罚。

广西壮族自治区高级人民法院
关于审理组织、强迫、引诱、容留、介绍卖淫刑事案件的调研报告

《最高人民法院、最高人民检察院关于办理组织、强迫、引诱、容留、介绍卖淫刑事案件适用法律若干问题的解释》（以下简称《解释》）于2017年7月25日实施以来，广西壮族自治区各级人民法院认真执行《刑法》和《解释》，依法严厉打击组织、强迫、引诱、容留、介绍卖淫犯罪，有力地维护了社会主义道德和良好社会风尚。现将广西各级人民法院审理该类案件的情况综合分析如下。

一、基本情况及特点分析

（一）审判基本情况

2017年，广西各级人民法院审结组织、强迫、引诱、容留、介绍卖淫刑事案件（以下统称卖淫类刑事案件）共359件，涉案被告人共592名。其中，组织卖淫案62件，强迫卖淫案10件，协助组织卖淫案31件，引诱、容留、介绍卖淫案256件。从比重分析，引诱、容留、介绍卖淫案占71.35%。

（二）卖淫类刑事案件的主要特点

1. 犯罪主体呈现“三低”现象。一是在文化结构上属于低学历。初中以下学历人员占被告人总人数的90%以上。二是在社会结构上属于低层面。涉案人员绝大多数属于农民、闲散居民等不具有固定工作的人员。三是经济结构上属于低收入。涉案人员因无稳定工作等原因，经济能力相对较弱。

2. 犯罪类型相对集中。罪名主要以引诱、容留、介绍卖淫罪为主，占卖淫类刑事案件的七成

---

① 黄尔梅主编：《最高人民法院 最高人民检察院 公安部 司法部性侵害未成年人犯罪司法政策案例指导与理解适用》，人民法院出版社2014年版，第209页。

以上，其次是组织卖淫罪和协助组织卖淫罪、强迫卖淫罪。

3. 犯罪主体以女性居多。女性被告人在全部被告人中占比约六成。

（三）卖淫类刑事案件易发、多发的原因

一是犯罪成本低、获利快。尤其是容留卖淫犯罪，被告人通常只需为他人提供一个交易对象、一个交易场所，即可从卖淫者的获利金额中抽取30%以上的提成，不仅收入可观且获利速度快，造成很多被告人不惜铤而走险。

二是犯罪行为隐蔽性强。大部分被告人以合法经营的场所或私密性较强的住宅作为犯罪地点，并使用别名做掩饰。此外，被告人往往抱有极大的侥幸心理，认为不容易被发现，而且，性交易双方被抓获时，交易双方轻易不承认卖淫、嫖娼行为，不主动供述组织、介绍和容留其卖淫的犯罪分子。

三是警示教育力度不足。大多被告人文化水平低，法律意识淡薄，存在着中间人不会受到法律制裁的错误认识，从而盲目走上犯罪道路，加之组织、容留、介绍卖淫犯罪案件大都涉及个人隐私，不公开审理的情况居多，通过审判震慑犯罪教育群众的作用相对而言较为有限。

二、严格依照《刑法》和《解释》定罪量刑

《解释》颁布后，广西各级人民法院认真组织学习交流，努力准确把握《解释》要义和精髓。

（一）准确判断定性

1. 正确界定协助组织卖淫罪。审判实践中，行为人常提出主观上不明知他人实施组织卖淫犯罪活动。对此，应结合其实施协助组织卖淫行为持续时间的长短并结合其他证据，在综合判断的基础上，准确认定其主观故意。如行为人受雇时并不知情，仅工作了一两天即案发，则一般不能构成该罪。除此之外，根据《解释》第四条第二款，在具有营业执照的会所、洗浴中心等经营场所担任保洁员、收银员、保安员等，从事一般服务性、劳务性工作，仅领取正常薪酬，且没有明知他人实施组织卖淫犯罪活动的，也不能认定为协助组织卖淫罪。《解释》的细化有助于准确把握案件定性。

2. 准确区分组织卖淫罪的从犯。《刑法》将协助组织卖淫规定为独立的罪名之后，组织卖淫罪是否还要分主从犯？笔者认为，仍然应当区分。组织卖淫罪的从犯实施了以招募、雇佣、纠集等手段，管理或者控制他人卖淫的行为，在参与程度、所起的作用、造成的直接危害等方面相对主犯较轻；而协助组织卖淫罪在主观方面明知他人实施组织卖淫犯罪活动而为其招募、运送人员或者充当保镖、打手、管账人等，协助组织卖淫人员实施的是组织卖淫的帮助行为。实践中认定是否具有帮助作用不应局限于《解释》所列举的各种具体行为，如培训师，《解释》中并未列举，但却属于比较典型的帮助行为。实践中，要看行为人是否在客观上为他人实施组织卖淫犯罪活动的行为提供帮助。组织卖淫罪的从犯与协助组织卖淫罪的正犯，在行为方式上虽有交集，但因二者在量刑起点和量刑幅度上有明显区别，故应当严格区分，准确认定。

3. 依法认定组织卖淫罪中的“组织”行为。审判实践中，判定行为人是否居于组织者地位，是否有组织行为，是审理组织卖淫案件的重中之重，“组织者”一般从以下三个方面把握：一是发起、建立了卖淫人员的队伍。无论是否具有固定的卖淫场所，组织卖淫者肯定要建立相应的卖淫人员队伍。卖淫队伍的建立一般首先是组织者采取各种手段纠集卖淫人员，在纠集卖淫人员的过程中，组织者处于发起、负责的地位。二是对卖淫人员进行管理、控制。在纠集到多名从事卖淫活动的人员后，组织者要实施一定的管理行为，支配、监督卖淫人员，使之服从、接受管理安排。组织者通过制定、确立相关人财物的管理方法，与卖淫人员之间形成组织和被组织、管理和被管理的关系。三是指挥、命令、调度卖淫活动。在卖淫活动的具体实施中，组织者起领导指挥作用。

上述三个方面的行为,都是组织卖淫行为的具体表现,都具有明显的组织特征,行为人只要具备其中一种或者数种行为,即可认定其实施了组织卖淫行为。另外,具备“组织”行为也是正确区分组织卖淫罪与容留卖淫罪的关键之处。

(二)全面分析,综合判断量刑

审理卖淫类刑事案件,要认真分析被告人的主观状态,依据被告人的犯罪事实、犯罪的性质、情节和对于社会的危害程度,依照《刑法》和《解释》的规定进行量刑。如行为人犯罪的主观恶性,犯罪的次数和人数,是否累犯、再犯,犯罪对象是否未成年人、孕妇等,都是准确量刑必须考虑的重要因素。在共同犯罪中,要注意区分主从犯,依据具体犯罪事实和被告人在共同犯罪中的地位作用等对其区别量刑;对卖淫类犯罪过程中出现杀害、伤害、强奸、绑架等犯罪行为的,应当依法进行数罪并罚。同时我们还非常注意参考其他人民法院类似的生效判决,及时对广西地区各级人民法院量刑规范化实施细则中组织、强迫、引诱、容留、介绍卖淫罪部分进行修改。

三、审判中存在的问题

《刑法修正案(九)》对组织、强迫、引诱、容留、介绍卖淫罪进行修订以后,《解释》对该罪作了更为细化的规定,但在司法实践中还存在一定的困惑和问题。

(一)关于组织卖淫罪的主从犯问题

多数意见认为应区分主从犯,理由是只要多人共同犯罪,就存在区分主从犯的可能性。虽然法律将协助组织卖淫行为设置为独立的罪名,但是协助组织卖淫罪并非简单地将组织卖淫罪中的从犯行为规定为协助组织卖淫行为,而是相对独立的行为方式。如专门成立独立的运输公司、培训机构等。而且,协助组织卖淫的本质是对组织卖淫起帮助作用的行为,但组织卖淫行为人中,也有实施组织、管理、控制行为而其在共同犯罪中地位较低、作用较次的,这部分行为人可以认定为组织卖淫的从犯,而这部分人是协助组织卖淫罪不能囊括的。

少数观点认为不宜对组织卖淫罪区分主从犯。理由是认为组织卖淫的行为人均是组织、指挥者,法律已将本来是从犯行为的协助组织卖淫行为规定为独立的罪名,两罪是以组织卖淫活动过程中行为的分工来划分的,不能简单地以作用大小为标准进行区分。

(二)关于卖淫人数的问题

卖淫类刑事案件中,卖淫人员“人数”是影响定罪量刑的重要情节。实践中,公安机关通常是在某次行动中将正在卖淫嫖娼的人员抓现行,这时的卖淫人数比较清楚,证据也确实、充分,但是随着审讯的深入,往往会根据被告人供述、证人证言挖出被告人还曾组织或者容留其他卖淫人员卖淫的情况。这类情形中,被告人往往仅能提供卖淫人员的化名、绰号,未能提供其他有效信息,因而难以核实情况(即使找到相关嫖客,一般情形下,嫖客也未必能承认)。此时是否能仅凭被告人供述、证人证言等言词证据认定相关卖淫事实?对此,基层司法机关存在不同的认识。一种意见认为,因不能抓现行,仅凭言词证据不能认定;另一种意见认为,言词证据也是法定证据类型之一,具有法定的证明力,多名被告人、证人的陈述能够相互印证,即使不能抓现行,只要言词证据确实、充分,也应当予以认定。

(三)关于数罪并罚的问题

如某案的两名被害人是特殊职业人员,被多名被告人以包夜为由哄骗带到拘禁地(按摩店),被迫卖淫。在被拘禁在按摩店期间,被害人又被多名被告人强奸。根据《刑法》第三百五十八条第二款及《解释》第七条第二款的规定,犯组织、强迫卖淫罪,并有杀害、伤害、强奸、绑架等犯罪行为的,应当数罪并罚。但在该起犯罪中,被告人为了强迫被害人卖淫而对被害人实施了非法拘禁的行为,是否也构成非法拘禁罪并对其数罪并罚,抑或《刑法》和《解释》规定数罪并罚的罪名仅限于所列举的杀害、伤害、强奸、绑架“四罪”？《解释》所列举的杀害、伤害、强奸、绑架等犯罪行为是“等内等”还是“等外等”？实践中有不同理解。

（四）关于卖淫次数问题

《解释》第十条“组织、强迫、引诱、容留、介绍他人卖淫的次数，作为酌定情节在量刑时考虑”的规定体现了以人数为主、以次数为辅的原则。但在实践中，认定次数，往往取证难度比较大。

（五）关于罚金刑的问题

卖淫类刑事案件罚金刑规定较为笼统。按照《解释》第十三条规定，犯组织、强迫、引诱、容留介绍卖淫罪的，应当依法判处犯罪所得二倍以上的罚金。而在该类案件中，主要的审理方向是被告人是否存在组织、强迫、引诱、容留、介绍卖淫这五种行为，如果存在则入罪。违法所得通常难以查清，也不是审理该类案件的重点。此类案件非法获利的数额，往往因侦查机关不重视证据的收集导致无法认定。在判处罚金的时候，对罚金的判处也很难把握。实践中有些卖淫类刑事案件违法所得才一二百元，而《最高人民法院关于适用财产刑若干问题的规定》（以下简称《规定》）中明确规定，《刑法》没有明确规定罚金数额标准的，罚金的最低数额不能少于一千元。故一些刚入罪的案件按照《解释》以犯罪所得作为罚金标准，只能根据《规定》，处以最低一千元的罚金。

四、今后的工作思路

（一）加强学习和培训

全自治区各级人民法院刑事法官均应认真学习《刑法》和《解释》的内容，结合案例，认真领会条文内涵。必要时举办培训班，请有关专家进行专门培训。

（二）加强与侦查机关、公诉机关的协调与沟通

通过交流、协调与沟通，加强公诉机关的举证工作，夯实侦查机关的基础工作。特别是对以下问题，要更加重视取证工作。一是对卖淫人数、获利情况的查证。要重视账本、电脑手机资料、资金流向等内容的侦查取证。二是重视卖淫人员的身体情况的查证工作。及时查清卖淫人员的身体、精神状况及基本身份信息，可以避免在庭审阶段补查时难以找到卖淫女进行查证的情况。三是重视全面收集证据工作。特别要重视提高电子证据利用率，尤其对于部分卖淫场所实现了电子化办公、安装了视频监控等，取证时应当及时提取并固定相关证据。

（三）加强法治宣传和治理管控。一是加强宣传教育工作。通过新闻媒体揭示“涉黄”的危害性，提高广大群众对“扫黄”工作的理解和认识，在社会上形成认同、支持、参与“扫黄”工作的良好氛围。二是建立完善监管制度。公安、文化执法、网络管理部门加强对宾馆娱乐场所、互联网的监管力度，并建立责任追究制度，禁止开展一切色情服务，对容留卖淫、组织卖淫的涉案人员予以坚决打击。三是建立长效工作机制。各相关部门建立专门的“扫黄”工作机制，及时总结工作的成功经验和不足，研究分析工作中出现的新情况、新问题，做好沟通协调，不断提高打击成效。

四川省高级人民法院
关于涉卖淫类刑事案件审理情况的报告

为总结审理组织、强迫、引诱、容留、介绍卖淫等刑事案件（以下简称涉卖淫类刑事案件）的经验，并更好地指导我省各级人民法院审理好此类案件，我院成立专门调研组，结合本省人民法院审理涉卖淫类刑事案件的总体情况及分布情况，抽取重点市县梳理总结此类案件的审判特点等，并对《最高人民法院、最高人民检察院关于办理组织、强迫、引诱、容留、介绍卖淫刑事案件适用法

律若干问题的解释》(以下简称《解释》)的适用情况进行了具体分析。现将有关情况介绍如下:

一、近年全省涉卖淫类刑事案件的审理情况

(一)总体情况

2015 年以来,全省共审结各类涉卖淫案件 1 820 件,其中成都、宜宾审结的涉卖淫类刑事案件数分别位居第一、第二,各占全省此类案件总数的 41.43%、7.69%。

近三年的涉卖淫类案件数量总体平稳,并呈小幅上升的趋势。2016 年收案较 2015 年增加 32 件,增幅为 5.36%;2017 年收案较 2016 年增加 88 件,增幅为 13.99%。

(二)重点地区的案件审理情况

我院根据涉卖淫类案件的分布情况,抽取成都、宜宾、泸州、绵阳、眉山五个地区的案件,前述五个地区的涉卖淫类案件审结数占全省案件审结总数的 63.19%。

从案件类型看,引诱、容留、介绍卖淫罪占比最大,其次是组织卖淫罪,统计地区无引诱幼女卖淫罪。以成都为例,引诱、容留、介绍卖淫罪占比76.4%,组织卖淫罪占比 19%,强迫卖淫罪占比 0.4%,协助组织卖淫罪占比 3.6%,近三年均无引诱幼女卖淫罪,另有 1 件传播性病罪。

从量刑情况看,2015 年以来,上述重点地区共有 1 934 人因涉卖淫类刑事案件受到刑事处罚,其中,被判处五年以上有期徒刑的被告人 95 人,被判处十年以上有期徒刑或无期徒刑的被告人 13 人,重刑率为 5.58%。整体重刑率不高,个别地区如眉山,因涉卖淫类刑事案件被判刑的人员中,无一人被判处五年以上有期徒刑;绵阳地区近三年因涉卖淫类刑事案件被判刑的人员中,无一人被判处十年以上有期徒刑。

从被告人的年龄阶段看,各个年龄阶段的被告人均占一定比例,分别从 18~62 岁不等,但总体呈年轻化趋势。以成都地区为例,所处罚的 173 名被告人中,大部分人年龄段在 20~40 岁,以 70 后、80 后为主,其中 80 后的被告人 80 人,占比为 46%。泸州地区的 102 名被告人年龄在 18~29 岁的被告人有 20 名,年龄在 30~39 岁的被告人有 31 名,年龄在 40~49 岁的被告人有 37 名,50 岁以下的被告人占总人数的 86.13%。

从被告人的文化层次看,文化程度整体偏低。以泸州地区为例,被告人系文盲或者半文音的 17 人,系小学文化程度的 40 人,系初中文化程度的 37 人,高中及以上文化程度的仅有 8 人。其中,初中及以下文化程度的共占被告人总数的 92%。而成都地区大部分也是高中以下学历为主,其中初中文化占比最高,有 89 人,占比为 51%。被告人中大部分为低文化程度,意味着受文化程度制约,被告人的法律意识不够,对组织卖淫等行为涉及刑事犯罪的认识度不高。

从被告人的职业看,大部分涉案被告属于自由职业者。如成都地区涉卖淫类案件的被告人中,无业人员达 162 人,占此类案件被告人总数的 94%。泸州地区个体工商户或其他职业的仅占 19%,其他均为无业人员或者农民。

从犯罪手段上看,通过社交软件从事涉卖淫犯罪活动的方式较为普及。从收集的案例看,通过微信、QQ 等社交软件招揽“顾客”、联络卖淫女或者互通信息的占 90% 以上,这主要是由于年轻一代对此类社交软件的使用较为广泛。

二、涉卖淫类案件的犯罪特征

从我省涉卖淫类刑事案件的审理情况看,该类案件的犯罪行为呈现以下几个特点:

1. 犯罪团伙规模化、集团化趋势明显。组织卖淫案的犯罪分子均是纠集熟人、同行共同经营卖淫场所,规模较大。除规模不断扩大外,组织卖淫案件的犯罪团伙还模仿企业实行层级管理模式,呈集团化趋势,结构紧密、分工明确、权责清晰。

2. 作案手段的隐蔽性显著增强。一是以经营合法休闲娱乐业为幌子,以“合法”提供桑拿健身、按摩沐足服务为名，在经营场所内设置隐蔽区域从事卖淫活动。二是大部分组织卖淫的娱乐场所均经过层层“转包”，营业执照上的法定代表人均是卖淫的组织者找来的替罪羊，真正的组织卖淫者则隐匿在后，大大增加了追查打击的难度。三是卖淫方式五花八门，包括各类非传统的“性服务”，并经常使用业内暗语交流。四是专人定期销毁相关账目、票据，给侦查取证造成诸多困难。

3. 招嫖手段日趋网络化、信息化。随着网络信息、手机信息的发展和平民化，传统的以“浴场”等休闲娱乐场所为卖淫嫖娼场所而相对固定被动的招嫖手段，已向利用网络和手机信息主动招嫖转变和发展。网络的更加隐蔽性、私密性和无限开放性，给调查取证带来了更多的困难。

三、《解释》出台后的案件审理情况

（一）案件基本情况

《解释》出台后，重点地区共受理涉卖淫类刑事案件265件，审结278件，涉案被告人420人。其中，大部分案件为引诱、容留、介绍卖淫案，涉及被告人266人，占涉卖淫案被告人63.3%，涉及人数众多，范围广泛。其次是组织卖淫案。以成都为例，引诱、容留、介绍卖淫案占《解释》出台后涉卖淫类刑事案件收案数的76.3%，结案数的75.1%。组织卖淫案收案数占比为19.2%，结案数占比为18.9%。在泸州地区，引诱、容留、介绍卖淫案收案数占比甚至达到94%。由此可见，《解释》出台后，引诱、容留、介绍卖淫罪因其犯罪类型的特点，仍是涉卖淫类案件的主要犯罪类型。

（二）司法实践中存在的问题和困难

《解释》出台后，对本省司法实务中准确认定和适用量刑情节起到很强的指导作用。然而，在司法实践中还存在一些问题亟须解决。

1. 证据收集方面存在的问题。如前所述，因涉卖淫类刑事案件犯罪手段较为隐藏，在侦查初期往往未能及时固定证据，证据搜集不够全面、完善的情况突出。对于该类案件证据收集比较困难，缺少嫖客证言的现象较为普遍，必须根据被告人的供述、卖淫者的证言，结账单据，记账凭证，电子信息等证据进行综合认定。

2. 组织卖淫从犯与协助组织卖淫的区分不明问题。协助组织卖淫罪在立法上是组织卖淫罪的帮助犯正犯化，但鉴于该帮助犯与从犯在实践中区分的界限不明，《解释》第一条规定，以招募、雇佣、纠集等手段，管理或者控制他人卖淫的，认定为组织他人卖淫；第四条规定，明知他人实施组织卖淫犯罪活动而为其招募运送人员或者充当保镖、打手、管账人等的，以协助组织卖淫罪定罪。这两条规定中，均有招募的手段，在充当保镖、打手的人员中，有时也会通过网络发布一些招募卖淫女的信息，甚至主犯在组织卖淫的过程中并不实际实施招募、雇佣、纠集的行为，而是投资后由所招聘的经理具体实施，其只负责收取非法利益。对此，如果仅以手段来定性，并不太符合刑法理论，认定的方法也过于狭隘。司法实践中，大部分还是作为组织卖淫罪的从犯予以认定，以实现罪责刑相适应的量刑原则。统计中发现，绵阳地区除2016年度对一个案件判处了1名协助组织卖淫外，《解释》实施以后受理的3件组织卖淫案中，每个案件均有被告人被以协助组织卖淫罪定罪判刑。司法实践中，需要进一步明确组织卖淫罪的从犯与协助组织卖淫罪的正犯的区别。

（三）完善审理涉卖淫类刑事案件法律适用的建议

通过对近三年来全省涉卖淫类刑事案件的案件数量、被告人和被害人身份特点、刑罚力度以及审理过程中所凸显的问题进行综合分析，对如何完善审理组织、强迫、引诱、容留、介绍卖淫刑事案件法律适用，提出以下几点建议：

1. 完善涉卖淫类案件证据的收集工作

由于该类案件证据收集困难，实践中普遍缺少嫖客证言。但并不能因此简单认为相关事实不能认定,或者在量刑上从轻予以考虑。承办法官应全面根据被告人供述、卖淫者的证言,结账单据,记账凭证、电子信息等证据进行综合认定。但认定的标准和方式不一,导致类似事实犯罪类型与罪刑差别较大。因此,应重点针对缺少嫖客证言,仅存在被告单方供述等情形下,实践中如何认定相关事实与犯罪类型化,出台指导性案例和相关认定标准,便于实践操作。

2. 正确区分容留卖淫与组织卖淫的界限

容留卖淫案的被告人一般系无业人员,组织卖淫案的被告人因为要进行组织和管理,故一般系娱乐会所管理者。审理上述两类案件的重点在于如何认定组织行为,被告人一般会否认自己的管理行为,辩护人也会从容留、介绍卖淫的角度进行辩护。因此,审理该类案件时,就需要从证据角度去分析被告人的主客观行为是否符合组织卖淫罪的构成要件。如泸州纳溪区人民法院审理的被告人吴廷伟等人组织卖淫一案,该案的被告人均否认自己有管理行为,不承认自己是组织卖淫,但是经过对证据的审查以及法庭调查查明,该会所在经营期间,招募了 3 名卖淫女在其场所内卖淫,被告人吴廷伟等人对 3 名卖淫女进行管理的证据确实、充分,故认定被告人吴廷伟等人的行为均构成组织卖淫罪。

3. 正确区分组织卖淫罪与协助组织卖淫罪的界限

对组织卖淫罪与协助组织卖淫罪而言,实践中区分的难点是组织卖淫罪的从犯与协助组织卖淫罪的正犯,原因在于两者之间具有相似性,被告人一般也会否认有组织、管理行为,而仅仅是协助行为。由于证据收集方面的原因,实践中往往仅有被告人供述,且被告人相互翻供的可能性较大,不能依据供述简单认定犯罪事实,应通过对行为人主观目的、客观行为进行综合认定。因此,建议最高人民法院加强对如何区分此类案件的指导力度,以明确界限;对组织卖淫的认定,除行为方式外,还应从获取非法利益的主观目的等方面全面考察。

关于涉黑涉恶犯罪审判情况的统计分析

——以北京法院近两年审理的涉黑涉恶案件为样本

□北京市高级人民法院扫黑办课题组①

引言

在全国开展为期三年的扫黑除恶专项斗争是以习近平同志为核心的党中央在中国特色社会主义进入新时代、全面建成小康社会进入决胜阶段的关键时期作出的重大决策部署。自 2018 年 1 月开展扫黑除恶专项斗争以来,北京法院深入学习贯彻习近平总书记重要指示精神,认真落实中央政法委、最高人民法院、北京市委的决策部署,以“最高标准、最严要求、最好效果”全面推动扫黑除恶专项斗争向纵深发展。课题组通过对两年来北京法院涉黑涉恶犯罪审判情况的深入调研,旨在达致以下目的:一是揭示涉黑涉恶犯罪的案发特点、形成原因和发展态势,深化对新形势下涉黑涉恶犯罪的认识,提出惩防对策,助推平安北京建设;二是调研涉黑涉恶犯罪审判情况,剖析影响审判工作的难点堵点,提出解决对策,助推审判质效提升;三是利用翔实的数据和有针对性的结论,为党委、政府科学决策提供参考。

本次统计分析具有以下特点:一是坚持全局性。着眼于涉黑涉恶案件办理全过程,以涵盖侦

---

① 课题组成员:北京市高级人民法院党组成员、副院长蓝向东,审委会专职委员、刑一庭庭长袁丽忠,刑一庭法官吴小军,刑一庭法官助理蒋傲雨,东城区人民法院刑庭法官助理石魏,北京市第三中级人民法院刑一庭法官助理魏炜。课题执笔人:魏炜、吴小军。

查、起诉、审判各环节的全局性视角，持续、动态地开展全面调研。二是坚持实践性。既以静态的裁判文书、案件卷宗为基础对数据进行统计分析，又以动态的涉黑恶案件办理实践为依托进行司法观察，坚持以实践推动思维创造。三是坚持问题导向。全面梳理、深入分析司法实践中存在的制约涉黑涉恶案件办理进度、影响审判质效的诸多因素，提出解决问题的对策。

一、样本来源和统计方法、内容、工具

（一）样本来源

1. 样本来源

课题组以北京市高级人民法院建立的《全市法院涉黑涉恶案件台账》（以下简称《台账》）为基础选取统计样本。《台账》显示，2018 年 1 月至 2019 年 12 月 31 日，北京法院共受理涉黑涉恶案件 139 件 652 人（其中涉黑案件 5 件、涉恶案件 123 件、涉“保护伞”案件 11 件），一审审结 106 件 457 人（其中涉黑案件 2 件、涉恶案件 98 件、涉“保护伞”案件 5 件），二审审结 48 件 226 人（未结 1 件 6 人）。为避免重复计算，主要选取 2018—2019 年北京法院审结的 106 件一审涉黑涉恶案件为统计样本，其中 6 件为中级法院一审案件，100 件为基层法院一审案件。同时，基于涉黑涉恶案件上诉情况统计需要，对已结的 48 件二审涉黑涉恶案件一并予以统计。

需要说明的是，由于“恶势力”并非正式的法律概念，在 2019 年 4 月 9 日最高人民法院、最高人民检察院（以下简称“两高两部”）发布《关于办理恶势力刑事案件若干问题的意见》（以下简称《恶势力意见》）之前，部分已结在账案件没有在裁判文书中明确表述“恶势力”，但该类案件确系以恶势力标准进行起诉、审判，因此纳入本次调研的统计范围。

2. 统计对象

本次调研的统计对象包括涉黑、涉恶、涉“保护伞”三类刑事案件。《台账》基于“两个一律”和“一案三查”的要求，将与涉黑涉恶案件相关联的涉伞案件也纳入《台账》，统一管理。由于涉黑恶犯罪与“保护伞”犯罪之间在犯罪学层面及司法层面的紧密联系，课题组在选取统计样本时也将涉“保护伞”案件纳入统计范围。

（二）统计方法

1. 实地调查法

对北京法院特别是重大涉黑涉恶案件审理法院进行实地督导、现场调研；召开法院内部座谈会以及司法机关联合座谈会；对涉黑涉恶案件办理人员进行访谈，梳理总结侦查、起诉、审判各阶段承办人对涉黑恶犯罪及办案的直观感受，以定性方法分析困扰案件办理的各种因素。

2. 文本观察法

阅览近两年北京法院审理的涉黑涉恶案件的审理报告、裁判文书、卷宗材料等第一手资料，近距离观察涉黑涉恶案件的办理全貌，对涉黑涉恶案件审判情况开展定量分析。

（三）统计内容

为便于更好地把握黑恶势力的认定标准，课题组对违法犯罪活动实然样态和司法审判两个维度进行考察：一是涉黑涉恶犯罪自身的特点，包括犯罪主体自然情况、涉黑涉恶组织特征与涉黑涉恶犯罪手段特征。二是涉黑涉恶案件的审判特点，包括实体认定、审判程序与裁判文书撰写等方面。

（四）统计工具

本文使用统计分析软件 SPSS（IBM SPSS Statistics 23.0），对统计样本进行数据录入、整理，并对数据进行描述性统计①、均值比较、极值比较、多重响应②、卡方检验③等分析,由此获得对调查总体所有变量有关数据的频数分析、集中趋势分析、极端值分析、相关性检验等。

二、涉黑涉恶犯罪的主要特点

(一)犯罪主体自然情况

1. 涉黑涉恶犯罪主体为青壮年男性,且有向未成年人渗透的趋势

由性别与年龄分组交叉表(见表1)可知,457名被告人的年龄中占百分比最高的年龄段集中在25岁至34岁,这一年龄段被告人占总体人数的比例为53.6%,而34岁以下被告人的人数累计百分比达64.1%。女性被告人人数为38人,占比为8.3%,远低于男性所占比例。可见,青壮年男性是实施涉黑涉恶犯罪的主要群体,易受黑恶势力的不良影响而误入歧途。

表1 性别 * 年龄分组交叉表

单位:人

分类		项目	年龄分组						总计
			≤17岁	18-24岁	25-34岁	35-44岁	45-54岁	≥55	
性别	女	计数	2	7	19	6	3	1	38
		占性别的百分比	5.3%	18.4%	50.0%	15.8%	7.9%	2.6%	100.0%
	男	计数	5	34	226	107	35	12	419
		占性别的百分比	1.2%	8.1%	53.9%	25.5%	8.4%	2.9%	100.0%
总计		计数	7	41	245	113	38	13	457
		占性别的百分比	1.5%	9.0%	53.6%	24.7%	8.3%	2.8%	100.0%

通过分析极值,统计样本中年龄最大的被告人69岁,为杨继宝等人重大涉恶案中的被告人秦某某,其曾任顺义区某村党支部书记、村委会主任;年龄最小的被告人16岁,系未成年人。进一步分析未成年人参与涉黑恶犯罪的情况可知,统计样本中包含7名未成年人及41名年龄介于18岁至24岁的年轻人。一方面,上述7名未成年人包括赵某1恶势力案中的被告人崔某(17岁)、田某某(16岁)、赵某2(16岁),史某某恶势力案中的被告人史某某(16岁)、刘某某(17岁),任杰恶势力团伙中的王某某(17岁)、张某某(17岁)。其中,赵某1等人寻衅滋事案较为典型地反映出黑恶势力意图渗透在校学生或辍学少年,以"小恩小惠"驱使怂恿或利诱威逼青少年

① 描述性统计,是指运用制表和分类,图形以及计算概括性数据来描述数据特征的各项活动。载 https://baike.baidu.com/item/描述性统计,最后访问时间:2020年2月21日。

② SPSS软件进行多选题频数分析需首先将该问题编码变量合并为一个多重响应项集,"定义多重响应集"过程将基本变量分组为多二分集和多类别集,由此可以获取这些集合的频率表和交叉制表。载 https://www.ibm.com/support/knowledgecenter/zh/SSLVMB_subs/statistics_mainhelp_ddita/spss/base/idh_mrse.html,最后访问时间:2020年2月21日。

③ 卡方检验是一种计数资料的假设检验方法。它属于非参数检验的范畴,主要是比较两个及两个以上样本率(构成比)以及两个分类变量的关联性分析。其根本思想就是在于比较理论频数和实际频数的吻合程度或拟合优度问题。求卡方值一般用p指表示,卡方值越大,p值越小,变量相关的可能性越大。具体步骤是:第一,假设多个变量之间不相关;第二,根据假设计算得出每种情况的理论值,根据理论值与实际值的差别,计算得到卡方值及自由度;第三,查卡方表,求p值。卡方值越大,p值越小,变量相关的可能性越大,当 $p \leq 0.05$,否定原假设,认为变量相关;当 $p \leq 0.01$,认为变量相关性显著。载 https://blog.csdn.net/arielle512/article/details/81234501,最后访问时间:2020年2月21日。

参与实施涉黑涉恶犯罪，产生较为严重的危害后果和恶劣的社会影响。另一方面，上述41名年龄介于18岁至24岁的年轻人，虽然案发时年龄已超过18周岁，但其中有不少被告人在未成年时即参与黑恶势力犯罪，涉黑恶犯罪向未成年人渗透的趋势不容忽视，需要引起高度警惕。正如"两高两部"2020年4月23日发布的《关于依法严惩利用未成年人实施黑恶势力犯罪的意见》所指出的，"不少地方在办理黑恶势力犯罪案件时，发现一些未成年人被胁迫、利诱参与、实施黑恶势力犯罪，严重损害了未成年人健康成长，严重危害社会和谐稳定"。

2. 黑恶势力成员受教育程度普遍偏低，无业人员居多，企业化明显

表2 职业 * 教育程度交叉表

单位：人

分类		项目	教育程度					总计
			小学文化	初中文化	高中文化	专科文化	本科以上	
职业	无业	各教育程度人数	26	76	14	37	6	159
		占本类人数的百分比	44.8%	33.3%	28.0%	36.6%	30.0%	34.8%
	农民	各教育程度人数	14	42	7	12	0	75
		占本类人数的百分比	24.1%	18.4%	14.0%	11.9%	0.0%	16.4%
	私营企业职员	各教育程度人数	8	72	20	29	3	132
		占本类人数的百分比	13.8%	31.6%	40.0%	28.7%	15.0%	28.9%
	私营企业领导	各教育程度人数	9	26	8	12	5	60
		占本类人数的百分比	15.5%	11.4%	16.0%	11.9%	25.0%	13.1%
	个体经营者	各教育程度人数	1	2	0	1	0	4
		占本类人数的百分比	1.7%	0.9%	0.0%	1.0%	0.0%	0.9%
	国家机关、事业单位人员	各教育程度人数	0	1	0	2	6	9
		占本类人数的百分比	0.0%	0.4%	0.0%	2.0%	30.0%	2.0%
	基层(村民)自治组织人员	各教育程度人数	0	9	1	8	0	18
		占本类人数的百分比	0.0%	3.9%	2.0%	7.9%	0.0%	3.9%
总计		各教育程度人数	58	228	50	101	20	457
		占总人数的百分比	12.7%	49.9%	10.9%	22.1%	4.4%	100.0%

由表2可知，在受教育程度类别中，占比最高的是初中文化，有228名被告人具有初中文化程度，占比为49.9%；其次为专科文化，人数为101人，占比为22.1%；初中文化(含)以下人员共计286人，占比为62.6%，显示出黑恶势力成员受教育程度总体偏低的特征。通过对职业与受教育程度交叉表中列百分比的比较可知：

其一，无业人员比例高。在具有小学、初中、专科文化程度的被告人中，占职业类型比例最高的均为无业人员。值得注意的是，由于部分法院在界定"农民"这一职业类型的主要根据是农业户口，而这部分人事实上没有固定职业，因此，各文化程度下无业人员的实际比例应当高于统计值。对于受教育程度较低的被告人而言，在没有正当职业的情况下，如果个人缺乏积极向上的兴趣爱好

或理想信念，极易受到不良青年的影响或非法利益的诱惑，直至走上涉黑涉恶违法犯罪的道路。

其二，企业型黑恶势力特征明显。表2显示，私营企业职员为132人，占比为28.9%；私营企业领导①为60人，占比仅次于无业人员，占比为13.1%；私营企业人员占比共计42%，比例超过无业人员。特别是在具有高中文化程度的被告人中，私营企业职员占比达40%，私营企业领导比例达14%，即过半人员属于私营企业相关人员。这在一定程度上反映出当前部分黑恶势力以私营企业为据点或外壳，以招募职员的形式扩充组织成员，通过长期实施违法犯罪行为，严重扰乱特定行业经济秩序的特点，典型如朝阳区、丰台区、昌平区“黑中介”恶势力案及中关村电子城强迫交易类恶势力案。

其三，涉黑恶案件影响恶劣，个别公职人员参与其中充当“保护伞”，危害严重。涉“保护伞”类案件中，专科、本科以上文化程度中的国家机关、事业单位人员主要是为黑恶势力充当“保护伞”的国家公职人员。如个别国家公职人员被黑恶势力拉拢腐蚀，帮助黑恶势力组织者、领导者、骨干成员违规入党，侵蚀基层政权，捞取政治资本，使其凭借基层组织负责人身份非法逐利，区域危害严重；个别公职人员接受恶势力领导者的请托，在村集体土地租赁等方面为其谋取非法利益，致使恶势力团伙强占集体土地，非法获取了亿元拆迁补偿款，社会影响恶劣；个别公职人员丧失党性和工作原则，利用职务便利，为黑恶势力通风报信，纵容包庇，不仅对黑社会性质组织的滋生、蔓延起到推波助澜的作用，而且会使此类犯罪的社会危害进一步加大。

3. 黑恶势力成员再犯人数较多，早期违法犯罪行为暴力性特征明显

在统计的457名被告人中，具有前科劣迹②的有118人，占比为25.8%，其中有累犯情节的被告人有36人，占比为7.9%。具有前科劣迹与累犯人数较多的情况表明，涉黑涉恶案件被告人自控能力差，法律意识淡薄，在实施了违法犯罪行为后，不能够通过接受治安处罚或刑事处罚真正实现思想转变和自我改造，主观恶性和人身危险性相对较大。

图1、图2显示，涉黑涉恶案件被告人的前科劣迹及累犯罪中前罪主要表现为暴力行为。其一，前科劣迹行为属于暴力性违法犯罪的被告人有82人，非暴力性违法犯罪的有36人。暴力性前科劣迹主要表现为殴打他人、故意毁损公私财物等行为；非暴力性前科劣迹主要体现为吸食毒品、非法持有毒品、酒后驾车、贩卖淫秽物品、卖淫等行为。其二，累犯中前罪为暴力犯罪的被告人有30人，非暴力犯罪的有6人。暴力性前罪主要体现为抢劫、故意伤害、敲诈勒索、聚众斗殴、寻衅滋事等行为；非暴力性前罪主要表现为诈骗、盗窃、危险驾驶、贩卖毒品等。

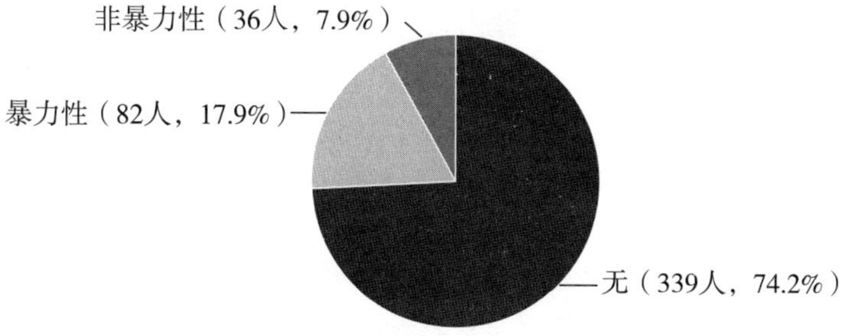

图1　前科劣迹类型

① 私营企业领导主要指的是私营企业法定代表人、经理或实际负责人。

② 前科劣迹指的是被告人被捕前实施过犯罪行为及违法行为，其中包括累犯情形。

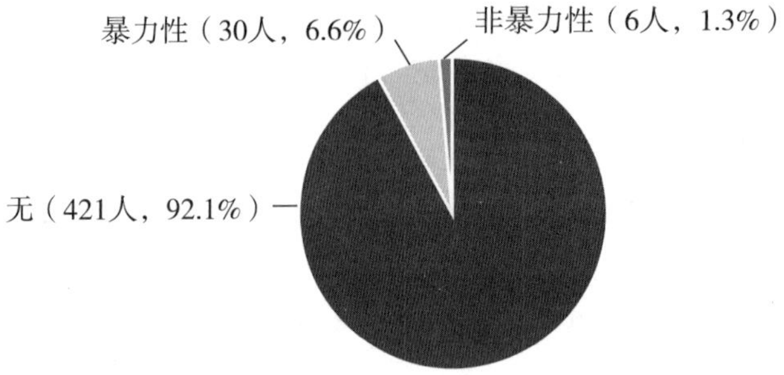

图2　累犯类型

4. 黑恶势力犯罪呈现明显的区域和行业特征

其一，黑恶势力成员户籍所在地情况因犯罪地不同呈现差异。统计显示，非京籍黑恶势力成员人数为263人，占比为57.5%；京籍为194人，占比为42.5%。总体而言，北京涉黑涉恶犯罪主要由非京籍人员实施，但该指标因案件发生区域不同存在差异。户籍所在地与犯罪地交叉表（见表3）反映出，在北京郊区①发生的涉黑恶案件主要由京籍人员实施，其中由京籍人员实施的有146件，占比为65.5%；由非京籍人员实施的有77件，占比为34.5%。与郊区情况不同的是，北京城区发生的涉黑恶涉犯罪主要由非京籍人员实施，其中由非京籍人员实施的有186件，占比为79.5%；由京籍人员实施的有48件，占比为20.5%。

表3　户籍所在地＊犯罪地交叉表

单位：人

分类＼项目			户籍所在地：京外	户籍所在地：京内	总计
犯罪地	郊区	计数	77	146	223
		占户籍所在地的百分比	34.5%	65.5%	100.0%
	城区	计数	186	48	234
		占户籍所在地的百分比	79.5%	20.5%	100.0%
总计	计数		263	194	457
	占户籍所在地的百分比		57.5%	42.5%	100.0%

其二，黑恶势力犯罪因区域不同呈现出类型化差异。为进一步分析北京涉黑涉恶犯罪的区域、行业特征，课题组制定了北京区域与涉黑涉恶犯罪类型交叉表（见表4）。结合表3、表4可知：

在城区，经济活跃，商业繁华，人流密集，外来人口较多且构成复杂，外地来京人员中的部分不法分子利用城区市场需求旺盛、金融产业发达等特点，在农副产品批发市场、汽车和电子交易市场、房屋租赁市场、民间借贷融资等重点行业大量实施涉黑涉恶违法犯罪。例如，丰台区作为城六区之一，外来人口较多，房屋租赁行业发达，利用"软暴力"等方式实施的房屋"黑中介"犯罪多发，严重扰乱了当地房屋租赁市场经济秩序，侵害租户的人权和财产权，危及群众安全感和满

① 本文中北京郊区指的是除东城区、西城区、朝阳区、海淀区、丰台区、石景山区之外的北京各区。

意度;朝阳、海淀等地区经济发达、市场繁荣的环境下也潜伏着强买强卖、欺行霸市的"行霸"类恶势力犯罪,中关村电子城强迫交易系列案、大洋路市场穆建军恶势力强迫交易案等严重扰乱了特定地域、特定行业的营商环境,危害后果不容小觑。

在郊区,自然资源较为丰富,外来人口相对较少,本地部分不法分子为非法占有郊区土地、矿产等资源,攫取土地流转、拆迁补偿等过程中的巨额利益,染指基层政权,捞取政治资本,利用农村基层组织负责人身份,为非作恶,欺压百姓,对郊区尤其是农村地区的各类资源巧取豪夺,社会影响恶劣。例如,杨继宝等人是在顺义区拆迁领域中出现的恶势力团伙,其为追逐巨额拆迁补偿,在拆迁、征地等工程项目中煽动闹事,拉拢腐蚀个别国家工作人员,破坏基层政治生态,严重扰乱经济秩序;平谷等地矿产资源丰富,王小双团伙等恶势力以"黑开采"方式,破坏国家自然资源,攫取大量非法经济利益;京藏高速昌平、延庆路段,王海民等人靠路吃路、为非作恶,在高速公路上强行拖车、高额收费,形成了令过路群众人人畏惧的"路霸"恶势力犯罪集团。

表4 区域＊涉黑涉恶犯罪类型交叉表

单位:件

类型/院别	犯罪类型							总计
	行霸	黄赌毒	村霸	黑中介	套路贷	路霸	其他	
丰台		2		10		3	3	18
朝阳	1	1	1	3	5	2	3	16
顺义	5	2	4				2	13
海淀	8		1				2	11
平谷		5	2			1	3	11
房山	1	1					5	7
大兴		3	1	1			1	6
昌平	3						2	5
通州		1	1				2	4
二中院			1				1	2
三中院			1		2			3
西城			1				1	2
密云							2	2
怀柔			1				1	2
延庆			1					1
门头沟	1							1
石景山	1							1
东城		1						1
总计	20	16	15	14	7	6	28	106

5. 从宽情节认定中如实供述的比例较高

具有自首情节的被告人为29人，占比为6.3%；具有如实供述情节的被告人为149人，占比为32.6%；具有立功情节的被告人为4人，占比为0.6%（见图3）。相比而言，涉黑恶案件被告人主动投案、立功的比例低，但有近1/3的被告人能够如实供述主要犯罪事实，这为涉黑涉恶案件适用认罪认罚从宽制度提供了一定基础。

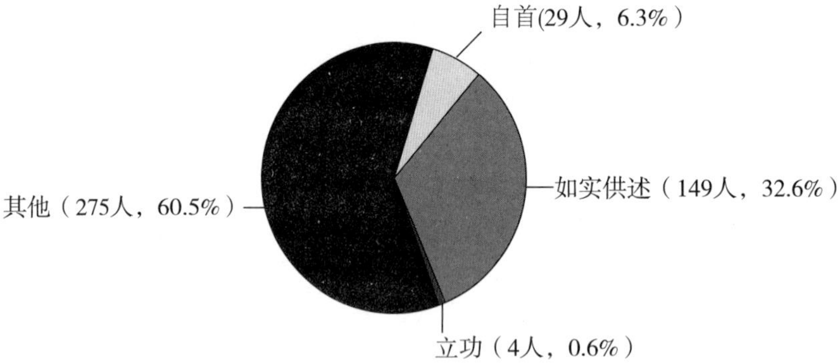

图3　涉黑涉恶案件被告人从轻情节

（二）涉黑涉恶犯罪组织特征

1. 从组织人数看，黑恶势力人数多为3人以上6人以下，符合法律规定的人数要求

统计发现，由于存在公诉机关拆分案件的等情况，已结的106件涉黑涉恶案件实际共涉及67个涉黑涉恶组织，包括2个黑社会性质组织和65个恶势力组织。67个涉黑涉恶组织中，平均每个组织约7名被告人，其中人数最少的为3人，人数最多的有25人（如林国斌“套路贷”黑社会性质组织）。

表5　涉黑涉恶组织类型 * 人数分组交叉表

单位：人

类型（分组）			人数分组：3人	4-6人	7-10	11-20人	20人以上	总计（个）
组织类型	黑社会性质组织	计数	0	0	1	0	1	2
		占组织类型的百分比	0.0%	0.0%	50.0%	0.0%	50.0%	100.0%
	恶势力组织	计数	19	21	18	5	2	65
		占组织类型的百分比	29.2%	32.3%	27.7%	7.7%	3.1%	100.0%
总计	计数		19	21	19	5	3	67
	占组织类型的百分比		28.4%	31.3%	28.4%	7.5%	4.5%	100.0%

涉黑涉恶组织类型与组织人数交叉表（见表5）反映出：其一，黑社会性质组织人数普遍高于恶势力组织，这是由二者的组织特征、内部结构、紧密程度等决定的。其二，占比最高的人数区间为4-6人，占比为31.3%，而3-6人的人数区间累计占比为59.7%，说明近六成的黑恶势力组织人数在3人以上6人以下，符合“两高两部”发布的《办理黑恶势力犯罪案件若干问题的指导意见》（以下简称《指导意见》）及《恶势力意见》的相关规定。其三，7-10人的人数区间占比为28.4%，符合此人数区间的黑恶势力体现出较强的组织性特征。另外，在恶势力组织中有5个达

到了10－20人的人数区间，有两个超过了20人，说明这部分恶势力组织已经形成了较大规模，更易对特定地区、行业的群众形成心理强制和势力威慑。

2. 从犯罪时间看，违法犯罪事实多，作案跨度时间长

审结的106件涉黑涉恶案件违法犯罪事实共1500起，平均每个案件包括违法犯罪事实约14起，作案次数较多；作案持续时间长，平均14个月，最长跨度13年。一方面，说明黑恶势力长期积聚，有机会在较长时间内逐渐形成为非作恶、欺行霸市或欺压百姓的“恶名”，即使不直接实施暴力手段，也可以对特定区域、行业的群众造成了持续的心理威慑；另一方面，说明涉黑涉恶组织反侦查能力较强，这给涉黑涉恶案件的侦办带来了压力和挑战。

3. 从组织地位看，黑恶势力中组织者、领导者主要由非京籍人员担任，私营企业负责人比例高

统计显示，457名被告人中，在黑恶势力组织中担任组织者、领导者的有60人，占比为13.1%，其他成员为397人，占比为86.9%。分析可知：

其一，区域、户籍所在地、组织地位交叉表（见表6）显示，总体上看，无论组织者、领导者还是一般成员，非京籍人员占多数。但进一步按区域划分时，在郊区，组织者、领导者主要由京籍人员担任，在城区则主要由非京籍人员担任，这与不同户籍的涉黑涉恶案件被告人的地域分布基本一致。

表6　区域 * 户籍所在地 * 组织地位交叉表

单位：人

<table>
<tr><th colspan="3" rowspan="2">所在地
组织地位</th><th colspan="2">户籍所在地</th><th rowspan="2">总计</th></tr>
<tr><th>京外</th><th>京内</th></tr>
<tr><td rowspan="3">组织者、领导者</td><td rowspan="2">区域</td><td>郊区</td><td>5</td><td>17</td><td>22</td></tr>
<tr><td>城区</td><td>30</td><td>8</td><td>38</td></tr>
<tr><td colspan="2">总计</td><td>35</td><td>25</td><td>60</td></tr>
<tr><td rowspan="3">其他成员</td><td rowspan="2">区域</td><td>郊区</td><td>72</td><td>129</td><td>201</td></tr>
<tr><td>城区</td><td>156</td><td>40</td><td>196</td></tr>
<tr><td colspan="2">总计</td><td>228</td><td>169</td><td>397</td></tr>
<tr><td rowspan="3">总计</td><td rowspan="2">辖区</td><td>郊区</td><td>77</td><td>146</td><td>223</td></tr>
<tr><td>城区</td><td>186</td><td>48</td><td>234</td></tr>
<tr><td colspan="2">总计</td><td>263</td><td>194</td><td>457</td></tr>
</table>

其二，从表7显示的组织地位与职业交叉表来看，各类职业中，担任组织者、领导者最多的是私营企业领导，占比为43.3%；其次是无业人员，占比为35.0%。近半数的黑恶势力组织者、领导者为私营企业领导的现状，反映出涉黑涉恶犯罪逐渐由传统领域向经济领域渗透的趋势。

表7 组织地位 * 职业交叉表

单位:人

组织地位 \ 类型		职业							总计
		无业	农民	私营企业职员	私营企业领导	个体经营者	国家机关、事业单位	基层自治组织	
组织者、领导者	计数	21	3	6	26	0	1	3	60
	占比	35.0%	5.0%	10.0%	43.3%	0.0%	1.7%	5.0%	100.0%
其他成员	计数	138	72	126	34	4	8	15	397
	占比	34.8%	18.1%	31.7%	8.6%	1.0%	2.0%	3.8%	100.0%
总计	计数	159	75	132	60	4	9	18	457
	占比	34.8%	16.4%	28.9%	13.1%	0.9%	2.0%	3.9%	100.0%

其三,组织者、纠集者如实供述比例较高。表8、表9显示,就自首而言,其他成员在自首比例方面略高于组织者、领导者;但就如实供述而言,组织者、领导者的比例要高于其他成员。如果能充分利用组织者、领导者如实供述情节,运用好认罪认罚从宽制度,对有助于提升涉黑涉恶犯罪审判质效。

表8 组织地位 * 自首交叉表

单位:人

组织地位 \ 类型		自首		总计
		无	有	
组织者、领导者	计数	57	3	60
	占组织地位的百分比	95.0%	5.0%	100.0%
其他成员	计数	371	26	397
	占组织地位的百分比	93.5%	6.5%	100.0%
总计	计数	428	29	457
	占组织地位的百分比	93.7%	6.3%	100.0%

表9 组织地位 * 如实供述交叉表

单位:人

组织地位 \ 类型		如实供述		总计
		否	是	
组织者、领导者	计数	32	28	60
	占组织地位的百分比	53.3%	46.7%	100.0%
其他成员	计数	276	121	397
	占组织地位的百分比	69.5%	30.5%	100.0%
总计	计数	308	149	457
	占组织地位的百分比	67.4%	32.6%	100.0%

(三)犯罪手段特征

1. 从犯罪手段看,黑恶势力就地伪装,暴力性趋于隐蔽,"软暴力"特征凸显,增加了识别和打击难度

与传统黑恶势力实施"打打杀杀"等直接暴力行为不同,当前黑恶势力犯罪手段趋于隐蔽,实施恐吓、威胁、滋扰等"软暴力"成为主要犯罪手段。表 10 显示,从审结的黑恶势力犯罪案件看,单纯使用传统"硬暴力"的案件约占二成,"软硬兼施"的案件约占一成,实施"软暴力"行为的案件占七成。例如,朝阳法院、丰台法院审理的"黑中介"类涉恶系列案件中,刘康、寇强等恶势力团伙在经营过程中通过实施强行索要违约金、断电断水、威胁、骚扰等"软暴力"方式逼迫租户退租或者有意制造"违约"陷阱,非法获利,严重侵害租户的人身和财产权利,扰乱了房屋租赁市场秩序。

随着"软暴力"日益成为黑恶势力犯罪的主要行为类型,涉黑涉恶犯罪所侵犯的法益由传统的人身权、财产权向安宁权、隐私权、名誉权转变。这类犯罪行为虽不易造成肉眼可见的实体伤害,却会给被害人带来较大的精神伤害,形成心理强制。由于"软暴力"行为隐蔽性强,与民事纠纷不易区分,不少违法犯罪行为在初期存在被降格处理的现象,如陈海涛案、张艳超案中,出现将涉黑涉恶犯罪行为作为民事纠纷或治安案件处理的情形。

表 10 辖区 * 行为类型交叉表

单位:件

辖区 \ 类型		行为类型			总计
		软暴力	软硬兼施	硬暴力	
城区	计数	44	7	6	57
	占辖区的百分比	77.2%	12.3%	10.5%	100.0%
郊区	计数	26	7	16	49
	占辖区的百分比	53.1%	14.3%	32.7%	100.0%
总计	计数	70	14	22	106
	占辖区的百分比	66.0%	13.2%	20.8%	100.0%

2. 行为类型分布集中,由传统扰乱社会治安向侵财逐利、经济领域渗透

经过对罪名出现频次进行排序,频次最高的五个罪名依次是寻衅滋事罪、敲诈勒索罪、强迫交易罪、诈骗罪、故意伤害罪,其中敲诈勒索、强迫交易、诈骗等涉财类罪名出现频次共计 244 次,其他罪名出现频次共计 158 次。区域与罪名交叉表(见表 11)反映出,发生在城区、郊区的涉财罪名均有较广泛的分布,城区涉财性罪名的出现频次共计 170 次,占比高达 87.2%。这与城区经济发达、人流密集的特征有着密切关系。例如,在林国斌等人涉黑"套路贷"案中,林国斌等人在朝阳、海淀、东城等区实施"套路贷"犯罪活动,骗取 72 名被害人 74 套房屋,造成 65 名被害人 67 套房屋及财产损失合计人民币 1.8 亿余元。

表11　区域＊罪名交叉表

单位:件

区域＼类型		罪名					总计
		寻衅滋事罪	敲诈勒索罪	强迫交易罪	诈骗罪	故意伤害罪	
城区	计数	31	57	58	55	13	214
	占比	15.9%	29.2%	29.7%	28.2%	6.7%	
郊区	计数	92	51	12	11	22	188
	占比	58.6%	32.5%	7.6%	7.0%	14.0%	
总计	计数	123	108	70	66	35	402

注:百分比和总计基于响应者。使用了值1对二分组进行制表。

三、涉黑涉恶犯罪审判的主要特点

(一)实体处理方面

1.涉黑涉恶案件定罪量刑体现了依法从严

对涉黑涉恶犯罪依法从严惩处是扫黑除恶专项斗争的要求。统计显示,北京法院判处5年以上有期徒刑直至无期徒刑的被告人164人,重刑率达35.9%,远高于普通刑事案件重刑率。①为了进一步分析《恶势力意见》的出台对量刑的影响,课题组制作了表12,从刑罚区间与判决时间交叉表可以看出,2019年4月9日之前,涉黑涉恶案件判处刑罚集中在5年以下有期徒刑,被判处5年以下有期徒刑的被告人有187人,占比高达84.6%,重刑率较低;2019年4月9日之后,涉黑涉恶案件判处刑罚重刑率较之前上升了32.5个百分点。另外,10年以上有期徒刑中各个刑罚区间的被告人人数百分比均有较大幅度的提升,充分彰显了"四个意见"出台后北京法院加大依法从严惩处黑恶势力的力度,尤其是对首要分子、组织者、领导者,如对林国斌、陈海涛等数罪并罚判处无期徒刑、有期徒刑25年不等的刑罚,沉重打击了黑恶势力的嚣张气焰。卡方检验显示,判决时间与刑罚区间的P值小于0.05,关系显著。

表12　刑罚区间＊判决时间交叉表

单位:人

刑罚区间＼时间		判决时间		总计
		2019年4月9日之前	2019年4月9日之后	
5年以下有期徒刑	计数	177	116	293
	占判决时间的百分比	81.9%	48.1%	64.0%

① 最高人民法院的数据显示:2018年全国法院判处5年以上有期徒刑、无期徒刑至死刑的毒品犯罪分子26 443人,重刑率为24.11%;2019年1月至5月,判处重刑人数10 029人,重刑率为26.38%,均高出同期全部刑事案件重刑率十几个百分点。据此可推知,全部刑事案件重刑率水平一般不高于15%。载http://courtapp.chinacourt.org/zixun－xiangqing－166432.html;最后访问时间:2020年2月21日。

续表

刑罚区间 \ 时间		判决时间		总计
		2019 年 4 月 9 日之前	2019 年 4 月 9 日之后	
5－10 年有期徒刑	计数	25	79	104
	占判决时间的百分比	11.6%	32.8%	22.8%
10－15 年有期徒刑	计数	13	26	39
	占判决时间的百分比	6.0%	10.8%	8.6%
15－20 年有期徒刑	计数	1	15	16
	占判决时间的百分比	0.5%	6.2%	3.5%
20 年以上有期徒刑	计数	0	4	4
	占判决时间的百分比	0.0%	1.7%	0.9%
无期徒刑	计数	0	1	1
	占判决时间的百分比	0.0%	0.4%	0.2%
总计	计数	216	241	457
	占判决时间的百分比	100.0%	100.0%	100.0%

注：a. $p<0.005$。

2. 涉黑涉恶案件财产刑判处、执行体现了依法从严

在涉黑涉恶案件财产处置上，北京市政法机关加大处置力度，在侦查、起诉阶段着力收集、固定有关涉黑涉恶财产的证据。法院改变“重定罪量刑，轻财产处置”的传统办案思路，强化“打财断血”，依法判处追缴、罚没、退赔财产 3 亿余元，在涉案财产处置上体现了依法从严的精神。为了进一步分析“四个意见”的出台对涉黑涉恶财产刑判处的影响，课题组制作了表 13，从罚金分类与判决时间交叉表可以看出，2019 年 4 月 9 日以前，超过半数的涉黑涉恶案件被告人被判处罚金金额在 10 万元以下，而 10 万元以下罚金及未判处罚金的情况占比高达 90.2%；2019 年 4 月 9 日以后，被判处 10 万元以下罚金的被告人人数大幅下降，10 万元以上罚金所占百分比相较之前上升44.1个百分点。尤其是对陈海涛、林国斌等 13 名黑恶势力组织者、领导者判处没收个人全部财产；对杨继宝等人涉恶案中 12 名被告人共被判处罚金近 2000 万元；依法处理涉黑“套路贷”案涉案房产 70 余套。卡方检验显示，判决时间与财产刑区间的 P 值小于 0.05，关系显著。

表13 罚金分类＊判决时间交叉表

单位：人

罚金分类 \ 时间			判决时间 2019年4月9日之前	判决时间 2019年4月9日之后	总计
财产刑档次	无罚金	计数	77	55	132
		占判决时间的百分比	35.6%	22.8%	28.9%
	10万元以下	计数	118	75	193
		占判决时间的百分比	54.6%	31.1%	42.2%
	10万－20万元	计数	7	41	48
		占判决时间的百分比	3.2%	17.0%	10.5%
	20万－50万元	计数	8	40	48
		占判决时间的百分比	3.7%	16.6%	10.5%
	50万－100万元	计数	3	6	9
		占判决时间的百分比	1.4%	2.5%	2.0%
	100万－500万元	计数	3	8	11
		占判决时间的百分比	1.4%	3.3%	2.4%
	500万－1000万元	计数	0	2	2
		占判决时间的百分比	0.0%	0.8%	0.4%
	1000万元以上	计数	0	1	1
		占判决时间的百分比	0.0%	0.4%	0.2%
	没收个人全部财产	计数	0	13	13
		占判决时间的百分比	0.0%	5.4%	2.8%
总计	计数		216	241	457
	占判决时间的百分比		100.0%	100.0%	100.0%

注：a. $p<0.005$。

3. 宽严相济刑事政策的体现

其一，缓刑适用标准把握严格。《恶势力意见》第十三条第二款规定："认罪认罚或者仅参与实施少量的犯罪活动且只起次要、辅助作用，符合缓刑条件的，可以适用缓刑。"该表述是宽严相济刑事政策在涉黑涉恶案件办理中的具体表现。统计样本发现，被判处有期徒刑缓期执行的被告人共有15人，相应判决书显示，上述被告人犯罪情节均较轻，实施犯罪造成的危害后果较小，通常具备从犯、自首、如实供述、赔偿被害人并获谅解、初犯等从宽处罚情节，被告人社会危害性、人身危险性及再犯可能性较小。

其二，涉案未成年人得到从宽处罚。《刑法》第十七条第三款规定："已满十四周岁不满十八周岁的人犯罪，应当从轻或者减轻处罚。"未成年人由于年龄小，心智尚不成熟，法院在对未成年黑恶势力成员进行量刑时，除遵循依法严惩的原则外，还格外注意教育、保护、挽救功能。年龄与刑法交叉表（见表14）反映出，涉黑涉恶案件中未成年被告人量刑较轻，刑期均未超出5年有期徒刑，其中判处3年有期徒刑2人，2年有期徒刑2人，1年有期徒刑3人；18－24岁的青年人量刑也相对较轻，重刑人数较少，且重刑率相较于25岁以上各年龄区间均较小，表明法院综合考虑未成年人对犯罪的认识能力、实施犯罪行为的动机和目的、犯罪时的年龄、是否初犯、偶犯、悔罪表现、个人成长经历和一贯表现等情况，依法予以从宽处罚。

表14 年龄分组＊刑罚区间交叉表

单位:人

年龄分组 \ 类型	刑罚区间						总计
	5年以下有期徒刑	5－10年有期徒刑	10－15年有期徒刑	15－20年有期徒刑	20年以上有期徒刑	无期徒刑	
≤17岁	7	0	0	0	0	0	7
18－24岁	33	7	1	0	0	0	41
25－34岁	167	55	15	8	0	0	245
35－44岁	68	23	14	5	2	1	113
45－54岁	12	16	6	2	2	0	38
≥55	6	3	3	1	0	0	13
总计	293	104	39	16	4	1	457

(二)审理程序方面

1. 变更、追加起诉、补充侦查现象普遍,案件审理周期较长

按照涉黑涉恶案件"案不漏人、人不漏罪、罪不漏证"的办理要求,在法院审理涉黑涉恶案件过程中,变更指控或补查补证现象较为普遍。样本统计显示,法院立案后公诉机关变更、追加起诉或补充侦查的有41件,占比为38.7%,这在很大程度上迟延办案进度,延长了办案周期。图4显示,上述已结的106件一审涉黑恶案件平均审理周期为136天(约4.6个月),其中有59件审理时长为3个月以下,占比为55.7%;有20件为3－6个月,占比为18.9%;有23件为6－12个月,占比为21.7%;有4件为12个月以上,最长为13个月。易言之,超过四成的一审涉恶案件延长了为期3个月的基本审限。值得注意的是,与大部分涉恶案件相比,涉黑案件的案情更为复杂,审判体量更大。例如,二中院审理的陈海涛黑社会性质组织案,涉及违法犯罪近40起,触犯罪名17项,卷宗资料350余册,光盘100余张,审判难度很大。但与不少涉恶案件无法在正常审限内审结相比,已结的2件涉黑案件(陈海涛案、林国斌案)均能在3个月内审结,主要原因可能在于:其一,涉黑罪名系《刑法》第二百九十四条明确规定,构成要件较为清晰,相关法律法规较为完善;其二,上述2起涉黑案件的前期侦查、起诉工作较为扎实,为顺利审判奠定良好基础;其三,依托会商研判机制,以审判标准引导侦查起诉,有利于审判依法快速推进。

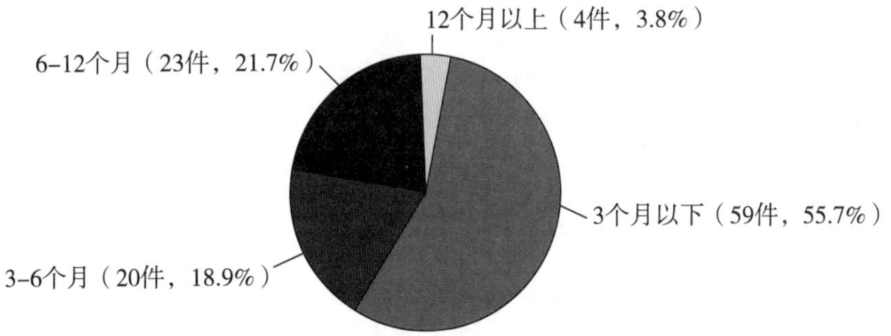

图4 已结涉黑涉恶案件审限

2. 关联案件分步起诉情形较为突出

黑恶势力组织规模较大，人数较多，在已结的106件一审涉黑涉恶案件中，部分存在主案与关联案件的侦诉进度不一，检察机关分步起诉的情况。涉黑涉恶犯罪主案是指该案被告人中包含黑恶势力组织者、领导者的案件，关联案件是指该案被告人中仅包含黑恶势力普通成员或者"保护伞"的案件。实践中，按照主案、关联案件协同审结的要求，①导致部分关联案件的审判受主案定性、审判进度的制约，或者主案等待关联案件移送起诉、一并宣判，这一定程度上影响涉黑涉恶案件整体办理节奏。具体表现为：

其一，涉黑涉恶串案分步起诉多。在上述106件案件中，有8件为黑恶势力及其"保护伞"串案，分别为陈海涛串案、贾会琴串案及陈志永串案。例如，贾会琴串案中，2件涉及"保护伞"关联案件于2019年3月6日起诉至法院，主案于2019年8月22日起诉至法院，3起案件均于2019年12月30日一审宣判。这是因为涉黑涉恶案件和涉"保护伞"案件由不同单位办理，前者由公安机关侦办，后者由监察机关调查，尽管二者建立了"同步上案、协同配合"的办案机制，但受制于案件复杂程度、办理难度和办案程序等不同，二者的办理进度很难完全一致。

其二，涉黑涉恶团伙成员分案起诉多。在上述106件案件中，涉黑涉恶团伙被拆分、分步起诉的案件为64件，涉及25个恶势力团伙。例如，寇强"黑中介"系列案中，寇强恶势力团伙成员被分成9起案件分别起诉至法院。造成上述情况的主要原因在于：一方面，涉黑涉恶犯罪本质上属于有组织犯罪，犯罪人数众多，成员背景复杂，组织中部分犯罪人"闻风而逃"的情况时有发生。因此，部分案件中犯罪嫌疑人归案时间不同，导致起诉时间先后不同。另一方面，侦诉机关对案件进行拆分处理主要是基于侦诉便利考量。例如，在穆建军恶势力案（大洋路市场案）等人数规模较大的案件中，侦诉机关通过将行为性质不同、组织地位相异、认罪态度有别的不同犯罪嫌疑人分案处理，区别对待，既有助于瓦解规模较大的恶势力团伙，也有利于适用认罪认罚从宽制度。因此，有必要根据案件具体情况合理看待分案起诉，有针对性地开展侦诉审协调会商工作。

3. 法律政策把握、诉判趋于一致

在扫黑除恶专项斗争初期，由于不同办案单位对黑恶势力及其成员的认定标准等方面存在一定分歧，个别案件出现了法检意见不一致，进而改变定性或罪名的情况，如朝阳法院对房屋黑中介系列案、海淀法院对强迫交易系列案、丰台法院对团伙诈骗系列案等公安、检察机关未指控恶势力犯罪案件，法院建议检察机关变更或补充起诉，依法认定恶势力，避免案件被降格处理。同时对检察机关指控的7起涉恶案件依法不认定恶势力，避免案件被拔高处理；对华士中恶势力敲诈勒索案等7起案件变更指控罪名。需要指出的是，上述案件的起诉时间均早于2019年4月9日。2019年4月9日"四个意见"出台后，北京法院、检察院对恶势力、"软暴力"、"套路贷"等违法犯罪行为的界定有了更加明确、统一的认识。在"四个意见"出台后，北京法院审结的涉黑涉恶案件诉判趋于一致，有助于实现案件法律效果、政治效果和社会效果的统一。

4. 适用认罪认罚案件比例不高

2018年10月修改的《刑事诉讼法》正式确立了认罪认罚从宽制度和刑事速裁程序。从理论和法律层面而言，认罪认罚从宽制度贯穿于刑事诉讼全过程，适用于侦查、起诉、审判各阶段；没

① 这里涉及黑恶势力"保护伞"的认定问题，即涉黑涉恶案件的定性是前提基础，在认定黑恶势力性质的基础上，进一步审查判断相关涉伞案件被告人是否构成"保护伞"。

有适用罪名和可能判处刑罚的限定,所有刑事案件都可以适用。① 但受依法从严惩处方针的影响,对于黑恶势力犯罪能否适用认罪认罚从宽制度,实践中一线办案人员思想上有顾虑,不敢用、不愿用。《恶势力意见》第十六条明确规定,“恶势力刑事案件的犯罪嫌疑人、被告人自愿如实供述自己的罪行,承认指控的犯罪事实,愿意接受处罚的,可以依法从宽处理,并适用认罪认罚从宽制度。对于犯罪性质恶劣、犯罪手段残忍、社会危害严重的犯罪嫌疑人、被告人,虽然认罪认罚,但不足以从轻处罚的,不适用该制度”。这为认罪认罚从宽制度适用于黑恶势力刑事案件提供了明确的指引。2018—2019 年,北京法院适用认罪认罚审结的涉黑涉恶案件共 8 件(见表 15)。

表 15　涉黑涉恶案件认罪认罚从宽制度适用情况

适用法院	案件名称
市三中院	林国斌涉黑“套路贷”案
丰台法院	朱阳东等人强迫交易案
昌平法院	赵丹丹敲诈勒索案
大兴法院	许海跃等人绑架、强奸、强制猥亵案
顺义法院	冯磊等人寻衅滋事案
	隋宇轩等人寻衅滋事案
通州法院	于明受贿涉“保护伞”案
密云法院	赵某 1 等人寻衅滋事案

为了进一步分析《恶势力意见》的出台对司法机关适用认罪认罚从宽制度的影响,课题组制作了表 16,从判决时间与适用认罪认罚制度交叉表可以看出,近两年来,北京法院共对 22 名被告人适用了认罪认罚从宽制度,适用率较低。值得注意的是,在 2019 年 4 月 9 日之前,适用认罪认罚制度人数为 2 人,占比为 0.9%;在 4 月 9 日之后,适用人数为 20 人,占比提高至 8.3%。这说明《恶势力意见》的出台,提升了司法机关在涉黑涉恶案件中适用认罪认罚从宽制度积极性,这对加速分化瓦解黑恶势力,提升办案质效均具有积极的影响。

表 16　判决时间 * 适用认罪认罚制度交叉表

单位:人

判决时间 \ 类型		适用认罪认罚制度		总计
		无	有	
2019 年 4 月 9 日之前	计数	214	2	216
	占判决时间的百分比	99.1%	0.9%	100.0%
2019 年 4 月 9 日之后	计数	221	20	241
	占判决时间的百分比	91.7%	8.3%	100.0%
总计	计数	435	22	457
	占判决时间的百分比	95.2%	4.8%	100.0%

① 2019 年 10 月最高人民法院、最高人民检察院、公安部、国家安全部、司法部共同发布的《关于适用认罪认罚从宽制度的指导意见》,以规范性文件(准司法解释)的形式予以明确。

5. 涉黑涉恶案件上诉率高,恶势力组织者、领导者上诉趋势明显

在审结的106件一审涉黑涉恶案件中,上诉48件,均为恶势力案件,审结46件。上诉案件比为45.3%;上诉人共计130人,上诉人数占比为28.4%。

其一,涉恶案件上诉原因主要是量刑过重、认定事实错误。上诉理由与裁判时间交叉表(见表17)①显示,从整体上看,占比最高的上诉理由为"量刑过重",占上诉理由比例约40.7%;其次是"事实认定错误",占比为22.6%。可见四成上诉人对一审量刑结果不满。值得注意的是,"四个意见"出台后,除了"量刑过重"占比有所提高以外,"恶势力认定错误""事实认定错误""财产刑量刑过重"三项上诉理由占比也有不同幅度的提高,其中,"财产刑判罚过重"上升5.6个百分点。

表17 上诉理由 * 上诉时间交叉表

单位:件

类型 \ 时间			上诉理由 2019年4月9日前	上诉理由 2019年4月9日后	总计
上诉理由	恶势力(成员)认定错误	计数	15	13	28
		占上诉时间的百分比	10.2%	13.5%	
	事实认定错误	计数	31	24	55
		占上诉时间的百分比	21.1%	25.0%	
	罪名有误	计数	19	9	28
		占上诉时间的百分比	12.9%	9.4%	
	量刑过重	计数	58	41	99
		占上诉时间的百分比	39.5%	42.7%	
	不构成犯罪	计数	8	3	11
		占上诉时间的百分比	5.4%	3.1%	
	一审程序违法	计数	1	0	1
		占上诉时间的百分比	0.7%	0.0%	
	财产刑量刑过重	计数	1	6	7
		占上诉时间的百分比	0.7%	6.3%	
	文书未显示	计数	14	0	14
		占上诉时间的百分比	9.5%	0.0%	
总计		计数	147	96	243

其二,恶势力组织者、领导者上诉的倾向更为明显。统计发现,在48件二审审结的涉恶案件中,二审法院裁定驳回上诉,维持原判的有38件;裁定准许撤诉的有8起案件14名上诉人,撤诉案件比为17.4%。从组织地位看,组织者、领导者对涉恶案件一审判决结果不满程度高于普通成

① 涉黑涉恶案件二审裁判文书中,准许撤回上诉案件一般不在文书中列明被告人上诉理由,故此类文书的上诉理由归为"文书未显示"。

员:提出上诉的恶势力组织者、领导者有26人,占其总人数的比率为43.3%;普通成员有104人,占比为26.3%。另外,表18显示,提出上诉后,恶势力普通成员撤诉率更高。

表18　组织地位＊撤诉交叉表

单位:件

组织地位 \ 情况		申请撤诉 是	申请撤诉 否	总计
组织者、领导者	计数	1	25	26
	占组织地位的百分比	3.8%	96.2%	100.0%
普通成员	计数	10	94	104
	占组织地位的百分比	9.6%	90.4%	100.0%
总计	计数	11	119	130
	占组织地位的百分比	8.5%	91.5%	100.0%

为进一步分析恶势力组织者、领导者坚持上诉倾向①更为明显的原因,课题组制作了上诉理由与组织地位交叉表(见表19)。表19显示,恶势力组织者、领导者因人为"恶势力认定错误""事实认定错误""不构成犯罪"原因提起上诉的比例高于普通成员,因此,与普通成员多对量刑不满,更高比例的组织者、领导者无法接受一审法院对组织性质、行为性质的认定,这在一定程度上能够解释为何组织者、领导者坚持上诉的倾向更为明显。

表19　上诉理由＊组织地位交叉表

单位:件

类型 \ 组织地位			组织者、领导者	普通成员	总计
上诉理由	恶势力认定错误	计数	10	18	28
		占组织地位的百分比	16.7%	9.8%	
	事实认定错误	计数	14	41	55
		占组织地位的百分比	23.3%	22.4%	
	罪名有误	计数	9	19	28
		占组织地位的百分比	15.0%	10.4%	
	量刑过重	计数	21	78	99
		占组织地位的百分比	35.0%	42.6%	

① 本调研所称"上诉倾向",主要表现为在多个人群类别中,某一类被告人上诉率更高、撤诉率更低。

续表

类型 \ 组织地位			组织者、领导者	普通成员	总计
上诉理由	财产刑量刑过重	计数	1	6	7
		占组织地位的百分比	1.7%	3.3%	
	不构成犯罪	计数	3	8	11
		占组织地位的百分比	5.0%	4.4%	
	一审程序违法	计数	1	0	1
		占组织地位的百分比	1.7%	0.0%	
	文书未显示	计数	1	13	14
		占组织地位的百分比	1.7%	7.1%	
总计		计数	60	183	243

除了8件撤诉案件①外，其余二审案件裁判结果均为驳回上诉，维持原判，这说明一审定罪量刑适当，审判程序合法，因而有必要分析涉黑涉恶案件上诉率高的症结所在。调研发现，涉黑涉恶案件须遵循依法从严从快审理的原则，尤其是对组织者、领导者而言，依法严惩的力度更大，因而判决结果很可能引发被告人不理解，这也对判后答疑、服判息诉工作提出了更高要求。如二中院在办理陈海涛涉黑案中严把案件质量关，注重释法说理、服判息诉工作，尤其是通过强化与看守所监管人员的联系进行判后跟进，及时了解被告人的思想动态，最终所有被告人均表示服从判决，无一上诉。相反，如果对被告人释法说理不充分，特别是缺乏判后答疑环节，无法消解被告人对判决结果的不满，影响裁判效果。

（三）涉黑涉恶案件的法律文书

裁判文书是人民法院所有司法活动的最终产品，是检验公正司法、司法为民的重要载体。加强释法说理有利于提高裁判文书的可接受性，增强司法认同，提升司法公信。涉黑涉恶案件裁判文书释法说理不充分会影响人民群众认识、甄别、防范黑恶势力的能力，影响专项斗争合力的形成。统计发现，已结涉黑涉恶案件裁判文书说理情况差异较大，主要存在以下特点：

1.“四个意见”出台后，法律文书规范化程度有进一步提升

其一，《恶势力意见》出台后起诉书表述规范化程度提高。表20显示，在《恶势力意见》出台之前，有43.6%的起诉书在案件事实部分没有明确表述恶势力；“四个意见”出台后，起诉书对恶势力的表述基本实现规范化。

① 8件准许撤回上诉的二审案件，裁判文书显示的撤诉理由均为“表示服从原判”。

表20　判决时间＊起诉书交叉表

单位:份

判决时间 \ 情况		起诉 无	起诉 有	总计
2019年4月9日之前	计数	24	31	55
	占判决时间的百分比	43.6%	56.4%	100.0%
2019年4月9日之后	计数	0	51	51
	占判决时间的百分比	0.0%	100.0%	100.0%
总计	计数	24	82	106
	占判决时间的百分比	22.6%	77.4%	100.0%

其二,"四个意见"出台后一审涉黑涉恶案件判决书表述规范化程度提高。表21显示,在"四个意见"出台之前,北京法院有近五成的一审涉黑涉恶案件判决书在"经审理查明"部分没有明确表述恶势力的纠集者、其他成员、违法犯罪事实。"四个意见"出台后,超九成判决书在"经审理查明"部分规范表述,但仍有近一成的判决书没有在认定事实部分明确表述。《恶势力意见》第十七条规定,人民法院、人民检察院、公安机关经审查认为案件符合恶势力认定标准的,应当在起诉意见书、起诉书、判决书、裁定书等法律文书中的案件事实部分明确表述,列明恶势力的纠集者、其他成员、违法犯罪事实以及据以认定的证据;符合恶势力犯罪集团认定标准的,应当在上述法律文书中明确定性,列明首要分子、其他成员、违法犯罪事实以及据以认定的证据,并引用《刑法》总则关于犯罪集团的相关规定。

表21　判决时间＊审理查明部分交叉表

单位:份

判决时间 \ 情况		审理查明部分 有	审理查明部分 无	总计
2019年4月9日之前	计数	28	27	55
	占判决时间的百分比	50.9%	49.1%	100.0%
2019年4月9日之后	计数	46	5	51
	占判决时间的百分比	90.2%	9.8%	100.0%
总计	计数	74	32	106
	占判决时间的百分比	69.8%	30.2%	100.0%

2. 涉黑恶案件裁判文书撰写不规范、标准不统一

裁判文书中表述恶势力的具体位置不统一。统计发现,部分涉恶案件裁判文书在"审理查明"部分表述恶势力,部分则放在"本院认为"部分,这种情况主要集中在涉恶案件中,且《恶势力意见》出台前后均有存在。表22显示,"四个意见"出台后,有34份判决书在事实认定和裁判理由两部分均对恶势力予以表述,约占该时期裁判文书数量的66.7%;有12份判决书只在事实认定部分进行表述,占比为23.5%;有5份判决书只在裁判理由部分进行表述,占比为9.8%。

刑事判决书中的“审理查明”部分，首先应当写明经庭审查明的事实；其次列举经举证、质证定案的证据；最后对控辩双方有异议的事实、证据进行分析、认证。在“本院认为”部分，应当根据查证属实的事实、证据和有关法律规定，论证公诉机关指控的犯罪是否成立，被告人的行为是否构成犯罪，触犯何种罪名，具备何种量刑情节，并就控辩双方所提有关适用法律的意见，有分析地表示是否予以采纳。① 因此，结合《恶势力意见》第十七条之规定，恶势力组织及其成员相关情况作为犯罪事实构成要素，首先应当在“审理查明”部分予以列明；结合《恶势力意见》第十三条之规定，恶势力组织性质及其组织成员的作为量刑情节，有必要在“本院认为”部分予以论述。可见，如果判决书认定涉案组织构成恶势力或恶势力犯罪集团，有必要在事实认定和裁判理由两部分给予相应的阐述。

表22 审理查明部分 * “本院认为”部分 * 判决时间交叉表

单位：份

判决时间 \ 情况			“本院认为”部分 有	“本院认为”部分 无	总计
2019年4月9日之前	“审理查明”部分	有	17	11	28
		无	1	26	27
	总计		18	37	55
2019年4月9日之后	“审理查明”部分	有	34	12	46
		无	5	0	5
	总计		39	12	51
总计	“审理查明”部分	有	51	23	74
		无	6	26	32
	总计		57	49	106

3. 涉黑涉恶案件裁判文书释法说理水平存在提升空间

其一，“四个意见”出台后裁判文书说理翔实度大幅提升。表23显示，“四个意见”出台前，一审涉黑涉恶案件裁判文书存在说理不充分的情况，如表述“恶势力”认定情况时说理不充分，存在套用《指导意见》中的格式化用语；也有部分判决书较规范，如中关村电子城系列案裁判文书，虽然当时规范性文件没有明确要求，但该系列判决书能够较为严谨、翔实地对恶势力认定进行表述和论证。

① 最高人民法院司法改革领导小组办公室：《最高人民法院关于加强和规范裁判文书释法说理的指导意见理解与适用》，中国法制出版社2018年版，第378页。

表 23 文书说理字数区间 * 判决时间交叉表

单位:份

类型		判决时间	2019 年 4 月 9 日之前	2019 年 4 月 9 日之后	总计
说理字数区间	0 字	计数	32	2	34
		占判决时间的百分比	58.2%	3.9%	32.1%
	100 字以下	计数	6	6	12
		占判决时间的百分比	10.9%	11.8%	11.3%
	100 - 200 字	计数	6	12	18
		占判决时间的百分比	10.9%	23.5%	17.0%
	200 - 300 字	计数	3	5	8
		占判决时间的百分比	5.5%	9.8%	7.5%
	300 - 400 字	计数	2	13	15
		占判决时间的百分比	3.6%	25.5%	14.2%
	400 - 500 字	计数	0	7	7
		占判决时间的百分比	0.0%	13.7%	6.6%
	500 - 1000 字	计数	6	3	9
		占判决时间的百分比	10.9%	5.9%	8.5%
	1000 字以上	计数	0	3	3
		占判决时间的百分比	0.0%	5.9%	2.8%
	总计	计数	55	51	106
		占判决时间的百分比	100.0%	100.0%	100.0%

随着扫黑除恶转向斗争的深入推进,北京法院涉黑恶案件裁判文书说理力度普遍加强,尤其是《恶势力意见》规定,被告人及其辩护人对恶势力定性提出辩解和辩护意见,人民法院可以在裁判文书中予以评析回应。北京法院涉黑涉恶案件裁判文书说理翔实度明显提高,涌现出一批优秀裁判文书,如陈海涛案、林国斌案、张艳超案等裁判文书逻辑清晰、布局严谨、驳辩有力、说理充分,部分判决书已作为优秀裁判文书予以公布,陈海涛案一审判决书则作为典型案例在第七次刑事审判工作会议上予以推介。

其二,不同法院说理水平参差不齐现象大为改观。首先,即使在"四个意见"出台后,仍有个别涉黑涉恶案件裁判文书说理篇幅较小。其次,涉黑涉恶关联案件的说理程度弱于主案。黑恶势力成员的认定是涉黑涉恶案件的要点和难点,但部分法院认为主案裁判文书已经就定性问题进行了较为详尽的论证,因此在关联案件中说理过于简短。最后,部分裁判文书回应辩护意见方式过于简单。在涉黑涉恶案件审理过程中,犯罪团伙是否构成"黑社会性质组织""恶势力"以及具体行为人是否属于"黑恶势力成员"往往是庭审的争议焦点之一,不少被告人或其辩护人就此展开激烈辩论。但部分法院驳辩简单,不能有效回应辩方异议。例如,部分判决书对与辩护人所提定恶意见,以"各被告人及辩护人关于恶势力犯罪团伙的相关辩解及辩护意见,本院均不予采纳;其他辩护意见,本院酌情考虑",这种较为简单的驳辩方式可能加剧被告人对裁判结果的不理解,影响服判息诉效果的发挥。

四、结论

(一)加强对重点人群的关注和重点行业的治理

对法制现象的深入思考,可以把我们的思考从法律规则、原则的层面带到原理的层面。① 统计分析结果表明:一方面,黑恶势力成员普遍受教育程度较低,且其中约五成属于无业人员及不事耕作的农民;另一方面,涉黑涉恶犯罪呈现明显的地域和行业特征,城区外来人口实施涉黑涉恶犯罪比例高的现状尤为值得关注。美国学者帕克提出,规范道德对人的控制随着非正式社会控制的不断解体而逐渐消失,这个过程叫作社会解组。② 社会解组所描述的,正是经济高速发展的社会中,道德规范的强大作用是怎样悄悄减弱的过程。在经济发展和城市化进程中,外来人口急剧流动,尤其是农村地区的剩余劳动力大量进入城市,而流动人口在远离故土的过程中,其原生环境所具有的道德约束力逐步下降。另外,在城区,已就业的外来人口所感受的收入的绝对上升和同时的相对下降,很可能造成部分人员相对剥夺感的上升,进而盲目追逐巨额不法利益;由于"无固定工作、无稳定收入群体犯罪成本更低",③城区就业困难的外来人口则更有可能选择铤而走险。从这个意义上来说,在对涉黑涉恶犯罪进行归因时,有必要考虑一定的社会因素。

刑事司法中的法条主义无法独自解决全部犯罪问题,④从某种意义上来说,犯罪控制过程,实际上是社会控制过程。为了缓解经济发展和"社会解组"情况下,北京城区外来人员实施涉黑涉恶犯罪较多的趋势,有必要重点关注以下几方面工作:其一,加强重点人群帮助、教育及引导工作,特别关注农村转移劳动力及城市青年无业人员,必要时要开展有针对性的职业技能培训,提供及时有效的职业介绍、就业指导、岗位信息等公共就业服务,防止无业人群演变为黑恶势力。其二,由于有相当一部分涉黑涉恶案件被告人具有前科劣迹,公安机关和基层组织,有必要重点关注暴力性犯罪刑满释放人员、长期吸毒人员等重点人群,给生活困难的相关人员给予必要的救助,帮助解决困难,树立生活信心。其三,根据城区、城区经济发展的不同特点,加强对重点行业、重点领域的治理。特别是面对企业型涉黑涉恶犯罪日渐增长的趋势,工商管理部门应加强现场检查,并适时建立健全评分、分级机制,有针对性地对不同等级企业、商户进行复评,动态升降级,激励企业主动提升,从源头上铲除黑、恶、乱滋生发展的土壤。其四,规范村民入党、村委会选举流程,加强农村土地流转、拆迁等重点领域的治理,严厉打击以欺骗、贿选等手段插手基层选举,非法占有集体土地、矿产资源以及以农村宗族势力为依托恃强凌弱、横行乡里等行为,切实增强了人民群众的安全感。

(二)与时俱进,转变更新刑事司法理念

当前涉黑涉恶犯罪已经逐渐放弃使用传统硬暴力手段,转而使用威胁、滋扰等"软暴力"侵犯公民的安宁权、名誉权,犯罪手法更为隐蔽,部分涉黑涉恶案件在初期可能不会被公安机关发现、立案,或者仅作为普通违法行为来处理。造成这种情况可能是因为证据不够充分,尚未达到立案标准,但不能否认的是,这在客观上使黑恶势力获得了滋生壮大的机会。为遏制黑恶势力犯罪,办案机关还需要与时俱进,转变传统刑事案件侦办理念,加强敏感类型违法行为及轻微刑事案件

---

① 白建军:《法律规律与量刑实践:刑法现象的大样本考察》,北京大学出版社2011年版,第148页。

② [美]杰克·D. 道格拉斯、[美]弗兰西斯·C. 瓦克勒斯:《越轨社会学概论》,张宁、朱欣民译,河北人民出版社2008年版,第77页。

③ 曲伶俐:《论社会支持理论下的社会性弱势群体犯罪预防》,载《法学论坛》2014年第1期。

④ [美]理查德·波斯纳:《法官如何思考》,苏力译,北京大学出版社2008年版,第37页。

的记录、联网及数据库的建立，特别是提升对伪装成普通债权债务纠纷的“套路贷”犯罪的甄别水平，真正实现“打早打小”。

（三）提升涉黑涉恶案件办理质效

“四个意见”出台后，涉黑涉恶案件依法严惩力度提升，不仅表现在主刑上，也表现在财产刑金额上。但实践中，面对黑恶势力及其成员的认定、网络等新类型涉黑涉恶案件的判断标准等问题，公检法之间及法院内部仍一定程度存在把握不准、理解不透的问题。如果涉黑涉恶案件办理能力存在短板不足，则案件办理难以实现依法从严从快和精准司法的双重要求。

在确保办案质量方面，须严格落实“案不漏人、人不漏罪、罪不漏证”的要求，摒弃传统的“指控什么就审判什么”的机械、简单办案思维，对于发现漏人、漏罪、漏证的，应及时向检察机关提出书面建议，发挥审判作为最后一道防线的把关作用。同时正确对待诉判关系，在坚持以审判为中心的前提下，妥善处理诉判一致与司法责任制的关系，确保案件办理经得起法律和历史的检验。与此同时，加强学习培训，深刻理解“两高两部”印发的八个扫黑除恶法律法规和相关规范性文件，提升涉黑涉恶案件办理能力。

在提升办案效率方面，充分发挥协调会商机制的作用，最大限度减少不规范起诉的发生；在涉黑涉恶案件中运用好认罪认罚从宽制度，利用制度优势瓦解分化黑恶势力，助推案件审理进度；开展公检法联合培训或座谈会，发挥审判对侦查、审查起诉的引导作用，倒逼侦诉机关以司法审判的尺度为标准，提高审判质效。

（四）提升涉恶案件裁判文书说理水平

一方面，涉恶案件的上诉率较高，反映出相当一部分恶势力成员不满一审判决结果，尤其是组织者、领导者对恶势力定性、行为认定的不理解。另一方面，大量涉恶上诉案件被准许撤诉或维持原判，表明部分一审文书说理水平有限，难以令被告人信服，对司法资源也是一种不必要的浪费。作为案件构成要件事实和重要的量刑情节，“恶势力”的认定于被告人实体权益影响重大。涉恶案件裁判文书应围绕重点恶势力组织及其具体行为，判之有法、论之有据，才能真正做到服判息诉，提升对涉恶案件被告人的震慑和教育力度，促使其真心悔改。为此，有必要开展不同形式的裁判文书规范化及说理水平培训和专题研讨，重点学习优秀涉黑恶案件裁判文书。同时，加强对“套路贷”、非法集资、网络恶势力等新型涉恶案件的调研，提升对新型涉恶犯罪证据认定、法律适用的研判水平，以涉恶案件文书为抓手，提升刑事裁判文书整体说理水平。

非法持有毒品罪的司法疑难问题探析

□李静然

非法持有毒品罪，是指明知是毒品而非法持有且数量较大的行为。① 非法持有毒品犯罪案件的数量在一定程度上反映出毒品消费和交易的活跃程度，社会危害不容忽视。近年来，受毒品消费市场持续膨胀的影响，人民法院审理的非法持有毒品案件增长迅速，从2007年的2 207件增至2013年的6 457件，增长了1.93倍。非法持有毒品罪与其他毒品犯罪在犯罪目的上具有一定相斥性，该罪是在不能证明行为人非法持有较大数量的毒品是为了实施走私、贩卖、运输、制造毒品等犯罪的情况下，起补充、兜底作用的一个罪名。从立法价值角度看，非法持有毒品罪的设立旨在严密刑事法网，严厉打击毒品犯罪，且充分考虑了毒品犯罪隐蔽性强、取证难度大的现实情况。本文拟围绕非法持有毒品罪司法认定上几个较为突出的问题进行探讨，以供司法实践中参考。

一、非法持有毒品罪与运输毒品罪的区分

非法持有毒品既包括静态的持有也包括动态的持有，运输毒品必然要持有毒品，动态持有毒品与运输毒品存在形式上的重合。因此，特定情形下运输毒品罪与非法持有毒品罪的区分一直是实践中争议的难题。

（一）吸毒者运输毒品行为的定性

2000年印发的《全国法院审理毒品犯罪案件工作座谈会纪要》（以下简称《南宁会议纪要》）与2008年印发的《全国部分法院审理毒品犯罪案件工作座谈会纪要》（以下简称《大连会议纪要》）均规定，对于吸毒者实施的毒品犯罪，在认定犯罪事实和确定罪名时要慎重。这主要是考虑到在我国吸毒行为本身并不构成犯罪，故对吸毒者以吸食为目的而少量购买、存储及携带毒品进行运输的行为亦不应以犯罪论处。但是，实践中吸毒者实施毒品犯罪的情况大量存在，若对吸毒者购买、存储、运输毒品的行为一律不作为犯罪处理，无疑会放纵吸毒者实施毒品犯罪，削弱惩治毒品犯罪的力度。鉴于此，上述两个文件都对吸毒者实施毒品犯罪的认定作出了规定。《南宁会议纪要》规定，吸毒者在购买、运输、存储毒品过程中被抓获的，如没有证据证明被告人实施了其他毒品犯罪行为，查获的毒品数量大的，应当以非法持有毒品罪定罪。由于实践情况较为复杂，在执行上述规定的过程中，出现了吸毒者运输千克以上海洛因仍按照非法持有毒品罪定罪处罚的案件，并由此引发了一定争议。《大连会议纪要》对此作出修正，规定吸毒者在购买、运输、存储毒品过程中被查获的，如没有证据证明其是为了实施贩卖等其他毒品犯罪行为，查获的毒品数量达到较大以上的，应当以其实际实施的毒品犯罪行为定罪处罚。

然而，由于《大连会议纪要》的上述规定过于原则，实践中对“实际实施的毒品犯罪行为”应当如何理解，一直存在不同意见。一种观点认为，吸毒者在购买、存储等静态持有毒品的过程中被查获的，应当以非法持有毒品罪定罪处罚；在运输毒品过程中被查获的，应当以运输毒品罪定罪处罚。另一种观点认为，吸毒者在购买、运输、存储毒品过程中被查获，毒品数量较大，但尚未

① 参见张明楷：《刑法学》，法律出版社2011年版，第1014页。

超出其个人正常吸食量的，应当以非法持有毒品罪定罪处罚；吸毒者在运输毒品过程中被查获，毒品数量大，明显超出其个人正常吸食量的，应当以运输毒品罪定罪处罚。对此，我们赞同后一种观点。首先，毒品的持有状态并不是区分非法持有毒品罪与运输毒品罪的关键，持有毒品原本就包括静态和动态的持有，不能因为吸毒者在运输毒品过程中被查获就一律以运输毒品罪定罪处罚。其次，运输毒品罪的认定，应当适度考虑运输行为的目的。在我国，吸毒行为本身并不构成犯罪，吸毒人员运输毒品的不能完全排除是供自己吸食，实践中若不考虑该事实，将该情形下吸毒人员运输毒品的一概认定为运输毒品罪，则与我国刑法不处罚吸毒的客观事实相违背。① 因此，若有证据证明吸毒者意图通过运输毒品行为达到保有、吸食毒品目的的，应当适当考虑其目的，作为例外情形对待。其中，毒品数量是否超过行为人的正常吸食量，是一个重要的判断因素。再者，刑法将运输毒品罪与走私、贩卖、制造毒品罪并列规定，并确定了相同的量刑标准和法定刑幅度。因此，作为犯罪的"运输毒品"是具有特定意义和含义的，即它应当与"走私毒品""贩卖毒品"以及"制造毒品"具有同等的社会危害性。② 而吸毒者以吸食为目的携带毒品进行运输的行为，达不到这样的社会危害性要求，按照运输毒品罪处罚难以实现罪刑均衡。吸毒者以吸食毒品为目的携带一定毒品进行运输的，与吸毒者以吸食为目的购买、存储毒品的行为在本质上是相同的，对两者应当给予同样的刑事处罚。

根据上述分析，吸毒者运输毒品数量是否超过其个人正常吸食量，是判断其是否是以吸食为目的运输毒品的重要因素。但把握上存在一定难度，工作中要注意以下两个问题：第一，合理确定吸食量。毒品吸食量的个体差异较大，且存在随着耐受力增强不断增加用量的情况。据有关专家介绍，海洛因的单次用量通常为 0.05 ~ 0.08 克，致死量为 0.75 ~ 1.2 克；甲基苯丙胺的单次用量通常为 0.02 ~ 0.03 克，致死量为 1.2 ~ 1.5 克（以上均以纯品计）。因此，应当结合毒品种类、纯度及吸毒者的吸毒时间长短、瘾癖程度等因素，合理确定其单日吸食量大小，并根据毒品价格、紧俏程度及吸毒者的经济状况、在途时间等因素，判断其有关购买后用于一段时间内吸食的辩解是否合理。第二，结合其他因素综合判定吸毒者运输毒品的目的。实践中，单纯依据毒品数量判断吸毒者是否是以吸食为目的而运输毒品虽然便于操作，但有时过于绝对。对于吸毒者运输毒品的行为，还应结合其吸食毒品种类与查获毒品种类是否相同，有无采用特定方式、路线运输毒品，以及其职业、经济状况、违法犯罪经历等情节综合判定其运输目的。如有证据证明吸毒者系受雇运输毒品、职业运输毒品的，应当以运输毒品罪定罪处罚；有证据证明吸毒者以实施走私、贩卖毒品等犯罪为目的而运输毒品的，依法定罪处罚。

（二）短距离运输毒品行为的定性

构成运输毒品罪是否有距离要求，一直是实践中争议较大的问题。一种观点认为，构成运输毒品罪没有距离要求，无论距离长短，只要通过运输行为使毒品发生了空间位移，就应当认定为运输毒品罪。另一种观点认为，构成运输毒品罪应当有距离要求，短距离运输毒品的，如同城运输的，一般不应认定为运输毒品罪，宜认定为非法持有毒品罪。对此，我们认为，应当综合、辩证地看待以上两种观点。首先，运输距离的长短并不是判断是否构成运输毒品罪的关键。无论运输毒品距离长短，都侵害了国家对毒品的运输管理秩序，无实质性区别。如甲明知是毒品而受乙雇用，为乙将毒品从检查站一端运输至百米外检查站另一端的，虽然运输距离较短，但甲、乙仍构成运输毒品罪。其次，运输毒品的距离是判断运输行为性质的重要因素之一。如丙将 10 克海洛

---

① 参见何荣功：《运输毒品认定中的疑难问题再研究》，载《法学评论》2011 年第 2 期。

② 参见赵秉志、肖中华：《论运输毒品罪和非法持有毒品罪之立法旨趣与隐患》，载《法学》2000 年第 2 期。

因从其住处运输至同城其另一住房后被查获的，结合丙运输毒品的数量、距离、起始地点等因素分析，丙有关为便于吸食而将毒品转移至其另一住房的辩解较为合理，应当认定丙构成非法持有毒品罪。又如丁将千余克海洛因从云南中缅边境运输至武汉，没有证据证明丁有实施走私、贩卖毒品等犯罪的故意的，应当认定丁构成运输毒品罪；如果有证据证明丁是以贩卖为目的而购买该毒品并进行运输的，应当认定丁构成贩卖、运输毒品罪。

综上，对于被告人短距离运输毒品的行为，应当结合毒品的数量及运输距离、目的、有无牟利性等因素，综合认定其是构成运输毒品罪还是非法持有毒品罪。我们认为，被告人短距离运输毒品，具有下列情形之一的，应当以运输毒品罪定罪处罚：(1)意图长距离运输毒品，刚起运即被查获的；(2)为实现绕关、躲避检查等特定目的而短距离运输毒品的；(3)以牟利为目的专门运输毒品的；(4)以走私、贩卖毒品为目的短距离运输毒品的。

（三）接收邮寄、快递毒品行为的定性

随着物流寄递行业的发展，毒品交易过程中通过邮寄、快递方式交付及接收毒品的情况较为常见。购毒者本人接收邮寄、快递的毒品，在没有证据证明其有实施走私、贩卖毒品等犯罪的故意的情况下，应认定为运输毒品罪还是非法持有毒品罪，存在不同意见。一种观点认为，贩毒者邮寄、快递毒品的行为因购毒者的购买、送货要求而发生，购毒者有与贩毒者通过邮寄、快递方式运输毒品的共同故意，应当认定为运输毒品罪的共犯。另一种观点认为，贩毒者通过邮寄、快递方式运输毒品的行为应视为其毒品交付行为的组成部分，对购毒者不应再认定为运输毒品罪；购毒者接收邮寄、快递的毒品，没有证据证明其有实施走私、贩卖毒品等犯罪的故意，毒品数量较大的，应当认定为非法持有毒品罪。我们赞同后一种观点。首先，无论贩毒者通过邮寄、快递方式还是其他方式交付毒品，运输毒品行为都要在购毒者与贩毒者的联络、配合之下完成，如果因此而要求购毒者对运输毒品行为承担刑事责任，则不仅是接收邮寄、快递毒品的购毒者，其他所有等待接收毒品的购毒者（包括因吸食而少量购买毒品者）都将构成运输毒品罪，无疑会导致打击面过大。其次，贩毒者通过邮寄、快递等方式向购毒者交付毒品的行为属于其贩卖毒品行为的组成部分，该运输毒品行为通常由贩毒者主导实施，购毒者原则上不应就毒品交付前的运输行为承担责任。最后，在没有证据证明购毒者有实施走私、贩卖毒品等犯罪的故意，尤其是不能排除购毒者是以吸食为目的购买毒品的情况下，购毒者接收邮寄、快递的毒品，数量达到较大以上的，应当以非法持有毒品罪定罪处罚。贩毒者通过邮寄、快递方式将毒品交付给购毒者的，应当以贩卖、运输毒品罪定罪处罚。

实践中，真正的购毒者往往委托、雇用他人代为接收邮寄、快递的毒品。在代收者没有实施其他毒品犯罪的故意的情况下，其只是代替购毒者实际占有该毒品，让购毒者通过其代收行为实现对毒品的间接控制。我们认为，对于代收者与购毒者，可以分为以下两种情形进行处理：一是代收者代购毒者接收邮寄、快递的毒品，没有证据证明购毒者有实施走私、贩卖毒品等犯罪的故意，毒品数量达到较大以上的，对代收者与购毒者应当按照非法持有毒品罪的共犯论处。二是没有证据证实代收者明知购毒者有实施走私、贩卖毒品等犯罪的故意，毒品数量达到较大以上的，对代收者应当以非法持有毒品罪定罪处罚，对购毒者以其实际实施的犯罪行为定罪处罚。这种情况下，购毒者与代收者不属于共同犯罪。

（四）为他人代购并运输毒品行为的定性

《大连会议纪要》规定，有证据证明行为人不以牟利为目的，为他人代购仅用于吸食的毒品，毒品数量超过刑法第三百四十八条规定的最低数量标准的，对托购者、代购者应以非法持有毒品罪定罪；明知他人实施毒品犯罪而为其居间介绍、代购代卖的，无论是否牟利，都以相关毒品犯罪的共犯论处。对于明知他人实施毒品犯罪而为其代购毒品并帮助运输的，对代购者、托购者应当以相关毒品犯罪及运输毒品罪的共犯论处，这一点不存在争议。但对于为他人代购并运输仅供吸食的毒品的行为，应当如何定性，实践中则存在不同认识。我们认为，由于多数情况下代购者需要通过运输方式将代购的毒品交付给托购者，对此类运输毒品行为的定性，要结合代购毒品的目的和用途加以认定。如确有证据证明行为人没有从代购及运输毒品行为中牟利，代购的毒品仅用于吸食，且系为了向托购者交付毒品而运输的，由于其运输毒品的最终目的是帮助他人获取毒品以供吸食，而吸毒行为本身不构成犯罪，故对无偿帮助吸毒人员获得毒品的行为，亦不应以贩卖或者运输毒品罪定罪处罚。这种情况下，如代购者运输毒品的数量达到较大以上的，应当按照非法持有毒品罪定罪处罚。需要注意的是，对于代购的毒品是否仅用于吸食，一般应当以相关证据证明的代购者的认知程度为依据，不能单纯根据毒品的数量大小作出判断，这种情况与根据吸食量判断吸毒者本人运输毒品的目的是不同的。但毒品数量大，明显不可能全部用于吸食的，如果没有证据证明托购者、代购者有实施走私、贩卖毒品等犯罪的共同故意，对托购者、代购者可以按照运输毒品罪的共犯处罚。

二、非法持有毒品罪与贩卖毒品罪的区分

单从犯罪构成要件看，非法持有毒品罪与贩卖毒品罪的区分难度不大。但在处理具体案件时，对某一行为应认定为非法持有毒品罪还是贩卖毒品罪，涉及事实认定、证明标准把握及惩治毒品犯罪的需要等多方面因素。这里主要对以下两个问题进行探讨。

（一）从贩毒人员住所等处查获毒品的认定

当前，司法实践中通常将从贩毒人员住所等处查获的毒品一并认定为其贩卖的毒品。《大连会议纪要》也规定，对于以贩养吸的被告人，其被查获的毒品数量应认定为其犯罪的数量，但量刑时应考虑被告人吸食毒品的情节，酌情处理。这一做法受到一定质疑。有观点认为，对于从贩毒人员住所等处查获的毒品，只有在有证据证明系其以贩卖为目的而购买或者准备用于贩卖的情况下，才能够认定为其贩卖的毒品，否则应当认定为其非法持有的毒品。我们认为，将从贩毒人员住所等处查获的毒品一并认定为其贩卖的毒品，具有合理性。这种认定方法实际上是一种事实推定。事实推定是根据已知的基础事实，根据经验法则和常识，推断未知的推定事实存在，并允许当事人提出反证加以推翻的证明方法。推定是认定案件事实的有效、便捷方法，严谨、规范地运用推定认定案件事实通常能够达到与运用证据证明几乎同样的效果。毒品犯罪隐蔽性强，犯罪分子往往具有较强的反侦查意识，尤其是以贩养吸人员，对于从其住所等处查获的毒品通常辩称系用于吸食。如果严格按照普通刑事案件的证明方法及要求，运用在案证据证明从贩毒人员住所等处查获的毒品系用于贩卖，往往会因为无法收集到足够的证据而出现举证困难或举证不能的现象，不利于有效打击毒品犯罪。出于有效惩治毒品犯罪的需要，采用事实推定方法来认定从贩毒人员住所等处查获的毒品系用于贩卖，有利于降低此类案件司法认定的难度，克服隐蔽事实证明上的困难，保证诉讼活动的经济性、高效性。

这种情况下，事实推定包括以下两方面内容：一是根据行为人实施贩卖毒品犯罪且并非吸毒人员的基础事实，推定从其住所等处查获的毒品系其以贩卖为目的而购买或者准备用于贩卖；或者根据吸毒人员实施贩卖毒品犯罪且从其住所等处查获的毒品不可能全部用于吸食的基础事实，推定从其住所等处查获的毒品系其以贩卖为目的而购买或者准备用于贩卖。二是在行为人不能提出反证推翻推定事实，即不能证明该部分毒品并非用于贩卖或者并非其所有的情况下，认定从贩毒人员住所等处查获的毒品系其用于贩卖。在运用事实推定时，有以下几个需要注意的问题：第一，在运用在案证据难以直接证明待证事实时才可以运用推定。运用在案证据证明待证事实是认定案件事实最稳妥、可靠的方法，只有在运用在案证据难以直接证明待证事实的情况下，才可以运用已知事实间接推断待证事实。在贩卖毒品案件中，贩毒人员通常不承认从其住所等处查获的毒品系用于贩卖，而毒品犯罪隐蔽性强，犯罪分子的主观目的往往很难通过其他客观证据加以证明，因而有必要运用推定。第二，用作推定前提的基础事实必须有确凿的证据证明。基础事实成立是运用推定法则的前提。在推定从贩毒人员住所等处查获的毒品系其用于贩卖时，基础事实应当包括行为人实施了贩卖毒品犯罪且从其住所等处查获了毒品，还应包括行为人不属于吸毒人员或者虽系吸毒人员但从其住所等处查获的毒品远远超过正常吸食量。上述基础事实均应有确实、充分的证据加以证明。第三，推定应当允许当事人提出反证加以推翻。推定是根据基础事实与待证事实之间高概率的常态联系，运用经验法则推理得出的，其结论不具有唯一性，故应当允许当事人提出反证加以推翻。当事人既可以就基础事实提出反证，也可以就推定事实提出反证。当事人就基础事实提出的反证成立即动摇了推定事实成立的前提，当事人就推定事实提出的反证成立则直接推翻推定事实，导致推定不成立。如果被告人提出反证证实从其住所等处查获的毒品并非其所有，或者证实该部分毒品确实并非用于贩卖的，应当将该部分毒品认定为被告人非法持有的毒品，对其以贩卖毒品罪和非法持有毒品罪数罪并罚。

（二）大量持有毒品行为的性质认定

实践中争议较大的另一个问题是，行为人大量持有毒品，而直接证实其贩卖毒品的证据不足的，应当认定为非法持有毒品罪还是贩卖毒品罪。一种观点认为，非法持有毒品罪是在没有证据证实行为人有实施其他毒品犯罪故意的情况下，发挥兜底作用的一个罪名。如果没有证据证明行为人持有的大量毒品系用于贩卖，就应当认定其构成非法持有毒品罪，而不能仅因为行为人持有毒品数量大就认定其有贩卖毒品的故意，否则非法持有毒品罪也失去其设立意义。另一种观点认为，吸毒人员持有的毒品数量明显超出其一段时间内的正常吸食量，或者非吸毒人员持有毒品数量大的，可以认定行为人有贩卖毒品的故意，按照贩卖毒品罪定罪处罚，否则不利于有效打击此类犯罪。上述两种观点，前一种是目前实践中的惯常做法，后一种则具有一定突破性，值得探讨。

吸毒人员持有的毒品数量明显超出其一段时间内的正常吸食量，或者非吸毒人员持有毒品数量大的，从实际情况看多数确系用于贩卖。因证据问题而对此类人员按照非法持有毒品罪定罪处罚，也确实在一定程度上影响了打击毒品犯罪的效果。但是，上述后一种观点在操作层面存在以下障碍：首先，当前我国刑事立法并没有就构成非法持有毒品罪规定毒品数量上限，非法持有毒品罪与贩卖毒品罪的划分依据不是毒品数量，单纯根据持有毒品数量认定行为人是否构成贩卖毒品罪缺乏法律依据。其次，认定行为人构成贩卖毒品罪，需要有证据证明其有贩卖毒品的故意，并实施了以贩卖为目的购买或者销售毒品的行为，不符合上述构成要件的，不能认定为贩卖毒品罪。再次，认定行为人构成贩卖毒品罪不能回避贩卖毒品事实及数量的认定，如没有证据证实行为人实施了购买或者销售毒品的行为，如何认定其贩毒事实及数量，是否适宜直接认定行为人以贩卖为目的而购买毒品，并将其持有的全部毒品认定为其贩卖毒品的数量，这些问题都值得研究。最后，划分非法持有毒品罪与贩卖毒品罪的毒品数量标准应当如何确定，怎样能够既保证不放纵犯罪，又不会导致打击面扩大，是一个比较难以把握的问题。

需要注意的是，大量持有毒品的情形与前述运用事实推定认定从贩毒人员住所等处查获的毒品系用于贩卖的情形不同。区别有两点：一是前者缺乏运用推定认定贩卖毒品事实的前提条件。运用事实推定认定从贩毒人员住所等处查获毒品的用途时，有确凿证据证明行为人实施了贩卖毒品犯罪这一关键的基础事实；而前者情形下仅有行为人大量持有毒品的基础事实存在，没有任何证据证明行为人实施了贩卖毒品行为,用于推定的基础事实不充分。二是前者情形下基础事实与推定事实之间并不存在必然联系。单纯根据吸毒人员持有的毒品数量明显超出其一段时间内的正常吸食量,或者非吸毒人员持有毒品数量大的事实,并不必然得出其以贩卖为目的购买毒品或者向他人销售毒品的结论。实践中还存在行为人代他人保管毒品,接受赠与、祖辈流传、捡拾的毒品及为了治病等用途而大量持有毒品的可能性。

当然,在无法运用事实推定认定大量持有毒品者构成贩卖毒品罪的情况下,如果立法上明确作出了有关适用法律推定的规定,也可以据此认定。此时,法律推定是法律明文规定的推定。具体是指,当某法律规定的要件事实(甲)有待证明时,立法者为避免举证困难或举证不能的现象发生,乃明文规定只需就较易证明的其他事实(乙)获得证明时,如无相反的证明(即甲事实不存在),则认为甲事实因其他法律规范的规定而获得证明。[①] 例如,我国澳门特别行政区的法律就以持有的毒品数量作为区分非法持有毒品罪与贩毒罪的界限标准。《澳门特别行政区禁毒法令第5-91-M号》第二章第九条(少量之贩卖)第三款明确规定:"为本条规定之效力,'少量'即指违法者支配之物质或制剂之总量,不超过个人三日内所需之吸食量。"按照上述规定,在澳门特别行政区,如果在某人的身边或住处查获了大量毒品,当犯罪嫌疑人辩称这些毒品只是供自己吸食而非为了贩卖时,只须扣除该人在三日内的吸食量,对其余毒品则结合全案其他证据,可推定是为了贩卖。[②] 但是,在我国刑事立法尚未作出类似规定的情况下,不宜在司法实践中直接以毒品数量作为划分非法持有毒品罪与贩卖毒品罪的界限。

综上,我们认为,单纯根据行为人持有大量毒品的情节认定其构成贩卖毒品罪的思路欠缺可操作性。吸毒者持有的毒品数量明显超出其一段时间内的正常吸食量,或者非吸毒者持有毒品数量大的,不能因此认定其构成贩卖毒品罪,但可以结合毒品数量及在案的其他证据,综合分析认定行为人是否存在贩卖毒品的犯罪故意。若无充分证据证明行为人有实施贩卖毒品罪的故意的,应当以非法持有毒品罪定罪处罚,但考虑到行为人大量持有毒品的情况下,毒品流入社会的风险加大、潜在的社会危害加剧,量刑时可酌情从重处罚。

三、非法持有毒品罪的犯罪形态

刑法理论将故意犯罪分为完成形态和未完成形态,犯罪既遂属于完成形态,犯罪预备、未遂、中止属于未完成形态。非法持有毒品罪作为一种持有型故意犯罪,是否存在未完成形态,实践中认识分歧较大。归纳起来,主要有两种观点:一种观点认为,非法持有毒品罪是状态犯、举动犯,行为人持有毒品数量较大就达到既遂形态,行为人没有实际持有毒品的则完全不构成该罪,故非法持有毒品罪不存在犯罪预备、未遂、中止形态。另一种观点认为,非法持有毒品罪是行为犯,理论上应当存在未完成形态,但是,非法持有毒品罪的完成形态即犯罪既遂要求行为人客观上实际持有较大数量的毒品,而在非法持有毒品的犯罪预备、未遂形态下,行为人尚未实际持有毒品,查证和认定其犯罪意图的难度较大,故实践中除了由于对象认识错误导致的未遂外,极少存在能够认定为非法持有毒品犯罪预备、未遂的情形。对此,我们赞同非法持有毒品罪理论上存在未完成形态的观点,鉴于非法持有毒品犯罪预备实际存在的情况极少,且证明的难度颇大,这里主要探讨实践中常有论及的非法持有毒品罪的犯罪未遂问题。

准确界定非法持有毒品罪中"持有"的概念,是区分非法持有毒品犯罪既未遂形态的关键。有观点认为,非法持有毒品罪中的持有必须是实际持有,即行为人必须将毒品置于自己支配或控

① 参见姜伟主编:《证据法学》,法律出版社1999年版,第131页。

② 高珊琦:《论吸毒者持有毒品行为之定性与定量》,载《法律科学》2006年第6期。

制的范围内，对于所持毒品的来源和对毒品的持有方式、状态，无特殊要求。[①] 也有观点认为，非法持有毒品罪中的持有行为，主要是一种状态，从犯罪之本质——社会危害性的角度来看，持有型犯罪的本质在于其持有行为本身对社会潜在的威胁。[②] 我们认为，非法持有毒品中的持有既是一种行为，也表现为一种现实的状态，但对时间长短没有要求。持有应当是一种事实上的支配，行为人与毒品之间存在一种事实上的支配与被支配关系，行为人可以直接持有毒品也可以通过他人间接持有毒品，可以实际接触毒品也可以对毒品形成一种抽象的控制，但不必然对毒品拥有所有权。司法实践中，对以下两类情形能否认定为非法持有毒品犯罪未遂争议较大。

（一）即将持有毒品但尚未实际持有的情形能否认定为非法持有毒品犯罪未遂

实践中存在这样一类案件，行为人在接取毒品的途中，或者在收货现场尚未实际接触到毒品时即被抓获。因行为人坚称其接取的毒品系自购用于吸食，或者辩称系受他人指使单纯帮助接取毒品，不知道毒品的具体用途，加之缺少认定行为人有实施其他毒品犯罪故意的证据，故无法认定为走私、贩卖毒品等犯罪。如前所述，毒品交付前的运输行为应当视为贩毒者交付毒品行为的组成部分，不应由购毒者承担责任，而且这种情况下行为人尚未实际接触到毒品，没有实施后续的运输行为，故亦不宜认定为运输毒品罪。但是，对于此类案件，如果行为人接取毒品数量大或者有一定证据显示其有贩卖毒品可能性的，仅因受证据制约和客观行为所限而对其不以犯罪论处，则难以达到好的处理效果。因而，出于严厉打击毒品犯罪的需要，一些司法机关为了追究行为人的刑事责任而将其认定为非法持有毒品犯罪未遂。我们认为，根据上述对持有行为性质的分析，这种情形下行为人不构成非法持有毒品犯罪未遂，但在一定条件下对行为人可以按照非法持有毒品犯罪既遂处理。持有是指行为人对毒品存在事实上的支配关系，只要毒品在行为人的支配或者控制范围之内即可，并不要求行为人实际接触或直接持有毒品。我们认为，下列情形可视为行为人已实际持有毒品，认定为犯罪既遂：(1)进入收货现场，并出示身份证件，即将拿到毒品的；(2)持有取货凭证，并已前往收取毒品的；(3)物流寄递人员送货至指定地点，并已打电话确认收货者身份，即将交付毒品的。

（二）误将假毒品当作真毒品而持有的情形能否认定为非法持有毒品犯罪未遂

对于行为人误将假毒品当作真毒品而持有的情形，能否以非法持有毒品犯罪未遂论处，主要有两种不同看法：一种观点认为，此类行为不构成犯罪，行为人误将假毒品当作真毒品而持有的，作为犯罪对象的毒品不存在，其行为对法益的现实侵害不存在，可罚性依据也就不存在。另一种观点认为，行为人误将假毒品当作真毒品而持有，且数量较大的，应当以非法持有毒品罪定罪处罚，属于对象不能犯的犯罪未遂。

我们认为，以上两种观点均有一定道理，应当综合考虑。有学者提出，为了实现法益保护目的，同时保障行为人的人权，必须贯彻客观的未遂论。只有当行为人主观上具有故意，客观上实施的行为具有侵害法益的紧迫危险时，才能认定为犯罪未遂；行为人主观上具有犯意，其客观行为没有侵害法益的任何危险时，就应认定为不可罚的不能犯，不以犯罪论处。因此，在行为人实际并未持有真正的毒品，对法益没有造成现实侵害或侵害危险时，不能仅因其主观上有非法持有毒品的犯罪故意，就对其以非法持有毒品罪定罪处罚。实践中，行为人通过购买、接受赠与、捡拾等方式获得假毒品后，误当作真毒品持有的，由于其不具有持有真正毒品的可能性和危险性，一般不应作为犯罪处理。但是，对于侦查机关出于严密布控、防止毒品流入社会的考虑，将尚在运

---

① 参见肖光坤：《简析非法持有毒品罪的司法认定》，载《湖南经济干部管理学院学报》2002 年第 4 期。

② 参见张洪成：《非法持有毒品罪若干问题研究》，载《湖北警官学院学报》2009 年第 3 期。

输途中的真毒品替换为假毒品后，行为人实际接收到装有假毒品的包裹的，若没有充分证据证明行为人有实施其他毒品犯罪的故意，毒品数量达到较大以上的，可以认定为非法持有毒品犯罪未遂。主要考虑是，这种情况下，行为人购得的是真正的毒品，若没有侦查机关的介入及更换毒品的行为，其将实际持有毒品，故其行为侵害法益的现实威胁是存在的，具有可罚性；而鉴于行为人因意志以外的原因并没有实际持有毒品，故可以按照非法持有毒品犯罪未遂论处。

（作者单位：最高人民法院刑五庭）

利用手机卡存储功能复制、贩卖淫秽物品牟利犯罪中的几个法律适用问题

□肖江峰

为依法惩处制作、贩卖、传播淫秽物品的犯罪，最高人民法院曾先后出台了多个司法解释。在淫秽物品以光盘、书刊、画册等为主要载体的时期，最高人民法院 1998 年出台的《关于审理非法出版物刑事案件具体应用法律若干问题的解释》（以下简称《非法出版物解释》）是此类犯罪定罪量刑的主要依据。随着信息技术的高速发展，淫秽物品开始电子信息化，传播渠道转向互联网、移动通讯终端、声讯台等途径。为应对新的情况，最高人民法院于 2004 年又出台了《关于办理利用互联网、移动通讯终端、声讯台制作、复制、出版、贩卖、传播淫秽电子信息刑事案件具体应用法律若干问题的解释》（以下简称《淫秽电子信息解释》），明确了利用互联网、移动通讯终端、声讯台实施相关犯罪行为的定罪量刑标准。但近年来，实践中出现了一批用手机卡复制、贩卖淫秽物品牟利的案件。这类案件具有一些新的特点。这些案件的事实基本相同：手机销售、维修经营者在自己的电脑、硬盘中存储有大量淫秽视频。在开展手机销售、维修业务过程中，应顾客要求或者主动通过读卡器挑选部分淫秽视频（几十段至数百段视频不等）复制到顾客手机卡中，并收取少量费用（少则人民币几元，多则数十元，以下币种同）。一方面，手机卡是移动通讯终端最重要的组成部分，其可以存储大量内容不同的淫秽电子信息，有别于光盘、书刊、画册等传统载体；另一方面，通过读卡器向手机卡中复制、贩卖淫秽视频是一种“手对手”传播淫秽物品的行为，又不同于利用互联网等途径传播淫秽物品。这种介于二者之间的行为，导致在法律适用上产生了诸多分歧，案件处理结果迥异。主要争议包括以下三个方面：罪名是确定为复制淫秽物品牟利罪，或是贩卖淫秽物品牟利罪，还是复制、贩卖淫秽物品牟利罪；是应当适用《非法出版物解释》的定罪量刑标准还是《淫秽电子信息解释》的定罪量刑标准；对行为人电脑、硬盘中查获的其他淫秽视频是否应当计入犯罪数量。下文就这几个方面的问题逐一进行分析。

一、利用手机卡复制、贩卖淫秽物品牟利案件的罪名应当如何确定

刑法第三百六十三条规定的制作、复制、贩卖、传播淫秽物品牟利罪是典型的选择性罪名。所谓选择性罪名，是指由于犯罪构成的具体内容复杂，导致一个法律条文规定有两个以上具有密切联系的犯罪行为或者犯罪对象，既可以概括使用，也可分解拆开使用的罪名。选择性罪名必须根据具体的犯罪构成事实来确定罪名的内容，又可分为行为选择、对象选择、行为与对象同时选择。制作、复制、贩卖、传播淫秽物品牟利罪属于需要进行行为选择的罪名。一般而言，选择性罪名列举的各种具体行为界限比较明显，不存在选择困难。但在利用手机卡复制、贩卖淫秽物品牟利这类案件中，行为却出现了模糊与重合。在以光盘、书刊、画册等为载体的复制、贩卖淫秽物品牟利案中，行为人的复制行为与贩卖行为存在一定的独立性。例如，行为人用 1 张 VCD 淫秽光盘作为母盘，复制出 1 000 张子盘，复制行为即实施完毕。如需将子盘销售出去，还需要单独实施

贩卖行为,复制行为与贩卖行为相对分离。但在利用手机卡复制、贩卖淫秽物品牟利案件中,行为人用读卡器将电脑、硬盘上的淫秽视频拷贝存储到手机卡中,无疑是一种复制行为。但复制结束后,支付费用者即得到了淫秽物品,贩卖行为同时完成,复制行为与贩卖行为界限不清。因此,有观点认为,这里的复制行为只是贩卖淫秽视频的手段。它既不是单纯的复制行为,也不是复制和贩卖两个独立的行为,而是属于贩卖行为不可分割的组成部分,应当认定为构成贩卖淫秽物品牟利罪。也有观点认为,行为人仅实施了复制行为即已实现牟利,则认定为复制淫秽物品牟利即可。我们认为,确定选择性罪名时,应当做到罪名能够尽量涵盖行为人的具体犯罪构成事实,即行为人确已实施的刑法分则规定的行为,选择性罪名的内容都应当予以体现。行为人实施了复制行为没有争议,但同时与顾客之间还必然会有关于淫秽视频交易的合意过程,包括价格商讨、视频选择等,这些内容则属于贩卖行为。可见,不论是贩卖淫秽物品牟利罪,还是复制淫秽物品牟利罪,都没有全面、准确地涵盖行为人的所有行为。所以,对此类案件认定为复制、贩卖淫秽物品牟利罪更为妥当。

二、利用手机卡复制、贩卖淫秽物品牟利案件应当适用哪个司法解释的定罪量刑标准

涉及此类案件的司法解释主要有《非法出版物解释》和《淫秽电子信息解释》。根据《非法出版物解释》确定的数量幅度及北京地区确定的具体标准,以牟利为目的,复制、贩卖淫秽影碟、软件、录像带100张以上应当追究刑事责任,处3年以下有期徒刑、拘役或者管制;数量达到500张以上的为情节严重,处3年以上10年以下有期徒刑;数量达到2 500张以上的为情节特别严重,处10年以上有期徒刑或者无期徒刑。而根据《淫秽电子信息解释》,以牟利为目的,利用互联网、移动通讯终端复制、贩卖淫秽视频等20个以上即可追究刑事责任,情节严重和情节特别严重的数量标准则分别为100个和500个。两个司法解释规定的数量标准相差悬殊。有观点认为,《非法出版物解释》对淫秽物品的列举很明确,只有影碟、录像带、书刊等,当时并未对淫秽电子信息作出规定。《淫秽电子信息解释》才是针对新情况专门作出的调整。利用移动通讯终端复制、贩卖淫秽电子信息,不可能脱离手机卡进行,所以应当按《淫秽电子信息解释》定罪量刑。

我们认为,对利用手机卡复制、贩卖淫秽物品牟利案件应当适用《非法出版物解释》规定的定罪量刑标准。主要理由是:

1. 应当从本质含义准确理解和把握《淫秽电子信息解释》的相关规定。《淫秽电子信息解释》适用于通过特定途径,即互联网、移动通讯终端、声讯台传播淫秽物品犯罪。之所以相对《非法出版物解释》大大降低定罪量刑数额标准,是因为通过互联网、电信网络等公共网络传播淫秽信息,传播速度快、影响面广、对象不特定、查处难,危害性远大于传统犯罪手段,需要增加打击力度。因此,该解释规定的"利用移动通讯终端",应当理解为是指通过移动通讯终端的通讯功能,即通过电信网络实施相关犯罪的情形。本类案件中的行为,从形式上看涉及移动通讯终端、淫秽电子信息,似乎应当适用《淫秽电子信息解释》,然而从实质上分析,行为人利用的只是手机卡的存储功能,并未利用手机的通讯功能及电信网络,属于传统的"手对手"贩卖淫秽物品的范畴,更贴近于《非法出版物解释》规定的情形,故应当适用《非法出版物解释》规定的定罪量刑标准为宜。

2. 虽然《非法出版物解释》规定的是影碟等淫秽物品(单位按"张"计),未涉及淫秽视频(单位按"个"计),但并不影响其适用。贩卖淫秽影碟与利用手机卡复制、贩卖淫秽物品牟利案件本质上近似,区别只是载体不同。淫秽影碟的载体虽是光盘,但在使用过程中设备读取播放的其实是刻录于光盘上的淫秽视频。作为外在形式的光盘数量按"张"为单位计,但作为光盘内容的淫秽视频亦可以按"个"为单位计。实践中,认定作为载体的光盘的数量,其实就是在计算淫秽视频的数量。所以,对利用手机卡复制、贩卖淫秽物品牟利案件适用《非法出版物解释》不存在实践障碍,在道理上也经得住推敲。

3. 适用《淫秽电子信息解释》容易导致罪责刑失衡。从近年来发生的利用手机卡复制、贩卖淫秽物品牟利案件看,行为人复制、贩卖的淫秽视频小的只有十几兆或者几十兆,很多只是视频片段,数量很容易突破100个,而行为人获利通常只有几十元甚至几元。对这样的案件动辄判处3年以上甚至10年以上有期徒刑,容易导致罪责刑不相适应。另外,此类犯罪的行为人,主要是经营个体维修店的外来务工人员,凭借维修手机、电脑的一技之长在城市立足,通常还是其所在家庭的主要经济来源。这类群体多是因为法律意识淡薄而贪图小利,主观恶性不深、人身危险性不大。因此,处罚时应当深入贯彻宽严相济的刑事政策精神,以教育为主,尽可能适用非监禁刑,不宜判处重刑。

三、在行为人电脑、硬盘中查获的其他淫秽视频是否应计入犯罪数量

在利用手机卡复制、贩卖淫秽物品牟利案件中,通常行为人只向他人手机卡中复制了一部分淫秽视频,在其电脑、硬盘中还可查获大量其他淫秽视频,数量最多的达到几千个。查获的这些视频是否计入犯罪数量对定罪量刑结果可能产生决定性影响。有观点认为,行为人复制、贩卖的淫秽视频,是根据顾客要求在其储存的所有淫秽视频中挑选或者随机选取的,说明所有的视频都是准备用于复制、贩卖牟利的,故都应当计入犯罪数量。只以抓获时复制到顾客手机卡中的视频数量来量刑,会放纵犯罪。而且在处理贩卖淫秽光盘及贩卖毒品案件时,对于行为人住所等地查获的其他淫秽光盘、毒品,也是计入犯罪数量的,应当保持执法的统一性。

我们认为,这种意见并不妥当。查获的视频数量一般都远远超过行为人复制、贩卖的视频数量,计入犯罪数量会出现量刑跨越式升级,导致罪刑严重失衡。即使不考虑罪刑相适应的问题,上述意见也忽视了这类案件与贩卖淫秽光盘、贩卖毒品等犯罪之间的重要区别。首先,毒品犯罪是必须从严惩处的严重犯罪,非法持有毒品本身就可构成犯罪。对于有证据证明可能用于贩卖的毒品,计入贩卖毒品的数量并无不当。而个人在电脑、硬盘中存储淫秽视频用于本人观看并不违法,不论其数量多少都不构成犯罪。其次,在复制、贩卖淫秽光盘的案件中,行为人住所等地查获的通常是大量内容相同的光盘。行为人若以用于本人观看作为辩解,明显有违常理。在这种情况下推定查获的光盘是用于贩卖的,有推定的基础事实,也符合常理。而在利用手机卡复制、贩卖淫秽物品牟利案件中,行为人电脑中查获的视频内容都不重复,行为人可以以用于本人观看作为合理解释。在没有证据证明的情况下,推定这些视频是用于复制、贩卖牟利的,缺乏推定的基础事实。审判实践中,有的法院将查获的视频按犯罪未遂处理,虽然可以在一定程度上解决量刑失衡的问题,但还是解决不了推定的依据问题。况且存储淫秽视频并不是刑法分则规定的实行行为,只有着手实施复制、贩卖淫秽视频的行为,才存在既未遂的问题。将存储淫秽视频的行为视为已经着手实施犯罪,不符合未遂犯的刑法原理。因此,对于查获的其他淫秽视频不应计入犯罪数量。但鉴于行为人存储的淫秽视频越多,对复制、贩卖淫秽视频的推动作用越大,可在量刑时作为一个酌定从重因素加以考虑。

(作者单位:北京市高级人民法院)

吸毒者实施毒品犯罪的司法认定

□方文军*

在我国内地，吸毒不构成犯罪，故对吸毒者实施毒品犯罪的，对其已经吸食或者根据在案证据确定将用于吸食的毒品，不应计入犯罪数量，否则就等于变相对吸毒行为追究刑事责任。但是，近年来我国吸毒人数不断上升，①吸毒者实施的毒品犯罪也在大量增加，很有必要防范犯罪分子利用其吸毒人员的身份逃避应有的惩处，导致变相鼓励吸毒人员实施犯罪。2015年5月18日，最高人民法院印发了《全国法院毒品犯罪审判工作座谈会纪要》（以下简称《武汉会议纪要》），其中对吸毒者实施的犯罪作了一些与以往不同的规定。本文结合当前的司法实践，对吸毒者实施毒品犯罪所涉及的几个主要法律适用问题加以探讨，供办案工作参考。

一、吸毒者运输毒品行为的定性

吸毒者携带毒品在运输途中被查获，是实践中的常见情形。对这种情形如何处理，司法工作中的认识有一个演变过程。最高人民法院于2000年印发的《全国法院审理毒品犯罪案件工作座谈会纪要》（已废止，以下简称《南宁会议纪要》）规定，吸毒者在购买、运输、存储毒品过程中被抓获的，如没有证据证明被告人实施了其他毒品犯罪行为的，一般不应定罪处罚，但查获的毒品数量达到刑法第三百四十八条规定的定罪标准的，应当以非法持有毒品罪定罪。根据上述规定，即使吸毒者运输毒品数量大且明显超出其个人合理吸食量的，也应认定为非法持有毒品罪，而非运输毒品罪。由此造成吸毒者实施的运输毒品数量很大的犯罪没有得到有力惩处。

为解决这一问题，2008年印发的《全国部分法院审理毒品犯罪案件工作座谈会纪要》（以下简称《大连会议纪要》）对上述规定作了调整，规定："吸毒者在购买、运输、储存毒品过程中被查获的，如果没有证据证明其是为了实施贩卖等其他毒品犯罪行为，毒品数量未超过刑法第三百四十八条规定的最低数量标准的，一般不定罪处罚；查获毒品数量达到较大以上的，应以其实际实施的毒品犯罪行为定罪处罚。"据此，有观点认为，对于运输过程中被查获且毒品数量达到较大以上的，就应当认定为运输毒品罪，而不是非法持有毒品罪。但是，根据《大连会议纪要》的制定初衷，对吸毒者在运输毒品过程被查获的情形认定为运输毒品罪，并非只要满足毒品数量较大，还要求毒品数量明显超过行为人的合理吸食量，②如果毒品数量达到较大以上，但没有超过合理吸食量的，仍认定为非法持有毒品罪。由此，《大连会议纪要》在一定程度上解决了《南宁会议纪要》相关规定造成的处罚力度不够的问题，但在实践中又造成了新的问题。即由于毒品吸食量的个体差异较大，办案中又难以取得证明吸毒者合理吸食量的确切证据，各地司法机关对如何把握合理吸食量的标准不尽统一，由此对吸毒者运输毒品行为在认定为运输毒品罪的数量条件上也存在一些差异，在一定程度上影响了法律适用的统一性。

有鉴于此，2015年印发的《武汉会议纪要》对《大连会议纪要》的相关规定作了调整，其规定：

---

* 最高人民法院刑五庭审判长，法学博士。

① 据统计，截至2015年年底，全国现有吸毒人员234.5万名（不含戒断3年未发现复吸人数、死亡人数和离境人数）。其中，2015年全国共查处有吸毒行为人员106.2万人次，同比上升20%。

② 《大连会议纪要》的起草者撰文指出："如果其（吸毒者——引者注）在运输毒品过程中被当场查获，毒品数量大，明显超出其个人正常吸食量的，可以运输毒品罪定罪处罚。"参见高贵君、王勇、吴光侠：《〈全国部分法院审理毒品犯罪案件工作座谈会纪要〉的理解与适用》，载最高人民法院刑事审判第一至五庭主办：《刑事审判参考》（总第65集），法律出版社2009年版，第75页。

"吸毒者在购买、存储毒品过程中被查获,没有证据证明其是为了实施贩卖毒品等其他犯罪,毒品数量达到刑法第三百四十八条规定的最低数量标准的,以非法持有毒品罪定罪处罚。吸毒者在运输毒品过程中被查获,没有证据证明其是为了实施贩卖毒品等其他犯罪,毒品数量达到较大以上的,以运输毒品罪定罪处罚。"与《大连会议纪要》的相关规定对比,本次修改的要点有两方面:一是将运输毒品行为与购买、储存毒品行为分开加以规定,明确对于吸毒者运输毒品,数量达到较大以上的情形认定为运输毒品罪,而不再采取《大连会议纪要》中"实际实施的毒品犯罪行为"的表述,以减少认识分歧。二是不再把合理吸食量作为对吸毒者运输毒品行为认定为运输毒品罪的额外条件。即吸毒者运输毒品被查获,只要毒品数量达到较大以上,除有证据证明构成走私、贩卖毒品罪等其他犯罪的情形之外,都认定为运输毒品罪,而不再认定为非法持有毒品罪。① 也就是说,《武汉会议纪要》进一步放宽了对吸毒者运输毒品行为认定为运输毒品罪的数量条件。这里值得注意的是,尽管从文字表述看,《大连会议纪要》没有明确把合理吸食量作为认定吸毒者运输毒品行为构成运输毒品罪的条件,《武汉会议纪要》也没有写明不再把合理吸食量作为认定条件,但司法工作中适用相关规定有必要充分了解这两份纪要的起草背景和制定意图。简言之,直接按照字面含义理解《武汉会议纪要》的上述规定,不再额外地加上合理吸食量作为认定条件,便是对上述规定的正确理解。总的来看,《武汉会议纪要》的上述规定,有利于减少司法过程中对如何把握运毒者合理吸食量所产生的认识分歧,可以促进执法尺度的统一,也较好地体现了《武汉会议纪要》对吸毒者实施的犯罪加大打击力度的指导思想,并在一定程度上产生遏制毒品流通量的积极效应。

二、吸毒者托购、代购毒品行为的定性

对吸毒者托购、代购毒品问题的处理与吸毒者自行购买、运输毒品问题的定性直接相关。这里的托购、代购毒品,是指行为人受吸毒者委托无偿代为购买毒品,托购者与代购者之间是委托关系,故对此类案件的处理应当与对吸毒者自行购买、运输毒品行为的处理保持衔接、平衡。但《南宁会议纪要》和《大连会议纪要》均没有很好解决该问题。《大连会议纪要》提出:"有证据证明行为人不以牟利为目的,为他人代购仅用于吸食的毒品,毒品数量超过刑法第三百四十八条规定的最低数量标准的,对托购者、代购者应以非法持有毒品罪定罪。"《大连会议纪要》的这一规定是《南宁会议纪要》相关规定的延续,仅改动了个别文字。② 可见,《大连会议纪要》和《南宁会议纪要》没有对代购者在运输环节被查获的情形如何定性作出规定,实践中一些地方对托购者、代购者均以非法持有毒品罪定罪处罚。但这显然与吸毒者自己在运输毒品途中被查获的情形,在处理上不协调。根据《大连会议纪要》,当吸毒者自行运输毒品数量大且超过合理吸食量时,认定为运输毒品罪,但当吸毒者委托他人代为购买数量大的毒品时,即便代购者在运输途中被查获,对代购者和托购者均认定为非法持有毒品罪。这显然使托购者、代购者获得了不应有的从宽处理。对此问题,有意见认为,可以对代购者认定为运输毒品罪,对托购者认定为非法持有毒品罪。但托购者与代购者之间属于共同犯罪,且托购者系指使者,其所承担的刑事责任应当重于代购者,而不是相反,故该意见并不妥当。

为解决这一问题,《武汉会议纪要》在调整《大连会议纪要》对吸毒者自行运输毒品行为的定

---

① 需要说明的是,这里所说的运输毒品,通常是指跨城市的长距离运输毒品。对于吸毒人员实施的短距离运输毒品,特别是同城之内的运输毒品行为,即使毒品数量很大,原则上不认定为运输毒品罪,而仍应认定为非法持有毒品罪。当然,如果吸毒人员实施的是贩卖毒品等其他犯罪,则应当依法定罪处罚。

② 《南宁会议纪要》的相关规定是:"有证据证明行为人不是以营利为目的,为他人代买仅用于吸食的毒品,毒品数量超过刑法第三百四十八条规定数量最低标准,构成犯罪的,托购者、代购者均构成非法持有毒品罪。"

性条件的基础上作出了明确规定："行为人为吸毒者代购毒品，在运输过程中被查获，没有证据证明托购者、代购者是为了实施贩卖毒品等其他犯罪，毒品数量达到较大以上的，对托购者、代购者以运输毒品罪的共犯论处。"该规定包含了多层含义：（1）代购者在运输途中被查获，如果毒品数量没有达到较大的标准，对托购者、代购者不应定罪处罚。① 但是，如果托购者、代购者实施的是走私、贩卖毒品等其他犯罪，即使毒品数量没有达到较大的标准，也应依法定罪处罚。（2）如果代购的毒品达到了数量较大的标准，对托购者、代购者则以运输毒品罪定罪处罚，而不是非法持有毒品罪。当然，如果托购者、代购者实施的是走私、贩卖等其他犯罪，则认定为走私、运输毒品罪或者贩卖、运输毒品罪。（3）如果托购者购买毒品不仅是为了吸食，还准备用于贩卖，但代购者对此不明知，以为托购者购买的毒品都是用于吸食的，则对托购者应认定为贩卖、运输毒品罪，对代购者仅认定为运输毒品罪，二者在运输毒品罪的范围内成立共同犯罪。可见，《武汉会议纪要》的上述规定较好地解决了《大连会议纪要》悬而未决的相关问题。

从实践情况来看，理解《武汉会议纪要》的这一规定，还有两个值得注意的问题。

其一，如果行为人代购的毒品数量超过海洛因或甲基苯丙胺（冰毒）50克，但确有证据证明这些毒品都已被吸食，而不是现场查获的，则不应当再追究托购者和代购者的刑事责任。因为吸毒行为本身不构成犯罪，既然托购、代购的毒品都已经被吸食，就不存在今后用于实施贩卖毒品等其他犯罪的风险。《武汉会议纪要》的上述规定针对的是查获毒品实物的情况，查获毒品实物意味着托购、代购毒品的用途存在不确定性，即便托购者系吸毒人员，亦不能保证这些毒品必然都用于吸食，故在运输毒品数量较大的情况下以运输毒品罪定罪处罚才有正当性。

其二，对代购者"蹭吸"毒品的行为原则上不应定罪处罚。所谓"蹭吸"，是指代购者以自身吸食为目的，从托购者处收取少量毒品作为酬劳的情形。对"蹭吸"是否认定为贩卖毒品罪，关键在于是否把"蹭吸"认定为代购毒品中的"牟利"行为。对于何谓牟利，《大连会议纪要》做了原则性规定："代购者从中牟利，变相加价贩卖毒品的，对代购者应以贩卖毒品罪定罪。"但这一规定较为抽象，实践中难以把握。《武汉会议纪要》在此基础上做了具体规定："行为人为他人代购仅用于吸食的毒品，在交通、食宿等必要开销之外收取'介绍费'、'劳务费'，或者以贩卖为目的收取部分毒品作为酬劳的，应视为从中牟利，属于变相加价贩卖毒品，以贩卖毒品罪定罪处罚。"这一规定强调以贩卖为目的收取部分毒品作为酬劳的，以贩卖毒品罪定罪处罚，实际上包含了对"蹭吸"行为原则上不作为犯罪处理的思路，因为"蹭吸"是代购者出于自身吸食而非贩卖目的收取部分毒品作为酬劳。笔者认为，这一处理思路是妥当的，主要理由有三点：（1）从生活意义上看，确实可以把"蹭吸"视为一种牟利行为，因为吸毒人员获得毒品通常需要支付金钱等对价，而"蹭吸"使作为吸毒者的代购者省去了该笔费用。但是，贩卖毒品行为的本质特征是促进毒品的流通，而"蹭吸"者是自身吸食、消耗毒品，并没有通过"蹭吸"进一步造成毒品从托购者向下一环节流通。（2）"蹭吸"者的代购行为客观上为贩毒者提供了帮助，但不能简单地据此认定为贩毒者的共犯，因为吸毒者自行购买毒品时客观上也为贩毒者提供了帮助，但此时吸毒者属于购买毒品的"下家"，故不能对吸毒者认定为贩毒者的共犯。（3）托购者本身是吸毒人员，"蹭吸"仅是代购者的酬劳，如果托购少量毒品的行为不构成犯罪，则打击"蹭吸"这一从属行为就有变相打击吸毒行为之嫌。基于上述三点考虑，笔者认为原则上不宜对"蹭吸"行为追究刑事责任。这应当也是

---

① 有意见认为，刑法对运输毒品罪没有规定数量条件，故对于吸毒人员自行运输或者托购毒品的，即使毒品数量没有达到较大的标准，也应认定为运输毒品罪。这种意见忽视了在我国内地吸毒行为不构成犯罪的问题，客观上将导致变相对吸毒行为追究刑事责任，也与多年来司法实践中的惯常做法不符，因而是不妥当的。

《武汉会议纪要》作出上述规定的"潜台词"。不过,鉴于实践情况的复杂性,在例外情况下也可以考虑对"蹭吸"行为追究刑事责任。例如,"蹭吸"者与毒品上家熟识,多次从同一毒品上家为他人代购毒品,客观上为毒品上家贩卖毒品提供了较大帮助,尤其是当有证据表明"蹭吸"者很可能也从毒品上家得到好处时,鉴于这种惯常性代购"蹭吸"行为的危害性明显大于偶尔代购"蹭吸"的情形,故可以考虑对这种"蹭吸"者认定与毒品上家构成贩卖毒品罪的共犯(地位上属于从犯)。

三、以贩养吸的认定与处理

以贩养吸并不是刑法中的规范概念,而是司法实践中形成的类型化术语,指的是吸毒者通过少量贩卖毒品获得利润来维持其吸毒需求的情形。以贩养吸应当符合以下两个条件:(1)吸毒者没有其他可靠的经济来源,贩卖毒品的主要目的是满足其自身吸毒需求。(2)必须是少量贩卖,如果是大量贩卖毒品,所得利润明显超出吸毒所需的,则不应当认定为以贩养吸,而只能归类为具有吸毒情节的贩毒人员。正是鉴于以贩养吸的这些特征,以往相关司法文件规定对以贩养吸案件的处理要考虑被告人的吸毒情节,实践中也多予从宽处理。

例如,2000年印发的《南宁会议纪要》提出:"对于以贩养吸的被告人,被查获的毒品数量应认定为其犯罪的数量,但量刑时应考虑被告人吸食毒品的情节。"2008年印发的《大连会议纪要》基本延续了这一规定,提出:"对于以贩养吸的被告人,其被查获的毒品数量应认定为其犯罪的数量,但量刑时应考虑被告人吸食毒品的情节,酌情处理。"《武汉会议纪要》在这方面做了一些调整,规定:"对于有吸毒情节的贩毒人员,一般应当按照其购买的毒品数量认定其贩卖毒品的数量,量刑时酌情考虑其吸食毒品的情节。"主要修改是:把量刑时酌情考虑吸食情节的主体范围,从"以贩养吸"者扩大为"有吸毒情节的贩毒人员"。

对于上述规定,主要需注意以下两个问题:

其一,对于吸毒者实施毒品犯罪的数量达到上一法定刑档次的,不应以其具有吸毒情节为由而降低法定刑档次量刑。例如,被告人购买了50克海洛因后被查获,辩称所购买的毒品中有部分用于个人吸食,在此情况下能否因其系吸毒人员而在有期徒刑15年的幅度之下量刑?有意见认为,既然这50克毒品中有部分用于吸食,扣除吸食的部分后毒品数量必然少于50克,本着有利于被告人的处理原则,应当在有期徒刑15年的幅度之下量刑。笔者认为,这种意见虽然有一定道理,但仍不妥当。主要理由在于,上述指导性文件规定的"酌情处理"或"酌情考虑",是对从宽政策的倡导,并非机械性要求,如查获海洛因100克,可以考虑在相应的法定刑幅度内就低判处15年有期徒刑,但当查获的毒品是海洛因50克时,所对应的法定刑为15年有期徒刑,量刑上便没有再从宽的余地。被告人辩称其中部分用于吸食,只是一种可能性而非现实,也存在日后都用于贩卖的可能性。并且,如果认为查获的毒品中有部分可能被吸食,便要降低法定刑档次量刑,那么,当查获的毒品为51克、55克或者60克时,是否也应考虑被告人的吸毒情节而降低法定刑档次量刑?如果回答是肯定的,由此又会导致《武汉会议纪要》所淡化的合理吸食量问题又凸显出来,造成新的法律适用标准不统一。因此,对于上述"酌情处理"或"酌情考虑"的规定,应理解为体现从宽政策的一般性指导意见,不能绝对化,更不能在量刑时降低法定刑档次以体现从宽处罚。

其二,对于毒品犯罪数量大,特别是涉及死刑适用的,量刑时一般不再把吸毒情节作为酌定从宽处罚情节。上文已述,以贩养吸是指为获取吸食毒品所需资金而贩卖少量毒品,并将贩毒所得主要用于购买毒品吸食的情形。因此,对于有吸毒情节的毒枭、职业毒犯及大量贩卖毒品的被告人,由于其贩毒目的已不是满足自身吸毒需求,故原则上不能把吸毒情节作为量刑上体现从宽的因素来把握。这里值得注意的是,《大连会议纪要》规定,对于以贩养吸的被告人,被查获的毒品数量刚达到实际掌握的死刑数量标准的,可以不判处死刑立即执行。这种对以贩养吸的界定不够准确,因为当被告人面临判处死刑时说明其贩毒数量已达到了实际掌握的死刑数量标准,其贩毒的目的显然不是仅仅满足自身的吸毒需求,故已不具备上述以贩养吸的特征。但这一指导意见当前仍然具有参照性,当查获的毒品数量刚达到实际掌握的死刑数量标准,又确有证据证实其中有部分毒品极可能是被告人用于吸食的,扣除该部分毒品后则没有达到判处死刑的数量标准,因而对这种情形可以不判处死刑立即执行。不过,如果查获的毒品数量远远超出实际掌握的死刑适用数量标准,即使被告人系吸毒人员,也不能因其具有吸毒情节而不判处死刑立即执行。

四、吸毒者贩毒数量的认定

吸毒者贩毒案件在实践中有多种情形,其中一些在认定贩毒数量上并没有争议(如尚未出售即被查获的)。容易引发争议的情形是,吸毒者购买了一定数量的毒品后,有证据证明已经卖出了部分毒品,又从其身边或者住处查获了部分毒品,但查获的毒品与贩卖的毒品数量之和明显少于其购买的毒品数量。即购买的毒品数量 = 能够证明的卖出毒品数量 + 查获的毒品数量 + 去向不明的毒品数量,而去向不明的毒品数量系主要部分,对这部分去向不明的毒品,被告人通常辩称已被其吸食。如果确有证据证明这部分去向不明的毒品已被吸食,即使数量很大,也不应计入被告人贩卖的数量,因为吸毒不构成犯罪。这也正是《大连会议纪要》中相关规定已经明确解决的情形,即“被告人购买了一定数量的毒品后,部分已被其吸食的,应当按能够证明的贩卖数量及查获的毒品数量认定其贩毒的数量,已被吸食部分不计入在内”。

但是,实践情况往往是,证明这部分毒品被吸食的证据仅有被告人的供述,没有其他证据印证。如果去向不明的毒品数量不是很大,没有明显超出被告人一段时期内的合理吸食量,则对这部分毒品均认定为已被其吸食亦属合理。但是,如果去向不明的毒品数量很大,明显超出一段时期内的合理吸食量,若仍把这部分毒品都认定为已被吸食,不计入贩毒数量,实际上不利于打击吸毒者实施的毒品犯罪。对于这一问题,《大连会议纪要》没有明确提出解决方案,实践中有的地方对《大连会议纪要》的上述规定作了扩大适用,即使不能确认去向不明的毒品已被被告人吸食的,也根据被告人的辩解认定为已被其吸食,从而不计入其贩毒的数量。

鉴于上述做法不利于有效打击吸毒人员实施的贩毒行为,有必要调整处理思路。《武汉会议纪要》对此规定:“对于有吸毒情节的贩毒人员,一般应当按照其购买的毒品数量认定其贩卖毒品的数量,量刑时酌情考虑其吸食毒品的情节;购买的毒品数量无法查明的,按照能够证明的贩卖数量及查获的毒品数量认定其贩毒数量;确有证据证明其购买的部分毒品并非用于贩卖的,不应计入其贩毒数量。”这一修改的关键点在于,将吸毒人员贩毒数量的认定基准,从以往的“出口”转为“进口”。即对于有吸毒情节的贩毒人员,一般应当将其购买的毒品数量全部认定为其用于贩卖的数量,只是在量刑时酌情考虑其吸食毒品的情节。也就是说,只要有证据能够证明被告人所购毒品的确切数量,不论能够证明的贩卖数量及查获的毒品数量与其购买的毒品数量之间存在多大差距,都按照其购买的毒品数量认定其贩毒数量,量刑时酌情考虑去向不明的毒品可能部分被其吸食的情节。例如,张某某从他人处购买了 180 克甲基苯丙胺(冰毒)后,向多名吸毒人员贩卖了共计 30 克,公安机关抓获张某某时从其住处查获 9 克冰毒。对于去向不明的 141 克冰毒,张某某辩称均被其吸食,但张某某系在被查获前 1 个月购买上述冰毒,这意味着其在 1 个月内吸食了 141 克冰毒,平均每天超过 4 克。根据目前的相关研究数据,①张某某对其吸食量的辩解明显不合理。对于本案,应当按照张某某购买的毒品数量即 180 克冰毒来认定其贩毒数量,量刑时酌情考虑去向不明的毒品可能有部分被其吸食的情节,从而使对张某某的量刑不低于有期徒刑 15 年。这样处理,既有利于解决实践中难以证明去向不明的毒品是否用于吸食的问题,也更加有利于打击此类犯罪行为。

在理解《武汉会议纪要》上述规定时,还需要注意以下问题:

其一,由于实践情况较为复杂,一些案件中没有充分证据证明被告人所购毒品的确切数量,在这种情况下还是应当按照能够证明的贩卖数量及查获的毒品数量认定其贩毒数量。这样处理与《大连会议纪要》规定的精神是一致的。但是,如果去向不明的毒品数量大,明显超出被告人一段时期内的合理吸食量的,考虑这部分毒品被其贩卖的可能性很大,量刑时可酌予从重处罚。

其二,《武汉会议纪要》对于不计入贩毒数量的认定问题,在证明标准上比《大连会议纪要》提高了要求。《大连会议纪要》规定,被告人购买一定数量的毒品后,已被吸食的部分不计入在内。这一规定没有在证明标准方面提出明确要求,实践中一些地方对此放宽了证明标准。《武汉会议纪要》明确规定要"确有证据证明"被告人购买的部分毒品并非用于贩卖的,才不计入贩毒数量。"确有证据证明"包含了推定贩卖的思路,也具有举证责任倒置性质,要求被告人提供确切证据证明部分毒品并非用于贩卖的才不计入贩毒数量,故仅有被告人本人辩解,没有其他证据印证的,不属于"确有证据证明"。这实际上也从证明标准方面加大了对此类犯罪的打击力度。另外,所谓"并非用于贩卖",包括已经消耗的,也包括查获了实物但能够甄别的,具体有多种情形:(1)该部分毒品已经被被告人吸食或者已经被其赠与他人吸食的;(2)查获的毒品中有少量不同种类的毒品(如主要为冰毒,少量毒品为海洛因),而被告人正是吸食此类毒品(如海洛因)的;(3)不以牟利为目的为吸食者代购少量毒品的,等等。但是,有证据证明是已经丢失或者销毁的毒品,则不能简单认定为这里的"并非用于贩卖",因为被告人购买的这部分毒品虽有可能用于吸食,但也完全可能用于贩卖,故无论是否卖出,均应计入其贩卖毒品的数量。如果灭失的这部分毒品数量很大,特别是占总数量的比重很大时,应在量刑时予以考虑,对死刑适用也将产生影响。

五、吸毒者大量持有毒品的定性

吸毒必然持有毒品,但只有当持有毒品数量较大时,才构成非法持有毒品罪。但有的案件中,吸毒者持有的毒品数量很大(如海洛因或冰毒几百克甚至几千克),明显超出一段时期内的正常吸食量的,如何定性?对此,一种观点认为,非法持有毒品罪是在没有证据证实行为人有实施其他毒品犯罪故意的情况下,发挥兜底作用的一个罪名,如果没有证据证明行为人持有的大量毒品系用于贩卖,就应当认定其行为构成非法持有毒品罪,而不能仅因为行为人持有毒品数量大就认定其有贩卖毒品的故意,否则非法持有毒品罪也失去了设立意义。另一种观点认为,吸毒人员持有的毒品数量明显超出一段时间内的正常吸食量的,可以据此认定其有贩卖毒品的故意,以贩卖毒品罪定罪处罚,否则不利于有效打击此类犯罪。

---

① 笔者在工作中了解到,海洛因的单次用量通常为 0.05~0.08 克,致死量为 0.75~1.2 克;甲基苯丙胺的单次用量通常为 0.02~0.03 克,致死量为 1.2~1.5 克(以上均以纯品计)。尽管吸毒者个体差异较大,但吸食海洛因或冰毒如每天超过 2 克,则不属于合理吸食量。

上述两种观点中，第一种是目前实践中的主流观点和惯常做法。① 实践中之所以对吸毒人员大量持有毒品的行为主张认定为非法持有毒品罪，而不主张推定为贩卖毒品罪，主要有如下理由：(1)当前我国刑事立法并没有就非法持有毒品罪规定毒品数量上限，非法持有毒品罪与贩卖毒品罪的划分依据不是毒品数量，单纯根据毒品数量认定行为人是否构成贩卖毒品罪缺乏充分法律依据。(2)非法持有毒品罪的法定最高刑为无期徒刑，严厉性仅次于死刑，说明立法者已经考虑非法持有毒品罪与走私、贩卖、运输、制造毒品罪的差别，这种差别不是毒品数量而是犯罪性质。(3)如果在没有确切证据的情况下，仅根据行为人大量持有毒品的事实，便推定其具有贩卖意图，也存在操作上的困难，即划分非法持有毒品罪与贩卖毒品罪的毒品数量标准应当如何确定？是海洛因500克还是1 000克？如果允许各地自行探索形成此方面的数量标准，则又会导致法律适用不统一，故不妥当。

从尊重立法原意角度，笔者原则上赞同上述第一种观点，但从实践理性分析，第二种意见也有相应的合理性，且在当前形势下更有利于打击毒品犯罪，值得进一步探讨。

首先，解决该问题的理想方案是修改刑法，从立法上设置推定条款，从而使司法认定获得明确的法律依据。推定是一种根据所证明的基础事实来认定推定事实成立的方法，对司法证明具有替代作用；推定一旦为法律所确立，就变成一种法律规则，即"法律推定"。② 例如，我国澳门地区的法律就没有规定非法持有毒品罪，而规定了吸食毒品罪，实践中司法机关通常把行为人持有5日以内吸食量的毒品的行为认定为吸食毒品罪，一旦持有超过5日吸食量的毒品即认定为贩卖毒品罪。我国澳门特别行政区第17/2009号法律《禁止不法生产、贩卖和吸食麻醉药品及精神药品》的附件中规定了常见毒品的单日吸食量，如海洛因的单日吸食量为0.25克，甲基苯丙胺为0.2克，氯胺酮为0.6克。我国澳门特别行政区法律这种以持有超过一定期间吸食量的毒品来认定贩卖毒品罪的做法，并不要求有确切的贩卖毒品的证据，实际上就是法律推定，较好地体现了对毒品犯罪的严惩立场。再如，在澳大利亚维多利亚州，法律就"少量毒品""可贩卖数量毒品""商业数量的混合型毒品"等多层次毒品数量标准作了界定。其中，持有"可贩卖数量的毒品"这一事实状态，即可作为构成贩卖毒品的初步证据，如果被告人不能提出相反证据，法庭将判决贩卖毒品罪成立。③ 这显然也是一种法律推定。笔者认为，我国可以借鉴上述立法思路，在刑法中规定将持有大量毒品的行为推定为贩卖毒品罪的条款，但在条件设定上可以结合当前我国毒品滥用的实际情况。例如，可以在刑法第三百四十八条中增加一款作为第二款，规定："非法持有毒品数量巨大，明显不可能全部用于吸食的，以贩卖毒品罪定罪处罚，但毒品持有人能够证明并非用于贩卖的除外。"这样修改，是以非法持有毒品是否达到数量巨大标准来区别非法持有毒品罪和贩卖毒品罪，属于折中方案，既肯定了非法持有毒品数量大但尚未达到数量巨大的情形仍构成

---

① 例如，被告人宋国华指使两名女性采取人体藏毒方式从云南购买900克海洛因运输到重庆。被告人辩称是用于吸食，父子二人吸毒量大，每天4～5克，因听说缅甸毒品要涨价，才购买这么多毒品。一、二审以贩卖毒品罪判处死刑。最高人民法院复核后改判非法持有毒品罪，主要理由有三点：第一，宋国华虽系毒品再犯，但犯前罪之后五年内没有证据证明其贩毒。第二，查获的涉嫌贩毒的工具锈蚀严重，无法再用。查获的烟酰胺可以掺杂在毒品中使用，也是食品添加剂。第三，宋国华父子二人吸毒量大，不排除查获的900克海洛因均用于吸食。参见《宋国华贩卖毒品案——对购买数量巨大的毒品且被告人本人系吸毒成瘾者的应当如何定性》，载最高人民法院刑事审判第一庭、第二庭编：《刑事审判参考》(总第46集)，法律出版社2006年版，第45页。需要说明的是，本案发生在最高人民法院统一行使死刑案件核准权之前，当时可以直接改判。

② 陈瑞华：《刑事证据法学》，北京大学出版社2012年版，第265～267页。

③ 2012年，笔者作为最高人民法院"毒品犯罪的司法对策"考察团成员赴澳大利亚考察，由此了解到上述法律规定。

非法持有毒品罪,又增强了对非法持有毒品数量巨大案件的打击力度。至于何谓数量巨大,可由司法机关通过制定司法解释来解决,初步考虑可以按照刑法第三百四十八条中"毒品数量大"最低限的10倍(即海洛因500克以上)掌握。①

其次,由于能否修改刑法尚不可预期,为了准确有力打击毒品犯罪,司法实践中可以对部分非法持有毒品数量巨大的案件,探索认定为贩卖毒品罪的途径。笔者认为,根据当前的司法实践,对于下列情形,可以认定为贩卖毒品罪:(1)对于吸毒人员因贩卖毒品被查获,又从其住所等处查获大量毒品的,原则上可以将查获的毒品全部认定为其贩卖毒品的数量,但被告人确有证据证明查获的毒品并非用于贩卖的除外。这种情形也是《武汉会议纪要》作出的新规定,②具体理由本文不再赘述。(2)对于曾经贩卖少量毒品(当时未被查获),相隔一段时间后(如数月后)被查获持有大量毒品的,即使被告人辩称被查获的毒品均用于吸食,也可以全部认定为其贩卖毒品的数量。(3)对于因实施贩卖毒品罪被判刑,释放后不久(如一年内)又购进大量毒品的,一般可以考虑认定为贩卖毒品罪。主要理由是,被告人曾因贩卖毒品被判刑,说明其已具有贩卖毒品的故意,而其释放后不久又大量购进毒品,根据生活经验通常系用于贩卖,故可以推定其构成贩卖毒品罪。当然,如果确有证据证明其大量购进毒品并非用于贩卖的,如帮助吸毒人员代为购买且不知他人用于贩卖的,则不应认定其行为构成贩卖毒品罪。(4)被告人在短时间内(如数月内)连续购入大量毒品,特别是所购毒品种类不同的,即使被告人辩称均用于吸食的,也可以认定为贩卖毒品罪。实践中已有此方面的案例。

关于强制网络裸聊行为性质认定问题的探讨

□赵俊甫*

一、问题的提出

被告人沈某通过QQ与被害人包某某(15周岁)聊天,获知其基本信息后,于2013年11月17日23时许,谎称包某某电脑中了病毒,已秘密拍摄包某某的裸照,以将包某某的裸照发布到互联网为由,胁迫包某某脱衣露出乳房、下体等隐私部位,裸体与其视频聊天,沈某边观看边自慰,同时将包某某裸体视频进行录像并保存在自己电脑中供以后自慰时观看。同月22日21时许,沈某与包某某聊天时,胁迫包某某与其同学被害人卢某某(不满14周岁)在视频中脱掉衣服,相互舔对方乳房,供其边观看边自慰,同时将裸体视频录制并保存在电脑中。沈某采取类似上述方式,分别于2013年8月、11月,胁迫被害人游某某(不满14周岁)、文某某(15周岁)裸体与其视频聊天,供其自慰时观看并录制了相关视频。

我国刑法第二百三十七条规定了强制猥亵、侮辱罪和猥亵儿童罪,但对于何谓"猥亵",刑法和相关司法解释尚未作出明确界定,实践中存在一定争议。在上述案例中,对被告人沈某强制被害人裸体网聊的行为是否构成强制猥亵罪、猥亵儿童罪(为行文简洁,以下统称猥亵犯罪),存在

---

① 这里的条文设计只是笔者的初步考虑,如果日后此类立法建议得到立法机关采纳,则条文表述还需要深入研究。

② 《武汉会议纪要》规定:"贩毒人员被抓获后,对于从其住所、车辆等处查获的毒品,一般均应认定为其贩卖的毒品。确有证据证明查获的毒品并非贩毒人员用于贩卖,其行为另构成非法持有毒品罪、窝藏毒品罪等其他犯罪的,依法定罪处罚。"

* 最高人民法院刑一庭法官,法学博士。

两种不同意见：

一种意见认为，被告人沈某的行为不构成猥亵犯罪，主要理由是：强制网络裸聊不同于强制猥亵行为，网络裸聊仅在于聊和看，行为人与被害人不在同一物理空间，双方没有身体上的接触；而刑法中的猥亵一般表现为对妇女抠摸、亲吻、搂抱等行为。因此，沈某强制他人网络裸聊不属于刑法中的猥亵行为。

另一种意见认为，被告人沈某的行为已构成猥亵犯罪，主要理由是：不能以被告人与被害人是否在同一物理空间，是否有身体实质接触来判断是否存在猥亵犯罪行为。沈某以在网络发布被害人裸照为由，要挟被害人在视频中露出隐私部位供其自慰观看，对被害人形成了精神强制；迫使被害人脱光衣服暴露身体隐私部位供其观看，侵害了妇女的性自主权，与直接进行身体接触的猥亵行为相比，二者侵害的法益本质上是相同的，故沈某的行为已经构成猥亵犯罪。

上述争议的焦点在于，强制网络裸聊是否属于猥亵犯罪规制的行为类型？对非接触性的猥亵行为定罪处罚需要考虑哪些因素？鉴于近年来类似案件时有发生，实践中存在不同认识，确有探讨的必要。

二、从妨害被害人性自主权的角度把握猥亵的本质内涵及表现形式

猥亵概念属于规范性构成要件要素，其内涵往往受社会环境与伦理风尚变迁的影响，而呈现出不同特征，并受制于一国刑法的具体规定。例如，根据我国刑法对强奸罪、猥亵犯罪的规定和一般理解，强奸与猥亵均是妨害被害人性自主权的行为，两者的主要区别在于行为方式不同，强奸一般是指男性对女性的强行性交行为，猥亵通常是指用性交以外的方式对被害人实施的能够满足性欲和性刺激的淫秽行为。据此，强奸罪与猥亵罪的规制对象范围呈此消彼长之势，男性以生殖器侵入女性生殖器的行为，为强奸罪所规制，自应排除在“猥亵”概念范畴之外；而女性以生殖器与男性生殖器相交合的行为，在我国因不构成强奸罪，也应认定在“猥亵”行为方式之内。由于我国刑法对强奸罪采取的仍然是狭隘定义，即以生殖器对生殖器的侵入行为为限，由此，异性或同性之间进行的违反对方意愿的鸡奸、口交等性行为，也属于猥亵犯罪所规制的行为类型。除此之外，对被害人身体隐私部位进行抠摸、舌舔等行为，一般也理解为猥亵犯罪的行为方式。

对猥亵的通常理解和行为方式的上述列举，大多停留在对被害人人身直接接触的层面，但从猥亵犯罪的本质来看，只要是妨害或推定妨害被害人性的自主权，足以刺激或满足性欲，并冒犯普通公民性的羞耻心或引起其厌恶感的淫秽行为，即属猥亵，行为方式不一而足，因此，不应局限于行为人是否直接接触了被害人身体。例如，行为人施以暴力脱光被害人衣物，触摸被害人下体，属于猥亵无异；而行为人威吓被害人自己当场脱光衣物进行自慰，供其观看，尽管行为人没有触摸被害人隐私部位，但同样妨害了被害人性的自主权，而且从社会一般观念来看，是一种足以刺激或满足性欲、冒犯公民性的羞耻心的淫秽行为，将该行为解释为对被害人实施了猥亵，是合乎逻辑的。由此推演，行为人强迫被害人观看自己自慰，也属对被害人的猥亵。

强制网络裸聊行为的特殊之处在于，被告人与被害人居于不同物理场所，被告人强制被害人裸体与其聊天，均是通过网络技术在虚拟空间进行，既未直接接触被害人身体，也未当面目睹，似与实践中常见的猥亵犯罪方式有别。但是，根据如上分析，实践中的犯罪行为样态各异，判断一种行为是否属于猥亵，应参酌社会一般观念，立足于考察是否具备妨害被害人性的自主权并有伤风化的特质，据此分析判断所谓的新型手段是否符合“猥亵犯罪的类型化”，而非拘泥于行为人采取何种方式侵犯刑法所保护的相应法益。况且，现代信息技术的发达，已经大大改变、拓宽了人与人之间传统的交往沟通方式，包括新的犯罪方式亦层出不穷，我们也需与时俱进，更新对猥亵手段的传统认知。上述案例中，沈某以在网络发布被害人裸照为由，要挟被害人在视频中露出隐私部位供其观看,侵害了妇女的性自主权,亦属有伤风化的淫秽行为。该强制网络裸聊行为与直接进行身体接触的猥亵行为相比,只是表现形式不同,本质上均是对被害人的伤害,与普通猥亵犯罪侵犯的法益具有相当性,将其解释为猥亵犯罪构成要件预设的行为类型,并未远远超出一般公众所能理解和接受的认知范畴。

三、准确区分猥亵一般违法行为与猥亵犯罪的界限

在我国,往往对许多同一类型的危害社会行为,依据情节轻重区分行政违法与刑事违法,即“出行入刑”或“出刑入行”,但实践中,两种性质不同的违法类型的界限并非泾渭分明,而是经常存在重合交叉状态。刑法总则第十三条但书规定“情节显著轻微, 危害不大的,不认为是犯罪”,作为原则, 提出了犯罪行为的量的限制;在刑法分则中,以各种各样量的限制性语言表明具体犯罪的成立, 如情节严重、情节特别严重、情节恶劣、数额较大、后果严重等。分则中除直接明示的罪量情节外,还存在一些默示的要求罪量的罪名,猥亵犯罪即为适例。刑法第二百三十七条规定,以暴力、胁迫或者其他方法强制猥亵他人或者侮辱妇女的,处五年以下有期徒刑或拘役;猥亵儿童的,依照上述规定从重处罚,条文本身似未要求罪量情节。但治安管理处罚法第四十四条规定,猥亵他人的,处五日以上十日以下拘留;猥亵智力残疾人、精神病人、不满十四周岁的人或者有其他严重情节的,处十日以上十五日以下拘留。因此,同属猥亵行为,引起的法律责任并不相同,如果不从刑事处罚的必要性角度考虑,就无法准确区分罪与非罪。类似本案网络裸聊行为也是如此,并非只要形式上属于猥亵,就必然构成刑事犯罪。

从猥亵犯罪立法沿革考察。1979 年刑法并未规定单独的猥亵犯罪,而是将该类行为规定为“流氓罪”,即“聚众斗殴,寻衅滋事,侮辱妇女或者进行其他流氓活动,破坏公共秩序,情节恶劣的,处七年以下有期徒刑、拘役或者管制”。1997 年刑法修改时,将流氓罪一分为四,即猥亵犯罪(强制猥亵、侮辱妇女罪,猥亵儿童罪)、聚众斗殴罪、寻衅滋事罪、聚众淫乱罪。其中,1984 年《最高人民法院、最高人民检察院关于当前办理流氓案件中具体应用法律的若干问题的解答》(已失效)列举解释了侮辱妇女情节恶劣构成流氓罪的情形,如“用淫秽行为或暴力、胁迫的手段,侮辱、猥亵妇女多人,或人数虽少,后果严重的,以及在公共场所公开猥亵妇女引起公愤的”“在公共场所故意向妇女显露生殖器或者用生殖器顶擦妇女身体,屡教不改的”“鸡奸幼童的;强行鸡奸少年的;或者以暴力、胁迫等手段,多次鸡奸,情节严重的”,等等。由此足见,尽管现行刑法中规定的猥亵犯罪并未明示“情节恶劣”等限定性条件,但在司法适用时秉持刑法谦抑性原则,对“猥亵”予以适度的限制解释方为妥当。我国没有性骚扰的法定概念,但对于一些情节显著轻微的性冒犯行为,作为治安违法的猥亵行为予以处罚是适当的。

尤需注意的是,现行刑法规定,“在公共场所当众猥亵”的,应处五年以上有期徒刑,即猥亵犯罪的情节加重犯,而根据 1979 年刑法规定的流氓罪及有关规范性文件,在公共场所实施猥亵仅系入罪情节之一,而非法定刑升格条件,由此现行刑法规定在部分案件中可能造成法律适用的两难困境。例如,在地铁、公交车、游泳馆等场所以肢体触碰被害人胸部或下体等隐私部位数秒钟,总体情节一般,如果认为属刑法中的“猥亵”,则无疑符合“在公共场所当众猥亵”的加重情节,但对该行为判处五年以上有期徒刑,明显违背一般人的罪刑观念,造成形式上合法而实质上不甚合理;如果认为该行为情节轻微,那么,就不构成犯罪,仅系治安管理处罚的对象。两相权衡,我们认为,对猥亵行为是否论罪判刑,不能仅作形式上的判断,还必须综合考虑猥亵手段、针对的身体部位、持续时间长短、对被害人身心伤害大小、对社会风尚的冒犯程度等因素,对刑事处罚的必要性予以实质把握。

强制网络裸聊虽属猥亵行为,但是否构成猥亵犯罪,亦离不开价值判断,需综合考虑事实、情节及对社会良好风尚的冒犯程度,对刑事处罚的必要性予以实质把握。考虑网络通信、聊天中双方非直接接触的虚拟性等特点,如果行为人言语胁迫被害人通过视频观看自己实施自慰等淫秽行为的,一般不宜以猥亵犯罪论处,必要时可予以治安管理处罚。对于强制被害人裸聊的时间短暂,被害人人数、裸聊次数较少,手段、情节及危害一般的,对行为人是否予以刑事处罚需慎重把握。而在聊天交友等过程中,以公开被害人隐私等相要挟,胁迫被害人自行拍摄裸照或影像视频后通过网络或手机彩信等传输给行为人的,属于对被害人的猥亵,但在入罪与否的把握上同样要遵循上述判断原则。

在本文所引上述案例中,被告人沈某借助网络通信手段,精心编织骗局,利用未成年人少女社会阅历尚浅,施以哄骗、威胁,迫使多名被害人在视频中暴露身体隐私部位,或做出淫秽动作,以供其观看,满足淫欲,而且还对聊天视频刻录光盘留存,无论是客观上对被害人的身心伤害、对社会风化的影响,还是主观恶性,被告人沈某所实施的猥亵行为均具备刑事处罚的必要性。

黑社会性质组织犯罪涉案财物处置的问题与对策

□朱和庆

财产权是公民基本人权的重要组成部分,是公民享有自由权、平等权和人格尊严的物质保障。在现代法治国家,对涉案财物的处置,包括查封、扣押、冻结财物等均极为审慎,且须遵循正当的法律程序。我国宪法也明确规定"公民的合法的私有财产不受侵犯"。在刑事诉讼中,对涉案财物的处置是公检法等机关的重要职责之一,既攸关当事人及案外利害关系人的合法权益和切身利益,也是刑事诉讼顺利进行的必然要求。若涉案财物处置不当,不仅难以起到有效打击犯罪、剥夺犯罪分子再犯能力的积极作用,甚至有可能发生公权力侵吞公民合法财产的风险,从而偏离法治轨道,激化社会矛盾。黑社会性质组织犯罪涉案财物处置是当前刑事审判中最为棘手、争议最大的难题之一。一方面,成立黑社会性质组织必须具备"有组织地通过违法犯罪活动或者其他手段获取经济利益,具有一定的经济实力,以支持该组织的活动"的经济特征;另一方面,黑社会性质组织涉案财物来源多元,形态多样,涉案财物规模大,动辄上千万元、数亿元,这在客观上也增加了审判阶段处置涉案财物的难度。

2012 年刑事诉讼法修改前,仅有刑法第六十四条、1996 年刑事诉讼法第一百九十八条及相关司法解释对涉案财物的处置作了简单概括规定。由于法律规定不完善及涉案财物处置体制、机制问题没有厘清、理顺,导致了司法实践中对涉案财物的处置十分混乱,个别法院刑事判决对涉案财物没有作出处理或者处理不明确,导致对涉案财物难以执行。2012 年刑事诉讼法第二百三十四条增加了人民法院应当对查封、扣押、冻结的财物及其孳息作出处理的规定,《最高人民法院关于适用〈中华人民共和国刑事诉讼法〉的解释》(以下简称《刑事诉讼法解释》)第十六章对涉案财物处置问题予以了细化,解决了实践中的部分难题。但鉴于黑社会性质组织犯罪形态的特殊性及涉案财物的复杂性,上述规定在执行时仍显不足,审判实践中对黑社会性质组织犯罪涉案财物处置还面临许多困惑和难题。

一、黑社会性质组织犯罪涉案财物处置面临的困难和挑战

(一)刑法规定的黑社会性质组织"涉黑财产"认定标准过于原则、指导性不强

我国刑法第六十四条对犯罪物品的处理作了原则规定:"犯罪分子违法所得的一切财物,应当予以追缴或者责令退赔;对被害人的合法财产,应当及时返还;违禁品和供犯罪所用的本人财物,应当予以没收。没收的财物和罚金,一律上缴国库,不得挪用和自行处理。"实践中对涉案财

物的返还或者退赔不存在大的争议,但对于违法所得财物或者供犯罪所用的本人财物的追缴或者没收,则存在较大争议,实践操作也较为混乱。关于“涉黑财产”的认定,2009 年下发的《最高人民法院、最高人民检察院、公安部办理黑社会性质组织犯罪案件座谈会纪要》(以下简称 2009 年《纪要》)规定:“无论其财产是通过非法手段聚敛,还是通过合法的方式获取,只要将其中部分或全部用于违法犯罪活动或者维系犯罪组织的生存、发展即可。”但实践中该规定也不易操作。如被告人先后成立多家公司,资产数亿元,能够认定用于违法犯罪活动或者维系犯罪组织生存、发展的费用却不足 100 万元,在认定该组织是否系黑社会性质组织时,其经济规模应按照其全部资产计算,还是按照实际用于违法犯罪活动或者维系犯罪组织生存、发展的费用计算,实践中存在争议。此外,如果组织成员多数为该公司员工,公司在工作中提供的正常工资、奖金、福利、慰问金等能否认定为 2009 年《纪要》中规定的“用于违法犯罪活动或者维系犯罪组织的生存、发展”实践中也存在不同认识。

(二)侦查机关对“涉黑财产”来源、权属、性质等取证较不到位

黑社会性质组织犯罪案件被告人数多、犯罪事实多、波及面广,法律关系复杂,侦查工作量大。侦查机关不仅要及时抓捕犯罪嫌疑人,做到“一网打尽”,还要深挖“保护伞”,分路收集定案证据,客观上弱化了对查封、扣押、冻结涉案财物来源、权属、性质的调查取证。加之侦查机关仍普遍存在重定罪证据的倾向,往往从犯罪构成方面收集证据,将侦查重点确定在个罪认定以及相关犯罪组织是否成立黑社会性质组织上,对黑社会性质组织的财物及其收益方面的证据并不注重收集,即使予以收集,实践中也很难对涉黑组织及其成员的每一笔财产均做到有证据认定其来源、权属、性质。加之当前“涉黑财产”呈现出财产主体多元化、资产状况多样化、所涉法律关系复杂化的特点,导致一些涉黑案件中非法获取的财产利益没有及时予以追缴、没收、扣押,或者对追缴、没收、扣押的财物没有进行分门别类地登记造册,没有做好相关的提取扣押记录或保管登记,致使审判阶段很难依据现有证据具体查清涉案财物的来源、权属、性质等,给法院处置涉案财物和适用财产刑带来一定的困难。如果采取直接认定法,即有直接证据证实属于“涉黑财产”的予以认定,反之则不认定,这很容易限缩“涉黑财产”的范围,使得一些本来应认定为“涉黑财产”的部分因缺乏直接证据而难以认定,无法彻底铲除黑社会性质组织的经济基础;如果采取排除法,即排除属于组织成员的合法财产,其余都认定为“涉黑财产”,这在一定程度上又扩大了认定范围,有损害公民合法财产权利之虞。

(三)涉黑财产的财产性质难以认定

攫取经济利益、扩充经济实力,既是黑社会性质组织有组织地实施违法犯罪活动的主要目标,也是其坐大成势、称霸一方、实现非法控制并向黑社会组织发展过渡的物质基础,还是法院依法认定黑社会性质组织并依法处置“涉黑财产”的前提条件。从有组织犯罪发展形态来看,黑社会性质组织初期往往靠暴力起家,以抢劫、绑架、“看场子”(提供非法保护)、收取“保护费”、代人讨债、敲诈勒索等方式完成原始积累,待到发展到一定阶段,特别是在一定地区和行业形成非法控制或重大影响以后,则更多地采取非暴力犯罪,通过金融犯罪、组织卖淫、开设赌场、走私等方式获取经济利益,或以形式上的合法经营为掩护,广泛涉足房地产、矿产等高利润行业,并以多种手段排挤、打击竞争对手,获得垄断地位,走“以黑护商”“以商养黑”的道路。黑社会性质组织从成立到案发被查获,短则数月,长则达数十年,其间其所获得的一系列经济利益是否全部应当认定为“涉黑财产”,或者在什么情况下属于组织成员的合法所得,难以得到合理区分。尤其是当黑社会性质组织经济实力达到一定程度和规模后,还会以开办公司、企业等方式作为掩护,造成一种“来源合法、手段正当”的假象,增加了对黑社会性质组织经济实力和规模的认定难度,也为其

后认定和处置“涉黑财产”增加了障碍。

从世界范围来看，包括黑社会性质组织犯罪在内的有组织犯罪均面临类似的犯罪组织的非法利益与组织成员的合法利益混合的问题。“在实践中，犯罪收益的形态往往是不断变化的，而且经常表现为可替代物。例如，某一账户中的资金，既可能是由犯罪分子存入的，也可能是由企业合法发放的薪金，但是，这些资金一旦混合在一起即难以区分。”针对这一难题，虽然2009年《纪要》明确了“黑社会性质组织及其成员通过犯罪活动聚敛的财物及其收益，是指在黑社会性质组织的形成、发展过程中，该组织及组织成员通过违法犯罪活动或其他不正当手段聚敛的全部财物、财产性权益及其孳息、收益”，但由于近年来黑社会性质组织的运作模式呈现出新变化，开始出现以“正当权利”为支持，以“合法实业”为载体，以非法运营为本质的运作模式，带有违法性的“黑色经济”因素的比重有所下降。此类组织的财产，既有违法所得，又有合法所得。一些组织成员为了隐匿、“漂白”犯罪所得，有意将合法利益与非法利益相互流动，例如通过合伙、入股、并购等公司经营手段有意将非法所得与其他公司、企业或者个人合法财产混合，导致审判中难以准确区分涉黑财产与组织成员合法财产、组织成员家属财产以及公司、企业合法财产。此外，从纵向上看，由于黑社会性质组织的形成需要一个过程，其成立前或成立之初的资产尚未支撑其犯罪活动，甚至该组织成立后也有相当一部分收入是合法经营所得，如何从巨额涉案财物中甄别出这部分合法财产在实践中存在很大争议，给司法机关处置涉案财物增加了极大难度。某种意义上讲，准确区分涉案财物来源、性质和权属的难度，甚至远大于查办黑社会性质组织犯罪案件本身。

（四）黑社会性质组织涉案财物的处置机制仍需进一步完善

2012年刑事诉讼法修改了查封、扣押、冻结财物的处理规定，如增加“制作清单、随案移送”制度，并规定“人民法院作出的判决，应当对查封、扣押、冻结的财物及其孳息作出处理”，等等，有助于防止涉案财物未经审判即被随意处置的现象出现，具有积极意义。但也要看到，我国对刑事诉讼涉案财物的处置机制仍不完善，不能满足以审判为中心的刑事诉讼制度改革的要求。

1. 缺乏一个相对独立的涉案财物处理程序

黑社会性质组织涉案财物种类繁多，如组织成员的轿车、房产、游艇、股票、各类珍贵古玩字画等，均可能是犯罪所得及其收益。上述财物是否均系涉案财物，组织成员名下账户内的资金及其他非涉案人员账户名下的资金是否均系违法所得或者组织成员转移的资金等，均需通过法庭调查逐一查清并作出处理。但我国刑事诉讼法尚没有关于涉案财物处理程序的规定，法庭对涉案财物来源、权属、性质的调查完全依附于对案件事实、证据等的调查，没有作为一个相对独立的环节凸显出来。在法庭调查阶段，审判实践中基本上不对涉案财物处置的事实进行专门调查，即便有进行调查，大多数也都是以附带的形式展开，既未要求公诉机关出示证据证明涉案财物的权属与案件的关联情况，也未对调查涉案财物属性时应当达到什么样的证明标准作出明确。在法庭辩论阶段，合议庭也较少组织控辩双方、被害人等诉讼参与人针对涉案财物处置发表相关辩论意见，导致相关涉案财物的权属难以查清。

2. 涉案财物的审前返还制度存在局限，制约了审判阶段对涉案财物的处置

涉案财物返还涉及公安机关、检察机关、法院之间的职责分工。审前返还虽有助于及时弥补被害人等的损失，恢复因犯罪所遭受侵害的社会关系，但因缺乏司法审查，仅有侦查机关作出处断，弊端也十分明显。刑事诉讼法解释第三百六十条明确规定公安机关、检察机关可以在审判前返还财物，即“对被害人的合法财产，权属明确的，应当依法及时返还”。2015年1月，中共中央办公厅、国务院办公厅印发了《关于进一步规范刑事诉讼涉案财物处置工作的意见》（以下简称“两办”《意见》）又对此予以强化，规定“对权属明确的被害人合法财产，凡返还不损害其他被害人或

者利害关系人的利益、不影响诉讼正常进行的，公安机关、国家安全机关、人民检察院、人民法院都应当及时返还”。我们认为，这一制度的初衷如上文所述应予以充分肯定，但在操作层面，何谓“权属明确的被害人合法财产”？谁来判断是否权属明确？没有进入审判阶段又如何认定审前返还不损害其他被害人或者利害关系人的利益、不影响诉讼正常进行？这就导致刑事诉讼涉案财物处置主体多元，由公安机关等在审前返还财物正当性不足，处置程序不清，审前返还缺乏监督，错误返还后难以进行救济等一系列不利于案件公正处理和公民、法人合法财产权益保护的问题。

如前文所述，黑社会性质组织犯罪手段多样化及其自身的经济特征决定了涉案财物来源、权属、性质甄别特别困难。如审前返还被害人及其他利害关系人，有可能造成原本应予罚没的财物，因没有查清而返还被害人或者案外利害关系人，致使国家利益遭受损失。实践中，一些黑社会性质组织成员拥有股份的企业财产和家庭财产在侦查阶段已被处置，之后才经法院审查，如果认定其不属于“涉黑财产”，则意味着此前侦查机关的先行处置行为已造成合法财产的巨大损失，侵犯了公民合法财产权，实践中类似情况引发上访的现象也时有发生。出现这类问题时，如果法院还将上述财产认定为“涉黑财产”并予以追缴、罚没，则等同于为侦查机关的先行处置行为“背书”，有违公正裁判，后患无穷。

3. 涉案财物的先行拍卖、变卖程序仍需完善

《最高人民法院、最高人民检察院、公安部、国家安全部、司法部、全国人大常委会法制工作委员会关于实施刑事诉讼法若干问题的规定》及《刑事诉讼法解释》对刑事诉讼涉案财物的先行拍卖、变卖程序均做了具体规定，即审判期间，权利人申请出卖被扣押、冻结的债券、股票、基金份额等财产，人民法院经审查，认为不损害国家利益、被害人利益，不影响诉讼正常进行的，以及扣押、冻结的汇票、本票、支票有效期即将届满的，可以在判决、裁定生效前依法出卖。但依据上述规定，实践中可拍卖、变卖的财物范围十分有限，仅限于被扣押、冻结的“债券、股票、基金份额”等财产以及“汇票、本票、支票”等有价证券。黑社会性质组织犯罪案件办案周期长，涉案财物多，涉案财物的价值随着市场波动而变化，一些涉案物品折旧很快，如果仅依据上述规定的财物范围先行拍卖、变卖的，则大部分涉案物品难以保值。实践中已经出现查封、扣押的涉案豪华车辆等物品因扣押时间过长导致价值大幅度贬值等现象，造成国家或者当事人、案外利害关系人等的财产损失。

二、黑社会性质组织犯罪涉案财物处置的基本思路

为进一步规范刑事诉讼涉案财物的处置工作，“两办”《意见》提出要健全处置涉案财物的程序、制度和机制，规范涉案财物查封、扣押、冻结程序，建立办案部门与保管部门、办案人员与保管人员相互制约制度，规范涉案财物保管制度，探索建立跨部门的地方涉案财物集中管理信息平台，完善涉案财物先行处置程序，审前返还程序，明确利害关系人诉讼权利，完善权利救济机制，健全责任追究机制，着力解决涉案财物“保管不规范、移送不顺畅、信息不透明、处置不及时、救济不到位”等刑事诉讼涉案财物处置工作存在的“通病”和“老大难”问题。其后，公安部修订《公安机关涉案财物管理若干规定》、最高人民检察院制定《人民检察院刑事诉讼涉案财物管理规定》，结合部门职责对“两办”《意见》做了细化规定。上述规定对法院处置涉案财物提供了指引和参照，具有积极意义。但考虑到法院对涉案财物处置具有终局性，法院对涉案财物的处置，一方面建立在公安机关、检察机关的调查取证及起诉、举证基础上；另一方面法院的裁判结果又为公安机关、人民检察院判后处置涉案财物提供了依据。因此，法院对涉案财物的处置，特别是对黑社会性质组织案件涉案财物的处置应特别审慎，笔者认为，应坚持以下几个基本思路。

（一）全面审查黑社会性质组织涉案财物的来源、权属、性质等基本情况

黑社会性质组织犯罪涉案财物多种多样，根据我国现行涉案财物处置机制，侦查机关应当把

作为证据使用的实物,包括作为物证的货币、有价证券等随案移送,但对于其他大量的财物则仅移送财物清单。2012 年刑事诉讼法增加了"制作清单、随案移送"制度,即侦查阶段对查封、扣押、冻结的犯罪嫌疑人、被告人的财物及其孳息,不仅要履行妥善保管的职责,还应当列出清单,根据诉讼程序的进展,将清单随案移送,这有助于后续办案机关准确了解和掌握涉案财物的种类、数量,便于监督,维护犯罪嫌疑人、辩护人的合法权益。当前,侦查机关在移送案件时基本做到移送涉案财物清单,但法院在调查涉案财物来源、权属、性质时,仅有涉案财物清单难以查清上述事实,如一辆车是否系涉案车辆,一笔银行账户资金是否系非法所得,需要在案其他证据予以证实,否则对涉案财物进行处置便成一笔"糊涂账"。

实践中,一些黑社会性质组织的领导者、组织者同时也是公司、企业的负责人,一旦黑社会性质组织性质被证成,不但其犯罪组织成员的经济利益将被全部罚没,其公司、企业中未参与黑社会性质组织犯罪员工的合法权利也难免受到影响。我们认为,在此情况下,既要查清涉案财物种类、数量,该组织的经济来源、经济实力规模和组织成员所获得利益的情况,又要查清敛财的目的、方式、手段,对组织财产的分配、使用情况及用途等,从而对涉案财物作出准确认定并依法处置。这也同时要求公安机关、检察机关在侦查环节、审查起诉环节认真审查涉案财物的来源、性质,明确区分参加黑社会性质组织犯罪分子的个人财产和涉黑公司、企业资产情况、产权情况,并对相关证据进行收集、固定,及时采取扣押、冻结、查封等措施,保障涉案财物处置能够顺利进行。

(二)准确认定黑社会性质组织的成立时间是查清"涉黑财产"的前提

黑社会性质组织的成立时间是认定"涉黑财产"的起始点。组织成立前的财产,包括组织成员及相关经济实体的财产,除非其后用于组织犯罪的,否则应认定为组织成员及相关经济实体的合法财产,依法应予保护。2009 年《纪要》规定,"在黑社会性质组织的形成、发展过程中,该组织及组织成员通过违法犯罪活动或其他不正当手段聚敛的全部财物、财产性权益及其孳息、收益",属于黑社会性质组织及其成员通过犯罪活动聚敛的财物及其收益。但黑社会性质犯罪组织的成立时间在具体个案中并不太容易认定。从犯罪构成角度,当一个犯罪集团具备刑法所规定的黑社会性质组织的"四个特征"时,即属于黑社会性质组织,但一个犯罪团伙最终演变为黑社会性质组织,一般都经历了从小到大,从特征不明显到特征明显的发展、壮大过程。在黑社会性质组织成立过程中一般没有明确的同时具备"四个特征"的时间节点,这就增加了认定的难度。笔者认为,审判时,可以将涉案犯罪组织举行成立仪式或者确立核心利益、强势地位的时间作为审查判断黑社会性质组织形成时间的依据。如果没有前述标志性事件的,也可以将部分组织成员为维护、扩大组织势力、影响、利益而首次实施有组织的犯罪活动的时间作为审查判断依据。在认定了黑社会性质组织成立时间节点后,该组织及其组织成员通过违法犯罪活动或其他不正当手段聚敛的全部财物、财产性权益及其孳息、收益,即属于"涉黑财产",应予以追缴、没收。

需要补充说明的是,在黑社会性质组织成立之前,行为人通过实施犯罪活动或者其他违法活动而获取的财物,属非法所得,依据刑法等的相关规定,仍应予以追缴、没收,只不过该部分涉案财物不再认定为"涉黑财产"而已。

(三)厘清黑社会性质组织"涉案财物"的范围,依法保护合法财产

2009 年《纪要》虽然规定了黑社会性质组织成立后,该组织及其组织成员通过违法犯罪活动或其他不正当手段聚敛的全部财物、财产性权益及其孳息、收益属于"涉黑财产",但当黑社会性质组织采取公司化方式运作,或者组织成员通过其他途径获得的合法财产又与"涉黑财产"混合后,我国相关立法及司法解释、《纪要》等并未对此类案件中涉案财物的处置做进一步明确规定,导致实践中有些案件对合法财产与涉黑财产界限难以清晰界定。笔者认为,组织者、领导者及组

织成员的私人财产,如房产,如果不是通过违法犯罪活动获取,或者通过合法方式获取后没有用于犯罪活动或维系组织生存、发展的,则不能追缴、没收。

黑社会性质组织的涉案财物中以下几类应予追缴、没收:(1)有组织地通过违法犯罪活动或其他不正当手段聚敛的资产;(2)通过合法的生产、经营活动获取的资产中实际用于支持该组织生存、发展和实施违法犯罪活动的部分;(3)组织成员以及其他单位、个人为支持黑社会性质组织生存、发展以及实施违法犯罪活动而资助或提供的财产。对于"涉黑财产"与个人合法财产混合后难以区分的,笔者认为,应借鉴我国已经加入的《联合国打击跨国有组织犯罪公约》的相关规定予以处置。按照该公约第二条的规定,"犯罪所得"系指直接或间接地通过犯罪而产生或获得的任何财产。同时,第十二条规定,如果犯罪所得已经部分或全部转变或转化为其他财产,则应对此类财产适用该条所述的辨认、追查、冻结或扣押措施,以便最终予以没收。如果犯罪所得已与从合法来源获得的财产相混合,则应在不影响冻结权或扣押权的情况下没收这类财产,没收价值可达混合于其中的犯罪所得的估计价值。对于来自犯罪所得、来自犯罪所得转变或转化而成的财产或已与犯罪所得混合的财产所产生的收入或其他利益,也应适用该条所述措施,其方式和程度与处置犯罪所得相同。

(四)完善黑社会性质组织犯罪涉案财物处置机制

1. 改革完善涉案财物的审前返还制度

依据"两办"《意见》的规定,对于权属清楚,且不影响犯罪嫌疑人或者其他利害关系人权益的案件,可直接由公安、检察机关返还被害人。对权属是否清楚,公安、检察机关应该严格审查,错误返还的,检察机关应当进行监督并提出纠正意见。对于犯罪嫌疑人或者其他利害关系人对涉案财物提出权属异议的,即使不作为证据使用,公安、检察机关亦应当查明存在争议财产的来源、性质,并随案移送,公安、检察机关不得直接返还。法院经庭审查证,对异议财物权属作出裁判,依法应该返还被害人或者利害关系人的,判决返还;依法应该追缴或者罚没的,则判决予以追缴或者罚没。

2. 进一步扩大涉案财物的先行拍卖、变卖种类、范围

为了实现涉案财物保值增值,实现"物尽其用",维护公民的合法财产权益,在遵循正当程序原则的前提下,笔者建议适当扩大先行处理的涉案财物范围。(1)对于势必折旧、贬值且容易毁损、灭失的财物,如机器设备、汽车船舶等动产,可以视为"不易长期保存的物品",在征得权利人同意的情况下,可以先行变卖、拍卖等。(2)对于未必贬值且不易毁损的财物,如公司股份、知识产权、土地房产、金银珠宝等,非经权利人申请,不得先行变卖、拍卖、处理等。只有经权利人申请,并经审查,不会损害当事人及其他利害关系人利益,不会影响诉讼正常进行的,才可以先行处理。

3. 建立相对独立的涉案财物处理程序

有学者建议,"庭审中,应当将犯罪资产的处置纳入庭审内容,允许控辩双方对被扣财产的性质,查封、扣押行为的合法性、必要性及合理性等进行调查、讯问、举证及辩论,最后由合议庭评议后统一作出裁定"。笔者认为,鉴于涉案财物处置在黑社会性质组织犯罪案件审判中的重要性,可以参照量刑规范化改革内容,将涉案财物处置纳入庭审程序,建立相对独立的财物处理程序。首先,检察机关提起公诉时,应将已采取强制措施的财物品种、数量、位置等情况列出清单,移送法院,且要移送证明涉案财物系违法所得或者犯罪工具的证据材料,并在起诉书中列明涉案财物的处理意见。其次,法院原则上应当在刑事判决中一并对涉案财物作出处理并阐明理由。但是,涉案财物种类繁多、数量巨大,难以在审限内查清权属关系并作出处理的,为了防止刑事案件审判的过分拖延,可以先作出定罪量刑的判决,而后再由同一审判组织对涉案财物作出处理。

关于黑社会性质组织组织特征的若干问题

□罗高鹏

依法及时、有效地打击黑社会性质组织犯罪是司法机关的一项重要任务,在审判过程中如何准确认定黑社会性质组织是要面对的重要问题。刑法修正案(八)对黑社会性质组织的“四个特征”作出明确规定,也就是黑社会性质组织应当具有组织特征、经济特征、行为特征及危害性特征。在司法实践中,有些黑社会性质组织的四个特征并非都特别明显,在具体认定时便会产生困惑,尤其是黑社会性质组织的组织形式在实践中多种多样,在司法审判中既要做到不把一些普通集团犯罪“拔高”认定为黑社会性质组织,又要做到不将已经具有一定规模但组织形式隐蔽性较高的黑社会性质组织“降格”处理,确实存在很大困难。本文从对黑社会性质组织“组织特征”的立法规定出发,拟对司法实践中“组织特征”的理解和把握方面存在的问题和困惑做出回应。

一、黑社会性质组织组织特征的立法规定

黑社会性质组织的组织特征,从立法角度是指“形成较稳定的犯罪组织,人数较多,有明确的组织者、领导者,骨干成员基本固定”。在司法实践中对于黑社会性质组织的组织特征的理解和把握,至少应当包括以下几个方面:第一,在形式上,应当具有一定的组织结构,即各成员之间以一定的方式聚合、组织内的部门以一定方式排列。影响聚合和排列方式的因素有成员、部门在组织内的角色、职能分工和权利层级等。组织成员、部门聚合、排列在一起各司其职,使整个组织协调、运转。第二,从黑社会性质组织的立法特征来看,黑社会性质组织应当具有一定的组织目标,即获取经济利益。黑社会性质组织从成立到运作的整个过程都围绕着“有组织地通过违法犯罪活动或者其他手段获取经济利益,具有一定的经济实力,以支持该组织的活动”这一组织目标,各个成员的加入也都是为了通过组织的合力来实现这一组织目标。不断获取经济利益的目标,不仅仅是黑社会性质组织成立和扩大的目的,也是促使其不断犯罪的内在根源。第三,在组织规模上,黑社会性质组织不同于一般的共同犯罪或犯罪集团,应当具有一定规模,而规模的大小不仅仅简单取决于成员的数量,也取决于组织的经济实力、活动的区域及行业等相关因素。第四,从组织过程来看,黑社会性质组织具有一定的规章制度并全员遵循。黑社会性质组织一般都有成文或者不成文的,但得到普遍遵守的“帮规”、纪律,并通过这种规章制度、行为规范控制组织成员的行为,从而落实组织决策,确保组织的运行。

二、黑社会性质组织组织特征的表现形式

黑社会性质组织的组织形式在实践中有不同的表现方式,不同的黑社会性质组织在组织方式、聚合方式上表现不尽相同,结合司法实践中处理的涉黑案件,大致可以将其组织结构分为以下几种:紧密型结构、半紧密型结构和松散型结构,而划分的依据就在于组织者、领导者、骨干成员和一般成员的关系是否稳定、紧密。组织者、领导者、骨干成员与一般成员保持稳定关系,且之间具有严密的组织结构,分工明确的,属于紧密型结构;组织者、领导者、骨干成员与一般成员关系相对稳定,骨干成员的分工相对明确,但组织内部层级划分不是很明确、一般成员之间的职责划分不是很明确的,属于半紧密型结构;组织者、领导者明确、骨干成员相对稳定,但一般成员之间没有明确的等级划分和职责分工,且时常发生变动,实施某一具体犯罪时经常是靠骨干成员随机召集、网罗闲散人员的,属于松散型结构。

紧密型结构是最典型的黑社会性质组织形态,它具有紧密、复杂的等级结构,组织中的各层结构都有固定成员和相对固定的职能分工,组织内部具有严格的约束制度如“帮规”。有些组织

的“帮规”是明确的、成文的，甚至在组织内部三令五申；还有些组织的“帮规”是约定俗成的或者并未明确声明，但在组织内部众所周知，并严格执行。例如，吉林省长春市以梁旭东为首的黑社会性质组织，该犯罪组织体系严密、等级分明，形成金字塔形状，塔尖为“老大”，中间是“分舵”，再往下是“领班”，在塔基的是一般成员。该组织纪律森严，明确规定下级有事必须报告，对组织要“绝对忠诚，不允许中途退出”，如违反“帮规”，轻则剁掉手指，重则打断腿。又如，福建省三明市王凤庆等人涉黑案中，以王凤庆为首的各被告人通过有组织地实施敲诈勒索、开设赌场、非法采矿、组织妇女卖淫等违法犯罪行为获取非法利益，并通过分发股份、发放工资、提供吃喝玩乐、为被关押的组织成员交纳生活费等方式笼络组织成员。该组织并没有制定明文的规章制度，但王凤庆通过日常管理和有组织地实施一系列违法犯罪活动，逐步形成了“不该问的不问、不该说的不说、不能吸毒、遇到事情大家一起上”等一套约定俗成和普遍认同的组织纪律。在实施具体犯罪行为时，一般成员即使开始不知道要实施何种行为以及为何实施，也都会无条件地服从。

半紧密型结构没有紧密型结构那样严格的等级，但组织者、领导者具有绝对的权威，骨干成员具有相对固定性，一般成员也有相对明确的分工。例如，吉林省长春市马殿军等人涉黑案中，被告人马殿军利用其父马长龙担任长春市西新经济技术开发区前程村书记、村主任的身份，以其家庭经营的采石厂为依托，通过纠集刑满释放人员、社会闲散人员，以赌博、敲诈勒索等手段敛财，获取非法经济利益，逐步形成了以马殿军为组织者、领导者，人数较多的黑社会性质组织。该组织成员均服从马殿军的领导，马殿军将部分组织成员安排到采石厂工作，并配备车辆、支付工资；在该组织成员实施违法犯罪行为后论功行赏，帮助其手下逃避法律制裁，甚至给予免费毒品等奖励，笼络组织成员为其积极效力。该组织在前程村及周边地区实施故意杀人、故意伤害、寻衅滋事、敲诈勒索、赌博等多种违法犯罪行为，称霸一方，欺压群众，在村民中形成威慑力，严重破坏了当地的经济、生活秩序。在这个组织中，具有组织者、领导者、骨干成员和一般成员的层级划分，在成员和犯罪的具体分工上也有明确性，但这种结构并非呈现严格的金字塔形状，组织内部虽有众所周知的活动规约，但达不到“帮规戒律”的严厉程度。

松散型结构仍然具有明确的组织者、领导者，骨干成员也相对固定性，但其他成员在等级上基本不做区分，有时仅仅是针对实施某种犯罪的需要，由骨干成员临时召集多人组合起来进行犯罪活动。例如，吉林省长春市于长江等人黑社会性质组织案，于长江、于长海勾结黄国明等人，利用掌握公交线路经营权和管理权的便利条件，采用暴力、威胁等手段强行垄断公交线路、聚敛钱财。于长江、于长海是黑社会性质组织的组织者、领导者，黄国明等人是该组织相对固定的骨干成员，当需要执行具体“任务”时，组织者、领导者或者骨干成员往往会临时召集、网罗社会闲散人员组合起来进行违法犯罪活动，实施完毕后随即散去。这些人并不参加该组织日常运营或者分工，也不完全受组织规则的约束，并不属于组织的内部成员。

紧密型结构、半紧密型结构、松散型结构，是实践中黑社会性质组织组织特征的三种表现形式。实践中，有些黑社会性质组织的结构是松散型，具有很大的迷惑性，审判过程中被告人往往会以组织结构松散、没有“严格的等级、帮规”等为由提出不构成黑社会性质组织的辩解，这就要求审判者必须把握黑社会性质组织的本质，严格依据法律规定来判断组织特征是否存在、是否达到法定标准。笔者认为，这个标准就是要形成较稳定的、具有一定规模犯罪组织，有明确的组织者、领导者，骨干成员基本固定。至于一般成员与组织者、领导者，一般成员与骨干成员的组合形式及紧密程度并不足以对组织特征的认定产生决定性的影响。

三、黑社会性质组织组织特征的司法认定

实践中，对于黑社会性质组织组织特征的把握往往存在较大争议，有些案件虽然涉案人数较多,但是组织结构、层级关系并不明显,骨干成员和一般参加者之间的界限并不清晰;还有些案件组织内部成员较为固定,成员之间也具有较为密切的联系甚至具有一定的组织架构,但是这种联系是基于亲属间的固有关系或者基于公司、企业等合法形式下的组织架构而形成的。这些情形在具体认定时存在争议,要区分情况,既不能一概认定,也不能一概不予认定。在司法实践中,认定黑社会性质组织的组织特征,至少要从以下几个方面把握。

(一)坚持法定标准

如前所述,在判断是否具有黑社会性质组织的组织特征时,要紧紧围绕人数是否较多,组织是否稳定,组织者、领导者是否明确,骨干成员是否基本固定这几个法定要素。组织的稳定性,最为重要的衡量标准就是黑社会性质组织形成、发展时间的长短。实践中,有些黑社会性质组织存在长达十余年,但目前对于黑社会性质组织的形成、发展时间并没有法定的认定标准,鉴于黑社会性质组织并不是松散的临时聚合体,而是较长时间在一定地域或者行业内从事犯罪活动的稳定组织,笔者认为,考虑到刑法等未对黑社会性质组织的存续时间提出明确要求,实践中不宜简单作"一刀切"的规定。但考虑到黑社会性质组织是一种较为固定的犯罪组织,犯罪组织存续时间明显过短的,通常也不具备该组织特征。在组织的构成上,黑社会性质组织的成员包括了组织者、领导者和积极参加者、一般参加者(其他参加者)等三类,积极参加者之中又有一部分属于直接听命于组织者、领导者的骨干成员。审判时只要"组织者、领导者明确,骨干成员固定"即可,对于一般参加者是否固定则没有法定要求,因为在松散型组织结构中,一般参加者流动性较大,且往往只是负责从事黑社会性质组织的某一类犯罪(如开设赌场、组织卖淫等),或者为组织活动提供某种支持,而其他许多具体的违法犯罪则要依靠临时纠集或者临时雇佣社会人员来实施。这种看似外围成员松散的结构并不一定会减损违法犯罪的组织化程度或犯罪能力,只要组织者、领导者明确,骨干成员基本固定,人数较多(一般不少于 10 人)等法定要素具备,且组织者、领导者与骨干成员之间联系紧密,并具有足够的召集、调动、指挥能力,就不能因为仅仅因为一般成员(其他参加者)时进时出而否定组织特征的存在。至于黑社会性质组织的"组织纪律和活动规约",即传统意义上理解的"帮规",在司法实践中应当对其作适当的扩大解释。从本质上看,所谓的"帮规"就是组织成员日常遵循的组织纪律或者活动规约,不一定是成文的,也不一定是十分明确的,只要是用以明确组织内部人员管理、职责分工、行为规范、利益分配、行动准则等事项的成文或不成文的规定、约定,均可认定为黑社会性质组织的组织纪律、活动规约。

实践中,有些犯罪团伙虽然也披有"组织"的外衣,却不符合黑社会性质组织的组织特征。例如,王某甲等人"涉黑"案,检察机关指控及一审法院审理后认定:王某甲等人为从大学城的基建、土方、沙石工程中牟取非法利益,在利用不法手段当选当地村支书、主任后,纠集相关人员实施了一系列违法犯罪活动,形成了一个以王某甲及其弟弟王某乙为组织者、领导者,以李某、张某等人为骨干成员和积极参加者的黑社会性质组织。二审法院经审理后查明,该案虽然涉案人数较多,相关被告人也确实共同实施了多起违法犯罪行为,但该案被告人之间尚未形成严密的、行动统一的帮派组织,各被告人之间缺乏紧密的联系。无论是承包工程,还是实施违法犯罪活动,并不是基于统一的组织目标,涉案人员往往各为其利、各行其是。该案中的许多违法犯罪活动系临时纠集社会人员实施,团伙成员之间不具有紧密稳定的组织结构和明显的管理与被管理关系。检察机关指控及一审法院认定王某甲在竞选村委会主任时指使两名同案被告人威胁原村支书,并利用涉案的部分团伙成员进行拉票;经二审审理查明,王某甲与被其利用来拉票的人员之间并没有形成一种长期的、相对稳定的关系。检察机关指控及一审法院认定王某甲担任村主任后,承包挖土山工程的李某打伤村民,王某甲出面调解并垫付部分医疗费,这种行为系利用村委会主任、支部书记身份为组织成员违法犯罪提供保护；经二审审理查明，李某打伤人后，被害人向公安机关报案并到村委会要求解决，王某甲等村干部进行调解后双方达成和解，被害人亦把王某甲垫付的医疗费返还，王某甲作为村干部有调处本村纠纷之责，其调处行为不能定性为利用村干部身份为组织成员违法犯罪提供保护。另查明，李某、张某虽各自纠集人员实施了违法犯罪活动，但并无证据证实李某、张某是固定听命于王某甲、王某乙的骨干成员，也无证据证明王某甲、王某乙长期居于幕后操纵、指挥李某、张某等人实施违法犯罪活动，因此，二审法院对王某甲等人组织、领导、参加黑社会性质组织罪未予认定。综上，不能简单地因为涉案被告人数较多、被告人之间曾经多次共同实施违法犯罪活动或有其他合作，就认为已具备黑社会性质组织的组织特征，在审理过程中要紧紧把握立法原意及具体规定，既不能“拔高”认定，又不能放纵对黑社会性质组织犯罪的打击。

(二)司法认定中的证据运用:组织特征的证据收集与认定

在实践中认定黑社会性质组织犯罪“组织特征”相关证据时，往往存在以下问题：第一，黑社会性质组织犯罪案件在审理过程中经常出现补强相关证据的情况，一些案件在侦查环节该收集的证据没有收集固定，在审判阶段再要补查时已经时过境迁，证据无法再补充上来，导致案件最终带伤认定或者难以认定。第二，在收集黑社会性质组织的相关证据时，除了具体犯罪行为的证据需要收集固定，还要收集认定构成黑社会性质组织的相关证据，即该组织具有“组织性、经济性、暴力性、危害性”四个法定特征的证据，避免顾此失彼。实践中，侦查机关往往对收集个罪证据比较重视，但在固定构成黑社会性质组织的证据上有所忽略，导致在审理过程中对黑社会性质组织犯罪罪名认定困难，甚至最终只能作为故意伤害、绑架、非法经营等普通刑事案件处理，这无疑不利于打击黑社会性质组织及相关犯罪。第三，黑社会性质组织犯罪案件的被告人、涉案事实以及证据数量往往较多，取证难度大、工作量大，侦查机关在收集证据时往往只重口供而忽视其他证据种类，导致认定黑社会性质组织特征时的证据主要建立在口供的基础上，有的被告人对作案事实始终供述，却否认其行为与黑社会性质组织的关系。若仅通过口供来判断组织关系和结构，证据相对薄弱，降低整个案件的证明标准，增加了认定和打击黑社会性质组织犯罪的难度。

之所以出现前述证据收集与固定上的问题，一方面是一些侦查人员、审判人员对“组织特征”的理解有误区，往往认为组织性就是黑社会性质组织的结构，是静态的，而没有充分考虑具体犯罪活动和组织结构之间的辩证关系；另一方面黑社会性质组织犯罪往往涉案人员众多，取证难度本身就大，加之现在黑社会性质组织犯罪集团的反侦查能力日益增强，组织者、领导者往往不直接实施具体犯罪行为，黑社会性质组织的涉案成员乃至骨干成员往往不是同时到案，这就给“组织特征”相关证据的收集造成了巨大的障碍。除了这些因素外，侦查阶段、起诉阶段以及审判阶段证明标准的不同也给最终固定与认定黑社会性质组织的证据带来问题。

认定黑社会性质组织的组织特征，一是要从组织本身的结构去认定，这主要包括了组织成员的人数、成员内部的层级、成员日常遵循的纪律、规约等事实；二是要从犯罪的组织性去认定，认定犯罪的组织性，就离不开对反应“经济性、暴力性、危害性”特征的证据收集与认定。第一个层面的证据相对容易固定，主要是确定组织内部的领导者、组织者、积极参加者和一般参加者，在犯罪活动中谁直接领导了犯罪的实施、谁是具体实施者。第二个层面的证据则需要综合判断，首先要收集黑社会性质组织实施具体犯罪行为的证据；其次要收集不同成员在具体犯罪中具有何种地位、发挥何种作用的证据，用来进一步固定黑社会性质组织的结构及相关组织特征。

在具体证据种类的收集与认定上，对于黑社会性质组织的领导者、组织者，首先要看其关于该组织实施具体犯罪行为前关于策划、组织、领导该犯罪行为的言词证据，然后和具体犯罪实施者及组织其他成员之间的言词证据对照审查。对于具体实施犯罪的组织成员言辞证据的审查,则重点在其关于具体犯罪的手段和方式上,如在具体行为过程中是否有犯罪的故意,是否使用暴力、威胁手段,该行为构成何种犯罪,以确定组织者和具体实施者之间的罪责刑分配。黑社会性质组织犯罪的相关证据中,言词证据是非常重要的一种,因为在黑社会性质组织经常实施的几类具体犯罪(如故意伤害、寻衅滋事、敲诈勒索等)中,被害人往往能够作证,只要被告人作出相应供述,在认定这个犯罪事实时其他证据形式的证据固定就显得不那么重要了。这就导致实践中往往出现笔者前段所述的问题,即在认定黑社会性质组织特征时证据形式过于单一,往往是靠被告人口供认定,而相关被告人一旦翻供,整个证据链条都被破坏。因此,在收集或者补查相关证据时,除了言词证据之外,还要综合其他证据形式,包括:物证,如组织实施具体犯罪的工具、报酬;书证,如关于组织成员内部分工的记录、组织日常运营的账单、财物登记单、组织日常管理记录等;相关言词证据,如群众控告、目击证人的证言,被害人的陈述等;当然影像资料等视频形式的证据在证明力上往往更强。在具体案件中要加强对被告人供述以外的证据的收集和固定,从而得以全面、准确地认定黑社会性质组织的组织特征。

(三)司法认定中的刑事政策:区别对待组织的不同成员

黑社会性质组织成员往往人数众多,在司法处理过程中区别对待不仅仅是罪刑法定原则的要求,也是刑事政策和司法处理技巧的要求,即对黑社会性质组织在严厉打击的同时要注重区别对待,分化瓦解黑社会性质组织。

首先,要严格把握黑社会性质组织的立法特征。如前所述,在具体认定时,要防止将一般共同犯罪认定为黑社会性质组织犯罪,防止将普通犯罪集团或者一般恶势力犯罪按照黑社会性质组织犯罪认定,防止将与黑社会性质组织有关的人员都认定为组织成员,防止将黑社会性质组织成员的单独犯罪认定为该组织的犯罪。其次,依法从重处罚的同时要区别对待不同参加者。众所周知,黑社会性质组织犯罪不同于一般的犯罪,具有更大的社会危害性,对其从重处罚是首要的刑事政策,不论在个罪处罚时、数罪并罚时都要体现从重处罚,在主刑及附加刑的适用上亦要体现从重处罚。审理过程中对于黑社会性质组织的组织者、领导者和积极参加者以酌定情节从轻处罚应非常严格,对罪恶深重的不予考虑,对于因自首和重大立功而减轻处罚的首要分子在从宽处理时幅度亦不宜过大,一般不适用缓刑。当然,为了分化瓦解黑社会性质组织,在处理过程中要区分开组织者、领导者和一般参加者。对于那些在组织中地位低下、所起作用较小、犯罪情节较轻的一般参加者,要适当予以从宽,对于符合缓刑或免于刑事处罚适用条件的仍然可以适用缓刑或者免于刑事处罚,这样处理能够使一般参加者的从轻处罚和黑社会性质组织的组织者、领导者及积极参加者的从重处罚形成鲜明对比,既有利于挽救犯罪人,促使其悔过自新、早日回归社会,又有利于分化瓦解黑社会性质组织。

在实践中,对于黑社会性质组织的组织者、领导者的认定比较容易把握,但在司法处理中对于组织的骨干、积极参加者和一般参加者的区分有时比较模糊。积极参加者并非在所有具体犯罪中都直接参加并发挥主要作用,在区分这些成员作用的时候不仅要看其在具体犯罪中的作用,更要放在整个黑社会性质组织的架构中,结合其加入组织时间的长短、在组织中的地位、和其他组织成员关系的紧密程度、参加具体犯罪活动的次数、在具体犯罪中的作用等综合因素来考量、综合判断。司法实践中,有时将被临时网罗来的、仅仅在个别犯罪活动中表现得比较积极的一般参加者定性为黑社会性质组织的积极参加者,将仅仅参加了一两次犯罪活动、在犯罪活动中发挥主要作用的参加者定性为黑社会性质组织的骨干,这样就直接导致对被告人的量刑不当。在准确界定各成员在组织中的地位的前提下,要将组织者、领导者、骨干成员、积极参加者和一般参加者的量刑科学区分，对于该从重处罚的领导者、组织者要一律从重，而对于该从轻处罚的一般参加者要依法适用从轻处罚情节，在审理黑社会性质组织犯罪时真正实现法律效果和社会效果的有机统一。

黑社会性质组织危害性特征的司法认定

□陈佳佳　刘邦明　胡渡渝

黑社会性质组织是普通共同犯罪、集团犯罪在市场经济条件下演变、发展而生成的更高层次的共同犯罪形态。当前，黑社会性质组织犯罪活跃、多发，已成为严重威胁国家政权稳定、危害人民群众生命财产安全的严重刑事犯罪，其社会危害性远远超过故意杀人、放火、绑架、强奸等普通暴力犯罪。不断深化“打黑除恶”专项斗争，是当前及今后相当长的时间内我国刑事政策的重点方向。危害性特征是黑社会性质组织的本质特征，准确把握这一特征，是正确认定黑社会性质组织，依法惩治黑社会性质组织犯罪的关键。本文拟根据法律和司法解释的规定，结合审判实践，对黑社会性质组织危害性特征的认定作粗浅论述。

一、黑社会性质组织的“四个特征”及其逻辑关系

（一）黑社会性质组织的“四个特征”

根据刑法第二百九十四条的规定，黑社会性质组织必须具备四个特征：

一是组织特征。黑社会性质组织应具备人数较多，有较稳定的组织结构和相对明确的组织层级、组织分工的特征。例如，有的黑社会性质组织为了非法控制特定区域内的特定行业，以利益诱惑、江湖义气等方式纠集多人从事违法犯罪活动。为加强对组织成员的领导、管理和控制，组织者、领导者“任命”一部分积极参加者对其他组织成员进行指挥、调度，按管理级别发放工资、奖金，甚至制定层层请示汇报、下级必须听从上级、听从命令、不得迟到旷工、违反纪律扣工资或开除等纪律。

二是经济特征。黑社会性质组织通过有组织地从事合法或非法活动获取经济利益，用以豢养组织成员、维护组织稳定或壮大组织势力。黑社会性质组织形成之初大多通过抢劫、抢夺、寻衅滋事、敲诈勒索等暴力特征明显的违法犯罪活动获取非法利益，但随着黑社会性质组织的成熟壮大，其获利方式也随之向组织卖淫、开设赌场、非法干预民间纠纷、经济纠纷等违法犯罪活动转变。但无论以何种方式获取的非法利益，均为组织所用，而非单纯在组织成员间进行分配。

三是行为特征。黑社会性质组织通常会以暴力或以暴力相威胁为手段，多次实施多种不同性质的违法犯罪活动，维护组织利益、扩大组织实力。没有违法犯罪行为，就没有黑社会性质组织。审判实践中，黑社会性质组织的行为特征既可以表现为寻衅滋事、强迫交易、故意伤害等直接使用暴力或以暴力相威胁的违法犯罪活动，也可以表现为利用组织业已形成的强势地位非法介入工程招投标、任意插手民间纠纷、强行染指高利润行业等行为，或者煽动、组织群体性活动，扰乱社会秩序、交通秩序甚至冲击国家机关等行为。

四是危害性特征。黑社会性质组织通过违法犯罪活动，对一定区域或行业形成非法控制或重大影响，严重破坏经济、社会生活秩序。例如，犯罪组织以暴力、威胁或者其他手段，阻断同类产品进入流通领域或强迫消费者购买其提供的产品、服务，打压同类生产、经营活动中的竞争者，迫使竞争对手退出市场，从而对特定行业形成非法控制。

（二）黑社会性质组织“四个特征”之间的逻辑关系

黑社会性质组织本就是有机统一的整体，各个特征之间、各特征与黑社会性质组织这个整体之间都具有不可分割的紧密联系。根据系统论的基本观点，任何系统是由各要素组成的有机整体，而非各要素机械组合或简单相加而成，系统整体具有各要素在孤立状态下所没有的性质、功能，正所谓“整体大于部分之和”。系统各要素之间相互依存、相互关联，构成不可分割的整体。要素一旦脱离整体，就失去作为要素的功能。组织特征、经济特征、行为特征及危害性特征与黑社会性质组织之间是要素与整体之间的关系，四个特征相辅相成，缺一不可。

1. 组织特征、经济特征和行为特征是黑社会性质组织的基本特征

首先，人是黑社会性质组织最基本的元素，组织特征是将相当数量的组织成员按照一定的组织结构联系起来，进行分工合作，使独立的个人行为得以整合为黑社会性质组织的行为对外发生作用，以获取经济利益，从事违法犯罪活动，故黑社会性质组织不能欠缺组织特征。

其次，攫取经济利益、具备经济实力，不仅是黑社会性质组织实施具体违法犯罪行为的主要目的，也是其维持组织日常开销、从事违法犯罪活动，进而非法控制社会的物质基础。因此，经济特征是黑社会性质组织的基本特征。

再次，没有犯罪行为，就不可能形成黑社会性质组织，使用暴力、威胁或者其他手段，有组织地多次实施违法犯罪行为是黑社会性质组织的应有之义。行为特征之于黑社会性质组织，犹如树木之于森林，二者之间的关系不证自明，行为特征也是黑社会性质组织的基本特征。

最后，组织特征、经济特征与行为特征，相互依存、共生共荣，共同构成黑社会性质组织的基本特征，三者中“你中有我，我中有你”相互交织、相互作用。多次有组织的违法犯罪行为能够增强组织的犯罪能力、扩大组织的影响、增强非法控制能力，以便更多地攫取包括合法利益在内的经济利益；而扩充经济实力反过来又能够使组织招募、纠集更多组织成员，扩大组织规模，巩固组织结构，为组织实施的违法犯罪行为提供经济支持，强化组织的行为特征。

2. 危害性特征是黑社会性质组织其他三个特征相互影响，相互作用，共同促生的本质特征

组织特征、经济特征及行为特征在相互交织、相互作用中，逐渐融合、发展，“迸发”出新的能量与破坏力，逐渐具备与合法社会相对抗的能力，形成危害性特征。可见，危害性特征是其他特征相互作用时逐渐生成的“新元素”。然而，危害性特征不是其他特征的简单累加或机械组合，其他特征相互融合时逐渐内化于危害性特征，成为危害性特征的有机组成部分。同时，根据辩证法的基本原理，整体主导、统率部分，部分服从、服务于整体，危害性特征居于支配地位，对其他特征具有制约作用。无论其组织的结构如何复杂、严密，无论其经济实力如何雄厚，亦无论其实施了多么严重的犯罪，若该组织未能对特定区域或行业形成非法控制或重大影响，就绝不能认定为黑社会性质组织。因此，危害性特征是黑社会性质组织区别于普通犯罪集团和其他犯罪组织的唯一特征，是黑社会性质组织的本质特征。

二、危害性特征的司法认定

（一）欠缺组织特征、经济特征或行为特征均不能认定具备危害性特征

1. 组织特征是危害性特征的物质载体

参与犯罪的人数直接决定犯罪行为危害性的深度与广度，寥寥三五人共同实施犯罪虽然可能造成严重后果，或者形成轰动效应，但显然无力与合法社会相对抗；较稳定的组织结构、对明确的层级和组织分工能够将分散的组织成员及其违法犯罪行为整合为统一协调的有组织犯罪，从而增强犯罪能力，加大犯罪行为的社会危害性。没有组织特征，就没有承载危害性特征的物质载体。有个别判例虽然认定的黑社会性质组织成员多达数十人，但是各行为人之间实际并未形成组织层级、组织分工等结构性特征，行为人之间也不存在稳定的支配或领导关系，仅仅为追求短期利益，临时纠合起来实施犯罪活动，犯罪目的一旦实现，各行为人之间便无实质性联系。我们

认为,出现这类案件的根本原因在于没有充分认识危害性特征的生成、存在须以组织特征为物质载体,需要相当数量的行为人在一定的组织结构下分工合作实施违法犯罪行为。

2. 经济特征是危害性特征的保障条件

危害性特征的本质就是公开或半公开地与合法社会相对抗,而在与合法社会较量、争夺控制权的过程中,需要笼络、招募组织成员,扩大组织规模,提升组织实力,增强违法犯罪能力,这些都离不开经济上的支持。因此,经济特征是形成危害性特征的物质基础,经济利益也是黑社会性质组织必然追求的目标之一。没有相应的经济实力作为基础,就不可能形成危害性特征。在某些基层政权组织或群众自治性组织较涣散的地区,行为人以架空具有公共管理职能的组织的方式,非法行使治安、卫生、市政管理等行政管理权,对普通群众滥施罚款;伪造文件,用集体或国家财产为组织者、领导者、主要成员发放奖金,侵占集体资产;利用组织成员在各级党政机关及其职能部门、基层群众自治组织中担任领导职务等便利,直接侵吞国家划拨的专项资金等,虽然违法犯罪行为以村委会等基层群众自治组织的名义实施,但其实质仍然是犯罪组织有组织地攫取经济利益的具体表现。司法实践中,此类黑社会性质组织的经济特征具有较强的隐蔽性,并不十分典型,但只要其将非法所得用于犯罪组织或组织犯罪活动,均应当认定为具备经济特征。

3. 行为特征是危害性特征的行为基础

危害性特征中对特定区域或行业的非法控制、重大影响正是借助一系列多样化的有组织的违法犯罪活动才得以实现,否则非法控制将与合法控制混为一谈。而社会公众也正是借由具体违法犯罪行为这“一角”,才逐渐认识黑社会性质组织的危害性特征这座“冰山”。行为特征是危害性特征的外在表现形式,没有行为特征,就不存在所谓危害性特征。司法实践中,有的犯罪组织专门从事盗窃、抢夺或抢劫等侵财性犯罪,虽然该类犯罪组织也可能造成严重后果,但其行为表现形式较单一,触犯的罪名较少,对法律所保护的社会关系的侵害面较窄,不足以对社会形成非法控制,因而不能认定其具备黑社会性质组织的行为特征。

(二)同时具备组织特征、经济特征和行为特征,仍不足以直接认定具备危害性特征

当犯罪组织同时具备组织特征、经济特征及行为特征后,是否必然会催生危害性特征呢?我们认为,答案应当是否定的。这是因为,组织特征等其他特征在犯罪组织中相互发生作用时,可能因为作用力方向不同或者其他主客观原因,彼此间没有相互融合,没有形成对社会的非法控制或者带有控制性色彩的重大影响,从而无法生成危害性特征。以传销犯罪集团为例,传销组织以控制“下线”的方式获取非法利益,获利多少与“下线”人数成正比例关系,因此其成员人数、组织结构较之于黑社会性质组织往往有过之而无不及,涉案犯罪数额亦特别巨大,在实施传销犯罪的同时也伴随有非法拘禁、敲诈勒索、诈骗等暴力或非暴力性的违法犯罪活动。但传销组织实施犯罪的直接目的与最终目的都是攫取非法经济利益,并不追求对经济、社会生活秩序的非法控制,故完备的组织结构与伴生的其他犯罪只是为攫取非法利益服务,其组织结构、非法获利与违法犯罪行为之间并没有发生相互融合,没有生成危害性特征,不能称其为黑社会性质组织。再以恐怖组织为例,其组织结构、经济实力、行为方式与黑社会性质组织极为相似,但是恐怖组织利用严密的内部组织结构、强大的经济实力实施严重暴力犯罪的根本目的是制造社会恐怖,实现某些特定的政治意图或宗教目的,与黑社会性质组织旨在对特定区域或行业进行非法控制,从中攫取非法利益,以对抗合法社会管理制度的主观目的相去甚远。

(三)组织特征、经济特征与行为特征之间相互渗透、相互融合,才共同催生出危害性特征

犯罪组织招募、纠集多人,形成较稳定的组织层次和组织分工,共同实施违法犯罪行为的根

本目的不局限于实现组织成员的个人利益，更是为维护组织稳定、发展，最终实现对特定区域或行业的非法控制；犯罪组织攫取经济利益、扩充经济实力，以及实施违法犯罪行为的终极目标都是非法控制社会。可见，组织特征、经济特征与行为特征在基层政权组织涣散甚至异化、公共管理机制缺位以及封建帮会等亚文化泛滥的客观环境中，以“非法控制社会”这一最终目的为导向，相互作用、相互融合，才能生成危害性特征。实践中，某些犯罪组织以家族血缘关系为纽带，组建企业从事生产经营活动。虽然企业成立之初合法经营，但随着企业的发展壮大，其逐渐认识到通过垄断市场的方式可以更容易地获取巨额经济利益，于是陆续纠集、雇佣多人采用暴力、威胁等手段强买强卖、强迫交易，不断扩大其垄断经营范围。在这一过程中，企业经营者多借助原有的企业管理形式将众多被纠集者、被雇佣者分层管理，按照被纠集者、被雇佣者的个体特点对其进行分工，并制定了相应的组织纪律以约束这些人员的行为，组织特征逐渐形成，出现了以合法企业管理模式“掩护”非法组织特征的情形；而犯罪组织在以垄断、控制市场为目的实施的违法犯罪活动中聚敛巨额利益，用于支付违法犯罪成本、贿赂相关具有行政、司法权力的国家工作人员，帮助组织及其成员逃避法律打击，进一步巩固了其在行业内的垄断、控制地位，逐渐形成黑社会性质组织。

（四）危害性特征直接表现为“在一定区域或者行业内，形成非法控制或者重大影响”

1.“一定区域”的司法认定

我们认为，“一定区域”是一定的空间范围和一定的社会功能的结合体。空间范围是社会功能的自然物质载体，社会功能是空间范围的社会精神属性。这样的区域既包括一定数量的自然人共同居住、生活的区域，如乡镇、街道、较大的村庄等，也包括承载一定生产、经营或社会公共服务功能的区域，如矿山、工地、市场、车站、码头等。在具体司法认定中，应当根据一定空间范围内的人口数量、流量、经济规模等综合评判，认定“一定区域”要符合社会公众的一般认识和理解，不能仅从字面上机械解读。如果涉案犯罪组织控制和影响仅限于一座酒店、一处娱乐会所等空间范围有限的场所或者人口数量、流量、经济规模较小的其他区域，一般不能认定为对“一定区域”的控制和影响。以市场为例，在我国现有的经济状况下，市场的大小、经济规模、影响的人口数量等各项因素可能存在巨大差异。例如，为某小区提供日常生活需要的小型农贸市场中的“菜霸”虽然对该市场形成了非法控制，但因其承载的社会功能单一，涉及的人口数量有限，且经济规模较小，故不能认定为黑社会性质组织；而对常住人口规模较大的居民社区，或者各类企事业单位较多，经济发展水平较高的乡镇、街道而言，涉案犯罪组织如果通过有组织地对肉类经营户或其他事关民生的生活物资经营者实施强迫交易、故意伤害等违法犯罪活动，逐渐对该区肉类或其他生活物资交易市场形成非法控制与垄断，因这类犯罪组织非法控制的区域内的人口数量、流量、经济规模较大，应当认定为黑社会性质组织非法控制的“区域”。

2.“一定行业”的司法认定

牟取非法利益是黑社会性质组织的重要犯罪目的，因此有相当一部分黑社会性质组织形成于一定的行业之中，大多是在以非法手段打击同业竞争对手过程中逐渐对特定行业形成非法控制或重大影响的。

我们认为，“一定行业”是指一定区域内存在的同类生产、经营活动，突出行业的同类性，重在强调经营者之间相互存在竞争关系的生产、经营活动。例如，在某些矿产资源丰富的地区，个人私自违法采煤的情况比较突出，相互之间难免存在竞争与冲突，某些犯罪组织为了垄断或控制该地区内的小煤窑行业，便采用暴力、威胁等手段低价强行收购、合并或者吞并该地区的小煤窑企业，从而对当地小煤窑的煤炭销售形成非法控制，严重破坏当地经济、社会生活秩序。在这种情况下,就可以认定该地区的小煤窑行业属于黑社会性质组织犯罪危害性特征所要求的“一定行业”。在社会生活中,黄、赌、毒等非法行业同样涉及生产、流通、交换、消费等一个或多个市场环节。以色情业为例,卖淫者与嫖娼者之间本质上是一种消费与服务行为,会产生金钱的交易与流通,在一定程度上也受市场规律的支配,而组织卖淫者则以收取“管理费”的形式获取非法利益。从查获的具体案件来看,组织卖淫者可以从中获取上千万的非法利润,因此为了攫取巨额经济利益,非法的色情行业、赌博行业以及制贩毒品行业也可以为黑社会性质组织所控制。

3. 非法控制或重大影响的具体表现形式

在审判实践经验及理论研究成果的基础上,我们认为,黑社会性质组织犯罪的危害性特征主要表现为以下几种情形:

(1)涉案犯罪组织对在一定区域内生活或者在一定行业内从事生产、经营的群众形成心理强制、威慑,致使多名合法利益遭受犯罪或者严重违法活动侵害的群众不敢通过正当途经维护权益。例如,涉案犯罪组织针对特定乡镇的普通居民,实施了一系列故意伤害、强迫交易或者敲诈勒索等违法犯罪行为,严重侵犯了人民群众的合法利益,但由于该犯罪组织已经在该区域内确立了其强势地位,树立起了淫威,致使合法权益遭受侵犯的群众不敢通过报警、诉讼等合法手段维护自己的合法权益。

(2)涉案犯罪组织对一定行业的生产、经营形成垄断,或者对涉及一定行业的准入、退出、经营、竞争等经济活动形成重要影响,可以操控、左右、决定与一定行业相关的准入、退出、经营、竞争等经济活动;对与一定行业相关的准入、经营、竞争等经营活动具有较大的干预和影响能力,或者具有在该行业内占有较大市场份额、通过违法犯罪活动或以其他不正当手段在该行业敛财数额巨大,或者给该行业内从事生产、经营活动的其他单位、组织、个人造成巨额经济损失。根据司法实践的具体情况,我们认为,“敛财数额巨大”可以掌握在20万元至50万元之间,而“造成巨额经济损失”则可以掌握在100万元以上。例如,有的涉案犯罪组织以非法手段垄断或控制特定的客货营运线路,作为其聚敛非法经济利益的主要手段。在这一过程中,黑社会性质组织以暴力为后盾,不容许其他合法经营者从事该特定线路客货运输业务,若其他合法经营者不听“劝阻”,黑社会性质组织便以暴力、威胁或滋扰等方式妨害他人的合法经营活动,最终形成由黑社会性质组织决定谁能参与该特定线路营运活动的结果。

(3)涉案犯罪组织插手民间纠纷、经济纠纷,在插手过程中致人重伤或致多人轻伤,或者通过违法犯罪活动或以其他不正当手段敛财数额巨大、造成巨额经济损失、多次引发群体性事件或引发大规模群体性事件等。以插手民间纠纷、经济纠纷为例,有的黑社会性质组织随着自身经济实力增强,在一定的区域或者行业内逐步确立强势地位,使用暴力的频率也随之降低,于是便以“第三人”的身份“居中”对他人因土地使用权、水源使用权发生的民间纠纷,或者在日常经营活动中发生的经济纠纷进行所谓“调停”或“调解”,但其调解往往是以从中牟利为目的,不具有公正性,大多偏袒其中一方,而致使另一方蒙受损失。为了维护非法权威,涉案犯罪组织一旦调解、调停不成,就会露出本来面目,暴力相向,甚至引发恶性刑事案件,造成致人重伤或者致多人轻伤的结果。

(4)涉案犯罪组织多次干扰、破坏国家机关、行业管理部门以及村委会、居委会等基层群众自治组织的工作秩序,或者致使上述单位、组织的职能不能正常行使。其具体行为方式多种多样,包括以拉拢、收买、威胁等手段多次得到国家工作人员包庇或纵容,或者多次对前述单位、组织中正常履行职务的工作人员进行打击、报复等情形。我们认为,随着黑社会性质组织的组织结构日臻严密、经济实力日益壮大、违法犯罪能力不断增强,必然向公权力提出挑战。例如,有的黑社会性质组织以公司结构形式为掩护，对一定的行业进行垄断经营，在相关行业管理部门正常履行管理职责时，便以行业管理部门侵犯其合法经营权、侵害公司员工利益为借口，组织多人围堵行业管理部门的办公地点，严重扰乱工作秩序。

(5)涉案犯罪组织利用组织的势力、影响，使组织成员获取政治地位，如当选各级人大代表、政协委员、在各级党政机关及其职能部门、基层群众自治组织中担任具有组织、领导、监督、管理职权的职务。黑社会性质组织成熟、壮大到一定程度后，为了更好地维护其非法利益，便会寻求政治地位上的突破，往往以合法的政治外衣庇护、扩充非法获利，从而严重危及正常的社会秩序。这也是危害性特征的常见表现。

三、正确处理危害性特征与“打早打小”的关系

(一)“打准打实”是惩治黑社会性质组织犯罪的法律标准

1.“打准打实”是罪刑法定原则的基本要求

罪刑法定是我国刑法的基本原则。在惩治黑社会性质组织犯罪中坚持罪刑法定原则，就是要坚持“打准打实”，严格按照黑社会性质组织犯罪的构成要件认定罪与非罪，这既是刑事司法的底线，也是公平正义的底线。最高人民法院一贯强调，认定黑社会性质组织应当坚持“打准打实”的法律适用标准，本着实事求是的态度，根据查明的犯罪事实认定犯罪，判处刑罚。只有在齐备黑社会性质组织“四个特征”的情况下，才能认定为黑社会性质组织犯罪；对不符合黑社会性质组织认定标准的，应当根据案件事实依照刑法中的相关条款处理，从而把法律规定落到实处，严格坚持依法办案原则。

2.“打准打实”的审判标准

在审判实践当中，必须严格黑社会性质组织犯罪的认定标准，逐一审查公诉机关指控的犯罪组织的组织特征、经济特征、行为特征、危害性特征，坚持个别判断与综合认定相结合的工作方法。所谓个别判断，就是要分别判断是否具备组织特征、经济特征、行为特征，只有在同时具备这三个基本特征的前提下，被指控的犯罪组织才有可能认定为黑社会性质组织。所谓综合认定，就是在指控的犯罪组织同时具备组织特征、经济特征、行为特征的前提下，还要进一步考察这些特征之间的关系，各个特征是孤立存在、互不关联，还是相互影响、相互支持、相互渗透，从而滋生出危害性特征，在一定区域或者行业形成非法控制或者重大影响。这种非法控制或者重大影响仍需充分的证据、事实予以支撑。只有在同时具备“四个特征”，尤其是具备危害性特征的情形下，才能认定构成黑社会性质组织犯罪。

(二)“打早打小”是惩治黑社会性质组织犯罪的政策要求

1.“打早打小”的基本含义

“打早打小”，是指在黑社会性质组织的形成、发展过程中，应当依照法律规定对有可能发展为黑社会性质组织但尚未齐备“四个特征”的犯罪集团、“恶势力”团伙及早打击，绝不能允许其坐大成势。这里的及早打击，是指根据犯罪集团、恶势力团伙的具体行为的性质、事实和社会危害程度依法打击，构成什么罪，就以什么罪名定罪处刑，而不能理解为对尚处于低级形态的犯罪组织不加区分地一律按照黑社会性质组织处理。

2.“打早打小”的实践要求

“打早打小”的核心要义在于，对于可能坐大成势发展为黑社会性质组织的犯罪集团、“恶势力”团伙不能因为其尚不具备黑社会性质组织的全部构成要件而瞻前顾后、畏首畏尾，而应当将防线前移，果断出手，坚决打击，将黑社会性质组织消灭在萌芽状态，最大限度维护社会稳定，保护人民群众生命财产安全和生产、生活环境。例如，审判实践中，一些以黄、赌、毒等非法行业为主要活动领域的犯罪集团,通过长期开设赌场、组织卖淫等活动聚敛了巨额违法所得,并将违法所得用于支付员工工资、扩大经营规模,看似经济特征非常典型,然而其并未排挤竞争对手的经营活动,也未对相关的非法行业进行非法控制或形成重大影响,虽然不能以该组织违法所得数额巨大、经济特征突出为由,将其认定为黑社会性质组织,但仍应透过具体违法犯罪活动,深刻认识这类犯罪集团的社会危害性,对其从事的涉黄、涉赌或涉毒犯罪以组织卖淫、强迫卖淫、介绍卖淫、容留卖淫、聚众赌博、开设赌场、贩卖毒品、运输毒品、非法持有毒品、强迫他人吸毒、容留他人吸毒或者非法经营等罪名予以惩治。

(三)惩治黑社会性质组织犯罪既要坚持"打准打实",又要坚持"打早打小"

1."打准打实"与"打早打小"的关系

依法惩治黑社会性质组织犯罪,"打准打实"是法律标准,"打早打小"是政策要求,二者相互配合、相互补充,共同构筑严密的刑事法网,既治标,又治本。"打准打实"强调坚持罪刑法定原则,认定黑社会性质组织犯罪要严格标准,对于未齐备"四个特征"的犯罪集团不能拔高认定为黑社会性质组织。"打早打小"强调对黑社会性质组织要防线前移,不能坐等带有黑社会性质组织的某些基本要素,但严格按照法律标准尚不能认定为黑社会性质组织的犯罪集团坐大成势,要敢于果断出手,充分运用刑法武器,依法予以惩治。

2.正确贯彻"打准打实"和"打早打小"

首先,要坚持法律标准,准确认定黑社会性质组织犯罪。只有对齐备"四个特征"的犯罪集团才能认定为黑社会性质组织。不能以涉案犯罪组织的组织特征、经济特征或行为特征突出、典型为由,忽略对其他特征的考察判断,直接认定为黑社会性质组织,尤其是不能忽略对危害性特征的考察判断。例如,有些涉案犯罪组织自立"名号",有明确的组织者、领导者,组织成员稳定,组织纪律严格,通过实施敲诈勒索等违法犯罪活动获取了经济利益,但在案证据显示,该犯罪组织经济实力薄弱,犯罪能力有限,对经济、社会生活秩序的破坏力甚小,根本不具备认定黑社会性质组织必需的危害性特征,故不能以其组织特征突出为由,将其认定为黑社会性质组织。

其次,要正确适用政策,对于可能发展为黑社会性质组织的犯罪集团在萌芽阶段就要及时惩治,防患于未然。对于虽然并不齐备黑社会性质组织的全部要件,但具备一些基本特征,呈现出向黑社会性质组织发展趋势的犯罪集团,应当旗帜鲜明地依法惩治,虽然不构成黑社会性质组织犯罪,但这些犯罪集团的具体行为构成其他犯罪的,要用好用足刑法武器,依法惩治。

论刑法意义上的卖淫概念

□陆建红* 杨 华**

一、问题的提出

《最高人民法院、最高人民检察院关于办理组织、强迫、引诱、容留、介绍卖淫刑事案件适用法律若干问题的解释》(以下简称《涉卖淫刑案解释》)已经于2017年7月25日起施行。令许多法律工作者遗憾的是,《涉卖淫刑案解释》没有对刑法意义上的卖淫概念作出解释。该司法解释的起草者在理解适用文章中指出:对于卖淫的概念未做规定的直接原因是"各地理解不一,学界争议也不小。起草小组经广泛调研,充分论证和协商后,仍未能取得一致意见",而根本原因则是

* 最高人民法院刑四庭审判长,二级高级法官,第二届全国审判业务专家。
** 最高人民法院刑四庭三级高级法官。

"刑法上卖淫的概念,严格说属于立法解释的权限范围,不宜由司法机关作出解释"。[①] 但是,在司法实务中,"法官不能拒绝裁判",对卖淫概念存在争议带来的行为人是否构成组织、强迫、引诱、容留、介绍卖淫犯罪认定困难的案件必须作出裁判。另外,根据刑法第二百四十条第一款第五项的规定,诱骗、强迫被拐卖的妇女卖淫或者将被拐卖的妇女卖给他人迫使其卖淫的,属于拐卖妇女罪的法定加重情节,因此,在拐卖妇女犯罪案件的审理中,也存在需要明确何为刑法意义上的卖淫问题。

二、正本清源:卖淫的传统含义

何谓卖淫?卖淫不仅是一个法律概念,更是一个社会学的概念,甚至还是一个历史学的概念。

首先,卖淫嫖娼是对人类合法性关系的否定。性关系是两性之间一种极为密切的生理、心理和感情关系,它是基于性的自然属性和社会属性而发生的。性的自然属性是指人类作为生物有机体所具有的性的存在方式和属性,它包括性欲、性冲动、性满足等生理机能和生理需要。而性的社会属性,使性本能对象化、具体化,使人们的性关系中除了性吸引、性渴求外,还具有种种思想感情和道德因素;性的社会属性,使人类的性关系脱离了自发性、盲目性,具有了社会规范性,具有了道德和法律的意义。[②] 而卖淫则是背离了正常性关系的社会属性的脱轨行为。

其次,卖淫作为一个社会现象在世界各国都普遍地、历史地存在。美国犯罪学者、社会学者布勒格在《社会和历史中性的特许》一书中指出:"有关妓女的最早记录出现在古代美索不达米亚。那时,所有的妇女必须到神庙里尽职,在向过路男人提供了性服务后接受一定的赠物。这些赠物又必须奉献给神庙……"[③]这被认为是以后真正妓女的雏形。公元前549年,希腊的城邦开始了"梭伦改革",公开营业的妓院在那里开始设立。我国至少在西周时期就形成了娼妓队伍,并在漫长的封建社会里演化、发展。鸦片战争以后,中国社会的性质发生了根本变化,娼妓也由原来的"技色相混状态"向"纯色情服务"方向转化,自此以后,专事色情服务的娼妓便产生了。中华人民共和国成立后,人民政府坚决取缔妓院,铲除这一旧社会遗留下来的丑陋社会现象。经过几年的努力,我国终于摧毁了存在了两千多年的娼妓制度。但是,到了20世纪70年代末80年代初,卖淫这一丑恶现象又在我国出现了。[④]

再次,虽然卖淫这一现象历史如此悠久,但对于什么是卖淫,许多学者是有不同认识的。美国社会学家戴维·波普诺在《社会学》一书中指出:"卖淫是为换取金钱而提供的性服务。虽然大多数情况是指一个妇女为一个男子服务,但另一种卖淫形式也常见于男人之间。妓女通常与许多人发生性关系,他们之间的契约交换是明显的。"日本于1957年实施的《禁止卖淫法》中规定:"卖淫是指接受报酬或是因受到约束,而与不特定的对方进行性交。"日本性学专家青柳有美说:"卖淫妇者,因为性的乱交,而得到自己或他人生活费全部或一部分之女子。"在现代,卖淫通常被认为是女性或男性为了取得报酬所做的或放任混乱的性交或性行为,即卖淫针对的是混乱的性交并且因为性的乱交而产生盈利,因而卖淫被戏称为"无烟工业"。[⑤]

最后,在我国古代关于娼妓的历史记载中,男妓很早就存在,而且在有些朝代男风非常盛行,

---

① 周峰、党建军、陆建红、杨华:《〈关于办理组织、强迫、引诱、容留、介绍卖淫刑事案件适用法律若干问题的解释〉的理解与适用》。

② 安云凤:《对"一夜情"的伦理透析》,载《道德与文明》2003年第6期。

③ 转引自储槐植主编:《"六害"治理论》,中国检察出版社1996年版,第219页。

④ 李邦友、王德育、邓超:《性犯罪的定罪与量刑》,人民法院出版社2001年版,第142~143页。

⑤ 李邦友、王德育、邓超:《性犯罪的定罪与量刑》,人民法院出版社2001年版,第143页。

相应地,男妓就很多。例如,在宋朝男妓就很多,由于泛滥,宋徽宗时期曾立法惩处男妓。又如,在明代,社会中普遍存在男妓馆,官方对同性卖淫的处罚比异性卖淫处罚轻。因此,男妓业在明朝达到鼎盛,直到清朝仍然没有衰落。可见,在卖淫的历史发展轨迹中,男性卖淫并非现代社会才产生的现象。只不过与妓女相比,由于社会需求量小等原因,男妓在量上比较少而已。①

综上,从卖淫的历史来看,卖淫在世界范围内都广泛地存在,在中国也有相当长的历史。由于社会物质条件和人们的观念等原因,长期以来,人们对卖淫概念的认识也大多局限在“女人为男人提供性交服务并接受财物的行为”这一层面上。虽然在我国男妓很早就存在,但民众并未广泛认可。而且,在民国之前,政府也鲜见有打击卖淫嫖娼的举措。中华人民共和国成立以后,彻底铲除了娼妓存在的土壤,民众长时期对于“卖淫”一词较为陌生。改革开放以后,卖淫嫖娼现象死灰复燃,但开始也仅限于妇女收取报酬为男人提供性交服务的范围。因此,长期以来,在民众的心理预期中,“卖淫”一词等同于“妇女收取报酬为男人提供性交服务”。这也可以认为是我国民众对卖淫的传统含义的理解。正因如此,1979 年刑法只有第一百四十条规定的“强迫妇女卖淫罪”和第一百六十九条规定的“引诱、容留妇女卖淫罪”这两个涉及卖淫的罪名,这也充分体现了整个社会对卖淫概念局限于传统的理解。

三、变化发展:卖淫概念的含义扩张

如前所述,在 1991 年之前,对于何谓刑法上的卖淫,在学界和实务部门都没有争议,一致的意见就是女性以营利为目的为男性提供性交服务的行为。例如,1979 年刑法涉及卖淫的强迫妇女卖淫罪和引诱、容留妇女卖淫罪这两个罪名中,卖淫的主体都是妇女。

1979 年刑法颁布实施以后,正是改革开放开始不久的时期,改革的窗户打开,新鲜空气进来的同时,“蚊子、苍蝇”也进来了。卖淫嫖娼在不少地方死灰复燃,甚至在有的地方开始泛滥。基于维护社会治安的需要,1983 年 9 月 2 日,第六届全国人民代表大会常务委员会通过了《关于严惩严重危害社会治安的犯罪分子的决定》。根据该决定,强迫妇女卖淫,情节特别严重的,可以在刑法规定的最高刑以上处罚,直至判处死刑。由于法定刑从三年以上有期徒刑直至死刑,量刑幅度过大,又没有具体的量刑情节,实践中较难把握,适用中易出现偏差,而且实践中又出现了“男妓”现象,组织、强迫男子从事有偿性行为等现象也时有发生,加之卖淫嫖娼活动在许多地方呈现泛滥之势,为了严禁卖淫、嫖娼,严惩组织、强迫、引诱、容留、介绍他人卖淫的犯罪分子,维护社会治安秩序和良好的社会风气,1991 年 9 月 4 日,第七届全国人民代表大会常务委员会第 21 次会议通过了《关于严禁卖淫嫖娼的决定》(以下简称《决定》)。《决定》对刑法第一百四十条、第一百六十九条的规定进行了修改。这次修改虽然依然没有对刑法意义上的卖淫概念作出界定,但在犯罪构成要件上体现出卖淫的主体既可以是女性,也可以是男性:将强迫妇女卖淫罪改为强迫他人卖淫罪;将引诱、容留妇女卖淫罪改为引诱、容留、介绍他人卖淫罪;增设了组织他人卖淫罪、协助组织他人卖淫罪、传播性病罪等罪名。1992 年 12 月,最高人民法院、最高人民检察院公布了《关于执行〈全国人民代表大会常务委员会关于严禁卖淫嫖娼的决定〉的若干问题的解答》(以下简称《解答》)。《解答》第九条第一项称:组织、协助组织、强迫、引诱、容留、介绍他人卖淫中的“他人”,主要是指女人,也包括男人。可以说,上述《决定》和《解答》第一次对刑法意义上的卖淫概念从卖淫主体上进行“扩容”,将卖淫主体从仅限于妇女扩容到包括男人在内的所有人。在学界,高铭暄教授认为,“卖淫是指行为人(主要指女子)为获得报酬而与不特定的异性进行性交的

---

① 刘芳:《中国性犯罪立法之现实困境及其出路研究》,东北大学出版社 2015 年版,第 65 页。

行为”。① 储槐植教授认为,“卖淫是指收受或约定收受报酬而与不特定的人进行性交的行为”。② 可见,学界也基本吸纳了男性可以卖淫以及同性之间也可以卖淫的观点。在司法实践中,组织、介绍男性卖淫或同性卖淫的案例也不鲜见。例如,2003年7月,被告人王某因组织男性卖淫,被上海市长宁区人民法院以组织卖淫罪判处有期徒刑三年。2004年6月11日,被告人刘某、周某因组织男性向男性卖淫,分别被广州市越秀区人民法院以组织卖淫罪判处有期徒刑五年和有期徒刑六年。特别值得一提的是,备受公众瞩目的被告人李某组织同性卖淫案,江苏省南京市秦淮区人民法院于2004年2月以组织卖淫罪判处被告人李某有期徒刑八年。人民法院对辩护人提出的“刑法及相关司法解释对同性之间的性交易是否构成卖淫无明文规定,因而李某不构成犯罪”的辩护意见不予采纳。③

但是,司法实践又出现了许多新情况、新问题。上述《决定》和《解答》虽然在卖淫的主体上进行了“扩容”,但依然没有解决现实中发生的一些问题。卖淫违法犯罪领域不断出现肛交、口交等新类型的性行为方式。各地司法机关边探索边总结。到目前为止,能够为大多数学者和司法工作人员所接受的卖淫概念,不但在卖淫主体上“扩容”,在性行为方式上也有了较大的“扩容”。目前,对于刑法意义上卖淫概念的问题,没有争议的主要是:(1)传统意义上的提供性交服务并收取财物的行为应当认定为卖淫。(2)男性也可以提供卖淫服务。(3)肛交、口交应当列入卖淫的行为方式。这既有对传统卖淫概念的突破,也能被大众所认同。在男男卖淫、女女卖淫的现实情况及法律规定下,肛交、口交显然是同性卖淫的主要方式,且异性卖淫也可采取肛交、口交的方式。三者的共性是一方生殖器进入另一方的体内,均属于进入式性行为。并且,从传播性病的角度来看,此三种方式均可引起性病的传播。④

卖淫概念的扩容,既符合事物变化发展规律,也符合人的认识规律。因为,“一个词的通常的意义是在逐渐发展的,在事实的不断出现中形成的。因此,当一个看来属于某一词的意义范围内的事物出现时,它好像就被自然而然地收纳进去了。这个词语的词义会逐渐伸展、逐渐扩张,直到人们根据事物本身的性质将应归入这个词名下的各种事实、各种概念都包含了进去”。⑤

四、纷争四起:刑法意义上的卖淫与色情服务

如前所说的性交、肛交、口交等进入式的性行为方式以及异性之间、同性之间均可以发生卖淫嫖娼关系,无论在学界还是司法实务部门,基本能够形成共识。但是,现实中不少违法犯罪分子“打擦边球”,专门从事收取报酬为他人提供手淫、胸推等接触式的色情服务。对于这些仅仅是一方生殖器被接触的非进入式色情服务,能否认定为刑法意义上的卖淫,无论是学界还是实务部门,都有不少的争论。归纳起来主要有六种观点:

第一种观点认为,卖淫是指行为人(主要指女子)为获得报酬而与不特定的异性或同性进行性交或类似性交的行为。坚持这种观点的,主要是实务部门的同志。当然,行政执法部门也有持这种观点的。例如,国家某部委法制司在给《涉卖淫刑案解释》起草单位即最高人民法院刑四庭的复函中称:“刑法中的卖淫嫖娼指不特定的人,包括异性之间或者同性之间以金钱、财物等为媒

---

① 高铭暄、[法]米海依尔·戴尔玛斯-马蒂主编:《经济犯罪和侵犯人身权利犯罪的国际化及其对策》,中国人民公安大学出版社1996年版,第173页。

② 储槐植主编:《“六害”治理论》,中国检察出版社1996年版,第239页。

③ 金泽刚、肖中华:《有关卖淫犯罪的疑难问题新探》,载《华东政法学院学报》2005年第6期。

④ 周峰、党建军、陆建红、杨华:《〈关于办理组织、强迫、引诱、容留、介绍卖淫刑事案件适用法律若干问题的解释〉的理解与适用》。

⑤ [法]基佐:《欧洲文明史》,程洪逵、沅芷译,商务印书馆1998年版,第7页。

介发生性关系的行为。”

第二种观点认为，卖淫是指收受或约定收受报酬而与不特定的人发生性行为的行为。其中，性行为既包括传统的性交，也包括手淫、口淫及其他性行为方式。① 有人将其他性行为称为有生殖器接触内容的淫乱活动，认为“卖淫是指以营利为目的，与不特定的同性或异性发生性交行为，以及从事其他含有生殖器接触内容淫乱活动的行为”。②

第三种观点采取折中说，认为概念上将手淫等色情服务纳入卖淫的范围中，但在处理上应有别于提供性交及肛交、口交等形式，以犯罪情节轻微或者虽构成犯罪但从宽处罚来处理。主要理由是：将手淫有条件地纳入卖淫方式，既符合刑法的要求，也符合刑法谦抑性原则，并且能够突出打击的重点。③

第四种观点试图回避学界和实务部门的争论，提出将组织他人提供手淫等色情服务，情节严重的，以非法经营罪定罪处罚；而强迫他人提供手淫等色情服务的，以强制猥亵罪定罪处罚；引诱、容留、介绍他人提供手淫等色情服务的，不做犯罪论处，由公安机关予以治安处罚。④ 主要理由是：(1)将组织他人提供手淫等色情服务认定为组织卖淫罪，依据不充分，争论也较大，但此类行为，如果情节严重、社会影响恶劣、严重危害社会秩序的，依然要对其以妨碍社会秩序、妨碍社会风化的危害行为进行处理。按照目的解释，可以将组织他人提供手淫的以非法经营罪论处，并且主要突出打击组织者、策划者、实际投资者。对引诱、容留、介绍他人提供手淫等色情服务的，可以不做犯罪处理。(2)将组织他人提供手淫等色情服务的行为，以非法经营罪定罪处罚，在法理上说得通，也有利于打击此类违法犯罪行为。提供色情服务的本质是一种交易行为，其钱色交易的特征和本质非常明显。但是，国家禁止经营色情服务。鉴于司法实践中已经形成非法经营罪由司法解释界定范围的传统，由最高人民法院通过司法解释的方式，将提供色情服务纳入“非法经营”的范围，具有较强的可行性。(3)有利于司法实践中打击不断出现的新类型色情服务。除手淫外，司法实践中还有胸推、股推等形式的色情服务，以后可能还会出现更多的色情服务形式。而这些形式的色情服务，目的都是满足他人的性欲，动机都是获取非法利益，本质都是一种钱色交易。

第五种观点认为，卖淫是指以营利为目的，满足不特定对方(不限于异性)的性欲的行为，包括与不特定的对方发生性交和实施类似性交的行为(如口交、肛交)。组织女性向女性、男性向男性实施口交、肛交等类似性交行为的，也成立组织卖淫罪。但是，组织他人单纯为异性手淫的，组织女性用乳房摩擦男性生殖器的，组织女性被特定人“包养”的，不应认定为组织卖淫罪。⑤

第六种观点认为，关于卖淫的概念应由立法机关作出解释。主要理由是：(1)社会生活发展变化较快，传统的卖淫概念能否适应现实社会生活，刑法如何适应社会生活的变化，属于立法机关的权限。(2)在公检法机关对“卖淫”一词争论较大的情况下，应由立法机关作出权威解释。(3)由立法机关作出概念解释，可避免各省同案不同判的窘态，也可避免公检法之间的争议，更有

---

① 刘芳：《中国性犯罪立法之现实困境及其出路研究》，东北大学出版社2015年版，第67页。

② 鲍遂献主编：《妨害风化犯罪》，中国人民公安大学出版社1999年版，第158页。

③ 《涉卖淫刑案解释》起草小组在征求意见时有几个单位提出此种意见。

④ 此观点也产生于《涉卖淫刑案解释》起草小组征求意见过程中。有人从既要坚守卖淫概念的科学性又要对色情市场严厉打击的角度提出了这一观点。

⑤ 张明楷：《刑法学》(第4版)，法律出版社2011年版，第1021页。但是，张明楷教授早前却是主张将所有色情服务都纳入卖淫概念中去的，认为“卖淫是指行为人以营利为目的，与不特定异性发生性交行为或从事其他的淫乱活动”。参见张明楷：《刑法学》，法律出版社2007年版，第838页。

利于引领、规范社会行为。

《涉卖淫刑案解释(征求意见稿)》在征求意见时,关于卖淫的概念,不但最高人民检察院、公安部有不同意见,甚至最高人民法院内部及各高级法院也都有不同的意见。当然,认为刑法意义上的卖淫只限于性交行为的观点已经是极少数了。在向有关高级法院征求意见时,收到20个高级法院的回复,其中,认为刑法意义上的卖淫仅限于提供性关系服务(包括肛交、口交)的有5个高级法院;认为包括提供性交、肛交、口交等性服务及手淫等色情服务的有6个高级法院;另外,有9个高级法院认为刑法意义上的卖淫概念应当由立法机关以立法或立法解释的形式解决。2016年7月,最高人民法院刑四庭在国家法官学院举办了刑事审判业务专项培训班。起草小组成员向培训班学员发放调查问卷,征求对卖淫概念的意见。发放问卷100份,收回71份。其中,认为卖淫应当排除手淫的为39人(其中7人认为包括性交、肛交,10人认为包括性交、肛交、口淫,2人认为仅指性交),32人认为卖淫包括性交、肛交、口淫、手淫等。

五、性质辨析:刑法意义上卖淫概念的正确界定

《涉卖淫刑案解释》公布稿的15个条文中,并没有对刑法意义上的卖淫作出明确规定,主要原因是分歧意见比较大。但是,司法实践中依然会出现与卖淫概念界定相关的刑事案件。比如,2013年6月,网络媒体以广东省佛山市中级人民法院宣告被告人李某无罪为焦点,提出提供手淫、口淫是否属于卖淫的问题。后又报道北京市公安机关称,提供手淫、口淫服务应认定为卖淫。网络媒体对卖淫的含义争得沸沸扬扬,但又没有统一明确的结论。这个问题不解决,势必会出现同案不同判的司法怪象。

我们认为,要正确界定刑法意义上的卖淫概念,应当立足于以下几点。

(一)考察比较我国相关历史和域外有关规定,进行一些有益的借鉴

在我国历史上,民众历来认为,卖淫是指女性收取报酬而为男性提供性交服务(有时也包括男性为女性提供性交服务)。从域外来看,我们收集了一些国家和地区的刑法规定,日本卖淫防止法将卖淫定义为与给予报酬或者许诺给予报酬的不固定的伙伴进行性交。德国、俄罗斯、越南、老挝、韩国、土耳其、法国等国的刑法及美国模范刑法典在规定涉卖淫类刑事犯罪时,均未对卖淫的概念作出明确规定。新加坡及我国澳门地区均将卖淫与其他性行为加以区别。① 我国台湾地区"刑法"则将指使、强制他人性交或者猥亵行为规定为犯罪,但并未将"性交或者猥亵行为"概括为"卖淫"。将提供色情服务规定为卖淫或娼妓活动的,只有菲律宾和马来西亚。② 而菲律宾和马来西亚则是公民普遍信教的国家,其法律制度的宗教色彩比较浓厚。综上,对我国刑法意义上的卖淫概念的界定,借鉴菲律宾和马来西亚这样宗教色彩比较浓厚的国家的规定显然不可行。而日本仅将卖淫限定为性交的做法也已经明显落后于我国的社会现状。因此,我国刑法意义上的卖淫概念,只能从我国国情、有关法律的具体规定以及民众的心理预期等方面出发,作出既符合法律特别是符合刑法中的罪刑法定原则,又符合打击犯罪需要,同时还符合民众心理预期的界定。

---

① 例如,新加坡刑法第三百七十二条规定了出卖未成年人卖淫等罪。其中"卖淫等",是指"任何人购买、租用或者以其他方式获得不满21岁的任何人,意图使此人在任何年龄被雇佣,用于卖淫、同任何人非法性交或者为了任何非法或不道德的目的的,或明知会使此人在任何年龄被雇佣或者用于任何上述目的的,处十年以下的有期徒刑,并处罚金"。

② 菲律宾修正刑法典第二百零二条规定了流浪罪和卖淫罪,并解释"根据本条,以获得金钱和利益为目的的,经常从事性交易和有伤风化行为的女性为妓女"。《马来西亚刑法》第三百七十二条规定了"组织卖淫",其构成要件主要是雇佣、使用他人作为妓女而与人非法性交,第三百七十二条则规定了"以卖淫为业",第三百七十三条则规定了"打击妓院"的内容。并将"娼妓活动"解释为"用来出租人的身体和别人发生性交易的活动,'妓女'也相应适用本解释"。

（二）立足于现有国情和民众的心理预期，同时也要重视专家学者的意见

在征求专家学者对《涉卖淫刑案解释（征求意见稿）》的意见时，陈兴良教授指出："应当把提供性服务的卖淫（性交易）活动与提供色情服务的色情交易活动加以区分。因此，刑法中的卖淫是指性交易，而不包括色情交易。"赵秉志教授提出，从法治的观念、现实可行性角度出发，如果不断扩张卖淫的概念，会导致涉卖淫类刑事案件数量大幅增长，这会使我国这样一个社会主义国家在国际上的影响比较不好，因此，不能将卖淫的概念随意扩大。赵秉志教授还在相关著述中称："卖淫是指以获取金钱、财物或其他财产性利益为目的，而向不特定的他人提供性交或与性交行为具有相当性的性服务的行为。"①

关于民众心理预期问题，既要进行广泛深入的调研，也要考虑现有法律规定。从法律规定来看，刑法并未规定卖淫的具体含义，但传统意义上的妇女提供性交服务并收取财物的行为属于刑法意义上的卖淫，自然是民众一致认可的。而男子也可以成为卖淫的主体，这在《决定》中已经得到肯定，现行刑法也吸纳了《决定》的内核精神。因此，无论具体的某个公民是否意识到这一点，法律的公开规定应当视为民众心理预期范围内的内容。对于提供手淫等色情服务是否属于卖淫的问题，在专业群体中尚且有争论，且刑法并未明确规定，在这种情况下，要求普通公民将其纳入刑法心理预期范围，确属不现实。例如，被告人周某某容留卖淫罪一案②中，被告人周某某实施了容留他人提供手淫服务并收取钱财的行为。但周某某明确要求"小姐"只能为客人提供手淫服务，绝对不能提供性交服务。涉案"小姐"也证实她们只为客人提供手淫服务。主要原因是，周某某及涉案"小姐"认识到，如果为客人提供性交服务，周某某就可能构成犯罪。

（三）对已经取得一致认识的应当予以肯定

前文已述，对于刑法意义上的卖淫概念，在以下三个问题上已经形成比较统一的认识：（1）传统意义上的提供性交服务并收取财物的行为应当认定为卖淫。（2）男性也可以提供卖淫服务。（3）肛交、口交应当被列入卖淫的行为方式。

（四）正确对待现有的行政性规范

公安部曾经于 2001 年 2 月 18 日以公复字〔2001〕4 号作出《关于对同性之间以钱财为媒介的性行为定性处理问题的批复》。该批复称："根据《中华人民共和国治安管理处罚条例》和全国人大常委会《关于严禁卖淫嫖娼的决定》的规定，不特定的异性之间或者同性之间以金钱、财物为媒介发生不正当性关系的行为，包括口淫、手淫、鸡奸等行为，都属于卖淫嫖娼行为，对行为人应当依法处理。"这一批复能否作为认定刑法意义上卖淫概念的依据？我们认为，公安部的这一批复属于有权批复和有效批复，但其性质属于行政解释。但是，行政违法不等同于刑事犯罪，违法概念也不等同于犯罪概念。违反行政法律、法规的行为不等同于构成犯罪。这一批复可以作为行政处罚和相关行政诉讼案件的处理依据，但不能作为定罪依据。

（五）对刑法概念的解释，不能仅仅停留在目的解释的层面，更要符合体系解释，符合罪刑法定原则

对卖淫概念的界定，其本质是对刑法概念的解释。体系解释是"把某一法律条文或规范置于整个法律体系中进行比较研究，从其在整个法律体系、法律文件及所属法律部门中的地位、作用、

---

① 赵秉志主编：《中国刑法案例与学理研究（妨害社会管理秩序罪）》，法律出版社 2001 年版，第 327 页。

② 该案为某省高级人民法院请示案件，因当时《涉卖淫刑案解释》尚未出台，故最高人民法院并未作出明确的答复，而是由某省高级人民法院依法做个案处理。

相互联系等来说明该法律、法律条文或法律规范的内容和含义，以求得更全面、准确的理解”。①通俗一点说，就是对一个具体法条、一个具体法律概念的理解，不能只盯着需要解释的这一个法条，还要关注相关的法条甚至相关法律是如何规定的，要保持与其他法条以及相关法律规定的协调一致。根据刑法对强奸罪、强制猥亵罪的不同规定可见，刑法对生殖器官直接接触的性行为与以手、胸等部位和生殖器接触的行为是区别对待的。如果将提供手淫等色情服务认定为卖淫，属于扩张解释，这将大大扩张刑法处罚的范围，也会导致量刑失衡。如刑法第三百六十条规定，“明知自己患有梅毒、淋病等严重性病卖淫、嫖娼的，处五年以下有期徒刑、拘役或者管制，并处罚金”。此条规定主要是为防止性病的传播，显然这里的“卖淫”是不包括提供手淫等色情服务的，因为手淫并不会导致性病的传播。

综上所述，根据刑法谦抑性原则的要求，刑法罪名的设立、犯罪行为的界定及解释应遵循谦抑性原则，以此来保持刑法的宽容性。因此，司法实践中对于刑法意义上的卖淫，应当依照刑法的基本含义，结合大众的普遍理解及公民的犯罪心理预期等进行界定，并严格遵循罪刑法定原则。在目前情况下，不能将刑法意义上的卖淫局限于性交行为，对于性交之外的肛交、口交等进入式的性行为，应当依法认定为刑法意义上的卖淫。也就是说，将卖淫行为的具体方式解释为性交行为和其他进入式性行为（肛交、口交）且易传播性病的淫乱行为并不违背罪刑法定原则，更不是类推，而是在刑法体系内的合理解释。以上论述，作为对前述关于卖淫概念六种观点的总体分析，本文对这些观点就不一一评价了。但是，第四种观点即将组织他人提供色情服务以非法经营罪论处的观点，明显与非法经营罪的设立目的不相符。非法经营罪中的“经营”，在不违反国家规定即合法的前提下是允许的。而色情服务在我国法律体系中本就没有合法的存在空间。

六、余论：关于对卖淫概念进行立法解释及设立风化犯罪的立法建议

（一）对卖淫概念进行立法解释具有现实意义，也有先例可循

实践证明，由最高司法机关对刑法意义上的卖淫概念进行解释，存在许多困难，主要是争议较大，难以取得完全共识。特别是公安部的批复，虽然只适用于治安处罚领域，但也不能否认该批复本身对执法活动形成的概念固化作用。而刑法学界大多数专家都认为，公安部的批复不适用于刑法领域。因此，无论是学界还是实务部门都一致认为，对刑法上的卖淫概念应当由立法机关进行立法解释。

从立法例来看，由立法机关对一个刑法概念进行解释是可行的。综合立法例，大致有两种方法：一种是在刑法修订时，在刑法条文中专门设立单独的条款进行解释。例如，刑法第三百五十七条第一款规定：“本法所称的毒品，是指鸦片、海洛因、甲基苯丙胺（冰毒）、吗啡、大麻、可卡因以及国家规定管制的其他能够使人形成瘾癖的麻醉药品和精神药品。”另一种是制定立法解释。例如，2004年12月29日由第十届全国人民代表大会常务委员会第十三次会议通过的《关于〈中华人民共和国刑法〉有关信用卡规定的解释》规定：“刑法规定的‘信用卡’，是指由商业银行或者其他金融机构发行的具有消费支付、信用贷款、转账结算、存取现金等全部功能或者部分功能的电子支付卡。”

（二）设立风化犯罪，既可解决现有罪名不适应社会形势的问题，也可使刑法体例更加科学化

为满足他人性欲而提供手淫、胸推等接触式服务而非进入式性行为并收取报酬的，虽然不能解释为刑法意义上的卖淫，但是，如果组织他人实施上述色情服务并收取报酬的，其社会危害性是明显的，且具有应受惩罚性。随着社会生活的更加丰富多样以及人们的观念不断变化，今后还

① 李龙主编：《法理学》，武汉大学出版社1996年版，第366页。

会出现更多的、各式各样的色情服务。而这些色情服务明显与我国传统道德,特别是与社会主义核心价值观格格不入。实践中,确已出现越来越多此类非传统色情服务规模化、集团化的现象,仅仅依靠行政处罚,因违法成本过低,无法遏制此类色情服务扩散的势头,难以满足惩罚此类违法行为的现实需要。而依照现行刑法,对这类行为又不能定罪。据此,我们建议在刑法第六章"妨害社会管理秩序罪"中设立"风化犯罪"一节。其理由有三:

第一,风化犯罪伤害了社会大众的羞耻心,严重妨碍了正常的社会伦理道德秩序。千百年来,人类在长期的社会实践中形成了符合一定社会伦理道德的性行为的社会秩序。严重违反这些长期以来形成的性行为的秩序,破坏社会风化,毒害社会风气,会给社会带来巨大的危害。这不仅与社会主义道德风尚格格不入,并且其对社会产生的危害已经不是道德范畴所能调整的,有必要通过刑法进行调整。

第二,风化犯罪严重破坏了社会主义公共秩序。公共秩序,是指在一定社会结构中生活的人们所应共同遵守的生活规则。公共秩序一方面包括公共场所的秩序,另一方面还应包括人们在日常交往中所应共同遵守的生活规则。人们通过遵守这些生活规则来维持公共生活有条不紊的状态,违反了这些规则,也就打破了公共生活的稳定状态。因此,任何违反了公共生活规则的行为都是对公共秩序的破坏。而所谓公共生活规则,总是同人们的道德观念联系在一起的。这种道德观念决定了人与人之间要进行健康的交往,而风化犯罪"违背了传统的道德观念,有悖于人与人交往的正常方式,因此,这种行为的实施必然伤害人们的道德感,引起人们的愤慨和厌恶"。①

第三,单设风化犯罪,可以使刑法体例更加科学化。现有刑法条文中,第六章第八节"组织、强迫、引诱、容留、介绍卖淫罪",虽然都与卖淫有关,也有妨害社会管理秩序的共性,但是,强迫卖淫主要还是侵犯被害人(卖淫人员)的人身权利和人身自由。而聚众淫乱罪这一典型的风化犯罪,却被现行刑法安排在第六章第一节"扰乱公共秩序罪"这一"大口袋罪"中。组织淫秽表演罪被现行刑法安排在第六章第九节"制作、贩卖、传播淫秽物品罪"中,淫秽表演本质上属于行为,明显与淫秽物品无关。将风化犯罪集中在一个章节,将强迫卖淫罪规定在"侵犯公民人身权利、民主权利罪"一章中,一是可以突出重点打击侵犯公民人身权利的犯罪,如强迫卖淫罪;二是对没有被害人的风化犯罪可做轻缓化刑事处罚;三是可以保持刑法体例、罪名设置的协调性。

综合上述论述和刑法有关规定,我们建议风化犯罪包括下列内容:

1. 组织他人提供色情服务方面的犯罪。从社会发展来看,民众对色情服务的容忍程度发生了变化,人们所深恶痛绝的行为主要集中在成规模甚至成集团、情节严重、社会影响恶劣的色情服务。因此,应当突出打击重点。对于组织他人提供手淫等色情服务,情节严重、影响恶劣、严重伤害风化,严重妨碍社会管理秩序的,对组织者、经营者、实际投资者、主要获利者可予以犯罪化处理。对于零星的引诱、容留、介绍提供手淫服务而收取金钱、财物的,可不以犯罪处理,由公安机关根据治安管理处罚法处罚。

2. 现行刑法分则第六章第八节中的大部分犯罪,包括组织卖淫罪,引诱、容留、介绍卖淫犯罪,协助组织卖淫罪,以及引诱幼女卖淫罪等仍保留在该节中规定。将其中的强迫卖淫罪、传播性病罪放到现行刑法分则第四章"侵犯公民人身权利、民主权利罪"中。强迫卖淫罪、传播性病罪侵犯的法益主要是公民的人身权利。强迫卖淫罪侵犯的法益是被强迫卖淫人员的人身自由权,而传播性病罪侵犯的法益主要是公民的健康权。

---

① 赵秉志主编:《中国刑法案例与学理研究(妨害社会管理秩序罪)》,法律出版社 2001 年版,第46~47 页。

3. 对于现行刑法分则其他章节中侵犯的法益主要是社会风化方面的犯罪,包括聚众淫乱罪,制作、复制、出版、贩卖、传播淫秽物品罪,组织淫秽表演罪以及侮辱尸体罪等,应作为风化犯罪予以规定。

传播性病行为定罪研究

□杨 华*

一、我国刑法规定的传播性病罪

1. 性病的含义

"性病"的概念最早是从医学领域产生的。1975 年以前,国际上将性病称为 venereal disease,简称 VD,指梅毒、淋病、软下疳、性病性淋巴肉芽肿和腹股沟肉芽肿 5 种"经典性病"。1975 年,世界卫生组织(WHO)正式决定采用"性传播疾病"的名称替代传统的"经典性病",英文名为 sexually transmitted diseases,简称 STD。除了上述 5 种传统性病外,还将艾滋病、尖锐湿疣、疥疮、乙型肝炎、股癣等 20 余种疾病列为 STD。在我国,1991 年 8 月 12 日原卫生部发布的《性病防治管理办法》第二条规定,性病包括艾滋病、梅毒、淋病、软下疳、性病性淋巴肉芽肿、生殖器疱疹、尖锐湿疣、非淋菌性尿道炎等。2013 年 1 月 1 日起施行的《性病防治管理办法》修改了这一规定,第二条第一款规定性病是以性接触为主要传播途径的疾病,并将性病分为三类:一是传染病防治法规定的乙类传染病中的梅毒和淋病;二是生殖道沙眼衣原体感染、尖锐湿疣、生殖器疱疹;三是原卫生部根据疾病危害程度、流行情况等因素,确定需要管理的其他性病。根据以上情况可以看出,性病并不是指某种具体的疾病,而是一组疾病。之所以将这些疾病称为"性传播疾病",并非基于这些疾病病理特征的相似性(当然,不可否认许多性病的病理特征的确极为相似),而是在于这些疾病共同的主要传播途径——性行为或性接触。

从 19 世纪末 20 世纪初开始,一直到中华人民共和国成立前,性病在我国呈现出爆发的态势,严重地摧残了民众的身心健康,同时也严重威胁着中华民族的繁衍生息。中华人民共和国成立后,党和政府十分重视性病防治工作,并断然采取一系列措施,包括取缔娼妓、全面综合普查、组建性病防治专业机构,探索行之有效的治疗方法。之后,性病发病率在我国逐步降低并最终基本绝迹,我国政府于 1964 年宣布基本消灭了性病。但是,随着我国改革开放和经济不断发展,由于人口流动与日俱增、性观念开放、卖淫猖獗等原因,性病死灰复燃,并呈现每年增加的趋势。在当今社会,性病的控制已经成为世界各国亟须解决的难题,为了解决这一问题,法律尤其是刑法需要发挥其应有的重要作用。

2. 传播性病罪的历史沿革

"性病"出现在我国刑事法律规范内,是从 1991 年 9 月 4 日第七届全国人民代表大会常务委员会第二十一次会议通过的《关于严禁卖淫嫖娼的决定》(以下简称《决定》)开始的。《决定》第五条规定,"明知自己患有梅毒、淋病等严重性病卖淫、嫖娼的,处五年以下有期徒刑、拘役或者管制,并处五千元以下罚金",这是我国刑事法律规范当中首次出现传播性病罪(虽然当时并未确定使用该罪名)。1992 年 12 月 11 日最高人民法院、最高人民检察院印发的《关于执行〈全国人民代表大会常务委员会关于严禁卖淫嫖娼的决定〉的若干问题的解答》(以下简称《解答》),对"怎

---

* 最高人民法院刑四庭三级高级法官。

样认定传播性病罪”作出解释:“根据《决定》第五条第一款的规定,传播性病罪,是指明知自己患有梅毒、淋病等严重性病而进行卖淫嫖娼的行为。(一)本罪属特殊主体,即已满十六岁,具有刑事责任能力,且患有梅毒、淋病等严重性病的人。中国公民和外国人均可成为本罪的主体。(二)必须实施了卖淫、嫖娼的行为。至于实际是否已造成他人染上性病的结果,不影响本罪的成立。行为人通过其他方式(如通奸等)将性病传播给他人的,不构成本罪。(三)具备以下情形之一的,可以认定为‘明知’:1. 有证据证明曾到医院就医,被诊断为患有严重性病的;2. 根据本人的知识和经验,能够知道自己患有严重性病的;3. 通过其他方法能够证明被告人是‘明知’的。”

1997 年刑法颁布时,吸收了《决定》的上述规定,正式将传播性病罪纳入其中,并确认了具体罪名。刑法第三百六十条规定:“明知自己患有梅毒、淋病等严重性病卖淫、嫖娼的,处五年以下有期徒刑、拘役或者管制,并处罚金。”

3. 传播性病罪的司法认定

从刑法的规定可知,我国刑法中传播性病罪中的“性病”的范畴与前述国际和国内医学上关于“性病”的范畴不同,而仅指性病当中的“严重性病”。同样,本文所要探讨的传播性病行为的定罪问题,仅指传播我国刑法规定的“严重性病”行为的定罪问题。

根据刑法第三百六十条的规定,传播性病罪是指明知自己患有梅毒、淋病等严重性病而进行卖淫、嫖娼的行为。构成传播性病罪必须具备以下几个要件:

第一,本罪侵犯的主要客体是社会管理秩序,同时可能侵犯了他人的身体健康权利。卖淫嫖娼败坏社会风尚,是国家法律禁止的行为。虽然一般的卖淫、嫖娼行为本身并不构成犯罪(嫖宿幼女等特殊情况除外),但是明知自己患有严重性病而卖淫、嫖娼的行为,严重破坏社会管理秩序,严重扰乱我国传染病管理秩序,有必要通过刑法予以规制。此外,严重性病给患者的身体健康带来严重的威胁和危害,保护公民的身体健康是设置传播性病罪的题中之义,所以,身体健康权也是传播性病罪的犯罪客体。但需要注意的是,身体健康权是传播性病罪的选择客体,在一个具体犯罪中,可能遭受侵犯也可能不遭受侵犯。

由于传播性病罪只能发生在卖淫、嫖娼活动中,所以本罪指向的对象只能是那些卖淫、嫖娼的违法人员。

第二,本罪在客观方面表现为行为人在患有严重性病的情况下实施了卖淫、嫖娼的行为。性病的传播方式是多种多样的,而传播性病罪中的传播方式只能是卖淫、嫖娼。为了正确掌握本罪的客观方面要件,需注意以下几点:

(1)行为人必须患有严重性病。关于“严重性病”的范围,刑法仅列举了梅毒、淋病,对其他严重性病未做明确规定。全国人大常委会法制工作委员会刑法室编著的《中华人民共和国刑法修正案(九)解读》①认为,对其他“严重性病”,司法机关应在传染病防治法中规定的性病和卫生部门规定实行性病监测的性病范围内从严掌握,不能将普通性病都作为严重性病,防止扩大打击面。也就是说,“严重性病”必须是与梅毒、淋病的危害程度相当的性病。2017 年 7 月 25 日起施行的《最高人民法院、最高人民检察院关于办理组织、强迫、引诱、容留、介绍卖淫刑事案件适用法律若干问题的解释》(以下简称《涉卖淫刑案解释》)对这种观点予以明确,即在第十一条第三款规定:“刑法第三百六十条规定所称的‘严重性病’,包括梅毒、淋病等。其它性病是否认定为‘严重性病’,应当根据《中华人民共和国传染病防治法》《性病防治管理办法》的规定,在国家卫生与

① 臧铁伟主编、全国人大常委会法制工作委员会刑法室编著:《中华人民共和国刑法修正案(九)解读》,中国法制出版社 2015 年版,第 299 页。

计划生育委员会规定实行性病监测的性病范围内，依照其危害、特点与梅毒、淋病相当的原则，从严掌握。”

(2)行为人必须实施了卖淫、嫖娼行为。传播性病罪只能是行为人在患有严重性病的情况下，通过卖淫、嫖娼的特定方式实施的，如果不是通过卖淫、嫖娼行为，而是通过其他行为，如夫妻间的性生活、通奸等行为方式将严重性病传染给他人的，不能构成本罪。关于本罪所规定的卖淫、嫖娼的特定方式，近年来受到不少学者的批评，认为将本罪行为方式的范围限定得过窄。例如，有人认为，随着社会的发展，特别是国际交流的频繁和便捷，性观念也逐步开放，卖淫、嫖娼之外的非婚性行为也已司空见惯，且成为性病传播的新渠道。因此，传播性病罪仍然停留于旨在掐断卖淫、嫖娼传播途径的旧观念中，这显然已不符合社会的现实发展。从保护被害人生命健康权益的目的出发，不能再将抑制性病传播的渠道局限于卖淫、嫖娼行为。① 笔者认为，我国刑法规定的传播性病罪与其他国家规定的传播性病罪有很大的区别，我国刑法中的传播性病罪源于《决定》，后规定在刑法第六章“妨害社会管理秩序罪”第八节“组织、强迫、引诱、容留、介绍卖淫罪”当中，这表明社会管理秩序和社会风尚才是本罪所要保护的主要客体，这与本罪特殊的行为方式是相契合的。以通奸、“一夜情”等性行为方式传播严重性病的，由于这种行为本身并非法律禁止的行为，这种传播严重性病的行为主要侵犯的是他人的身体健康，在目前淋病、梅毒通过注射用药可以得到根治的情况下，是否有必要认定为犯罪、是否必须通过刑罚手段予以规制尚存在争议。退一步讲，即使这种行为构成犯罪，也只能置于“侵犯公民人身权利、民主权利罪”一章，是否有必要在这些章节中独立设罪，则是需要另行探讨的问题。

(3)传播性病罪属于行为犯，不是结果犯，只要行为人在明知自己患有严重性病的情况下实施了卖淫、嫖娼行为，即构成犯罪。至于实际是否已造成他人染上性病的结果，不影响本罪的成立。首先，这是由性病传播的特点所决定的。严重性病具有强烈的传染性，只要他人一经感染就会损害身体健康，甚至可能危及子孙后代，因此客观上不能以性病传播的实际结果作为本罪的构成要件之一，否则，不足以遏制性病的传播与蔓延。其次，被害人是否实际染上严重性病，取决于多方面的原因，同时，性病的发病也有个过程，有的个体潜伏期甚至达数年，如果将发生严重性病的结果作为传播性病罪的构成要件，容易使犯罪分子逃避打击。因此，《涉卖淫刑案解释》第十一条第二款规定，传播性病行为是否实际造成他人患上严重性病的后果，不影响本罪的成立。司法实践中需要注意的是，有的行为人虽然明知自己患有严重性病而卖淫、嫖娼，但注意采取防护措施，又确实没有致他人染上严重性病的，一般不以传播性病罪处理。

第三，本罪的犯罪主体是特殊主体，即已满16周岁，具有刑事责任能力，且患有梅毒、淋病等严重性病的人。

第四，本罪在主观方面只能由故意构成，其故意内容表现为行为人明知自己患有严重性病而进行的卖淫、嫖娼行为，会造成传播他人性病的结果，希望或放任这种结果发生的心理态度。目前，在卖淫、嫖娼人员中，染有性病的占相当大的比重，有的明知自己患有性病，仍置他人健康于不顾，继续进行卖淫、嫖娼活动，这种人的主观恶性与不明知自己患有性病的人显然是不一样的，行为性质也有所不同。因此，以“明知”自己患有严重性病为构成本罪的条件，是十分必要的。

何谓“明知”呢？《解答》曾规定：“具备以下情形之一的，可以认定为‘明知’：1. 有证据证明曾到医院就医，被诊断为患有严重性病的；2. 根据本人的知识和经验，能够知道自己患有严重性病的；3. 通过其他方法能够证明被告人是‘明知’的。”

---

① 参见骆群：《被害人视域中的传播性病罪》，载《河北法学》2017年第2期。

2008年6月25日最高人民检察院、公安部发布的《关于公安机关管辖的刑事案件立案追诉标准的规定(一)》对于"明知"的规定与《解答》基本一致,但将"医院"改为了"医疗机构"。笔者认为,《解答》将本罪的"明知"分为肯定"明知"、推定"明知"以及其他"明知"是合理的,但《解答》所规定的"医院",一般指以提供医疗护理服务为主要目的的医疗机构。而根据社会公众的基本认识以及我国现实的基本国情,可以对性病进行检疫、诊断、确诊的医疗机构并不仅有医院,还包括各种防疫机构、保健机构、私人诊所等。

因此,《涉卖淫刑案解释》在上述规定的基础上对"明知"进行了明确的解释:"具有下列情形之一的,应当认定为刑法第三百六十条规定的'明知':(一)有证据证明曾到医院或者其他医疗机构就医或者检查,被诊断为患有严重性病的;(二)根据本人的知识和经验,能够知道自己患有严重性病的;(三)通过其他方法能够证明行为人是'明知'的。"

二、关于艾滋病的性质

谈及性病及传播性病的行为,就不得不涉及艾滋病。艾滋病,即获得性免疫缺陷综合征,又译为后天性免疫缺陷症候群,英文名为 Acquired Immune Deficiency Syndrome(AIDS),是因为人体感染艾滋病病毒所导致的传染病。艾滋病病毒,即人类免疫缺陷病毒,英文名为 Human Immunodeficiency Virus(HIV)。艾滋病和艾滋病病毒是不同的概念:艾滋病病毒代表的是人类缺陷免疫病毒,它在侵入人体后即开始攻击人体免疫系统,经过若干年,当人体免疫系统被削弱后,人体就会感染上机会性感染病,如脑膜炎、肺炎、肺结核。一旦机会性感染发生,就可以认为患了艾滋病;艾滋病是导致人体无法抵御其他疾病的状态或综合征。人不会死于艾滋病,而是死于与艾滋病相关的疾病。

艾滋病病毒虽然有三种传播途径,即性传播、血液传播和母婴传播,但是在全球范围内,性传播是当今艾滋病病毒传播的最主要方式。那么,艾滋病是否属于性病及严重性病呢?笔者认为,这需要从艾滋病在我国的立法进程来分析。艾滋病在我国的立法可以分为以下三个阶段:

第一阶段,将艾滋病与其他性病同等对待,同等预防,并且明确规定艾滋病是性病的一种。1991年8月12日原卫生部令15号发布的《性病防治管理办法》第二条规定:"本办法所称性病包括:(一)《中华人民共和国传染病防治法》乙类传染病中的艾滋病、淋病和梅毒;(二)软下疳、性病型淋巴肉芽肿、非淋菌性尿道炎、尖锐湿疣、生殖器疱疹。"可见,当时的《性病防治管理办法》是将艾滋病作为"头号性病"来规定的。

第二阶段,专门制定预防和治疗艾滋病的法规。国务院于2006年1月18日通过了《艾滋病防治条例》,并于2006年3月1日起施行。自此,国家把对艾滋病的防治放到了更加重要的战略高度,将艾滋病与其他性病区别开来。《艾滋病防治条例》第六十二条规定:"艾滋病病毒感染者或者艾滋病病人故意传播艾滋病的,依法承担民事赔偿责任;构成犯罪的,依法追究刑事责任。"第六十三条第四款规定:"有易感染艾滋病病毒危险行为的人群,是指有卖淫、嫖娼、多性伴、男性同性性行为、注射吸毒等危险行为的人群。"第七款规定:"行为干预措施,是指能够有效减少艾滋病传播的各种措施,包括:针对经注射吸毒传播艾滋病的美沙酮维持治疗等措施;针对经性传播艾滋病的安全套推广使用措施,以及规范、方便的性病诊疗措施;针对母婴传播艾滋病的抗病毒药物预防和人工代乳品喂养等措施;早期发现感染者和有助于危险行为改变的自愿咨询检测措施;健康教育措施;提高个人规范意识以及减少危险行为的针对性同伴教育措施。"可见,国家对艾滋病的预防在与对一般性病的预防采取一致的基本方法基础上采取了更为严格的预防措施。

第三阶段,将艾滋病从一般性病中单列出来。2013年1月1日起施行的修改后的《性病防治管理办法》第二条规定:"性病是以性接触为主要传播途径的疾病。本办法所称性病包括以下几类:(一)《传染病防治法》规定的乙类传染病中的梅毒和淋病;(二)生殖道沙眼衣原体感染、尖锐湿疣、生殖器疱疹;(三)卫生部根据疾病危害程度、流行情况等因素,确定需要管理的其他性病。艾滋病防治管理工作依照《艾滋病防治条例》的有关规定执行。"该办法在艾滋病的防治机制、咨询及疫情上报方面均与一般性病一起规定,并突出艾滋病的预防工作。如该办法第四条规定:"性病防治工作与艾滋病防治工作相结合,将性病防治工作纳入各级艾滋病防治工作协调机制,整合防治资源,实行性病艾滋病综合防治。"第二十一条规定:"艾滋病自愿咨询检测机构和社区药物维持治疗门诊应当将梅毒免费咨询检测纳入日常服务内容;对咨询检测中发现的梅毒阳性患者,应当告知其到开展性病诊疗业务的医疗机构就诊。"第三十六条第一款规定:"开展性病诊疗业务的医疗机构应当结合流行病学史、临床表现和实验室检验结果等做出诊断,按照规定进行疫情报告,不得隐瞒、谎报、缓报疫情。"第二款规定:"艾滋病自愿咨询检测机构和社区药物维持治疗门诊应当按照要求收集和上报相关信息。"

从与艾滋病相关的行政法规、规章的修改、完善可以看出,我国法律法规实际上更加重视艾滋病的防治,而不是将艾滋病从性病中剔除。虽然刑法没有将艾滋病列入严重性病中,但是,艾滋病属于性病,而且是比梅毒、淋病更为严重的性病,这一点不仅是我国医疗机构和医疗管理部门的共识,也是国际社会的共识。世界卫生组织于2007年发布的《预防和控制性传播感染全球战略:2006—2015年》中以表格的形式列举了"主要性传播感染病原体及其引起的疾病",其中"病毒性感染"一类中包括艾滋病。

三、关于故意传播艾滋病行为的定性

在我国,艾滋病的流行经过散发期、局部流行期,已转入广泛流行期,截至2016年9月底,全国报告存活艾滋病病毒感染者及患者65.4万人。艾滋病是一种目前既无有效疫苗预防,又无特效药物治愈的疾病。而艾滋病的传播原因几乎完全与社会环境、人群的行为方式有关,不能单独依靠医学方法来控制其传播。艾滋病感染者本人的行为对艾滋病的传播与流行起着极为重要的作用,在现实社会生活中,部分艾滋病感染者基于自己报复、仇恨社会的心理或是其他违法犯罪的动机,故意传播艾滋病的违法犯罪活动时有发生,一些地方还发生了多起艾滋病感染者故意通过扎针、咬人、暴力袭警等行为传播艾滋病的案例。这些传播艾滋病的行为严重侵害了他人的生命与健康权利,受害人一旦感染就处于长期的恐惧和痛苦之中,且极易造成死亡,严重危害了社会公共安全,具有极为严重的社会危害性。

从法律角度来看,全球已有多个国家、地区通过立法防治艾滋病和制裁故意传播艾滋病的行为。虽然各国在规制故意传播艾滋病行为的具体罪名上各有不同,有的认定为"伤害罪""伤害人体罪",有的则直接命名为"艾滋病伤害罪",但是将这种故意传播艾滋病的行为认定为刑事犯罪并追究刑事责任则是共同的。例如,澳大利亚《传染病防治修正案》规定:"艾滋病带毒者故意扩散病毒,应将其永远拘留于医院,直至死亡。"在美国爱达荷州,对故意传播艾滋病病毒的行为以重罪论处,最高可判15年有期徒刑,并可合并处以5000美元罚款。美国佐治亚州还规定,不管是否有预谋,对有意传播艾滋病病毒造成他人死亡者,按谋杀罪论处。在防止医生渎职造成艾滋病扩散方面也有国家做了规定,如美国艾奥瓦州规定,任何人包括医生,在已知人体组织或体液携有艾滋病病毒仍将或意图将其移植或输给他人者,按重罪处理。《俄罗斯联邦刑法典》第一百二十二条明确规定了传播艾滋病罪:故意将他人置于感染艾滋病危险之中的,处三年以下的限制自由,或三个月以上五个月以下的拘役或处一年以下的剥夺自由。明知自己患有艾滋病而传染他人的,处五年以下的剥夺自由。对二人以上,或明知未成年的人实施本条第二款所规定行为的,处八年以下剥夺自由。因不适当履行职责而使他人染上艾滋病的,处五年以下限制自由,并处三年以下剥夺担任一定职务或从事某种活动的权利。①

在我国刑法学界和实务界，对于故意传播艾滋病的行为严重危害他人的身体健康、生命已经达成了共识，但对该类行为的定性存在较大的分歧，大致有以下五种观点：

第一种观点认为，对这种行为应以传播性病罪论。理由是，艾滋病是一种性传播疾病，理应属于性病的范围，故意传播艾滋病的行为应定性为刑法第三百六十条规定的传播性病罪。②

第二种观点认为，故意传播艾滋病的行为应当适用故意杀人罪来追究刑事责任。例如，有学者认为："如艾滋病患者明知自己患有艾滋病或携带有艾滋病病毒，在未告知他人并未采取任何措施的情况下，通过性行为或其他方式，将艾滋病病毒传染给特定的人，危害特定人的生命健康安全的，应按刑法第二百三十二条的规定——故意杀人罪定罪处罚，因为这种行为完全符合故意杀人罪的犯罪构成，具有相当的社会危害性。"③还有人认为，艾滋病是不治之症，一旦被传染则无疑被剥夺了继续生存的权利，因此将艾滋病传染给他人，就侵犯了他人的生命权，而绝不仅仅是身体健康权，这与杀人罪的客体特征完全相符。行为人在未告知他人自己系艾滋病患者并未采取任何措施的情况下，通过性行为或其他方式将艾滋病病毒传染给特定他人的行为，无疑是实施了非法剥夺他人生命权利的行为。艾滋病会致人死亡的事实是人人皆知的，因此故意传播艾滋病的行为人杀人的目的是很明显的。即使不是出于直接故意，放任他人因传染上艾滋病病毒而死亡的心态也是很显然的，这样也就具有了杀人的间接故意。

第三种观点认为，应将故意传播艾滋病的行为定性为刑法第一百一十四条规定的投放危险物质罪、以危险方法危害公共安全罪。这样定性的理由在于：艾滋病病毒是传染病病原体，传播艾滋病病毒是一种危险方法，会对社会和人身安全造成严重威胁。受害者又可能在不知情的情况下，通过无保护的性行为、非法输血等方式使不特定多数人面临感染艾滋病的威胁。这符合危害公共安全罪的行为特征与对象特征。还有学者认为，在卖淫、嫖娼中故意传播艾滋病的行为针对的目标具有随机性和不特定性，一旦行为人采用传播艾滋病病毒的方式实施危害行为，将置不特定的多数人的人身安全于受到现实可能性之侵犯的境地，与刑法第一百一十四条规定的危险方法相比，通过卖淫、嫖娼故意传播艾滋病行为的危险性更高，因此在卖淫、嫖娼中故意传播艾滋病的行为应认定为以危险方法危害公共安全罪。④

第四种观点认为，对故意传播艾滋病的行为，应当按照故意伤害罪定罪处罚。艾滋病患者的肌体免疫系统被破坏，容易患上正常人能够轻松克服的各种疾病，在目前尚无疫苗和有效治疗方法的情况下，感染艾滋病病毒意味着身体健康遭受严重威胁。所以，故意传播艾滋病病毒而使他人感染者，属于一种故意伤害他人身体健康的行为，应以故意伤害罪定罪量刑。⑤

第五种观点认为，对于故意传播艾滋病的行为应区别不同情况分别处理：如果行为人主观上具有传播的目的，说明其主观上具有希望的意志因素，符合了故意伤害罪的犯罪构成，同时也具

---

① 参见谈大正：《世界各国有关艾滋病的立法和立法提案（选辑）》，载《中国性病艾滋病防治》1998年第1期。

② 例如，被告人陈某在某市从事卖淫时，被某市疾病预防控制中心检测出HIV-1抗体呈阳性（艾滋病病毒携带者），疾病预防控制中心工作人员将检测结果及平时生活中的注意事项告知了陈某。之后，陈某继续从事卖淫，并与嫖客郑某、殷某、石某等人发生性关系。经某市疾病预防控制中心检测，郑某、殷某的HIV-1抗体呈阳性（艾滋病患者）。某市人民法院以被告人陈某犯传播性病罪，判处有期徒刑三年，并处罚金人民币2000元。

③ 参见胡君：《故意传播艾滋病应如何定罪》，载《人民法院报》2003年2月17日。

④ 参见蒋晓静：《故意传播艾滋病的刑事责任》，载《江苏警官学院学报》2006年第2期。

⑤ 参见曲新久：《毋需增设"传播艾滋病罪"》，载《人民公安》2000年第22期。

备了传播性病罪的构成要件，属于想象竞合犯。① 如果行为人出于报复社会的动机，针对不特定的人实施性行为而使对方感染艾滋病病毒，行为人明显具有追求他人感染该病毒的伤害故意，构成想象竞合犯，既触犯传播性病罪又触犯以危险方法危害公共安全罪，应择一重罪论处。

在当前我国立法框架下，笔者认为，第五种观点即针对故意传播艾滋病行为的不同情况分别处理更加合理，理由如下：

1. 故意传播艾滋病的行为不能一律认定为传播性病罪。虽然在行为方式上，故意传播艾滋病行为形式上更接近传播性病罪，艾滋病也属于严重性病，但如前所述，传播性病罪具有特定的行为方式，即必须通过卖淫、嫖娼的方式，而艾滋病的传播绝不只限于卖淫、嫖娼的方式，因此，以传播性病罪来定性是不周延的。另外，传播性病罪所侵犯的客体是社会管理秩序，所以被纳入刑法第六章“妨害社会管理秩序罪”中。故意传播艾滋病的行为也侵犯了社会管理秩序，但除了以卖淫、嫖娼的方式传播艾滋病之外，其他传播艾滋病的行为主要表现为对公民人身权利的严重侵犯。所以，从客体上讲，定传播性病罪也是不周延的。从量刑上来看，传播性病罪的最高刑期仅为有期徒刑五年，而艾滋病是最严重的性病，无法治愈，如果行为人故意传播艾滋病并致使他人感染上艾滋病病毒，仅以传播性病罪定性显然过轻，不符合罪刑相适应原则。

2. 故意传播艾滋病的行为不宜认定为故意杀人罪。虽然至今全世界范围内尚未研制出根治艾滋病的特效药物，也还没有可用于预防的有效疫苗，但是1996年美籍华裔科学家何大一发明了“鸡尾酒”疗法来治疗艾滋病，即用三种不同药物联合使用压制病毒、不断清除病毒。早期艾滋病病毒感染者用药后可把病毒清除到几乎检测不到，一般的艾滋病病毒感染者终身服药能活到当地居民平均寿命，当然，患者一旦停药，病毒就会大量复制。因此，从医学的角度来看，感染上艾滋病病毒并不必然导致死亡，以故意杀人罪来认定故意传播艾滋病的行为，与故意杀人罪的构成要件不相符。此外，故意杀人罪是结果犯，犯罪结果的认定对于定罪具有十分重要的意义，而艾滋病的潜伏期约为8至10年，即从感染艾滋病病毒到发病一般为8至10年，而案件是需要及时审结的，在审理期限内很难认定故意杀人的危害结果是否发生。如果审判案件时被害人仍然生存，那么对行为人认定为故意杀人罪未遂还是既遂呢？如果认定为未遂，则有可能放纵了部分犯罪人，因为艾滋病病毒的少数感染者可能因得不到及时治疗等而发病，发病后最长一年内肯定死亡，对这部分犯罪人显然应认定为故意杀人既遂；如果认定行为人故意杀人罪既遂，那么这与被害人在审判时仍然存活的事实明显不符。

3. 故意传播艾滋病的行为应分情况分别认定为故意伤害罪或者以危险方法危害公共安全罪。当传播艾滋病的行为人所针对的对象为不特定多数人，因其行为使不特定多数人的生命、健康遭受艾滋病病毒的侵害或者处于遭受艾滋病病毒侵害的危险之中，其特征是符合危害公共安全罪的构成要件的，可以认定为以危险方法危害公共安全罪。但如果对传播艾滋病的行为仅以此罪论，则未免失之片面，因为传播艾滋病的行为也可以针对特定的人实施。

当传播艾滋病的行为是针对某一特定人或者某一部分特定的人实施时，以故意伤害罪定罪更合理。首先，这符合艾滋病病毒的损伤特点。如前所述，艾滋病病毒对人体免疫系统的损害十分致命，但艾滋病病毒又不具有直接致命性，它是通过损害人体免疫系统，降低人体的免疫力，进而构成对人体的危害。艾滋病病人死亡的直接原因通常都是其他的疾病或损伤。艾滋病病毒感染者持续服药，可有效抑制艾滋病病毒的发展，多数人的寿命甚至可达至平均寿命的水平。因

---

① 参加钱叶六：《故意传播严重性病行为定性之探究——兼论现行〈刑法〉第360条第1款的立法完善》，载《政法论丛》2006年第3期。

此,认定为故意伤害罪是较合适的。

其次,认定为故意伤害罪使定罪量刑的标准很统一。行为人一旦把艾滋病病毒传染给他人,那就肯定对他人的身体造成了伤害,即构成故意伤害罪的既遂。无论是否有介入因素,无论介入因素是否导致被害人死亡或者再受伤,从被害人被感染艾滋病病毒的那一刻起,故意伤害罪就已经既遂,而不会像认定为故意杀人罪那样出现未遂与既遂的巨大分水岭。

最后,符合故意伤害罪的后果要求。刑法第九十五条对重伤的定义是:使人肢体残废或者毁人容貌的;使人丧失听觉、视觉或者其他器官机能的以及其他对于人身健康有重大伤害的。根据最高人民法院、最高人民检察院、公安部、国家安全部、司法部2013年8月30日发布的《人体损伤程度鉴定标准》第三条的规定,重伤是指"使人肢体残废、毁人容貌、丧失听觉、丧失视觉、丧失其他器官功能或者其他对于人身健康有重大伤害的损伤,包括重伤一级和重伤二级"。其第6.2条规定:"未列入本标准中的物理性、化学性和生物性等致伤因素造成的人体损伤,比照本标准中的相应条款综合鉴定。"根据上述规定,感染艾滋病病毒可视为因"生物性因素"导致的"其他对于人体健康有重大伤害"的情形。这一点在司法解释中也有所体现,如最高人民法院、最高人民检察院发布的《关于办理非法采供血液等刑事案件具体应用法律若干问题的解释》第六条就将"受血者感染艾滋病病毒"认定为"造成危害他人身体健康后果"。因此,在当前,对向特定个人传播艾滋病行为以故意伤害(致人重伤)罪追究刑事责任,是最为妥当的。在《人体损伤程度鉴定标准》修改前,一般可依照刑法第二百三十四条第二款的规定,即犯故意伤害罪"致人重伤的,处三年以上十年以下有期徒刑"处罚。如果致人死亡的,则可在"十年以上有期徒刑、无期徒刑或者死刑"的幅度内量刑,但如果适用死刑应当格外慎重。

四、故意传播艾滋病病毒行为的具体认定

根据艾滋病的三种不同传播方式,笔者对故意传播艾滋病的行为进行如下分类,详细探讨其定性。

1. 以卖淫、嫖娼的方式故意传播艾滋病的

《涉卖淫刑案解释》第十二条第一款规定:"明知自己患有艾滋病或者感染艾滋病病毒而卖淫、嫖娼的,依照刑法第三百六十条的规定,以传播性病罪定罪,从重处罚。"第二款又规定,明知自己感染艾滋病病毒而卖淫、嫖娼,致使他人感染艾滋病病毒的,认定为刑法第九十五条第三项"其他对于人身健康有重大伤害"所指的"重伤",依照刑法第二百三十四条第二款的规定,以故意伤害罪定罪处罚。

如何理解前述两款规定的关系呢?笔者认为,对第一款和第二款的规定要结合来理解。如前所述,艾滋病属于性病,并且属于最严重的性病,行为人明知自己患有艾滋病或者感染艾滋病病毒而卖淫、嫖娼的,其行为本身已经完全具备传播性病罪的构成要件,构成传播性病罪。考虑到艾滋病是比梅毒、淋病更加严重的性病,因此,以传播性病罪从重处罚。但是,如果行为人在卖淫、嫖娼过程中主观上具有传播艾滋病病毒的故意,客观上致使他人感染上艾滋病病毒的,同时构成第二款规定的故意伤害罪,属于想象竞合犯(也有观点认为是牵连犯),应择一重罪处罚,即认定为故意伤害罪。

考虑到《涉卖淫刑案解释》直接认定此种情形构成故意伤害罪并按重伤量刑,司法实践中应当从严掌握,即此种情形下认定行为人构成故意伤害罪,必须要求行为人主观上具有传播艾滋病病毒的故意(在犯罪对象特定的情况下,也可以理解为具有伤害他人的故意),客观上致使他人感染上艾滋病病毒,二者缺一不可。具体来说,行为人明知自己患有艾滋病或者感染艾滋病病毒而卖淫、嫖娼,没有传播艾滋病病毒的故意,也没有导致他人感染上艾滋病病毒的,构成传播性病

罪。行为人主观上没有传播艾滋病病毒的故意，在卖淫、嫖娼时采取了通行、正常的防护措施，但他人感染上艾滋病病毒的，只构成传播性病罪，不构成故意伤害罪。行为人主观上具有传播艾滋病病毒的故意而卖淫、嫖娼，但没有致使他人感染上艾滋病病毒的，仍以传播性病罪定罪处罚。只有行为人主观上具有传播艾滋病病毒的故意而卖淫、嫖娼，致使他人感染上艾滋病病毒的，才以故意伤害罪定罪处罚。

2. 以卖淫、嫖娼之外的性行为方式故意传播艾滋病的

《涉卖淫刑案解释》第十二条第二款规定，明知自己感染艾滋病病毒，故意不采取防范措施而与他人发生性关系，致使他人感染艾滋病病毒的，认定为刑法第九十五条第三项“其他对于人身健康有重大伤害”所指的“重伤”，依照刑法第二百三十四条第二款的规定，以故意伤害罪定罪处罚。该条款所规定的是对以卖淫、嫖娼之外的其他性行为方式，如“一夜情”、通奸等方式故意传播艾滋病行为的定罪处罚。与前述通过卖淫、嫖娼的方式故意传播艾滋病的情形相同，此种情形下也要求行为人主观上必须具有传播艾滋病病毒的故意，客观上致使他人感染上艾滋病病毒，才能以故意伤害罪定罪处罚。《涉卖淫刑案解释》特别强调以“故意不采取防范措施”为前提，这正是对行为人主观故意的要求。如果行为人在性行为过程中采取了通行、常见的防范措施，而他人感染上艾滋病病毒的，因行为人缺乏传播艾滋病病毒的故意，也就是缺乏伤害他人的故意，不能构成故意伤害罪，也不构成其他犯罪。这样规定，也有利于保障艾滋病病毒携带者和艾滋病患者的正常生活、交友，特别是在采取有效防范措施的前提下，保障其正当的性权利。

3. 通过血液、血液制品故意传播艾滋病的

血液、血液制品也是艾滋病传播的重要途径。在实践中，既有行为人通过血液、血液制品向特定人传播艾滋病病毒的情形，也有以在公共场所扎针、咬人、投放带有艾滋病病毒的血液等方式传播艾滋病病毒的情形。除了感染艾滋病病毒和患有艾滋病的人之外，普通人也可以通过携带艾滋病病毒的血液、血液制品实施这种传播行为。对于行为人向特定的对象传播艾滋病病毒的情形，无论采取哪种方式，包括性行为方式或者通过血液、血液制品等，只要他人感染上艾滋病病毒，均应认定构成故意伤害(致人重伤)罪，这一点应当是没有异议的。

而对于行为人利用感染艾滋病病毒的针头在公共场所扎人的行为，以及明知自己感染艾滋病病毒仍向血站、医院等供血的行为如何定性，目前刑法学界和实务界争议较大，也正基于这个原因，《涉卖淫刑案解释》并未涉及通过血液、血液制品故意传播艾滋病病毒的定性问题。

根据刑法第一百一十四条的规定，以危险方法危害公共安全罪是采取以放火、决水、爆炸、投放危险物质以外的其他危险方法危害不特定多数人的生命、健康和重大公私财产安全以及公共生产、生活安全的行为。行为人如果出于向不特定多数人传播艾滋病病毒的故意，在人员密集的场所实施扎针、咬人行为，或者向血站、医院等供血，等于将不特定多数人的生命健康置于艾滋病病毒的威胁下，使每个人都有可能感染艾滋病病毒，危害了公共安全，在客观方面符合以危险方法危害公共安全罪的构成要件。就行为人的主观方面而言，其选择这样一种性质的犯罪工具或者方式，并且选择在人员密集的场所实施，表明其主观上具有破坏社会秩序、侵害公共安全的故意，因此笔者倾向于对其以以危险方法危害公共安全罪定罪处罚。

4. 以强奸的方式传播艾滋病的

如果行为人在明知自己感染艾滋病病毒或患有艾滋病的情况下实施了强奸行为，致使被害人感染上艾滋病病毒的，不构成强奸罪和故意伤害罪的想象竞合犯。

刑法第二百三十六条规定：“以暴力、胁迫或者其他手段强奸妇女的，处三年以上十年以下有期徒刑。奸淫不满十四周岁的幼女的，以强奸论，从重处罚。强奸妇女、奸淫幼女，有下列情形之

一的,处十年以上有期徒刑、无期徒刑或者死刑:(一)强奸妇女、奸淫幼女情节恶劣的;(二)强奸妇女、奸淫幼女多人的;(三)在公共场所当众强奸妇女的;(四)二人以上轮奸的;(五)致使被害人重伤、死亡或者造成其他严重后果的。"当艾滋病感染者或艾滋病患者通过强奸行为将艾滋病病毒传播给被害人时,应当将这一结果认定为"致使被害人重伤、死亡或者造成其他严重后果"之情况,构成强奸罪的结果加重犯,而不是强奸罪和故意伤害罪的竞合。

5. 通过母婴途径传播艾滋病的

目前理论界对此问题争议较大,主流观点是对通过母婴途径造成艾滋病病毒传播的行为不按犯罪处理,因为艾滋病患者的人格应受到同样的尊重,应具有平等的生育权利。但对此持反对观点的理由是,虽然生育权是一项基本人权,但通过母婴途径造成艾滋病病毒传播后果的概率是非常大的,而且艾滋病病毒是极具致命性的,一旦将病毒传播给下一代,将会给下一代的一生带来沉重的负担,这是对生命的不尊重和漠视,应该以犯罪行为来处理,但相应地可以从轻处罚。笔者认为,从谦抑原则、刑事政策、人文环境等因素考虑,不宜将通过母婴途径传播艾滋病病毒的行为进行定罪处罚。

综上,笔者认为,《涉卖淫刑案解释》第十一条和第十二条的规定,通过对刑法进行解释,解决了故意传播艾滋病行为的部分定罪问题。但是,司法解释的功能毕竟有限,根本出路在于刑事立法的完善。从故意传播艾滋病犯罪的国外立法状况来看,许多国家和地区都对其单独进行了规定。鉴于艾滋病给全社会带来的严重危害,待条件成熟时,我国刑法将传播艾滋病的行为单独入罪,也许是更佳的选择。

审理组织、强迫、引诱、容留、介绍卖淫等刑事案件若干疑难问题探讨

——基于对《最高人民法院、最高人民检察院关于办理组织、强迫、引诱、容留、介绍卖淫刑事案件适用法律若干问题的解释》的再次解读

□陆建红*

2017年7月21日,最高人民法院、最高人民检察院联合公布了《关于办理组织、强迫、引诱、容留、介绍卖淫刑事案件适用法律若干问题的解释》(以下简称《涉卖淫刑案解释》),自2017年7月25日起施行。为配合该《涉卖淫刑案解释》的实施,起草小组成员撰写了相关理解适用文章。[①]《涉卖淫刑案解释》实施以来,总的来看,大家基本能正确理解和运用。但仍有不少地方法院的同志来电、来信咨询有关问题,表达了对审理组织、强迫、引诱、容留、介绍卖淫等刑事案件有关问题的不同看法。此外,确实还有一些问题,《涉卖淫刑案解释》并未涉及,也有些问题,由于过于细小琐碎,《涉卖淫刑案解释》的理解适用文章未能顾及。基于这些原因,笔者拟以刑法和《涉卖淫刑案解释》的有关规定为指导,结合刑法学的基本原理,对办理组织、强迫、引诱、容留、介绍卖淫等刑事案件中的若干疑难问题,谈点个人看法。

一、协助组织卖淫罪的入罪标准如何掌握?协助组织卖淫犯罪中是否可区分主从犯?

协助组织卖淫罪与组织卖淫罪是两个密切关联的犯罪。从本质上说,大多数协助组织卖淫行为属于组织卖淫共同犯罪从犯的性质,但也有部分行为人成立专门的培训机构、运输组织等,

---

* 最高人民法院刑事审判第四庭审判长,二级高级法官,第二届全国审判业务专家。

① 参见周峰、党建军、陆建红、杨华:《〈关于办理组织、强迫、引诱、容留、介绍卖淫刑事案件适用法律若干问题的解释〉的理解与适用》,载《人民司法》2017年第25期。

专门从事协助组织卖淫的行为，这部分行为的独立性就非常强，将其以组织卖淫罪的从犯处理，不符合这类行为的本质。因此，1997年刑法单独规定了协助组织卖淫罪。这说明，这类行为有具体的罪状和单独的法定刑，应当确定为独立的罪名，适用单独的法定刑处罚，不再适用刑法关于从犯的处罚原则。《涉卖淫刑案解释》第四条第一款也对协助卖淫罪的概念和处理原则作了明确规定："明知他人实施组织卖淫犯罪活动而为其招募、运送人员或者充当保镖、打手、管账人等的，依照刑法第三百五十八条第四款的规定，以协助组织卖淫罪定罪处罚，不以组织卖淫罪的从犯论处。"据此，对协助组织卖淫罪的入罪标准，可分两种情况。（1）作为组织卖淫从犯性质的协助组织卖淫行为，其入罪标准依托于组织卖淫行为是否构成犯罪。只有在组织卖淫行为构成犯罪的前提下，协助组织行为才构成协助组织卖淫罪。最高人民检察院、公安部于2017年4月27日发布的《关于公安机关管辖的刑事案件立案追诉标准的规定（一）的补充规定》第十二条规定："在组织卖淫的犯罪活动中，帮助招募、运送、培训人员3人以上，或者充当保镖、打手、管账人等，起帮助作用的，应予立案追诉。"同时，要注意正确适用《涉卖淫刑案解释》第四条第二款关于"在具有营业执照的会所、洗浴中心等经营场所担任保洁员、收银员、保安员等，从事一般服务性、劳务性工作，仅领取正常薪酬，且无前款所列协助组织卖淫行为的，不认定为协助组织卖淫罪"的规定。（2）相对独立于组织卖淫犯罪的协助组织卖淫行为，如成立专门的培训机构、运输组织等，对这类行为，《涉卖淫刑案解释》没有明确其入罪标准。我们认为，可以参照组织卖淫罪的人数标准，即培训三人或运输三人以上的，构成协助组织卖淫罪。其理由，一是这一类型的协助组织卖淫犯罪，与前述类型的协助组织卖淫犯罪相比，其社会危害性更大。而且，由于该类型犯罪本身具有一定的组织性，侦查难度也更大，犯罪行为人的人身危险性更大，主观恶性也更深，因此，参照组织卖淫罪的入罪标准，只会有利于被告人，而不会对被告人处以偏重的刑罚。二是《涉卖淫刑案解释》第五条规定的协助组织卖淫罪"情节严重"的情形，除非法获利以组织卖淫罪"情节严重"的一半即五十万元为标准外，其他标准与组织卖淫罪"情节严重"的标准完全一致。

另外，刑法专门规定了协助组织卖淫罪以后，并不影响组织卖淫共同犯罪中根据案件事实可以区分主从犯；同样，协助组织卖淫罪本身也有主从犯之分，如有的犯罪分子成立专门的运送卖淫女团伙，在团伙内部就有主从犯之分。概言之，只要是共同故意犯罪，都可能存在主从犯的问题。

实践中，要注意区别组织卖淫罪与协助组织卖淫罪。不能把组织卖淫犯罪中的从犯，一律简单地认定为协助组织卖淫罪犯。要严格按照刑法和《涉卖淫刑案解释》规定的构成要件，准确认定协助组织卖淫罪。实践中容易出现的误区是，主犯设置了组织卖淫的场所，而帮助主犯管理的人员处于帮助地位，因而认定为协助组织卖淫罪。例如，某法院审理的被告人胡某等八人协助组织卖淫案，余某某（另案处理）于2016年8月3日与某公司签订承包地下停车场协议，后利用该场所从事组织卖淫嫖娼的活动。余某某为老板，被告人胡某为执行经理负责日常管理，被告人夏某某负责收银，被告人方某、李某、张某、吴某某、严某某等营销人员通过网站、QQ、微信等方式发布招嫖信息，并将嫖客带到某俱乐部，再由被告人龙某某进行确认嫖客身份后将嫖客带入卖淫场所，方某等营销人员再行安排房间让嫖客和卖淫人员进行卖淫嫖娼活动。嫖娼按照事先规定进行分成。2016年8月30日晚，公安人员查获了本案，当场抓获卖淫嫖娼人员5对10人。公诉机关以协助组织卖淫罪提起公诉，法院以对胡某等八名人员均以协助组织卖淫罪定罪处罚。我们认为，本案中，除胡某以外的被告人，其行为性质认定为协助组织卖淫罪均没问题。但胡某虽然地位上次于另案处理的余某某，其行为却应当认定为组织卖淫罪。因为其在余某某为首的卖淫犯罪团伙中担任了执行经理的角色，所负责的是日常管理，而不是充当保镖、打手、管账人等角色，也不是实施帮助招募、运送人员等处于协助地位的行为，其行为本质上属于管理和控制卖淫人员的行为，因此，应当认定为组织卖淫罪。

二、组织卖淫等涉卖淫类犯罪的既未遂如何界定

有同志提出，行为人实施组织卖淫或者容留卖淫、介绍卖淫等犯罪时，卖淫嫖娼人员的性交易正在进行甚至还未开始时，即被公安机关查获，此时，组织、容留、介绍卖淫行为是犯罪既遂还是犯罪未遂？我们认为，组织、容留、介绍卖淫以其组织、容留、介绍行为的实施为犯罪既未遂界限，即只要组织、容留、介绍行为实施完毕，就处于犯罪既遂状态。至于卖淫人员与嫖客是否实际进行了卖淫嫖娼违法活动以及卖淫嫖娼活动是否处于结束状态，都不影响组织、容留、介绍卖淫行为的既遂状态成立。其理由是：(1)涉卖淫类刑事犯罪属于妨害社会管理秩序的犯罪，其犯罪客体是社会管理秩序及社会风尚，刑法惩处的是组织、容留、介绍卖淫犯罪行为本身，而不是卖淫嫖娼行为。因此，以组织、容留、介绍等行为完成状态作为此类犯罪的既未遂界限符合立法目的。(2)有利于突出打击重点。刑法打击的重点不在于卖淫嫖娼行为本身，而在于组织卖淫等犯罪行为。而且，在我国，卖淫嫖娼行为除故意传播性病外，其本身并不构成犯罪，如果将组织、容留、介绍卖淫犯罪的既遂标准推后到卖淫嫖娼行为完成时，无疑会在一定程度上放纵犯罪，不利于准确、严厉地打击犯罪。

协助组织卖淫是组织卖淫行为的帮助犯，有独立的犯罪构成，独立的法定刑。因此，其定罪有自身的标准，其量刑也有自己的幅度范围，其既遂问题也有自己的标准。判断协助组织卖淫行为是否既遂，是行为人是否实施了协助组织卖淫的行为。根据《涉卖淫刑案解释》第四条的规定，协助组织卖淫行为是指明知他人实施组织卖淫犯罪活动而为其招募、运送人员或者充当保镖、打手、管账人等行为。因此，行为人只要实施了这些行为，就属于犯罪既遂。至于组织卖淫犯罪活动中的卖淫嫖娼是否完成，甚至是否实际实施，都不影响协助组织卖淫行为的既遂。

强迫卖淫的既未遂判断，涉及被害人的意志与行为不一致问题。也就是说，卖淫人员的卖淫行为并非出于自愿，而是被迫。这不同于组织、容留、介绍卖淫犯罪，其中卖淫人员的卖淫行为是出于自愿的。强迫卖淫行为的发展有一个过程，包括实施强迫他人同意卖淫、准备为他人提供性服务、开始卖淫、卖淫行为完成等阶段。将上述阶段中的哪一个阶段作为判断强迫卖淫行为的既遂标准，不能随心所欲。我们认为，判断强迫卖淫的既未遂问题，既要看行为人的强迫行为是否已经实施，也要看被强迫卖淫人员的卖淫行为是否实施。行为人的强迫行为，包括暴力、威胁或者以其他手段的强迫行为已经实施，被强迫卖淫人员已经与嫖娼者达成合意并基于该合意着手实施卖淫嫖娼行为的，就可以认定强迫卖淫行为已经既遂。这当中，关于卖淫行为的实施，指的是开始实施而不是已经完成。卖淫嫖娼是一个过程，为卖淫嫖娼所做的谈价格、找地点、性交易前准备、性交易过程等均属卖淫嫖娼的组成部分，只要被强迫卖淫人员实施了上述一个或数个行为的，均应认定卖淫行为开始实施。实践中特别要注重以下四种状态下的既遂：(1)强迫卖淫行为完成后，卖淫人员已经进入与嫖娼人员约定地点，还未开始实施卖淫嫖娼活动，即被公安人员查获的；(2)强迫卖淫行为完成后，卖淫人员已经进入与嫖娼人员约定地点，卖淫人员逃离卖淫嫖娼场所，从而使嫖娼人员实际无法实施嫖娼行为的；(3)强迫卖淫行为完成后，卖淫人员已经进入与嫖娼人员约定地点，卖淫人员与嫖娼人员商谈后，嫖娼人员放弃嫖娼行为的；(4)被害人已被迫卖淫，在卖淫过程中，嫖客没有接受性服务，或者进行的只是一般猥亵行为，或者嫖客因自身的因素没能实现嫖娼目的的。在上述四种状态下，均应认定强迫卖淫行为已经既遂。其主要原因就是卖淫嫖娼活动已经开始实施，只是尚未进入实质性的发生性关系行为或者无法发生性关系而已。在下列情况下，应当认定为强迫卖淫未遂：(1)强迫行为并未实现目的，即强迫行为没有达到强制他人的目的，被害人一直拒绝卖淫的；(2)强迫行为使他人不得不同意卖淫，但被害人答应后又在进入卖淫场所前拒绝的或者进入卖淫场所前逃脱的，则行为人仍然没有达到强制他人卖淫的目的。

引诱卖淫(包括引诱幼女卖淫)的既未遂判断，涉及被害人意志内容的转变的问题。引诱卖淫不同于强迫卖淫，强迫卖淫的卖淫人员是自始至终不同意卖淫，其卖淫完全是被强迫的；而引诱卖淫的卖淫人员是开始没有卖淫意愿，经引诱后自愿卖淫的。因此，应当以卖淫人员是否被引诱并着手实施卖淫作为引诱卖淫行为的既遂标志。卖淫人员意志转变且开始实施卖淫行为时，即引诱卖淫完成时。不能将卖淫行为的完成作为引诱卖淫行为的既遂标志。引诱行为的完成和被引诱对象卖淫行为的开始构成了引诱卖淫行为既遂的综合判断标准，两者缺一不可。

三、如何认定松散型管理的组织卖淫行为与容留卖淫的区别

组织卖淫与容留卖淫的最大区别在于行为人对卖淫人员是否实施了管理、控制行为。《涉卖淫刑案解释》第一条规定："以招募、雇佣、纠集等手段，管理或者控制他人卖淫，卖淫人员在三人以上的，应当认定为刑法第三百五十八条规定的'组织他人卖淫'。组织卖淫者是否设置固定的卖淫场所、组织卖淫者人数多少、规模大小，不影响组织卖淫行为的认定。"结合刑法理论和《涉卖淫刑案解释》的上述规定，我们认为，组织卖淫罪的最主要特征是犯罪分子实施的行为属于组织行为，既包括如何将卖淫人员组织在一起的行为，也包括将卖淫人员组织起来后如何管理、控制卖淫活动的行为。前者是手段，如招募、雇佣、纠集等，实践中，也包括容留等手段。但组织卖淫中的容留与单纯的容留卖淫是有质的区别的：组织卖淫中的容留，是为组织卖淫服务的，作为组织卖淫的一种手段；而单纯的容留卖淫，其本身就是容留卖淫罪的犯罪行为，是该罪构成要件中客观方面的基本内容，而没有相应的管理、控制行为。后者则是组织卖淫即管理或者控制他人卖淫的手段之一。因此，组织卖淫行为的主要特征是管理和控制。这里的管理和控制是对卖淫人员以及卖淫活动的管理和控制。至于卖淫人员是否自愿卖淫，不影响组织卖淫的成立。管理和控制的主要表现就是卖淫人员在何处、何时卖淫、向谁卖淫、如何收费、如何分配卖淫的收入甚至卖淫人员的日常行为都是由组织卖淫行为人决定。即使卖淫人员自愿卖淫，但在上述事项上也是由组织卖淫行为人决定的。当然，组织卖淫行为必须具备一定规模要件。如果卖淫人员不到三人的，应当降格认定为容留卖淫。因为，《涉卖淫刑案解释》将组织卖淫罪中被组织卖淫人员的人数明确规定为三人以上。另外，在一般情况下，组织卖淫行为人是设置或者变相设置卖淫场所的，如以宾馆、洗浴中心、会所、发廊、旅店、饭店等为固定场所或者以经营宾馆、洗浴中心、会所等为名，行组织卖淫之实。但近些年来，面对严厉的"扫黄"行动，一些不法之徒采取动态管理方式，即不建立固定的卖淫窝点，而是利用现代化的交通与通信工具，指挥、控制多人从事卖淫活动。这种动态管理模式，将组织卖淫行为化整为零，或者将分散的单个卖淫人员组织起来，既能扩大卖淫活动的范围，又便于逃避公安机关的追查。这类没有固定场所的组织卖淫，非常明显地体现了组织者的管理、控制行为，也应当认定为组织卖淫行为。

而容留他人卖淫，是指故意为他人从事卖淫、嫖娼活动提供场所的行为，既包括在自己所有、管理、使用、经营的固定或者临时租借的场所容留卖淫、嫖娼人员从事卖淫、嫖娼活动，也包括在流动场所，如运输工具中容留他们卖淫、嫖娼。①

通过以上对组织卖淫主要特征的分析，我们可以看出，组织卖淫，尤其是以容留卖淫为手段

---

① 参见王爱立主编：《中华人民共和国刑法解读》(第4版)，中国法制出版社2015年版，第860页。

的组织卖淫，与单纯的容留卖淫，最主要的区别在于行为人对卖淫人员的卖淫活动是否实施了管理、控制行为。组织卖淫行为人最主要的行为特征是对卖淫活动进行了管理、控制，而容留卖淫行为人对卖淫人员的卖淫活动既不管理，更不控制，而仅仅提供固定或者临时租借的场所以及流动场所，收取一定的场所费用甚至不收取任何费用，对卖淫人员在何时卖淫、向谁卖淫、如何收费等均不过问，至于卖淫人员的日常活动，均由卖淫人员自行安排。

实践中，有的犯罪分子实施组织卖淫犯罪行为时，利用发廊、按摩店等，招募多名卖淫人员，但卖淫人员来去自由，与犯罪分子之间没有人身管理关系。此时，我们应该透过现象看本质。控制、限制和管理卖淫人员除卖淫活动外的行为，是一般组织卖淫犯罪存在的普遍现象，但是，组织卖淫罪强调的是犯罪分子对卖淫人员卖淫活动的管理和控制。犯罪分子是否对卖淫人员卖淫以外的活动进行管理和控制，并不是组织卖淫罪的本质特征。即使卖淫人员来去自由，只要犯罪分子收取和分配卖淫人员卖淫所收取的费用，为卖淫活动提供食宿和通风报信等，而不是卖淫人员收取嫖资后向犯罪分子缴纳场所费用的，就应当认定犯罪分子的行为性质为组织卖淫，而不是容留卖淫。实践中，有的法院建议，对于非集团化、公司化的非规模性组织卖淫案件，要充分考虑被告人对卖淫人员的控制和管理程度，卖淫人员人身自由程度和社会危害性等因素，对仅有一两名经营者负责收取嫖资或者管理的，只要行为人没有引诱、强迫行为，一般以容留、介绍卖淫罪定罪处罚。我们认为，这种观点没有认识到组织卖淫罪与容留卖淫罪的最本质区别，也与刑法及《涉卖淫刑案解释》突出打击重点，严惩组织卖淫犯罪的精神不相符。

四、《涉卖淫刑案解释》对组织卖淫和协助组织卖淫犯罪概念表述均用了“招募”一词，如何区分

《涉卖淫刑案解释》第一条第一款规定：以招募、雇佣、纠集等手段，管理或者控制他人卖淫，卖淫人员在三人以上的，应当认定为刑法第三百五十八条规定的“组织他人卖淫”。第四条第一款规定：明知他人实施组织卖淫犯罪活动而为其招募、运送人员或者充当保镖、打手、管账人等的，依照刑法第三百五十八条第四款的规定，以协助组织卖淫罪定罪处罚，不以组织卖淫罪的从犯论处。有同志咨询：两个条文都用了“招募”一词，含义是否相同？如果相同，如何判断招募这一行为是组织卖淫还是协助组织卖淫？

我们认为，招募，作为一个词语，其含义是相同的，其原本意思是，为了吸引足够数量的具备相应能力和态度，从而助力于实现目标的人员而开展的一系列活动，如招揽有意向的人员，参与并配合共同完成的活动、工作任务等；其基本内涵是征召募集的意思。招募本是一个中性词，但在涉卖淫类犯罪中，招募是指行为人为了组织卖淫活动而向社会招集卖淫人员。组织卖淫罪和协助组织卖淫罪的构罪要件中，“招募”一词的含义是一样的。但是，其一，“招募”在组织卖淫罪中只是一种手段，并非犯罪方面的构成要件，而只是组织卖淫罪中管理或者控制他人卖淫这一客观方面构成要件的手段之一。组织卖淫罪的犯罪行为是管理和控制卖淫人员。而协助组织卖淫罪中的“招募”就是犯罪行为本身。其二，组织卖淫罪中，行为人招募的目的是自己实施组织卖淫犯罪，而协助组织卖淫罪中，行为人招募的目的是帮助组织卖淫者。也就是说，理解“招募”一词，必须把其放到具体的法条语境中理解和适用。唯其如此，才能区别招募行为人所犯之罪是组织卖淫罪还是协助组织卖淫罪。

五、如何理解组织、强迫卖淫“造成被组织、强迫卖淫的人自残、自杀或者其他严重后果”这一情节严重的情形

根据《涉卖淫刑案解释》第二条第五项、第五条第五项、第六条第一款第四项的规定，造成被组织卖淫的人，被招募、运送卖淫的人以及被强迫卖淫的人自残、自杀或者其他严重后果的，应当分别认定为组织卖淫“情节严重”、协助组织卖淫“情节严重”和强迫卖淫“情节严重”。

对此要件的理解，应当明确以下几点：(1)这里的“自残、自杀”不是基于组织卖淫、协助组织卖淫以及强迫卖淫犯罪分子故意的行为。如果是上述犯罪分子的故意行为，则应当依照刑法第三百五十八条第三款的规定，以故意杀人、故意伤害罪等对犯罪分子数罪并罚。所犯故意杀人罪、故意伤害罪，如果应当判处死刑的，可以依法判处死刑。(2)这里“自残、自杀”是一种结果，而不是行为本身，即卖淫人员的自残、自杀行为必须导致严重残疾或者死亡的结果，如果行为人仅有自残、自杀的行为，但没有造成严重残疾或者死亡结果的，不能认定为造成卖淫人员自残、自杀的情形。(3)这里的其他严重后果，是指与严重残疾、死亡基本同质的后果，如造成卖淫人员严重精神病致不能自理生活的，造成多人重伤的，等等。(4)卖淫人员在卖淫期间发生死亡、严重残疾等严重后果，且该严重后果与卖淫活动有紧密的因果或者条件关系的，应当认定为“其他严重后果”。例如，四川省宜宾市某区人民法院审理被告人胡宗友、李仲达组织卖淫案，卖淫人员牟某某于2016年8月15日在进行卖淫活动时，因嫖资纠纷被嫖客陈旋杀害。在该案中，卖淫人员的死亡既非卖淫人员的自杀引起，也非被告人胡宗友、李仲达所实施，但发生在卖淫活动期间，且因嫖资纠纷而引发，因此，与卖淫活动有着刑法意义上的紧密联系，应当认定为“其他严重后果”。

六、关于组织、强迫卖淫罪是否为选择性罪名问题

《涉卖淫刑案解释》第六条第二款规定：“行为人既有组织卖淫犯罪行为，又有强迫卖淫犯罪行为，且具有以下情形之一的，以组织、强迫卖淫‘情节严重’论处：(一)组织卖淫、强迫卖淫行为中具有本解释第二条、本条前款规定的‘情节严重’情形之一的；(二)卖淫人员累计达到本解释第二条第一、二项规定的组织卖淫‘情节严重’人数标准的；(三)非法获利数额相加达到本解释第二条第四项规定的组织卖淫‘情节严重’数额标准的。”

根据《涉卖淫刑案解释》的这一规定，组织、强迫卖淫罪为选择性罪名。这是《涉卖淫刑案解释》对组织、强迫卖淫罪罪名的新表述。为什么说组织、强迫卖淫罪是选择性罪名？1979年刑法只规定了强迫卖淫罪，没有规定组织卖淫罪。1997年刑法第三百五十八条规定“组织他人卖淫或者强迫他人卖淫的，处……”1997年12月11日公布的《最高人民法院关于执行〈中华人民共和国刑法〉确定罪名的规定》，将组织卖淫罪、强迫卖淫罪作为两个罪名规定。实践中，单独的强迫卖淫犯罪并不多见，一般都是组织卖淫犯罪中夹带强迫卖淫犯罪行为。在这种情况下，定组织卖淫罪、强迫卖淫罪并予以数罪并罚不是那么科学。《刑法修正案(九)》将罪状描述作了修改，将原来的“组织他人卖淫或者强迫他人卖淫的”修改为“组织、强迫卖淫的”。据此，《涉卖淫刑案解释》将组织、强迫卖淫的情节合并计量就有了法律依据。既然情节可以合并计量，那么《涉卖淫刑案解释》将组织、强迫卖淫罪作为选择性罪名规定是正确的。《刑法修正案(九)》后，“两高”对这两个罪名没有专门作出规定。原来关于罪名的规定，因为《刑法修正案(九)》的出台而失去依据。《涉卖淫刑案解释》是由最高人民法院、最高人民检察院联合发布的，可以理解为“两高”根据《刑法修正案(九)》的规定，对组织、强迫卖淫罪的罪名作了修正。

七、一年内曾因引诱、容留、介绍卖淫犯罪被判处刑罚，又实施容留、介绍卖淫行为的，能否比照适用《涉卖淫刑案解释》第八条第一款第四项关于“一年内曾因引诱、容留、介绍卖淫行为被行政处罚，又实施容留、介绍卖淫行为的”规定

有观点认为，“举重以明轻”“举轻以明重”是长期以来坚持的司法规则。既然行为人“一年内曾因引诱、容留、介绍卖淫行为被行政处罚，又实施容留、介绍卖淫行为的”，都要以容留、介绍卖淫罪定罪处罚，那么，一年内因引诱、容留、介绍卖淫犯罪被判处刑罚，又实施容留、介绍卖淫行为的，更要以容留、介绍卖淫罪定罪处罚。

我们不同意这个观点。主要理由是：

其一，对《涉卖淫刑案解释》规定的入罪门槛，不宜突破。司法解释对引诱、容留、介绍卖淫罪的构成条件在第八条第一款已经作了明确而详尽的规定，司法实践中应当严格依照该规定执行。《涉卖淫刑案解释》对于引诱、容留、介绍卖淫罪的入罪标准主要从以下几个方面考虑：一是从卖淫人数考虑；二是从卖淫人员的类别考虑；三是参照其他司法解释的范例，对具有同类行为被行政处罚过的人作出降低入罪门槛的规定；四是根据行为人获利情况确定入罪标准。因此，《涉卖淫刑案解释》对于本罪的入罪门槛问题，已经考虑到方方面面的情况。

其二，《涉卖淫刑案解释》的规定不宜适用“举轻以明重”规则。“举轻以明重”指的是对危害轻的行为都要进行处罚，对危害重的行为更要进行处罚。这种理解，在类推制度存在的环境下还说得过去。自从1997年刑法废除了类推制度，实行严格的罪刑法定原则后，适用“举轻以明重”规则要非常谨慎。《涉卖淫刑案解释》将行为人“一年内曾因引诱、容留、介绍卖淫行为被行政处罚，又实施容留、介绍卖淫行为的”作为入罪条件，并不是单纯从社会危害角度考虑，而更多的是从行为人的主观恶性考虑，主要目的是较好地评价主观恶性较深的容留、介绍卖淫行为。而一年内如果曾因引诱、容留、介绍卖淫行为被判处刑罚，又实施容留、介绍卖淫行为的，则对后一次行为只能严格适用《涉卖淫刑案解释》的入罪条件判断是否构罪，对前一次的犯罪行为，不能再作为评价后一次行为是否构成犯罪的标准。如果后一行为构成犯罪，且属于累犯的，则应当依法从重处罚。也就是说，不能对前一次构成犯罪的行为先后进行两次犯罪评价，这是禁止重复评价原理的基本要义。

需要明确的是，这里的“一年内”的时间起止如何计算。我们认为，所谓一年内，不是历法上的1月1日至当年的12月31日，而是前一次行为与后一次行为的时间跨度在12个月内，如2017年3月2日至2018年3月1日。如果第一个行为发生在2017年3月2日，第二个行为发生在2018年3月2日，此时两个行为就比一年多一天，就不属于“一年内”了。另外，一年内，指的是两个行为在一年内，而不是前一个行为的行政处罚时间和后一个行为的发生时间在一年内。这主要是因为前一次行为的时间是固定的，而行政处罚的时间则可能由于行政执法机关的原因有较长的拖延，从有利于被告人的原则出发，我们认为应理解为两个行为之间的时间跨度在一年内。

八、关于涉卖淫类犯罪中的卖淫人数计算问题

《涉卖淫刑案解释》在规定涉卖淫类犯罪的入罪门槛以及情节严重情形时，基于从有利于操作，有利于公安机关更快地查明案件基本事实出发，摒弃了以往常用的“人次”的概念，而改为以“人数”作为计量标准。同时在第十条专门规定：“组织、强迫、引诱、容留、介绍他人卖淫的次数，作为酌定情节在量刑时考虑。”但是，在如何计算人数的问题上，仍然有两个问题需要解决：一是如何理解《涉卖淫刑案解释》第九条第一项规定的“引诱五人以上或者引诱、容留、介绍十人以上卖淫”认定引诱、容留、介绍他人卖淫“情节严重”的人数问题。对此，起草小组公开发表的理解与适用文章已作了明确说明：引诱、容留、介绍卖淫是选择性罪名。如果被引诱卖淫的人数达到5人以上的，即构成情节严重。如果被引诱卖淫的人数不到5人，但被引诱、容留、介绍卖淫的人数达到10人以上的，也构成情节严重。[①] 二是同一个卖淫人员，先后进了退，退了又进入同一个卖淫犯罪团伙或者容留卖淫场所，对其如何计算人数？我们认为，在卖淫人数已经作为涉卖淫类犯罪入罪门槛和界定是否属于“情节严重”的标准这一背景下，同一个卖淫人员先进后退又进入，甚

---

① 周峰、党建军、陆建红、杨华：《〈关于办理组织、强迫、引诱、容留、介绍卖淫刑事案件适用法律若干问题的解释〉的理解与适用》，载《人民司法》2017年第25期。

至多次进退同一个卖淫犯罪团伙或者容留卖淫场所的，仍然应该按照一人来计算，不能重复计算人数。

在认定卖淫人员的人数时，既要坚持证据裁判原则，严格认定具体人数，又不能仅将查处时现场查获的人数为卖淫人数。认定某人是否属于卖淫人员，比较齐全的证据包括：卖淫人员的证言，嫖娼人员的证言，被告人的供述，有关书证，现场物证等。对于现场抓获的卖淫嫖娼人员，上述证据容易收集。但对于现场抓获之前已经发生的卖淫嫖娼行为，要根据涉卖淫类刑事案件的自身特点来认定事实和证据。特别是嫖娼人员的证言往往难以取得，有的卖淫人员在案件查获时已经离开卖淫场所，其证言也常常不易取得。在这种情况下，除被告人供述外，还要注重对相关证人证言如服务员的证言，其他知情卖淫人员的证言，相关书证甚至视频证据，特别是账单、电脑数据等证据的收集和审查判断，在基本证据扎实，基本事实清楚的前提下，要依法、果断地认定相关卖淫人数，而不能因为卖淫嫖娼人员的证言难以取得就轻易地不予认定相关事实。在基本事实确定的情况下，对卖淫人数、次数，有时可以采取模糊表述的方式，如十余人、一百余次。但这种模糊表述的前提是基本事实清楚，基本证据扎实。如表述卖淫人员十余人时，对卖淫人员达到十人这一基本事实必须证据确实、充分。不能在卖淫人员是否达到十人这一基本事实还不清楚的情况下，作出卖淫人员十余人的表述。

九、介绍嫖娼能否以介绍卖淫论处

有观点认为，《涉卖淫刑案解释》第八条第三款规定“引诱、容留、介绍他人卖淫是否以营利为目的，不影响犯罪的成立”，由此将一般介绍嫖娼行为纳入介绍卖淫罪考虑的视角。

我们认为，不能将单纯地介绍嫖娼行为与介绍卖淫行为混淆起来。理由如下：一是《涉卖淫刑案解释》未将“营利为目的”规定为引诱、容留、介绍卖淫罪的构成要件，其目的不是以惩处介绍嫖娼行为。《涉卖淫刑案解释》作此规定的主要目的是考虑到实践中往往遇到并非“以营利为目的”而是出于奸淫或者其他目的而引诱、容留、介绍卖淫的情况，如果规定必须“以营利为目的”，就不好追究此类人的刑事责任。① 为了让基层法院在实务中更加明确此点，《涉卖淫刑案解释》强调“引诱、容留、介绍他人卖淫是否以营利为目的，不影响本罪的成立”。因此，《涉卖淫刑案解释》的这一规定，并没有将介绍嫖娼行为以介绍卖淫论处的意思。二是刑法惩罚的是介绍卖淫行为，不能随意将惩处范围扩大到介绍嫖娼行为。虽然在实践中，介绍卖淫和介绍嫖娼行为因其表现形式的多样性和复杂性，往往容易重叠和混淆，但不能因此而不加区分。既不能进行无限扩张，把介绍嫖娼行为一律作为介绍卖淫行为纳入刑法打击范围，也不能将貌似介绍嫖娼实际属于介绍卖淫的行为排除在刑法打击范围之外。为了卖淫人员或者组织、强迫、引诱、容留卖淫行为人的利益而介绍他人去嫖娼的，依法应当认定为介绍他人卖淫。仅仅知道卖淫窝点或联系方式等，而与卖淫方面的相关人员没有关联性，介绍他人去嫖娼的，属于介绍嫖娼，不应当认定为刑法意义上的介绍卖淫。区别介绍卖淫与介绍嫖娼的关键在于行为人主要是为了组织、强迫、引诱、容留卖淫行为人的利益或者卖淫人员的利益还是为了嫖娼人员的非法需求而介绍。前者属于介绍卖淫，后者属于介绍嫖娼。

十、罚金刑的有关问题

《涉卖淫刑案解释》第十三条规定，犯组织、强迫、引诱、容留、介绍卖淫罪的，应当依法判处犯罪所得二倍以上的罚金。共同犯罪的，对各共同犯罪人合计判处的罚金应当在犯罪所得的二倍以下。对犯组织、强迫卖淫罪被判处无期徒刑的，应当并处没收财产。有地方法院提出，《涉卖淫

① 参见高铭暄：《中华人民共和国刑法的孕育诞生和发展完善》，北京大学出版社2012年版，第583页。

刑案解释》对涉卖淫类刑事案件罚金刑的规定较为笼统,在实践中不易操作。主要是:(1)犯罪所得如何确定?与《涉卖淫刑案解释》第二条第四项、第五条第四项、第六条第二款第三项、第八条第一款第五项、第九条第三项规定的非法获利如何区分?(2)有证据证明的犯罪所得与实际所得明显不相符的,如何确定罚金刑?实践中,犯罪所得往往难以查清,侦查机关也未必很重视收集犯罪所得方面的证据,导致人民法院在适用罚金刑时很难把握罚金的数额,特别是有的案件,有证据证明的犯罪所得才一二百元,而《最高人民法院关于适用财产刑若干问题的规定》(法释〔2000〕45 号,以下简称《财产刑规定》)第二条明确规定,"刑法没有明确规定罚金数额标准的,罚金的最低数额不能少于一千元",此时如何确定罚金的数额?

对此,我们认为:

第一,犯罪所得与非法获利的内涵是一样的,均指犯罪行为人犯罪收入的总和,而不能理解为"利润"。无论是卖淫嫖娼本身还是组织、强迫、引诱、容留、介绍卖淫行为,都是违法犯罪行为。法律对此类行为持否定性评价,决定了此类行为人由此而获得的经济利益都是非法的。至于行为人为此而付出的成本,如付给卖淫人员的费用,卖淫场所发生的相关费用,付给协助组织卖淫人、介绍卖淫人、通风报信人等的费用,都属于犯罪成本,依法不能在犯罪所得中予以扣除。即使犯罪所得不足以弥补其犯罪成本,计算犯罪所得时也应该按照犯罪分子因犯罪行为的全部收入计算,而不考虑犯罪成本。因此,所谓的犯罪所得或非法获利,一般情况下就是指收取嫖娼人员所有费用的总和。

第二,要正确理解《涉卖淫刑案解释》与《财产刑规定》的关系。我们认为,《涉卖淫刑案解释》与《财产刑规定》都是有效的司法解释,人民法院在审理案件中,都应当依法适用。就效力而言,两者是等同的。就罚金刑的适用而言,两者也不存在矛盾之处。鉴于组织、强迫、引诱、容留、介绍卖淫犯罪既侵犯卖淫人员的人身自由,又有伤社会风化,还可能侵害不特定人员的人身健康,而犯罪分子的主观目的却主要是牟取利益,因此,罚金刑应当充分适用。为此,《涉卖淫刑案解释》规定了一个明确的合理的幅度,以使基层法院在审理此类案件适用刑罚时具有更强的可操作性。这个幅度的确定就是要让犯罪分子在经济上得不到任何好处。而根据《财产刑规定》第二条,罚金的最低数额不能少于一千元,对未成年人犯罪应当从轻或者减轻判处罚金,但罚金的最低数额不能少于五百元。因此,若犯罪分子罪行较重,但非法获利不多,依照《涉卖淫刑案解释》规定的二倍比例,如果罚金还不到一千元时,就应当根据《财产刑规定》,处以最低一千元的罚金刑,对未成年人罪犯则处以最低五百元的罚金刑。

十一、如何正确理解刑法分则第六章第八节有关条款规定中"等"字的含义

刑法分则第六章第八节有三个地方用了"等"字:一是刑法第三百五十八条第三款规定,"犯前两款罪,并有杀害、伤害、强奸、绑架等犯罪行为的,依照数罪并罚的规定处罚",《涉卖淫刑案解释》第七条第一款重申了这一规定。二是刑法第三百六十一条第一款规定:"旅馆业、饮食服务业、文化娱乐业、出租汽车业等单位的人员,利用本单位的条件,组织、强迫、引诱、容留、介绍他人卖淫的,依照本法第三百五十八条、第三百五十九条的规定定罪处罚"。三是刑法第三百六十二条规定,"旅馆业、饮食服务业、文化娱乐业、出租汽车业等单位的人员,在公安机关查处卖淫、嫖娼活动时,为违法犯罪分子通风报信,情节严重的,依照本法第三百一十条的规定定罪处罚",《涉卖淫刑案解释》第十四条重申并细化了这一规定。

上述三个"等"字,后两个是同样的含义。但第一个"等"与后两个"等"字的含义是不同的。

先看第一个"等"。这里理解"等"字,必须将其放在立法背景下来考察。刑法第三百五十八条第三款是《刑法修正案(九)》基于取消组织、强迫卖淫罪的死刑的情况下增加设立的。取消组织、强迫卖淫罪的死刑，是立法机关在反复研究、论证，并广泛听取人大代表、专家和有关方面意见的基础上提出的；同时，为防止可能产生的负面影响，在法律上还留有从严处罚的余地，仍然保留了故意杀人罪、故意伤害罪、绑架罪、强奸罪的死刑。司法实践中如有组织、强迫卖淫犯罪，情节特别恶劣，确需判处死刑的，还可以依照刑法现有规定判处，不会出现轻纵犯罪的情况。① 可见，刑法增加有关可以数罪并罚的规定，其最主要目的是防止轻纵某些情节特别恶劣的犯罪，如杀害卖淫人员、伤害卖淫人员致死亡、强奸卖淫人员情节特别恶劣、绑架卖淫人员，但组织、强迫卖淫本身情节并不严重，无法判处重刑，或者以故意杀人罪等四个罪名定罪处罚，根据犯罪情节、社会危害程度应当判处死刑，而以组织、强迫卖淫罪却依法不能判处死刑时，可以适用该条数罪并罚的规定，对罪犯依法判处重刑甚至判处死刑。实践中，组织、强迫卖淫罪，特别是强迫卖淫罪，往往伴有非法拘禁的情形。在这种情况下，非法拘禁本身就是强迫的一种手段，有时也是组织卖淫的一种管理、控制手段，而非法拘禁罪本身不是一个重罪。依照刑法第二百三十八条的规定，犯非法拘禁罪，处三年有期徒刑以下刑罚；致人重伤时，才处三年以上十年以下有期徒刑；使用暴力致人伤残、死亡的，则依照故意杀人罪、故意伤害罪定罪处罚。因此，在非法拘禁没有致人伤残、死亡的情况下，完全可以作为手段行为，被组织、强迫卖淫罪所吸收。在致人伤残、死亡的情况下，则可依照刑法第三百五十八条第三款的规定，实行数罪并罚。也就是说，在故意杀人罪、故意伤害罪、强奸罪、绑架罪之外，组织、强迫卖淫罪的行为人，其手段行为如果还触犯了非法拘禁罪等罪名的，完全可以根据择一重罪处断的原则，以组织、强迫卖淫罪从重处罚。综合以上分析，我们认为，刑法第三百五十八条第三款规定中的"等"以及《涉卖淫刑案解释》第七条第一款规定中的"等"，应该属于"等内等"。

再看后两个"等"，即刑法第三百六十一条和第三百六十二条规定中的"等"字。我们认为，这里的"等"，属于"等外等"。理由在于：(1)从字面含义看，无法推断出列举已穷尽。实践中，社会上还存在四类行业以外的单位的人员可以作出本条法律所禁止的行为，如停车场，作为酒店、餐厅、洗浴中心等公共服务行业的配套设施，广泛并且独立存在，这些独立经营的停车场的管理员同样可以在公安机关查处时，为违法犯罪分子通风报信，甚至在某些情况下比条文中列明的主体更为方便、快捷地实施该行为。(2)从立法目的看，本条文是对1991年9月4日《全国人民代表大会常务委员会关于严禁卖淫嫖娼的决定》(以下简称《决定》)第八条吸纳而来。该规定旨在打击对卖淫嫖娼活动进行通风报信的行为。受当时社会经济发展情况的影响和制约，该条文只列举了四类行业。随着经济社会的发展变化，社会公共娱乐服务行业也在不断更新和发展，如果只将打击范围局限于这四类行业，将导致法条无法跟上时代步伐。立法者专门加一个"等"字，正是考虑了社会进步与法律滞后的矛盾，赋予法条更长久的生命力。因此，将上述四类行业之外，具有与四类行业相同性质，具有通风报信的便利条件(与行业相密切关联的职能条件)的行业认定为通风报信的特殊行业，是符合罪刑法定原则的。

需要说明的是，《涉卖淫刑案解释》中还有两处"等"字的表述，均为"等外等"，应当正确理解。一是，对性病范围的表述。《涉卖淫刑案解释》第十一条第三款规定："刑法第三百六十条规定所称的'严重性病'，包括梅毒、淋病等。"这里的"等"字如何理解，《涉卖淫刑案解释》已经有明确的诠释，即其他性病是否认定为"严重性病"，应当根据《中华人民共和国传染病防治法》《性病

---

① 参见臧铁伟主编：《中华人民共和国刑法修正案(九)解读》，中国法制出版社2015年版，第369～370页。"取消死刑后，如出现情节特别恶劣，符合数罪并罚或者其他有关犯罪规定的，还可依法判处更重的刑罚。"同上书，第359页。

防治管理办法》的规定，在国家卫生和计划生育委员会规定实行性病监测的性病范围内，依照其危害、特点与梅毒、淋病相当的原则，从严掌握。二是，对协助组织卖淫概念的表述。《涉卖淫刑案解释》第四条第一款规定："明知他人实施组织卖淫犯罪活动而为其招募、运送人员或者充当保镖、打手、管账人等的，依照刑法第三百五十八条第四款的规定，以协助组织卖淫罪定罪处罚，不以组织卖淫罪的从犯论处。"此处用"等"字，表明实践中远不止保镖、打手、管账人这些角色。典型的如培训师，有的协助组织卖淫犯罪人甚至成立专门的培训机构。对培训师这样的角色，理应认定为协助组织卖淫的犯罪分子。

十二、嫖宿幼女的行为如何定罪处罚

1997年刑法第三百六十条第二款规定："嫖宿不满十四周岁的幼女的，处五年以上有期徒刑，并处罚金。"《刑法修正案（九）》删去了该款的内容。《涉卖淫刑案解释》（征求意见稿）曾经规定，"明知不满十四周岁的幼女，与其发生性关系的，依照刑法第二百三十六条第二款、第三款的规定，以强奸论，从重处罚"，目的是明确《刑法修正案（九）》删除嫖宿幼女罪的规定后对嫖宿幼女行为如何定罪处罚的问题。在调研阶段，有不少专家学者提出，既然刑法已经删除了嫖宿幼女罪的有关规定，就没有必要在司法解释中再对此类行为作出规定，对这类行为可与其他奸淫幼女行为一样，依照刑法第二百三十六条关于"奸淫不满十四周岁的幼女的，以强奸论，从重处罚"的规定处理。《涉卖淫刑案解释》起草小组采纳了该意见。

实践中，需要明确的是，知道或者应当知道对方是不满十四周岁的幼女，而实施奸淫（包括嫖宿，刑法取消嫖宿幼女罪不等于实践中不会发生嫖宿幼女的案件）等性侵行为的，应当认定行为人"明知"对方是幼女。因此，首先，嫖宿幼女以强奸论的前提是行为人明知卖淫人员系不满十四周岁的幼女。如果不明知卖淫人员是不满十四周岁的幼女而嫖宿的，则应当按照嫖娼行为处理。这个问题是事实证据的认定问题，是否明知，应当结合案件事实和证据综合认定。行为人从卖淫人员的身体发育状况、言谈举止、衣着特征、生活作息规律等观察可能是幼女，而实施奸淫等性侵行为的，应当认定行为人"明知"对方是幼女。其次，《最高人民法院、最高人民检察院、公安部、司法部关于依法惩治性侵害未成年人犯罪的意见》第十九条第二款规定，对于不满十二周岁的被害人实施奸淫等性侵行为的，应当认定行为人"明知"对方是幼女。也就是说，在被害人不满十二周岁的情况下，行为人是否"明知"，无须其他证据的证明，甚至无须被告人关于是否"明知"的供述，只要有充足的证据证明被害人确实系不满十二周岁的幼女即可，即使被害人身体发育、言谈举止等呈早熟特征，行为人亦辩称其误认为被害人已满十四周岁，也不应采信其辩解。①

十三、《涉卖淫刑案解释》与过去有关规定不一致之处，该如何适用

一是关于《最高人民法院、最高人民检察院关于执行〈全国人民代表大会常务委员会关于严禁卖淫嫖娼的决定〉的若干问题的解答》（1992年12月11日发布，以下简称《解答》）。该《解答》所依附的《全国人民代表大会常务委员会关于严禁卖淫嫖娼的决定》（以下简称《决定》）有关刑事责任方面的规定已经被现行刑法所吸纳，并且刑法与《决定》相比，在罪行规定方面有较大变化，因此，《解答》已无法解决司法实践中的诸多问题。2013年，"两高"经对司法解释进行清理，宣布废止《解答》。因此，《解答》不能在司法工作中再予以引用。

二是关于《最高人民检察院、公安部关于公安机关管辖的刑事案件立案追诉标准的规定（一）》（公通字〔2008〕36号，以下简称《规定一》）以及《最高人民检察院、公安部关于公安机关管辖的刑事案件立案追诉标准的规定（一）的补充规定》（公通字〔2017〕12号，以下简称《规定一补

① 黄尔梅主编：《性侵害未成年人犯罪司法政策案例指导与理解适用》，人民法院出版社2014年版，第209页。

充规定》)。总体而言,《规定一》和《规定一补充规定》的立案标准,大部分内容与刑法、《涉卖淫刑案解释》是没有冲突的,依然可以适用。比如,《规定一》第七十五条规定:以招募、雇佣、强迫、引诱、容留等手段,组织他人卖淫的,应予立案追诉。第七十六条规定:以暴力、胁迫等手段强迫他人卖淫的,应予立案追诉。第七十七条规定:在组织卖淫的犯罪活动中,充当保镖、打手、管账人等,起帮助作用的,应予立案追诉。第七十九条规定:引诱不满十四周岁的幼女卖淫的,应予立案追诉。第八十条规定:明知自己患有梅毒、淋病等严重性病卖淫、嫖娼的,应予立案追诉。《规定一补充规定》第十二条规定:在组织卖淫的犯罪活动中,帮助招募、运送、培训人员三人以上,或者充当保镖、打手、管账人等,起帮助作用的,应予立案追诉。

但是,《规定一》也有与《涉卖淫刑案解释》不相符的地方。主要体现在,《规定一》关于引诱、容留、介绍卖淫案的立案追诉标准与《涉卖淫刑案解释》规定的入罪标准有差异。《规定一》第七十八条规定:"引诱、容留、介绍他人卖淫,涉嫌下列情形之一的,应予立案追诉:(一)引诱、容留、介绍二人次以上卖淫的;(二)引诱、容留、介绍已满十四周岁未满十八周岁的未成年人卖淫的;(三)被引诱、容留、介绍卖淫的人患有艾滋病或者患有梅毒、淋病等严重性病;(四)其他引诱、容留、介绍卖淫应予追究刑事责任的情形。"两者的差异在于:《规定一》对引诱、容留、介绍卖淫案的立案追诉标准为引诱、容留、介绍二人次以上卖淫。而《涉卖淫刑案解释》则取消了人次的概念,以人数为标准;且在入罪标准上与《规定一》相比,有的提高了入罪门槛,有的则降低了入罪门槛。(1)关于引诱卖淫。根据《规定一》,引诱二人次以上卖淫,才予以刑事立案;而根据《涉卖淫刑案解释》第八条的规定,引诱一人卖淫即构成犯罪。两者相比,《涉卖淫刑案解释》降低了引诱卖淫的入罪门槛,体现了引诱卖淫的罪质重于容留、介绍卖淫的实际情况,也体现了对引诱卖淫从严打击的立场。(2)关于容留、介绍卖淫。根据《规定一》,容留、介绍二人次以上卖淫即予以刑事立案,也就是说,容留、介绍一人两次卖淫,也可刑事立案;而根据《涉卖淫刑案解释》第八条的规定,容留、介绍二人卖淫才构成犯罪。两者相比,《涉卖淫刑案解释》提高了容留、介绍卖淫的入罪门槛,体现了将容留、介绍卖淫与引诱卖淫相区别的态度,目的就是突出打击重点。(3)无论是引诱,还是容留、介绍卖淫,《涉卖淫刑案解释》取消了人次的规定,代之以人数,目的是更具可操作性。因为,司法实践表明,引诱、容留、介绍卖淫的人数认定比次数的认定在证据上更加简便,侦查机关取证的难度也更低些。

上述《规定一》与《涉卖淫刑案解释》不一致之处,应当以《涉卖淫刑案解释》为标准。一是从发布时间上看,《涉卖淫刑案解释》后于《规定一》,后发布的规范性文件往往具有对前发布的规范性文件修正、补充的功能。二是从效力上看,《涉卖淫刑案解释》属于最高人民法院、最高人民检察院联合发布的司法解释,其效力比一般的规范性司法文件更高,如有冲突,应当以司法解释为准。况且,最高人民检察院既是《规定一》的发布主体,也是《涉卖淫刑案解释》的发布主体,说明最高人民检察院是认可《涉卖淫刑案解释》对《规定一》的修正和补充的。

特殊行业人员通风报信行为的认定

□陆建红* 田文莎**

公共服务娱乐行业由于其场所性质的公共性,往往出入人员复杂、流动性大、管理难度大,容

---

* 最高人民法院刑事审判第四庭审判长,二级高级法官,第二届全国审判业务专家。
** 最高人民法院刑四庭法官助理。

易发生与卖淫、嫖娼相关的违法犯罪活动。而实践中,旅馆业、饮食服务业、文化娱乐业、出租汽车业等单位的工作人员,为了本单位或个人的经济利益或者出于其他目的,利用本单位的便利条件,在公安机关查处卖淫、嫖娼活动时,为违法犯罪分子通报有关情况,有的在公安机关打击行为前事先为违法犯罪分子通风报信,致使违法犯罪分子逃避法律制裁,增加了公安机关打击违法犯罪活动的困难,纵容了卖淫、嫖娼违法犯罪活动。为保障公安机关顺利查处卖淫、嫖娼违法犯罪活动,《刑法》第三百六十二条规定:"旅馆业、饮食服务业、文化娱乐业、出租汽车业等单位的人员,在公安机关查处卖淫、嫖娼活动时,为违法犯罪分子通风报信,情节严重的,依照本法第三百一十条的规定定罪处罚。"《最高人民法院、最高人民检察院关于办理组织、强迫、引诱、容留、介绍卖淫刑事案件适用法律若干问题的解释》(以下简称《涉卖淫刑案解释》)第十四条对《刑法》第三百六十二条作出了进一步解释。本文试根据刑法基本原理,结合司法实践的经验总结,对司法实务工作中如何正确适用《刑法》第三百六十二条和《涉卖淫刑案解释》第十四条,从而正确认定"特殊行业人员通风报信行为"作一探讨。

一、特殊行业人员通风报信行为主体的认定

(一)特殊行业的范围界定

从《刑法》第三百六十二条可知,本罪的主体是特殊主体,即"旅馆业、饮食服务业、文化娱乐业、出租汽车业等单位的人员"。条文中提到的四类行业,可做如下界定:

"旅馆业"是指接待旅客住宿的行业,包括旅馆、饭店、宾馆、酒店、招待所、路边店、客货栈、车马店、浴池等。根据《旅馆业治安管理办法》的规定,旅馆业包括国营、集体、个人经营的,合伙经营的,中外合资、中外合作经营的和外国独资经营的;既包括专营的,也包括兼营的;既包括常年经营的,也包括季节性临时经营的。

"饮食服务业"包括"饮食业"和"服务业"两个行业。"饮食业"包括餐厅、饭馆、酒吧、咖啡厅等。"服务业"是指利用一定的设备、工具,提供劳动或物品,为社会生活服务的行业,包括发廊、按摩院、美容院、浴池等。

"文化娱乐业"是指提供场所、设备、服务,以供群众娱乐的行业,如歌厅、舞厅、音乐茶座、康乐宫、夜总会、影剧院、会所等。

"出租汽车业"是指出租汽车服务的行业,包括出租车公司和网约车公司。出租车长期奔跑于城市各个角落,对城市中卖淫嫖娼类场所的分布相对熟悉,占尽通风报信的天时地利。

上述四类行业,除了"出租汽车业",其他三类行业通常以房屋空间为载体,是卖淫嫖娼的高发场所,可能同时触犯《刑法》第六章第八节中规定的与卖淫、嫖娼相关的诸类犯罪,如某旅社老板组织卖淫女在其旅社卖淫,又多次在公安机关查处卖淫、嫖娼活动时为卖淫女通风报信,那么该旅社老板同时触犯《刑法》第三百五十八条和第三百六十二条。但是,通风报信行为是组织卖淫活动的一种手段,此种情况下,对通风报信行为不应单独定罪,只认定组织卖淫一罪即可。因此,本文所讨论关于《刑法》第三百六十二条的所有情形是指行为人只构成本罪的情况。

(二)对"等"字的理解

本条在列举四类行业之后用了一个"等"字。通常对用于列举之后的"等"字理解有两种相反的含义:一是表示列举未尽;二是表示列举后煞尾。司法实践对《刑法》条文中出现的"等"字采取何种解释并没有统一的适用标准,但对法律条文中"等"字的理解通常是决定罪与非罪、罪轻罪重的大问题,具体到本条规定,对"等"字的理解,涉及本罪主体是否可以超出四类行业的范畴问题。

从字面意义看,无法推断出列举已穷尽。实践中,社会上还存在四类行业以外的单位的人员可以作出本条法律所禁止的行为,比如停车场,作为酒店、餐厅、洗浴中心等公共服务行业的配套设施,广泛并且独立的存在,这些独立经营的停车场的管理员同样可以在公安机关查处时,为违法犯罪分子通风报信,甚至在某些情况下比条文中列明的主体更为方便、快捷。

从立法目的看,本条是对1991年9月4日《全国人民代表大会常务委员会关于严禁卖淫嫖娼的决定》(已废止,以下简称《决定》)第八条吸纳而来。该规定的意旨在于打击对卖淫嫖娼活动进行通风报信的行为,受当时社会经济发展情况的影响和制约,条文只列举了四类行业。随着经济社会的发展变化,社会公共娱乐服务行业也在不断更新和发展,如果只将打击范围局限于四类行业,将导致法条无法跟进时代步伐。立法者专门加一个"等"字,正是考虑了社会进步与法律滞后的关系,赋予法条更长久的生命力。因此,将上述四类行业之外,具有与四类行业相同性质,具有通风报信的便利条件(与行业相密切关联的职能条件)的行业认定为通风报信的特殊行业,是符合罪刑法定原则的。

(三)对"单位的人员"的理解

单位的人员是指单位的全体工作人员,包括单位的负责人和职工,非单位的人员通风报信,不应当适用《刑法》第三百六十二条的规定。

之所以规定"单位的人员"才能构成通风报信的主体,主要是因为这类人员具有职务或者职业之便。因此,在下列情况下,行为人即使实施了通风报信行为,也不能依照《刑法》第三百六十二条的规定定罪处罚。一是非"单位的人员"。比如,在酒店、餐厅附近做生意的个体户、小摊贩,这类人群常伴随一些公共服务娱乐行业的场所而存在,往往知晓场所内外发生的事情,与场所内的部分工作人员熟识,也具备通风报信的便利条件,但因为他们不属于任何一个单位,不能认定为《刑法》第三百六十二条规定的"单位的人员"。当然,如果这类人受卖淫、嫖娼活动的组织、领导者指派,专门负责通风报信,另当别论,则依法可作为共同犯罪分子处理。二是"单位的人员"没有利用职务或者职业之便所实施与本单位无关的通风报信行为。如某餐厅的员工甲下班回家,在路上正好看见公安机关在查处卖淫、嫖娼活动,就"好心"走进路边的某旅馆予以提醒,导致该旅馆的卖淫、嫖娼活动未能被公安机关发现并查处,甲对于该旅馆而言,只是一个毫不相干的路人,他的通风报信行为不是因为职务在身或与其职业有关,故不能认定为《刑法》第三百六十二条规定的"单位的人员"。

综上分析,对"单位的人员"的理解应当同时把握两个条件:一是其属于事发单位的人员,二是其通风报信行为利用了其职务或者职业的便利。

二、特殊行业人员通风报信行为的客观方面

(一)特定时间——公安机关查处卖淫嫖娼时

根据《刑法》第三百六十二条的规定,通风报信行为必须发生在"公安机关查处卖淫、嫖娼活动时"。如何理解"查处卖淫、嫖娼活动时"?从广义上讲,查处卖淫、嫖娼活动是公安机关维护社会治安秩序,制止危害社会治安秩序违法犯罪行为的职责所在,因此,公安机关无时无刻不在查处卖淫、嫖娼活动。但是,《刑法》第三百六十二条的"查处卖淫、嫖娼活动时",应当从狭义角度理解,是指公安机关有较为明确的查处目标,具体实施的查处行动,既包括常规性查处行动,也包括专项查处行动。但狭义也是相对的,不能简单地理解为仅限于公安机关具体实施查处行动的时刻,而应理解为公安机关依法进行查处活动的全过程中的任何阶段,既包括查处卖淫、嫖娼活动的部署阶段,也包括实施阶段和收尾阶段。比如,群众举报某夜总会有色情活动,公安机关决定次日凌晨对该夜总会进行突击检查,经常载客去该夜总会的某出租车司机无意中得知这个消息,并将此消息透露给夜总会,于是夜总会老板当即决定停业。虽然公安机关的查处行动尚未实施，但已经作出部署，若非出租车司机的通风报信，夜间的突击检查可能查处一批与卖淫、嫖娼活动相关的违法犯罪人员。因此，无论在公安机关查处的哪个阶段向违法犯罪分子通风报信，都属于“查处卖淫、嫖娼活动时”。

（二）特定行为——为违法犯罪分子通风报信

1. 通风报信的对象是卖淫嫖娼活动的“违法犯罪分子”

根据《刑法》第三百六十二条的规定，通风报信的对象是卖淫、嫖娼活动的违法犯罪分子。虽然在具体实务中，援引《刑法》第三百六十二条后必须适用第三百一十条，但第三百一十条的适用对象是“犯罪的人”。在这个场合，我们可以把“犯罪的人”与犯罪分子作同等看待，但必须明确《刑法》第三百六十二条的适用对象不仅限于犯罪分子，而且包括与卖淫嫖娼活动密切相关的违法分子。之所以为未构成犯罪仅是违法的与卖淫嫖娼活动密切关联的违法分子通风报信行为，也可适用《刑法》第三百六十二条和第三百一十条。理由在于：对第三百六十二条规定的行为的定罪虽然引用第三百一十条，但其犯罪构成却是独立的，即犯罪构成不依照第三百一十条的规定，而是由第三百六十二条规定。根据第三百六十二条的规定，特定行业从业人员，在公安机关查处卖淫、嫖娼活动时，为违法犯罪分子通风报信，情节严重的，即构成犯罪，并依照《刑法》第三百一十条规定处理。而公安机关查处卖淫、嫖娼活动未必就仅查处组织、强迫、引诱、容留、介绍卖淫犯罪活动，也可能查处卖淫、嫖娼活动本身。而卖淫、嫖娼，除明知自己患有严重性病卖淫嫖娼的行为及嫖宿不满十四周岁的幼女构成犯罪以外，一般的卖淫嫖娼行为并非犯罪行为，本来不存在通风报信构成犯罪的问题。但鉴于对这种违法行为通风报信的性质较为严重，刑法作出与一般包庇犯罪所不同的规定，将通风报信的对象界定为违法犯罪分子。①

这里的“违法分子”，是指进行卖淫、嫖娼有关的活动，触犯《治安管理处罚法》的行为人，即卖淫人员、嫖客及其他有协助组织卖淫，引诱、容留、介绍他人卖淫等行为尚不构成犯罪的人。

关于“犯罪分子”，理论界和司法实践中素来存在多种不同观点，有“判决说”“逮捕说”“事实证据说”“立案说”。我们认为，严格来说，“犯罪分子”不是一个严密的刑法学术语，它常常被使用于多种场合，其含义随着场合语境的不同而有所变化。通常情况下，“犯罪分子”是对犯罪嫌疑人、被告人、罪犯的统称，在不同的刑事诉讼阶段称谓不同。而《刑法》第三百六十二条所称的“犯罪分子”，有其特定的含义，即发生在“公安机关查处卖淫、嫖娼活动时”，这个时间应当从公安机关部署查处行动开始，直到查处行动彻底结束，属于公安机关侦查期间，尚未进入诉讼程序，因而，此处的犯罪分子应当是指有证据证明涉嫌犯罪而尚未受到追诉的犯罪嫌疑人，不应当包括被告人和罪犯，被告人和罪犯是已经经过诉讼程序的，其不符合本罪的发案实际和客观表现。

2. “通风报信”的方式

通风报信，是指在公安机关依法查处卖淫、嫖娼活动时，将行动地点、时间、查处方式、对象、动用的警力等情况以及其他有关信息告知组织、强迫、引诱、容留、介绍他人卖淫以及卖淫、嫖娼的违法犯罪分子，是通过各种传递消息的方法和手段，如打电话、发短信、传呼信号和事先规定的各种联系暗号等，让从事卖淫、嫖娼活动的违法犯罪分子逃避公安机关的查处。

（三）通风报信“情节严重”的认定

根据《刑法》第三百六十二条的规定，通风报信，情节严重的，才依照《刑法》第三百一十条的规定定罪处罚。“情节严重”是划分罪与非罪的唯一界限，主要是指严重干扰对卖淫嫖娼活动打

---

① 参见周峰、党建军、陆建红、杨华：《〈关于办理组织、强迫、引诱、容留、介绍卖淫刑事案件适用法律若干问题的解释〉的理解与适用》，载《人民司法》2017 年第 25 期。

击或者其他情节恶劣的。但是,由于长期以来,对何谓“情节严重”缺乏明确的界定标准,致各级法院审理的此类案件极少。因此,各地普遍要求对如何认定“情节严重”作出明确的细化规定。公安机关也要求作出相应规定,以增加侦查工作中的可操作性,更有利于精准打击此类犯罪。《涉卖淫刑案解释》结合本罪的特点,从通风报信本身的情况,通风报信妨害司法的危害程度,通风报信者所获得的非法利益等方面,对通风报信“情节严重”的情形作出规定,即具有下列情形之一的,应当认定为《刑法》第三百六十二条规定的“情节严重”:(1)向组织、强迫卖淫犯罪集团通风报信的;(2)二年内通风报信三次以上的;(3)一年内因通风报信被行政处罚,又实施通风报信行为的;(4)致使犯罪集团的首要分子或者其他严重犯罪分子未能及时归案的;(5)造成卖淫嫖娼人员逃跑,致使公安机关查处犯罪行为因取证困难而撤销刑事案件的;(6)因通风报信获得非法收入累计1万元以上的;(7)具有其他应当认定为情节严重情形的。

三、特殊行业人员通风报信行为的主观方面

(一)是否需要“明知”

特殊行业人员通风报信行为在主观方面体现为直接故意,即行为人明知有卖淫、嫖娼的违法犯罪活动发生,而在公安机关查处卖淫、嫖娼活动时,为违法犯罪分子通风报信。比如,某旅社老板一直以为甲和他人在旅社房间吸毒,在公安机关进行查处活动时多次为甲通风报信,但实际上甲和他人在房间内进行卖淫嫖娼活动,这种情况不能按照《刑法》第三百六十二条对甲进行处理,因为甲在主观上不明知有卖淫嫖娼活动发生,应当按照《治安管理处罚法》第七十四条规定,“旅馆业、饮食服务业、文化娱乐业、出租汽车业等单位的人员,在公安机关查处吸毒、赌博、卖淫、嫖娼活动时,为违法犯罪行为人通风报信的,处十日以上十五日以下拘留”予以行政处罚。

(二)犯罪目的

一般情况下,行为人通风报信是为了单位或者个人的经济利益,但牟利并不是通风报信行为构成犯罪的必要条件。

1. 关于为了单位或者个人经济利益。这里的经济利益,既包括直接经济利益,也包括间接经济利益。如旅馆业的工作人员,为了保证和增加入住旅客的客源,充当通风报信的行为人,其个人可能并没有从卖淫嫖娼犯罪分子处获得直接经济利益,但单位效益的好坏与其个人收入挂钩,在这种情况下,就可以认定行为人具有经济利益的目的。即使这些单位获取的利益都是走的正规渠道,只是为了招揽更多的顾客上门消费,对场馆内发生的卖淫嫖娼活动假装不知道,也不额外收取费用,在公安机关进行查处行动时为卖淫嫖娼活动相关人员通风报信,在此情况下,也仍然应当认定行为人具有获取经济利益的目的,并非一定要获取非法利益才能认定为具有获取经济利益的目的。

2. 出于其他目的。如为了帮助违法犯罪分子逃避法律追究,出于行为人与违法犯罪分子的个人友情,等等。在这种情况下,行为人的通风报信行为,如果情节严重构成犯罪的,仍然要依照《刑法》第三百六十二条和第三百一十条的规定处理。理由是:(1)《刑法》第三百六十二条没有明确规定本罪需以牟取非法利益为目的;(2)《涉卖淫刑案解释》第十四条第六项规定“非法获利人民币一万元以上”作为本罪情节严重的一种情形,说明是否获利不是入罪的前提,在其他条件不符合构罪条件的情况下,获利必须达到一万元以上才能认定为情节严重,才能以犯罪处理。

四、特殊行业人员通风报信行为的罪名适用问题

《刑法》第三百六十二条规定,“特殊行业人员通风报信行为,情节严重的依照刑法第三百一十条的规定处罚”,《刑法》第三百一十条的罪名是窝藏、包庇罪,为选择性罪名。法条只规定了“通风报信”一个行为,因而只能择其一而适用之,不可能既定窝藏又定包庇。由于通风报信行为既不属于"提供处所、财物",又不属于"作假证明包庇",因此司法实践中,将此类行为定性为窝藏罪还是包庇罪一直存在争议。该行为的罪名问题在无明确定论的情况下,《涉卖淫刑案解释》为司法实践指明了路径,《涉卖淫刑案解释》第十四条第一款明确规定,"旅馆业、饮食服务业、文化娱乐业、出租汽车业等单位的人员,在公安机关查处卖淫、嫖娼活动时,为违法犯罪分子通风报信,情节严重的,以包庇罪定罪处罚"。

我们认为,《涉卖淫刑案解释》将该行为认定为包庇罪,既具有刑法理论依据,也具有实践依据,可操作性强。第一,《刑法》第三百六十二条的行为依照《刑法》第三百一十条规定定罪处罚,不必适用第三百一十条规定的犯罪构成,只需要适用第三百一十条规定的罪名和刑罚即可。第二,从字面理解,通风报信并不是提供隐藏处所或者提供财物,与"窝藏"并不相干,而"包庇"一词,有袒护、掩护之意,可涵盖通风报信行为。第三,《刑法》第三百六十二条系吸纳《决定》第八条"旅馆业、饮食服务业、文化娱乐业、出租汽车业等单位的负责人和职工,在公安机关查处卖淫、嫖娼活动时,隐瞒情况或者为违法犯罪分子通风报信的,依照刑法(1979 年刑法)第 162 条的规定处罚",《决定》第八条比《刑法》第三百六十二条的规定多了"隐瞒情况"的情形,而"隐瞒情况"则是典型的包庇行为,属于"作假证明包庇"。我们可从《决定》的相关规定中分析出当时的立法意图,可以说,1997 年《刑法》第三百六十二条的规定和《决定》第八条的规定,虽然在文字上有所变化,但立法意图是一脉相承的。第四,学理上,也是普遍赞同以包庇罪定罪的,如陈兴良教授主编的《刑法疏议》认为,以包庇罪论处;[①]最高人民法院研究室主编《中华人民共和国刑法修订本》也将《刑法》第三百六十二条的行为表述为包庇罪。[②] 第五,最高人民法院以司法解释的形式确定后,全国法院遵照即可。

五、特殊行业人员与违法犯罪分子事前通谋的问题

《刑法》第三百一十条第二款规定,"犯前款罪,事先通谋的,以共同犯罪论处"。《刑法》第三百六十二条规定的通风报信行为人若事前与犯罪分子通谋的,也应以共同犯罪论处。因为《涉卖淫刑案解释》第十四条第一款也明确规定:"事先与犯罪分子通谋的,以共同犯罪论处。"之所以有这一规定,主要是为了避免将事前通谋型的通风报信行为以包庇罪处理而放纵犯罪。

实践中,应当注意,并非所有事前通谋的通风报信行为都能以共同犯罪来处理。"以共同犯罪论处"须以被包庇的行为构成犯罪为前提,其罪名以被包庇的人所犯之罪来确定。《刑法》第三百六十二条规定通风报信的对象既包括组织、强迫、引诱、容留、介绍卖淫,协助组织卖淫,引诱幼女卖淫,传播性病以及故意伤害(根据《涉卖淫刑案解释》第十二条第二款规定,明知自己感染艾滋病病毒而卖淫、嫖娼或者故意不采取措施而与他人发生性关系,从而致使他人感染艾滋病病毒的,以故意伤害罪定罪处罚)等犯罪分子,还包括卖淫、嫖娼的违法分子以及尚不达到犯罪程度的容留、介绍卖淫等违法分子。如果通风报信行为人事前与卖淫人员、嫖客等违法分子通谋,之后实施通风报信行为的,由于卖淫、嫖娼等违法行为本身不构成犯罪,故而通风报信的人也无法与之构成共同犯罪,只能在情节严重的情形下以包庇罪定罪处罚。

六、特殊行业人员通风报信行为与近似犯罪行为的区分问题

(一)与协助组织卖淫罪的区分

《刑法》第三百五十八条第四款规定,"为组织卖淫的人招募、运送人员或者有其他协助组织他人卖淫行为的",构成协助组织卖淫罪,其中"其他协助组织他人卖淫行为"是指在组织他人卖

---

① 陈兴良主编:《刑法疏议》,中国人民公安大学出版社 1997 年版,第 584 ~ 585 页。

② 最高人民法院研究室主编:《中华人民共和国刑法修订本》,人民法院出版社 2011 年版,第 160 页。

淫的活动中，起协助、帮助作用的其他行为，如为“老鸨”充当保镖、打手，为组织卖淫活动看门望哨或者管账等。此罪中“为组织卖淫活动看门望哨”行为易与本罪行为相混淆，为更好理解这两种罪，司法实践中正确适用，有必要进行区分。二者在构成要件方面完全不同。

1. 主体范围不同。协助组织卖淫罪是一般主体，凡达到刑事责任年龄，具有刑事责任能力的自然人均可构成此罪，而本罪是特殊主体，只限于“旅馆业、饮食服务业、文化娱乐业、出租汽车业等单位的人员”。

2. 犯罪行为表现不同。协助组织卖淫罪的客观方面表现为实施了对组织他人卖淫犯罪活动起协助作用的犯罪行为，协助对象是犯组织卖淫罪的行为人，协助行为可以是为组织卖淫犯罪行为人充当打手、保镖、管账、望风等，而本罪是帮助行为，帮助的对象可以是违法分子，也可以是犯罪分子，犯罪分子不局限于犯组织卖淫罪的人，还可以是协助组织卖淫的人，强迫、容留、介绍卖淫的人等，帮助行为仅指通风报信。

3. 发生时间不同。协助组织卖淫罪行为的发生没有具体时间要求，行为人在任何时间都可以实施犯罪行为，而本罪的发生必须是在公安机关查处卖淫、嫖娼活动时。

4. 侵害的客体不同。两罪虽然都同属于《刑法》第六章第八节，侵犯的客体是社会治安管理秩序和社会道德风尚，但本罪还妨害公安机关行使职权，破坏公安机关的正常查处活动，且依照《刑法》第三百一十条的规定定罪处罚。

（二）与帮助犯罪分子逃避处罚罪的区分

《刑法》第四百一十七条规定，“有查禁犯罪活动职责的国家机关工作人员，向犯罪分子通风报信、提供便利，帮助犯罪分子逃避处罚的”，即构成帮助犯罪分子逃避处罚罪。此罪的客观方面与本罪很相似，都有向犯罪分子通风报信的故意行为，目的都是帮助犯罪分子逃避处罚，结果都是妨害国家机关的正常活动，但两罪的犯罪构成明显不同。

1. 犯罪主体不同。帮助犯罪分子逃避处罚罪的犯罪主体是“有查禁犯罪活动职责的国家机关工作人员”，本罪的主体的特殊行业单位的人员，两者主体完全不同，把握犯罪主体即可作出区分。

2. 侵犯客体不同。帮助犯罪分子逃避处罚罪属于渎职犯罪，本罪属于妨害司法罪，表面上都是侵害国家机关的正常活动，但渎职犯罪还表现为侵害了国家机关工作人员的职务正当性，而本罪不存在这种情况。

涉卖淫类刑事案件证据裁判若干问题探析

□陆建红* 张华锋**

刑法分则第六章第八节“组织、强迫、引诱、容留、介绍卖淫罪”共规定了组织、强迫卖淫罪，协助组织卖淫罪，引诱、容留、介绍卖淫罪，传播性病罪等罪名。2017 年 7 月 25 日，《最高人民法院、最高人民检察院关于办理组织、强迫、引诱、容留、介绍卖淫刑事案件适用法律若干问题的解释》（以下简称《涉卖淫刑案解释》）开始实施。根据该解释的规定，明知自己患有艾滋病而与他人发生性关系的，分别情况以传播性病罪、故意伤害罪定罪处罚；旅馆业等特定单位的人员违反《刑法》第三百六十二条的，以包庇罪定罪处罚。司法实践中，对上述涉卖淫类刑事案件，在证据裁判

* 最高人民法院刑事审判第四庭审判长，二级高级法官，第二届全国审判业务专家。
** 最高人民法院刑事审判第四庭审判员。

问题上，存在一些困惑，特别是对此类案件事实的认定，如何确定“证据充分”的标准，存有争议。

解决争议需要贯彻证据裁判原则，要准确地确定证明对象。在刑事诉讼中证明对象又称待证事实、证明客体，是指诉讼中需要运用证据加以证明的事实。刑事诉讼所要解决的中心问题是被告人的刑事责任问题，即被告人构成何罪、罪重还是罪轻，应否加以刑罚，处以何种刑罚的问题。确定刑事诉讼的证明范围，应当以此为出发点审查证据。准确的确定证明对象，对涉卖淫类犯罪证明有重要意义。本文试从证据裁判原则出发，结合司法实践，就此类案件证据裁判问题，从方法论上进行一些探析。

一、涉卖淫类刑事案件的证明重点是组织、强迫、引诱、容留、介绍卖淫等行为本身，而不是卖淫事实

组织、强迫、引诱、容留、介绍卖淫罪等(以下此类犯罪简称涉卖淫类犯罪)，侵犯的客体主要是社会管理秩序，特别是社会风化(当然，其中的强迫卖淫罪、传播性病罪还同时侵犯公民的人身健康权)。因此，法律所要惩处的行为是组织、强迫卖淫等行为，而不是卖淫嫖娼本身。卖淫嫖娼在此类犯罪中，只是行为的对象。虽然卖淫嫖娼本身也是违法的行为，但在涉卖淫类犯罪案件中，卖淫嫖娼属于犯罪对象性质。因此，在涉卖淫类犯罪案件中，刑事诉讼证明的对象主要是组织、强迫等行为。卖淫嫖娼只能作为犯罪对象而存在(传播性病罪除外，在传播性病犯罪中，卖淫嫖娼是犯罪手段)。据此，在审查涉卖淫类刑事案件“证据充分”问题上，需要明确，犯罪行为的证据必须充分。

总体而言，根据《刑事诉讼法》的规定，审判人员、检察人员、侦查人员必须依照法定程序，收集能够证实犯罪嫌疑人、被告人有罪或者无罪、犯罪情节轻重的各种证据。确认犯罪事实，在犯罪的客观方面需要有充分证据证明的事实包括：犯罪行为是否发生；犯罪是否为被告人所实施；犯罪行为的实施过程，包括犯罪的时间、地点、手段、方法等；犯罪造成的后果，包括犯罪行为和犯罪后果之间有无因果关系等。但各类案件，因犯罪性质的不同，证明的重点是不同的。对于涉卖淫类刑事案件，《刑法》打击的重点是组织、强迫、引诱、容留、介绍卖淫等行为，而不是卖淫违法活动。作为此类犯罪行为的对象即卖淫活动，当然也是案件事实的一个部分，一般而言，属于必须查清楚的事实。但相对而言，此类案件的证明重点在于组织、强迫、引诱、容留、介绍卖淫等行为。因此，在审查认定证据时，对此类犯罪行为的证明必须达到事实清楚，证据确实、充分，这是对涉卖淫类犯罪事实审查的前提和基础。

具体到个罪，《刑法》分则规定了各类涉卖淫类犯罪的实行行为。犯罪的实行行为是不同犯罪之间最主要的区别，不同涉卖淫类犯罪有不同的犯罪客观方面及其表现形式，具有刑法分则规定的行为才具备了构成涉卖淫类犯罪的基础。审查证据时只有证实被告人实施了涉卖淫类犯罪的实行行为，才能认定其构成涉卖淫类犯罪。所以要准确把握不同涉卖淫类犯罪的实行行为。

例如，组织卖淫刑事案件，其行为表现为手段行为和组织行为。手段行为主要体现在“招募、雇佣、纠集”等，当然实践中还有许多，如容留、介绍卖淫等。组织行为主要体现在“管理或者控制他人卖淫”。因此，在审查证据时，不仅要审查手段行为的证据是否充分，更要审查组织行为的证据是否充分。如果组织行为的证据不充分，那么，在实务中，只能以有利于被告人的原则，根据手段行为定罪处罚。如某被告人容留卖淫的证据充分，但如果被告人在容留的基础上对卖淫人员实行了管理和控制的行为，则应当以组织卖淫罪定罪。组织行为的证据是否充分，关系到对被告人定重罪(组织卖淫罪)还是轻罪(容留卖淫罪)的问题。

又如，强迫卖淫案件，其手段行为主要体现为强迫。强迫卖淫的强迫性主要表现为：(1)在他人不愿意从事卖淫活动的情况下，使用强制手段迫使其从事卖淫活动；(2)他人虽然原本从事卖淫活动，但在他人不愿意继续从事卖淫活动的情况下，使用强制手段强迫其继续从事卖淫活动；（3）在卖淫者不愿意在某地从事卖淫活动或者为某人从事卖淫活动的情况下，使用强制手段在某地或为某人从事卖淫活动。这里所说的"强迫"，既包括直接使用暴力手段或者以暴力相威胁，也包括使用其他非暴力的逼迫手段，如以揭发他人隐私或者以可能使他人某种利害关系遭受损失相威胁，或通过使用某种手段和方法，形成精神上的强制，在别无出路的情况下，违背自己的意愿从事卖淫活动。无论行为人采取哪一种强迫手段，都构成强迫他人卖淫罪。① 如《刑事审判参考》（总第117集）刊登的被告人刘革辛强迫卖淫案，认定刘革辛实施强制手段迫使黄某某、朱某某卖淫的事实清楚，证据充分。一是有被害人陈述证实，二是有同案被告人陈华林、孔新喜供述及同伙陈华远的证言相印证，三是书证欠条、医院病历等证据补强了上述言词证据，四是被告人刘革辛在侦查阶段也作了与上述证据相印证的供述。

其他类型的涉卖淫类刑事案件，审查证据的重点也都在于行为人的行为。如引诱卖淫案件的重点在引诱行为的证据上，容留、介绍卖淫案件的重点在容留、介绍行为的证据上。当然，不同的案件还要因案件具体情况体现出不同的审查重点。如一般情况下，容留、介绍卖淫案件，因其构罪要件必须容留、介绍二人以上才构成犯罪，故容留、介绍的人数也就成了此类案件证据审查的重点。引诱幼女卖淫罪要求引诱的对象是不满十四周岁的幼女，故被引诱卖淫者是否为不满十四周岁的幼女就成了此类案件证据审查的重点。

二、涉卖淫类刑事案件犯罪构成的其他要件证据亦是审查重点

（一）犯罪主观内容的证据必须充分

犯罪主观方面是构成犯罪的必不可少的条件，在涉卖淫类案件中，犯罪的主观方面往往涉及行为人的行为是构成犯罪还是违法，如容留二人卖淫的行为构成容留卖淫罪，容留二人提供手淫服务的行为则仅构成治安违法。根据涉卖淫类刑事案件的特点，我们认为，在以下两种情况下，被告人的主观内容非常重要，需要充分的证据证明。

1. 被告人的行为对象实施的是卖淫违法活动还是色情违法活动，虽然在理论界和实务部门对于如何理解刑法意义上的卖淫还有一定的争论，但是，目前而言，对传统的性交、肛交、口交等进入式且容易传播性病的性行为方式，认定为刑法意义上的卖淫，是没有争议的。而且，权威观点也认为，司法实践中对于如何认定刑法意义上的卖淫，应当依照刑法的基本含义，并结合大众的普遍理解及公民的犯罪心理预期等进行认定，严格遵循罪刑法定原则。不宜对刑法上的卖淫概念做扩大解释，《刑法》没有明确规定手淫等非进入式而是接触式的色情服务行为属于刑法意义上的"卖淫"，因而对相关行为就不宜入罪②。据此，行为人纠集他人（包括容留、介绍甚至组织等）提供性方面的服务时，就要考察行为人的主观内容是提供卖淫服务还是一般色情服务。如果行为人主观目的就是通过纠集他人提供卖淫服务实现一定的犯罪目的，那么对行为人就可以涉卖淫类刑事犯罪定罪处罚；如果行为人主观目的仅仅是纠集他们提供色情服务（如手淫、胸推等），那么对行为人就不能以涉卖淫类刑事犯罪定罪处罚。实践中，有的行为人对性服务者明确提出，服务的内容仅限于提供手淫类的色情服务，而不允许服务员超出界限提供卖淫服务。此时，如果服务人员实施了卖淫服务，就必须认真审查认定行为人的主观内容。

---

① 全国人大常委会法制工作委员会刑法室编著：《中华人民共和国刑法解读》（第4版），中国法制出版社2015年版，第857～858页。

② 参见周峰、党建军、陆建红、杨华：《〈关于办理组织、强迫、引诱、容留、介绍卖淫刑事案件适用法律若干问题的解释〉的理解与适用》，载《人民司法》2017年第25期。

2. 行为人的“明知”。《刑法》第三百六十条规定：“明知自己患有梅毒、淋病等严重性病卖淫、嫖娼的，处五年以下有期徒刑、拘役或者管制，并处罚金。”而《涉卖淫刑案解释》则多处用了“明知”一词。如第四条规定的“明知他人实施组织卖淫犯罪活动……”第十二条规定的“明知自己患有艾滋病或者感染艾滋病病毒而卖淫、嫖娼……”特别值得一提的是，该解释第十一条对如何认定《刑法》第三百六十条规定的“明知”作了诠释。上述条文中的“明知”内容是构成相关涉卖淫类犯罪的主观要件，也是构成犯罪的前提条件。审查证据时，应当重点围绕具体犯罪的犯罪故意内容判断证据的证明力，判断证据是否达到了确实、充分的标准。

如关于被告人是否“明知”自己患有严重性病问题，审查证据时要审查是否有证据证明被告人就诊或者检查的医院就诊证明、化验单、支付凭证、以前患过类似病症、被告人了解上述严重性病的特征、医生或者患有严重性病的患者告知被告人患病或者可能患病的情形等。该类证据应当达到充分的程度，对于确实充分的标准，要结合刑法及其司法解释对具体犯罪构成要件的规定，比如这里的明知“要求的是知道自己患有严重性病或者可能患有严重性病”，如果仅仅要求证据达到“确定自己患有严重性病”而忽略了“可能患有严重性病”的构成条件，就有可能放纵犯罪。

需要说明的是，在主观故意方面，根据《涉卖淫刑案解释》第八条第三款的规定，“引诱、容留、介绍他人卖淫是否以营利为目的，不影响犯罪的成立”。也就是说，在涉卖淫类案件中，尽管多数犯罪存在营利目的，但是营利目的不是涉卖淫类犯罪构成要件之一，不必证实其犯罪目的，更不用要求达到确实充分的程度。

（二）犯罪构成中的人数、非法获利等要件事实必须证据充分

《涉卖淫刑案解释》对涉卖淫类犯罪的入罪条件进行了细化。其中一个原则是对具体个罪所涉及的卖淫人员人数进行了界定，对《中华人民共和国治安管理处罚法》（以下简称《治安管理处罚法》）有规定行政处罚的，考虑与刑法入罪标准的衔接；对《治安管理处罚法》没有规定的，根据具体犯罪的社会危害性确定一般涉卖淫人员犯罪的标准。主要体现在：(1)组织卖淫案件。根据《涉卖淫刑案解释》的规定，组织三人以上卖淫才构成组织卖淫罪。另外，根据《涉卖淫刑案解释》第二条规定，组织卖淫案件中，卖淫人员达到一定人数（一般情况下为十人，卖淫人员为特殊群体的五人），还是界定组织卖淫犯罪是否“情节严重”的标准。(2)强迫卖淫案件。强迫一人卖淫即构成犯罪。但根据《涉卖淫刑案解释》第六条规定，强迫卖淫人数达到五人以上（特殊群体达到三人以上）的，构成强迫卖淫“情节严重”。(3)容留、介绍卖淫案件，一般要求容留、介绍二人以上才构成犯罪。故此，对卖淫人数是否达到法定要求的证据务必充分。

涉卖淫类犯罪在实践中往往具有营利的目的，《涉卖淫刑案解释》根据司法实践，在入罪标准和“情节较重”量刑幅度的法定刑升格条件中设立了不同的获利标准。如(1)组织卖淫罪中规定“情节严重”的标准之一是“非法获利人民币一百万元以上”，协助组织他人卖淫“情节严重”的标准之一是“非法获利人民币五十万元以上”。(2)引诱、容留、介绍他人卖淫的构罪条件之一是“非法获利人民币一万元以上”，情节严重的标准之一是“非法获利人民币五万元以上”。(3)旅馆业、饮食服务业、文化娱乐业、出租汽车业等单位的人员，通风报信构成包庇罪的条件之一是“非法获利人民币一万元以上”。

因此，在审查证据时，应当根据《涉卖淫刑案解释》的规定，对被告人行为是否构成犯罪以及入罪以后是否达到“情节严重”标准的要求，在最低人数要求、最低获利要求等条件方面，进行严格的证据审查。既要审查有关证人证言和被告人供述，更要注重对有关书证、电子证据的审查。不仅要重视查获卖淫违法犯罪活动现场的证据，还要重视过去曾经发生事实的证据。尤其是大

部分已经发生的卖淫嫖娼行为,因嫖客难以寻找,难以收集嫖客的证言时,更要注重对账单数据、电脑数据、视频录像、银行明细、手机通话及短信、微信、QQ对话等方面的审查。切实提高打击此类犯罪的精准度。

(三)犯罪对象的证据必须充分,但充分不等于卖淫嫖娼一定要已经实施

卖淫嫖娼行为是涉卖淫类犯罪的犯罪行为的承担者,卖淫嫖娼活动是涉卖淫类犯罪的基础事实,涉卖淫类犯罪的犯罪行为均是围绕卖淫嫖娼的基础事实施行的。对于涉卖淫类刑事案件而言,犯罪对象即卖淫嫖娼违法活动由卖淫嫖娼人员、卖淫嫖娼行为、卖淫嫖娼场所等构成。在审查涉卖淫类刑事案件证据中,对犯罪对象的证据审查主要体现在以下几方面:

1. 关于卖淫嫖娼人员。要明确涉卖淫类犯罪对象为"他人",多数为女性,也包括男性。因此,对于男性提供卖淫服务以及同性之间提供卖淫服务的,不能因传统观念的影响而疏忽此类主体实施的卖淫嫖娼行为的认定。

2. 关于卖淫嫖娼行为。卖淫嫖娼行为主要包括以下几种情况:(1)卖淫嫖娼活动正在进行中;(2)卖淫嫖娼活动已经结束;(3)卖淫嫖娼活动正在交易商谈;(4)有一种特殊情况,卖淫嫖娼活动正在进行色情服务阶段如正在胸推、手淫阶段,尚未进入刑法意义上的卖淫阶段,但双方起初合意及交易价格体现了违法人员将从事刑法意义上的卖淫嫖娼活动。上述几种情况均应当认定为违法人员实施了刑法意义上的卖淫嫖娼活动,而不能将刑法意义上的卖淫嫖娼活动局限于现行抓获正在进行性交的卖淫嫖娼活动。

3. 关于卖淫场所。固定的卖淫场所,如以发廊、按摩房、洗浴中心等为名设置的卖淫场所或者设置变相的卖淫场所;随着信息技术的发展和普及,在实践中有的卖淫嫖娼行为没有固定场所,只是通过网络等现代信息技术方式临时约定卖淫嫖娼场所,也有通过网上聊天、建立微信群、QQ群等方式组织卖淫的,双方确定好卖淫嫖娼意向后确定卖淫地点,该种卖淫地点往往具有一定的随机性,但依然属于卖淫场所。

4. 关于卖淫嫖娼活动的有关物证。有时公安人员在卖淫嫖娼场所抓获男女双方,并没有查获通常用以证明卖淫行为的避孕套等物证。有观点认为必须找到避孕套、精子等生物检材才能认定为卖淫嫖娼,或者只要没有抓获现行的卖淫嫖娼就不能认定为卖淫嫖娼行为。我们认为,首先,该观点忽略了卖淫行为的多样性,除了正常性交外,还有肛交、口交等行为,有的甚至不用避孕套具等情况。其次,对于多次从事卖淫嫖娼活动或者能查实是以卖淫嫖娼为目的,或者没有正当理由出现在卖淫场所的,均应当认定为存在卖淫嫖娼活动,不能苛刻的要求必须有精子等生物检材、避孕套等物证。此种情形,要结合被告人供述、证人证言、卖淫嫖娼的资金收入等确定。

三、准确认定涉卖淫类案件的既遂与未遂

涉卖淫类犯罪是行为犯,其是否既遂与卖淫嫖娼行为是否完成没有必然联系。卖淫嫖娼行为实施完毕只是其既遂形式的一种,实践中,经常存在卖淫嫖娼行为没有完成但是涉卖淫类犯罪既遂的情形。个中原因,乃是因为涉卖淫类刑事犯罪均属于行为犯。行为犯是指以法定的犯罪行为完成作为犯罪既遂的犯罪。其一个显著特点是并不要求造成物质性的和有形的犯罪结果,而是以《刑法》分则规定的行为完成为标志。但这些行为不是以着手即告完成,按照法律的要求这类行为要有一个实行过程,要达到一定程度才能视为行为的完成。因此,在着手实行犯罪的情况下,如果达到了法律要求的程度就是完成了犯罪行为,是犯罪既遂;如果因犯罪人意志以外的原因未能达到法律要求的程度,未能完成犯罪行为,就应当认定为犯罪未遂。

具体到涉卖淫类犯罪,应当以《刑法》分则规定的涉卖淫类犯罪行为是否完成作为犯罪是否既遂的标准。实施了涉卖淫犯罪行为的则构成既遂,因为被告人意志以外的原因没有完成《刑

法》规定的涉卖淫类犯罪实行行为的，是犯罪未遂。例如，在组织、强迫卖淫过程中，组织、强迫他人卖淫已经完成的，应当认定组织、强迫卖淫罪既遂；如果只是刚着手实施组织、强迫他人卖淫行为，因被组织、强迫卖淫人员拒绝或者被公安机关查获，致使组织、强迫他人卖淫未完成，此时应当认定组织、强迫卖淫罪系未遂。引诱、容留、介绍卖淫罪，是指以金钱、物质或者其他利益为手段，诱使他人卖淫，或者为他人卖淫提供场所，或者为卖淫的人与嫖客牵线搭桥的行为。如果在此过程中其没有实现引诱、容留、介绍他人卖淫的行为，则应当以犯罪未遂处理。被组织、强迫、引诱、容留、介绍卖淫的他人是否实际完成了卖淫行为并不是上述犯罪的既遂标志，被告人实施了组织、强迫、引诱、容留、介绍卖淫的行为，而他人有卖淫的着手行为但没有完成性交、口交等行为的情形，同样可以认定为既遂。

实践中，有的法院要求侦查机关必须以充分的证据证实卖淫人员的卖淫行为已经完成，才认定涉卖淫类刑事犯罪既遂，以致造成打击涉卖淫类刑事犯罪不力；有的公安人员在卖淫场所抓获了以卖淫为目的的卖淫人员与他人同居一室，但是囿于没有证据证实发生了卖淫行为，而不敢果断抓捕或者不予认定为卖淫。这些现象，都是由于对涉卖淫类刑事犯罪是行为犯，此类案件的证明重点是组织、强迫、引诱、容留、介绍等行为本身这一基本原理认识不足。我们认为，公安司法机关在收集、审查、认定涉卖淫类犯罪行为的证据时，重点不在于卖淫行为是否实施或者实施完毕，而在于《刑法》分则规定的实行行为是否完成。至于卖淫嫖娼人员的卖淫嫖娼行为，只要“以卖淫为目的”，具有预备实施、正在实施或者已经实施了卖淫行为三种情况之一，就应当认定被告人涉卖淫类犯罪行为已经既遂。

四、根据案件情况认定事实，既要准确又要果断

如前所述，认定涉卖淫类犯罪应当明确案件证据审查的重点。在证据收集齐全或者收集证据的路径已经穷尽的时候，就应当根据已有证据，及时对案件事实作出认定。在认定案件事实时，应当明确以下几点：

（一）正确认识法律事实和客观事实的关系

根据证据认定的案件事实是法律事实，但未必就是客观事实。在民事案件中，法律事实可以依据证据优势规则认定。而在刑事案件中，法律事实则不能仅仅依据证据优势规则认定，而应当依据证据充分、排除合理怀疑的规则认定。根据《刑事诉讼法》第五十四条第二款的规定，证据确实、充分，应当符合以下条件：(1)定罪量刑的事实都有证据证明；(2)据以定案的证据均经法定程序查证属实；(3)综合全案证据，对所认定事实已经排除合理怀疑。根据这一规定以及刑事审判的实践，我们认为，刑事审判中，法院认定的事实，之所以称为法律事实而未必是客观事实，包含以下几层含义：(1)认定的事实是依据证据得出的；(2)被告人如果未实施相应的犯罪事实，即使有一定的证据证明，但由于合理怀疑没有被排除，也不能依据证据优势规则认定被告人实施了相应的犯罪事实；(3)被告人客观上实施了相应的犯罪事实，但如果证据不充分，那么，法院只能作出证据不充分，指控的犯罪事实不能成立的判决。因此，当法院认定案件事实时，必须明确，我们所认定的是法律事实，而未必是客观事实。但刑事诉讼中的法律事实，只能是认定的事实可能有利于被告人的而不会不利于被告人的事实。也就是说，只能因证据原因对客观上存在的事实作出不予认定的结论，而不能将实际上不存在的事实，仅凭证据优势规则而予以认定。

（二）正确认识有利于被告人原则在事实认定中的作用

有利于被告人原则是司法实践总结经验的产物，既有事实认定上的内容，也有法律适用上的内容。在事实认定上，主要包括：(1)被告人是否实施犯罪行为，在证据上存疑时，作出认定证据不充分的裁判；(2)被告人是实施重罪行为还是轻罪行为，在证据上存疑时，作出被告人实施轻罪行为的裁判;(3)被告人的行为构成某一罪的证据充分,但是否存在法定加重情节在证据上存疑时,作出不存在法定加重情节的裁判;(4)被告人是否具有从重处罚情节在证据上存疑时,作出从重处罚情节不成立的裁判;(5)被告人是否存在从宽处罚情节,具有一定证据,又无相反证据明确排斥从宽处罚情节的存在时,认定从宽处罚情节成立,等等。

具体到涉卖淫类刑事案件,在事实认定上的有利于被告人原则,主要体现在以下方面:(1)被告人是否实施涉卖淫类犯罪行为,在证据上存疑时,作出认定证据不充分的裁判。(2)根据现有证据不能证实被告人具有重罪的犯罪构成事实,但对轻罪要求的犯罪行为已达到了确实充分的证明标准,此时应当认定被告人不构成重罪,而构成轻罪。例如,对被告人组织未成年人卖淫,达不到确实充分的证明标准,但对其介绍卖淫的证据达到了确实充分的标准,应认定被告人构成介绍卖淫罪。(3)被告人的行为构成涉卖淫类刑事犯罪的证据充分,但法定加重处罚情节的证据不充分,如构成组织卖淫罪的证据充分,由于在卖淫人员的人数问题上是否达到十人以上存在证据上的疑惑,因而不认定其组织卖淫情节严重。(4)其他依据在案证据应当作出有利于被告人的结论的情形。

实践中有争议的主要是指控被告人的行为构成重罪,法院根据在案证据认定被告人的行为构成轻罪的做法是否于法有据?如指控被告人的行为构成组织卖淫罪,法院在认定被告人组织卖淫行为的证据不充分的情况下,能否认定被告人的行为构成容留卖淫罪?我们认为,这一做法是可行的,且有明确的法律根据。《最高人民法院关于适用〈中华人民共和国刑事诉讼法〉的解释》第二百四十一条第一款第二项规定,起诉指控的事实清楚,证据确实、充分,指控的罪名与审理认定的罪名不一致的,应当按照审理认定的罪名作出有罪判决。该规定就包含了指控重罪判决轻罪的内容。

(三)认定事实既要准确,也要果断

要根据在案证据准确把握个罪的构成条件及其重点,准确把握具体的涉卖淫类犯罪的成立条件,"情节严重"的升格条件。对达到证据确实充分标准的犯罪事实,要准确的认定,不能犹豫不决;对现有证据不能认定存在犯罪行为,证据达不到确实充分证明标准的,不能认定被告人的犯罪行为,此时要果断地作出不构成该罪的判断。也就是说,要严格依照证据裁判原则认定事实。对于历史上"判放两难"的案件,务必依照在案证据,果断作出是否认定犯罪事实的裁判,不能作"留有余地"的裁判。

司法实践中,有的被告人会对其涉卖淫类行为的性质进行辩解。在收集、审查、判断证据时,对其辩解,要重视用证据进行回应。特别是行为对象究竟是卖淫嫖娼行为还是一般色情服务行为时,更是要用证据进行回应。既不能客观归罪,在被告人预先要求相关人员仅提供色情服务时,根据相关行为人超出预先要求而实际上从事了卖淫嫖娼活动,就一律将被告人的行为以犯罪处理;也不能简单地根据现场抓获情况确定被告人的行为是犯罪行为还是违法行为。要综合在案证据,结合被告人供述和证人证言、视频录像、账单等证据进行认定。如被告人王某容留卖淫案。王某以经营发廊为名,行容留卖淫之实。公安机关在扫黄行动中,查获发廊暗间,有一对男女正准备实施卖淫嫖娼活动,另一对男女已经衣裤除尽,且两人生殖器正相对顶着,还未进入性交状态。王某辩称,其对服务人员要求与客人之间最多只能用生殖器相顶,而不能进行实质性的性交活动。而卖淫嫖娼人员均证实如果不是公安人员的介入,他们马上就进入性交状态。在这种情况下,我们既要结合证人证言,也要根据一般生活常识对王某的辩解理由进行分析。由此可以得出结论,王某的辩解理由是无法成立的。

五、重点与非重点相结合,既审查重点证据,亦审查其他证据

审查涉卖淫类案件,可以根据案件的具体性质,对要证明的事实及证据归类整理。我们认为,审查涉卖淫类犯罪的证据,首先要根据涉卖淫类犯罪的特点来确定基本事实,根据该事实确定证据的重点审查范围。审查涉卖淫类案件的证据,一般情况下,被告人是否实施了组织、强迫、引诱、容留、介绍卖淫行为,属于重点审查的对象。但是,重点与非重点都是相对的。具体到每一个案件,重点与非重点也并非绝对。如在一般案件中,卖淫人员的年龄不是重点,但当卖淫人员系不满十四周岁的幼女时,卖淫人员的年龄就成了案件审查的重点。当卖淫人员不满十八周岁时,在量刑问题上,也就成了审查的重点。又如,在故意传播性病案件中,行为人是否明知自己患有性病,自然就成了案件证据的审查重点。在故意传播艾滋病案件中,不仅行为人是否明知自己患有艾滋病是案件证据的审查重点,其传播艾滋病行为是否致使他人感染艾滋病病毒,也是案件证据审查的重点。因为根据《涉卖淫案件解释》第十二条第二款规定,明知自己感染艾滋病病毒而卖淫、嫖娼或者明知自己感染艾滋病病毒,故意不采取防范措施而与他人发生性关系,致使他人感染艾滋病病毒的,应当依照《刑法》第二百三十四条第二款的规定,以故意伤害罪定罪处罚,且致使他人感染艾滋病病毒的,认定为"重伤"。因此,对于明知自己患有艾滋病或者感染艾滋病病毒而卖淫、嫖娼的,是否实际致使他人感染艾滋病病毒,成了行为人的行为以传播性病罪定罪处罚还是以故意伤害罪定罪处罚的关键问题,而对于明知自己感染艾滋病病毒,故意不采取防范措施而与他人发生性关系的,是否实际致使他人感染艾滋病病毒,成了行为人的行为是以故意伤害罪定罪处罚还是以无罪论处的问题。

在审查涉卖淫类刑事案件的证据时,还要注意审查与数罪并罚相关的以下方面的证据:

(一)组织、强迫卖淫罪与强奸罪、故意杀人罪、故意伤害罪、绑架罪的数罪并罚问题

根据1997年《刑法》的规定,组织、强迫卖淫中并有杀害、伤害、强奸、绑架等犯罪行为的,依照组织、强迫卖淫罪处罚,最高可判处死刑。但是,《刑法修正案(九)》取消了组织、强迫卖淫罪的死刑,对犯罪分子实施杀人、伤害、强奸、绑架行为的,进行了立法上的技术处理,即由原来的一罪处罚改为数罪并罚。这样,可以确保取消组织、强迫卖淫罪的死刑后,对有杀害、伤害、强奸、绑架等犯罪行为的犯罪分子在需要判处死刑时,可以依法判处死刑。故《涉卖淫刑案解释》第七条第一款特别强调,根据《刑法》第三百五十八条第三款的规定,犯组织、强迫卖淫罪,并有杀害、伤害、强奸、绑架等犯罪行为的,依照数罪并罚的规定处罚。

这一规定要求我们在收集、审查、判断证据时,要注重两个方面的问题。一是组织、强迫卖淫行为人,在故意杀人、故意伤害、强奸、绑架案件中的主观故意和客观行为问题。既要防止将卖淫人员的伤亡以客观归罪的方式,一律定性为组织、强迫卖淫行为人的故意犯罪行为,更要防止疏漏了这方面的证据而让组织、强迫卖淫犯罪行为人逃脱了故意杀人、故意伤害、强奸、绑架的刑事责任。特别是,在《刑法》取消了组织、强迫卖淫罪的死刑刑种后,如果行为人故意杀人、故意伤害、强奸、绑架的罪行特别严重,依法应当判处死刑。此时,就更加应当注重这方面的事实认定和证据审查,以确保对此类犯罪严厉打击的高压态势。二是协助组织卖淫行为人参与故意杀人、故意伤害、强奸、绑架犯罪的证据问题。由于《刑法》将协助组织卖淫罪单独规定为一个独立的罪名,因而,协助组织卖淫行为人与组织卖淫行为人之间不以共同犯罪论处。但是,如果两者共同实施故意杀人、故意伤害、强奸、绑架的,则对这部分犯罪以共同犯罪论处。而且,实践中,协助组织卖淫行为人在故意杀人、故意伤害、强奸、绑架犯罪中充当主犯角色,组织卖淫行为人充当了从犯角色的可能性也会存在。也就是说,组织卖淫行为人和协助组织卖淫行为人在杀人、伤害、强奸、绑架犯罪中的地位、作用,并不一定依照他们在涉卖淫类刑事犯罪中的地位、作用来认定,而

是依照他们在杀人、伤害、强奸、绑架犯罪的具体情况确定主从犯地位。因此,对此类共同犯罪案件,就要认真审查证据,确定他们在共同犯罪中的地位、作用,以准确定罪量刑。

(二)组织卖淫罪与引诱、容留、介绍卖淫罪的数罪并罚问题

《涉卖淫刑案解释》第三条规定,在组织卖淫犯罪活动中,对被组织卖淫的人有引诱、容留、介绍卖淫行为的,不实行数罪并罚,依照处罚较重的规定定罪处罚。但对被组织者以外的其他人实施引诱、容留、介绍卖淫行为的,仍应当分别定罪,实行数罪并罚。因此,在组织卖淫犯罪活动中,如果行为人伴有引诱、容留、介绍卖淫犯罪行为的,一般情况下,重点审查其组织卖淫行为即可。但是,在以下两种情况中,对其引诱、容留、介绍卖淫行为的事实证据,仍然应该重点审查。(1)组织卖淫犯罪未达到情节严重,其法定刑为五年以上十年以下有期徒刑,而如果行为人同时引诱不满十四周岁的幼女卖淫的,依照《刑法》第三百五十九条第二款的规定,应当处五年以上(至十五年)有期徒刑。此时,对行为人依照处罚较重的规定定罪处罚即应当以引诱幼女卖淫罪定罪处罚。(2)组织卖淫犯罪人对被组织者以外的其他人实施引诱、容留、介绍卖淫行为的,根据前述解释规定,应当分别定罪,实行数罪并罚。上述情况下,对组织卖淫行为人的引诱、容留、介绍卖淫行为从事实、证据上进行重点审查,关系到对被告人定相对重罪还是相对轻罪,定一罪还是数罪的问题,故不可或缺。

(三)对所谓的一般性证据也要认真审查

《刑法》规定了具体犯罪的犯罪构成,犯罪构成是决定一个行为是否构成犯罪的条件,犯罪构成包括犯罪客观方面、犯罪客体、犯罪主观方面、犯罪主体。包括涉卖淫类犯罪在内的所有犯罪都有特定的犯罪构成要件,符合犯罪构成要件的事实是定罪量刑的基础。对犯罪事实的证明,不仅仅包括对客观方面,尤其是犯罪行为的证明,同样包括对犯罪构成其他方面事实的证明。因此,在审查证据时不仅应当把握重点,而且应当照顾全面。除了需要有证据证明的犯罪客观方面,还需要充分的证据证实其他的犯罪成立条件,对其他方面同样需要有确实充分的证据证实。

1. 犯罪客体。涉卖淫类犯罪侵犯的客体是社会主义道德风尚,其中具有暴力、威胁等强迫行为的组织卖淫活动、强迫卖淫活动以及传播性病罪还侵犯了他人的人身权利。涉卖淫类犯罪对象既包括女人,也包括男人。犯罪客体应有一定证据证明。虽然并不必然的由具体的证据直接证明犯罪客体,但是在案件中综合各种证据必须能够证实犯罪客体及其犯罪对象。

2. 主观方面。涉卖淫类犯罪的主观方面是犯罪故意,包括直接故意和间接故意。故在审查证据时应当着重审查被告人的犯罪罪过,被告人是否具有犯罪的主观故意。比如,在协助组织卖淫罪中,帮助运送卖淫人员的司机是否知道或者可能知道运送的是卖淫人员或者自己在协助他人实施组织卖淫;容留卖淫人员的,被告人是否明知容留的是他人卖淫,如果被告人不明知是卖淫人员或者知道是卖淫人员但不是以卖淫为目的居住的话,就不能认定被告人构成容留卖淫罪。比如,卖淫女甲因故在自己亲属乙租住的房屋里居住,其间曾卖淫,乙并不知晓甲的卖淫行为,只是以其他目的为甲提供了住处,因乙没有容留卖淫的主观故意,不构成容留卖淫罪。故在审查犯罪主观方面时,应重点审查被告人是否具有涉卖淫类犯罪的犯罪故意。

司法实践中,行为人一般是以营利为目的,但这并不是涉卖淫类案件主观方面的必备要件。只要行为人实施了涉卖淫类犯罪的行为即构成本罪,而不论其动机、目的如何。故在审查证据时不必有确定的证据证实被告人具有营利目的等。但犯罪动机和目的可能影响被告人的刑事责任。在审查证据时若证实被告人具有卑劣的犯罪目的和动机,是适度从重的酌定情节,若有充分的证据证实被告人具有该类动机和目的的,应当在宣告刑中体现;若对该类犯罪动机和目的不能达到确实充分的证明标准,则不能认定被告人具有该卑劣的动机和目的。被告人如果是基于贫

困、治病等动机和目的的，由于此类动机是对被告人有利的酌定从轻情节，也应有相应证据证明。

3. 犯罪主体。犯罪主体是实施犯罪的人。涉卖淫类犯罪的犯罪主体均为一般主体，系自然人。根据《刑法》规定“单位”不能构成此类犯罪。《刑法》规定应当是年满十六周岁，具有刑事责任能力的自然人才能构成此罪。在审查证据时应当审查被告人是否年满十六周岁，是否足以具有刑事责任能力。

另外，在涉卖淫类犯罪相关的犯罪中，《刑法》第三百六十一条、第三百六十二条规定了一类特殊身份主体，即“旅馆业、饮食服务业、文化娱乐业、出租汽车业等单位的人员”。《刑法》第三百六十一条第一款规定，“旅馆业、饮食服务业、文化娱乐业、出租汽车业等单位的人员，利用本单位的条件，组织、强迫、引诱、容留、介绍他人卖淫的，依照本法第三百五十八条、第三百五十九条的规定定罪处罚”。第二款规定，“前款所列单位的主要负责人，犯前款罪的，从重处罚”。第三百六十二条规定，“旅馆业、饮食服务业、文化娱乐业、出租汽车业等单位的人员，在公安机关查处卖淫、嫖娼活动时，为违法犯罪分子通风报信，情节严重的，依照本法第三百一十条的规定定罪处罚”。在处理上述人员犯罪时，应当有充分的证据证实被告人系“旅馆业、饮食服务业、文化娱乐业、出租汽车业等单位”的人员。如果被告人是上述单位的主要负责人的，因要对其从重处罚，更要以充分、扎实的证据证明之。

六、既要注重审查定罪证据，又要注重审查量刑证据

定罪是人民法院通过对某一案件的审理，确定某种危害行为是否构成犯罪以及构成何种犯罪等的活动，简言之，解决犯罪事实是否存在，是何种性质犯罪的问题。但是刑事诉讼的最终目的是确定被告人的刑事责任，实现刑事责任需要通过人民法院对被告人量刑程序完成。量刑是以定罪为基础，是定罪之后的后续环节，其和定罪活动一起构成了人民法院审判阶段的全部活动。量刑活动包括是否对犯罪人判处刑罚、判处何种刑罚、多重的刑罚，对刑罚是否立即执行以及将数个刑罚合并为宣告刑的行为。量刑以事实为根据，以法律为准绳。审查涉卖淫类案件时，不仅要审查对被告人定罪的证据，同样要审查对被告人量刑的证据。在量刑情节上一般分为法定情节和酌定情节，对被告人有利的情节和对被告人不利的情节，应当型情节和可以型情节。

审查量刑情节证据时，应当注重法定情节和酌定情节、对被告人有利的情节和对被告人不利的情节等，并有充分的证据证实。《涉卖淫刑案解释》中规定了诸多量刑情节，尤其明确规定了“情节严重”的常见样态，司法实践中要围绕《刑法》及司法解释规定的内容组织证据，审查判断证据的证明力以及对被告人刑事责任的影响。基于保证被告人权益的目的，对量刑情节的证明同样需要达到证据确实充分的标准。

比如，《涉卖淫刑案解释》第九条规定了司法实践中常见的引诱、容留、介绍他人卖淫罪中“情节严重”的情形，即具有下列情形之一的，应当认定为《刑法》第三百五十九条第一款规定的“情节严重”：(1)引诱五人以上或者引诱、容留、介绍十人以上卖淫的；(2)引诱三人以上的未成年人、孕妇、智障人员、患有严重性病的人卖淫，或者引诱、容留、介绍五人以上该类人员卖淫的；(3)非法获利人民币五万元以上的；(4)其他情节严重的情形。确认被告人是否具有该罪“情节严重”事实时，要审查现有证据是否足以证实被告人具有情节严重的条件，且达到事实清楚、证据确实充分的证明标准。如果证据足以证实被告人具有引诱、介绍、容留他人卖淫情节严重的行为之一，就应当在“情节严重”对应的量刑幅度内量刑。

《涉卖淫刑案解释》还对《刑法》规定的“组织、强迫未成年人卖淫的，应当从重处罚”“组织他人卖淫”“协助组织他人卖淫”“强迫他人卖淫”等有从重处罚或者“情节严重”的标准予以规定。对涉卖淫类案件量刑时，对量刑情节特别是决定量刑幅度的情节，要有充分的证据证实。比如，上述未成年人、未满十四周岁的幼女卖淫，怀孕的人、患有严重性病的人卖淫等情节都需要充分的证据证实。现有证据不能形成完整的证据链，对上述从重处罚情节等不能达到确实充分的标准的，不能认定存在上述情节，只能在较轻的量刑幅度内量刑。

在审查量刑情节时，不能仅重视从重型情节，还需要重视对被告人有利的情节即从宽型情节，如自首、立功等。该类从宽型情节有明确的法律规定的成立条件，对此均要有证据证明并达到确实充分的证明标准。

除审查证明法定量刑情节的证据，还要重视审查证明酌定量刑情节的证据。酌定量刑情节往往不是法律或者司法解释所规定，但是在司法实践中影响被告人的刑事责任及其刑罚的事实。比如，犯罪动机和目的、犯罪的时间、犯罪后的态度、犯罪后果、犯罪的时间地点、犯罪的个人情况等。酌定情节同样区分为有利于被告人的情节和不利于被告人的情节。比如，犯罪动机和犯罪目的不同，反映了犯罪分子的主观恶性不同。犯罪动机卑劣的，其主观恶性大，社会危害程度深，应予严惩；基于可囿性动机，比如，被骗犯罪的、基于强迫等犯罪的，一般情形下可以考虑适当从轻处罚。如在引诱、容留、介绍卖淫罪中，有的是为谋取巨额利益，为实施其他犯罪行为，有的是基于家庭贫困为上学、医疗等基本生活、维持基本生存所需费用而实施的犯罪。在同等条件下，对后者量刑轻于前者。基于证据裁判原则，对上述酌定量刑情节均需要以证据予以证明。

《刑法修正案(九)》对组织、强迫卖淫罪、协助组织卖淫罪等进行了修改，涉卖淫类犯罪的刑罚中不再保留死刑，对涉卖淫类犯罪的最高刑期为无期徒刑。最高人民法院于2017年3月9日发布了修订后的《关于常见犯罪的量刑指导意见》(以下简称《量刑指导意见》)，《量刑指导意见》中规定，该指导意见规定的15种常见犯罪以外，其他判处有期徒刑、拘役的案件，可以参照量刑指导原则、基本方法和常见量刑情节的适用规范量刑。故涉卖淫类犯罪量刑时，可以参照《量刑指导意见》的量刑原则和常见量刑情节适用等内容。对《量刑指导意见》的适用条件及其要求的量刑情节同样需要达到确实充分的标准。

总之，对涉卖淫类案件事实证据进行审查时，应当坚持全面审查与重点审查相结合的方法。既重点审查犯罪客观方面的证据，又兼顾犯罪构成其他方面如犯罪客体、犯罪主体、犯罪主观方面的证据；既要审查定罪证据，又要审查量刑证据；既要审查对被告人不利的证据，又要审查对被告人有利的证据；既要坚持证据裁判原则，又要兼顾其他证明方法，避免机械办案。在涉卖淫类案件中贯彻证据裁判原则，要把握案件本质，审查证据不偏漏，确保认定事实清楚，尽量接近客观事实，确保定罪准确，量刑适当。

惩治疫情防控期间“涉医”违法犯罪的法律适用

□臧德胜　李铁凡

2020年年初，一场突如其来的新型冠状病毒肺炎在全国范围内造成了较大的影响。医疗卫生机构成为救治患者、防控疫情的主战场，医务人员为此做出了巨大的牺牲与贡献。然而，各类侵犯医务人员安全、妨害医疗秩序的违法犯罪行为并不鲜见，干扰了疫情防控工作的开展，破坏了社会规则。2月7日，国家卫生健康委员会、最高人民法院、最高人民检察院、公安部联合印发了《关于做好新型冠状病毒肺炎疫情防控期间保障医务人员安全维护良好医疗秩序的通知》(以下简称《通知》)，对依法打击新型冠状病毒肺炎疫情防控期间“涉医”违法犯罪提出了要求。《通知》中所提出的对违法犯罪的打击，既涉及治安处罚问题，也涉及刑事犯罪处理问题，既涉及实体问题，也涉及程序问题。但《通知》只是明确了需要惩治的对象，并不涉及如何具体适用法律问题。本文结合相关法律规定,对在实践中如何正确理解《通知》精神,准确适用法律打击“涉医”犯罪问题提出浅见。

一、违法行为和犯罪行为的界限

《通知》指出,对其中所列举的七类侵犯医务人员安全、扰乱医疗秩序行为,“构成犯罪的,依法追究刑事责任;构成违反治安管理行为的,依法予以治安管理处罚”。综观所列举的这些行为,或者危害公共安全,或者侵犯他人人身权利,或者妨害社会管理秩序,在当前疫情防控工作中,是发案率相对较高的情形。这七类行为,总体上均属于与社会治安密切相关的行为,在疫情防控的特殊时期,行为对象特定化为医务人员或者医疗秩序。针对治安类违法犯罪行为,我国采用了二元制制裁体系,包括了治安处罚和刑事处罚两种层次的制裁手段。刑罚与治安处罚的根本差异,在于根据反社会行为的社会危害性程度而予以区别对待。同样一种类型的行为,根据其手段、情节和造成的后果,确定其性质是违法行为还是犯罪行为。如果符合刑法规定构成犯罪的,则追究刑事责任,动用刑罚手段;如果尚不构成犯罪,但违反治安管理的,则属于行政违法,予以治安处罚,动用行政处罚手段。

《通知》充分体现了这样的二元制制裁体系的处置原则,在具体案件办理过程中,需要精准区分违法行为和犯罪行为,做到严格、依法惩治,不偏不倚。

1. 不降格原则:构成犯罪的,不能以治安处罚代替刑事处罚

对于违法犯罪行为的惩治,要坚持比例原则,处罚后果和行为性质相协调,既不能轻行为重处罚,也不能重行为轻处罚,这也是“违法必究、执法必严”的社会主义法治原则的基本要求。构成犯罪的行为,自然符合治安处罚的条件,但如果按照治安处罚则放纵了犯罪。尤其在疫情防控期间,降格处理不足以达到惩戒目的。《通知》中蕴含着这样的精神,指出“构成犯罪的,依法追究刑事责任;构成违反治安管理行为的,依法予以治安管理处罚”。这一规定,就体现了严格执法的要求,对于“涉医”违法犯罪行为,首先考虑其是否构成犯罪,而不是优先考虑按照治安管理处罚。在具体办案过程中,需要落实这一精神,对于构成犯罪的不能降格处理。

2. 不拔高原则:仅仅违反治安管理的行为,不能以犯罪论处

我国刑法明确了罪刑法定原则,只有符合了刑法分则规定,构成犯罪的,才能追究刑事责任。犯罪行为的社会危害性大于一般的违法行为,刑罚只适用于实施了具有较为严重社会危害性的行为的人。对于某一具体的治安类违法行为,在仅仅构成行政违法的情况下,不能因为疫情防控的形势需要而认定为犯罪。

在具体办案过程中,如何区分某一行为是治安违法行为还是刑事犯罪行为,较为疑难。笔者认为,可以分为以下三步进行判断。

一是对照刑法分则条文。在刑法分则中有些罪名的规定较为明确,根据条文规定即可判断某一行为是否构成犯罪。如果行为直接符合了分则的规定,则可以直接认定为犯罪,不符合的则不能定罪。如根据刑法第二百三十四条的规定,故意伤害他人身体,致人重伤的,构成故意伤害罪。一旦实施故意伤害行为致使被害人的伤情构成重伤的,则必然构成犯罪,不存在按照一般违法行为处理的余地。

二是对照司法解释。最高人民法院等机关发布的一些针对个罪的司法解释,对具体罪名的构成条件会作出明确的规定,这就限制了司法人员的裁量权。如随意殴打他人“情节恶劣”的,构成寻衅滋事罪,《最高人民法院、最高人民检察院关于办理寻衅滋事刑事案件适用法律若干问题的解释》(以下简称《寻衅滋事解释》)就规定了“情节恶劣”的七种情形。如果具体行为不符合司法解释规定的,则不能认定为犯罪,至多只能按照治安违法处理。

三是对《治安管理处罚法》和刑法做系统考察。如果《治安管理处罚法》和刑法对某一类行为都有规定,在刑法分则罪状不明,也没有司法解释规定构成条件的情况下,司法人员行使裁量权时,要考虑两部法律的协调。在这种情况下,刑法与《治安管理处罚法》相互衔接,内容互补,从合法行为到违法行为再到犯罪行为,不法性逐步提升,而不能从合法行为直接上升为犯罪行为,刑罚的适用要为治安处罚留下空间。如非法限制医务人员人身自由的行为,《治安管理处罚法》第四十条有规定,刑法第二百三十八条也有规定,虽然刑法及司法解释中没有明确规定限制他人人身自由多长时间构成非法拘禁罪,但不能说一旦实施了限制人身自由的行为,不论时间长短都构成犯罪,否则《治安管理处罚法》就失去了适用空间。

二、常见"涉医"违法犯罪行为的司法认定

《通知》明确,七类侵犯医务人员安全、扰乱医疗秩序的行为如果构成犯罪,则需要追究刑事责任。至于这七类行为在何种情况下构成犯罪,构成何种犯罪,则需要司法机关予以把握。

1. 殴打、故意伤害、故意杀害医务人员的

此种行为是针对医务人员人身而实施的,侵犯了医务人员的人身权利,包括健康权和生命权,具体而言又包括三种类型:

一是殴打医务人员的。根据其主观动机、客观行为以及危害后果,存在不同的定性。如果针对特定的医务人员实施一般的殴打行为,没有造成轻伤后果的,一般来说只能构成治安违法,不构成犯罪。而如果行为人为寻求刺激、发泄情绪、逞强耍横等,无事生非,随意殴打医务人员的,则其行为不仅侵犯了医务人员的人身权利,而且妨害了社会管理秩序,可能构成寻衅滋事罪。根据《最高人民法院、最高人民检察院、公安部、司法部关于依法惩治妨害新型冠状病毒感染肺炎疫情防控违法犯罪的意见》(以下简称"两高两部"《意见》)中规定,"随意殴打医务人员,情节恶劣的,依照刑法第二百九十三条的规定,以寻衅滋事罪定罪处罚"。在具体办案过程中,需要按照《寻衅滋事解释》确定何谓"情节恶劣"。

二是故意伤害医务人员的。伤害一般是指非法损害他人身体健康的行为,从程度上重于一般殴打行为。一般殴打行为只是给他人造成暂时性的肉体疼痛,或使他人神经受到轻微刺激,但没有破坏他人人体组织的完整性和人体器官的正常机能。在伤害的故意支配下伤害医务人员的,构成故意伤害罪,根据损害后果不同,分别认定为故意伤害致人轻伤、致人重伤和致人死亡,对应不同的法定刑,法定最高刑为死刑。对于致人重伤以上后果的犯罪目的明确、犯罪手段恶劣,却没有造成严重后果的,可以按照故意伤害罪犯罪未遂论处。而如果实施行为的手段一般,没有造成轻伤以上后果的,一般不以故意伤害罪论处。

三是故意杀害医务人员的。故意杀害即故意剥夺他人生命,是最为严重的犯罪行为,法定刑也是采用了从重到轻的表述方式——判处死刑、无期徒刑或者十年以上有期徒刑。实施故意杀害医务人员的行为,不论是否造成死亡结果都构成故意杀人罪。造成死亡结果的属于犯罪既遂,未造成死亡结果的属于犯罪未遂。

2. 以暴力、威胁等方法非法限制医务人员的人身自由,或者公然侮辱、恐吓、诽谤医务人员的

一是以暴力、威胁等方法非法限制医务人员的人身自由的。这一行为侵犯了医务人员的人身自由,妨害了医务人员的诊疗行为。"两高两部"《意见》规定,"以不准离开工作场所等方式非法限制医务人员人身自由,符合刑法第二百三十八条规定的,以非法拘禁罪定罪处罚"。构成非法拘禁罪,要求限制人身自由的行为达到一定的时间长度,否则不构成犯罪,只能施以治安处罚。刑法第二百三十八条同时规定,在非法拘禁过程中,具有殴打、侮辱情节的,从重处罚。据此,如果有殴打、侮辱情节的,在入罪条件上,对拘禁的时间条件可以适当放宽。在疫情防控期间,医务

人员承担着救死扶伤的职责，对医务人员实施非法拘禁行为，危害后果更为严重，应当从严惩处。

二是公然侮辱或者捏造事实诽谤医务人员的。公然侮辱是采用暴力或者其他方法，使他人人格尊严受损的行为，情节严重的，构成侮辱罪。如果是以言语方式侮辱的，不论行为人的言语内容是否真实，均不影响侮辱的定性。捏造事实诽谤他人，败坏他人名誉，情节严重的，构成诽谤罪。侮辱罪和诽谤罪，都以情节严重为入罪条件，情节一般的，不构成犯罪。根据刑法第二百四十六条第二款的规定，构成侮辱、诽谤罪的，“告诉的才处理，但是严重危害社会秩序和国家利益的除外”。也就是说，该罪一般是自诉案件，由受害人直接向法院提起刑事自诉，但是严重危害社会秩序和国家利益的，可以依法由公安机关侦查，检察机关提起公诉。在疫情防控的背景下，公然侮辱、诽谤医务人员，不仅严重伤害医务人员的感情，而且严重干扰防疫工作的开展，可以根据案件情况判断是否属于严重危害社会秩序，如果属于就可以按照公诉程序处理，而无须医务人员提起刑事自诉。

三是恐吓医务人员的。恐吓是指以要挟的话或手段威胁人，以使他人心里感到畏惧恐慌。根据刑法第二百九十三条的规定，恐吓他人情节恶劣的，构成寻衅滋事罪。何谓情节恶劣，要结合行为人的行为动机、行为方式、行为场所、行为后果等综合判断。在疫情防控期间，多次恐吓医务人员的，持凶器或者以传染新型冠状病毒恐吓医务人员的，恐吓行为影响医务人员的工作、生活的，或者造成恶劣社会影响的，可以认定为寻衅滋事罪。

3. 对医务人员实施撕扯防护用具、吐口水等行为，可能导致医务人员感染新型冠状病毒的

新型冠状病毒肺炎，是一种严重的传染病，每一个人都需要采取相应的防护措施。作为医务人员，身处防疫的第一线，更应当加强防护。而行为人对医务人员实施撕扯防护用具的行为，会增加医务人员感染的风险。在疫情期间向医务人员吐口水，具有极大的传播病毒可能性，危害巨大。

对此类行为如何定性，不可一概而论，需要考虑多种因素：(1)行为人是否确诊患者或者疑似患者，如果患者自身就是传染源，不论是撕扯医务人员防护用具，还是向医务人员吐口水，都具有使医务人员感染病毒的现实危险。(2)实施行为的场所是否人员众多，如果在感染者救治病房这样的“红区”撕扯医务人员防护用具，使医务人员感染的可能性更大，在人数众多的地方吐口水，受感染的人员可能不止其所直接针对的医务人员，还可能危害公共安全。(3)是否造成了医务人员感染新型冠状病毒，后果不同，对行为的法律评价也就不同。

此类行为可能触犯多个罪名，包括但不限于：(1)故意伤害罪，如行为人针对特定的医务人员个人实施上述行为，造成其感染新型冠状病毒的，则侵犯了医务人员的身体健康，构成本罪。“两高两部”《意见》规定，“对医务人员实施撕扯防护装备、吐口水等行为，致使医务人员感染新型冠状病毒的，依照刑法第二百三十四条的规定，以故意伤害罪定罪处罚”。(2)以危险方法危害公安安全罪，如确诊患者或者疑似患者在医院等公众场所实施吐口水行为，危害公共安全的，则构成本罪，不论是否造成实际后果。(3)寻衅滋事罪，如非新冠肺炎患者自称系患者在疫情防控期间在公众场所实施该类行为，造成公共场所秩序严重混乱的，可以认定为在公共场所起哄闹事，以本罪论处。(4)侮辱罪，如非新冠肺炎确诊或疑似患者公然向医务人员吐口水，侮辱其人格，情节恶劣的，构成本罪。

4. 以暴力、威胁等方法拒不接受医疗卫生机构的检疫、隔离、治疗措施，或者阻碍医疗卫生机构依法处置传染病患者尸体的

国家将新冠肺炎按照甲类传染病防控管理，任何公民均有义务接受医疗卫生机构采取的检疫、隔离、治疗措施，对传染病患者的尸体，也应由医疗卫生机构依法处置。对于此类行为，根据

行为主体、主观心态、行为对象以及后果的不同，可能触犯的罪名也不同。

一是以危险方法危害公共安全罪。该罪主要适用于新冠肺炎确诊患者或者疑似患者。根据“两高两部”《意见》，确诊患者拒绝隔离、治疗，且进入公共场所或者乘坐公共交通工具的，构成本罪；而疑似患者，在具备前述条件的同时，还要求造成了新型冠状病毒传播才构成本罪。作为确诊患者或者疑似患者，实施了此类行为，就可以推定其具有危害公共安全的故意。

二是妨害传染病防治罪。前述以危险方法危害公共安全罪，犯罪主体限于确诊患者或者疑似患者，而对于一些疫情防控的重点人员，也需要予以重点关注。“两高两部”《意见》规定，“其他拒绝执行卫生防疫机构依照传染病防治法提出的防控措施，引起新型冠状病毒传播或者有传播严重危险的，依照刑法第三百三十条的规定，以妨害传染病防治罪定罪处罚”。在疫情防控期间，这些重点人员主要包括确诊或者疑似患者的密切接触者、有感染症状者及有重点疫区居住、出行史的人员等。

三是妨害公务罪、寻衅滋事罪。根据刑法第二百七十七条的规定，以暴力、威胁方法阻碍国家机关工作人员依法执行职务的，构成妨害公务罪。根据“两高两部”《意见》，如果医疗卫生机构系依照法律法规规定行使疫情防控职权，或者系受政府卫生行政部门依法委托代表卫生行政部门行使疫情防控职权，或者医疗卫生机构指派医务人员配合国家机关工作人员共同履行疫情防控职权，行为人以暴力、威胁等方法实施前述行为，触犯了刑法第二百七十七条规定的，则构成妨害公务罪。如果以暴力、威胁等方法实施前述行为，不符合妨害公务罪的对象条件，但情节恶劣，或者造成公共场所秩序严重混乱的，可以构成寻衅滋事罪。

5. 强拿硬要或者故意损毁、占用医疗卫生机构的财物，或者在医疗卫生机构起哄闹事、违规停放尸体、私设灵堂，造成秩序混乱、影响疫情防控工作正常进行的

强拿硬要或者故意损毁、占用医疗卫生机构的财物，情节严重的，按照刑法第二百九十三条第一款第（三）项的规定，构成寻衅滋事罪。在疫情防控期间，医疗卫生机构的财物不容侵犯，否则会严重影响医疗卫生机构工作的开展。根据《寻衅滋事解释》的规定，情节严重的具体情形包括：强拿硬要财物价值一千元以上，或者任意损毁、占用财物价值两千元以上的；多次强拿硬要或者任意损毁、占用财物，造成恶劣社会影响的；严重影响医疗机构工作、经营的等。

在医疗卫生机构起哄闹事、违规停放尸体、私设灵堂，造成秩序混乱、影响疫情防控工作正常进行，情节严重的，可以按照刑法第二百九十三条第一款第（四）项“在公共场所起哄闹事，造成公共场所秩序严重混乱”的规定，以寻衅滋事罪论处。根据《寻衅滋事解释》的规定，在医院等公共场所起哄闹事，应当根据公共场所的性质、公共活动的重要程度、公共场所受影响的范围与程度等因素，综合判断是否“造成公共场所秩序严重混乱”。

6. 非法携带枪支、弹药、管制器具或者爆炸性、放射性、毒害性、腐蚀性物品进入医疗卫生机构的

医疗卫生机构属于公共场所，需要确保安全。行为人非法携带以上危险物品进入医疗卫生机构危害公共安全，情节严重的，按照刑法第一百三十条的规定，构成非法携带枪支、弹药、管制刀具、危险物品危及公共安全罪。何谓情节严重，需要结合行为人主观上的动机、目的，客观上的时间、场所，以及携带的具体物品综合评判。构成该罪，不以行为人使用所携带的危险物品为条件。该罪系选择罪名，在办案过程中，需要根据行为人携带的具体物品确定实际适用的罪名。

7. 其他侵犯医务人员安全、扰乱医疗秩序的情形

在前述六类情形之外，实施其他侵犯医务人员安全、扰乱医疗秩序的行为，构成犯罪的，按照相应罪名处理。这一规定属于兜底条款，在认定具体犯罪行为时，应当按照罪刑法定原则，依法

处理。

三、对犯罪行为的处理原则

在疫情防控期间，发生以上犯罪行为，会影响相关工作的开展，对其及时惩处，有利于震慑潜在的犯罪分子，增强医务人员的安全感，维护医疗卫生机构的秩序。

1. 及时处理原则

“惩罚犯罪的刑罚越是迅速和及时，就越是公正和有益。”在疫情防控期间，对犯罪行为惩处得越及时，社会秩序恢复得越快，公平正义实现得越早。《通知》对公、检、法三机关都提出了要求：公安机关接到报警后应当及时出警、快速处置，对应当追究刑事责任的，依法及时立案侦查，全面、规范地收集、固定证据；人民检察院应当从快审查批准逮捕、提起公诉；人民法院应当加快审理进度。从审判角度看，一是要加快诉讼流程，缩短办案时间；二是要优先适用速裁程序、简易程序。

2. 依法处理原则

对此类犯罪的处理，《通知》充分体现了依法处理的精神。公安机关、检察机关只能对需要追究刑事责任的，才依法立案侦查、审查批准逮捕、提起公诉。审判机关要在全面查明案件事实的基础上正确适用法律、准确定罪量刑。对犯罪动机卑劣、情节恶劣、手段残忍、主观恶性深、人身危险性大，或者所犯罪行严重危害公共安全、社会影响恶劣的被告人，予以从严惩处，符合判处重刑至死刑条件的，坚决依法判处。

在疫情防控期间，行为人实施犯罪，反映出其主观恶性更大，社会危害性更严重，对其从严惩处也是依法处理原则的体现。“两高两部”《意见》明确规定，对于在疫情防控期间实施有关违法犯罪的，要作为从重情节予以考量，依法体现从严的政策要求，有力惩治震慑违法犯罪，维护法律权威，维护社会秩序，维护人民群众生命安全和身体健康。

3. 协同处理原则

办理“涉医”违法犯罪案件，要加强沟通协调，以实现更好的办案效果。一是卫生健康行政部门、医疗卫生机构与公安机关的协同，建立相应工作机制。二是公安机关与检察机关、审判机关的协同，配合人民检察院、人民法院在办案过程中提出的补充、核实证据等意见建议，及时按照审判的标准完善相关证据。三是人民法院与医疗卫生机构的协同，在审判过程中发现医疗卫生机构存在安全保卫机制不健全等问题的，及时提出司法建议。四是人民法院与宣传部门的协同，依法及时发布相关信息，回应社会关切，并实现“办理一案，教育一片”的效果。

（作者单位：北京市朝阳区人民法院）

新型冠状病毒肺炎疫情防控下的刑事司法应对策略

□赵　慧

岁末年初，肇始于湖北武汉的新型冠状病毒肺炎（以下简称新冠肺炎）疫情席卷神州大地，全国各地纷纷启动重大突发公共卫生事件一级响应，封村、封城、禁足、禁止聚集、交通管制等措施纷纷出台，在有效防控新冠肺炎疫情的同时，也给我国的经济发展、社会生活以及人民群众的生命安全和身体健康带来重大影响。

当前，疫情防控工作到了最吃劲的关键阶段，我们要认真落实习近平总书记的重要指示精神，坚持依法科学有序防控，在法治轨道上统筹推进各项防控工作，转变司法应对模式和方法，精准施策,多措并举,保障疫情防控工作顺利开展。

一要从严。犯罪是在特定时空条件下发生的一种社会不良现象,社会形势的变化对于判断行为人的主观恶性、人身危险性以及行为的社会危害性具有积极的参考价值,也直接影响对该行为是否要科处刑罚以及科处何种刑罚。正如韩非子言:世异则事异,事异则备变。在疫情防控期间,行为人出于不良动机实施违法犯罪,一方面充分表明其主观恶性深和人身危险性大,另一方面其行为严重扰乱了疫情防控犯罪秩序,直接关系疫情防控阻击战的胜败,因而相比正常社会期间具有更大的危害性,应当作为从重情节予以充分考虑,体现从严惩治的刑事政策要求。例如,暴力伤医违法犯罪的发生,侵犯了医生的生命健康权利,严重挫伤了一线医务人员抗击疫情的积极性,践踏了法律和良知的底线,严重阻碍疫情工作的顺利开展,当然具有从重处罚的法律根据。因此,在疫情防控工作中,司法机关要充分发挥各自职能作用,充分运用累犯等法定从重处罚情节以及犯罪动机卑劣、情节恶劣、手段残忍、主观恶性深、人身危险性大、不认罪悔罪,或者所犯罪行严重危害公共安全、社会影响恶劣等酌定从重处罚情节,加大从严惩治各种犯罪的力度,有力震慑违法犯罪分子,为坚决打赢疫情防控阻击战提供有力法治保障。当然,从重处罚也必须具有相应的法律依据,要坚持罪责刑相适应原则,不能不顾案件具体情况一味从重,甚至突破法律规定加重处罚。

二要从快。意大利刑法学家贝卡利亚说过:惩罚犯罪的刑罚越是迅速和及时,就越是公正和有益。只有从快打击疫情防控各种违法犯罪,才能在普通民众心中播下"违法必究"的法治种子,进一步在社会上传导"法网恢恢、疏而不漏"的朴素法治观念,引导社会大众进一步明辨是非,规范自身行为,理解与支持党委和政府的疫情防控工作,甚至积极主动同妨害疫情防控工作的各种违法犯罪作斗争。比如,通过及时将各种不服从当地政府实施的疫情管控措施,不配合政府依法采取的调查、检疫、强制隔离、隔离治疗,隐瞒个人疫病史、重点地区旅行史、与疑似新冠肺炎患者接触史,隐瞒不报发热、乏力、干咳等症状,以及甚至殴打疫情防控工作人员或医务人员等行为作为犯罪处理,有力保障了疫情防控措施的落地落实,对于有效实现"内防扩散、外防输出"防控策略,坚决防止疫情扩散,为夺取疫情防控攻坚战胜利起到了十分重要的作用。因此,司法机关在疫情防控犯罪惩治中,要在不减损犯罪嫌疑人、被告人及律师的诉讼权利以及保障诉讼参与人合法权益的基础上,加强协调沟通,建立完善案件快速办理机制,做到公安机关快立快侦、检察机关快捕快诉、审判机关快审快结,使违法犯罪行为人及时受到法律追究,引导社会大众支持和配合疫情防控工作,为疫情防控工作营造良好法治环境。

三要依法。法者,治之端也。打赢新冠肺炎疫情防控战,既要坚持科学防治,更要坚持依法防控,以法治思维和法治方式推进疫情防控工作平稳运行。习近平总书记在中央全面依法治国委员会第三次会议上从完善立法、严格执法、加大司法等九个方面就依法推进疫情防控、提高依法治理能力提出了明确要求,为我们依法防控疫情提供了根本遵循。疫情防控是一场全民参与的阻击战,确保防控部署令行禁止、避免在贯彻落实中走样变形,确保疫情监测、排查措施落地生根,确保疫情信息公开透明、避免虚假信息引发社会恐慌,确保"应收尽收、应治尽治"做实做细,确保"控增量、减存量、防变量"落到实处,坚决打击抗拒疫情防控、暴力伤医、制假售假、哄抬物价、造谣传谣、诈骗、聚众哄抢、破坏交通设施、破坏野生动物资源、失职渎职等犯罪行为,都需要运用好法律这一有力武器。只有将法治贯穿到疫情防控工作的各方面、各环节,各项工作都在法治轨道上运行,才能确保疫情防控工作更有秩序、更有效率。

要认真落实《中央全面依法治国委员会关于依法防控新型冠状病毒感染肺炎疫情、切实保障人民群众生命健康安全的意见》要求,按照《刑法》《刑事诉讼法》《突发事件应对法》《传染病防治法》《关于做好新型冠状病毒肺炎疫情防控期间保障医务人员安全维护良好医疗秩序的通知》《关于依法惩治妨害新型冠状病毒感染肺炎疫情防控违法犯罪的意见》等有关规定,坚持以事实为根据、以法律为准绳,坚决打击抗拒疫情防控措施、暴力伤医、制假售假、哄抬物价等十类犯罪行为,做到罚当其罪。

当前,疫情防控工作正处于关键时期,涉疫案件易发多发,给司法工作带来严重挑战。要认真落实最高人民检察院发布的《关于组织做好疫情防控期间检察业务工作的通知》《关于在防控新型冠状病毒肺炎期间刑事案件办理有关问题的指导意见》等规定,坚持原则性与灵活性相统一,坚决保障犯罪嫌疑人、被告人的合法诉讼权利,充分运用政治智慧、法律智慧,妥善处理强制措施适用、办案期限等方面;妥善处理好依法办案与疫情防控的关系,适当调整办案方式,加强案件的书面审查,实行统一业务应用系统线上办理,尽量采取电话、远程视频、书面等方式讯问犯罪嫌疑人、询问证人等诉讼参与人以及听取辩护律师意见等,减少人员流动、聚集、见面交谈,切实维护诉讼参与人和办案人员的安全和健康;正确把握严厉打击与依法办案的关系,既要总体上体现依法从严从重打击的政策要求,又要避免不分具体情况搞"一刀切"的简单操作,对于具有初犯、偶犯、从犯、自首以及具有自首、坦白、立功、认罪认罚等从宽处罚情节的,也要酌情予以从宽处理,实现当严则严,当宽则宽,宽严相济。

四要综治。疫情防控既是一场总体战,也是一项系统工程,要综合施策,多措并举,才能取得实效。要综合运用各种民事、行政和刑事法律手段来预防和打击妨害舆情的各种违法犯罪行为,综合行为的性质、后果以及社会危害性等选择合适的法律处遇。

要坚持刑法的谦抑性原则,针对涉疫情的危害社会的行为,只有当民事手段、行政手段无法有效实现对该行为的管控时,才有必要动用刑法。正如德国法学家耶林所言:刑法是一把"双刃剑",用之得当,则个人和社会两受其益;用之不当,则个人和社会两受其害。对于各种违反疫情防控规定的行为,如果情节显著轻微或者危害不大不需要判处刑罚的,可以由有关行政部门或者公安机关责令纠正,给予警告、罚款、拘留等行政处罚。确实需要追究刑事责任的,应当依法作为犯罪处理。

即使一种行为具有严重的社会危害性,需要动用刑法进行干涉,也应当在坚持罪刑法定、罪责刑相适应的基础上,根据案件的事实、证据以及具体犯罪的构成要件,精准进行定罪量刑。例如,针对疑似或者确诊的新冠肺炎患者,拒绝隔离治疗或者隔离期未满擅自脱离隔离治疗,并进入公共场所或者公共交通工具行为,不能简单地"一刀切"都作为以危险方法危害公共安全罪进行处理,而要根据犯罪行为人的主观心态,区分违反新冠肺炎疫情防控措施的类型,结合行为造成或者可能造成的后果等,分别以危险方法危害公共安全罪、妨害传染病防治罪、妨害公务罪、寻衅滋事罪处理,充分体现司法的精准性。

要严格落实"谁执法谁普法"责任制,充分利用报纸、电台、"两微一端"等媒介,结合案件办理加强宣传教育工作。要通过典型案例以案释法,震慑违法犯罪分子,提高社会公众防范意识和能力,引导他们严格遵守新冠肺炎疫情的防控措施,甚至积极主动发现和举报涉疫情犯罪,为防控疫情营造良好的社会氛围。

要针对办案中发现的市场监管、环境和资源保护、公共安全、野生动物保护等方面存在的问题,及时制发检察建议,积极督促和支持配合被建议单位落实整改落实,必要时提起刑事附带公益诉讼,督促相关部门及时堵塞管理漏洞,推动建立长效机制。

(作者单位:湖北省人民检察院)

妨害传染病防治行为的类型及罪名适用

□李　勇

防控新型冠状病毒肺炎(以下简称新冠肺炎)疫情,必须采取强有力的措施,这些措施应当在法治的轨道上运行,拒不执行防控措施妨害疫情防治的行为应依法处理。在疫情防控期间,一些地方发生了妨害传染病防治的案例,有的隐瞒病情和行程,有的拒不接受隔离,有的对执行防控措施人员实施暴力,等等。在突发事件中,刑法应当有所为,但也不能乱为,准确运用刑法手段应对妨害传染病防治的犯罪行为至关重要。妨害传染病防治犯罪可以分为狭义的和广义的,狭义的妨害传染病防治犯罪仅指刑法第三百三十条的妨害传染病防治罪;广义的妨害传染病防治犯罪是指以故意毁坏财物、寻衅滋事、妨害公务、以危险方法危害公共安全等方式妨害传染病防治的犯罪行为。

一、狭义的妨害传染病防治罪之适用

我国刑法第三百三十条第一款规定,“违反传染病防治法的规定,有下列情形之一,引起甲类传染病传播或者有传播严重危险的,处三年以下有期徒刑或者拘役;后果特别严重的,处三年以上七年以下有期徒刑:(一)供水单位供应的饮用水不符合国家规定的卫生标准的;(二)拒绝按照卫生防疫机构提出的卫生要求,对传染病病原体污染的污水、污物、粪便进行消毒处理的;(三)准许或者纵容传染病病人、病原携带者和疑似传染病病人从事国务院卫生行政部门规定禁止从事的易使该传染病扩散的工作的;(四)拒绝执行卫生防疫机构依照传染病防治法提出的预防、控制措施的”。2020年2月6日最高人民法院、最高人民检察院、公安部、司法部印发《关于依法惩治妨害新型冠状病毒感染肺炎疫情防控违法犯罪的意见》(以下简称2020年《意见》)发布之前,该罪名适用率极低,甚至有“僵尸化”趋势。主要原因在于人们对该罪名的适用前提、行为主体等存在认识偏差。

(一)适用前提

刑法第三百三十条妨害传染病防治罪的适用前提是甲类传染病,我国《传染病防治法》规定的甲类传染病只有鼠疫、霍乱,其他的可以由国务院有关规定确定。新冠肺炎疫情发生后,2020年1月20日经国务院批准,将其纳入乙类传染病,但采取甲类传染病的预防、控制措施。这就给刑法第三百三十条的适用造成了困扰。这个困扰在2003年“非典”疫情期间就已出现。尽管2003年4月11日国务院卫生部发布通知将“非典”列入法定传染病并决定执行甲类传染病控制措施,但是刑法界普遍认为,由于“非典”不属于甲类传染病,按照罪刑法定原则,没有适用该罪名的余地。2003年5月最高人民法院、最高人民检察院发布《关于办理妨害预防、控制突发传染病疫情等灾害的刑事案件具体应用法律若干问题的解释》(以下简称2003年《解释》)没有提及刑法第三百三十条,其原因也在于此。现在,该问题再次出现,学者要么对该罪名采取回避策略,要么明确否定该罪名的适用余地。事实上,最高人民检察院、公安部于2008年6月26日联合发布的《关于公安机关管辖的刑事案件立案追诉标准的规定(一)》(以下简称《追诉标准》)已注意到该问题,其第四十九条明确规定,违反传染病防治法的规定,引起甲类或者按照甲类管理的传染病传播或者有传播严重危险,应以妨害传染病防治罪立案追诉。2020年《意见》再次明确规定,“其他拒绝执行卫生防疫机构依照传染病防治法提出的防控措施,引起新型冠状病毒传播或者有传播严重危险的,依照刑法第三百三十条的规定,以妨害传染病防治罪定罪处罚”。换言之,《追诉标准》和2020年《意见》将“采取甲类传染病的预防、控制措施”的传染病解释为刑法第三百三十条的“甲类传染病”。笔者认为这样的解释可以说是扩大解释，但不属于类推解释，具有合理性，并不违反罪刑法定原则。

首先，从刑法用语含义上看。罪刑法定禁止类推解释，但并不禁止扩大解释和实质解释。当某种行为虽不在刑法用语核心含义之内，但具有处罚必要性时，在刑法用语射程范围内可以做扩大解释，以实现刑法的合理性。刑法第三百三十条赋予公民的义务是遵守“甲类传染病的预防、控制措施”，既然国家对新冠肺炎采取“甲类传染病的预防和控制措施”，而行为人拒不履行，其违反的显然是“甲类传染病的预防和控制措施”，而非乙类传染病的预防和控制措施。这完全符合刑法用语的含义，也不违反公民的预测可能性，因为 2020 年 1 月 20 日国家已经发布公告对新冠肺炎采取甲类传染病的预防、控制措施。公民所知晓的预防、控制措施是甲类传染病的，而非乙类传染病的。这意味着，在 2020 年 1 月 20 日以后违反刑法第三百三十条的行为，以该罪名论处是完全合法合理的。

其次，从处罚的实质必要性来看。当前新型冠状病毒的高危害性及强传染性，短期内与鼠疫、霍乱相比，具有相当性。从政府采取的防控措施的范围和强度看，实际上超过鼠疫、霍乱。违反相关的防控措施义务，所导致的风险及后果与鼠疫、霍乱具有一定可比性，因此，防控新冠肺炎防治的行为具有实质的处罚必要性。国家之所以没有将新冠肺炎规定为甲类传染病，主要原因是这种新型病毒有很多未知领域，疫苗经过一段时间很可能研制成功，如果研制出疫苗和药物，其传染性和危害性会显著降低；病毒经过一段时间以后其毒性可能会大大降低，也可能经过一定时间后会发展成类似于流感一样的季节性轻症呼吸系统疾病，而法定的甲类传染病具有稳定性，不能朝令夕改，但又考虑到当前的传染性和危险性已经达到甲类传染病的程度，因此“采取甲类传染病的预防、控制措施”。刑法适用要顺应这种大局和背景，理应将其解释为刑法第三百三十条的“甲类传染病”。

最后，从罪刑均衡的角度来看。传统观点回避刑法第三百三十条的适用，但是也认为类似拒绝隔离、隐瞒病情等恶劣行为有实质处罚必要性，于是只能求助于刑法第一百一十四条的以危险方法危害公共安全罪。其实这种解释路径反而有类推、违反罪刑法定之嫌。以危险方法危害公共安全罪的法定最高刑是死刑（致人重伤、死亡或者重大财产损失的处十年以上有期徒刑、无期徒刑或者死刑）。但刑法第三百三十条妨害传染病防治罪法定最高刑是七年有期徒刑（造成特别严重后果的处三年以上七年以下有期徒刑）。这就导致罪刑不均衡：妨害甲类传染病防治行为的处罚（按照刑法第三百三十条处罚）反而比妨害乙类传染病防治行为（按照刑法第一百一十四条处罚）更轻。以危险方法危害公共安全罪属于重罪，适用条件应当严格限制，不能动辄以该罪名定罪处罚；同时，也会导致放纵一些尚未达到以危险方法危害公共安全但是需要以妨害传染病防治罪处罚的犯罪行为。只有将“纳入乙类传染病，并采取甲类传染病预防、控制措施”解释为刑法中的“甲类传染病”才能解决上述双重不均衡刑罚问题。正确的做法是优先考虑适用刑法第三百三十条，有些行为同时触犯刑法第一百一十四条的再按照罪数原理解决（下文详述）。

（二）适用主体

刑法第三百三十条妨害传染病防治罪“僵尸化”的另一个重要原因是一些学者认为，该罪的主体是特殊主体，即只能适用于对疫情防控负有特定职责的单位和个人。这种观点不够妥当。事实上，刑法第三百三十条第一款共计有四项，规定了四种行为，前三项确实是针对特定职责的主体，但是第四项并没有限定，而是包括一般社会公众。具体来说：第一种行为的适用主体是供水单位，即供水单位供应的饮用水不符合国家规定的卫生标准，而引起甲类传染病传播或者有传播严重危险；第二种行为的适用主体主要是指具有对传染病病原体污染的污水、污物、粪便具有消毒、处理职责的单位和个人，这些单位和个人拒绝按照卫生防疫机构提出的要求对传染病病原体污染的污水、污物、粪便进行处理，而引起甲类传染病传播或者有传播严重危险；第三种行为的适用主体从事餐饮、医疗、教学等易使传染病扩散工作的用人单位及其个人，这些单位和个人准许或者纵容传染病病人、病原携带者和疑似传染病病人从事国务院卫生行政部门规定禁止从事的易使该传染病扩散的工作，而引起甲类传染病传播或者有传播严重危险；第四种行为的适用主体是一般社会公众，包括传染病确诊病人、疑似病人以及其他社会公众，即一般社会公众拒绝执行卫生防疫机构依照传染病防治法提出的预防、控制措施，而引起甲类传染病传播或者有传播严重危险。这里就包含了一般社会公众拒绝执行国家依法采取的隔离、封路、检查、检疫措施等行为。

（三）行为特征

刑法第三百三十条第一款规定的前三项行为较为特定和明确，在适用和认定上较为容易。实践中难以把握的是第（四）项，即一般社会公众“拒绝执行卫生防疫机构依照传染病防治法提出的预防、控制措施”，其行为方式一般表现为不作为，即不履行政府采取的预防控制措施，这与以危险方法危害公共安全罪一般表现为积极的作为、主动传播是不同的。比如，行为人没有主动报告疫情高发地区行程史，是以消极不作为的方式“拒绝执行卫生防疫机构依照传染病防治法提出的预防、控制措施”，应当定性为妨害传染病防治罪。根据实践情形，刑法第三百三十条第一款第（四）项规定的情形主要有：（1）拒不履行指定场所单独治疗、隔离观察及其他防控措施的行为；（2）拒不配合政府依法对疫点以及相关场所进行的卫生处理、戴口罩、测体温以及其他管制措施等行为；（3）拒不遵守政府依法采取的限制或者停止集市、影剧院演出或者其他群体性活动的行为；（4）拒不遵守政府依法采取的停工、停业、停课措施的行为；（5）拒不遵守政府依法采取的封闭、封存被传染病病原体污染的水源、食品以及相关物品，禁止买卖、捕食野生动物等措施的行为；（6）拒不遵守政府依法采取的紧急封闭相关场所措施的行为；（7）拒不遵守政府依法采取的对出入疫情区或其他区域的人员、物资和交通工具实施卫生检疫、交通管制或封锁等措施的行为。由此可见，有上述行为，并引起新型冠状病毒传播或者有严重传播危险的行为，涉嫌刑法第三百三十条的妨害传染病防治罪。

需要特别指出的是，该罪既是实害犯，也是危险犯，实害犯就是刑法第三百三十条规定的“引起甲类传染病传播”；危险犯就是刑法第三百三十条规定的“有严重传播危险”。这里的实害犯可以通过事后的结果证明有无导致不特定人或多数人被感染来认定。这里的危险犯属于具体危险，即“严重传播危险”，在认定时不能随意将具体危险犯偷换为抽象危险犯，不能认为只要拒绝履行防控措施的行为在理论上就有传播的严重危险。对“严重传播危险”这一具体危险的认定，应当严格限制解释，防止不当扩大打击面。实践中，行为人的具体行为是否具有严重的传播危险要把握两个方面的要点：一是从事后看，该行为有无导致疫情传播、扩散的严重危险；二是应当坚持医学的科学标准来判断其行为传播、扩散疫情的危险性。

二、广义的妨害传染病防治犯罪之适用

对于一般社会公众来说，广义的妨害传染病防治犯罪行为主要包括以下行为类型（限于篇幅仅列四类，实践中还可能有故意伤害型、制假售假型、造谣传谣型等）：

（一）以危险方法危害公共安全型

刑法第一百一十四条规定了以危险方法危害公共安全罪，该罪与放火、决水、爆炸、投放危险物质罪规定在同一条款中，即“放火、决水……或者以其他危险方法危害公共安全”。根据体系解释和同类解释规则，这里的“其他危险方法”应当与该条款列举的放火、决水、爆炸、投放危险物质具有相当性，这种相当性应当满足两个特征：一是性质上，行为一经实施就具备了难以控制的高度危险性，直接导致不特定多数人生命、健康安全，具有即时性和直接性；二是程度上，须达到放火、爆炸、投放危险物质所能产生的同等的危险状态，具有难以控制性和一定的恐怖性。不能认为只要客观上危害公共安全就构成本罪，本罪所要求的危害公共安全必须要与放火、爆炸等具有相当性，这种相当性可以具体化为对不特定多数人危险的即时性、直接性、难以控制性和恐怖性。2020 年《意见》列举了故意传播新冠肺炎危害公共安全构成以危险方法危害公共安全罪的两种情形：一是已经确诊的新冠肺炎病人、病原携带者，拒绝隔离治疗或者隔离期未满擅自脱离隔离治疗，并进入公共场所或者公共交通工具的（以下简称确诊型）；二是新冠肺炎疑似病人拒绝隔离治疗或者隔离期未满擅自脱离隔离治疗，并进入公共场所或者公共交通工具，造成新型冠状病毒传播的（以下简称疑似型）。这两种类型符合上述相当性的两个特征，在本质上符合以危险方法危害公共安全罪的犯罪构成。司法实践中，对上述两种类型需要根据以危险方法危害公共安全罪的本质特征，慎重把握以下几个方面：

1. 确诊型有三个限制条件。根据 2020 年《意见》，这三个限制条件分别为：一是行为人必须是在实施行为之前已经确诊的新冠肺炎病人、病原携带者，并且行为人对自己已经确诊的事实是明知的。根据《传染病防治法》的规定，传染病的确诊病人是指根据国务院卫生行政部门发布的《传染病防治法规定管理的传染病诊断标准》，符合传染病病人诊断标准的人；病原携带者是指感染病原体无临床症状但能排出病原体的人，不能从事后确诊去反推确诊之前的行为。在证据上表现为有相应的医学诊断书、检验报告等。二是已经确诊的行为人拒绝隔离治疗或者隔离期未满擅自脱离隔离治疗。这两个条件的限制意味着，确诊型的以危险方法危害公共安全罪主要表现为确诊病人从隔离场所逃离的情形。三是确诊的行为人进入公共场所或者公共交通工具。已经是确诊的新冠肺炎患者、病原携带者，这种情况下进入公共场所或公共交通工具就可以推定其具有危害公共安全的故意与行为。

2. 疑似型有四个限制条件。根据 2020 年《意见》，这四个限制条件分别是：一是行为人必须是新冠肺炎的疑似病人。这里的疑似病人是特定的传染病学专业术语，不能根据生活常识怀疑行为人是新冠肺炎患者就认为是疑似病人。实践中，不能认为只要行为人是来自武汉、湖北等疫情高发地区的都是疑似病人，也不能认为只要是确诊病人的密切接触者、一般接触者、接受医学观察者都是疑似病人。根据《传染病防治法》第七十八条的规定，疑似传染病病人，是指根据国务院卫生行政部门发布的《传染病防治法规定管理的传染病诊断标准》，符合疑似传染病病人诊断标准的人。新冠肺炎疫情发生后，国家卫生健康委员会制定了《新型冠状病毒感染的肺炎诊疗方案》，具体规定了相应的诊断标准。因此，这里的疑似病人也是要有专业的医疗机构或人员诊断而确定的。在证据上，要有相应的诊断报告或材料等。二是被确定为疑似病人的行为人拒绝隔离治疗或者隔离期未满擅自脱离隔离治疗。三是行为人进入公共场所或者公共交通工具。四是造成新型冠状病毒传播。第四个条件需要从事后结果的角度进行评价和认定，也就是实际上有无造成病毒传播。2020 年《意见》针对疑似型以危险方法危害公共安全罪增加了“造成新型冠状病毒传播”这个条件，这是因为疑似病人并不能确定就是新冠肺炎患者，是否会危害公共安全也处于不确定状态，只有最终确实造成了新型冠状病毒传播，才能评价为危害公共安全。

3. 无论是确诊型还是疑似型都有“进入公共场所或公共交通工具”等积极作为行为。“进入公共场所或公共交通工具”等积极行为是侵害不特定、多数人的生命健康安全这一以危险方法危害公共安全罪法益的关键所在。对于单纯的拒不履行报告义务、拒不执行相关防控措施的消极不作为，即使是确诊病人、疑似病人也不能轻易地以危险方法危害公共安全罪论处。

4.除确诊型和疑似型以外的其他人也有可能成立以危险方法危害公共安全罪。有人认为，根据2020年《意见》，涉疫情案件，只有确诊病人、病原携带者和疑似病人才能构成以危险方法危害公共安全罪。笔者认为这种观点是不妥的。2020年《意见》关于以危险方法危害公共安全罪的规定，只是提示性列举，而非定义。换言之，2020年《意见》只是对涉疫情案件中常见的以危险方法危害公共安全罪的表现形式进行了提示性的列举，而并没有穷尽。事实上，是否构成以危险方法危害公共安全罪，还必须按照刑法第一百一十四条规定的该罪名的构成要件进行判断，实质地评价是否符合给罪的本质特征。例如，健康的第三人故意用确诊新冠肺炎病人的排泄物涂抹公共场所的电梯、门把手，或者投掷到水源地等，这种行为完全符合上述两个特征，与投放危险物质相当，与确诊新冠肺炎病人进入公共场所或公共交通工具相比，危害性更大，理当构成以危险方法危害公共安全罪。

5.除"进入公共场所或公共交通工具"以外的其他危险性行为也可能成立以危险方法危害公共安全罪。与前述第四点一样，2020年《意见》所规定的"进入公共场所或者公共交通工具"也是一种提示性列举，并不能穷尽，其本质是进入公共场所或公共交通工具会危及不特定、多数人的生命健康安全。"进入公共场所或公共交通工具"只是常见的表现形式，实践中完全存在没有进入公共场所或公共交通工具，但是具有传播给不特定多数人的高度危险性的行为。例如，确诊新冠肺炎病人故意用口水涂抹电梯、故意抛洒排泄物等，应当认定为以危险方法危害公共安全罪。

总之，是否构成以危险方法危害公共安全罪，必须严格解释刑法第一百一十四条规定的"其他危险方法"，实质地看是否符合该罪的本质特征。

（二）妨害公务型

在新冠肺炎疫情防控期间，行为人以暴力、威胁方法阻碍国家机关工作人员依法执行检疫、强制隔离、交通管制、场所封闭等职务行为，根据刑法第二百七十七条的规定，涉嫌妨害公务罪。实践中需要注意以下三点：一是履行防疫职责的红十字会工作人员属于本罪的保护对象，即以暴力、威胁方法阻碍其依法履行职责的，构成妨害公务罪。二是受委托履行防疫公务职责的人员属于本罪保护对象，既包括不具有国家工作人员身份而受委托从事防疫职责的人员，如协助交通管制的辅警，受委托协助强制隔离、封闭场所的社区工作人员等；也包括原本不具有卫生管理职责的其他政府机关人员临时受委托从事防疫公务的人员，如检察官、法官临时受委托从事强制隔离、排查等工作。这里的委托可以是书面委托，也可以是紧急情况下的通知、命令、口头传达等。三是威胁的方法，包括吐口水、抛洒污染物等以传播新型冠状病毒的方法相威胁。

（三）故意毁坏财物型

疫情防控期间，行为人故意冲撞隔离设施、交通管制设施、检验检疫设施、小区道闸设施等，毁坏财物数额较大或者有其他严重情节的，构成故意毁坏财物罪。

（四）寻衅滋事型

在疫情防控期间，强拿硬要、任意毁损或占用公私财物，情节严重的；在公共场所起哄闹事，造成公共场所秩序混乱的，构成寻衅滋事罪。例如，不按照防疫规定戴口罩进入商场、车站、住宅小区等，遇工作人员阻止而随意殴打工作人员，撒泼打滚、起哄闹事，情节严重的行为。

三、关于罪数关系问题

狭义的妨害传染病防治罪与广义的妨害传染病防治犯罪中的以危险方法危害公共安全罪、妨害公务罪、寻衅滋事罪等之间存在复杂的罪数关系，需要结合刑法罪数的基本原理进行分析。

行为人以暴力、威胁等方法拒绝执行防疫措施，阻碍从事防疫工作的国家工作人员防疫工作,其行为触犯刑法第二百七十七条的妨害公务罪;如果这种妨害公务的行为同时导致新冠肺炎传播或者有传播严重危险,则同时触犯刑法第三百三十条的妨害传染病防治罪。这种情况同样属于一行为触犯数罪名,系想象竞合犯,从一重处。有观点认为这种情况属于牵连犯,这是不妥的。牵连犯与想象竞合的本质区别在于行为个数。牵连犯是数行为触犯数罪名,且数行为之间有原因与结果、手段与目的的牵连关系;而想象竞合犯是一行为触犯数罪名。因此,区别的关键是看为一行为还是数行为。关于行为数量的判断标准,理论上有主要部分重合说和一部重复说、着手一体说等,主流观点是主要部分重合说。行为人通过对从事防疫的国家工作人员实施暴力、威胁的方法拒绝执行防疫措施,妨害公务的行为与妨害传染病防治的行为几乎完全重合,显然是一行为,属于想象竞合而非牵连犯。

行为人故意毁坏防疫用品及物质、随意殴打防疫工作人员,达到故意毁坏财物罪或者寻衅滋事罪标准的,触犯故意毁坏财物罪或者寻衅滋事罪,如果同时导致新冠肺炎传播或者有传播严重危险的,则同时触犯妨害传染病防治罪,同样属于想象竞合,从一重处。

(作者单位:江苏省南京市建邺区人民检察院)

当前疫情下“假口罩”类案件常见问题解析

□王　勇

当前各种医用口罩严重不足,部分不法人员浑水摸鱼、借机销售“假口罩”的现象突出。全国各地公安机关根据举报和排查,已侦破大量“假口罩”类案件,并进入刑事程序。如何坚持法治思维,通过法治方式准确办理重大疫情下的此类案件,成为司法机关的重要任务。当前,常见问题有“假口罩”类案件涉及哪些罪名,如何界定罪名,怎样认定“假口罩”。结合当前防治疫情的大局,进一步厘清这些问题,对于准确打击此类犯罪有着重要意义。

一、对于“假口罩”的界定

(一)医用口罩的范围

2020 年 1 月 31 日,国家卫生健康委员会发布的《新型冠状病毒感染不同风险人群防护指南》和《预防新型冠状病毒感染的肺炎口罩使用指南》,推荐使用的口罩共四种,分别是:一次性使用医用口罩、医用外科口罩、KN95/N95 及以上颗粒物防护口罩、医用防护口罩。同时,强调“棉纱口罩、海绵口罩和活性炭口罩对预防病毒感染无保护作用”。当前,社会上紧缺的口罩是医用口罩及 KN95/N95 及以上颗粒物防护口罩,保暖口罩、防雾霾口罩等其他口罩因对预防病毒感染无保护作用,在这次疫情中不宜使用。

2003 年“非典”时期,国家食品药品监督管理局出台的《关于医用一次性防护服等产品分类问题的通知》规定,自 2003 年 5 月 15 日起,将医用一次性防护服、医用防护口罩和医用手术口罩划为第二类医疗器械进行管理。需注意的是,该规定与《最高人民法院、最高人民检察院办理妨害预防、控制突发传染病疫情等灾害的刑事案件具体应用法律若干问题的解释》(以下简称《疫情解释》)同日施行。根据《医疗器械监督管理条例》第四条的规定,第二类医疗器械是具有中度风险,需要严格控制管理以保证其安全、有效的医疗器械。其在国内上市应依法取得医疗器械产品注册证,生产者应取得医疗器械生产许可证,经营者应进行第二类医疗器械经营备案。因此,国家相关主管部门先后颁布《医用防护口罩技术要求》《医用外科口罩技术要求》等系列国家标准和国家医药行业标准,将医用口罩纳入医疗器械严格管理的范围。

（二）“假口罩”的认定标准

我国《标准化法》规定了产品质量标准。该法将我国的产品质量标准分为国际标准、国家标准、行业标准、地方标准和企业标准。对于没有国际标准、国家标准、行业标准、地方标准可供执行的“新产品”，应执行企业标准。据不完全统计，相关国家标准有 GB 19083—2010《医用防护口罩技术要求》、GB 19084—2003《普通脱脂纱布口罩》、GB 2626—2006《呼吸防护用品——自吸过滤式防颗粒物呼吸器》、GB/T 32610—2016《日常防护型口罩技术规范》（推荐性标准）；行业标准有 YY 0469—2011《医用外科口罩行业标准》（强制性标准）、YYT 0969—2013《一次性使用医用口罩行业标准》（推荐性标准）、AQ 1114—2014《煤矿用自吸过滤式防尘口罩》（安全生产行业）；团体标准（中国纺织品商业协会）有 TAJ 1001—2015《PM2.5 防护口罩》、T/CTCA 7—2019《普通防护口罩》等；地方标准和企业标准更是五花八门，如 YZB 是医疗器械注册产品标准，也就是企业标准。需要注意的是，上述标准中大部分标准中有包含一次性卫生用品标准（GB 15979），原因是口罩作为重要的卫生用品，无论什么类型，其卫生标准、消毒效果等都必须要符合卫生用品标准。如果口罩本身达不到卫生标准，必然不能使用，这个标准也是所有口罩的最低标准。

根据《产品质量法》《最高人民法院、最高人民检察院关于办理生产、销售伪劣商品刑事案件具体应用法律若干问题的解释》（以下简称《伪劣商品解释》）等法律、司法解释的精神，若有涉案口罩明示的质量要求不低于国家、行业等标准时，则应当按照其明示的质量要求进行鉴定；若明示的质量低于强制性的标准，则应当按照强制性的标准进行鉴定；若缺失明示质量要求，则应当依据相应的强制性标准进行鉴定。犯罪嫌疑人对质量明示方法，包含包装、宣传、推荐、介绍等，只要足以让消费者感知并作出判断的，都应属于明示之列。因此，各种防护类型口罩的标准要高于其他非防护类型口罩的标准。防护口罩的包装上应该标明相关标准，若没有明示标准的，应该按照最低的日常防护型口罩技术规范最低标准进行鉴定。根据上述标准，对没有防护功能的普通口罩，标准更多，对于是否有相关过滤性能要求不一，应当具体选择鉴定标准。如若犯罪嫌疑人销售的是棉纱口罩，则以棉纱口罩相关标准鉴定；若犯罪嫌疑人未进行宣传且口罩无任何名称、标准，甚至明示无过滤功能，则可使用一次性卫生用品标准进行鉴定。此外，根据企业标准生产、销售的产品，应当具备其许诺的使用性能。如果不具有生产者、销售者所许诺的性能，就是不合格产品，属于我国刑法生产、销售伪劣产品罪中的“伪劣产品”。

二、生产、销售“假口罩”可能涉及的罪名

生产、销售“假口罩”可能涉及的常见罪名，主要包括生产、销售伪劣产品罪，假冒注册商标罪，销售假冒注册商标的商品罪，生产、销售不符合标准的医用器材罪和非法经营罪五项罪名。

1. 生产、销售伪劣产品罪和假冒注册商标罪、销售假冒注册商标的商品罪是常见罪名，大多数犯罪行为存在上述罪名的竞合关系。一般情况下，这三罪都是销售额五万元入罪，但销售伪劣产品罪第一档法定刑为二年以下，假冒注册商标犯罪第一档法定刑是三年以下。后者法定最高刑更重。可在比较宣告刑后，依照处罚较重的规定。

2. 根据《疫情解释》规定，传染病疫情等灾害期间，生产用于防治传染病的不符合保障人体健康的国家标准、行业标准的医疗器械、医用卫生材料，或者销售明知是用于防治传染病的不符合保障人体健康的国家标准、行业标准的医疗器械、医用卫生材料，不具有防护、救治功能，足以严重危害人体健康的，依照刑法第一百四十五条的规定，以生产、销售不符合标准的医用器材罪定罪，依法从重处罚。上文论及，因口罩属于医疗器械，如销售“不具有防护、救治功能，足以严重危害人体健康的”口罩，则可能构成生产、销售不符合标准的医用器材罪。

3. 非法经营行为入罪应违反《医疗器械监督管理条例》。根据《行政许可法》等相关法律规定,需要取得行政许可才能经营的物品,属于刑法第二百二十五条规定的“其他限制买卖的物品”。但是,第一,《医疗器械监督管理条例》第六十三条第一款对“生产、经营未取得医疗器械注册证的第二类、第三类医疗器械的”处罚标准,情节严重的,也仅为五年内不受理相关责任人及企业提出的医疗器械许可申请,并无“构成犯罪的,依法追究刑事责任”的表述。第二,没有相关司法解释明确未经许可经营第二类医疗器械属于非法经营罪。第三,医疗器械非常广泛,甚至避孕套都属二类医疗器械,类似认定可能超出社会一般人的认知。基于此,对未取得许可经营第二类医疗器械是否属于非法经营罪争议较大。笔者建议,按照《疫情解释》和《最高人民法院、最高人民检察院关于依法惩治妨害新型冠状病毒感染肺炎疫情防控违法犯罪的意见》(以下简称《意见》)的思路论证:囤积居奇,哄抬疫情防控急需的防护用品、药品等价格,牟取暴利,违法所得数额较大或者有其他严重情节,严重扰乱市场秩序的,可以考虑适用非法经营罪论处。

三、生产、销售“假口罩”行为的事实认定问题

(一)以医用口罩名义销售的

客观上是否以医用口罩名义,首先,看行为人的销售广告,销售宣传的内容。其次,根据销售目的判断。如当前大多数省市都启动重大突发公共卫生事件Ⅰ级响应,因疫情防控要求配置口罩,购买者也是以防护疫情为目的购买。但是,因“棉纱口罩、海绵口罩和活性炭口罩对预防病毒感染无保护作用”,行为人如明知口罩不具备防护可能,有证据证实仍然推荐消费者使用,属于追求该结果发生,也可能属于以医用口罩名义销售的行为。最后,要依据客观证据,比如流露出可当防病毒口罩使用、宣传有防护功能等意思。主观上行为人明知传染病疫情等灾害期间,销售的口罩上家并非医疗器械经销商或者来源不明,其有义务说明口罩是否为合格产品、进货渠道等。如果无合理解释的,可根据证据推定。但有合理解释且得到证据印证的除外。

(二)只是销售口罩而不强调性能的

在疫情之前,大多数群众对口罩区分不清楚。这次疫情开始的宣传中,也只是提出要戴口罩,但未明确戴口罩的种类。1 月 31 日,国家卫生健康委员会发布的《预防新型冠状病毒感染的肺炎口罩使用指南》在一定层级明确口罩种类。因此,如果确有证据证实行为人及消费者无法区分口罩种类,或无意将“棉纱口罩、海绵口罩和活性炭口罩”当作防护口罩销售的,原则上不能构成销售不符合标准的医用器材罪。对该问题的证据判断,要重视行为人的供述与辩解,但不能依赖其供述与辩解,还要审查以下证据,综合判断。

首先,要看销售者是否知道口罩的不同种类。应该结合犯罪嫌疑人供述细节、犯罪嫌疑人手机、电脑缓存等电子数据(是否搜索、打开过此类文章及有无聊天记录等)、惯常销售行为与本次销售的区别等综合判断。其次,关注销售对象是否为特殊群体。如明确知道大批销往武汉等疫源地,甚至赠给医院或高危人群等特定群体,其以防病毒类口罩为名义销售的可能性就增大。最后,对疫情前后的销售价格、渠道等进行比较。判断行为人是否明知消费者是药店等地买不到等。《预防新型冠状病毒感染的肺炎口罩使用指南》指出,KN95/N95 及以上颗粒物防护口罩的防护效果优于医用外科口罩、一次性使用医用口罩,推荐现场调查、采样和检测人员使用。因此,对于达到 KN95/N95 及以上颗粒物防护口罩的防护效果口罩,因具备防护能力,即使以医用口罩的名义销售,原则上也不能入罪处理。

四、生产、销售“假口罩”行为的司法认定标准

当前特殊时期,司法办案一方面应坚持客观公正立场,秉持罪刑法定原则;另一方面要在办案中兼顾天理、国法、人情,防止机械司法。因此,针对案件的不同情况应因案施策、一案一策,彰显司法办案三个效果的统一。

首先,坚持实质正义,精准打击犯罪。“假口罩”类案件,应重点关注生产、销售的口罩是否具有防护功能。对于具有防护性能的口罩,即使构成销售假冒商标的商品罪,也要充分考虑公众购买口罩困难的现实情况,要对健康权、社会秩序、公众的恐慌等情形与违法行为侵害的法益进行比较、衡量。若不是情节特别恶劣、违法所得数额巨大,则能宽尽宽,避免机械执法加剧本地口罩购买的困难。例如,对于“三无产品”是否等同于不合格产品的问题,应当坚持实质判断。根据《伪劣商品解释》第一条第四款的规定,刑法第一百四十条规定的不合格产品,是指不符合《产品质量法》第二十六条第二款规定的质量要求的产品。该款有三项规定,分别是“(一)不存在危及人身、财产安全的不合理的危险,有保障人体健康和人身、财产安全的国家标准、行业标准的,应当符合该标准”;“(二)具备产品应当具备的使用性能,但是,对产品存在使用性能的瑕疵作出说明的除外”;“(三)符合在产品或者其包装上注明采用的产品标准,符合以产品说明、实物样品等方式表明的质量状况”。上述列举的情形非常清楚,但无法涵盖“三无产品”的情形。“三无产品”只能对应《产品质量法》第二十七条关于标识要求的规定。所以,直接将“三无产品”认定为不合格产品与刑法、《产品质量法》及相关司法解释对不合格产品的要求不符。而且,《产品质量法》规定对不符合该法第二十六条第二款规定的,可以依法追究刑事责任,但对产品标识不符合该法第二十七条规定的,只能行政处罚。由此直接以此予以刑事处罚,于法无据。对于是否为不合格产品难以确定的,应当委托法律、行政法规规定的产品质量检验机构进行鉴定。因此,“三无产品”应经产品质量检测部门检测,实质上判断有无产品质量问题,才能考虑是否构成销售伪劣产品罪或其他罪名。

其次,立足当前具体情况处理案件。如鉴定后,生产、销售的口罩确有防护性能,应抓紧涉案物品的处理,弥补当前口罩不足的困局。部分涉嫌生产侵权“假口罩”的企业,若口罩符合防护标准,尽量采用取保候审等强制措施,允许其在不侵权的情况下继续生产,满足目前疫情防控需要。例如,对于非法经营罪的认定,需要考虑单纯涨价不一定是“囤积居奇,哄抬价格”。《市场监管总局关于新型冠状病毒感染肺炎疫情防控期间查处哄抬价格违法行为的指导意见》作为行政处罚要求,亦根据《价格法》的规定,有“散布捏造的涨价信息”“生产防疫用品及防疫用品原材料的经营者,不及时将已生产的产品投放市场”等系列要求;很多行为还需要符合“经市场监管部门告诫仍继续囤积”的处罚前置条款。因此,该罪的认定必须与行政处罚相衔接,只有行政处罚尚不足以惩戒的恶劣行为才有入罪可能。同时,应充分考虑市场经济背景下,因供需关系导致的价格浮动。经济学之父亚当·斯密说过:“我们不能借着肉贩,啤酒商或面包师的善行而获得晚餐,而是源于他们对自身利益的看重。”在供需关系紧张,特别是春节用工困难,原材料涨价等背景下,各地口罩价格悬殊,甚至同一地不同时间的价格都有变化。如果不认真审慎,出现甲地将某个价格认定为“哄抬价格”,定性非法经营犯罪,乙地该价格却是政府推荐价格,会严重损害政府和司法机关公信力。对此类犯罪的定罪要逐案研究,一案一定,不枉不纵,既不能轻易把属于市场行为的价格调整视为非法经营,也不能纵容个别奸商破坏当前防疫大局。

最后,还应当注重源头防控,助力打好防“疫”战。鉴于新型冠状病毒肺炎疫情处于高发期,口罩防护关乎人民群众生命安全,对案件反映的口罩供货上家,应督促侦查机关强化对上家证据的调取,建议尽快联络或联合当地执法机关对相关地点进行核实查处,防止更多不符合国家标准的“假口罩”流向市场。

(作者单位:江苏省苏州市人民检察院)

论组织卖淫罪的司法适用

□潘　洁*

一、组织卖淫罪的立法沿革

1979年《刑法》只规定了强迫卖淫罪和引诱、容留卖淫罪。1991年9月4日,全国人民代表大会常务委员会(以下简称全国人大常委会)通过《关于严禁卖淫嫖娼的决定》(以下简称《决定》),对1979年《刑法》作出补充和修改,增设组织他人卖淫罪、协助组织他人卖淫罪、介绍他人卖淫罪、传播性病罪。其中,对组织卖淫罪作出如下规定,组织他人卖淫的,处十年以上有期徒刑或者无期徒刑,并处一万元以下罚金或者没收财产,情节特别严重的,处死刑,并处没收财产。

1992年12月21日,最高人民法院、最高人民检察院出台了《关于执行〈全国人大常委会关于严禁卖淫嫖娼的决定〉的若干问题的解答》(以下简称《解答》,已废止),明确了组织卖淫罪的定义,并对相关法律适用问题作出解释。《解答》规定,组织他人卖淫罪,是指以招募、雇佣、强迫、引诱、容留等手段,控制多人从事卖淫的行为。本罪的主体必须是卖淫的组织者,可以是几个人,也可以是一个人,关键要看其在卖淫活动中是否起组织者的作用。在组织他人卖淫的犯罪活动中,对被组织卖淫的人有强迫、引诱、容留、介绍卖淫行为的,应当作为组织他人卖淫罪的量刑情节予以考虑,不实行数罪并罚。如果这些行为是对被组织者以外的其他人实施的,仍应当分别定罪,实行数罪并罚。

1997年《刑法》第三百五十八条第一款、第二款规定了组织卖淫罪和强迫卖淫罪,第三款规定了协助组织卖淫罪。该条第一款、第二款的具体内容为,"组织他人卖淫或者强迫他人卖淫的,处五年以上十年以下有期徒刑,并处罚金;有下列情形之一的,处十年以上有期徒刑或者无期徒刑,并处罚金或者没收财产:(一)组织他人卖淫,情节严重的;(二)强迫不满十四周岁的幼女卖淫的;(三)强迫多人卖淫或者多次强迫他人卖淫的;(四)强奸后迫使卖淫的;(五)造成强迫卖淫的人重伤、死亡或者其他严重后果的。有前款所列情形之一,情节特别严重的,处无期徒刑或者死刑,并处没收财产"。根据最高人民法院、最高人民检察院所确定的罪名,该法第三百五十八条规定涉及三个罪名,分别是组织卖淫罪、强迫卖淫罪和协助组织卖淫罪。

2015年8月29日全国人大常委会发布的《中华人民共和国刑法修正案(九)》[以下简称《刑法修正案(九)》]第四十二条对《刑法》第三百五十八条作了修订,废除了本条的死刑,以"情节严重"代替了原条文的五种量刑情节,并增设了两款。修改后该条规定为,"组织、强迫他人卖淫的,处五年以上十年以下有期徒刑,并处罚金;情节严重的,处十年以上有期徒刑或者无期徒刑,并处罚金或者没收财产。组织、强迫未成年人卖淫的,依照前款的规定从重处罚。犯前两款罪,并有杀害、伤害、强奸、绑架等犯罪行为的,依照数罪并罚的规定处罚"。

2017年,最高人民法院、最高人民检察院出台了《关于办理组织、强迫、引诱、容留、介绍卖淫刑事案件适用法律若干问题的解释》(以下简称《涉卖淫刑案解释》),其中第一条至第三条对组织卖淫罪的定义、组织卖淫罪"情节严重"的情形、组织卖淫中有引诱、容留、介绍卖淫行为的法律适用等问题作出了规定。

从上述组织卖淫罪的立法沿革可以看出,对组织卖淫及相关联犯罪的规定经历了一个从无

---

* 最高人民法院刑事审判第四庭审判员。

到有、逐步完善的过程。中华人民共和国成立后，我国取缔了卖淫嫖娼，卖淫嫖娼现象一度在大陆灭迹，淫业犯罪不猖獗，有组织的卖淫活动更为罕见，故1979年《刑法》中未规定组织卖淫罪。但随着社会的发展，人员流动性增加，社会管理难度加大，卖淫嫖娼现象死灰复燃，一些有组织、成规模的卖淫问题渐渐突出，破坏了社会秩序、毒化了社会风气，造成了严重的社会危害，这使得1979年《刑法》的相关规定显得滞后。1991年全国人大常委会出台《决定》，增设了组织他人卖淫罪、协助组织他人卖淫罪、介绍他人卖淫罪、传播性病罪，完善了惩治淫业犯罪的立法，体现了对淫业犯罪从严打击的态度。《决定》的内容被1997年《刑法》吸收采纳，形成了现行《刑法》第六章妨害社会管理秩序罪中第八节淫业犯罪的基础。《刑法修正案（九）》依据当前社会状况对组织卖淫罪的罪状表述和法定刑进行了进一步完善。在量刑方面，根据《决定》，只要构成组织卖淫罪，即处十年以上有期徒刑或者无期徒刑，并处一万元以下罚金或者没收财产，情节特别严重的可处死刑，应当说刑罚是比较严厉的。1997年《刑法》降低了组织卖淫罪的起点刑，并区分了组织卖淫一般情节、情节严重、情节特别严重的情形，分别规定不同法定刑。其中，一般情节的判处五年以上十年以下有期徒刑，并处罚金；情节严重的处十年以上有期徒刑或者无期徒刑，并处罚金或者没收财产；情节特别严重的，处无期徒刑或者死刑，并处没收财产。到了2015年《刑法修正案（九）》中取消了“情节特别严重的规定”，并废除了本条的死刑。上述变化过程，反映了立法者对组织卖淫这种社会问题形成了更为科学、深刻的认识，体现了社会管理手段的多样化，也符合刑罚宽缓的趋势。其中，对组织卖淫罪不适用死刑，符合我国缩小死刑适用罪名、“严格控制、慎重适用死刑”的政策。同时《刑法》中规定，组织卖淫中并有杀害、伤害、强奸、绑架等犯罪行为的，依照数罪并罚的规定处罚。也就是说，对于组织卖淫中有其他严重暴力犯罪、造成人身伤亡等严重后果的，仍可以依所犯之罪予以重罚，直至判处死刑，并不会因此而放纵犯罪。

二、关于组织卖淫罪的适用条件

组织卖淫罪，是指以招募、雇佣、引诱、容留、介绍等手段，管理、控制多人从事卖淫。本罪侵犯的主要客体是社会治安管理秩序和良好的社会风尚；客观方面表现为组织他人从事卖淫活动；犯罪主体为一般主体；主观方面系故意。根据《刑法》及司法解释，结合司法实践，我们认为，适用组织卖淫罪应当具备以下要件：

1. 行为人实施了一定组织手段

所谓“组织”，按照现代汉语词典解释，意指“安排分散的人或者事物使其具有一定系统性或者整体性”。对于组织卖淫而言，行为人需要采取一定的组织手段，把分散的卖淫人员、分散的卖淫活动集合起来。司法实践中常见组织手段，主要有招募、雇佣、引诱、容留、介绍等。招募，是指通过公开或者秘密手段主动表明接受卖淫人员的意愿，广泛征集愿意从事卖淫活动的人员纳入卖淫组织。公开招募的，如在公共场所张贴小广告招募所谓会所工作人员等；秘密招募的，如私下有针对性地物色符合条件的卖淫人员纳入自己的组织内。雇佣，本意指用货币购买劳动力，在组织卖淫活动中，行为人通过支付报酬的方式将自愿卖淫者纳入卖淫组织内从事卖淫活动。引诱，是指在他人原本无卖淫意愿的情况下，使用勾引、利诱的方式使他人从事卖淫活动。这种方法的表现形式除了对他人进行直接的物质上的引诱外，还包括从精神上、心理上对他人进行诱惑和劝说，使其价值观产生动摇，从而心甘情愿的从事卖淫活动。容留，是指允许他人在自己支配的场所卖淫或者为他人卖淫提供场所。介绍，是指在卖淫人员与嫖娼人员之间牵线搭桥，促成性交易的达成。对于上述组织卖淫的手段，行为人可能实施一种手段也可能实施多种手段，如通过招募或者引诱过来的卖淫人员，通过雇佣的手段与其建立相对稳定的关系，继而容留、介绍其卖淫。

因《刑法》对组织卖淫罪的罪状描述比较简单，故而先后两部司法解释对组织卖淫罪的组织手段都有规定。《解答》规定“以招募、雇佣、强迫、引诱、容留等手段，控制多人从事卖淫的行为……”《涉卖淫刑案解释》规定“以招募、雇佣、纠集等手段，管理或者控制他人卖淫……”比较两部司法解释表述的区别，主要有以下三点：第一，《涉卖淫刑案解释》未明确规定引诱、容留、介绍的手段。我们认为，《涉卖淫刑案解释》之所以未明确列举引诱、容留、介绍手段，主要是防止文字表述上与《刑法》第三百五十九条规定的引诱、容留、介绍卖淫罪发生混淆，并不表明引诱、容留、介绍不属于组织手段。事实上，引诱、容留、介绍都属于常见的组织卖淫手段。可以说绝大多数组织卖淫犯罪，行为人对卖淫人员至少实施了容留和介绍的行为，否则难以实现对卖淫活动进行管理和控制。第二，《涉卖淫刑案解释》增加了“纠集”手段。“纠集”实际是一种概括性的手段，意指把分散的个人及其活动集合起来，《涉卖淫刑案解释》使用“纠集”以弥补列举不足，包括招募、雇佣、容留在内诸多手段都可以认为系纠集人员的方式。第三，关于“强迫卖淫”的手段。在组织卖淫的手段中，争议最大的就是强迫卖淫是否属于组织卖淫的手段。一种观点认为，组织卖淫的手段包括强迫卖淫，主要依据是《解答》中明确规定强迫卖淫属于组织卖淫的手段，《解答》还规定“对被组织卖淫的人有强迫、引诱、容留、介绍卖淫行为的，应当作为组织他人卖淫罪的量刑情节予以考虑，不实行数罪并罚”。另一种观点认为，组织卖淫罪中被组织者都是非强迫性从事卖淫活动的。如果组织者以强制的手段迫使他人卖淫，则不属于组织卖淫罪的手段范畴，不能以组织卖淫来评价。我们认为，上述争议实际是两个层次的问题，先是组织卖淫的手段是否包括强迫卖淫，然后是行为人采取强迫手段组织卖淫的应当如何定罪。就前一个问题，从文义解释的角度看，所有能将卖淫人员及卖淫活动集合起来的手段都可称为组织手段。组织卖淫的手段是多种多样的，包括卖淫人员自愿的如招募、聘用，包括卖淫人员起初没有卖淫意愿后被说服诱导的如引诱，也包括卖淫人员并不自愿的如强迫。事实上，司法实践中单纯的强迫卖淫行为并不多见，更多强迫卖淫是伴随组织卖淫行为而发生的，且有不少组织卖淫案件，行为人采取的主要手段就是强迫。因此，不论从文义理解还是司法实践情况看，强迫卖淫都属于组织卖淫的手段。至于行为人采取强迫手段组织卖淫的应当如何定罪，则属另外一个问题，下文将作详细阐述。

2. 行为人通过组织手段实现对卖淫人员的控制或者管理

《刑法》第六章第八节规定的犯罪中，组织卖淫罪与其他犯罪，如引诱、容留、介绍卖淫罪在手段上有重合之处，在犯罪的表现形式上也常常类似，区分此罪与彼罪的关键在于能否通过一定手段实现对卖淫人员及卖淫活动的管理或者控制。所谓管理，是指行为人指挥卖淫人员、协调卖淫活动，对卖淫组织的人员、场所等进行有效配置，以实现安全、高效的组织卖淫活动。比如组织卖淫者按照一定的模式向嫖客推荐、介绍卖淫女，统一调度、安排卖淫女，并为卖淫活动提供卖淫场所、安排相关服务、保障人员，提供物质便利条件等。所谓控制，基本含义是卖淫活动在组织者掌握的范围内或者操纵下进行。这种“控制”一方面表现在对卖淫对象人身和财产的控制，使之服从、接受卖淫组织的统一安排，如统一管理卖淫人员的身份证件、规定作息时间、统一管理卖淫人员的收入，等等。另一方面表现为对卖淫行为的控制，如指定固定的场所为卖淫场所，规定不同的卖淫行为不同的价格，收取固定的介绍费用等。

需要说明的是，管理或控制不能狭义理解为仅对卖淫人员人身自由进行限制或剥夺，司法实践中不少卖淫组织中的卖淫人员是具备相当高的自由度的，有的卖淫组织实施类似公司管理制度，卖淫人员自愿置于组织者的管理、控制之中，人身自由不受限制，卖淫人员对是否从事卖淫活动有一定的意思自治，可以在不同的卖淫组织之间“跳槽”。在这种情况下，组织者的管理和控制主要体现在对组织内人员、财物、场所及其活动的综合把控和调度,这实际是一种更有效率、更能逃避打击的管理和控制手段。

3. 应当具有一定的规模

刑法在罪名上使用“组织”一词的,大致可以分为两类:一类属于必要的共同犯罪,比如组织、参加黑社会性质组织罪,组织越狱罪等,组织者与被组织者构成同一犯罪,至少都构成犯罪,比如组织者可能构成组织他人偷越国边境罪,被组织者可能构成偷越国边境罪。另一类则属于任意共同犯罪,一般只对组织者进行刑事处罚,对被组织者不予处罚或者只进行行政处罚。组织卖淫罪属于后一种情形。本罪的行为人既可以与他人共同犯罪,也可以独自从事组织卖淫活动。因此,组织卖淫罪的规模要件并不体现在行为人即组织者方面。

组织卖淫罪的规模要件主要体现在被组织人员众多。组织卖淫罪在《刑法》第六章第八节中属于法定刑较高的犯罪,高于引诱、容留、介绍卖淫罪。这是因为行为人通过组织多人从事卖淫活动,并对卖淫活动进行管理和控制,形成了一定的组织体系,更容易实施犯罪、抵御侦查,也容易衍生其他犯罪,具有更大的社会危害性,故而属于重点打击的对象。一般来说只有被组织的人员达到多人以上的,才能称之为组织,否则与一般的引诱、容留、介绍卖淫行为在社会危害性上难有本质区别。历来司法解释对构成组织卖淫罪的卖淫人数都有要求,《解答》规定是“多人”,《涉卖淫刑案解释》进一步明确规定,组织卖淫罪中被组织人员的人数为 3 人以上。对于被组织人员未达到 3 人的,因不符合组织卖淫罪的组织要件,故按照其手段定罪,如强迫卖淫罪,引诱、容留、介绍卖淫罪等。

4. 不需要固定的场所

一般情况下,组织卖淫行为人是设置或者变相设置卖淫场所的,如以宾馆、洗浴中心、会所为固定场所或者以经营宾馆、洗浴中心、会所等为名,行组织卖淫之实。但近些年来,面对严厉的“扫黄”活动,一些不法之徒采取动态管理方式,即不建立固定的卖淫窝点,而是利用现代化的交通与通信设施,指挥、控制着多人从事卖淫活动。这种动态管理模式,将组织卖淫行为化整为零,或者将分散的单个卖淫行为组织起来,既能扩大卖淫的范围,又便于逃避公安机关的追查。这类没有固定场所的组织卖淫行为,依然明显地体现出组织者的管理、控制行为,即卖淫者并非作为单个个体而存在,而是受制于组织者,随时接受他们的指令去办事,有一定的组织性和纪律性。

三、关于组织卖淫罪“情节严重”的认定

《决定》中规定了犯组织他人卖淫罪“情节特别严重的”的可判处死刑,并处没收财产,但《决定》未对“情节特别严重”作出解释。《解答》规定,组织他人卖淫罪中的“情节特别严重”,主要是指组织他人卖淫的首要分子情节特别严重的;组织他人卖淫手段特别恶劣的;对被组织卖淫者造成特别严重后果的;组织多人多次卖淫具有极大的社会危害性的,等等。1997 年《刑法》分别规定了构成组织卖淫罪的一般情节、情节严重、情节特别严重的分别适用不同的法定刑,2015 年《刑法修正案(九)》取消了情节特别严重的情形,故现组织卖淫罪只有“情节严重”一种加重处罚情形。对此,2017 年《涉卖淫刑案解释》专门对适用组织卖淫罪“情节严重”的情形作出了规定。根据该解释,结合司法实践,可从以下几方面去评价刑法规定的“情节严重”:

1. 卖淫组织的规模。卖淫组织的规模大致能反映其社会危害性。评价卖淫组织的规模主要有以下几个要点:一是受管理、控制卖淫人员的数量,二是组织卖淫活动非法获利情况,三是卖淫的次数。这三个方面实际是互相关联的。一般来说,被组织卖淫的人员越多卖淫的次数越多,卖淫次数越多非法获利就越多。《涉卖淫刑案解释》中规定,“卖淫人员累计达十人以上或者非法获利人民币一百万元以上的,属于情节严重”。至于卖淫的次数,由于司法实践中关于卖淫次数同题取证通常比较困难、统计难以保证准确，且考虑组织卖淫活动获利的多少可以在较大程度上反映其组织卖淫的次数，体现其社会危害性的严重程度，故对组织卖淫的次数未作规定。

2. 受组织人员的情况。《涉卖淫刑案解释》中规定，“卖淫人员中未成年人、孕妇、智障人员、患有严重性病的人累计达五人以上的”属于情节严重。未成年人、精神有缺陷人员本身认识能力较弱，容易受到诱骗，属于需要特殊保护的对象。而组织孕妇卖淫有伤风化、违反人道。至于组织患有严重性病的人员卖淫，可能造成疾病流行，对公共卫生安全有影响，甚至形成恐慌危及公共安全。故组织上述人员实施卖淫达到 5 人以上的即可构成“情节严重”。

3. 社会影响。组织卖淫活动破坏了社会管理秩序、有伤社会风化，有的还可能造成不良的国际影响，比如，《涉卖淫刑案解释》中规定的“组织境外人员在境内卖淫或者组织境内人员出境卖淫的”。

4. 严重后果。《涉卖淫刑案解释》中规定，“造成被组织卖淫的人自残、自杀或者其他严重后果的”属于情节严重。需要注意的是，这里的严重后果不是基于组织者的故意行为。如果是组织者的故意行为，则应当依照《刑法》第三百五十八条第三款的规定，以故意杀人、故意伤害罪等对组织者实施数罪并罚。

四、关于组织卖淫罪与相关犯罪的区别和联系

（一）组织卖淫罪与引诱、容留、介绍卖淫罪的区别和联系

所谓引诱、容留、介绍卖淫罪，是指使用勾引、利诱等手段使他人从事卖淫，为他人卖淫提供场所以及在卖淫者和嫖客之间牵线搭桥的行为。《刑法》第三百五十九条规定，“引诱、容留、介绍他人卖淫的，处五年以下有期徒刑、拘役或者管制，并处罚金；情节严重的，处五年以上有期徒刑，并处罚金。引诱不满十四周岁的幼女卖淫的，处五年以上有期徒刑，并处罚金”。

组织卖淫罪与引诱、容留、介绍卖淫罪在犯罪构成要件上具有诸多相似之处，在手段上有重合之处，均可以表现为引诱、容留和介绍行为。那么，对于实施了引诱、容留、介绍的行为人究竟构成何罪，我们认为主要可以从以下三个方面进行区分：一是组织卖淫罪要求管理、控制卖淫人员的数量在 3 人以上。一般来说，只有被组织的人员达到多人以上的才能称之为组织，否则与一般的引诱、容留、介绍卖淫行为在社会危害性上难有本质区别。根据《涉卖淫刑案解释》第一条的规定，被组织的卖淫人员在三人以上的才能认定为《刑法》第三百五十八条规定的“组织他人卖淫”。如果受引诱、容留、介绍卖淫的人数未达到 3 人的，则不符合组织卖淫罪的适用条件，应认定为引诱、容留、介绍卖淫罪。二是组织卖淫罪要求行为人对卖淫组织实现管理和控制，这是两罪区分的关键。所谓控制，就是说卖淫活动必须在组织者掌握的范围内或者操纵下进行。这种控制一方面表现在对卖淫对象人身和财产的控制，另一方面表现为对卖淫行为的控制。如果行为人只是简单地勾引、利诱他人从事卖淫活动、为他人卖淫活动提供场所、在卖淫者和嫖客之间牵线搭桥、沟通撮合，对卖淫人员、卖淫活动实际都不掌控，即使引诱、容留、介绍了多人从事卖淫活动，也不构成组织卖淫罪。三是两罪在引诱、容留、介绍卖淫行为的具体表现方式上存在差异。比如，容留卖淫罪中的容留，是指行为人为他人卖淫提供场所或其他便利条件的行为，其强调的是便利性。而组织卖淫罪中的容留，是指容纳收留自愿卖淫者参加卖淫组织，或参加有组织的卖淫活动。其强调的是组织性。容留卖淫罪中的容留可以以不作为的形式出现，而组织卖淫罪中的容留行为，是一种作为的犯罪，一般不以不作为的形式出现，否则难以对卖淫者实现管理和控制。

在具体处罚上，一般认为，组织卖淫罪与引诱、容留、介绍卖淫罪系法条竞合关系，两者手段有重合，保护的法益大致相同，刑法关于两罪的规定有交叉重合之处。再具体区分，两罪属于交

叉竞合关系,即两个罪名概念之间各有一部分外延相重合,其适用原则系重法优于轻法。当行为人以引诱、容留、介绍的手段组织卖淫时,既可构成组织卖淫罪,又可构成引诱、容留、介绍卖淫罪的,依照处罚较重的规定处罚,不实行数罪并罚。一般情况下,组织卖淫罪的处罚重于引诱、容留、介绍卖淫罪,故一般按照组织卖淫罪进行处罚。但引诱的对象是不满十四周岁的幼女时,则存在引诱幼女卖淫罪重于组织卖淫罪的可能,即组织卖淫未达到情节严重时,其法定刑幅度为五年以上十年以下有期徒刑,而引诱幼女卖淫罪的法定刑幅度为五年以上(十五年以下)有期徒刑,此时,引诱幼女卖淫罪的处罚重于组织卖淫罪,应依照引诱幼女卖淫罪定罪处罚,组织卖淫行为作为犯罪情节考虑。如果组织卖淫犯罪达到"情节严重"时,因其法定最高刑为无期徒刑,应当以组织卖淫罪一罪定罪处罚。对被组织卖淫者以外的其他人实施引诱、容留、介绍卖淫行为的,则仍应当分别定罪,实行数罪并罚。

(二)组织卖淫罪与协助组织卖淫罪的区别和联系

所谓协助组织卖淫罪,则是指协助组织者组织他人卖淫的行为,即为他人实施组织卖淫的犯罪活动提供方便、创造条件、排除障碍的行为。协助组织卖淫罪实际上是组织卖淫罪的帮助犯,两罪在犯罪主体、客体和主观方面基本一致,协助组织卖淫罪的成立也以存在组织卖淫罪为前提。

两罪区别主要体现在以下几个方面:一是从行为性质看。协助组织卖淫罪的主体实施的是为组织他人卖淫活动提供方便、创造条件、排除障碍的帮助行为,主要有两个方面的内容:一方面是在组织他人卖淫的共同犯罪中起帮助作用的行为,如充当保镖、打手、管账人等;另一方面是为组织卖淫的人招募、运送人员或者有其他协助组织他人卖淫的行为,这两方面内容突出了协助性。而组织卖淫行为系能将卖淫人员及卖淫活动集合起来的行为,包括招聘、雇佣、引诱、容留、介绍等,突出了组织性。二是从行为对象看。组织卖淫罪的行为对象是卖淫人员,而协助组织卖淫罪的行为并非直接作用于卖淫人员,与卖淫人员之间也无直接的指挥、管理关系。

此外,根据《涉卖淫刑案解释》第四条的规定,明知他人实施组织卖淫犯罪活动而为其招募、运送人员或者充当保镖、打手、管账人等的,以协助组织卖淫罪定罪处罚。此外,在具有营业执照的会所、洗浴中心等经营场所担任保洁员、收银员、保安员等,从事一般服务性、劳务性工作,仅领取正常薪酬,且无前款所列协助组织卖淫行为的,不认定为协助组织卖淫罪。

(三)在组织卖淫中强迫他人卖淫的行为如何定罪处罚

组织卖淫中强迫他人卖淫的行为如何认识、如何定罪处罚,《解答》曾经有明确规定,"在组织他人卖淫的犯罪活动中,对被组织卖淫的人有强迫、引诱、容留、介绍卖淫行为的,应当作为组织他人卖淫罪的量刑情节予以考虑,不实行数罪并罚"。但是该条规定一直争议比较大,争议焦点在于能不能以组织卖淫罪来评价强迫卖淫行为。强迫卖淫虽是组织卖淫的手段之一,且司法实践中大多数强迫卖淫行为是伴随组织卖淫发生的,但是两者侵犯的法益并不相同。组织卖淫罪主要破坏了社会秩序和社会的善良风俗,而强迫卖淫的行为既对社会秩序造成破坏,更重要的是对被强迫人的人身权利尤其是性权利造成了侵犯。可见,组织卖淫罪并不能完全涵盖强迫卖淫罪侵犯的法益。此外,组织卖淫是建立在卖淫者自愿的情况下的,卖淫者对于自己被管理和控制都是自愿的,行为人的组织行为并未违背卖淫人员的意志。招募、雇佣、引诱、容留、介绍等手段,与强迫卖淫手段相比,卖淫人员的主观意愿不同,而行为人的主观恶性、行为的社会危害性也存在明显区别。

1997年《刑法》将组织卖淫罪与强迫卖淫罪归于同条同款,表述为"组织他人卖淫或者强迫他人卖淫的……"并规定了同样的法定刑。根据最高人民法院、最高人民检察院关于罪名的规定，该款有两个罪名分别是组织卖淫罪和强迫卖淫罪。对此，有观点认为组织卖淫罪与强迫卖淫罪存在法条竞合关系，强迫卖淫行为在形式上同时符合组织卖淫罪与强迫卖淫罪两个犯罪构成，形成法条竞合。因组织卖淫罪适用于组织 3 人以上的场合，相对而言是特别法条；而强迫卖淫适用于所有场合，相对而言是普通法条，依据特别法优于普通法的原则，故以组织卖淫罪论处。

2015 年《刑法修正案（九）》第四十二条对《刑法》第三百五十八条作了修订，修改后该条表述为“组织、强迫他人卖淫的”。2017 年《涉卖淫刑案解释》中进一步明确“对于采取强迫卖淫的手段组织卖淫的，应定组织、强迫卖淫罪”。根据该司法解释的规定，“组织、强迫卖淫罪”属于选择性罪名，应根据行为人的具体行为性质来确定其罪名。我们赞同将组织、强迫卖淫罪作为选择性罪名来认定的做法，主要理由是：首先，从法律规定看，对于组织卖淫和强迫卖淫经历了一个从分条规定，到“组织他人卖淫或者强迫他人卖淫的”，再到“组织、强迫他人卖淫的”表述变化过程。根据上述罪状表述，在组织和强迫行为之间特意省去了连接词“或者”，而用顿号代替，符合选择性罪名特有的罪状表述。其次，一般认为，选择性罪名中各选择性要素应当具备密切关联，或者法益相同，或者具有吸收、牵连关系。如前文所述的，司法实践中单纯的强迫卖淫行为并不多见，更多的是伴随组织卖淫行为对组织内的人员实施强迫。强迫与组织既在大多数案件中相伴而发生，又在手段上具有牵连关系，符合构成选择性罪名的实质性要求。最后，使用选择性罪名能够准确反映、评价组织卖淫中有强迫卖淫行为的性质，以便与单纯的组织卖淫行为相区分，体现了两类犯罪在手段、社会危害性上的重要区别。需要注意的是，为了防止在组织、强迫卖淫罪中既够不上单一的组织卖淫的“情节严重”标准，又够不上单一的强迫卖淫“情节严重”标准的情况，《涉卖淫刑案解释》中还专门规定了组织、强迫卖淫“情节严重”的情形，有利于准确打击既组织卖淫又强迫卖淫的行为。

五、关于组织卖淫罪法律适用的其他问题

（一）被组织人员尚未从事卖淫活动的是否属于组织卖淫罪的未遂

司法实践中，有的组织卖淫案件中，被组织卖淫人员尚未实际从事卖淫活动就被抓获。对于这类案件，有观点认为，因为被组织卖淫人员尚未实施卖淫活动，故行为人的组织卖淫行为尚未得逞，构成组织卖淫罪的未遂。我们认为，组织卖淫罪属于行为犯，行为犯的既遂并不要求造成物质性的和有形的犯罪结果，而是以行为完成为标志，组织卖淫罪的实行行为是组织行为，只要行为人完成了组织行为，不论被组织人是否实际从事卖淫，均构成组织卖淫罪的既遂。而从犯罪的社会危害性看，只要行为人采取招募、雇佣、强迫、引诱、容留等手段，实际管理、控制多人形成了卖淫组织，即对社会管理秩序和社会风化造成了一定的破坏，侵犯了刑法所保护的法益，具有了严重社会危害性。如果本罪的既遂必须包括被组织者在实际上从事了卖淫活动，这会缩小打击面，不符合行为犯的立法意图，使一些具有社会危害性的此类行为得不到法律的惩处。至于组织卖淫罪的未遂状态，是指组织卖淫行为并没有实施完毕即由于其意志以外的原因未得逞。比如，行为人已经开始着手实施招募、雇佣、强迫、引诱、容留等行为，但由于意志以外的原因，组织行为尚未实施完毕，尚未纠集一定规模的人员，或者尚未形成对卖淫人员的控制或者管理，在此情况下，可成立组织卖淫罪的未遂。

（二）组织卖淫罪不需要以营利为目的

《刑法》对淫业类犯罪罪状的表述起初是要求以营利为目的。1979 年《刑法》第一百六十九条规定，“以营利为目的，引诱、容留妇女卖淫的……”当时，淫业类犯罪并不猖獗，社会上出现的多为分散、零星的卖淫活动。引诱、容留妇女卖淫现象较少见且规模不大，社会危害性不突出，故《刑法》“以营利为目的”限制此类行为纳入刑事处罚的范围，符合罪刑相适应的要求。到了 1991

年《决定》颁布后，对所有淫业类犯罪不再规定以营利为目的，此后1997年《刑法》中也再未规定淫业犯罪需"以营利为目的"。究其原因，一方面，在于20世纪80年代后，卖淫嫖娼现场死灰复燃，越来越猖獗，有组织卖淫活动的规模越来越大，严重扰乱社会秩序，危害严重，故对于组织、强迫、引诱、容留、介绍他人卖淫的犯罪应当予以严惩。如果一律要求以营利为目的，则不利于打击此类犯罪。另一方面，淫业犯罪属于破坏社会秩序类犯罪，社会危害性主要体现在对社会秩序、社会风化的破坏，行为人是否以营利为目的、是否实际营利与其行为的社会危害性、刑事当罚性并无直接关系。虽然司法实践中大多数的组织卖淫是以营利为目的，但是确实也有行为人，其组织卖淫并无直接的获利目的，或者虽有组织行为但尚未营利的。对此，只要符合组织卖淫罪的犯罪构成，则应当以组织卖淫罪定罪处罚，而不考虑其是否以营利为目的或者是否实际营利。

（三）关于组织卖淫行为人实施杀害、伤害、强奸、绑架等犯罪行为的处理

《刑法修正案（九）》规定犯组织卖淫罪，并有杀害、伤害、强奸、绑架等犯罪行为的，依照数罪并罚的规定处罚。这样，可以确保取消组织、强迫卖淫罪的死刑后，对有杀害、伤害、强奸、绑架等犯罪行为的犯罪分子，如果应当判处死刑时，可以依法判处死刑。《涉卖淫刑案解释》第七条第一款对该条作了重申和强调，并规定协助组织卖淫行为人参与实施上述行为的，以共同犯罪论处。此外，组织、强迫卖淫行为人和协助组织卖淫行为人在杀人、伤害、强奸、绑架犯罪中的地位、作用，并不一定是依照他们在组织、强迫卖淫犯罪中的地位、作用来认定，而是依照他们在杀人、伤害、强奸、绑架犯罪的具体情况确定主从犯地位。

协助组织卖淫罪的定罪量刑问题

□张　剑*

一、协助组织卖淫罪的概念

（一）协助组织卖淫罪的含义及罪名的由来

协助组织卖淫罪，是指对组织卖淫犯罪起外部帮助作用的行为。《刑法》第三百五十八条第四款规定为，"为组织卖淫的人招募、运送人员或者有其他协助组织他人卖淫的行为"。

1979年《刑法》没有规定协助组织卖淫罪。本罪最初始于1991年《全国人民代表大会常务委员会关于严禁卖淫嫖娼的决定》（以下简称《决定》）第一条的规定，"组织他人卖淫的，处十年以上有期徒刑或者无期徒刑，并处一万元以下罚金或者没收财产，情节特别严重的，处死刑，并处没收财产。协助组织他人卖淫的，处三年以上十年以下有期徒刑，并处一万元以下罚金；情节严重的，处十年以上有期徒刑，并处一万元以下罚金或者没收财产"。该《决定》第一次从法律上确认了组织卖淫罪和协助组织卖淫罪。随后，最高人民法院、最高人民检察院于1992年出台《关于执行〈全国人民代表大会常务委员会关于严禁卖淫嫖娼的决定〉的若干问题的解答》（以下简称《两高解答》），《两高解答》第一条确定了《决定》第一条的罪名，第三条规定了本罪的具体罪状，即"协助组织他人卖淫罪，是指在组织他人卖淫的共同犯罪中起帮助作用的行为。如充当保镖、打手、管帐人等"。并明确"依照《决定》第一条第二款的规定，协助组织他人卖淫的行为，有具体的罪状和单独的法定刑，应当确定为独立的罪名，适用单独的法定刑处罚，不适用刑法总则第二十四条关于从犯的处罚原则"。1997年《刑法》将上述组织卖淫罪和协助组织卖淫罪的相关内容

---

* 最高人民法院刑事审判第四庭审判员。

吸纳进去。

2011 年,全国人民代表大会常务委员会(以下简称全国人大常委会)发布《刑法修正案(八)》修改了本罪的罪状,将"协助组织他人卖淫的"修改为"为组织卖淫的人招募、运送人员或者有其他协助组织他人卖淫行为的",但《最高人民法院、最高人民检察院关于确定罪名的补充规定(五)》并未对罪名进行修改。2017 年,最高人民法院、最高人民检察院出台了《关于审理组织、强迫、引诱、容留、介绍卖淫刑事案件适用法律若干问题的解释》(以下简称《解释》),其中对本罪进行了更为详细的规定:"明知他人实施组织卖淫犯罪活动而为其招募、运送人员或者充当保镖、打手、管账人等的,依照刑法第三百五十八条第四款的规定,以协助组织卖淫罪定罪处罚,不以组织卖淫罪的从犯论处。"

(二)关于主观方面

本罪的主观方面,要求行为人具有协助组织卖淫活动的犯罪故意——"协助故意",即行为人明知自己是在进行协助组织卖淫的犯罪活动,而为他人的组织卖淫犯罪提供帮助、创造条件,并希望或放任组织卖淫犯罪行为造成的危害结果的发生。因此,协助组织卖淫罪的行为人主观上是双重的,一方面,由于本罪的行为人与组织卖淫罪的行为人是共同实施犯罪,因此从共同犯罪的意义上说,本罪的行为人也具有组织卖淫的故意;另一方面,行为人认识到自己所实行的是协助行为,是为他人组织卖淫犯罪提供帮助、创造条件,使组织卖淫行为得以顺利实施,具有协助组织卖淫的故意,这正是本罪行为人主观上的核心要件。如果行为人在主观上缺乏故意,仅仅在客观上为他人组织卖淫提供了方便,则不能构成本罪,但行为人协助组织他人卖淫的动机、目的如何,不影响本罪构成。总而言之,从构成本罪要件的角度讲,行为人对自己的行为具有协助组织卖淫的性质主观上是明知的。

实践中存在一种情况,即确实有一些人不知是卖淫人员而认为是运送、招募劳务人员,但实际协助了组织卖淫的情况。对此,《解释》明确规定不构成协助组织卖淫罪。而认定行为人是否明知,关键是看行为人的行为,一般可以实施协助组织卖淫行为持续的时间来佐证其主观上的直接故意,如果行为人受雇时并不知情,而且也仅工作了一两天,则并不能排除其主观上的非明知;如果是长期配合、互相熟知的,则很难解释为不明知。

(三)关于客观方面

本罪的客观方面表现为行为人明知他人实施组织卖淫犯罪活动而为其招募、运送人员或者充当保镖、打手、管账人等行为。

1997 年《刑法》对本罪的罪状规定非常简单,即"协助组织他人卖淫的"。2011 年《刑法修正案(八)》第四十八条补充规定了为组织卖淫的人招募、运送人员为协助组织卖淫的行为,这就是因为 1997 年《刑法》关于协助组织卖淫罪的规定比较原则,对于为组织卖淫的人招募、运送人员等行为未明确规定,实践中对这些行为是否应当和如何追究刑事责任存在模糊认识,因而作了补充。2017 年《解释》对此进行了进一步的明确和补充,将"明知他人实施组织卖淫犯罪活动而充当保镖、打手、管账人等"行为也纳入本罪范围。

司法实践中,协助行为可发生于组织卖淫犯罪活动的各个环节,且表现形式多种多样。组织卖淫犯罪的实行行为(主行为)包括以招募、雇佣、强迫、引诱、容留等手段,控制多人从事卖淫的行为,核心是策划、指挥、管理、控制、安排、调度等组织行为,而协助组织卖淫罪的行为人就是没有具体参与实施上述组织行为而只是在外围协助组织者实施主行为,提供物质上、体力上和精神上帮助的行为的人员,主要有三种形式:(1)招募、运送。以招工为名,通过广告、互联网等方式,协助诱骗、招募妇女卖淫,但本身不参与组织卖淫活动;提供交通工具,为组织卖淫者接送、转移卖淫人员，只收取相应运输费用的。(2)充当保镖、打手、管账人等。充当保镖，看家护院，望风放哨；充当打手，协助强迫妇女卖淫，逼良为娼；为组织卖淫者充当管账人。(3)其他方法和行为。这是一种兜底规定，实践中主要包括：对卖淫人员进行所谓的"技术培训"，明知是组织卖淫场所而从事保洁员、收银员、保安员等工作，并有帮助行为的；为卖淫者安排住处；为组织卖淫者指示犯罪目标，提供犯罪工具，排除障碍；提供反调查信息等。

二、协助组织卖淫行为单独定罪的缘由

(一)组织卖淫罪与协助组织卖淫罪的区分

组织卖淫罪与协助组织卖淫罪二者密切相关。从行为人之间的关系来看，属于实质上的共同犯罪，协助组织卖淫者可以认为是组织卖淫者的从犯，二者只是由于分工及行为内容的不同而导致罪名及刑事责任的差异。但《刑法》单独规定了协助组织卖淫罪，表明这类行为应当确定为独立的罪名，适用单独的法定刑处罚，不再适用《刑法》关于从犯的处罚原则，即不再比照组织卖淫罪的主犯来从轻、减轻或者免除处罚。《两高解答》第三条对此亦明确规定："依照《决定》第一条第二款的规定，协助组织他人卖淫的行为，有具体的罪状和单独的法定刑，应当确定为独立的罪名，适用单独的法定刑处罚，不适用刑法总则第二十四条关于从犯的处罚原则。"虽然《两高解答》已经废止，但其关于协助组织卖淫罪的解释还是正确的。

在司法实践中对于二者应当注意予以区分。实践中有种观点认为，组织卖淫罪一般是由数人或者多个环节组成的共同犯罪行为，凡是共同组织卖淫罪的主犯应当定性为组织卖淫罪，凡是共同组织卖淫罪的从犯应当定性为协助组织卖淫罪。这种观点是错误的，协助卖淫罪是一种独立的犯罪，而不是共同组织卖淫罪的从犯；共同组织卖淫罪的从犯，应当定性为组织卖淫罪，而不能定性为协助组织卖淫罪。

组织卖淫罪的行为人主观为故意组织他人卖淫，而协助组织卖淫罪行为人主观方面是具有协助组织卖淫活动的犯罪故意。协助组织卖淫行为属于帮助犯，帮助犯与主行为实施者即实行犯是按照分工不同划分的，不能简单地以作用大小为标准，二者的根本区别在于，帮助犯不实施主行为。就组织卖淫罪而言，帮助所实施的行为不能是组织行为(策划、指挥、管理、控制、安排、调度等实行行为)，否则应当以组织卖淫罪论处。没有实施组织行为，不与卖淫行为发生直接联系，而是在外围协助组织者实施其他行为，充当保镖、打手、管账人或为直接组织者招募、雇佣、运送卖淫者，为卖淫者安排住处，为组织者提供反调查信息等行为，这些都不构成组织卖淫罪的共犯，而仅构成协助组织卖淫罪。

在司法实践中，组织他人卖淫场所中的老板、经理、领班、直接管理人员等一般应认定为组织者，老板系组织者是无疑的，而对于后三者，虽然受他人雇佣、领导和指使，但在整个组织卖淫过程中，地位和作用相对于组织者、指挥者(老板)属于次要角色，但是，从这部分人员与卖淫人员的关系上看，他们仍然管理、支配、控制着卖淫活动，也就是与卖淫人员之间存在管理与被管理的关系，这些行为已经超越了单纯的帮助行为的界限，因此，他们的行为实质上属于控制他人从事卖淫活动，亦即分担了组织卖淫罪的实行行为，故应将这部分管理人员的管理行为认定为是组织卖淫行为，应当以组织卖淫罪论处。而保镖、打手、管账人、保洁、服务生等一般系协助组织者，虽然这部分人员对卖淫场所的正常运行发挥重要作用，但他们并没有直接管理和支配卖淫人员，与组织卖淫罪中的"控制多人从事卖淫活动"存在本质上的不同，应当以协助组织卖淫罪论处。① 而如果是在具有营业执照的会所、洗浴中心等经营场所担任保洁员、收银员、保安员等，从

① 参见徐贤飞：《对卖淫场所中管理人员之定罪量刑》，载《人民司法(应用)》2016年第16期。

事一般服务性、劳务性工作，仅领取正常薪酬且无协助组织卖淫行为的，不认定为协助组织卖淫罪。

（二）区分的必要性

刑法将协助组织卖淫罪从组织卖淫罪中区分开来，是有其必要性的：

1. 司法实践中协助行为的常态化

改革开放以来，随着社会环境的不断变化及社会矛盾的逐渐凸显，一些过去已经消失的违法犯罪行为又重新出现，卖淫嫖娼现象就是其一，它不仅会严重破坏社会风气、秩序，更有可能导致性病传播，危害公民的身体健康。为了打击组织卖淫犯罪，1991 年全国人大常委会出台《决定》，将之规定为单独的罪名。而从实践看，由于组织卖淫犯罪的复杂性，涉及内部管理、对外交涉等各种复杂关系，组织卖淫者往往不能单独完成犯罪，需要合作者或者帮助者才能顺利实施组织卖淫行为。① 在组织卖淫者开设"娱乐场所"的过程中，离不开保镖、打手、管账人等的"协助"，这些协助组织行为已经常态化、类型化，甚至可以说必不可少。而由于其中犯罪人之间的分工不同、作用不同，导致各自承担的刑事责任也是不同的，必须区别对待。实施了策划、指挥、管理、控制、安排、调度等组织行为的行为人相对主观恶性更大、更深，而实施招募、运送人员或者充当保镖、打手、管账人等行为的协助者在犯罪中仅仅起到"跑龙套"等帮助作用，往往依附于组织者，一般危害要轻于组织者，其处罚也必然要小于组织者。因此，将这些协助行为从组织卖淫行为中分离出来，而不是按照组织卖淫罪一并处罚，进行区别定罪量刑，就成为一个比较稳妥的选择，也体现了罪责刑相适应原则。同时，如果只有组织卖淫罪一罪，将一部分处于从属地位的行为人定为从犯，则如何将从事组织卖淫行为的从犯与协助组织卖淫行为人区分开来？只有将协助组织卖淫行为单独定罪，才能更好地评价这些行为人在此类犯罪中的地位作用，从而准确量刑。

2. 协助行为的相对独立性

协助组织卖淫行为发生于组织卖淫犯罪活动的各个环节，表现形式是多种多样，既有充当保镖、打手、管账人的，也有为组织者招募、雇佣、运送、培训卖淫者的，还有为卖淫者安排住处，为组织者提供反调查信息的，等等。这些协助者与组织者之间的关系是协助与被协助的关系，在大多数情况下，这些保镖、打手、管账人等往往是组织者的依附品，依靠组织者生存，二者之间密不可分。但在实践中，也存在协助者独立于组织卖淫者的情况，如一些协助组织卖淫的行为人专门负责招募、雇佣、运输、培训卖淫者，但他们不仅服务于某一个组织卖淫者或某一个团伙，而同时为好几个团伙服务；或者提供反调查信息的人员，平时也并不与某个组织卖淫团伙直接关联，而是收钱办事。这种情况下，协助者与组织卖淫者之间并不存在密切的人身依附关系，也很难说是同一个犯罪组织，如果简单地按照共同犯罪理论，以组织卖淫罪共犯定罪处罚，对协助者的处理可能会出现偏差。比如，对于同时服务于几个组织卖淫团伙的招募、雇佣、运输、培训卖淫者，如果仅仅将之作为某一个组织卖淫团伙的共犯来处理，就很可能会遗漏掉对协助者其他协助行为的处罚。

3. 有利于打击协助组织卖淫行为

实践中，组织卖淫犯罪过程中，除了组织者外，往往有非常多的其他参与者，包括保镖、打手、管账人、服务员等。但由于组织卖淫罪的"组织"含义是比较确定的，对这些不具有组织特点的外围帮助人员，如果适用组织卖淫罪来定罪处罚，显然比较牵强，适用法律困难。而《刑法》将"协助

---

① 参见茹士春：《论帮助行为单独定罪——以协助组织卖淫罪与组织卖淫罪的切分为例》，载《中国刑事法杂志》2011 年第 1 期。

组织"行为单独规定为犯罪，从而合理合法的将这些协助行为纳入刑法调整范围，显然更有利于打击这类犯罪行为。且从量刑的角度来看，如果只有组织卖淫罪一罪，则对于这些协助组织卖淫者，只能作为从犯而从轻、减轻或免除处罚，在处刑上与组织卖淫罪的主犯拉开差距，而在单独成罪后，就可以避免此问题，从而加大对协助组织卖淫行为的打击力度。① 此外，组织卖淫罪可能存在犯罪预备、未遂、中止等停止形态，将协助组织卖淫行为单独定罪，对其进行法律制裁就不再受制于前罪的这些形态，也有利于打击本罪。

4. 不违反共同犯罪原则

组织卖淫与协助组织卖淫，从广义上而言属于共同犯罪，但是对共同犯罪人分别定罪处刑，也并不违反《刑法》总则中有关共同犯罪的规定。

从《刑法》总则与《刑法》分则的关系而言，总则具有指导作用，分则是具体规定，但分则仍然可以在总则之外作出特别或例外规定。协助组织卖淫行为当然是组织卖淫罪的帮助犯，如果《刑法》没有单独规定，则对此行为当然要适用组织卖淫罪的法定刑，并结合《刑法》总则有关共同犯罪的规定进行处罚，但现有《刑法》分则已经对此行为单独定罪量刑，则不必再结合《刑法》总则有关共同犯罪的规定以组织卖淫罪来处罚。② 但共同犯罪的规定仍然适用于组织卖淫罪和协助组织卖淫罪。在组织卖淫罪中，不同的组织者地位、作用仍有可能不同，仍然可以区分主从犯，在协助组织卖淫罪中，其内部也同样可以区分主犯和从犯，两罪均可以适用共同犯罪的规定，并对从犯从轻、减轻或免除处罚。因此，并不存在违背《刑法》总则的问题。

总之，将协助组织卖淫行为单独定罪，有利于正确区分卖淫类犯罪中不同行为人在犯罪中的地位作用，从而准确量刑。从目前我国《刑法》规定来看，将主行为的帮助行为单独定罪量刑，将帮助犯正犯化，也并非特例，如资助危害国家安全罪，帮助毁灭、伪造证据罪等。这也说明从立法上而言，将协助组织卖淫行为单独定罪是可行的。

三、协助组织卖淫罪之罪与非罪问题

实践中，公安机关在查处组织卖淫案件时，往往是"一锅烩"，不仅抓捕组织卖淫者和主要协助组织卖淫者，对一般协助卖淫行为性质不明显的人员也一并抓获。对此类人员应具体情况具体分析，不能一概而论地都予以定罪处罚。那种认为只要是在卖淫场所工作的人，都应当按照协助组织卖淫罪定罪的观点是错误的。

如果行为人协助组织卖淫行为性质明显的，不论其从事何种协助行为，均应以协助组织卖淫罪定罪处罚。但对协助组织卖淫行为性质不明显的，则不宜轻易定罪处罚。区分协助卖淫行为性质是否明显，主要看以下三个方面：一是从其工作场所来区分。如果是在隐蔽场所，非合法经营场所，则不存在协助行为性质不明显的问题。这是前提条件。行为人明知是非法场所，仍然实施协助行为，不能认定为协助性质不明显。因此，在会所、洗浴中心等合法经营场所，是认定协助行为性质不明显的首要条件。二是以从事工作性质来区分。充当保镖、打手、管账等工作的，从其平时工作中就应发现组织卖淫犯罪活动。而从事一般性的服务工作，如打扫卫生、迎宾、一般结账等一般性服务工作的，就不一定能在主观上具有协助组织卖淫的故意。三是从所获取的利益来区分。这是认定行为人与组织卖淫者关系密切程度的重要方法之一。仅领取正常的一般性

① 参见郑伟：《就这样动摇了共同犯罪的根基——论组织卖淫罪与协助组织卖淫罪的怪异切分》，载《法学》2009年第12期。

② 参见茹士春：《论帮助行为单独定罪——以协助组织卖淫罪与组织卖淫罪的切分为例》，载《中国刑事法杂志》2011年第1期。

薪酬且协助行为的,与领取高额工资者,明显不同。上述三个方面结合起来,可以确定协助行为性质是否明显。

就缩小犯罪打击面的角度而言,政策上也需要从宽掌握,除在组织卖淫或协助组织卖淫中发挥重要作用的人员外,一般情节显著轻微、从事一般工作并领取固定工资的人员,不宜按照协助组织卖淫罪处理。因此,《解释》第四条第二款规定,在具有营业执照的会所、洗浴中心等经营场所担任保洁员、收银员、保安员等,从事一般服务性、劳务性工作,仅领取正常薪酬,且无"明知他人实施组织卖淫犯罪活动而为其招募、运送人员或者充当保镖、打手、管账人等"等协助组织卖淫行为的,不认定为协助组织卖淫罪。

此外,协助组织卖淫行为是组织卖淫行为的帮助行为,故组织卖淫行为是否构成犯罪,对协助组织卖淫行为是否构成犯罪也是有影响的。如果组织卖淫行为情节显著轻微,不构成犯罪,则显然相应的协助组织卖淫行为也不能认定为犯罪;如果组织卖淫行为情节较轻,比如人员较少、次数很少等,则也要考虑相应的协助组织卖淫行为是否属于情节显著轻微、危害不大,不以犯罪论处的情况。

四、协助组织卖淫罪与其他相关犯罪的区别

(一)协助组织卖淫罪与窝藏、包庇罪的区别

窝藏、包庇罪,是指明知是犯罪的人而为其提供隐藏处所、财物,帮助其逃匿或者作假证明包庇的行为。《解释》第十四条规定,"根据刑法第三百六十二条、第三百一十条的规定,旅馆业、饮食服务业、文化娱乐业、出租汽车业等单位的人员,在公安机关查处卖淫、嫖娼活动时,为违法犯罪分子通风报信,情节严重的,以包庇罪定罪处罚。事前与犯罪分子通谋的,以共同犯罪论处"。

这种通风报信、提供隐藏处所或其他方便条件的,广义上也是一种包庇行为,但对这种"情节严重"的行为,根据《刑法》第三百六十二条的规定,应按《刑法》第三百一十条规定的包庇罪定罪处罚。区别关键在于事前是否有同谋。如果事前有同谋的,应定为组织卖淫罪或协助组织卖淫罪的共犯;如果事前没有同谋,而纯系在组织卖淫犯罪完成之后的一种帮助行为,说明行为人并没有协助他人组织卖淫犯罪的主观故意,则应定为包庇罪,而不能定为组织卖淫罪或协助组织卖淫罪。此外,如果是负有查禁犯罪活动职责的国家机关工作人员,向组织卖淫犯罪者通风报信、提供便利,帮助其逃脱法律追究的,则应当依照《刑法》第四百一十七条之规定,以帮助犯罪分子逃避处罚罪论处。

(二)组织卖淫罪、协助组织卖淫罪与强迫卖淫罪的区别

强迫卖淫罪,是指以暴力、胁迫、虐待或者其他手段,迫使他人卖淫的行为。组织卖淫罪、协助组织卖淫罪与强迫卖淫罪的手段行为都包含有强迫卖淫的情形,其间存在竞合关系。区分的关键在于,组织卖淫罪、协助组织卖淫罪中,存在相对稳定的卖淫团体,组织者对卖淫活动进行控制,进行管理、支配、控制,而卖淫人员听从组织和管理,卖淫活动一定程度上服从、依赖于组织者的安排、调度、管理等组织行为,而协助者则帮助组织者进行控制,主观上是为他人组织卖淫提供帮助,不具有迫使他人卖淫的故意;而在强迫卖淫罪中,行为人以殴打、伤害、捆绑等暴力手段或者以暴力相威胁,以及其他手段,如以揭发隐私或者进行精神上的摧残、折磨等,迫使对方违背自己的意志进行卖淫,是单纯的人身强制,不存在组织、控制性。

(三)组织卖淫罪、协助组织卖淫罪与引诱、容留、介绍卖淫罪的区别

引诱、容留、介绍卖淫罪,是指以金钱、物质或者其他利益为手段,诱使他人卖淫,或者为他人卖淫提供场所,或者为卖淫的人与嫖客牵线搭桥的行为。组织卖淫罪、协助组织卖淫罪,与引诱、容留、介绍卖淫罪在犯罪的客体、客观方面、主观方面有相同或者相似之处。在组织卖淫、协助组

织他人卖淫活动中,往往有引诱、容留、介绍等行为。但是,三者仍然是可以区分的:组织卖淫罪中的引诱、容留行为是以控制多人为基本特征的,存在管理与被管理、服从与被服从的关系,具有组织性;协助组织他人卖淫的行为主要是在组织他人卖淫犯罪中起帮助作用的行为,同样也有一定的强制性、组织性;而引诱、容留、介绍他人卖淫的行为,则表现为纯粹的引诱、容留、介绍他人卖淫的行为,手段被动、消极,双方之间不存在服从、依赖、支配等管理关系,相互之间只是一种比较松散的关系,卖淫人员来去自由和行动自由,同时有权决定何时卖淫、和怎样的嫖客进行卖淫行为、收费多少等事项,而不必受制于人。

(四)一罪与数罪的问题

实践中,还存在一种情况,即行为人既实施了组织卖淫行为、又实施了协助组织卖淫行为。对此,有观点认为,既然行为人的行为分别构成两种独立犯罪,就应当按照数罪并罚的原则处罚。

我们认为这种观点是错误的。组织卖淫行为与协助组织卖淫行为二者是密切相关的,在行为人基于同一犯罪目的,同时实施这两个行为时,其行为分别触犯了组织卖淫罪、协助组织卖淫罪,但行为之间是有着牵连关系的,已经构成了牵连犯,应当从一重处断的一般原则处理,即按照组织卖淫罪来定罪处罚,不存在数罪并罚的问题。

五、协助组织卖淫罪中的共同犯罪问题

协助组织卖淫行为与组织卖淫行为是实质上的共同犯罪,协助组织卖淫者可以认为是组织卖淫罪的从犯,但《刑法》分则的规定将之单独定罪,故不再作为组织卖淫罪的从犯来进行处理。有观点认为,组织卖淫罪只有主犯、没有从犯,协助组织卖淫罪只有从犯,没有主犯。① 也有观点提出,按照《两高解答》第三条的规定,“依照《决定》第一条第二款的规定,协助组织他人卖淫的行为,有具体的罪状和单独的法定刑,应当确定为独立的罪名,适用单独的法定刑处罚,不适用刑法总则第二十四条关于从犯的处罚原则”,因此在协助组织卖淫罪中就排斥了从犯问题②。这些观点是错误的。

首先,任何一种犯罪,在数人共同犯罪的形态中,除都是主犯或者共同正犯的情况外,只要犯罪分子在犯罪过程中发挥的作用有所不同,就应当有主犯、从犯之分,处于组织、指挥地位起着主要作用的是主犯,处于被指挥或者起次要、辅助作用的是从犯。

其次,就《刑法》规定而言,《刑法》总则规定了共同犯罪的处罚原则,而总则对分则各条有着普遍指导适用性,《刑法》分则中也并未排除共同犯罪条款对本罪的适用。如果排除在协助组织卖淫罪中对《刑法》总则关于共同犯罪一般规定的适用,显然不符合立法将之独立定罪的原意,也在法理上无法自圆其说。

最后,从实践来看,通常情况下,协助组织卖淫共同犯罪中,往往涉及的人员也比较多、关系复杂,既有充当保镖、打手、管账人的,也有为组织者招募、雇佣、运送、培训卖淫者的,还有为卖淫者安排住处,为组织者提供反调查信息的,他们之间有不同的职责分工,共同参与犯罪活动,但不同的协助者有不同的犯罪参与度,即使实施同一协助行为的,同样作用有大有小、地位有高有低,当然要根据其行为、作用、地位区分不同的罪责,确定主从犯,从而准确量刑。如果一概不区分主从犯,显然有悖罪责刑相适应原则,导致法律适用的不公平。实践中还存在一种情况,如有的行

① 参见郑伟:《就这样动摇了共同犯罪的根基——论组织卖淫罪与协助组织卖淫罪的怪异切分》,载《法学》2009年第12期。

② 参见蒋志如、严明:《社会变迁视野下的组织卖淫罪与协助组织卖淫罪——以陈某、张思某组织卖淫罪为例》,载《贵州警官职业学院学报》2017年第3期。

为人纠集人员专门从事协助组织卖淫的行当，比如组织一些人充当打手，成立运输组织等。在协助组织卖淫的这些人员中，有的人起着指挥、领导者地位，甚至对组成人员进行利益分配，成为一个标准的共同犯罪组织甚至可能成为一定规模的犯罪集团。对这样的共同犯罪组织，当然应当区分主从犯。因此，《解释》第五条明确规定，对协助组织卖淫犯罪，可依照《刑法》有关规定区分主从犯。

需要注意的是，根据《解释》第七条的规定，“根据刑法第三百五十八条第三款的规定，犯组织、强迫卖淫罪，并有杀害、伤害、强奸、绑架等犯罪行为的，依照数罪并罚的规定处罚。协助组织卖淫行为人参与实施上述行为的，以共同犯罪论处”。即虽然协助组织卖淫行为人与组织卖淫者在本罪中不作为共同犯罪处理，但如果二者共同实施了杀害、伤害、强奸、绑架等犯罪行为的，在后面这些犯罪中仍然构成共同犯罪，应当依照共同犯罪的有关规定处罚。

六、协助组织卖淫罪“情节严重”的认定

《刑法》第三百五十八条第四款规定，“为组织卖淫的人招募、运送人员或者有其他协助组织他人卖淫行为的……情节严重的，处五年以上十年以下有期徒刑，并处罚金”。这里规定的“情节严重”，是本罪的加重处罚情节。但对何为“情节严重”，《刑法》中并未进行明确。一般而言，认定情节严重与否，应当结合协助组织卖淫犯罪中的卖淫人员数量、运送次数、规模、情节及危害后果等犯罪情节综合考虑。

2017 年最高人民法院出台《解释》，对哪些情形属于“情节严重”进行了明确，有利于司法实践中对本罪的正确处理。《解释》第五条规定：“协助组织他人卖淫，具有下列情形之一的，应当认定为刑法第三百五十八条第四款规定的‘情节严重’：（一）招募、运送卖淫人员累计达十人以上的；（二）招募、运送的卖淫人员中未成年人、孕妇、智障人员、患有严重性病的人累计达五人以上的；（三）协助组织境外人员在境内卖淫或者协助组织境内人员出境卖淫的；（四）非法获利人民币五十万元以上的；（五）造成被招募、运送或者被组织卖淫的人自残、自杀或者其他严重后果的；（六）其他情节严重的情形。”

从《解释》条文来看，协助组织卖淫罪的“情节严重”的“情节”基本上是比照组织卖淫罪的“情节严重”界定的。其理由在于，从“刑法”关于两个罪名的刑罚幅度配置看，实际上协助组织卖淫罪的刑罚幅度就相当于组织卖淫罪从犯的刑罚幅度。因此，本罪“情节严重”的标准也可以参照组织卖淫罪“情节严重”的标准来确定。仅对其中非法获利一项作了调整。组织卖淫非法获利 100 万元作为“情节严重”的起点，但协助组织卖淫的获利一般情况下明显小于组织卖淫者，因此，《解释》按照组织卖淫罪获利起点的一半即 50 万元作为协助组织卖淫罪“情节严重”的起点。

七、协助组织卖淫罪的量刑问题

根据《刑法修正案（八）》修改后的《刑法》第三百五十八条第四款的规定，“为组织卖淫的人招募、运送人员或者有其他协助组织他人卖淫行为的，处五年以下有期徒刑，并处罚金；情节严重的，处五年以上十年以下有期徒刑，并处罚金”。由此可见，协助组织卖淫罪的法定刑有两个量刑幅度：(1)符合本罪基本构成要件的，处五年以下有期徒刑，并处罚金；(2)如果符合本罪基本构成要件的，同时又达到前述情节严重标准的，处五年以上十年以下有期徒刑，并处罚金。

关于本罪的量刑原则。对犯协助组织卖淫罪行为人的量刑，其基本原则与其他犯罪相同，即(1)全面考虑、正确评价行为人所犯的罪行及所承担的刑事责任的大小；(2)正确认定犯罪性质，从而正确确定对应的法定刑；(3)全面考虑行为人有无法定、酌定从重和从宽处罚情节，尤其是在协助组织卖淫共同犯罪中，一般存在一定程度的分工和职责划分，对受人指使、安排，所处地位较低、发挥作用较小的行为人，可以认定为是从犯；(4)认真研究其行为对法律保护的社会关系损害的程度，既包括直接造成的危害后果，也包括潜在的危害后果等。

在对犯协助组织卖淫罪行为人进行量刑时，还需要特别注意的是，必须与组织卖淫罪主犯的量刑均衡考虑。协助组织卖淫罪与组织卖淫罪是实际上的共同犯罪，虽然不适用共同犯罪的有关规定，但在量刑时仍然要考虑到这一点。一般情况下，协助组织卖淫行为人在犯罪中所起的作用和行为的社会危害性比组织卖淫罪的主犯小，相对而言，处刑一般也会轻于组织卖淫罪的主犯。当然，具体量刑，仍需要考虑处于犯罪分子所参加实施的犯罪性质、情节轻重、参与犯罪的程度以及所起作用的次要程度等情况来确定。